표현의 자유
FREEDOM OF EXPRESSION

표현의 자유
Freedom of Expression

이 책을 故 염복임(Bokim-Youm) 여사님의 영전에 올립니다.

▌머리말

태초에 말씀이 있었다고 구약성경의 첫 구절은 말한다. 말은 곧 생각의 표현이기에, 이는 생각을 말할 사람의 권리가 천부의 것임에 대한 선언이기도 한 셈이다. 자신이 좋아하는 생각들을 공중 앞에 내 놓을 권리를 금지함은 언론출판의 자유를 파괴하는 것이라고 블랙스톤(Blackstone)은 말하였는데, 오래도록 국가의 제약 아래에 놓인 것이 되어 왔던 언론출판 등 표현의 자유는 국가의 통제권한에 겨냥된 영국에서의 투쟁 끝에 1694년에 이르러 검열의 폐지로 귀결되었다.

언론출판의 자유는 개인적 차원을 넘어 국민이 최종의 판단자인 민주주의적 정부의 정상적 운영에 초석이 된다. 정보에 근거한 여론(informed public opinion)의 힘에 민주정부의 효율적 기능은 의존한다(Barr v. Matteo, 360 U. S. 564 (1959)). 국민의 여론이 정보에 근거한 것이 되려면, 공공의 문제에 대한 열린 토론이 보장되지 않으면 안 된다. 한편, 자유토론에는 오류 섞인 주장이 불가피하므로, 살아남기 위한" "숨쉴 공간(breathing space)"을 표현의 자유들은 가져야 한다(New York Times Co. v. Sullivan, 376 U. S. 254 (1964)). 정식사실심리가 열리는 법정에를 비롯한 공공의 문제에 관한 자료에의 접근은 열린 토론에 필수이다.

표현의 자유에 대하여 경쟁관계에 있는 이익들에 관련하여서는, 국가안보에의 내지는 외교관계에의 위험이; 질서정연한 정부의 폭력에 의한 전복이; 전쟁 상황에서의 모병 등의 방해가 내지는 군사적 정보의 노출이; 정부업무의 효율적 운영에 대한 방해가; 현물의 자극에 의하여 촉발될 수 있는 폭행이 내지는 폭력행위가; 공중의 평정의 및 평온의 파괴가; 감옥 등 시설의 안전이; 공직자의 내지는 공적인물의 명예에의 침해가; 판결문 등 정부문서들에 포함된 범죄 피해자의 신원의 보도를 금지해 달라는 등의 요구가; 본의 아닌 수령자들의 내지는 청소년들의 성적 감수성에 대한 침해가; 공정한 정식사실심리를 누릴 피고인의 권리에 대한 침해가; 공정한 중립적 배심을 구성함에 대한 방해가; 그러한 방해를 방지하기 위하여 사건의 보도를 금지해 달라는 내지는 정식사실심리를 비공개로 해 달라는 요구가; 자신에게 불리한 언론보도에 대한 반론을 게재하라는 요구가; 불법으로 도청된 자료에 대한 보도금지의 요구가 등 다양한 국면에서의 주장들이 제기될 수 있다. 그러나 우선적 가치를 말의 및 언론의 자유 위에 민주주의 사회는 두어야 하므로, 그러한 상쇄적 이익들의 보호를 위한 표현의 자유의 제약은 그 범위에 및 방법에 있어서 엄격히 확립된 요건에 종속되지 않으면 안 된다.

이번 시리즈 VII에서는 표현의 자유의 보장을 위 맥락들에서 다룬 19 개의 연방대법원 판례들을 모았다. 서울에서 변호사 3, 4 년째였던 27 년여 전에 앞의 Sullivan 판결을 및 Procunier v. Martinez, 416 U. S. 396 (1974) 판결을 읽고서 느낀 감동으로 인하

여, 이 분야의 미국 연방대법원 판례들을 옮기고 싶다는 열망을 그 즈음부터 나는 지니게 되었었다. 고향인 목포에 내려온 이후로 시리즈 I부터 VI까지 형사절차에 관한 판례들을 옮기느라 긴 시간을 보내야 하였었다. 그렇게 형사절차 판례들에 한창 몰두해 있던 2011년 5월경에 언론정보학 분야의 세계적 권위자이신 미국 오레건 대학교 염규호(Kyu Ho Youm) 조나단마샬 수정헌법 제1조 석좌교수님(Jonathan Marshall First Amendment Chair Professor)의 연락을 나는 받았는데, 나의 맏형이신 서울대학교 언론정보학과 박승관 교수님에게서 나의 미국 연방대법원 판례 번역작업에 관하여 염교수님은 듣고 계셨다. 나의 작업에 대하여 큰 관심을 보여주셨고, 그 뒤로도 틈틈이 소식을 전하면서 격려해 주셨다. 표현의 자유를 다룬 판례들에 내가 착수한 직후인 2014. 3월에는 미국의 학계와 법조계 및 언론계 등에의 광범위한 의견조회를 거쳐 20+개의 이 분야 기념비적 판례들(landmark cases) 목록을 염교수님께서는 작성하여 보내오셨다. 이번 시리즈에는 그 중 11개가 포함되게 되었고, 그것만으로 감사의 이유가 되고도 남는 터였다.

무한한 신뢰를 생각의 자유로운 표현의 및 자유로운 교환의 가치 위에 부여해 놓은 풍부하고도 유서 깊은 실체적 논의들을 천착함은 그 자체가 즐거움이었다. 1 년 전에 새로이 배심제도 연구회 회장을 맡아 그 쪽에 힘을 쏟아야 하게 된 나의 형편상, 이제 겨우 한 모퉁이를 잠깐 둘러본 것에 불과한 여기서, 언제 돌아올지 기약하지 못하는 채로 저 방대한 업적들을 당장 더 섭렵해 나갈 수 없는 것이 아쉬울 뿐이라고 나는 생각하였었다.

5년여의 작업 끝에 본문의 편집 마무리를 얻고서 이 책의 추천사를 써 달라는 부탁을 2019. 7. 18. 염교수님께 드렸다. 그리하여 2019. 8. 1.에 내가 받아본 염교수님의 추천사는 세계적 권위자로서의 학식의 단면이 느껴지는 풍부히도 깊은, 넓은, 정성스러운 것이었고, 그 어떤 점에서도 내게는 과분한 것이었다. 공부란 이렇게 하는 것이구나! 감동을 느끼고 있는데, 그 직후인 2019. 8. 3.에 염교수님의 사모님이신 고 염복임(Bokim-Youm) 여사님의 부음을 나는 듣게 되었다. 너무도 놀라운 소식이었다. 고인께서는 생전에 나의 번역작업과 이 책을 알고 계셨고 언젠가 함께 만나게 되기를 원하셨었다고, 염교수님 자신의 추천사를 고인에게도 보여드린 터라고 내게 염교수님은 전하셨다. 멀리 한국의 만학도 한 명의 공부를 기뻐하시고 성원하시는 중에 고인이 돌아가신 것이 아니겠는가! 이 배려를 어떻게 갚을 수 있을지 나는 알지 못한다. 우선, 그렇게 나오게 된 이 책을 고 염복임(Bokim-Youm) 여사님의 영전에 올린다. 20개의 landmark cases 목록의 나머지 9개를 빠르게 시작하여야 하겠고, 남은 시간을 더욱 공부로써 살아가야 하겠다. 돌이켜 보니, 염교수님은 그 동안 나의 분발을 여러 모로 이끌어주셨음을 새삼 깨닫는다. 진심으로 감사드린다. 고인의 영면과 평안을, 염교수님과 가족들의 안녕과 건강을 빈다.

　이 책에는 또 여러 사람들의 수고가 깃들었다. 나의 조카 박지은 양이 색인목록 작성을 도와주었고, 목포의 유학경전 읽기모임 관이회(觀頤會)의 도반인 김윤열 교장 선생님이 황금 같은 방학기간을 할애해 주셨다. 한올출판사 편집팀의 꼼꼼한 손길이 두루 미쳤다. 모두에게 감사를 표한다.

　끝으로, 나의 아내 양기임은 의사로서의 직업을 버리고서 두 아들들의 미국 정착을 위하여 20년 동안 헌신해 왔다. 그러므로 많은 시간을 공부에 내가 들일 수 있었던 것은 양기임 덕분이 아닐 수 없다. 미술을 공부하는 큰 아들 준범은 따뜻한 마음으로 늘 한국의 나를 염려해 주고 격려해 주었다. 작년에 뉴욕주 변호사가 된 둘째 아들 준수는 이제 미국법을 함께 토론하는 동료이다. 성취들 있기를 바란다.

2019. 9. 26.

▌FOREWORD

Korean Translation of First Amendment Cases: One of a Kind Globally* "Use it or lose it!" This expression is used in diverse circumstances to mean that people should utilize something or it will be gone forever. It most commonly refers to a particular talent, such as the athletic skills of a football player, and the strategies of a chess player. But this expression can also be aptly applied to the lessons learned from U.S. Supreme Court First Amendment cases and to this book in particular.

In 2011, I sent attorney Sung-ok Park an email query about his ongoing full-text Korean translation of U.S. Supreme Court cases. His brother, Sung Gwan, a professor at Seoul National University, whom I befriended in the 1990s as a communications scholar, brought Park's translation project to my attention.

Attorney Park's thoughtful reply remains fondly fixed in my memory. I was very impressed with his genuine passion and profound interest in U.S. law. In response to my question about his commitment to his time-consuming and labor-intensive translations, he noted the "nobleness" of Anglo-American law with respect to human beings. His voluminous (1,300+ pages) book of American free speech law comprises complete translations of nearly twenty U.S. Supreme Court cases. It is a laudable accomplishment—whose publication fortuitously coincides with Americans' centennial of the Supreme Court's first inter-

▪추천사

"사용하라 아니면 잃게 될 것이다!" 사람들이 무언가를 사용하지 아니하면 그것을 영원히 잃어버리게 되는 것을 뜻하는 이 표현은 다양한 맥락 속에서 사용된다. 가령 축구선수의 운동 기술이나 체스 선수의 전략과 같은 특별한 재능을 일컬을 때 이러한 표현이 가장 흔히 사용된다. 이 표현은 미연방 대법원의 수정헌법 제1조 관련 판결에서 얻을 수 있는 교훈과 이 책에도 적용될 수 있다.

2011년, 이 책의 저자인 박승옥 변호사의 미연방 대법원 판결 전문 번역과 관련하여 나는 질문 메일을 보낸 적이 있다. 박 변호사의 형인 서울대 언론정보학과 박승관 교수와 나는 1990년대부터 친분이 있었던 터라, 그의 판결 번역 프로젝트에 대해 자연스레 알게 되었다.

박 변호사의 사려 깊은 답메일은 즐겁게 내 기억에 깊이 남아 있다. 그의 미국 법에 대한 진실된 열정과 깊은 관심에 매우 감명을 받았다. 박 변호사는 답메일에서 시간도 에너지도 많이 들여야 하는 번역작업에 대한 헌신을 이야기하면서, 인간에 대한 존중을 담고 있는 영미법의 고매(高邁)함을 언급했다. 1,300쪽이 넘는 이 책은 거의 20개의 미연방 대법원 판결 전체를 번역하고 있다. 이 번역은 칭찬받을 만한 업적이며 이 책의 출판은 다행스럽게도 1919년의 미연방 대법원이 내린 수정헌법 제 1조에 대한 최초 판결의 100주년을 기념하는 것과 일치한다.

pretations of the First Amendment in 1919.

Park's first full translation of a U.S. Supreme Court case was in 1992 with Procunier v. Martinez (1974), when he drew on the case in petitioning the Constitutional Court of Korea. He followed Procunier in 1993 with New York Times v. Sullivan (1964), the revolutionary First Amendment case, for his second full-length translation. In the process, Park was immeasurably inspired by American law in action.

In the late 1990s, when Park started translating American law systematically, his primary focus was Supreme Court cases dealing with criminal procedure. However, when I contacted him in the early 2010s, he was already working on ten freedom of expression cases.

The majority of the nineteen cases that Park has translated are included in the twenty "landmark" First Amendment cases on the list that I compiled for Park from my 2014 publication of "The Top 20 Landmark First Amendment Cases" in Media Law Notes, the Law and Policy Division newsletter of the Association for Education in Journalism and Mass Communication (AEJMC).

The eleven landmark cases in Park's book include Bartnicki v. Vopper (2001), Brandenburg v. Ohio (1969), Gertz v. Robert Welch, Inc. (1974), Miami Herald Publishing Co. v. Tornillo (1974), Miller v. California (1973), Near v. Minnesota (1931), Nebraska Press Association v. Stuart (1976), New York Times v. Sullivan (1964), New York Times v. United States ("Pentagon Papers" case) (1971), Richmond Newspapers v. Virginia (1980), and Tinker v. Des Moines Independent Community School District (1969).

박 변호사는 1992년 헌법재판 심판청구를 할 때 이용한 프로큐니어 대 마르티네즈 판결(1974)을 전문 번역하면서 판결번역 프로젝트를 시작하게 되었다. 1993년에는 수정헌법 제1조에 관한 혁명적 사건인 뉴욕타임즈 대 설리번(1964) 판결문을 완역한 것이 그의 두 번째 작업이었다고 한다. 이러한 과정을 통해 저자는 현행 미국법에 무한정 매료되었다.

저자는 1990년대 말부터 체계적으로 미국법 번역을 시작하였는데 그의 주된 관심사는 형사절차에 관한 연방대법원 사건들이었다. 2010년대 초반, 내가 저자에게 연락했을 때 그는 이미 표현의 자유에 대한 열 개의 판결문을 완역하고 있었다.

저자가 번역한 19개 판결의 과반수는 내가 박변호사를 위해 수집한 기념비적인 20개의 수정헌법 판결문 리스트에 포함된 것으로서, 이 리스트는 내가 2015년 '미국 저널리즘 매스 커뮤니케이션 교육협회(AEJMC)'의 '법과 정책' 연구분과 뉴스레터인 '언론법 노트'에 발표한 것이었다.

이 책에 포함되어 있는 11개의 기념비적 판결은 바트니키 대 보퍼(2001), 브란덴버그 대 오하이오(1969), 거츠 대 로버트 웰치(1974), 마이에미 헤럴드 출판사 대 토닐로(1974), 밀러 대 캘리포니아(1973), 니어 대 미네소타(1931), 네브라스카 언론 연합 대 스튜어트(1976), 뉴욕타임즈 대 설리번(1964), 뉴욕타임즈 대 미국(이른바 '펜타곤 문서' 사건)(1971), 리치몬드 신문 대 버지니아(1980), 팅커 대 데스모인 학교 구역(1969) 등이다.

Also featured are Cohen v. California (1971) on "Fuck the Draft," Schenck v. United States (1919) on the "clear and present danger" doctrine, and United States v. O'Brien (1968) on draft card burning as a form of speech. Each one is a defining case in terms of freedom of expression in America.

Park pays discerning attention to five other key freedom of expression cases. Abrams v. United States (1919), Gitlow v. New York (1925), and Whitney v. California (1927) are early First Amendment cases especially notable for their enduring impact on Americans' freedom of expression due to the eloquent dissenting opinion by Justice Holmes in Abrams, the far-reaching dictum in Gitlow, and the foresighted concurring opinion by Justice Brandeis in Whitney. Feiner v. New York (1951) and Procunier v. Martinez (1974), which are later First Amendment cases distinguishable from other cases, showcase the fascinating evolution of the clear and present danger doctrine and the prisoner speech creed, respectively.

Given the global relevance of U.S. free speech law, Korean scholars, jurists, and others continue to be interested in the remarkable "experiment" of Americans with more speech, not less, in an open democracy. In this connection, the United States remains a fascinating laboratory for freedom of expression as a fundamental human right.

In the mid-1960s, Schenck, the first U.S. Supreme Court case on free speech, was decisively influential to Judge Han Pyong-chae, who later served as a Constitutional Court justice from 1988 to 1994, in an anti-Communist law case. In The Free Speech Century (2019), the leading international constitutional law scholar Tom Ginsburg, a pro-

또한 "징병제도 엿먹어라"에 관련한 코헨 대 캘리포니아(1971) 사건과 '명백하고 현존하는 위험'의 원칙으로 유명한 쉥크 대 미국(1919) 사건 및 징병카드를 불태운 행위를 표현의 일종으로 판단한 미국 대 오브라이언(1986) 사건도 특별한 의미가 있다. 이 사건들은 미국에서 표현의 자유가 무엇인지 정의를 내리는데 결정적 기여를 하였다.

저자는 5가지의 표현의 자유 판결에도 분별력 있게 주목하였다. 표현의 자유에 관한 초기의 판결들 중에서 에이브람스 대 미국(1919)은 홈즈 대법관의 유려한 반대의견이 큰 영향을 끼쳤으며, 기트로우 대 뉴욕(1925) 사건에서는 지대한 영향을 미친 있는 부수적 의견이, 휘트니 대 캘리포니아(1927)에서는 브랜다이스 대법관의 통찰력 있는 동조 의견이 표현의 자유에 지속적인 영향력을 발휘하였다. 이후 파이너 대 뉴욕(1951) 사건은 '명백하고 현존하는 위험'을 그리고 프로큐니어 대 마르티네즈(1974)는 재소자 표현의 자유를 흥미 있게 진화시켰다.

미국의 표현의 자유 관련법은 다른 국가에도 적용 가능하므로 한국의 학자들과 법률가들은 열린 민주주의를 위해 더 많은 표현의 자유를 허용하는 미국의 실험에 계속 주목하고 있다. 이러한 의미에서 미국이라는 국가는 여전히 표현의 자유를 기본적 인권으로 우대하는 흥미로운 실험실의 역할을 하고 있다.

미연방 대법원의 최초 언론자유 사건인 쉥크 판결은 1960년대 중반에 한국에서 한병채 판사(이후 1988-1994년 헌법재판소 재판관 역임)의 반공법 판결에도 결정적 영향을 미쳤다. 국제적으로 저명한 헌법학자인 톰 긴스버그는 2019년 발간된 '표현의 자유의 한 세기' 책에 쉥크 판결로부터 유래된 '명백하고 현존하는 위험'의 원칙은 한국의 민주화에 중요한 역할을 하였다고 신빙성 있

fessor at the University of Chicago, observed cogently that the clear and present danger doctrine from Schenck has "played an important role in [South Korea's] democratization."

Thanks to the internet, American court cases are more accessible than ever. For those Koreans who are trained in American law and have a functional command of English, reading U.S. Supreme Court cases should not be a challenge. For others with little exposure to American court opinions, however, they are imposing and intimidating; and for those unfamiliar with English, the opinions are, of course, incomprehensible. Park has solved this problem by not only creating Korean translations but also by including introductory case summaries. These summaries are informative, and readers who ignore them are at a great disadvantage. Not only does each summary describe the significant facts of a case and the Supreme Court's holding and reasoning, but each one also offers an assessment of the case's actual or perceived impact. Thus, Park's translations are an overdue boon to those in need both linguistically and nonlinguistically.

Park's book is not necessarily designed for Korean-only readers, however. It is also for those who are keen to read the U.S. Supreme Court opinions in English. The reprinting of the original English texts next to their Korean translations is Park's thoughtful consideration of those who are bilingual as well as those who are monolingual. When readers are tempted to compare and contrast some of the original U.S. court opinions with their Korean translations, they don't need to search Google Scholar for the text of the English opinions.

게 설파하였다.

　인터넷 덕택에 미국의 판결들은 과거 어느 때보다 접근하기 쉬워졌다. 미국법에 대해 배웠거나 영어를 이해할 수 있는 한국 사람들에게 미연방 대법원 판결을 읽는 것은 그다지 어렵지 않을 것이다. 그러나 미국법을 거의 접해본 적이 없는 사람들은 미국 판결을 읽는다는 것에 적잖은 부담감을 느낄 것이다. 영어에 익숙하지 않은 사람들도 물론 미국 판결을 이해할 수 없다. 이 책은 미국 판결 번역문 외에도 판결 요약문을 제공함으로써 이러한 어려움을 해결하는데 유용하게 쓰일 수 있다. 특히 판결 요약문은 풍부한 정보를 제공하고 있기 때문에 요약부분을 읽지 않는다면 오히려 손해가 될 것이다. 각각의 요약문은 사건의 중요한 팩트 및 연방대법원 판결의 주문과 이유를 기술할 뿐만 아니라 각 판결의 실질적 내지 잠재적 영향력에 대해서도 평가하고 있다. 따라서 이 책은 언어적으로든 아니든 미국 판결에 대한 이해가 필요한 사람들의 오랜 갈증을 해소할 것이다.

　이 책은 영어에 익숙하지 않은 독자들뿐만 아니라 미연방 대법원 판결문을 영어로 읽기를 원하는 독자들에게도 유용하다. 한국어 번역문 옆에 영어 원문을 덧붙인 것은 한국어 독자뿐만 아니라 한국어와 영어 둘 다 능통한 사람들을 위한 사려 깊은 배려이기도 하다. 한국어 번역부분을 미국 판결 원문과 비교 및 대조해보고 싶은 독자들은 영어 판결문을 구글에서 검색할 필요가 없는 것이다.

The tangible value of Park's book is unmistakable as a primary source on American case law on freedom of expression. Equally noteworthy is the fact that the book is one of a kind globally. My individual check with more than 30 U.S. and non-U.S. lawyers and scholars indicates that there is no comparable translation of complete First Amendment cases.*

In July 2019, attorney Sandra Coliver, formerly the Law Programme director of ARTICLE 19 in London and currently the senior managing legal officer at the Open Society Justice Initiative in New York, emailed me, showering praise on Park's work: "What an amazing project attorney Sung-ok Park has completed. I'm not aware of anyone who has translated full SCOTUS cases into another language."

---

* The U.S. and non-U.S. experts with whom I've consulted on Park's translations are: Richard Albert, professor, University of Texas-Austin School of Law; David Banisar, attorney and senior legal counsel, ARTICLE 19; Jens van den Brink, attorney, Kennedy Van der Laan (Netherlands); Shao Chengyuan, fellow, University of Tübingen; Sandra Coliver, attorney and senior managing legal officer, Open Society Justice Initiative; Matthew Collins, attorney, Aickin Chambers (Australia); H.R. Dipendr, attorney, Arianti Dipendra Jeremiah (Malaysia); Lyombe Eko, professor, Texas Tech University; Leonardo Ferreira, professor, Florida International University; Hualing Fu, professor, University of Hong Kong; Tom Ginsburg, professor, University of Chicago Law School; Charles Glasser, professor, New York University (Glasser is also the former global media counsel at Bloomberg); David Goldberg, professor, University of London; Roy Gutterman, professor, Syracuse University; Jan Hegemann, attorney, Raue LLP (Germany); Hawley Johnson, associate director, Columbia Global Freedom of Expression; András Koltay, professor, Pázmány Péter Catholic University, Hungary; Stefan Kulk, professor, Utrecht University; David Law, professor, Washington University School of Law; Toby Mendel, executive director, Centre for Law and Democracy (Canada); Gregory Michener, professor, Fundação Getulio Vargas' Brazilian School of Public and Business Administration; Dario Milo, attorney, Webber Wentzel (South Africa); Peter Noorlander, attorney and former director, Berthan Justice Initiative; Ofer Raban, professor, University of Oregon School of Law; PILnet Hong Kong; Rodrigo Cetina Presuel, researcher, Harvard Law School's Institute for Global Law and Policy; Andrei Richter, senior adviser, Office of the OSCE Representative on Freedom of the Media; Michel Rosenfeld, professor, Cardozo Law School; Ori Shenhar, attorney, Shenhar-Doleve Law Firm (Israel); Kevin Tan, professor, National University of Singapore; Doreen Weisenhaus, professor, Northwestern University and Northwestern University School of Law; and Itsuko Yamaguchi, professor, University of Tokyo; Elisabeth Zoller, professor, University of Paris II.

미국의 표현의 자유 관련법에 대한 1차적 자료가 된다는 점에서 이 책은 가시적인 가치가 있다. 또한 이러한 종류의 책이 세계에서 유일무이의 것이라는 점에서도 그 가치를 높이 평가한다. 나는 30명 이상의 미국과 해외 법률가 및 학자들과 논의해보았으나, 이 책과 유사한 수정헌법 제1조 판결 완전 번역서를 찾아볼 수 없었다.*

2019년 7월, 런던의 아티클 19(ARTICLE 19)의 법률 디렉터였으며 현재 뉴욕의 오픈 소사이어티 저스티스 이니셔티브(Open Society Justice Initiative) 법률책임자인 샌드라 콜리버 변호사는 이 책에 대해 찬사를 내게 메일로 보냈다: "박승옥 변호사는 놀라운 프로젝트를 완수하였다. 미연방 대법원의 판결을 이렇게 처음부터 끝까지 다른 언어로 번역한 사람을 본 적이 없다."

---

* 이 책과 관련하여 내가 논의한 미국과 해외 전문가들은 다음과 같다: Richard Albert, professor, University of Texas—Austin School of Law; David Banisar, attorney and senior legal counsel, ARTICLE 19; Jens van den Brink, attorney, Kennedy Van der Laan (Netherlands); Shao Chengyuan, fellow, University of Tübingen; Sandra Coliver, attorney and senior managing legal officer, Open Society Justice Initiative; Matthew Collins, attorney, Aickin Chambers (Australia); H.R. Dipendr, attorney, Arianti Dipendra Jeremiah (Malaysia); Lyombe Eko, professor, Texas Tech University; Leonardo Ferreira, professor, Florida International University; Hualing Fu, professor, University of Hong Kong; Tom Ginsburg, professor, University of Chicago Law School; Charles Glasser, professor, New York University (Glasser is also the former global media counsel at Bloomberg); David Goldberg, professor, University of London; Roy Gutterman, professor, Syracuse University; Jan Hegemann, attorney, Raue LLP (Germany); Hawley Johnson, associate director, Columbia Global Freedom of Expression; Stefan Kulk, professor, Utrecht University; David Law, professor, Washington University School of Law; Toby Mendel, executive director, Centre for Law and Democracy (Canada); Gregory Michener, professor, Fundação Getulio Vargas' Brazilian School of Public and Business Administration; Dario Milo, attorney, Webber Wentzel (South Africa); Peter Noorlander, attorney and former director, Berthan Justice Initiative; Ofer Raban, professor, University of Oregon School of Law; PILnet Hong Kong; Rodrigo Cetina Presuel, researcher, Harvard Law School's Institute for Global Law and Policy; Andrei Richter, senior adviser, Office of the OSCE Representative on Freedom of the Media; Michel Rosenfeld, professor, Cardozo Law School; Ori Shenhar, attorney, Shenhar—Doleve Law Firm (Israel); Kevin Tan, professor, National University of Singapore; Doreen Weisenhaus, professor, Northwestern University and Northwestern University School of Law; and Itsuko Yamaguchi, professor, University of Tokyo; Elisabeth Zoller, professor, University of Paris II.

By any measure, Park's translations are a monumental work. It is all the more extraordinary, though, given that it has been entirely self-supported throughout the years. For this, he deserves our gratitude. And even more, his work deserves thoughtful and dedicated application of the axiom "Use it or lose it!"

Kyu Ho Youm

Jonathan Marshall First Amendment Chair Professor
School of Journalism and Communication
University of Oregon Eugene, Oregon U.S.A.

My special thanks to Dr. Ahran Park, a senior researcher at the Media Research Center of the Korea Press Foundation (KPF), for ably translating my English foreword into Korean.

모든 면에서 볼 때, 이 번역서의 출간은 실로 기념비적 업적이다. 수년간 저자 혼자 처음부터 끝까지 이러한 작업을 외부의 경제적 도움없이 완수하였다는 것도 더욱 놀라운 일이다. 저자는 우리의 감사를 받아 마땅하다. 이 책은 "사용하라 아니면 잃게 될 것이다"라는 격언을 충실하고도 사려 깊게 적용시킨 그 결과물이다.

염규호

미 오레곤 대학교 저널리즘 커뮤니케이션 스쿨
조나단 마샬 수정헌법 제1조 석좌교수

이 영어 서문을 한국어로 훌륭하게 번역해준 한국언론진흥재단 박아란 선임연구위원에게 특별한 감사를 표한다.

■차 례

표현의 자유_Freedom of Expression

Freedom of

Schenck v. United States, 249 U. S. 47 (1919)

펜실베니아주 동부지구 관할
미합중국 지방법원에 대한 오심영장

NOS. 437, 438.
변 론 1919년 1월 9일, 10일
판 결 1919년 3월 3일

Expression

요약해설

1. 개요

Schenck v. United States, 249 U. S. 47(1919)는 9 대 0으로 판결되었다. 연방 제정
법에 대한 연방헌법 수정 제1조의 말의 자유에 기한 이의를 연방대법원이 다룬 최
초의 판결이 되었다. 보호되지 않는 말을 보호되는 말로부터 구분짓는 기준으로서
명백한 현존의 위험(a clear and present danger)의 법리를 법원의 의견에서 홈즈(Holmes)
판사는 제시하였다.

2. 사실관계 및 쟁점

1917년 6월 15일자 스파이활동 단속법(the Espionage Act)에 대한 위반 속에서, 독일
과의 전쟁 중인 미국의 군대 내부의 반항을 야기하고자 및 모병 업무를 방해하고
자, 징병에 반대하라는 등의 내용의 광고전단 부류의 문서들[1]을 인쇄·배포하고자
공모한 행위로, 및 그 배포를 위한 우편 사용의 공모행위로, 그리고 그 우편의 사용
으로 피고인들[2]은 대배심 검사기소에 처해졌다. 말의 내지는 출판의 자유를 박탈
하는 법을 제정하지 못하도록 연방의회를 금지하는 연방헌법 수정 제1조를 피고인
들의 주장은 포함하였으나,[3] 그 기소된 소인들 전부에 대하여 피고인들은 유죄로
판정되었다. 이 사건 광고전단 등이 연방헌법 수정 제1조에 의하여 보호되는지 여
부가 쟁점이 되었다. (249 U. S., at 48-50, 51.)

---

1) 징집병은 기결수보다 결코 나을 것이 없다고, 징병제도는 가장 악독한 형태의 독재라고, 및 월가(街)의 선택된 소수의
이익을 위한 인간성에 대한 끔찍한 범죄라고 그것은 주장하였다. 징병에 대한 반대의사를 주장할 권리를 인정하기를
거부하는 것은 연방헌법 위반이라는 내용을 아울러 그것은 담았다. (249 U. S., at 50-51.)
2) 피고인 셴크(Schenk)는 사회당 총서기로서 사회당 본부를 책임지고 있는 사람이다. (249 U. S., at 49.)
3) 그 문서들을 보내는 데에 피고인 셴크가 관련되었음을 증명하기에 증거가 충분하지 아니하였다는 주장이, 그리고 수
색영장에 의거하여 문서증거가 획득되었기에 그것은 증거능력이 없었다는 주장이 아울러 포함되었다. (249 U. S., at
49-50.)

3. 홈즈(HOLMES) 판사가 쓴 법원의 의견의 요지

광고전단에서 말해진 모든 것들을 말함에 있어서 여러 다른 장소들에서와 평상의 시기에였다면 피고인들은 헌법적 권리들의 범위 내에 있었을 것이다. 그러나 행동의 성격은 그것이 행해진 상황들에 의존한다. (249 U. S. at 51-52.)

문제는, 한 개의 명백한 현존의 위험(a clear and present danger)을 만들어 낼 만한, 그리하여 실질적 해악들을 야기할 만한 상황들에서 문언들이 사용되는지 및 그것들이 그러한 성격의 것들인지 여부이다. 그것은 근접성의 및 정도의 문제이다. 국가가 전쟁 중일 때는, 평화의 시기에서라면 말해져도 좋았을 것들이 국가의 노력에 대한 장애물이 되어 그 표명이 허용되지 않게 되고는 하는 법이고, 헌법적 권리에 의하여 보호되는 것들로 법원이 간주할 수가 없는 것들이 되고는 하는 법이다. 원심판결 주문은 인가된다. (249 U. S. at 52-53.)

Mr. Justice HOLMES delivered the opinion of the Court.

This is an indictment in three counts. The first charges a conspiracy to violate the Espionage Act of June 15, 1917, c. 30, § 3, 40 Stat. 217, 219, by causing and attempt-«249 U. S., 49» ing to cause insubordination, &c., in the military and naval forces of the United States, and to obstruct the recruiting and enlistment service of the United States, when the United States was at war with the German Empire, to-wit, that the defendant wilfully conspired to have printed and circulated to men who had been called and accepted for military service under the Act of May 18, 1917, a document set forth and alleged to be calculated to cause such insubordination and obstruction. The count alleges overt acts in pursuance of the conspiracy, ending in the distribution of the document set forth. The second count alleges a conspiracy to commit an offense against the United States, to-wit, to use the mails for the transmission of matter declared to be non-mailable by title XII, § 2, of the Act of June 15, 1917, to-wit, the above mentioned document, with an averment of the same overt acts. The third count charges an unlawful use of the mails for the transmission of the same matter and otherwise as above. The defendants were found guilty on all the counts. They set up the First Amendment to the Constitution forbidding Congress to make any law abridging the freedom of speech, or of the press, and bringing the case here on that ground have argued some other points also of which we must dispose.

It is argued that the evidence, if admissible, was not sufficient to prove that the defendant Schenck was concerned in sending the documents. According

 **법원의 의견을 홈즈(HOLMES) 판사가 냈다.**

이것은 세 개의 소인들로 구성된 대배심 검사기소이다. 독일제국을 상대로 미합중국이 전쟁 중에 있을 때 미합중국 육군에서의 및 해군에서의 반항 등을 «249 U. S., 49» 야기함으로써와 야기하고자 및 미합중국의 신병모집 및 모병 업무를 방해하고자 시도함으로써 1917년 6월 15일자 스파이활동 단속법(the Espionage Act), c. 30, § 3, 40 Stat. 217, 219, 을 위반하려고 한 공모를 첫 번째 소인은 기소하는바, 즉 이러한 반항을 및 방해를 야기하는 것으로 주장된 및 예상된 그 설명된 한 개의 문서를 인쇄하여, 1917년 5월 18일자 법률에 따라 병역의무를 위해 소집되어 받아들여져 있는 사람들에게 이를 배포하려고 피고인이 의도적으로 공모하였다는 것이 그것이다. 그 공모의 이행 속에서의 공공연한 행위들을, 결국은 그 설명된 문서의 배포로써 끝났던 그 행위들을 그 소인은 주장한다. 미합중국에 대한 범죄를 저지르고자 한 공모를 두 번째 소인은 주장하는바, 우편발송 금지 대상으로 1917년 6월 15일자 법률 제12편 제2절에 의하여 선언된 물건의, 즉 바로 그 공공연한 행위들의 주장을 지닌 위에서 설명된 문서의 전달을 위하여 우편들을 사용하고자 한 공모가 그것이다. 위에서 말한 바로 그 물건의 및 여타의 것들의 전달을 위한 우편들의 불법적 사용을 세 번째 소인은 기소한다. 모든 소인들에 대하여 피고인들은 유죄로 판정되었다. 조금이라도 말의 내지는 출판의 자유를 박탈하는 법을 제정하지 못하도록 연방의회를 금지하는 연방헌법 수정 제1조를 그들은 주장하였고, 그 이유에 따라 사건을 여기에 그들은 가져오면서, 우리가 판단하지 않으면 안 될 몇 가지 별도의 논점들을 아울러 그들은 주장하여 놓았다.

그 문서들을 보내는 데에 피고인 솅크가 관련되었음을 증명하기에 증거는, 설령 증거능력이 있다 하더라도, 충분하지 아니하였다는 주장이 있다. 자신이 사회당 총

to the testimony Schenck said he was general secretary of the Socialist party and had charge of the Socialist headquarters from which the documents were sent. He identified a book found there as the minutes of the Executive Committee of the party. The book showed a resolution of August 13, 1917, that 15,000 leaflets should be printed on the other side of one of them in use, to be mailed to men who had passed exemption boards, and for distribution. Schenck personally attended to the printing. On «249 U. S., 50» August 20 the general secretary's report said "Obtained new leaflets from printer and started work addressing envelopes" &c.; and there was a resolve that Comrade Schenck be allowed $125 for sending leaflets through the mail. He said that he had about fifteen or sixteen thousand printed. There were files of the circular in question in the inner office which he said were printed on the other side of the one sided circular and were there for distribution. Other copies were proved to have been sent through the mails to drafted men. Without going into confirmatory details that were proved, no reasonable man could doubt that the defendant Schenck was largely instrumental in sending the circulars about. As to the defendant Baer there was evidence that she was a member of the Executive Board and that the minutes of its transactions were hers. The argument as to the sufficiency of the evidence that the defendants conspired to send the documents only impairs the seriousness of the real defence.

It is objected that the documentary evidence was not admissible because obtained upon a search warrant, valid so far as appears. The contrary is established. Adams v. New York, 192 U. S. 585; Weeks v. United States, 232 U. S. 383, 395, 396. The search warrant did not issue against the defendant but against the Socialist headquarters at 1326 Arch street and it would seem that the documents technically were not even in the defendants' possession. See Johnson v. United States, 228 U. S. 457. Notwithstanding some protest in

서기임을 및 그 문서들의 발송 장소인 사회당 본부를 책임지고 있음을, 증언에 따르면 셍크는 진술하였다. 거기서 발견된 장부 한 권이 당 집행위원회 메모들임을 그는 인정하였다. 면제심사 위원회들을 통과한 상태인 사람들에게 우송될 것들로서와 배포용으로, 전단지 15,000장이 그 사용되는 쪽의 반대 쪽 면으로 인쇄되어야 한다는 1917년 8월 13일자 결의를 그 장부는 보여주었다.

그 인쇄를 셍크는 몸소 살폈다. "새로운 «249 U. S., 50» 전단지들을 인쇄업자로부터 확보하여 주소를 봉투들에 쓰기 시작함" 등에 관하여 8월 20일 총서기의 보고서는 보고하였다; 그리고 우편을 통하여 전단지들을 발송하기 위한 125 달러가 셍크 동지에게 지급됨이 허가된다는 결의가 있었다. 약 15,000부를 내지 16,000부를 자신이 인쇄시켰다고 그는 말하였다. 한 쪽 면을 사용한 광고전단의 반대 쪽 면으로 인쇄되었다고 및 배포용으로 거기에 있는 것들이라고 그가 말한 문제의 광고전단 파일들이 내부 사무소에 있었다. 징집된 사람들에게 우편을 통하여 그 나머지 부수들은 발송된 상태였음이 증명되었다. 그 증명된 확증적 세부사항들에까지 들어가지 아니하고서도, 그 광고전단들을 주위에 보냄에 있어서 주로 피고인 셍크가 힘이 되었음을 합리적인 사람이라면 의심할 수 없었다. 피고인 바예르에 관하여, 그녀가 집행위원회 위원이라는 및 그 위원회의 행위들에 관한 메모들이 그녀의 것이라는 증거가 있었다. 문서들을 보내고자 피고인들이 공모하였다는 점에 대한 증거의 충분성을 다투는 주장은 실질적 항변의 진정성을 손상시켜 줄 뿐이다.

수색영장에 의거하여 문서증거가 획득되었기에 그것은 증거능력이 없었다는 이의가 제기되어 있는바, 외관상의 범위 내에서 그것은 유효한 것으로 보인다. 오히려 그 반대가 증명되어 있다. Adams v. New York, 192 U. S. 585; Weeks v. United States, 232 U. S. 383, 395, 396. 피고인을 겨냥해서가 아니라 아치가(街) 1326 사회당 본부를 겨냥해서 수색영장은 발부되었고, 게다가 전문어로 말하자면 그 문서들은 피고인의 점유에 있지조차 아니한 것으로 보였다. Johnson v. United States, 228 U. S. 457을 보라. 심지어 피고인으로부터 직접적으로 기인하는 증거라 하더라도, 형

argument the notion that evidence even directly proceeding from the defendant in a criminal proceeding is excluded in all cases by the Fifth Amendment is plainly unsound. Holt v. United States, 218 U. S. 245, 252, 253.

The document in question upon its first printed side recited the first section of the Thirteenth Amendment, said that the idea embodied in it was violated by the conscription act and that a conscript is little better than a «249 U. S., 51» convict. In impassioned language it intimated that conscription was despotism in its worst form and a monstrous wrong against humanity in the interest of Wall Street's chosen few. It said, "Do not submit to intimidation," but in form at least confined itself to peaceful measures such as a petition for the repeal of the act. The other and later printed side of the sheet was headed "Assert Your Rights." It stated reasons for alleging that any one violated the Constitution when he refused to recognize "your right to assert your opposition to the draft," and went on, "If you do not assert and support your rights, you are helping to deny or disparage rights which it is the solemn duty of all citizens and residents of the United States to retain." It described the arguments on the other side as coming from cunning politicians and a mercenary capitalist press, and even silent consent to the conscription law as helping to support an infamous conspiracy. It denied the power to send our citizens away to foreign shores to shoot up the people of other lands, and added that words could not express the condemnation such cold-blooded ruthlessness deserves, &c., &c., winding up, "You must do your share to maintain, support and uphold the rights of the people of this country." Of course the document would not have been sent unless it had been intended to have some effect, and we do not see what effect it could be expected to have upon persons subject to the draft except to influence them to obstruct the carrying of it out. The defendants do not deny that the jury might find

사절차에서는 연방헌법 수정 제5조에 의하여 모든 사건들에서 그것이 배제된다는 관념은, 논의 안에 있는 상당한 이의에도 불구하고, 명백히 불합리하다. Holt v. United States, 218 U. S. 245, 252, 253.

연방헌법 수정 제13조를 인쇄된 그 첫 번째 면에서 문제의 문서는 인용하였고, 그 안에 구체화된 의미가 징병법에 의하여 침해된다고, 그리고 징집병은 기결수보다 결코 나을 것이 없다고 《249 U. S., 51》 그것은 말하였다. 징병제도는 가장 악독한 형태의 독재임을, 및 월가(街)의 선택된 소수의 이익을 위한 인간성에 대한 끔찍한 범죄임을 열렬한 표현으로 그것은 공표하였다. "협박에 굴복하지 말라."라고 그것은 말하면서도, 그러나 형식에 있어서는 법률의 폐지를 위한 청원에랄지 등 평화적인 수단에 그 자신을 적어도 그것은 제한하였다. "그대의 권리를 주장하라."라는 제목을 그 다른 쪽의 나중에 인쇄된 면은 달고 있었다. "징병에 대한 그대의 반대의사를 주장할 그대의 권리"를 인정하기를 조금이라도 거부하는 사람은 연방헌법을 위반하는 것이 된다는 주장을 뒷받침하는 이유들을 그것은 설명하였고, "만약 그대의 권리들을 그대가 주장하지 않거나 편들지 않으면, 그 보유함이 미합중국의 모든 시민들의 및 거주자들의 엄숙한 의무인 권리들을 부정하도록 및 깔보도록 그대는 돕고 있는 것이 된다."고 그것은 나아갔다. 이에 반대되는 쪽 주장들을 교활한 정치인들로부터 및 돈을 목적으로 일하는 자본주의 언론으로부터 나오는 것들로, 그리고 심지어 수치스러운 음모를 지원하도록 돕는 것으로서 징병법에 대한 침묵에 의한 동의로 그것은 기술하였다. 남의 나라 국민에게 마구 쏘아대도록 우리의 시민들을 외국 해변들에 떠나보낼 권한을 그것은 부정하였고, 이러한 냉혈적 무자비함이 받아 마땅한 그 비난을 말로는 표현할 수가 없다는 등등의 내용을 그것은 보탰으며, "이 나라 국민의 권리들을 유지하기 위하여, 편들기 위하여 및 지지하기 위하여 그대의 몫을 그대는 하지 않으면 안 된다."는 말로써 그것은 끝맺었다. 모종의 효과를 지니게 하려는 의도를 그것이 띠지 않았다면 그 문서가 발송되지 아니하였을 것임은 물론인바, 징병에 복종해야 할 사람들에게 영향을 끼쳐 그들로 하여금 그것을 이행하지 못하도록 방해하는 효과를 이외에 어떤 효과를 그 사람들 위에 그것이 지니리라고 기대될 수 있었다는 것인지 우리는 이해할 수가 없다. 이 점에 대

against them on this point.

But it is said, suppose that that was the tendency of this circular, it is protected by the First Amendment to the Constitution. Two of the strongest expressions are said to be quoted respectively from well-known public men. It well may be that the prohibition of laws abridging the freedom of speech is not confined to previous restraints, although to prevent them may have been the «249 U. S., 52» main purpose, as intimated in Patterson v. Colorado, 205 U. S. 454, 462. We admit that in many places and in ordinary times the defendants in saying all that was said in the circular would have been within their constitutional rights. But the character of every act depends upon the circumstances in which it is done. Aikens v. Wisconsin, 195 U. S. 194, 205, 206. The most stringent protection of free speech would not protect a man in falsely shouting fire in a theatre and causing a panic. It does not even protect a man from an injunction against uttering words that may have all the effect of force. Gompers v. Buck's Stove & Range Co., 221 U. S. 418, 439. The question in every case is whether the words used are used in such circumstances and are of such a nature as to create a clear and present danger that they will bring about the substantive evils that Congress has a right to prevent. It is a question of proximity and degree. When a nation is at war many things that might be said in time of peace are such a hindrance to its effort that their utterance will not be endured so long as men fight and that no Court could regard them as protected by any constitutional right. It seems to be admitted that if an actual obstruction of the recruiting service were proved, liability for words that produced that effect might be enforced. The statute of 1917 in § 4 punishes conspiracies to obstruct as well as actual obstruction. If the act, (speaking, or circulating a paper,) its tendency and the intent with which it is done are the same, we perceive no ground for saying

하여 자신들에게 불리하게 배심이 판단할만도 하였음을 피고인들은 부정하지 않는다.

그러나 그것이 이 광고전단의 경향이었다고 가정하더라도, 연방헌법 수정 제1조에 의하여 그것은 보호된다는 주장이 있다. 가장 강력한 표현들 중 두 개는 저명한 공적 인물들(public men)로부터 각각 인용된 것들이라고 말해진다. 말의 자유를 박탈하는 법률에 대한 금지는 사전의 제한들(previous restraints)에 한정되지 아니함이도 당연한바, 비록 그것들을 방지함이 그 주된 목적들이었을 《249 U. S., 52》 수 있음이 Patterson v. Colorado, 205 U. S. 454, 462에서 암시된 바 있다 하더라도 이는 그러하다. 그 광고전단에서 말해진 모든 것들을 말함에 있어서 다른 장소들에서와 평상의 시기에였다면 헌법적 권리들의 범위 내에 피고인들은 있었을 것임을 우리는 시인한다. 그러나 모든 행동의 성격은 그것이 행해진 상황들에 의존한다. Aikens v. Wisconsin, 195 U. S. 194, 205, 206. 극장에서 불이야(fire)라고 거짓으로 외치는, 그리하여 공황을 야기하는 사람을 자유로운 말의 보호는, 설령 그 가장 엄중한 보호가조차도 보호하지 아니할 것이다. 모든 설득력을 지닐 수 있는 말들을 발설하지 못하도록 막는 한 개의 금지명령에 대처해서조차도 사람을 그것은 보호하지 않는다. Gompers v. Buck's Stove & Range Co., 221 U. S. 418, 439. 모든 사건마다에서 문제는, 한 개의 명백한 현존의 위험을 만들어 낼 만한, 그리하여 이를 방지할 권한을 연방의회가 지니는 그 실질적 해악들을 야기할 만한 그러한 상황들에서 그 사용된 문언들이 사용되는지 및 그것들이 그러한 성격의 것들인지 여부이다. 그것은 근접성의 및 정도의 문제이다. 한 개의 국가가 전쟁 중일 때는, 평화의 시기에라면 말해져도 좋았을 많은 것들이 국가의 노력에 대한 한 개의 장애물이 되어 사람들이 싸우는 한 그것들의 표명은 허용되지 않게 되고는 하는 법이고, 그리하여 그것들을 조금이라도 헌법적 권리에 의하여 보호되는 것들로서 법원이라면 간주할 수가 없었을 것이 되고는 하는 법이다. 만약 신병모집 업무에 대한 현실의 방해가 증명된다면 그 결과를 낳은 표현들에 대한 책임이 강요될 수가 있으리라는 점은 시인되는 것으로 보인다. 현실의 방해행위를 처벌하듯이, 그 방해하기 위한 공모행위들을 마찬가지로 1917년 제정법은 제4절에서 처벌한다. 만약 그 행동이, (말하기가 내지는 신문의 배포행위가,) 그것의 경향이 및 그 행동에 부수된 의도가 바로 이에 동일하다면, 그 행

that success alone warrants making the act a crime. Goldman v. United States, 245 U. S. 474, 477. Indeed that case might be said to dispose of the present contention if the precedent covers all *media concludendi*. But as the right to free speech was not referred to specially, we have thought fit to add a few words.

It was not argued that a conspiracy to obstruct the draft was not within the words of the Act of 1917. The «249 U. S., 53» words are "obstruct the recruiting or enlistment service," and it might be suggested that they refer only to making it hard to get volunteers. Recruiting heretofore usually having been accomplished by getting volunteers the word is apt to call up that method only in our minds. But recruiting is gaining fresh supplies for the forces, as well by draft as otherwise. It is put as an alternative to enlistment or voluntary enrollment in this act. The fact that the Act of 1917 was enlarged by the amending Act of May 16, 1918, c. 75, 40 Stat. 553, of course, does not affect the present indictment and would not, even if the former act had been repealed. Rev. Stats., § 13.

Judgments affirmed.

동을 한 개의 범죄로 만듦을 그 성공만이 정당화한다고 말할 수 있는 근거를 우리는 이해할 수 없다. Goldman v. United States, 245 U. S. 474, 477. 아닌게 아니라, 모든 종결수단들을 만약 그 선례가 포함한다면, 현재의 주장을 그 사건은 처리한다고 말해질 수도 있을 것이다. 그러나 자유로운 말의 권리는 구체적으로 언급되지 아니하였기에, 몇 마디 말을 덧붙임이 알맞다고 우리는 생각하게 되었다.

징병을 방해하기 위한 공모는 1917년 법률의 문언 내에 있지 않다는 주장은 제기되지 않았다. 문언은 «249 U. S., 53» "신병모집 내지는 모병 업무를 방해"하는 것이라고 되어 있고, 따라서 지원자들을 얻기 어렵게 만드는 것만을 그것들은 가리키는 것 아닌가 제언될 수는 있다. 지금까지 주로 지원자들을 확보함에 의하여 신병모집은 일반적으로 달성되어 오고 있는 터이므로, 오직 그 방법만을 우리의 마음들 속에 그 단어는 불러오기가 쉽다. 그러나 신병모집은 군대를 위한 신선한 공급원을 얻는 일인바, 다른 방법에 의함이 그러하듯 징병제도에 의함이 또한 그러하다. 모병제도에 내지는 지원입대 제도에 대한 대안으로서 이 법률 안에서 그것은 표현된다. 1918년 5월 16일자 개정법률, c. 75, 40 Stat. 553, 에 의하여 1917년 법률이 확대되었다는 사실은 현재의 대배심 검사기소장에 영향을 미치지 못하며 영향을 미치고자 한 것도 아닌바, 비록 앞의 법률이 폐기된 상태였다 하더라도 그 점은 마찬가지다. Rev. Stats., § 13.

원심판결 주문은 인가된다.

표현의 자유_Freedom of Expression

Freedom of

ABRAMS ET AL. v. UNITED STATES, 250 U. S. 616 (1919)

뉴욕주 남부지구 관할
미합중국 지방법원에 대한 오심영장

NOS. 316.
변 론 1919년 10월 21일, 22일
판 결 1919년 11월 10일

요약해설

1. 개요

ABRAMS ET AL. v. UNITED STATES, 250 U. S. 616 (1919)은 7 대 2로 판결되었다. 법원의 의견을 클라크(CLARKE) 판사가 냈고, 반대의견을 브랜다이스(BRANDEIS) 판사의 찬동 아래에 홈즈(HOLMES) 판사가 냈다. 말의 자유를 SCHENCK 사건에서보다도 더 정열적으로 홈즈(Holmes) 판사는 옹호하였다. 홈즈 판사의 자주 인용되는 "생각들의 시장(marketplace of ideas)" 개념은 말의 자유를 진실의 탐색에 웅변적으로 연결지어 준다.

2. 사실관계

가. 피고인들

스스로 모반자들임을, 혁명주의자들임을, 무정부주의자들임을, 사회주의자들임을, 러시아 태생의 상당한 학력 소지자들로서 5년에서 10년까지에 걸쳐 미합중국에서 미귀화 상태로 거주해 온 피고인들은 자처하였다. (250 U. S., at 617–618.)

나. 행위

러시아 노동자들의 공화국을 및 러시아 혁명을 구하자는 구호 아래, 이를 위하여 교란을 만들어 내 동맹국들의 군대들을 집에 붙들어 두어야 한다고, 그리고 필요한 경우에는 무장봉기를 해야 한다고 주장하면서 대통령 윌슨을 및 합중국 정부를 공격하는 내용의 "미합중국의 및 그 동맹국들의 위선"이라는 제목의, 그리고 "행동을 위하여 혁명주의자들 뭉치다."라는 제목의, 미합중국 정부에 관하여 불충한 표현을 담은; 미합중국 정부의 형태를 모욕 속에 빠뜨리려는 의도가 담긴 표현을 담은; 그리고 전쟁에 있어서의 총파업을 포함하는 미합중국에 대한 저항을 선동하려는 의도가 담긴 표현을 담은; 군수품에 대한 생산의 감축을 재촉·선동·옹호하는 표현을 담은 광고전단을 인쇄·배포하고자 피고인들은 결속하였고, 인쇄장비를 1918년 7월 27일에 구입하여 1918년 8월 22일 무렵 광고전단 5,000부를 인쇄하여 뉴욕시내에 배포하였다. 독일제국과의 전쟁 상태에 당시에 미합중국은 있었다. (250 U. S., at 617-623.)

다. 대배심 검사기소 공소사실, 피고인들의 주장; 유죄판정 및 오심영장

연방의회 법률인 스파이활동 단속법(the Espionage Act)을 위반하고자 공모하였다는 죄목으로 대배심 검사기소에 피고인들은 처해졌다. 기소대상 행위들은 불법이 아니라고; 연방헌법 수정 제1조 상의 말의 및 출판의 자유의 보호의 범위 내에 그것들은 있다고; 스파이활동 단속법은 위헌이라고; 그 수정조항에 그것은 어긋난다고 피고인들은 주장하였다. 뉴욕주 남부지구 관할 연방 지방법원에서 유죄판정에 이어 25년의 구금형을 피고인들은 선고받았다. 피고인들이 청구한 오심영장을 발부하여 사건을 자신 앞에 연방대법원은 가져왔다. (250 U. S., at 616-619, 629.)

라. 연방대법원에서의 피고인들의 주장의 요지

(1) 유죄평결에 터잡은 판결주문을 뒷받침하는 실질적인 증거가 기록에 없다고; (2) 피고인들에게 유리한 훈시가 부여된 상태에서의 평결을 구하는 피고인들의 신청이 거부된 것은 오류였다고 피고인들은 주장하였다. (250 U. S., at 619.)

3. 클라크(CLARKE) 판사 쓴 법원의 의견의 요지

가. 증거의 충분성을 우리는 고찰할 필요가 없다. 한 개의 소인 그 어느 것에 의거해서도 법적으로 부과될 수 있었을 형량을 그 부과된 형량이 초과하지 아니하였던 이상, 그 소인들 중 단 한 개를이라도 뒷받침하기에 증거가 충분하다면 배심의 평결에 의거한 판결주문은 인가되지 않으면 안 된다. (250 U. S., at 619.)

나. 그들의 행위들이 빚을 가능성이 있었던 그 결과들을 의도하였던 것으로 및 이에 대하여 책임이 있는 것으로 그들은 간주되지 않으면 안 된다. (250 U. S., at 621.)

다. 이것은 행정의 변화를 솔직한 논의에 의하여 불러오려는 시도가 아니다. 총파업의 마비를 불러옴에 및 군수품의 생산을 이로써 저지함에 의하여 미합중국의 전쟁 계획들을 좌절시키려는 시도를 만들어내는 데 공표물의 목적은 있었다. (250 U. S., at 622.)

라. 이 광고전단들은 전쟁 상태의 미합중국에 대한 저항을 유발시키려는 의도를 명백히 띤 것이었다. 전쟁의 수행에 필수인 대포의 및 탄약의 생산을 감축하기 위한 군수품 공장들에서의 총파업에의 의존을 그것은 명확히 촉구하고 옹호하였다. 피고인들의 유죄임을 증명하는 설득력 있는 증거가 배심 앞에 있었다. 연방지방법원의 판결주문은 인가되지 않으면 안 된다. (250 U. S., at 623–624.)

4. 홈즈(HOLMES) 판사의 반대의견의 요지

가. 미합중국 정부의 형태를 이러한 선언들은 전혀 공격하지 않는다. 군수품 공장들에서 일하는 노동자들에게의 제언이 및 총파업에 대한 추가적 옹호가 범죄로 되기 위하여는 "전쟁의 수행에 있어서의 미합중국을 이러한 감축에 의하여 불구로 만들려는 내지는 방해하려는 의도를 지니고서" 그것이 이루어질 것을 법률은 요구한다. 그러한 의도는 증명되어 있지 않다. (250 U. S., at 626.)

나. 그 결과가 그 행위의 목적인 경우가 아닌 한, 한 개의 결과를 산출할 의도를 지니고서 한 개의 행위가 행해지는 것이 되지는 않는다. 그 결과를 빚어내려는 목적이 그 구체적 행위의 가장 근접한 동기인 경우가 아닌 한, 비록 무언가 더 깊은 동기가 뒤에 있을 수 있을망정, 그것을 빚어낼 의도를 지니고서 그 행동을 그가 하는 것이 되지는 않는다. 그 자신의 단어들을 엄격하고도 정확한 의미 속에서 사용하는 것으로 이 제정법은 해석되지 않으면 안 된다. (250 U. S., at 627.)

다. 그 방지하기를 미합중국이 합헌적으로 추구할 수 있는 실질적 해악들을 즉시 야기할 만한 명백한 급박의 위험을 빚어내는 내지는 빚어내려는 의도가 담긴 말을 미합중국은 합헌적으로 처벌할 수 있다. 평화의 시기에보다 전쟁의 시기에 그 권한은 더 크지만, 전쟁에 특유한 위험들에 대처하여서도, 자유로운 말에 대한 권리의 원칙은 항상 똑 같다. 사적 권리들이 관련되어 있지 아니한 경우에 의견의 표현에 한계를 설정함에 있어서의 연방의회를 정당화하는 것은 급박한 해악의 현존하는 위험만이거나 그것을 야기하려는 의도만이다. 실체적 범죄를 완성하기 위하여 바로 그 개인에 의한 추가적 행위가 요구되는 경우에 한 개의 시도를 구성하기 위하여는, 현실의 의도가 불가결하다. 러시아에서의 혁명에의 간섭을 방지하려는 의도는 우리의 전쟁에 대한 방해 없이도 충족될 수 있었다. 제정법에 의하여 요구되는 의도는 피고인의 말들 속에서 인정될 수 없다. (250 U. S., at 627-628.)

라. 공소사실을 위한 유일한 근거를 제공해 주는 두 번째 광고전단의 목적은 미국이 수행 중인 전쟁에 있어서 미국을 방해함이 아니라, 러시아를 돕는 데에 및 그 인민정부를 적대한 미국의 간섭을 중지시키는 데에 있다. 간접적인 및 기대 밖의 결과로서 전쟁을 방해함직한 행위에 대한 한 개의 제언을 내포하는 것만으로는 그 결과를 산출하려는 시도를 증명하기에 충분하지 않다. (250 U. S., at 628-629.)

마. 세 번째 소인에 관련되는, 독일을 상대한 미합중국의 전쟁에서의 미합중국에의 저항을 선동하려는 의도라 함은, 전쟁의 추구에 있어서의 미합중국의 절차에 대한 강제적인 대항 행위를 선동하려는 의도를 의미한다. 의도라 함은 구체적인 의도이지 않으면 안 되는바, 이러한 의도는 실제로 증명되지도 존재하지도 않았다. 설령 그 필요한 의도가 증명된다고 하더라도, 가장 보잘 것 없는 처벌이 그 부과될 수 있는 전부였다. (250 U. S., at 629-630.)

바. 생각들의 자유로운 교환에 의하여 그 소망되는 궁극적인 선은 더 잘 달성된다. 진실의 최선의 기준은 시장의 경쟁 속에서 그 자신이 받아들여지도록 만드는 생각의 힘이다. 그것이 우리 연방헌법의 원리이다. 의견들의 표현을 제한하려는 시도들에 대처하여서는, 법의 적법한 및 긴급한 목적들을 즉각적 방해로써 그것들이 너무나도 절박하게 위협하는 나머지 나라를 구하기 위하여 즉시의 제재가 요구되는 경우가 아닌 한, 우리는 영구히 경계해야 한다. (250 U. S., at 630.)

사. "말의 자유를 박탈하는 …… 법을 연방의회는 제정해서는 안 된다."고 한 포괄적 명령에 대한 예외는, 해악의 교정을 시간에게 내맡김을 즉각적으로 위험한 것으로 만드는 그 긴급성에 의하여서만 정당화된다. 미합중국 헌법 아래서의 그들의 권리들을 이 대배심 검사기소장에 의거한 그들의 유죄판정에 있어서 피고인들은 박탈당하였다. (250 U. S., at 630-631.)

 **Mr. Justice CLARKE delivered the opinion of the Court.**

On a single indictment, containing four counts, the five plaintiffs in error, hereinafter designated the defendants, were convicted of conspiring to violate provisions of the «250 U. S., 617» Espionage Act of Congress (§ 3, title I, of Act approved June 15, 1917, as amended May 16, 1918, 40 Stat. 553).

Each of the first three counts charged the defendants with conspiring, when the United States was at war with the Imperial Government of Germany, to unlawfully utter, print, write and publish: In the first count, "disloyal, scurrilous and abusive language about the form of government of the United States;" in the second count, language "intended to bring the form of government of the United States into contempt, scorn, contumely, and disrepute;" and in the third count, language "intended to incite, provoke and encourage resistance to the United States in said war." The charge in the fourth count was that the defendants conspired "when the United States was at war with the Imperial German Government, ······ unlawfully and willfully, by utterance, writing, printing and publication to urge, incite and advocate curtailment of production of things and products, to wit, ordnance and ammunition, necessary and essential to the prosecution of the war." The offenses were charged in the language of the act of Congress.

It was charged in each count of the indictment that it was a part of the conspiracy that the defendants would attempt to accomplish their unlawful purpose by printing, writing and distributing in the city of New York many copies of a leaflet or circular, printed in the English language, and of another

법원의 의견을 클라크(CLARKE) 판사가 냈다.

연방의회 법률인 스파이활동 단속법(the Espionage Act, 1917년 6월 15일 승인되고 1918년 5월 16일 개정된 법률, 40 Stat. 553, 제1편 제3절)을 위반하고자 공모하였음을 이유로 네 개의 소인들을 《250 U. S., 617》 포함하는 한 장의 대배심 검사기소장에 의거하여 유죄판정을 이하에서 피고인들로 지칭되는 다섯 명의 항소인들은 받았다.

첫 번째 소인에서는, "미합중국 정부의 형태에 관하여 불충한, 무례한 및 입정사나운 표현을;" 두 번째 소인에서는 "미합중국 정부의 형태를 모욕 속에, 멸시 속에, 무례 속에 그리고 불명예 속에 빠뜨리려는 의도가 담긴" 표현을; 그리고 세 번째 소인에서는 "그 전쟁에 있어서의 미합중국에 대한 저항을 선동하려는, 유발시키려는 및 고무하려는 의도가 담긴" 표현을 독일제국 정부하고의 전쟁 상태에 미국이 있을 때 불법적으로 표명하고자, 인쇄하고자, 저술하고자 및 출판하고자 공모한 행위에 대하여 피고인들을 첫 세 개의 소인들은 각각 기소하였다: 네 번째 소인에서의 기소는 "독일제국 정부하고의 전쟁 상태에 미국이 있을 때, …… 전쟁의 수행에 필수불가결한 물자에 및 생산품들에 대한, 즉 군수품에 및 무기에 대한 생산의 감축을 표명에 의하여, 저술에 의하여, 인쇄에 의하여 및 출판에 의하여 불법적으로 및 의도적으로 재촉하고자, 선동하고자 및 옹호하고자" 피고인들이 공모하였다는 것이었다. 연방의회 법률의 용어로써 그 범죄들은 기소되었다.

그것은 그 자신들의 불법적 목적을 인쇄에 의하여, 저술에 의하여, 및 영어로 또는 이디시 말로 인쇄된 여러 부수의 전단지를 내지는 광고전단을 뉴욕시 내에 배포함에 의하여, 달성하기를 피고인들이 시도하고자 한 공모행위의 일부였음이 대배심 검사기소장의 각각의 소인에서 기소되었고, 정확하게 확인된 그 사본들이 대배

printed in the Yiddish language, copies of which, properly identified, were attached to the indictment.

All of the five defendants were born in Russia. They were intelligent, had considerable schooling, and at the time they were arrested they had lived in the United States terms varying from five to ten years, but none of them had applied for naturalization. Four of them testified as witnesses in their own behalf, and of these three frankly avowed that they were "rebels," "revolution- «250 U. S., 618» ists," "anarchists," that they did not believe in government in any form, and they declared that they had no interest whatever in the government of the United States. The fourth defendant testified that he was a "Socialist" and believed in "a proper kind of government, not capitalistic," but in his classification the government of the United States was "capitalistic."

It was admitted on the trial that the defendants had united to print and distribute the described circulars and that 5,000 of them had been printed and distributed about the 22d day of August, 1918. The group had a meeting place in New York City, in rooms rented by defendant Abrams, under an assumed name, and there the subject of printing the circulars was discussed about two weeks before the defendants were arrested. The defendant Abrams, although not a printer, on July 27, 1918, purchased the printing outfit with which the circulars were printed, and installed it in a basement room where the work was done at night. The circulars were distributed, some by throwing them from a window of a building where one of the defendants was employed and others secretly, in New York City.

The defendants pleaded "not guilty," and the case of the government consisted in showing the facts we have stated, and in introducing in evidence copies of the two printed circulars attached to the indictment, a sheet entitled "Revolutionists Unite for Action," written by the defendant Lipman, and

심 검사기소장에 첨부되었다.

다섯 명의 피고인들은 모두가 러시아에서 태어났다. 그들은 지적 능력을 갖추었고 상당한 학력을 지녔으며 그들이 체포된 당시에 사람에 따라 5년에서부터 10년까지에 걸친 기간을 미합중국 내에서 그들은 살아온 터였으나, 그들 중 아무도 귀화를 신청한 바가 없었다. 그들 중 네 명은 그들 자신을 위한 증인들로서 증언하였는데, 자신들은 "모반자들"임을, "혁명주의자들"임을, «250 U. S., 618» "무정부주의자들"임을, 형태 여하를 불문하고 정부를 자신들은 믿지 않음을 이들 중 셋은 솔직히 인정하였고, 미합중국 정부에 이익을 아예 자신들은 지니지 아니함을 그들은 선언하였다. 자신은 "사회주의자"임을 및 "자본주의적 정부를이 아닌 올바른 종류의 정부를" 자신은 믿음을 네 번째 피고인은 증언하였으나, 그의 분류에서 미합중국 정부는 "자본주의적"이었다.

그 광고전단을 인쇄하고자 및 배포하고자 피고인들이 결속해 있었음이, 1918년 8월 22일 무렵 그것들 5,000부가 인쇄되어 배포된 상태였음이 정식사실심리에서 시인되었다. 뉴욕시내에서의 회합장소를 피고인 에이브람스에 의하여 가명 아래서 세 얻어진 방들에 그룹은 두었고, 그리고 피고인들이 체포되기 약 2주일 전에 거기서, 광고전단들을 인쇄하는 문제가 논의되었다. 피고인 에이브람스는 비록 인쇄업자가 아니었음에도 인쇄장비를 1918년 7월 27일에 구입하여 그것을 지하실 방한 개에 설치하였는데, 이로써 그 방에서 야간에 광고전단들의 인쇄가 이루어졌다. 일부는 피고인들 중 한 명이 고용되어 있던 빌딩 창문으로부터 던지는 방법에 의하여, 나머지는 비밀리에, 광고전단들은 뉴욕 시내에 배포되었다.

"무죄"로 피고인들은 답변하였고, 그리하여 우리가 설명해 온 사실관계를 입증하는 것으로써 및 대배심 검사기소장에 첨부된 그 두 개의 인쇄된 광고전단들의 사본들을 증거로 소개하는 것으로써 정부의 주장은 구성되었는바, "행동을 위하여 혁명주의자들 뭉치다."라는 제목을 단 피고인 리프만에 의하여 집필된, 그리고 그가

found on him when he was arrested, and another paper, found at the head-quarters of the group, and for which Abrams assumed responsibility.

Thus the conspiracy and the doing of the overt acts charged were largely admitted and were fully established.

On the record thus described it is argued, somewhat faintly, that the acts charged against the defendants were not unlawful because within the protection of that freedom «250 U. S., 619» of speech and of the press which is guaranteed by the First Amendment to the Constitution of the United States, and that the entire Espionage Act is unconstitutional because in conflict with that Amendment.

This contention is sufficiently discussed and is definitely negatived in Schenck v. United States and Baer v. United States, 249 U. S. 47; and in Frohwerk v. United States, 249 U. S. 204.

The claim chiefly elaborated upon by the defendants in the oral argument and in their brief is that there is no substantial evidence in the record to support the judgment upon the verdict of guilty and that the motion of the defendants for an instructed verdict in their favor was erroneously denied. A question of law is thus presented, which calls for an examination of the record, not for the purpose of weighing conflicting testimony, but only to determine whether there was some evidence, competent and substantial, before the jury, fairly tending to sustain the verdict. Troxell v. Delaware, Lackawanna & Western R. R. Co., 227 U. S. 434, 442; Lancaster v. Collins, 115 U. S. 222, 225; Chicago & North Western Ry. Co. v. Ohle, 117 U. S. 123, 129. We shall not need to consider the sufficiency, under the rule just stated, of the evidence introduced as to all of the counts of the indictment, for, since the sentence imposed did not exceed that which might lawfully have been imposed under any single count, the judgment upon the verdict of the jury

체포되었을 때 그에게서 발견된 한 장의 종이가, 그리고 그룹 본부에서 발견된, 그리고 에이브람스가 그 책임을 떠맡은 다른 종이가 그것들이었다.

이렇게 하여 그 기소된 공모행위는 및 그 공공연한 행위들의 실행은 대부분 시인되고 완전히 입증되었다.

피고인들을 겨냥한 그 기소대상 행위들은 불법이 아니었다고, 왜냐하면 미합중국 헌법 수정 제1조에 의하여 보장되는 말의 및 출판의 자유의 보호의 범위 내에 그것들은 있기 때문이라고, 그리고 《250 U. S., 619》 스파이활동 단속법은 그 전체가 위헌이라고, 왜냐하면 그 수정조항에 그것은 어긋나기 때문이라고, 이렇게 기술된 기록에 터잡아 약간은 어렴풋이 주장이 제기되어 있다.

Schenck v. United States and Baer v. United States, 249 U. S. 47에서; 그리고 Frohwerk v. United States, 249 U. S. 204에서 이 주장은 충분히 논의되었고 확정적으로 부정되었다.

유죄평결에 터잡은 판결주문을 뒷받침하는 실질적인 증거가 기록에 없다는 데에, 그리고 자신들에게 유리한 훈시가 부여된 상태에서의 평결을 구하는 피고인들의 신청이 거부된 것은 오류였다는 데에 피고인들에 의하여 구두변론에서와 그들의 준비서면에서 주로 상술된 주장은 있다. 한 개의 법 문제가 이렇게 제기되어 있고, 기록의 검토를 그것은 요구하는바, 대립되는 증거를 평가하기 위해서가 아니라, 그 평결을 뒷받침하는 데 당당히 이바지하는 자격 있는 및 가치 있는 모종의 증거가 배심 앞에 있었는지 여부를 단지 판단하기 위해서이다. Troxell v. Delaware, Lackawanna & Western R. R. Co., 227 U. S. 434, 442; Lancaster v. Collins, 115 U. S. 222, 225; Chicago & North Western Ry. Co. v. Ohle, 117 U. S. 123, 129.

대배심 검사기소장의 소인들 전체에 관하여 제출된 증거의 충분성을 방금 설명된 이유에 따라 우리는 고찰할 필요가 없을 것인바, 왜냐하면 한 개의 소인 어느 것에 의거해서도 법적으로 부과될 수 있었을 형량을 그 부과된 형량이 초과하지 아니하였던 이상, 그 소인들 중 단 한 개를이라도 뒷받침하기에 증거가 충분하다면 배심의 평결에 의거한 판결주문은 인가되지 않으면 안 되기 때문이다. Evans v.

must be affirmed if the evidence is sufficient to sustain any one of the counts. Evans v. United States, 153 U. S. 608; Claassen v. United States, 142 U. S. 140; Debs v. United States, 249 U. S. 211, 216.

The first of the two articles attached to the indictment is conspicuously headed, "The Hypocrisy of the United States and her Allies." After denouncing President Wilson as a hypocrite and a coward because troops were sent into Russia, it proceeds to assail our government in general, saying: «250 U. S., 620»

"His [the President's] shameful, cowardly silence about the intervention in Russia reveals the hypocrisy of the plutocratic gang in Washington and vicinity."

It continues:

"He [the President] is too much of a coward to come out openly and say: 'We capitalistic nations cannot afford to have a proletarian republic in Russia.'"

Among the capitalistic nations Abrams testified the United States was included.

Growing more inflammatory as it proceeds, the circular culminates in:

"The Russian Revolution cries: Workers of the World! Awake! Rise! Put down your enemy and mine!

"Yes! friends, there is only one enemy of the workers of the world and that is CAPITALISM."

This is clearly an appeal to the "workers" of this country to arise and put down by force the government of the United States which they characterize as their "hypocritical," "cowardly" and "capitalistic" enemy.

United States, 153 U. S. 608; Claassen v. United States, 142 U. S. 140; Debs v. United States, 249 U. S. 211, 216.

"미합중국의 및 그 동맹국들의 위선"이라는 제목을, 대배심 검사기소장에 첨부된 두 개의 논설들 중 첫 번째 것은 눈에 띄게 달고 있다. 러시아에 군대가 파견되었음을 이유로 대통령 윌슨을 위선자라고 및 겁쟁이라고 그것은 비난한 뒤에, 우리 정부를 총체적으로 공격하는 데 나아가 이렇게 그것은 말한다: 《250 U. S., 620》

"워싱턴에 및 그 인근에 포진한 금권정치 패거리들의 위선을, 러시아에의 개입에 관한 그의[대통령의] 수치스럽고도 비겁한 침묵은 드러낸다."

그것은 계속한다:

"공개적으로 나와서 이렇게 말하기에는 그는[대통령은] 너무도 겁쟁이이다: '프롤레타리아 공화국 한 개를 러시아에 가짐을 우리 자본주의 국가들은 감당할 수 없다.'"

그 자본주의 국가들 가운데 미합중국이 포함된다고 에이브람스는 증언하였다.

앞으로 나아갈수록 점점 더 선동적이 되다가 드디어 정점에 전단광고는 이른다:

"러시아 혁명은 외친다: 세계의 노동자들이여! 깨어나라! 일어나라! 그대들의 적을 및 나의 적을 처치하라!

"그렇다! 벗들이여, 세계 노동자들의 적은 오직 하나이며, 그것은 자본주의이다."

이것은 그들의 "위선적인," "비겁한" 및 "자본주의적인" 적이라고 그들이 규정하는 미합중국 정부를 일어나서 강압에 의하여 처치하라는 이 나라의 "노동자들"에게의 한 개의 호소임이 명백하다.

It concludes:

"Awake! Awake, you Workers of the World!

"REVOLUTIONISTS."

The second of the articles was printed in the Yiddish language and in the translation is headed, "Workers - Wake Up." After referring to "his Majesty, Mr. Wilson, and the rest of the gang, dogs of all colors!", it continues:

"Workers, Russian emigrants, you who had the least belief in the honesty of our government," which defendants admitted referred to the United States government, "must now throw away all confidence, must spit in the face the false, hypocritic, military propaganda which has fooled you so relentlessly, calling forth your sympathy, your help, to the prosecution of the war."

The purpose of this obviously was to persuade the persons to whom it was addressed to turn a deaf ear to patri- «250 U. S., 621» otic appeals in behalf of the government of the United States, and to cease to render it assistance in the prosecution of the war.

It goes on:

"With the money which you have loaned, or are going to loan them, they will make bullets not only for the Germans, but also for the Workers Soviets of Russia. *Workers in the ammunition factories, you are producing bullets, bayonets, cannon, to murder not only the Germans, but also your dearest, best, who are in Russia and are fighting for freedom.*"

It will not do to say, as is now argued, that the only intent of these defendants was to prevent injury to the Russian cause. Men must be held to have intended, and to be accountable for, the effects which their acts were likely to produce. Even if their primary purpose and intent was to aid the cause of

그것은 결론짓는다:

"깨어나라! 깨어나라, 그대들 세계의 노동자들이여!

"혁명주의자들 일동."

논설들 중 두 번째의 것은 이디시 말로 인쇄되었으며 그 번역문에는 "노동자들이여 - 깨어나라."라는 제목이 달려 있다. "윌슨 각하, 그리고 그 밖의 모든 깃발들의 패거리들 및 개들!"을 언급한 뒤에, 그것은 계속한다:

"정부의 정직성에 대한 믿음을 전혀 가지지 아니하였던 노동자들은, 러시아 이민자들은, 그대들은 모든 신뢰를 지금 던져버리지 않으면 안 되고, 전쟁의 수행에 대한 그대들의 동정심을 및 그대들의 조력을 불러일으킴으로써 그대들을 그토록 무자비하게도 우롱해 온 거짓의, 위선적인, 군대 선전의 면전에 침을 뱉지 않으면 안 된다."

여기서의 정부는 미합중국 정부를 가리킨 것임을 피고인들은 인정하였다. 그것을 전달받는 사람들로 하여금 미합중국 정부를 위한 애국심에의 호소들에 귀 기울이지 «250 U. S., 621» 않도록, 그리고 전쟁의 수행에 있어서 조력을 제공하기를 그치도록 설득하는 데 이것의 목적이 있음은 명백하였다.

그것은 계속한다:

"독일인들에게만이 아니라 러시아의 노동자 소비에트들에게도 쏘아댈 총알들을 그대가 꾸어온 내지는 꾸려고 하는 돈을 가지고서 그들은 만들려고 한다. 군수품 공장들의 노동자들이여, 독일인들을만이 아니라 러시아에 있는, 그리고 자유를 위하여 싸우고 있는 그대들의 가장 소중한, 가장 좋은 사람들을조차 살해할 총탄들을, 총검들을, 대포를, 그대들은 생산하고 있다."

러시아의 대의에의 손상을 방지하는 데에 이 피고인들의 유일한 의도는 있었다고, 지금 주장되듯이, 말함은 의미가 없을 것이다. 그들의 행위들이 빚을 가능성이 있었던 그 결과들을 의도하였던 것으로 및 이에 대하여 책임이 있는 것으로 그들은 간주되지 않으면 안 된다. 러시아 혁명의 대의를 조력함이 설령 그들의 일차적인

the Russian Revolution, the plan of action which they adopted necessarily involved, before it could be realized, defeat of the war program of the United States, for the obvious effect of this appeal, if it should become effective, as they hoped it might, would be to persuade persons of character such as those whom they regarded themselves as addressing, not to aid government loans and not to work in ammunition factories, where their work would produce "bullets, bayonets, cannon" and other munitions of war, the use of which would cause the "murder" of Germans and Russians.

Again, the spirit becomes more bitter as it proceeds to declare that-

"America and her Allies have betrayed (the Workers). Their robberish aims are clear to all men. The destruction of the Russian Revolution, that is the politics of the march to Russia.

"*Workers, our reply to the barbaric intervention has to be a general strike! An open challenge* only will let the government know that not only the Russian Worker fights for «250 U. S., 622» freedom, but also *here in America lives the spirit of Revolution.*"

This is not an attempt to bring about a change of administration by candid discussion, for no matter what may have incited the outbreak on the part of the defendant anarchists, the manifest purpose of such a publication was to create an attempt to defeat the war plans of the government of the United States, by bringing upon the country the paralysis of a general strike, thereby arresting the production of all munitions and other things essential to the conduct of the war.

This purpose is emphasized in the next paragraph, which reads:

"Do not let the government scare you with their wild punishment in prisons, hanging and shooting. We must not and will not betray the splendid

목적이었다고 및 의도였다고 하더라도, 그들이 채택한 행동 계획이 실현되기에 앞서 미합중국의 전쟁 계획의 좌절을 그것은 불가피하게 포함하였는바, 왜냐하면 이 호소의 명백한 효과는, 그 계획이 그러하기를 그들이 바랬던 그 효력을 지니도록 만약 그 계획이 달성될 경우에는, "총탄들을, 총검들을, 대포를" 그들의 작업이 생산하는 군수품 공장들에서, 그리고 독일인들의 및 러시아인들의 "살해"를 그 사용이 빚어낼 군수품 공장들에서 일하지 말도록 그들의 편지의 상대방들로서 그들이 스스로 여겼던 그 사람들을 그것은 설득하는 것이 될 것이었기 때문이다.

거듭, 이렇게 선언하는 데 그것은 나아가면서 정신은 더욱 모진 것이 된다 -

"(노동자들을) 미국은 및 그 동맹국들은 배반해 버렸다. 모든 사람들에게 그들의 강도적 목적들은 명백하다. 러시아 혁명의 파괴, 그것이 러시아에로의 진군의 정략이다.

"노동자들이여, 야만적 개입에 대한 우리의 대답은 총파업이 되어야 한다! 자유를 위하여 러시아 노동자들이 싸운다는 것만을이 아니라, 여기 아메리카에 혁명의 정신이 살아 있다는 것을마저도 정부로 하여금 «250 U. S., 622» 알게 해 줄 수 있는 것은 오직 노골적 도전만이다."

이것은 행정의 변화를 솔직한 논의에 의하여 불러오려는 한 개의 시도가 아닌바, 왜냐하면 피고인 측 무정부주의자들 쪽에서 자극하였을 수 있는 돌발이 그 무엇이었을망정, 총파업의 마비를 국가 위에 불러옴에 의하여, 그리고 전쟁의 수행에 필수인 모든 군수품의 및 여타 물자의 생산을 이로써 저지함에 의하여 미합중국 정부의 전쟁 계획들을 좌절시키려는 한 개의 시도를 만들어내는 데 이러한 공표물의 명백한 목적은 있었기 때문이다.

그 다음의 단락에서 이 목적은 강조되는바, 그것은 이러하다:

"그대를 감옥들에서의 그들의 사나운 처벌을 가지고서, 교수형을 및 총살형을 가지고서 정부로 하여금 겁주지 못하게 하라. 러시아의 빛나는 투사들을 우리는 배반

fighters of Russia. *Workers, up to fight.*"

After more of the same kind, the circular concludes:

"Woe unto those who will be in the way of progress. Let solidarity live!"

It is signed, "The Rebels."

That the interpretation we have put upon these articles, circulated in the greatest port of our land, from which great numbers of soldiers were at the time taking ship daily, and in which great quantities of war supplies of every kind were at the time being manufactured for transportation overseas, is not only the fair interpretation of them, but that it is the meaning which their authors consciously intended should be conveyed by them to others is further shown by the additional writings found in the meeting place of the defendant group and on the person of one of them. One of these circulars is headed: "Revolutionists! Unite for Action!"

After denouncing the President as "Our Kaiser" and the hypocrisy of the United States and her Allies, this article concludes: «250 U. S., 623»

"Socialists, Anarchists, Industrial Workers of the World, Socialists, Labor party men and other revolutionary organizations *Unite for Action* and let us save the Workers' Republic of Russia!

"*Know you lovers of freedom that in order to save the Russian revolution, we must keep the armies of the allied countries busy at home.*"

Thus was again avowed the purpose to throw the country into a state of revolution, if possible, and to thereby frustrate the military program of the government.

The remaining article, after denouncing the President for what is characterized as hostility to the Russian revolution, continues:

하여서는 안 되는바, 우리는 배반하지 않을 것이다. *노동자들이여, 일어서서 싸우라.*"

이에 비슷한 것들을 더 말한 다음, 광고전단은 끝맺는다:

"진보를 가로막는 자들에게 화 있을진저. 단결이여 영원하라!"

"모반자들 일동"의 이름으로 서명이 이루어져 있다.

당시에 수많은 병사들이 배에 날마다 오르고 있던, 그리고 당시에 해외에의 수송을 위하여 모든 종류의 다량의 무기 보급품들이 제조되고 있던 우리 나라 최대 항구에서 유통된 이 논설들에 대하여 우리가 부여한 해석이 그것들에 대한 유일한 공정한 해석이라는 점은, 그 뿐만 아니라 오히려 그것은 그것들에 의하여 타인들에게 전달되어야 할 것으로 그 저작자들이 의식적으로 의도했던 바로서의 의미라는 점은, 피고인 그룹의 회합장소에서 및 그들 중 한 명의 몸에서 발견된 추가적 저술들에 의하여 더욱 증명된다. 그 광고전단들 중 한 개의 제목은 이러하다: "혁명주의자들이여! 행동을 위하여 결속하라!"

대통령을 "우리의 황제(Our Kaiser)"라고 비난한 뒤에, 그리고 미합중국의 및 그 동맹국들의 위선을 비난한 뒤에, 이 논설은 끝맺는다: «250 U. S., 623»

"사회주의자들이여, 무정부주의자들이여, 세계의 산업노동자들이여, 사회주의자들이여, 노동당 사람들이여, 그리고 그 밖의 혁명조직들이여, *행동을 위하여 결속하라, 그리하여 러시아 노동자들의 공화국을 구하자!*

"*러시아 혁명을 구하기 위하여는 동맹국들의 군대들을 집에 우리가 붙들어두지 않으면 안 됨을 그대들 자유의 애호가들은 알라.*"

가능하다면 나라를 혁명상황 속에 던져넣기 위함이, 그리고 정부의 전쟁계획을 이로써 좌절시키기 위함이 그 목적임이 이와 같이 다시 공언되었다.

러시아 혁명에 대한 적대감으로 성격규정되는 정책에 대하여 대통령을 논설의 나머지 부분은 비난한 뒤에 계속한다:

"We, the toilers of America, who believe in real liberty, shall pledge our-selves, in case the United States will participate in that bloody conspiracy against Russia, *to create so great a disturbance that the autocrats of America shall be compelled to keep their armies at home, and not be able to spare any for Russia.*"

It concludes with this definite threat of armed rebellion:

"If they will use arms against the Russian people to enforce their standard of order, *so will we use arms*, and they shall never see the ruin of the Russian Revolution."

These excerpts sufficiently show, that while the immediate occasion for this particular outbreak of lawlessness, on the part of the defendant alien anarchists, may have been resentment caused by our government sending troops into Russia as a strategic operation against the Germans on the eastern battle front, yet the plain purpose of their propaganda was to excite, at the supreme crisis of the war, disaffection, sedition, riots, and, as they hoped, revolution, in this country for the purpose of embarrassing and if possible defeating the military plans of the government in Europe. A technical distinc-tion may perhaps be taken between disloyal and abusive language applied to the *form* of our government or language intended to bring the *form* «250 U. S., 624» of our government into contempt and disrepute, and language of like character and intended to produce like results directed against the President and Congress, the agencies through which that form of government must function in time of war. But it is not necessary to a decision of this case to consider whether such distinction is vital or merely formal, for the lan-guage of these circulars was obviously intended to provoke and to encour-age resistance to the United States in the war, as the third count runs, and, the defendants, in terms, plainly urged and advocated a resort to a general strike of workers in ammunition factories for the purpose of curtailing the

"러시아를 겨냥한 그 잔인한 음모에 미국이 참여하는 경우에는, *그들의 군대를 국내에 붙들어두게끔, 그리하여 조금이라도 러시아에 보낼 여유를 가질 수 없게끔 미국의 독재자들이 강제되도록 엄청난 교란을 만들어낼 것을*, 참다운 자유를 믿는 미국의 노동자들인 우리는 *서약한다.*"

무장봉기의 이 뚜렷한 위협으로써 그것은 끝맺는다:

"그들의 질서기준을 강제하고자 러시아 인민에 대하여 무기를 만약 그들이 사용한다면, *우리 또한 무기를 사용할 것이며*, 그리하여 러시아 혁명의 패망을 그들은 결코 보지 못하게 될 것이다."

동부전선에서의 독일인들을 겨냥한 전략적 군사행동으로서 군대를 러시아 안에 보낸 우리 정부에 의하여 야기된 분개에 불법상황의 이 특별한 발발을 위한 피고인들인 이국의 무정부주의자들 쪽에서의 직접적 근거는 있었을 수 있는 반면, 이에 반하여 정부의 유럽에서의 군사계획들을 곤경에 빠뜨릴, 그리고 만약 가능하다면 그것들을 좌절시킬 목적으로 전쟁의 최고 위기 시점에서 이 나라 안에서의 모반을, 치안방해를, 폭동을, 그리고 그들이 바라기로는 혁명을 선동하는 데에 그들의 선전의 명백한 목적은 있었음을 이 발췌문들은 충분히 보여준다.

우리 정부의 형태(form)에 적용된 불충한 및 입정사나운 말의, 내지는 우리 정부의 형태(form)를 모욕 속에 및 불명예 속에 빠뜨릴 의도가 담긴 «250 U. S., 624» 말의; 그리고 이에 비슷한 성격의, 전쟁 시기에 그 정부의 형태가 기능함에 있어서 거치지 않으면 안 될 대통령을 및 연방의회를 겨냥하여 그 비슷한 결과들을 빚어낼 의도가 담긴 말의; 그 둘 사이의 기술적 구분은 아마도 취해질 수는 있을 것이다. 그러나 이 사건의 판단을 위하여는 이러한 구분이 지극히 중요한지 아니면 단지 형식의 것인지 여부를 고찰할 필요가 없는바, 왜냐하면 이 광고전단들의 어투는 전쟁 상태의 미합중국에 대한 저항을 유발시키려는 및 선동하려는 의도를 띤 것이었음이 세 번째 소인이 기재하고 있듯이 명백하기 때문이고, 전쟁의 수행에 필요하고도 필수인 대포의 및 탄약의 생산을 감축하기 위한 군수품 공장들에서의 노동자들의 총파업에의 의존을 네 번째 소인에 기소되어 있는 바 같이 피고인들은 명확히 촉구하고 옹호하였기 때문이다. 그러므로 대배심 검사기소장의 세 번째 및 네 번째 소

production of ordnance and munitions necessary and essential to the prosecution of the war as is charged in the fourth count. Thus it is clear not only that some evidence but that much persuasive evidence was before the jury tending to prove that the defendants were guilty as charged in both the third and fourth counts of the indictment and under the long established rule of law hereinbefore stated the judgment of the District Court must be

AFFIRMED.

인들에 기소된 대로 피고인들의 유죄임을 증명하는 데 보탬이 되는 상당한 증거가 만이 아니라 그만큼이나 설득력 있는 증거가 배심 앞에 있었음은 명백하며, 그리하여 여태껏 설명된 그 확립된 지 오래인 법 규칙 아래서 연방지방법원의 판결주문은 인가되지 않으면 안 된다.

Mr. Justice HOLMES, dissenting.

This indictment is founded wholly upon the publication of two leaflets which I shall describe in a moment. The first count charges a conspiracy pending the war with Germany to publish abusive language about the form of government of the United States, laying the preparation and publishing of the first leaflet as overt acts. The second count charges a conspiracy pending the war to publish language intended to bring the form of government into contempt, laying the preparation and publishing of the two leaflets as overt acts. The third count alleges a conspiracy to encourage resistance to the United States in the same war and to attempt to effectuate the purpose by publishing the same leaflets. The fourth count lays a con- «250 U. S., 625» spiracy to incite curtailment of production of things necessary to the prosecution of the war and to attempt to accomplish it by publishing the second leaflet to which I have referred.

The first of these leaflets says that the President's cowardly silence about the intervention in Russia reveals the hypocrisy of the plutocratic gang in Washington. It intimates that "German militarism combined with allied capitalism to crush the Russian revolution" - goes on that the tyrants of the world fight each other until they see a common enemy - working class enlightenment, when they combine to crush it; and that now militarism and capitalism combined, though not openly, to crush the Russian revolution. It says that there is only one enemy of the workers of the world and that is capitalism; that it is a crime for workers of America, etc., to fight the workers' republic of

홈즈(HOLMES) 판사의 반대의견이다.

그 토대를 전적으로 두 개의 전단광고들의 공표 위에 이 대배심 검사기소장은 두었는바, 그것들을 잠깐 나는 설명하고자 한다. 미합중국의 정부의 형태에 관한 입정사나운 말을 공표하려 한 독일과의 전쟁 기간 중의 공모행위를 첫 번째 소인은 기소하는바, 첫 번째 광고전단의 준비를 및 출간을 그 공공연한 행위들로서 그것은 제시한다. 정부의 형태를 모욕하려는 의도가 담긴 말을 공표하고자 한 전쟁 기간 중의 공모행위를 두 번째 소인은 기소하면서, 그 두 개의 광고전단들의 준비를 및 출간을 그 공공연한 행위들로서 그것은 제시한다. 바로 그 전쟁 상태에 있는 미합중국에 대한 저항을 선동하려 한, 그리고 바로 그 광고전단들을 공표함으로써 그 목적을 달성하기를 시도하고자 한 공모행위를 세 번째 소인은 주장한다. 전쟁의 수행에 필요한 «250 U. S., 625» 물자의 생산 감축을 선동하고자 한, 그리고 내가 언급한 터인 두 번째 광고전단을 출간함에 의하여 그것을 달성하기를 시도하고자 한 공모행위를 네 번째 소인은 제시한다.

워싱턴에 포진한 금권정치 패거리들의 위선을 러시아에의 개입에 관한 대통령의 비겁한 침묵은 드러낸다고 이 광고전단들 중 한 개는 말한다. "러시아 혁명을 분쇄하기 위하여 동맹 자본주의에 독일 군국주의가 결합했다."고 그것은 공표하며, 세계의 독재자들은 서로 싸우다가 끝내 공통의 적을 - 노동계급의 계몽을 - 발견하고서 이를 분쇄하기 위하여 결합한다고; 그리고 지금은 러시아 혁명을 분쇄하기 위하여 군국주의가 및 자본주의가, 비록 공개적으로는 아니지만, 결합했다고 그것은 나아간다. 세계의 노동자들에게는 오직 한 명의 적이 있을 뿐이라고, 그것은 자본주의라고; 러시아의 노동자 공화국을 상대로 미국 등지의 노동자들이 싸우는 것은 범죄라고 그것은 말하며, "깨어나라! 깨어나라, 그대들 세계의 노동자들이여! 혁명

Russia, and ends "Awake! Awake, you workers of the world! Revolutionists." A note adds "It is absurd to call us pro-German. We hate and despise German militarism more than do you hypocritical tyrants. We have more reason for denouncing German militarism than has the coward of the White House."

The other leaflet, headed "Workers - Wake Up," with abusive language says that America together with the Allies will march for Russia to help the Czecko-Slovaks in their struggle against the Bolsheviki, and that this time the hypocrites shall not fool the Russian emigrants and friends of Russia in America. It tells the Russian emigrants that they now must spit in the face of the false military propaganda by which their sympathy and help to the prosecution of the war have been called forth and says that with the money they have lent or are going to lend "they will make bullets not only for the Germans but also for the Workers Soviets of Russia," and further, "Workers in the ammunition factories, you are producing bullets, bayonets, cannon to murder not only the Ger-«250 U. S., 626» mans, but also your dearest, best, who are in Russia fighting for freedom." It then appeals to the same Russian emigrants at some length not to consent to the "inquisitionary expedition in Russia," and says that the destruction of the Russian revolution is "the politics of the march on Russia." The leaflet winds up by saying "Workers, our reply to this barbaric intervention has to be a general strike!," and after a few words on the spirit of revolution, exhortations not to be afraid, and some usual tall talk ends "Woe unto those who will be in the way of progress. Let solidarity live! The Rebels."

No argument seems to be necessary to show that these pronunciamentos in no way attack the form of government of the United States, or that they do not support either of the first two counts. What little I have to say about the third count may be postponed until I have considered the fourth. With

주의자들 일동."이라는 말로 그것은 맺는다. "우리를 친 독일적이라고 부르는 것은 터무니 없는 일이다. 독일 군국주의를 너희들 위선적 독재자들이 미워하고 경멸하는 것 이상으로 우리는 미워하고 경멸한다. 독일 군국주의를 비난할 이유를 백악관의 겁쟁이가 지니는 것 이상으로 우리는 지닌다."라고 한 개의 주석은 보탠다.

볼셰비키에 맞선 체코슬로바키아 사람들의 싸움에서 그들을 돕기 위하여 미국은 동맹국들을 데리고서 러시아로 진격할 것이라고, 그리고 이번에는 러시아 이민자들을 및 미국 내의 러시아 친구들을 위선자들은 우롱하지 못할 것이라고 "노동자들이여 - 깨어나라."라는 제목의 다른 광고전단은 입정사나운 어투로써 말한다. 전쟁의 수행에 대한 그대들의 동정심을 및 그대들의 조력을 불러일으키는 수단이되어 온 군대 선전의 면전에 침을 뱉지 않으면 안 된다고 러시아 이민자들에게 그것은 말하며, 그들이 꾸어온 내지는 꾸려고 하는 돈을 가지고서, "독일인들에게만이 아니라 러시아의 노동자 소비에트들에게도 쏘아댈 총알들을 그들은 만들려고한다."고, 그리고 더 나아가, "군수품 공장들의 노동자들이여, 독일인들을만이 아니라 러시아에 있는, 그리고 자유를 위하여 싸우고 있는 그대들의 가장 소중한, 가장좋은 사람들을조차 «250 U. S., 626» 살해할 총탄들을, 총검들을, 대포를, 그대들은 생산하고 있다."고 그것은 말한다. "러시아에의 이단자 탄압 원정"에 동의하지 말라고 이번에는 바로 그 러시아 이민자들에게 상당히 장황하게 그것은 호소하며, 그리고 러시아 혁명의 파괴가 "러시아에의 진군의 정략"이라고 그것은 말한다. "노동자들이여, 야만적 개입에 대한 우리의 대답은 총파업이 되어야 한다!"라고 말함으로써 그 광고전단은 마무리지으며, 그리고 혁명의 정신에 관한 몇 마디 말 뒤에, 두려워하지 말라는 훈계들 뒤에, 그리고 어느 정도 일반적인 과장된 말 뒤에 이렇게그것은 끝난다 : "진보를 가로막는 자들에게 화 있을진저. 단결이여 영원하라! 모반자들 일동."

미합중국 정부의 형태를 이러한 선언들은 전혀 공격하지 않는다는 점을, 또는 첫두 개의 소인들의 어느 쪽을이든 그것들은 뒷받침하지 않는다는 점을 증명하기 위하여 논의는 전혀 필요해 보이지 않는다. 세 번째 소인에 관하여 내가 말해야 할 그조금밖에 안 되는 바는 네 번째 소인을 내가 고찰하고 났을 때까지는 연기되어도

regard to that it seems too plain to be denied that the suggestion to workers in the ammunition factories that they are producing bullets to murder their dearest, and the further advocacy of a general strike, both in the second leaflet, do urge curtailment of production of things necessary to the prosecution of the war within the meaning of the Act of May 16, 1918, c. 75, 40 Stat. 553, amending § 3 of the earlier Act of 1917. But to make the conduct criminal that statute requires that it should be "with intent by such curtailment to cripple or hinder the United States in the prosecution of the war." It seems to me that no such intent is proved.

I am aware of course that the word intent as vaguely used in ordinary legal discussion means no more than knowledge at the time of the act that the consequences said to be intended will ensue. Even less than that will satisfy the general principle of civil and criminal liability. A man may have to pay damages, may be sent to prison, at common law might be hanged, if at the time of his act «250 U. S., 627» he knew facts from which common experience showed that the consequences would follow, whether he individually could foresee them or not. But, when words are used exactly, a deed is not done with intent to produce a consequence unless that consequence is the aim of the deed. It may be obvious, and obvious to the actor, that the consequence will follow, and he may be liable for it even if he regrets it, but he does not do the act with intent to produce it unless the aim to produce it is the proximate motive of the specific act, although there may be some deeper motive behind.

It seems to me that this statute must be taken to use its words in a strict and accurate sense. They would be absurd in any other. A patriot might think that we were wasting money on aeroplanes, or making more cannon of a certain kind than we needed, and might advocate curtailment with success,

좋다. 그것에 관하여, 그들의 가장 소중한 사람들을 살해할 총탄들을 그들은 생산하고 있는 것이라는 군수품 공장들에서 일하는 노동자들에게의 제언이 및 총파업에 대한 추가적 옹호가 - 그 둘은 다같이 두 번째 광고전단에 들어 있는 것들이다 - 1917년 법률 제3절을 개정한 1918년 6월 16일 법률, c. 75, 40 Stat. 553, 의 의미 내에서의 전쟁의 수행에 필요한 물자의 생산의 감축을 참으로 촉구한다는 점은 부정되기에는 너무나 명백한 것처럼 생각된다. 그러나 그 행위를 범죄로 만들기 위하여는 "전쟁의 수행에 있어서의 미합중국을 이러한 감축에 의하여 불구로 만들려는 내지는 방해하려는 의도를 지니고서" 그것이 이루어질 것을 그 제정법은 요구한다. 그러한 의도가 증명되어 있다고 내게는 생각되지 않는다.

그 의도된 것으로 말해지는 결과들이 생길 것이라는 점에 대한 행위 시점에서의 인식 이상의 것을 일반적인 법적 논의에서 모호하게 사용된 경우의 의도라는 낱말은 의미하지 아니함을 물론 나는 알고 있다. 민사적 및 형사적 책임의 일반적 원칙을 심지어 이에 미치지 못하는 것이 충족하고는 하는 법이다. 결과들이 생겨나리라는 것을 이로부터 통상적 경험이 보여주었을 그 사실관계를 만약 그의 행위 시점에 그가 알았다면, 그 결과들을 «250 U. S., 627» 그가 개인적으로 예상할 수 있었는지 없었는지 여부에 상관 없이 그는 손해배상금을 지불해야 할 수도 있고 감옥에 보내질 수도 있으며, 보통법에서라면 교수형에 처해질 수도 있었을 것이다. 그러나, 말들이 정확하게 사용될 때는, 그 결과가 그 행위의 목적인 경우가 아닌 한, 한 개의 결과를 산출할 의도를 지니고서 한 개의 행위가 행해지는 것이 되지는 않는다. 그 결과가 뒤따르리라는 것은 명백한 것일 수가, 그것도 행위자에게 명백한 것일 수가 있고, 그 경우에는 비록 그가 그것을 후회한다고 할지라도 그것에 대하여 그는 책임이 있을 수가 있으나, 그러나 그것을 빚어내려는 목적이 그 구체적 행위의 가장 근접한 동기인 경우가 아닌 한, 비록 무언가 더 깊은 동기가 뒤에 있을 수 있을망정, 그것을 빚어낼 의도를 지니고서 그 행동을 그가 하는 것이 되지는 않는다.

자신의 단어들을 엄격하고도 정확한 의미 속에서 사용하는 것으로 이 제정법은 해석되지 않으면 안 된다고 내게는 생각된다. 조금이라도 다른 의미 속에서라면 그것들은 터무니 없을 것이다. 돈을 비행기들에 우리가 낭비하고 있다고, 또는 일정 종류의 대포를 우리가 필요로 했던 만큼보다도 더 많이 우리가 만들고 있다고 애국

yet even if it turned out that the curtailment hindered and was thought by other minds to have been obviously likely to hinder the United States in the prosecution of the war, no one would hold such conduct a crime. I admit that my illustration does not answer all that might be said but it is enough to show what I think and to let me pass to a more important aspect of the case. I refer to the First Amendment to the Constitution that Congress shall make no law abridging the freedom of speech.

I never have seen any reason to doubt that the questions of law that alone were before this Court in the cases of Schenck, Frohwerk and Debs, 249 U. S. 47, 204, 211, were rightly decided. I do not doubt for a moment that by the same reasoning that would justify punishing persuasion to murder, the United States constitutionally may punish speech that produces or is intended to produce a clear and imminent danger that it will bring about forthwith certain substantive evils that the United States constitutionally may seek to prevent. The power undoubtedly is «250 U. S., 628» greater in time of war than in time of peace because war opens dangers that do not exist at other times.

But as against dangers peculiar to war, as against others, the principle of the right to free speech is always the same. It is only the present danger of immediate evil or an intent to bring it about that warrants Congress in setting a limit to the expression of opinion where private rights are not concerned. Congress certainly cannot forbid all effort to change the mind of the country. Now nobody can suppose that the surreptitious publishing of a silly leaflet by an unknown man, without more, would present any immediate danger that its opinions would hinder the success of the government arms or have any appreciable tendency to do so. Publishing those opinions for the very purpose of obstructing, however, might indicate a greater danger and at any rate

자는 생각할 수도 있었을 것이고 그리하여 성공적으로 감축을 그는 옹호했을 수도 있을 것이지만, 그러나 설령 전쟁의 수행에 있어서 미합중국을 그 감축이 방해한 것으로 드러났다고 하더라도 및 그 방해할 가능성이 있었음이 명백하다고 다른 사람들의 마음들에 의하여 생각되었던 것으로 드러났다고 하더라도, 이러한 행동을 범죄라고는 아무도 간주하지 않을 것이다. 주장될 수 있는 전부에 대하여 나의 예시가 대답하는 것은 아님을 나는 시인하지만, 그러나 내가 생각하는 바를 보여주기에는, 그리하여 사건의 보다 더 중요한 측면으로 나로 하여금 지나가게 하기에는 그것은 충분하다. 말의 자유를 박탈하는 법을 연방의회는 만들어서는 안 된다고 한 연방헌법 수정 제1조를 나는 인용한다.

Schenck 사건에서, Frohwerk 사건에서 및 Debs, 249 U. S. 47, 204, 211에서 유일하게 당원 앞에 있었던 법 문제들이 올바르게 판단되었음을 의심할 이유를 나는 결코 발견한 적이 없다. 살인에의 설득을 처벌함을 정당화할 바로 그 추론에 의하여, 그 방지하기를 미합중국이 합헌적으로 추구할 수 있는 모종의 실질적 해악들을 즉시 야기할 만한 한 개의 명백한 급박의 위험을 빚어내는 내지는 빚어내려는 의도가 담긴 말을 미합중국은 합헌적으로 처벌할 수 있다는 점을 한 순간도 나는 의심하지 않는다. 평화의 시기에보다 «250 U. S., 628» 전쟁의 시기에 그 권한은 의문의 여지없이 더 큰바, 왜냐하면 다른 시기들에는 존재하지 아니하는 위험들을 전쟁은 열어주기 때문이다.

그러나 여타의 위험들에 대처하여 그러하듯 전쟁에 특유한 위험들에 대처하여서도, 자유로운 말에 대한 권리의 원칙은 항상 똑 같다. 사적 권리들이 관련되어 있지 아니한 경우에 의견의 표현에 한계를 설정함에 있어서의 연방의회를 정당화하는 것은 오직 급박한 해악의 현존하는 위험만이거나 그것을 야기하려는 의도만이다. 나라의 마음을 바꾸려는 모든 노력을 연방의회는 금지할 수 없음이 확실하다. 한 명의 신원 미상자에 의한 어리석은 광고전단의 은밀한 출판이 그것만으로 조금이라도 즉시의 위험을 제기하리라고는, 그리하여 정부 군사력의 성공을 그 광고전단의 의견들이 방해하리라고는 내지는 조금이라도 방해하는 뚜렷한 성향을 지니리라고는 이제는 아무도 생각할 수 없다. 그러나 바로 그 방해의 목적을 위하여 그 의견들을 공표하는 것은 보다 더 큰 위험을 나타내는 것일 수도 있고 또한 어쨌든

would have the quality of an attempt. So I assume that the second leaflet if published for the purposes alleged in the fourth count might be punishable. But it seems pretty clear to me that nothing less than that would bring these papers within the scope of this law. An actual intent in the sense that I have explained is necessary to constitute an attempt, where a further act of the same individual is required to complete the substantive crime, for reasons given in Swift & Co. v. United States, 196 U. S. 375, 396. It is necessary where the success of the attempt depends upon others because if that intent is not present the actor's aim may be accomplished without bringing about the evils sought to be checked. An intent to prevent interference with the revolution in Russia might have been satisfied without any hindrance to carrying on the war in which we were engaged.

I do not see how anyone can find the intent required by the statute in any of the defendant's words. The second leaflet is the only one that affords even a foundation for the charge, and there, without invoking the hatred of German militarism expressed in the former one, it is evi- «250 U. S., 629» dent from the beginning to the end that the only object of the paper is to help Russia and stop American intervention there against the popular government - not to impede the United States in the war that it was carrying on. To say that two phrases taken literally might import a suggestion of conduct that would have interference with the war as an indirect and probably undesired effect seems to me by no means enough to show an attempt to produce that effect.

I return for a moment to the third count. That charges an intent to provoke resistance to the United States in its war with Germany. Taking the clause in the statute that deals with that in connection with the other elaborate provisions of the Act, I think that resistance to the United States means some forcible act of opposition to some proceeding of the United States in pursuance

한 개의 시도로서의 속성을 그것은 지닐 수가 있다. 그러므로 만약 네 번째 소인에서 주장되어 있는 그 목적을 위하여 두 번째 광고전단이 공표된다면 그것은 처벌가능하다고 나는 가정한다. 그러나 그 이하의 것은 이 문서들을 이 법의 범위 내에 데려오지 못함이 내게는 매우 명백하다고 생각된다. 실체적 범죄를 완성하기 위하여 바로 그 개인에 의한 추가적 행위가 요구되는 경우에 한 개의 시도를 구성하기 위하여는, 내가 설명해 온 의미에서의 현실의 의도가 불가결한바, 그 이유는 Swift & Co. v. United States, 196 U. S. 375, 396에서 설명된 바 있다. 다른 것들에 시도의 성공이 달린 경우에 그것은 필요한바, 왜냐하면 만약 그 의도가 현존해 있지 않다면, 그 저지가 요구되는 해악들을 야기함이 없이도 행위자의 목적은 달성될 수 있기 때문이다. 우리가 가담해 있던 전쟁을 수행함에 대한 조금의 방해 없이도 러시아에서의 혁명에의 간섭을 방지하려는 의도는 충족될 수 있었다.

제정법에 의하여 요구되는 의도를 피고인의 말들 속에서 어떻게 누군가가 인정할 수 있다는 것인지 나는 이해할 수 없다. 두 번째 광고전단은 공소사실을 위한 근거를 제공해 주는 유일한 것인데, 거기서는 먼저 번의 것에 표명된 독일 군국주의에 대한 미움을 자극함이 없이, «250 U. S., 629» 미국이 수행 중인 전쟁에 있어서 미국을 방해함에가 아니라, 러시아를 돕는 데에 및 거기서의 인민정부를 적대한 미국의 간섭을 중지시키는 데에, 문서의 유일한 목적이 있음이 처음부터 끝까지 명백하다. 간접적인 및 어쩌면 기대 밖의 결과로서 전쟁을 방해함직한 행위에 대한 한 개의 제언을 두 문구들은, 글자 그대로 해석될 경우에, 내포한다고 말하는 것으로는 그 결과를 산출하려는 한 개의 시도를 증명하기에 결코 충분해 보이지 않는다고 내게는 생각된다.

세 번째 소인에게로 나는 잠시 돌아간다. 독일을 상대한 미합중국의 전쟁에서의 미합중국에의 저항을 선동하려는 의도를 그것은 기소한다. 그것을 그 법률의 여타의 정교한 규정들에의 연관 속에서 다루는 그 제정법의 조항을 고려할 때, 전쟁의 추구에 있어서의 미합중국의 모종의 절차에 대한 모종의 강제적인 대항 행위를 미합중국에의 저항은 의미한다고 나는 생각한다. 의도라 함은 내가 설명해 온 그 구

of the war. I think the intent must be the specific intent that I have described and for the reasons that I have given I think that no such intent was proved or existed in fact. I also think that there is no hint at resistance to the United States as I construe the phrase.

In this case sentences of twenty years imprisonment have been imposed for the publishing of two leaflets that I believe the defendants had as much right to publish as the Government has to publish the Constitution of the United States now vainly invoked by them. Even if I am technically wrong and enough can be squeezed from these poor and puny anonymities to turn the color of legal litmus paper; I will add, even if what I think the necessary intent were shown; the most nominal punishment seems to me all that possible could be inflicted, unless the defendants are to be made to suffer not for what the indictment alleges but for the creed that they avow - a creed that I believe to be the creed of ignorance and immaturity when honestly held, as I see no reason to doubt that it was held here but which, although made the subject of examination at the «250 U. S., 630» trial, no one has a right even to consider in dealing with the charges before the Court.

Persecution for the expression of opinions seems to me perfectly logical. If you have no doubt of your premises or your power and want a certain result with all your heart you naturally express your wishes in law and sweep away all opposition. To allow opposition by speech seems to indicate that you think the speech impotent, as when a man says that he has squared the circle, or that you do not care whole heartedly for the result, or that you doubt either your power or your premises. But when men have realized that time has upset many fighting faiths, they may come to believe even more than they believe the very foundations of their own conduct that the ultimate good desired is better reached by free trade in ideas - that the best test of

체적인 의도이지 않으면 안 된다고 나는 생각하며, 그리고 이러한 의도는 실제로 증명되지도 존재하지도 않았다고 내가 제시한 이유들에 따라 나는 생각한다. 그 구절을 내가 해석하는 바로는 미합중국에 대한 저항에의 암시가 없다고도 나는 생각한다.

이 사건에서는 두 개의 광고전단들의 공표를 이유로 25년의 구금형의 형기들이 부과되어 있는바, 그것들을 공표할 권리를 피고인들이 지녔음은, 그들에 의하여 지금 어렴풋하게 원용되는 미합중국 헌법을 공표할 권리를 정부가 지님에 못지않다고 나는 믿는다. 설령 기술적으로는 내가 틀렸다고 하더라도, 그리하여 법적 리트머스 시험지들의 색깔을 바꾸기에 충분한 것들이 이 빈약한 및 하잘 것 없는 필자불명의 것들로부터 쥐어짜내질 수 있다고 하더라도; 설령 그 필요한 의도라고 내가 생각하는 바가 증명된다고 하더라도, 나는 보탤 것이다; 그 대배심 검사기소장이 주장하는 바에 대하여가 아니라 그들이 공언하는 신조에 대하여 - 여기서 그것이 정직하게 판단되었음을 의심할 이유를 나로서는 알지 못하듯 그것이 그렇게 정직하게 판단될 경우에 무지함의 및 미숙함의 신조라고 판단되리라고 내가 믿는 한 개의 신조에 대하여, 그러나 법원 앞의 공소사실들을 다룸에 있어서는 그 검토할 권리를조차도 《250 U. S., 630》 아무도 지니지 아니하는 한 개의 신조에 대하여 - 피고인들이 책임을 감수하도록 만들어져야 하는 것이 아닌 한, 가장 보잘 것 없는 처벌이 그 부과될 수 있는 전부였다고 내게는 생각된다.

견해들의 표현을 이유로 하는 박해는 완전히 논리상의 것이라고 내게는 생각된다. 만약 당신의 전제들에 대하여 내지는 당신의 권한에 대하여 의심을 당신이 지니지 않는다면, 그리하여 일정한 결과를 당신의 모든 마음으로써 당신이 원한다면 당신의 희망사항들을 법 안에서 당신은 자연스럽게 표현하며 그리하여 모든 반대를 일소한다. 말에 의한 반대를 허용하는 것은 마치 불가능한 일을 자신이 했노라고 누군가가 말하는 경우에 그러하듯 그 말을 무기력한 것으로 당신이 생각함을, 내지는 그 결과에 대하여 당신이 성심성의껏 관심을 지니지 아니하고 있음을, 또는 당신의 권한을 내지는 당신의 전제들을 중 어느 한 쪽을 당신이 의심하고 있음을 나타내는 것으로 보인다. 그러나 여러 가지 전투적 신념들을 시간이 뒤집어 엎은 상태임을 사람들이 깨닫고 났을 경우에는, 그들 자신의 행위의 바로 그 토대들을,

truth is the power of the thought to get itself accepted in the competition of the market, and that truth is the only ground upon which their wishes safely can be carried out. That at any rate is the theory of our Constitution. It is an experiment, as all life is an experiment. Every year if not every day we have to wager our salvation upon some prophecy based upon imperfect knowledge. While that experiment is part of our system I think that we should be eternally vigilant against attempts to check the expression of opinions that we loathe and believe to be fraught with death, unless they so imminently threaten immediate interference with the lawful and pressing purposes of the law that an immediate check is required to save the country. I wholly disagree with the argument of the Government that the First Amendment left the common law as to seditious libel in force. History seems to me against the notion. I had conceived that the United States through many years had shown its repentance for the Sedition Act of 1798, by repaying fines that it imposed. Only the emergency that makes it immediately dangerous to leave the correction of evil counsels to time warrants «250 U. S., 631» making any exception to the sweeping command, "Congress shall make no law ······ abridging the freedom of speech." Of course I am speaking only of expressions of opinion and exhortations, which were all that were uttered here, but I regret that I cannot put into more impressive words my belief that in their conviction upon this indictment the defendants were deprived of their rights under the Constitution of the United States.

Mr. Justice BRANDEIS concurs with the foregoing opinion.

즉 생각들의 자유로운 교환에 의하여 그 소망되는 궁극적인 선이 더 잘 달성된다는 점을 - 진실의 최선의 기준은 시장의 경쟁 속에서 그 자신이 받아들여지도록 만드는 생각의 힘이라는 점을, 그리고 진실은 그들의 희망사항들이 안전하게 이행될 수 있는 토대로서의 유일한 근거라는 점을 - 그들 자신이 믿는 만큼보다도 더욱 더 많이 그들은 믿게 되기에 이를 수도 있다. 어쨌든 그것이 우리 연방헌법의 원리이다. 모든 삶이 한 개의 실험이듯, 그것은 한 개의 실험이다. 우리의 구원을 불완전한 지식에 토대를 둔 모종의 예언 위에 날마다는 아닐지라도 해마다 우리는 걸어야 한다. 그 실험이 우리 제도의 일부인 동안에는, 진저리를 우리가 내는 및 죽음이 따르는 것으로 우리가 믿는 의견들의 표현을 제한하려는 시도들에 대처하여서는, 법의 적법한 및 긴급한 목적들을 즉각적 방해로써 그것들이 너무나도 절박하게 위협하는 나머지 나라를 구하기 위하여 즉시의 제재가 요구되는 경우가 아닌 한, 우리는 영구히 경계해야 한다고 나는 생각한다. 치안방해적 문서비방에 관한 보통법을 유효한 것으로 연방헌법 수정 제1조가 남겨두었다는 정부의 주장에 나는 전적으로 부동의한다. 그 생각에 역사는 배치된다고 내게는 생각된다. 자신이 부과한 벌금들을 환불함에 의하여 1798년의 반정부활동 단속법(the Sedition Act)에 대한 자신의 후회를 여러 해를 통하여 미합중국은 보여 주었다고 나는 생각한 바 있었다. "말의 자유를 박탈하는 …… 법을 연방의회는 제정해서는 안 된다."고 한 그 포괄적 명령에 대하여 조금이라도 《250 U. S., 631》 예외를 만듦을 정당화하는 것은, 해악의 교정을 시간에게 내맡김을 즉각적으로 위험한 것으로 만드는 그 긴급성만이다. 물론 내가 말하는 대상은 여기서 표명된 것이 그 전체인, 의견의 표현들에 및 권유들에 대해서만인바, 그러나 미합중국 헌법 아래서의 그들의 권리들을 이 대배심 검사기소장에 의거한 그들의 유죄판정에 있어서 피고인들은 박탈당한 것이라는 나의 믿음을 보다 더 인상적인 단어들 속에 내가 집어넣을 수 없음이 나는 유감이다.

이상의 의견에 브랜다이스(BRANDEIS) 판사는 찬동한다.

표현의 자유_Freedom of Expression

Freedom of

GITLOW v. PEOPLE OF STATE OF NEW YORK, 268 U. S. 652 (1925)

NOS. 19.
변 론 1923년 4월 12일
재변론 1923년 11월 23일
판 결 1925년 6월 8일

요약해설

1. 개요

GITLOW v. PEOPLE OF STATE OF NEW YORK, 268 U. S. 652 (1925) 판결은 8 대 1로 판결되었다. 법원의 의견을 샌포드(SANFORD) 판사가 냈고, 반대의견을 홈즈(HOLMES) 판사가 냈다. 연방헌법 수정 제14조의 적법절차를 통하여 주들에게 연방헌법 수정 제1조가 적용됨을 연방대법원은 처음으로 판시하였다.

2. 사실관계

가. 피고인의 행위

피고인은 "온건 사회주의(moderate Socialism)"에 반대하는 파벌인 사회당 좌익분파(the Left Wing Section; 1919년 6월 조직됨)의 전국평의회 회원으로서, 좌익의 공식 기관지인 혁명시대(The Revolutionary Age)의 관리자들 위원회의 일원이었고 신문의 경영담당 관리자였다. 좌익선언문을, 공산당 강령(a Communist Program)을 및 좌익강령(a Program of the Left Wing)을 그는 인쇄하고 배포하였다. 강압·폭력에, 또는 행정부 공직자의 암살에 등 불법적 수단에 의하여 정부가 전복되어야 한다는 신조인 이른바 범죄적 무정부주의(criminal anarchy)의 옹호를 그것들은 주장하고 선전하였다. (268 U. S., at 655–656.)

공산주의적 사회주의 제도인 "프롤리타리아트의 혁명적 독재(revolutionary dictatorship of the proletariat)"를 설립함을 목적으로 하는 대규모 정치파업으로 및 "혁명적 대중행동(revolutionary mass action)"으로 전개해 나가는 대규모 산업폭동을 통한 계급투쟁(the class struggle)"을, 전투적인 "혁명적 사회주의(revolutionary Socialism)"에 의한 "공산주의 혁명(Communist Revolution)"의 달성을 그것은 옹호하였다. (268 U. S., at 656–658.)

나. 기소, 증거관계

범죄적 무정부주의(criminal anarchy)의 옹호 등을, 및 그러한 내용의 책·신문·문서·저작물·프린트물 등의 인쇄·출판·편집·발행·유통·판매·배포·전시 등을 중죄로 처벌하는 제정법인 뉴욕주 형법(New York Penal Law) §§ 160, 161을 위반한 죄목으로 뉴욕주 1심법원에 피고인은 대배심 검사기소되었다. 성명서의 공표로부터와 그 유통으로부터 발생한 영향이 있었다는 증거는 없었다. (268 U. S., at 655-656.)

다. 배심에 대한 피고인 측의 훈시 요청사항; 법원의 훈시사항; 배심의 판단

(1) 훈시요청 사항

① 제정법의 의미 내에서의 범죄적 무정부주의를 구성하기 위하여는, 규칙바른 정부의 전복을 향하여 겨냥된 "모종의 확정적인 내지는 직접적인 행위를 내지는 행위들을" 내지는 강압을, 폭력을 내지는 불법을 행할 의무를, 필요성을 내지는 타당성을 그 사용된 내지는 공표된 표현이 옹호해야 함이, 가르쳐야 함이 내지는 조언해야 함이 필요하다는 훈시를 배심에게 해 달라고; ② 유죄를 구성하기 위하여는 그 사용된 내지는 공표된 표현이 규칙바른 정부를 전복할 목적을 지니고서 강압의, 폭력의 내지는 불법의 행동들에게로 "일정한 사람들을 자극하고자 합리적으로 및 일반적으로 계산된 것이지 않으면 안 된다는 훈시를 배심에게 해 달라고 변호인단은 요청하였다. (아래의 것들 이외에는 거부되었다.) (268 U. S., at 661-662.)

(2) 법원의 훈시사항

사회적 경제적 사실관계에 내지는 역사적 사건들에 대한 평론적 성격의 단순한 주장은 내지는 분석은 그 제정법의 의미 내에서의 정부의 전복을 위한 신조의 옹호를, 조언을 내지는 가르침을 구성하지 아니하는 법이라고; 이러한 목적을 불법적 행위들이 달성할 수도 있다는 단순한 주장만으로는 불충분하다고; 그리고 만약 규칙바른 정부를 전복함을 위하여 불적법 수단을 사용할 의무를, 필요성을 내지는 타당성을 선언서가 실제로 가르쳤는지, 옹호했는지 내지는 조언했는지에 대한 합리적인 의심을 배심이 지닌다면, 무죄방면을 누릴 권리를 피고인은 지닌다고 배심에게 법원은 훈시하였다. (268 U. S., at 661.)

(3) 배심의 판단

그것들이 공산주의의 및 진보된 사회주의의 이점들에 대한 단순한 학구적인 무해한 논의였다는 피고인 측의 주장을 배심은 배척하고서, "다른 모든 계급들의 권리들을 파괴하였으면 하는, 그리하여 국가 자체를 혁명적 대중파업들의 사용에 의하여 전복하였으면 하는 한 개의 계급의 행동에 대한 변명으로서와 옹호로서" 그것을 배심은 간주하였다. (268 U. S., at 663.)

라. 유죄판정; 항소부와 항소법원의 인가; 오심영장

(1) 그는 유죄판정에 이어 구금형에 처해졌다.

(2) 유죄판정에 대한 항소부의 인가

"투표행위를 통한 국민 다수의 자유로운 행위에 의해서가 아니라, 산업 프롤레타리아 계급을 전투적 사회주의 노동조합들로 즉각적으로 조직함에 의하여 및 필요하면 대중파업을, 강압을 및 폭력을 통하여 그 기능을 멈추도록 정부를 강제함에 의하여, 그리고 프롤레타리아 독재에 의하여, 미합중국의 및 전체 주들의 정부들의 전복을 및 파괴를 그 옹호된 강령이 계획하고 있음은 완전히 명백하다."고, 제정법은 합헌이라고 항소부는 판시하였다. (268 U. S., at 662–663.)

(3) 유죄판정에 대한 항소법원의 인가

폭력에 의한 내지는 불법적 수단에 의한 이 정부의 전복을 선언서가 옹호하였음을 이유로, "선언서가 공산주의의 및 진보된 사회주의의 이점들에 대한 단순한 학구적인 무해한 논의였다는 견해를 배심이 배척함에 있어서" 그리고 "다른 모든 계급들의 권리들을 파괴하였으면 하는, 그리하여 국가 자체를 혁명적 대중파업들의 사용에 의하여 전복하였으면 하는 한 개의 계급의 행동에 대한 변명으로서와 옹호로서 그것을 배심이 간주함에 있어서 배심은 정당하였다."고, 그리고 제정법은 합헌이라고 항소법원은 판시하였다. (268 U. S., 662–663.)

(4) 기록이 환송되어 간 뉴욕주 1심법원에 대한 오심영장에 의하여 사건을 자신 앞에 연방대법원은 가져왔다. (268 U. S., at 654–656.)

3. 쟁점

　주 법원들에 의하여 해석되고 적용된 것으로서의 그 제정법이 연방헌법 수정 제14조의 적법절차를 위반하여 그의 표현의 권리를 피고인에게서 박탈했는지 여부가 쟁점이 되었다. (268 U. S., at 664.)

4. 샌포드(SANFORD) 판사가 쓴 법원의 의견의 요지

　구체적 행동에의 선동의 성격을 지니지 아니하는 추상적 "신조"의 내지는 학구적 논의의, 순전한 역사적·철학적 평론들의 표명을 내지는 공표를 그 제정법은 처벌하지 않는다. 합헌적인 및 적법한 수단에 의한 정부 형태에 있어서의 변화들의 옹호를 그것은 제약하지 않는다. 제정법에 의하여 비난되는 바는 규칙바른 정부를 불법적 수단에 의하여 전복함에 관한 추상적 "신조"가 아니라, 그 목적의 달성을 위한 행동의 옹호이다. 선언서는 추상적 신조의 주장이었던 것도, 경제제도에 있어서의 진화 과정에서 산업적 분규들이 및 혁명적 대중파업들이 동시적으로 귀결될 것이라는 단순한 예언이었던 것도 아니다. 정치적 대중파업들을 및 혁명적 대중행동을 통하여 질서정연한 의회주의 정부를 전복하고 파괴할 대중행동을 그것은 옹호하고 재촉한다. (268 U. S., at 664-665.)

　자치체 정부의 기능들을 빼앗는 대중적 산업폭동들은, 정치적 대중파업들은, 혁명적 대중행동은 강압의 및 폭력의 사용을 필연적으로 함축하며, 법의 및 질서의 합헌적 정부에 있어서 그것들은 생래적으로 불법이다. 규칙바른 정부를 강압에 의하여, 폭력에 의하여 및 불법적 수단에 의하여 전복함에 대한 추상적 신조를만이 아니라 그 목적을 위한 행동을 선언서가 옹호했음을 인정함에 있어서 배심은 정당하였다. (268 U. S., at 665-666.)

　연방헌법 수정 제14조의 적법절차 조항의 기본적 인권들에 및 자유들(liberties)에, 연방헌법 수정 제1조의 말의 및 출판의 자유는 포함되어 있다고 가정할 수 있고 가정한다. 그러나, 무엇을이든 그 선택하는 바를 책임성 없이 말할 내지는 절대적 권리를 그 자유는 수여하지 아니한다. 합리적으로 제한되는 것일 때라야 이 자유는 자유정부에 있어서 더없이 귀중한 특권이다. 자신의 형사법들에 대한 위반을 옹호하는 공표물들을 주는 처벌할 수 있고; 그리고 자신의 적들을 대적하는 미합중국을 자신의 시민들이 조력해서는 안 된다고 가르치는 공표들을; 불법적 수단들에 의한 자신의 전복을 협박하는 공표들을 주는 처벌할 수 있다. (268 U. S., at 666–667.)

규칙 바른 사회를 파괴하는 경향을 지닌 논설들을 공표하는 사람들의 처벌은 자유의 보장에 및 국가의 안정에 필수이다. 자유로운 합헌적 제도들의 보호는 및 결실은 출판의 자유가 의존하는 토대 및 대들보 그 자체이고, 그리하여 이러한 제도들을 실질적으로 파괴할 자유를 포함하는 것으로 그 자유는 간주되지도 아니하고 간주될 수도 없다. (268 U. S., at 667–668.)

제정법의 유효성에 유리하도록 모든 추정이 마음껏 누려져야 한다. 공공의 안전의 및 복리의 이익에 요구되는 법규들에 대하여는 주가 근본적으로 심판관이다; 자의적인 내지는 부당한 시도들인 경우에만 주 경찰 제정법들은 위헌으로 선언될 수 있다. 정부를 전복하고자 고안되고 의도된 한 개의 신조의 옹호를, 그 옹호된 계획이 성공할 현존의 및 임박한 위험이 있을 때까지 기다리지 아니하고서, 금지할 권한을 입법부는 지닌다. (268 U. S., at 668–670.)

현재의 제정법은 말의 및 언론의 자유를 근거 없이 침해하는 주 경찰권력의 자의적인 행사라고 말할 수 없다; 그것의 합헌성을 우리는 지지하지 않으면 안 된다. (268 U. S., at 670.)

입법부가 방지할 수 있는 실질적 해악을 피고인의 구체적 표명행위의 자연적 경향이 및 개연적 결과가 야기하는 것이었으면 그 표명행위에 제정법은 합헌적으로 적용될 수 있다. 강압의, 폭력의 내지는 불법의 확정적인 내지는 직접적인 행위를 내지는 행위들을 내지는 즉각적인 실행을 피고인이 옹호했어야 할 필요는 없었다. 이러한 행위들이 일반적 용어들로써 옹호되었다면 이로써 충분하였다. 옹호는 특정의 사람들에게 맞추어진 것이어야 할 필요가 없다. 제정법은 그 자체로 위헌인 것이 아니며, 현재의 사건에서는 헌법적 권리에 대한 훼손 속에서 그것은 적용되어 있지 않다. 항소법원의 판결주문은 인가된다. (268 U. S., at 671–672.)

Mr. Justice SANFORD delivered the opinion of the Court.

Benjamin Gitlow was indicted in the Supreme Court of New York, with three others, for the statutory crime of criminal anarchy. New York Penal Law, §§ 160, 161.[1] He was separately tried, convicted, and sentenced to imprisonment. The judgment was affirmed by the Appellate Division and by the Court of Appeals. 195 App. Div. 773; 234 N. Y. 132 and 539. The case is here on writ of error to the Supreme Court, to which the record was remitted. 260 U. S. 703.

The contention here is that the statute, by its terms and as applied in this case, is repugnant to the due process clause of the Fourteenth Amendment. Its material provisions are:

"§ 160. *Criminal anarchy defined*. Criminal anarchy is the doctrine that organized government should be overthrown by force or violence, or by assessination of the executive head or of any of the executive officials of government, or by any unlawful means. The advocacy of such doctrine either by word of mouth or writing is a felony.

"§ 161. *Advocacy of criminal anarchy*. Any person who:

"1. By word of mouth or writing advocates, advises or teaches the duty, necessity or propriety of overthrowing or overturning organized government

---

1) Laws 1909, ch. 88; Consol. Laws 1909, ch. 40. This statute was originally enacted in 1902. Laws 1902, ch. 371.

법원의 의견을 샌포드(SANFORD) 판사가 냈다.

제정법상의 범죄인 범죄적 무정부주의 활동을 이유로 다른 세 명에 나란히 뉴욕주 1심법원에 벤자민 지틀로우(Benjamin Gitlow)는 대배심 검사기소되었다. New York Penal Law(뉴욕주 형법), §§ 160, 161.[1] 그는 개별적으로 정식사실심리되어 유죄판정을 받고서 구금형에 처해졌다. 그 판결주문은 항소부에 의하여 및 항소법원에 의하여 인가되었다. 195 App. Div. 773; 234 N. Y. 132 and 539. 기록이 환송되어 간 곳인 뉴욕주 1심법원에 대한 오심영장에 의하여 사건은 여기에 있다. 260 U. S. 703.

그 문언에 의하여 및 이 사건에의 적용에 있어서 그 제정법은 연방헌법 수정 제14조의 적법절차 조항에 위배된다는 데 여기서의 주장은 있다. 그 제정법의 중요조항들은 이러하다:

"§ 160. *범죄적 무정부주의의 정의(Criminal anarchy defined).* 범죄적 무정부주의라 함은 강압에 의하여 내지는 폭력에 의하여, 또는 행정부 수반의 내지는 행정부 공직자들 중 아무나의 암살에 의하여 또는 조금이라도 불법적 수단에 의하여 규칙바른 정부가 전복되어야 한다는 신조를 말한다. 입으로든 글로든 말에 의한 이러한 신조의 옹호는 중죄이다.

"§ 161. *범죄적 무정부주의에 대한 옹호(Advocacy of criminal anarchy).* 조금이라도 아래의 행위를 하는 사람은 구금형으로써, 벌금으로써, 또는 두 가지의 병과로써 "처벌할 수 있는 중죄에 대하여 유죄"이다:

"1. 규칙바른 정부를 강압에 의하여 내지는 폭력에 의하여, 또는 정부의 행정수반의 내지는 행정부 공직자들 중 아무나의 암살에 의하여 또는 조금이라도 불법적

---

1) Laws 1909, ch. 88; Consol. Laws 1909, ch. 40. 이 제정법은 1902년에 최초로 입법되었다. Laws 1902, ch. 371.

by force or violence, or by assassination of the executive head or of any of the executive officials of government, or by any unlawful means; or,

"2. Prints, publishes, edits, issues or knowingly circulates, sells, distributes or publicly displays any book, paper, document, or written or printed matter in any «268 U. S., 655» form, containing or advocating, advising or teaching the doctrine that organized government should be overthrown by force, violence or any unlawful means, ······

"Is guilty of a felony and punishable" by imprisonment or fine, or both.

The indictment was in two counts. The first charged that the defendant had advocated, advised and taught the duty, necessity and propriety of overthrowing and overturning organized government by force, violence and unlawful means, by certain writings therein set forth entitled "The Left Wing Manifesto"; the second that he had printed, published and knowingly circulated and distributed a certain paper called "The Revolutionary Age," containing the writings set forth in the first count advocating, advising and teaching the doctrine that organized government should be overthrown by force, violence and unlawful means.

The following facts were established on the trial by undisputed evidence and admissions: The defendant is a member of the Left Wing Section of the Socialist Party, a dissenting branch or faction of that party formed in opposition to its dominant policy of "moderate Socialism." Membership in both is open to aliens as well as citizens. The Left Wing Section was organized nationally at a conference in New York City in June, 1919, attended by ninety delegates from twenty different States. The conference elected a National Council, of which the defendant was a member, and left to it the adoption of a "Manifesto." This was published in The Revolutionary Age, the official organ of the Left Wing. The defendant was on the board of managers of the

수단에 의하여 전복할 내지는 타도할 의무를, 필요성을 또는 타당성을 입으로든 글로든 말로써 옹호하는, 권유하는, 또는 가르치는 행위; 또는,

"2. 강압에, 폭력에 또는 조금이라도 불법적 수단에 의하여 규칙바른 정부가 전복되어야 한다는 신조를 조금이라도 담은 또는 옹호하는, 권유하는 내지는 가르치는 책을, 신문을, 문서를, 또는 «268 U. S., 655» 어떤 형태의 것이든 저작물을 내지는 프린트물을 인쇄하는, 출판하는, 편집하는, 발행하는 또는 인지 상태에서 유통시키는, 판매하는, 배포하는 또는 공개적으로 전시하는 행위……

두 가지 소인들로써 대배심 검사기소는 이루어졌다. 규칙바른 정부를 강압에 의하여, 폭력에 의하여 그리고 불법적 수단에 의하여 전복할 및 타도할 의무를, 필요성을 및 타당성을 "좌익선언문(The Left Wing Manifesto)"이라는 제목을 단 거기에 설명된 일정한 저작들로써 피고인이 옹호하였다고, 권유하였다고 및 가르쳤다고 첫 번째 소인은 기소하였다; 강압에 의하여, 폭력에 의하여 및 불법적 수단에 의하여 규칙바른 정부가 전복되어야 한다는 신조를 옹호하는, 권유하는 및 가르치는 첫 번째 소인에서 설명된 저작들을 담은 "혁명시대(The Revolutionary Age)"라고 불리는 일정한 신문을 그가 인쇄하였다고, 출판하였다고, 그리고 인지 상태에서 유통시켰다고 및 배포하였다고 두 번째 소인은 기소하였다.

정식사실심리에서 다툼 없는 증거에 및 자백들에 의하여 아래 사실들이 확정되었다: 피고인은 사회당의 지배적 정책인 "온건 사회주의(moderate Socialism)"에 반대하는 사람들로 구성된 대립적 분파 내지 파벌인 사회당 좌익분파(the Left Wing Section)의 구성원이다. 양쪽 모두 그 구성원 자격은 시민들에게처럼 외국인들에게도 부여되어 있다. 20개 주들로부터 파견된 90명의 대의원들이 참여한 1919년 6월 뉴욕시에서의 회의에서 전국적으로 좌익분파는 조직되었다. 피고인을 구성원들 중 한 명으로 한 전국평의회(a National Council)를 회의는 선출하였고 "선언문(Manifesto)"의 채택을 거기에 위임하였다. 좌익의 공식 기관지인 혁명시대(The Revolutionary Age)에 이것은 공표되었다. 피고인은 신문의 관리자들 위원회의 일원이었고 신문의 경영담당 관리자였다. 신문 인쇄를 그는 준비하였고, 좌익선언문을, 그리고 이에 아울러 회의

paper and was its business manager. He arranged for the printing of the paper and took to the printer the manuscript of the first issue which contained the Left Wing Manifesto, and also a Communist Program and a Program of the Left Wing that had been adopted by the conference. Sixteen thousand «268 U. S., 656» copies were printed, which were delivered at the premises in New York City used as the office of the Revolutionary Age and the head quarters of the Left Wing, and occupied by the defendant and other officials. These copies were paid for by the defendant, as business manager of the paper. Employees at this office wrapped and mailed out copies of the paper under the defendant's direction; and copies were sold from this office. It was admitted that the defendant signed a card subscribing to the Manifesto and Program of the Left Wing, which all applicants were required to sign before being admitted to membership; that he went to different parts of the State to speak to branches of the Socialist Party about the principles of the Left Wing and advocated their adoption; and that he was responsible for the Manifesto as it appeared, that "he knew of the publication, in a general way and he knew of its publication afterwards, and is responsible for the circulation."

There was no evidence of any effect resulting from the publication and circulation of the Manifesto.

No witnesses were offered in behalf of the defendant.

Extracts from the Manifesto are set forth in the margin.[2] Coupled with a

---

2) Italics are given as in the original, but the paragraphing is omitted.

"The Left Wing Manifesto."

"*Issued on Authority of the Conference by the National Council of the Left Wing.*
"The world is in crisis. Capitalism, the prevailing system of society, is in process of disintegration and collapse. ······ Humanity can be saved from its last excesses only by the Communist Revolution. There can now be only the Socialism which is one in temper and purpose with the proletarian revolutionary struggle. ······ The class struggle is the heart of Socialism. Without strict conformity to the class struggle, in its revolutionary implications, Socialism becomes either sheer Utopianism, or a method of reaction. ······ The dominant Socialism united with the capitalist «268 U. S., 657» governments to prevent a revolution. The Russian Revolution was the first act of the proletariat against the war and Imperialism. ······ [The] proletaiat, urging on the poorer peasantry, conquered power. It ac—

에서 채택되었던 공산당 강령(a Communist Program)을 및 좌익강령(a Program of the Left Wing)을 담은 초판의 원고(manuscript)를 인쇄업자에게 그는 가지고 갔다. 1만6천부가 «268 U. S., 656» 인쇄되었는데, 혁명시대의 사무소로서 및 좌익의 본부로서 사용되던, 그리고 피고인에 및 그 밖의 임원들에 의하여 점유되던 뉴욕시 소재 건물구내에서 그것들은 인도되었다. 이 부수들에 대하여 신문의 경영담당 관리자로서의 피고인에 의하여 값이 치러졌다. 이 사무소에서 일하는 피용자들은 피고인의 지휘 아래서 신문들을 포장하여 우편으로 발송하였다; 그리고 이 사무소에서 신문들은 판매되었다. 구성원으로서의 입회가 허가되기 이전에 모든 지원자들이 서명하도록 요구된 그 선언문에와 좌익강령에 찬동하는 한 장의 카드에 피고인이 서명하였음은; 좌익의 원칙들에 관하여 사회당의 여러 분파들에게 말하기 위하여 뉴욕주 내의 여러 곳을 그가 다녔음은 및 그 원칙들의 채택을 그가 옹호하였음은 그리고 그드러난 바대로의 선언문에 대하여 그에게 책임이 있음은, "그 출간에 대하여 그가 총괄적인 방법으로 알았음은, 그리고 그것의 출간에 관하여 그가 그 뒤에 알았음은, 그리하여 그것의 유통에 대하여 그에게 책임이 있음은" 시인되었다.

조금이라도 성명서의 공표로부터와 그 유통으로부터 발생한 영향이 있었다는 증거는 없었다.

피고인을 위하여는 증인들은 신청되지 않았다.

성명서로부터의 발췌문들은 난외에 기재되어 있다.[2] 사회주의의 소생에 대한

---

2) 이탤릭체 글자들은 원문에 부여된 대로이지만. 단락짓기는 원문에는 생략되어 있다.

"좌익선언문."

"*좌익 전국평의회 회의의 위임에 따라 발행된다.*
"세계는 위기 속에 있다. 유력한 사회제도인 자본주의는 분열의 및 붕괴의 과정에 있다. …… 오직 공산주의 혁명에 의해서만 자본주의의 마지막 과잉으로부터 인간성은 보존될 수 있다. 프롤레타리아 혁명투쟁에의 조화 속에 및 그 목적 가운데에 있는 것으로서는 현재로서는 사회주의만이 있을 수 있다. …… 계급투쟁은 사회주의의 핵심이다. 계급투쟁에의 엄격한 순응이 없는, 그것의 혁명적 함축들에 있어서 사회주의는 순전한 유토피아적 이상주의가 되든지, 반동의 수단이 되든지 중 하나이다. …… 혁명을 막기 위하여 자본주의 정부들에 지배적 사회주의는 결합하였다. 러시아 혁명은 전쟁에 및 제국주의에 맞선 프롤레타리아 계급의 최초의 행동이었다. …… [보]다 더 가난한 소작인 계급을 프롤레타리아 계급은 추동하여 권력을 정복하였다. 프롤레타리아 혁명을 '모든 권력은 소비에트에게로'라는 볼셰비키

complished a proletarian revolution by means of the Bolshevik policy of 'all power to the Soviets,' —organizing the new transitional state of proletarian dictatorship. ⋯⋯ Moderate Socialism affirms that the bourgeois, democratic parliamentary state is the necessary basis for the introduction of Socialism. ⋯⋯ Revolutionary Socialism, on the contrary, insists that the democratic parliamentary state can never be the basis for the introduction of Socialism; that it is necessary to destroy the parliamentary state, and construct a new state of the organized producers, which will deprive the bourgeoisie of political power, and function as a revolutionary dictatorship of the proletariat. ⋯⋯ Revolutionary Socialism alone is capable of mobilizing the proletariat for Socialism, for the conquest of the power of the state, by means of revolutionary mass action and proletarian dictatorship. ⋯⋯ Imperialism is dominant in the United States, which is now a world power. ⋯⋯ The war has aggrandized American Capitalism, instead stead of weakening it as in Europe. ⋯⋯ These conditions modify our immediate task, but do not alter its general character; this is not the moment of revolution, but it is the moment of revolutionary struggle. ⋯⋯ Strikes are developing which verge on revolutionary action, and which the suggestion of proletarian dictatorship is apparent, the striker—workers trying to usurp functions of municipal government, as in Seattle and Winnipeg. The mass struggle of the proletariat is coming into being. ⋯⋯ These strikes will constitute the determining feature of proletarian action in the days to come. Revolutionary Socialism must use these mass industrial revolts to broaden the strike, to make it general and militant; use the strike for political objectives, and, finally, develop the mass political strike against Capitalism and the state. Revolutionary Socialism must base itself on the mass struggles «268 U. S., 658» of the proletariat, engage directly in these struggles while emphasizing the revolutionary purposes of Socialism and the proletarian move— ment. The mass strikes of the American proletariat provide the material basis out of which to develop the concepts and action of revolutionary Socialism. ⋯⋯ Our task ⋯⋯ is to articulate and organize the mass of the unorganized industrial proletariat, which constitutes the basis for a militant Socialism. The struggle for the revolutionary industrial unionism of the proletariat becomes an indispensable phase of revolutionary Socialism, on the basis of which to broaden and deepen the action of the militant proletariat, developing reserves for the ultimate conquest of power. ⋯⋯ Revolutionary Socialism adheres to the class struggle because through the class struggle alone—the mass struggle—can the industrial proletariat secure immediate concessions and finally conquer power by organizing the industrial government of the working class. The class struggle is a political struggle ⋯⋯ in the sense that its objec— tive is political—the overthrow of the political organization upon which capitalistic exploitation depends, and the intro— duction of a new social system. The direct objective is the conquest by the proletariat of the power of the state. Revolutionary Socialism does not propose to 'capture' the bourgeois parliamentary state, but to conquer and de— stroy it. Revolutionary Socialism, accordingly, repudiates the policy of introducing Socialism by means of legislative measures on the basis of the bourgeois state. ⋯⋯ It proposes to conquer by means of political action ⋯⋯ in the revolutionary «268 U. S., 659» Marxian sense, which does not simply mean parliamentarism, but the *class action* of the proletariat in *any form* having as its objective the conquest of the power of of the state ⋯⋯ Parliamentary action which emphasizes the implacable character of the class struggles is an indispensable means of agitation. ⋯⋯ But parliamentarism cannot conquer the power of the state for the proletariat ⋯⋯ It is accomplished, not by the legislative representatives of the proletariat, but by *the mass power of the proletariat in action*. The supreme power of the proletariat inheres in the *political mass strike*, in using the industrial mass power of the proletariat for political objectives. Revolutionary Socialism, accordingly, recognizes that the supreme form of proletarian political action is *the political mass strike* ⋯⋯ The power of the proleatariat lies fundamentally in its control of the industrial process. The mobilization of this control in action against the burgeois state and Capitalism means the end of Capi— talism, the initial form of the revolutionary mass action that will conquer the power of the state. ⋯⋯ The revolution starts with strikes of protest, developing into mass political strikes and then into revolutionary mass action for the conquest of the power of the state. Mass action becomes political in purpose while extra—parliamentary in form; it is equally a process of revolution and the revolution itself in operation. The final objective of mass action is the con— quest of the power of the state, the annihilation of the bourgeois parliamentary state and the introduction of the transition proletarian state, functioning as a revolutionary dictatorship of the proletariat ⋯⋯ The bourgeois parlia— mentary state is the organ of the bourgeoisie for the coercion of the proletariat. The revolutionary proletariat must, accordingly, destroy this state. ⋯⋯ It is therefore necessary that the proletariat organize its own state *for the coer— cion and suppression of the bourgeoisie.* ⋯⋯ Proletarian dictatorship is a recognition of the necessity for a revolu— tionary state to coerce and suppress the «268 U. S., 660» bourgeoisie; it is equally a recognition of the fact that, in

정책에 의하여 그것은 달성하였고, 프롤레타리아 독재의 새로운 과도적(transitional) 국가를 이로써 조직하였다. ……
부르조아의 민주주의 의회국가가 사회주의 도입의 필수적 토대임을 온건 사회주의는 긍정한다. …… 이에 반하여 민
주주의 의회국가는 사회주의 도입을 위한 토대가 결코 될 수 없음을: 의회국가를 파괴함이 및 정치권력을 부르조
아 계급에게서 박탈할, 그리고 프롤레타리아 계급의 혁명적 독재정권으로서 기능할 조직된 생산자들의 새로운 국가
를 건설함이 필수임을 혁명적 사회주의는 역설한다. …… 사회주의를 위하여, 혁명적 대중행동에 의한 국가권력의 정
복을 위하여 및 프롤레타리아 독재를 위하여 플롤레타리아 계급을 동원할 능력을 지닌 것은 혁명적 사회주의만이다.
…… 제국주의는 미국을 지배하고 있고 미국은 지금 세계적 강대국이다. …… 유럽에서처럼 자본주의를 전쟁이 약화
시켜 놓은 것이 아니라 미국의 자본주의를 그것은 강화하여 놓았다. …… 우리의 당면한 임무를 이러한 조건들은 변
화시키지만, 그러나 그것의 전체적 성격을 그것들은 바꾸어 놓지 못한다; 이것은 혁명의 순간이 아니지만, 그러나 그
것은 혁명적 투쟁의 순간이다. …… 시애틀에서와 위니펙에서처럼 자치체 정부의 기능들을 빼앗고자 파업노동자들이
시도하는 등 혁명적 행동에 근접하는. 그리고 프롤레타리아 독재의 암시가 뚜렷한 파업들이 발생하고 있다. 프롤레타
리아 계급의 대중투쟁이 생겨나고 있는 중이다. …… 프롤레타리아 행동의 결정적 특징을 다가오는 날에 이 파업들은
구성할 것이다. 파업을 확대하기 위하여, 그것을 일반적이고도 전투적인 것으로 만들기 위하여 이 대중의 산업폭동들
을 혁명적 사회주의는 사용하지 않으면 안 되고; 정치적 목적들을 위하여 파업을 혁명적 사회주의는 사용하지 않으
면 안 되며, 그리하여 궁극적으로, 자본주의에 및 국가에 대항하는 정치적 대중파업을 혁명적 사회주의는 전개하지 않
으면 안 된다. 사회주의의 및 프롤레타리아 운동의 혁명적 목적들을 강조하는 동안, 프롤레타리의 계급의 대중투쟁들
위에 그 자신의 토대를 혁명적 사회주의는 두지 않으면 안 되고, 이 투쟁들에 직접적으로 혁명적 사회주의는 참가하
지 않으면 안 된다. 혁명적 사회주의의 개념들을 및 행동을 발전시켜 나갈 중요한 토대를 미국 프롤레타리아 계급의
대중파업들은 제공한다. …… 우리의 임무는 …… 비조직 산업 프롤레타리아 계급 대중을 형성하고 조직하는 것인바,
전투적 사회주의를 위한 토대를 그것은 구성한다. 혁명적 산업 노동조합주의를 위한 투쟁은 궁극적 권력 정복을 위한
예비대를 개발하여 그 토대 위에서 전투적 프롤레타리아 계급의 행동을 확장시키고 심화시키기 위한 혁명적 사회주
의의 불가결한 국면이 된다. …… 계급투쟁을 통하여서만 – 대중투쟁을 통하여서만 – 즉각적인 양보들을 산업 프롤
레타리아 계급은 확보할 수 있기에 및 노동계급의 산업정부를 조직함으로써 궁극적으로 권력을 정복할 수 있기에, 계
급투쟁을 혁명적 사회주의는 고집한다. 계급투쟁은 …… 그것의 목적이 정치적이라는 의미에서의 – 자본주의적 착취
가 의존하는 정치조직의 전복이 및 새로운 사회제도의 도입이 그 목적이라는 의미에서의 – 정치투쟁이다. 직접적 목
적은 프롤레타리아 계급에 의한 국가권력의 정복이다. 혁명적 사회주의가 꾀하는 것은 부르조아 의회주의 국가를 '포
획하는 것(capture)'이 아니라 그것을 정복하여 파괴하는 것이다. 부르조아 국가의 토대 위에서 입법적 조치들에 의
하여 사회주의를 도입하는 정책을 혁명적 사회주의는, 따라서, 거부한다. …… 단순히 의회주의를 뜻하는 것이 아니
라 *형태 여하를 불문하고(in any form)* 국가권력의 정복을 자신의 목적으로 하는 프롤레타리아트의 *계급적 행동(class
action)*을 뜻하는 혁명적 마르크스주의의 의미에서의. . .정치적 행동에 의하여 정복하기를 그것은 꾀한다. ……
계급투쟁들의 무자비한 성격을 강조하는 의회주의적 행동은 선동의 불가결한 수단이다. …… 그러나 프롤레타리아
계급을 위하여 국가권력을 의회주의는 정복할 수 없다. …… 프롤레타리아 계급의 입법적 대변자들에 의해서가 아니
라 *행동에 나선 프롤레타리아 계급의 대중권력(the mass power of the proletariat in action)*에 의하여 그것은 달성된
다. *정치적 대중파업(political mass strike)*에, 프롤레타리아 계급의 산업적 대중권력을 정치적 목적들을 위하여 사용함
에 프롤레타리아 계급의 최고권력은 내재한다. 프롤레타리아 정치행동의 최고의 형태는 *정치적 대중파업(the political
mass strike)*임을 혁명적 사회주의는 따라서 인정한다 …… . 산업과정에 대한 자신의 통제 속에 프롤레타리아 계급
의 권력은 기본적으로 놓여 있다. 국가권력을 정복할 혁명적 대중행동의 최초의 형태인 부르조아 국가에 및 자본주의
에 맞선 행동 속에서의 이 통제의 운용은 자본주의의 종말을 의미한다. …… 항의의 파업들로써 혁명은 시작하여 대
중 정치투쟁으로, 다시 국가권력의 정복을 위한 혁명적 대중행동으로 그것은 발전한다. 대중행동은 비록 형식에 있어
서는 의회주의 밖의 것이면서도 목적에 있어서는 정치적인 것이 된다; 그것은 똑같이 혁명의 과정이며 그 작동에 있
어서 혁명 자체이다. 대중행동의 궁극적 목적은 국가권력의 정복인바. 즉 부르조아 의회주의 국가의 절멸이고. 프롤
레타리아 계급의 혁명적 독재정부로서 기능하는 과도(transition) 프롤레타리아 국가의 도입이다. …… 부르조아 의회
주의 국가는 프롤레타리아 계급에 대한 억압을 위한 부르조아 계급의 기관이다. 따라서 혁명적 프롤레타리아 계급은
이 국가를 파괴하지 않으면 안 된다. …… *부르조아 계급에 대한 억압을 및 진압을 위하여(for the coercion and sup-
pression of the bourgeoisie)* 그 자신의 국가를 프롤레타리아 계급이 조직하여야 함은 필수이다. …… 프롤레타리아
독재는 부르조아 계급을 억압하고 진압할 혁명적 국가의 필요성에 대한 인정이다; 마찬가지로 그것은 사회의 공산주
의적 재건설에 있어서 프롤레타리아 계급만이 한 개의 계급으로서 계산된다는 사실에 대한 인정이다. …… 혁명적 프
롤레타리아 계급에 의하여는 국가의 낡은 기구는 사용될 수 없다. 그것은 파괴되지 않으면 안 된다. 산업적으로 조직
된 생산자들 위에. 산업 노동조합들 위에 내지는 소비에트들 위에. 또는 양자의 결합 위에 직접적으로 토대를 둔 새로
운 국가를 프롤레타리아 계급은 창설한다. 사회주의를 실현할 수 있는 것은 프롤레타리아 계급의 독재정권으로서 기

review of the rise of Socialism, it «268 U. S., 657» condemned the dominant "moderate Socialism" for its recognition of the necessity of the democratic parliamentary state; repudiated its policy of introducing Socialism by legislative measures; and advocated, in plain and unequivocal language, the necessity of accomplishing the "Communist Revolution" by a militant and "revolutionary Socialism," based on "the class struggle" and mo- «268 U. S., 658» bilizing the "power of the proletariat in action," through mass industrial revolts developing into mass political strikes and "revolutionary mass action," for the purpose of conquering and destroying the parliamentary state and establishing in its place, through a "revoluntionary dictatorship of the proletariat," the system of Communist Socialism. The then recent strikes in Seattle and Winnepeg[3] were cited as instances of a development already verging on revolutionary action and suggestive of prole- «268 U. S., 659» tarian dictatorship, in which the strike-workers were "trying to usurp the functions of municipal government"; and revolutionary Socialism, it was urged, must use these mass industrial revolts to broaden the strike, make it general and mili-

---

the Communist reconstruction of society, the proletariat as a class alone counts. ⋯⋯ The old machinery of the state cannot be used by the revolutionary proletariat. It must be destroyed. The proletariat creates a new state, based directly upon the industrially organized producers, upon the industrial unions or Soviets, or a combination of both. It is that state alone, functioning as a dictatorship of the proletariat, that can realize Socialism. ⋯⋯ While the dictatorship of the proletariat performs its negative task of crushing the old order, it performs the positive task of constructing the new. Together with the government of the proletarian dictatorship, there is developed a new 'government,' which is no longer government in the old sense, since it concerns itself with the management of production and not with the government of persons. Out of workers' control of industry, introduced by the proletarian dictatorship, there develops the complete structure of Communist Socialism,—industrial self- government of the communistically organized producers. When this structure is completed, which implies the complete expropriation of the bourgeoisie economically and politically, the dictatorship of the proletariat ends, in its place coming the full and free social and individual autonomy of the Communist order. ⋯⋯ It is not a problem of immediate revolution. It is a problem of the immediate revolutionary struggle. The revolutionary epoch of the final struggle against Capitalism may last for years and tens of years; but the communist International offers a policy and program immediate and ultimate in scope, that provides for the immediate class struggle against Capitalism, in its revolutionary implications, and for the final act of the conquest of power. The old order is in decay. Civilization is in collapse. The proletarian revolution and the Communist reconstruction of society—*the struggle for these*—is now indispensable. This is the message of the Communist International to the workers of the world. The Communist International calls the proletariat of the world to the final struggle!"

3) There was testimony at the trial that "there was an extended strike at Winnipeg commencing May 15, 1919, during which the production and supply of necessities, transportation, postal and telegraphic communication and fire and sanitary protection were suspended or seriously curtailed."

검토에 덧붙여, 민주주의 《268 U. S., 657》 의회국가의 필요성을 인정함에 대하여 지배적 "온건 사회주의"를 그것은 비난하였고; 사회주의를 입법적 수단에 의하여 도입하고자 하는 그것의 정책을 그것은 거부하였고; 그리고 의회주의 국가를 정복함을 및 파괴함을, 그리고 그 대신에 공산주의적 사회주의 제도인 "프롤리타리아트의 혁명적 독재(revoluntionary dictatorship of the proletariat)"를 설립함을 목적으로 하는 《268 U. S., 658》 대규모 정치파업으로 및 "혁명적 대중행동(revolutionary mass action)"으로 전개해 나가는 대규모 산업폭동을 통한 계급투쟁(the class struggle)"에 토대를 둔, 및 "행동 속에서의 프롤레타리아 계급의 힘"을 동원하는 전투적인 "혁명적 사회주의(revolutionary Socialism)"에 의하여 "공산주의 혁명(Communist Revolution)"을 달성할 필요성을 단호하고도 명백한 어투로써 그것은 옹호하였다.

혁명적 행동에 이미 근접하는 및 프롤레타리아 독재를 암시하는 상황전개의 사례들로서 "자치체 정부의 기능들을 빼앗고자" 파업노동자들이 "시도한," 당시로서는 《268 U. S., 659》 근자의 것이던 시애틀에서의 및 위니펙에서의 파업들[3]이 인용되었다; 그리고 파업을 확대하기 위하여, 그것을 일반적이고도 전투적인 것으로 만들기 위하여 이 대중의 산업폭동들을 혁명적 사회주의는 사용하지 않으면 안 됨이, 그리고 의회주의 국가의 멸절을 위하여 그것을 대중적 정치파업으로 및 혁명적 대중행동으로 혁명적 사회주의는 발전시키지 않으면 안 됨이 강조되었다.

능하는 국가만이다. …… 낡은 질서를 분쇄하는 그 자신의 부정적 과업을 프롤레타리아 계급의 독재가 수행하는 동안에, 새로운 질서를 건설하는 긍정적 과업을 그것은 수행한다. 프롤레타리아 독재정부에 나란히, 더 이상 낡은 의미에서의 정부가 아닌 새로운 '정부(government)' 가 개발되는바, 왜냐하면 그것이 다루는 것은 사람들에 대한 통치가 아니라 생산의 관리이기 때문이다. 프롤레타리아 독재에 의하여 도입되는 노동자들의 산업통제로부터 공산주의적 사회주의의 완전한 구조가 – 공산주의적으로 조직된 생산자들의 산업적 자치정부가 – 개발된다. 이 구조가 완성되는 때에 – 경제적으로 및 정치적으로 부르조아 계급에 대한 완전한 몰수를 이는 함축한다 – 프롤레타리아 계급의 독재는 끝나고, 그 자리에 공산주의 질서의 완전하고도 자유로운 사회적 개인적 자치가 찾아온다. …… 그것은 즉각적 혁명의 문제가 아니다. 그것은 즉각적인 혁명적 투쟁의 문제이다. 자본주의에 대항하는 궁극적 투쟁의 혁명적 시기는 여러 해를 및 수십 년을 지속할 수 있다; 그러나, 혁명적 함축들 속에서의 자본주의에 맞선 즉각적 계급투쟁을 및 권력 정복의 궁극적 행동을 규정하는, 범위에 있어서 즉각적이고도 궁극적인 한 개의 정책을 및 강령을 공산주의 인터내셔널은 제공한다. 낡은 질서는 노후화 상태에 있다. 문명은 붕괴 상태에 있다. 프롤레타리아 혁명은 및 사회의 공산주의적 재건설은 – *이러한 것들을 위한 투쟁은(the struggle for these)* – 이제 불가결하다. 이것이 세계 노동자들에 대한 공산주의 인터내셔널의 메시지이다. 세계의 프롤레타리아 계급을 궁극적 투쟁에로 공산주의 인터내셔널은 부른다!"

3) "위니펙에서 1919년 5월 15일에 시작된 장기간의 파업이 있었으며, 그 동안에 필수품들의, 수송의, 우편 및 전신 통신의, 소방 및 위생 보호의 생산은 및 공급은 중단되거나 심각하게 제한되었다."는 증언이 정식사실심리에서 있었다.

tant, and develop it into mass political strikes and revolutionary mass action for the annihilation of the parliamentary state.

At the outset of the trial the defendant's counsel objected to the introduction of any evidence under the «268 U. S., 660» indictment on the grounds that, as a matter of law, the Manifesto "is not in contravention of the statute," and that "the statute is in contravention of" the due process clause of the Fourteenth Amendment. This objection was denied. They also moved, at the close of the evidence, to dismiss the indictment and direct an acquittal "on the grounds stated in the first objection to evidence," «268 U. S., 661» and again on the grounds that "the indictment does not charge an offense" and the evidence "does not show an offense." These motions were also denied.

The court, among other things, charged the jury, in substance, that they must determine what was the intent, purpose and fair meaning of the Manifesto; that its words must be taken in their ordinary meaning, as they would be understood by people whom it might reach; that a mere statement or analysis of social and economic facts and historical incidents, in the nature of an essay, accompanied by prophecy as to the future course of events, but with no teaching, advice or advocacy of action, would not constitute the advocacy, advice or teaching of a doctrine for the overthrow of government within the meaning of the statute; that a mere statement that unlawful acts might accomplish such a purpose would be insufficient, unless there was a teaching, advising the advocacy of employing such unlawful acts for the purpose of overthrowing government; and that if the jury had a reasonable doubt that the Manifesto did teach, advocate or advise the duty, necessity or propriety of using unlawful means for the overthrowing of organized government, the defendant was entitled to an acquittal.

The defendant's counsel submitted two requests to charge which embod-

대배심 검사기소장 아래서의 그 모든 증거의 소개에 대하여 정식사실심리의 시작 때에 피고인의 변호인단은 《268 U. S., 660》 이의하였는데, 법의 문제로서 그 선언서가 "제정법에 대한 위반 속에 있지 않다."는, 그리고 "그 제정법이" 연방헌법 수정 제14조의 적법절차 조항에 "대한 위반 속에 있다."는 이유를 변호인단은 댔다. 이 이의는 기각되었다. "증거에 대한 최초의 이의에서 개진된 이유들에 의거하여," 및 "한 개의 범죄를 대배심 검사기소장은 기소하고 있지 않다."는, 그리고 "한 개의 범죄를" 《268 U. S., 661》 증거는 "보여주지 않는다."는 이유들에 다시 의거하여 대배심 검사기소를 각하해 달라고 및 무죄방면(an aquittal)을 명령해 달라고 증거조사의 종결 시점에서 그들은 아울러 신청하였다. 이 신청들은 마찬가지로 기각되었다.

요컨대, 무엇이 선언서의 의도였는지를, 목적이었는지를 및 공정한 의미였는지를 그들은 판단하지 않으면 안 됨을; 그 문구들의 일반적 의미 속에서, 선언서가 가닿을 수 있는 사람들에 의하여 그 문구들이 읽혀지리라고 생각되는 바대로 그 문구들은 해석되지 않으면 안 됨을; 그 진행경과의 장래의 과정에 관한 예언이 수반된, 그러나 행동에 대한 가르침을, 조언을 내지는 옹호를 지니지 아니한, 사회적 경제적 사실관계에 내지는 역사적 사건들에 대한 평론적 성격의 단순한 주장은 내지는 분석은 그 제정법의 의미 내에서의 정부의 전복을 위한 신조의 옹호를, 조언을 내지는 가르침을 구성하지 아니하는 법임을; 이러한 목적을 불법적 행위들이 달성할 수도 있다는 단순한 주장만으로는, 정부를 전복하고자 이러한 불법적 행동들을 사용함에 대한 옹호를 조언하는 가르침이 있었던 것이 아닌 한, 불충분함을; 그리고 만약 규칙바른 정부를 전복함을 위하여 불법적 수단을 사용할 의무를, 필요성을 내지는 타당성을 선언서가 실제로 가르쳤는지, 옹호했는지 내지는 조언했는지에 대한 합리적인 의심을 배심이 지닌다면, 무죄방면을 누릴 권리를 피고인은 지닌다는 점을 배심에게 법원은 특히 훈시하였다.

제정법의 의미 내에서의 범죄적 무정부주의를 구성하기 위하여는, 규칙바른 정

ied in substance the statement that to constitute criminal anarchy within the meaning of the statute it was necessary that the language used or published should advocate, teach or advise the duty, necessity or propriety of doing "some definite or immediate act or acts" or force, violence or unlawfulness directed toward the overthrowing of organized government. These were denied further than had been charged. Two other requests to charge embodied in substance the statement that to constitute guilt the language used or published must be "reasonably and ordinarily calculated to incite certain persons" to acts of force, violence or unlawfulness, «268 U. S., 662» with the object of overthrowing organized government. These were also denied.

The Appellate Division, after setting forth extracts from the Manifesto and referring to the Left Wing and Communist Programs published in the same issue of the Revolutionary Age, said:[4] "It is perfectly plain that the plan and purpose advocated ······ contemplate the overthrow and destruction of the governments of the United States and of all the States, not by the free action of the majority of the people through the ballot box in electing representatives to authorize a change of government by amending or changing the Constitution, ······ but by immediately organizing the industrial proletariat into militant Socialist unions and at the earliest opportunity through mass strike and force and violence, if necessary, compelling the government to cease to function, and then through a proletarian dictatorship, taking charge of and appropriating all property and administering it and governing through such dictatorship until such time as the proletariat is permitted to administer and govern it. ······ The articles in question are not a discussion of ideas and theories. They advocate a doctrine deliberately determined upon and planned for militantly disseminating a propaganda advocating that it is the duty and necessity of the proletariat engaged in industrial pursuits to orga-

---

4) 195 App. Div. 773, 782, 790.

부의 전복을 향하여 겨냥된 "모종의 확정적인 내지는 직접적인 행위를 내지는 행위들을" 내지는 강압을, 폭력을 내지는 불법을 행할 의무를, 필요성을 내지는 타당성을 그 사용된 내지는 공표된 표현이 옹호해야 함이, 가르쳐야 함이 내지는 조언해야 함이 필요하다는 주장을 대체적으로 구체화한 두 가지의 요청사항들을 훈시해 달라고 피고인의 변호인단은 제출하였다. 이러한 것들은 그 훈시되었던 것 이외에는 거부되었다. 유죄를 구성하기 위하여는 그 사용된 내지는 공표된 표현이 규칙바른 정부를 전복할 목적을 지니고서 강압의, 폭력의 내지는 불법의 행동들에게로 "일정한 사람들을 자극하고자 합리적으로 및 «268 U. S., 662» 일반적으로 계산된 것이지 않으면 안 된다는 주장을, 그 훈시를 구한 두 개의 다른 요청들은 대체로 구체화하였다. 이것들은 마찬가지로 거부되었다.

선언서로부터의 발췌문들을 설명한 뒤에, 그리고 좌익을 및 동일자 혁명시대에 공표된 공산당 강령을 언급한 뒤에 항소부는 말하였다:[4] "……헌법을 개정함에 내지는 변경함에 의하여 정부의 변화를 초래하도록 권한을 위임할 대표자들을 선출함에 있어서의 투표행위를 통한 국민 다수의 자유로운 행위에 의해서가 아니라, 산업 프롤레타리아 계급을 전투적 사회주의 노동조합들로 즉각적으로 조직함에 의하여 및 필요하면 가장 이른 기회에 대중파업을, 강압을 및 폭력을 통하여 그 기능을 멈추도록 정부를 강제함에 의하여, 그리고 그 다음에는 모든 재산권을 맡는 및 착복하는, 그리하여 그것을 관리하는 및 그것을 관리하도록 그리고 통치하도록 프롤레타리아 계급이 허용될 때까지 이러한 독재를 통하여 통치하는 프롤레타리아 독재에 의하여, 미합중국의 및 전체 주들의 정부들의 전복을 및 파괴를 ……그 옹호된 강령이 및 목적이 계획하고 있음은 완전히 명백하다. …… 문제의 논설들은 발상들의 및 이론들의 논의가 아니다. 대중화된 파업에 의하여 정부의 바퀴가 궁극적으로 중지될 수 있도록까지 및 정부가 전복될 수 있도록까지 조직화함이 산업적 직업들에 종사하는 프롤레타리아 계급의 의무임을 및 필연임을 옹호하는 선전을 전투적으로 파종하기 위하여 의도적으로 판단된 및 계획된 한 개의 신조를 그것들은 옹호한다. ……"

---

4) 195 App. Div. 773, 782, 790.

nize to such an extent that, by massed strike, the wheels of government may ultimately be stopped and the government overthrown. ⋯⋯"

The Court of Appeals held that the Manifesto "advocated the overthrow of this government by violence, or by unlawful means."[5] In one of the opinions represent- «268 U. S., 663» ing the views of a majority of the court,[6] it was said:

"It will be seen ⋯⋯ that this defendant through the Manifesto ⋯⋯ advocated the destruction of the state and the establishment of the dictatorship of the proletariat. ⋯⋯ To advocate ⋯⋯ the commission of this conspiracy or action by mass strike whereby government is crippled, the administration of justice paralyzed, and the health, morals and welfare of a community endangered, and this for the purpose of bringing about a revolution in the state, is to advocate the overthrow of organized government by unlawful means." In the other[7] it was said: "As we read this Manifesto ⋯⋯ we feel entirely clear that the jury were justified in rejecting the view that it was a mere academic and harmless discussion of the advantages of communism and advanced socialism" and "in regarding it as a justification and advocacy of action by one class which would destory the rights of all other classes and overthrow the state itself by use of revolutionary mass strikes. It is true that there is no advocacy in specific terms of the use of ⋯⋯ force or violence. There was no need to be. Some things are so commonly incident to others that they do not need to be mentioned when the underlying purpose is described."

And both the Appellate Division and the Court of Appeals held the statute

---

5) Five judges, constituting the majority of the court, agreed in this view. 234 N. Y. 132, 138,. And the two judges, constituting the minority—who dissented solely on a question as to the construction of the statute which is not here involved—said in reference to «268 U. S., 663» the Manifesto: "Revolution for the purpose of overthrowing the present form and the established political system of the United States government by direct means rather than by constitutional means is therein clearly advocated and defended ⋯⋯" p.154.

6) Pages 141, 142.

7) Pages 149, 150.

"폭력에 의한 내지는 불법적 수단에 의한 이 정부의 전복을" 선언서는 "옹호하였다."고 항소법원은 판시하였다.[5] 그 법원의 다수판사들의 견해들을 나타내는 «268 U. S., 663» 의견들 중 한 개에서,[6] 이렇게 판시되었다:

"국가의 파괴를 및 프롤레타리아 계급의 독재제도의 설립을 …… 선언서를 통하여 이 피고인은 옹호했음이 …… 확인될 것이다. …… 정부를 불구 상태에 이르게 하는, 재판제도를 마비 상태에 이르게 하는, 그리고 공동체의 건강을, 도덕을 및 복지를 위험에 처해지게 하는 수단인 대중파업에 의한 이 음모의 내지는 행위의 수행을 ……, 그리고 그것도 국가 내에서의 혁명을 야기함을 목적으로 옹호함은 불법적 수단에 의한 규칙바른 정부의 전복을 옹호함이 된다." 또 다른 의견에서[7] 이렇게 판시되었다: "선언서를 우리가 읽은 바로는 …… 그것이 공산주의의 및 진보된 사회주의의 이점들에 대한 단순한 학구적인 무해한 논의였다는 견해를 배심이 배척함에 있어서" 그리고 "다른 모든 계급들의 권리들을 파괴하였으면 하는, 그리하여 국가 자체를 혁명적 대중파업들의 사용에 의하여 전복하였으면 하는 한 개의 계급의 행동에 대한 변명으로서와 옹호로서 그것을 배심이 간주함에 있어서 배심이 정당하였음은 완전히 명백하다고 우리는 느낀다. ……강압의 내지는 폭력의 사용에 대한 명시적 용어에 의한 옹호가 없음은 진실이다. 그러한 옹호가 있어야 할 필요는 없었다. 어떤 것들은 다른 것들에 너무나도 일반적으로 부수하므로 그 토대에 놓인 목적이 설명될 경우에는 그것들은 언급될 필요가 없다."

그리하여 그 제정법을 합헌으로 항소부는 및 항소법원은 다 같이 판시하였다.

---

5) 이 견해에 그 법원의 다수를 구성한 다섯 명의 판사들은 동의하였다. 234 N. Y. 132, 138. 그리고 소수를 구성한 두 명의 판사들은 - 여기에 포함되지 아니하는, 제정법의 해석에 관한 문제에 대에서만 그들은 반대하였다 - 선언서에 관하여 «268 U. S., 663» 말하였다: "미합중국 정부의 현재의 형태를 및 확립된 정치제도를 합헌적 수단에 의해서가 아니라 직접적 수단에 의하여 전복하기 위한 혁명이 그 안에는 명백히 옹호되고 지지되어 있다. . ." p.154.
6) Pages 141, 142
7) Pages 149, 150.

constitutional.

The specification of the errors relied on relates solely to the specific rulings of the trial court in the matters hereinbefore set out.[8] The correctness of the verdict is not «268 U. S., 664» questioned, as the case was submitted to the jury. The sole contention here is, essentially, that as there was no evidence of any concrete result flowing from the publication of the Manifesto or of circumstances showing the likelihood of such result, the statute as construed and applied by the trial court penalizes the mere utterance, as such, of "doctrine" having no quality of incitement, without regard either to the circumstances of its utterance or to the likelihood of unlawful sequences; and that, as the exercise of the right of free expression with relation to government is only punishable "in circumstances involving likelihood of substantive evil," the statute contravenes the due process clause of the Fourteenth Amendment. The argument in support of this contention rests primarily upon the following propositions: 1st, That the "liberty" protected by the Fourteenth Amendment includes the liberty of speech and of the press; and 2d, That while liberty of expression "is not absolute," it may be restrained "only in circumstances where its exercise bears a causal relation with some substantive evil, consummated, attempted or likely," and as the statute "takes no account of circumstances," it unduly restrains this liberty and is therefore unconstitutional.

The precise question presented, and the only question which we can consider under this writ of error, then is, whether the statute, as construed and applied in this case, by the State courts, deprived the defendant of his liberty of expression in violation of the due process clause of the Fourteenth Amendment.

The statute does not penalize the utterance or publication of abstract "doc-

----

8) Exceptions to all of these rulings had been duly taken.

이상에서 설명된 사항들에 대한 정식사실심리 법원의 구체적 판정들에 대하여만, 그 의존된 오류사항들의 세목은 언급한다.[8] 배심에게 사건이 회부되었기에 «268 U. S., 664» 평결의 정당성은 의문시되고 있지 않다. 조금이라도 선언서의 공표로부터 야기된 구체적 결과에 대한 내지는 그러한 결과의 가능성을 보여주는 상황들에 대한 증거가 없었으므로, 선동의 성격을 지니지 아니하는 "신조(doctrine)"의 단순한 표명을, 그 표명의 상황들에 대하여든 불법적 결과들의 가능성에 대하여든 고려함이 없이, 정식사실심리 법원에 의하여 해석된 및 적용된 바로서의 제정법은 그 자체로서 처벌하는 것이라는 데에; 그리고, "중대한 해악의 가능성을 포함하는 상황들에서만 "정부에 관련한 자유로운 표현의 권리의 행사는 처벌될 수 있으므로, 연방헌법 수정 제14조의 적법절차 조항을 그 제정법은 위반한다는 데에 본질적으로 여기서의 유일한 주장은 있다. 이 주장을 지지하는 논의는 주로 다음의 명제들에 의존한다: 첫째로, 말의 및 출판의 자유를 연방헌법 수정 제14조에 의하여 보호되는 "자유(liberty)"는 포함한다는 것이고; 그리고 둘째로, 표현의 자유는 "절대적인 것이 아니"기는 하지만, "완성된, 시도된 내지는 이에 유사한 모종의 중대한 해악에의 인과관계를 그것의 행사가 지니는 상황들에서만" 그것은 제한될 수 있다는 것이고, 그런데 "상황들을" 그 제정법은 "고려하지 아니하"므로, 이 자유를 그것이 제한함은 부당하다는 것이고, 따라서 그것은 위헌이라는 것이다.

그렇다면 그 제기된 정확한 문제는, 그리하여 이 오심영장 아래서 우리가 고찰할 수 있는 유일한 문제는, 이 사건에서 주 법원들에 의하여 해석된 및 적용된 것으로서의 그 제정법이 연방헌법 수정 제14조의 적법절차를 위반하여 그의 표현의 권리를 피고인에게서 박탈했는지 여부이다.

조금이라도 구체적 행동에의 선동의 성격을 지니지 아니하는 추상적 "신조"에

---

8) 이 판정들 전부에 대한 이의신청들은 적법히 제기되었다.

trine" or academic discussion having no quality of incitement to any concrete action. It is not aimed against mere historical or philosophical essays. It does not restrain the advocacy of changes in the form of government by constitutional and lawful means. What it prohibits is language advocating, advising or teaching «268 U. S., 665» the overthrow of organized government by unlawful means. These words imply urging to action. Advocacy is defined in the Century Dictionary as: "1. The act of pleading for, supporting, or recommending; active espousal." It is not the abstract "doctrine" of overthrowing organized government by unlawful means which is denounced by the statute, but the advocacy of action for the accomplishment of that purpose. It was so construed and applied by the trial judge, who specifically charged the jury that: "A mere grouping of historical events and a prophetic deduction from them would neither constitute advocacy, advice or teaching of a doctrine for the overthrow of government by force, violence or unlawful means. [And] if it were a mere essay on the subject, as suggested by counsel, based upon deductions from alleged historical events, with no teaching, advice or advocacy of action, it would not constitute a violation of the statute. ······"

The Manifesto, plainly, is neither the statement of abstract doctrine nor, as suggested by counsel, mere prediction that industrial disturbances and revolutionary mass strikes will result spontaneously in an inevitable process of evolution in the economic system. It advocates and urges in fervent language mass action which shall progressively foment industrial disturbances and through political mass strikes and revolutionary mass action overthrow and destroy organized parliamentary government. It concludes with a call to action in these words: "The proletariat revolution and the Communist reconstruction of society-*the struggle for these*-is now indispensable. ······ The Communist International calls the proletariat of the world to the final struggle!" This is not the expression of philosophical abstraction, the mere predic-

대한 내지는 학구적 논의에 대한 표명을 내지는 공표를 그 제정법은 처벌하지 않는다. 순전한 역사적 내지는 철학적 평론들에 대처하려는 데에 그것은 겨냥되어 있지 않다. 합헌적인 및 적법한 수단에 의한 정부 형태에 있어서의 변화들의 옹호를 그것은 제약하지 않는다. 그것이 금지하는 바는 불법적 수단에 의한 규칙바른 정부의 «268 U. S., 665» 전복을 옹호하는, 권유하는 내지는 가르치는 말이다. 행동에의 재촉을 이 말들은 함축한다. 옹호(Advocacy)는 센츄리 사전(the Century Dictionary)에 이렇게 규정되어 있다: "1. 간청하는, 지지하는, 또는 추천하는 행위; 적극적 지지." 그 제정법에 의하여 비난되는 바는 규칙바른 정부를 불법적 수단에 의하여 전복함에 관한 추상적 "신조"가 아니라, 그 목적의 달성을 위한 행동의 옹호이다. 정식사실심리 판사에 의하여 그것은 그렇게 해석되고 적용되었는바, 배심에게 그는 구체적으로 훈시하였다: "강압에, 폭력에 의한 내지는 불법적 수단에 의한 정부의 전복을 지지하는 한 개의 신조에 대한 옹호를, 조언을 내지는 가르침을 역사적 사건들의 단순한 분류짓기는 및 그것들로부터의 한 개의 예언적 추론은 다 같이 구성하지 아니합니다. [그러므로] 그 주장된 역사적 사건들로부터의 추론들에 터잡은 그 주제에 관한, 행동에 대한 가르침을, 조언을 내지는 옹호를 지니지 아니하는 한 개의 평론에, 변호인단에 의하여 제언된 대로, 만약 그것이 불과하다면, 그 제정법에 대한 위반을 그것은 구성하지 아니할 것입니다. ……"

선언서가 추상적 신조의 주장이었던 것이 아님은, 그리고 경제제도에 있어서의 불가피한 진화 과정에서 산업적 분규들이 및 혁명적 대중파업들이 동시적으로 귀결될 것이라는 변호인단에 의하여 제언된 바 같은 단순한 예언이었던 것이 아님은 다 같이 명백하다. 산업적 분규들을 점차적으로 조장할, 그리고 정치적 대중파업들을 및 혁명적 대중행동을 통하여 질서정연한 의회주의 정부를 전복하고 파괴할 대중행동을 뜨거운 말로써 그것은 옹호하고 재촉한다. 이러한 말들에 의한 행동에의 부름으로써 그것은 끝맺는다: "프롤레타리아 혁명은 및 사회의 공산주의적 재건설은 - *이러한 것들을 위한 투쟁은(the struggle for these)* - 이제 불가결하다. …… 세계의 프롤레타리아 계급을 궁극적 투쟁으로 공산주의 인터내셔널은 부른다!" 이것은 철학적 추상에 대한 표현이, 장래의 사건들에 대한 단순한 예언이 아니다; 그것은 직접적 선동의 말이다.

tion of future events; it is the language of direct incitement.

The means advocated for bringing about the destruction of organized parliamentary government, namely, mass in- «268 U. S., 666» dustrial revolts usurping the functions of municipal government, political mass strikes directed against the parliamentary state, and revolutionary mass action for its final destruction, necessarily imply the use of force and violence, and in their essential nature are inherently unlawful in a constitutional government of law and order. That the jury were warranted in finding that the Manifesto advocated not merely the abstract doctrine of overthrowing organized government by force, violence and unlawful means, but action to that end, is clear.

For present purposes we may and do assume that freedom of speech and of the press-which are protected by the First Amendment from abridgment by Congress-are among the fundamental personal rights and "liberties" protected by the due process clause of the Fourteenth Amendment from impairment by the States. We do not regard the incidental statement in Prudential Ins. Co. v. Cheek, 259 U. S. 530, 543, that the Fourteenth Amendment imposes no restrictions on the States concerning freedom of speech, as determinative of this question.[9]

It is a fundamental principle, long established, that the freedom of speech and of the press which is secured by the Constitution, does not confer an absolute right to speak or publish, without responsibility, whatever one may choose, or an unrestricted and unbridled license that gives immunity for every possible use of language and prevents the punishment of those who abuse this freedom. 2 Story on the Constitution, 5th ed., § 1580, p.634;

---

9) Compare Patterson v. Colorado, 205 U. S. 454, 462; Twining v. New Jersey, 211 U. S. 78, 108; Coppage v. Kansas, 236 U. S. 1, 17; Fox v. Washington, 236 U. S. 273, 276; Schaefer v. United States, 251 U. S. 466, 474; Gilbert v. Minnesota, 254 U. S. 325, 338; Meyer v. Nebraska, 262 U. S. 390, 399; 2 Story on the Constitution, 5th Ed., § 1950, p.698.

규칙 바른 의회주의 정부의 파괴를 달성하기 위하여 옹호된 수단은, 즉 자치체 정부의 기능들을 빼앗는 대중적 산업폭동들은, «268 U. S., 666» 의회주의 국가에 맞서서 겨냥된 정치적 대중파업들은, 그리고 그것의 궁극적 파괴를 위한 혁명적 대중행동은 강압의 및 폭력의 사용을 필연적으로 함축하며, 그리하여 그 본질적 성격상 법의 및 질서의 합헌적 정부에 있어서 그것들은 생래적으로 불법적이다. 규칙바른 정부를 강압에 의하여, 폭력에 의하여 및 불법적 수단에 의하여 전복함에 대한 추상적 신조를만이 아니라 그 목적을 위한 행동을 선언서가 옹호했음을 인정함에 있어서 배심이 정당하였음은 명백하다.

주들에 의한 침해로부터 연방헌법 수정 제14조의 적법절차 조항에 의하여 보호되는 기본적 인권들에는 및 "자유들(liberties)"에는, 연방의회에 의한 침해로부터 연방헌법 수정 제1조에 의하여 보호되는 말의 및 출판의 자유가 포함되어 있다고, 현재의 목적들을 위하여 우리는 가정할 수 있고 가정한다. 말의 자유에 관련한 제약들을 주들 위에 연방헌법 수정 제14조는 부과하지 않는다는 취지의 Prudential Ins. Co. v. Cheek, 259 U. S. 530, 543에서의 부수적 판시가 이 문제를 결정짓는 것으로 우리는 간주하지 않는다.[9]

무엇을이든 그 선택하는 바를 책임성 없이 말할 내지는 공표할 절대적 권리를 부여하는, 내지는 말에 대한 있을 수 있는 모든 사용에 대하여 면책을 부여하는 및 이 자유를 남용하는 사람들의 처벌을 금지하는 무제한의 및 무제약의 허가증을 연방헌법에 의하여 보장된 말의 및 출판의 자유가 수여하지 아니함은 확립된 지 오래인 기본적 원칙이다. 2 Story on the Constitution, 5th ed., § 1580, p.634; Robertson v. Baldwin, 165 U. S. 275, 281; Patterson v. Colorado, 205 U. S. 454, 462; Fox v.

---

9) Patterson v. Colorado, 205 U. S. 454, 462를; Twining v. New Jersey, 211 U. S. 78, 108을; Coppage v. Kansas, 236 U. S. 1, 17을; Fox v. Washington, 236 U. S. 273, 276을; Schaefer v. United States, 251 U. S. 466, 474를; Gilbert v. Minnesota, 254 U. S. 325, 338을; Meyer v. Nebraska, 262 U. S. 390, 399를; 2 Story on the Constitution, 5th Ed., § 1950, p.698을 비교하라.

Robertson v. Baldwin, 165 U. S. 275, 281; Patterson v. Colorado, 205 U. S. 454, 462; Fox v. Washington, 236 «268 U. S., 667» U. S. 273, 276; Schenck v. United States, 249 U. S. 47, 52; Frohwerk v. United States, 249 U. S. 204, 206; Debs v. United States, 249 U. S. 211, 213; Schaefer v. United States, 251 U. S. 466, 474; Gilbert v. Minnesota, 254 U. S. 325, 332; Warren v. United States, (C. C. A.) 183 Fed. 718, 721. Reasonably limited, it was said by Story in the passage cited, this freedom is an inestimable privilege in a free government; without such limitation, it might become the scourge of the republic.

That a State in the exercise of its police power may punish those who abuse this freedom by utterances inimical to the public welfare, tending to corrupt public morals, incite to crime, or disturb the public peace, is not open to question. Robertson v. Baldwin, supra, p. 281; Patterson v. Colorado, supra, p. 462; Fox v. Washington, supra, p. 277; Gilbert v. Minnesota, supra, p. 339; People v. Most, 171 N. Y. 423, 431; State v. Holm, 139 Minn. 267, 275; State v. Hennessy, 114 Wash. 351, 359; State v. Boyd, 86 N. J. L, 75, 79; State v. McKee, 73 Conn. 18, 27. Thus it was held by this Court in the Fox Case, that a State may punish publications advocating and encouraging a breach of its criminal laws; and, in the Gilbert Case, that a State may punish utterances teaching or advocating that its citizens should not assist the United States in prosecuting or carrying on war with its public enemies.

And, for yet more imperative reasons, a State may punish utterances endangering the foundations of organized government and threatening its overthrow by unlawful means. These imperil its own existence as a constitutional State. Freedom of speech and press, said Story, supra, does not protect disturbances to the public peace or the attempt to subvert the government. It does not protect publications or teachings which tend to subvert or imperil the government or to impede or hinder it in the performance of its governmental duties. State v. «268 U. S., 668» Holm, supra, p. 27. It does not pro-

Washington, 236 «268 U. S., 667» U. S. 273, 276; Schenck v. United States, 249 U. S. 47, 52; Frohwerk v. United States, 249 U. S. 204, 206; Debs v. United States, 249 U. S. 211, 213; Schaefer v. United States, 251 U. S. 466, 474; Gilbert v. Minnesota, 254 U. S. 325, 332; Warren v. United States, (C. C. A.) 183 Fed. 718, 721. 합리적으로 제한되는 것일 때라야 이 자유는 자유정부에 있어서 더없이 귀중한 특권이라고 그 인용된 부분에서 스토리(Story)에 의하여 말해진 바 있다; 이러한 제한이 없다면, 그 것은 공화국의 두통거리가 될 수가 있을 것이다.

공중도덕을 타락시키는, 범죄를 선동하는 및 치안을 어지럽히는 경향을 지닌, 공 공복리에 유해한 발언들에 의하여 이 자유를 남용하는 사람들을 자신의 경찰력의 행사에 있어서 한 개의 주가 처벌할 수 있다는 점에는 의문의 여지가 없다. Robertson v. Baldwin, supra, p.281; Patterson v. Colorado, supra, p.462; Fox v. Washington, supra, p.277; Gilbert v. Minnesota, supra, p.339; People v. Most, 171 N. Y. 423, 431; State v. Holm, 139 Minn. 267, 275; State v. Hennessy, 114 Wash. 351, 359; State v. Boyd, 86 N. J. L, 75, 79; State v. McKee, 73 Conn. 18, 27. 그리하 여 자신의 형사법들에 대한 위반을 옹호하는 및 고무하는 공표물들을 한 개의 주는 처벌할 수 있음이 Fox 사건에서; 그리고 자신의 적들을 소추함에 있어서의 내지는 그들을 대적함에 있어서의 미합중국을 자신의 시민들이 조력해서는 안 된다고 가 르치는 내지는 옹호하는 공표들을 한 개의 주는 처벌할 수 있음이 Gilbert 사건에서 당원에 의하여 판시되었다.

그리고 규칙바른 정부의 토대들을 위협하는 및 불법적 수단들에 의한 자신의 전 복을 협박하는 공표들을 한층 더 명령적인 이유들에 따라서 한 개의 주는 처벌할 수 있다. 합헌 국가로서의 그 자신의 존립을 이러한 것들은 위태롭게 한다. 공공치 안에의 교란들을 내지는 정부를 전복하려는 시도를 말의 및 출판의 자유는 보호하 지 않는다고 스토리(Story), supra, 는 말하였다. 정부를 전복하는 내지는 위협하는 경 향을 지닌, 또는 정부의 정부로서의 의무사항들의 이행에 있어서 정부를 방해하는 내지는 훼방하는 경향을 지닌 공표물들을 내지는 가르침들을 그것은 보호하지 않 는다. State v. «268 U. S., 668» Holm, supra, p.27. 강압에 의하여 정부를 전복하도

tect publications prompting the overthrow of government by force; the punishment of those who publish articles which tend to destroy organized society being essential to the security of freedom and the stability of the state. People v. Most, supra, pp.431, 432. And a State may penalize utterances which openly advocate the overthrow of the representative and constitutional form of government of the United States and the several States, by violence or other unlawful means. People v. Lloyd, 304 Ill. 23, 34. See, also, State v. Tachin, 92 N. J. L. 269, 274; and People v. Steelik, 187 Cal. 361, 375. In short this freedom does not deprive a State of the primary and essential right of self preservation; which, so long as human governments endure, they cannot be denied. Turner v. Williams, 194 U. S. 279, 294. In Toledo Newspaper Co. v. United States, 247 U. S. 402, 419, it was said: "The safeguarding and fructification of free and constitutional institutions is the very basis and mainstay upon which the freedom of the press rests, and that freedom, therefore, does not and cannot be held to include the right virtually to destroy such institutions."

By enacting the present statute the State has determined, through its legislative body, that utterances advocating the overthrow of organized government by force, violence and unlawful means, are so inimical to the general welfare and involve such danger of substantive evil that they may be penalized in the exercise of its police power. That determination must be given great weight. Every presumption is to be indulged in favor of the validity of the statute. Mugler v. Kansas, 123 U. S. 623, 661. And the case is to be considered "in the light of the principle that the State is primarily the judge of regulations required in the interest of public safety and welfare"; and that its police "statutes may only be declared unconstitutional where they are arbitrary or unreason- «268 U. S., 669» able attempts to exercise authority vested in the State in the public interest." Great Northern Ry. v. Clara City, 246 U. S. 434, 439. That utterances inciting to the overthrow of organized government

록 부추기는 공표물들을 그것은 보호하지 않는다; 규칙 바른 사회를 파괴하는 경향을 지닌 논설들을 공표하는 사람들의 처벌은 자유의 보장에 및 국가의 안정에 필수이기 때문이다. People v. Most, supra, pp. 431, 432. 그리하여 폭력에 내지는 그 밖의 불법적 수단에 의한 미합중국의 및 개개 주들의 대의적 및 합헌적 정부형태의 전복을 공공연히 옹호하는 공표물들을 국가는 처벌할 수 있다. People v. Lloyd, 304 Ill. 23, 34. 아울러, State v. Tachin, 92 N. J. L. 269, 274를; 및 People v. Steelik, 187 Cal. 361, 375를 보라. 요컨대 자기보전의 기초적인 및 핵심적인 권리를 한 개의 주에게서 이 자유는 박탈하지 않는다; 인간의 정부들이 지속되는 한, 그것을 그 정부들은 거부당할 수 없다. Turner v. Williams, 194 U. S. 279, 294. 또한 Toledo Newspaper Co. v. United States, 247 U. S. 402, 419에서는 이렇게 판시되었다: "자유로운 합헌적 제도들의 보호는 및 결실은 출판의 자유가 의존하는 토대 및 대들보 그 자체이고, 그리하여 이러한 제도들을 실질적으로 파괴할 자유를 포함하는 것으로 그 자유는 간주되지도 아니하고 간주될 수도 없다."

강압에, 폭력에 및 불법적 수단에 의한 규칙바른 정부의 전복을 옹호하는 표명들은 보편적 복리에 너무나도 유해하기에, 그리고 실질적 해악의 위험을 포함하기에, 자신의 경찰권력의 행사에 있어서 그것들은 처벌될 수 있다고, 현재의 제정법을 입법함으로써 자신의 입법부를 통하여 주는 결정해 놓았다. 그 결정에는 큰 무게가 부여되지 않으면 안 된다. 제정법의 유효성에 유리하도록은 모든 추정이 마음껏 누려져야 한다. Mugler v. Kansas, 123 U. S. 623, 661. 그리고 "일차적으로 공공의 안전의 및 복리의 이익에 요구되는 법규들에 대하여는 주가 근본적으로 심판관이라는 원칙에 비추어"; 그리고 "공공이익에 있어서 주에게 부여된 권한을 행사하고자 하는 자의적인 내지는 부당한 시도들인 《268 U. S., 669》 경우에만" 주 경찰 "제정법들은 위헌으로 선언될 수 있다."는 원칙에 비추어 사건은 고찰되어야 한다. Great Northern Ry. v. Clara City, 246 U. S. 434, 439. 그들의 처벌을 입법부의 재량의 범위 내에 가져오기에 충분한 실질적 해악의 위험을 불법적 수단에 의한 규칙바른 정부의 전복을 선동하는 표명들이 제기함은 명백하다. 공공의 평온에 대한 및

by unlawful means, present a sufficient danger of substantive evil to bring their punishment within the range of legislative discretion, is clear. Such utterances, by their very nature, involve danger to the public peace and to the security of the State. They threaten breaches of the peace and ultimate revolution. And the immediate danger is none the less real and substantial, because the effect of a given utterance cannot be accurately foreseen. The State cannot reasonably be required to measure the danger from every such utterance in the nice balance of a jeweler's scale. A single revolutionary spark may kindle a fire that, smouldering for a time, may burst into a sweeping and destructive conflagration. It cannot be said that the State is acting arbitrarily or unreasonably when in the exercise of its judgment as to the measures necessary to protect the public peace and safety, it seeks to extinguish the spark without waiting until it has enkindled the flame or blazed into the conflagration. It cannot reasonably be required to defer the adoption of measures for its own peace and safety until the revolutionary utterances lead to actual disturbances of the public peace or imminent and immediate danger of its own destruction; but it may, in the exercise of its judgment, suppress the threatened danger in its incipiency. In People v. Lloyd, supra, p.35, it was aptly said: "Manifestly, the legislature has authority to forbid the advocacy of a doctrine designed and intended to overthrow the government without waiting until there is a present and imminent danger of the success of the plan advocated. If the State were compelled to wait until the apprehended danger became certain, then its right to protect itself would come into being simultaneously with the overthrow of the government, when there «268 U. S., 670» would be neither prosecuting officers nor courts for the enforcement of the law."

We cannot hold that the present statute is an arbitrary or unreasonable exercise of the police power of the State unwarrantably infringing the free-

주(the State)의 안전에 대한 위험을 이러한 표명들은 그것들의 성격 자체에 의하여 포함한다. 평온의 파괴를 및 궁극적 혁명을 그것들은 으르댄다. 그리고 한 개의 표명의 효과가 정확하게 예측될 수 없다는 이유로 그 즉각적 위험이 조금이라도 덜 실재적인 내지는 덜 실질적인 것은 아니다. 이러한 모든 표명으로부터의 위험을 보석상의 정밀한 저울 안에서 측정하도록 주가 요구된다면 그것은 합리적일 수 없다. 한 동안 연기를 내다가 광범위한 및 파괴적인 대화재로 폭발하는 불을 단 한 개의 혁명의 불똥은 지필 수 있다. 공공의 평온을 및 안전을 보호하기 위하여 필요한 조치들에 관한 그 자신의 판단력의 행사에 있어서 그 불똥이 화염을 타오르게 해 놓았을 때까지 또는 화염으로 불타올랐을 때까지 기다리지 아니하고서 그 불똥을 끄기를 주가 추구하는 경우에 주가 자의적으로 내지는 부당하게 행동하고 있다고는 주장될 수 없다. 공공의 평온에의 현실의 교란들에게로 내지는 그 자신의 파괴의 임박한 즉시의 위험에게로 그 혁명적 표명들이 이끌 때까지 그 자신의 평온을 및 안전을 위한 조치들의 채택을 연기하도록 주가 요구된다면 그것은 합리적일 수 없다; 오히려 그 자신의 판단력의 행사에 있어서 그 을러대진 위험을 그 시작 단계에서 주는 진압할 수 있다. People v. Lloyd, supra, p.35에서 판시된 바는 적절하였다: "정부를 전복하고자 고안되고 의도된 한 개의 신조의 옹호를, 그 옹호된 계획이 성공할 현존의 및 임박한 위험이 있을 때까지 기다리지 아니하고서, 금지할 권한을 입법부는 지님이 명백하다. 그 염려된 위험이 확실해 질 때까지 기다리도록 만약 주가 강제된다면, 이번에는 정부 전복의 바로 그 시점에서야 자기 자신을 보호할 주의 권리가 동시적으로 성립하게 될 것인바, 그 때에는 «268 U. S., 670» 소추 공무원들이든 법의 시행을 위한 법원들이든 아무 것도 남아 있지 않을 것이다."

현재의 제정법은 말의 및 언론의 자유를 근거 없이 침해하는 주 (the State) 경찰권력의 자의적인 내지는 부당한 행사라고 우리는 판시할 수 없다; 그러므로 그것의

dom of speech or press; and we must and do sustain its constitutionality.

This being so it may be applied to every utterance-not too trivial to be beneath the notice of the law-which is of such a character and used with such intent and purpose as to bring it within the prohibition of the statute. This principle is illustrated in Fox v. Washington, supra, p.277; Abrams v. United States, 250 U. S. 616, 624; Schaefer v. United States, supra, pp.479, 480; Pierce v. United States, 252 U. S. 239, 250, 251;[10] and Gilbert v. Minnesota, supra, p.333. In other words, when the legislative body has determined generally, in the constitutional exercise of its discretion, that utterances of a certain kind involve such danger of substantive evil that they may be punished, the question whether any specific utterance coming within the prohibited class is likely, in and of itself, to bring about the substantive evil, is not open to consideration. It is sufficient that the statute itself be constitutional and that the use of the language comes within its prohibition.

It is clear that the question in such cases is entirely different from that involved in those cases where the statute merely prohibits certain acts involving the danger of substantive evil, without any reference to language itself, and it is sought to apply its provisions to language «268 U. S., 671» used by the defendant for the purpose of bringing about the prohibited results. There, if it be contended that the statute cannot be applied to the language used by the defendant because of its protection by the freedom of speech or press, it must necessarily be found, as an original question, without any previous determination by the legislative body, whether the specific language used involved such likelihood of bringing about the substantive evil as to deprive it of the constitutional protection. In such case it has been held that

---

10) This reference is to so much of the decision as relates to the conviction under the third count. In considering the effect of the decisions under the Espionage Act of 1917 and the amendment of 1918, the distinction must be kept in mind between indictments under those provisions which specifically punish certain utterances, and those which merely punish specified acts in general terms, without specific reference to the use of language.

합헌성을 우리는 지지하지 않으면 안 되며, 이를 지지한다.

이것이 그러하므로 그것을 그 제정법의 금지 범위 내에 불러올 만한 성격의, 및 그 불러오려는 의도를 및 목적을 지니고서 사용된, 모든 표명행위에 - 법의 주목 아래에 있기에는 너무나도 하찮은 것을 제외하고는 - 그것은 적용될 수 있다. Fox v. Washington, supra, p.277에서; Abrams v. United States, 250 U. S. 616, 624에서; Schaefer v. United States, supra, pp.479, 480에서; Pierce v. United States, 252 U. S. 239, 250, 251에서;[10] 그리고 Gilbert v. Minnesota, supra, p. 333에서 이 원칙은 예시된다. 달리 말하자면, 처벌될 수 있는 이러한 실질적 해악의 위험을 일정한 종류의 표명들이 포함함을 자신의 재량권의 합헌적 행사에 있어서 입법부가 일반적으로 결정해 놓은 경우에는, 그 금지된 종류의 범위 내에 들어오는 조금이라도 구체적 표명이 그 자체로 및 저절로 실질적 해악을 야기할 가능성이 있는지 여부의 문제는 고찰의 여지를 지니지 않는다. 제정법 그 자체가 합헌이라는 것으로써 및 용어의 사용이 그것의 금지 범위 내에 들어온다는 것으로써 충분하다.

실질적 해악의 위험을 포함하는 일정한 행위들을 용어 자체에 대한 조금이나마의 언급도 없이 제정법이 단순히 금지하는 사건들에, 그런데 그 금지된 결과들을 야기할 목적으로 피고인에 의하여 《268 U. S., 671》 사용된 용어에 그것의 규정들을 적용함이 추구되는 사건들에 포함된 문제로부터는 이러한 사건들에서의 문제는 전적으로 상이함이 명백하다. 거기서는, 말의 내지는 언론의 자유에 의한 그것의 보호 때문에 피고인에 의하여 사용된 용어에는 그 제정법이 적용될 수 없음이 만약 주장된다면, 헌법적 보호를 그것에게서 박탈하여야 할 정도로 실질적 해악을 야기할 가능성을 그 사용된 구체적 용어가 포함하였는지 여부가 입법부에 의한 사전의 결정이 없는 최초의 문제로서 필수적으로 판단되지 않으면 안 된다. 입법부가 방지할 수 있는 실질적 해악을 피고인의 구체적 표명행위의 자연적 경향이 및 개연적 결과가 야기하는 것이었으면 그 표명행위에 제정법의 일반적 규정들은 합헌적

---

10) 이 참조는 그 판단에 대한 것이면서 아울러 세 번째 소인 아래서의 유죄판정에 관련을 지닌다. 1917년의 스파이활동 단속법 아래서의 및 그 1918년 개정법률 아래서의 판결들의 효과를 검토함에 있어서, 일정한 표명들을 명시적으로 처벌하는 규정들 아래서의 대배심 검사기소들의, 및 특정의 행위들을 용어의 사용에 대한 구체적 언급 없이 일반적 용어들로써 단순히 처벌하는 대배심 검사기소들의 둘 사이의 구분은 유념되지 않으면 안 된다.

the general provisions of the statute may be constitutionally applied to the specific utterance of the defendant if its natural tendency and probable effect was to bring about the substantive evil which the legislative body might prevent. Schenck v. United States, supra, p.51; Debs v. United States, supra, pp.215, 216. And the general statement in the Schenck Case (p.52) that the "question in every case is whether the words used are used in such circumstances and are of such a nature as to create a clear and present danger that they will bring about the substantive evils,"-upon which great reliance is placed in the defendant's argument-was manifestly intended, as shown by the context, to apply only in cases of this class, and has no application to those like the present, where the legislative body itself has previously determined the danger of substantive evil arising from utterances of a specified character.

The defendant's brief does not separately discuss any of the rulings of the trial court. It is only necessary to say that, applying the general rules already stated, we find that none of them involved any invasion of the constitutional rights of the defendant. It was not necessary, within the meaning of the statute, that the defendant should have advocated "some definite or immediate act or acts" of force, violence or unlawfulness. It was sufficient if such acts were advocated in general terms; and it was not essential that their immediate execution should «268 U. S., 672» have been advocated. Nor was it necessary that the language should have been "reasonably and ordinarily calculated to incite certain persons" to acts of force, violence or unlawfulness. The advocacy need not be addressed to specific persons. Thus, the publication and circulation of a newspaper article may be an encouragement or endeavor to persuade to murder, although not addressed to any person in particular. Queen v. Most, L. R., 7 Q. B. D. 244.

We need not enter upon a consideration of the English common law rule

으로 적용될 수 있음이 이러한 사건에서 판시되어 왔다. Schenck v. United States, supra, p.51; Debs v. United States, supra, pp.215, 216. 그리고 "모든 사건에서의 문제는 실질적 해악을 야기할 명백한 현존의 위험을 빚을 만한 상황들 속에서 그 사용된 말들이 사용되는지 및 그 사용된 말들이 그 위험을 빚을 만한 성격의 것들인지 여부이다."라고 한, 피고인의 주장에서 큰 의존이 부여된 Schenck Case (p. 52)에서의 일반적 판시는, 그 맥락에 의하여 증명되듯이, 이 종류의 사건들에서만 적용하려는 의도가 담긴 것이었음이, 그리하여 특정 성격의 표명들로부터 발생하는 실질적 해악의 위험을 입법부 스스로가 사전에 판단해 놓은 현재의 사건들에의 유사한 사건들에는 그 판시는 적용이 없음이 명백하다.

조금이라도 정식사실심리 법원의 판단들을 피고인의 준비서면은 구분하여 논의하지 않는다. 피고인의 헌법적 권리들에 대한 침해를 그것들은 어느 것이도 포함하지 않았다고, 이미 설명된 일반적 규칙들을 적용하여 우리가 판단함을 말할 필요가 있을 뿐이다. 강압의, 폭력의 내지는 불법의 "모종의 확정적인 내지는 직접적인 행위를 내지는 행위들을" 그 제정법의 의미 내에서 피고인이 옹호했어야 할 필요는 없었다. 만약 이러한 행위들이 일반적 용어들로써 옹호되었다면 이로써 충분하였다; 즉각적인 실행이 옹호되었어야 한다는 것은 «268 U. S., 672» 필수의 것이 아니었다. 용어가 강압의, 폭력의 내지는 불법의 행동들에게로 "일정한 사람들을 자극하고자 합리적으로 및 일반적으로 계산된" 것이었어야 할 필요도 없었다. 옹호는 특정의 사람들에게 맞추어진 것이어야 할 필요가 없다. 그러므로 신문기사의 출판은 및 배포는, 비록 조금이라도 특정의 사람에게 맞추어진 것이 아니라 하더라도, 살인하도록 설득하는 한 개의 고무(an encouragement)가 내지는 노력이 될 수 있다. Queen v. Most, L. R., 7 Q. B. D. 244.

피고인의 준비서면에 언급된 치안방해적 문서비방에 관한 영국 보통법 규칙의

of seditious libel or the Federal Sedition Act of 1798, to which reference is made in the defendant's brief. These are so unlike the present statute, that we think the decisions under them cast no helpful light upon the questions here.

And finding, for the reasons stated, that the statute is not in itself unconstitutional, and that it has not been applied in the present case in derogation of any constitutional right, the judgment of the Court of Appeals is

AFFIRMED.

검토에 내지는 1798년 연방 반정부활동 단속법(the Federal Sedition Act)의 검토에 우리는 착수할 필요가 없다. 현재의 제정법을 이것들은 매우 닮지 아니한 까닭에 여기서의 문제들에 유익한 빛을 그것들 아래서의 결정들은 던지지 않는다고 우리는 생각한다.

그리하여 그 제정법은 그 자체로 위헌인 것이 아니라고, 그리고 현재의 사건에서는 조금이라도 헌법적 권리에 대한 훼손 속에서 그것은 적용되어 있지 않다고 이상의 이유들에 따라 우리는 판단하기에, 항소법원의 판결주문은

인가된다.

 # Mr. Justice HOLMES, dissenting.

Mr. Justice BRANDEIS and I are of opinion that this judgment should be reversed. The general principle of free speech, it seems to me, must be taken to be included in the Fourteenth Amendment, in view of the scope that has been given to the word 'liberty' as there used, although perhaps it may be accepted with a somewhat larger latitude of interpretation than is allowed to Congress by the sweeping language that governs or ought to govern the laws of the United States. If I am right then I think that the criterion sanctioned by the full Court in Schenck v. United States, 249 U. S. 47, 52, applies: "The question in every case is whether the words used are used in such circumstances and are of such a nature as to create a clear and present danger that they will bring about the substan- «268 U. S., 673» tive evils that [the State] has a right to prevent." It is true that in my opinion this criterion was departed from in Abrams v. United States, 250 U. S. 616, but the convictions that I expressed in that case are too deep for it to be possible for me as yet to believe that it and Schaefer v. United States, 251 U. S. 466, have settled the law. If what I think the correct test is applied it is manifest that there was no present danger of an attempt to overthrow the government by force on the part of the admittedly small minority who shared the defendant's views. It is said that this manifesto was more than a theory, that it was an incitement. Every idea is an incitement. It offers itself for belief and if believed it is acted on unless some other belief outweighs it or some failure of energy stifles the movement at its birth. The only difference between the expression of an opinion and an incitement in the narrower sense is the speaker's enthusiasm

홈즈(HOLMES) 판사의 반대의견이다.

　브랜다이스(BRANDEIS) 판사는 및 나는 이 판결주문이 파기되어야 한다는 의견이다. 연방헌법 수정 제14조에서 사용된 것으로서의 '자유(liberty)' 라는 낱말에 부여되어 있는 범위에 비추어 연방헌법 수정 제14조에 자유로운 말(free speech)의 일반적 원칙은 포함되는 것으로 해석되지 않으면 안 된다고 내게는 생각되는바, 다만 미합중국의 법들을 지배하는 내지는 지배하여야 하는 그 포괄적 용어에 의하여 연방의회에게 허용되는 해석의 범위를보다는 약간 더 넓은 해석의 범위를 지닌 채로 아마도 그것은 받아들여질 수 있을 것이다. 만약 내가 옳다면 그 경우에 Schenck v. United States, 249 U. S. 47, 52에서의 전원재판부에 의하여 확인된 기준이 적용된다고 나는 생각한다: "모든 사건에서의 문제는 실질적 해악을 야기할 명백한 현존의 위험을 빚을 만한 상황들 속에서 그 사용된 말들이 사용되는지 및 《268 U. S., 673》 그 사용된 말들이 그 위험을 빚을 만한 성격의 것들인지 여부이다." 나의 의견으로 Abrams v. United States, 250 U. S. 616에서 이 기준이 결별되었음은 진실이지만, 그러나 그 사건에서 내가 표현한 확신들은 너무나 깊은 나머지, 그 법을 그것이 및 Schaefer v. United States, 251 U. S. 466 판결이 확립해 놓았다고 나로서 여전히 믿기란 가능하지가 않다. 만약 그 올바른 기준이라고 내가 믿는 바가 적용된다면, 피고인의 견해들을 공유하는 그 틀림없이 적은 숫자의 소수집단 쪽에서의, 정부를 강압에 의하여 전복하기 위한 시도의 현존하는 위험이 존재하지 아니하였음은 명백하다. 이 선언서는 한 개의 이론을 넘는 것이라는, 그것은 한 개의 선동이었다는 주장이 있다. 모든 착상은 한 개의 선동이다. 그것이 그 자신을 제출함은 믿음을 위해서이며, 그리하여 그것이 믿어지면, 모종의 다른 믿음이 그것보다 무겁지 아니한 한, 내지는 그 움직임을 그 탄생 시점에서 모종의 에너지의 결여가 질식시키지 아니하는 한, 그것은 행동의 토대가 된다. 보다 더 협소한 의미에 있어서의 한 개의 의견 표명의 및 한 개의 선동의 둘 사이의 유일한 차이는 결과를 향한 발언자의 열

for the result. Eloquence may set fire to reason. But whatever may be thought of the redundant discourse before us it had no chance of starting a present conflagration. If in the long run the beliefs expressed in proletarian dictatorship are destined to be accepted by the dominant forces of the community, the only meaning of free speech is that they should be given their chance and have their way.

If the publication of this document had been laid as an attempt to induce an uprising against government at once and not at some indefinite time in the future it would have presented a different question. The object would have been one with which the law might deal, subject to the doubt whether there was any danger that the publication could produce any result, or in other words, whether it was not futile and too remote from possible consequences. But the indictment alleges the publication and nothing more.

정이다. 화염을 이성에게 웅변은 지필 수 있다. 그러나, 우리 앞의 과다한 설교의 의도가 그 무엇이었든, 현존의 대화재의 가능성을 그것은 지니지 않았다. 만약에 프롤레타리아 독재에 대한 그 표명된 믿음들이 공동체의 지배적 세력들에 의하여 궁극적으로 받아들여지도록 운명지워져 있다면, 자유로운 말의 유일한 의미는, 그것들에게 기회가 부여되어야 한다는 것이고 그 자신들의 길을 그것들이 가야 한다는 것이다.

장래의 어떤 불명확한 시점에서의 것으로서가 아닌 즉시의 것으로서의, 정부에 대한 봉기를 유인하기 위한 시도로서 이 문서의 출판이 만약 궁리되었던 것이라면, 한 개의 다른 문제를 그것은 제기하였을 것이다. 조금이라도 결과를 그 출판이 생산해 낼 수 있는 위험이 조금이라도 있었는지 여부의 의문을 조건으로 하여, 즉 다른 말로 말하자면, 그것이 하찮은 것이 아니었는지 및 그리하여 가능성 있는 결과들로부터 너무 멀리 떨어진 것이 아니었는지 여부의 의문을 조건으로 하여, 그 객체는 법이 다룰 수 있을 만한 것이 되었을 것이다. 그러나 그 출판을 대배심 검사기소장은 주장할 뿐 그 이상의 것을 그것은 주장하지 않는다.

표현의 자유_Freedom of Expression

Freedom of

WHITNEY v. PEOPLE OF STATE OF CALIFORNIA, 274 U. S. 357 (1927)

캘리포니아주 제1지구 제1항소구
연방지방 항소법원에 대한 오심영장

NOS. 3.
재변론 1926년 3월 18일
판 결 1927년 5월 16일

Expression

요약해설

1. 개요

WHITNEY v. PEOPLE OF STATE OF CALIFORNIA, 274 U. S. 357 (1927)은 9 대 0으로 판결되었다. 법원의 의견을 샌포드(SANFORD) 판사가 냈고, 홈즈(HOLMES) 판사가 가담하는 보충의견을 브랜다이스(BRANDEIS) 판사는 냈다. 42년 뒤에 BRANDENBURG v. OHIO, 395 U. S. 444 (1969)에서 폐기되었음에도, 자유로운 말에 관한 미국의 법 위에 그것이 지니는 지속적인 효과는 현저하다. 브랜다이스 판사의 보충의견으로 인하여 그것은 여타의 판례들보다도 더 유명한바, 그것은 연방헌법 수정 제1조의 현대적 법체계의 시금석으로 기능한다. 그는 말한다: 나쁜 말에 대한 우선적 평형추는 "강제된 침묵이 아니라 더 많은 말이다."

2. 사실관계

가. 피고인의 행위(274 U. S., at 363-366.)

(1) 피고인은 캘리포니아주 앨라미다 카운티 주민으로서 사회당 오클랜드 지부의 당원으로 있었다. 1919년 시카고에서 열린 사회당 전국대회에서, 피고인이 소속된 급진적 그룹은 구파 사회주의자들로부터 분열하였고, 별도로 미국 공산주의 노동당을 결성하였다.

모든 나라들의 혁명적 노동계급 정당들에의 조화를; 모스크바에서의 제3인터내셔널 선언문에 규정된 공산주의 원칙들에 대한 지지를; 자본주의 질서의 타도를 및 공산주의 공화국으로서의 프롤레타리아 계급 독재정부의 수립을; 미국에서의 통일된 혁명적 노동계급 운동의 창출을; 혁명적 산업노동조합들로의 노동자들의 조직화를 및 이에 대한 지원을; 선전활동을 및 조직활동을;

파업을 포함하는 산업적 전투들을 자신의 "강령 및 정강"에서 공산주의 노동
당은 선언하였다.

(2) 기존의 사회당으로부터 오클랜드 지부는 탈퇴하였고, 공산주의 노동당 캘리
포니아 지부의 결성을 위하여 피고인을 포함하는 대의원들을 오클랜드 지부
는 파견하였다. 공산주의 노동당 임시당원으로서, 대의원으로서 대회에 참석
한 피고인은 자격심사위원회의 위원으로 선출되었고, 대회에의 보고서를 위
원회 의장으로서 그녀는 만들었으며 결의문 초안위원회의 위원으로도 그녀
는 지명되었다.

공산주의 선전을, 정치적 행동의 가치를, 혁명적 노동계급에 의한 정치권력
의 탈취를, 노동계급의 해방투쟁을, 자본계급에 의하여 소유되고 통제되는
정당들에 의하여 선출되는 공직자들에 대한 부정을 그녀가 서명한 및 낭독한
결의서는 선언하였다. 그 뒤로 주 집행위원회 대리 위원으로 피고인은 선출
되었다.

캘리포니아주 공산주의자 노동당으로 조직은 명명된다고; 미국 공산주의자
노동당에 조직은 가입되어야 한다고, 그리고 당 정강에, 강령에 및 규약에 서
명으로 조직은 동의해야 한다고, 그리고 이 가입을 통하여 모스크바의 공산
주의 인터내셔널(the Communist International)에 조직은 연결되어야 한다고; 그리고
당원의 자격조건들은 전국 규약에 규정된 대로여야 한다고 최종적으로 낭독
된 규약은 규정하였다. 그 제안된 결의들은 일부분을 제외하고는 모두 채택
되었다.

(3) 캘리포니아주 공산주의 노동당이 테러리즘의 내지는 폭력의 도구가 되어야
하는 것은 자신의 의도가 아님을, 및 조금이라도 알려진 법을 위반함은 자신
의 목적이 내지는 대회의 목적이 아님을 아울러 그녀는 증언하였다.

나. 법률의 규정(범죄적 노동조합지상주의 단속법; 274 U. S., at 359-360.)

"제1절. 산업적 소유관계의 또는 통제권의 변화를 달성하는 내지는 정치적 변화
를 가져오는 수단으로서의 범죄의 수행을, 파괴행위 …… 의 수행을, 내지는 강압
에 및 폭력에 의한 불법적 행위들의 수행을 내지는 테러리즘의 불법적 수단을 조금
이라도 옹호하는, 가르치는 내지는 조력하는 및 선동하는 신조로 내지는 교훈으로

이 법률에서 사용되는 것으로서의 '범죄적 노동조합지상주의' 라는 용어는 이로써 규정된다.

"제2절. 다음의 행위를 하는 사람은 누구든 구금형에 의하여 처벌되는 중죄에 대하여 유죄이다: …… 4. 범죄적 노동조합지상주의를 옹호하기 위하여, 가르치기 위하여 내지는 조력하고 선동하기 위하여 조직되는 내지는 결합되는 사람들의 조직을, 단체를, 그룹을 내지는 집합을 결성하는 행위 내지는 이를 결성함에 있어서 조력하는 행위 또는 그 구성원의 지위에 있는 행위 또는 인지 하에서 그 구성원이 되는 행위 ……"

다. 기소에서 연방대법원에 이르기까지

(1) 주 법원에의 주 검사 독자기소

캘리포니아주 앨라미다 카운티 상위법원에 제출된 형사적 검사 독자기소장에 의하여, 캘리포니아주 범죄적 노동조합지상주의 단속법 위반행위들에 대한 다섯 가지 소인들로써 항소인은 기소되었다. (274 U. S., at 359.)

(2) 유죄판정된 첫 번째 소인부분

1919년 11월 28일 앨라미다 카운티에서 범죄적 노동조합지상주의 단속법에 대한 위반 가운데, "범죄적 노동조합지상주의를 옹호하기 위하여, 가르치기 위하여, 조력하기 위하여 및 선동하기 위하여 조직된 및 결합된 조직을, 단체를, 그룹을 및 집합을 그 때 그 장소에서 불법적으로, 고의적으로 부정하게, 의도적으로 및 중죄적으로" 피고인은 "결성하였음을 및 그 결성을 조력하였음을," 피고인은 "그 구성원이었음을, 그 구성원임을, 그리고 인지 상태에서 그 구성원이 되었음을," 유죄판정이 내려진 검사 독자기소장의 첫 번째 소인은 기소하였다. 그녀는 정식사실심리를 거쳐 첫 번째 소인에 대하여 유죄로 판정되고 구금형을 선고받았다. (274 U. S., at 359-360.)

(3) 주 법원들에서 연방대법원으로(주 항소법원 재판장에 의하여 발부된 오심영장)

주 지방 항소법원에 의하여 판결주문은 인가되었다. 주 대법원에 의하여 그 사건이 심리되게 해 달라는 그녀의 청구는 기각되었다. 그리하여 한 개의 판결이 내려질 수 있는 주 최고심 법원인 항소법원의 재판장 판사에 의하여 허가된 오심영장에 의하여 그 사건은 연방대법원에 일단 옮겨졌다. (274 U. S., at 359.)

라. 연방대법원의 오심영장 각하(관할결여)

연방대법원에서의 첫 번째 청문에서, 관할권의 결여를 이유로 오심영장은 각하되었다. (274 U. S., at 359.) 그 시점에서는 연방법 문제를 피고인이 제기하여 놓지도 주 법원들이 검토하지도 아니한 상태였기 때문이다. (274 U. S., at 360-361.)

마. 주 항소법원에서의 새로운 청문, 재심리, 연방법 문제의 제기

(1) 새로운 청문을 구하는 청구를 그 뒤에 주 항소법원에 항소인이 제기하여 주 항소법원에 의하여 인용되었고, 이에 따라 관할권에 관해서와 실체사항에 관하여 다 같이 주 항소법원에서 사건은 재심리되고 재변론되었다. (274 U. S., at 359, 360.)

(2) 적법절차 없이는 생명을, 자유를 또는 재산을 어떤 사람에게서도 어떤 주도 박탈해서는 안 된다고 및 모든 사람들에게 법의 평등한 보호가 부여되어야 한다고 규정하는 연방헌법 수정 제14조의 적법절차 조항에 및 평등보호 조항에 위 캘리포니아주 법률이 및 그것의 이 사건에의 적용이 위배된다는 주장을 이 때에 주 항소법원에서 항소인은 제기하였고[1] 그 문제를 주 항소법원이 판단하였다. (274 U. S., at 361, 362.)

---

[1] 즉, "타인들의 행위에 의하여 그녀의 의지에 반하여(against her will) 야기된 사후적 결과(a subsequent event)"를 이유로, 그 단체의 금지된 목적(the forbidden purpose)에 가담하려는 그녀 쪽에서의 명시적 의도(a specific intent on her part)에 대한 증명(showing) 없이, 그리고 그 대회에 타인들이 부여하게 될 성격을 그 법률에 대한 "예언적" 이해의 결여로 인하여 단지 그녀가 예견하지 못했다는 이유만으로, 오클랜드 대회에서의 그녀의 행위를 불법으로 그 법률이 간주하는 것은 그녀의 자유를, 여기서 해석되고 적용된 것으로서의 그 법률은 적법절차 없이 피고인에게서 박탈하는 것이라는 주장을 피고인은 제기하였다. 아울러 그 법률은 개념정의가 모호하여 적법절차에 위반된다는 주장을 피고인은 폈다. (274 U. S., at 366, 368-369.) 나아가, 산업적 및 정치적 조건들을 바꾸려는 사람들을, 그리고 그러한 조건들을 유지하려는 수단으로서의 이러한 방법들에의 의존을 옹호할 수 있는 사람들을 자의적으로 그 법률은 차별한다고, 노동조합지상주의 단속법은 계급입법이라고, 따라서 평등보호 조항에 저촉된다고 피고인은 주장하였다. (274 U. S., at 369, 370.)

바. 다시 연방대법원에서

(1) 관할권의 인정(오심영장 각하명령의 무효화)

연방헌법 수정 제14조의 적법절차 조항에 및 평등보호 조항에 노동조합지상주의 단속법이 및 그것의 이 사건에의 적용이 위배되는지 여부의 문제는 판결주문의 재검토를 위한 적절한 근거를 구성하는 연방법 문제이므로, 관할권을 오심영장에 따라서 이 법원은 획득한 상태이다. 관할권의 결여를 이유로 영장을 각하한 명령은 이에 따라 무효화된다. (274 U. S., at 362.)

(2) 본안에 대한 판단에 나아감

시비곡직에 토대하여, 주 항소법원에 의하여 검토되고 판단된 헌법문제의 결정에 우리는 나아간다. (274 U. S., at 362.)

3. 연방헌법 수정 제14조의 적법절차 조항에 및 평등보호 조항에 노동조합지상주의 단속법이 및 이 사건에서의 그것의 적용이 위배되는지

가. 사실의 문제

피고인이 캘리포니아주 공산당의 구성원이 되었다고 및 그 결성을 피고인이 조력했다고, 및 범죄적 노동조합지상주의를 옹호하기 위하여, 가르치기 위하여, 조력하기 위하여 내지는 선동하기 위하여 이것이 결성되었다고 인정한 배심의 사실판단을 증거는 뒷받침했다. 증거에 의하여 뒷받침되지 않는다는 명시적 이의를 누르고서 항소법원에 의하여 지지된 평결에 의하여 미리 처리된 바 있는 이 문제는, 헌법적 문제를 그것이 포함하지 아니하는 이상, 당원에서의 재검토의 여지가 없는 사실의 문제일 뿐이다. (274 U. S., at 366-367.)

나. 모호한 및 불확실한 개념정의인지

개념정의의 모호함으로 및 불확실성으로 인하여서는 적법절차 조항에 노동조합지상주의 단속법은 위반되지 않는다. 법률 제2절 제4소절의 문언은 명확하였다; "범죄적 노동조합지상주의"의 개념규정은 구체적이었다. "그 자신들을 그것의 처벌들에 처해지도록 그들 쪽에서의 어떤 행위가 만들 것인지를 그 적용을 받는 사람들에게 알릴 수 있을 만큼" 형사 제정법은 "충분히 명확해야" 한다는 및 "너무 모호하여 일반적 변별력을 지닌 사람들로서는 불가피하게 그것의 의미에 대하여 추측하지 않으면 안 될, 그리하여 그것의 적용에 관하여 사람마다 의견이 다르게 될" 정도의 것이 아닌 문언으로써 형사 제정법은 표현되어야 한다는 적법절차의 필수적 요구를 그 법률은 충족한다. (274 U. S., at 368.)

다. 평등보호 조항에 위배되는지

산업적 및 정치적 조건들을 바꾸기 위한 수단으로서 폭력적 및 불법적 방법들에의 의존을 옹호하는 사람들에게로 그 법의 처벌들은 한정되기에, 노동조합지상주의 단속법은 평등보호 조항에 저촉되지 아니한다. 단지 한 개의 제정법이 포괄적이지 못하다는 이유만으로는 평등보호 조항을 그것이 위반하는 것은 아니다. 있을 수 있는 남용들의 전체 영역을 망라하지 않은 채로도 한 개의 현존하는 해악이라고 스스로 간주하는 바에 대처하여 자신의 입법을 한 개의 주는 정당하게 관리할 수 있다. 입법적 판단의 및 재량의 행사 속에서 그것이 만들어졌다는 추정을 배제할 만큼 모종의 충분한 내지는 합리적인 토대를 그 분류짓기가 그토록 결여한 것이 아닌 한, 이의를 그것은 용납하지 않는다. 노동조합지상주의 단속법은 계급입법이 아니다. (274 U. S., at 369–370.)

라. 표현의 자유에 대한 침해인지 (274 U. S., at 371.)

자유로운 말의, 집회의 및 결사의 권리들의 제한으로서의 적법절차 조항에도 노동조합지상주의 단속법은 어긋나지 않는다. 무엇을이든 그 선택하는 바를 책임성 없이 말할 내지는 공표할 절대적 권리를, 내지는 말에 대한 모든 사용에 대하여 면책을 부여하는 무제한의 허가증을 말의 및 출판의 자유는 수여하지 아니한다. 범죄를 선동하는, 치안을 어지럽히는, 규칙바른 정부의 토대들을 위태롭게 하는 및 불법수단에 의한 정부의 전복을 위협하는 경향을 지니는, 공공복리에 유해한 발언들에 의하여 이 자유를 남용하는 사람들을, 자신의 경찰력의 행사에 있어서 한 개의 주는 처벌할 수 있다.

마. 범죄행위들의 수행을 옹호하는 단체의 구성에 가담하는 행위를 합헌적 으로 처벌할 수 있음 (274 U. S., at 371.)

범죄들의 수행을, 또는 강압의, 폭력의 내지는 테러리즘의 불법적 행위들의 수행을 옹호하기 위한 단체에 대하여 그 구성원의 지위에 있는 것은, 그 구성원이 되는 것은 내지는 이를 구성함에 있어서 조력하는 것은 공공의 평온에의 및 주(the State)의 안전에의 이러한 위험을 포함하고, 따라서 이러한 행위들은 주 자신의 경찰권의 행사에 있어서 처벌되어야 함을 주는 선언해 놓았다. 그 결정은 커다란 무게를 부여받지 않으면 안 된다. 제정법의 유효성에 유리하도록은 모든 추정이 마음껏 누려져야 하고, 공익을 위하여 주에게 부여된 권한을 행사하기 위한 부당한 시도인 경우가 아닌 한 그것은 위헌으로 선언되어서는 안 된다.

고립된 표명행위들이 및 개인들의 행위들이 포함하는 것을보다도 공공의 평온에 대한 및 안전에 대한 훨씬 더 큰 위험을 이러한 결합된 및 연대의 행위는 포함한다. 여기에 적용된 것으로서의 그 법률은 조금이라도 자유로운 말의, 집회의 내지는 결사의 권리를 근거 없이 침해하는 주(the State) 경찰권의 부당한 내지는 자의적인 행사라고는, 내지는 주(the State)의 평화를 및 복지를 이렇게 위협하는 한 개의 조직에 가담함에 의하여 및 그 조직을 조장함에 의하여 이러한 권리들을 남용하는 사람들이 적법절차 조항에 의하여 처벌로부터 보호된다고는 우리는 판시할 수 없다.

4. 결론

오심영장을 기각하는 명령은 무효화되고 파기될 것인바, 그러므로 항소법원의 판결주문은 인가된다. (274 U. S., at 372.)

Mr. Justice SANFORD delivered the opinion of the Court.

By a criminal information filed in the Superior Court of Alameda County, California, the plaintiff in error was charged, in five counts, with violations of the Criminal Syndicalism Act of that State. Statutes 1919, c. 188, p.281. She was tried, convicted on the first count, and sentenced to imprisonment. The judgment was affirmed by the District Court of Appeal. People v. Whitney, 57 Cal. App. 449. Her petition to have the case heard by the Supreme Court[1] was denied. Ib. 453. And the case was brought here on a writ of error which was allowed by the Presiding Justice of the Court of Appeal, the highest court of the State in which a decision could be had. Jud. Code, § 237.

On the first hearing in this Court, the writ of error was dismissed for want of jurisdiction. 269 U. S. 530. Thereafter, a petition for rehearing was granted, Ib. 538; and the case was again heard and reargued both as to the jurisdiction and the merits.

The pertinent provisions of the Criminal Syndicalism Act are:

"Section 1. The term 'criminal syndicalism' as used in this act is hereby defined as any doctrine or precept advocating, teaching or aiding and abetting the commis- «274 U. S., 360» sion of crime, sabotage (which word is hereby defined as meaning willful and malicious physical damage or injury to physical property), or unlawful acts of force and violence or unlawful methods of terrorism as a means of accomplishing a change in industrial owner-

---

1) Statutes 1919, c. 58, p.88.

법원의 의견을 샌포드(SANFORD) 판사가 냈다.

캘리포니아주 앨라미다 카운티 상위법원에 제출된 형사적 검사 독자기소장에 의하여, 캘리포니아주 범죄적 노동조합지상주의 단속법 위반행위들에 대한 다섯 가지 소인들로써 항소인은 기소되었다. Statutes 1919, c. 188, p.281. 그녀는 정식사실심리를 거쳐 첫 번째 소인에 대하여 유죄로 판정되고 구금형을 선고받았다. 지방항소법원에 의하여 판결주문은 인가되었다. People v. Whitney, 57 Cal. App. 449. 주 대법원에 의하여 그 사건이 심리되게 해 달라는 그녀의 청구[1]는 기각되었다. Ib. 453. 그리하여 한 개의 판결이 내려질 수 있는 주 최고심 법원인 항소법원의 재판장 판사에 의하여 허가된 오심영장에 의하여 그 사건은 여기에 옮겨졌다. Jud. Code, § 237.

이 법원에서의 첫 번째 청문에서, 관할권의 결여를 이유로 오심영장은 각하되었다. 269 U. S. 530. 그 뒤에, 새로운 청문을 구하는 청구가 인용되었고, Ib. 538; 관할권에 관해서와 실체사항에 관하여 다 같이 사건은 재심리되고 재변론되었다.

범죄적 노동조합지상주의 단속법의 해당 규정들은 이러하다:

"제1절. 산업적 소유관계의 또는 통제권의 변화를 달성하는 내지는 정치적 변화를 가져오는 수단으로서의 범죄의 수행을, 파괴행위 - 유형적 재산에 대한 고의적인 및 악의적인 물리적 손상을 내지는 침해를 의미하는 것으로 그 단어는 여기서 정의된다 - 의 수행을, 내지는 강압에 및 폭력에 의한 «274 U. S., 360» 불법적 행위들의 수행을 내지는 테러리즘의 불법적 수단을 조금이라도 옹호하는, 가르치는 내지는 조력하는 및 선동하는 신조로 내지는 교훈으로 이 법률에서 사용되는 것으로

---

1) Statutes 1919, c. 58, p.88.

ship or control or effecting any political change.

"Sec. 2. Any person who: ······ 4. Organizes or assists in organizing, or is or knowingly becomes a member of, any organization, society, group or assemblage of persons organized or assembled to advocate, teach or aid and abet criminal syndicalism ······

"Is guilty of a felony and punishable by imprisonment."

The first count of the information, on which the conviction was had, charged that on or about November 28, 1919, in Alameda County, the defendant, in violation of the Criminal Syndicalism Act, "did then and there unlawfully, willfully, wrongfully, deliberately and feloniously organize and assist in organizing, and was, is, and knowingly became a member of an organization, society, group and assemblage of persons organized and assembled to advocate, teach, aid and abet criminal syndicalism."

It has long been settled that this Court acquires no jurisdiction to review the judgment of a State court of last resort on a writ of error, unless it affirmatively appears on the face of the record that a Federal question constituting an appropriate ground for such review was presented in and expressly or necessarily decided by such State court. Crowell v. Randell, 10 Pet. 368, 392; Railroad Co. v. Rock, 4 Wall. 177, 180; California Powder Works v. Davis, 151 U. S. 389, 393; Cincinnati, etc. Railway v. Slade, 216 U. S. 78, 83; Hiawassee Power Co. v. Carolina-Tenn. Co., 252 U. S. 341, 343; New York v. Kleinert, 268 U. S. 646, 650.

Here the record does not show that the defendant raised or that the State courts considered or decided any «274 U. S., 361» Federal question whatever, excepting as appears in an order made and entered by the Court of Appeal after it had decided the case and the writ of error had issued and

서의 '범죄적 노동조합지상주의' 라는 용어는 이로써 규정된다.

"제2절. 다음의 행위를 하는 사람은 누구든 구금형에 의하여 처벌되는 중죄에 대하여 유죄이다: …… 4. 범죄적 노동조합지상주의를 옹호하기 위하여, 가르치기 위하여 내지는 조력하고 선동하기 위하여 조직되는 내지는 결합되는 사람들의 조직을, 단체를, 그룹을 내지는 집합을 결성하는 행위 내지는 이를 결성함에 있어서 조력하는 행위 또는 그 구성원의 지위에 있는 행위 또는 인지 하에서 그 구성원이 되는 행위 …… "

1919년 11월 28일 앨라미다 카운티에서 범죄적 노동조합지상주의 단속법에 대한 위반 가운데, "범죄적 노동조합지상주의를 옹호하기 위하여, 가르치기 위하여, 조력하기 위하여 및 선동하기 위하여 조직된 및 결합된 조직을, 단체를, 그룹을 및 집합을 그 때 그 장소에서 불법적으로, 고의적으로 부정하게, 의도적으로 및 중죄적으로" 피고인은 "결성하였음을 및 그 결성을 조력하였음을," 피고인은 "그 구성원이었음을, 그 구성원임을, 그리고 인지 상태에서 그 구성원이 되었음을," 유죄판정이 내려진 검사 독자기소장의 첫 번째 소인은 기소하였다.

한 개의 최종심급 주 법원의 판결주문에 대한 오심영장에 의한 검토를 위한 적절한 근거를 구성하는 연방법 문제가 그러한 주 법원에서 제기되었음이 및 그러한 주 법원에 의하여 명확하게 및 필수적으로 그 문제가 판단되었음이 기록의 문면 위에 확언적으로 나타나지 아니하는 한, 이를 검토할 관할권을 당원이 획득하지 아니함은 오래도록 확립된 상태에 있다. Crowell v. Randell, 10 Pet. 368, 392; Railroad Co. v. Rock, 4 Wall. 177, 180; California Powder Works v. Davis, 151 U. S. 389, 393; Cincinnati, etc. Railway v. Slade, 216 U. S. 78, 83; Hiawassee Power Co. v. Carolina-Tenn. Co., 252 U. S. 341, 343; New York v. Kleinert, 268 U. S. 646, 650.

사건을 주 항소법원이 판결하고 난 뒤에 및 오심영장이 발부되어 당원에 보고되고 난 뒤에 그 법원에 의하여 내려진 및 《274 U. S., 361》 기입된 명령 안에 보이는 것을 빼고는, 조금이라도 연방법 문제를 피고인이 제기하였음을 또는 주 법원들이 검토하였음을 내지는 판단하였음을 여기서 기록은 보여주지 않는다. 법원에 의하

been returned to this Court. A certified copy of that order, brought here as an addition to the record, shows that it was made and entered pursuant to a stipulation of the parties, approved by the court, and that it contains the following statement:

"The question whether the California Criminal Syndicalism Act ⋯⋯ and its application in this case is repugnant to the provisions of the Fourteenth Amendment to the Constitution of the United States, providing that no state shall deprive any person of life, liberty, or property, without due process of law, and that all persons shall be accorded the equal protection of the laws, was considered and passed upon by this Court."

In Cincinnati Packet Co. v. Bay, 200 U. S. 179, 182, where it appeared that a Federal question had been presented in a petition in error to the State Supreme Court in a case in which the judgment was affirmed without opinion, it was held that the certificate of that court to the effect that it had considered and necessarily decided this question, was sufficient to show its existence. And see Marvin v. Trout, 199 U. S. 212, 217, et seq.; Consolidated Turnpike v. Norfolk, etc. Railway, 228 U. S. 596, 599.

So - while the unusual course here taken to show that Federal questions were raised and decided below is not to be commended - we shall give effect to the order of the Court of Appeal as would be done if the statement had been made in the opinion of that court when delivered. See Gross v. United States Mortgage Co., 108 U. S. 477, 484-486; Philadelphia Fire Association v. New York, 119 U. S. 110, 116; Home for Incurables v. City of New York, 187 U. S. 155, 157; Land & Water Co. v. San Jose Ranch Co., 189 U. S. 177, 179-180; Rector v. City Deposit Bank, «274 U. S., 362» 200 U. S. 405, 412; Haire v. Rice, 204 U. S. 291, 299; Chambers v. Baltimore, etc. Railroad, 207 U. S. 142, 148; Atchison, etc. Railway v. Sowers, 213 U. S. 55,

여 인가된 당사자들의 약속에 따라서 그것이 내려지고 기입되었음을, 그리고 아래 선언을 그것은 포함함을 기록의 첨부문서로서 여기에 올라온 그 명령의 인증된 사본은 보여준다:

"적법절차 없이는 생명을, 자유를 또는 재산을 어떤 사람에게서도 어떤 주도 박탈해서는 안 된다고 및 모든 사람들에게 법의 평등한 보호가 부여되어야 한다고 규정하는 미합중국 헌법 수정 제14조의 규정들에 ……캘리포니아주 범죄적 노동조합지상주의 단속법이 및 이 사건에의 그것의 적용이 위배되는지 여부의 문제는 이 법원에 의하여 검토되고 판단되었다."

의견 없이 판결주문이 인가된 사건에서의 주 대법원에 대한 오심영장의 청구에 한 개의 연방법 문제가 제기되어 있는 것으로 나타난 경우였던 Cincinnati Packet Co. v. Bay, 200 U. S. 179, 182에서, 연방법 문제를 주 대법원 자신이 검토한 상태라는 및 필수적으로 판단한 상태라는 취지의 그 주 대법원의 증명서는 그 연방법 문제의 존재를 증명하기에 충분한 것으로 판시되었다. 또한 Marvin v. Trout, 199 U. S. 212, 217, et seq.를; Consolidated Turnpike v. Norfolk, etc. Railway, 228 U. S. 596, 599를 보라.

그러므로 - 하급심에서 연방법 문제들이 제기되고 판단되었음을 증명하기 위하여 여기서 취해진 색다른 경로는 권장될 바가 아니기는 하지만 - 그 피력된 당시의 법원의 의견 안에 그 선언이 이루어져 있었더라면 부여될 그 효력을 주 항소법원의 명령에 우리는 부여해야 한다. Gross v. United States Mortgage Co., 108 U. S. 477, 484-486을; Philadelphia Fire Association v. New York, 119 U. S. 110, 116을; Home for Incurables v. City of New York, 187 U. S. 155, 157을; Land & Water Co. v. San Jose Ranch Co., 189 U. S. 177, 179-180을; Rector v. City Deposit Bank, 《274 U. S., 362》 200 U. S. 405, 412를; Haire v. Rice, 204 U. S. 291, 299를; Chambers v. Baltimore, etc. Railroad, 207 U. S. 142, 148을; Atchison, etc. Railway v. Sowers, 213 U. S. 55, 62를; Consolidated Turnpike Co. v. Norfolk, etc. Railway, 228 U. S. 596,

62; Consolidated Turnpike Co. v. Norfolk, etc. Railway, 228 U. S. 596, 599; Miedreich v. Lauenstein, 232 U. S. 236, 242; North Carolina Railroad v. Zachary, 232 U. S. 248, 257; Chicago, etc. Railway v. Perry, 259 U. S. 548, 551.

And here, since it appears from the statement in the order of the Court of Appeal that the question whether the Syndicalism Act and its application in this case was repugnant to the due process and equal protection clauses of the Fourteenth Amendment, was considered and passed upon by that court - this being a Federal question constituting an appropriate ground for a review of the judgment - we conclude that this Court has acquired jurisdiction under the writ of error. The order dismissing the writ for want of jurisdiction will accordingly be set aside.

We proceed to the determination, upon the merits, of the constitutional question considered and passed upon by the Court of Appeal. Of course our review is to be confined to that question, since it does not appear, either from the order of the Court of Appeal or from the record otherwise, that any other Federal question was presented in and either expressly or necessarily decided by that court. National Bank v. Commonwealth, 9 Wall. 353, 363; Edwards v. Elliott, 21 Wall. 532, 557; Dewey v. Des Moines, 173 U. S. 193, 200; Keokuk & Hamilton Bridge Co. v. Illinois, 175 U. S. 626, 633; Capital City Dairy Co. v. Ohio, 183 U. S. 238, 248; Haire v. Rice, 204 U. S. 291, 301; Selover, Bates & Co. v. Walsh, 226 U. S. 112, 126; Missouri Pacific Railway v. Coal Co., 256 U. S. 134, 135. It is not enough that there may be somewhere hidden in the record a question which, if it had been raised, would have been of a Federal nature. Dewey v. Des Moines, supra, 199; Keokuk & Hamilton Bridge Co. v. Illinois, supra, 634. And this necessarily excludes from our con- «274 U. S., 363» sideration a question sought to be raised for the first time by the assignments of error here - not presented in or passed

599를; Miedreich v. Lauenstein, 232 U. S. 236, 242를; North Carolina Railroad v. Zachary, 232 U. S. 248, 257을; Chicago, etc. Railway v. Perry, 259 U. S. 548, 551을 보라.

그런데 여기서는, 연방헌법 수정 제14조의 적법절차 조항에 및 평등보호 조항에 노동조합지상주의 단속법이 및 그것의 이 사건에의 적용이 위배되는지 여부의 문제가 그 법원에 의하여 검토되고 판단되었음이 주 항소법원의 명령 안의 선언으로부터 드러나므로 - 이것은 판결주문의 재검토를 위한 적절한 근거를 구성하는 연방법 문제이므로 - 관할권을 오심영장에 따라서 이 법원은 획득한 상태라고 우리는 결론짓는다. 관할권의 결여를 이유로 영장을 각하한 명령은 이에 따라 무효화된다.

시비곡직에 토대하여, 주 항소법원에 의하여 검토되고 판단된 헌법문제의 결정에 우리는 나아간다. 물론 그 문제에 우리의 검토는 한정되어야 하는바, 왜냐하면 그 법원에서 조금이라도 그 밖의 연방법 문제가 제기되었음이 및 명시적으로든 필연적으로든 그 법원에 의하여 그 문제가 판단되었음이 항소법원의 명령으로부터든 그렇지 않으면 기록으로부터든 나타나지 않기 때문이다. National Bank v. Commonwealth, 9 Wall. 353, 363; Edwards v. Elliott, 21 Wall. 532, 557; Dewey v. Des Moines, 173 U. S. 193, 200; Keokuk & Hamilton Bridge Co. v. Illinois, 175 U. S. 626, 633; Capital City Dairy Co. v. Ohio, 183 U. S. 238, 248; Haire v. Rice, 204 U. S. 291, 301; Selover, Bates & Co. v. Walsh, 226 U. S. 112, 126; Missouri Pacific Railway v. Coal Co., 256 U. S. 134, 135. 만약 그 제기되었었다면 연방법의 성격을 띠었을 한 개의 문제가 기록 안의 어딘가에 숨겨져 있을 수 있다는 것으로는 충분하지 않다. Dewey v. Des Moines, supra, 199; Keokuk & Hamilton Bridge Co. v. Illinois, supra, 634. 그러므로 노동조합지상주의 단속법의 합헌성은 별론으로 하고, 소장의, 증거의, 및 «274 U. S., 363» 기타 등등의 문제들에 관한 상위법원의 결정들 탓에 그 법원의 판결주문이 적법절차에 대한 한 개의 박탈로서 피고인에게 작용했는지 여부라는, 오류의 제시항목들에 의하여 여기서 처음으로 제기되게 하고자 한 - 주 항

upon by the Court of Appeal - whether apart from the constitutionality of the Syndicalism Act, the judgment of the Superior Court, by reason of the rulings of that court on questions of pleading, evidence and the like, operated as a denial to the defendant of due process of law. See Oxley Stave Co. v. Butler County, 166 U. S. 648, 660; Capital City Dairy Co. v. Ohio, supra, 248; Manhattan Life Ins. Co. v. Cohen, 234 U. S. 123, 134; Bass, etc. Ltd. v. Tax Commission, 266 U. S. 271, 283.

The following facts, among many others, were established on the trial by undisputed evidence: The defendant, a resident of Oakland, in Alameda County, California, had been a member of the Local Oakland branch of the Socialist Party. This Local sent delegates to the national convention of the Socialist Party held in Chicago in 1919, which resulted in a split between the "radical" group and the old-wing Socialists. The "radicals" - to whom the Oakland delegates adhered - being ejected, went to another hall, and formed the Communist Labor Party of America. Its Constitution provided for the membership of persons subscribing to the principles of the Party and pledging themselves to be guided by its Platform, and for the formation of state organizations conforming to its Platform as the supreme declaration of the Party. In its "Platform and Program" the Party declared that it was in full harmony with "the revolutionary working class parties of all countries" and adhered to the principles of Communism laid down in the Manifesto of the Third International at Moscow, and that its purpose was "to create a unified revolutionary working class movement in America," organizing the workers as a class, in a revolutionary class struggle to conquer the capitalist state, for the overthrow of capitalist rule, the conquest of political power and the establishment «274 U. S., 364» of a working class government, the Dictatorship of the Proletariat, in place of the state machinery of the capitalists, which should make and enforce the laws, reorganize society on the basis

소법원에서는 제기되지도 그 법원에 의해서는 판단되지도 아니하였던 - 한 개의 문제를 우리의 고찰로부터 이것은 필연적으로 배제한다. Oxley Stave Co. v. Butler County, 166 U. S. 648, 660을; Capital City Dairy Co. v. Ohio, supra, 248을; Manhattan Life Ins. Co. v. Cohen, 234 U. S. 123, 134를; Bass, etc. Ltd. v. Tax Commission, 266 U. S. 271, 283을 보라.

정식사실심리에서 다툼없는 증거에 의하여 특히 이하의 사실관계는 증명되었다: 캘리포니아주 앨라미다 카운티 오클랜드의 주민인 피고인은 사회당 오클랜드 지부의 당원으로 있었다. 대의원들을 1919년 시카고에서 열린 사회당 전국대회에 이 지부는 파견하였는데, "급진적" 그룹의 및 구파 사회주의자들의 양자 사이에서의 분열을 그것은 낳았다. 오클랜드 대의원들이 지지한 "급진파"는 퇴장당하였고, 그러자 다른 집회장으로 그들은 가서 미국 공산주의 노동당을 결성하였다. 당의 원칙들에 서명하는 및 당 강령에 의하여 지도되기를 서약하는 사람들의 당원자격을, 그리고 당의 가장 중요한 선언으로서의 당 강령에 부합되는 주(state) 조직들의 결성을 당 규약은 규정하였다. "모든 나라들의 혁명적 노동계급 정당들"에의 완전한 조화 속에 자신이 있음을 및 모스크바에서의 제3인터내셔널 선언문에 규정된 공산주의 원칙들을 자신은 지지함을, 자본주의 질서의 타도를 위하여, 정치권력의 쟁취를 위하여 및 자본주의자들의 국가기구를 대신하는, 법들을 만들고 집행해야 할, 사회를 공산주의의 토대 위에서 재조직해야 할 및 공산주의 공화국을 가져올 노동계급 정부의 수립을, 즉 프롤레타리아 계급 독재의 수립을 위하여 자본주의 국가를 «274 U. S., 364» 정복하기 위한 혁명적 계급투쟁에 있어서 노동자들을 한 개의 계급으로 조직함으로써 "미국에서의 통일된 혁명적 노동계급 운동을 창출해 내는 데 자신의 목적은 있음을 - 자본주의 국가의 정치적 기구의 사용은 오직 2차적인 것일 뿐임을 및, 국가권력을 쟁취하는 가장 중요한 수단으로서 일터들에서부터와 공장들에서부터 시작되는 대중들의 행동을; "혁명적 산업노동조합들"로의 노동자들의 조직화를; 그리고 그들의 혁명적 성격을 및 가능성들을 나타내는 선전활동을; 정치적 무기로서의 파업의 가치를 보여주는 위대한 산업적 전투들을 자신은 옹호함을 -

of Communism and bring about the Communist Commonwealth - advocated, as the most important means of capturing state power, the action of the masses, proceeding from the shops and factories, the use of the political machinery of the capitalist state being only secondary; the organization of the workers into "revolutionary industrial unions"; propaganda pointing out their revolutionary nature and possibilities; and great industrial battles showing the value of the strike as a political weapon - commended the propaganda and example of the Industrial Workers of the World and their struggles and sacrifices in the class war - pledged support and co-operation to "the revolutionary industrial proletariat of America" in their struggles against the capitalist class - cited the Seattle and Winnipeg strikes and the numerous strikes all over the country "proceeding without the authority of the old reactionary Trade Union officials," as manifestations of the new tendency - and recommended that strikes of national importance be supported and given a political character, and that propagandists and organizers be mobilized "who can not only teach, but actually help to put in practice the principles of revolutionary industrial unionism and Communism."

Shortly thereafter the Local Oakland withdrew from the Socialist Party, and sent accredited delegates, including the defendant, to a convention held in Oakland in November, 1919, for the purpose of organizing a California branch of the Communist Labor Party. The defendant, after taking out a temporary membership in the Communist Labor Party, attended this convention as a delegate and took an active part in its proceedings. She was elected a member of the Credentials Committee, and, as its chairman, made a report to the convention upon «274 U. S., 365» which the delegates were seated. She was also appointed a member of the Resolutions Committee, and as such signed the following resolution in reference to political action, among others proposed by the Committee: "The C. L. P. of California fully recognizes the

세계 산업노동자들의 선전활동을 및 사례를 그리고 계급전쟁에 있어서의 그들의 투쟁들을 및 희생들을 자신은 칭찬함을; 자본계급에 대항하는 그들의 투쟁들에 있어서의 "미국의 혁명적 산업 프롤레타리아 계급"에 대한 지원을 및 협력을 자신은 약속함을 - 시애틀에서의 및 위니펙에서의 파업들을 그리고 "낡은 반동적 노동조합 간부들의 권위 없이 전개되어 나가는," 나라 전체에 걸친 다수의 파업들을 새로운 추세의 징표들로서 자신은 인용함을 - 그리고 전국적 중요성을 지닌 파업들이 지지되게끔 및 정치적 성격을 부여받게끔 하도록, 그리고 "가르칠 능력을만이 아니라 혁명적 산업노동조합주의의 및 공산주의의 원칙들을 실현시킴을 실제적으로 조력할 능력을마저 지닌" 선전활동가들이 및 조직활동가들이 동원되게끔 하도록 자신은 권장함을 자신의 "강령 및 정강"에서 당은 선언하였다.

그 직후에 사회당으로부터 오클랜드 지부는 탈퇴하였고, 그리고 공산당 캘리포니아 지부를 결성할 목적으로 피고인을 포함하여 대의원들을 오클랜드에서 1919년 11월에 열린 대회에 오클랜드 지부는 파견하였다. 공산당 임시당원 자격을 얻은 뒤에 피고인은 대의원으로서 이 대회에 참석하였고 그 진행에서 적극적 역할을 맡았다. 자격심사위원회의 위원으로 그녀는 선출되었고, 그리고 대의원들이 참석하는 «274 U. S., 365» 대회에의 보고서를 위원회 의장으로서 그녀는 만들었다. 결의문 초안위원회의 위원으로도 그녀는 지명되었고, 그 위원회에 의하여 제안된 결의서들 중에서도 특히 정치적 행동에 관한 아래의 결의서에 그 지위에서 그녀는 서명하였다: "공산주의 선전을 확장시키는 수단으로서의 정치적 행동의 가치를 캘리포니아주 공산주의 노동당은 완전히 인정한다; 노동계급의 경제력의 발전에 상응하여 그 자신의 정치권력을 노동계급은 아울러 발전시키지 않으면 안 됨을 캘리포니

value of political action as a means of spreading communist propaganda; it insists that in proportion to the development of the economic strength of the working class, it, the working class, must also develop its political power. The C. L. P. of California proclaims and insists that the capture of political power, locally or nationally by the revolutionary working class can be of tremendous assistance to the workers in their struggle of emancipation. Therefore, we again urge the workers who are possessed of the right of franchise to cast their votes for the party which represents their immediate and final interest - the C. L. P. - at all elections, being fully convinced of the utter futility of obtaining any real measure of justice or freedom under officials elected by parties owned and controlled by the capitalist class." The minutes show that this resolution, with the others proposed by the committee, was read by its chairman to the convention before the Committee on the Constitution had submitted its report. According to the recollection of the defendant, however, she herself read this resolution. Thereafter, before the report of the Committee on the Constitution had been acted upon, the defendant was elected an alternate member of the State Executive Committee. The Constitution, as finally read, was then adopted. This provided that the organization should be named the Communist Labor Party of California; that it should be "affiliated with" the Communist Labor Party of America, and subscribe to its Program, Platform and Constitution, and "through this affiliation" be "joined with the Communist International of Moscow;" and that the qualifications for membership should be those prescribed in the «274 U. S., 366» National Constitution. The proposed resolutions were later taken up and all adopted, except that on political action, which caused a lengthy debate, resulting in its defeat and the acceptance of the National Program in its place. After this action, the defendant, without, so far as appears, making any protest, remained in the convention until it adjourned. She later attended as an alternate member one or two meetings of the State Executive Committee in

아주 노동당은 역설한다. 지역적으로 및 전국적으로 혁명적 노동계급에 의한 정치권력의 탈취는 그들의 해방투쟁에 있어서 노동자들에 대한 비범한 조력이 될 수 있음을 캘리포니아주 공산주의 노동당은 선언하고 단언한다. 그러므로 자본계급에 의하여 소유되고 통제되는 정당들에 의하여 선출되는 공직자들 아래서는 정의의 내지는 자유의 그 어떤 참다운 수단을 확보한다 하더라도 그것은 철저히 무익함을 온전히 확신하는 가운데 그들의 당면의 및 궁극의 이익을 대변하는 당을 위하여 - 공산주의 노동당을 위하여 - 자신들의 투표들을 모든 선거들에서 던지도록 투표권을 보유하는 노동자들에게 우리는 다시 촉구한다." 위원회에 의하여 제안된 다른 것들이에 나란히, 그 보고서를 규약 위원회가 제출하기 이전에 이 결의가 의장에 의하여 대회 참가자들에게 낭독되었음을 의사록은 보여준다. 그러나 피고인의 회상에 의하면, 이 결의문을 그녀는 직접 읽었다. 그 뒤로 규약에 대한 위원회의 보고서가 상정되기 전에, 주 집행위원회 대리 위원으로 피고인은 선출되었다. 최종적으로 낭독된 규약은 그 때에 채택되었다. 캘리포니아주 공산주의자 노동당으로 조직은 명명된다고; 미국 공산주의자 노동당에 조직은 "가입되어야" 한다고, 그리고 당 정강에, 강령에 및 규약에 서명으로 조직은 동의해야 한다고, 그리고 "이 가입을 통하여" "모스크바의 공산주의 인터내셔널(the Communist International)에" 조직은 연결되어야 한다고; 그리고 당원의 자격조건들은 전국 규약에 규정된 대로여야 한다고 《274 U. S., 366》 이것은 규정하였다. 그 제안된 결의들은 나중에 처리되었는데, 장황한 토론을 빚은, 그리하여 그것의 부결을 및 그 대신으로의 전국 정강의 수용을 낳은 정치적 행동에 관한 결의를 제외하고는 모두 채택되었다. 이 행동 뒤에, 피고인은 그 드러나 있는 범위 내에서는 아무런 이의 없이 폐회 때까지 대회에 남아 있었다. 나중에 산호세에서의 및 샌프란시스코에서의 주 집행위원회의 한 번의 또는 두 번의 회합들에 대리 위원 자격으로 그녀는 참석하였는바, 그리고 자신이 그 때 공산주의 노동당의 당원이었음을 정식사실심리에서 그녀는 진술하였다. 캘리포니아주 공산주의 노동당이 테러리즘의 내지는 폭력의 도구가 되어야 함은 자신의 의도가 아님을, 및 조금이라도 알려진 법을 위반함은 자신의 목적이 내지는 대회의 목적이 아님을 아울러 그녀는 증언하였다.

San José and San Francisco, and stated, on the trial, that she was then a member of the Communist Labor Party. She also testified that it was not her intention that the Communist Labor Party of California should be an instrument of terrorism or violence, and that it was not her purpose or that of the Convention to violate any known law.

In the light of this preliminary statement, we now take up, in so far as they require specific consideration, the various grounds upon which it is here contended that the Syndicalism Act and its application in this case is repugnant to the due process and equal protection clauses of the Fourteenth Amendment.

1. While it is not denied that the evidence warranted the jury in finding that the defendant became a member of and assisted in organizing the Communist Labor Party of California, and that this was organized to advocate, teach, aid or abet criminal syndicalism as defined by the Act, it is urged that the Act, as here construed and applied, deprived the defendant of her liberty without due process of law in that it has made her action in attending the Oakland convention unlawful by reason of "a subsequent event brought about against her will, by the agency of others," with no showing of a specific intent on her part to join in the forbidden purpose of the association, and merely because, by reason of a lack of "prophetic" understanding, she failed to foresee the quality that others would give to the convention. The argu- «274 U. S., 367» ment is, in effect, that the character of the state organization could not be forecast when she attended the convention; that she had no purpose of helping to create an instrument of terrorism and violence; that she "took part in formulating and presenting to the convention a resolution which, if adopted, would have committed the new organization to a legitimate policy of political reform by the use of the ballot"; that it was not until after the majority of the convention turned out to be "contrary minded, and

연방헌법 수정 제14조의 적법절차 조항에 및 평등보호 조항에 노동조합지상주의 단속법이 및 이 사건에서의 그것의 적용이 위배된다고 여기서 주장되는 근거들인 여러 가지 논거들을, 이 예비적 설명에 비추어 구체적 고찰들을 그것들이 요구하는 한도껏, 이제 우리는 집어든다.

1. 피고인이 캘리포니아주 공산당의 구성원이 되었다고 및 그것을 결성함에 있어서 피고인이 조력했다고, 및 그 법률에 의하여 규정된 것으로서의 범죄적 노동조합지상주의를 옹호하기 위하여, 가르치기 위하여, 조력하기 위하여 내지는 선동하기 위하여 이것이 결성되었다고 인정함에 있어서 배심을 증거가 뒷받침했음은 부정되지 아니하는 반면, "타인들의 행위에 의하여 그녀의 의지에 반하여 야기된 사후적 결과"를 이유로, 그 단체의 금지된 목적에 가담하려는 그녀 쪽에서의 명시적 의도에 대한 증명 없이, 그리고 그 대회에 타인들이 부여하게 될 성격을 "예언적" 이해의 결여로 인하여 단지 그녀가 예견하지 못했다는 이유만으로, 오클랜드 대회에 참석함에 있어서의 그녀의 행위를 불법으로 그것이 만들었다는 점에서 그녀의 자유를, 여기서 해석되고 적용된 것으로서의 그 법률은 적법절차 없이 피고인에게서 박탈했다고 주장되고 있다. 그 대회에 그녀가 «274 U. S., 367» 참석하였을 때 주 조직의 성격은 예측될 수가 없었다는 데에; 테러리즘의 및 폭력의 도구를 만들어내도록 도우려는 목적을 그녀는 지니지 않았다는 데에; "만약 채택된다면 그 새 조직을 투표의 사용에 의한 정치적 개혁의 적법한 정책으로 의무지웠을 한 개의 결의를 공식화하여 대회에 제출하는 일에" 그녀가 "가담했다."는 데에; 그 대회의 다수파가 "빙퉁그러진 마음의 소유자들임이, 그리하여 덜 온건한 다른 정책들이 우세함이" 드러난 뒤에서야 비로소 범죄적 노동조합지상주의의 성격을 그 대회는 띠게 되었을 수 있다는 데에; 그리고 거기서 표명된 견해들이 제아무리 폭력적인 것들이

other less temperate policies prevailed" that the convention could have taken on the character of criminal syndicalism; and that as this was done over her protest, her mere presence in the convention, however violent the opinions expressed therein, could not thereby become a crime. This contention, while advanced in the form of a constitutional objection to the Act, is in effect nothing more than an effort to review the weight of the evidence for the purpose of showing that the defendant did not join and assist in organizing the Communist Labor Party of California with a knowledge of its unlawful character and purpose. This question, which is foreclosed by the verdict of the jury - sustained by the Court of Appeal over the specific objection that it was not supported by the evidence - is one of fact merely which is not open to review in this Court, involving as it does no constitutional question whatever. And we may add that the argument entirely disregards the facts that the defendant had previously taken out a membership card in the National Party; that the resolution which she supported did not advocate the use of the ballot to the exclusion of violent and unlawful means of bringing about the desired changes in industrial and political conditions; and that, after the constitution of the California Party had been adopted, and this resolution had been voted down and the National Program accepted, she not only remained in the convention, without «274 U. S., 368» protest, until its close, but subsequently manifested her acquiescence by attending as an alternate member of the State Executive Committee and continuing as a member of the Communist Labor Party.

2. It is clear that the Syndicalism Act is not repugnant to the due process clause by reason of vagueness and uncertainty of definition. It has no substantial resemblance to the statutes held void for uncertainty under the Fourteenth and Fifth Amendments in International Harvester Co. v. Kentucky, 234 U. S. 216, 221; and United States v. Cohen Grocery, 255 U. S.

었을망정 그녀의 이의를 누르고서 이것이 이루어진 이상, 대회에의 그녀의 단순한 참석은 그것만으로 한 개의 범죄가 될 수는 없었다는 데에 요컨대 그 주장은 있다. 그 법률에 대한 헌법적 이의의 형태로 이 주장은 제기되었음에도 불구하고, 캘리포니아주 공산당을 결성함에 있어서 그것의 불법적 성격에 및 목적에 대한 인식을 지니고서 피고인이 가담한 것도 조력한 것도 아니었음을 증명하기 위하여 증거의 증명력을 재검토하고자 하는 노력에 그것은 실제로는 지나지 않는다. 증거에 의하여 뒷받침되지 않는다는 명시적 이의를 누르고서 항소법원에 의하여 지지된 평결에 의하여 미리 처리된 바 있는 이 문제는, 헌법적 문제를 그것이 전혀 포함하지 아니하는 이상, 당원에서의 재검토의 여지가 없는 사실의 문제일 뿐이다. 그리하여, 전국당원 카드를 이전에 피고인이 얻어냈었다는 사실관계를 그 주장은 완전히 무시함을; 산업적 및 정치적 조건들에 있어서의 소망된 변화들을 불러오기 위한 폭력적 및 불법적 수단들의 배제를 위한 투표의 사용을, 그녀가 지지한 그 결의는 옹호하지 아니하였음을; 그리고, 캘리포니아주 당규약이 채택되고 난 뒤에도 그리고 이 결의가 부결되고 전국의 정강이 «274 U. S., 368» 받아들여지고 난 뒤에도, 그 대회의 종료 때까지 이의 없이 그 대회에 그녀는 남아 있었을 뿐만 아니라, 그 이후에도 주 집행위원회의 대리위원으로서 참석함으로써 및 공산주의 노동당의 당원으로서 머무름으로써 그녀의 묵낙을 그녀는 표명하였음을 우리는 보탤 수 있다.

2. 개념정의의 모호함으로 및 불확실성으로 인하여서는 적법절차 조항에 노동조합지상주의 단속법이 위반되는 것이 아님은 명백하다. 범죄행위의 확인 가능한 기준을 정하지 않는다는 이유에서의 불확실성으로 인하여 연방헌법 수정 제4조 아래서 및 제5조 아래서 무효라고 International Harvester Co. v. Kentucky, 234 U. S. 216, 221에서; 그리고 United States v. Cohen Grocery, 255 U. S. 81, 89에서 판시된

81, 89, because not fixing an ascertainable standard of guilt. The language of § 2, subd. 4, of the Act under which the plaintiff in error was convicted is clear; the definition of "criminal syndicalism" specific.

The Act, plainly, meets the essential requirement of due process that a penal statute be "sufficiently explicit to inform those who subject to it what conduct on their part will render them liable to its penalities," and be couched in terms that are not "so vague that men of common intelligence must necessarily guess at its meaning and differ as to its application." Connally v. General Construction Co., 269 U. S. 385, 391. And see United States v. Brewer, 139 U. S. 278, 288; Chicago, etc., Railway v. Dey (C. C.) 35 Fed. 866, 876; Tozer v. United States (C. C.) 52 Fed. 917, 919. In Omaechevarria v. Idaho, 246 U. S. 343, 348, in which it was held that a criminal statute prohibiting the grazing of sheep on any "range" previously occupied by cattle "in the usual and customary use" thereof, was not void for indefiniteness because it failed to provide for the ascertainment of the boundaries of a "range" or to determine the length of time necessary to constitute a prior occupation a "usual" one, this Court siad: "Men familiar with range conditions and desirous of observing the law will have little difficulty «274 U. S., 369» in determining what is prohibited by it. Similar expressions are common in the criminal statutes of other States. This statute presents no greater uncertainty or difficulty, in application to necessarily varying facts, than has been repeatedly sanctioned by this court. Nash v. United States, 229 U. S. 373, 377; Miller v. Strahl, 239 U. S. 426, 434." So, as applied here, the Syndicalism Act required of the defendant no "prophetic" understanding of its meaning.

And similar Criminal Syndicalism statutes of other States, some less specific in their definitions, have been held by the State courts not to be void for indefiniteness. State v. Hennessy, 114 Wash. 351, 364; State v. Laundy, 103

제정법들에의 실질적 유사성을 그것은 지니지 않는다. 항소인에게 유죄판정이 내려진 근거였던 그 법률 제2절 제4소절의 문언은 명확하였다; "범죄적 노동조합지상주의"의 개념규정은 구체적이었다.

"그 자신들을 그것의 처벌들에 처해지도록 그들 쪽에서의 어떤 행위가 만들 것인지를 그 적용을 받는 사람들에게 알릴 수 있을 만큼" 형사 제정법은 "충분히 명확해야" 한다는 및 "너무 모호하여 일반적 변별력을 지닌 사람들로서는 불가피하게 그것의 의미에 대하여 추측하지 않으면 안 될, 그리하여 그것의 적용에 관하여 사람마다 의견이 다르게 될" 정도의 것이 아닌 문언으로써 형사 제정법은 표현되어야 한다는 적법절차의 필수적 요구를 그 법률은 충족함이 명백하다. Connally v. General Construction Co., 269 U. S. 385, 391. 아울러 United States v. Brewer, 139 U. S. 278, 288을; Chicago, etc., Railway v. Dey (C. C.) 35 Fed. 866, 876을; Tozer v. United States (C. C.) 52 Fed. 917, 919를 보라. 조금이라도 "통상적인 및 관례적인 사용 내에서" 가축들에 의하여 이전에 점용된 "목장"에서의 양들의 방목을 금지하는 형사 제정법은 "목장"의 경계들의 확인을 규정하지 아니한다는 이유에서의 내지는 이전의 점용을 구성하는 데 필요한 시간적 길이를 "통상적인" 것으로 정하지 아니한다는 이유에서의 불명확성으로 인하여 무효인 것은 아니라고 판시된 Omaechevarria v. Idaho, 246 U. S. 343, 348에서, 당원은 말하였다: "목장 상황에 친숙한 및 법을 준수하기를 바라는 사람들은 그것에 의하여 금지되는 바가 «274 U. S., 369» 무엇인지 판단함에 있어서 전혀 곤란을 겪지 아니할 것이다. 다른 주들의 형사 제정법들에 있어서도 이에 유사한 표현들은 일반적이다. 그 필연적으로 다양한 사실관계에의 적용에 있어서 이 제정법이 제기하는 불확실성은 내지는 곤란은 당원에 의하여 반복적으로 인가되어 온 것들보다 더 큰 것이 아니다. Nash v. United States, 229 U. S. 373, 377; Miller v. Strahl, 239 U. S. 426, 434." 그리하여, 자신의 의미에 대한 "예언적" 이해를 여기에 적용된 것으로서의 노동조합지상주의 단속법은 피고인에게 요구하지 아니하였다.

그리고 그 개념규정들에 있어서 약간 덜 상세한 여타 주들의 유사한 범죄적 노동조합지상주의 관련 제정법들은 불명확성으로 인하여 무효인 것이 아니라고 주 법원들에 의하여 판시되어 왔다. State v. Hennessy, 114 Wash. 351, 364; State v.

Ore. 443, 460; People v. Ruthenberg, 229 Mich. 315, 325. And see Fox v. Washington, 236 U. S. 273, 277; People v. Steelik, 187 Cal. 361, 372; People v. Lloyd, 304 Ill. 23, 34.

3. Neither is the Syndicalism Act repugnant to the equal protection clause, on the ground that as its penalties are confined to those who advocate a resort to violent and unlawful methods as a means of changing industrial and political conditions, it arbitrarily discriminates between such persons and those who may advocate a resort to these methods as a means of maintaing such conditions.

It is settled by repeated decisions of this Court that the equal protection clause does not take from a State the power to classify in the adoption of police laws, but admits of the exercise of a wide scope of discretion, and avoids what is done only when it is without any reasonable basis and therefore is purely arbitrary; and that one who assails the classification must carry the burden of showing that it does not rest upon any reasonable basis, but is essentially arbitrary. Lindsley v. Natural Carbonic Gas Co., 220 U. S. 61, 78, and cases cited. «274 U. S., 370»

A statute does not violate the equal protection clause merely because it is not all-embracing. Zucht v. King, 260 U. S. 174, 177; James-Dickinson Farm Mortgage Co. v. Harry, 273 U. S. 119. A state may properly direct its legislation against what it deems an existing evil without covering the whole field of possible abuses. Patsone v. Pennsylvania, 232 U. S. 138, 144; Farmers Bank v. Federal Reserve Bank, 262 U. S. 649, 661; James-Dickinson Mortgage Co. v. Harry, supra. The statute must be presumed to be aimed at an evil where experience shows it to be most felt, and to be deemed by the Legislature coextensive with the practical need; and is not to be overthrown merely because other instances may be suggested to which also it might have

Laundy, 103 Ore. 443, 460; People v. Ruthenberg, 229 Mich. 315, 325. 아울러 Fox v. Washington, 236 U. S. 273, 277을; People v. Steelik, 187 Cal. 361, 372를; People v. Lloyd, 304 Ill. 23, 34를 보라.

3. 산업적 및 정치적 조건들을 바꾸기 위한 수단으로서 폭력적 및 불법적 방법들에의 의존을 옹호하는 사람들에게로 그 법의 처벌들은 한정되기에 그 바꾸려는 사람들을, 그리고 그러한 조건들을 유지하려는 수단으로서의 이러한 방법들에의 의존을 옹호할 수 있는 사람들을 자의적으로 노동조합지상주의 단속법이 차별한다는 이유로는 그 법이 평등보호 조항에 저촉되는 것도 아니다.

경찰법들의 채택에 있어서 분류짓기를 할 권한을 주에게서 평등보호 조항이 박탈하지 아니한다는 점은, 오히려 넓은 재량 범위의 행사를 그 조항이 인정한다는 점은, 그리고 합리적 토대를 그 행해진 바가 전혀 결여하고 있을 때에만, 그 행해진 바가 순전히 자의적인 것일 때에만 그 행해진 바를 그 조항이 무효화한다는 점은; 조금이라도 합리적 근거 위에 그 분류짓기가 의존하지 아니함을 및 그것이 본질적으로 자의적임을 증명할 책임을, 그 분류짓기를 공격하는 사람은 이행하지 않으면 안 된다는 점은 당원의 반복된 판결들에 의하여 확립되어 있다. Lindsley v. Natural Carbonic Gas Co., 220 U. S. 61, 78, and cases cited. 《274 U. S., 370》

단지 한 개의 제정법이 포괄적이지 못하다는 이유만으로는 평등보호 조항을 그것이 위반하는 것은 아니다. Zucht v. King, 260 U. S. 174, 177; James-Dickinson Farm Mortgage Co. v. Harry, 273 U. S. 119. 있을 수 있는 남용들의 전체 영역을 망라하지 않는 채로도 자신의 입법을 한 개의 현존하는 해악이라고 스스로 간주하는 바에 대처하여 한 개의 주는 정당하게 관리할 수 있다. Patsone v. Pennsylvania, 232 U. S. 138, 144; Farmers Bank v. Federal Reserve Bank, 262 U. S. 649, 661; James-Dickinson Mortgage Co. v. Harry, supra. 입법부에 의하여 한 개의 해악이 가장 많이 느껴짐을 경험이 증명하는 곳에서의 그 해악에 그 제정법은 겨냥된 것으로 및 실제상의 필요에 맞먹는 범위를 지닌다고 그 제정법은 간주되는 것으로 추정되지 않으면 안 된다; 그리하여 그것이 적용되었을 수 있는 여타의 경우들이 마찬가

been applied; that being a matter for the Legislature to determine unless the case is very clear. Keokee Coke Co. v. Taylor, 234 U. S. 224, 227. And it is not open to objection unless the classification is so lacking in any adequate or reasonable basis as to preclude the assumption that it was made in the exercise of the legislative judgment and discretion. Stebbins v. Riley, 268 U. S. 137, 143; Graves v. Minnesota, 272 U. S. 425; Swiss Oil Corporation v. Shanks, 273 U. S. 407.

The Syndicalism Act is not class legislation; it affects all alike, no matter what their business associations or callings, who come within its terms and do the things prohibited. See State v. Hennessy, supra, 361; State v. Laundy, supra, 460. And there is no substantial basis for the contention that the Legislature has arbitrarily or unreasonably limited its application to those advocating the use of violent and unlawful methods to effect changes in industrial and political conditions; there being nothing indicating any ground to apprehend that those desiring to maintain existing industrial and political conditions did or would advocate such methods. That there is a wide-spread conviction of the necessity for legislation of «274 U. S., 371» this character is indicated by the adoption of similar statutes in several other States.

4. Nor is the Syndicalism Act as applied in this case repugnant to the due process clause as a restraint of the rights of free speech, assembly, and association.

That the freedom of speech which is secured by the Constitution does not confer an absolute right to speak, without responsibility, whatever one may choose, or an unrestricted and unbridled license giving immunity for every possible use of language and preventing the punishment of those who abuse this freedom; and that a State in the exercise of its police power may punish those who abuse this freedom by utterances inimical to the public welfare,

지로 제시될 수 있다는 이유만으로 그것은 폐지되어서는 안 된다; 왜냐하면 사안이 매우 명백한 경우가 아닌 한 그것은 입법부가 판단할 문제이기 때문이다. Keokee Coke Co. v. Taylor, 234 U. S. 224, 227. 그리고 입법적 판단의 및 재량의 행사 속에서 그것이 만들어졌다는 추정을 배제할 만큼 모종의 충분한 내지는 합리적인 토대를 그 분류짓기가 그토록 결여한 것이 아닌 한, 이의를 그것은 용납하지 않는다. Stebbins v. Riley, 268 U. S. 137, 143; Graves v. Minnesota, 272 U. S. 425; Swiss Oil Corporation v. Shanks, 273 U. S. 407.

노동조합지상주의 단속법은 계급입법이 아니다; 그 조항들 내에 들어오는 및 그 금지된 사항들을 행하는 사람들의 사업조합들이 내지는 직업들이 그 무엇이든 상관없이 모든 사람들에게 똑같이 영향을 그것은 미친다. State v. Hennessy, supra, 361을; State v. Laundy, supra, 460을 보라. 그리하여 산업적 및 정치적 조건들에 있어서의 변화들을 가져오기 위한 폭력적 및 불법적 수단의 사용을 옹호하는 사람들에게로 그것의 적용을 입법부가 자의적으로 내지는 부당하게 제한했다는 주장을 위한 실질적 근거는 전혀 없다; 현존의 산업적 및 정치적 조건들을 유지하기를 바라는 사람들이 이러한 수단들을 옹호하였다고 내지는 옹호하리라고 조금이라도 염려할 근거를 나타내는 것은 아무 것도 없기 때문이다. 이 종류의 입법의 필요성에 대한 광범위한 확신이 《274 U. S., 371》 있다는 점은 몇몇 다른 주들에서의 유사한 제정법들의 채택에 의하여 암시된다.

4. 자유로운 말의, 집회의 및 결사의 권리들의 제한으로서의 적법절차 조항에도 이 사건에 적용된 것으로서의 노동조합지상주의 단속법은 어긋나지 않는다.

무엇을이든 그 선택하는 바를 책임성 없이 말할 내지는 공표할 절대적 권리를, 내지는 말에 대한 있을 수 있는 모든 사용에 대하여 면책을 부여하는 및 이 자유를 남용하는 사람들의 처벌을 금지하는 무제한의 및 무제약의 허가증을 연방헌법에 의하여 보장된 말의 및 출판의 자유가 수여하지 아니함에는; 범죄를 선동하는, 치안을 어지럽히는, 내지는 규칙바른 정부의 토대들을 위태롭게 하는 및 불법수단에 의한 정부의 전복을 위협하는 경향을 지니는, 공공복리에 유해한 발언들에 의하여

tending to incite to crime, disturb the public peace, or endanger the foundations of organized government and threaten its overthrow by unlawful means, is not open to question. Gitlow v. New York, 268 U. S. 652, 666-668, and cases cited.

By enacting the provisions of the Syndicalism Act the State has declared, through its legislative body, that to knowingly be or become a member of or assist in organizing an association to advocate, teach or aid and abet the commission of crimes or unlawful acts of force, violence or terrorism as a means of accomplishing industrial or political changes, involves such danger to the public peace and the security of the State, that these acts should be penalized in the exercise of its police power. That determination must be given great weight. Every presumption is to be indulged in favor of the validity of the statute, Mugler v. Kansas, 123 U. S. 623, 661; and it may not be declared unconstitutional unless it is an arbitrary or unreasonable attempt to exercise the authority vested in the State in the public interest. Great Northern Railway v. Clara City, 246 U. S. 434, 439.

The essence of the offense denounced by the Act is the combining with others in an association for the ac- «274 U. S., 372» complishment of the desired ends through the advocacy and use of criminal and unlawful methods. It partakes of the nature of a criminal conspiracy. See People v. Steelik, supra, 376. That such united and joint action involves even greater danger to the public peace and security than the isolated utterances and acts of individuals is clear. We cannot hold that, as here applied, the Act is an unreasonable or arbitrary exercise of the police power of the State, unwarrantably infringing any right of free speech, assembly or association, or that those persons are protected from punishment by the due process clause who abuse such rights by joining and furthering an organization thus menacing the peace and welfare of the State.

이 자유를 남용하는 사람들을, 자신의 경찰력의 행사에 있어서 한 개의 주가 처벌할 수 있다는 점에는 의문의 여지가 없다. Gitlow v. New York, 268 U. S. 652, 666-668, and cases cited.

산업적 내지는 정치적 변화들을 달성하기 위한 수단으로서 범죄들의 수행을, 또는 강압의, 폭력의 내지는 테러리즘의 불법적 행위들의 수행을 옹호하기 위한, 가르치기 위한 내지는 원조하기 위한 및 선동하기 위한 한 개의 단체에 대하여 인지상태에서 그 구성원의 지위에 있는 것은, 그 구성원이 되는 것은 내지는 이를 구성함에 있어서 조력하는 것은 공공의 평온에의 및 주(the State)의 안전에의 이러한 위험을 포함함을, 그리하여 이러한 행위들은 자신의 경찰권의 행사에 있어서 처벌되어야 함을, 노동조합지상주의 단속법의 규정들을 입법함에 의하여 자신의 입법기관을 통하여 주는 선언해 놓았다. 그 결정은 커다란 무게를 부여받지 않으면 안 된다. 제정법의 유효성에 유리하도록은 모든 추정이 마음껏 누려져야 하고, Mugler v. Kansas, 123 U. S. 623, 661; 그리하여 공익을 위하여 주에게 부여된 권한을 행사하기 위한 부당한 시도인 경우가 아닌 한 그것은 위헌으로 선언되어서는 안 된다. Great Northern Railway v. Clara City, 246 U. S. 434, 439.

그 법률에 의하여 비난되는 범죄의 핵심은 «274 U. S., 372» 범죄적 및 불법적 수단의 옹호를 및 사용을 통한 그 욕구된 결과들의 달성을 위한 한 개의 단체에의 타인들하고의 결합이다. 범죄적 공모의 성격을 그것은 공유한다. People v. Steelik, supra, 376을 보라. 고립된 표명행위들이 및 개인들의 행위들이 포함하는 것을보다도 공공의 평온에 대한 및 안전에 대한 훨씬 더 큰 위험을 이러한 결합된 및 연대의 행위가 포함함은 명백하다. 여기에 적용된 것으로서의 그 법률은 조금이라도 자유로운 말의, 집회의 내지는 결사의 권리를 근거 없이 침해하는 주(the State) 경찰권의 부당한 내지는 자의적인 행사라고는, 내지는 주(the State)의 평화를 및 복지를 이렇게 위협하는 한 개의 조직에 가담함에 의하여 및 그 조직을 조장함에 의하여 이러한 권리들을 남용하는 사람들이 적법절차 조항에 의하여 처벌로부터 보호된다고는 우리는 판시할 수 없다.

We find no repugnancy in the Syndicalism Act as applied in this case to either the due process or equal protection clauses of the Fourteenth Amendment on any of the grounds upon which its validity has been here challenged.

The order dismissing the writ of error will be vacated and set aside, and the judgment of the Court of Appeal

AFFIRMED.

이 사건에 적용된 것으로서의 노동조합지상주의 단속법에서 연방헌법 수정 제 14조의 적법절차 조항에든 평등보호 조항에든 모순을, 그 제정법의 유효성이 여기서 다투어지는 근거로서의 이유들에 중 그 어느 것에 바탕하더라도, 우리는 발견할 수 없다.

오심영장을 기각한 명령은 무효화되고 파기될 것인바, 그러므로 항소법원의 판결주문은

인가된다.

 # Mr. Justice BRANDEIS, concurring.

Miss Whitney was convicted of the felony of assisting in organizing, in the year 1919, the Communist Labor Party of California, of being a member of it, and of assembling with it. These acts are held to constitute a crime, because the party was formed to teach criminal syndicalism. The statute which made these acts a crime restricted the right of free speech and of assembly theretofore existing. The claim is that the statute, as applied, denied to Miss Whitney the liberty guaranteed by the Fourteenth Amendment.

The felony which the statute created is a crime very unlike the old felony of conspiracy or the old misdemeanor «274 U. S., 373» of unlawful assembly. The mere act of assisting in forming a society for teaching syndicalism, of becoming a member of it, or assembling with others for that purpose is given the dynamic quality of crime. There is guilt although the society may not contemplate immediate promulgation of the doctrine. Thus the accused is to be punished, not for attempt, incitement or conspiracy, but for a step in preparation, which, if it threatens the public order at all, does so only remotely. The novelty in the prohibition introduced is that the statute aims, not at the practice of criminal syndicalism, nor even directly at the preaching of it, but at association with those who propose to preach it.

Despite arguments to the contrary which had seemed to me persuasive, it is settled that the due process clause of the Fourteenth Amendment applies to matters of substantive law as well as to matters of procedure. Thus all fun-

브랜다이스(BRANDEIS) 판사의 보충의견 이다.

캘리포니아주 공산당을 1919년에 결성함을 조력한, 이에 가입한 및 그 당을 따라 집회한 중죄에 대하여 유죄판정을 미스 휘트니는 받았다. 한 개의 범죄를 이 행위들은 구성하는 것으로 간주되는바, 왜냐하면 범죄적 노동조합지상주의를 가르치기 위하여 그 정당은 결성되었기 때문이다. 당시까지 존재하고 있던 자유로운 말의 및 집회의 권리를, 이 행위들을 범죄로 만든 그 제정법은 제한하였다. 연방헌법 수정 제14조에 의하여 보장된 자유를 미스 휘트니에게서 그 적용된 것으로서의 제정법 이 박탈하였다는 데에 주장은 있다.

그 제정법이 창안해 낸 중죄는 공모라는 낡은 중죄에 내지는 불법적 집회라는 낡은 «274 U. S., 373» 경죄에 매우 닮지 않는 한 개의 범죄이다. 노동조합지상주의를 교육하기 위한 한 개의 단체를 결성함에 있어서 조력함이라는, 그 회원이 됨이라는, 내지는 그 목적을 위하여 다른 사람들을 따라 집회함이라는 단순한 행위에 범죄의 역동적 성격이 부여된다. 그 신조의 즉시의 공표를 그 단체가 계획하지 아니할 수 있음에도 불구하고 범죄행위는 있다. 그리하여 범인이라고 주장되는 자가 처벌되는 것은 시도 때문이, 선동 때문이, 내지는 공모 때문이 아니라, 준비에 있어서의 한 개의 걸음 때문인바, 조금이라도 공공질서를 그것이 설령 위협한다 하더라도 그것은 오직 매우 근소하게만이다. 범죄적 노동조합지상주의의 실행을이 아니라 내지는 심지어 직접적으로 그것을 설교함을이 아니라 그것을 설교하고자 계획하는 사람들에의 결합을 그 제정법은 겨냥한다는 데에 그 도입된 금지에 있어서의 새로움은 있다.

설득력 있다고 내게는 생각되었던 이에 반대되는 주장들에도 불구하고, 절차의 문제들에처럼 실체법 문제들에도 연방헌법 수정 제14조의 적법절차는 적용되는 것으로 확립되어 있다. 이렇듯 자유라는 용어의 범위 안에 포함된 모든 기본적 권

damental rights comprised within the term liberty are protected by the federal Constitution from invasion by the states. The right of free speech, the right to teach and the right of assembly are, of course, fundamental rights. See Meyer v. Nebraska, 262 U. S. 390; Pierce v. Society of Sisters, 268 U. S. 510; Gitlow v. New York, 268 U. S. 652, 666; Farrington v. Tokushige, 273 U. S. 284. These may not be denied or abridged. But, although the rights of free speech and assembly are fundamental, they are not in their nature absolute. Their exercise is subject to restriction, if the particular restriction proposed is required in order to protect the state from destruction or from serious injury, political, economic or moral. That the necessity which is essential to a valid restriction does not exist unless speech would produce, or is intended to produce, a clear and imminent danger of some substantive evil which the state constitutionally may seek to prevent has been settled. See Schenck v. United States, 249 U. S. 47, 52. «274 U. S., 374» It is said to be the function of the Legislature to determine whether at a particular time and under the particular circumstances the formation of, or assembly with, a society organized to advocate criminal syndicalism constitutes a clear and present danger of substantive evil; and that by enacting the law here in question the Legislature of California determined that question in the affirmative. Compare Gitlow v. New York, 268 U. S. 652, 668-671. The Legislature must obviously decide, in the first instance, whether a danger exists which calls for a particular protective measure. But where a statute is valid only in case certain condition exist, the enactment of the statute cannot alone establish the facts which are essential to its validity. Prohibitory legislation has repeatedly been held invalid, because unnecessary, where the denial of liberty involved was that of engaging in a particular business.[1] The powers of the courts to strike down an

---

[1] Compare Frost v. R. R. Comm. of California, 271 U. S. 583; Weaver v. Palmer Bros. Co., 270 U. S. 402; Jay Burns Baking Co. v. Bryan, 264 U. S. 504; Pennsylvania Coal Co. v. Mahon, 260 U. S. 393; Adams v. Tanner, 244 U. S. 590.

리들은 연방헌법에 의하여 주들에 의한 침해로부터 보호된다. 자유로운 말의 권리는, 가르칠 권리는 및 집회의 권리는 당연히 기본적 권리들이다. Meyer v. Nebraska, 262 U. S. 390을; Pierce v. Society of Sisters, 268 U. S. 510을; Gitlow v. New York, 268 U. S. 652, 666을; Farrington v. Tokushige, 273 U. S. 284를 보라. 이것들은 부정되어서는 내지는 박탈되어서는 안 된다. 그러나, 비록 자유로운 말의 및 집회의 권리들은 기본적인 것들임에도 불구하고, 그것들은 그것들의 성격상 절대적인 것들은 아니다. 정치적, 경제적, 도덕적 파괴로부터 내지는 중대한 위해로부터 국가를 보호하기 위하여 만약 그 제안된 특정의 제한이 요구된다면 그 제한에 그것들의 행사는 종속된다. 그 방지하기를 제정법이 합헌적으로 추구해도 좋은 모종의 중대한 해악의 명백한 급박의 위험(a clear and imminent danger)을 말이 빚어낼 만한 경우가 아닌 한 내지는 빚어내려는 의도가 담긴 경우가 아닌 한, 유효한 제약에 불가결한 그 필요성은 존재하지 아니하는 것으로 확립되어 있다. Schenck v. United States, 249 U. S. 47, 52를 보라. «274 U. S., 374»

특정의 시기에 및 특정의 상황들 아래서 범죄적 노동조합지상주의를 옹호하기 위하여 구성된 한 개의 단체의 결성이 내지는 그 단체를 따른 집회가 중대한 해악의 명백한 현존의 위험(a clear and present danger)을 구성하는지 여부를 결정함이 입법부의 기능이라고; 그리고 여기서의 문제가 되어 있는 법을 입법함으로써 그 문제를 긍정적으로 캘리포니아주 입법부는 판단하였다고 말해진다. Gitlow v. New York, 268 U. S. 652, 668-671을 비교하라. 특정의 보호적 조치를 요구하는 위험이 존재하는지 여부를 입법부는 우선 첫 번째로 명확하게 판단하지 않으면 안 된다. 그러나 특정의 조건이 존재할 경우에만 한 개의 제정법이 유효인 경우에, 그것의 유효성에 불가결한 사실관계를 그 제정법의 제정은 그것만으로는 증명할 수 없다. 그 관련된 자유의 박탈이 특정의 영업을 수행할 자유의 박탈이었을 경우에는 그 금지적 입법은 불필요하기 때문에 무효라고 반복적으로 판시되어 왔다.[1] 헌법에 어긋나는 법을 폐기할 법원들의 권한들은, 그 관련된 이익들이 재산권들 아닌 자유로운 말의 및 집회의 기본적인 인적 권리들인 경우라 하여 더 적은 것이 아니다.

---

1) Frost v. R. R. Comm. of California, 271 U. S. 583를; Weaver v. Palmer Bros. Co., 270 U. S. 402를; Jay Burns Baking Co. v. Bryan, 264 U. S. 504를; Pennsylvania Coal Co. v. Mahon, 260 U. S. 393을; Adams v. Tanner, 244 U. S. 590을 비교하라.

offending law are no less when the interests involved are not property rights, but the fundamental personal rights of free speech and assembly.

This court has not yet fixed the standard by which to determine when a danger shall be deemed clear; how remote the danger may be and yet be deemed present; and what degree of evil shall be deemed sufficiently substantial to justify resort to abridgment of free speech and assembly as the means of protection. To reach sound conclusions on these matters, we must bear in mind why a state is, ordinarily, denied the power to prohibit dissemination of social, economic and political doctrine which a vast majority of its citizens believes to be false and fraught with evil consequence. «274 U. S., 375» Those who won our independence believed that the final end of the state was to make men free to develop their faculties, and that in its government the deliberative forces should prevail over the arbitrary. They valued liberty both as an end and as a means. They believed liberty to be the secret of happiness and courage to be the secret of liberty. They believed that freedom to think as you will and to speak as you think are means indispensable to the discovery and spread of political truth; that without free speech and assembly discussion would be futile; that with them, discussion affords ordinarily adequate protection against the dissemination of noxious doctrine; that the greatest menace to freedom is an inert people; that public discussion is a political duty; and that this should be a fundamental principle of the American government.[2] They recognized the risks to which all human institutions are subject. But they knew that order cannot be secured merely through fear of punishment for its infraction; that it is hazardous to discour-

---

2) Compare Thomas Jefferson: "We have nothing to fear from the demoralizing reasonings of some, if others are left free to demonstrate their errors and especially when the law stands ready to punish the first criminal act produced by the false reasonings; these are safer corrections than the conscience of the judge." Quoted by Charles A. Beard, The Nation, July 7, 1926, Vol. 123, P. 8. Also in first Inaugural Address: "If there be any among us who would wish to dissolve this union or change its republican form, let them stand undisturbed as monuments of the safety with which error of opinion may be tolerated where reason is left free to combat it."

한 개의 위험이 명백한 것으로 언제 간주되는지; 위험이 얼마나 멀어도 그 현존하는 것으로 여전히 간주될 수 있는지; 어떤 정도의 해악이 보호의 수단으로서의 자유로운 말의 및 집회의 박탈에의 의존을 정당화할 만큼 충분히 중대한 것으로 간주되어야 하는지 판정할 기준을 이 법원은 아직 확정하지 못한 상태이다. 이 문제들에 관한 안전한 결론들에 도달하기 위하여는, 허위라고 및 나쁜 결과들로 가득찼다고 그 시민들 대다수가 믿는 사회적, 경제적 및 정치적 신조의 전파를 금지할 권한이 어째서 한 개의 국가에게서 일반적으로 부정되는가를 우리는 유념하지 않으면 안 된다. «274 U. S., 375» 국가의 궁극적 목적은 사람들의 능력들을 자유로이 발전시키도록 만드는 것이라고, 그리고 그 정부 안에서는 전횡적 힘들을 토의의 힘들이 이겨야 한다고 우리의 독립을 쟁취한 분들은 믿었다. 목적으로서의 자유를 및 수단으로서의 자유를 다 같이 소중히 그들은 여겼다. 자유가 행복의 비밀이라고 및 용기가 자유의 비밀이라고 그들은 믿었다. 네가 생각하고 싶은 대로 생각할 및 네가 생각하는 대로 말할 자유는 정치적 진실의 발견에 및 전파에 불가결한 수단이라고; 자유로운 말이 및 집회가 없이는 논의는 무익할 것이라고; 그것들이에 나란히, 해로운 신조의 파종에 대처한 충분한 보호를 논의는 일반적으로 제공한다고; 자유에의 최대의 위협은 활발하지 못한 국민이라고; 공개적 토론은 정치적 의무라고; 그리고 이것은 미국정부의 기본원칙이 되어야 한다고 우리의 독립을 쟁취한 분들은 믿었다.[2] 인간의 모든 제도들이 당하기 쉬운 위험들을 그들은 인지하였다. 그러나 단순히 질서 위반에 대한 처벌의 두려움을 통해서만으로는 질서는 확보될 수 없음을; 생각을, 희망을 및 상상을 단념시키는 것은 위험함을; 억압을 두려움은 낳음을; 미움을 억압은 낳음을; 안정된 정부를 미움은 위협함을; 생각되는 불만사항들

---

[2] The Nation, July 7, 1926, Vol.123, p.8에서 찰스 A. 비어드(Charles A. Beard)에 의하여 인용된 토마스 제퍼슨(Thomas Jefferson)의 말을 비교하라: "몇몇 사람들의 오류들을 증명하도록 만약 다른 사람들이 자유로이 허용된다면, 그리고 특별히 그 허위의 추론들로부터 야기되는 최초의 범죄행위를 처벌할 준비를 법이 갖추고서 서 있는 경우에는, 그 몇몇 사람들의 풍기를 문란시키는 추론들로부터 두려워할 것이 우리에게는 없다; 판사의 양심보다는 이것들이 더 나은 교정책이다." 첫 번째 취임 연설에서의 말을 아울러 비교하라: "조금이라도 이 연합을 해소하기를 내지는 그 공화주의 형태를 변경하기를 원하는 사람이 만약 우리들 중에 있다면, 의견의 오류에 맞서 싸우도록 이성이 자유로이 허용되는 한 그 의견의 오류가 이에 더불어 안전하게 용인될 수 있는 그 안전의 기념비들로서 그 사람들로 하여금 방해받지 않는 채로 서 있게 하라."

age thought, hope and imagination; that fear breeds repression; that repression breeds hate; that hate menaces stable government; that the path of safety lies in the opportunity to discuss freely supposed grievances and proposed remedies; and that the fitting remedy for evil counsels is good ones. Believing in the power of reason as applied through public discussion, they eschewed silence «274 U. S., 376» coerced by law - the argument of force in its worst form. Recognizing the occasional tyrannies of governing majorities, they amended the Constitution so that free speech and assembly should be guaranteed.

Fear of serious injury cannot alone justify suppression of free speech and assembly. Men feared witches and burnt women. It is the function of speech to free men from the bondage of irrational fears. To justify suppression of free speech there must be reasonable ground to fear that serious evil will result if free speech is practiced. There must be reasonable ground to believe that the danger apprehended is imminent. There must be reasonable ground to believe that the evil to be prevented is a serious one. Every denunciation of existing law tends in some measure to increase the probability that there will be violation of it.[3] Condonation of a breach enhances the probability. Expressions of approval add to the probability. Propagation of the criminal state of mind by teaching syndicalism increases it. Advocacy of lawbreaking heightens it still further. But even advocacy of violation, however reprehensible morally, is not a justification for denying free speech where the advocacy falls short of incitement and there is nothing to indicate that the advocacy would be immediately acted on. The wide difference between advocacy and incitement, between preparation and attempt, between assembling and conspiracy, must be borne in mind. In order to support a finding of clear and

---

3) Compare Judge Learned Hand in Masses Publishing Co. v. Patten, 244 Fed. 535, 540; Judge Amidon in United States v. Fontana, Bull. Dept. of Justice No. 148, pp. 4–5; Chafee, "Freedom of Speech," pp. 46–56, 174.

을 및 제의되는 구제수단들을 자유로이 토론할 기회에 안전의 길은 놓여 있음을; 그리고 나쁜 조언들에 대신할 꼭 맞는 구제책은 좋은 조언들임을 그들은 알았다. 공개된 토론을 통하여 적용되는 것으로서의 이성의 힘을 그들은 믿으면서, 법에 의하여 강요되는 침묵을 - 그 자신의 최악의 형태를 «274 U. S., 376» 띤 힘의 논법을 - 그들은 피하였다. 지배적 다수자들의 때때로의 포악행위들을 그들은 인식하여, 자유로운 말이 및 집회가 보장되어야 하게끔 연방헌법을 그들은 개정하였다.

   자유로운 말의 및 집회의 억압을 중대한 해악의 염려는 그 자체만으로는 정당화할 수 없다. 마녀들을 사람들은 두려워하였고 그리하여 여인들을 불태웠다. 사람들을 비이성적 두려움들의 속박으로부터 풀어내는 것이 말의 기능이다. 자유로운 말의 억압을 정당화하기 위하여는 만약 자유로운 말이 실시된다면 중대한 해악이 초래될 것이라고 두려워할 만한 합리적 근거가 있지 않으면 안 된다. 그 염려된 위험이 절박한 것이라고 믿을 만한 합리적 근거가 있지 않으면 안 된다. 그 방지되어야 할 해악이 중대한 것이라고 믿을 만한 합리적 근거가 있지 않으면 안 된다. 현존의 법에 대한 위반행위가 있을 개연성을 증대시키는 데에 그 법에 대한 모든 비난은 어느 정도 기여한다.[3] 그 개연성을 위반행위의 용서는 높인다. 개연성에 승인의 표현행위들이 보태진다. 노동조합지상주의를 교육함에 의한 범죄적 마음상태의 전파는 그것을 증대시킨다. 법 파괴의 옹호는 그것을 더욱 멀리 고양시킨다. 그러나 비록 도덕적으로는 제아무리 비난할 수 있을지언정, 위반행위의 옹호는조차도, 만약 선동에 그 옹호가 이르지 못할 경우에는, 그리하여 그 옹호에 의존하여 즉각적으로 행동이 이루어지리라는 점을 나타내는 것이 아무 것도 없을 경우에는 자유로운 말의 박탈을 위한 정당화 사유가 되지 않는다. 옹호의 및 선동의 그 둘 사이의, 준비의 및 시도의 그 양자 사이의, 집회의 및 공모의 그 둘 사이의 현격한 차이는 유념되지 않으면 안 된다. 명백한 현존의 위험의 인정을 뒷받침하기 위하여는,

3) Masses Publishing Co. v. Patten, 244 Fed. 535, 5400에서의 러니드핸드 판사(Judge Learned Hand)를; United States v. Fontana, Bull. Dept. of Justice No.148, pp.4–5에서의 아미든 판사(Judge Amidon)를; Chafee, "Freedom of Speech," pp.46–56, 174를 비교하라.

present danger it must be shown either that immediate serious violence was to be expected or was advocated, or that the past conduct furnished reason to believe that such advocacy was then contemplated. «274 U. S., 377» Those who won our independence by revolution were not cowards. They did not fear political change. They did not exalt order at the cost of liberty. To courageous, selfreliant men, with confidence in the power of free and fearless reasoning applied through the processes of popular government, no danger flowing from speech can be deemed clear and present, unless the incidence of the evil apprehended is so imminent that it may befall before there is opportunity for full discussion. If there be time to expose through discussion the falsehood and fallacies, to avert the evil by the processes of education, the remedy to be applied is more speech, not enforced silence. Only an emergency can justify repression. Such must be the rule if authority is to be reconciled with freedom.[4] Such, in my opinion, is the command of the Constitution. It is therefore always open to Americans to challenge a law abridging free speech and assembly by showing that there was no emergency justifying it.

Moreover, even imminent danger cannot justify resort to prohibition of these functions essential to effective democracy, unless the evil apprehended is relatively serious. Prohibition of free speech and assembly is a measure so stringent that it would be inappropriate as the means for averting a relatively trivial harm to society. A police measure may be unconstitutional merely because the remedy, although effective as means of protection, is unduly harsh or oppressive. Thus, a state might, in the exercise of its police power, make any trespass upon the «274 U. S.; 378» land of another a crime, regard-

---

4) Compare Z. Chafee, Jr., "Freedom of Speech," pp.24–39, 207–221, 228, 262–265; H. J. Laski, "Grammar of Politics," pp.120, 121; Lord Justice Scrutton in Rex v. Secretary of Home Affairs, Ex parte O' Brien, [1923] 2 K. B. 361, 382: "You really believe in freedom of speech, if you are willing to allow it to men whose opinions seem to you wrong and even dangerous. ⋯⋯" Compare Warren, "The New Liberty Under the Fourteenth Amendment," 39 Harvard Law Review, 431, 461.

즉시의 중대한 폭력이 예상되었든지 내지는 옹호되었든지 하였음이, 또는 그 당시에 이러한 옹호가 계획되었다고 믿을 이유를 과거의 행동이 제공하였음이 증명되지 않으면 안 된다. «274 U. S., 377» 우리의 독립을 혁명에 의하여 쟁취한 분들은 겁쟁이들이 아니었다. 정치적 변화를 그들은 두려워하지 않았다. 자유를 희생으로 하는 질서를 그들은 찬양하지 않았다. 대중적 정부의 절차들을 통하여 적용되는 자유로운 및 대담무쌍한 추론의 힘에의 신뢰를 지닌, 용기 있고 자기를 신뢰하는 사람들에게는, 그 해악의 가능성이 너무도 절박하여 충분한 논의의 기회가 있기에 앞서서 그것이 발생할 수 있는 경우가 아닌 한, 말로부터 초래되는 위험이란 결코 명백한 현존의 것으로 간주될 수가 없다. 논의를 통하여 그 허위성을 및 오류들을 노출시킬, 교육의 과정들에 의하여 해악을 막을 기회가 있어야 한다면, 그 적용되어야 할 구제책은 강제된 침묵이 아니라 더 많은 말이다. 억압을 정당화할 수 있는 것은 긴급상황만이다. 만약 권한이 자유에 조화되어야 하는 것이라면, 이러한 것이 규칙이 되지 않으면 안 된다.[4] 나의 의견으로는 이러한 것이 연방헌법의 명령이다. 그러므로 자유로운 말을 및 집회를 박탈하는 법을 정당화하는 긴급상황이 있지 아니하였음을 증명함으로써 그것의 유효성에 대하여 이의를 제기함은 미국인들에게 항상 열려 있다.

더욱이, 그 염려된 해악이 상대적으로 중대한 것이지 않은 한, 효율적 민주주의에 불가결한 이 기능들의 금지에의 의존을 급박한 위험은조차도 정당화할 수 없다. 자유로운 말의 및 집회의 금지는 너무도 엄중한 조치여서 사회에의 상대적으로 하찮은 해악을 피하기 위한 수단으로서는 적합하지 아니할 것이다. 경찰 조치는 보호의 수단으로서는 비록 효과적인 것일지라도 단지 그 구제가 과도하게 모질거나 억압적이라는 이유만으로도 위헌적인 것이 될 수 있다. 그리하여, 조금이라도 타인의 토지에의 침입을 그 결과들에 내지는 침입자의 의도에 또는 목적에 상관없이 «274 U. S., 378» 범죄로 한 개의 주는 그 자신의 경찰권의 행사에 있어서 만들 수 있다.

---

4) Z. Chafee, Jr., "Freedom of Speech," pp.24–39, 207–221, 228, 262–265를; H. J. Laski, "Grammar of Politics," pp.120, 121을; Lord Justice Scrutton in Rex v. Secretary of Home Affairs, Ex parte O' Brien, [1923] 2 K. B. 361, 382: "잘못된 것으로 및 심지어 위험한 것으로까지 당신에게는 생각되는 의견들을 지닌 사람들에게 말의 자유를 당신이 기꺼이 허용하고자 한다면 당신은 참으로 말의 자유를 믿는 것이다. …… "을 비교하라. Warren, "The New Liberty Under the Fourteenth Amendment," 39 Harvard Law Review, 431, 461을 비교하라.

less of the results or of the intent or purpose of the trespasser. It might, also, punish an attempt, a conspiracy, or an incitement to commit the trespass. But it is hardly conceivable that this court would hold constitutional a statute which punished as a felony the mere voluntary assembly with a society formed to teach that pedestrians had the moral right to cross uninclosed, unposted, waste lands and to advocate their doing so, even if there was imminent danger that advocacy would lead to a trespass. The fact that speech is likely to result in some violence or in destruction of property is not enough to justify its suppression. There must be the probability of serious injury to the State. Among free men, the deterrents ordinarily to be applied to prevent crime are education and punishment for violations of the law, not abridgment of the rights of free speech and assembly.

The California Syndicalism Act recites in § 4:

"Inasmuch as this act concerns and is necessary to the immediate preservation of the public peace and safety, for the reason that at the present time large numbers of persons are going from place to place in this state advocating, teaching, and practicing criminal syndicalism, this act shall take effect upon approval by the Governor."

This legislative declaration satisfies the requirement of the Constitution of the state concerning emergency legislation. In re McDermott, 180 Cal. 783. But it does not preclude inquiry into the question whether, at the time and under the circumstances, the conditions existed which are essential to validity under the federal Constitution. As a statute, even if not void on its face, may be challenged because invalid as applied, Dahnke-Walker Milling Co. v. Bondurant, 257 U. S. 282, the result of such an inquiry may depend upon the specific facts of the particular case. Whenever the fundamental rights of free speech and assembly are alleged to have been in- «274 U. S., 379» vaded, it

그 불법침입을 저지르기 위한 시도를, 공모를, 내지는 선동을 한 개의 주는 처벌할 수도 있을 것이다. 그러나 울타리 쳐지지 아니한, 말뚝 박히지 아니한 황량한 토지들을 가로지를 도덕적 권리를 보행자들이 지님을 가르치기 위하여 및 자신들의 그렇게 함을 옹호하기 위하여 구성된 한 개의 단체를 따른 단순한 자발적인 집회를 중죄로서 처벌하는 제정법을 합헌이라고 이 법원이 판시하리라고는 결코 생각할 수 없는바, 설령 한 개의 불법침입에 그 옹호가 이르게 될 급박한 위험이 있었다고 하더라도 이는 마찬가지다. 모종의 폭력으로 내지는 재산의 파괴로 말이 귀결될 소지가 있다는 사실은 말의 억압을 정당화하기에 충분하지 아니하다. 주에게 끼쳐질 중대한 해악의 개연성이 존재하지 않으면 안 된다. 자유인들 사이에서는, 범죄를 방지하기 위하여 일반적으로 적용되어야 할 억제책들은 교육이고 법 위반행위들에 대한 처벌일 뿐, 자유로운 말의 및 집회의 권리들에 대한 박탈이 아니다.

캘리포니아주 노동조합지상주의 단속법은 제4절에서 규정한다:

"범죄적 노동조합지상주의를 옹호하면서, 가르치면서 및 실행하면서 주 내의 한 곳으로부터 다른 곳으로 현재 시점에서 다수의 사람들이 이동 중임을 이유로 하여 이 법이 관련을 지니는 범위 내에서 및 공공의 평온의 및 안전의 즉시의 보전에 필요한 범위 내에서, 주지사의 승인에 의하여 이 법은 효력이 생긴다."

비상입법에 관한 주 헌법의 요구를 이 입법적 선언은 충족한다. In re McDermott, 180 Cal. 783. 그러나 연방헌법 아래서의 유효요건에 불가결한 조건들이 그 당시에 그 상황 아래서 존재했는지 여부의 문제에 대한 심리를 그것은 배제하지 않는다. 한 개의 제정법은 설령 그 문면상으로는 무효가 아니라 하더라도 그 적용된 것으로서는 무효임을 이유로 다투어질 수 있으므로, Dahnke-Walker Milling Co. v. Bondurant, 257 U. S. 282, 특정 사건의 구체적 사실관계에 이러한 심리의 결과는 좌우될 수 있다. 자유로운 말의 및 집회의 기본적 권리들이 침해된 상태에 있다고 주장되는 때에는 언제나, 명백한 위험이 «274 U. S., 379» 그 당시에 실제로 존재했는지 여부의, 그 위험이 - 만약 조금이라도 위험이 있었다면 - 급박한 것이었는지

must remain open to a defendant to present the issue whether there actually did exist at the time a clear danger, whether the danger, if any, was imminent, and whether the evil apprehended was one so substantial as to justify the stringent restriction interposed by the Legislature. The legislative declaration, like the fact that the statute was passed and was sustained by the highest court of the State, creates merely a rebuttable presumption that these conditions have been satisfied.

Whether in 1919, when Miss Whitney did the things complained of, there was in California such clear and present danger of serious evil, might have been made the important issue in the case. She might have required that the issue be determined either by the court or the jury. She claimed below that the statute as applied to her violated the federal Constitution; but she did not claim that it was void because there was no clear and present danger of serious evil, nor did she request that the existence of these conditions of a valid measure thus restricting the rights of free speech and assembly be passed upon by the court of a jury. On the other hand, there was evidence on which the court or jury might have found that such danger existed. I am unable to assent to the suggestion in the opinion of the court that assembling with a political party, formed to advocate the desirability of a proletarian revolution by mass action at some date necessarily far in the future, is not a right within the protection of the Fourteenth Amendment. In the present case, however, there was other testimony which tended to establish the existence of a conspiracy, on the part of members of the International Workers of the World, to commit present serious crimes, and likewise to show that such a conspiracy would be furthered by the activity of the society of which Miss Whitney was a member. Under these circumstances the judgment of the State court cannot be disturbed. «274 U. S., 380» Our power of review in this case is limited not only to the question whether a right guaranteed by the federal Constitution

여부의, 그리고 그 염려된 해악이 그토록 중대한 것이어서 입법부에 의하여 삽입된 그 엄중한 제한을 그것이 정당화하였는지 여부의 쟁점을 제기함은 피고인에게 열린 채로 남아 있지 않으면 안 된다. 이 조건들이 충족된 상태라는 단지 반증 가능한 추정만을, 그 제정법이 통과되었다는 및 주 최고심급 법원에 의하여 그것이 지지되었다는 사실이 그러하듯, 입법부의 선언은 빚어낼 뿐이다.

공소장의 행위들을 미스 휘트니가 하였던 1919년에 캘리포니아주에 이러한 중대한 해악의 명백한 현존의 위험이 있었는지 여부는 사건에 있어서의 중요한 쟁점으로 성립되었을 수 있었다. 그 쟁점은 법원에 의해서든 배심에 의해서든 판단되어야 함을 그녀는 요구해 놓았어도 좋았다. 연방헌법을 자신에게 적용된 것으로서의 그 제정법은 침해하였다고 하급심에서 그녀는 주장하였다; 그러나 중대한 해악의 명백한 현존의 위험이 없었기 때문에 그것이 무효라고는 그녀는 주장하지 않았고, 자유로운 말의 및 집회의 권리들을 이렇게 제약하는 한 개의 유효한 법령의 이러한 조건들의 존재는 배심의 법원에 의하여 판단되어야 함을 그녀는 요청하지도 않았다. 반면에, 그러한 위험이 존재하였음을 법원이 내지는 배심이 인정하는 데에 근거가 되었을 수 있는 증거가 있었다. 필연적으로 먼 장래의 어느 날의 대중행동에 의한 프롤레타리아 혁명의 바람직함을 옹호하기 위하여 이루어진 한 개의 정당을 따른 집회는 연방헌법 수정 제14조의 보호 범위 내에 있는 권리가 아니라는 법원의 의견에서의 제언에 나는 동의할 수 없다. 그러나 현재의 중대범죄들을 저지르기 위한 세계노동자동맹 회원들 쪽에서의 공모의 존재를 증명하는 데 보탬이 되는, 그리고 미스 휘트니가 가입해 있던 단체의 활동에 의하여 이러한 공모가 촉진되었을 것임을 마찬가지로 입증하는 데 보탬이 되는 별도의 증거가 현재의 사건에는 있었다. 이러한 상황들 아래서 주 법원의 판결주문은 교란될 수 없다. «274 U. S., 380» 연방헌법에 의하여 보장된 권리가 박탈되었는지 여부의 문제에 대하여로 이 사건에서의 우리의 재검토 권한은 한정될 뿐만 아니라, Murdock v. City of Memphis, 20 Wall. 590; Haire v. Rice, 204 U. S. 291, 301; 하급심에서 적법히 제기되었다가 기각된 특정의 주장들에 대하여로 그것은 한정되기도 한다. Seaboard Air Line Ry. v.

was denied, Murdock v. City of Memphis, 20 Wall. 590; Haire v. Rice, 204 U. S. 291, 301; but to the particular claims duly made below, and denied. Seaboard Air Line Ry. v. Duvall, 225 U. S. 477, 485-488. We lack here the power occasionally exercised on review of judgments of lower federal courts to correct in criminal cases vital errors, although the objection was not taken in the trial court. Wiborg v. United States, 163 U. S. 632, 658-660; Clyatt v. United States, 197 U. S. 207, 221-222. This is a writ of error to a state court. Because we may not inquire into the errors now alleged I concur in affirming the judgment of the state court.

Mr. Justice HOLMES joins in this opinion.

Duvall, 225 U. S. 477, 485-488. 하급 연방법원들의 판결주문들에 대한 재검토 때에 때때로 행사되는, 중대한 오류들에 대하여는 정식사실심리 법원에서 그 이의가 제기되지 않았더라도 이를 교정할 형사사건들에서의 권한을 여기서 우리는 결여한다. Wiborg v. United States, 163 U. S. 632, 658-660; Clyatt v. United States, 197 U. S. 207, 221-222. 이것은 주 법원에 대한 오심영장이다. 지금 주장되는 오류사항들을 우리가 조사해 들어갈 수 없는 만큼, 주 법원의 판결주문을 인가하는 데에 나는 찬동한다.

이 의견에 홈즈(HOLMES) 판사는 가담한다.

표현의 자유_Freedom of Expression

Freedom of

NEAR v. STATE OF MINNESOTA EX REL. OLSON, 283 U. S. 697 (1931)

NOS. 91.
변 론 1930년 1월 30일
판 결 1931년 6월 1일

요약해설

1. 개요

NEAR v. STATE OF MINNESOTA EX REL. OLSON, 283 U. S. 697 (1931)은 5 대 4로 판결되었다. 법원의 의견을 법원장 휴즈(HUGHES) 판사가 냈고, 반대의견을 반 드밴 터(VAN DEVANTER) 판사의, 맥레이놀즈(McREYNOLDS) 판사의, 및 서덜랜드(SUTHERLAND) 판사의 찬동 아래 뷰틀러(BUTLER) 판사가 냈다. 언론에 대한 사전의 제한조치(previous restraint)의 문제를 연방대법원이 다룬 첫 번째 사건으로서, 악의적인, 중상적인 및 명예훼손적인 신문 등 정기간행물에 대한 주 제정법에 의한 발행금지가 연방헌법 수정 제1조에 부합될 수 있는지의 문제를 다루었다.

2. 사실관계

가. 정기간행물에 대한 주 제정법에 의한 금지소송

"새터데이 프레스지"라고 알려진 출판물을 미니애폴리스에서 피고들(현재의 항소인 Near 및 당초의 피고들 중의 한 명으로서 이 정기간행물 초판이 간행되고 난 뒤에 갱들에 의하여 총격을 당한 사람인 길포드 포함)은 간행하였다. 1927년 9월 24일에와 1927년 10월 중의 및 11월 중의 8일에 걸쳐 피고들이 발간하고 배포한 출판물은 "악의적인, 중상적인 및 명예훼손적인 신문, 잡지 및 정기간행물"임을 헤네핀 카운티 검사 플로이드 B. 올슨은 주장하여, 그 간행의 금지를 구하는 이 소송을 미네소타주 1925년도 회기제정순 법률집 제285장 제1절 (b)항에 따라 제기하였다. (283 U. S., at 703-704, 731.)

나. 주 제정법의 요지

공공의 생활방해(a public nuisance)의 한 가지로서 "악의적인, 중상적인 및 명예훼손적인 신문에, 잡지에 내지는 기타의 정기간행물에" 대한 영구적 금지를 간행일로부터의 3개월 이내에 카운티 검사가, 그의 거부의 경우에는 검찰총장이, 그의 거부의 경우에는 카운티의 시민 누구나가 주 이름으로 구할 수 있는 자력배제 특권(abatement)을; 이에 대하여는 선량한 동기를 지니고서 정당한 목적들을 위하여 진실이 공표되었다는 항변(the defense that the truth was published with good motives and for justifiable ends)이 가능함을 제1절 (b)항은 규정한다. (이에 반하여 (a)항은 외설한, 음란한 및 호색의 신문에, 잡지에, 내지는 기타 정기간행물에 관한 것이다.) 충분한 증거가 제시되면 잠정적 금지명령(a temporary injunction)이 내려질 수 있다. 법률요건 불구성의 항변(demurrer)에 의하여 또는 답변(answer)에 의하여 소답할 권리를 피고들은 지니고, 여타의 사건들에서처럼 원고들은 소답불충분 항변을 하거나(demur) 재항변할(reply) 수 있다. 법률을 위반한 것으로 인정된 피고들로 하여금 위반행위를 계속하지 못하도록 영구적으로 금지하는 판결주문을 정식사실심리 뒤에 법원은 기입할 수 있다. 이러한 판결주문 내에서 그 생활방해는 자력으로 배제될 수 있다. 잠정적 내지 영구적 금지명령에 대한 부준수를 1,000불 이하의 벌금으로써 또는 카운티 감옥에의 12개월 이하의 구금으로써 처벌할 권한을 여타의 법원모독 사건에서처럼 법원은 지닌다. (283 U. S., at 701–703.)

다. 이 사건 간행물의 내용

(1) 시민단체에 고용된 특별 법집행관 찰스 G. 데이비스에 관한, 경찰국장 프랭크 W. 브룬스킬에 관한, 미니애폴리스 트리뷴지에 관한, 미니애폴리스 저널지에 관한, 멜빈 C. 파솔트에 관한, 미니애폴리스 시장 조지 E. 리치에 관한, 유대인종에 관한, 1927년 11월에 명부에서 선발되어 당시에 임무를 수행 중이던 헤네핀 카운티 대배심 구성원들에 관한, 그리고 그 밖의 사람들에 관한 "악의적인, 중상적인 및 명예훼손적인 기사들에 대부분 할애"된 그 정기간행물의 간행판들을 위 시기에 피고들은 발간하고 배포하였다. (283 U. S., at 703–703.)

(2) 미니애폴리스 내의 도박을, 주류밀매를 및 부정한 돈벌이를 한 명의 유대인 갱이 통제하고 있음을, 법집행 공무원들은 및 기관들은 그들의 의무를 강력하게 수행하고 있지 아니함을 기사들은 대체로 비난하는 것들이었다. 비난사

항들의 대부분은 경찰국장에게 겨냥된 것들이었다; 중대한 임무태만으로, 갱들과의 부정한 관계들로, 그리고 독직에의 가담으로 그는 비난되었다. 현존의 상황들을 알면서도 그것들을 바로잡기 위한 적절한 조치들을 취하지 않은 것으로 카운티 검사는 비난되었다. 무능으로와 임무태만으로 시장은 비난되었다. 대배심 구성원 한 명은 갱들에게의 동조 관계에 있다고 주장되었다. 상황을 전체적으로 다루라는 요구가, 그리고 특히, 기사 내용들로부터 드러나는 바에 따르면 당초의 피고들 중의 한 명으로서 이 정기간행물 초판이 간행되고 난 뒤에 갱들에 의하여 총격을 당한 사람인 길포드(Guilford)라는 인물에 대한 살해미수 사건을 수사하라는 요구가 특별대배심에게와 특별검사에게 제기되었다. 거명된 공무원들을 겨냥한 및 범죄들의 만연에와 그것들을 밝힘의 및 처벌함의 불이행에 연결된 그 밖의 사람들을 겨냥한 중대한 비난들을 기사들은 제기하였다. (283 U. S., at 704.)

라. 잠정적 금지명령에 대한 다툼의 경위

(1) 잠정적 금지명령이 발부되어서는 어째서 안 되는지의 이유를 밝히라고 피고들에게 지시하는, 그리고 그 정기간행물의 1927년 9월 24일자부터 1927년 11월 19일자(포함)까지의 간행판들을 피고들로 하여금 간행하지 못하도록, 배포하지 못하도록 내지는 그들의 점유 안에 지니지 못하도록, 그리고 새터데이 프레스지 향후의 판들을 및 원고의 소장에 주장된 종류의 악의적인, 중상적인 및 명예훼손적인 사항을 포함하는 간행물을 간행하지 못하도록, 배포하지 못하도록 내지는 그들의 점유 안에 지니지 못하도록 금지하는 명령이 1927년 11월 22일 소송의 시작 시점에 소장에 의거하여 내려졌다. (283 U. S., at 704-705.)

(2) 소송의 원인을 구성하기에 충분한 사실관계를 소장이 기재하지 아니하였다고 피고들은 주장하면서 법률요건 불구성의 항변을 하였고, 그 제정법의 합헌성을 이 법률요건 불구성의 항변에 의거하여 그들은 다투었다. 법률요건 불구성의 항변을 지방법원은 기각하였고, 이 문제에 대한 항소절차에서 합헌성 문제를 주 대법원에 증명하였다. 그 제정법의 합헌성을 주 대법원은 지지하였고, 주 헌법을만이 아니라 미합중국 헌법 수정 제14조를까지 그 법률이

침해하였다는 이의를 물리치고서 그 법률은 유효한 것으로 주 대법원에 의하여 판시되었다. 사건은 지방법원에 환송되었다. (283 U. S., at 705, 728-729.)

마. 소장에 대한 피고 측의 답변

이에 따라 지방법원에서 피고 니어(Near)는 소장에 대하여 답변하였다. 기사들이 악의적임을, 중상적임을 및 명예훼손적임을 그는 부인하였다. 연방헌법 수정 제14조의 적법절차의 보호를 그는 명시적으로 원용하였다. 영구적 금지명령의 문제를 법원은 중점 두어 다루어야 한다고 원고는 신청하였고, 이것은 이루어졌다. (283 U. S., at 705.)

바. 지방법원의 판단; 영구적 금지명령

문제의 간행판들은 그 거명된 인사들에 관하여 "악의적인, 중상적인 및 명예훼손적인 기사들에 주로 할애된" 것들임을; 주 법들 아래서의 공공의 생활방해를 위 출판은 구성함을 지방법원은 인정하고서, 새터데이 프레스지라고 알려진 신문은, 잡지는 및 정기간행물은 공공의 생활방해로서 배제되어야 한다고 및 이로써 배제된다고 판시하는 판결주문을 지방법원은 기입하였다. "법에 의하여 규정된 대로 조금이라도 악의적인, 중상적인 내지는 명예훼손적인 신문인 간행물을 생산하지 말도록, 편집하지 말도록, 간행하지 말도록, 배포하지 말도록, 그들의 점유 안에 지니지 말도록, 판매 내지 양도하지 말도록," 그리고 아울러 "위 생활방해를 새터데이 프레스지 이름 및 제호 아래서 내지는 그 어떤 다른 이름 및 제호 아래서도 더 이상 실행하지 말도록" 피고들을 판결주문은 영구적으로 금지하였다. (283 U. S., at 706.)

사. 주 대법원의 인가

연방헌법 아래서의 자신의 권리를 거듭 주장하면서 이 판결주문에 대하여 주 대법원에 피고 니어(Near)는 항소하였으나, 보다 앞선 판례에 의거하여 지방법원의 판결주문은 인가되었다. (283 U. S., at 706.)

아. 연방대법원에의 항소

이렇게 인가된 판결주문에 대한 피고 니어의 권리항소에 의하여 사건은 연방대법원에 올라갔다. (283 U. S., at 707.)

3. 쟁점

연방헌법 수정 제1조의 언론 출판의 자유의 본질적 속성들을 주 제정법이 침해하는지 여부가 쟁점이 되었다.

4. 법원장 휴즈(HUGHES) 판사가 쓴 법원의 의견의 요지

가. 주 침해로부터 보장되는 자유

연방헌법 수정 제14조의 적법절차 조항에 의하여 주 행위에 의한 침해로부터 보장된 자유의 범위 내에 언론의 및 말의 자유는 있다. 말의 및 언론출판의 자유는 절대적 권리가 아니고, 따라서 그 남용을 주(state)는 처벌할 수 있다. 현재의 사건에서의 심리는 언론출판의 자유의 역사적 개념에 관한 것이면서, 아울러 그 자유의 본질적 속성들을 주 제정법이 침해하는지 여부에 관한 것이다. (283 U. S., at 707-708.)

나. 이 제정법이 표방하는 목표 : 공공복리

(1) 개인적 내지는 사적 부당행위들의 구제를 그 제정법은 목표로 삼고 있지 아니하다. 문서비방에 대한 구제방법들은 이용 가능한 상태로 변함 없이 그대로 남아 있다. 신문의 내지는 정기간행물의 장래의 발매를 금지하는 명령을 얻기 위하여는 그 간행물 안에 이루어진 비난사항들의 허위성을 증명함은 필요하지 아니하다. 진실이라는 점만으로서의 항변을 그 제정법은 허용하지 아니하고, 단지 선량한 동기들을 지닌 채로 정당한 목적들을 위하여 진실이 공표되었다는 항변만을 그 제정법은 허용한다. 이 법은 공격받은 사람들의 보호를 위한 것이도 아니고, 잘못을 저지르는 사람의 처벌을 위한 것이도 아니다. 그것은 공공복리의 보호를 목표로 하는 것이다. (283 U. S., at 709-710.)

(2) 사적 시민들에 관련한 중상적인 및 명예훼손적인 주장들의 배포에가 아니라, 공무원들의 부패를, 부정행위를, 중대한 직무태만을 담은 그들에 대한 비난들의, 신문들에 및 정기간행물들에 의한 지속적 공표들에 그 제정법은 겨냥되어 있다. (283 U. S., at 710.)

다. 이 제정법 아래서 발행인이 직면하는 위험들

그 제정법의 목적은 일반적 의미에서의 처벌이 아니라, 그 불쾌한 신문의 내지는 정기간행물의 발매금지이다. 직무태만들을 비난하는 운동을 수행하기를 떠맡는 발행인이 직면하지 않으면 안 되는 것은, 단지 문서비방을 이유로 하는 소송에서의 및 소추에서의 불리한 평결의 가능성만을인 것이 아니라, 자신의 신문은 내지는 정기간행물은 그 배제되어야 할 공공의 생활방해라는 결정의 가능성마저를이고, 그 비난사항들의 진실을 증명해 주는 증거로써에 추가하여 선량한 동기들을 지닌 채로 정당한 목적들을 위하여 그 내용이 공표된 것이라는 점에 대해서까지 법원을 납득시켜 주는 법적 증거로써 자신이 준비되어 있지 아니하면 이 배제가 및 발매금지가 이어질 가능성마저를이다. (283 U. S., at 711-712.)

라. 검열제도로서 이 제정법이 기능하는 점

불쾌한 신문을 내지는 정기간행물을 발매금지하기 위해서만이 아니라 효과적인 검열 아래에 발행인을 두기 위해서도 그 제정법은 기능한다. 동일한 공무원들의 내지는 다른 공무원들의 명예를 떨어뜨리는 것으로 간주되는 내용을 간행하도록 그가 다시 허용될지 여부는 법원의 결정에 달리게 될 것이다. 적어도 공무상의 부정행위에 겨냥된 새로운 간행에 관하여는, "통상적인 및 적법한" 것으로 및 공공복리에 부합되는 것으로 그 법원이 간주하는 공표 방법을 지키도록 법원모독으로의 처벌이라는 불이익 아래서 피고가 의무 지워진 것으로 판단되리라는 데에 그 명백한 추론은 있다. 이것은 검열의 핵심이다. (283 U. S., at 712-713.)

바. 역사적으로 이해되어 온 언론출판의 자유에의 부합 여부

(1) 역사적으로 이해되어 온 및 보장되어 온 언론출판의 자유의 개념에 공표를

제한하기 위한 이러한 제정법이 부합되는지 여부에 문제는 있다. 공표에 대한 사전의 제한조치들을 방지함이 그 보장의 일반적으로 간주되어 온 주된 목적이다. 허가권자의 입법적 권한에 겨냥된 영국에서의 투쟁은 언론출판에 대한 검열의 폐지로 귀결되었다. (283 U. S., at 713.)

(2) 자유국가의 성격에 불가결한 언론출판의 자유는 공표 뒤의 문책으로부터의 자유 가운데에가 아니라 공표행위들 위에의 사전의 제한조치들을 부과하지 아니함 가운데에 존재한다. 모든 자유인이 지니는, 자신이 좋아하는 생각들을 공중 앞에 내 놓을 권리를 금지함은 언론출판의 자유를 파괴하는 것이다. (Blackstone) (283 U. S., at 713-714.)

(3) 미국 헌법제도 아래서의 검열에 관한 자유의 범위는 영국에서 향유되는 자유로부터는 구분된다. 대영제국에서처럼 행정부에 의한 사전의 제한조치로부터만이 아니라 입법적 제한조치로부터도, 헌법에 의하여 보장되는 미국의 언론출판의 자유는 면제되어야 함을 그 자유에 대한 이 보장은 요구한다. 공공복리에 반하는 것으로 간주될 수 있는 것들에 대한 사후의 처벌을 그것들은 금지하지 아니한다. (283 U. S., at 714.)

(4) 언론출판에 수여된 자유의 남용에 대한 처벌이 공중의 보호에 불가결함은, 그리고 문서비방자를 사적 침해에 대한 책임에는 물론이고 공공범죄에 대한 책임에도 처하는 보통법 규칙들은 우리 헌법들에 확장된 보호에 의하여 폐지되지 아니한다. (283 U. S., at 715.)

(5) 사전의 제한조치가 허용되는 예외들로서, 국가가 전쟁 중일 때의 모병업무에 대한 실제의 방해를 내지는 수송선들의 항해일자들에 대한 내지는 병력의 숫자에 및 위치에 대한 공표를 정부가 금지할 수 있고(Schenck v. United States, 249 U. S. 47, 52), 외설한 간행물들에 대처하여 예절의 기초적 요구들은 강제될 수 있으며, 폭력행위들에의 자극물들에 대처하여 및 질서정연한 정부의 폭력에 의한 전복에 대처하여 공동체 생활의 안전은 보호될 수 있다. 사전의 제한조치들로부터의 내지는 검열로부터의 면제를 언론출판의 자유가 대개는 의미해 왔다는 그 일반적 개념을 강력한 빛 속에 그것의 제한들의 예외적 성격은 놓는다. (283 U. S., at 715-716.)

(6) 이 나라에서의 언론출판의 자유의 개념은 식민지 시대의 절박한 상황들 속에

서 및 압제적 통치로부터의 자유를 보장하려는 노력들에 더불어 확장되어 왔다. 그 자유가 제공하는, 공무원들에 관한 혹평의 공표에 대한 및 공무상의 부정행위에 관한 비난들의 공표에 대한 사전의 제한조치로부터의 면제 때문에 그것은 특별히도 소중하게 다루어졌다. (283 U. S., at 716–717.)

(7) 약 150년 동안 사전의 제한조치들을 공무원들의 부정행위에 관련한 공표물들 위에 부과하려는 시도들은 거의 완전히도 부존재하였다. 사전의 제한조치들로부터의 면제를 언론출판의 자유에 대한 헌법적 보장이 부여한다는 일반원칙은 주 헌법들 아래서의 수많은 판결들에서 승인되어 왔다. (283 U. S., at 718–719.)

(8) 이 면제의 중요성은 감소해 있지 아니하다. 그 동안, 정부운영은 더 복잡해져 있고, 부정행위의 기회들은 늘어나 있으며, 범죄의 증가비율은 심각한 것이 되어 있다. 용기 있는 언론출판의 근본적 필요성을, 부정한 공무원들의 비호의 위험은 및 범죄적 결탁에 및 직무태만에 의한 침해의 위험은 강조한다. 직무상의 부정행위를 다룸에 있어서의 사전의 제한조치로부터의 언론출판의 면제는 언론출판의 자유의 남용의 가능성에도 불구하고 여전히 필요하다. 남용들에 대한 사후적 처벌은 헌법적 특권에 부합되는 적절한 구제수단이다. (283 U. S., at 719–720.)

(9) 출판을 한 개의 사업으로 및 그 사업을 한 개의 생활방해로 성격지움은 제한조치에 대처한 헌법적 면제에 대한 침해를 허용하지 아니한다. 범죄들을 구성하는 태만행위들에 대하여는 고발들이 이루어진다는 점으로 인하여 사전의 제한조치로부터의 헌법적 자유가 상실된다는 주장은도 성립될 수 없다. (283 U. S., at 720.)

(10) 공표내용이 진실임을 및 선량한 동기들을 지닌 채로 정당한 목적들을 위하여 공표된 것임을 증명하도록 금지명령이 발령되기 이전에 발행인이 허용된다는 사실을 이유로 문제의 제정법이 정당화될 수 있는 것은 아니다. 그것은 완전한 검열제도를 향한 한 개의 발걸음에 지나지 않을 것이다. 헌법적 방벽은 그 검열자의 권한에 대처하기 위하여 세워진 것이었다. 진실의 증명에 그 시원적 자유가 좌우되지 아니함은 그것의 존재의 이유 그 자체의 힘에 의한 것이다. (283 U. S., at 721.)

(11) 노출에 분개하는 도전적인 그룹들의 유력한 조직화에 더불어 폭력적인 대
    응들의 위험이 더 커진다는 이유로 공표의 시원적 자유에 대한 입법적 간섭
    을 이 염려가 만약 정당화한다면, 형식적인 말에 불과한 것들로 헌법의 보호
    는 바뀌어버릴 것이다. (283 U. S., at 722.)

사. 결론

제1절 (b)항에 따른 이 소송에서의 절차들을 그 제정법이 허용하는 한 그 제정법
은 연방헌법 수정 제14조에 의하여 보장된 언론출판의 자유에 대한 침해라고 우리
는 판시한다. 특정 정기간행물에 포함된 비난들의 진실성의 문제를 고려함이 없이,
그 제정법의 기능에 및 효과에 이 판단은 의존한다. 원심판결주문은 파기된다. (283
U. S., at 722–723.)

5. 뷰틀러(BUTLER) 판사의 반대의견의 요지

가. 인정된 적이 없는 의미를 및 범위를 언론출판의 자유에 이 법원의 판시는 부
    여하고, 전례 없는 연방의 제한을 주들 위에 가하는 것으로 연방헌법 수정 제
    14조의 적법절차 내의 "자유"를 이 법원의 판시는 해석한다.

나. 자유로운 말의 및 언론출판의 권리를 연방헌법 수정 제14조의 채택(1868년) 이
    전에 연방헌법은 주(state) 행위에 대처해서는 보호하지 아니하였다. 그때까지
    는 오직 주들의 헌법들에 및 법들에 의해서만 그 권리는 보장되었다. 자유로
    운 말의 및 언론출판의 권리를 연방헌법 수정 제14조에 의하여 보호되는 "자
    유"가 포함하는지 여부의 문제를 판단하도록 당원이 요구된 것은 1925년에
    들어와서였는데, 그 문제는 궁극적으로 긍정으로 답변된 것이 되어 있다.
    (283 U. S., at 723–724.)

다. 피고들의 일상적 사업은 그 도시의 주요 공무원들에, 지도적 신문들에, 사적
    인사들에 및 유대계 인종에 대한 악의적인, 중상적인 및 명예훼손적인 기사
    들의 공표였다. 모든 간행판에서 대단히 있을 법하지 않은, 중상적인 및 명예
    훼손적인 내용이 지배한다. 악의를 기사들 그 자체는 보여준다. (283 U. S., at
    724.)

라. 연방헌법을 침해하도록 그것이 해석될 수 있다는 이유로 그 제정법이 무효임을 주장할 입장에 피고는 있지 않다. 그 제정법을 적용함의 결과가 그의 자유를 적법절차 없이 그에게서 박탈하는 것이 되는지 여부의 심리에만으로 그의 권리는 제한된다. 실제로 악의적인, 중상적인 및 명예훼손적인 기사들을 간행하는 사업에 적용되는 것으로서의 그 제정법을 고찰하도록 이 법원에게 이 기록은 요구한다. (283 U. S., at 725-727.)

마. 제소된 신문 간행판들은 그 자체로서 명예훼손적임을 피고는 시인하며, 악의적인, 중상적인 및 명예훼손적인 내용을 그 허위임에도, 그 불량한 동기들을 지닌 채로임에도, 그리고 그 부당한 목적들을 위해서임에도 불구하고 공표할 헌법적 권리를 우선적으로 모든 사람은 참으로 지닌다고, 다만 사후적으로 이에 대한 책임에 그는 종속된다고 그는 주장한다. (283 U. S., at 730.)

바. 그 법률은 주의(State's) 경찰권의 행사로서 통과되었고, 그 반대사실이 명확히 나타나게 되기까지는 미네소타주에는 주의 평온의 및 바람직한 질서의 보전을 위하여 이 조치를 정당화하는 상황이 존재한다고 추정하도록 이 법원은 요구된다. (283 U. S., at 731.)

사. 그 공표된 문서비방적인 내지는 부적절한 내용에 대한 민사적이든 형사적이든 책임으로부터는 구분되는 것으로서의 공표에 대한 사전의 제한조치의 부재 자체를 보통법 아래서의 언론출판의 자유는 의미함을 블랙스톤(Blackstone)이 가르친 것은 분명하다. 진실인 사항을 선량한 동기들을 지닌 채로 및 정당한 목적들을 위하여 모든 사람이 자유로이 공표할 수 있어야 함을 의미하는 것으로 연방헌법 수정 제1조에 의하여 보장되는 언론출판의 자유를 스토리(Story)는 규정하였다. 연방헌법 수정 제1조의 명확한 선언을 그의 설명은 다른 것이었다.

아. 그 문언의 정확한 의미 내에서는 공표에 대한 사전의 제한조치로서 미네소타주 제정법은 작용하지 않으며, 형평법 소송에 의하여 시행되는 한 개의 구제수단을 그것은 규정한다. 이 사건에서는, 악의적인, 중상적인 및 명예훼손적인 정기간행물들을 정규적으로 생산하는 사업의 과정에서 이루어진 사전의 공표가 있었다. 자유로운 언론출판의 권리의 남용을 그 사업은 및 공표들은 의문의 여지 없이 구성한다. 도덕을, 평온을 및 바람직한 질서를 위협하는

한 개의 생활방해를 비난할 주(State)의 권한에 관하여는 의문이 없다. (283 U. S., at 735.)

자. 외설한 정기간행물을 정규적으로 간행하는 및 배포하는 사업은 미네소타주법 조항 (a) 아래서는 한 개의 생활방해로서 금지될 수 있음을 이 법원의 의견은 시인하는 것으로 보인다. 외설한 공표들로부터 도출되는 것은 헌법적으로 금지될 수 있는 만큼, 조항 (b) 아래서의 악의적인 명예훼손의 정규적 사업으로부터 도출되는 것은 어째서 금지될 수 없는지 이해하기 어렵다. (283 U. S., at 737.)

차. 이 사건에 제시된 종류의 사업으로부터 및 공표들로부터 초래되는 해악들을 효과적으로 제거하기에 현존의 문서비방 법들이 불충분함은 주 대법원에 의하여 판시된 대로 잘 알려져 있다. 원심의 판결주문은 인가되어야 한다. (283 U. S., at 737-738.)

MR. CHIEF JUSTICE HUGHES delivered the opinion of the Court.

Chapter 285 of the Session Laws of Minnesota for the year 1925[1] provides for the abatement, as a public nuisance, of a "malicious, scandalous and defamatory news- «283 U. S., 702» paper, magazine or other periodical." Section one of the Act is as follows:

"Section 1. Any person who, as an individual, or as a member or employee of a firm, or association or organization, or as an officer, director, member or employee of a corporation, shall be engaged in the business of regularly or customarily producing, publishing or circulating, having in possession, selling or giving away

(a) an obscene, lewd and lascivious newspaper, magazine, or other periodical, or

(b) a malicious, scandalous and defamatory newspaper, magazine or other periodical,

is guilty of a nuisance, and all persons guilty of such nuisance may be enjoined, as hereinafter provided.

"Participation in such business shall constitute a commission of such nuisance and render the participant liable and subject to the proceedings, orders

---

1) Mason's Minnesota Statutes, 1927, 10123–1 to 10123–3.

법원의 의견을 법원장 휴즈(HUGHES) 판사가 냈다.

공공의 생활방해(a public nuisance)의 한 가지로서 "악의적인, 중상적인 및 명예훼손적인 신문에, 잡지에 내지는 기타의 정기간행물에" 대한 자력배제 특권(abatement)을 미네소타주 1925년도 회기제정순 법률집 «283 U. S., 702» 제285장[1]은 규정한다. 그 법률 제1절은 이러하다:

제1절. 개인으로서든, 또는 회사의, 조합의 내지는 단체의 구성원으로서든 내지는 피용자로서든, 또는 법인의 임원으로서든 이사로서든 구성원으로서든 내지는 피용자로서든

(a) 외설한, 음란한 및 호색의 신문을, 잡지를, 내지는 기타 정기간행물을, 또는

(b) 악의적인, 중상적인 및 명예훼손적인 신문을, 잡지를 또는 기타 정기간행물을

정규적으로 내지는 통상적으로 생산하는, 출판하는 내지는 유통시키는, 소지하는, 판매하는 내지는 양도하는 업무에 종사하는 사람은 어느 누구이든 생활방해에 대하여 유죄이고, 이러한 생활방해에 해당하는 사람들은 누구이든 이하에서 규정된 바에 따라 금지될 수 있다.

이러한 생활방해의 범행을 이러한 업무에의 가담은 구성하고 그 가담자를 이 법률에 규정된 절차들에, 명령들에 및 판결들에 처해지게 한다.

---

1) Mason's Minnesota Statutes, 1927, 10123-1 to 10123-3.

and judgments provided for in this Act. Ownership, in whole or in part, directly or indirectly, of any such periodical, or of any stock or interest in any corporation or organization which owns the same in whole or in part, or which publishes the same, shall constitute such participation.

"In actions brought under (b) above, there shall be available the defense that the truth was published with good motives and for justifiable ends and in such actions the plaintiff shall not have the right to report (sic) to issues or editions of periodicals taking place more than three months before the commencement of the action."

Section two provides that, whenever any such nuisance is committed or exists, the County Attorney of any county where any such periodical is published or circulated, or, in case of his failure or refusal to proceed upon written request in good faith of a reputable citizen, the Attorney General, or, upon like failure or refusal of the latter, any citizen of the county may maintain an action in the district court of the county in the name of the State to enjoin «283 U. S., 703» perpetually the persons committing or maintaining any such nuisance from further committing or maintaining it. Upon such evidence as the court shall deem sufficient, a temporary injunction may be granted. The defendants have the right to plead by demurrer or answer, and the plaintiff may demur or reply as in other cases.

The action, by section three, is to be "governed by the practice and procedure applicable to civil actions for injunctions," and, after trial, the court may enter judgment permanently enjoining the defendants found guilty of violating the Act from continuing the violation, and, "in and by such judgment, such nuisance may be wholly abated." The court is empowered, as in other cases of contempt, to punish disobedience to a temporary or permanent

조금이라도 이러한 정기간행물에 대한 전부의이든 부분의이든, 직접의이든 간접의이든 소유는, 내지는 조금이라도 이러한 정기간행물을 전부를이든 부분을이든 소유하는 내지는 간행하는 법인에서의 내지는 단체에서의 주식에 내지는 권리에 대한 소유는 이러한 가담을 구성한다.

위 (b)에 따라 제기된 소송들에서는 선량한 동기들을 지닌 채로 정당한 목적들을 위하여 진실이 공표되었다는 항변이 원용 가능하고, 그리고 소송 개시 3개월 이전 시점에 이루어진 정기간행물들의 발행판들에 내지는 간행판들에 의존할[resort; 원문(sic)은 report] 권리를 이러한 소송들에서 원고는 지니지 않는다.

조금이라도 이러한 생활방해가 저질러지는 내지는 존재하는 경우에는 언제든지, 조금이라도 이러한 정기간행물이 간행되는 내지는 배포되는 카운티의 카운티 검사는, 또는 평판 좋은 시민의 선의 속에서의 서면요청에 따라 처리하기를 카운티 검사가 불이행하는 내지는 거부하는 경우에 검찰총장은, 또는 검찰총장이 마찬가지로 불이행하는 내지는 거부하는 경우에 카운티의 시민은 누구이든, 조금이라도 이러한 생활방해를 저지르는 내지는 계속하는 사람들로 하여금 더 이상 «283 U. S., 703» 이를 저지르지 못하도록 내지는 계속하지 못하도록 영구히 금지시키기 위하여 소송을 주 이름으로 카운티 지방법원에 유지할 수 있다고 제2절은 규정한다. 충분한 것으로 법원이 생각하는 증거가 제시되면 잠정적 금지명령이 내려질 수 있다. 법률요건 불구성의 항변에 의하여 또는 답변에 의하여 소답할 권리를 피고들은 지니고, 여타의 사건들에서처럼 원고들은 소답불충분 항변을 하거나 재항변할 수 있다.

제3절에 의하면 그 소송은 "금지명령들을 구하는 민사소송들에 적용되는 관행에 및 절차에 의하여 지배되어야" 하고, 법률을 위반한 것으로 인정된 피고들로 하여금 위반행위를 계속하지 못하도록 영구적으로 금지하는 판결주문을 정식사실심리 뒤에 법원은 기입할 수 있으며, "이러한 판결주문 내에서 및 그 판결주문에 의하여 이러한 생활방해는 완전히 자력으로 배제될 수 있다." 잠정적 내지 영구적 금지명령에 대한 부준수를 1,000불 이하의 벌금으로써 또는 카운티 감옥에의 12개월 이

injunction by fine of not more than $1,000 or by imprisonment in the county jail for not more than twelve months.

Under this statute, clause (b), the County Attorney of Hennepin County brought this action to enjoin the publication of what was described as a "malicious, scandalous and defamatory newspaper, magazine and periodical" known as "The Saturday Press," published by the defendants in the city of Minneapolis. The complaint alleged that the defendants, on September 24, 1927, and on eight subsequent dates in October and November, 1927, published and circulated editions of that periodical which were "largely devoted to malicious, scandalous and defamatory articles" concerning Charles G. Davis, Frank W. Brunskill, the Minneapolis Tribune, the Minneapolis Journal, Melvin C. Passolt, George E. Leach, the Jewish Race, the members of the Grand Jury of Hennepin County impaneled in November, 1927, and then holding office, and other persons, as more fully appeared in exhibits annexed to the complaint, consisting of copies of the articles described and constituting 327 pages of the record. While the complaint did not so allege, it «283 U. S., 704» appears from the briefs of both parties that Charles G. Davis was a special law enforcement officer employed by a civic organization, that George E. Leach was Mayor of Minneapolis, that Frank W. Brunskill was its Chief of Police, and that Floyd B. Olson (the relator in this action) was County Attorney.

Without attempting to summarize the contents of the voluminous exhibits attached to the complaint, we deem it sufficient to say that the articles charged in substance that a Jewish gangster was in control of gambling, bootlegging and racketeering in Minneapolis, and that law enforcing officers and agencies were not energetically performing their duties. Most of the charges were directed against the Chief of Police; he was charged with gross neglect of duty, illicit relations with gangsters, and with participation in graft. The

하의 구금으로써 처벌할 권한을 여타의 법원모독 사건에서처럼 법원은 지닌다.

　"악의적인, 중상적인 및 명예훼손적인 신문, 잡지 및 정기간행물"이라고 주장되고 피고들에 의하여 미니애폴리스에서 간행된 "새터데이 프레스지"라고 알려진 출판물의 간행의 금지를 구하는 이 소송을 이 제정법 (b)항에 따라 헤네핀 카운티의 카운티 검사는 제기하였다. 찰스 G. 데이비스에 관한, 프랭크 W. 브룬스킬에 관한, 미니애폴리스 트리뷴지에 관한, 미니애폴리스 저널지에 관한, 멜빈 C. 파솔트에 관한, 조지 E. 리치에 관한, 유대인종에 관한, 1927년 11월에 명부에서 선발되어 당시에 임무를 수행 중이던 헤네핀 카운티 대배심 구성원들에 관한, 그리고 소장에 첨부된 그 설명된 기사들의 사본들을 구성하는 및 기록 중 합계 327 페이지를 이루는 증거물들에 보다 상세히 나타난 그 밖의 사람들에 관한 "악의적인, 중상적인 및 명예훼손적인 기사들에 대부분 할애"된 그 정기간행물의 간행판들을 1927년 9월 24일에와 1927년 10월 중의 및 11월 중의 8일에 걸쳐 피고들이 발간하고 배포하였다고 소장은 주장하였다. 소장은 주장하고 있지 아니하지만, 《283 U. S., 704》 찰스 G. 데이비스는 시민단체에 고용된 특별 법집행관이었음이, 조지 E. 리치는 미니애폴리스 시장이었음이, 프랭크 W. 브룬스킬은 경찰국장이었음이, 그리고 플로이드 B. 올슨(이 소송에서의 고발인)은 카운티 검사였음이 양측 당사자들의 준비서면들로부터 확인된다.

　소장에 첨부된 두꺼운 분량의 증거물들의 내용들을 요약하고자 시도함 없이도, 미니애폴리스 내의 도박을, 주류밀매를 및 부정한 돈벌이를 한 명의 유대인 갱이 통제하고 있음을, 법집행 공무원들은 및 기관들은 그들의 의무를 강력하게 수행하고 있지 아니함을 기사들은 대체로 비난하는 것들이었다고 말하기에 충분한 것으로 우리는 생각한다. 비난사항들의 대부분은 경찰국장에게 겨냥된 것들이었다; 중대한 임무태만으로, 갱들과의 부정한 관계들로, 그리고 독직에의 가담으로 그는 비난되었다. 현존의 상황들을 알면서도 그것들을 바로잡기 위한 적절한 조치들을 취

County Attorney was charged with knowing the existing conditions and with failure to take adequate measures to remedy them. The Mayor was accused of inefficiency and dereliction. One member of the grand jury was stated to be in sympathy with the gangsters. A special grand jury and a special prosecutor were demanded to deal with the situation in general, and, in particular, to investigate an attempt to assassinate one Guilford, one of the original defendants, who, it appears from the articles, was shot by gangsters after the first issue of the periodical had been published. There is no question but that the articles made serious accusations against the public officers named and others in connection with the prevalence of crimes and the failure to expose and punish them.

At the beginning of the action, on November 22, 1927, and upon the verified complaint, an order was made directing the defendants to show cause why a temporary injunction should not issue and meanwhile forbidding the defendants to publish, circulate or have in their possession any editions of the periodical from September «283 U. S., 705» 24, 1927, to November 19, 1927, inclusive, and from publishing, circulating, or having in their possession, "any future editions of said The Saturday Press" and "any publication, known by any other name whatsoever containing malicious, scandalous and defamatory matter of the kind alleged in plaintiff's complaint herein or otherwise."

The defendants demurred to the complaint upon the ground that it did not state facts sufficient to constitute a cause of action, and on this demurrer challenged the constitutionality of the statute. The District Court overruled the demurrer and certified the question of constitutionality to the Supreme Court of the State. The Supreme Court sustained the statute (174 Minn. 457, 219 N. W. 770), and it is conceded by the appellee that the Act was thus held to be valid over the objection that it violated not only the state constitution, but

하지 않은 것으로 카운티 검사는 비난되었다. 무능으로와 임무태만으로 시장은 비난되었다. 대배심 구성원 한 명은 갱들에게의 동조 관계에 있다고 주장되었다. 상황을 전체적으로 다루라는 요구가, 그리고 특히, 기사 내용들로부터 드러나는 바에 따르면 당초의 피고들 중의 한 명으로서 이 정기간행물 초판이 간행되고 난 뒤에 갱들에 의하여 총격을 당한 사람인 길포드(Guilford)라는 인물에 대한 살해미수 사건을 수사하라는 요구가 특별대배심에게와 특별검사에게 제기되었다. 거명된 공무원들을 겨냥한 및 범죄들의 만연에와 그것들을 밝힘의 및 처벌함의 불이행에 연결된 그 밖의 사람들을 겨냥한 중대한 비난들을 기사들이 제기하였음에는 의문이 없다.

잠정적 금지명령이 발부되어서는 어째서 안 되는지의 이유를 밝히라고 피고들에게 지시하는, 그리고 조금이라도 그 정기간행물의 1927년 9월 24일자부터 1927년 11월 19일자(포함)까지의 간행판들을 그 동안에 피고들로 하여금 간행하지 못하도록, 배포하지 못하도록 내지는 그들의 점유 안에 지니지 못하도록, 그리고 "조금이라도 새터데이 프레스지 향후의 판들을" 및 «283 U. S., 705» 여기서의 원고의 소장에 주장된 종류의 내지는 그 밖의 종류의 악의적인, 중상적인 및 명예훼손적인 사항을 포함하는 조금이라도 다른 이름으로 알려지는 간행물을 간행하지 못하도록, 배포하지 못하도록 내지는 그들의 점유 안에 지니지 못하도록 금지하는 명령이 1927년 11월 22일 소송의 시작 시점에 그리고 그 진실함이 선언된 소장에 의거하여 내려졌다.

소송의 원인을 구성하기에 충분한 사실관계를 소장이 기재하지 아니하였다고 피고들은 주장하면서 법률요건 불구성의 항변을 하였고, 그 제정법의 합헌성을 이 법률요건 불구성의 항변에 의거하여 그들은 다투었다. 법률요건 불구성의 항변을 지방법원은 기각하였고 합헌성 문제를 주 대법원에 증명하였다. 그 제정법(174 Minn. 457, 219 N. W. 770)의 합헌성을 주 대법원은 지지하였고, 주 헌법을만이 아니라 미합중국 헌법 수정 제14조를까지 그 법률이 침해하였다는 이의를 물리치고서 그 법률은 그리하여 유효한 것으로 판시되었음은 피항소인에 의하여 시인되고 있다.

also the Fourteenth Amendment of the Constitution of the United States.

Thereupon, the defendant Near, the present appellant, answered the complaint. He averred that he was the sole owner and proprietor of the publication in question. He admitted the publication of the articles in the issues described in the complaint, but denied that they were malicious, scandalous or defamatory as alleged. He expressly invoked the protection of the due process clause of the Fourteenth Amendment. The case then came on for trial. The plaintiff offered in evidence the verified complaint, together with the issues of the publication in question, which were attached to the complaint as exhibits. The defendant objected to the introduction of the evidence, invoking the constitutional provisions to which his answer referred. The objection was overruled, no further evidence was presented, and the plaintiff rested. The defendant then rested without offering evidence. The plaintiff moved that the court direct the issue of a permanent injunction, and this was done. «283 U. S., 706»

The District Court made findings of fact which followed the allegations of the complaint and found in general terms that the editions in question were "chiefly devoted to malicious, scandalous and defamatory articles" concerning the individuals named. The court further found that the defendants, through these publications, "did engage in the business of regularly and customarily producing, publishing and circulating a malicious, scandalous and defamatory newspaper," and that "the said publication" "under said name of The Saturday Press, or any other name, constitutes a public nuisance under the laws of the State." Judgment was thereupon entered adjudging that "the newspaper, magazine and periodical known as The Saturday Press," as a public nuisance, "be and is hereby abated." The Judgment perpetually enjoined the defendants "from producing, editing, publishing, circulating, having in their possession, selling or giving away any publication whatsoever

이에 따라 현재의 항소인인 피고 니어(Near)는 소장에 대하여 답변하였다. 문제의 간행물에 대하여 자신이 유일한 소유주 겸 경영주임을 그는 주장하였다. 소장에 기재된 간행판들에 담긴 기사들의 공표를 그는 인정하였으나, 그것들이 그 주장된 바처럼 악의적임을, 중상적임을 및 명예훼손적임을 그는 부인하였다. 연방헌법 수정 제14조의 적법절차의 보호를 그는 명시적으로 원용하였다. 그 때에 사건은 정식사실심리를 위하여 작동하기 시작하였다. 문제의 간행물 판들을에 더불어 그 진정함이 확인된 소장을 증거로 원고는 제출하였는데, 그 판들은 소장에 증거물들로서 첨부되었다. 자신의 답변이 언급한 헌법규정들을 피고는 원용하면서 증거의 제출에 이의하였다. 이의는 기각되었고 더 이상의 증거는 제출되지 아니하였으며, 원고는 증거 신청을 마쳤다. 그러자 증거를 제출함이 없이 피고는 증거신청을 마쳤다. 영구적 금지명령의 문제를 법원은 중점 두어 다루어야 한다고 원고는 신청하였고, 이것은 이루어졌다. 《283 U. S., 706》

소장의 주장사항들을 좇은 사실관계의 인정을 지방법원은 하였는데, 문제의 간행판들은 그 거명된 인사들에 관하여 "악의적인, 중상적인 및 명예훼손적인 기사들에 주로 할애된" 것들임을 지방법원은 대체로 인정하였다. 이 출판물들을 통하여 "악의적인, 중상적인 및 명예훼손적인 신문을 정규적으로 및 통상적으로 생산하는, 간행하는 및 배포하는 사업에" 피고들이 "종사한 것이 맞음"을, 그리고 "주 법들 아래서의 공공의 생활방해를 새터데이 프레스지 이름 아래서의 것이든 내지는 그 어떤 다른 이름 아래서의 것이든 위 출판은 구성함"을 그 법원은 더 나아가 인정하였다. "새터데이 프레스지라고 알려진 신문은, 잡지는 및 정기간행물은" 공공의 생활방해로서 "배제되어야 하고 이로써 배제된다."고 판시하는 판결주문이 이에 터잡아 기입되었다. "법에 의하여 규정된 대로 조금이라도 악의적인, 중상적인 내지는 명예훼손적인 신문인 간행물을 생산하지 말도록, 편집하지 말도록, 간행하지 말도록, 배포하지 말도록, 그들의 점유 안에 지니지 말도록, 판매 내지 양도하지 말도록," 그리고 아울러 "위 생활방해를 새터데이 프레스지 이름 및 제호 아래서 내지는

which is a malicious, scandalous or defamatory newspaper, as defined by law," and also "from further conducting said nuisance under the name and title of said The Saturday Press or any other name or title."

The defendant Near appealed from this judgment to the Supreme Court of the State, again asserting his right under the Federal Constitution, and the judgment was affirmed upon the authority of the former decision. 179 Minn. 40; 228 N. W. 326. With respect to the contention that the judgment went too far, and prevented the defendants from publishing any kind of a newspaper, the court observed that the assignments of error did not go to the form of the judgment, and that the lower court had not been asked to modify it. The court added that it saw no reason "for defendants to construe the judgment as restraining them from operating a newspaper in harmony with the public welfare, to which all must yield," that the allegations of the complaint had been «283 U. S., 707» found to be true, and, though this was an equitable action, defendants had not indicated a desire "to conduct their business in the usual and legitimate manner."

From the judgment as thus affirmed, the defendant Near appeals to this Court.

This statute, for the suppression as a public nuisance of a newspaper or periodical, is unusual, if not unique, and raises questions of grave importance transcending the local interests involved in the particular action. It is no longer open to doubt that the liberty of the press, and of speech, is within the liberty safeguarded by the due process clause of the Fourteenth Amendment from invasion by state action. It was found impossible to conclude that this essential personal liberty of the citizen was left unprotected by the general guaranty of fundamental rights of person and property. Gitlow v. New York, 268 U. S. 652, 666; Whitney v. California, 274 U. S. 357, 362, 373; Fiske v.

그 어떤 다른 이름 및 제호 아래서도 더 이상 실행하지 말도록" 피고들을 판결주문은 영구적으로 금지하였다.

연방헌법 아래서의 자신의 권리를 거듭 주장하면서 이 판결주문에 대하여 주 대법원에 피고 니어(Near)는 항소하였으나, 보다 앞선 판례에 의거하여 지방법원의 판결주문은 인가되었다. 179 Minn. 40, 228 N. W. 326. 지방법원의 판결주문이 너무 멀리 나갔다는, 그리하여 종류 여하를 불문하고 신문들을 발행하지 말도록 피고들을 금지하였다는 주장에 관련하여, 항소이유 주장항목들은 그 판결주문의 요소에 가 닿지 못하고 있다고, 그 판결주문을 변경하도록 원심법원은 요청된 바 없다고 주 대법원은 말하였다. "모두가 동의하지 않으면 안 될 공공복리에의 조화 속에서의 한 개의 신문으로서 기능할 수 없게끔 그 자신들을 금지하는 것으로 그 판결주문을 피고들이 해석해야 할" 이유를 자신은 발견하지 못한다고, "소장의 주장사항들은 그 진실함이 확인된 상태"라고, "그리고 «283 U. S., 707» 비록 이것이 형평법상의 소송이기는 하지만, '자신들의 사업을 통상적인 및 적법한 방법으로 수행하려는' 의지를 피고들은 표시한 바가 없다."고 주 대법원은 덧붙였다.

이렇게 인가된 판결주문에 대하여 피고 니어(Near)는 이 법원에 항소하고 있다.

공공의 생활방해로서의 신문의 내지는 정기간행물의 발매금지를 위한 이 제정법은 설령 유례 없는 것은 아닐망정 생소한 것으로서, 특정 소송에 포함된 지역적 이해관계를 초월하는 예사롭지 않은 중요성을 지닌 문제들을 그것은 제기한다. 연방헌법 수정 제14조의 적법절차 조항에 의하여 주 행위에 의한 침해로부터 보장된 자유의 범위 내에 언론의 및 말의 자유가 있음은 더 이상 의문을 용납하지 않는다. 신체의 및 재산의 기본적 권리들의 일반적 보장에 의하여 보호되지 아니한 채로 시민의 이 불가결한 개인적 자유가 남겨졌다고 결론짓기란 불가능한 것으로 판시되었다. Gitlow v. New York, 268 U. S. 652, 666; Whitney v. California, 274 U. S. 357, 362, 373; Fiske v. Kansas, 274 U. S. 380, 382; Stromberg v. California, ante, p.359.

Kansas, 274 U. S. 380, 382; Stromberg v. California, ante, p.359. In maintaining this guaranty, the authority of the State to enact laws to promote the health, safety, morals and general welfare of its people is necessarily admitted. The limits of this sovereign power must always be determined with appropriate regard to the particular subject of its exercise. Thus, while recognizing the broad discretion of the legislature in fixing rates to be charged by those undertaking a public service, this Court has decided that the owner cannot constitutionally be deprived of his right to a fair return, because that is deemed to be of the essence of ownership. Railroad Commission Cases, 116 U. S. 307, 331; Northern Pacific Ry. Co. v. North Dakota, 236 U. S. 585, 596. So, while liberty of contract is not an absolute right, and the wide field of activity in the making of contracts is subject to legislative supervision (Frisbie v. United States, 157 U. S. 161, 165), this Court has held that the power of the State stops short of interference with what are deemed «283 U. S., 708» to be certain indispensable requirements of the liberty assured, notably with respect to the fixing of prices and wages. Tyson Bros. v. Banton, 273 U. S. 418; Ribnik v. McBride, 277 U. S. 350; Adkins v. Children's Hospital, 261 U. S. 525, 560, 561. Liberty of speech, and of the press, is also not an absolute right, and the State may punish its abuse. Whitney v. California, supra; Stromberg v. California, supra. Liberty, in each of its phases, has its history and connotation, and, in the present instance, the inquiry is as to the historic conception of the liberty of the press and whether the statute under review violates the essential attributes of that liberty.

The appellee insists that the questions of the application of the statute to appellant's periodical, and of the construction of the judgment of the trial court, are not presented for review; that appellant's sole attack was upon the constitutionality of the statute, however it might be applied. The appellee contends that no question either of motive in the publication, or whether the

이 보장을 유지함에 있어서 자기 국민의 건강을, 안전을, 도덕을 및 일반적 복리를 촉진하기 위하여 법들을 제정할 주(state) 권한은 불가피하게 인정된다. 이 주권의 한계들은 항상 그 행사의 특정 주제에 대한 적절한 고려를 지닌 채로 결정되지 않으면 안 된다. 그리하여, 공공 서비스를 제공하는 사람들에 의하여 부과되는 요금사항들을 정함에 있어서의 입법부의 폭넓은 재량권을 인정하면서도, 공정한 수익을 누릴 그의 권리를 소유자가 박탈당함은 합헌일 수 없다고, 왜냐하면 그것은 소유권의 본질로 간주되기 때문이라고 당원은 판결해 왔다. Railroad Commission Cases, 116 U. S. 307, 331; Northern Pacific Ry. Co. v. North Dakota, 236 U. S. 585, 596. 그러므로 계약의 자유는 절대적 권리인 것은 아니지만, 그리고 계약들을 체결함에 있어서의 넓은 활동영역은 입법적 감독에 «283 U. S., 708» 처해지기는 하지만(Frisbie v. United States, 157 U. S. 161, 165), 특히 가격사항들을 및 임금사항들을 정함에 관련해서는, 그 보장된 자유의 일정한 불가결의 요구들이라고 간주되는 바에 대한 침해에 주(state) 권한은 이르지 아니한다고 당원은 판시해 왔다. Tyson Bros. v. Banton, 273 U. S. 418; Ribnik v. McBride, 277 U. S. 350; Adkins v. Children's Hospital, 261 U. S. 525, 560, 561. 말의 및 언론출판의 자유는 마찬가지로 절대적 권리가 아니고, 따라서 그 남용을 주(state)는 처벌할 수 있다. Whitney v. California, supra; Stromberg v. California, supra. 자유는 그 국면들 하나하나마다에서 그 자신의 역사를 및 함축을 지니는바, 그리하여 현재의 사건에서의 심리는 언론출판의 자유의 역사적 개념에 관한 것이면서, 아울러 그 자유의 본질적 속성들을 검토대상 제정법이 침해하는지 여부에 관한 것이다.

항소인의 정기간행물에의 그 제정법의 적용의 문제는 및 정식사실심리 법원의 판결주문에 대한 해석의 문제는 재검토를 위하여 제기되어 있는 것들이 아니라고; 항소인의 유일한 공격은 그 제정법이 어떻게 적용될 수 있든지에 상관없이 그 제정법의 합헌성에 대한 것이었다고 피항소인은 주장한다. 출판에 있어서의 동기의 문제는 내지는 그 제정법의 명령을 판결이 넘어서는지 여부의 문제는 그 어느 것도

decree goes beyond the direction of the statute, is before us. The appellant replies that, in his view, the plain terms of the statute were not departed from in this case, and that, even if they were, the statute is nevertheless unconstitutional under any reasonable construction of its terms. The appellant states that he has not argued that the temporary and permanent injunctions were broader than were warranted by the statute; he insists that what was done was properly done if the statute is valid, and that the action taken under the statute is a fair indication of its scope.

With respect to these contentions, it is enough to say that, in passing upon constitutional questions, the court has regard to substance, and not to mere matters of form, and that, in accordance with familiar principles, the statute must be tested by its operation and effect. Henderson v. Mayor, 92 U. S. 259, 268; Bailey v. Alabama, 219 «283 U. S., 709» U. S. 219, 244; United States v. Reynolds, 235 U. S. 133, 148, 149; St. Louis Southwestern R. Co. v. Arkansas, 235 U. S. 350, 362; Mountain Timber Co. v. Washington, 243 U. S. 219, 237. That operation and effect we think is clearly shown by the record in this case. We are not concerned with mere errors of the trial court, if there be such, in going beyond the direction of the statute as construed by the Supreme Court of the State. It is thus important to note precisely the purpose and effect of the statute as the state court has construed it.

First. The statute is not aimed at the redress of individual or private wrongs. Remedies for libel remain available and unaffected. The statute, said the state court, "is not directed at threatened libel, but at an existing business which, generally speaking, involves more than libel." It is aimed at the distribution of scandalous matter as "detrimental to public morals and to the general welfare," tending "to disturb the peace of the community" and "to provoke assaults and the commission of crime." In order to obtain an injunction to suppress the future publication of the newspaper or periodical, it is not

우리 앞에 있지 아니하다고 피항소인은 주장한다. 자신의 견해로는 그 제정법의 분명한 문언들은 이 사건에서 벗어나져 있지 아니하였다고, 그리고 설령 벗어나져 있었다고 하더라도 그 문언들에 대한 그 어떤 합리적 해석 아래서도 그 제정법은 여전히 위헌이라고 항소인은 응수한다. 그 제정법에 의하여 정당화된 넓이만큼보다도 잠정적 및 영구적 금지명령들이 더 넓은 것들이었다는 주장을 자신은 한 적이 없다고 항소인은 말한다; 만약 그 제정법이 유효하다면 그 집행된 바는 정당하였다고, 그 제정법 아래서 취해진 조치는 그것의 범위의 정당한 표시라고 그는 주장한다.

이 주장들에 관련하여서는 헌법문제들을 판단함에 있어서 형식의 문제들을만이 아니라 그 실체를 법원은 고려함을, 그리고 친숙한 원칙들에 따라 그 자신의 시행에 및 효과에 의하여 그 제정법은 시험되지 않으면 안 됨을 말함으로써 충분하다. Henderson v. Mayor, 92 U. S. 259, 268; Bailey v. Alabama, 219 «283 U. S., 709» U. S. 219, 244; United States v. Reynolds, 235 U. S. 133, 148, 149; St. Louis Southwestern R. Co. v. Arkansas, 235 U. S. 350, 362; Mountain Timber Co. v. Washington, 243 U. S. 219, 237. 그 시행은 및 효과는 이 사건에서 기록에 의하여 명백히 증명된다고 우리는 생각한다. 주 대법원에 의하여 해석된 바로서의 그 제정법의 명령 너머에까지 나아간 점에 있어서의 정식사실심리 법원의 오류들 그 자체에 대하여는 - 설령 그 오류들이 이러한 것들이라고 하더라도 - 우리는 관심이 없다. 주 법원이 해석한 바로서의 그 제정법의 목적을 및 효과를 정확하게 주목함은 그리하여 중요하다.

첫째. 개인적 내지는 사적 부당행위들의 구제를 그 제정법은 목표로 삼고 있지 아니하다. 문서비방에 대한 구제방법들은 이용 가능한 상태로 변함 없이 그대로 남아 있다. 그 제정법은 "임박한 문서비방에가 아니라 일반적으로 말하여 문서비방 이상의 것을 포함하는 현존하는 사업에 겨냥되어 있다."고 주 법원은 말하였다. "공동체의 평온을 어지럽히기" 쉬운 및 "폭력행위들을 및 범죄행위를 야기하기" 쉬운 "공중도덕에와 일반적 복리에 유해한" 것으로서의 중상적 내용의 배포를 그것은 목표로 삼는다. 신문의 내지는 정기간행물의 장래의 발매를 금지하는 명령을 얻기 위하여는 그 다투어지는 간행물 안에 이루어진 비난사항들의 허위성을 증명함

necessary to prove the falsity of the charges that have been made in the publication condemned. In the present action, there was no allegation that the matter published was not true. It is alleged, and the statute requires the allegation, that the publication was "malicious." But, as in prosecutions for libel, there is no requirement of proof by the State of malice in fact, as distinguished from malice inferred from the mere publication of the defamatory matter.[2] The judgment in this case proceeded upon the mere proof of publication. The statute permits the defense not of the truth alone, but only that the truth was published with good motives and «283 U. S., 710» for justifiable ends. It is apparent that, under the statute, the publication is to be regarded as defamatory if it injures reputation, and that it is scandalous if it circulates charges of reprehensible conduct, whether criminal or otherwise, and the publication is thus deemed to invite public reprobation and to constitute a public scandal. The court sharply defined the purpose of the statute, bringing out the precise point, in these words:

"There is no constitutional right to publish a fact merely because it is true. It is a matter of common knowledge that prosecutions under the criminal libel statutes do not result in efficient repression or suppression of the evils of scandal. Men who are the victims of such assaults seldom resort to the courts. This is especially true if their sins are exposed and the only question relates to whether it was done with good motives and for justifiable ends. This law is not for the protection of the person attacked, nor to punish the wrongdoer. It is for the protection of the pubic welfare."

Second. The statute is directed not simply at the circulation of scandalous and defamatory statements with regard to private citizens, but at the continued publication by newspapers and periodicals of charges against public offi-

---

2) Mason's Minn. Stats. 10112, 10113; State v. Shipman, 83 Minn. 441, 445; 86 N. W. 431; State v. Minor, 163 Minn. 109, 110; 203 N. W. 596.

은 필요하지 아니하다. 현재의 소송에서 그 공표된 사항이 진실하지 아니하다는 주장은 없었다. 공표가 "악의적"이었다는 주장을 그 제정법은 요구한다는 주장이 있다. 그러나 문서비방에 대한 공소장들에서처럼, 명예훼손적 사항의 공표 그 자체에 의하여 추론되는 악의로부터는 구분되는 것으로서의 사실에 있어서의 악의에 대한 주에 의한 증명의 요구는 없다.[2] 이 사건의 판결주문은 공표의 증거 그 자체 위에서 나아갔다. 진실이라는 점만으로서의 항변을 그 제정법은 허용하지 아니하고, 단지 선량한 동기들을 지닌 채로 정당한 목적들을 위하여 진실이 공표되었다는 항변만을 «283 U. S., 710» 그 제정법은 허용한다. 그 제정법 아래서 명성을 공표가 훼손하면 그 공표는 명예훼손적인 것으로 간주되어야 함이, 그리고 범죄적인 것이든 아니든 비난할 만한 행위에 대한 비난들을 그것이 유통시키면, 그리하여 공중의 비난을 그 공표가 유발하는 것으로, 그리하여 공공연한 중상을 그 공표가 만들어내는 것으로 간주되면 그것은 중상적임이 명백하다. 정확한 요점을 끄집어 내면서 그 제정법의 목적을 이러한 문구들로써 그 법원은 날카롭게 규정하였다:

"단순히 진실하다는 이유만으로 한 개의 사실을 공표할 헌법적 권리가 있는 것은 아니다. 중상의 폐해들의 효과적인 제지에 내지는 발매금지에 형사 문서비방 제정법들 아래서의 소추들이 귀결되지 아니함은 상식의 문제이다. 이러한 공격들의 희생자인 사람들은 법원들에 의지하는 경우가 좀처럼 드물다. 만약에 그들의 잘못들이 노출되더라도 선량한 동기들을 지닌 채로 및 정당한 목적들을 위하여 그 문서비방이 이루어졌는지 여부에 그 유일한 문제가 이어져 있다면 이것은 특히 그러하다. 이 법은 공격받은 사람들의 보호를 위한 것이도 아니고, 잘못을 저지르는 사람의 처벌을 위한 것이도 아니다. 그것은 공공복리의 보호를 위한 것이다."

둘째. 사적 시민들에 관련한 중상적인 및 명예훼손적인 주장들의 배포에 그 제정법은 전혀 겨냥되어 있지 아니하며, 공무원들의 부패를, 부정행위를, 중대한 직무태만을 담은 그들에 대한 비난들의 신문들에 및 정기간행물들에 의한 지속적 공

---

2) Mason's Minn.Stats. 10112, 10113; State v. Shipman, 83 Minn. 441, 445, 86 N. W. 431; State v. Minor, 163 Minn. 109, 110, 203 N. W. 596.

cers of corruption, malfeasance in office, or serious neglect of duty. Such charges, by their very nature, create a public scandal. They are scandalous and defamatory within the meaning of the statute, which has its normal operation in relation to publications dealing prominently and chiefly with the alleged derelictions of public officers.[3] «283 U. S., 711»

Third. The object of the statute is not punishment, in the ordinary sense, but suppression of the offending newspaper or periodical. The reason for the enactment, as the state court has said, is that prosecutions to enforce penal statutes for libel do not result in "efficient repression or suppression of the evils of scandal." Describing the business of publication as a public nuisance does not obscure the substance of the proceeding which the statute authorizes. It is the continued publication of scandalous and defamatory matter that constitutes the business and the declared nuisance. In the case of public officers, it is the reiteration of charges of official misconduct, and the fact that the newspaper or periodical is principally devoted to that purpose, that exposes it to suppression. In the present instance, the proof was that nine editions of the newspaper or periodical in question were published on successive dates, and that they were chiefly devoted to charges against public officers and in relation to the prevalence and protection of crime. In such a case, these officers are not left to their ordinary remedy in a suit for libel, or the authorities to a prosecution for criminal libel. Under this statute, a publisher of a newspaper or periodical, undertaking to conduct a campaign to expose and to censure official derelictions, and devoting his publication principally to that purpose, must face not simply the possibility of a verdict against him in a suit or prosecution for libel, but a determination that his

---

3) It may also be observed that, in a prosecution for libel, the applicable Minnesota statute (Mason's Minn. Stats., 1927, §§ 10112, 10113) provides that the publication is justified "whenever the matter charged as libelous is true and was published with good motives and for justifiable ends," and also "is excused when honestly made, in «283 U. S., 711» belief of its truth, and upon reasonable grounds for such belief, and consists of fair comments upon the conduct of a person in respect to public affairs." The clause last mentioned is not found in the statute in question.

표들에 그것은 겨냥되어 있다. 공공연한 중상을 이러한 비난들은 바로 그 성격 자체에 의하여 빚어낸다. 그것들은 그 제정법의 의미 내에서 중상적이고 명예훼손적인바, 공무원들의 그 주장된 직무태만 행위들을 두드러지게 및 주로 다루는 출판물들에의 관련 속에서 그 자신의 정상적 기능을 그 제정법은 지닌다.[3] «283 U. S., 711»

  셋째. 그 제정법의 목적은 일반적 의미에서의 처벌이 아니라, 그 불쾌한 신문의 내지는 정기간행물의 발매금지이다. 주 법원이 말해 놓았듯이, 문서비방에 대한 형사 제정법들을 시행하기 위한 소추들이 "중상의 폐해들의 효과적인 제지에 내지는 발매금지에" 귀결되지 아니한다는 데에 그 입법의 이유는 있다. 그 제정법이 설정하는 절차의 본질을, 출판사업을 공공의 생활방해로서 표현함은 모호하게 하지 아니한다. 그 사업을 및 그 선언된 생활방해를 구성하는 것은 중상적인 및 명예훼손적인 내용의 지속적인 출판이다. 공무원들의 사건들에서 그것을 발매금지에 노출시키는 것은 공무상의 부정행위를 저질렀다는 비난들의 반복이고 그 목적에 그 신문이 내지는 정기간행물이 주로 할애되어 있다는 사실이다. 현재의 사건에서 증거는 문제의 신문의 내지는 정기간행물의 아홉 번의 간행판들이 하루하루 연이어 간행되었다는 것이고 공무원들에 대한 비난들에 및 범죄의 횡행에와 비호에 관련한 비난들에 그것들이 주로 할애되었다는 것이다. 이러한 경우에, 문서비방 소송에서의 그들의 일반적 구제에 이 공무원들이 남겨지는 것도 내지는 형사적 문서비방 소추에 당국이 남겨지는 것도 아니다. 단지 문서비방을 이유로 하는 소송에서의 및 소추에서의 자신에게 불리한 평결의 가능성만을이 아니라, 자신의 신문은 내지는 정기간행물은 그 배제되어야 할 공공의 생활방해라는 결정의 가능성마저를, 그리고 그 비난사항들의 진실을 증명해 주는, 및 그 진실하다는 점에 추가하여 선량한 동기들을 지닌 채로 정당한 목적들을 위하여 그 내용이 공표된 것이라는 점에 대해서까지 법원을 납득시켜 주는 법적 증거로써 자신이 준비되어 있지 아니하면 이 배제가 및 발매금지가 이어질 가능성마저를, 직무태만들을 드러내어 비난하는

---

3) 문서비방 소추에 있어서, "문서비방적이라고 비난되는 내용이 진실인 때에는 및 선량한 동기들을 지닌 채로 정당한 목적들을 위하여 공표된 것인 때에는 언제든" 그 공표는 정당화됨을. 및 그 진실함에 대한 믿음 속에서 및 그러한 믿음을 위한 합리적 근거들 위에서 정직하게 그 공표가 이루어지면 및 공무에 관한 사람의 행동에 대한 공정한 논평들을 그것이 구성하면 면책됨을 그 적용되는 미네소타주 제정법(Mason's Minn. Stats., 1927, §§ 10112, 10113)은 규정한다는 점이 또한 언급될 수 있다. 맨 끝에서 언급된 절은 문제의 제정법에서는 발견되지 않는다.

newspaper or periodical is a public nuisance to be abated, and that this abatement and suppression will follow unless he is prepared with legal evidence to prove the truth of the charges and also to satisfy the court that, in «283 U. S., 712» addition to being true, the matter was published with good motives and for justifiable ends.

This suppression is accomplished by enjoining publication, and that restraint is the object and effect of the statute.

Fourth. The statute not only operates to suppress the offending newspaper or periodical, but to put the publisher under an effective censorship. When a newspaper or periodical is found to be "malicious, scandalous, and defamatory," and is suppressed as such, resumption of publication is punishable as a contempt of court by fine or imprisonment. Thus, where a newspaper or periodical has been suppressed because of the circulation of charges against public officers of official misconduct, it would seem to be clear that the renewal of the publication of such charges would constitute a contempt, and that the judgment would lay a permanent restraint upon the publisher, to escape which he must satisfy the court as to the character of a new publication. Whether he would be permitted again to publish matter deemed to be derogatory to the same or other public officers would depend upon the court's ruling. In the present instance, the judgment restrained the defendants from "publishing, circulating, having in their possession, selling or giving away any publication whatsoever which is a malicious, scandalous or defamatory newspaper, as defined by law." The law gives no definition except that covered by the words "scandalous and defamatory," and publications charging official misconduct are of that class. While the court, answering the objection that the judgment was too broad, saw no reason for construing it as restraining the defendants "from operating a newspaper in harmony with the public welfare to which all must yield," and said that the defendants had not

한 개의 운동을 수행하기를 떠맡는, 그리고 그의 출판물을 주로 그 목적에 《283 U. S., 712》 할애하는 신문의 내지는 정기간행물의 발행인은 이 제정법 아래서 직면하지 않으면 안 된다.

간행을 금지함에 의하여 이 발매금지는 달성되는바, 그 제약이 그 제정법의 목적이고 효과이다.

넷째. 불쾌한 신문을 내지는 정기간행물을 발매금지하기 위해서만이 아니라 효과적인 검열 아래에 발행인을 두기 위해서도 그 제정법은 기능한다. 한 개의 신문이 내지는 정기간행물이 "악의적인, 중상적인, 및 명예훼손적인" 것으로 인정되어 그러한 것으로서 발매금지되는 경우에, 발행재개는 법원모독으로서 벌금에 내지는 구금에 의하여 처벌된다. 그러므로, 공무상의 부정행위에 관한 공무원들에 대한 비난들의 배포 때문에 한 개의 신문이 내지는 정기간행물이 발매금지되어 있는 경우에는, 법원모독을 이러한 비난들의 공표의 재개시가 구성할 것임은, 그리고 영구적 금지를 발행인 위에 판결주문이 놓을 것임은, 이를 피하기 위하여는 새로운 출판의 성격에 관하여 법원을 그가 납득시키지 않으면 안 될 것임은 명백한 것으로 여겨질 것이다. 동일한 공무원들의 내지는 다른 공무원들의 명예를 떨어뜨리는 것으로 간주되는 내용을 간행하도록 그가 다시 허용될지 여부는 법원의 결정에 달리게 될 것이다. "법에 의하여 규정된 대로 조금이라도 악의적인, 중상적인 내지는 명예훼손적인 신문인 간행물을 간행하지 말도록, 배포하지 말도록, 그들의 점유 안에 소지하지 말도록, 판매 내지 양도하지 말도록" 피고들을 현재의 사건에서 판결주문은 금지하였다. "중상적인 및 명예훼손적인"이라는 문언에 의하여 포함된 것을 제외하고는 개념규정을 법은 하지 아니하고 있는바, 공무상의 부정행위를 비난하는 간행물들은 그 범주의 것들이다. 판결주문이 너무 넓다는 이의에 그 법원이 답하면서, "모두가 동의하지 않으면 안 될 공공복리에의 조화 속에서의 한 개의 신문을 운영하지 못하도록" 피고들을 금지하는 것으로 그것을 해석할 아무런 이유를 그 법원은 찾지 못하였지만, 그리고 "자신들의 사업을 통상적인 및 적법한 방법으로 수행하려는 의지"를 피고들은 표시한 바가 없다고 그 법원이 말하기는 하였

indicated "any desire to conduct their business in the usual and legitimate manner," the manifest inference is that, at least with respect to a «283 U. S., 713» new publication directed against official misconduct, the defendant would be held, under penalty of punishment for contempt as provided in the statute, to a manner of publication which the court considered to be "usual and legitimate" and consistent with the public welfare.

If we cut through mere details of procedure, the operation and effect of the statute, in substance, is that public authorities may bring the owner or publisher of a newspaper or periodical before a judge upon a charge of conducting a business of publishing scandalous and defamatory matter - in particular, that the matter consists of charges against public officers of official dereliction - and, unless the owner or publisher is able and disposed to bring competent evidence to satisfy the judge that the charges are true and are published with good motives and for justifiable ends, his newspaper or periodical is suppressed and further publication is made punishable as a contempt. This is of the essence of censorship.

The question is whether a statute authorizing such proceedings in restraint of publication is consistent with the conception of the liberty of the press as historically conceived and guaranteed. In determining the extent of the constitutional protection, it has been generally, if not universally, considered that it is the chief purpose of the guaranty to prevent previous restraints upon publication. The struggle in England, directed against the legislative power of the licenser, resulted in renunciation of the censorship of the press.[4] The liberty deemed to be established was thus described by Blackstone: "The liberty of the press is indeed essential to the nature of a free state; but this consists in laying no previous restraints upon publications, and not in freedom from

---

4) May, Constitutional History of England, vol.2, chap. IX, p.4; DeLolme, Commentaries on the Constitution of England, chap. IX, pp.318, 319.

지만, 적어도 공무상의 부정행위에 겨냥된 새로운 간행에 관하여는, "통상적인 및 적법한" «283 U. S., 713» 것으로 및 공공복리에 부합되는 것으로 그 법원이 간주하는 공표 방법을 지키도록 그 제정법에 규정된 바대로의 법원모독으로의 처벌이라는 불이익 아래서 피고가 의무 지워진 것으로 판단되리라는 데에 그 명백한 추론은 있다.

절차의 세부사항들만을 우리가 곧바로 뚫고 나아가자면, "중상적인 및 명예훼손적인 내용을 공표하는 사업을 영위한다는 – 공무원들의 직무태만에 관한 비난들을 특히 그 내용이 구성한다는 – 고발에 근거하여 신문의 내지는 정기간행물의 소유자를 내지는 발행인을 판사 앞에 공공당국이 데려올 수 있다는 데에, 그리고 만약 [그 내용이] 진실임에 대하여, 그리고 선량한 동기들을 지닌 채로 및 정당한 목적들을 위하여 그것이 공표된다는 점에 대하여 판사를 납득시킬 자격 있는 증거를 그 소유자가 내지는 발행인이 가져올 수 없으면 내지는 가져올 마음이 없으면 그의 신문은 내지는 정기간행물은 발매금지된다는 데에, 그리고 향후의 간행은 법원모독으로서 처벌이 가능해 진다는 데에 요컨대 그 제정법의 기능은 및 효과는 있다. 이것은 검열의 핵심이다."

역사적으로 이해되어 온 및 보장되어 온 언론출판의 자유의 개념에 공표를 제한하기 위한 이러한 절차를 설정하는 한 개의 제정법이 부합되는지 여부에 문제는 있다. 그 헌법적 보호의 범위를 판정함에 있어서, 공표에 대한 사전의 제한조치들을 방지함이 그 보장의 주된 목적이라고, 비록 보편적으로는 아닐망정 일반적으로 간주되어 왔다. 허가권자의 입법적 권한에 겨냥된 영국에서의 투쟁은 언론출판에 대한 검열의 폐지로 귀결되었다.[4] 그 확립된 것으로 간주된 자유는 블랙스톤에 의하여 이렇게 설명되었다: "언론출판의 자유는 자유국가의 성격에 참으로 불가결하다; 그러나 죄 되는 내용에 대한 그 공표되고 나서의 문책으로부터의 자유 가운데에가 아니라 공표행위들 위에의 사전의 제한조치들을 부과하지 아니함 가운데에 이것은 존재한다. 자신이 좋아하는 생각들을 «283 U. S., 714» 공중 앞에 내 놓을 확실

---

4) May, Constitutional History of England, vol. 2, chap. IX, p.4; DeLolme, Commentaries on the Constitution of England, chap. IX, pp.318, 319.

censure for criminal matter when published. Every freeman has an «283 U. S., 714» undoubted right to lay what sentiments he pleases before the public; to forbid this is to destroy the freedom of the press; but if he publishes what is improper, mischievous or illegal, he must take the consequence of his own temerity." 4 Bl. Com. 151, 152; see Story on the Constitution, §§ 1884, 1889. The distinction was early pointed out between the extent of the freedom with respect to censorship under our constitutional system and that enjoyed in England. Here, as Madison said, "the great and essential rights of the people are secured against legislative as well as against executive ambition. They are secured not by laws paramount to prerogative, but by constitutions paramount to laws. This security of the freedom of the press requires that it should be exempt not only from previous restraint by the Executive, as in Great Britain, but from legislative restraint also." Report on the Virginia Resolutions, Madison's Works, vol. IV, p.543. This Court said, in Patterson v. Colorado, 205 U. S. 454, 462: "In the first place, the main purpose of such constitutional provisions is 'to prevent all such *previous restraints* upon publications as had been practiced by other governments,' and they do not prevent the subsequent punishment of such as may be deemed contrary to the public welfare. Commonwealth v. Blanding, 3 Pick. 304, 313, 314; Respublica v. Oswald, 1 Dallas 319, 325. The preliminary freedom extends as well to the false as to the true; the subsequent punishment may extend as well to the true as to the false. This was the law of criminal libel apart from statute in most cases, if not in all. Commonwealth v. Blanding, ubi sup.; 4 Bl. Com. 150."

The criticism upon Blackstone's statement has not been because immunity from previous restraint upon publication has not been regarded as deserving of special emphasis, but chiefly because that immunity cannot be deemed to exhaust the conception of the liberty guaranteed by «283 U. S., 715» state

한 권리를 모든 자유인은 지닌다; 이것을 금지함은 언론출판의 자유를 파괴하는 것이다; 그러나 부적절한, 유해한 내지는 불법인 사항을 만약 그가 공표하면, 그 자신의 만용의 결과를 그는 감수하지 않으면 안 된다." 4 Bl. Com. 151, 152; 아울러 Story on the Constitution, §§ 1884, 1889를 보라. 우리 헌법제도 아래서의 검열에 관한 자유의 범위의, 및 영국에서 향유되는 그것의 그 양자 사이의 그 구분은 일찍이 환기된 바 있다. 여기서는 매디슨(Madison)이 말한 대로, "행정부의 야심에 대처해서 만큼이나 입법부의 야심에 대처해서도 국민의 위대한 및 불가결한 권리들은 보장된다. 특권에 우선하는 법들에 의하여서가 아니라 법들에 우선하는 헌법들에 의하여 그것들은 보장된다. 대영제국에서처럼 행정부에 의한 사전의 제한조치로부터만이 아니라 입법적 제한조치로부터도 언론출판의 자유가 면제되어야 함을 그 자유에 대한 이 보장은 요구한다." Report on the Virginia Resolutions, Madison's Works, vol. IV, p.543. 또한 Patterson v. Colorado, 205 U. S. 454, 462에서 당원은 말하였다: "우선, 이러한 헌법규정들의 주된 목적은 '여타 정부들에 의하여 행사되어 온 공표들 위에의 이러한 모든 *사전의 제한조치*들을 금지하려는 것'이며, 그리하여 공공복리에 반하는 것으로 간주될 수 있는 것들에 대한 사후의 처벌을 그것들은 금지하지 아니한다. Commonwealth v. Blanding, 3 Pick. 304, 313, 314; Respublica v. Oswald, 1 Dallas 319, 325. 진실한 것들에만큼이나 허위의 것들에도 그 시원적 자유는 미치고; 진실한 것들에만큼이나 허위의 것들에도 그 사후의 처벌은 미칠 수 있다. 전부의 경우에까지는 아닐망정 대부분의 경우에 이것이 제정법 이외의 별개로서의 형사 문서비방의 법이었다. Commonwealth v. Blanding, ubi sup.; 4 Bl. Com. 150."

특별한 강조를 누릴 자격이 있는 것으로 공표에 대한 사전의 제한조치로부터의 면제가 간주되어 오지 않았다는 이유에서가 아니라, 주 헌법들에 및 연방헌법에 의하여 보장된 자유의 개념을 그 면제가 남김 없이 논하는 것으로는 간주될 수 없다는 이유에서 블랙스톤의 설명에 «283 U. S., 715» 대한 비판은 주로 있어 왔다. "사

and federal constitutions. The point of criticism has been "that the mere exemption from previous restraints cannot be all that is secured by the constitutional provisions"; and that "the liberty of the press might be rendered a mockery and a delusion, and the phrase itself a byword, if, while every man was at liberty to publish what he pleased, the public authorities might nevertheless punish him for harmless publications." 2 Cooley, Const. Lim., 8th ed., p.885. But it is recognized that punishment for the abuse of the liberty accorded to the press is essential to the protection of the public, and that the common law rules that subject the libeler to responsibility for the public offense, as well as for the private injury, are not abolished by the protection extended in our constitutions. id., pp. 883, 884. The law of criminal libel rests upon that secure foundation. There is also the conceded authority of courts to punish for contempt when publications directly tend to prevent the proper discharge of judicial functions. Patterson v. Colorado, supra; Toledo Newspaper Co. v. United States, 247 U. S. 402, 419.[5] In the present case, we have no occasion to inquire as to the permissible scope of subsequent punishment. For whatever wrong the appellant has committed or may commit by his publications, the State appropriately affords both public and private redress by its libel laws. As has been noted, the statute in question does not deal with punishments; it provides for no punishment, except in case of contempt for violation of the court's order, but for suppression and injunction, that is, for restraint upon publication.

The objection has also been made that the principle as to immunity from previous restraint is stated too «283 U. S., 716» broadly, if every such restraint is deemed to be prohibited. That is undoubtedly true; the protection even as to previous restraint is not absolutely unlimited. But the limitation

5) See Hugonson's Case, 2 Atk. 469; Respublica v. Oswald, 1 Dallas 319; Cooper v. People, 13 Colo. 337, 373; 22 Pac. 790; Nebraska v. Rosewater, 60 Nebr. 438; 83 N. W. 353; State v. Tugwell, 19 Wash. 238; 52 Pac. 1056; People v. Wilson, 64 Ill. 195; Storey v. People, 79 Ill. 45; State v. Circuit Court, 97 Wis. 1, 72 N. W.193.

전의 제한조치들로부터의 면제 자체만으로는 헌법규정들에 의하여 보장되는 바의 전부가 될 수는 없다."는 데에, 그리고 "만약 모든 사람이 자기 좋은 바를 자유로이 공표해도 좋다고 하면서는 이에도 불구하고 무해한 공표사항들을 이유로 그를 공공당국이 처벌하여도 좋다면 언론출판의 자유는 한 개의 흉내로 및 한 개의 기만으로, 그 문구 자체는 한 개의 웃음거리로 만들어질 수 있다."는 데에 비판의 요지는 있어 왔다." 2 Cooley, Const. Lim., 8th ed., p.885. 그러나 언론출판에 수여된 자유의 남용에 대한 처벌이 공중의 보호에 불가결함은, 그리고 문서비방자를 사적 침해에 대한 책임에는 물론이고 공공범죄에 대한 책임에도 처하는 보통법 규칙들은 우리 헌법들에 확장된 보호에 의하여 폐지되지 아니함은 승인된다. id., pp.883, 884. 그 안전한 토대 위에 형사 문서비방 관련법은 기초를 둔다. 사법적 기능들의 적정한 이행을 방해하는 데에 간행물들이 직접적으로 기여할 경우에는 법원모독으로 처벌할 법원들의 승인된 권한이 또한 있다. Patterson v. Colorado, supra; Toledo Newspaper Co. v. United States, 247 U. S. 402, 419.[5] 현재의 사건에서 사후적 처벌의 허용 가능한 범위에 관하여 우리는 심리할 이유가 없다. 왜냐하면 그의 간행물들에 의하여 항소인이 저질러 놓은 내지는 저지를 수 있는 불법이 그 무엇이든, 공적 구제수단을 및 사적 구제수단을 다 같이 문서비방 관련법들에 의하여 주(State)는 적절히도 제공하기 때문이다. 특별히 언급되어 왔듯이, 처벌을 문제의 제정법은 다루지 않는다; 법원 명령의 위반에 의한 법원모독의 경우를 제외하고는 처벌을 그것은 규정하지 않으며, 발매금지를 및 금지명령을, 즉 공표에의 제한조치를 그것은 규정한다.

만약 모든 사전의 제한조치가 금지되는 것으로 간주된다면 그러한 제한조치로부터의 면제에 관한 «283 U. S., 716» 원칙은 너무 넓게 선언되어 있는 것이 된다는 이의가 또한 제기되어 있다. 그것은 분명히 맞는 말이다; 심지어 사전의 제한조치

---

5) Hugonson's Case, 2 Atk. 469를; Respublica v. Oswald, 1 Dallas 319를; Cooper v. People, 13 Colo. 337, 373; 22 Pac. 790을; Nebraska v. Rosewater, 60 Nebr. 438; 83 N. W. 353을; State v. Tugwell, 19 Wash. 238; 52 Pac. 1056을; People v. Wilson, 64 Ill. 195를; Storey v. People, 79 Ill. 45를; State v. Circuit Court, 97 Wis. 1, 72 N. W.193을 보라.

has been recognized only in exceptional cases: "When a nation is at war, many things that might be said in time of peace are such a hindrance to its effort that their utterance will not be endured so long as men fight, and that no Court could regard them as protected by any constitutional right." Schenck v. United States, 249 U. S. 47, 52. No one would question but that a government might prevent actual obstruction to its recruiting service or the publication of the sailing dates of transports or the number and location of troops.[6] On similar grounds, the primary requirements of decency may be enforced against obscene publications. The security of the community life may be protected against incitements to acts of violence and the overthrow by force of orderly government. The constitutional guaranty of free speech does not "protect a man from an injunction against uttering words that may have all the effect of force. Gompers v. Buck Stove & Range Co., 221 U. S. 418, 439." Schenck v. United States, supra. These limitations are not applicable here. Nor are we now concerned with questions as to the extent of authority to prevent publications in order to protect private rights according to the principles governing the exercise of the jurisdiction of courts of equity.[7]

The exceptional nature of its limitations places in a strong light the general conception that liberty of the press, historically considered and taken up by the Federal Constitution, has meant, principally, although not exclusively, immunity from previous restraints or censorship. The conception of the liberty of the press in this country had broadened with the exigencies of the colonial «283 U. S., 717» period and with the efforts to secure freedom from oppressive administration.[8] That liberty was especially cherished for the immunity it afforded from previous restraint of the publication of censure of

6) Chafee, Freedom of Speech, p.10.
7) See 29 Harvard Law Review, 640.
8) See Duniway "The Development of Freedom of the Press in Massachusetts," p.123; Bancroft's History of the United States, vol.2, 261.

에 관한 것이라 하더라도 그 보호는 절대적으로 무제한은 아니다. 그러나 제한이 인정되어 온 것은 예외적인 경우들에서만이다: "한 개의 국가가 전쟁 중일 때는, 평화의 시기에서라면 말해져도 좋았을 많은 것들이 국가의 노력에 대한 한 개의 장애물이 되어 사람들이 싸우는 한 그것들의 표명은 허용되지 않게 되고는 하는 법이고, 그리하여 그것들을 조금이라도 헌법적 권리에 의하여 보호되는 것들로서 법원이라면 간주할 수가 없었을 것이 되고는 하는 법이다." Schenck v. United States, 249 U. S. 47, 52. 자신의 모병업무에 대한 실제의 방해를 내지는 수송선들의 항해 일자들에 대한 내지는 병력의 숫자에 및 위치에 대한 공표를 정부가 금지할 수 있음을 의문시하는 사람은 없을 것이다.[6] 이에 유사한 근거들 위에서, 외설한 간행물들에 대처하여 예절의 기초적 요구들은 강제될 수 있다. 폭력행위들에의 자극물들에 대처하여 및 질서정연한 정부의 폭력에 의한 전복에 대처하여 공동체 생활의 안전은 보호될 수 있다. 자유로운 말에 대한 헌법적 보장은 "폭력의 모든 효과를 지닐 수 있는 언사들을 발설함에 대한 금지명령으로부터 사람을 보호하지 않는다. Gompers v. Buck Stove & Range Co., 221 U. S. 418, 439." Schenck v. United States, supra. 이 제한들은 여기에 적용이 가능하다. 형평법 법원들의 관할권의 행사를 지배하는 원칙들에 따른 사적 권리들을 보호하기 위하여 공표들을 금지할 권한의 범위에 관한 문제들에 대하여는 우리는 마찬가지로 관심이 없다.[7]

사전의 제한조치들로부터의 내지는 검열로부터의 면제를 연방헌법에 의하여 역사적으로 고찰되고 취급되어 온 언론출판의 자유가 비록 배타적으로까지는 아닐지라도 대개는 의미해 왔다는 그 일반적 개념을 강력한 빛 속에 그것의 제한들의 예외적 성격은 놓는다. 이 나라에서의 언론출판의 자유의 개념은 식민지 시대의 절박한 상황들 속에서 《283 U. S., 717》 및 압제적 통치로부터의 자유를 보장하려는 노력들에 더불어 확장되어 왔다.[8] 그 자유가 제공하는, 공무원들에 관한 혹평의 공표에 대한 및 공무상의 부정행위에 관한 비난들의 공표에 대한 사전의 제한조치로부터의 면제 때문에 그것은 특별히도 소중하게 다루어졌다. 법원장 파커(Parker) 판

---

6) Chafee, Freedom of Speech, p.10.
7) 29 Harvard Law Review, 640을 보라.
8) Duniway "The Development of Freedom of the Press in Massachusetts," p.123을; Bancroft's History of the United States, vol. 2, 261을 보라.

public officers and charges of official misconduct. As was said by Chief Justice Parker, in Commonwealth v. Blanding, 3 Pick. 304, 313, with respect to the constitution of Massachusetts: "Besides, it is well understood, and received as a commentary on this provision for the liberty of the press, that it was intended to prevent all such previous restraints upon publications as had been practiced by other governments, and in early times here, to stifle the efforts of patriots towards enlightening their fellow subjects upon their rights and the duties of rulers. The liberty of the press was to be unrestrained, but he who used it was to be responsible in case of its abuse." In the letter sent by the Continental Congress (October 26, 1774) to the Inhabitants of Quebec, referring to the "five great rights," it was said:[9]

"The last right we shall mention regards the freedom of the press. The importance of this consists, besides the advancement of truth, science, morality, and arts in general, in its diffusion of liberal sentiments on the administration of Government, its ready communication of thoughts between subjects, and its consequential promotion of union among them whereby oppressive officers are shamed or intimidated into more honourable and just modes of conducting affairs." Madison, who was the leading spirit in the preparation of the First Amendment of the Federal Constitution, thus described the practice and sentiment which led to the guaranties of liberty of the press in state constitutions:[10] «283 U. S., 718»

"In every State, probably, in the Union, the press has exerted a freedom in canvassing the merits and measures of public men of every description which has not been confined to the strict limits of the common law. On this footing the freedom of the press has stood; on this footing it yet stands. ······ Some degree of abuse is inseparable from the proper use of everything, and in no

9) Journal of the Continental Congress, 1904 ed., vol.l, pp.104, 108.
10) Report on the Virginia Resolutions, Madison's Works, vol. iv, 544.

사에 의하여 Commonwealth v. Blanding, 3 Pick. 304, 313에서 매사추세츠주 헌법에 관하여 말해진 대로: "그 밖에, 여타 정부들에 의하여 행사되어 온, 그리고 여기서의 초기 시절에 그들의 권리사항들에 및 지배자들의 의무사항들에 관하여 동료 신민들을 계몽시킴을 향한 애국지사들의 노력들을 질식시키기 위하여 행사되어 온 공표들 위에의 이러한 모든 사전의 제한조치들을 금지하려는 의도를 그것이 지닌 것이라는 점은 충분히 이해되는 바이고, 또한 언론출판의 자유를 위한 이 규정에 대한 한 개의 해설로서 그것은 받아들여진다. 언론출판의 자유는 무제한이어야 할 것이었고, 다만 그것을 사용한 사람은 그것의 남용의 경우에 책임을 져야 할 것이었다."

대륙회의에 의하여 퀘벡 주민들에게 발송된 서신(1774년 10월 26일)에는 "다섯 가지 위대한 권리들"을 지칭하면서 이렇게 쓰여 있다:9) "우리가 언급할 맨 마지막 권리는 언론출판의 자유에 관한 것입니다. 진실의, 과학의, 도덕의, 및 교양 일반의 고양에 이것의 중요성이 존재함 이외에도, 압제적 공무원들로 하여금 체면을 잃게 되거나 으름을 당하게 되어 보다 더 올바르고 정당한 업무수행 방법들에게로 돌아가게끔 만들어줄 정부 운영에 관한 자유주의적 지향들에 대한 그것의 보급에, 신민들 사이의 생각들에 대한 그것의 즉시의 전달에 및 그들 사이의 융합에의 그것의 필연의 촉진에 이것의 중요성은 존재합니다." 주 헌법들에서의 언론출판의 자유의 보장들에게로 이끌었던 관행을 및 생각을 연방헌법 수정 제1조의 준비에 있어서의 지도적 인물이었던 매디슨(Madison)은 이렇게 기술하였다:10) 《283 U. S., 718》

"보통법의 엄격한 한계들로 한정된 바 없는, 온갖 종류의 공직자들의 공적들을 및 조처들을 점검함에 있어서의 자유를 연방 내의 아마도 모든 주에서 언론출판은 행사해 왔다. 이 발판 위에 언론출판의 자유는 서 있어 왔다; 이 발판 위에 그것은 여전히 서 있다. …… 어느 정도의 남용은 모든 것의 올바른 사용으로부터 분리될 수 없는바, 언론출판의 경우에서보다도 이 점이 더 진실인 경우는 없다. 따라서, 그

---

9) Journal of the Continental Congress, 1904 ed., vol. I, pp.104, 108.
10) Report on the Virginia Resolutions, Madison's Works, vol. iv, 544.

instance is this more true than in that of the press. It has accordingly been decided by the practice of the States that it is better to leave a few of its noxious branches to their luxuriant growth than, by pruning them away, to injure the vigour of those yielding the proper fruits. And can the wisdom of this policy be doubted by any who reflect that to the press alone, chequered as it is with abuses, the world is indebted for all the triumphs which have been gained by reason and humanity over error and oppression; who reflect that to the same beneficent source the United States owe much of the lights which conducted them to the ranks of a free and independent nation, and which have improved their political system into a shape so auspicious to their happiness? Had 'Sedition Acts,' forbidding every publication that might bring the constituted agents into contempt or disrepute, or that might excite the hatred of the people against the authors of unjust or pernicious measures, been uniformly enforced against the press, might not the United States have been languishing at this day under the infirmities of a sickly Confederation? Might they not, possibly, be miserable colonies, groaning under a foreign yoke?"

The fact that, for approximately one hundred and fifty years, there has been almost an entire absence of attempts to impose previous restraints upon publications relating to the malfeasance of public officers is significant of the deep-seated conviction that such restraints would violate constitutional right. Public officers, whose character and «283 U. S., 719» conduct remain open to debate and free discussion in the press, find their remedies for false accusations in actions under libel laws providing for redress and punishment, and not in proceedings to restrain the publication of newspapers and periodicals. The general principle that the constitutional guaranty of the liberty of the press gives immunity from previous restraints has been approved in many

올바른 열매들을 낳는 가지들의 열정을 그것의 유해한 가지들 얼마간을 잘라냄에 의하여 손상시킴이보다는 그 유해한 가지들 얼마간을 현란한 발육에 남겨두는 쪽이 더 낫다는 판단이 주들의 관행에 의하여 내려진 것이 되어 왔다. 그러므로 이성에 및 인간성에 의하여 오신을 및 압제를 누르고서 획득되어 온 그 모든 위업들을 언론출판에게 - 그 남용사례들에 의하여 변화를 입은 것이기는 함에도 불구하고 - 세계가 빚지고 있음을 조금이라도 생각하는 사람들에 의하여; 미합중국을 자유로운 및 독립의 국가의 대열들에게로 인도한, 그리고 그들의 정치제도를 그들의 행복에 그토록 상서로운 형태로 개선시켜 온 그 불빛들의 대부분을 바로 그 자비심 많은 원천에게 미합중국이 빚지고 있음을 생각하는 사람들에 의하여 이 정책의 지혜로움이 의심될 수 있겠는가? 정부구성 요원들을 모욕에 내지는 악평에 데려올 소지 있는, 내지는 불공평한 내지는 유해한 조치들의 입안자들을 겨냥한 국민의 혐오를 자극할 소지 있는 모든 공표를 금지하는 '반정부활동 단속법들'이 언론출판에 적대하여 일제히 시행되었더라면, 오늘날 미합중국은 병든 연방의 결함들 아래서 시들어 온 것이 되어 있지는 않겠는가? 어쩌면 외국의 속박 아래서 신음하는 비참한 식민지들이 되지는 않았겠는가?"

헌법적 권리를 이러한 제한조치들은 침해하고는 한다는 점에 대한 깊게 자리한 확신을, 약 150년 동안 사전의 제한조치들을 공무원들의 부정행위에 관련한 공표물들 위에 부과하려는 시도들의 거의 완전한 부존재의 사실은 뜻한다. 언론출판에서의 논쟁에 및 자유토론에 «283 U. S., 719» 열린 채로 그 품성이 및 행위가 남는 공무원들은 허위의 비난들에 대한 자신들의 구제들을 신문의 및 정기간행물들의 간행을 제한하는 절차들에서가 아닌, 배상을 및 처벌을 규정하는 문서비방 관련법들 아래서의 소송들에서 찾는다. 사전의 제한조치들로부터의 면제를 언론출판의 자유에 대한 헌법적 보장이 부여한다는 일반원칙은 주 헌법들 아래서의 수많은 판결들에서 승인되어 왔다.[11)]

---

11) Dailey v. Superior Court, 112 Cal. 94, 98; 44 Pac. 458; Jones, Varnum & Co. v. Townsend's Admx., 21 Fla. 431, 450; State ex rel. Liversey v. Judge, 34 La. 741, 743; Commonwealth v. Blanding, 3 Pick. 304, 313; Lindsay v. Montana Federation of Labor, 37 Mont. 264, 275, 277; 96 Pac. 127; Howell v. Bee Publishing Co., 100

decisions under the provisions of state constitutions.[11]

The importance of this immunity has not lessened. While reckless assaults upon public men, and efforts to bring obloquy upon those who are endeavoring faithfully to discharge official duties, exert a baleful influence and deserve the severest condemnation in public opinion, it cannot be said that this abuse is greater, and it is believed to be less, than that which characterized the period in which our institutions took shape. Meanwhile, the administration of government has become more complex, the opportunities for malfeasance and corruption have multiplied, crime has grown to most serious proportions, and the danger of its protection by unfaithful officials and of the impairment of the fundamental security of life and «283 U. S., 720» property by criminal alliances and official neglect, emphasizes the primary need of a vigilant and courageous press, especially in great cities. The fact that the liberty of the press may be abused by miscreant purveyors of scandal does not make any the less necessary the immunity of the press from previous restraint in dealing with official misconduct. Subsequent punishment for such abuses as may exist is the appropriate remedy consistent with constitutional privilege.

In attempted justification of the statute, it is said that it deals not with publication per se, but with the "business" of publishing defamation. If, however, the publisher has a constitutional right to publish, without previous restraint, an edition of his newspaper charging official derelictions, it cannot

---

11) Dailey v. Superior Court, 112 Cal. 94, 98; 44 Pac. 458; Jones, Varnum & Co. v. Townsend's Admx., 21 Fla. 431, 450; State ex rel. Liversey v. Judge, 34 La. 741, 743; Commonwealth v. Blanding, 3 Pick. 304, 313; Lindsay v. Montana Federation of Labor, 37 Mont. 264, 275, 277; 96 Pac. 127; Howell v. Bee Publishing Co., 100 Neb. 39, 42; 158 N. W. 358; New Yorker Staats–Zeitung v. Nolan, 89 N. J. Eq. 387; 105 Atl. 72; Brandreth v. Lane, 8 Paige 24; New York Juvenile Guardian Society v. Roosevelt, 7 Daly 188; Ulster Square Dealer v. Fowler, 111 N. Y. Supp. 16; Star Co. v. Brush, 170 id. 987; 172 id. 320; 172 id. 851; Dopp v. Doll, 9 Ohio Dec. Rep. 428; Republica v. Oswald, 1 Dall. 319, 325; Respublica v. Dennie, 4 Yeates 267, 269; Ex parte Neill, 32 Tex. Cr. 275; 22 S. W. 923; Mitchell v. Grand Lodge, 56 Tex. Civ. App. 306, 309; 121 S. W. 178; Sweeney v. Baker, 13 W. Va. 158, 182; Citizens Light, Heat & Power Co. v. Montgomery Light & Water Co., 171 Fed. 553, 556; Willis v. O'Connell, 231 Fed. 1004, 1010; Dearborn Publishing Co. v. Fitzgerald, 271 Fed. 479, 485.

이 면제의 중요성은 감소해 있지 아니하다. 공직자들에 대한 무모한 공격들은 및 공무상의 책무사항들을 이행하기 위하여 충실하게 애쓰는 중인 사람들 위에 악담을 씌우려는 노력들은 해로운 영향력을 행사하고, 그리하여 여론에서의 가장 호된 비난을 받아 마땅하기는 하지만, 우리의 제도들이 형성된 기간을 성격지우는 바 가보다도 이 남용이 더 크다고는 말할 수 없으며 오히려 그것은 더 적은 것으로 믿어진다. 그 동안, 정부운영은 더 복잡해져 있고, 부정행위의 및 부패행위의 기회들은 늘어나 있으며, 범죄의 증가비율은 몹시 심각한 것이 되어 있고, 특히 대도시들에서의 주의 깊은 및 용기 있는 언론출판의 근본적 필요성을, «283 U. S., 720» 부정한 공무원들에 의한 그것의 비호의 위험은 및 범죄적 결탁들에 및 직무태만에 의한 생명의 및 재산의 기본적 안전에 대한 침해의 위험은 강조한다. 직무상의 부정행위를 다룸에 있어서의 사전의 제한조치로부터의 언론출판의 면제를 조금이라도 덜 필요한 것으로, 사악한 스캔들 조달업자에 의하여 언론출판의 자유가 남용될 수 있다는 사실은 만들지 아니한다. 있을 수 있는 것들로서의 이러한 남용들에 대한 사후적 처벌은 헌법적 특권에 부합되는 적절한 구제수단이다.

그 제정법을 옹호하려는 시도 속에서, 그 자체로서의 공표를 그것이 다루는 것이 아니라 명예훼손을 공표하는 "사업"을 그것은 다룬다는 주장이 제기되어 있다. 그러나 직무태만들을 비난하는 자신의 신문 간행판을 사전의 제한조치 없이 간행할 헌법적 권리를 만약 그 발행인이 지닌다면, 추후의 간행판들을 동일한 목적을 위하여 그가 간행해도 됨은 부정될 수 없다. 그 자신의 권리를 그가 행사함에 의하여 그

Neb. 39, 42; 158 N. W. 358; New Yorker Staats-Zeitung v. Nolan, 89 N. J. Eq. 387; 105 Atl. 72; Brandreth v. Lane, 8 Paige 24; New York Juvenile Guardian Society v. Roosevelt, 7 Daly 188; Ulster Square Dealer v. Fowler, 111 N. Y. Supp. 16; Star Co. v. Brush, 170 id. 987; 172 id. 320; 172 id. 851; Dopp v. Doll, 9 Ohio Dec. Rep. 428; Respublica v. Oswald, 1 Dall. 319, 325; Respublica v. Dennie, 4 Yeates 267, 269; Ex parte Neill, 32 Tex. Cr. 275; 22 S. W. 923; Mitchell v. Grand Lodge, 56 Tex. Civ. App. 306, 309; 121 S. W. 178; Sweeney v. Baker, 13 W. Va. 158, 182; Citizens Light, Heat & Power Co. v. Montgomery Light & Water Co., 171 Fed. 553, 556; Willis v. O'Connell, 231 Fed. 1004, 1010; Dearborn Publishing Co. v. Fitzgerald, 271 Fed. 479, 485.

be denied that he may publish subsequent editions for the same purpose. He does not lose his right by exercising it. If his right exists, it may be exercised in publishing nine editions, as in this case, as well as in one edition. If previous restraint is permissible, it may be imposed at once; indeed, the wrong may be as serious in one publication as in several. Characterizing the publication as a business, and the business as a nuisance, does not permit an invasion of the constitutional immunity against restraint. Similarly, it does not matter that the newspaper or periodical is found to be "largely" or "chiefly" devoted to the publication of such derelictions. If the publisher has a right, without previous restraint, to publish them, his right cannot be deemed to be dependent upon his publishing something else, more or less, with the matter to which objection is made.

Nor can it be said that the constitutional freedom from previous restraint is lost because charges are made of derelictions which constitute crimes. With the multiplying provisions of penal codes, and of municipal charters and ordinances carrying penal sanctions, the conduct of «283 U. S., 721» public officers is very largely within the purview of criminal statutes. The freedom of the press from previous restraint has never been regarded as limited to such animadversions as lay outside the range of penal enactments. Historically, there is no such limitation; it is inconsistent with the reason which underlies the privilege, as the privilege so limited would be of slight value for the purposes for which it came to be established.

The statute in question cannot be justified by reason of the fact that the publisher is permitted to show, before injunction issues, that the matter published is true and is published with good motives and for justifiable ends. If such a statute, authorizing suppression and injunction on such a basis, is constitutionally valid, it would be equally permissible for the legislature to provide that at any time the publisher of any newspaper could be brought

의 권리를 그는 상실하는 것이 아니다. 만약 그의 권리가 존재한다면, 한 개의 간행판에 의해서는 물론이고 이 사건에서처럼 아홉 개의 간행판들에 의하여도 그것은 행사될 수 있다. 만약 사전의 제한조치가 허용될 수 있는 것이라면, 그것은 즉시 부과되어도 된다; 실로, 여러 번의 간행에서만큼이나 한 번의 간행에서도 해악은 중대한 것일 수 있다. 출판을 한 개의 사업으로 및 그 사업을 한 개의 생활방해로 성격지움은 제한조치에 대처한 헌법적 면제에 대한 침해를 허용하지 아니한다. 이러한 태만행위들의 공표에 그 신문이 내지는 정기간행물이 "대부분" 내지는 "주로" 할애되어 있다는 점은 마찬가지로 문제가 되지 않는다. 만약 사전의 제한조치 없이 그것들을 공표할 한 개의 권리를 발행인이 지닌다면, 이의의 대상인 내용을에 더불어 그 이외의 모종의 것을 그가 공표하는지 여부에 그의 권리는 좌우되는 것으로 간주될 수 없다.

범죄들을 구성하는 태만행위들에 대하여 고발들이 이루어진다는 것 때문에 사전의 제한조치로부터의 헌법적 자유가 상실된다는 주장은도 성립될 수 없다. 형법전들의 확대일로의 규정들로 인하여 및 형사적 제재들을 수반하는 자치체 헌장들로 및 조례들로 인하여, 공무원들의 《283 U. S., 721》 행위는 매우 광범위하게도 형사적 제정법들의 범위 내에 있다. 형벌적 법령들의 범위 바깥에 놓이는 비난들에 대한 것들로서만 사전의 제한조치로부터의 언론출판의 자유가 제한되는 것으로 간주된 적은 결코 없다. 역사적으로 이러한 제한은 없다; 그 특권의 토대에 놓여 있는 이성에 그것은 배치되는바, 그렇게 제한되는 특권이라면 그것이 확립되기에 이른 목적들을 위해서는 그것은 하찮은 가치밖에 없는 것이 될 것이다.

공표내용이 진실임을 및 선량한 동기들을 지닌 채로 정당한 목적들을 위하여 공표된 것임을 증명하도록 금지명령이 발령되기 이전에 발행인이 허용된다는 사실을 이유로 문제의 제정법이 정당화될 수 있는 것은 아니다. 이러한 근거 위에서의 발매금지를 및 금지명령을 허용하는 이러한 제정법이 만약 헌법적으로 유효하다면, 언제든지 어떤 신문이든지의 발행인은 법원 앞에 내지는 심지어 행정부 공무원 앞에조차도 끌려갈 수 있다고 입법부가 규정함은 (헌법적 보호는 단순한 절차적 세부사항들에

before a court, or even an administrative officer (as the constitutional protection may not be regarded as resting on mere procedural details) and required to produce proof of the truth of his publication, or of what he intended to publish, and of his motives, or stand enjoined. If this can be done, the legislature may provide machinery for determining in the complete exercise of its discretion what are justifiable ends, and restrain publication accordingly. And it would be but a step to a complete system of censorship. The recognition of authority to impose previous restraint upon publication in order to protect the community against the circulation of charges of misconduct, and especially of official misconduct, necessarily would carry with it the admission of the authority of the censor against which the constitutional barrier was erected. The preliminary freedom, by virtue of the very reason for its existence, does not depend, as this Court has said, on proof of truth. Patterson v. Colorado, supra.

Equally unavailing is the insistence that the statute is designed to prevent the circulation of scandal which tends «283 U. S., 722» to disturb the public peace and to provoke assaults and the commission of crime. Charges of reprehensible conduct, and in particular of official malfeasance, unquestionably create a public scandal, but the theory of the constitutional guaranty is that even a more serious public evil would be caused by authority to prevent publication.

"To prohibit the intent to excite those unfavorable sentiments against those who administer the Government is equivalent to a prohibition of the actual excitement of them; and to prohibit the actual excitement of them is equivalent to a prohibition of discussions having that tendency and effect; which, again, is equivalent to a protection of those who administer the Government, if they should at any time deserve the contempt or hatred of the people, against being exposed to it by free animadversions on their characters and

좌우되는 것으로 간주되어서는 안 될 것이기에), 그리고 그의 공표의 내지는 그 공표하기를 그가 의도한 바의 진실함의 증거를 및 그의 동기들의 증거를 제출하도록, 그렇지 못하면 금지된 채로 멈춰 있도록 요구될 수 있다고 입법부가 규정함은 마찬가지로 허용될 것이다. 만약 이것이 행해질 수 있다면, 무엇이 정당한 목적들인지를 판정하기 위한 기계장치를 자신의 재량권의 완전한 행사 속에서 입법부는 규정할 수 있고 이에 따라 공표를 제한할 수 있다. 그런데 그것은 완전한 검열제도를 향한 한 개의 발걸음에 지나지 않을 것이다. 공동체 사회를 부정행위에 대한, 특히 공무상의 부정행위에 대한 비난들의 배포에 대처하여 보호하기 위한 사전의 제한조치를 공표 위에 부과할 권한의 인정은 검열자의 권한의 인정을 불가피하게 함께 수반할 것인 바, 그러나 그 헌법적 방벽은 그 검열자의 권한에 대처하기 위하여 세워진 것이었다. 당원이 말해 놓았듯이, 진실의 증명에 그 시원적 자유가 좌우되지 아니함은 그것의 존재의 이유 그 자체의 힘에 의한 것이다. Patterson v. Colorado, supra.

공중의 평온을 어지럽힐 소지가 있는 및 공격행위들을 및 범죄의 실행을 자극할 소지가 있는 중상의 배포를 «283 U. S., 722» 방지하도록 그 제정법이 설계되어 있다는 주장은 마찬가지로 무익하다. 비난할 만한 행동에 대한, 그것도 특히 공무상의 부정행위에 대한 비난들은 의문의 여지 없이 공중의 중상을 빚어내지만, 그러나 공표를 금지할 권한에 의하여는 보다 더 중대한 공중의 해악이 초래된다는 것이 그 헌법적 보장의 이론이다.

"정부를 운영하는 사람들에 대한 실제의 선동의 금지에, 그들을 겨냥한 반대의 감정들을 자극하려는 의도를 금지함은 맞먹고; 그 경향을 및 효과를 지니는 논의들의 금지에, 그 실제의 자극을 금지함은 맞먹는 바; 만약 국민의 모멸을 및 미움을 그들이 받아야 마땅한 경우라면, 그들의 품성에 및 행위에 관한 자유로운 비평들에 의하여 국민의 모멸에 및 미움에 그들이 노출됨에 대처하여 그들을 비호함에 언제든지 그것은 다시 맞먹는다."[12] 분개를 및 폭력적인 구제수단에 의지하게 될 소인

---

12) Madison, op. cit. p.549.

conduct."[12] There is nothing new in the fact that charges of reprehensible conduct may create resentment and the disposition to resort to violent means of redress, but this well understood tendency did not alter the determination to protect the press against censorship and restraint upon publication. As was said in New Yorker Staats-Zeitung v. Nolan, 89 N. J. Eq. 387, 388; 105 Atl. 72: "If the township may prevent the circulation of a newspaper for no reason other than that some of its inhabitants may violently disagree with it, and resent its circulation by resorting to physical violence, there is no limit to what may be prohibited." The danger of violent reactions becomes greater with effective organization of defiant groups resenting exposure, and if this consideration warranted legislative interference with the initial freedom of publication, the constitutional protection would be reduced to a mere form of words.

For these reasons we hold the statute, so far as it authorized the proceedings in this action under clause (b) «283 U. S., 723» of section one, to be an infringement of the liberty of the press guaranteed by the Fourteenth Amendment. We should add that this decision rests upon the operation and effect of the statute, without regard to the question of the truth of the charges contained in the particular periodical. The fact that the public officers named in this case, and those associated with the charges of official dereliction, may be deemed to be impeccable cannot affect the conclusion that the statute imposes an unconstitutional restraint upon publication.

Judgment reversed.

---

12) Madison, op. cit. p.549.

을 그 비난받을 행동에 대한 비난들이 빚어낼 수 있다는 사실에는 새로운 것이 없으나, 언론출판을 공표 위에의 검열에 및 제한에 대처하여 보호하려는 결의를 이 충분히 알려진 경향은 바꾸지 못하였다. New Yorker Staats-Zeitung v. Nolan, 89 N. J. Eq. 387, 388, 105 Atl. 72에서 판시된 대로: "주민들 일부가 신문에 대하여 격렬하게 반대할 수 있다는, 그리고 물리적 폭력에 의존함에 의하여 그것의 배포에 대한 분개를 그들이 표현할 수 있다는 바로 그 이유만으로 그 배포를 지역공동체가 금지할 수 있다면, 그 금지될 수 있는 사항에는 아무런 한계가 없게 된다." 노출에 분개하는 도전적인 그룹들의 유력한 조직화에 더불어 폭력적인 대응들의 위험이 더 커진다 하여 공표의 시원적 자유에 대한 입법적 간섭을 이 염려가 정당화한다면, 형식적인 말에 불과한 것들로 헌법의 보호는 바뀌어버릴 것이다.

제1절 (b)항에 따른 이 소송에서의 절차들을 그 제정법이 허용하는 한 그 제정법은 연방헌법 수정 제14조에 «283 U. S., 723» 의하여 보장된 언론출판의 자유에 대한 침해라고 우리가 판시함은 이러한 이유들에서이다. 특정 정기간행물에 포함된 비난들의 진실성의 문제를 고려함이 없이, 그 제정법의 기능에 및 효과에 이 판단은 의존함을 우리는 덧붙여야 하겠다. 위헌적 제한조치를 공표 위에 그 제정법이 부과한다는 결론에 대하여, 이 사건에 거명된 및 직무태만의 비난들에 관련된 공무원들이 결함 없는 것으로 판단될 수도 있다는 사실은 영향을 주지 아니한다.

원심판결주문은 파기된다.

 **MR. JUSTICE BUTLER, dissenting.**

The decision of the Court in this case declares Minnesota and every other State powerless to restrain by injunction the business of publishing and circulating among the people malicious, scandalous and defamatory periodicals that in due course of judicial procedure has been adjudged to be a public nuisance. It gives to freedom of the press a meaning and a scope not heretofore recognized, and construes "liberty" in the due process clause of the Fourteenth Amendment to put upon the States a federal restriction that is without precedent.

Confessedly, the Federal Constitution, prior to 1868, when the Fourteenth Amendment was adopted, did not protect the right of free speech or press against state action. Barron v. Baltimore, 7 Peters 243, 250. Fox v. Ohio, 5 How. 410, 434. Smith v. Maryland, 18 How. 71, 76. Withers v. Buckley, 20 How. 84, 89-91. Up to that time, the right was safeguarded solely by the constitutions and laws of the States, and, it may be added, they operated adequately to protect it. This Court was not called on until 1925 to decide whether the "liberty" protected by the Fourteenth Amendment includes the right of free speech and press. That question has been finally an- «283 U. S., 724» swered in the affirmative. Cf. Patterson v. Colorado, 205 U. S. 454, 462. Prudential Ins. Co. v. Cheek, 259 U. S. 530, 538, 543. See Gitlow v. New York, 268 U. S. 652. Fiske v. Kansas, 274 U. S. 380. Stromberg v. California, ante, p.359.

The record shows, and it is conceded, that defendants' regular business

뷰틀러(BUTLER) 판사의 반대의견이다.

적법한 사법절차의 과정에 의하여 공공의 생활방해임이 판결되어 있는 악의적인, 중상적인 및 명예훼손적인 정기간행물들을 국민들 사이에 출판하는 및 배포하는 사업을 금지명령에 의하여 제한할 권한이 미네소타주에게는 및 모든 주에게는 없다고 이 사건에서의 이 법원의 판결은 선언한다. 인정된 적이 없는 의미를 및 범위를 언론출판의 자유에 그것은 부여하고, 전례 없는 연방의 제한을 주들 위에 가하는 것으로 연방헌법 수정 제14조의 적법절차 내의 "자유"를 그것은 해석한다.

주지하듯이, 자유로운 말의 및 언론출판의 권리를 연방헌법 수정 제14조가 채택된 1868년 이전에 연방헌법은 주(state) 행위에 대처해서는 보호하지 아니하였다. Barron v. Baltimore, 7 Peters 243, 250. Fox v. Ohio, 5 How. 410, 434. Smith v. Maryland, 18 How. 71, 76. Withers v. Buckley, 20 How. 84, 89-91. 그때까지는 오직 주들의 헌법들에 및 법들에 의해서만 그 권리는 보장되었는바, 그것을 보장하기에 적절할 만큼은 그것들이 작동하였다는 점이 보태어질 수 있다. 자유로운 말의 및 언론출판의 권리를 연방헌법 수정 제14조에 의하여 보호되는 "자유"가 포함하는지 여부의 문제를 판단하도록 당원이 요구된 것은 겨우 1925년에 들어와서였다. 그 문제는 궁극적으로 긍정으로 답변된 것이 «283 U. S., 724» 되어 있다. Patterson v. Colorado, 205 U. S. 454, 462을, Prudential Ins. Co. v. Cheek, 259 U. S. 530, 538, 543을 비교하라. Gitlow v. New York, 268 U. S. 652를, Fiske v. Kansas, 274 U. S. 380을 및 Stromberg v. California, ante, p.359를 보라.

피고들의 일상적 사업이 그 도시의 주요 공무원들에, 지도적 신문들에, 사적 인

was the publication of malicious, scandalous and defamatory articles concerning the principal public officers, leading newspapers of the city, many private persons and the Jewish race. It also shows that it was their purpose at all hazards to continue to carry on the business. In every edition, slanderous and defamatory matter predominates to the practical exclusion of all else. Many of the statements are so highly improbable as to compel a finding that they are false. The articles themselves show malice.[1] «283 U. S., 725»

---

[1] The following articles appear in the last edition published, dated November 19, 1927:

"FACTS NOT THEORIES

"'I am a bosom friend of Mr. Olson,' snorted a gentleman of Yiddish blood, "and I want to protest against your article," and blah, blah, blah, ad infinitum, ad nauseam.

"I am not taking orders from men of Barnett's faith, at least right now. There have been too many men in this city and especially those in official life, who HAVE been taking orders and suggestions from JEW GANGSTERS, therefore we HAVE Jew Gangsters, practically ruling Minneapolis.

"It was buzzards of the Barnett stripe who shot down my buddy. It was Barnett gunmen who staged the assault on Samuel Shapiro. It is Jew thugs who have 'pulled' practically every robbery in this city. It was a member of the Barnett gang who shot down George Rubenstein (Ruby) while he stood in the shelter of Mose Barnett's ham-cavern on Hennepin avenue. It was Mose Barnett himself who shot down Roy Rogers on Hennepin avenue. It was at Mose Barnett's place of 'business'that the '13 dollar Jew' found a refuge while the police of New York were combing the country for him. It was a gang of Jew gunmen who boasted that, for five hundred dollars, they would kill any man in the city. It was Mose Barnett, a «283 U. S., 725» Jew, who boasted that he held the chief of police of Minneapolis in his hand — had bought and paid for him.

"It is Jewish men and women — pliant tools of the Jew gangster, Mose Barnett, who stand charged with having falsified the election records and returns in the Third ward. And it is Mose Barnett himself, who, indicted for his part in the Shapiro assault, is a fugitive from justice today.

"Practically every vendor of vile hooch, every owner of a moonshine still, every snake-faced gangster and embryonic yegg in the Twin Cities is a JEW.

"Having these examples before me, I feel that I am justified in my refusal to take orders from a Jew who boasts that he is a 'bosom friend' of Mr. Olson.

"I find in the mail at least twice per week letters from gentlemen of Jewish faith who advise me against "launching an attack on the Jewish people." These gentlemen have the cart before the horse. I am launching, nor is Mr. Guilford, no attack against any race, BUT:

"When I find men of a certain race banding themselves together for the purpose of preying upon Gentile or Jew; gunmen, KILLERS, roaming our streets shooting down men against whom they have no personal grudge (or happen to have); defying OUR laws; corrupting OUR officials; assaulting businessmen; beating up unarmed citizens; spreading a reign of terror through every walk of life, then I say to you in all sincerity that I refuse to back up a single step from that "issue" — if they choose to make it so.

"If the people of Jewish faith in Minneapolis wish to avoid criticism of these vermin whom I rightfully call 'Jews,' they can easily do so BY THEMSELVES CLEANING HOUSE.

"'I'm not out to cleanse Israel of the filth that clings to Israel's skirts. I'm out to 'hew to the line, let the chips fly where they may.'

"I simply state a fact when I say that ninety percent of the crimes committed against society in this city are committed by Jew gangsters.

"It was a Jew who employed JEWS to shoot down Mr. Guilford. It was a Jew who employed a Jew to intimidate

사들에 및 유대계 인종에 대한 악의적인, 중상적인 및 명예훼손적인 기사들의 공표 였음을 기록은 보여주고 그 점은 시인된다. 만난을 무릅쓰고 그 사업을 계속함이 그들의 목적이었음을 그것은 아울러 보여준다. 여타의 모든 내용의 사실상의 배제에 이를 정도로 모든 간행판에서 중상적인 및 명예훼손적인 내용이 지배한다. 성명들 중 많은 부분은 그것들이 틀린 것들이라는 판단을 강제할 만큼 대단히 있을 법하지 아니한 것들이다. 악의를 기사들 그 자체는 보여준다.[1] «283 U. S., 725»

---

1) 1927년 11월 19일자로 발행된 최종판에는 아래의 기사들이 실려 있다:

"의견들이라기보다는 사실들"

"난 올슨(Olson) 씨의 친한 친구이고, 그래서 난 당신들의 기사에 항의하고 싶은 거지."라고 유대혈통의 신사는 씩씩 거렸고, 중얼 중얼 중얼, 바보같은 소리를 끝없이도 역겹게도 반복해 댔다.

"바넷 씨의 신조에 따르는 사람들로부터의 명령을, 적어도 지금은 나는 받고 있지 않다. 이 도시에서는 유대인 갱들로부터 명령들을 및 제의들을 너무나도 많은 사람들이, 특히도 공직에 있는 사람들이 받아오고 있는 중이고, 그리하여 미니애폴리스를 사실상 지배하는 유대 갱들을 우리는 가지고 있다.

"나의 친구를 쏘아 쓰러뜨린 것은 바넷 계파의 머저리들이었다. 새뮤얼 샤피로에 대한 공격을 감행한 것은 바넷 총잡이들이었다. 사실상 모든 강도짓을 이 도시에서 "저질러" 온 것은 유대계 청부업자들이다. 헤네핀 가로수길에 위치한 모세 바넷의 후진 나이트클럽에 조지 루빈스타인(루비)가 서 있을 때 그를 쏘아 쓰러뜨린 것은 바넷 갱 단원이었다. 로이 로저스를 헤네핀 가로수길에서 쏘아 쓰러뜨린 것은 모세 바넷 그 자신이었다. "13 달러 유대인"을 찾아 그 지역을 뉴욕 경찰이 샅샅이 뒤지고 있는 동안에 피난처를 그가 발견한 것은 모세 바넷의 "영업" 장소에서였다. 500 달러면 도시 안의 어떤 사람이든지를 자신들이 죽이겠노라고 뽐낸 것은 유대 총잡이들의 갱이었다. 미니애폴리스 경찰국장을 «283 U. S., 725» 자신의 손에 자신이 넣고 있다고 자랑한 것은 유대인 모세 바넷이었다 – 그를 그는 매수하여 돈을 그에게 지불한 터였다.

"제3선거구에서의 선거기록들을 및 개표보고들을 변조한 혐의로 고발되어 있는 자들은 유대 갱 모세 바넷의 유순한 도구들인 유대계 남자들이고 여자들이다. 그리고 샤피로에 대한 공격에서의 그의 역할로 대배심 검사기소되고서도 재판으로부터 오늘 도망쳐 있는 사람은 모세 바넷 그 자신이다.

"쌍둥이 도시들에서의 지독한 밀주의 사실상 모든 판매인은, 밀조주 증류기의 모든 소유주는, 뱀 얼굴의 모든 갱은 및 모든 유치한 살인청부자는 한 명의 유대인이다.

"이러한 사례들을 내 앞에 나는 지니므로, 자신이 올슨 씨의 '친한 친구'임을 뽐내는 한 명의 유대인으로부터 명령을 받기를 내가 거부함에 있어서 정당하다고 나는 생각한다.

"'유대계 사람들에 대한 공격을 감행하지' 말도록 내게 조언하는 유대교 신사들로부터의 편지들을 편지함에서 1주일에 적어도 두 번 나는 발견한다. 수레를 말 앞에 이 신사들은 달고 있다. 어떤 인종에 대해서도 공격을 나는 개시하지 아니하고 있고 길포드 씨가 또한 개시하지 아니하기는 마찬가지인데, 그러나:

"우리의 법들을 무시하는; 우리의 공무원들을 타락시키는; 사업가들을 공격하는; 비무장 시민들을 때리는; 삶의 모든 여정에서 테러의 지배를 확산시키는; 개인적 악감이도 없이 (또는 개인적 악감이 생긴) 사람들을 향하여 총질하면서 우리의 여러 길들을 배회하는 총잡이들인 및 살인자들인 기독교인을 내지는 유대인을 잡아먹을 목적으로 함께 뭉치는 어떤 인종의 사람들을 내가 발견할 때, 그 때는 그 "쟁점"으로부터 한 걸음이라도 후퇴하기를 나는 거부함을 모든 성의를 기울여 당신들에게 나는 말한다 – 그것을 그렇게 만들기를 만약 그들이 택한다면 말이다.

"'유대인들'이라고 내가 정당히도 부르는 이 해충들에 대한 비판을 미니애폴리스에 사는 유대교 신봉자들이 원한다면 집안 청소를 그들 스스로 함으로써 그들은 손쉽게 그것을 할 수 있다.

"이스라엘의 치맛자락들에 달라붙는 오물을 이스라엘로부터 제거하고자 나는 애쓰지 않는다. "방침을 지키고자, 부스러기들을 그 날아갈 곳으로 날아가게 하고자" 나는 애쓴다.

"이 도시에서 사회를 겨냥하여 저질러진 범죄들의 90 퍼센트는 유대 갱들에 의하여 저질러진다고 내가 말할 때 한 개의 사실 자체를 나는 말하는 것일 뿐이다.

"길포드 씨를 쏘도록 유대인들을 고용한 것은 한 명의 유대인이었다. 샤피로 씨를 으르도록 한 명의 유대인을 고용한 것은 «283 U. S., 726» 한 명의 유대인이었고, 그리고 그들의 위협들에 굴복하기를 그 신사가 거부하였을 때 그 신사를 공격하도록 유대인들을 고용한 것은 한 명의 유대인이었다. 법에 대한 극악한 위반 가운데 제3선거구에서 선거기

The defendant here has no standing to assert that the statute is invalid because it might be construed so as to violate the Constitution. His right is limited solely to «283 U. S., 726» the inquiry whether, having regard to the point properly raised in his case, the effect of applying the statute is to deprive him of his liberty without due process of law. «283 U. S., 727» This Court should not reverse the judgment below upon the ground that, in some

---

Mr. Shapiro «283 U. S., 726» and a Jew who employed JEWS to assault that gentleman when he refused to yield to their threats. It was a JEW who wheedled or employed Jews to manipulate the election records and returns in the Third ward in flagrant violation of law. It was a Jew who left two hundred dollars with another Jew to pay to our chief of police just before the last municipal election, and:

"It is Jew, Jew, Jew, as long as one cares to comb over the records.

"I am launching no attack against the Jewish people As A RACE. I am merely calling attention to a FACT. And if the people of that race and faith wish to rid themselves of the odium and stigma THE RODENTS OF THEIR OWN RACE HAVE BROUGT UPON THEM, they need only to step to the front and help the decent citizens of Minneapolis rid the city of these criminal Jews.

"Either Mr. Guilford or myself stands ready to do battle for a MAN, regardless of his race, color or creed, but neither of us will step one inch out of our chosen path to avoid a fight IF the Jews want to battle.

"Both of us have some mighty loyal friends among the Jewish people, but not one of them comes whining to ask that we 'lay off' criticism of Jewish gangsters, and none of them who comes carping to us of their 'bosom friend-ship' for any public official now under our journalistic guns.

"GILL's [Guilford's] CHATTERBOX

"I headed into the city on September 26th, ran across three Jews in a Chevrolet; stopped a lot of lead, and won a bed for myself in St. Barnabas Hospital for six weeks. ⋯⋯

"Whereupon I have withdrawn all allegiance to anything with a hook nose that eats herring. I have adopted the sparrow as my national bird until Davis' law enforcement league or the K.K.K. hammers the eagle's beak out straight. So if I seem to act crazy as I ankle down the street, bear in mind that I am merely saluting MY national em-blem.

"All of which has nothing to do with the present whereabouts of Big Mose Barnett. Methinks he headed the lo-cal delegation to the new "Palestine for Jews only." He went ahead of the boys so «283 U. S., 727» he could do a little fixing with the Yiddish chief of police and get his twenty-five percent of the gambling rake-off. Boys will be boys, and 'ganefs' will be ganefs."

"GRAND JURIES AND DITTO

"There are grand juries, and there are grand juries. The last one was a real grand jury. It acted. The present one is like the scion who is labelled 'Junior,' that means not so good. There are a few mighty good folks on it – there are some who smell bad. One petty peanut politician whose graft was almost pitiful in its size when he was a public of-ficial has already shot his mouth off in several places. He is establishing his alibi in advance for what he intends to keep from taking place.

"But George, we won't bother you. [Meaning a grand juror.] We are aware that the gambling syndicate was wait-ing for your body to convene before the big crap game opened again. The Yids had your dimensions, apparently, and we always go by the judgment of a dog in appraising people.

"We will call for a special grand jury and a special prosecutor within a short time, as soon as half of the staff can navigate to advantage, and then we'll show you what a real grand jury can do. Up to the present, we have been merely tapping on the window. Very soon, we shall start smashing glass."

연방헌법을 침해하도록 그것이 해석될 수 있다는 이유로 그 제정법이 무효임을 주장할 입장을 피고는 여기서 지니지 않는다. 그의 사건에서 적절히 «283 U. S., 726» 제기된 쟁점을 고려하여 그 제정법을 적용함의 결과가 그의 자유를 적법절차 없이 그에게서 박탈하는 것이 되는지 여부의 심리에만으로 그의 권리는 제한된다. «283 U. S., 727» 연방헌법 수정 제14조에 의하여 보호되는 언론출판의 자유에 거슬리는 방법으로 어떤 다른 사건에서는 그 제정법이 적용될 수도 있다는 이유로 원

록들을 및 개표보고들을 조작하도록 유대인들을 유혹한 내지는 고용한 것은 한 명의 유대인이었다. 우리의 경찰국장에게 지불하도록 200 달러를 지난 번 시의원 선거 직전에 다른 유대인에게 맡긴 것은 한 명의 유대인이었다. 그리고:

"기록들을 샅샅이 뒤질 정도의 관심을 누군가가 갖는 한 그것은 유대인이고, 유대인이고, 유대인이다.

"한 개의 인종으로서의 유대민족을 겨냥하여서는 나는 공격을 하고 있지 아니하다. 한 개의 사실에 대한 관심을 나는 단지 환기하고 있을 뿐이다. 그러므로 그 종족의 및 신앙의 사람들 위에 그들 자신의 종족의 쥐새끼들이 씌워놓은 혐오를 및 오점을 그들 자신에게서 제거하기를 만약 그들이 원한다면, 이 범죄적 유대인들을 미니애폴리스에서 예의바른 시민들이 제거하는 일을 그들은 단지 한 걸음 앞으로 나아가 돕기만 하면 된다.

"종족을, 피부색을 또는 신조를 불문하고 한 명의 남자를 위하여 기꺼이 싸울 자세가 되어 있기는 길포드 씨나 나나 마찬가지지만, 만약 싸우기를 유대인들이 원한다면 우리의 선택된 길로부터 우리 중 누구도 1인치도 벗어나지 않을 것이다.

"유대인들 가운데 힘 있고 충실한 친구들 얼마간을 우리 둘은 다 같이 가지고 있지만, 유대인 갱들에 대한 비판을 우리더러 "그만두라고" 우리에게 요청하고자 낑낑대며 오는 사람은 그들 중 아무가도 없고, 지금 우리 잡지사의 총구들 아래에 조금이라도 들어온 공무원을 위하여 그들의 "친한 친구관계"를 우리에게 넌두리하러 오는 사람은 그들 중 아무가도 없다.

"길 씨의 [길포드 씨의] 수다쟁이

"9월 26일에 이 도시에 나는 들어왔고, 한 대의 시보레 자동차를 탄 세 명의 유대인들을 만났으며; 다량의 가격을 받아 넘겼고, 그리고 세인트 바나바스 병원에서의 6주간의 침대를 나는 얻었다. ……

"청어를 먹는 한 명의 매부리코에 대한 모든 신의를 그래서 나는 모조리 거두었다. 독수리의 부리를 데이비스 경찰연맹이 또는 KKK단이 두드려서 반듯하게 펼 때까지 참새를 나의 나라새로 나는 채택한 터이다. 그러므로 가로수길을 내가 어슬렁 어슬렁 걸어 내려갈 때 미친 사람의 행동처럼 그것이 보이거든, 나의 국가 상징에게 내가 인사하는 중임을 명심하라.

"형님 모세 바넷의 현재의 행방에는 그 모든 것은 관련이 없다. 새로운 단체 "유대인만을 위한 팔레스타인"에의 지역대표단을 그는 이끈 것으로 내게는 생각된다. 유대인 경찰국장에 더불어서의 약간의 사항들을 «283 U. S., 727» 조율하고자, 그리고 도박사업에서의 그의 지분 25%를 받고자 소년들에 앞서서 그는 갔다. 소년들은 소년들이고 "사기꾼들"은 사기꾼들인 법이다.

"대배심들 및 그 복제

"대배심들이 있고, 또한 대배심들은 있다. 지난 번의 것은 진짜 대배심이었다. 그것은 움직였다. 현재의 것은 "연소자"라고 이름 붙여진 어린 가지 같다. 그리 훌륭하지 아니함을 그것은 뜻한다. 거기에는 몇몇 영향력 있는 훌륭한 사람들이 있다 – 나쁜 냄새를 풍기는 자들이 얼마간 있다. 공무원 시절의 부정이득이 그 규모에 있어서 거의 불쌍한 정도였던 한 명의 쩨쩨하고 하찮은 정치인은 벌써 여러 곳에서 경솔한 말을 해 댔다. 그 생기지 않도록 그로서는 막고 싶은 상황에 대한 자신의 알리바이를 그는 미리 만들고 있는 중이다.

"그러나 조지, 널 우리는 귀찮게 하지 않을 거야. [너는 대배심원을 의미하지.] 주사위 던지기 도박이 다시 시작되기 전에 너의 무리가 모이기를 도박조직 연합이 기다리고 있었음을 우린 알고 있지. 명백히 유대인들은 너의 치수를 가지고 있고, 그래서 사람들을 평가함에 있어서 개 한 마리의 판단에 의하여 우리는 항상 시작하지.

"특별대배심을 및 특별검사를 짧은 시간 내에, 직원 절반이 훌륭하게 행행할 수 있게 되는 즉시로 우리는 요구할 것이고, 그땐 진짜 대배심이 할 수 있는 바를 네게 우린 보여줄 거다. 현재까지는 우리는 단지 창문을 두드려 왔을 뿐이다. 곧장 우리는 유리를 박살내기 시작할 거다."

other case, the statute may be applied in a way that is repugnant to the freedom of the press protected by the Fourteenth Amendment. Castillo v. McConnico, 168 U. S. 674, 680. Williams v. Mississippi, 170 U. S. 213, 225. Yazoo & Miss. R. Co. v. Jackson Vinegar Co., 226 U. S. 217, 219-220. Plymouth Coal Co. v. Pennsylvania, 232 U. S. 531, 544-546.

This record requires the Court to consider the statute as applied to the business of publishing articles that are, in fact, malicious, scandalous and defamatory.

The statute provides that any person who "shall be engaged in the business of regularly or customarily producing, publishing or circulating" a newspaper, magazine or other periodical that is (a) "obscene, lewd and lascivious" or (b) "malicious, scandalous and defama- «283 U. S., 728» tory" is guilty of a nuisance, and may be enjoined as provided in the Act. It will be observed that the qualifying words are used conjunctively. In actions brought under (b) "there shall be available the defense that the truth was published with good motives and for justifiable ends."

The complaint charges that defendants were engaged in the business of regularly and customarily publishing "malicious, scandalous and defamatory newspapers" known as the Saturday Press, and nine editions dated respectively on each Saturday commencing September 25 and ending November 19, 1927, were made a part of the complaint. These are all that were published.

On appeal from the order of the district court overruling defendants' demurrer to the complaint, the state supreme court said (174 Minn. 457, 461; 219 N. W. 770):

"The constituent elements of the declared nuisance are the customary and regular dissemination by means of a newspaper which finds its way into fam-

심의 판결주문을 이 법원은 파기해서는 안 된다. Castillo v. McConnico, 168 U. S. 674, 680. Williams v. Mississippi, 170 U. S. 213, 225. Yazoo & Miss. R. Co. v. Jackson Vinegar Co., 226 U. S. 217, 219-220. Plymouth Coal Co. v. Pennsylvania, 232 U. S. 531, 544-546.

실제로 악의적인, 중상적인 및 명예훼손적인 기사들을 간행하는 사업에 적용되는 것으로서의 그 제정법을 고찰하도록 이 법원에게 이 기록은 요구한다. (a) 외설한, 음란한 및 호색의" 신문을, 잡지를, 내지는 기타 정기간행물을, 또는 (b) "악의적인, 중상적인 및 명예훼손적인" 신문을, 잡지를 또는 기타 정기간행물을 "정규적으로 내지는 통상적으로 생산하는, 출판하는 내지는 유통시키는" "업무에 종사하는 사람"은 누구이든 생활방해에 대하여 유죄이고, 법률에 규정된 «283 U. S., 728» 바에 따라 금지될 수 있다고 그 제정법은 규정한다. 수식적 문구들이 접속적으로 사용되고 있음이 관찰될 것이다. (b)에 따라 제기된 소송들에서는 "선량한 동기들을 지닌 채로 정당한 목적들을 위하여 진실이 공표되었다는 항변이 원용 가능하다."

새터데이 프레스라고 알려진 "악의적인, 중상적인 및 명예훼손적인 신문들"을 정규적으로 및 통상적으로 간행하는 사업을 피고들이 경영했다고 소장은 주장하였고, 그리고 1927년 9월 25일에 시작하여 1927년 11월 19일에 끝나는 매 토요일마다 간행된 아홉 개의 간행판들은 소장의 일부를 구성하였다. 이것들이 그 간행된 전부였다.

소장에 대한 피고들의 법률요건 불구성의 항변을 배척하는 지방법원의 명령에 대한 항소에서, 주 대법원은 말하였다 (174 Minn. 457, 461, 219 N. W. 770):

"그 선언된 생활방해의 구성적 요소들은 가족들에게의 자신의 길을 찾아 성인에게는 물론이고 어린 사람들에게도 가 닿는 신문에 의한, 유포를 호령하기 위하여

ilies, reaching the young as well as the mature, of a selection of scandalous and defamatory articles treated in such a way as to excite attention and interest so as to command circulation. ······ The statute is not directed at threatened libel, but at an existing business which, generally speaking, involves more than libel. The distribution of scandalous matter is detrimental to public morals and to the general welfare. It tends to disturb the peace of the community. Being defamatory and malicious, it tends to provoke assaults and the commission of crime. It has no concern with the publication of the truth, with good motives and for justifiable ends. ······ In Minnesota no agency can hush the sincere and honest voice of the press; but our constitution was never intended to protect malice, scandal and defamation when untrue or published with bad motives or without justifiable ends. ······ It was never the intention of the constitution to afford protec- «283 U. S., 729» tion to a publication devoted to scandal and defamation. ······ Defendants stand before us upon the record as being regularly and customarily engaged in a business of conducting a newspaper sending to the public malicious, scandalous and defamatory printed matter."

The case was remanded to the district court.

Near's answer made no allegations to excuse or justify the business or the articles complained of. It formally denied that the publications were malicious, scandalous or defamatory, admitted that they were made as alleged, and attacked the statute as unconstitutional. At the trial, the plaintiff introduced evidence unquestionably sufficient to support the complaint. The defendant offered none. The court found the facts as alleged in the complaint, and, specifically, that each edition "was chiefly devoted to malicious, scandalous and defamatory articles" and that the last edition was chiefly devoted to malicious, scandalous and defamatory articles concerning Leach (mayor of Minneapolis), Davis (representative of the law enforcement league

주의를 및 관심을 자극하는 방법으로 다루어진 중상적인 및 명예훼손적인 기사들의 정선물에 대한 통상적인 및 정규적인 살포이다. …… 그 제정법은 임박한 문서비방에 겨냥되어 있는 것이 아니라, 일반적으로 말하여 문서비방 이상의 것을 포함하는 현존의 사업에 겨냥되어 있는 것이다. 중상적인 내용의 배포는 공중도덕에 및 일반의 복리에 해롭다. 공동체의 평온을 그것은 어지럽힐 소지가 있다. 명예훼손적이고 악의적이기에, 공격들을 및 범죄의 실행을 그것은 부를 소지가 있다. 선량한 동기들을 지닌 채로의 및 정당한 목적들을 위한 것으로서의 진실의 공표에는 아무런 관련을 그것은 지니지 않는다. …… 언론출판의 진지한 및 정직한 목소리를 미네소타주에서 어떤 기관도 잠재울 수 없다; 그러나 허위인 경우의 내지는 불량한 동기들을 지닌 채로 내지는 정당한 목적들을 결여한 채로 공표되는 경우의 악의를, 중상을 및 명예훼손을 보호하려는 의도가 우리의 헌법에는 결코 담긴 적이 없다. …… 중상에 및 명예훼손에 바쳐진 출판물에게 보호를 제공함은 «283 U. S., 729» 헌법의 의도가 결코 아니었다. …… 악의적인, 중상적인 및 명예훼손적인 인쇄물을 공중에게 보내는 신문을 경영하는 사업에 정규적으로 및 통상적으로 종사한 사람들로서 기록에 의하여 우리 앞에 피고들은 서 있다."

사건은 지방법원에 환송되었다.

제소된 사업을 내지는 기사들을 변명하기 위한 내지는 정당화하기 위한 주장들을 니어(Near)의 답변은 하지 않았다. 공표물들이 악의적임을, 중상적임을, 내지는 명예훼손적임을 그것은 형식적으로 부인하였고, 그 주장된 대로 그것들이 이루어졌음을 시인하였고, 그리고 그 제정법을 위헌적인 것으로서 공격하였다. 소장을 뒷받침하기에 의문의 여지 없이 충분한 증거를 정식사실심리에서 원고는 제출하였다. 아무런 증거를 피고는 제출하지 않았다. 소장에 주장된 대로의 사실관계를, 그리고 특히 개개 간행판이 "악의적인, 중상적인 및 명예훼손적인 기사들에 주로 할애된" 것임을 및 리치(미니애폴리스 시장)에 관한, 데이비스(시민들의 경찰연맹 대표)에 관한, 브룬스킬(경찰국장)에 관한, 올슨(카운티 검사)에 관한, 유대인종에 관한, 그리고 당시에 그 법원에서 복무 중이던 대배심 구성원들에 관한 악의적인, 중상적인 및 명예훼손

of citizens), Brunskill (chief of police), Olson (county attorney), the Jewish race, and members of the grand jury then serving in that court; that defendants, in and through the several publications "did thereby engage in the business of regularly and customarily producing, publishing and circulating a malicious, scandalous and defamatory newspaper."

Defendant Near again appealed to the supreme court. In its opinion (179 Minn. 40; 228 N. W. 326), the court said: "No claim is advanced that the method and character of the operation of the newspaper in question was not a nuisance if the statute is constitutional. It was regularly and customarily devoted largely to malicious, scandalous and defamatory matter. ······ The record presents the same questions, upon which we have already passed." «283 U. S., 730»

Defendant concedes that the editions of the newspaper complained of are "defamatory per se," and he says: "It has been asserted that the constitution was never intended to be a shield for malice, scandal, and defamation when untrue, or published with bad motives, or for unjustifiable ends. ······ The contrary is true; every person *does* have a constitutional right to publish malicious, scandalous, and defamatory matter though untrue, and with bad motives, and for unjustifiable ends, *in the first instance*, though he is subject to responsibility therefor *afterwards*." The record, when the substance of the articles is regarded, requires that concession here. And this Court is required to pass on the validity of the state law on that basis.

No question was raised below, and there is none here, concerning the relevancy or weight of evidence, burden of proof, justification or other matters of defense, the scope of the judgment or proceedings to enforce it, or the character of the publications that may be made notwithstanding the injunction.

There is no basis for the suggestion that defendants may not interpose any

적인 기사들에 최종판은 주로 할애되었음을; 여러 번의 공표들 안에서 및 그 공표들을 통하여, "악의적인, 중상적인 및 명예훼손적인 신문을 정규적으로 및 통상적으로 생산하는, 간행하는 및 배포하는 사업에 이로써 피고들이 실제로 종사하였음을" 그 법원은 인정하였다.

피고 니어는 다시 주 대법원에 항소하였다. 자신의 의견에서 (179 Minn. 40, 228 N. W. 326), 그 법원은 말하였다: "만약 그 제정법이 합헌이라면 문제의 신문의 운영의 방법은 및 성격은 생활방해가 아니었다는 주장은 제기되어 있지 아니하다. 주로 악의적인, 중상적인 및 명예훼손적인 내용에 그것은 정규적으로 및 통상적으로 할애되었다. …… 우리가 이미 통과해 온 바로 그 문제들을 기록은 제기한다." «283 U. S., 730»

제소된 신문 간행판들은 "그 자체로서 명예훼손적"임을 피고는 시인하며, 이렇게 그는 말한다: "허위인 경우의 내지는 불량한 동기들을 지닌 채로 내지는 부당한 목적들을 위하여 공표되는 경우의 악의를, 중상을 및 명예훼손을 위한 방패가 되게 하려는 의도가 헌법에는 결코 담기지 아니하였다는 주장이 제기되어 있다. …… 그 반대가 맞다; 악의적인, 중상적인 및 명예훼손적인 내용을 그 허위임에도 불구하고, 그 불량한 동기들을 지닌 채로임에도 불구하고, 그리고 그 부당한 목적들을 위해서임에도 불구하고 공표할 헌법적 권리를 우선적으로 모든 사람은 참으로 지니는바, 다만 *사후적*으로 이에 대한 책임에 그는 종속된다." 기사들의 내용이 고려될 때, 그 점에 대한 시인을 여기서 기록은 요구한다. 그리고 주 법의 유효성을 그 토대 위에서 판단하라는 요구가 이 법원에 제기되어 있다.

증거의 관련성에 내지는 증명력에 관하여는, 증명책임에 관하여는, 정당화사유에 내지는 그 밖의 항변사항들에 관하여는, 판결주문의 범위에 내지는 그것을 집행하는 절차에 관하여는, 내지는 금지명령에도 불구하고 행해질 수 있는 공표들의 성격에 관하여는 원심법원에서 문제가 제기되지 않았고, 여기에 제기되어 있지도 아니하다. 조금이라도 문서비방 사건에서라면 피고들에게 열려 있을 항변을 내지는

defense or introduce any evidence that would be open to them in a libel case, or that malice may not be negatived by showing that the publication was made in good faith in belief of its truth, or that, at the time and under the circumstances, it was justified as a fair comment on public affairs or upon the conduct of public officers in respect of their duties as such. See Mason's Minnesota Statutes, §§ 10112, 10113.

The scope of the judgment is not reviewable here. The opinion of the state supreme court shows that it was not reviewable there, because defendants' assignments of error in that court did not go to the form of the judgment, and because the lower court had not been asked to modify the judgment. «283 U. S., 731»

The Act was passed in the exertion of the State's power of police, and this court is, by well established rule, required to assume, until the contrary is clearly made to appear, that there exists in Minnesota a state of affairs that justifies this measure for the preservation of the peace and good order of the State. Lindsley v. Natural Carbonic Gas Co., 220 U. S. 61, 79. Gitlow v. New York, supra, 668-669. Corporation Commission v. Lowe, 281 U. S. 431, 438. O' Gorman & Young v. Hartford Ins. Co., 282 U. S. 251, 257-258.

The publications themselves disclose the need and propriety of the legislation. They show:

In 1913 one Guilford, originally a defendant in this suit, commenced the publication of a scandal sheet called the Twin City Reporter; in 1916, Near joined him in the enterprise, later bought him out and engaged the services of one Bevans. In 1919, Bevans acquired Near's interest, and has since, alone or with others, continued the publication. Defendants admit that they published some reprehensible articles in the Twin City Reporter, deny that they personally used it for blackmailing purposes, admit that, by reason of their

증거를 그들은 제기할 수도 제출할 수도 없다는 착상을 뒷받침하는, 또는 그것의 진실함에 대한 선의의 믿음 속에서 공표가 이루어졌음을 증명함에 의하여 내지는 그 당시에 및 그 상황들 아래서 공공의 문제들에 대한 내지는 공무원들의 의무사항들 그 자체에 관련한 그들의 행위에 대한 공평한 논평으로서 공표가 정당화되었음을 증명함에 의하여 악의가 부정되어서는 안 된다는 착상을 뒷받침하는 근거가 없다. Mason's Minnesota Statutes, §§ 10112, 10113을 보라.

판결주문의 범위는 여기서 재검토가 불가능하다. 피고들의 항소이유들은 판결주문의 요소에 가 닿지 못하였기에, 그리고 판결주문을 수정하도록 하급심법원은 요청된 바 없기에, 거기서도 그것은 재검토가 불가능하였음을 주 대법원의 의견은 보여준다. «283 U. S., 731»

그 법률은 주의(State's) 경찰권의 행사로서 통과되었고, 그 반대사실이 명확히 나타나게 되기까지는 미네소타주에는 주의 평온의 및 바람직한 질서의 보전을 위하여 이 조치를 정당화하는 상황이 존재한다고 추정하도록 충분히 확립된 규칙들에 의하여 이 법원은 요구된다. Lindsley v. Natural Carbonic Gas Co., 220 U. S. 61, 79. Gitlow v. New York, supra, 668-669. Corporation Commission v. Lowe, 281 U. S. 431, 438. O'Gorman & Young v. Hartford Ins. Co., 282 U. S. 251, 257-258.

그 입법의 필요를 및 타당성을 간행물들 그 자체가 드러낸다. 그것들은 보여준다:

튄 씨티 리포터라는 명칭의 폭로잡지의 출판을 1913년에 길포드라는 사람은 - 그는 당초에 이 소송의 피고들 중 한 명이었다 - 시작하였다; 1916년에 니어는 그 사업에서 그에게 합류하였는데, 나중에는 길포드를 몰아내고 비번스라는 사람의 용역을 끌어들였다. 니어의 지분을 1919년에 비번스는 인수하였고, 그 이래로 그 혼자서 또는 다른 사람들하고 함께 출판을 계속하였다. 몇몇 비난받을 만한 기사들을 튄 씨티 리포터지에 자신들이 공표하였음을 피고들은 시인하고 있고, 갈취 목적으로 그것을 자신들이 개인적으로 사용했음을 피고들은 부인하고 있으며, 그 신문

connection with the paper their reputation did become tainted, and state that Bevans, while so associated with Near, did use the paper for blackmailing purposes. And Near says it was for that reason he sold his interest to Bevans.

In a number of the editions, defendants charge that, ever since Near sold his interest to Bevans in 1919, the Twin City Reporter has been used for blackmail, to dominate public gambling and other criminal activities, and as well to exert a kind of control over public officers and the government of the city.

The articles in question also state that, when defendants announced their intention to publish the Saturday Press, they were threatened, and that, soon after the first pub- «283 U. S., 732» lication, Guilford was waylaid and shot down before he could use the firearm which he had at hand for the purpose of defending himself against anticipated assaults. It also appears that Near apprehended violence, and was not unprepared to repel it. There is much more of like significance.

The long criminal career of the Twin City Reporter - if it is, in fact, as described by defendants - and the arming and shooting arising out of the publication of the Saturday Press, serve to illustrate the kind of conditions, in respect of the business of publishing malicious, scandalous and defamatory periodicals, by which the state legislature presumably was moved to enact the law in question. It must be deemed appropriate to deal with conditions existing in Minnesota.

It is of the greatest importance that the States shall be untrammeled and free to employ all just and appropriate measures to prevent abuses of the liberty of the press.

In his work on the Constitution (5th ed.), Justice Story, expounding the

에의 자신들의 연결로 인하여 자신들의 명성이 더럽혀진 것은 사실임을 피고들은 시인하고 있고, 니어하고 그렇게 연결되어 있던 동안에 신문을 갈취 목적으로 비번스가 사용한 것은 맞음을 피고들은 진술한다. 그리고 자신의 지분을 비번스에게 자신이 판 것은 그 이유 때문이었다고 니어는 말한다.

자신의 지분을 비번스에게 1919년에 니어가 판 이래로 갈취를 위하여, 공중도박장을 및 그 밖의 범죄활동들을 지배하기 위하여, 그리고 심지어는 공무원들에 및 시 정부에 대한 지배력을 행사하기 위하여서도 튄 씨티 리포터지는 이용되어 왔다고 여러 개의 간행판들에서 피고들은 비난한다.

새터데이 프레스지를 발행하려는 자신들의 의도를 피고들이 선언했을 때에 자신들이 위협을 당하였다고, 그리고 최초의 발행 직후에 길포드가 요격당하여 총격을 «283 U. S., 732» 받아 쓰러졌다고, 예상된 공격들에 대비하여 그 자신을 방어할 목적으로 그가 지니고 있던 총기를 그는 미처 사용해 보지도 못하였다고 문제의 기사들은 아울러 주장한다. 폭력사태를 니어는 염려하였던 것으로, 그리고 이를 물리치기 위한 그의 준비가 없지 않았던 것으로 보인다. 유사한 의미를 시사하여 주는 것들은 훨씬 더 많다.

악의적인, 중상적인 및 명예훼손적인 정기간행물들의 출판사업에 관련한 상황들의 종류를 예증하는 데 튄 씨티 리포터지의 장시간의 범죄적 경력 - 그것이 실제로 피고들에 의하여 설명된 바대로라면- 은 및 새터데이 프레스지의 발행에서 빚어진 무장과 총격은 도움을 주는바, 그것은 문제의 법을 제정하도록 주 입법부가 자극된 계기였던 것으로 추정된다. 미네소타주에 현존하는 상황들을 다루기 위하여 적절한 것으로 그것은 간주되지 않으면 안 된다.

언론출판의 자유에 대한 남용들을 방지할 모든 정당한 및 적절한 조치들을 사용함에 있어서 주들은 제한을 받지 아니하고 자유로워야 함은 가장 중요한 사항이다.

자신의 저서 헌법[the Constitution (5th ed.)]에서, "말의 내지는 언론출판의 자유를

First Amendment, which declares "Congress shall make no law abridging the freedom of speech or of the press," said (§ 1880):

"That this amendment was intended to secure to every citizen an absolute right to speak, or write, or print whatever he might please, without any responsibility, public or private, therefor is a supposition too wild to be indulged by any rational man. This would be to allow to every citizen a right to destroy at his pleasure the reputation, the peace, the property, and even the personal safety of every other citizen. A man might, out of mere malice and revenge, accuse another of the most infamous crimes; might excite against him the indignation of all his fellow citizens by the most atrocious calumnies; might disturb, nay, overturn, all his domestic peace, and embitter his parental affections; might inflict the most distressing punishments upon the weak, the timid, and the inno- «283 U. S., 733» cent; might prejudice all a man's civil, and political, and private rights; and might stir up sedition, rebellion, and treason even against the government itself in the wantonness of his passions or the corruption of his heart. Civil society could not go on under such circumstances. Men would then be obliged to resort to private vengeance to make up for the deficiencies of the law; and assassination and savage cruelties would be perpetrated with all the frequency belonging to barbarous and brutal communities. It is plain, then, that the language of this amendment imports no more than that every man shall have a right to speak, write, and print his opinions upon any subject whatsoever, without any prior restraint, so always that he does not injure any other person in his rights, person, property, or reputation; and so always that he does not thereby disturb the public peace or attempt to subvert the government. It is neither more nor less than an expansion of the great doctrine recently brought into operation in the law of libel, *that every man shall be at liberty to publish what is true, with good motives and for justifiable ends*. And, with this reasonable limita-

침해하는 법을 연방의회는 제정해서는 안 된다."고 선언하는 연방헌법 수정 제1조를 해설하면서, 스토리(Story) 판사는 말하였다 (§ 1880):

"공적으로든 사적으로든 아무런 책임을 지지 아니하면서 자신이 좋아하는 그 무엇이든지를 말할, 쓸, 출판할 한 개의 절대적 권리를 모든 시민에게 보장하려는 의도를 이 수정조항이 지닌다는 주장은 너무도 무모하여 그것은 조금이라도 이성을 갖춘 사람에게라면 그대로 받아들여질 수 없는 한 개의 가정이다. 다른 모든 시민의 명성을, 평온을, 재산을, 그리고 심지어는 신체의 안전을조차도 마음대로 파괴할 권리를 모든 시민에게 이는 허용하는 것이 될 것이다. 사람이란 단순한 악의와 복수심만으로도 가장 수치스러운 범죄들을 타인에게 씌울 수 있고; 자신의 모든 동료 시민들의 그를 겨냥한 분개를 가장 흉악한 중상들에 의하여 자극할 수 있으며; 그의 가정의 모든 평온을 방해할 수, 아니, 멸망시킬 수 있고 그의 부모로서의 애정들을 한층 더 쓰라린 것이 되게 할 수 있으며; 가장 비참한 처벌들을 약한, 소심한, 그리고 죄 없는 사람들에게 가할 수 있고; «283 U. S., 733» 한 사람의 시민적, 정치적 및 사적 권리들 전부를 손상시킬 수 있으며 폭동을, 모반을 및 반역을 자신의 열정들의 방자함 속에서 내지는 자신의 마음의 타락 속에서 심지어는 정부 자체에 대해서마저 선동할 수 있다. 이러한 상황들 아래서는 시민적 사회는 유지될 수 없을 것이다. 그 때는 법의 결함들을 보충하기 위하여 사적 보복에 사람들은 의존하여야 할 것이고, 미개한 및 잔인한 사회들에 속하는 매우 큰 빈도를 지니고서 암살이 및 야만적인 잔인행위들이 자행될 것이다. 자신의 의견들을 그 어떤 주제에 대하여도 사전의 제한조치 없이 말할, 쓸, 그리고 출판할 권리를 모든 사람이 지녀야 한다는 것만을, 그러므로 조금이라도 타인을 그의 권리들에서, 재산에서, 명성에서 항상 그는 침해하지 않아야 한다는 것을, 그러므로 공중의 평온을 항상 그는 이로써 방해하지 않아야 한다는 것을 내지는 정부를 전복하기를 그는 시도하지 말아야 한다는 것을 이 수정조항의 문언은 의미함이 그러므로 분명하다. 이는 *진실인 사항을 선량한 동기들을 지닌 채로 및 정당한 목적들을 위하여 모든 사람은 자유로이 공표할 수 있어야 한다는* 문서비방 법에서 최근에 작동 안에 도입된 그 위대한 교의의 확장 그 이상도 이하도 아니다. 그러므로 이러한 합리적인 제한을 지닌 것으로서, 그것은 그 자체로 권리일 뿐만 아니라, 그것은 자유정부에 있어서의 더 없이 귀중

tion, it is not only right in itself, but it is an inestimable privilege in a free government. Without such a limitation, it might become the scourge of the republic, first denouncing the principles of liberty and then, by rendering the most virtuous patriots odious through the terrors of the press, introducing despotism in its worst form." (Italicizing added.)

The Court quotes Blackstone in support of its condemnation of the statute as imposing a previous restraint upon publication. But the *previous restraints* referred to by him subjected the press to the arbitrary will of an administrative officer. He describes the practice (Book IV, p. 152): "To subject the press to the restrictive power of a licenser, as was formerly done both before and since the revolution [of 1688], is to subject all free- «283 U. S., 734» dom of sentiment to the prejudices of one man and make him the arbitrary and infallible judge of all controverted points in learning, religion, and government."[2]

Story gives the history alluded to by Blackstone (§ 1882):

"The art of printing, soon after its introduction, we are told, was looked upon, as well in England as in other countries, as merely a matter of state, and subject to the coercion of the crown. It was, therefore, regulated in England by the king's proclamations, prohibitions, charters of privilege, and licenses, and finally by the decrees of the Court of Star-Chamber, which limited the number of printers and of presses which each should employ, and prohibited new publications unless previously approved by proper licensers. On the demolition of this odious jurisdiction, in 1641, the Long Parliament of Charles the First, after their rupture with that prince, assumed the same powers which the Star-Chamber exercised with respect to licensing books, and

2) May, Constitutional History of England, c. IX. Duniway, Freedom of the Press in Massachusetts, cc. I and II. Cooley, Constitutional Limitations (8th ed.) Vol. II, pp.880–881. Pound, Equitable Relief against Defamation, 29 Harv. L. Rev. 640, 650 et seq. Madison, Letters and Other Writings (1865 ed.) Vol. IV, pp.542, 543. Respublica v. Oswald, 1 Dall. 319, 325. Rawle, A View of the Constitution (2d ed. 1829) p.124. Paterson, Liberty of the Press, c. III.

한 한 개의 특권이다. 이러한 제한이 없다면 그것은 공화국의 두통거리가 될 수 있을 것인바, 첫째로는 자유의 원칙들을 매도함으로써, 그 다음에는 언론출판의 테러행위들을 통하여 가장 덕망 있는 애국자들을 가증스런 사람들로 만듦으로써, 그리하여 가장 극악한 형태의 독재를 그것은 불러들일 수도 있을 것이다." (이탤릭체는 보태짐.)

공표 위에의 사전의 제한조치를 부과하는 것으로서의 그 제정법에 대한 자신의 비난을 뒷받침하는 근거로서 블랙스톤(Blackstone)을 이 법원은 인용한다. 그러나 언론출판을 행정부 공무원의 자의적 의지에 그에 의하여 언급된 사전의 제한조치들은 종속시켰다. 그 관행을 그는 설명한다 (Book IV, p.152): "[1688년의] 혁명 이전에도 이후에도 다 같이 이루어진 대로 언론출판을 허가권자의 제한권에 종속시키는 것은 모든 생각의 자유를 한 명의 편견들에 종속시키는 «283 U. S., 734» 것이고 그리하여 그 사람을 배움에, 종교에 및 통치에 있어서의 모든 다툼 있는 쟁점들에 대한 자의적이고도 무오류인 심판관으로 만드는 것이다."[2]

블랙스톤(Blackstone)에 의하여 언급된 역사를 스토리(Story)는 전한다 (§ 1882):

"다른 나라에서처럼 영국에서도 인쇄의 기술은, 그것의 도입 직후에는 국가의 문제로서만, 그리하여 국왕의 강압에 종속되는 것으로 간주되었다고 우리는 듣는다. 그러므로 영국에서는 국왕의 포고들에 의하여, 금령들에 의하여, 특권인가서들에 의하여, 허가증들에 의하여, 그리고 궁극적으로는 성실청 법원의 포고들에 의하여 그것은 규율되었는데, 각자가 사용할 인쇄공들의 및 인쇄기들의 숫자를 성실청 법원의 포고들은 제한하였고 정식의 허가권자들에 의하여 사전에 승인되지 아니한 새로운 출판들을 그것들은 금지하였다. 책들을 허가하는 업무에 관하여 성실청이 행사하던 바로 그 권력들을 1641년의 이 가증스런 재판권의 폐지 즉시로 찰스 1세의 장기의회는 그와의 파열 뒤에 떠맡았고, 그 목적들을 위한 조례들을 공화정 기간 동안 (심지어 공화국들에서조차도 이러한 것이 인간의 약함이며 권력욕이다!) 그들은 발령하였는

---

2) May, Constitutional History of England, c. IX. Duniway, Freedom of the Press in Massachusetts, cc. I and II. Cooley, Constitutional Limitations (8th ed.) Vol. II, pp.880–881. Pound, Equitable Relief against Defamation, 29 Harv. L. Rev. 640, 650 et seq. Madison, Letters and Other Writings (1865 ed.) Vol. IV, pp.542, 543. Respublica v. Oswald, 1 Dall. 319, 325. Rawle, A View of the Constitution (2d ed. 1829) p.124. Paterson, Liberty of the Press, c. III.

during the Commonwealth (such is human frailty and the love of power even in republics!), they issued their ordinances for that purpose, founded principally upon a Star-Chamber decree of 1637. After the restoration of Charles the Second, a statute on the same subject was passed, copied, with some few alterations, from the parliamentary ordinances. The act expired in 1679, and was revived and continued for a few years after the revolution of 1688. Many attempts were made by the government to keep it in force, but it was «283 U. S., 735» so strongly resisted by Parliament that it expired in 1694, and has never since been revived."

It is plain that Blackstone taught that, under the common law liberty of the press means simply the absence of restraint upon publication in advance as distinguished from liability, civil or criminal, for libelous or improper matter so published. And, as above shown, Story defined freedom of the press guaranteed by the First Amendment to mean that "every man shall be at liberty to publish what is true, with good motives and for justifiable ends." His statement concerned the definite declaration of the First Amendment. It is not suggested that the freedom of press included in the liberty protected by the Fourteenth Amendment, which was adopted after Story's definition, is greater than that protected against congressional action. And see 2 Cooley's Constitutional Limitations, 8th ed., p.886. 2 Kent's Commentaries (14th ed.) Lect. XXIV, p.17.

The Minnesota statute does not operate as a previous restraint on publication within the proper meaning of that phrase. It does not authorize administrative control in advance such as was formerly exercised by the licensers and censors but prescribes a remedy to be enforced by a suit in equity. In this case, there was previous publication made in the course of the business of regularly producing malicious, scandalous and defamatory periodicals. The business and publications unquestionably constitute an abuse of the

데, 이는 1637년 성실청 포고에 주로 토대한 것이었다. 찰스 2세의 복귀 뒤에 같은 주제에 관한 한 개의 제정법이 통과되고 복사되었는바, 의회가 발령한 조례들에 다소의 수정들을 가한 것이었다. 1679년에 그 법률은 실효되었고, 1688년의 혁명 뒤에 부활되어 몇 년간을 지속하였다. 그것을 유효한 것으로 유지하기 위한 정부에 의한 수많은 시도들이 이루어졌으나, 의회의 강력한 «283 U. S., 735» 저항을 받아 1694년에 실효되었고 그 이래 한 번도 부활된 적이 없다."

그 공표된 문서비방적인 내지는 부적절한 내용에 대한 민사적이든 형사적이든 책임으로부터는 구분되는 것으로서의 공표에 대한 사전의 제한조치의 부재 자체를 보통법 아래서의 언론출판의 자유는 의미함을 블랙스톤(Blackstone)이 가르친 것은 분명하다. 그리고 위에서 보았듯이, "진실인 사항을 선량한 동기들을 지닌 채로 및 정당한 목적들을 위하여 모든 사람이 자유로이 공표할 수 있어야 함"을 의미하는 것으로 연방헌법 수정 제1조에 의하여 보장되는 언론출판의 자유를 스토리(Story)는 규정하였다. 연방헌법 수정 제1조의 명확한 선언을 그의 설명은 다룬 것이었다. 스토리(Story)의 개념규정 뒤에 채택된 연방헌법 수정 제14조에 의하여 보호되는 자유에 포함되는 언론출판의 자유가 연방의회의 행위에 대처하여 보호되는 자유보다도 더 크다는 것은 시사되지 않는다. 아울러 2 Cooley's Constitutional Limitations, 8th ed., p.886. 2 Kent's Commentaries (14th ed.) Lect. XXIV, p.17을 보라.

그 문언의 정확한 의미 내에서는 공표에 대한 사전의 제한조치로서 미네소타주 제정법은 작용하지 않는다. 허가권자들에 의하여 및 검열권자들에 의하여 이전에 행사되었던 종류의 사전의 행정적 통제를 그것은 허용하지 않으며 형평법 소송에 의하여 시행되는 한 개의 구제수단을 그것은 규정한다. 이 사건에서는, 악의적인, 중상적인 및 명예훼손적인 정기간행물들을 정규적으로 생산하는 사업의 과정에서 이루어진 사전의 공표가 있었다. 자유로운 언론출판의 권리의 남용을 그 사업은 및 공표들은 의문의 여지 없이 구성한다. 주 대법원에 의하여 판시되었듯이, 도덕을,

right of free press. The statute denounces the things done as a nuisance on the ground, as stated by the state supreme court, that they threaten morals, peace and good order. There is no question of the power of the State to denounce such transgressions. The restraint authorized is only in respect of continuing to do what has been duly adjudged to constitute a nuisance. The controlling words are "All persons guilty of such nuisance may be enjoined, as here- «283 U. S., 736» inafter provided. ······ Whenever any such nuisance is committed ······, an action in the name of the State" may be brought "to perpetually enjoin the person or persons committing, conducting or maintaining any such nuisance, *from further committing, conducting or maintaining any such nuisance*. ······ The court may make its order and judgment permanently enjoining ······ defendants found guilty ······ from committing or continuing the acts prohibited hereby, and in and by such judgment, such nuisance may be wholly abated. ······" There is nothing in the statute[3] purporting to prohibit publications that have not been adjudged to constitute a

---

3) § 1. Any person who, as an individual, or as a member or employee of a firm, or association or organization, or as an officer, director, member or employee of a corporation, shall be engaged in the business of regularly or customarily producing, publishing or circulating, having in possession, selling or giving away
(a) an obscene, lewd and lascivious newspaper, magazine, or other periodical, or
(b) a malicious, scandalous and defamatory newspaper, magazine, or other periodical,
  is guilty of a nuisance, and all persons guilty of such nuisance may be enjoined, as hereinafter provided.

* * * *

In actions brought under (b) above, there shall be available the defense that the truth was published with good motives and for justifiable ends and in such actions the plaintiff shall not have the right to report [resort] to issues or editions of periodicals taking place more than three months before the commencement of the action.
§ 2. Whenever any such nuisance is committed or is kept, maintained, or exists, as above provided for, the County Attorney of any «283 U. S., 737» county where any such periodical is published or circulated ······ may commence and maintain in the District Court of said county, an action in the name of the State of Minnesota ······ to perpetually enjoin the person or persons committing, conducting or maintaining any such nuisance, from further committing, conducting, or maintaining any such nuisance. ······
§ 3. The action may be brought to trial and tried as in the case of other actions in such District Court, and shall be governed by the practice and procedure applicable to civil actions for injunctions.
After trial, the court may make its order and judgment permanently enjoining any and all defendants found guilty of violating this Act from further committing or continuing the acts prohibited hereby, and in and by such judgment, such nuisance may be wholly abated.
The court may, as in other cases of contempt, at any time punish, by fine of not more than $1,000, or by imprisonment in the county jail for not more than twelve months, any person or persons violating any injunction, temporary or permanent, made or issued pursuant to this Act.

평온을 및 바람직한 질서를 그 저질러진 것들이 위협한다는 이유에서 그것들을 한 개의 생활방해로서 그 제정법은 비난한다. 이러한 위반행위들을 비난할 주(State)의 권한에 관하여는 의문이 없다. 한 개의 생활방해를 구성하는 것으로 정당하게 판결되어 있는 바를 계속함에 관련하여서만 그 제한은 허용된다. 판단기준이 되는 문언은 "이러한 생활방해에 해당하는 모든 사람들은 이하에서 규정되는 바에 따라 금지될 «283 U. S., 736» 수 있다. 조금이라도 이러한 생활방해가 저질러지. . .는 경우에는 언제든지, 조금이라도 이러한 생활방해를 저지르는, 지휘하는, 내지는 계속하는 사람으로 내지는 사람들로 하여금 …… *이러한 생활방해를 더 이상 저지르지 못하도록, 지휘하지 못하도록 내지는 계속하지 못하도록* 영구히 금지시키기 위하여 소송이 주 이름으로 제기될 수 있다. . .유죄로 인정된 ……피고들로 하여금 이로써 금지되는 행위들을 더 이상 저지르지 못하도록 내지는 계속하지 못하도록 영구적으로 금지하는 자신의 명령을 및 판결주문을 법원은 내릴 수 있으며, 이러한 판결주문 내에서 및 그 판결주문에 의하여 이러한 생활방해는 완전히 자력으로 배제될 수 있다."이다. 생활방해를 구성하는 것으로 판결되어 있지 아니한 공표들을 금지하는 취지의 것은 그 제정법[3]에 아무 것도 없다. 악의적인, 중상적인 및 명예

---

[3] 제1절. 개인으로서든, 또는 회사의, 조합의 내지는 단체의 구성원으로서든 내지는 피용자로서든, 또는 법인의 임원으로서든 이사로서든 구성원으로서든 내지는 피용자로서든

(a) 외설한, 음란한 및 호색의 신문을, 잡지를, 내지는 기타 정기간행물을, 또는

(b) 악의적인, 중상적인 및 명예훼손적인 신문을, 잡지를 또는 기타 정기간행물을

정규적으로 내지는 통상적으로 생산하는, 출판하는 내지는 유통시키는, 소지하는, 판매하는 내지는 양도하는 업무에 종사하는 사람은 어느 누구이든 생활방해에 대하여 유죄이고, 이러한 생활방해에 해당하는 사람들은 누구이든 이하에서 규정된 바에 따라 금지될 수 있다.

* * * *

위 (b)에 따라 제기된 소송들에서는 선량한 동기들을 지닌 채로 정당한 목적들을 위하여 진실이 공표되었다는 항변이 원용 가능하고, 그리고 소송 개시 3개월 이전 시점에 이루어진 정기간행물들의 발행판들에 내지는 간행판들에 의존할[resort: 원문은 report] 권리를 이러한 소송들에서는 원고는 지니지 않는다.

제2절. 조금이라도 위에서 규정된 생활방해가 저질러지는, 지속되는, 유지되는 내지는 존재하는 경우에는 언제든지, 조금이라도 이러한 정기간행물이 간행되는 내지는 배포되는 카운티의 카운티 검사는 …… , 조금이라도 이러한 생활방해를 저지르는, 지휘하는, 내지는 계속하는 사람으로 내지는 사람들로 하여금 …… 더 이상 이를 저지르지 못하도록, 지휘하지 못하도록 내지는 계속하지 못하도록 영구히 금지시키기 위하여 소송을 미네소타주 이름으로 그 카운티 지방법원에 개시하고 유지할 수 있다.

제3절. 소송은 정식사실심리에 회부될 수 있고 해당 지방법원에서의 여타의 소송들의 경우에서처럼 정식사실심리될 수 있으며 금지명령들을 구하는 민사소송들에 적용되는 관행에 및 절차에 의하여 지배되어야 한다. 이 법률을 위반한 것으로 인정된 모든 피고들로 하여금 이로써 금지되는 행위들을 더 이상 저지르지 못하도록 내지는 계속하지 못하도록 영구적으로 금지하는 자신의 명령을 및 판결주문을 정식사실심리 뒤에 법원은 내릴 수 있으며, 이러한 판결주문 내에서 및 그 판결주문에 의하여 이러한 생활방해는 완전히 자력으로 배제될 수 있다. 조금이라도 이 법률에 따라서 이루어지는 내지는 발령되는 잠정의 것이든 영구의 것이든 금지명령을 조금이라도 위반하는 사람을 또는 사람들을 여타의 법원모독 사건들에서처럼 법원은 언제든지 1,000불 이하의 벌금으로 또는 카운티 감옥에서의 12개월 이하의 구금으로 처벌할 수 있다.

nuisance. It is fanciful to suggest similarity between the granting or enforcement of the decree authorized by this statute to prevent *further* publication of malicious, scandalous and defamatory articles and the *previous restraint* upon the press by licensers as referred to by Blackstone and described in the history of the times to which he alludes. «283 U. S., 737»

The opinion seems to concede that, under clause (a) of the Minnesota law, the business of regularly publishing and circulating an obscene periodical may be enjoined as a nuisance. It is difficult to perceive any distinction, having any relation to constitutionality, between clause (a) and clause (b) under which this action was brought. Both nuisances are offensive to morals, order and good government. As that resulting from lewd publications constitutionally may be enjoined, it is hard to understand why the one resulting from a regular business of malicious defamation may not.

It is well known, as found by the state supreme court, that existing libel laws are inadequate effectively to suppress evils resulting from the kind of business and publications that are shown in this case. The doctrine that measures such as the one before us are invalid because they operate as previous restraints to infringe freedom of press exposes the peace and good order of every community and the business and private affairs of every individual to the constant and protracted false and malicious «283 U. S., 738» assaults of any insolvent publisher who may have purpose and sufficient capacity to contrive and put into effect a scheme or program for oppression, blackmail or extortion. The judgment should be affirmed.

MR. JUSTICE VAN DEVANTER, MR. JUSTICE McREYNOLDS, and MR. JUSTICE SUTHERLAND concur in this opinion.

훼손적인 기사들의 향후의 공표를 금지하기 위하여 이 제정법에 의하여 허용되는 명령에 대한 승인의 내지는 집행의, 그리고 언론출판 위에의 블랙스톤(Blackstone)에 의하여 언급된 것으로서의 및 그가 암시하는 시대의 역사 속에서 설명된 것으로서의 허가권자들에 의한 *사전의 제한조치*의, 그 두 가지 사이의 유사성을 연상함은 공상적이다. 《283 U. S., 737》

외설한 정기간행물을 정규적으로 간행하는 및 배포하는 사업은 미네소타주 법 조항 (a) 아래서는 한 개의 생활방해로서 금지될 수 있음을 그 의견은 시인하는 것으로 보인다. 조금이라도 합헌성에 연관을 지니는 구분을 조항 (a)의, 및 이 소송이 제기된 근거인 조항 (b)의 그 양자 사이에서 인지하기란 어렵다. 그 두 가지 생활방해들은 다 같이 도덕에, 질서에 및 훌륭한 통치에 거슬린다. 외설한 공표들로부터 도출되는 것은 헌법적으로 금지될 수 있는 만큼, 악의적인 명예훼손의 정규적 사업으로부터 도출되는 것은 어째서 금지될 수 없는지 이해하기 어렵다.

이 사건에 제시된 종류의 사업으로부터 및 공표들로부터 초래되는 해악들을 효과적으로 제거하기에 현존의 문서비방 법들이 불충분함은 주 대법원에 의하여 판시된 대로 잘 알려져 있다. 우리 앞에 있는 조치에 유사한 조치들은 언론출판의 자유를 침해하는 사전의 제한조치들로서 작용하는 탓에 무효라는 교리는 탄압을, 공갈을 내지는 금품강요를 위한 책략을 및 계획을 도모하려는 및 달성하려는 목적을 지닐 수 있는 및 그 충분한 능력을 지닐 수 있는 조금이라도 지급불능인 발행인의 지속적인 장시간의 허위의 및 악의의 공격들에, 모든 《283 U. S., 738》 공동체 사회의 평온을, 바람직한 질서를, 모든 개인의 사업을 및 개인적 용무들을 노출시킨다. 원심의 판결주문은 인가되어야 한다.

이 의견에 반 드밴터(VAN DEVANTER) 판사는, 맥레이놀즈(McREYNOLDS) 판사는, 및 서덜랜드(SUTHERLAND) 판사는 찬동한다.

표현의 자유_Freedom of Expression

Freedom of

FEINER v. NEW YORK, 340 U. S. 315 (1951)

뉴욕주 항소법원에 내린 사건기록 송부명령

NOS. 93.
변 론 1950년 10월 17일
판 결 1951년 1월 15일

요약해설

1. 개요

FEINER v. NEW YORK, 340 U. S. 315 (1951)은 6 대 3으로 판결되었다. 결론에 있어서 찬동하는 의견을 같은 날 선고된 별개의 사건인 NIEMOTKO v. MARYLAND, 340 U. S. 268, 273-290 (1951)에서 프랑크푸르터(FRANKFURTER) 판사는 밝혔다. 반대의견을 블랙(BLACK) 판사가 냈고, 민튼(MINTON) 판사가 찬동하는 반대의견을 더글라스(DOUGLAS) 판사가 냈다. 대통령에, 군대에, 정치인들에 대한 경멸적인 발언을 포함하는 대로변 인도상에서의 대중연설이 연방헌법 수정 제1조의 보호를 받는지의 문제를 다루었다. 폭동의, 교통방해의 명백한 현존의 위험을 그 연설이 빚었음을 이 사건의 사실관계 위에서 연방대법원은 인정하였다.

2. 사실관계

가. 대로변 인도 상에서의 피고인의 대중연설(340 U. S., at 316–317, 321, 323–324, 330.)

인종차별의 및 시민적 자유들의 주제에 관하여 공립학교 건물에서 1948년 3월 8일에 연설하도록 허가를 전직 검찰부총장 오 존슨 로기(O. John Rogge)에게 시라큐스 당국은 내 주었다. 그러나 그 허가를 1949년 3월 8일에 당국은 취소하였다. 그 집회의 개최를 후원한 청년 진보주의자들(the Young Progressives) 조직은 시라큐스 호텔에서 로기 씨가 연설하는 것으로 조정하였다. 그 취소에 항의하기 위하여 및 호텔에서의 집회를 선전하기 위하여, 시라큐스시 사우드 맥브라이드로(路)가 및 해리슨가(街)가 교차하는 코너에서의 옥외집회에서 그 날 오후에 인도 위의 커다란 나무상자에 올라선 채로, 자동차에 부착된 확성기 장치를 통하여 군중에게 대학생인 청구인 어빙 페이너는 연설하였다. 대통령 트루먼에, 미국 군대에, 시라큐스 시장에, 및 지역의 그 밖의 정치인 공직자들에 관하여 경멸적인(그러나 모독적이지는 않은) 발언을 그 과정에서 그는 하였다.

나. 경찰관 2명의 출동; 군중들간의 충돌의 위험상황의 발생; 경찰의 개입

(340 U. S., at 317-318.)

(1) 그 집회에 관련된 전화상의 고소를 대략 오후 6:30에 경찰은 받았고, 이를 조사할 두 명의 경찰관들이 선발되었다. 이 경찰관들 중 한 명은 즉시 현장으로 갔고, 20분쯤 뒤에 다른 한 명은 도착하였다.

(2) 흑인과 백인으로 어루어진 약 75명 내지 80명의 군중이 인도를 채우고 있다가 차도 안으로 쏟아져 들어갔다. 청구인의 말을 제지하려는 노력에보다는 오히려 보행자의 통행에와 차량의 통행에 미치는 군중의 영향에 우선 관심을 경찰은 두었다. 군중을 피하기 위하여 차도로 들어가도록 보행자들 일부가 강제되고 있었다. 교통이 진행되고 있었으므로, 청구인을 따르는 사람들을 인도 위로 되돌리고자 경찰관들은 시도하였다.

(3) 군중은 들떠 있었고, 상당한 밀어대기가, 밀치기가 및 떼지어 돌아다니기가 있었다. 흑인들더러 무기를 들고 일어나 평등의 권리들을 위하여 싸우라고 촉구하는 등 백인들에게 맞서도록 흑인들을 부추기고자 애쓰고 있다는 인상을 청구인은 주었다.

(4) 약간의 동요를 연설은 일으켰다. 만약 경찰이 행동하지 않을 경우에는 폭력을 자신은 사용할 것이라고, 만약 저 "개 …… 새 …… 끼 ……"를 박스에서 경찰관들이 끌어내지 않으면 자신이 끌어내겠다고 경찰관들에게 구경꾼들 중 한 명은 위협하였다. 청구인의 주장에 동조하는 것으로 보이는 사람들이 또한 있었다. 싸움이 생기게 되는 상황을 막기 위하여 경찰관들은 개입하였다.

(5) 경찰관 한 명이 접근하여 상자에서 내려오라고 청구인에게 요청하였으나, 청구인은 거부하면서 연설을 계속하였다. 경찰관은 잠시 기다렸다가, 그더러 연설을 그치라고 요구하였다. 청구인은 그를 무시하였을 뿐만 아니라 연설을 오히려 계속하였다. 청구인의 및 그 경찰관의 주위 더욱 가까이로 이 시간 내내 군중은 몰려들었다. 체포에 청구인이 처해짐을 급기야 그 경찰관은 고지

하고서 그더러 상자로부터 내려오도록 명령하였고, 그를 붙잡기 위하여 팔을 뻗쳐 올렸다. 청구인은 내려왔고 연설을 그쳤다. 반 시간을 넘도록 연설을 청구인은 해 오고 있었다.

다. 공안방해죄로의 기소처분(340 U. S., at 316, 318-319.)

뉴욕주 형사법들 아래서의 경죄인 뉴욕주 형법 제722절에 대한 위반행위인 공안방해죄로 청구인은 기소되었다. 군중을 규율하고 통제하기 위한 및 치안방해 행위를 방지하기 위한, 그리고 보행자들에게의 및 공중 일반에게의 위해행위를 방지하기 위한 경찰의 합리적인 명령들을 청구인이 무시하였다고, 및 이에 주의를 기울이기를 및 따르기를 거부하였다고 공소사실 명세서는 적시하였다.

라. 정식사실심리에서부터 연방대법원에 이르기까지(340 U. S., at 316-317.)

청구인은 시라큐스시 특별기록 법원에서 유죄판정에 이어 30일의 구금형을 선고받았다. 청구인의 항소들은 오논다가(Onondaga) 카운티 법원에 의하여 및 뉴욕주 항소법원에 의하여 기각되고 유죄판정은 인가되었다. 피고인이 구한 사건기록 송부명령 청구를 연방대법원은 받아들여 사건을 자신 앞에 가져왔다.

3. 쟁점

연방헌법 수정 제14조 아래서의 자유로운 말에 대한 청구인의 권리를 그 유죄판정이 침해한 것인지가 쟁점이 되었다.

4. 빈슨(VINSON) 판사가 쓴 법원의 의견의 요지

가. 해당 장소에서 노상집회를 개최할, 확성기 장치를 사용할, 및 공직자들에 및 미국 군대에 관하여 경멸적인 언사를 행할 권리가 청구인에게는 있었다. 오직 질서의 보전에 대한 및 공공복지의 보호에 대한 정당한 염려에 의해서만 경찰관들의 체포행위는 유발되었다. 경찰의 행위들은 청구인의 견해들의 억압을 위한 구실이었다는 주장을 뒷받침하는 증거는 없다. 청구인이 체포되

었던 것은 그것이 실제로 유발한 반응 때문이었다. (340 U. S., at 319-320.)

나. 폭력적인 행위들을만이 아니라 폭력을 빚을 가능성이 있는 행위들을 및 말들을, 치안방해죄는 포함한다. 폭동의, 소요의, 공공도로들 위에서의 교통방해의, 또는 그 밖의 공공의 안전에, 평온에, 내지는 질서에 대한 긴급한 위협의 명백한 현존의 위험이 나타날 경우에 이를 방지할 및 처벌할 권한을 주(State)는 지닌다. 공동체 자신의 도로들 위에서의 평온을 및 질서를 유지함에 있어서의 공동체의 이익을 이 법원은 존중하지 않으면 안 된다. (340 U. S., at 320.)

다. 적대적 청중의 일반적인 불평들은 및 이의들은 연설자를 침묵시키도록 허용될 수 없다. 그러나 논의의 내지는 설득의 경계들을 연설자가 넘어 폭동에의 선동에 착수하는 경우에 평온의 파괴를 방지할 권한이 주들에게 없다고 말할 수 없다. 원심판결은 인가된다. (340 U. S., at 320-321.)

5. 블랙(BLACK) 판사의 반대의견의 요지

가. 주 법원들의 사실인정에 구애받지 않는, 증거에 대한 독립의 검토 권한

공공 이익의 문제들에 관하여 그가 표명한 인기 없는 견해들을 이유로 젊은 대학생인 청구인이 교도소형을 선고받은 상태이다. 하급법원들의 사실인정에도 불구하고, 연방법에 의하여 보호되는 권리들이 박탈되어 있는지 여부를 확인하기 위하여 증거를 우리 스스로 우리는 검토해야 한다. (340 U. S., at 321-322.)

나. 주 법원들의 모든 사실인정을 받아들인다 하더라도, 자유로운 말에 대한 연방헌법 수정 제1조의 및 제14조의 보장들을 이 유죄판정은 우롱한다. 그것은 전체주의적 권한을 향한 긴 걸음이다. (340 U. S., at 323.)

다. 흑인들은 "무기를 들고(in arms) 일어서서 그 권리들을 위하여 싸워야 한다"고 그가 말하였다는 것이 주 법원들의 사실인정이지만, ". . .함께 손에 손을 잡고(arm in arm) …… 그들의 권리들을 위하여 싸울 수 있다."고 그가 말한 것임을 신뢰성 있는 증인들은 선서증언하였다. 어쨌든, 경찰관들에 의하여 청구인에게 돌려진 그 발언은 수사적인(rhetorical) 말이었다. (340 U. S., at 324.)

라. 큰 길 모퉁이 위에서의 상황이 위급한 것이었다는 뉴욕주 항소법원의 믿음은 기록에 의하여 뒷받침되지 않으며, 여기서 큰 가치가 부여되어서는 안 된다. 공공 도로상의 집회들에서 일부 사람들이 불평함은, 떼지어 돌아다님은, 밀어댐은, 밀침은, 연설자의 의견에 심지어 폭력적으로마저 반대함은 특별한 일도 아니고 예상 밖의 일도 아니다. (340 U. S., at 325-326.)

마. 위급한 상황을 사실관계가 실제로 보여준다고, 그리하여 치안방해 행위들을 저지할 권한을 경찰이 가진다고 가정하더라도, 말할 청구인의 헌법적 권리를 보호하기 위한 모든 합리적인 노력들을 그들은 먼저 수행하지 않으면 안 된다. 군중의 들뜸을 가라앉히려는 시도를, 보행자들을 위하여 보도 쪽으로 통로를 트려는 노력을, 청구인을 공격하겠다는 위협을 단념시키려는 노력을 경찰은 하지 않았다. 청구인을 방해하겠노라고 협박하는 남자를 체포하기에 이를 정도로까지, 청구인의 권리를 보호함은 경찰의 임무였다. 청구인의 말할 권리를 억압하기 위해서만 경찰관들은 행동하였다. (340 U. S., at 326-327.)

바. 경찰관들의 행동이야말로 자유로운 말의 헌법적 권리에 대한 및 일반적인 직무상의 의무에 대한 의도적인 도전이었다. 적법한 연설을 하는 도중인 사람은 경찰관이 지시한다는 이유만으로 침묵하도록 요구되지는 아니한다. 어째서 자신이 그쳐야 하는지 알 권리가 청구인에게는 있음에도, 아무런 설명을 그는 듣지 못했다. (340 U. S., at 327-328.)

사. 어떤 도시에서든 소수자 쪽의 연설자들은 침묵당할 수 있음을, 그의 견해들에 대한 통례적인 적대감이 나타나면 곧바로 그를 침묵시킬 재량권을 경찰은 지님을 오늘의 판시는 의미한다. 나라면 유죄판정을 파기하였을 것이다. (340 U. S., at 328-329.)

6. 민튼(MINTON) 판사가 찬동하는 더글라스(DOUGLAS) 판사의 반대의견의 요지

공개연단으로부터 인기 없는 대의명분들이 소개될 때에는, 군중으로부터의 불평들이, 불안이 및 야유들이 일상적으로 있고는 하는 법이다. 연단에 한 명의 연설자가 올라갈 때에는, 사상들에 및 사람들에 대한 과장에, 비방에, 그리고 허위의 비난을 지어냄에 그가 의존함을 발견하기란 드물지 않은 일이다. 그러나, 연설자에게서 연단을 빼앗음을 내지는 그를 처벌함을 그 무절제들은 정당화하지 않는다. (Cantwell v. Connecticut, 310 U. S. 296.) (340 U. S., at 331.)

  폭동을 내지는 치안문란을 등의 극단적 상황을 기록은 보여주지 않는다. 기록이 보여주는 것은 이해심 없는 청중이고, 연설자를 연단으로부터 끌어내겠다는 한 명의 위협이다. 경찰의 보호를 연설자들이 필요로 하는 것은 그 종류의 위협에 대처해서이다. (340 U. S., at 331.)

MR. CHIEF JUSTICE VINSON delivered the opinion of the Court.

Petitioner was convicted of the offense of disorderly conduct, a misdemeanor under the New York penal laws, in the Court of Special Sessions of the City of Syracuse and was sentenced to thirty days in the county penitentiary. The conviction was affirmed by the Onondaga County Court and the New York Court of Appeals, 300 N. Y. 391, 91 N. E. 2d 316 (1950). The case is here on certiorari, 339 U. S. 962 (1950), petitioner having claimed that the conviction is in violation of his right of free speech under the Fourteenth Amendment.

In the review of state decisions where First Amendment rights are drawn in question, we of course make an examination of the evidence to ascertain independently whether the right has been violated. Here, the trial judge, who heard the case without a jury, rendered an oral decision at the end of the trial, setting forth his determination of the facts upon which he found the petitioner guilty. His decision indicated generally that he believed the state's witnesses, and his summation of the testimony was used by the two New York courts on review in stating the facts. Our appraisal of the facts is, therefore, based upon the uncontroverted facts and, where controversy exists, upon that testimony which the trial judge did reasonably conclude to be true.

On the evening of March 8, 1949, petitioner Irving Feiner was addressing an open-air meeting at the corner of South McBride and Harrison Streets in the City of Syracuse. At approximately 6:30 p. m., the police received a telephone complaint concerning the meeting, and two officers were detailed to

뉴욕주 형사법들 아래서의 경죄인 공안방해죄에 대하여 시라큐스시 특별기록법원에서 청구인은 유죄로 판정되고 카운티 교도소에서의 30일의 구금형을 선고받았다. 오논다가 카운티 법원에 의하여 및 뉴욕주 항소법원에 의하여 그 유죄판정은 인가되었다. 300 N. Y. 391, 91 N. E. 2d 316 (1950). 사건기록 송부명령에 의거하여 사건은 여기에 있는바, 339 U. S. 962 (1950), 연방헌법 수정 제14조 아래서의 자유로운 말에 대한 자신의 권리를 그 유죄판정은 침해한다고 청구인은 주장해 온 터이다.

연방헌법 수정 제1조상의 권리들이 문제로 제기되어 있는 주(state) 판결들의 재검토에 있어서, 그 권리가 침해되어 있는지 여부를 독립적으로 확인하기 위하여 증거의 검토를 우리가 함은 물론이다. 청구인을 유죄로 판단하는 근거로 자신이 삼은 사실관계에 대한 자신의 판단을 설명하는 구두판결을 여기서 배심 없이 사건을 청취한 정식사실심리 판사는 정식사실심리의 종결 때에 내렸다. 주측 증인들을 그가 믿음을 그의 판결은 대체로 보여주었고, 그리고 증거에 대한 그의 요약은 재검토에서의 뉴욕주 법원 두 개에 의하여 사실관계를 설명함에 있어서 사용되었다. 그러므로 사실관계에 대한 우리의 평가는 다툼없는 사실관계에 토대를 두며, 또한 다툼이 존재하는 경우에는 그 진실하다고 정식사실심리 판사가 합리적으로 명확히 결론지은 증거에 토대를 둔다.

시라큐스시 사우드 맥브라이드로(路)가 및 해리슨가(街)가 교차하는 코너에서의 옥외집회에서 1949년 3월 8일 오후에 청구인 어빙 페이너는 연설하고 있었다. 그 집회에 관련된 전화상의 고소를 대략 오후 6:30에 경찰은 받았고, 이를 조사할 두 명의 경찰관들이 선발되었다. 이 경찰관들 중 한 명은 즉시 현장으로 갔고, 20분쯤

investigate. One of these officers went to the scene immediately, the other arriving some twelve minutes later. They found a crowd of about seventy-five or eighty people, both Negro and white, filling the sidewalk and spreading out into the street. Pe- «340 U. S., 317» titioner, standing on a large wooden box on the sidewalk, was addressing the crowd through a loud-speaker system attached to an automobile. Although the purpose of his speech was to urge his listeners to attend a meeting to be held that night in the Syracuse Hotel, in its course he was making derogatory remarks concerning President Truman, the American Legion, the Mayor of Syracuse, and other local political officials.

The police officers made no effort to interfere with petitioner's speech, but were first concerned with the effect of the crowd on both pedestrian and vehicular traffic. They observed the situation from the opposite side of the street, noting that some pedestrians were forced to walk in the street to avoid the crowd. Since traffic was passing at the time, the officers attempted to get the people listening to petitioner back on the sidewalk. The crowd was restless and there was some pushing, shoving and milling around. One of the officers telephoned the police station from a nearby store, and then both policemen crossed the street and mingled with the crowd without any intention of arresting the speaker.

At this time, petitioner was speaking in a "loud, high-pitched voice." He gave the impression that he was endeavoring to arouse the Negro people against the whites, urging that they rise up in arms and fight for equal rights. The statements before such a mixed audience "stirred up a little excitement." Some of the onlookers made remarks to the police about their inability to handle the crowd and at least one threatened violence if the police did not act. There were others who appeared to be favoring petitioner's arguments. Because of the feeling that existed in the crowd both for and against the

뒤에 다른 한 명은 도착하였다. 흑인과 백인으로 어루어진 약 75명 내지 80명의 군중이 인도를 채우고 있다가 차도 안으로 쏟아져 들어가는 것을 그들은 발견하였다. 청구인은 «340 U. S., 317» 인도 위의 커다란 나무상자에 올라선 채로, 자동차에 부착된 확성기 장치를 통하여 군중에게 연설하고 있었다. 시라큐스 호텔에서 그 날 밤에 열리는 집회에 참석하도록 청중들을 독려하는 데에 비록 그의 연설의 목적은 있었음에도, 대통령 트루먼에, 미국 군대에, 시라큐스 시장에, 및 지역의 그 밖의 정치인 공직자들에 관하여 경멸적인 발언을 그 과정에서 그는 하고 있었다.

청구인의 말을 제지하려는 노력을 경찰관들은 하지 않았고, 그보다는 오히려 보행자의 통행에와 차량의 통행에 미치는 군중의 영향에 우선 관심을 두었다. 상황을 도로 반대편으로부터 그들은 관찰하였는데, 군중을 피하기 위하여 차도로 들어가도록 보행자들 일부가 강제되고 있음을 그는 목격하였다. 그 때에 교통이 진행되고 있었으므로, 청구인의 말을 따르는 사람들을 인도 위로 되돌리고자 경찰관들은 시도하였다. 군중은 들떠 있었고, 상당한 밀어대기가, 밀치기가 및 떼지어 돌아다니기가 있었다. 부근의 가게 한 곳으로부터 경찰서로 전화를 경찰관들 중 한 명은 걸었고, 그 다음에 그 두 명의 경찰관들은 다 같이 도로를 건너 군중에 섞였는데 연설자를 체포하려는 의도는 전혀 가지고 있지 않았다.

"시끄럽고 가락 높은 목소리"로 이 때에 청구인은 말하고 있었다. 흑인들더러 무기를 들고 일어나 평등의 권리들을 위하여 싸우라고 촉구하는 등 백인들에게 맞서도록 흑인들을 부추기고자 애쓰고 있다는 인상을 그는 주었다. "약간의 동요를" 이렇게 뒤섞인 청중 앞에서의 연설은 "일으켰다." 군중을 자신들이 다룰 수 없음에 관하여 경찰에게 구경꾼들 중 몇몇은 말하였는데, 만약 경찰이 행동하지 않을 경우에는 폭력을 자신은 사용할 것이라고 적어도 그들 중 한 명은 위협하였다. 한편으로 청구인의 주장에 동조하는 것으로 보이는 사람들이 있었다. 연설자에 대한 호의적인 감정을 및 적대적인 감정을 아울러, 군중 속에 존재하는 그 감정으로 인하여

speaker, the officers finally "stepped in to prevent it from resulting in a fight." One of the officers approached the petitioner, not for the purpose of arresting him, but to get him to break up the crowd. He asked petitioner to get down «340 U. S., 318» off the box, but the latter refused to accede to his request and continued talking. The officer waited for a minute and then demanded that he cease talking. Although the officer had thus twice request-ed petitioner to stop over the course of several minutes, petitioner not only ignored him but continued talking. During all this time, the crowd was press-ing closer around petitioner and the officer. Finally, the officer told petitioner he was under arrest and ordered him to get down from the box, reaching up to grab him. Petitioner stepped down, announcing over the microphone that "the law has arrived, and I suppose they will take over now." In all, the offi-cer had asked petitioner to get down off the box three times over a space of four or five minutes. Petitioner had been speaking for over a half hour.

On these facts, petitioner was specifically charged with violation of § 722 of the Penal Law of New York, the pertinent part of which is set out in the margin.[1] The bill of particulars, demanded by petitioner and furnished by the State, gave in detail the facts upon which the prosecution relied to sup-port the charge of disorderly conduct. Paragraph C is particularly pertinent here: "By ignoring and refusing to heed and obey reasonable police orders issued at the time and place mentioned in the Information to regulate and control said crowd and to prevent a breach or breaches of the peace and to prevent injury to pedes- «340 U. S., 319» trians attempting to use said walk, and being forced into the highway adjacent to the place in question, and pre-

---

[1] Section 722. "Any person who with intent to provoke a breach of the peace, or whereby a breach of the peace may be occasioned, commits any of the following acts shall be deemed to have committed the offense of disorderly conduct:
  "1. Uses offensive, disorderly, threatening, abusive or insulting language, conduct or behavior;
  "2. Acts in such a manner as to annoy, disturb, interfere with, obstruct, or be offensive to others;
  "3. Congregates with others on a public street and refuses to move on when ordered by the police; ⋯⋯ ."

"싸움이 생기게 되는 상황을 막기 위하여" 경찰관들은 끝내 "개입하였다." 청구인에게 경찰관들 중 한 명이 접근하였는데, 그를 체포하기 위해서가 아니라, 군중을 그로 하여금 해산시키게 하기 위해서였다. 상자에서 내려오라고 청구인에게 «340 U. S., 318» 그는 요청하였으나, 그의 요청에 따르기를 청구인은 거부하면서 연설을 계속하였다. 경찰관은 잠시 기다렸다가, 그더러 연설을 그치라고 이번에는 요구하였다. 연설을 그치라고 비록 그 경찰관은 이렇게 몇 분간에 걸쳐 두 차례나 청구인에게 요청하였음에도 불구하고, 청구인은 그를 무시하였을 뿐만 아니라 연설을 오히려 계속하였다. 청구인의 및 그 경찰관의 주위 더욱 가까이로 이 시간 내내 군중은 몰려들었다. 체포에 청구인이 처해짐을 급기야 그 경찰관은 고지하고서 그더러 상자로부터 내려오도록 명령하였고, 그를 붙잡기 위하여 팔을 뻗쳐 올렸다. 청구인은 내려왔고, "법이 도착했으니 이제 그들이 접수할 테지요."라고 마이크에 대고 청구인은 선언하였다. 상자에서 내려오도록 전체적으로 4분에서 5분에 걸쳐 세 번이나 청구인에게 그 경찰관은 요청한 상태였다. 반 시간을 넘도록 연설을 청구인은 해 오고 있었다.

이러한 사실관계 위에서, 특히 뉴욕주 형법 제722절에 대한 위반혐의로 청구인은 기소되었는바, 그 절의 관련부분을 각주에 적는다.[1] 평온방해 행위의 기소내용을 뒷받침하기 위하여 검찰이 의존한 사실관계를, 청구인에 의하여 요구된 및 주에 의하여 제공된 공소사실 명세서는 상세히 설명하였다. 여기에 단락 C는 특히 관련이 있다: "검사기소장에 적시된 시간에와 장소에서 발령된, 위 군중을 규율하고 통제하기 위한 및 평온방해 행위를 내지는 행위들을 방지하기 위한, 그리고 위 인도를 사용하고자 시도하는 상황에 처한 및 문제의 장소에 인접한 간선도로 안으로 들어가도록 강요되는 상황에 처한 보행자들에게의 «340 U. S., 319» 위해행위를 방지하기 위한, 및 공중 일반에게의 위해행위를 방지하기 위한, 경찰의 합리적인 명령들을 무시함에 의하여 및 이에 주의를 기울이기를 및 이에 따르기를 거부함에 의하여."

---

[1] 제722절. "조금이라도 평온방해를 야기하려는 의도를 내지는 평온방해가 이로써 야기되어도 좋다는 의도를 지니고서 조금이라도 아래의 행위들을 저지르는 사람은 누구든 평온방해죄를 저지른 것으로 간주된다:

"1. 공격적인, 안녕을 해치는, 위협을 가하는, 입정사나운 내지는 모욕적인 말을, 행동을 내지는 태도를 사용하는 행위;

"2. 타인들을 괴롭히는, 방해하는, 간섭하는, 막는, 내지는 무례를 타인들에게 가하는 방식으로 행동하는 행위;

"3. 공로상에서 타인들에 어울려 집합한 채로, 다른 곳으로 옮기라는 경찰의 명령을 받고서도 이를 거부하는 행위; ……."

vent injury to the public generally."

We are not faced here with blind condonation by a state court of arbitrary police action. Petitioner was accorded a full, fair trial. The trial judge heard testimony supporting and contradicting the judgment of the police officers that a clear danger of disorder was threatened. After weighing this contradictory evidence, the trial judge reached the conclusion that the police officers were justified in taking action to prevent a breach of the peace. The exercise of the police officers' proper discretionary power to prevent a breach of the peace was thus approved by the trial court and later by two courts on review.[2] The courts below recognized petitioner's right to hold a street meeting at this locality, to make use of loud-speaking equipment in giving his speech, and to make derogatory remarks concerning public officials and the American Legion. They found that the officers in making the arrest were motivated solely by a proper concern for the preservation of order and protection of the general welfare, and that there was no evidence which could lend color to a claim that the acts of the police were a cover for suppression of petitioner's views and opinions. Petitioner was thus neither arrested nor convicted for the «340 U. S., 320» making or the content of his speech. Rather, it was the reaction which it actually engendered.

The language of Cantwell v. Connecticut, 310 U. S. 296 (1940), is appropriate here. "The offense known as breach of the peace embraces a great variety of conduct destroying or menacing public order and tranquility. It includes not only violent acts but acts and words likely to produce violence

---

2) The New York Court of Appeals said: "An imminent danger of a breach of the peace, of a disturbance of public order, perhaps even of riot, was threatened. ······ the defendant, as indicated above, disrupted pedestrian and vehicular traffic on the sidewalk and street, and, with intent to provoke a breach of the peace and with knowledge of the consequences, so inflamed and agitated a mixed audience of sympathizers and opponents that, in the judgment of the police officers present, a clear danger of disorder and violence was threatened. Defendant then deliberately refused to accede to the reasonable request of the officer, made within the lawful scope of his authority, that the defendant desist in the interest of public welfare and safety." 300 N. Y. 391, 400, 402, 91 N. E. 2d 316, 319, 321.

자의적 경찰행위에 대한 주 법원에 의한 맹목적인 용서에 여기서 우리는 직면해 있지 아니하다. 완전하고도 공정한 정식사실심리를 청구인은 부여받았다. 질서파괴의 명백한 위험이 가해졌다는 경찰관들의 판단을 뒷받침하는 및 반박하는 증언을 정식사실심리 판사는 들었다. 평온방해를 방지하기 위하여 행동을 취함에 있어서 경찰관들이 정당화되었다는 결론에, 상호 대립하는 이 증거를 비교교량한 뒤에 정식사실심리 판사는 이르렀다. 그러한 까닭에, 평온방해를 방지하기 위한 경찰관들의 정당한 재량권 행사는 정식사실심리 법원에 의하여 및 나중에 재심리에서의 두 개의 법원들에 의하여 승인되었다.[2] 이 장소에서 노상집회를 개최할, 그의 연설을 함에 있어서 확성기 장치를 사용할, 및 공직자들에 및 미국 군대에 관하여 경멸적인 언사를 행할 청구인의 권리를 하급 법원들은 인정하였다. 오직 질서의 보전에 대한 및 공공복지의 보호에 대한 정당한 염려에 의해서만, 체포를 실시함에 있어서의 경찰관들은 유발되었음을 하급 법원들은 인정하였고, 그리고 경찰의 행위들은 청구인의 견해들의 및 의견들의 억압을 위한 구실이었다는 주장을 그럴싸하게 꾸며줄 수 있는 증거가 없음을 하급 법원들은 인정하였다. 청구인이 체포되었던 것은 연설을 청구인이 하였기 때문도 아니고 «340 U. S., 320» 그 연설의 내용 때문도 아니었다. 오히려, 그것은 그것이 실제로 유발한 반응 때문이었다.

Cantwell v. Connecticut, 310 U. S. 296 (1940)의 판시는 여기에 적절하다. "공중의 질서를 및 평온을 파괴하는 내지는 위협하는 매우 다양한 범주의 행위를 평온방해죄로 알려진 범죄는 포함한다. 폭력적인 행위들을만이 아니라 타인들 사이에서의 폭력을 빚을 가능성이 있는 행위들을 및 말들을 그것은 포함한다. 폭동에의 선동을 말의 자유의 원칙이 승인한다고 또는 다른 교파에 속하는 사람들에 대한 물리적 공

---

2) 뉴욕주 항소법원은 말하였다: "평온방해의, 공공질서 교란의, 어쩌면 폭동마저의 급박한 위험이 임박해 있었다. …… 인도상에서의 및 차도상에서의 보행자 통행을 및 차량 통행을 위에서 지적된 대로 피고인은 중단시켰고, 그리고, 평온의 파괴를 불러일으킬 의도로 및 결과들에 대한 인식을 지닌 채로, 동조자들의 및 반대자들의 뒤섞인 청중을 그토록 피고인이 자극하고 선동한 나머지, 현장의 경찰관들의 판단으로는 소요의 및 폭력의 명백한 위험이 임박해 있었다. 공공의 복리를 및 안전을 위하여 피고인이 그만두어야 한다는 경찰관의 적법한 권한 범위 내에서 이루어진 정당한 요청에 응하기를 그 때 피고인은 의도적으로 거부하였다." 300 N. Y. 391, 400, 402, 91 N. E. 2d 316, 319, 321.

in others. No one would have the hardihood to suggest that the principle of freedom of speech sanctions incitement to riot or that religious liberty connotes the privilege to exhort others to physical attack upon those belonging to another sect. When clear and present danger of riot, disorder, interference with traffic upon the public streets, or other immediate threat to public safety, peace, or order, appears, the power of the State to prevent or punish is obvious." 310 U. S. at 308. The findings of the New York courts as to the condition of the crowd and the refusal of petitioner to obey the police requests, supported as they are by the record of this case, are persuasive that the conviction of petitioner for violation of public peace, order and authority does not exceed the bounds of proper state police action. This Court respects, as it must, the interest of the community in maintaining peace and order on its streets. Schneider v. State, 308 U. S. 147, 160 (1939); Kovacs v. Cooper, 336 U. S. 77, 82 (1949). We cannot say that the preservation of that interest here encroaches on the constitutional rights of this petitioner.

We are well aware that the ordinary murmurings and objections of a hostile audience cannot be allowed to silence a speaker, and are also mindful of the possible danger of giving overzealous police officials complete discretion to break up otherwise lawful public meetings. "A State may not unduly suppress free communication of views, religious or other, under the guise of conserving desirable conditions." Cantwell v. Connecticut, supra, at «340 U. S., 321» 308. But we are not faced here with such a situation. It is one thing to say that the police cannot be used as an instrument for the suppression of unpopular views, and another to say that, when as here the speaker passes the bounds of argument or persuasion and undertakes incitement to riot, they are powerless to prevent a breach of the peace. Nor in this case can we condemn the considered judgment of three New York courts approving the means which the police, faced with a crisis, used in the exercise of their

격을 가하도록 타인들을 권고할 특권을 종교적 자유가 내포한다고 제언하는 뻔뻔함을 지녔을 사람은 없을 것이다. 폭동의, 소요의, 공공도로들 위에서의 교통방해의, 또는 그 밖의 공공의 안전에, 평온에, 내지는 질서에 대한 긴급한 위협의 명백한 현존의 위험이 나타날 경우에 이를 방지하고 처벌할 주(State) 권한들은 명확하다." 310 U. S. at 308. 정당한 주 경찰행위의 한계들을, 공공의 평온의, 질서의 및 권한의 침해의 결과로서의 청구인의 유죄판정이 넘어서지 않는다는 점에 대한 설득력을, 이 사건의 기록에 의해서 뒷받침되는 것들로서의 군중의 상황에 관한 및 경찰 요청들에 복종하기를 청구인이 거부한 점에 관한 뉴욕주 법원들의 사실인정들은 지닌다. 그 자신의 도로들 위에서의 평온을 및 질서를 유지함에 있어서의 공동체의 이익을 이 법원은 존중하지 않으면 안 됨에 따라 존중한다. Schneider v. State, 308 U. S. 147, 160 (1939); Kovacs v. Cooper, 336 U. S. 77, 82 (1949). 청구인의 헌법적 권리들을 여기서의 그 이익의 보전이 침해한다고 우리는 말할 수 없다.

적대적 청중의 일반적인 불평들은 및 이의들은 연설자를 침묵시키도록 허용될 수 없음을 우리는 충분히 알고 있으며, 여타의 점에서는 적법한 공중의 회합들을 분쇄할 완전한 재량권을 지나치게 열심인 경찰관들에게 부여함의 있을 수 있는 위험을 또한 우리는 잊지 않는다. "종교적인 것이든 그 밖의 것이든, 견해들의 자유로운 교환을, 바람직한 조건들을 보호한다는 구실 아래서 주가 억압함은 불법이 아닐 수 없다." Cantwell v. Connecticut, supra, at «340 U. S., 321» 308. 그러나 우리가 여기서 직면해 있는 것은 그러한 상황이 아니다. 인기 없는 견해들의 억압을 위한 도구로서 경찰은 사용될 수 없다고 말함은 한 가지이지만, 논의의 내지는 설득의 경계들을 여기서처럼 연설자가 넘어서는 경우에, 그리하여 폭동에의 선동에 그가 착수하는 경우에 평온방해를 방지할 권한이 그들에게 없다고 말함은 다른 한 가지이다. 평온을 및 질서를 보전하기 위한 그들의 권한의 및 책무의 행사에 있어서 위기에 직면한 경찰이 사용한 수단을 승인한 세 곳의 뉴욕주 법원들의 숙고를 거친 판단을 이 사건에서 우리는 비난할 수도 없다. 이 유죄판정을 자유로운 말의 이름으

power and duty to preserve peace and order. The findings of the state courts as to the existing situation and the imminence of greater disorder coupled with petitioner's deliberate defiance of the police officers convince us that we should not reverse this conviction in the name of free speech.

Affirmed.

[For opinion of MR. JUSTICE FRANKFURTER, concurring in the result, see ante, p. 273.]

로 우리가 파기해서는 안 된다는 점에 대하여 우리를, 그 있었던 상황에 관한, 및 경찰관들에 대한 청구인의 의도적인 도전에 결부된 보다 더 큰 소요의 임박성에 관한 주 법원들의 사실인정은 납득시킨다.

원심판결은 인가된다.

[결론에 있어서 찬동하는 프랑크푸르터(FRANKFURTER) 판사의 의견을 위하여는 ante, p.273을 보라.]

MR. JUSTICE BLACK, dissenting.

The record before us convinces me that petitioner, a young college student, has been sentenced to the penitentiary for the unpopular views he expressed[1] on matters of public interest while lawfully making a street-corner «340 U. S., 322» speech in Syracuse, New York.[2] Today's decision, however, indicates that we must blind ourselves to this fact because the trial judge fully accepted the testimony of the prosecution witnesses on all important points.[3] Many times in the past this Court has said that despite findings below, we will examine the evidence for ourselves to ascertain whether federally protected rights have been denied; otherwise review here would fail of its purpose in safeguarding constitutional guarantees.[4] Even a par- «340 U.

---

1) The trial judge framed the question for decision as follows: "The question here, is what was said and what was done? And it doesn't make any difference whether whatever was said, was said with a loud speaker or not. There are acts and conduct an individual can engage in when you don't even have to have a crowd gathered around which would justify a charge of disorderly conduct. The question is, what did this defendant say and do at that particular time and the Court must determine whether those facts, concerning what the defendant did or said, are sufficient to support the charge." There is no suggestion in the record that petitioner "did" anything other than (1) speak and (2) continue for a short time to invite people to a public meeting after a policeman had requested him to stop speaking.

2) There was no charge that any city or state law prohibited such a meeting at the place or time it was held. Evidence showed that it was customary to hold public gatherings on that same corner every Friday night, and the trial judge who convicted petitioner admitted that he understood the meeting was a lawful one. Nor did the judge treat the lawful meeting as unlawful because a crowd congregated on the sidewalk. Consequently, any discussion of disrupted pedestrian and vehicular traffic, while suggestive coloration, is immaterial under the charge and conviction here.

It is implied in a concurring opinion that the use of sound amplifiers in some way caused the meeting to become less lawful. This fact, however, had nothing to do with the conviction of petitioner. In sentencing him the trial court said: "you had a perfect right to appear there and to use that implement, the loud speaker. You had a right to have it in the street." See also note 1, supra.

3) The trial court made no findings of fact as such. A decision was rendered from the bench in which, among other things, the trial judge expressed some views on the evidence. See note 11, infra.

4) In Norris v. Alabama, 294 U. S. 587, the evidence as to whether Negroes had been discriminated against in the selection of grand juries was conflicting. Chief Justice Hughes, writing for the Court, said at pages 589–590: "The

블랙(BLACK) 판사의 반대의견이다.

    뉴욕주 시라큐스에서의 도로 귀퉁이 상의 연설을 청구인이 적법하게 실시하는 동안에 공공 이익의 문제들에 관하여 그가 표명한 인기 없는 견해들[1]을 이유로 젊은 대학생인 청구인이 교도소형을 선고받은 상태임에 대하여 《340 U. S., 322》 나를 우리 앞의 기록은 납득시킨다.[2] 그러나 이 사실에 대하여 우리 자신의 눈을 우리가 가리지 않으면 안 됨을 오늘의 판결은 나타내는바, 왜냐하면 검찰측 증인들의 증언을 모든 중요한 쟁점들에 관하여 정식사실심리 판사는 완전히 받아들였기 때문이다.[3] 하급법원들의 사실인정에도 불구하고 연방법에 의하여 보호되는 권리들이 박탈되어 있는지 여부를 확인하기 위하여 증거를 우리 스스로 우리는 검토해야 하는 법임을 과거에 여러 번 당원은 말해 왔다; 그렇게 하지 않는다면 헌법적 보장들을 보호하는 데 있어서의 목적을 여기서의 재검토는 달성하지 못할 것이다.[4] 이

---

1) 판단을 위한 문제를 아래의 것으로 정식사실심리 판사는 구성하였다: "여기서의 문제는 무엇이 말해졌으며 무엇이 행해졌는가이다. 따라서 그 말해진 바가 시끄러운 확성기를 가지고서 말해졌는지 아닌지 여부는 아무런 차이가 없다. 공안방해 행위의 기소를 정당화할 만한 군중을 주변에 모을 필요조차가 없는 경우에 한 명의 개인이 종사할 수 있는 행동들이 및 행위가 있다. 문제는 그 특정 시점에서 이 피고인이 실제로 말하고 실제로 행한 바가 무엇인가이며, 따라서 피고인이 행하였거나 말한 바에 관련하여 기소를 뒷받침하기에 그 사실들이 충분한지 여부를 이 법원은 판단하지 않으면 안 된다." (1) 말하기 이외의 것을, 그리고 (2) 연설을 그치도록 경찰관 한 명이 요청하고 난 뒤에 잠시 동안, 사람들더러 공개집회에 오라고 권유하기를 지속하기 이외의 것을 조금이라도 청구인이 "했다"는 점의 시사는 기록 안에 전혀 없다.

2) 그 집회가 실시된 시간·장소에서의 그러한 집회를 시 조례가 내지는 주 법이 조금이라도 금지한다는 내용의 고발은 없었다. 공공집회들을 바로 그 모퉁이에서 매 금요일 밤에 개최함이 일상적임을 증거는 보여주었고, 그 집회가 적법한 것임을 자신이 이해함을, 청구인을 유죄로 판정한 정식사실심리 판사는 시인하였다. 그 적법한 집회를 보도 위에 군중이 모여들었다는 점 때문에 불법으로 판사가 취급하였던 것은도 아니다. 결과적으로, 불통된 보행자의 및 차량의 통행에 대한 논의는, 비록 윤색을 시사하는 것이기는 하지만, 여기서의 기소 아래서 및 유죄판정 아래서 중요하지 않다.
   그 회합으로 하여금 덜 적법한 것이 되게끔 확성기의 사용이 어느 정도 만들었다는 주장이 보충의견 한 개에 함축되어 있다. 그러나 이 사실은 청구인의 유죄판정에 전혀 관련이 없다. 그에게 형량을 선고하면서 정식사실심리 판사는 말하였다: "거기에 있을, 그리고 확성기라는 장치를 사용할 완전한 권리를 귀하는 지니고 있었습니다. 도로상에서 그것을 지닐 권리를 귀하는 지니고 있었습니다." 아울러 note 1, supra를 보라

3) 사실관계에 관한 판단을 그 자체로 정식사실심리 법원은 하지 않았다. 특히 증거에 관한 약간의 견해들을 정식사실심리 판사가 표명한 판사석으로부터 판결은 내려졌다. note 11, infra를 보라.

4) Norris v. Alabama, 294 U. S. 587에서는 대배심원들의 선정에 있어서 흑인들이 불리하게 차별되었는지 여부에 관하여 증거가 대립하고 있었다. 당원을 대표하여 집필하면서 pp.589–590에서 법원장 휴즈(Hughes) 판사는 말하였다: "문제는 기록에 의하여 드러난 사실관계에의 이 확립된 원칙[평등보호]의 적용에 관한 것이다. 연방권리가 실제

S., 323» tial abandonment of this rule marks a dark day for civil liberties in our Nation.

But still more has been lost today. Even accepting every "finding of fact" below, I think this conviction makes a mockery of the free speech guarantees of the First and Fourteenth Amendments. The end result of the affirmance here is to approve a simple and readily available technique by which cities and states can with impunity subject all speeches, political or otherwise, on streets or elsewhere, to the supervision and censorship of the local police. I will have no part or parcel in this holding which I view as a long step toward totalitarian authority.

Considering only the evidence which the state courts appear to have accepted, the pertinent "facts" are: Syracuse city authorities granted a permit for O. John Rogge, a former Assistant Attorney General, to speak in a public school building on March 8, 1948 on the subject of racial discrimination and civil liberties. On March 8th, how- «340 U. S., 324» ever, the authorities cancelled the permit. The Young Progressives under whose auspices the meeting was scheduled then arranged for Mr. Rogge to speak at the Hotel

---

question is of the application of this established principle [equal protection] to the facts disclosed by the record. That the question is one of fact does not relieve us of the duty to determine whether in truth a federal right has been denied. When a federal right has been specially set up and claimed in a state court, it is our province to inquire not merely whether it was denied in express terms but also whether it was denied in substance and effect. If this requires an examination of evidence, that examination must be made. Otherwise, review by this Court would fail of its purpose in safeguarding constitutional rights. Thus, whenever a conclusion «340 U. S., 323» of law of a state court as to a federal right and findings of fact are so intermingled that the latter control the former, it is incumbent upon us to analyze the facts in order that the appropriate enforcement of the federal right may be assured." This same rule has been announced in the following cases as well as in numerous others: Truax v. Corrigan, 257 U. S. 312, 324; Hooven & Allison Co. v. Evatt, 324 U. S. 652, 659; Chambers v. Florida, 309 U. S. 227, 228; Pierre v. Louisiana, 306 U. S. 354, 358; Pennekamp v. Florida, 328 U. S. 331, 335; Patton v. Mississippi, 332 U. S. 463, 466; Craig v. Harney, 331 U. S. 367, 373; Oyama v. California, 332 U. S. 633, 636; Pollock v. Williams, 322 U. S. 4, 13; Fay v. New York, 332 U. S. 261, 272; Akins v. Texas, 325 U. S. 398, 401; Kansas City Southern R. Co. v. Albers Comm'n Co., 223 U. S. 573, 591; First National Bank v. Hartford, 273 U. S. 548, 552; Fiske v. Kansas, 274 U. S. 380, 385; Great Northern R. Co. v. Washington, 300 U. S. 154, 165–167. This Court has used varying phraseology in stating the circumstances under which it would review state court findings of fact, but it has not hesitated to make such review when necessary to protect a federal right. Compare Great Northern R. Co. v. Washington, supra, with Taylor v. Mississippi, 319 U. S. 583, 585–586.

규칙을 «340 U. S., 323» 부분적으로라도 포기한다면 우리나라에 있어서의 시민적 자유들을 위하여 어두운 날을 그것만으로도 기록하게 될 것이다.

그러나 오늘 상실되어 버린 것은 그보다 훨씬 더 많다. 설령 하급법원의 모든 "사실인정"을 받아들인다 하더라도, 자유로운 말에 대한 연방헌법 수정 제1조의 및 제14조의 보장들을 이 유죄판정은 우롱한다고 나는 생각한다. 정치적인 것들을이든 아니든 도로상에서의 것들을이든 그 밖의 장소에서의 것들을이든 모든 말들을 지방경찰의 감독에 및 검열에 시들이 및 주들이 무난히 종속시킬 수 있는 간단하고도 즉시 이용가능한 기법을 여기서의 원심판결 인가의 궁극적 결과는 승인하는 것이 된다. 전체주의적 권한을 향한 긴 걸음이라고 나로서 간주하는 이 판시에 나는 터럭만큼도 가담하지 않고자 한다.

주 법원들이 받아들였던 것으로 보이는 증거만을 고찰할 때, 관련된 "사실관계" 는 이러하다: 인종차별의 및 시민적 자유들의 주제에 관하여 공립학교 건물에서 1948년 3월 8일에 연설하도록 허가를 전직 검찰부총장 오 존슨 로기(O. John Rogge)에 게 시라큐스 당국은 내 주었다. 그러나 그 허가를 «340 U. S., 324» 3월 8일에 당국은 취소하였다. 그 집회의 개최를 후원한 청년 진보주의자들(the Young Progressives) 조직은 시라큐스 호텔에서 로기 씨가 연설하는 것으로 조정하였다. 청구인이 연설한 도로상에서의 집회는 그 취소에 항의하기 위하여 및 호텔에서의 집회를 선전하기 위하여 개최되었다. 경멸적인, 그러나 모독적이지는 않은 언어를 시 당국에, 대통

로 박탈되어 있는지 여부를 판단할 의무로부터 우리를. 문제가 사실의 문제라는 점은 면제시켜 주지 않는다. 주 법원에서 연방권리가 특별히 제시되고 주장되어 있는 경우에, 단지 명시적 말로써 부정되었는지 여부를만이 아니라 사실상으로 및 결과적으로 부정되었는지 여부를마저도 조사함은 우리의 직분이다. 만약 증거의 검토를 이것이 요구한다면, 그 검토는 이루어지지 않으면 안 된다. 그렇게 하지 않는다면 헌법적 보장들을 보호하는 데 있어서의 목적을 여기서의 재검토는 달성하지 못할 것이다. 그리하여, 연방권리에 관한 주 법원의 «340 U. S., 323» 결론이 및 사실의 인정들이 서로 매우 섞여 있어서 전자를 후자가 지배하는 경우에는 언제나, 연방권리의 적절한 시행이 보장될 수 있게 하기 위하여 사실관계를 분석함은 우리에게 의무로 지워진다." 수많은 다른 선례들에서처럼 아래의 선례들에서 바로 이 규칙은 선언되어 있다: Truax v. Corrigan, 257 U. S. 312, 324; Hooven & Allison Co. v. Evatt, 324 U. S. 652, 659; Chambers v. Florida, 309 U. S. 227, 228; Pierre v. Louisiana, 306 U. S. 354, 358; Pennekamp v. Florida, 328 U. S. 331, 335; Patton v. Mississippi, 332 U. S. 463, 466; Craig v. Harney, 331 U. S. 367, 373; Oyama v. California, 332 U. S. 633, 636; Pollock v. Williams, 322 U. S. 4, 13; Fay v. New York, 332 U. S. 261, 272; Akins v. Texas, 325 U. S. 398, 401; Kansas City Southern R. Co. v. Albers Comm'n Co., 223 U. S. 573, 591; First National Bank v. Hartford, 273 U. S. 548, 552; Fiske v. Kansas, 274 U. S. 380, 385; Great Northern R. Co. v. Washington, 300 U. S. 154, 165-167. 주 법원의 사실인정들을 자신이 재검토하게 되고는 하는 상황들을 설명함에 있어서 다양한 표현을 당원은 사용해 왔으나, 연방권리를 보호하기 위하여 필요한 경우에 이러한 재검토를 하기를 당원은 주저해 본 적이 없다. Great Northern R. Co. v. Washington, supra을 Taylor v. Mississippi, 319 U. S. 583, 585-586에 비교하라.

Syracuse. The gathering on the street where petitioner spoke was held to protest the cancellation and to publicize the meeting at the hotel. In this connection, petitioner used derogatory but not profane language with reference to the city authorities, President Truman and the American Legion. After hearing some of these remarks, a policeman, who had been sent to the meeting by his superiors, reported to Police Headquarters by telephone. To whom he reported or what was said does not appear in the record, but after returning from the call, he and another policeman started through the crowd toward petitioner. Both officers swore they did not intend to make an arrest when they started, and the trial court accepted their statements. They also said, and the court believed, that they heard and saw "angry mutterings," "pushing," "shoving and milling around" and "restlessness." Petitioner spoke in a "loud, high pitched voice." He said that colored people "don't have equal rights and they should rise up *in arms* and fight for them."[5] One man who heard this told the officers that if they did not take that "S ······ O ······ B ······" off the box, he would. The officers then approached petitioner for the first time. «340 U. S., 325» One of them first "asked" petitioner to get off the box, but petitioner continued urging his audience to attend Rogge's speech. The officer next "told" petitioner to get down, but he did not. The officer finally "demanded" that petitioner get down, telling him he was under arrest. Petitioner then told the crowd that "the law had arrived and would take over" and asked why he was arrested. The officer first replied that the charge was "unlawful assembly" but later changed the ground to "disorderly

---

5) I am accepting this although I believe the record demonstrates rather conclusively that petitioner did not use the phrase "in arms" in the manner testified to by the officers. Reliable witnesses swore that petitioner's statement was that his listeners "could rise up and fight for their rights by going arm in arm to the Hotel Syracuse, black and white alike, to hear John Rogge." The testimony of neither of the two officers contained the phrase "in arms" when they first testified on this subject; they added it only after counsel for the prosecution was permitted by the court, over petitioner's objection, to propound leading and suggestive questions. In any event, the statement ascribed to petitioner by the officers seems clearly rhetorical when read in context.

령 트루먼에, 그리고 미국 군대에 관하여 이 연관 속에서 청구인은 사용하였다. 상관들에 의하여 그 회합에 파견되어 있던 경찰관 한 명은 이 발언들의 일부를 듣고 난 뒤에 전화로 경찰본부에 보고하였다. 누구에게 그가 보고했는지 및 무슨 내용이 말해졌는지는 기록에 보이지 않지만, 통화에서 돌아온 뒤에 그는 및 또 다른 경찰관 한 명은 군중을 헤치면서 청구인을 향하여 출발하였다. 자신들이 출발했을 때는 체포를 할 의도는 아니었다고 경찰관들은 둘 다 선서증언하였고, 그들의 진술들을 정식사실심리 법원은 받아들였다. "성난 중얼거림들을," "밀치기를," "냅다 밀기를 및 떼지어 돌아다니기를" 그리고 "들뜬 상태를" 자신들은 듣고 보았음을 아울러 그들은 말하였고 이를 법원은 믿었다. "시끄럽고 가락 높은 목소리"로 청구인은 말하였다. 흑인들은 "평등의 권리들을 지니고 있지 못하며 따라서 그들은 무기를 들고 (in arms) 일어서서 그 권리들을 위하여 싸워야 한다."고 그는 말하였다.[5] 만약 저 "개 …… 새 …… 끼 ……"를 박스에서 경찰관들이 끌어내지 않으면 자신이 끌어내겠다고 경찰관들에게, 이것을 들은 한 명은 말하였다. 그 때서야 처음으로 그에게 경찰관들은 접근하였다. 《340 U. S., 325》 상자에서 내려오라고 청구인에게 그들 중 한 명이 처음으로 "요청하였으나," 로기(Rogge)의 연설에 참석하도록 자신의 청중을 재촉하기를 청구인은 계속하였다. 청구인더러 내려오라고 경찰관이 이번에는 "고지하였으나," 그는 내려오지 않았다. 체포 아래에 청구인이 놓임을 경찰관은 말하면서 청구인더러 내려오라고 마지막으로 "요구하였다." 그러자 "법이 도착했으니 접수할 테지요."라고 군중에게 청구인은 말하고서는 어째서 자신이 체포되는 것인가를 물었다. 혐의는 "불법집회"라고 경찰관은 처음에 대답하였다가 나중에는 이유를 "공안방해 행위"로 바꾸었다.[6]

---

5) "무기를 들고"라는 구절을 경찰관들에 의하여 증언된 바의 방식으로는 청구인이 사용하지 아니하였음을 오히려 결정적으로 기록은 보여준다고 비록 나는 믿음에도 불구하고, 이것을 나는 받아들이는 중이다. 청구인의 발언은 자신의 청취자들이 "일어서서 흑인 백인 할 것 없이 함께 손에 손을 잡고(arm in arm) 존 로기(John Rogge)의 연설을 들으러 시라큐스 호텔로 행진함으로써 그들의 권리들을 위하여 싸울 수 있다." 였음을 신뢰성 있는 증인들은 선서증언하였다. 이 문제에 관하여 두 경찰관들이 처음에 증언하였을 때 "무기를 들고"라는 구절을 그들 중 어느 쪽의 증언은도 포함하지 않았다; 유도적이고도 암시적인 질문들을 가하도록, 청구인의 이의에도 불구하고 법원에 의하여 검찰측 변호사가 허가된 뒤에서야 그것을 그들은 추가하였다. 어쨌든, 경찰관들에 의하여 청구인에게 돌려진 그 발언은 앞뒤 맥락 속에서 읽힐 때에는 명백하게 수사적인(rhetorical) 말이라고 생각된다.

6) "평온방해를 야기할 가능성이 있는 말을 사용했다는 고발은 인기 없는 약식연단 연설자들을 저지하기 위한 편리한 잡동사니 주머니이다." Chafee, Free Speech in the United States, 524. "매춘굴(disorderly house)"을 경영했다는 동류의 고발은 소수자 측 견해들을 억압하고 처벌하기 위하여 마찬가지로 사용되어 왔다. ". . . 어떤 주제에 대해서든 조금이라도 강의가 또는 담화가 공개적으로 실시되는, 또는 조금이라도 공개적 토의가 열리는," 또는 ". …… 책들을, 팜플렛들을, 신문들을 또는 기타 출판물들을 읽기 위하여" 사용되는 특정의 무면허 장소들("집, 방, 광장, 또는 기타의 장

conduct."[6)]

The Court's opinion apparently rests on this reasoning: The policeman, under the circumstances detailed, could reasonably conclude that serious fighting or even riot was imminent; therefore he could stop petitioner's speech to prevent a breach of peace; accordingly, it was "disorderly conduct" for petitioner to continue speaking in disobedience of the officer's request. As to the existence of a dangerous situation on the street corner, it seems far-fetched to suggest that the "facts" show any imminent threat of riot or uncontrollable disorder.[7)] It «340 U. S., 326» is neither unusual nor unexpected that some people at public street meetings mutter, mill about, push, shove, or disagree, even violently, with the speaker. Indeed, it is rare where controversial topics are discussed that an outdoor crowd does not do some or all of these things. Nor does one isolated threat to assault the speaker forebode disorder. Especially should the danger be discounted where, as here, the person threatening was a man whose wife and two small children accompanied him and who, so far as the record shows, was never close enough to petitioner to carry out the threat.

---

6) "A charge of using language likely to cause a breach of the peace is a convenient catchall to hold unpopular soapbox orators." Chafee, Free Speech in the United States, 524. The related charge of conducting a "disorderly house" has also been used to suppress and punish minority views. For example, an English statute of 1799 classified as disorderly houses certain unlicensed places ("House, Room, Field, or other Place") in which "any Lecture or Discourse shall be publickly delivered, or any publick Debate shall be had on any Subject ……" or which was used "for the Purpose of reading Books, Pamphlets, Newspapers, or other Publications ……." 39 Geo. III, c. 79, § 15.

7) The belief of the New York Court of Appeals that the situation on the street corner was critical is not supported by the record and accordingly should not be given much weight here. Two illustrations will suffice: The Court of Appeals relied upon a specific statement of one policeman that he interfered with Feiner at a time when the crowd was "getting to the point where they would be unruly." But this testimony was so patently inadmissible that it was excluded by «340 U. S., 326» the trial judge in one of the rare instances where the defendant received a favorable ruling. Secondly, the Court of Appeals stated that after Feiner had been warned by the police, he continued to "blare out his provocative utterances over loud speakers to a milling, restless throng ……." I am unable to find anything in the record to support this statement unless the unsworn arguments of the assistant district attorney are accepted as evidence. The principal prosecution witness testified that after he asked Feiner to get down from the box, Feiner merely "kept telling [the audience] to go to the Syracuse Hotel and hear John Rogge." And this same witness even answered "No" to the highly suggestive question which immediately followed, "Did he say anything more about arming and fighting at that time?"

이 추론에 이 법원의 의견은 외관상으로 의존한다: 심각한 싸움이 내지는 심지어는 소요마저가 임박해 있다고 그 상술된 상황들 아래서 경찰관들은 합리적으로 결론지을 수 있었다; 따라서 평온방해를 방지하기 위하여 청구인의 연설을 그는 중지시킬 수 있었다; 따라서, 경찰관의 요청에 대한 불복종 가운데서 연설하기를 청구인이 계속하는 것은 "공안방해 행위"였다. 큰 거리 모퉁이에서의 위험 상황의 존재에 관하여, 조금이라도 임박한 폭동의 내지는 통제 불가능한 혼란의 위협을 "사실관계"가 보여줌을 암시하는 것은 억지스러워 보인다.[7] 공공 «340 U. S., 326» 도로상의 집회들에서 일부 사람들이 불평함은, 떼지어 돌아다님은, 밀어댐은, 밀침은, 연설자의 의견에 심지어 폭력적으로마저 반대함은 특별한 일도 아니고 예상 밖의 일도 아니다. 실로, 논란 있는 주제들이 논의되는 상황에서는 이러한 행동들의 일부를 또는 전부를 집 밖의 군중이 행하지 않는 경우란 드물다. 연설자를 공격하겠다는 한 번의 고립된 위협이 소요의 전조가 되는 것은도 아니다. 여기서처럼 그 협박을 가하는 사람이 처를 및 어린 자녀들을 대동하고 있는 사람인 경우에는, 그리고 기록이 보여주는 한도 내에서 그 위협을 실행하기에 충분할 만큼 청구인에게 결코 근접해 있지 아니하였던 경우에는, 위험은 특히나 에누리하여 평가되어야 한다.

소")을 매춘굴로 예컨대 1799년 영국의 제정법 한 개는 분류하였다. 39 Geo. III, c. 79, § 15.

7) 큰 길 모퉁이 위에서의 상황이 위급한 것이었다는 뉴욕주 항소법원의 믿음은 기록에 의하여 뒷받침되지 않으며, 따라서 여기서 큰 가치가 부여되어서는 안 된다. 두 개의 예증들로써 충분할 것이다: "제어하기 어려운 상태에 이를 만한 지점에" 군중이 "도달하고 있을" 때에 페이너를 자신이 한 번 저지하였다는 경찰관 한 명의 구체적 설명에 항소법원은 의존하였다. 그러나 이 증언은 너무도 현저히 증거능력이 없었기에 정식사실심리 판사에 «340 U. S., 326» 의하여 그것은 배제되었는데, 유리한 결정을 피고인이 수령한 드문 사례들 중 하나였다. 둘째로, 페이너에 대하여 강찰에 의하여 경고가 실시되고 난 뒤에, " …… 돌아다니고 있는 들뜬 군중에게 그의 도전적인 발언들을 시끄러운 확성기들을 통하여 외치기를" 그는 계속하였다고 항소법원은 말하였다. 선서 없이 이루어진 지방검사보의 주장들이 증거로서 받아들여지지 않는 한, 이 판시를 뒷받침하는 것을 기록 안에서 조금이라도 나는 찾을 수가 없다. 상자로부터 내려오도록 페이너에게 자신이 요청한 뒤에는, 페이너는 단순히 [청중더러] 시라큐스 호텔에 가서 존 로기(John Rogge)의 연설을 들으라고 말하기를 계속하였을 뿐"이라고 주요 검찰증인은 증언하였다. 그리고 이에 곧바로 이은 고도로 암시적인 질문에 "아니오."라고 바로 이 증인은 대답하기까지 하였다. "무장하는 일에 및 싸우는 일에 관하여 조금이라도 더 그 때 그가 말한 것이 있었나요?"

Moreover, assuming that the "facts" did indicate a critical situation, I reject the implication of the Court's opinion that the police had no obligation to protect petitioner's constitutional right to talk. The police of course have power to prevent breaches of the peace. But if, in the name of preserving order, they ever can interfere with a lawful public speaker, they first must make all reasonable efforts to protect him.[8] Here the policemen did not even pretend to try to protect petitioner. According to the officers' testimony, the crowd was restless but there is «340 U. S., 327» no showing of any attempt to quiet it; pedestrians were forced to walk into the street, but there was no effort to clear a path on the sidewalk; one person threatened to assault petitioner but the officers did nothing to discourage this when even a word might have sufficed. Their duty was to protect petitioner's right to talk, even to the extent of arresting the man who threatened to interfere.[9] Instead, they shirked that duty and acted only to suppress the right to speak.

Finally, I cannot agree with the Court's statement that petitioner's disregard of the policeman's unexplained request amounted to such "deliberate defiance" as would justify an arrest or conviction for disorderly conduct. On the contrary, I think that the policeman's action was a "deliberate defiance" of ordinary official duty as well as of the constitutional right of free speech. For at least where time allows, courtesy and explanation of commands are basic elements of good official conduct in a democratic society. Here petitioner

---

8) Cf. Hague v. C. I. O., 307 U. S. 496; Terminiello v. Chicago, 337 U. S. 1; Sellers v. Johnson, 163 F.2d 877; see also, summary of Brief for Committee on the Bill of Rights of the American Bar Association as amicus curiae, Hague v. C. I. O., supra, reprinted at 307 U. S. 678–682.

9) In Schneider v. State, 308 U. S. 147, we held that a purpose to prevent littering of the streets was insufficient to justify an ordinance which prohibited a person lawfully on the street from handing literature to one willing to receive it. We said at page 162, "There are obvious methods of preventing littering. Amongst these is the punishment of those who actually throw papers on the streets." In the present case as well, the threat of one person to assault a speaker does not justify suppression of the speech. There are obvious available alternative methods of preserving public order. One of these is to arrest the person who threatens an assault. Cf. Dean Milk Co. v. Madison, 340 U. S. 349, decided today, in which the Court invalidates a municipal health ordinance under the Commerce Clause because of a belief that the city could have accomplished its purposes by reasonably adequate alternatives. The Court certainly should not be less alert to protect freedom of speech than it is to protect freedom of trade.

더욱이, 위급한 상황을 "사실관계"가 실제로 보여준다고 가정하더라도, 말할 청구인의 헌법적 권리를 보호할 의무를 경찰은 지고 있지 않았다는 이 법원의 의견의 함축을 나는 거절한다. 평온방해 행위들을 저지할 권한을 경찰이 가짐은 물론이다. 그러나 적법한 공개 연설자를 질서 보전의 이름으로 설령 그들이 늘 방해할 수 있다고 하더라도, 그를 보호하기 위한 모든 합리적인 노력들을 그들은 먼저 수행하지 않으면 안 된다.[8] 심지어 청구인을 보호하고자 시도하려는 흉내를조차도 여기서 경찰관들은 내지 않았다. 경찰관들의 증언에 따르면, 군중이 들떠 있었음에도 «340 U. S., 327» 조금이라도 그것을 가라앉히려는 시도의 증거는 없다; 차도 속으로 걸어 들어가도록 보행자들이 강제되었음에도, 보도 쪽으로 통로를 트려는 노력은 전혀 없었다; 청구인을 공격하겠다고 한 명이 위협하였고 이를 단념시키는 데는 심지어 한 마디 말로써 충분했을 상황인데도, 아무 것도 경찰관들은 하지 않았다. 방해하겠노라고 협박하는 그 남자를 심지어 체포하기에 이를 정도로까지, 청구인의 말할 권리를 보호함은 그들의 임무였다.[9] 그렇게 하기는커녕, 그 임무를 그들은 회피하고서는, 말할 권리를 억압하기 위해서만 그들은 행동하였다.

경찰관의 설명 없는 요청에 대한 청구인의 무시가 공안방해 행위를 이유로 하는 체포를 내지는 유죄판정을 정당화할 만큼의 "의도적인 도전"에 해당되었다는 이 법원의 설명에 궁극적으로 나는 동의할 수 없다. 오히려 그 반대로, 경찰관들의 행동이야말로 자유로운 말의 헌법적 권리에 대하여뿐만 아니라 일반적인 직무상의 의무에 대한 "의도적인 도전"이었다고 나는 생각한다. 왜냐하면 적어도 시간이 허락하는 경우에는, 명령들의 예의 갖춘 전달은 및 설명은 민주사회에 있어서의 성실한 공무상 행동의 기본적 요소들이기 때문이다. 여기서 청구인은 연설을 멈추도록

---

8) Hague v. C. I. O., 307 U. S. 496을; Terminiello v. Chicago, 337 U. S. 1을; Sellers v. Johnson, 163 F. 2d 877을 비교하라; 아울러, summary of Brief for Committee on the Bill of Rights of the American Bar Association as amicus curiae, Hague v. C. I. O., supra, reprinted at 307 U. S. 678–682를 보라.

9) 인쇄물을 그 수령 의사가 있는 사람에게 적법히 도로상에 있는 사람으로 하여금 건네지 못하도록 금지하는 조례를 정당화하기에는 도로들을 어지름을 방지함이라는 목적은 충분하지 아니하다고 Schneider v. State, 308 U. S. 147에서 우리는 판시하였다. 162쪽에서 우리는 말하였다. "어지럽히기를 방지하는 확실한 방법들이 있다. 이것들 가운데는 도로들 위에 종이류를 실제로 던지는 사람에 대한 처벌이 포함된다." 현재의 사건에서도, 연설자를 공격하겠다는 한 명의 위협은 연설의 억압을 정당화하지 않는다. 공공질서를 보전하는 확실한 이용 가능한 방법들이 있다. 이것들 가운데 한 가지는 공격행위를 협박하는 사람을 체포하는 것이다. 통상조항(Commerce Clause) 아래서의 시 건강 조례를, 합리적으로 적절한 대안들에 의하여 그것의 목적들을 시가 달성했을 수 있다는 믿음을 이유로 이 법원이 무효화하고 있는, 오늘 판시된 Dean Milk Co. v. Madison, 340 U. S. 349를 비교하라. 무역의 자유를 보호하는 데 있어서보다 말의 자유를 보호하는 데 있어서 이 법원이 덜 민첩해서는 안 됨은 확실하다.

was "asked" then "told" then "commanded" to stop speaking, but a man making a lawful address is certainly not required to be silent merely «340 U. S., 328» because an officer directs it. Petitioner was entitled to know why he should cease doing a lawful act. Not once was he told. I understand that people in authoritarian countries must obey arbitrary orders. I had hoped that there was no such duty in the United States.

In my judgment, today's holding means that as a practical matter, minority speakers can be silenced in any city. Hereafter, despite the First and Fourteenth Amendments, the policeman's club can take heavy toll of a current administration's public critics.[10] Criticism of public officials will be too dangerous for all but the most courageous.[11] This is true regardless of the fact that in «340 U. S., 329» two other cases decided this day, Kunz v. New York, 340 U. S. 290; Niemotko v. Maryland, 340 U. S. 268, a majority, in obedience to past decisions of this Court, provides a theoretical safeguard for freedom of speech. For whatever is thought to be guaranteed in Kunz and Niemotko is taken away by what is done here. The three cases read together mean that while previous restraints probably cannot be imposed on an unpopular speaker, the police have discretion to silence him as soon as the customary hostility to his views develops.

---

10) Today the Court characterizes petitioner's speech as one designed to incite riot and approves suppression of his views. There is an alarming similarity between the power thus possessed by the Syracuse (or any other) police and that possessed by English officials under an act passed by Parliament in 1795. In that year Justices of the Peace were authorized to arrest persons who spoke in a manner which could be characterized as "inciting and stirring up the People to Hatred or Contempt ⋯⋯" of the King or the Government. 36 Geo. III, c. 8, § 7. This statute "was manifestly intended to put an end for ever to all popular discussions either on political or religious matters." 1 Buckle, History of Civilization in England (2d London ed.) 350.

11) That petitioner and the philosophy he espoused were objects of local antagonism appears clearly from the printed record in this case. Even the trial judge in his decision made no attempt to conceal his contempt for petitioner's views. He seemed outraged by petitioner's criticism of public officials and the American Legion. Moreover, the judge gratuitously expressed disapproval of O. John Rogge by quoting derogatory statements concerning Mr. Rogge which had appeared in the Syracuse press. The court approved the view that freedom of speech should be denied those who pit "class against class ⋯⋯ and religion against religion." And after announcing its decision, the court persistently refused to grant bail pending sentence.

Although it is unnecessary for me to reach the question of whether the trial below met procedural due process standards, I cannot agree with the opinion of the Court that "Petitioner was accorded a full, fair trial."

"요청"되고 그 다음에는 "고지"되고 그 다음에는 "명령"되었는바, 그러나 적법한 연설을 하는 도중인 사람은 «340 U. S., 328» 단순히 경찰관이 지시한다는 이유만으로 침묵하도록 요구되지는 아니함은 확실하다. 적법한 행동을 하기를 어째서 자신이 그쳐야 하는지 알 권리가 청구인에게는 있었다. 단 한 번도 설명을 그는 듣지 못했다. 권위주의적 국가들에 있어서는 자의적 명령들에 사람들이 복종하지 않으면 안 됨을 나는 이해한다. 합중국에서는 그러한 의무가 없다고 나는 신뢰해 왔었다.

어떤 도시에서든 소수자 쪽의 연설자들은 침묵당할 수 있음을 실제상의 문제로서 나의 판단으로는 오늘의 판시는 의미한다. 이 이후로는 연방헌법 수정 제1조에 및 제14조에 불구하고, 현행 행정부에 대한 공개 비판자들을 가지고서 많은 희생자를 경찰관의 곤봉은 낼 수 있다.[10] 가장 용감한 사람들에게를 제외한 모든 사람들에게, 공직자들에 대한 비판은 너무나 위험한 것이 될 것이다.[11] 이 날 판결된 다른 두 개의 «340 U. S., 329» 사건들인 Kunz v. New York, 340 U. S. 290에서 및 Niemotko v. Maryland, 340 U. S. 268에서 말의 자유를 위한 이론상의 보장을 당원의 과거의 판결들에 순응하여 다수의견이 제공한다는 사실에 상관없이 이것은 진실이다. 왜냐하면 Kunz 판결에서와 Niemotko 판결에서 보장된다고 생각되는 것이 무엇이든, 여기서 오늘 행해진 바에 의하여 그것은 제거되기 때문이다. 인기 없는 연설자 위에 사전의(previous) 제한조치들은 아마도 부과될 수 없다 하더라도, 그의 견해들에 대한 통례적인 적대감이 나타나면 곧바로 그를 침묵시킬 재량권을 경찰은 지님을, 결합시켜 읽을 경우의 그 세 선례들은 의미한다.

---

10) 청구인의 연설을 소요를 선동하기 위하여 의도된 것으로 오늘 이 법원은 규정함으로써 그의 견해들의 억압을 승인한다. 시라큐스 경찰에 의하여 (또는 그 밖의 경찰에 의하여) 보유되는 권한의, 및 영국의회에 의하여 1975년에 통과된 법률 아래서 영국 공직자들에 의하여 보유된 권한의 그 양자 사이에는 놀라울 정도의 유사성이 있다. 국왕에 내지는 정부에 대한 "…… 증오를 내지는 경멸을 지니도록 사람들을 선동하고 자극하는" 것으로 규정될 수 있을 만한 방법으로 말하는 사람들을 체포할 권한이 그 해에 치안판사들에게 부여되었다. 36 Geo. III, c. 8, § 7. 이 제정법은 "정치적인 내지는 종교적인 문제에 대한 모든 대중의 논의들을 영구히 종식시키려는 의도를 명백하게 지닌 것이었다." 1 Buckle, History of Civilization in England (2d London ed.) 350.

11) 청구인이, 그리고 그가 옹호한 철학이 지역의 대립의 대상들이었다는 점은 이 사건에서의 인쇄된 기록으로부터 명백하게 드러난다. 청구인의 견해들에 대한 그의 경멸을 숨기려는 시도를 심지어 정식사실심리 판사는마저도 그의 판결에서 하지 않았다. 공직자들에 및 미국 군대에 대한 청구인의 비판에 의하여 그는 격분한 것으로 보였다. 더욱이, 시라큐스 언론에 실린 바 있는 로기 씨에 관한 경멸적 설명들을 인용함으로써 O. 존 로기(O. John Rogge)에 대한 부동의를 판사는 쓸데없이 표명하였다. "…… 계급 대 계급을 및 종교 대 종교를" 싸움붙이는 사람들에게서는 말의 자유가 박탈되어야 한다는 견해를 그 법원은 승인하였다. 그리고 자신의 판단을 선언한 뒤에 선고 전 보석을 허가하기를 그 법원은 고집스레 거부하였다.

절차상의 적법절차 기준들을 하급법원의 정식사실심리가 충족했는지 여부의 문제에 내가 도달함은 비록 불필요함에도 불구하고, "완전하고도 공정한 정식사실심리를 청구인은 부여받았다."는 이 법원의 의견에 나는 동의할 수 없다.

In this case I would reverse the conviction, thereby adhering to the great principles of the First and Fourteenth Amendments as announced for this Court in 1940 by Mr. Justice Roberts:

"In the realm of religious faith, and in that of political belief, sharp differences arise. In both fields the tenets of one man may seem the rankest error to his neighbor. To persuade others to his own point of view, the pleader, as we know, at times, resorts to exaggeration, to vilification of men who have been, or are, prominent in church or state, and even to false statement. But the people of this nation have ordained in the light of history, that, in spite of the probability of excesses and abuses, these liberties are, in the long view, essential to enlightened opinion and right conduct on the part of the citizens of a democracy." Cantwell v. Connecticut, 310 U. S. 296, 310.

I regret my inability to persuade the Court not to retreat from this principle.

MR. JUSTICE DOUGLAS, with whom MR. JUSTICE MINTON concurs, dissenting.

Feiner, a university student, made a speech on a street corner in Syracuse, New York, on March 8, 1949. The purpose of the speech was to publicize a meeting of the «340 U. S., 330» Young Progressives of America to be held that evening. A permit authorizing the meeting to be held in a public school auditorium had been revoked and the meeting shifted to a local hotel.

Feiner delivered his speech in a small shopping area in a predominantly colored residential section of Syracuse. He stood on a large box and spoke over loudspeakers mounted on a car. His audience was composed of about 75 people, colored and white. A few minutes after he started two police officers arrived.

이 사건에서 나라면 유죄판정을 파기하였을 것이고, 1940년에 당원을 대표하여 로버츠(Roberts) 판사에 의하여 선언된 것으로서의 연방헌법 수정 제1조의 및 제14조의 위대한 원칙들을 이로써 고수하였을 것이다:

"종교적 신앙의 영역에 있어서, 그리고 정치적 신념의 영역에 있어서, 첨예한 상위점들이 발생한다. 그 두 가지 영역들에서는 다 같이, 어떤 사람의 교의들은 가장 지독한 오류인 것처럼 그의 이웃에게는 보일 수 있다. 자기 자신의 관점으로 넘어오도록 타인들을 설득하고자, 우리가 알듯이 때때로 과장에, 교회 내에서든 국가 내에서든 저명한 지위에 있어 온 내지는 있는 사람들에 대한 비방에, 그리고 심지어는 허위의 주장에조차 설득자는 의존한다. 그러나 부절제 행위들의 및 남용 행위들의 개연성에도 불구하고, 긴 안목에서 보아 민주국가의 시민들 쪽에서의 계몽된 의견에 및 올바른 행동에 이 자유들은 불가결한 것으로 역사에 비추어 이 나라 국민은 규정해 놓았다." Cantwell v. Connecticut, 310 U. S. 296, 310.

이 원칙으로부터 후퇴하지 말도록 이 법원을 설득할 수 없는 나의 무능력을 나는 유감으로 여긴다.

민튼(MINTON) 판사가 찬동하는 더글라스(DOUGLAS) 판사의 반대의견이다.

한 개의 연설을 뉴욕주 시라큐스 내 큰 거리 모퉁이에서 1949년 3월 8일에 대학교 학생인 페이너(Feiner)는 하였다. 그 날 저녁에 열릴 미국 청년 진보주의자들의 집회를 «340 U. S., 330» 선전하는 데 그 연설의 목적은 있었다. 공립학교 한 곳의 강당에서 개최될 집회를 허가하는 허가서는 취소된 상태였고 집회 장소는 지역 호텔 한 곳으로 바뀌었다.

자신의 연설을 시라큐스의 주로 흑인 거주 구역에 있는 작은 쇼핑 지역에서 페이너는 하였다. 한 개의 큰 상자 위에 그는 섰고 자동차 위에 설치된 확성기들을 통하여 그는 연설하였다. 흑인을 및 백인을 합하여 약 75명으로 그의 청중은 구성되었다. 그가 시작한 뒤 몇 분만에 두 명의 경찰관들이 도착하였다.

The speech was mainly devoted to publicizing the evening's meeting and protesting the revocation of the permit. It also touched on various public issues. The following are the only excerpts revealed by the record:

"Mayor Costello (of Syracuse) is a champagne-sipping bum; he does not speak for the negro people."

"The 15th Ward is run by corrupt politicians, and there are horse rooms operating there."

"President Truman is a bum."

"Mayor O'Dwyer is a bum."

"The American Legion is a Nazi Gestapo."

"The negroes don't have equal rights; they should rise up in arms and fight for their rights."

There was some pushing and shoving in the crowd and some angry muttering. That is the testimony of the police. But there were no fights and no "disorder" even by the standards of the police. There was not even any heckling of the speaker.

But after Feiner had been speaking about 20 minutes a man said to the police officers, "If you don't get that son of a bitch off, I will go over and get him off there myself." It was then that the police ordered Feiner to stop speaking; when he refused, they arrested him.

Public assemblies and public speech occupy an important role in American life. One high function of «340 U. S., 331» the police is to protect these lawful gatherings so that the speakers may exercise their constitutional rights. When unpopular causes are sponsored from the public platform, there will commonly be mutterings and unrest and heckling from the crowd. When a

저녁의 집회를 선전하는 데에 및 허가의 취소를 항의하는 데에 연설은 주로 바쳐졌다. 다양한 공공의 문제들에도 그것은 미쳤다. 아래는 기록에 의하여 드러난 발췌부분일 뿐이다:

"(시라큐스의) 시장 코스텔로(Costello)는 샴페인을 홀짝이는 부랑자입니다; 흑인들을 그는 대변하지 않습니다."

"부패한 정치인들에 의하여 제15구는 관리되는데, 거기에는 마약 룸들이 운영되고 있습니다."

"대통령 트루먼은 부랑자입니다."

"시장 오두와이어는 부랑자입니다."

"미국 군대는 나찌 게슈타포입니다."

"평등한 권리들을 흑인들은 가지고 있지 않습니다; 그들은 무기를 들고 일어서서 그들의 권리들을 위하여 싸워야 합니다."

군중 안에서 상당한 밀치기가 및 떠밀기가, 그리고 상당히 성난 불평이 있었다. 그것이 경찰의 증언이다. 그러나 경찰의 기준들에 의하더라도 싸움들은 없었고 "혼란"은 없었다. 심지어 연설자에 대한 야유조차도 전혀 없었다.

그러나 페이너가 약 20분 동안 말하고 났을 때, "저 개새끼를 만약 당신들이 끌어내지 않으면, 내가 가서 내 스스로 그를 끌어내겠소."라고 경찰에게 한 남자가 말하였다. 연설을 멈추라고 페이너에게 경찰이 명령한 것은 그 때였다; 그가 거부하자 그를 그들은 체포하였다.

미국 생활에 있어서의 중요한 역할을 공개집회들은 및 공개연설은 점한다. 경찰의 귀중한 기능 《340 U. S., 331》 한 가지는 이 적법한 회합들을 보호하여 그들의 헌법적 권리들을 연설자들로 하여금 행사할 수 있게 하는 것이다. 공개연단으로부터 인기 없는 대의명분들이 소개될 때에는, 군중으로부터의 불평들이, 불안이 및 야유들이 일상적으로 있고는 하는 법이다. 연단에 한 명의 연설자가 올라갈 때에는, 사

speaker mounts a platform it is not unusual to find him resorting to exaggeration, to vilification of ideas and men, to the making of false charges. But those extravagances, as we emphasized in Cantwell v. Connecticut, 310 U. S. 296, do not justify penalizing the speaker by depriving him of the platform or by punishing him for his conduct.

A speaker may not, of course, incite a riot any more than he may incite a breach of the peace by the use of "fighting words." See Chaplinsky v. New Hampshire, 315 U. S. 568. But this record shows no such extremes. It shows an unsympathetic audience and the threat of one man to haul the speaker from the stage. It is against that kind of threat that speakers need police protection. If they do not receive it and instead the police throw their weight on the side of those who would break up the meetings, the police become the new censors of speech. Police censorship has all the vices of the censorship from city halls which we have repeatedly struck down. See Lovell v. City of Griffin, 303 U. S. 444; Hague v. C. I. O., 307 U. S. 496; Cantwell v. Connecticut, supra; Murdock v. Pennsylvania, 319 U. S. 105; Saia v. New York, 334 U. S. 558.

상들에 및 사람들에 대한 과장에, 비방에, 그리고 허위의 비난을 지어냄에 그가 의존함을 발견하기란 드물지 않은 일이다. 그러나 Cantwell v. Connecticut, 310 U. S. 296에서 우리가 강조했듯이, 연단을 그 연설자에게서 빼앗음으로써 내지는 그의 행위를 이유로 그를 처벌함으로써 그를 벌함을 그 무절제들은 정당화하지 않는다.

폭동을 "도전적인 언사"에 의하여 연설자가 선동해서는 안 됨은 평온방해를 그 것에 의하여 그가 선동해서는 안 됨에 동일하다. Chaplinsky v. New Hampshire, 315 U. S. 568을 보라. 그러나 이러한 극단적 상황을 이 기록은 보여주지 않는다. 이해심 없는 청중을 그것은 보여주며, 또한 연설자를 연단으로부터 끌어내겠다는 한 명의 위협을 그것은 보여준다. 경찰의 보호를 연설자들이 필요로 하는 것은 그 종류의 위협에 대처해서이다. 그 보호를 그들이 수령하지 않는다면, 그리고 그렇기는커녕 그 회합들을 깨버렸으면 하는 사람들 쪽 위에 그들의 무게를 경찰이 던진다면, 경찰은 말의 새로운 검열관들이 된다. 우리가 반복적으로 때려눕혀 온, 시 당국들로부터의 검열의 모든 악폐들을 경찰 검열은 지닌다. Lovell v. City of Griffin, 303 U. S. 444를; Hague v. C. I. O., 307 U. S. 496을; Cantwell v. Connecticut, supra를; Murdock v. Pennsylvania, 319 U. S. 105를; Saia v. New York, 334 U. S. 558을 보라.

표현의 자유_Freedom of Expression

Freedom o

NEW YORK TIMES CO.
v. SULLIVAN
376 U. S. 254 (1964)

앨라배마주 대법원에 대한
사건기록 송부명령

NOS. 39.
변 론 1964년 1월 6일
판 결 1964년 3월 9일

요약해설

1. 개요

NEW YORK TIMES CO. v. SULLIVAN, 376 U. S. 254 (1964) 판결은 9 대 0으로 판결되었다. 법원의 의견을 브레넌(BRENNAN) 판사가 냈고, 보충의견을 더글라스(DOUGLAS) 판사의 가담 아래 블랙(BLACK) 판사가 냈으며, 결론에 찬동하는 의견을 더글라스(DOUGLAS) 판사의 가담 아래 골드버그(GOLDBERG) 판사가 냈다.

공직자의 공무상의 행위에 대한 비판자들을 상대로 그 공직자에 의하여 제기된 문서비방 소송에서 손해배상을 인정할 수 있는 주 권한을 말에 및 출판에 대한 헌법적 보호들이 제한하는 범위를 처음으로 판정하였는데,[1] 현실의 악의를 지니고서 - 즉 그것이 허위의 것임에 대한 인식을 지니고서 또는 그것이 허위의 것인지 아닌지 여부에 관한 미필적 고의에 준하는 무시를 지니고서 - 성명이 이루어졌음을 공직자가 증명하지 못하는 한, 그의 공무상의 행위에 관련된 명예훼손적 허위성을 이유로 하는 손해배상을 청구하지 못하도록 그를 금지하는 연방규칙을 헌법적 보장들은 요구함을 판시하였다.[2]

2. 사실관계

가. 문서비방 민사소송 제기까지의 과정

(1) 문서비방이라고 주장된 성명의 공표

1960년 3월 29일자 뉴욕타임즈지에는 "그들의 궐기하는 목소리들을 들으라!"라는 제목의 전면광고 형태로 10개 단락의 성명들이 실렸다. 미합중국 헌법에 및 권

---

1) 376 U. S., at 257.
2) 376 U. S., at 279-280.

리장전에 의하여 보장된 대로의 인간의 존엄 가운데 살아갈 권리를 지지하는 비폭력 시위들에 가담하는 수천 명의 남부 흑인 학생들이 유례없는 테러의 물결에 봉착하고 있다고 그것들은 주장하였고, 특정의 사건들을 기술함으로써 "테러의 물결"을 그것들은 예증하였다. 학생 운동의 지원에, 투표권 쟁취를 위한 투쟁의 지원에, 그리고 당시에 몽고메리시에 계속 중이던, 운동의 지도자 마틴 루터 킹 주니어 목사에 대한 위증죄 대배심 검사기소 사건의 법적 방어의 지원에 등 사용될 모금에의 참여를 성명들은 호소하였다. 성직자들을 포함하는 64명의 인사들(이 사건 개인 청구인들 4명 포함)의 이름들 위에 본문은 실렸고, "마틴 루터 킹을 그리고 남부에서의 자유의 투쟁을 방어하기 위한 위원회"에 의하여 서명이 이루어졌으며, 위원회 임원들의 명단이 적혔다. (376 U. S., at 256-257.)

(2) 광고주문에 대한 뉴욕타임즈사의 내부심사 경위(재판과정에서 밝혀짐)

서명한 위원회를 대리한 광고대행사의 주문에 따라서 광고는 공표되었다. 자신들의 이름 게재의 허락을 해당 인물들이 해 준 터임을 보증하는 위원회 의장의 편지를 그 주문에 대행사는 첨부하였다. 타임즈사 광고수주 심사국에 신뢰할 수 있는 인물로 그 의장은 알려져 있었으므로 그 편지를 위임의 증거로 그 자신의 확립된 관행에 따라 심사국은 받아들였다. 그러나, 자신의 이름의 사용을 자신이 위임한 바가 없다고 개인 청구인들 각각은 증언하였다. 그 기술된 사건경과에 관련된 자신의 뉴스 기사들에 그것을 대조해 봄에 의해서 등 광고의 정확성을 확인하려는 노력을 타임즈사는 기울이지 않았다. 광고비는 대략 4,800달러였다. (376 U. S., at 260-261.)

(3) 공개적 취소의 요구

앨라배마주 법률상으로는, 공직자의 공무상의 행위에 관련한 공표를 이유로 하는 문서비방 소송에 있어서의 징벌적 손해배상 청구의 승소를 그 공직자가 얻기 위하여는 공개적 취소에 대한 서면의 요구를 먼저 그가 하였음에도 이에 피고가 따르지 아니하는 경우에 해당되어야 하였기에, 그 요구를 청구인들에 대하여 피청구인은 보냈다. 그 광고에의 자신의 이름의 사용을 자신이 위임한 바 없다는, 따라서 그 성명들을 자신은 공표한 바 없다는 입장을 그들 개인 청구인들 각자는 취하면서 그 요구에 응답하지 아니하였다. 요구에 부응하는 취소를 타임즈사는 공표하지 아니한 채로, 피청구인을 성명들이 어떻게 조금이라도 비난한다고 피청구인이 생각하는지에 관하여 알려 달라는 취지의 편지를 피청구인에게 타임즈사는 썼다. 그 편지에 답하지 아니한 채로 이 소송을 피청구인은 제기하였다.[3] (376 U. S., at 261–262.)

나. 문서비방 손해배상 청구소송의 청구원인 및 증거관계

(1) 문서비방을 본문 10개 단락들 가운데서 셋째 단락에 및 여섯째 단락의 일부에 의하여[4] 자신은 당한 터라고 앨라배마주 몽고메리시 선출직 공무감독관인 피청구인 설리반은 주장하면서, 50만 달러의 지급을 구하는 문서비방 손해배상 청구소송을 4명의 개인 청구인들을 및 뉴욕타임즈사를 상대로 제기하였다. (376 U. S., at 257–258.)

(2) 피청구인 자신을 성명들이 가리킨다는 주장(증인들의 증언이 증거로 제시됨)

경찰국을 감독하는 몽고메리시 공무감독관으로서의 피청구인 자신을 성명의 "경찰"은 가리킨다고; 따라서 캠퍼스를 경찰로써 에워쌌고 학생들을 굶겨 항복시키기 위하여 식당을 폐쇄하였으며 킹 목사를 일곱 번이나 체포하였고 킹 목사의 항의들에 대하여 위협으로써와 폭력으로써 대답했고 그의 주거를 폭파했고 그의 신체를 폭행하였고 위증죄로 그를 고소했다는 비난을, 피청구인 자신에게 위 성명들은 지우는 것이라고 그는 주장하였다. 감독관으로서의 그의 권한 내에서 피청구인을 가리키는 것으로 성명들을 읽힌다는 피청구인의 주장을 뒷받침하는 증언을 피청구인 스스로가 및 6명의 몽고메리시 주민들이 하였다. (376 U. S., at 258.)

(3) 성명내용이 허위라는 주장(정확한 기술이 아님에 대하여 다툼없음)

성명들의 일부는 사건경위에 대한 정확한 기술이 아니었다. 시위 도중에 주 의회 의사당 계단들 위에서 흑인 학생들이 불렀던 노래는 국가였을 뿐, "My Country, 'Tis

---

3) 피청구인(설리반)의 요구에 따른 광고의 취소를 타임즈사는 하지 아니하였음에 반하여, 그 이후로, 앨라배마주 지사 존 패터슨의 요구에 따라 그에 대하여 광고의 취소를 타임즈사는 공표하였다.

4) 셋째 단락: "앨라배마주 몽고메리시 주 의회 의사당 건물 계단들 위에서 'My Country, 'Tis of Thee'를 학생들이 부른 뒤에 학교로부터 그들의 지도자들은 퇴학처분되었고, 앨라배마 주립대학 캠퍼스를 산탄총으로써 최루가스로써 무장한 트럭 여러 대 분량의 경찰은 에워쌌다. 재등록하기를 거부함으로써 주 당국에 대하여 전체 학생집단이 항의하자, 그들을 굶겨 항복시키려는 시도 속에서 그들의 식당이 폐쇄되었다."

여섯째 단락: "킹 목사의 평화적 항의들에 대하여 거듭거듭 위협으로써와 폭력으로써 남부의 위반자들은 대답하여 왔다. 그의 주거를 그들은 폭파하여 놓았는바, 그의 처를 및 아이를 그들은 거의 죽일 뻔하였다. 그의 신체를 그들은 폭행하여 왔다. 그를 일곱 번이나 그들은 체포하였는데, '속도위반'이, '어슬렁거리기'가 및 이에 유사한 '범칙행위들'이 그 이유였다. 게다가 이번에 그를 그들이 고소한 죄목은 '위증죄'로서, 이는 10년 동안 감옥에 그를 그들이 가둘 수 있는 중죄이다. ……"

of Thee"가 아니었다. 아홉 명의 퇴학처분은 의사당에서의 시위를 지도한 행위 때문이 아니라, 다른 일자에 법정건물 내 점심식사 카운터에서 식사제공을 요구한 행위 때문이었다. 퇴학처분에 항의한 것은 전체 학생집단이 아닌 대다수 학생집단이었고, 항의의 방법은 등록거부로써가 아니라 하루의 수업거부로써였다; 캠퍼스 식당은 폐쇄된 바가 없었다. 캠퍼스 근처에 경찰이 배치되기는 하였지만, 캠퍼스를 "에워싸지" 않았고, 주 의회 의사당 계단들 위에서의 시위에 관련한 것도 아니었다. 킹목사의 체포 횟수는 일곱 번 아닌 네 번이었다; 법정 밖에서의 어슬렁거리기를 이유로 한 체포에 관련하여 폭행을 당한 터라고 킹 목사는 주장하였음에도 불구하고, 그러한 폭행의 존재를 그 체포를 실시하였던 경찰관은 부인하였다. (376 U. S., at 258–259.)

(4) 피청구인의 가담이 없는 사안이었다는 주장(입증됨)

성명에 기술된 사건들에 피청구인은 가담한 바 없는 것으로 그의 증명에 의하여 밝혀졌다. 킹 목사의 처하고 아이하고가 거기에 있을 때 킹 목사의 주거가 실제로 두 번 폭파된 적이 있음에도 불구하고, 시기적으로 감독관으로서의 피청구인의 임기 이전의 일이었고; 폭파행위들에 경찰은 관련되지 않았음은 물론, 그 관련 있는 자들을 체포하기 위하여 경찰은 노력하였다; 킹 목사에 대한 네 번의 체포들 중 셋은 피청구인이 감독관이 되기 전에 발생하였고; 법정형량 5년씩을 수반하는 두 가지 위증죄 소인들(counts)에 대한 킹 목사의 대배심 검사기소에 피청구인은 관여한 바 없었다. (376 U. S., at 259.)

(5) 실제의 손해를 피청구인은 증명하지 아니함

실제의 금전적 손실을 증명하려는 노력을 피청구인은 기울이지 않은 채로, 타인들하고의 교제관계에서의 및 고용관계에서의, 성명들의 내용이 끼칠 수 있는 불이익을 증인의 증언으로써 그는 제시하였다. (376 U. S., at 260.)

다. 문서비방 손해배상의 민사소송에 관련한 당시의 앨라배마주 법의 법리

당시의 앨라배마주 법에 따르면, "그 자체로서 문서비방적"인 문건에는 특권의 보호가 적용되지 않았다;[5] 광고를 청구인들이 공표하였고 피청구인에 "관하여" 그

---

5) "…… 사람을 그의 명예에 있어서 …… 훼손하는 데" 그 문구들이 "이바지하는" 것들인 경우에는, 내지는 "공개적 모독을 그에게 가하는 데 그것들이 이바지하는 것들인 경우에는," 공표물은 "그 자체로 문서비방적"인 것으로 앨라배마

성명들이 이루어진 것이면 그 책임을 청구인들은 져야 하는 것으로 판단될 수 있었다; 성명들이 그 자체로서 문서비방적이면 법적 손해는 공표라는 사실 자체만으로부터도 당연히 수반하는 것으로 법은 하고 있었는데, 그 경우에 허위성은 및 악의는 추정되고, 통상의 손해액은 주장될 내지는 입증될 필요 없이 추정되었다;[6] 실제의 손해액이 인정되지도 입증되지도 아니하는 경우에조차 배심에 의하여 징벌적 손해배상금은 인정될 수 있었다; 징벌적 손해배상금의 인정은 현실의 악의(actual malice)의 입증을 일견하여 요구하였다;[7] 단순한 부주의는 내지는 소홀은 현실의 악의의 내지는 실제의 악의의 증거가 아니며, 따라서 본보기적 내지는 징벌적 손해배상금의 인정을 그것들은 정당화하지 아니하였다. 이러한 인정을 하려면, 해악을 가하려는 "현실의 의도(actual intent)"라는 내지는 "중대한 과실 및 미필적 고의(gross negligence and recklessness)"라는 의미에서의 악의가 증명되어야 하였다. 전보적 손해배상금의 및 징벌적 손해배상금의 그 둘 사이를 피청구인 승소의 배심의 평결은 구분하여야 하였다.

라. 배심에 대한 1심법원의 설시

사건을 배심에게 정식사실심리 판사가 회부하면서 한 설시의 내용은 이러하였다 : ① 성명들은 그 자체로서 문서비방적이었고, ② 이에는 특권의 보호가 적용되지 않는다; ③ 그 광고를 청구인들이 공표하였던 것으로 및 피청구인에 관하여 그 성명들이 이루어진 것으로 만약 배심이 인정하면 그 책임을 청구인들은 져야 하는 것으로 판단될 수 있다; ④ 법적 손해를 공표라는 사실 자체만으로부터도 법은 당연히 수반한다; ⑤ 허위성은 및 악의는 추정된다; ⑥ 통상의 손해액은 주장될 내지는 입증될 필요 없이 추정된다; ⑦ 실제의 손해액이 인정되지도 입증되지도 아니하는 경우에조차 배심에 의하여 징벌적 손해배상금은 인정될 수 있다; ⑧ 단순한 부

주 법은 하고 있었다.

6) "그 자체로서의 문서비방"이 입증되면, 모든 세부사항들에 있어서 공표사실들이 진실하였다는 점에 대하여 배심을 납득시킬 수 있는 경우가 아닌 한, 항변사유를 피고는 지니지 않는 것으로; "정당한 논평(fair comment)"으로서의 그의 특권은 그 논평이 토대로 삼은 사실관계의 진실성에 좌우되는 것으로; 진실성을 입증할 책임을 그가 이행할 수 있는 경우가 아닌 한, 통상의 손해액은 추정되고, 금전적 손해의 증거 없이 그것은 인정될 수 있는 것으로 앨라배마주 법은 하고 있었다.

7) 악의의 추정을 선의의 동기들은 및 진실성에 대한 믿음은 무효화하지 못하며, 단지 중요성을 그것들에게 부여하기로 배심이 선택할 경우에는 징벌적 손해배상금의 완화에만 관련을 그것은 지니는 것으로 앨라배마주 법은 하고 있었다.

주의는 내지는 소홀은 현실의 악의의 내지는 실제의 악의의 증거가 아니며, 따라서 본보기적 내지는 징벌적 손해배상금의 인정을 그것들은 정당화하지 아니한다.[8] (376 U. S., at 262-263.)

마. 배심의 피청구인 승소평결 및 주 대법원의 인가

(1) 청구액 전액 승소평결을 주 카운티 순회법원의 배심은 인정하였고 이를 주 대법원은 인가하였다. (376 U. S., at 256.)

(2) 1심판결 주문을 인가하면서 사실심리판사의 결정사항들을 및 설시사항들[9]을 앨라배마주 대법원은 유지하였다. "이 성격의 사건들에서는 손해액에 대한 법적 표준은 존재하지 않는다."고 한 자신의 선례에서의 판시를 주 대법원은 재확인하였고, "문서비방적 공표행위들을 미합중국 헌법 수정 제1조는 보호하지 않는다."고 주 대법원은 말하였다. 청구인들의 헌법 주장들에 대하여는, "개인적 행위들이 아닌 주(State) 행위를 연방헌법 수정 제14조는 대상으로 한다."고 말함으로써 그 주장들을 주 대법원은 배척하였다. (376 U. S., at 263-264.)

바. 연방대법원의 사건기록 송부명령

사건기록 송부명령을 연방대법원은 내려, 사건을 자신 앞에 가져왔다. (376 U. S., at 264.)

3. 쟁점

연방헌법 수정 제1조에 및 제14조에 의하여 요구되는 말의 및 출판의 자유를 위

---

8) 성격에 있어서 전보적인 "통상의" 손해액으로부터 구분되는 것으로서의 징벌적 손해배상금의 인정은 앨라배마주 법 아래서 현실의 악의(actual malice)의 입증을 일견하여 요구한다. 한편, 이러한 인정을 하려면, 해악을 가하려는 "현실의 의도(actual intent)"라는 내지는 "중대한 과실 및 미필적 고의(gross negligence and recklessness)"라는 의미에서의 악의에 대하여 배심은 확신하지 않으면 안 된다고 설시하기를 사실심리 판사는 거부하였고, 나아가 전보적 손해배상금의 및 징벌적 손해배상금의 그 둘 사이를 피청구인 승소의 평결은 구분하라고 요구하기를 마찬가지로 그는 거부하였다. 또한 연방헌법 수정 제1조에 및 제14조에 의하여 보장된 말의 및 출판의 자유들을 그의 결정사항들은 박탈한다는 청구인들의 주장을 그는 배척하였다. (376 U. S., at 262-263.)

9) 성명들이 그 자체로서 문서비방적이라는; "금전적 손해는 추정되므로 이에 관한 증거" 없이도 제소가능하다는; 피청구인에 "관련하여" 그 성명들이 작성된 것으로 배심은 인정할 수 있고 뉴욕타임즈사의 악의는 추론될 수 있으며 평결은 과도한 것이 아니었다는 1심법원의 판단을 주 대법원은 유지하였다.

한 헌법적 기준에 비추어 앨라배마주 법 규칙이 헌법적으로 결격인지 여부가 쟁점이 되었는데, 그 요구되는 헌법적 규칙이란 어떤 기준에 의한 것인지를 밝히는 데 연방대법원은 나아갔다. 또한 그 정당한 보장수단들에 따를 때, 피청구인 승소의 판결주문을 뒷받침하기에 이 사건에서 제시된 증거가 헌법적으로 충분했는지 (광고에 담긴 내용이 부분적으로 사실에 어긋나는 것들이라는 점 등에 비출 때[10] 악의의 추론이 성립하는지, 공무원에 대하여 이루어진 것으로 주장된 광고의 명예훼손에 의하여 헌법적 보호를 그것이 상실하는지 등) 여부가 쟁점이 되었다. (376 U. S., at 264-265, 267, 271.)

4. 브레넌(BRENNAN) 판사가 낸 법원의 의견의 요지

연방헌법 수정 제1조에 및 제14조에 의하여 요구되는 말의 및 출판의 자유를 위한 보장수단들을 제공하지 못함으로 인하여, 앨라배마주 법원들에 의하여 적용된 법 규칙은 헌법적으로 결격이다. 그 정당한 보장수단들에 따를 때, 피청구인 승소의 판결주문을 뒷받침하기에는 이 사건에서 제시된 증거는 헌법적으로 불충분하다. (376 U. S., at 264-265.)

이 사건에의 적용의 여지를, 주 대법원에 의하여 의존된, "개인적 행위를이 아닌 주(State) 행위를 연방헌법 수정 제14조는 대상으로 한다."는 명제는 지니지 않는다. 주 권한이 적용되어 있는 형식에가 아니라, 그러한 권한이 실제로 행사되어 있는지 여부에 기준은 있다.

타임즈사에 관련하여, 문서비방적이라고 주장된 성명들은 유료의 상업적 광고의 일부로서 공표되었기 때문에 말에 및 출판에 대한 헌법적 보장들은 여기에 적용될 수 없다는, Valentine v. Chrestensen, 316 U. S. 52에 의존한 주장은 대상을 잘못 잡은 것이다. 성명들이 그 밖의 점에서 현재의 판결주문으로부터 헌법적으로 보호되는 것들이라면, 유료광고의 형태로 그것들이 공표되었음을 이유로 하여서는 그 보호를 그것들은 상실하지 않는다. (376 U. S., at 265-266.)

공직자들의 공무상의 행위에 비판을 가하는 표현 위에 제재들을 부과하기 위한 문서비방 관련법들의 사용을, 문서비방적 공표물들을 연방헌법은 보호하지 않는다

---

10) 광고의 허위성을 피청구인은 주장하였고, 1심법원은 및 주 대법원은 이를 인정하였다.

는 취지의 당원의 선례들은 지지한 바가 없다. 헌법적 제약들로부터의 불가사의한 면제를 문서비방은 주장할 수 없다. 연방헌법 수정 제1조를 충족하는 기준들에 의하여 이 사건은 판단되지 않으면 안 된다. (376 U. S., at 268–269.)

연방헌법 수정 제1조에 의하여 공공의 문제들에 대한 표현의 자유는 보장된다. 이는 국민들에 의하여 희망되는 정치적 사회적 변화들의 일으킴을 위한 의견들의 제약 없는 상호교환을 확보하기 위한 것이다. 국민의 뜻에 정부가 부응할 수 있게끔, 그리하여 적법한 수단들에 의하여 변화들이 얻어질 수 있게끔 하려는 목적에서의 자유로운 정치적 토론을 위한 기회의 유지는 우리 헌법제도의 기본적 원칙이다. 모든 공공기관들에 대하여 자신의 마음을 말함은 미국민의 높이 평가되는 특권이다. 독단적 선별을 통해서보다는 다수의 혀들로부터 올바른 결론들은 모아지기가 더 쉬움을 연방헌법 수정 제1조는 전제한다. 공공의 문제들에 대한 토론은 제약 없는, 강건한, 활짝 열린 것이어야 한다는 및 정부에 및 공직자들에 대한 격렬한, 신랄한, 그리고 때로는 불쾌하리만큼 날카로운 공격들을 그것은 포함함도 당연하다는 원칙에는 심원한 국가적 서약이 담겨 있다. (376 U. S., at 269–270.)

진실성의 시험을 위한 예외를 인정하기를, 특히 진실성을 입증할 책임을 그 말하는 사람에게 지우는 예외를 인정하기를, 연방헌법 수정 제1조의 보장들에 대한 해석들은 거부해 왔다. 그 제안되는 의견들의 및 신념들의 진실성에, 인기도에, 또는 사회적 유용성에 그 헌법적 보호는 좌우되지 않는다. (376 U. S., at 271.)

자유토론에는 오류 섞인 주장이 불가피하고, 그 살아남기 위한 "숨쉴 공간"을 표현의 자유들이 가져야 한다면 그 주장은 보호되지 않으면 안 된다. 여타의 점에서는 자유로울 말을 억압할 근거를 공직자의 명예에 대한 훼손의 점이 제공하지 아니듯이, 그 근거를 사실상의 오류 또한 제공하지 아니한다. 공직자들의 직무상의 명성들을 감소시킨다는 이유만으로는, 그 자신의 헌법적 보호를 공무상의 행위에 대한 비판은 상실하지 않는다. 헌법적 방패를 공직자의 행위에 대한 비판으로부터 걷어내기에는 사실적 오류는 및 명예훼손적 내용은 내지는 그 결합은 다 같이 불충분하다. (376 U. S., at 272–273.)

형사 제정법에 의하여 주가 합헌적으로 불러올 수 없는 사항은 주 문서비방 민사소송의 범위 너머에 있다. 대배심 검사기소장에 대한 및 합리적인 의심을 배제할 정도의 증명에 대한 요구들을 비롯한 일반적인 형사법 보장들을 이 제정법 위반으로 소추되는 사람은 향유한다. 민사소송에 있어서는 그 보장들을 피고는 이용할 수 없다. 현실의 금전적 손해에 대한 증명의 필요조차도 없이 이 사건의 판결금은 주 형사 제정법에 의하여 규정된 벌금 상한액보다도 1,000배나 많은 액수였고, 반정부 활동 단속법에 의하여 규정된 것의 100배나 많은 금액이었다. 민사소송들에는 이 중위험 금지원칙조차 적용이 없다. 비판자들 위에 가해지는 두려움의 및 겁의 장막 아래서 연방헌법 수정 제1조는 살아남을 수 없다. (376 U. S., at 277–278.)

진실의 항변의 허용에 의하여 주 법규칙은 구제되지 않는다. 성실하게 이루어진 잘못된 성명들을 위한 항변이 여기서 본질적이다. 자신의 사실적 주장들 전부의 진 실성을 보증하도록 공직자의 행위에 대한 비판자를 강제하는 규칙은 자기검열에 맞먹는다. 이러한 규칙 아래서는 공직자의 행위의 비판자가 되고자 하는 사람들은 제지될 수 있는바, 이는 공중토론의 활력을 풀죽이며, 공중토론의 다양성을 제약한 다. 연방헌법 수정 제1조에 및 제14조에 그것은 조화되지 않는다. (376 U. S., at 278–279.)

"현실의 악의"를 지니고서 - 즉 그것이 허위의 것임에 대한 인식을 지니고서 또 는 허위의 것인지 아닌지 여부에 관한 미필적 고의에 준하는 무시를 지니고서 - 성 명이 이루어졌음을 공직자가 증명하지 못하는 한, 그의 공무상의 행위에 관련된 명 예훼손적 허위성을 이유로 하는 손해배상을 청구하지 못하도록 그를 금지하는 연 방규칙을 헌법적 보장들은 요구한다. (376 U. S., at 279–280.)

문서비방 소송을 사적 시민으로부터 공직자가 당할 경우에 그 공직자에게 주어 지는 보호에 공무상의 행위의 비판을 위한 특권은 상당히 유사하다. 현실의 악의가 증명될 수 있는 경우가 아닌 한 모든 공직자들은 보호된다고 주들은 간주한다. 공 직자들 그 자신들에게 인정되는 면제의 공평한 대등물을 공직자의 행위의 비판자 들이 만약 가지지 않는다면 그 자신들이 섬기는 국민을 덮어 누르는 특혜를 국민의 종복들에게 그것은 주게 될 것이다. 연방헌법 수정 제1조에 및 제14조에 의하여 이 러한 특권은 요구된다. (376 U. S., at 281–283.)

그들의 공무상의 행위의 비판자들을 상대로 공직자들에 의하여 제기된 소송들 에서 문서비방을 이유로 하는 손해배상 청구를 인정할 주 권한의 한계를 연방헌법 은 규정한다. 특권의 박탈을 위하여 요구되는 악의의 입증은 추정되지 아니하며, 그것은 원고에 의한 증명의 문제이다. 징벌적 손해배상금의 인정을 위하여는 현실의 악의의 증명을 요구하면서도, 통상의 손해액이 관련되는 경우에는 악의를 추정하는 앨라배마주 규칙은 연방규칙에 어긋난다. (376 U. S., at 283–284.)

통상의 손해액을 및 징벌적 손해배상금을 구분짓도록 배심에게 정식사실심리 판사는 설시하지 않았으므로, 평결은 통상의 손해배상금을 인정한 것일 수도 혹은 징벌적 손해배상금을 인정한 것일 수도 있었다. 이 불확실함으로 인하여, 판결주문은 파기되고 사건은 환송되지 않으면 안 된다.(376 U. S., at 284–285.)

새로운 정식사실심리를 피청구인은 추구할 수가 있으므로, 피청구인 승소의 판결주문을 현재의 기록상의 증거가 헌법적으로 뒷받침할 수 있었는지 여부를 판단하기 위하여 그 증거를 우리는 재검토한다. (376 U. S., at 284–285.)

피청구인 승소의 판결주문을 증거는 헌법적으로 뒷받침하지 않는다. 개인적 청구인들의 사건의 경우에는, 오류적인 성명들에 관하여 그들이 알고 있었음을 내지는 그 점에 있어서 그들이 무모하였음을 뒷받침하는 증거는 전혀 없었다. 그들의 패소를 선고한 판결주문은 헌법적 근거를 결여한 것이다.

타임즈사에 관하여, 현실의 악의의 인정을 사실관계는 뒷받침하지 않는다. 기껏해야 오보를 발견하지 못한 점에 있어서의 과실의 인정을 증거는 뒷받침할 뿐이고, 현실의 악의의 인정에 요구되는 미필적 고의에 준하는 무모함을 증명하기에는 그것은 헌법적으로 불충분하다. (376 U. S., 286–288.)

피청구인에 "관하여" 성명들이 이루어졌다는 배심의 판단을 증거는 뒷받침할 수가 없었다. 광고에는 피청구인에 대한 언급이 없다. 성명사항들을 피청구인에게 연결지을 증거가 없기에, 피청구인을 성명들이 지칭하였다는 판단을 뒷받침하기에 증거는 헌법적으로 불충분하였다. (376 U. S., at 289–292.)

앨라배마주 대법원의 판결주문은 파기되고 이 의견에 배치되지 아니하는 추후의 절차들을 위하여 사건은 그 법원에 환송된다. (376 U. S., at 293.)

[Footnote*] Together with No. 40, Abernathy et al. v. Sullivan, also on certio-
rari to the same court, argued January 7, 1964.

MR. JUSTICE BRENNAN delivered the opinion of the Court.

We are required in this case to determine for the first time the extent to which the constitutional protections for speech and press limit a State's power to award damages in a libel action brought by a public official against critics of his official conduct.

Respondent L. B. Sullivan is one of the three elected Commissioners of the City of Montgomery, Alabama. He testified that he was "Commissioner of Public Affairs and the duties are supervision of the Police Department, Fire Department, Department of Cemetery and Department of Scales." He brought this civil libel action against the four individual petitioners, who are Negroes and Alabama clergymen, and against petitioner the New York Times Company, a New York corporation which publishes the New York Times, a daily newspaper. A jury in the Circuit Court of Montgomery County awarded him damages of $500,000, the full amount claimed, against all the petitioners, and the Supreme Court of Alabama affirmed. 273 Ala. 656, 144 So. 2d 25.

Respondent's complaint alleged that he had been libeled by statements in a full-page advertisement that was carried in the New York Times on March 29, 1960.[1] Entitled "Heed Their Rising Voices," the advertisement began by

---

1) A copy of the advertisement is printed in the Appendix.

[Footnote*] 앨라배마주 대법원에 대한 사건기록 송부명령에 의하여 1964년 1월 7일 변론된 No. 40, Abernathy et al. v. Sullivan 사건을 함께 판단한다.

법원의 의견을 브레넌(BRENNAN) 판사 가 냈다.

공직자의 공무상의 행위에 대한 비판자들을 상대로 그에 의하여 제기된 문서비방 소송(libel action)에서 손해배상을 인정할 수 있는 주의(a State's) 권한을 말에 및 출판에 대한 헌법적 보호들이 제한하는 범위를 처음으로 판정하도록 이 사건에서 우리는 요구되고 있다.

피청구인 L. B. 설리반(L. B. Sullivan)은 앨라배마주 몽고메리시의 세 명의 선출직 감독관들(Commissioners) 중 한 명이다. 자신이 "공무위원(Commissioner of Public Affairs)이며 그 직무는 경찰국에, 소방국에, 묘지관리국에 및 요금관리국에 대한 감독입니다."라고 그는 증언하였다. 이 문서비방 민사소송을 흑인들이면서 앨라배마주 목사들인 네 명의 개인 청구인들을 상대로, 그리고 일간지인 뉴욕타임즈지를 발간하는 뉴욕주 회사인 청구인 뉴욕타임즈 캄파니를 상대로 그는 제기하였다. 청구인들 전원을 상대로 청구액 전액인 500,000 달러의 손해배상금을 몽고메리 카운티 순회법원 내의 한 개의 배심은 그에게 인정하여 주었고, 이를 앨라배마주 대법원은 인가하였다. 273 Ala. 656, 144 So. 2d 25.

문서비방을 1960년 3월 29일자 뉴욕타임즈지에 실린 전면광고(a full-page advertisement)의 성명들에 의하여 자신은 당한 터라고 피청구인의 소장은 주장하였다.[1] "그들의 궐기하는 목소리들을 들으라(Heed Their Rising Voices)"라는 제목 아래, "이제는 전

---
1) 광고의 사본이 말미에 첨부된다.

stating that "As the whole world knows by now, thousands of Southern Negro students are engaged in widespread non-violent demonstrations in positive affirmation of the right to live in human dignity as guaranteed by the U. S. Constitution and the Bill of Rights." It went on to charge that "in their efforts to uphold these guarantees, they are being met by an unprecedented wave of terror by those who would deny and negate that document which the whole world looks upon as setting the pattern for modern freedom. ·······" Succeeding «376 U. S., 257» paragraphs purported to illustrate the "wave of terror" by describing certain alleged events. The text concluded with an appeal for funds for three purposes: support of the student movement, "the struggle for the right-to-vote," and the legal defense of Dr. Martin Luther King, Jr., leader of the movement, against a perjury indictment then pending in Montgomery.

The text appeared over the names of 64 persons, many widely known for their activities in public affairs, religion, trade unions, and the performing arts. Below these names, and under a line reading "We in the south who are struggling daily for dignity and freedom warmly endorse this appeal," appeared the names of the four individual petitioners and of 16 other persons, all but two of whom were identified as clergymen in various Southern cities. The advertisement was signed at the bottom of the page by the "Committee to Defend Martin Luther King and the Struggle for Freedom in the South," and the officers of the Committee were listed.

Of the 10 paragraphs of text in the advertisement, the third and a portion of the sixth were the basis of respondent's claim of libel. They read as follows:

Third paragraph:

"In Montgomery, Alabama, after students sang 'My Country, 'Tis of Thee'

세계가 아는 바 같이, 미합중국 헌법에 및 권리장전에 의하여 보장된 대로의 인간의 존엄 가운데 살아갈 권리에 대한 확신에 찬 지지 속에서의 광범위한 비폭력 시위들에 수천 명의 남부 흑인 학생들이 가담하고 있다."고 천명함으로써 광고는 시작하였다. "현대적 자유를 위한 귀감을 설정한 것으로서 전 세계가 바라보는 그 문서를 부정하고 무효화하였으면 하는 사람들에 의한 유례없는 테러의 물결에, 이 보장들을 확인하려는 그들의 노력들 속에서, 그들은 봉착하고 있다. ……"고 비난하는 데에 광고는 나아갔다. 그 주장된 《376 U. S., 257》 특정의 사건들을 기술함으로써 "테러의 물결"을 예증하고자 그 아래의 단락들은 꾀하였다. 학생 운동의 지원에, "투표권 쟁취를 위한 투쟁"의 지원에, 그리고 당시에 몽고메리시에 계속 중이던, 운동의 지도자 마틴 루터 킹 주니어(Martin Luther King, Jr.) 목사에 대한 위증죄 대배심 검사기소 사건의 법적 방어의 지원에 등 세 가지 목적들에 사용될 기금을 위한 호소로써 본문은 끝났다.

64명의 인사들의 이름들 위에 본문은 실렸는데, 그들 중 다수는 공무에, 종교에, 노동조합들에, 그리고 공연예술에 있어서의 그들의 활동들로써 널리 알려져 있었다. 이 이름들 아래로, 그리고 "존엄을 및 자유를 위하여 날마다 투쟁하고 있는 남부에 사는 우리는 이 호소를 열렬히 보증합니다."라고 쓰인 한 개의 줄 밑으로, 네 명의 개인 청구인들의 및 16명의 다른 사람들의 이름들이 실렸는바, 두 명을 제외한 그들 전부가 여러 남부 도시들에서 활동하는 성직자들로 확인되었다. 광고는 "마틴 루터 킹을 그리고 남부에서의 자유의 투쟁을 방어하기 위한 위원회"에 의하여 페이지 하단에 서명이 이루어졌고 위원회 임원들의 명단이 적혔다.

광고에 담긴 본문 10개 단락들 가운데서 셋째 단락이 및 여섯째 단락의 일부가 문서비방에 관한 피청구인의 주장의 토대였다. 그것들은 아래하고 같다:

셋째 단락:

"앨라배마주 몽고메리시 주 의회 의사당 건물 계단들 위에서 'My Country, 'Tis of

on the State Capitol steps, their leaders were expelled from school, and truckloads of police armed with shotguns and tear-gas ringed the Alabama State College Campus. When the entire student body protested to state authorities by refusing to re-register, their dining hall was padlocked in an attempt to starve them into submission."

Sixth paragraph:

"Again and again the Southern violators have answered Dr. King's peaceful protests with intimidation and violence. They have bombed his home almost killing his wife and child. They have «376 U. S., 258» assaulted his person. They have arrested him seven times - for 'speeding,' 'loitering' and similar 'offenses.' And now they have charged him with 'perjury' - a *felony* under which they could imprison him for *ten years*. ·······"

Although neither of these statements mentions respondent by name, he contended that the word "police" in the third paragraph referred to him as the Montgomery Commissioner who supervised the Police Department, so that he was being accused of "ringing" the campus with police. He further claimed that the paragraph would be read as imputing to the police, and hence to him, the padlocking of the dining hall in order to starve the students into submission.[2] As to the sixth paragraph, he contended that since arrests are ordinarily made by the police, the statement "They have arrested [Dr. King] seven times" would be read as referring to him; he further contended that the "They" who did the arresting would be equated with the "They" who committed the other described acts and with the "Southern violators." Thus, he argued, the paragraph would be read as accusing the Montgomery police, and hence him, of answering Dr. King's protests with "intimidation and violence," bombing his home, assaulting his person, and charging him with perjury.

---

2) Respondent did not consider the charge of expelling the students to be applicable to him, since "that responsibility rests with the State Department of Education."

Thee'를 학생들이 부른 뒤에 학교로부터 그들의 지도자들은 퇴학처분되었고, 앨라배마 주립대학 캠퍼스를 산탄총으로써와 최루가스로써 무장한 트럭 여러 대 분량의 경찰은 에워쌌다. 재등록하기를 거부함으로써 주 당국에 대하여 전체 학생집단이 항의하자, 그들을 굶겨 항복시키려는 시도 속에서 그들의 식당이 폐쇄되었다."

여섯째 단락:

"킹 목사의 평화적 항의들에 대하여 거듭거듭 위협으로써와 폭력으로써 남부의 위반자들은 대답하여 왔다. 그의 주거를 그들은 폭파하여 놓았는바, 그의 처를 및 아이를 그들은 거의 죽일 뻔하였다. 그의 신체를 «376 U. S., 258» 그들은 폭행하여 왔다. 그를 일곱 번이나 그들은 체포하였는데, '속도위반'이, '어슬렁거리기'가 및 이에 유사한 '범칙행위들'이 그 이유였다. 게다가 이번에 그를 그들이 고소한 죄목은 '위증죄'로서, 이는 10년 동안 감옥에 그를 그들이 가둘 수 있는 중죄이다. ……"

비록 위 아래 단락 어느 것이든 이 성명들은 이름을 들어 피청구인을 언급하지 아니함에도 불구하고, 경찰국을 감독하는 몽고메리시 감독관으로서의 그를 셋째 단락의 "경찰"은 가리킨다고, 따라서 캠퍼스를 경찰로써 "에워싼" 사람으로 자신은 비난되고 있는 것이라고 그는 주장하였다. 학생들을 굶겨 항복시키기 위하여 식당을 폐쇄하였다는 비난을 경찰에게, 그리하여 그에게 지우는 것으로 그 단락은 읽힐 것이라고도 그는 주장하였다.[2] 일반적으로 경찰에 의하여 체포들은 이루어지므로 "[킹 목사를] 일곱 번이나 그들은 체포하였다"는 성명은 자신을 가리키는 것으로 읽힐 것이라고 여섯째 단락에 관하여 그는 주장하였다; 그 체포를 실시한 "그들"은 그 기술된 여타의 행위들을 저지른 "그들"에 및 "남부의 위반자들"에 등식화될 것이라고도 그는 주장하였다. 따라서 킹 목사의 항의들에 대하여 "위협"으로써와 "폭력"으로써 대답했다고, 그의 주거를 폭파했다고, 그의 신체를 폭행하였다고, 그리고 위증죄로 그를 고소했다고 몽고메리시 경찰을, 그리하여 자신을 비난하는 것으로 그 절은 읽힐 것이라고 그는 주장하였다. 감독관으로서의 그의 권한 내에서 그를 가리키는 것으로 성명들의 일부를 또는 전부를 자신들은 읽는다고 피청구인은 및

---

2) 학생들을 퇴학처분했다는 비난이 자신에게 적용되는 것으로는 피청구인은 여기지 않았는데, 왜냐하면 "그 책임은 주 교육부 소관"이기 때문이었다.

Respondent and six other Montgomery residents testified that they read some or all of the statements as referring to him in his capacity as Commissioner.

It is uncontroverted that some of the statements contained in the paragraphs were not accurate descriptions of events which occurred in Montgomery. Although Negro students staged a demonstration on the State Capitol steps, they sang the National Anthem and not "My «376 U. S., 259» Country, 'Tis of Thee." Although nine students were expelled by the State Board of Education, this was not for leading the demonstration at the Capitol, but for demanding service at a lunch counter in the Montgomery County Courthouse on another day. Not the entire student body, but most of it, had protested the expulsion, not by refusing to register, but by boycotting classes on a single day; virtually all the students did register for the ensuing semester. The campus dining hall was not padlocked on any occasion, and the only students who may have been barred from eating there were the few who had neither signed a preregistration application nor requested temporary meal tickets. Although the police were deployed near the campus in large numbers on three occasions, they did not at any time "ring" the campus, and they were not called to the campus in connection with the demonstration on the State Capitol steps, as the third paragraph implied. Dr. King had not been arrested seven times, but only four; and although he claimed to have been assaulted some years earlier in connection with his arrest for loitering outside a courtroom, one of the officers who made the arrest denied that there was such an assault.

On the premise that the charges in the sixth paragraph could be read as referring to him, respondent was allowed to prove that he had not participated in the events described. Although Dr. King's home had in fact been bombed twice when his wife and child were there, both of these occasions antedated respondent's tenure as Commissioner, and the police were not

그 밖의 여섯 명의 몽고메리시 주민들은 증언하였다.

그 단락들에 들어 있는 성명들의 일부는 몽고메리시에서 발생한 사건경위에 대한 정확한 기술내용들이 아니었음은 다툼이 없다. 비록 한 번의 시위를 주 의회 의사당 계단들 위에서 흑인 학생들이 개최하기는 하였으나, 그들이 불렀던 노래는 국가(National Anthem)였을 뿐, "My «376 U. S., 259» Country, 'Tis of Thee"가 아니었다. 비록 주 교육위원회에 의하여 아홉 명의 학생들이 퇴학처분되었음에도 불구하고, 이것은 의사당에서의 시위를 지도한 행위 때문이었던 것이 아니라, 이와는 다른 일자에 몽고메리 카운티 법정건물 내 점심식사 카운터에서 식사제공을 요구한 행위 때문이었다. 퇴학처분에 항의한 것은 전체 학생집단이 아닌 대다수 학생집단이었고, 등록을 거부함으로써가 아니라 수업참가를 단 하루 거부함으로써였다; 다음 학기를 위하여 사실상 모든 학생들이 등록을 하였다. 캠퍼스 식당은 폐쇄된 바가 전혀 없었고, 그리고 그 곳에서의 식사가 금지되었을 만한 학생들이 있었다면 그들은 사전등록신청서에 서명하지도 임시식권들을 요청하지도 아니한 소수뿐이었다. 세 번에 걸쳐 다수의 병력으로써 캠퍼스 근처에 경찰이 배치되기는 하였지만, 캠퍼스를 그들은 한 번도 "에워싸지" 않았고, 그리고 셋째 단락이 암시하듯이 주 의회 의사당 계단들 위에서의 시위에 관련하여 캠퍼스에 그들이 불려나왔던 것이 아니었다. 일곱 번 아닌 네 번만을 킹 목사는 체포되었다; 그리고 비록 법정 밖에서의 어슬렁거리기를 이유로 한 자신의 체포에 관련하여 몇 해 전에 자신이 폭행을 당한 터라고 그는 주장하였음에도 불구하고, 그러한 폭행이 있었음을 그 체포를 실시하였던 경찰관들 중 한 명은 부인하였다.

그를 가리키는 것으로 여섯째 단락에서의 비난들이 해석될 수 있다는 전제 위에서, 그 기술된 사건들에 그가 가담한 바 없음을 증명하도록 피청구인은 허용되었다. 비록 그의 처하고 아이하고가 거기에 있을 때 킹 목사의 주거가 실제로 두 번 폭파된 적이 있음에도 불구하고, 시기적으로 감독관으로서의 피청구인의 임기보다도 이 사건들은 둘 다 앞서고, 폭파행위들에 경찰은 관련되지도 않았을 뿐만 아니

only not implicated in the bombings, but had made every effort to apprehend those who were. Three of Dr. King's four arrests took place before respondent became Commissioner. Although Dr. King had in fact been indicted (he was subsequently acquitted) on two counts of perjury, each of which carried a possible five-year sentence, respondent had nothing to do with procuring the indictment. «376 U. S., 260»

Respondent made no effort to prove that he suffered actual pecuniary loss as a result of the alleged libel.[3] One of his witnesses, a former employer, testified that if he had believed the statements, he doubted whether he "would want to be associated with anybody who would be a party to such things that are stated in that ad," and that he would not re-employ respondent if he believed "that he allowed the Police Department to do the things that the paper say he did." But neither this witness nor any of the others testified that he had actually believed the statements in their supposed reference to respondent.

The cost of the advertisement was approximately $4800, and it was published by the Times upon an order from a New York advertising agency acting for the signatory Committee. The agency submitted the advertisement with a letter from A. Philip Randolph, Chairman of the Committee, certifying that the persons whose names appeared on the advertisement had given their permission. Mr. Randolph was known to the Times' Advertising Acceptability Department as a responsible person, and in accepting the letter as sufficient proof of authorization it followed its established practice. There was testimony that the copy of the advertisement which accompanied the letter listed only the 64 names appearing under the text, and that the statement,

---

3) Approximately 394 copies of the edition of the Times containing the advertisement were circulated in Alabama. Of these, about 35 copies were distributed in Montgomery County. The total circulation of the Times for that day was approximately 650,000 copies.

라, 그 관련 있는 자들을 체포하기 위하여 모든 노력을 경찰은 기울인 터였다. 킹 목사에 대한 네 번의 체포들 중 셋은 피청구인이 감독관이 되기 전에 발생하였다. 비록 선고가능한 법정형량 5년을 각각 수반하는 두 가지 위증죄 소인들(counts)로써 킹 목사가 실제로 대배심 검사기소된 상태였음에도 불구하고 (그는 나중에 무죄방면되었다), 그 대배심 검사기소의 획득에 피청구인은 관여한 바 없었다. «376 U. S., 260»

실제의 금전적 손실을 그 주장된 문서비방의 결과로서 자신이 입었음을 증명하려는 노력을 피청구인은 기울이지 않았다.[3] 그 성명들을 만약 자신이 믿는다면 "조금이라도 그 광고에 공표된 바 같은 일들에의 당사자일 사람과의 교제관계를 가지기를 자신이 원할지" 여부에 관하여 자신은 의심한다고, 그리고 "그가 허용하였다고 신문이 말하는 그 일들을 경찰국에게 그가 허용한 것으로" 만약 자신이 믿는다면 피청구인을 자신은 다시 고용하지 않을 것이라고 그의 증인들 중 전직(a former) 사용자인 한 명은 증언하였다. 그러나 피청구인에게의 그 가정된 관련 속에 그 성명들이 있는 것으로 자신이 실제로 믿었다고는 이 증인이든 내지는 다른 증인들이든 아무도 증언하지 아니하였다.

광고비는 대략 4,800달러였고, 서명한 위원회를 대리한 뉴욕주 광고대행사 한 곳으로부터의 주문에 따라서 타임즈사에 의하여 그것은 공표되었다. 그 자신들의 허락을 광고에 그 이름들이 실리는 인물들이 해 준 터임을 보증하는 위원회의 의장 A. 필립 랜돌프(A. Philip Randolph) 씨로부터의 한 장의 편지를 붙여 그 광고를 대행사는 제출하였다. 타임즈사 광고수주 심사국에 한 명의 신뢰할 수 있는 인물로 랜돌프 씨는 알려져 있었고, 그리하여 그 편지를 위임의 충분한 증거로 받아들임에 있어서 자신의 확립된 관행을 심사국은 따랐다. 단지 본문 아래 있는 64명의 이름들만을 편지에 동봉된 광고의 사본은 열거하였다는, 그러므로 "…… 남부에 사는 우리는 이 호소를 열렬히 보증합니다."라는 성명은 및 개인 청구인들의 이름들을 포함하는 그 아래의 이름들 명단은 광고의 최초의 교정쇄가 수령되었을 때 사후적으로 추가되었다는 증언이 있었다. 자신의 이름의 사용을 자신이 위임한 바가 없다

---

[3] 그 광고를 실은 채로 앨라배마주 내에서 유통된 타임즈지 판의 부수는 대략 394부에 달하였다. 이것들 가운데 몽고메리 카운티 내에 배포된 부수는 35부에 달하였다. 당일자 타임즈지 전체 유통부수는 대략 650,000부였다.

"We in the south ⋯⋯ warmly endorse this appeal," and the list of names thereunder, which included those of the individual petitioners, were subsequently added when the first proof of the advertisement was received. Each of the individual petitioners testified that he had not authorized the use of his name, and that he had been unaware of its use until receipt of respondent's demand for a retraction. The manager of the Advertising Ac- «376 U. S., 261» ceptability Department testified that he had approved the advertisement for publication because he knew nothing to cause him to believe that anything in it was false, and because it bore the endorsement of "a number of people who are well known and whose reputation" he "had no reason to question." Neither he nor anyone else at the Times made an effort to confirm the accuracy of the advertisement, either by checking it against recent Times news stories relating to some of the described events or by any other means.

Alabama law denies a public officer recovery of punitive damages in a libel action brought on account of a publication concerning his official conduct unless he first makes a written demand for a public retraction and the defendant fails or refuses to comply. Alabama Code, Tit. 7, § 914. Respondent served such a demand upon each of the petitioners. None of the individual petitioners responded to the demand, primarily because each took the position that he had not authorized the use of his name on the advertisement and therefore had not published the statements that respondent alleged had libeled him. The Times did not publish a retraction in response to the demand, but wrote respondent a letter stating, among other things, that "we ⋯⋯ are somewhat puzzled as to how you think the statements in any way reflect on you," and "you might, if you desire, let us know in what respect you claim that the statements in the advertisement reflect on you." Respondent filed this suit a few days later without answering the letter. The Times did, however, subsequently publish a retraction of the advertisement

고, 그 사용에 관하여 피청구인으로부터의 취소 요구의 수령 때까지 자신은 알지 못한 상태였다고 개인 청구인들 각각은 증언하였다. 그 안에 조금이라도 잘못된 «376 U. S., 261» 것이 담겼다고 자신으로 하여금 믿게 만들 만한 것을 자신은 알지 못하였기 때문에, 그리고 "널리 알려진, 그 명성을" 자신으로서는 "의심할 이유가 없는 여러 인사들의" 보증을 그것이 지녔기 때문에, 광고에 대하여 공표를 자신은 승인하였던 것이라고 광고수주 심사국의 매니저는 증언하였다. 그 기술된 사건경과의 일부분에 관련된 최근의 타임즈지 뉴스 기사들에 그것을 대조해 봄에 의해서든 아니면 조금이라도 그 이외의 방법에 의해서든 광고의 정확성을 확인하려는 노력을 그든 타임즈사 내의 그 밖의 누구든 아무도 기울이지 않았다.

공개적 취소에 대한 서면의 요구를 먼저 그가 하지 아니하는 한, 그런데도 이에 피고가 따르지 아니하는 경우가 내지는 이에 따르기를 그가 거부하는 경우가 아닌 한, 공직자의 공무상의 행위에 관련한 공표를 이유로 하여 제기된 문서비방 소송에 있어서의 징벌적 손해배상 청구의 승소를 그 공직자에게 앨라배마주 법은 부정한다. Alabama Code, Tit. 7, § 914. 이러한 요구를 청구인들 각각에 대하여 피청구인은 보냈다. 그 요구에 대하여 개인 청구인들 중 아무도 응답하지 아니하였는데, 그 주된 이유는 그 광고에의 자신의 이름의 사용을 자신이 위임한 바 없다는, 따라서 피청구인을 문서비방했다고 피청구인이 주장하는 그 성명들을 자신은 공표한 바 없다는 입장을 그들 각자가 취하였기 때문이었다. 요구에 부응하는 취소를 타임즈사는 공표하지 아니한 채로, 다만 "…… 귀하를 성명들이 어떻게 조금이라도 비난한다고 귀하가 생각하는지에 관하여 약간의 당혹을 저희는 느낍니다."라고 및 "귀하를 광고에 담긴 성명들이 어떤 점에서 비난한다고 귀하가 주장하시는지를 귀하께서 원하신다면 저희에게 알려주시기 바랍니다."라고 특별히 기재한 편지를 피청구인에게 타임즈사는 썼다. 그 편지에 답하지 아니한 채로 이 소송을 며칠 뒤에 피청구인은 제기하였다. 그러나 그 이후로 앨라배마주 지사 존 패터슨의 요구에 따라

upon the demand of Governor John Patterson of Alabama, who asserted that the publication charged him with "grave misconduct and ······ improper actions and omissions as Governor of Alabama and Ex-Officio Chairman of the State Board of Education of Alabama." When asked to explain why there had been a retraction for the Governor but not for respondent, the «376 U. S., 262» Secretary of the Times testified: "We did that because we didn't want anything that was published by The Times to be a reflection on the State of Alabama and the Governor was, as far as we could see, the embodiment of the State of Alabama and the proper representative of the State and, furthermore, we had by that time learned more of the actual facts which the ad purported to recite and, finally, the ad did refer to the action of the State authorities and the Board of Education presumably of which the Governor is the ex-officio chairman ······." On the other hand, he testified that he did not think that "any of the language in there referred to Mr. Sullivan."

The trial judge submitted the case to the jury under instructions that the statements in the advertisement were "libelous per se" and were not privileged, so that petitioners might be held liable if the jury found that they had published the advertisement and that the statements were made "of and concerning" respondent. The jury was instructed that, because the statements were libelous per se, "the law ······ implies legal injury from the bare fact of publication itself," "falsity and malice are presumed," "general damages need not be alleged or proved but are presumed," and "punitive damages may be awarded by the jury even though the amount of actual damages is neither found nor shown." An award of punitive damages - as distinguished from "general" damages, which are compensatory in nature - apparently requires proof of actual malice under Alabama law, and the judge charged that "mere negligence or carelessness is not evidence of actual malice or malice in fact, and does not justify an award of exemplary or punitive damages." He

광고의 취소를 타임즈사는 공표하였는데, "앨라배마주 지사로서의 및 앨라배마주 교육위원회의 직권상 의장으로서의 중대한 직권남용으로써 및 …… 부당한 작위들로써와 부작위들로써" 자신을 광고가 비난하였다고 그는 주장하였다. 주지사를 위하여는 취소가 있었으면서 피청구인을 위하여는 취소가 없었던 이유를 설명하라는 요구를 받자, 타임즈사의 «376 U. S., 262» 총재는 증언하였다: "그것을 우리가 했던 이유인즉, 조금이라도 타임즈사에 의하여 공표된 바가 앨라배마주에 대한 비난이 되기를 우리는 원하지 않았기 때문이고, 그런데 주지사는 우리가 생각할 수 있는 한에서는 앨라배마주의 화신이요 앨라배마주의 정당한 대표자이기 때문이며, 게다가 광고가 열거하고자 한 실제의 사실관계에 관하여 더 많은 것을 그 시점 현재로 우리는 알게 되었기 때문이고, 그리고 궁극적으로, 주 당국의 및 주지사께서 아마도 직권상 의장이실 교육위원회의 행위를 광고가 가리켰기 때문입니다. ……" 이에 반하여, "조금이라도 설리반 씨를 그 안에 담긴 문언이 가리킨다."고는 자신은 생각하지 않는다고 그는 증언하였다.

광고에 담긴 성명들은 "그 자체로서 문서비방적"이라는, 그리고 이에는 특권의 보호가 적용되지 않는다는, 그리하여 그 광고를 청구인들이 공표하였던 것으로 및 피청구인에 "관하여(of and concerning)" 그 성명들이 이루어진 것으로 만약 배심이 인정하면 그 책임을 청구인들은 져야 하는 것으로 판단될 수 있다는 설시 아래서 사건을 배심에게 정식사실심리 판사는 회부하였다. 성명들이 그 자체로서 문서비방적이기 때문에 법적 손해를 공표라는 사실 자체만으로부터도 …… 법은 당연히 수반합니다."라는, "허위성은 및 악의는 추정됩니다."라는, "통상의 손해액은 주장될 내지는 입증될 필요 없이 추정됩니다."라는, 그리고 "실제의 손해액이 인정되지도 입증되지도 아니하는 경우에조차 배심에 의하여 징벌적 손해배상금은 인정될 수 있습니다."라는 설시를 배심은 받았다. 성격에 있어서 전보적인 "통상의" 손해액으로부터 구분되는 것으로서의 징벌적 손해배상금의 인정은 앨라배마주 법 아래서 현실의 악의(actual malice)의 입증을 일견하여 요구하는바, 그리하여 "단순한 부주의는 내지는 소홀은 현실의 악의의 내지는 실제의 악의의 증거가 아니며, 따라서 본보기적 내지는 징벌적 손해배상금의 인정을 그것들은 정당화하지 아니합니다."라

refused to charge, however, that the jury must be "convinced" of malice, in the sense of "actual intent" to harm or "gross negligence and recklessness," to make such an award, and he also refused to require that a verdict for respondent differentiate between compensatory and punitive damages. The judge rejected petitioners' con- «376 U. S., 263» tention that his rulings abridged the freedoms of speech and of the press that are guaranteed by the First and Fourteenth Amendments.

In affirming the judgment, the Supreme Court of Alabama sustained the trial judge's rulings and instructions in all respects. 273 Ala. 656, 144 So. 2d 25. It held that "where the words published tend to injure a person libeled by them in his reputation, profession, trade or business, or charge him with an indictable offense, or tend to bring the individual into public contempt," they are "libelous per se"; that "the matter complained of is, under the above doctrine, libelous per se, if it was published of and concerning the plaintiff"; and that it was actionable without "proof of pecuniary injury ······, such injury being implied." Id., at 673, 676, 144 So. 2d, at 37, 41. It approved the trial court's ruling that the jury could find the statements to have been made "of and concerning" respondent, stating: "We think it common knowledge that the average person knows that municipal agents, such as police and firemen, and others, are under the control and direction of the city governing body, and more particularly under the direction and control of a single commissioner. In measuring the performance or deficiencies of such groups, praise or criticism is usually attached to the official in complete control of the body." Id., at 674-675, 144 So. 2d, at 39. In sustaining the trial court's determination that the verdict was not excessive, the court said that malice could be inferred from the Times' "irresponsibility" in printing the advertisement while "the Times in its own files had articles already published which would have

고 판사는 설시하였다. 그러나 이러한 인정을 하려면, 해악을 가하려는 "현실의 의도(actual intent)"라는 내지는 "중대한 과실 및 미필적 고의(gross negligence and recklessness)"라는 의미에서의 악의에 대하여 배심은 "확신하지" 않으면 안 된다고 설시하기를 그는 거부하였고, 나아가 전보적 손해배상금의 및 징벌적 손해배상금의 그 둘 사이를 피청구인 승소의 평결은 구분하라고 요구하기를 마찬가지로 그는 거부하였다. 연방헌법 수정 제1조에 및 제14조에 의하여 «376 U. S., 263» 보장된 말의 및 출판의 자유들을 그의 결정사항들은 박탈한다는 청구인들의 주장을 판사는 배척하였다.

1심판결 주문을 인가하면서 사실심리판사의 결정사항들을 및 설시사항들을 그 모든 점들에 있어서 앨라배마주 대법원은 유지하였다. 273 Ala. 656, 144 So. 2d 25. "그 공표된 성명사항들에 의하여 문서비방되는 사람을 그의 명예에 있어서, 직업에 있어서, 영업에 내지는 사업에 있어서 훼손하는 데 그것들이 이바지하는 것들인 경우에는 내지는 대배심 검사기소 대상 범죄를 그 성명내용이 그에게 씌우는 것들인 경우에는, 내지는 공개적 모독을 그 개인에게 가하는 데 그것들이 이바지하는 것들인 경우에는," 그것들은 "그 자체로서 문서비방적"이라고; "만약 청구원인인 소송물이 원고에 관련하여 공표된 것이면 위 법리에 따라 그것은 그 자체로 문서비방적"이라고; 그리고 "금전적 손해는 추정되므로 ……이에 관한 증거" 없이도 그것은 제소가능하다고 주 대법원은 판시하였다. Id., at 673, 676, 144 So. 2d, at 37, 41. 피청구인에 "관련하여(of and concerning)" 그 성명들이 작성된 것으로 배심은 인정할 수 있다는 정식사실심리 법원의 결정을 주 대법원은 인가하였는바, 이렇게 말하였다: "경찰관이라든지 소방대원들이라든지 그 밖의 공직자들이라든지 등 자치체의 관리인들은 시 자치체의 통제 및 감독 아래에 있음을, 그리고 보다 구체적으로는 한 명의 감독관의 감독 및 통제 아래에 있음을 평균인이라면 안다는 것은 상식이라고 우리는 생각한다. 이러한 그룹들의 업적을 내지는 결함들을 평가함에 있어서는, 그 자치체에 대한 완전한 통제를 맡는 공직자에게 칭찬은 내지는 비판은 일반적으로 귀속된다." Id., at 674-675, 144 So. 2d at 39. "광고에서의 주장사실들의 허위성을 증명하여 주었을 만한 이미 발간된 기사들을 그 자신의 문서철들에 타임즈사가 보관하였음"에도 불구하고 광고를 인쇄함에 있어서 타임즈사가 보인 "무책임한 태

demonstrated the falsity of the allegations in the advertisement"; from the Times' failure to retract for respondent while retracting for the Governor, whereas the falsity of some of the allegations was then known to the Times and "the matter contained in the advertisement was equally false as to both parties"; and from the testimony of the Times' secretary that, «376 U. S., 264» apart from the statement that the dining hall was pad-locked, he thought the two paragraphs were "substantially correct." Id., at 686-687, 144 So. 2d, at 50-51. The court reaffirmed a statement in an earlier opinion that "There is no legal measure of damages in cases of this character." Id., at 686, 144 So. 2d, at 50. It rejected petitioners' constitutional contentions with the brief statements that "The First Amendment of the U. S. Constitution does not protect libelous publications" and "The Fourteenth Amendment is directed against State action and not private action." Id., at 676, 144 So. 2d, at 40.

Because of the importance of the constitutional issues involved, we granted the separate petitions for certiorari of the individual petitioners and of the Times. 371 U. S. 946. We reverse the judgment. We hold that the rule of law applied by the Alabama courts is constitutionally deficient for failure to provide the safeguards for freedom of speech and of the press that are required by the First and Fourteenth Amendments in a libel action brought by a public official against critics of his official conduct.[4] We «376 U. S., 265» further hold that under the proper safeguards the evidence presented in this case is

---

4) Since we sustain the contentions of all the petitioners under the First Amendment's guarantees of freedom of speech and of the press as applied to the State by the Fourteenth Amendment, we do not decide the questions presented by the other claims of violation of the Fourteenth Amendment. The individual petitioners contend that the judgment against them offends the Due Process Clause because there was no evidence to show that they had published or authorized the publication of the alleged libel, and that the Due Process and Equal Protection Clauses were violated by racial segregation and racial bias in the courtroom. The Times contends that the assumption of jurisdiction over its corporate person by the Alabama courts overreaches the territorial limits of the Due Process Clause. The latter claim is foreclosed from our review by the ruling of the Alabama courts that the Times entered a general appearance in the action and thus waived its jurisdictional objection; we cannot say that this ruling lacks "fair or substantial support" in prior Alabama decisions. See Thompson v. Wilson, 224 Ala. 299, 140 So. 439 (1932); compare N. A. A. C. P. v. Alabama, 357 U. S. 449, 454–458.

도"로부터; 주장사항들 중 일부의 허위성이 타임즈사에게 알려져 있는 가운데서, 그리고 "광고에 담긴 내용이 양 당사자들에게 다 같이 허위의" 것들인 가운데서, 주지사를 위하여는 타임즈사가 취소하면서도 피청구인을 위하여는 취소하지 아니한 점으로부터; 그리고 식당이 폐쇄되었다는 주장은 별문제로 하고, 두 절들은 "실질적으로 정확하다"고 자신은 생각한다는 타임즈사 총재의 증언으로부터 악의는 추론될 «376 U. S., 264» 수 있다고, 평결은 과도한 것이 아니었다는 정식사실심리 법원의 판단을 유지함에 있어서, 주 대법원은 말하였다. Id., at 686-687, 144 So. 2d at 50-51. "이 성격의 사건들에서는 손해액에 대한 법적 표준은 존재하지 않는다."고 한 보다 먼저의 한 개의 의견에서의 판시를 주 대법원은 재확인하였다. Id., at 686, 144 So. 2d, at 50. "문서비방적 공표행위들을 미합중국 헌법 수정 제1조는 보호하지 않는다."는 및 "개인적 행위를이 아닌 주(State) 행위를 연방헌법 수정 제14조는 대상으로 한다."는 간략한 판시들로써 청구인들의 헌법 주장들을 주 대법원은 배척하였다. Id., at 676, 144 So. 2d, at 40.

사건기록 송부명령을 바라는 개인 청구인들의 및 타임즈사의 개별적 청구들을 그 포함된 헌법적 쟁점들의 중요성 때문에 우리는 허가하였다. 371 U. S. 946. 원심판결 주문을 우리는 파기한다. 자신의 공무수행에 대한 비판자들을 상대하여 공직자에 의하여 제기되는 문서비방 소송에 있어서 연방헌법 수정 제1조에 및 제14조에 의하여 요구되는 말의 및 출판의 자유를 위한 보장수단들을 제공하지 못함으로 인하여, 앨라배마주 법원들에 의하여 적용된 법 규칙은 헌법적으로 결격이라고 우리는 본다.[4] 더 나아가 «376 U. S., 265» 그 정당한 보장수단들에 따를 때, 피청구인 승소의 판결주문을 뒷받침하기에는 이 사건에서 제시된 증거는 헌법적으로 불충

---

4) 청구인들 전원의 주장들을 수정 제14조에 의하여 주에게 적용되는 것으로서의 말의 및 출판의 자유에 대한 연방헌법 수정 제1조의 보장들에 따라 우리는 지지하므로, 연방헌법 수정 제14조의 위반에 관한 그 밖의 주장들에 의하여 제기된 문제들을 우리는 판단하지 않는다. 그 주장된 문서비방을 자신들이 공표하였음을 내지는 그 공표를 자신들이 위임하였음을 입증할 증거가 없었기 때문에, 자신들을 패소시킨 원심 판결주문은 적법절차 조항을 침해한다고, 그리고 법정에서의 인종적 차별대우에 및 인종적 편견에 의하여 적법절차 조항이 및 평등보호 조항이 침해되었다고 개인 청구인들은 주장한다. 자신의 법인체에 대한 관할권의 앨라배마주 법원에 의한 인수는 적법절차 조항의 토지관할의 한계들을 넘는다고 타임즈사는 주장한다. 소송상의 무한정적 응소 출석(a general appearance)을 타임즈사가 하였는, 그리하여 자신의 관할항변을 이로써 타임즈사가 포기하였다는 앨라배마주 법원들의 결정에 의하여 후자의 주장은 우리의 재검토로부터 배제된다; 이전의 앨라배마주 판결들에서의 "정당한 내지는 실질적인 근거"를 이 결정이 결여한다고 우리는 말할 수 없다. Thompson v. Wilson, 224 Ala. 299, 140 So. 439 (1932)을 보라; N. A. A. C. P. v. Alabama, 357 U. S. 449, 454–458을 비교하라.

constitutionally insufficient to support the judgment for respondent.

I.

We may dispose at the outset of two grounds asserted to insulate the judgment of the Alabama courts from constitutional scrutiny. The first is the proposition relied on by the State Supreme Court - that "The Fourteenth Amendment is directed against State action and not private action." That proposition has no application to this case. Although this is a civil lawsuit between private parties, the Alabama courts have applied a state rule of law which petitioners claim to impose invalid restrictions on their constitutional freedoms of speech and press. It matters not that that law has been applied in a civil action and that it is common law only, though supplemented by statute. See, e. g., Alabama Code, Tit. 7, §§ 908-917. The test is not the form in which state power has been applied but, whatever the form, whether such power has in fact been exercised. See Ex parte Virginia, 100 U. S. 339, 346-347; American Federation of Labor v. Swing, 312 U. S. 321.

The second contention is that the constitutional guarantees of freedom of speech and of the press are inapplicable here, at least so far as the Times is concerned, because the allegedly libelous statements were published as part of a paid, "commercial" advertisement. The argument relies on Valentine v. Chrestensen, 316 U. S. 52, where the Court held that a city ordinance forbidding street distribution of commercial and business advertising matter did not abridge the First Amendment freedoms, even as applied to a handbill having a commercial message on one side but a protest against certain official action on the other. The reliance is wholly misplaced. The Court in Chrestensen reaffirmed the constitutional protection for "the freedom of communicating «376 U. S., 266» information and disseminating opinion"; its holding was based upon the factual conclusions that the handbill was "purely commercial

분하다고 우리는 본다.

I.

　앨라배마주 법원들의 판결을 헌법적 정밀검사로부터 떼어낸다고 주장되는 두 가지 근거들을 우리는 먼저 결말짓는 것이 좋을 것이다. 첫 번째의 것은 주 대법원에 의하여 의존된 명제인바, 즉 "개인적 행위를이 아닌 주(State) 행위를 연방헌법 수정 제14조는 대상으로 한다."는 것이 그것이다. 이 사건에의 적용의 여지를 그 명제는 지니지 않는다. 비록 이것이 사적 당사자들 사이의 한 개의 민사소송임에도 불구하고, 부당한 제약들을 자신들의 말의 및 출판의 헌법적 권리들 위에 부과한다고 청구인들이 주장하는 주(state) 법규칙을 앨라배마주 법원들은 적용한 터이다. 한 개의 민사소송에 그 법이 적용되어 있다는 점은 및 비록 제정법에 의하여 보충되었을망정 그것이 오직 보통법만이라는 점은 상관이 없다. 예컨대, Alabama Code, Tit. 7, §§ 908-917을 보라. 주 권한이 적용되어 있는 형식에가 아니라, 그 형식이야 어떤 것이든, 그러한 권한이 실제로 행사되어 있는지 여부에 기준은 있다. Ex parte Virginia, 100 U. S. 339, 346-347을; American Federation of Labor v. Swing, 312 U. S. 321을 보라.

　적어도 타임즈사에 관한 한, 말에 및 출판에 대한 헌법적 보장들은 여기에 적용될 수 없다는 것이, 왜냐하면 그 문서비방적이라고 주장된 성명들은 유료의 "상업적" 광고의 일부로서 공표되었기 때문이라는 것이 그 두 번째 주장이다. Valentine v. Chrestensen, 316 U. S. 52에 그 주장은 의존하는데, 상업적 및 영업적 선전물의 도로상에서의 배포를 금지하는 시 조례는 연방헌법 수정 제1조의 자유들을 침해하지 않는다고, 심지어 한 개의 상업적 광고를 한 쪽 면에, 특정의 공무상의 행위에 대한 항의를 다른 쪽 면에 담은 한 장의 전단지에 적용된 것으로서의 경우에도 그것은 그러하다고 거기서 당원은 판시하였다. 그 의존은 전적으로 대상을 잘못 잡은 것이다. "정보를 전달할 및 의견을 보급할 자유"를 위한 헌법적 보호를 Chrestensen 판결에서 《376 U. S., 266》 당원은 재확인하였다; 그 전단지는 "순전히 상업적 광고"였을 뿐이라는 및 공무상의 행위에 대한 항의가 덧붙여진 것은 조례를 회피하기 위한 것이었을 뿐이라는 사실적 결론들 위에 당원의 판시는 토대를 두었다.

advertising" and that the protest against official action had been added only to evade the ordinance.

The publication here was not a "commercial" advertisement in the sense in which the word was used in Chrestensen. It communicated information, expressed opinion, recited grievances, protested claimed abuses, and sought financial support on behalf of a movement whose existence and objectives are matters of the highest public interest and concern. See N. A. A. C. P. v. Button, 371 U. S. 415, 435. That the Times was paid for publishing the advertisement is as immaterial in this connection as is the fact that newspapers and books are sold. Smith v. California, 361 U. S. 147, 150; cf. Bantam Books, Inc., v. Sullivan, 372 U. S. 58, 64, n. 6. Any other conclusion would discourage newspapers from carrying "editorial advertisements" of this type, and so might shut off an important outlet for the promulgation of information and ideas by persons who do not themselves have access to publishing facilities - who wish to exercise their freedom of speech even though they are not members of the press. Cf. Lovell v. Griffin, 303 U. S. 444, 452; Schneider v. State, 308 U. S. 147, 164. The effect would be to shackle the First Amendment in its attempt to secure "the widest possible dissemination of information from diverse and antagonistic sources." Associated Press v. United States, 326 U. S. 1, 20. To avoid placing such a handicap upon the freedoms of expression, we hold that if the allegedly libelous statements would otherwise be constitutionally protected from the present judgment, they do not forfeit that protection because they were published in the from of a paid advertisement.[5] «376 U. S., 267»

II.

Under Alabama law as applied in this case, a publication is "libelous per

---

[5] See American Law Institute, Restatement of Torts, § 593, Comment b (1938).

여기서의 공표물은 Chrestensen 판결에서 사용된 "상업적" 광고의 의미에 있어서의 "상업적" 광고가 아니었다. 정보를 그것은 전달하였고, 의견을 그것은 표명하였으며, 불만사항들을 그것은 열거하였고, 주장된 권한남용들에 대하여 그것은 항의하였으며, 그 존재가 및 목적들이 최고의 공공의 이익의 및 관심의 사항들이 된 한 개의 운동을 위한 재정적 지원을 그것은 호소하였다. N. A. A. C. P. v. Button, 371 U. S. 415, 435을 보라. 그 광고를 게재한 데 대하여 대가를 타임즈사가 지급받았다는 점이 이 맥락에서 중요하지 아니함은 신문들이 및 책들이 판매된다는 사실이 중요하지 아니함하고 같다. Smith v. California, 361 U. S. 147, 150; 또한 Bantam Books, Inc., v. Sullivan, 372 U. S. 58, 64, n. 6을 비교하라. 조금이라도 다른 결론은 이 형태의 "논설류의 광고들"을 싣지 못하도록 신문들을 단념시킬 것이고, 그리하여 출판설비들에의 접근을 그 스스로는 지니지 않는 - 자신들의 말의 자유를 행사하기를 비록 보도기관의 구성원들이 아님에도 불구하고 원하는 - 사람들에 의한 정보의 및 착상들의 공표를 위한 한 개의 중요한 배출구를 잠그게 될지도 모른다. Lovell v. Griffin, 303 U. S. 444, 452을; Schneider v. State, 308 U. S. 147, 164을 비교하라. 그 결과는 "다양한 및 상반되는 원천들로부터의 정보의 가능한 한 가장 넓은 파종"을 보장하려는 그 자신의 시도에 있어서 연방헌법 수정 제1조를 족쇄지우는 것이 될 것이다. Associated Press v. United States, 326 U. S. 1, 20. 이러한 핸디캡을 표현의 자유들 위에 부과함을 회피하기 위하여, 만약 그 문서비방적이라고 주장되는 성명들이 그 밖의 점에서 현재의 판결주문으로부터 헌법적으로 보호되는 것들이라면, 유료광고의 형태로 그것들이 공표되었음을 이유로 하여서는 그 보호를 그것들은 상실하지 않는다고 우리는 판시한다.[5] 《376 U. S., 267》

Ⅱ.

이 사건에 적용된 것으로서의 앨라배마주 법에 따르면, "…… 사람을 그의 명예

---

5) American Law Institute, Restatement of Torts, §593, Comment b (1938)을 보라.

se" if the words "tend to injure a person ⋯⋯ in his reputation" or to "bring [him] into public contempt"; the trial court stated that the standard was met if the words are such as to "injure him in his public office, or impute misconduct to him in his office, or want of official integrity, or want of fidelity to a public trust ⋯⋯." The jury must find that the words were published "of and concerning" the plaintiff, but where the plaintiff is a public official his place in the governmental hierarchy is sufficient evidence to support a finding that his reputation has been affected by statements that reflect upon the agency of which he is in charge. Once "libel per se" has been established, the defendant has no defense as to stated facts unless he can persuade the jury that they were true in all their particulars. Alabama Ride Co. v. Vance, 235 Ala. 263, 178 So. 438 (1938); Johnson Publishing Co. v. Davis, 271 Ala. 474, 494-495, 124 So. 2d 441, 457-458 (1960). His privilege of "fair comment" for expressions of opinion depends on the truth of the facts upon which the comment is based. Parsons v. Age-Herald Publishing Co., 181 Ala. 439, 450, 61 So. 345, 350 (1913). Unless he can discharge the burden of proving truth, general damages are presumed, and may be awarded without proof of pecuniary injury. A showing of actual malice is apparently a prerequisite to recovery of punitive damages, and the defendant may in any event forestall a punitive award by a retraction meeting the statutory requirements. Good motives and belief in truth do not negate an inference of malice, but are relevant only in mitigation of punitive damages if the jury chooses to accord them weight. Johnson Publishing Co. v. Davis, supra, 271 Ala., at 495, 124 So. 2d, at 458. «376 U. S., 268»

The question before us is whether this rule of liability, as applied to an action brought by a public official against critics of his official conduct, abridges the freedom of speech and of the press that is guaranteed by the

에 있어서 …… 훼손하는 데" 그 문구들이 "이바지하는" 것들인 경우에는, 내지는 "공개적 모독을 [그에게] 가하는 데 그것들이 이바지하는 것들인 경우에는," 한 개의 공표물은 "그 자체로 문서비방적"이다; 만약 그 문구들이 "그의 공직에 있어서 그를 손상시킬" 만한 것들이면, "또는 그의 공직에 있어서 직권남용을 또는 공직자로서의 성실성의 결여를, 내지는 …… 공중의 신뢰에 대한 충성의 결여를 그에게 귀속시킬" 만한 것들이면, 그 기준은 충족된다고 정식사실심리 법원은 판시하였다. 원고에 "관련하여" 그 문구들이 공표되었음을 배심은 인정하지 않으면 안 되지만, 그러나 원고가 한 명의 공직자인 경우에는 정부의 계급제도에 있어서의 그의 위치는 그가 지휘하는 기관을 비난하는 성명들에 의하여 그의 명예가 손상된 터이라는 한 개의 인정을 뒷받침하는 충분한 증거이다. 일단 "그 자체로서의 문서비방"이 입증되어 있으면, 그 모든 세부사항들에 있어서 공표사실들이 진실하였다는 점에 대하여 배심을 그가 납득시킬 수 있는 경우가 아닌 한, 그 공표된 사실들에 관한 항변사유를 피고는 지니지 않는다. Alabama Ride Co. v. Vance, 235 Ala. 263, 178 So. 438 (1938); Johnson Publishing Co. v. Davis, 271 Ala. 474, 494-495, 124 So. 2d 441, 457-458 (1960). 의견표명을 위한 "정당한 논평(fair comment)"으로서의 그의 특권은 그 논평이 토대로 삼은 사실관계의 진실성에 좌우된다. Parsons v. Age-Herald Publishing Co., 181 Ala. 439, 450, 61 So. 345, 350 (1913). 진실성을 입증할 책임을 그가 이행할 수 있는 경우가 아닌 한, 통상의 손해액은 추정되고, 그리하여 금전적 손해의 증거 없이 그것은 인정될 수 있다. 현실의 악의(actual malice)의 입증은 일견하여 징벌적 손해배상 청구의 승소에 필수인바, 제정법적 요구사항들을 충족하는 한 개의 취소에 의하여 징벌적 손해배상의 판정을 어떤 경우에도 피고는 방지할 수 있다. 악의의 추정을 선의의 동기들은 및 진실성에 대한 믿음은 무효화하지 못하며, 단지 중요성을 그것들에게 부여하기로 배심이 선택할 경우에는 징벌적 손해배상금의 완화에만 관련을 지닌다. Johnson Publishing Co. v. Davis, supra, 271 Ala., at 495, 124 So. 2d, at 458. ≪376 U. S., 268≫

우리 앞의 문제는 연방헌법 수정 제1조에 및 제14조에 의하여 보장된 말의 및 출판의 자유를, 공직자의 공무상의 행위에 대한 비판자들을 겨냥하여 그 공직자에 의하여 제기된 소송에 적용되는 것으로서의 이 책임규칙이 박탈하는지 여부이다.

first and Fourteenth Amendments.

Respondent relies heavily, as did the Alabama courts, on statements of this Court to the effect that the Constitution does not protect libelous publications.[6] Those statements do not foreclose our inquiry here. None of the cases sustained the use of libel laws to impose sanctions upon expression critical of the official conduct of public officials. The dictum in Pennekamp v. Florida, 328 U. S. 331, 348-349, that "when the statements amount to defamation, a judge has such remedy in damages for libel as do other public servants," implied no view as to what remedy might constitutionally be afforded to public officials. In Beauharnais v. Illinois, 343 U. S. 250, the Court sustained an Illinois criminal libel statute as applied to a publication held to be both defamatory of a racial group and "liable to cause violence and disorder." But the Court was careful to note that it "retains and exercises authority to nullify action which encroaches on freedom of utterance under the guise of punishing libel"; for "public men, are, as it were, public property," and "discussion cannot be denied and the right, as well as the duty, of criticism must not be stifled." Id., at 263-264, and n. 18. In the only previous case that did present the question of constitutional limitations upon the power to award damages for libel of a public official, the Court was equally divided and the question was not decided. Schenectady Union Pub. Co. v. Sweeney, 316 U. S. 642. «376 U. S., 269» In deciding the question now, we are compelled by neither precedent nor policy to give any more weight to the epithet "libel" than we have to other "mere labels" of state law. N. A. A. C. P. v. Button, 371 U. S. 415, 429. Like

---

6) Konigsberg v. State Bar of California, 366 U. S. 36, 49, and n. 10; Times Film Corp. v. City of Chicago, 365 U. S. 43, 48; Roth v. United States, 354 U. S. 476, 486–487; Beauharnais v. Illinois, 343 U. S. 250, 266; Pennekamp v. Florida, 328 U. S. 331, 348–349; Chaplinsky v. New Hampshire, 315 U. S. 568, 572; Near v. Minnesota, 283 U. S. 697, 715.

문서비방적 공표물들을 연방헌법은 보호하지 않는다는 취지의 당원의 판시들에 앨라배마주 법원들이 그랬던 것처럼 피청구인은 무겁게 의존한다.[6] 여기서의 우리의 탐구를 그 판시들은 끝맺지 않는다. 공직자들의 공무상의 행위에 비판을 가하는 표현 위에 제재들을 부과하기 위한 문서비방 관련법들의 사용을 그 선례들은 지지한 바가 없다. "명예훼손에 성명들이 해당하는 경우에, 여타의 공무상의 종복들이 지니는 그 문서비방에 대한 손해배상 청구의 구제수단을 한 명의 판사는 지닌다."고 한 Pennekamp v. Florida, 328 U. S. 331, 348-349에서의 방론은, 공직자들에게 어떤 구제수단이 헌법적으로 부여될 수 있는지에 관한 견해를 당연히 수반한 것은 아니었다. 한 개의 인종집단의 명예를 훼손하는 것으로 및 동시에 "폭력을 및 소요를 자칫 야기하기 쉬운 것으로" 간주된 한 개의 공표물에 적용된 것으로서의 일리노이주 문서비방 형사제정법 한 개를 Beauharnais v. Illinois, 343 U. S. 250에서 당원은 지지하였다. 그러나 "문서비방을 처벌한다는 명분을 가장하여 말의 자유를 침해하는 행위를 무효화할 권한을" 자신은 "보유하고 행사한다."고; 왜냐하면 "공무를 맡은 인물들은 말하자면 공공의 자산이기" 때문이고, 그리하여 "토론은 부정될 수 없으며 비판의 의무는 물론이고 비판의 권리 또한 결코 짓눌려지지 말아야 하기" 때문이라고 특별히 언급하는 주의를 당원은 기울였다 Id., at 263-264, and n. 18. 공직자에 대한 문서비방을 이유로 하는 손해배상금을 인정할 권한에 대한 헌법적 제약들의 문제를 정식으로 제기한 유일한 선례에서, 찬반동수로 당원은 나뉘었고 그리하여 그 문제는 해결되지 못하였다. Schenectady Union Pub. Co. v. Sweeney, 316 U. S. 642. 《376 U. S., 269》 그 문제를 지금 결정지음에 있어서, 주 법의 여타의 "순전한 호칭들(mere labels)"에 대하여 우리가 지니는 무게를보다도 조금이라도 더 큰 무게를 "문서비방(libel)"이라는 별명에 주도록 선례에 의해서도 정책에 의해서도 우리는 강제되는 바가 없다. N. A. A. C. P. v. Button, 371 U. S. 415, 429.

---

6) Konigsberg v. State Bar of California, 366 U. S. 36, 49, and n. 10; Times Film Corp. v. City of Chicago, 365 U. S. 43, 48; Roth v. United States, 354 U. S. 476, 486–487; Beauharnais v. Illinois, 343 U. S. 250, 266; Pennekamp v. Florida, 328 U. S. 331, 348–349; Chaplinsky v. New Hampshire, 315 U. S. 568, 572; Near v. Minnesota, 283 U. S. 697, 715.

insurrection,[7] contempt,[8] advocacy of unlawful acts,[9] breach of the peace,[10] obscenity,[11] solicitation of legal business,[12] and the various other formulae for the repression of expression that have been challenged in this court, libel can claim no talismanic immunity from constitutional limitations. It must be measured by standards that satisfy the First Amendment.

The general proposition that freedom of expression upon public questions is secured by the First Amendment has long been settled by our decisions. The constitutional safeguard, we have said, "was fashioned to assure unfettered interchange of ideas for the bringing about of political and social changes desired by the people." Roth v. United States, 354 U. S. 476, 484. "The maintenance of the opportunity for free political discussion to the end that government may be responsive to the will of the people and that changes may be obtained by lawful means, an opportunity essential to the security of the Republic, is a fundamental principle of our constitutional system." Stromberg v. California, 283 U. S. 359, 369. "[I]t is a prized American privilege to speak one's mind, although not always with perfect good taste, on all public institutions," Bridges v. California, 314 U. S. 252, 270, and this opportunity is to be afforded for "vigorous advocacy" no less than "abstract discussion." N. A. A. C. P. v. Button, 371 U. S. 415, 429. «376 U. S., 270» The First Amendment, said Judge Learned Hand, "presupposes that right conclusions are more likely to be gathered out of a multitude of tongues, than through any kind of authoritative selection. To many this is, and always will be, folly; but we have staked upon it our all." United States v. Associated Press, 52 F.

---

7) Herndon v. Lowry, 301 U. S. 242.
8) Bridges v. California, 314 U. S. 252; Pennekamp v. Florida, 328 U. S. 331.
9) De Jonge v. Oregon, 299 U. S. 353.
10) Edwards v. South Carolina, 372 U. S. 229.
11) Roth v. United States, 354 U. S. 476.
12) N. A. A. C. P. v. Button, 371 U. S. 415.

반역행위(insurrection)가,[7] 모욕죄(contempt)가,[8] 불법적 행위들의 고무행위(advocacy of unlawful acts)가,[9] 평온방해행위(breach of the peace)가,[10] 외설(obscenity)이,[11] 법률사무의 유인(solicitation of legal business)이,[12] 그리고 당원에서 논의되어 온 표현의 억제를 위한 그 밖의 다양한 공식들이 주장할 수 없듯이, 헌법적 제약들로부터의 불가사의한 면제를 문서비방은 주장할 수 없다. 연방헌법 수정 제1조를 충족하는 기준들에 의하여 그것은 판단되지 않으면 안 된다.

  연방헌법 수정 제1조에 의하여 공공의 문제들에 대한 표현의 자유가 보장된다는 그 일반적 명제는 우리의 판결들에 의하여 오래도록 확립되어 있는 터이다. 우리가 말해 놓았듯이, "국민들에 의하여 희망되는 정치적 사회적 변화들의 일으킴을 위한 의견들의 제약 없는 상호교환을 확보하도록" 그 헌법적 보호조항은 "구상되었다." Roth v. United States, 354 U. S. 476, 484. 공화국의 안전에 불가결한 한 개의 기회인, 국민의 뜻에 정부가 부응할 수 있게끔 하려는, 그리하여 적법한 수단들에 의하여 변화들이 얻어질 수 있게끔 하려는 목적에서의 자유로운 정치적 토론을 위한 기회의 유지는 우리 헌법제도의 기본적 원칙이다." Stromberg v. California, 283 U. S. 359, 369. "[모]든 공공기관들에 대하여 자신의 마음을 말함은, 비록 완벽한 감식력을 그것이 항상 지니는 것은 아님에도 불구하고, 미국민의 높이 평가되는 특권 한 가지이며," Bridges v. California, 314 U. S. 252, 270, 그리하여 "추상적인 토론"을 위하여에 못지않게 "강력한 옹호"를 위하여 이 기회는 부여되어야 한다. N. A. A. C. P. v. Button, 371 U. S. 415, 429. 《376 U. S., 270》 "종류 여하를 불문하고 독단적 선별을 통해서보다는 다수의 혀들로부터 올바른 결론들은 모아지기가 더 쉬움을" 연방헌법 수정 제1조는 "전제한다. 많은 이들에게 이것은 어리석은 일이며, 또 항상 그것은 어리석은 일이 될 것이다; 그러나 우리의 모든 것들을 그 위에 우리는 걸어 놓았다."고 러니드핸드(Learned Hand) 판사는 말하였다. United States v. Associated Press, 52 F. Supp. 362, 372 (D. C. S. D. N. Y. 1943). 그 원칙의 고전적 공식화를 Whitney

---

7) Herndon v. Lowry, 301 U. S. 242.
8) Bridges v. California, 314 U. S. 252; Pennekamp v. Florida, 328 U. S. 331.
9) De Jonge v. Oregon, 299 U. S. 353.
10) Edwards v. South Carolina, 372 U. S. 229.
11) Roth v. United States, 354 U. S. 476.
12) N. A. A. C. P. v. Button, 371 U. S. 415.

Supp. 362, 372 (D. C. S. D. N. Y. 1943). Mr. Justice Brandeis, in his concurring opinion in Whitney v. California, 274 U. S. 357, 375-376, gave the principle its classic formulation:

"Those who won our independence believed ······ that public discussion is a political duty; and that this should be a fundamental principle of the American government. They recognized the risks to which all human institutions are subject. But they knew that order cannot be secured merely through fear of punishment for its infraction; that it is hazardous to discourage thought, hope and imagination; that fear breeds repression; that repression breeds hate; that hate menaces stable government; that the path of safety lies in the opportunity to discuss freely supposed grievances and proposed remedies; and that the fitting remedy for evil counsels is good ones. Believing in the power of reason as applied through public discussion, they eschewed silence coerced by law - the argument of force in its worst form. Recognizing the occasional tyrannies of governing majorities, they amended the Constitution so that free speech and assembly should be guaranteed."

Thus we consider this case against the background of a profound national commitment to the principle that debate on public issues should be uninhibited, robust, and wide-open, and that it may well include vehement, caustic, and sometimes unpleasantly sharp attacks on government and public officials. See Terminiello v. Chicago, 337 U. S. 1, 4; De Jonge v. Oregon, 299 U. S. 353, «376 U. S., 271» 365. The present advertisement, as an expression of grievance and protest on one of the major public issues of our time, would seem clearly to qualify for the constitutional protection. The question is whether it forfeits that protection by the falsity of some of its factual statements and by its alleged defamation of respondent.

Authoritative interpretations of the First Amendment guarantees have con-

v. California, 274 U. S. 357, 375-376에서의 자신의 찬동의견에서 그 원칙에게 브랜다이스(Brandeis) 판사는 부여하였다:

"공개적 토론은 정치적 의무라고; 그리고 이것은 미국정부의 기본원칙이 되어야 한다고 . .우리의 독립을 쟁취한 분들은 믿었다. 인간의 모든 제도들이 당하기 쉬운 위험들을 그들은 인지하였다. 그러나 단순히 질서 위반에 대한 처벌의 두려움을 통해서만으로는 질서는 확보될 수 없음을; 생각을, 희망을 및 상상을 단념시키는 것은 위험함을; 억압을 두려움은 낳음을; 미움을 억압은 낳음을; 안정된 정부를 미움은 위협함을; 생각되는 불만사항들을 및 제의되는 구제수단들을 자유로이 토론할 기회에 안전의 길은 놓여 있음을; 그리고 나쁜 조언들에 대신할 꼭 맞는 구제책은 좋은 조언들임을 그들은 알았다. 공개된 토론을 통하여 적용되는 것으로서의 이성의 힘을 그들은 믿으면서, 법에 의하여 강요되는 침묵을 - 그 자신의 최악의 형태를 띤 힘의 논법을 - 그들은 피하였다. 지배적 다수자들의 때때로의 포악행위들을 그들은 인식하여, 자유로운 말이 및 집회가 보장되어야 하게끔 연방헌법을 그들은 개정하였다."

그리하여 공공의 문제들에 대한 토론은 제약 없는, 강건한, 그리고 활짝 열린 것이어야 한다는 및 정부에 및 공직자들에 대한 격렬한, 신랄한, 그리고 때로는 불쾌하리만큼 날카로운 공격들을 그것은 포함함도 당연하다는 원칙에 대한 심원한 국가적 서약이라는 배경에 대조하여 이 사건을 우리는 고찰한다. Terminiello v. Chicago, 337 U. S. 1, 4를; De Jonge v. Oregon, 299 U. S. 353, «376 U. S., 271» 365를 보라. 우리 시대의 주된 공공 문제들 중 한 가지에 관한 불만의 및 항의의 표현으로서의 이 사건의 광고는 헌법적 보호를 위한 자격을 명백히 갖춘 것으로 보일 만한 것이었다. 문제는 그 광고의 사실적 성명들 중 일부의 허위성에 의하여 및 피청구인에 대하여 이루어진 것으로 주장된 그 광고의 명예훼손에 의하여 그 보호를 그것이 상실하는지 여부이다.

그 시험이 판사들에 의하여 이루어지든, 배심원들에 의하여 이루어지든, 또는 행

sistently refused to recognize an exception for any test of truth - whether administered by judges, juries, or administrative officials - and especially one that puts the burden of proving truth on the speaker. Cf. Speiser v. Randall, 357 U. S. 513, 525-526. The constitutional protection does not turn upon "the truth, popularity, or social utility of the ideas and beliefs which are offered." N. A. A. C. P. v. Button, 371 U. S. 415, 445. As Madison said, "Some degree of abuse is inseparable from the proper use of every thing; and in no instance is this more true than in that of the press." 4 Elliot's Debates on the Federal Constitution (1876), p.571. In Cantwell v. Connecticut, 310 U. S. 296, 310, the Court declared:

"In the realm of religious faith, and in that of political belief, sharp differences arise. In both fields the tenets of one man may seem the rankest error to his neighbor. To persuade others to his own point of view, the pleader, as we know, at times, resorts to exaggeration, to vilification of men who have been, or are, prominent in church or state, and even to false statement. But the people of this nation have ordained in the light of history, that, in spite of the probability of excesses and abuses, these liberties are, in the long view, essential to enlightened opinion and right conduct on the part of the citizens of a democracy."

That erroneous statement is inevitable in free debate, and that it must be protected if the freedoms of ex- «376 U. S., 272» pression are to have the "breathing space" that they "need ⋯⋯ to survive," N. A. A. C. P. v. Button, 371 U. S. 415, 433, was also recognized by the Court of Appeals for the District of Columbia Circuit in Sweeney v. Patterson, 76 U. S. App. D. C. 23, 24, 128 F. 2d 457, 458 (1942), cert. denied, 317 U. S. 678. Judge Edgerton spoke for a unanimous court which affirmed the dismissal of a Congressman's libel suit based upon a newspaper article charging him with anti-Semitism in opposing a judicial appointment. He said:

정 공직자들에 의하여 이루어지든 상관없이, 조금이라도 진실성의 시험을 위한 한 개의 예외를 인정하기를, 특히 진실성을 입증할 책임을 그 말하는 사람에게 지우는 예외를 인정하기를, 연방헌법 수정 제1조의 보장들에 대한 명령적인 해석들은 일관되게 거부해 왔다. Speiser v. Randall, 357 U. S. 513, 525-526을 비교하라. "그 제안되는 의견들의 및 신념들의 진실성에, 인기도에, 또는 사회적 유용성에" 그 헌법적 보호는 좌우되지 않는다. N. A. A. C. P. v. Button, 371 U. S. 415, 445. 매디슨(Madison)이 말하였듯이, "어느 정도의 남용은 모든 사물의 고유의 사용으로부터 분리될 수 없다; 그리고 이것이 출판의 사용에 있어서보다도 더 타당한 경우는 없다." 4 Elliot's Debates on the Federal Constitution (1876), p.571. 당원은 Cantwell v. Connecticut, 310 U. S. 296, 310에서 선언하였다:

"종교적 신앙의 영역에 있어서, 그리고 정치적 신념의 영역에 있어서, 첨예한 상위점들이 발생한다. 그 두 가지 영역들에서는 다 같이, 어떤 사람의 교의들은 가장 지독한 오류인 것처럼 그의 이웃에게는 보일 수 있다. 자기 자신의 관점으로 넘어오도록 타인들을 설득하고자, 우리가 알듯이 때때로 과장에, 교회 내에서든 국가 내에서든 저명한 지위에 있어 온 내지는 저명한 지위에 있는 사람들에 대한 비방에, 그리고 심지어는 허위의 주장에조차 설득자는 의존한다. 그러나 무절제 행위들의 및 남용 행위들의 개연성에도 불구하고, 긴 안목에서 보아 민주국가의 시민들 쪽에서의 계몽된 의견에 및 올바른 행동에 이 자유들은 불가결한 것으로 역사에 비추어 이 나라 국민은 규정해 놓았다."

Sweeney v. Patterson, 76 U. S. App. D. C. 23, 24, 128 F. 2d 457, 458 (1942), cert. denied, 317 U. S. 678에서의 《376 U. S., 272》 콜롬비아 특별구 순회구 항소법원에 의하여, 자유토론에는 오류 섞인 주장이 불가피함이, 그리고 그것들이 "살아남기 위하여 …… 필요로 하는" "숨실 공간"을 만약 표현의 자유들이 가져야 한다면 그 주장은 보호되지 않으면 안 됨이, N. A. A. C. P. v. Button, 371 U. S. 415, 433, 아울러 인정되었다. 법관지명을 반대함에 있어서의 그를 반유대주의자(anti-Semitism)라고 비난한 신문기사에 토대한 하원의원의 문서비방 소송의 기각을 인가한 만장일치의 법원을 대표하여 에드거튼(Edgerton) 판사는 말하였다. 그는 밝혔다:

"Cases which impose liability for erroneous reports of the political conduct of officials reflect the obsolete doctrine that the governed must not criticize their governors. ······ The interest of the public here outweighs the interest of appellant or any other individual. The protection of the public requires not merely discussion, but information. Political conduct and views which some respectable people approve, and others condemn, are constantly imputed to Congressmen. Errors of fact, particularly in regard to a man's mental states and processes, are inevitable. ······ Whatever is added to the field of libel is taken from the field of free debate."[13]

Injury to official reputation affords no more warrant for repressing speech that would otherwise be free than does factual error. Where judicial officers are involved, this Court has held that concern for the dignity and «376 U. S., 273» reputation of the courts does not justify the punishment as criminal contempt of criticism of the judge or his decision. Bridges v. California, 314 U. S. 252. This is true even though the utterance contains "half-truths" and "misinformation." Pennekamp v. Florida, 328 U. S. 331, 342, 343, n. 5, 345. Such repression can be justified, if at all, only by a clear and present danger of the obstruction of justice. See also Craig v. Harney, 331 U. S. 367; Wood v. Georgia, 370 U. S. 375. If judges are to be treated as "men of fortitude, able to thrive in a hardy climate," Craig v. Harney, supra, 331 U. S., at 376, surely the same must be true of other government officials, such as elected city commissioners.[14] Criticism of their official conduct does not lose its constitu-

---

13) See also Mill, On Liberty (Oxford: Blackwell, 1947), at 47: "······ [T]o argue sophistically, to suppress facts or ar-
   guments, to misstate the elements of the case, or misrepresent the opposite opinion ······ all this, even to the most
   aggravated degree, is so continually done in perfect good faith, by persons who are not considered, and in many
   other respects may not deserve to be considered, ignorant or incompetent, that it is rarely possible, on adequate
   grounds, conscientiously to stamp the misrepresentation as morally culpable; and still less could law presume to
   interfere with this kind of controversial misconduct."
14) The climate in which public officials operate, especially during a political campaign, has been described by one
   commentator in the following terms: "Charges of gross incompetence, disregard of the public interest, communist
   sympathies, and the like usually have filled the air; and hints of bribery, embezzlement, and other criminal conduct
   are not infrequent." Noel, Defamation of Public Officers and Candidates, 49 Col. L. Rev. 875 (1949). For a similar

"자신들의 통치자들을 피치자는 비판해서는 안 된다는 그 폐기된 교의를, 공직자들의 정치적 행위에 대한 오류 섞인 보도내용들을 이유로 책임을 부과하는 사건들은 반영한다. …… 항소인의 내지는 그 밖의 개인 어느 누구의 이익이보다도 여기서의 공중의 이익은 더 가치가 있다. 단지 토론만을이 아니라 정보를 공중의 보호는 요구한다. 어떤 존경할 만한 사람들이 찬성하는, 그리고 다른 사람들이 비난하는 정치적 행위는 및 견해들은 끊임없이 하원의원들에게 돌려진다. 사실의 오류들은, 특히 한 명의 정신적 상태에 및 과정들에 관하여, 불가피하다. …… 무엇이든 문서비방 영역에 첨가되는 바는 죄다 자유토론의 영역으로부터 취해진다."[13]

여타의 점에서는 자유로울 말을 억압할 근거를 공직자의 명예에 대한 훼손의 점이 제공하지 아니함은 사실상의 오류가 제공하지 아니함하고 같다. 사법 공직자들이 관련된 경우에, 판사에 내지는 그의 판결에 대한 비판의 형사 모독행위로서의 《376 U. S., 273》 처벌을 법원들의 존엄에 및 명성에 대한 염려는 정당화하지 않는다고 당원은 판시해 왔다. Bridges v. California, 314 U. S. 252. 심지어 "일부만의 진실된 말"을 또는 잘못된 전달을 언설이 포함하는 경우에도 이것은 그러하다. Pennekamp v. Florida, 328 U. S. 331, 342, 343, n. 5, 345. 실로 오직 사법방해의 명백한 및 현존의 위험에 의해서만 이러한 억누름은 정당화될 수 있다. 아울러 Craig v. Harney, 331 U. S. 367을; Wood v. Georgia, 370 U. S. 375를 보라. "내구력을 요하는 기후 속에서 번성할 능력을 지닌 불굴의 정신의 사람들"로서 만약 판사들이 취급되어야 한다면, Craig v. Harney, supra, 331 U. S., at 376, 선출직 시 감독관들을 비롯한 여타의 공직자들에 대하여도 바로 그것은 타당하지 않으면 안 됨이 확실하다.[14] 단지 그것이 효과적인 비판이라서 그리하여 그들의 직무상의 명성들을 그것

---

13) 아울러 Mill, On Liberty (Oxford: Blackwell, 1947), at 47을 보라: "…… [궤]변적으로 주장하기라든지, 사실관계를 내지는 주장사항들을 억누르기라든지, 사건의 요소들을 잘못 말하기라든지, 또는 반대의견을 잘못 전달하기라든지 …… 등 이 모두는, 심지어 그 정도가 최악에 이르는 경우에조차도, 무지하다고 내지는 무능하다고 생각되지 아니하는 사람들에 의하여 그리고 그 밖의 여러 가지 점에 있어서 그렇게 생각될 만하지 아니한 사람들에 의하여 완벽한 선의 속에서 너무도 지속적으로 이루어지는 것들이기에, 그 잘못된 전달을 도덕적으로 비난할 만한 것으로서 충분한 근거들 위에서 양심적으로 구별짓기란 좀처럼 가능하지 않다; 그런데 다툼의 여지 많은 이 종류의 서툰 행위에 법이 감히 간섭하기란 더욱 가능하지 않을 것이다."
14) 공직자들의 움직임을 둘러싼 기후는, 특히 선거운동 과정에서의 것에 관하여, 한 명의 주석자에 의하여 다음의 표현으로 기술되어 있다: "심각한 무능력을, 공공이익에 대한 무시를, 좌익 편향을, 그리고 이에 유사한 것들을 지녔다는 공격들이 공기를 채워왔다; 뇌물의, 횡령의, 그리고 그 밖의 범죄행위의 암시들은 드물지 않다." Noel, Defamation of

tional protection merely because it is effective criticism and hence diminishes their official reputations.

If neither factual error nor defamatory content suffices to remove the constitutional shield from criticism of official conduct, the combination of the two elements is no less inadequate. This is the lesson to be drawn from the great controversy over the Sedition Act of 1798, 1 Stat. 596, which first crystallized a national awareness of the central meaning of the First Amendment. See Levy, Legacy of Suppression (1960), at 258 et seq.; Smith, Freedom's Fetters (1956), at 426, 431, and passim. That statute made it a crime, punishable by a $5,000 fine and five years in prison, "if any person shall write, print, utter or publish ······ any false, scandalous and malicious «376 U. S., 274» writing or writings against the government of the United States, or either house of the Congress. . ., or the President ······, with intent to defame ······ or to bring them, or either of them, into contempt or disrepute; or to excite against them, or either or any of them, the hatred of the good people of the United States." The Act allowed the defendant the defense of truth, and provided that the jury were to be judges both of the law and the facts. Despite these qualifications, the Act was vigorously condemned as unconstitutional in an attack joined in by Jefferson and Madison. In the famous Virginia Resolutions of 1798, the General Assembly of Virginia resolved that it

"doth particularly protest against the palpable and alarming infractions of the Constitution, in the two late cases of the 'Alien and Sedition Acts,' passed at the last session of Congress ······ [The Sedition Act] exercises ······ a power not delegated by the Constitution, but, on the contrary, expressly and positively forbidden by one of the amendments thereto - a power which, more than any other, ought to produce universal alarm, because it is levelled

---

description written 60 years earlier, see Chase, Criticism of Public Officers and Candidates for Office, 23 Am. L. Rev. 346 (1889).

이 감소시킨다는 이유만으로는, 그 자신의 헌법적 보호를 그들의 공무상의 행위에 대한 비판은 상실하지 않는다.

헌법적 방패를 공직자의 행위에 대한 비판으로부터 걷어내기에는 사실적 오류가 및 명예훼손적 내용이 다 같이 충분하지 않다면, 그 두 요소들의 결합은 이에 못지 않게 불충분하다. 이것은 1798년 반정부활동 단속법(the Sedition Act of 1798), 1 Stat. 596,에 관한 그 큰 논쟁으로부터 도출되어야 할 교훈인바, 연방헌법 수정 제1조의 핵심적 의미에 대한 국가적 각성을 그것은 최초로 구체화하였다. Levy, Legacy of Suppression (1960), at 258 et seq.을; Smith, Freedom's Fetters (1956), at 426, 431, and passim을 보라. "미합중국 정부를 내지는 ……의회 상하원 중 어느 쪽이든지를 또는 ……대통령을 겨냥하여, 그들을 내지는 그들 중 어느 쪽이든지를 ……비방할, 모욕할 내지는 악평할 목적으로 …… 조금이라도 허위인, 명예롭지 못한 및 악의 있는 글을 또는 저작물을 누구든지 쓰거나 인쇄하거나 «376 U. S., 274» 발설하거나 또는 출판하는 행위"를; "또는 그들을 내지는 그들 중 어느 쪽이든지를 겨냥하여 미합중국의 선량한 사람들의 미움을 야기하는 행위"를 5,000달러의 벌금에 의하여 및 5년의 감옥형에 의하여 처벌할 수 있는 한 개의 범죄로 그 제정법은 만들었다. 진실성의 항변을 피고인에게 그 법률은 허용하였고, 배심이 법에 및 사실관계에 등 두 가지 모두에 대한 심판관들임을 그 법률은 규정하였다. 이 제한들에도 불구하고, 제퍼슨(Jefferson)에 및 매디슨(Madison)에 의하여 가담된 공격에서, 그 법률은 위헌적인 것이라고 강력하게 비난되었다.

"하원의 지난 번 회기 때 통과된 '외국인·반정부활동 단속법(Alien and Sedition Acts)'의 두 가지 최근의 사례들에서의 명백한 및 놀랄 만한 연방헌법 위반행위들에 대하여" 버지니아주 의회 자신은 "특별히 항의한다 …… ."고, "연방헌법에 의하여 위임되지 아니한, 오히려 이와는 반대로 연방헌법 수정조항들 중 한 개에 의하여 명시적으로 및 단호히 금지된 권한을 ……[반정부활동 단속법은] 행사한다."고, "그것은 다른 무엇이보다도 광범위한 경종을 불러일으켜야 마땅한 한 개의 권한이다."라

Public Officers and Candidates, 49 Col. L. Rev. 875 (1949). 이에 비슷한, 60년 전에 쓰인 설명으로, Chase, Criticism of Public Officers and Candidates for Office, 23 Am. L. Rev. 346 (1889)을 보라.

against the right of freely examining public characters and measures, and of free communication among the people thereon, which has ever been justly deemed the only effectual guardian of every other right." 4 Elliot's Debates, supra, pp. 553-554.

Madison prepared the Report in support of the protest. His premise was that the Constitution created a form of government under which "The people, not the government, possess the absolute sovereignty." The structure of the government dispersed power in reflection of the people's distrust of concentrated power, and of power itself at all levels. This form of government was "altogether different" from the British form, under which the Crown was sovereign and the people were subjects. "Is «376 U. S., 275» it not natural and necessary, under such different circumstances," he asked, "that a different degree of freedom in the use of the press should be contemplated?" Id., pp. 569-570. Earlier, in a debate in the House of Representatives, Madison had said: "If we advert to the nature of Republican Government, we shall find that the censorial power is in the people over the Government, and not in the Government over the people." 4 Annals of Congress, p. 934 (1794). Of the exercise of that power by the press, his Report said: "In every state, probably, in the Union, the press has exerted a freedom in canvassing the merits and measures of public men, of every description, which has not been confined to the strict limits of the common law. On this footing the freedom of the press has stood; on this foundation it yet stands ······ ." 4 Elliot's Debates, supra, p. 570. The right of free public discussion of the stewardship of public officials was thus, in Madison's view, a fundamental principle of the American form of government. [15] «376 U. S., 276»

---

15) The Report on the Virginia Resolutions further stated: "[I]t is manifestly impossible to punish the intent to bring those who administer the government into disrepute or contempt, without striking at the right of freely discussing public characters and measures; ······ which, again, is equivalent to a protection of those who administer the

고, "왜냐하면 공적 인물들을 및 대책들을 자유로이 심사할 권리에, 그리고 그것들에 관한 국민들 사이에서의 자유로운 의사소통의 권리에 - 그 밖의 모든 권리의 유일한 효과적인 보호자로서 여태껏 정당하게 간주되어 온 그 권리에 - 그 권한은 겨냥된 것이기 때문이다."라고 그 유명한 1798년 버지니아주 결의(Virginia Resolutions of 1798)에서 버지니아주 의회는 결의하였다. 4 Elliot's Debates, supra, pp.553-554.

그 항의를 지지하는 보고서를 매디슨(Madison)은 입안하였다. "절대적 주권을 정부가 아니라 국민이 보유하는" 한 개의 정부형태를 연방헌법은 창출하였다는 데에 그의 전제는 있었다. 집중된 권한에 대한 및 모든 수준에 있어서의 권한 자체에 대한 국민의 불신을 반영하여 권한을 그 정부구조는 분산시켰다. 국왕이 주권자이고 국민은 신민들인 영국의 정부형태하고는 이 정부형태는 "전적으로 달랐다." "이처럼 《376 U. S., 275》 상이한 상황들 아래서는 출판의 사용에 있어서의 모종의 색다른 등급의 자유가 기대되어야 함은 자연스럽고도 필연적인 일이 아닌가?"라고 그는 물었다. Id., pp.569-570. 더 일찍이 하원에서의 토론에서 매디슨(Madison)은 말한 바 있었다: "만약 공화정부의 성격에 우리가 주목한다면, 검열권한이란 정부에 대한 것으로서 국민에게 있는 것이지 국민에 대한 것으로서 정부에게 있는 것이 아님을 우리는 발견하게 된다." 4 Annals of Congress, p. 934 (1794). 출판에 의한 그 권한의 행사에 관하여 그의 보고서는 말하였다: "공적 인물들의 공과에 및 대책들에 대하여 토론함에 있어서의 모든 종류의 자유를 연방 내의 아마도 모든 주에서 출판은 행사해 왔는바, 보통법의 그 엄격한 범위 내로 그 자유는 한정된 적이 없다. 이 발판 위에 출판의 자유는 있어 왔다; 이 토대 위에 그것은 여전히 있다 ……." 4 Elliot's Debates, supra, p.570. 매디슨(Madison)의 견지에서는, 공직자들의 책무에 대한 자유로운 공개토론의 권리는 이렇듯이 미국 정부형태의 기본적 원칙이었다.[15] 《376

---

15) 버지니아 결의들의 보고서는 더 나아가 말하였다: "[정]부를 관리하는 사람들을 불명예 속에 내지는 모욕 속에 데려오려는 의도를 처벌하면서도 그 공적 인물들을 및 업적들을 자유로이 토의할 권리를 습격하지 아니하기란 명백히 불가능하다; …… 국민의 모욕을 내지는 미움을 단 한 때라도 정부를 관리하는 사람들이 만약 당해야 마땅하다면, 그들을 불명예 속에 내지는 모욕 속에 데려오려는 의도를 처벌함은 그들의 인물됨에 및 업적에 대한 자유로운 비평들에 의한 그러한 불명예에 내지는 모욕에 노출됨을 저지하는 것으로서의 그들에 대한 비호에 거듭 그것은 맞먹는다. ……허물 있는 운영의 정당하고도 자연스러운 결과들에 적대하여 형사법령들 안에 참조를 구축한 정부라면, 자신의 책무의 충실한 이행에 필수불가결한 그 책임을 이렇게 하여 손쉽게 벗어날 것이라는 점에 대하여도 의문은 또한 있을 수 없다. "결국, 자유롭고도 책임지는 한 개의 정부의 본질을, 정부 구성원들을 선출할 권리는 보다 각별히 구성함이 상기되게끔 하자. 공공의 책무를 위한 후보들의 상대적 장점에 및 단점에 대한 지식에, 그리고, 그 결과로서, 후보자들의 이들 장점들을 및 단점들을 각각 심사하고 토론할 평등한 자유에 이 권리의 가치는 및 효험은 달려

Although the Sedition Act was never tested in this Court,[16] the attack upon its validity has carried the day in the court of history. Fines levied in its prosecution were repaid by Act of Congress on the ground that it was unconstitutional. See, e. g., Act of July 4, 1840, c. 45, 6 Stat. 802, accompanied by H. R. Rep. No. 86, 26th Cong., 1st Sess. (1840). Calhoun, reporting to the Senate on February 4, 1836, assumed that its invalidity was a matter "which no one now doubts." Report with Senate bill No. 122, 24th Cong., 1st Sess., p.3. Jefferson, as President, pardoned those who had been convicted and sentenced under the Act and remitted their fines, stating: "I discharged every person under punishment or prosecution under the sedition law, because I considered, and now consider, that law to be a nullity, as absolute and as palpable as if Congress had ordered us to fall down and worship a golden image." Letter to Mrs. Adams, July 22, 1804, 4 Jefferson's Works (Washington ed.), pp.555, 556. The invalidity of the Act has also been assumed by Justices of this Court. See Holmes, J., dissenting and joined by Brandeis, J., in Abrams v. United States, 250 U. S. 616, 630; Jackson, J., dissenting in Beauharnais v. Illinois, 343 U. S. 250, 288-289; Douglas, The Right of the People (1958), p.47. See also Cooley, Constitutional Limitations (8th ed., Carrington, 1927), pp. 899-900; Chafee, Free Speech in the United States (1942), pp.27-28. These views reflect a broad consensus that the Act, because of the restraint it imposed upon criticism of government and public

---

government, if they should at any time deserve the contempt or hatred of the people, against being exposed to it, by free animadversions on their characters and conduct. Nor can there be a doubt ······ that a government thus intrenched in penal statutes against the just and natural effects of a culpable administration, will easily evade the responsibility which is essential to a faithful discharge of its duty.

"Let it be recollected, lastly, that the right of electing the members of the government constitutes more particularly the essence of a free and responsible government. The value and efficacy of this right depends on the knowledge of the comparative merits and demerits of the candidates for public trust, and on the equal freedom, consequently, of examining and discussing these merits and demerits of the candidates respectively." 4 Elliot's Debates, supra, p. 575.

16) The Act expired by its terms in 1801.

U. S., 276»

비록 당원에서 반정부활동 단속법은 전혀 검토되지 않았음에도,[16] 그 유효성에 대한 공격은 역사의 법정에서 승리를 거둔 터이다. 그 법률의 집행에서 징수된 벌금들은 그것이 위헌이라는 이유에서 의회법률에 의하여 환불되었다. 예컨대, 하원 보고서(H. R. Rep.) No. 86, 26th Cong., 1st Sess. (1840)을 동반한 1840년 7월 4일자 법률(Act of July 4, 1840), c. 45, 6 Stat. 802를 보라. 그것의 무효성은 "이제는 어느 누구도 의심하지 아니하는" 문제라고, 1836년 2월 4일에 상원에 보고하면서 칼하운(Calhoun)은 추측하였다. Report with Senate bill No. 122, 24th Cong., 1st Sess., p.3. 그 법률 아래서 유죄판정되어 있는 및 형이 선고되어 있는 사람들을 제퍼슨(Jefferson)은 대통령으로서 사면하고서 그들의 벌금들을 환불였는바, 이렇게 말하였다: "반정부활동 단속법에 따른 처벌에 내지는 소추에 놓인 모든 사람을 나는 면책시켰는바, 왜냐하면 그 법은, 가령 우리더러 엎드려 금빛 우상을 숭배하라고 연방의회가 명령했을 경우에만큼이나 절대적인 및 명백한 무효라고 나는 생각하였고 그리고 지금 그렇게 나는 생각하기 때문이다." Letter to Mrs. Adams, July 22, 1804, 4 Jefferson's Works (Washington ed.), pp.555, 556. 당원의 판사들에 의해서도 그 법률의 무효성은 추정되어 왔다. Abrams v. United States, 250 U. S. 616, 630에서의 브랜다이스(Brandeis) 판사의 가담을 얻은 홈즈(Holmes) 판사의 반대의견을; Beauharnais v. Illinois, 343 U. S. 250, 288-289에서의 잭슨(Jackson) 판사의 반대의견을; Douglas, The Right of the People (1958), p.47을 보라. 아울러 Cooley, Constitutional Limitations(8th ed., Carrington, 1927), pp.899-900을; Chafee, Free Speech in the United States (1942), pp.27-28을 보라. 정부에 및 공직자들에 대한 비판 위에 그것이 가한 제약으로 인하여 연방헌법 수정 제1조에 그 법률은 저촉된다는 데 대한 폭넓은 일치를 이 견해들은 나타낸다.

있다." 4 Elliot's Debates, supra, p.575.
16) 1801년에 그 존속기간에 의하여 그 법률은 실효하였다.

officials, was inconsistent with the First Amendment.

There is no force in respondent's argument that the constitutional limitations implicit in the history of the Sedition Act apply only to Congress and not to the States. It is true that the First Amendment was originally addressed only to action by the Federal Government, and «376 U. S., 277» that Jefferson, for one, while denying the power of Congress "to controul the freedom of the press," recognized such a power in the States. See the 1804 Letter to Abigail Adams quoted in Dennis v. United States, 341 U. S. 494, 522, n. 4 (concurring opinion). But this distinction was eliminated with the adoption of the Fourteenth Amendment and the application to the States of the First Amendment's restrictions. See, e. g., Gitlow v. New York, 268 U. S. 652, 666; Schneider v. State, 308 U. S. 147, 160; Bridges v. California, 314 U. S. 252, 268; Edwards v. South Carolina, 372 U. S. 229, 235.

What a State may not constitutionally bring about by means of a criminal statute is likewise beyond the reach of its civil law of libel.[17] The fear of damage awards under a rule such as that invoked by the Alabama courts here may be markedly more inhibiting than the fear of prosecution under a criminal statute. See City of Chicago v. Tribune Co., 307 Ill. 595, 607, 139 N. E. 86, 90 (1923). Alabama, for example, has a criminal libel law which subjects to prosecution "any person who speaks, writes, or prints of and concerning another any accusation falsely and maliciously importing the commission by such person of a felony, or any other indictable offense involving moral turpitude," and which allows as punishment upon conviction a fine not exceeding $500 and a prison sentence of six months. Alabama Code, Tit. 14, § 350. Presumably a person charged with violation of this statute enjoys ordinary criminal-law safeguards such as the requirements of an indictment and of proof beyond a reasonable doubt. These safeguards are not available

17) Cf. Farmers Union v. WDAY, 360 U. S. 525, 535.

반정부활동 단속법의 역사에 내재하는 헌법적 제한들은 연방의회에만 적용되고 주들에게는 적용되지 않는다는 피청구인의 주장에는 설득력이 없다. 당초에는 연방정부의 행위만이 연방헌법 수정 제1조의 적용대상이었음은, 그리고 «376 U. S., 277» 일례로서 "출판의 자유를 통제할" 연방의회의 권한을 제퍼슨(Jefferson)은 부정하면서도 이러한 권한을 주들에게는 그가 인정하였음은 진실이다. Dennis v. United States, 341 U. S. 494, 522, n. 4 (보충의견)에 인용된 애비가일 애덤스(Abigail Adams)에게 쓴 1804년의 편지를 보라. 그러나 연방헌법 수정 제14조의 채택으로써 및 연방헌법 수정 제1조상의 제한들의 주들에게의 적용으로써 이 구분은 사라졌다. 예컨대, Gitlow v. New York, 268 U. S. 652, 666을; Schneider v. State, 308 U. S. 147, 160을; Bridges v. California, 314 U. S. 252, 268을; Edwards v. South Carolina, 372 U. S. 229, 235를 보라.

형사 제정법에 의하여 주가 합헌적으로 불러올 수 없는 사항은 마찬가지로 주(州)의 문서비방 민사법의 범위 너머에 있다.[17] 형사 제정법 아래서의 소추의 두려움이 가하는 방해를보다도 현저하게 더 많은 방해를, 여기서 앨라배마주 법원들에 의하여 원용된 것들에 유사한 한 개의 규칙에 따르는 손해배상 판정들에 대한 두려움은 가져올 것이다. City of Chicago v. Tribune Co., 307 Ill. 595, 607, 139 N. E. 86, 90 (1923)을 보라. 예컨대, "조금이라도 중죄의 범행을 내포하는 내지는 도덕적 타락을 포함하는 대배심 검사기소 대상 위반행위의 타인에 의한 범행을 내포하는 비난을 허위로 및 악의로 그 타인에 관하여 말하는, 쓰는, 출판하는 누구든지를" 소추에 처하는 및 유죄판정에 따라 500달러 이하의 벌금을 및 6개월 이하의 감옥형을 처벌로서 허용하는 한 개의 형사 문서비방법을 앨라배마주는 가지고 있다. Alabama Code, Tit. 14, § 350. 한 개의 대배심 검사기소장에 대한 및 합리적인 의심을 배제할 정도의 증명에 대한 요구들을 비롯한 일반적인 형사법 보장들을 이 제정법 위반으로 소추되는 사람은, 추측컨대, 향유한다. 민사소송에 있어서는 이러한 보장들을 피고는 이용할 수 없다. 현실의 금전적 손해에 대한 하등의 증명의 필요조차도 없

---

17) Farmers Union v. WDAY, 360 U. S. 525, 535를 비교하라.

to the defendant in a civil action. The judgment awarded in this case - without the need for any proof of actual pecuniary loss - was one thousand times greater than the maximum fine provided by the Alabama criminal statute, and one hundred times greater than that provided by the Sedition Act. «376 U. S., 278» And since there is no double-jeopardy limitation applicable to civil lawsuits, this is not the only judgment that may be awarded against petitioners for the same publication.[18] Whether or not a newspaper can survive a succession of such judgments, the pall of fear and timidity imposed upon those who would give voice to public criticism is an atmosphere in which the First Amendment freedoms cannot survive. Plainly the Alabama law of civil libel is "a form of regulation that creates hazards to protected freedoms markedly greater than those that attend reliance upon the criminal law." Bantam Books, Inc., v. Sullivan, 372 U. S. 58, 70.

The state rule of law is not saved by its allowance of the defense of truth. A defense for erroneous statements honestly made is no less essential here than was the requirement of proof of guilty knowledge which, in Smith v. California, 361 U. S. 147, we held indispensable to a valid conviction of a bookseller for possessing obscene writings for sale. We said:

"For if the bookseller is criminally liable without knowledge of the contents, ······ he will tend to restrict the books he sells to those he has inspected; and thus the State will have imposed a restriction upon the distribution of constitutionally protected as well as obscene literature. ······ And the bookseller's burden would become the public's burden, for by restricting him the public's access to reading matter would be restricted. ······ [H]is timidity in the face of his absolute criminal liability, thus would tend to restrict the pub-

---

18) The Times states that four other libel suits based on the advertisement have been filed against it by others who have served as Montgomery City Commissioners and by the Governor of Alabama: that another $500,000 verdict has been awarded in the only one of these cases that has yet gone to trial: and that the damages sought in the other three total $2,000,000.

이 이 사건에서 인정된 판결금은 앨라배마주 형사 제정법에 의하여 규정된 벌금 상한액보다도 1,000배나 더 많은 액수였고, 반정부활동 단속법에 의하여 규정된 것보다도 100배나 더 많은 금액이었다. «376 U. S., 278» 그리고 민사소송들에 적용되는 이중위험 금지원칙은 없으므로, 이것은 그 동일한 출판을 이유로 청구인들에게 내려질 수 있는 유일한 판결금인 것도 아니다.[18] 이러한 판결주문들의 연쇄를 한 개의 신문사가 헤어날 수 있든 없든, 공개비판에 목소리를 실었으면 하는 사람들 위에 가해지는 두려움의 및 겁의 장막은 그 안에서는 연방헌법 수정 제1조가 살아남을 수 없는 한 개의 분위기가 된다. 명백히, 앨라배마주 민사 문서비방법은 "형사법에의 의존을 수반하는 자유들이보다도 현격히 더 중요한 보호대상 자유들에 위험요소들을 창출하는 한 개의 규제형식"이다. Bantam Books, Inc., v. Sullivan, 372 U. S. 58, 70.

진실의 항변의 허용에 의하여 주 법규칙은 구제되지 않는다. 성실하게 이루어진 잘못된 성명들을 위한 항변이 여기서 본질적임은 외설 저작물들의 판매 목적 소지를 이유로 한 서적상에 대한 유효한 유죄판정에 불가결하다고 Smith v. California, 361 U. S. 147에서 우리가 판시하였던 범행의 인식에 대한 증명의 요구가 본질적이었음에 못지않다. 우리는 말하였다:

"왜냐하면 만약 내용에 대한 인식 없이도 그 서적상이 형사적으로 책임을 져야 한다면, …… 자신이 판매하는 서적들을 자신이 검사해 본 서적들만으로 그는 한정하게끔 되기 쉬워질 것이다; 그리고 이로써 외설 저술물의 배포에 대하여만큼이나 헌법적으로 보호되는 저술물의 배포에 대하여 제약을 주(a State)는 가해 놓은 것이 될 것이다. …… 그리하여 서적상의 부담은 공중의 부담이 되는 법인데, 왜냐하면 그를 제약함으로써, 읽을거리에 대한 공중의 접근이 제약되는 법이기 때문이다. …… [그]리하여 합헌적으로는 주가 직접 억압할 수 없었을 여러 가지 형태의 인쇄

---

18) 몽고메리시 감독관들로서 복무한 바 있는 다른 사람들에 의한 및 앨라배마주 지사에 의한, 그 광고에 토대를 둔 네 개의 다른 문서비방 소송들이 자신을 겨냥하여 제기되어 있다고; 이 사건들 중 정식사실심리에 벌써 나간 바 있는 한 개에서만도 또 다른 50만 달러의 평결이 내려져 있다고; 나머지 3개에서의 손해배상 청구액은 총액이 200만 달러에 이른다고 타임즈사는 말한다.

lic's access to forms of the printed word which the State could not constitu- «376 U. S., 279» tionally suppress directly. The bookseller's self-censorship, compelled by the State, would be a censorship affecting the whole public, hardly less virulent for being privately administered. Through it, the distribution of all books, both obscene and not obscene, would be impeded." (361 U. S. 147, 153-154.)

A rule compelling the critic of official conduct to guarantee the truth of all his factual assertions - and to do so on pain of libel judgments virtually unlimited in amount - leads to a comparable "self-censorship." Allowance of the defense of truth, with the burden of proving it on the defendant, does not mean that only false speech will be deterred.[19] Even courts accepting this defense as an adequate safeguard have recognized the difficulties of adducing legal proofs that the alleged libel was true in all its factual particulars. See, e. g., Post Publishing Co. v. Hallam, 59 F. 530, 540 (C. A. 6th Cir. 1893); see also Noel, Defamation of Public Officers and Candidates. 49 Col. L. Rev. 875, 892 (1949). Under such a rule, would-be critics of official conduct may be deterred from voicing their criticism, even though it is believed to be true and even though it is in fact true, because of doubt whether it can be proved in court or fear of the expense of having to do so. They tend to make only statements which "steer far wider of the unlawful zone." Speiser v. Randall, supra, 357 U. S., at 526. The rule thus dampens the vigor and limits the variety of public debate. It is inconsistent with the First and Fourteenth Amendments.

The constitutional guarantees require, we think, a federal rule that prohibits a public official from recovering damages for a defamatory falsehood relat-

---

19) Even a false statement may be deemed to make a valuable contribution to public debate, since it brings about "the clearer perception and livelier impression of truth, produced by its collision with error," Mill, On Liberty (Oxford: Blackwell, 1947), at 15; see also Milton, Areopagitica, in Prose Works (Yale, 1959), Vol. II, at 561.

된 말에의 공중의 접근을 자신의 절대적 형사책임 앞에서의 그의 소심은 제약하게 되기가 «376 U. S., 279» 쉬운 법이다. 주에 의하여 강제된 서적상의 자기검열은 전체 공중에게 영향을 미치는 검열이 되고는 하는 법인바, 그것이 사적으로 시행된다 하여 덜 유독한 것은 결코 아니다. 외설한 것들을 및 외설하지 아니한 것들을 다같이 포함하여, 모든 서적들의 배포는 그것을 통하여 방해를 받고는 하는 법이다." (361 U. S. 147, 153-154.)

자신의 사실적 주장들 전부의 진실성을 보증하도록 - 그것도 사실상 무제한 액수의 문서비방 판결금을 내야 한다는 조건으로 그렇게 하도록 - 공직자의 행위에 대한 비판자를 강제하는 한 개의 규칙은 "자기검열"에 맞먹는 것에게로 이끈다. 오직 허위의 말만이 방지될 것임을, 진실의 항변의 허용은 - 그것을 증명할 책임을 피고 위에 둔 채로는 - 의미하지 않는다.[19] 그 주장된 문서비방이 그 사실적 세부사항들 전부에 있어서 진실하였다는 점에 대한 법적 증거들을 제시하기가 곤란함은 심지어 이 항변을 한 개의 충분한 보장으로서 받아들이는 법원들이조차도 인정해 왔다. 예컨대, Post Publishing Co. v. Hallam, 59 F. 530, 540 (C. A. 6th Cir. 1893)을 보라; 아울러 Noel, Defamation of Public Officers and Candidates. 49 Col. L. Rev. 875, 892 (1949)을 보라. 이러한 규칙 아래서는 공직자의 행위의 비판자가 되고자 하는 사람들은 자신들의 비판을 목소리 냄으로부터 제지될 수 있는바, 심지어 그것이 진실하다고 믿어진다 하더라도, 그리고 심지어 실제로 그것이 진실이라고 하더라도 이는 마찬가지로서, 법정에서 그것이 증명될 수 있을지 여부에 대한 의문 때문이거나 또는 그렇게 해야 하는 비용에 대한 두려움 때문이다. "불법영역을 훨씬 더 멀리 비켜가는" 주장들만을 그들은 하게 되기가 쉽다. Speiser v. Randall, supra, 357 U. S., at 526. 공중토론의 활력을 그 규칙은 이렇듯 풀죽이며, 공중토론의 다양성을 그 규칙은 이렇듯 제약한다. 연방헌법 수정 제1조에 및 제14조에 그것은 조화되지 않는다.

"현실의 악의(actual malice)"를 지니고서 - 즉 그것이 허위의 것임에 대한 인식을 지니고서 또는 그것이 허위의 것인지 아닌지 여부에 관한 미필적 고의에 준하는 무시

---

19) 공중의 토론에의 가치 있는 기여를 심지어 허위내용의 성명이조차도 하는 것으로 간주될 수 있는바, 왜냐하면 "오류에의 충돌에 의하여 형성되는, 진실에 대한 보다 더 명확한 이해를 및 보다 더 생생한 각인을" 그것은 일으키기 때문이다. Mill, On Liberty (Oxford: Blackwell, 1947), at 15; 아울러 Milton, Areopagitica, in Prose Works (Yale, 1959), Vol. II, at 561을 보라.

ing to his official conduct unless he proves that the statement was made «376 U. S., 280» with "actual malice" - that is, with knowledge that it was false or with reckless disregard of whether it was false or not. An oft-cited statement of a like rule, which has been adopted by a number of state courts,[20] is found in the Kansas case of Coleman v. MacLennan, 78 Kan. 711, 98 p.281 (1908). The State Attorney General, a candidate for re-election and a member of the commission charged with the management and control of the state school fund, sued a newspaper publisher for alleged libel in an article purporting to state facts relating to his official conduct in connection with a school-fund transaction. The defendant pleaded privilege and the trial judge, over the plaintiff's objection, instructed the jury that

"where an article is published and circulated among voters for the sole purpose of giving what the de- «376 U. S., 281» fendant believes to be truthful information concerning a candidate for public office and for the purpose of enabling such voters to cast their ballot more intelligently, and the whole thing is done in good faith and without malice, the article is privileged, although the principal matters contained in the article may be untrue in fact and derogatory to the character of the plaintiff; and in such a case the burden is on the plaintiff to show actual malice in the publication of the article."

---

20) E. g., Ponder v. Cobb, 257 N. C. 281, 299, 126 S. E. 2d 67, 80 (1962); Lawrence v. Fox, 357 Mich. 134, 146, 97 N. W. 2d 719, 725 (1959); Stice v. Beacon Newspaper Corp., 185 Kan. 61, 65–67, 340 P. 2d 396, 400–401 (1959); Bailey v. Charleston Mail Assn., 126 W. Va. 292, 307, 27 S. E. 2d 837, 844 (1943); Salinger v. Cowles, 195 Iowa 873, 889, 191 N. W. 167, 174 (1922); Snively v. Record Publishing Co., 185 Cal. 565, 571–576, 198 P. 1 (1921); McLean v. Merriman, 42 S. D. 394, 175 N. W. 878 (1920). Applying the same rule to candidates for public office, see, e. g., Phoenix Newspapers v. Choisser, 82 Ariz. 271, 276–277, 312 P. 2d 150, 154 (1957); Friedell v. Blakely Printing Co., 163 Minn. 226, 230, 203 N. W. 974, 975 (1925). And see Chagnon v. Union–Leader Corp., 103 N. H. 426, 438, 174 A. 2d 825, 833 (1961), cert. denied, 369 U. S. 830.

The consensus of scholarly opinion apparently favors the rule that is here adopted. E. g., 1 Harper and James, Torts, § 5.26, at 449–450 (1956); Noel, Defamation of Public Officers and Candidates, 49 Col. L. Rev. 875, 891–895, 897, 903 (1949); Hallen, Fair Comment, 8 Tex. L. Rev. 41; 61 (1929); Smith, Charges Against Candidates, 18 Mich. L. Rev. 1, 115 (1919); Chase, Criticism of Public Officers and Candidates for Office, 23 Am. L. Rev. 346, 367–371 (1889); Cooley, Constitutional Limitations (7th ed., Lane, 1903), at 604, 616–628. But see, e. g., American Law Institute, Restatement of Torts, § 598, Comment a (1938) (reversing the position taken in Tentative Draft 13, § 1041 (2) (1936)); Veeder, Freedom of Public Discussion, 23 Harv. L. Rev. 413, 419 (1910).

를 지니고서 - 성명이 이루어졌음을 공직자가 증명하지 못하는 한, 그의 공무상의 《376 U. S., 280》 행위에 관련된 명예훼손적 허위성을 이유로 하는 손해배상을 청구하지 못하도록 그를 금지하는 한 개의 연방규칙을 헌법적 보장들은 요구한다고 우리는 생각한다. 이에 유사한 규칙에 관한 자주 인용되는 판시로서 주 법원들 다수에 의하여 채택되어 온 것[20]은 캔자스주 사건인 Coleman v. MacLennan, 78 Kan. 711, 98 P. 281 (1908)에서 발견된다. 교육기금 처분에 관한 자신의 공무상의 행위에 관련한 사실관계를 공표하는 취지인 한 개의 기사에서의 그 주장된 문사비방을 이유로, 한 명의 신문발행인을 주 검찰총장 - 그는 재선거에 출마한 후보이면서 주 교육재정의 운영을 및 감독을 담당하는 위원회 구성원이다 - 은 제소하였다. 특권을 피고는 내세웠고 원고의 이의에도 불구하고 배심에게 정식사실심리 판사는 설시하였다 :

"공직 후보자에 관한 진실한 정보라고 피고인이 믿는 바를 전달함이라는 단 한 가지 목적을 위하여 및 그 자신들의 《376 U. S., 281》 투표를 그 선거의 유권자들로 하여금 보다 더 이성적으로 던질 수 있게 함이라는 목적을 위하여 한 개의 기사가 공표되어 유권자들 사이에 배포된 경우에, 그리고 선의 속에서 악의 없이 그 전체가 이루어진 경우에 그 기사는 특권의 보호를 받는바, 비록 기사에 포함된 주된 사항들이 사실에 있어서 진실이 아니라 하더라도 및 원고의 인격을 손상시키는 것들이라 하더라도 이는 그러합니다; 그리하여 그러한 사건에서는 그 기사의 공표에 있어서의 현실의 악의를 증명할 책임은 원고에게 있습니다."

20) 예컨대, Ponder v. Cobb, 257 N. C. 281, 299, 126 S. E. 2d 67, 80 (1962); Lawrence v. Fox, 357 Mich. 134, 146, 97 N. W. 2d 719, 725 (1959); Stice v. Beacon Newspaper Corp., 185 Kan. 61, 65–67, 340 P. 2d 396, 400–401 (1959); Bailey v. Charleston Mail Assn., 126 W. Va. 292, 307, 27 S. E. 2d 837, 844 (1943); Salinger v. Cowles, 195 Iowa 873, 889, 191 N. W. 167, 174 (1922); Snively v. Record Publishing Co., 185 Cal. 565, 571–576, 198 P. 1 (1921); McLean v. Merriman, 42 S. D. 394, 175 N. W. 878 (1920) 등이다. 바로 그 규칙을 공직후보자들에게 적용한 것들로서 예컨대 Phoenix Newspapers v. Choisser, 82 Ariz. 271, 276–277, 312 P. 2d 150, 154 (1957)을; Friedell v. Blakely Printing Co., 163 Minn. 226, 230, 203 N. W. 974, 975 (1925)을 보라. 그리고 Chagnon v. Union–Leader Corp., 103 N. H. 426, 438, 174 A. 2d 825, 833 (1961), cert. denied, 369 U. S. 830을 보라. 여기에서 채택되는 규칙을 학계의 합치된 의견은 언뜻 보기에 더 낫게 여긴다. 예컨대, 1 Harper and James, Torts, § 5.26, at 449–450 (1956); Noel, Defamation of Public Officers and Candidates, 49 Col. L. Rev. 875, 891–895, 897, 903 (1949); Hallen, Fair Comment, 8 Tex. L. Rev. 41; 61 (1929); Smith, Charges Against Candidates, 18 Mich. L. Rev. 1, 115 (1919); Chase, Criticism of Public Officers and Candidates for Office, 23 Am. L. Rev. 346, 367–371 (1889); Cooley, Constitutional Limitations (7th ed., Lane, 1903), at 604, 616–628 등이다. 그러나 예컨대 American Law Institute, Restatement of Torts, § 598, Comment a (1938) (reversing the position taken in Tentative Draft 13, § 1041 (2) (1936))을; Veeder, Freedom of Public Discussion, 23 Harv. L. Rev. 413, 419 (1910)을 보라.

In answer to a special question, the jury found that the plaintiff had not proved actual malice, and a general verdict was returned for the defendant. On appeal the Supreme Court of Kansas, in an opinion by Justice Burch, reasoned as follows (78 Kan., at 724, 98 P., at 286):

"It is of the utmost consequence that the people should discuss the character and qualifications of candidates for their suffrages. The importance to the state and to society of such discussions is so vast, and the advantages derived are so great, that they more than counterbalance the inconvenience of private persons whose conduct may be involved, and occasional injury to the reputations of individuals must yield to the public welfare, although at times such injury may be great. The public benefit from publicity is so great, and the chance of injury to private character so small, that such discussion must be privileged."

The court thus sustained the trial court's instruction as a correct statement of the law, saying:

"In such a case the occasion gives rise to a privilege, qualified to this extent: any one claiming to be defamed by the communication must show actual malice or go remediless. This privilege extends to a great variety of subjects, and includes matters of «376 U. S., 282» public concern, public men, and candidates for office." 78 Kan., at 723, 98 P., at 285.

Such a privilege for criticism of official conduct[21] is appropriately analogous to the protection accorded a public official when he is sued for libel by a private citizen. In Barr v. Matteo, 360 U. S. 564, 575, this Court held the utterance of a federal official to be absolutely privileged if made "within the outer perimeter" of his duties. The States accord the same immunity to state-

---

21) The privilege immunizing honest misstatements of fact is often referred to as a "conditional" privilege to distinguish it from the "absolute" privilege recognized in judicial, legislative, administrative and executive proceedings. See, e. g., Prosser, Torts (2d ed., 1955), § 95.

한 개의 특별한 문제에 답하여, 현실의 악의를 원고는 증명하지 못한 터임을 배심은 인정하였고, 그리하여 피고인 승소의 일반평결이 제출되었다. 항소법원인 캔자스주 대법원은 버치(Burch) 판사가 쓴 의견에서 이렇게 추론하였다 (78 Kan., at 724, 98 P., at 286):

"자신들의 투표를 위하여 후보자들의 인물됨을 및 자격들을 국민이 토론해야 한다는 것은 그 무엇보다도 중요하다. 이러한 토론들의 주에게의 및 사회에게의 중요성은 너무나도 거대하여, 그리고 거기서 도출되는 이점들은 너무나도 커서, 이에 그 자신의 행위가 연루될지도 모르는 사적 인물들의 불편을 그것들은 상쇄하고도 남으며, 그리하여 개인들의 평판들에 끼쳐지는 때때로의 손상은 공공복리에게 양보하지 않으면 안 되는바, 비록 때로 그러한 손상이 중대한 것일 수 있다 하더라도 그것은 그러하다. 공표로부터 얻어지는 공공의 이익은 매우 크므로, 그리고 사적 인품에의 손상 가능성은 매우 적으므로, 이러한 토론은 특권에 의하여 보호되지 않으면 안 된다."

정식사실심리 법원의 설시를 법에 대한 정확한 설명으로서 캔자스주 대법원은 이렇듯 지지하면서 말하였다:

"이러한 사건에서는 이 정도만큼의 조건이 붙은 한 개의 특권을 상황은 불러낸다: 즉, 조금이라도 보도에 의하여 명예를 훼손당했다고 주장하는 사람은 현실의 악의를 증명하든지 구제받을 수 없든지 하지 않으면 안 된다. 매우 다양한 주제들에 이 특권은 «376 U. S., 282» 미치며, 공공의 관심사항들을, 공적 인물들을, 그리고 공직 후보자들을 이 특권은 포함한다." 78 Kan., at 723, 98 P., at 285.

문서비방 소송을 사적 시민으로부터 공직자가 당할 경우에 그 공직자에게 주어지는 보호에 공무상의 행위의 비판을 위한 이러한 특권[21]은 상당히 유사하다. 만약 그의 직무사항들의 "외적 한계 내에서" 이루어진 것이면 연방 공직자의 발언은 절대적으로 특권의 보호를 받는다고 Barr v. Matteo, 360 U. S. 564, 575에서 당원은 판시하였다. 바로 그 면제를 자신들의 최고위 공직자들의 성명들에 주들은 부여하는

---

21) 사실에 대한 성실한 오보(misstatements)를 면제하는 그 특권은, 이를 사법절차에서, 입법절차에서, 행정절차에서 및 집행절차에서 인정되는 "절대적" 특권으로부터 구분짓기 위하여 "조건적(conditional)" 특권이라고 자주 칭해진다. 예컨대, Prosser, Torts (2d ed., 1955), § 95를 보라.

ments of their highest officers, although some differentiate their lesser officials and qualify the privilege they enjoy.[22] But all hold that all officials are protected unless actual malice can be proved. The reason for the official privilege is said to be that the threat of damage suits would otherwise "inhibit the fearless, vigorous, and effective administration of policies of government" and "dampen the ardor of all but the most resolute, or the most irresponsible, in the unflinching discharge of their duties." Barr v. Matteo, supra, 360 U. S., at 571. Analogous considerations support the privilege for the citizen-critic of government. It is as much his duty to criticize as it is the official's duty to administer. See Whitney v. California, 274 U. S. 357, 375 (concurring opinion of Mr. Justice Brandeis), quoted supra, p. 270. As Madison said, see supra, p. 275, "the censorial power is in the people over the Government, and not in the Government over the people." It would give public servants an unjustified preference over the public they serve, if critics of official conduct «376 U. S., 283» did not have a fair equivalent of the immunity granted to the officials themselves.

We conclude that such a privilege is required by the First and Fourteenth Amendments.

III.

We hold today that the Constitution delimits a State's power to award damages for libel in actions brought by public officials against critics of their official conduct. Since this is such an action,[23] the rule requiring proof of actual

---

22) See 1 Harper and James, Torts, 5.23, at 429–430 (1956): Prosser, Torts (2d ed., 1955), at 612–613; American Law Institute, Restatement of Torts (1938), § 591.

23) We have no occasion here to determine how far down into the lower ranks of government employees the "public official" designation would extend for purposes of this rule, or otherwise to specify categories of persons who would or would not be included. Cf. Barr v. Matteo, 360 U. S. 564, 573–575. Nor need we here determine the boundaries of the "official conduct" concept. It is enough for the present case that respondent's position as an elected city commissioner clearly made him a public official, and that the allegations in the advertisement concerned what was allegedly his official conduct as Commissioner in charge of the Police Department. As to the statements alleging the assaulting of Dr. King and the bombing of his home, it is immaterial that they might not be

바, 다만 몇몇 주들의 경우에 자신들의 하위직 공직자들을 차별지어 그들이 향유하는 특권을 제한하기도 한다.[22] 현실의 악의가 증명될 수 있는 경우가 아닌 한 모든 공직자들은 보호된다고 모든 주들은 간주한다. 그렇게 보지 않는다면, "정부 정책들의 두려움 없는, 열정적인, 그리고 효율적인 운영을" 손해배상 소송들의 위협이 "방해하게" 마련이라는 데에, 및 "그들의 책무사항들의 굽힘 없는 이행에 있어서 가장 결연한 사람들을 또는 가장 무책임한 사람들을 제외한 나머지 모두의 열정을" 그 위협이 "풀죽이게" 마련이라는 데에, 공직자의 특권을 위한 근거는 있다고 말하여진다. Barr v. Matteo, supra, 360 U. S., at 571. 정부에 대한 민간인 비판자를 위한 특권을 이에 유사한 이유들은 뒷받침한다. 비판함이 그의 의무임은 시행함이 공직자의 의무임하고 같다. Whitney v. California, 274 U. S. 357, 375 (브랜다이스 (Brandeis) 판사의 보충의견), quoted supra, p.270을 보라. 매디슨(Madison)이 말하였듯이, see supra, p.275, "검열권한이란 정부에 대한 것으로서 국민에게 있는 것이지 국민에 대한 것으로서 정부에게 있는 것이 아니다." 공직자들 그 자신들에게 인정되는 면제의 공평한 대등물을 공직자의 행위에 대한 비판자들이 만약 가지지 않는다면 《376 U. S., 283》 그 자신들이 섬기는 국민을 덮어 누르는 부당한 특혜를 국민의 종복들에게 그것은 주게 될 것이다.

연방헌법 수정 제1조에 및 제14조에 의하여 이러한 특권은 요구된다고 우리는 결론짓는다.

Ⅲ.

그들의 공무상의 행위의 비판자들을 상대로 공직자들에 의하여 제기된 소송들에서 문서비방을 이유로 하는 손해배상 청구를 인정할 주(a State's) 권한의 한계를 연방헌법은 규정한다고 오늘 우리는 판시한다. 이것은 이러한 성격의 소송이므로,[23]

---

22) 1 Harper and James, Torts, 5.23, at 429-430 (1956)을: Prosser, Torts (2d ed., 1955), at 612-613을; American Law Institute, Restatement of Torts (1938), § 591을 보라.

23) 이 규칙의 목적상 정부 피용자들의 하위직 등급 어디까지에 "공직자(public official)"라는 명칭이 미칠 것인지를 우리는 판단할 필요가, 또는 포함될 또는 포함되지 않을 사람들의 범주를 일일이 이름을 들어 우리가 말할 필요가 여기서는 없다. Barr v. Matteo, 360 U. S. 564, 573-575를 비교하라. "공무상의 행위"의 개념의 범위를 여기서 우리는 판단할 필요가 또한 없다. 선출직 시 감독관으로서의 피청구인의 지위가 그를 한 명의 공직자로 명백히 만들었다는 것으로써, 그리고 경찰국을 책임진 감독관으로서의 그의 공무상의 행위라고 주장된 바에 그 광고에서의 주장들은 관련되어 있었다는 것으로써 현재의 사건을 위하여는 충분하다. 킹 목사에 대한 폭행을 및 그의 주거에 대한 폭파를 주장한 성명들에 관련하여, 만약 그 폭행을 및 폭파를 피청구인 그 자신이 수행했었다고 피청구인이 비난되어 있었다

malice is applicable. While Alabama law apparently requires proof of actual malice for an award of punitive damages,[24] where general damages are concerned malice is "presumed." Such a presumption is inconsistent «376 U. S., 284» with the federal rule. "The power to create presumptions is not a means of escape from constitutional restrictions," Bailey v. Alabama, 219 U. S. 219, 239; "the showing of malice required for the forfeiture of the privilege is not presumed but is a matter for proof by the plaintiff ⋯⋯ ." Lawrence v. Fox, 357 Mich. 134, 146, 97 N. W. 2d 719, 725 (1959).[25] Since the trial judge did not instruct the jury to differentiate between general and punitive damages, it may be that the verdict was wholly an award of one or the other. But it is impossible to know, in view of the general verdict returned. Because of this uncertainty, the judgment must be reversed and the case remanded. Stromberg v. California, 283 U. S. 359, 367-368; Williams v. North Carolina, 317 U. S. 287, 291-292; see Yates v. United States, 354 U. S. 298, 311-312; Cramer v. United States, 325 U. S. 1, 36, n. 45.

---

considered to involve respondent's official conduct if he himself had been accused of perpetrating the assault and the bombing. Respondent does not claim that the statements charged him personally with these acts; his contention is that the advertisement connects him with them only in his official capacity as the Commissioner supervising the police, on the theory that the police might be equated with the "They" who did the bombing and assaulting. Thus, if these allegations can be read as referring to respondent at all, they must be read as describing his performance of his official duties.

24) Johnson Publishing Co. v. Davis, 271 Ala. 474, 487, 124 So. 2d 441, 450 (1960). Thus, the trial judge here instructed the jury that "mere negligence or carelessness is not evidence of actual malice or malice in fact, and does not justify an award of exemplary or punitive damages in an action for libel." «376 U. S., 284» The court refused, however, to give the following instruction which had been requested by the Times:
"I charge you ⋯⋯ that punitive damages, as the name indicates, are designed to punish the defendant, the New York Times Company, a corporation, and the other defendants in this case, . . . and I further charge you that such punitive damages may be awarded only in the event that you, the jury, are convinced by a fair preponderance of the evidence that the defendant ⋯⋯ was motivated by personal ill will, that is actual intent to do the plaintiff harm, or that the defendant ⋯⋯ was guilty of gross negligence and recklessness and not of just ordinary negligence or carelessness in publishing the matter complained of so as to indicate a wanton disregard of plaintiff's rights."
The trial court's error in failing to require any finding of actual malice for an award of general damages makes it unnecessary for us to consider the sufficiency under the federal standard of the instructions regarding actual malice that were given as to punitive damages.

25) Accord, Coleman v. MacLennan, supra, 78 Kan., at 741, 98 P., at 292; Gough v. Tribune-Journal Co., 75 Idaho 502, 510, 275 P. 2d 663, 668 (1954).

현실의 악의의 증명을 요구하는 규칙이 적용된다. 징벌적 손해배상금의 인정을 위하여는 현실의 악의의 증명을 앨라배마주 법은 일응 요구하는 반면,[24] 통상의 손해액이 관련되는 경우에는 악의는 "추정된다(presumed)." 연방규칙에 이러한 «376 U. S., 284» 추정은 어긋난다. "추정들을 만들어낼 권한은 헌법적 제약들을 회피할 수 있는 수단이 아니다." Bailey v. Alabama, 219 U. S. 219, 239; "특권의 박탈을 위하여 요구되는 악의의 입증은 추정되지 아니하며, 그것은 원고에 의한 증명의 문제이다 ……." Lawrence v. Fox, 357 Mich. 134, 146, 97 N. W. 2d 719, 725 (1959).[25] 통상의 손해액을 및 징벌적 손해배상금을 구분짓도록 배심에게 정식사실심리 판사는 설시하지 않았으므로, 평결은 전적으로 이 쪽을 인정한 것일 수도 혹은 전적으로 저 쪽을 인정한 것일 수도 있었다. 그러나, 그 제출된 일반평결에 비추어 어느 쪽인지 알기란 불가능하다. 이 불확실함으로 인하여, 판결주문은 파기되고 사건은 환송되지 않으면 안 된다. Stromberg v. California, 283 U. S. 359, 367-368; Williams v. North Carolina, 317 U. S. 287, 291-292; 아울러 Yates v. United States, 354 U. S. 298, 311-312을; Cramer v. United States, 325 U. S. 1, 36, n. 45를 보라.

면, 피청구인의 행위를 그것들이 포함하는 것으로 생각되지 않을 수도 있다는 점은 중요하지 않다. 그러한 행위들로써 자신을 직접적으로 성명들이 비난하였다고는 피청구인은 주장하지 않는다; 오직 경찰을 감독하는 감독관으로서의 자신의 직무권한에 있어서 자신을 그 행위들에 그 광고가 연결시킨다는 데에 그의 주장은 있는바, 폭파를 및 폭행을 행한 "그들"에 경찰이 동일시될 수도 있다는 이론에 이는 근거한다. 그리하여, 만약 조금이라도 피청구인을 지칭하는 것으로 이 주장들이 해석될 수 있다면, 그의 공직자로서의 책무사항들의 수행을 나타내는 것으로 그것들은 해석되지 않으면 안 된다.

24) Johnson Publishing Co. v. Davis, 271 Ala. 474, 487, 124 So. 2d 441, 450 (1960). 그리하여, "단순한 부주의는 내지는 소홀은 현실의 악의의 내지는 실제의 악의의 증거가 아니며 따라서 문서비방을 이유로 하는 소송에서 본보기적 내지는 징벌적 손해배상금의 인정을 그것들은 정당화하지 아니합니다."라고 여기서 배심에게 정식사실심리 판사는 설시하였다. «376 U. S., 284» 그러나 타임즈사에 의하여 요청된 바 있는 아래의 설시를 하기를 그 법원은 거부하였다:

"이 사건에서 법인인 피고 뉴욕타임즈사를 및 다른 피고들을 벌하려는 의도를 징벌적 손해배상금이라 함은, 그 명칭이 나타내듯이, 지닌 것이라는 점을, …… 귀하들에게 나는 설시합니다 ……그리고 즉 원고에게 해악을 가하려는 현실의 의도인 개인적 해의(ill will)에 의하여, ……피고가 유발되었음을, 내지는 소송대상인 출판물을 공표함에 있어서 단지 일반적인 과실을 내지는 부주의가 아니라 중대한 과실을 내지는 미필적 고의에 준하는 무모함을 ……피고가 범했음을, 그리하여 원고의 권리들에 대한 터무니없는 무시를 그것들이 나타낼 정도임을 증거의 정당한 우세에 의하여 귀하들 배심이 확신하는 경우에만 이러한 징벌적 손해배상금은 인정될 수 있다는 점을 아울러 귀하들에게 나는 설시합니다."

통상의 손해액의 인정을 위하여는 조금이라도 현실의 악의의 인정을 요구하기를 정식사실심리 법원이 불이행한 점에 있어서의 그 법원의 오류는, 징벌적 손해배상금에 관하여 주어진 현실의 악의에 관한 설시사항들의 연방기준 아래서의 충분성을 우리로서 고찰할 필요가 없도록, 만든다.

25) 같은 취지의 것으로, Coleman v. MacLennan, supra, 78 Kan., at 741, 98 P., at 292가; Gough v. Tribune-Journal Co., 75 Idaho 502, 510, 275 P. 2d 663, 668 (1954)가 있다.

Since respondent may seek a new trial, we deem that considerations of effective judicial administration require us to review the evidence in the present record to deter- «376 U. S., 285» mine whether it could constitutionally support a judgment for respondent. This Court's duty is not limited to the elaboration of constitutional principles; we must also in proper cases review the evidence to make certain that those principles have been constitutionally applied. This is such a case, particularly since the question is one of alleged trespass across "the line between speech unconditionally guaranteed and speech which may legitimately be regulated." Speiser v. Randall, 357 U. S. 513, 525. In cases where that line must be drawn, the rule is that we "examine for ourselves the statements in issue and the circumstances under which they were made to see ······ whether they are of a character which the principles of the First Amendment, as adopted by the Due Process Clause of the Fourteenth Amendment, protect." Pennekamp v. Florida, 328 U. S. 331, 335; see also One, Inc., v. Olesen, 355 U. S. 371; Sunshine Book Co. v. Summerfield, 355 U. S. 372. We must "make an independent examination of the whole record," Edwards v. South Carolina, 372 U. S. 229, 235, so as to assure ourselves that the judgment does not constitute a forbidden intrusion on the field of free expression. [26]

Applying these standards, we consider that the proof presented to show actual malice lacks the convincing «376 U. S., 286» clarity which the constitutional standard demands, and hence that it would not constitutionally sustain the judgment for respondent under the proper rule of law. The case of

---

26) The Seventh Amendment does not, as respondent contends, preclude such an examination by this Court. That Amendment, providing that "no fact tried by a jury, shall be otherwise reexamined in any Court of the United States, than according to the rules of the common law," is applicable to state cases coming here. Chicago, B. & Q. R. Co. v. Chicago, 166 U. S. 226, 242–243; cf. The Justices v. Murray, 9 Wall. 274. But its ban on re-examination of facts does not preclude us from determining whether governing rules of federal law have been properly applied to the facts. "[T]his Court will review the finding of facts by a State court ······ where a conclusion of law as to a Federal right and a finding of fact are so intermingled as to make it necessary, in order to pass upon the Federal question, to analyze the facts." Fiske v. Kansas, 274 U. S. 380, 385–386. See also Haynes v. Washington, 373 U. S. 503, 515–516.

새로운 정식사실심리를 피청구인은 추구할 수가 있으므로, 피청구인 승소의 판결주문을 현재의 기록상의 증거가 헌법적으로 뒷받침할 수 있었는지 여부를 판단하기 위하여 그 증거를 «376 U. S., 285» 재검토하도록 우리에게 경제적 재판운영의 가치들은 요구한다고 우리는 생각한다. 헌법적 원칙들에 대한 애써 마무름에 당원의 책무는 한정되지 않는다; 그 원칙들이 합헌적으로 적용되어 있음을 확실히 하기 위하여 증거를 재검토하는 일을 적절한 사건들에서 우리는 아울러 하지 않으면 안 된다. 이것이 그러한 사건인바, "무조건적으로 보장되는 말의 및 적법하게 규제될 수 있는 말의 그 둘 사이의 경계선"을 가로질렀다는 그 주장된 침입이 문제이기 때문이다. Speiser v. Randall, 357 U. S. 513, 525. 그 경계선이 그어지지 않으면 안 되는 경우들에 있어서, "문제의 성명들을 및 그것들의 이루어진 배경으로서의 상황들을" 우리가 "손수 검토하여. . . 연방헌법 수정 제14조의 적법절차 조항에 의하여 채택된 것으로서의 연방헌법 수정 제1조의 원칙들이 보호하는 성격의 것들에 그것들이 해당하는지 여부를" 우리는 "살펴야 한다."는 데 규칙은 있다. Pennekamp v. Florida, 328 U. S. 331, 335; 아울러 One, Inc., v. Olesen, 355 U. S. 371을; Sunshine Book Co. v. Summerfield, 355 U. S. 372를 보라. 우리는 "전체 기록에 대한 독립적 검토를 하지 않으면 안 되"는바, Edwards v. South Carolina, 372 U. S. 229, 235, 그리하여 자유로운 표현의 영역 위에의 금지된 침입을 판결주문이 구성하지 아니함을 우리 자신에게 우리는 보장하지 않으면 안 된다.[26]

헌법적 기준이 요구하는 설득력 있는 명확성을, 현실의 악의를 입증하고자 제출된 증거는 결여하고 «376 U. S., 286» 있다고, 그리하여 피청구인 승소의 판결주문을 타당한 법 규칙 아래서 그것은 헌법적으로 뒷받침하지 않는다고 이 기준들을 적용하여 우리는 간주한다. 개인적 청구인들의 사건은 그다지 논의를 요구하지 않는

---

26) 당원에 의한 이러한 검토를, 피청구인이 주장하는 것처럼 연방헌법 수정 제7조는 배제하지 않는다. "한 개의 배심에 의하여 정식심리된 사실은, 보통법 규칙들에 따라서가 아니고는 미합중국의 어떤 법원에서도 재심리되어서는 안 된다."고 규정하는 그 수정조항은, 여기에 올라오는 주 사건들에 적용된다. Chicago, B. & Q. R. Co. v. Chicago, 166 U. S. 226, 242–243; 아울러 The Justices v. Murray, 9 Wall. 274를 비교하라. 그러나 사실관계의 재심리에 대한 그 조항의 금지는 사실관계에 연방법의 지배적 규칙들이 적절히 적용되어 있는지 여부를 판단함으로부터 우리를 배제하지 않는다. "[연]방권리에 관한 법의 결론이 및 사실관계의 인정이 서로 매우 얽혀 있어서 연방문제에 대한 판단을 내리기 위하여 사실관계를 분석할 필요가 있게 만드는 경우에는 주 법원에 의한 사실관계의 인정을 ……당원은 재검토할 것이다." Fiske v. Kansas, 274 U. S. 380, 385–386. 아울러 Haynes v. Washington, 373 U. S. 503, 515–516을 보라.

the individual petitioners requires little discussion. Even assuming that they could constitutionally be found to have authorized the use of their names on the advertisement, there was no evidence whatever that they were aware of any erroneous statements or were in any way reckless in that regard. The judgment against them is thus without constitutional support.

As to the Times, we similarly conclude that the facts do not support a finding of actual malice. The statement by the Times'secretary that, apart from the padlocking allegation, he thought the advertisement was "substantially correct," affords no constitutional warrant for the Alabama Supreme Court's conclusion that it was a "cavalier ignoring of the falsity of the advertisement [from which] the jury could not have but been impressed with the bad faith of The Times, and its maliciousness inferable therefrom." The statement does not indicate malice at the time of the publication; even if the advertisement was not "substantially correct" - although respondent's own proofs tend to show that it was - that opinion was at least a reasonable one, and there was no evidence to impeach the witness' good faith in holding it. The Times' failure to retract upon respondent's demand. although it later retracted upon the demand of Governor Patterson, is likewise not adequate evidence of malice for constitutional purposes. Whether or not a failure to retract may ever constitute such evidence, there are two reasons why it does not here. First, the letter written by the Times reflected a reasonable doubt on its part as to whether the advertisement could reasonably be taken to refer to respondent at all. Second, it was not a final refusal, since it asked for an explanation on this point - a request that respondent chose to ignore. Nor does the retraction upon the demand of the Governor supply the «376 U. S., 287» necessary proof. It may be doubted that a failure to retract which is not itself evidence of malice can retroactively become such by virtue of a retraction subsequently made to another party. But in any event that did not happen here, since

다. 광고에의 자신들의 이름들의 사용을 위임하였던 것으로 그들이 헌법적으로 인정될 수 있다고 가정하더라도, 조금이라도 오류적인 성명들에 관하여 그들이 알고 있었음을 내지는 그 점에 있어서 조금이라도 그들이 무모하였음을 뒷받침하는 증거는 전혀 없었다. 그들의 패소를 선고한 판결주문은 그러므로 헌법적 근거를 결여한 것이다.

타임즈사에 관하여, 현실의 악의의 인정을 사실관계는 뒷받침하지 않는다고 우리는 마찬가지로 결론짓는다. 그것은 "타임즈사의 불성실에 관하여 그리고 거기로부터 추론되는 타임즈사의 악의에 관하여 배심으로서는 각인받았을 수밖에 없는 광고의 허위성에 대한 오만한 무시"였다는 앨라배마주 대법원의 결론을 위한 헌법적 근거를, 식당 폐쇄 주장은 별문제로 하고 광고는 "실질적으로 정확"하다고 자신은 생각한다는 타임즈사 총재의 진술은 제공하지 않는다. 공표 시점에서의 악의를 그 진술은 나타내지 않는다; 설령 광고가 "실질적으로 정확한" 것이 아니었다고 하더라도 - 비록 피청구인 자신의 증거들은 그것이 정확하였음을 증명하는 데 보탬이 되는 것들임에도 불구하고 - 그 의견은 적어도 이유 있는 것이었고, 그리고 그것을 지님에 있어서의 증인의 선의를 탄핵할 만한 증거는 없었다. 나중에 주지사 패터슨의 요구를 받고서는 타임즈사가 취소하였음에도 불구하고, 피청구인의 요구를 받고서는 그 취소하기를 타임즈사가 거부한 점이 헌법적 목적상으로 악의의 충분한 증거가 아니기는 마찬가지다. 그러한 증거를 그 취소하기를 거부한 점이 언젠가 구성할 수 있든 없든, 여기서는 그것이 구성하지 아니하는 두 가지 이유들이 있다. 첫째, 조금이라도 피청구인을 지칭한다고 그 광고가 합리적으로 간주될 수 있는지 여부에 관한 그 자신 쪽에서의 합리적 의문을 타임즈사에 의하여 쓰여진 편지는 나타냈다. 둘째, 이 점에 관한 설명을 그것은 요청하였기에 그것은 최종적인 거부가 아니었는데, 요청을 무시하는 쪽을 피청구인은 택하였다. 필요한 증거를 주지사의 요구에 응한 취소가 제공하지 아니함은 «376 U. S., 287» 마찬가지다. 다른 당사자에게 그 뒤로 이루어진 한 개의 취소에 의하여, 그 자체로는 악의의 증거가 아닌 한 개의 취소 불이행이 소급적으로 악의의 증거가 될 수 있는지에 관하여는 의문의 여지가 있다. 그러나 어쨌든 그것은 이 사건에서 일어나지 않았는데, 피청구인하고 주지사하고의 사이에서 그어진 구분에 대하여 타임즈사 총재에 의하여 주어진 설

the explanation given by the Times' secretary for the distinction drawn between respondent and the Governor was a reasonable one, the good faith of which was not impeached.

Finally, there is evidence that the Times published the advertisement without checking its accuracy against the news stories in the Times' own files. The mere presence of the stories in the files does not, of course, establish that the Times "knew" the advertisement was false, since the state of mind required for actual malice would have to be brought home to the persons in the Times' organization having responsibility for the publication of the advertisement. With respect to the failure of those persons to make the check, the record shows that they relied upon their knowledge of the good reputation of many of those whose names were listed as sponsors of the advertisement, and upon the letter from A. Philip Randolph, known to them as a responsible individual, certifying that the use of the names was authorized. There was testimony that the persons handling the advertisement saw nothing in it that would render it unacceptable under the Times' policy of rejecting advertisements containing "attacks of a personal character";[27] their failure to reject it on this ground was not unreasonable. We think «376 U. S., 288» the evidence against the Times supports at most a finding of negligence in failing to discover the misstatements, and is constitutionally insufficient to show the recklessness that is required for a finding of actual malice. Cf. Charles Parker Co. v. Silver City Crystal Co., 142 Conn. 605, 618, 116 A. 2d 440, 446 (1955); Phoenix Newspapers, Inc., v. Choisser, 82 Ariz. 271, 277-278, 312 P. 2d 150, 154-155 (1957).

---

27) The Times has set forth in a booklet its "Advertising Acceptability Standards." Listed among the classes of advertising that the newspaper does not accept are advertisements that are "fraudulent or deceptive," that are "ambiguous in wording and ⋯⋯ may mislead," and that contain "attacks of a personal character." In replying to respondent's interrogatories before the trial, the Secretary of the Times stated that "as the advertisement made no attacks of a personal character upon any individual and otherwise met the advertising acceptability standards promulgated," it had been approved for publication.

명은 이유 있는 것이었고 그 설명의 성실성은 탄핵되지 않았기 때문이다.

끝으로, 광고의 정확성을 타임즈사 자신의 문서철들에 담긴 뉴스 기사들에 대조하여 점검하지 않은 채로 광고를 타임즈사가 공표했다는 증거가 있다. 광고의 허위임을 타임즈사가 "알았다(knew)"는 점을 문서철들 안의 기사들의 단순한 존재가 입증하지 아니함은 물론인바, 왜냐하면 현실의 악의를 위하여 요구되는 마음 상태는 타임즈사 조직 내의 광고 공표의 책임을 맡은 사람들에게 절실히 느껴져야 하는 것이기 때문이다. 그 사람들의 대조 불이행에 관하여, 광고의 후원자들로서 그 이름들이 열거된 다수 인사들의 훌륭한 명성에 대한 그들의 인식에, 그리고 이름들의 사용이 위임되었음을 보증하는, 한 명의 신뢰할 수 있는 사람으로 그들에게 알려진 A. 필립 랜돌프(A. Philip Randolph)로부터의 편지에 그들은 의존했음을 기록은 보여준다. "개인 인물에 대한 공격들"을 포함하는 광고들을 거부하는 타임즈사의 정책 아래서 수주불가의 것으로 그것을 만들 만한 것을 아무 것도 그 안에서 그 광고를 취급한 사람들은 보지 못했다는 증언이 있었다;[27] 그것을 이 이유로 그들이 거부하지 아니한 것은 부당하지 않았다. 기껏해야 오보(misstatements)를 «376 U. S., 288» 발견하지 못한 점에 있어서의 과실의 인정을 타임즈사에게 불리한 증거는 뒷받침할 뿐이라고, 따라서 현실의 악의의 인정을 위하여 요구되는 미필적 고의에 준하는 무모함을 증명하기에는 그것은 헌법적으로 불충분하다고 우리는 생각한다. Charles Parker Co. v. Silver City Crystal Co., 142 Conn. 605, 618, 116 A. 2d 440, 446 (1955)을; Phoenix Newspapers, Inc., v. Choisser, 82 Ariz. 271, 277-278, 312 P. 2d 150, 154-155 (1957)을 비교하라.

---

27) 자신의 "광고수주 기준(Advertising Acceptability Standards)"을 한 개의 소책자로 타임즈사는 공표해 놓고 있다. 신문사가 수주하지 아니하는 광고 부류들 가운데는 "기망적인 내지는 사기적인" 광고들이, "문구사용에 있어서 모호한 …… 그리하여 오해를 줄 수 있는" 광고들이, 그리고 "인격에 대한 공격들"을 포함하는 광고들이 목록화되어 있다. "조금이라도 개인의 인격에 대한 공격들을 광고는 하지 않았기에, 그리고 그 공표된 광고수주 기준을 그 밖의 점에서 충족하였기에," 그것은 공표가 허가되었던 것이라고 정식사실심리 이전의 피청구인의 신문사항들에 응답하여 타임즈사 총재는 말하였다.

We also think the evidence was constitutionally defective in another respect: it was incapable of supporting the jury's finding that the allegedly libelous statements were made "of and concerning" respondent. Respondent relies on the words of the advertisement and the testimony of six witnesses to establish a connection between it and himself. Thus, in his brief to this Court, he states:

"The reference to respondent as police commissioner is clear from the ad. In addition, the jury heard the testimony of a newspaper editor ......; a real estate and insurance man ......; the sales manager of a men's clothing store ......; a food equipment man ......; a service station operator ......; and the operator of a truck line for whom respondent had formerly worked ...... Each of these witnesses stated that he associated the statements with respondent ...." (Citations to record omitted.)

There was no reference to respondent in the advertisement, either by name or official position. A number of the allegedly libelous statements - the charges that the dining hall was padlocked and that Dr. King's home was bombed, his person assaulted, and a perjury prosecution instituted against him - did not even concern the police; despite the ingenuity of the arguments which would attach this significance to the word "They," it is plain that these statements could not reasonably be read as accusing respondent of personal involvement in the acts «376 U. S., 289» in question. The statements upon which respondent principally relies as referring to him are the two allegations that did concern the police or police functions: that "truckloads of police ...... ringed the Alabama State College Campus" after the demonstration on the State Capitol steps, and that Dr. King had been "arrested ...... seven times." These statements were false only in that the police had been "deployed near" the campus but had not actually "ringed" it and had not gone there in connection with the State Capitol demonstration, and in that

헌법적으로 결함을 또 한 가지 점에서 증거는 지녔다고 우리는 아울러 생각한다: 문서비방적이라고 주장된 성명들이 피청구인에 "관하여(of and concerning)" 이루어졌다는 배심의 판단을 그것은 뒷받침할 수가 없는 것이었다. 한 개의 연결을 광고의 및 그 자신의 양자 사이에 설정하기 위하여 그것의 문언에 및 증인 여섯 명의 증언에 피청구인은 의존한다. 그리하여 당원에 낸 그의 준비서면에서 그는 말한다:

"경찰 감독관으로서의 피청구에 대한 지칭은 광고로부터 명백합니다. 이에 더하여, ……한 명의 신문 편집인의; ……한 명의 부동산 중개인 겸 보험모집인의; ……한 개의 남성 의류가게 판매부장의; ……한 명의 식당 설비업자의; ……한 명의 주유소 경영자의; 그리고 …… 피청구인이 이전에 고용되었던 적이 있는 트럭운송회사 경영자의 증언을 배심은 들었습니다. 성명들을 피청구인에게 자신은 관련시켰다고 이 증인들 각각은 진술했습니다. ……" (기록에 대한 인용표시 생략.)

광고에는 이름으로든 공무상의 직위로든 피청구인에 대한 언급이 없다. 문서비방적이라고 주장된 성명들 중 여럿은 - 식당이 폐쇄되었다는, 킹 목사의 주거가 폭파되었다는, 그의 신체가 공격되었다는, 그리고 위증 소추가 그에 대하여 개시되었다는 비난들은 - 심지어 경찰을 관련짓지조차 않았다; 이 의미를 "그들은(They)"이라는 단어에 갖다 붙였으면 하는 주장들의 정교함에도 불구하고, 문제의 행위들에의 직접적 개입에 대하여 피청구인을 비난하는 것으로 이 성명들은 합리적으로 해석될 수 «376 U. S., 289» 없는 것이었음이 명백하다. 자신을 지칭하는 것으로서 피청구인이 주로 의존하는 성명들은 경찰에 내지는 경찰작용들에 참으로 관련을 지녔던 두 개의 주장들이다: 즉, 앨라배마주 의회 의사당 계단들 위에서의 시위 뒤에 "주립대학 캠퍼스를 ……트럭 여러 대 분량의 경찰은 에워쌌다."는 부분이고 킹 목사가 "일곱 번이나 …… 체포되었"다는 부분이다. 다만 캠퍼스 근처에 경찰이 배치되기는 하였지만 캠퍼스를 그들은 실제로 "에워싸지" 않았다는 점에서, 주 의회 의사당에서의 시위에 관련하여 그들이 거기에 갔던 것은 아니라는 점에서, 그리고 네 차례만을 킹 목사가 체포되었었다는 점에서 이 성명들은 허위였을 뿐이다. 그 있었던 정확한 내용의 및 그 주장된 내용의 상호간의 이러한 불일치들로써 피청구

Dr. King had been arrested only four times. The ruling that these discrepancies between what was true and what was asserted were sufficient to injure respondent's reputation may itself raise constitutional problems, but we need not consider them here. Although the statements may be taken as referring to the police, they did not on their face make even an oblique reference to respondent as an individual. Support for the asserted reference must, therefore, be sought in the testimony of respondent's witnesses. But none of them suggested any basis for the belief that respondent himself was attacked in the advertisement beyond the bare fact that he was in overall charge of the Police Department and thus bore official responsibility for police conduct; to the extent that some of the witnesses thought respondent to have been charged with ordering or approving the conduct or otherwise being personally involved in it, they based this notion not on any statements in the advertisement, and not on any evidence that he had in fact been so involved, but solely on the unsupported assumption that, because of his official position, he must have been.[28] This reliance on the bare «376 U. S., 290» fact of

---

28) Respondent's own testimony was that "as Commissioner of Public Affairs it is part of my duty to supervise the Police Department and I certainly feel like it [a statement] is associated with me when it describes police activities." He thought that "by virtue of being «376 U. S., 290» Police Commissioner and Commissioner of Public Affairs," he was charged with "any activity on the part of the Police Department." "When it describes police action, certainly I feel it reflects on me as an individual." He added that "It is my feeling that it reflects not only on me but on the other Commissioners and the community."

Grover C. Hall testified that to him the third paragraph of the advertisement called to mind "the City government – the Commissioners," and that "now that you ask it I would naturally think a little more about the police Commissioner because his responsibility is exclusively with the constabulary." It was "the phrase about starvation" that led to the association; "the other didn't hit me with any particular force."

Arnold D. Blackwell testified that the third paragraph was associated in his mind with "the Police Commissioner and the police force. The people on the police force." If he had believed the statement about the padlocking of the dining hall, he would have thought "that the people on our police force or the heads of our police force were acting without their jurisdiction and would not be competent for the position." "I would assume that the Commissioner had ordered the police force to do that and therefore it would be his responsibility."

Harry W. Kaminsky associated the statement about "truckloads of police" with respondent "because he is the Police Commissioner." He thought that the reference to arrests in the sixth paragraph "implicates the Police Department, I think, or the authorities that would do that – arrest folks for speeding and loitering and such as that." Asked whether he would associate with respondent a newspaper report that the police had "beat somebody up or assaulted them on the streets of Montgomery," he replied: "I still say he is the Police Commissioner and those men are working directly under him and therefore I would think that he would have something to do with it." In general, he said, "I look at Mr. Sullivan when I see the Police Department."

인의 명성을 손상시키기에 충분하였다는 판정은 그 자체로 헌법문제들을 야기할 수 있으나, 그것들을 여기서 우리는 고찰할 필요가 없다. 비록 경찰을 지칭하는 것으로 그 성명들은 간주될 수가 있음에도 불구하고, 개인으로서의 피청구인에 대한 심지어 한 개의 간접적 언급을조차도 그 문면상으로 그것들은 하지 않았다. 따라서 그 주장된 언급의 근거는 피청구인측 증인들의 증언에서 찾아지지 않으면 안 된다. 그러나 경찰국에 대한 총체적 책임을 그가 맡고 있었다는, 따라서 경찰행위에 대한 직무상의 책임을 그가 지고 있었다는 단순한 사실을 넘어 그 광고에서 조금이라도 피청구인 그 자신이 공격되었다는 믿음을 위한 근거를 그것들은 제시하지 않았다; 그 행위를 명령한 것으로 내지는 승인한 것으로 내지는 그 밖의 방법으로 직접적으로 이에 개입된 것으로 피청구인이 비난되었다고 증인들 중 일부가 생각한 한도 내에서, 이 생각의 토대를 조금이라도 광고 안의 성명들 위에 내지는 조금이라도 그가 실제로 개입되어 있었다는 증거 위에 그들은 둔 것이 아니라, 단지 그의 공직상의 위치로 인하여 그는 개입되어 있음이 틀림없다는 근거 없는 가정 위에만 그들은 두었다.[28] 피청구인의 공직상의 위치라는 사실 «376 U. S., 290» 자체에 대한 이 의

---

[28] 피청구인 자신의 증언은 "공무 감독관으로서 경찰국을 감독함은 저의 임무이며, 그리하여 경찰행위들을 그것[한 개의 성명]이 나타낼 때 그것이 저에게 관련되는 것으로 저는 분명히 느낍니다."라는 것이었다. "경찰 감독관의 및 공무 감독관의 직위에 자신이 있음에 의하여 «376 U. S., 290» 조금이라도 경찰국 쪽에서 이루어진 활동"에 대하여 자신은 비난되는 것이라고 그는 생각하였다. "경찰행위를 그것이 나타낼 때는, 개인으로서의 저를 그것은 비난한다고 저는 분명히 느낍니다." "저를만이 아니라 다른 감독관들을 및 공동체를 그것은 비난한다는 것이 저의 느낌입니다." 라고 그는 덧붙였다.
"'시 정부 – 감독관들'을 자신에게 광고의 셋째 단락은 상기시켰다고, 그리고 "그것을 지금 귀하가 물으시니 경찰 감독관에 관하여 저로서는 당연히 조금은 더 생각하겠는바, 왜냐하면 그의 책임은 오로지 경찰에 대한 것이기 때문입니다."라고 그로버 C. 홀(Grover C. Hall)은 증언하였다. 그 연상으로 이끈 것은 "굶기기에 관련된 부분"이었다; "나머지 부분은 조금이라도 특별한 의미를 지니고서 제게 다가오지는 않았습니다."
자신의 마음 속에서 "경찰 감독관에게 및 경찰에게, 경찰에 속해 있는 사람들에게" 셋째 단락은 연결되었다고 아놀드 D. 블랙웰(Arnold D. Blackwell)은 증언하였다. 만약 식당 폐쇄에 관한 주장을 자신이 믿었다면, "우리의 경찰에 속한 사람들이 내지는 우리의 경찰의 수뇌부가 자신들의 권한 없이 행동하고 있는 것으로, 따라서 그 지위에 적임이 아닐 것으로" 자신은 생각했을 것이다. "그것을 하도록 경찰에게 감독관이 명령했던 것으로, 그리하여 그것이 그의 책임이 되는 것으로 저는 추측했을 것입니다."
"'트럭 여러 대 분량의 경찰'에 관한 주장을 피청구인에게 해리 W. 카민스키(Harry W. Kaminsky)는 연결지웠는데, "왜냐하면 그는 경찰 감독관이기 때문입니다." "제 생각으로는 경찰국을 또는 그것을 – 속도위반을. 어슬렁거리기를. 및 기타 등등을 이유로 사람들을 체포하는 행위를 – 했을 법한 소관당국을" 여섯째 단락에서의 체포들에 대한 언급은 "연루시킵니다."라고 그는 생각하였다. 경찰이 "누군가를 구타하였다는, 내지는 몽고메리시 도로들 위의 사람들을 폭행하였다."는 신문보도를 피청구인에게 연결짓겠는지 여부에 관하여 질문을 받자 그는 답하였다: "그가 경찰 감독관이라고, 그리하여 그 사람들은 직접적으로 그 아래서 일하고 있고 따라서 그 일에 대하여 그는 관련이 있을 것으로 저로서는 생각할 것이라고 저는 여전히 말합니다.." "경찰국을 제가 바라볼 때 설리반 씨를 저는 바라봅니다."라고 총체적으로 그는 말하였다.
셋째 단락의 첫째 문장을 피청구인에게 자신은 연결짓는다고, 왜냐하면 "그 종류의 사안들에 대하여는 개인으로서의 그의 승인을 몽고메리시에서의 경찰 감독관이 해야 할 것으로 저로서는 바로 자동적으로 생각할 «376 U. S., 291

respondent's official position[29] was made explicit by the Supreme Court of Alabama. That court, in holding that the trial court "did not err in overruling the demurrer [of the Times] in the aspect that the libelous «376 U. S., 291» matter was not of and concerning the [plaintiff,]" based its ruling on the proposition that:

"We think it common knowledge that the average person knows that municipal agents, such as police and firemen, and others, are under the control and direction of the city governing body, and more particularly under the direction and control of a single commissioner. In measuring the performance or deficiencies of such groups, praise or criticism is usually attached to the official in complete control of the body." 273 Ala., at 674-675, 144 So. 2d. at 39.

This proposition has disquieting implications for criticism of governmental conduct. For good reason, "no court of last resort in this country has ever held, or even suggested, that prosecutions for libel on government have any place in the American system of jurisprudence." City of Chicago v. Tribune Co., 307 Ill. 595, 601, 139 N. E. «376 U. S., 292» 86, 88 (1923). The present proposition would sidestep this obstacle by transmuting criticism of government, however impersonal it may seem on its face, into personal criticism,

---

H. M. Price, Sr., testified that he associated the first sentence of the third paragraph with respondent because: "I would just automatically consider that the Police Commissioner in Montgomery «376 U. S., 291» would have to put his approval on those kind of things as an individual."

William M. Parker, Jr., testified that he associated the statements in the two paragraph with "the Commissioners of the City of Montgomery," and since respondent "was the Police Commissioner," he "thought of him first." He told the examining counsel: "I think if you were the Police Commissioner I would have thought it was speaking of you."

Horace W. White, respondent's former employer, testified that the statement about "truck-loads of police" made him think of respondent "as being the head of the Police Department." Asked whether he read the statement as charging respondent himself with ringing the campus or having shotguns and tear-gas, he replied: "Well, I thought of his department being charged with it, yes, sir. He is the head of the Police Department as I understand it." He further said that the reason he would have been unwilling to re-employ respondent if he had believed the advertisement was "the fact that he allowed the Police Department to do the things that the paper say he did."

29) Compare Ponder v. Cobb, 257 N. C. 281, 126 S. E. 2d 67 (1962).

존[29]은 앨라배마주 대법원에 의하여 숨김없는 것이 되었다. "그 문서비방적 내용이 [원고에] 관한 것이 아니었다는 [타임즈사의] 법률요건 불구성의 항변을 정식사실심리 법원이 기각함에 있어서" 정식사실심리 법원은 «376 U. S., 291» "오류를 저지른 것이 아니다."라고 판시하면서 자신의 판단의 토대를 다음의 명제에 그 법원은 두었다:

"경찰관이라든지 소방대원들이라든지 그 밖의 공직자들이라든지 등 자치체의 관리인들은 시 자치체의 통제 및 감독 아래에 있음을, 그리고 보다 구체적으로는 한 명의 감독관의 감독 및 통제 아래에 있음을 평균인이라면 안다는 것은 상식이라고 우리는 생각한다. 이러한 그룹들의 업적을 내지는 결함들을 평가함에 있어서는, 그 자치체에 대한 완전한 통제를 맡는 공직자에게 칭찬은 내지는 비판은 일반적으로 귀속된다." 273 Ala., at 674-675, 144 So. 2d. at 39.

정부행위의 비판을 위하여 불안한 함축들을 이 명제는 지닌다. "정부에 대한 문서비방을 이유로 하는 소추들이 미국 사법체계 안에 조금이라도 자리를 차지한다고 이 나라의 최종심급 법원은 판시한 적이 내지는 심지어 암시한 적이조차도 결코 없"음은 합당한 이유가 있는 것이다. City of Chicago v. Tribune Co., 307 Ill. 595, 601, 139 N. E. «376 U. S., 292» 86, 88 (1923). 개인에게 제아무리 관계가 없는 것으로 문면상으로 그것이 보일 수 있든지간에, 정부에 대한 비판을 개인에 대한 비판으로, 그리하여 정부를 구성하는 공직자들에 대한 잠재적 문서비방으로 변질시킴으로써 이 장애물을 지금의 명제는 회피하였으면 한다.

것이기 때문입니다."라고 H. M. 프라이스 씨니어(H. M. Price, Sr.)는 증언하였다.

그 두 단락에서의 성명들을 "몽고메리시 감독관들"에게 자신은 연결지웠다고, 그리고 피청구인이 "경찰 감독관"이므로, 자신은 "그를 맨먼저 생각합니다."라고 윌리엄 M. 파커 주니어(William M. Parker, Jr.)는 증언하였다. 신문하는 변호인에게 그는 말하였다: "귀하가 경찰 감독관이라면 귀하를 그것이 말하는 것으로 저는 생각했을 것이라고 저는 생각합니다."

"경찰국의 책임자의 지위에 있는 자로서의" 피청구인에 관하여 자신으로 하여금 생각하도록 "트럭 여러 대 분량의 경찰"에 관한 주장이 만들었다고 피청구인의 고용주였던 호레이스 W. 화이트(Horace W. White)는 증언하였다. 캠퍼스를 에워싼 행위에 대하여 또는 산탄총들을 내지는 최루가스를 소지한 행위에 대하여 피청구인 그 자신을 비난하는 것으로 그 성명을 그가 해석했는지 여부에 관하여 질문을 받자 그는 대답하였다: "글쎄요. 그것에 대하여 그의 부서가 비난되는 것으로 저는 생각합니다. 맞습니다. 변호사님. 제가 이해하는 바로는 그는 경찰국의 책임자입니다." 만약 광고를 자신이 믿었다면 피청구인을 재고용하기를 자신 같으면 꺼리하였을 법한 이유는 "그가 한 것으로 신문이 말하는 바를 하도록 경찰국에게 그가 허용했다는 사실입니다."라고 그는 덧붙여 말하였다.

29) Ponder v. Cobb, 257 N. C. 281, 126 S. E. 2d 67 (1962)를 비교하라.

and hence potential libel, of the officials of whom the government is composed. There is no legal alchemy by which a State may thus create the cause of action that would otherwise be denied for a publication which, as respondent himself said of the advertisement, "reflects not only on me but on the other Commissioners and the community." Raising as it does the possibility that a good-faith critic of government will be penalized for his criticism, the proposition relied on by the Alabama courts strikes at the very center of the constitutionally protected area of free expression.[30] We hold that such a proposition may not constitutionally be utilized to establish that an otherwise impersonal attack on governmental operations was a libel of an official responsible for those operations. Since it was relied on exclusively here, and there was no other evidence to connect the statements with respondent, the evidence was constitutionally insufficient to support a finding that the statements referred to respondent.

The judgment of the Supreme Court of Alabama is reversed and the case is remanded to that court for further proceedings not inconsistent with this opinion.

Reversed and remanded.

---

30) Insofar as the proposition means only that the statements about police conduct libeled respondent by implicitly criticizing his ability to run the Police Department, recovery is also precluded in this case by the doctrine of fair comment. See American Law Institute, Restatement of Torts (1938), 607. Since the Fourteenth Amendment requires recognition of the conditional privilege for honest misstatements of fact, it follows that a defense of fair comment must be afforded for honest expression of opinion based upon privileged, as well as true, statements of fact. Both defenses are of course defeasible if the public official proves actual malice, as was not done here. «376 U. S., 293»

그 광고에 관하여 피청구인 스스로가 말하였듯이, "저를만이 아니라 다른 감독관들을 및 공동체를 비난하는" 한 개의 공표를 이유로 하는 청구원인을 - 다른 방법으로는 기각될 청구원인을 - 이렇게 주가 창출할 수 있는 법적 연금술은 없다. 정부에 대한 성실한 비판자가 그의 비판을 이유로 궁지에 몰리게 될 가능성을 아닌게 아니라 그것은 제기함으로써, 자유로운 표현의 헌법적으로 보호되는 영역의 핵심 자체를 앨라배마주 법원들에 의하여 의존된 명제는 강타한다.[30] 본래는 정부 작용들에 대한 비개인적인 공격이었던 것으로 하여금 그 작용들에 책임 있는 한 명의 공직자에 대한 문서비방이었던 것이 되도록 설정하기 위하여 이러한 명제가 헌법적으로 이용되어서는 안 된다고 우리는 판시한다. 여기서 그것은 배타적으로 의존되었기에, 그리고 그 성명사항들을 피청구인에게 연결지을 다른 증거는 전혀 없기에, 피청구인을 성명들이 지칭하였다는 판단을 뒷받침하기에 증거는 헌법적으로 불충분하였다.

앨라배마주 대법원의 판결주문은 파기되고 이 의견에 배치되지 아니하는 추후의 절차들을 위하여 사건은 그 법원에 환송된다.

원심판결은 파기되고 사건은 환송된다.

---

30) 경찰국을 지휘할 그의 능력을 암암리에 비판함으로써 피청구인을 경찰행위에 관한 성명들이 문서비방했다는 점만을 그 명제가 의미하는 한도 내에서, 공정한 논평의 법리(doctrine of fair comment)에 의하여서도 이 사건에서의 손해배상은 배제된다. American Law Institute, Restatement of Torts (1938), 607을 보라. 사실에 대한 성실한 오보(honest misstatements)를 위한 조건부 특권의 인정을 연방헌법 수정 제14조는 요구하므로, 진실한 사실의 공표에 터잡은 경우에 그것이 부여되듯이, 특권의 보호대상으로서의 사실의 공표에 터잡은 경우에도 의견의 성실한 표현을 위한 정당한 논평의 항변이 부여되지 않으면 안 된다는 결론이 된다. 현실의 악의를 공직자가 증명하면 두 가지 항변들은 다 같이 배척될 수 있음은 물론이지만, 그것은 여기서는 이루어지지 않았다. «376 U. S., 293»

MR. JUSTICE BLACK, with whom MR. JUSTICE DOUGLAS joins, concurring.

I concur in reversing this half-million-dollar judgment against the New York Times Company and the four individual defendants. In reversing the Court holds that "the Constitution delimits a State's power to award damages for libel in actions brought by public officials against critics of their official conduct." Ante, p. 283. I base my vote to reverse on the belief that the First and Fourteenth Amendments not merely "delimit" a State's power to award damages to "public officials against critics of their official conduct" but completely prohibit a State from exercising such a power. The Court goes on to hold that a State can subject such critics to damages if "actual malice" can be proved against them. "Malice," even as defined by the Court, is an elusive, abstract concept, hard to prove and hard to disprove. The requirement that malice be proved provides at best an evanescent protection for the right critically to discuss public affairs and certainly does not measure up to the sturdy safeguard embodied in the First Amendment. Unlike the Court, therefore, I vote to reverse exclusively on the ground that the Times and the individual defendants had an absolute, unconditional constitutional right to publish in the Times advertisement their criticisms of the Montgomery agencies and officials. I do not base my vote to reverse on any failure to prove that these individual defendants signed the advertisement or that their criticism of the Police Department was aimed at the plaintiff Sullivan, who was then the Montgomery City Commissioner having supervision of the city's police; for present purposes I assume these things were proved. Nor is my reason for reversal the size of the half-million-dollar judgment, large as it is. If Alabama

블랙(BLACK) 판사의 보충의견으로서, 이에 는 더글라스(DOUGLAS) 판사가 가담한다.

뉴욕타임즈사에게 및 네 명의 개인 피고들에게 패소를 안긴 이 50만 달러의 원심판결 주문을 파기함에 나는 찬동한다. "그들의 공무상의 행위의 비판자들을 상대로 공직자들에 의하여 제기된 소송들에서 문서비방을 이유로 하는 손해배상 청구를 인정할 주(a State's) 권한의 한계를 연방헌법은 규정한다."고, 파기를 선언함에 있어서 이 법원은 판시한다. Ante, p.283. "그들의 공무상의 행위의 비판자들을 상대로" 하는 "공직자들에게" 손해배상 청구를 인정할 주 권한"의 한계를" 연방헌법 수정 제1조는 및 제14조는 단지 "규정"할 뿐만 아니라 이러한 권한을 주(a State)로 하여금 행사하지 못하도록 그것들은 완전히 금지한다는 믿음 위에 파기에의 나의 투표의 근거를 나는 둔다. 만약 이러한 비판자들에게 불리하게 "현실의 악의(actual malice)"가 증명될 수 있으면 그들을 손해배상 의무에 주(a State)는 처할 수 있다고 이 법원은 나아가 판시한다. 이 법원에 의하여 정의된 바에 의하더라도 "악의(Malice)"라 함은 알기 어려운 추상적 개념으로서, 증명하기도 어렵고 논박하기도 어렵다. 공공의 문제들을 비판적으로 논의할 권리를 위한 기껏해야 한 개의 덧없는 보호를 악의가 증명되어야 한다는 요구는 제공할 뿐이며, 따라서 연방헌법 수정 제1조에 구체화된 그 튼튼한 보장에 그것은 확실히 일치하지 않는다. 그러므로 이 법원하고는 달리, 몽고메리시 기관들에 및 공직자들에 대한 자신들의 비판들을 타임즈사 광고에 공표할 한 개의 절대적인 무조건의 권리를 타임즈사가 및 개인 피고들이 보유했다는 오직 그 이유만에 근거하여, 이를 파기하는 쪽에 표를 나는 던진다. 광고에 이들 개인 피고들이 서명하였음을 내지는 당시에 시 경찰의 감독권을 지닌 몽고메리시 감독관이었던 원고 설리반(Sullivan)을 경찰국에 대한 그들의 비판이 겨냥한 것이었음을 조금이라도 증명하지 못한 점에, 파기하는 쪽에의 나의 투표를 나는 근거 지우지 않는다; 이러한 것들은 증명되었다고 현재의 목적상으로 나는 가정한다. 나의 파기 이유는 50만 달러의 판결주문이라는 액수에 있는 것도 아닌바, 그것은 실

has constitutional power to use its civil libel law to impose damages on the press for criticizing the way public officials perform or fail «376 U. S., 294» to perform their duties, I know of no provision in the Federal Constitution which either expressly or impliedly bars the State from fixing the amount of damages.

The half-million-dollar verdict does give dramatic proof, however, that state libel laws threaten the very existence of an American press virile enough to publish unpopular views on public affairs and bold enough to crit- icize the conduct of public officials. The factual background of this case emphasizes the imminence and enormity of that threat. One of the acute and highly emotional issues in this country arises out of efforts of many people, even including some public officials, to continue state-commanded segrega- tion of races in the public schools and other public places, despite our sever- al holdings that such a state practice is forbidden by the Fourteenth Amendment. Montgomery is one of the localities in which widespread hostil- ity to desegregation has been manifested. This hostility has sometimes extended itself to persons who favor desegregation, particularly to so-called "outside agitators," a term which can be made to fit papers like the Times, which is published in New York. The scarcity of testimony to show that Commissioner Sullivan suffered any actual damages at all suggests that these feelings of hostility had at least as much to do with rendition of this half-mil- lion-dollar verdict as did an appraisal of damages. Viewed realistically, this record lends support to an inference that instead of being damaged Commissioner Sullivan's political, social, and financial prestige has likely been enhanced by the Times' publication. Moreover, a second half-million- dollar libel verdict against the Times based on the same advertisement has already been awarded to another Commissioner. There a jury again gave the full amount claimed. There is no reason to believe that there are not more

로 큰 액수이다. 자신들의 임무사항들을 공직자들이 이행하는 내지는 불이행하는 점을 비판했음을 이유로 손해배상 의무를 보도기관 위에 부과하기 위하여 자신의 《376 U. S., 294》 민사 문서비방법을 사용할 헌법적 권한을 만약 앨라배마주가 가진다면, 손해배상액을 정하지 못하도록 주들을 명시적으로든 함축적으로든 금지하는 연방헌법상의 규정을 나는 알지 못한다.

그러나 공공의 문제에 관한 인기 없는 견해들을 공표할 만큼 충분히도 씩씩하면서 또한 공직자들의 행위를 비판할 만큼 충분히도 담대한 미국 보도기관의 존재 자체를 주(state) 문서비방법들이 위협한다는 점에 대한 극적인 증거를 50만 달러짜리 평결은 참으로 제공한다. 그 위협의 긴박성을 및 거대함을 이 사건의 사실적 배경은 역설한다. 공립학교들에서와 그 밖의 공공 장소들에서의 주(state) 명령에 의한 인종 분리를 - 연방헌법 수정 제14조에 의하여 그러한 주(state) 행위가 금지되어 있다는 우리의 몇 번의 판시들에도 불구하고 - 연장시키려는 일부 공직자들을조차 포함하는 많은 사람들의 노력들로부터 이 나라에서의 격심하고도 고도로 감정적인 쟁점들 중 한 가지는 발생한다. 몽고메리시는 분리철폐에 대한 광범위한 적대감이 표출되어 온 지역들 가운데 하나이다. 분리철폐를 지지하는 사람들에게, 특히 뉴욕주에서 발행되는 타임즈지 같은 신문들에 꼭 맞는 것이 될 수 있는 용어인 이른바 "외부 선동자들"에게, 이 적대감은 때때로 미쳤다. 이 50만 달러 평결의 연출에는 손해액의 견적이 관계를 지녔던 것에 적어도 못지않게 이러한 적대의 감정들이 관계를 지녔음을 도대체 조금이라도 실제의 손해를 감독관 설리반이 입었음을 증명하는 증거가 없음은 시사한다. 실재론적 견지에서는, 손해를 입었다기보다는 오히려 타임즈사의 공표에 의하여 감독관 설리반의 정치적, 사회적 및 재정적 위신은 아마도 앙양된 터라는 추론에 근거를 이 기록은 제공한다. 더욱이, 동일한 광고에 터잡은 타임즈사 패소의 두 번째 50만 달러 문서비방 평결이 또 한 명의 감독관에게 이미 인정되어 있다. 또다시 청구액 전액을 거기서 배심은 인용하였다. 타임즈사를 위하여 또는 공직자들을 감히 비판할지도 모르는 조금이라도 그 이외의 신문사를 내지는 방송사를 위하여 귀퉁이 언저리에 숨어서 기다리고 있는 이러한 거대금액의 《376 U. S., 295》 평결들이 더 이상 있지 않다고 믿을 이유가 없다. 앨라배마주에는 타임즈사를 상대로 560만 달러를 청구하는 지방 공직자들에 및 주 공직자들에 의

such huge verdicts lurking just around the corner for the Times or any other newspaper or broadcaster which «376 U. S., 295» might dare to criticize public officials. In fact, briefs before us show that in Alabama there are now pending eleven libel suits by local and state officials against the Times seeking $5,600,000, and five such suits against the Columbia Broadcasting System seeking $1,700,000. Moreover, this technique for harassing and punishing a free press - now that it has been shown to be possible - is by no means limited to cases with racial overtones; it can be used in other fields where public feelings may make local as well as out-of-state newspapers easy prey for libel verdict seekers.

In my opinion the Federal Constitution has dealt with this deadly danger to the press in the only way possible without leaving the free press open to destruction - by granting the press an absolute immunity for criticism of the way public officials do their public duty. Compare Barr v. Matteo, 360 U. S. 564. Stopgap measures like those the Court adopts are in my judgment not enough. This record certainly does not indicate that any different verdict would have been rendered here whatever the Court had charged the jury about "malice," "truth," "good motives," "justifiable ends," or any other legal formulas which in theory would protect the press. Nor does the record indicate that any of these legalistic words would have caused the courts below to set aside or to reduce the half-million-dollar verdict in any amount.

I agree with the Court that the Fourteenth Amendment made the First applicable to the States.[1] This means to me that since the adoption of the Fourteenth Amendment a State has no more power than the Federal Government to use a civil libel law or any other law to impose damages for merely discussing public affairs and criticizing public officials. The power of

---

[1] See cases collected in Speiser v. Randall, 357 U. S. 513, 530 (concurring opinion).

한 열한 개의 문서비방 소송들이, 그리고 콜롬비아 방송사를 상대로 170만 달러를 청구하는 이에 비슷한 다섯 개의 소송들이 계속되어 있음을 실제로 우리 앞의 준비서면들은 보여준다. 더군다나, 한 개의 자유로운 보도기관을 괴롭히고 벌주는 이 수법은 - 이제는 그 가능함이 확인되어 있는 터이므로 - 인종적 의미를 지니는 사건들에 결코 한정되지 않는다; 주외(州外; out-of-state) 신문사들을처럼 지역 신문사들을 문서비방 평결 청구인들의 손쉬운 먹이로 대중의 감정들이 만들 수가 있는 다른 영역들에서 그것은 사용될 수 있다.

나의 견해로는, 보도기관에 가해지는 이 치명적인 위험을, 파괴에 노출된 상태로 자유 보도기관을 남겨두지 않고서도 할 수 있는 그 유일한 방법으로 연방헌법은 다루어 놓았는 바 - 즉 자신들의 공무상의 의무를 공직자들이 이행하는 방법에 대한 비판을 위한 한 개의 절대적 면책을 보도기관에게 부여해 놓은 것이 그것이다. Barr v. Matteo, 360 U. S. 564를 비교하라. 이 법원이 채택하는 식의 임시변통적 방법들은 나의 판단으로는 충분하지 않다. "악의"에 관하여, "진실"에 관하여, "선의의 동기들"에 관하여, "정당한 목적들"에 관하여 내지는 이론상으로는 보도기관을 보호해 주기 위한 조금이라도 그 밖의 법적 공식들에 관하여 그 무엇을 배심에게 법원이 설시했던들, 조금이라도 차이 나는 평결이 여기서 내려졌을 것임을 이 기록이 보여주지 않음은 확실하다. 50만 달러 평결을 파기하도록 내지는 다만 얼마라도 감액하도록 하급법원들을 조금이라도 이러한 법적 용어들 중 어느 한 개가라도 유발하였을 것임을 기록이 보여주지 아니함은 마찬가지다.

연방헌법 수정 제1조를 주들에게 적용되는 것으로 연방헌법 수정 제14조가 만들었다는 점에 관하여 이 법원에 나는 동의한다.[1] 단지 공공의 문제들을 논의했음만을 내지는 공직자들을 비판했음만을 이유로 손해배상금을 부과하기 위하여 민사 문서비방 관련법을 내지는 조금이라도 그 이외의 법을 사용할 권한을 연방헌법 수정 제14조의 채택 이래로 한 개의 주가 가지지 아니함은 이를 연방정부가 가지지

---

1) Speiser v. Randall, 357 U. S. 513, 530 (찬동의견)에 모아진 선례들을 보라.

the United «376 U. S., 296» States to do that is, in my judgment, precisely nil. Such was the general view held when the First Amendment was adopted and ever since.[2] Congress never has sought to challenge this viewpoint by passing any civil libel law. It did pass the Sedition Act in 1798,[3] which made it a crime - "seditious libel" - to criticize federal officials or the Federal Government. As the Court's opinion correctly points out, however, ante, pp. 273-276, that Act came to an ignominious end and by common consent has generally been treated as having been a wholly unjustifiable and much to be regretted violation of the First Amendment. Since the First Amendment is now made applicable to the States by the Fourteenth, it no more permits the States to impose damages for libel than it does the Federal Government.

We would, I think, more faithfully interpret the First Amendment by holding that at the very least it leaves the people and the press free to criticize officials and discuss public affairs with impunity. This Nation of ours elects many of its important officials; so do the States, the municipalities, the counties, and even many precincts. These officials are responsible to the people for the way they perform their duties. While our Court has held that some kinds of speech and writings, such as "obscenity," Roth v. United States, 354 U. S. 476, and "fighting words," Chaplinsky v. New Hampshire, 315 U. S. 568, are not expression within the protection of the First Amendment,[4] freedom to discuss public affairs and public officials «376 U. S., 297» is unquestionably, as the Court today holds, the kind of speech the First Amendment

---

2) See, e. g., 1 Tucker, Blackstone's Commentaries (1803), 297–299 (editor's appendix). St. George Tucker, a distin-
   guished Virginia jurist, took part in the Annapolis Convention of 1786, sat on both state and federal courts, and was
   widely known for his writings on judicial and constitutional subjects.
3) Act of July 14, 1798, 1 Stat. 596.
4) But see Smith v. California, 361 U. S. 147, 155 (concurring opinion); Roth v. United States, 354 U. S. 476, 508
   (dissenting opinion).

아니함하고 같음을 내게 이것은 의미한다. 그것을 행할 미합중국의 《376 U. S., 296》 권한은 나의 판단으로는 정확하게 영(nil)이다. 이것이 연방헌법 수정 제1조가 채택되던 때에 그리고 그 이래로 계속 취해져온 일반적 견해였다.[2] 조금이라도 민사 문서비방법을 통과시킴으로써 이 관점에 도전하고자 연방의회는 추구한 적이 결코 없다. 연방 공직자들을 내지는 연방정부를 비판하는 행위를 한 개의 범죄로 - "치안방해적 문서비방"으로 - 한 반정부활동 단속법(the Sedition Act)을 1798년에 연방의회가 통과시키기는 하였다.[3] 그러나, 이 법원의 의견이 정확하게 지적하듯이, ante, pp.273-276, 불명예스러운 종말을 그 법률은 맞았고, 연방헌법 수정 제1조에 대한 전적으로 부당하면서도 크게도 유감스러운 위반이었던 것으로 만장일치에 의하여 일반적으로 취급되어 왔다. 연방헌법 수정 제14조에 의하여 주들에게 연방헌법 수정 제1조가 적용되게 만들어지므로, 문서비방을 이유로 손해배상금을 부과함을 주들에게 그것이 허용하지 아니함은 연방정부에게 그것이 허용하지 아니하고 같다.

가장 적게 말하더라도 처벌 없이 공직자들을 비판하도록 및 공공 문제들을 논의하도록 국민들에게와 자유 보도기관에게 그것이 허용한다고 봄으로써 연방헌법 수정 제1조를 우리는 더욱 충실히 해석하게 되리라고 나는 생각한다. 자신의 주요직 공직자들 다수를 우리들의 이 나라는 선출한다; 그렇게 하기는 주들의 경우에도, 자치체들의 경우에도, 카운티들의 경우에도, 그리고 심지어 다수의 행정관구들의 경우에도 마찬가지다. 그들의 책무사항들을 그들이 이행하는 방법에 대하여 국민에게 이 공직자들은 책임이 있다. "외설(obscenity)"이라든지, Roth v. United States, 354 U. S. 476, "도발적인 말(fighting words)"이라든지, Chaplinsky v. New Hampshire, 315 U. S. 568, 등을 비롯한 일정 부류의 말은 및 저작물들은 연방헌법 수정 제1조의 보호 범위 안에 있는 표현이 아니라고 당원이 판시해 오기는 하였지만,[4] 공공의 문제들을 및 공직자들을 논의할 자유는 《376 U. S., 297》 이 법원이 오늘 판시하듯

---

2) 예컨대, 1 Tucker, Blackstone's Commentaries (1803), 297-299 (editor's appendix)을 보라. 저명한 버지니아주 법률가인 St. 조지 터커(St. George Tucker)는 1786년 아나폴리스 회의(Annapolis Convention)에 참여하였고, 주 법원들에서와 연방법원들에서 복무하였으며, 재판제도 분야의 및 헌법 분야의 주제들에 관한 그의 저술들로 널리 알려졌다.

3) Act of July 14, 1798, 1 Stat. 596.

4) 그러나 Smith v. California, 361 U. S. 147, 155 (보충의견)을; Roth v. United States, 354 U. S. 476, 508 (반대의견)을 보라.

was primarily designed to keep within the area of free discussion. To punish the exercise of this right to discuss public affairs or to penalize it through libel judgments is to abridge or shut off discussion of the very kind most needed. This Nation, I suspect, can live in peace without libel suits based on public discussions of public affairs and public officials. But I doubt that a country can live in freedom where its people can be made to suffer physically or financially for criticizing their government, its actions, or its officials. "For a representative democracy ceases to exist the moment that the public functionaries are by any means absolved from their responsibility to their constituents; and this happens whenever the constituent can be restrained in any manner from speaking, writing, or publishing his opinions upon any public measure, or upon the conduct of those who may advise or execute it."[5] An unconditional right to say what one pleases about public affairs is what I consider to be the minimum guarantee of the First Amendment.[6]

I regret that the Court has stopped short of this holding indispensable to preserve our free press from destruction.

---

5) 1 Tucker, Blackstone's Commentaries (1803), 297 (editor's appendix); cf. Brant, Seditious Libel: Myth and Reality, 39 N. Y. U. L. Rev. 1.
6) Cf. Meiklejohn, Free Speech and Its Relation to Self–Government (1948).

이 자유토론의 영역 내에 두고자 연방헌법 수정 제1조가 우선적으로 예정한 종류의 말이었음에 의문의 여지가 없다. 공공의 문제들을 논의할 이 권리의 행사를 벌함은 내지는 문서비방 판결주문들을 통하여 그것을 처벌함은 그 가장 요구되는 종류의 논의를 빼앗거나 가로막는 것이다. 공공 문제들에 및 공직자들에 대한 공개적 논의들에 터잡은 문서비방 소송들 없이도 평화 속에서 이 국가는 살아갈 수 있지 않을까 내게는 생각된다. 그러나 자신들의 정부를, 정부의 행위들을, 또는 정부의 공직자들을 비판했음을 이유로 육체적으로든 재정적으로든 그 국민이 벌받도록 만들어질 수 있는 경우에 자유 속에서 한 개의 국가가 살아갈 수 있을지 나는 의심한다. "왜냐하면 어떤 방법으로든 그들의 유권자들에 대한 그들의 책임으로부터 공직자들이 면제되는 순간에 대의적 민주주의는 존재하기를 그치는 바; 그런데 조금이라도 공공의 조처에 대한, 내지는 그것을 조언하거나 집행할 수 있는 사람들의 행위에 대한 자신의 의견들을 말함으로부터, 저술함으로부터, 또는 공표함으로부터 어떤 방법으로든 유권자가 제약될 수 있는 경우에는 언제나 이것은 발생하기 때문이다."[5] 공공 문제에 관하여 자기 좋을 대로 말할 무조건적인 권리는 나의 생각으로는 연방헌법 수정 제1조의 최소한도의 보장이 되어야 할 바이다.[6]

우리의 자유언론을 파괴로부터 보전하는 데 불가결한 이 판시를까지 이 법원이 하지 않은 점이 나로서는 유감이다.

---

5) 1 Tucker, Blackstone's Commentaries (1803), 297 (editor's appendix); 아울러 Brant, Seditious Libel: Myth and Reality, 39 N. Y. U. L. Rev. 1을 비교하라.

6) Meiklejohn, Free Speech and Its Relation to Self-Government (1948)을 비교하라.

The Court today announces a constitutional standard which prohibits "a public official from recovering damages for a defamatory falsehood relating to his official conduct unless he proves that the statement was made with «376 U. S., 298» 'actual malice' - that is, with knowledge that it was false or with reckless disregard of whether it was false or not." Ante, at 279-280. The Court thus rules that the Constitution gives citizens and newspapers a "conditional privilege" immunizing nonmalicious misstatements of fact regarding the official conduct of a government officer. The impressive array of history[1] and precedent marshaled by the Court, however, confirms my belief that the Constitution affords greater protection than that provided by the Court's standard to citizen and press in exercising the right of public criticism.

In my view, the First and Fourteenth Amendments to the Constitution afford to the citizen and to the press an absolute, unconditional privilege to criticize official conduct despite the harm which may flow from excesses and abuses. The prized American right "to speak one's mind," cf. Bridges v. California, 314 U. S. 252, 270, about public officials and affairs needs "breathing space to survive," N. A. A. C. P. v. Button, 371 U. S. 415, 433. The right should not depend upon a probing by the jury of the motivation[2] of the citi-

---

1) I fully agree with the Court that the attack upon the validity of the Sedition Act of 1798, 1 Stat. 596, "has carried the day in the court of history," ante, at 276, and that the Act would today be declared unconstitutional. It should be pointed out, however, that the Sedition Act proscribed writings which were "false, scandalous *and malicious.*" (Emphasis added.) For prosecutions under the Sedition Act charging malice, see, e. g., Trial of Matthew Lyon (1798), in Wharton, State Trials of the United States (1849), p. 333; Trial of Thomas Cooper (1800), in id., at 659; Trial of Anthony Haswell (1800), in id., at 684; Trial of James Thompson Callender (1800), in id., at 688.

2) The requirement of proving actual malice or reckless disregard may, in the mind of the jury, add little to the require—

결론에 찬동하는 골드버그(GOLDBERG) 판사의 의견으로서, 이에는 더글라스(DOUGLAS) 판사가 가담한다.

"'현실의 악의(actual malice)'를 지니고서 - 즉 그것이 허위의 것임에 대한 인식을 지니고서 또는 그것이 허위의 것인지 아닌지 여부에 관한 미필적 고의에 준하는 무시를 지니고서 - 성명이 이루어졌음을 공직자가 증명하지 못하는 한, 그의 «376 U. S., 298» 공무상의 행위에 관련된 명예훼손적 허위성을 이유로 하는 손해배상을 청구하지 못하도록 그를" 금지하는 한 개의 헌법적 기준을 이 법원은 오늘 선언한다. Ante, at 279-280. 정부 공직자의 공무상의 행위에 관한 악의 없는 사실오보를 면제하는 "조건부 특권"을 시민들에게와 신문사들에게 연방헌법은 부여한다고 이 법원은 이렇듯 판시한다. 그러나 공공문제에 대한 비판의 권리를 행사함에 있어서 시민에게와 보도기관에게 연방헌법이 부여하는 보호는 이 법원의 기준에 의하여 제공되는 것보다 더 크다는 나의 믿음을 이 법원에 의하여 열거된 역사[1]의 및 선례의 그 인상적인 행렬은 확증해 준다.

나의 견해로는, 공무상의 행위를 비판할 한 개의 절대적인, 무조건의 특권을 그 무절제로부터와 남용으로부터 발생할 수 있는 해악에도 불구하고 시민에게와 보도기관에게 연방헌법 수정 제1조는 및 제14조는 부여한다. 공직자들에 및 공공 문제들에 관하여 "자기 생각을 말할" 그 소중한 미국인들의 권리, cf. Bridges v. California, 314 U. S. 252, 270, 는 "살아남기 위한 숨쉴 공간"을 필요로 한다. N. A. A. C. P. v. Button, 371 U. S. 415, 433. 시민의 또는 보도기관의 행위동기에 대한 배

---

1) 1798년의 반정부활동 단속법(the Sedition Act of 1798), 1 Stat. 596, 의 유효성에 대한 공격이 "역사의 법정에서 승리를 거둔 터." ante, at 276, 라는 점에 대하여, 그리고 오늘날 같으면 그 법률은 위헌으로 선언되었을 것이라는 점에 대하여 이 법원에 나는 완전히 동의한다. 그러나 "허위의(false), 명예롭지 못한(scandalous) 및 악의 있는(and malicious)" 저술들을 반정부활동 단속법은 금지했음이 지적되어야 한다. (강조는 보태짐.) 반정부활동 단속법 아래서의 악의를 기소한 소추사건들을 위하여는, 예컨대 Trial of Matthew Lyon (1798), in Wharton, State Trials of the United States (1849), p.333을; Trial of Thomas Cooper (1800), in id., at 659를; Trial of Anthony Haswell (1800), in id., at 684를; Trial of James Thompson Callender (1800), in id., at 688을 보라.

zen or press. The theory «376 U. S., 299» of our Constitution is that every citizen may speak his mind and every newspaper express its view on matters of public concern and may not be barred from speaking or publishing because those in control of government think that what is said or written is unwise, unfair, false, or malicious. In a democratic society, one who assumes to act for the citizens in an executive, legislative, or judicial capacity must expect that his official acts will be commented upon and criticized. Such criticism cannot, in my opinion, be muzzled or deterred by the courts at the instance of public officials under the label of libel.

It has been recognized that "prosecutions for libel on government have [no] place in the American system of jurisprudence." City of Chicago v. Tribune Co., 307 Ill. 595, 601, 139 N. E. 86, 88. I fully agree. Government, however, is not an abstraction; it is made up of individuals - of governors responsible to the governed. In a democratic society where men are free by ballots to remove those in power, any statement critical of governmental action is necessarily "of and concerning" the governors and any statement critical of the governors' official conduct is necessarily "of and concerning" the government. If the rule that libel on government has no place in our Constitution is to have real meaning, then libel on the official conduct of the governors likewise can have no place in our Constitution.

We must recognize that we are writing upon a clean slate.[3] As the Court

---

ment of proving falsity, a requirement which the Court recognizes not to be an adequate safeguard. The thought suggested by Mr. Justice Jackson in United States v. Ballard, 322 U. S. 78, 92–93, is relevant here: "[A]s a matter of either practice or philosophy I do not see how «376 U. S., 299» we can separate an issue as to what is believed from considerations as to what is believable. The most convincing proof that one believes his statements is to show that they have been true in his experience. Likewise, that one knowingly falsified is best proved by showing that what he said happened never did happen." See note 4, infra.

3) It was not until Gitlow v. New York, 268 U. S. 652, decided in 1925, that it was intimated that the freedom of speech guaranteed by «376 U. S., 300» the First Amendment was applicable to the States by reason of the Fourteenth Amendment. Other intimations followed. See Whitney v. California, 274 U. S. 357; Fiske v. Kansas, 274 U. S. 380. In 1931 Chief Justice Hughes speaking for the Court in Stromberg v. California, 283 U. S. 359, 368, declared: "It has been determined that the conception of liberty under the due process clause of the Fourteenth Amendment

심의 검사에 그 권리가 좌우되어는 안 된다.[2] 공공의 관심 사항들에 «376 U. S., 299» 관하여 자신의 생각을 모든 시민이 말할 수 있고 자신의 견해를 모든 신문은 표현할 수 있다는 것이, 그 말해진 바가 내지는 저술된 바가 지각 없다고, 허위라고, 또는 악의적이라고 정부를 통제하는 사람들이 생각한다는 이유로 그 말함으로부터 내지는 공표함으로부터 금지되어서는 안 된다는 것이 우리 헌법의 원리이다. 민주사회에 있어서는 자신의 공무상의 행위들이 논평되고 비판될 것임을 행정적, 입법적, 사법적 권한 내에서 시민들을 위하여 행동하기를 떠맡는 사람은 예상하지 않으면 안 된다. 나의 견해로는 문서비방의 이름표를 단 공직자들의 소송에서의 법원들에 의하여 그러한 비판은 재갈 물려질 수 내지는 저지될 수 없다.

"정부에 대한 문서비방을 이유로 하는 소추들은 미국 사법체계 안에 자리를 차지하지 [않는다.]" 함은 인정되어 왔다. City of Chicago v. Tribune Co., 307 Ill. 595, 601, 139 N. E. 86, 88. 나는 전적으로 동의한다. 그러나 정부는 한 개의 추상개념이 아니다; 개인들로써 - 피치자들에게 책임을 지는 통치자들로써 - 그것은 구성된다. 권한을 지닌 사람들을 투표들에 의하여 국민들이 자유로이 내쫓을 수 있는 민주사회에 있어서, 조금이라도 정부행위에 비판을 가하는 말은 필연적으로 통치자들"에 관한(of and concerning)" 것이 되고 또한 조금이라도 통치자들의 공무상의 행위에 비판을 가하는 주장은 필연적으로 정부"에 관한(of and concerning)" 것이 된다. 만약 우리의 연방헌법 안에는 정부에 대한 문서비방이 자리를 차지하지 않는다는 규칙이 참다운 의미를 지녀야 한다면, 이번에는 통치자들의 공무상의 행위에 대한 문서비방은 마찬가지로 우리의 연방헌법 안에 자리를 차지할 수 없다.

한 개의 깨끗한 석판 위에 우리가 쓰고 있음을 우리는 인정하지 않으면 안 된다.[3] 이 법원이 특별히 언급하듯이, 비록 «376 U. S., 300» "문서비방적 공표행위들

---

2) 충분한 보장이 되지 못함을 이 법원이 인정하는 한 개의 요구인 허위성에 대한 증명의 요구 위에, 현실의 악의에 대한 내지는 미필적 고의에 준하는 무시에 대한 증명의 요구가, 배심의 생각 속에서, 보태주는 것은 거의 없다. United States v. Ballard, 322 U. S. 78, 92–93에서 잭슨(Jackson) 판사에 의하여 피력된 생각은 여기서는 관련이 없다.: "[실]제의 문제로서든 철학의 문제로서든, 그 신뢰되는 바에 관한 문제를 그 «376 U. S., 299» 신뢰할 수 있는 바에 관한 고찰들로부터 우리가 어떻게 구분할 수 있다는 것인지 나는 알지 못한다. 그의 성명들을 누군가가 믿는다는 점에 대한 가장 설득력 있는 증거는 그의 경험상으로 그것들이 진실한 것이 되어 왔음을 보여주는 것이다. 마찬가지로, 누군가가 인지 상태에서 왜곡하였음은, 그 발생했다고 그가 말한 바가 실제로는 결코 발생하지 않았음을 증명함에 의하여 가장 잘 입증된다." note 4, infra를 보라.
3) 연방헌법 수정 제1조에 의하여 보장된 말의 자유가 연방헌법 제14조로 인하여 주들에게 «376 U. S., 300» 적용될 수 있음이 비로소 판시되었던 것은 1925년에 판결된 Gitlow v. New York, 268 U. S. 652에서였다. 또다른 판시들이

notes, although there have been «376 U. S., 300» "statements of this Court to the effect that the Constitution does not protect libelous publications ······ [n] one of the cases sustained the use of libel laws to impose sanctions upon expression critical of the official conduct of public officials." Ante, at 268. We should be particularly careful, therefore, adequately to protect the liberties which are embodied in the First and Fourteenth Amendments. It may be urged that deliberately and maliciously false statements have no conceivable value as free speech. That argument, however, is not responsive to the real issue presented by this case, which is whether that freedom of speech which all agree is constitutionally protected can be effectively safeguarded by a rule allowing the imposition of liability upon a jury's evaluation of the speaker's state of mind. If individual citizens may be held liable in damages for strong words, which a jury finds false and maliciously motivated, there can be little doubt that public debate and advocacy will be constrained. And if newspapers, publishing advertisements dealing with public issues, thereby risk liability, there can also be little doubt that the ability of minority groups to secure publication of their views on public affairs and to seek support for their causes will be greatly diminished. Cf. Farmers Educational & Coop. Union v. WDAY, Inc., 360 U. S. 525, 530. The opinion of the Court conclusively demonstrates the chilling effect of the Alabama libel laws on First Amendment freedoms «376 U. S., 301» in the area of race relations. The American Colonists were not willing, nor should we be, to take the risk that "[m]en who injure and oppress the people under their administration [and] provoke them to cry out and complain" will also be empowered to "make that very complaint the foundation for new oppressions and prosecutions." The Trial of John Peter Zenger, 17 Howell's St. Tr. 675, 721-722 (1735) (argument of

embraces the right of free speech." Thus we deal with a constitutional principle enunciated less than four decades ago, and consider for the first time the application of that principle to issues arising in libel cases brought by state officials.

을 연방헌법은 보호하지 않는다는 취지의 당원의 판시들"이 있었음에도 불구하고 " …… [공]무원들의 공무상의 행위에 비판을 가하는 표현 위에 제재들을 부과하기 위한 문서비방 관련법들의 사용을 그 선례들은 지지한 바가 없다." Ante, at 268. 그러므로 연방헌법 수정 제1조에 및 제14조에 구현된 자유들을 적절히 보호하기 위하여 우리는 특별히 신중하여야 한다. 자유로운 말로서의 있을 법한 가치를, 의도적으로 및 악의적으로 허위인 성명들은 지니지 않는다는 주장이 있을 수 있다. 그러나 이 사건에 의하여 제기되는 참다운 쟁점에 그 주장은 응답하는 것이 아닌바, 발언자의 마음 상태에 대한 배심의 평가에 따른 책임의 부과를 허용하는 한 개의 규칙에 의하여, 헌법적으로 보호된다는 데 모두가 동의하는 그 말의 자유가 효과적으로 보장될 수 있는지 여부에 참다운 쟁점은 있다. 만약 허위의 것이라고 및 악의적으로 동기화된 것이라고 배심이 판단하는 기운 센 말들(strong words)을 이유로 하는 손해배상 청구소송에서 개개 시민들이 책임을 지는 것으로 판결될 수 있다면, 공중의 토론이 및 옹호가 제약되리라는 데 의문이 있을 수 없다. 그리고 만약 공공의 문제들을 다루는 광고들을 공표하는 신문사들이 이에 의하여 책임을 무릅써야 한다면, 공공의 문제들에 관한 자신들의 견해들의 공표를 확보할 및 자신들의 대의명분을 위한 지지를 구할 소수자 집단의 능력은 크게 감소되리라는 데 마찬가지로 의문이 있을 수 없다. Farmers Educational & Coop. Union v. WDAY, Inc., 360 U. S. 525, 530을 비교하라. 인종 관계 영역에 있어서의 연방헌법 수정 제1조의 자유들에 대한 앨라배마주 문서비방법들의 《376 U. S., 301》 냉각효과를 이 법원의 의견은 결정적으로 증명한다. "[자]신들의 통치 아래에 있는 국민을 해치고 억압하는, [그리하여] 그들로 하여금 울부짖고 불평하도록 야기하는 사람들이 그 불평 자체를 새로운 억압행위들의 및 소추행위들의 토대로 만들" 권한을까지 곧잘 부여받게 되곤 하는 위험을 아메리카 식민개척자들은 기꺼이 감수할 생각이 없었고 우리 또한 그러한 생각이 없다. The Trial of John Peter Zenger, 17 Howell's St. Tr. 675, 721-722 (1735) (배심에게 한 변호인의 변론). 비록 오류적인 내지는 심지어 악의적인 것일망정, 공무

뒤따랐다. Whitney v. California, 274 U. S. 357을; Fiske v. Kansas, 274 U. S. 380을 보라. 1931년에 Stromberg v. California, 283 U. S. 359, 368에서 법원을 대표하여 말하면서 법원장 휴즈(Hughes) 판사는 선언하였다: "자유로운 말의 권리를 연방헌법 수정 제14조의 적법절차 아래서의 자유의 개념이 포함함은 결론이 난 것이 되어 왔다." 선언된 지 40년이 안 된 한 개의 헌법 원칙을 이렇듯 우리는 다루며, 그리하여 주 공직자들에 의하여 제기된 문서비방 사건들에서 생겨나는 문제들에의 그 원칙의 적용을 우리는 최초로 고찰한다.

counsel to the jury). To impose liability for critical, albeit erroneous or even malicious, comments on official conduct would effectively resurrect "the obsolete doctrine that the governed must not criticize their governors." Cf. Sweeney v. Patterson, 76 U. S. App. D. C. 23, 24, 128 F. 2d 457, 458.

Our national experience teaches that repressions breed hate and "that hate menaces stable government." Whitney v. California, 274 U. S. 357, 375 (Brandeis, J., concurring). We should be ever mindful of the wise counsel of Chief Justice Hughes:

"[I]mperative is the need to preserve inviolate the constitutional rights of free speech, free press and free assembly in order to maintain the opportunity for free political discussion, to the end that government may be responsive to the will of the people and that changes, if desired, may be obtained by peaceful means. Therein lies the security of the Republic, the very foundation of constitutional government." De Jonge v. Oregon, 299 U. S. 353, 365.

This is not to say that the Constitution protects defamatory statements directed against the private conduct of a public official or private citizen. Freedom of press and of speech insures that government will respond to the will of the people and that changes may be obtained by peaceful means. Purely private defamation has little to do with the political ends of a self-governing society. The imposition of liability for private defamation does not «376 U. S., 302» abridge the freedom of public speech or any other freedom protected by the First Amendment.[4] This, of course, cannot be said "where public officials are concerned or where public matters are involved. ······ [O]

---

4) In most cases, as in the case at bar, there will be little difficulty in distinguishing defamatory speech relating to private conduct from that relating to official conduct. I recognize, of course, that there will be a gray area. The difficulties of applying a public–private standard are, however, certainly of a different genre from those attending the differentiation between a malicious and nonmalicious state of mind. If the constitutional standard is to be shaped by a concept of malice, the speaker takes the risk not only that the jury will inaccurately determine his state of mind but also that the jury will fail properly to apply the constitutional standard set by the elusive concept of malice. See note 2, supra.

상의 행위에 대한 비판적인 논평들을 이유로 책임을 부과함은 "자신들의 통치자들을 피치자는 비판해서는 안 된다는 그 폐물이 되어 버린 교의를" 결과적으로 부활시키는 것이 될 것이다. Sweeney v. Patterson, 76 U. S. App. D. C. 23, 24, 128 F. 2d 457, 458을 비교하라.

미움을 억압들은 낳음을, 그리고 "안정된 정부를 미움은 위협함을" 우리의 국가적 경험은 가르친다. Whitney v. California, 274 U. S. 357, 375 (Brandeis, J., concurring). 법원장 휴즈(Hughes) 판사의 현명한 조언을 우리는 언제나 기억해야 한다:

"[국]민의 의지에 정부가 부응할 수 있도록 및 그리하여 만약 필요할 경우에는 평화로운 수단에 의하여 변화들이 확보될 수 있도록 하기 위하여, 자유로운 정치적 논의의 기회를 유지함을 위한 자유로운 말의, 자유로운 보도의 및 자유로운 집회의 헌법적 권리들을 손상 없이 보전하여야 할 필요는 명령적이다. 거기에 합헌정부의 토대 자체인 공화국의 안전은 달려 있다." De Jonge v. Oregon, 299 U. S. 353, 365.

공직자의 내지는 사적 시민의 사적 행위에 겨냥된 명예훼손적 성명들을 연방헌법이 보호함을 이것은 말하고자 하는 것이 아니다. 국민의 의지에 정부가 부응하게 됨을, 그리하여 평화적 수단들에 의하여 변화들이 확보될 수 있음을 보도의 및 말의 자유는 보장한다. 순전히 사적 명예훼손은 자치적 사회의 정치적 목적들에 관계를 지니지 않는다. 사적 명예훼손을 이유로 하는 책임의 부과는 공중의 말의 자유를 내지는 «376 U. S., 302» 조금이라도 연방헌법 수정 제1조에 의하여 보호되는 그 밖의 자유를 박탈하지 않는다.[4] 물론, "공직자들이 관련되는 경우에는 내지는 공공의 문제들이 포함되는 경우에는" 이것은 말해질 수 없다. " …… [연]방헌법 수정 제1조의 주된 기능 한 가지는 공공의 쟁점들을 국민들이 결정할 및 해결할 충분한 기

---

[4] 지금의 사건에서처럼 대부분의 사건들에서, 사적 행위에 관련한 명예훼손적 말을 공무상의 행위에 관련한 명예훼손적 말로부터 구분지음에 있어서 곤란은 없을 것이다. 회색지대가 있을 것임을 나는 당연히 인정한다. 그러나, 공무상의 행위의 및 사적 행위의 구분이라는 기준을 적용함에 있어서의 곤란들은 악의적 마음 상태의 및 비악의적 마음 상태의 둘 사이의 구분에 수반되는 곤란들하고 확실히 상이한 종류의 것들이다. 만약 악의 개념에 의하여 헌법적 기준이 고안되어야 한다면, 그의 마음 상태를 배심이 부정확하게 판단할 것이라는 점에만이 아니라, 악의라는 그 알기 어려운 개념에 의하여 설정된 헌법기준을 배심이 정당하게 적용하지 아니할 것이라는 점에도 발언자가 지는 위험은 있다. note 2, supra를 보라.

ne main function of the First Amendment is to ensure ample opportunity for the people to determine and resolve public issues. Where public matters are involved, the doubts should be resolved in favor of freedom of expression rather than against it." Douglas, The Right of the People (1958), p.41.

In many jurisdictions, legislators, judges and executive officers are clothed with absolute immunity against liability for defamatory words uttered in the discharge of their public duties. See, e. g., Barr v. Matteo, 360 U. S. 564; City of Chicago v. Tribune Co., 307 Ill., at 610, 139 N. E., at 91. Judge Learned Hand ably summarized the policies underlying the rule:

"It does indeed go without saying that an official, who is in fact guilty of using his powers to vent his spleen upon others, or for any other personal motive not connected with the public good, should not escape liability for the injuries he may so cause; and, if it were possible in practice to confine such complaints to the guilty, it would be monstrous to deny recovery. The justification for doing so is that it is impossible to know whether the claim is well founded until the «376 U. S., 303» case has been tried, and that to submit all officials, the innocent as well as the guilty, to the burden of a trial and to the inevitable danger of its outcome, would dampen the ardor of all but the most resolute, or the most irresponsible, in the unflinching discharge of their duties. Again and again the public interest calls for action which may turn out to be founded on a mistake, in the face of which an official may later find himself hard put to it to satisfy a jury of his good faith. There must indeed be means of punishing public officers who have been truant to their duties; but that is quite another matter from exposing such as have been honestly mistaken to suit by anyone who has suffered from their errors. As is so often the case, the answer must be found in a balance between the evils inevitable in either alternative. In this instance it has been thought in the end better to leave unredressed the wrongs done by dishonest officers than to

회를 확보하는 것이다. 공공의 문제들이 포함되는 경우에는, 표현의 자유에 불리하게가 아니라 유리하게 의문들은 해결되어야 한다." Douglas, The Right of the People (1958), p.41.

다수의 관할들에서, 그들의 공무사항들의 이행 과정에서 발언된 명예훼손적 말들을 이유로 하는 책임에 대처한 절대적 면책을 입법자들은, 판사들은 및 행정부 공직자들은 부여받는다. 예컨대, Barr v. Matteo, 360 U. S. 564를; City of Chicago v. Tribune Co., 307 Ill., at 610, 139 N. E., at 91을 보라. 그 규칙의 토대에 놓인 정책들을 러니드핸드(Learned Hand) 판사는 훌륭히 요약하였다:

"타인들에 대한 자신의 원한을 배출하기 위하여 내지는 조금이라도 공공의 이익에 연결되지 아니하는 개인적 동기를 위하여 자신의 권한들을 사용한 죄를 실제로 지지른 공직자는 그렇게 함으로써 자신이 유발할 수 있는 권리침해들에 대하여 책임을 모면하여서는 안 됨은 참으로 말할 나위가 없다; 그리고 만약 이러한 고소들을 그 유죄인 자들에 대하여만으로 실제로 한정할 수가 있다면야, 권리회복을 인정하지 아니하는 것은 어처구니 없는 일일 것이다. 충분한 근거를 그 주장이 갖춘 것인지 여부를 알기란 사건이 정식사실심리되고 났을 때까지는 불가능하다는 데에, 그리고 «376 U. S., 303» 유죄인 공직자들을과 무죄인 공직자들을 아울러 모든 공직자들을, 정식사실심리의 부담에 및 그것의 결과의 불가피한 위험에 복종시키는 것은 그들의 임무사항들의 굽힘 없는 이행에 있어서 가장 결연한 내지는 가장 무책임한 공직자들을 제외한 모든 공직자들의 열정을 풀죽일 것이라는 데에, 그렇게 함을 위한 변명은 있다. 잘못된 생각에 근거한 것으로 판명될 수도 있는 행동을 거듭 거듭 공공의 이익은 요구하는바, 이에도 불구하고 자신의 선의에 관하여 배심을 납득시키기 위하여 진퇴양난에 빠진 그 자신을 공직자는 나중에 발견할 수 있다. 자신들의 직무사항들에 대하여 게으름피워 온 공직자들을 처벌하는 수단은 참으로 있지 않으면 안 된다; 그러나 거짓 없이 잘못 생각한 사람들을 그들의 실책들로 인하여 손해를 입은 아무나에 의한 소송에 노출시키는 것하고는 그것은 전혀 별개의 사안이다. 매우 자주 그러하듯, 각각의 대안마다에 불가피한 해악들 사이의 수지계산에서 그 해답은 찾아지지 않으면 안 된다. 부정직한 공직자들에 의하여 저질러진

subject those who try to do their duty to the constant dread of retaliation. ......

"The decisions have, indeed, always imposed as a limitation upon the immunity that the official's act must have been within the scope of his powers; and it can be argued that official powers, since they exist only for the public good, never cover occasions where the public good is not their aim, and hence that to exercise a power dishonestly is necessarily to overstep its bounds. A moment's reflection shows, however, that that cannot be the meaning of the limitation without defeating the whole doctrine. What is meant by saying that the officer must be acting within his power cannot be more than that the occasion must be such as would have justified the act, if he had been using his power for any of the purposes on whose account it was vested in him. ......" Gregoire v. Biddle, 177 F. 2d 579, 581. «376 U. S., 304»

If the government official should be immune from libel actions so that his ardor to serve the public will not be dampened and "fearless, vigorous, and effective administration of policies of government" not be inhibited, Barr v. Matteo, supra, at 571, then the citizen and the press should likewise be immune from libel actions for their criticism of official conduct. Their ardor as citizens will thus not be dampened and they will be free "to applaud or to criticize the way public employees do their jobs, from the least to the most important."[5] If liability can attach to political criticism because it damages the reputation of a public official as a public official, then no critical citizen

---

5) MR. JUSTICE BLACK concurring in Barr v. Matteo, 360 U. S. 564, 577, observed that: "The effective functioning of a free government like ours depends largely on the force of an informed public opinion. This calls for the widest possible understanding of the quality of government service rendered by all elective or appointed public officials or employees. Such an informed understanding depends, of course, on the freedom people have to applaud or to criticize the way public employees do their jobs, from the least to the most important."

불법들을 시정되지 않은 상태로 남겨 두는 쪽이, 자신들의 의무를 행하고자 시도하는 사람들을 끊임없는 보복의 위험에 처하는 쪽이보다 궁극적으로 더 낫다고 이 사건에서는 생각되어 온 터이다. ……

"공직자의 행위는 그의 권한사항들의 범위 내에 있었던 것이 되지 않으면 안 될 것을, 면책에 대한 제한사유로서 판결들은 참으로 항상 부과해 온 터이다; 그러므로, 공직자의 권한사항들이란 오직 공공의 이익을 위해서만 존재하기에 공공의 이익이 그 목적이 아닌 용무들을 그 권한사항들은 포함할 수가 없다고, 그리하여 한 개의 권한을 부정하게 행사함은 필연적으로 그것의 한계들을 밟고 넘는 것이 된다고 주장될 수 있다. 그러나 그것이 그 제한사유의 의미라면 그것은 법리 전체를 좌절시킬 수밖에 없음을 한 순간의 고찰은 보여준다. 자신의 권한 내에서 공직자는 행동하지 않으면 안 된다는 말에 의하여 의미되는 바인즉, 만약 그에게 그 권한이 부여된 근거인 그 목적들 중 어느 한 가지를 위해서라도 그 자신의 권한을 그가 사용하고 있었을 경우에 그 용무는 그 행동을 정당화하였음직한 것이지 않으면 안 된다는 것 이상의 것은 될 수 없다. ……" Gregoire v. Biddle, 177 F. 2d 579, 581. «376 U. S., 304»

만약 공중에게 봉사하려는 그의 열정이 풀죽지 않도록 및 정부 정책들의 두려움 없는, 열정적인, 그리고 효율적인 운영"이 방해받지 않도록 문서비방 소송들로부터 정부 공직자가 면제되어야 한다면, Barr v. Matteo, supra, at 571, 이번에는 시민은 및 보도기관은 공무상의 행위에 대한 그들의 비판을 이유로 하는 문서비방 소송들로부터 마찬가지로 면제되어야 한다. 이렇게 하여 시민들로서의 그들의 열정은 풀죽지 않게 될 것이고, 그리하여 "그 자신들의 직무를 공직자들이 수행하는 방법을 그 가장 하찮은 것에서부터 가장 중요한 것에 이르기까지" 그들은 자유로이 "성원하거나 비판"하게 될 것이다.[5] 공직자의 공직자로서의 명성을 그것이 손상한다는 이유로 정치적 비판에 만약 책임이 달라붙을 수 있다면, 그렇다면 정부에 관한 내

---

5) Barr v. Matteo, 360 U. S. 564, 577에서의 보충의견으로 블랙(BLACK) 판사는 말하였다: "정보에 근거한 여론의 힘에 우리의 정부 같은 자유로운 정부의 효율적 기능은 주로 의존한다. 선출직 내지는 임명직 공직자들에 의하여든 내지는 피용자들에 의하여든 그들 모두에 의하여 제공되는 정부 써비스의 질에 대한 가능한 한 가장 넓은 이해를 이것은 요구한다. 그 자신들의 직무를 공직자들이 수행하는 방법을 그 가장 하찮은 것에서부터 가장 중요한 것에 이르기까지 성원할 내지는 비판할. 국민이 지니는 자유에. 이러한 정보에 근거한 이해는 당연히 의존한다."

can safely utter anything but faint praise about the government or its officials. The vigorous criticism by press and citizen of the conduct of the government of the day by the officials of the day will soon yield to silence if officials in control of government agencies, instead of answering criticisms, can resort to friendly juries to forestall criticism of their official conduct.[6]

The conclusion that the Constitution affords the citizen and the press an absolute privilege for criticism of official conduct does not leave the public official without defenses against unsubstantiated opinions or deliberate misstatements. "Under our system of government, counterargument and education are the weapons available to expose these matters, not abridgment ······ of free speech ······ ." Wood v. Georgia, 370 U. S. 375, 389. The public «376 U. S., 305» official certainly has equal if not greater access than most private citizens to media of communication. In any event, despite the possibility that some excesses and abuses may go unremedied, we must recognize that "the people of this nation have ordained in the light of history, that, in spite of the probability of excesses and abuses, [certain] liberties are, in the long view, essential to enlightened opinion and right conduct on the part of the citizens of a democracy." Cantwell v. Connecticut, 310 U. S. 296, 310. As Mr. Justice Brandeis correctly observed, "sunlight is the most powerful of all disinfectants."[7]

For these reasons, I strongly believe that the Constitution accords citizens and press an unconditional freedom to criticize official conduct. It necessarily follows that in a case such as this, where all agree that the allegedly defamatory statements related to official conduct, the judgments for libel cannot constitutionally be sustained.

6) See notes 2, 4, supra.
7) See Freund, The Supreme Court of the United States (1949), p.61. «376 U. S., 306»

지는 그 공직자들에 관한 가냘픈 찬양을 말고는 아무 것도 비판적 시민은 안전하게 발설할 수 없다. 만약 정부 기관들에 대한 통제권을 지닌 공직자들이 비판들에 답하기보다는 자신들의 공무상의 행위에 대한 비판을 앞질러 방해하기 위하여 우호적인 배심들에 의존할 수 있다면 당시의 공직자들에 의하여 수행되는 당시의 정부 행위에 대한 보도기관에 및 시민에 의한 열정적 비판은 곧 침묵에 양보하게 될 것이다.[6]

공무상의 행위에 대한 비판을 위한 절대적 특권을 시민에게와 보도기관에게 연방헌법이 제공한다는 결론은, 근거 없는 견해들에 내지는 의도적인 오보들에 대처한 방어수단 없이 공직자를 남겨두는 것이 아니다. "우리의 정부제도 아래서는 이러한 문제들을 밝히기 위하여 이용될 수 있는 무기들은 자유로운 말의 …… 박탈이 아니라, 반론(counterargument)이고 교육이다. . ." Wood v. Georgia, 370 U. S. 375, 389. 보도매체에 대하여 «376 U. S., 305» 대부분의 사적 시민들이 가지는 접근을보다도 더 큰 접근을은 아닐망정 동등한 접근을 공직자는 확실히 가진다. 어쨌든, 상당한 부절제 행위들이 및 남용들이 제거되지 않은 채로 통용될 수 있는 가능성에도 불구하고, "부절제 행위들의 및 남용 행위들의 개연성에도 불구하고, 긴 안목에서 보아 민주국가의 시민들 쪽에서의 계몽된 의견에 및 올바른 행동에 [일정한] 자유들은 불가결한 것으로 역사에 비추어 이 나라 국민은 규정해 놓았다."는 것을 우리는 인정하지 않으면 안 된다. Cantwell v. Connecticut, 310 U. S. 296, 310. 브랜다이스(Brandeis) 판사가 정확하게 말했듯이, "태양광은 모든 살균제들 중에서 가장 강력하다."[7]

이 이유들에 따라서, 공무상의 행위를 비판할 한 개의 무조건적인 자유를 시민들에게와 보도기관에게 연방헌법은 부여한다고 나는 단호히 믿는다. 명예훼손적 성명들이라고 주장되는 바가 공무상의 행위에 관련되었음을 모두가 동의하는 이러한 사건에서는, 문서비방을 인정하는 판결주문들은 헌법적으로 지지될 수 없다는 결과가 필연적으로 도출된다.

---

6) notes 2, 4, supra를 보라.
7) Freund, The Supreme Court of the United States (1949), p.61을 보라. «376 U. S., 306»

표현의 자유_Freedom of Expression

Freedom o

UNITED STATES v. O'BRIEN, 391 U. S. 367 (1968)

NOS. 232.
변 론 1968년 1월 24일
판 결 1968년 5월 27일

요약해설

1. 개요

UNITED STATES v. O'BRIEN, 391 U. S. 367 (1968) 판결은 7 대 1로 판결되었다. 법원의 의견을 법원장 워렌(WARREN) 판사가 냈고, 반대의견을 더글라스(DOUGLAS) 판사가 냈다. 이 사건들의 검토에도 판결에도 마샬(MARSHALL) 판사는 가담하지 않았다. 베트남전에 및 징병제도에 대한 반대의견을 표명하기 위하여 의무징병 등록증명서를 공개적으로 불태운 행위가 연방헌법 수정 제1조의 말의 자유의 보호 범위 내에 있는지 여부를 다루었다.

2. 사실관계

가. 의무징병 등록증명서 등의 개요

(1) 남자가 18세에 달하면 지역 징병위원회에 등록하도록 통합 군사훈련 및 병역 관계법에 의하여 그는 요구된다. 의무징병 번호를 및 등록증명서를 그는 부여받고 발부받는다. 그의 징병적격을 표시하는 등급이 그에게 배정되고, 등급통지가 발부된다. 입대 이전에 등록자의 상황이 바뀌면, 등급이 재분류될 수 있고 새로운 등급통지서를 등록자에게 지역위원회는 발부한다.

(2) 증명서를 내지는 그 위의 표기를 위조·변조·변개하는 행위는 내지는 위조·변조된 증명서를 소지하는 행위는 1948년 법률 아래서 범죄로 되어 있었다. 등록증명서를 및 등급증명서를 등록자들로 하여금 그들의 신체적 점유 안에 항상 소지하도록 의무징병 규정들은 요구하였다. 그 법률 규정에 대한 내지는 이에 따라 발령되는 규칙들에 내지는 규정들에 대한 고의의 위반을 중죄로 그 법률은 만들었다. 증명서를 "고의로 파괴하는, 내지는 고의로 훼손하

는" 사람을조차도 형사적 책임에 1965년 개정법률은 이로써 종속시켰다. (391 U. S., at 372-375.)

나. 피고인의 행위, 대배심 검사기소, 배심에 의한 정식사실심리

의무징병 등록증명서들을 법원 계단 위에서 오브라이언은 및 세 명의 동료들은 태웠다. 등록증명서를 의도적으로 및 고의적으로 훼손·파괴·변개함으로써, 1948년 통합 군사훈련 및 병역 관계법의 일부이면서 1965년 연방의회 법률에 의하여 개정된 합중국 법전집 제50편 추가조항 제462 (b) (3)절을 위반한 죄목으로 대배심 검사기소에 그는 처해졌다. 증명서를 자신이 태웠다는 사실을 배심에 의한 정식사실심리에서 그는 다투지 않았다. 자신의 반전 신념들을 받아들이도록 타인들에게 영향을 가하기 위하여 증명서를 공개적으로 자신이 태운 것이라고 배심에게의 주장에서 그는 말하였다. (391 U. S., at 370-371.)

다. 위헌법률이라는 주장을 피고인이 제기함

증명서들에 대한 고의의 파괴를 내지는 훼손을 금지하는 1965년 개정법률은 위헌이라고, 그것은 자유로운 말을 제약하기 위하여 입법되었기 때문이라고 및 적법한 입법적 목적에 그것은 기여하지 아니하기 때문이라고 지방법원에서 오브라이언은 주장하였으나, 이를 지방법원은 기각하였다. (391 U. S., at 370.)

라. 지방법원의 판시의 요지 및 양형

(1) 연방헌법 수정 제1조상의 권리들을 그 제정법은 문면상으로 제약하지 아니한다; 1965년 개정법률을 입법함에 있어서의 연방의회의 동기들을 조사해 들어갈 권한을 법원은 지니지 아니힌다; 개정법률은 군대를 육성할 연방의회의 권한의 합리적인 행사였다. (391 U. S., at 370-371.)

(2) 이에 따라 피고인은 유죄로 판정되었고, 소년교화법에 따라 감호를 및 치료를 위하여 검찰총장의 보호에 최장 6년 동안 위탁되도록 형이 선고되었다. (391 U. S., at 369-370.)

마. 항소법원의 판시의 요지

(1) 항소법원의 판결의 이유

말의 자유를 제약하는 한 개의 법으로서 1965년 개정법률은 위헌이다; 등록자들로 하여금 등록증명서들을 그들의 "신체적 점유 안에 항상" 소지하도록 의무징병 규정은 요구하고 있었고, 통합 군사훈련 및 병역 관계법에 따라 발령되는 규정들에 대한 의도적 위반행위들은 제정법에 의하여 범죄로 되어 있었으므로, 1965년 개정법률 아래서 처벌될 수 있는 고의의 파괴·훼손 범죄 행위는 소지의무 규정 아래서 처벌될 수 있는 것이 이미 되어 있었다; 따라서 아무런 타당한 목적에도 개정법률은 복무하지 아니한다; 항의행위들에 가담하는 사람들을 그들에 대한 특정의 처우를 위하여 뽑아내는 것이기에 연방헌법 수정 제1조에 1965년 개정법률은 저촉된다; 그러나 오브라이언에 대한 유죄판정은 제정법상의 규정에 따라서 인가되어야 한다; 소지의무 위반은 1965년 개정법률에 의하여 규정된 고의의 파괴·훼손 범죄의 축소범죄로 간주되기 때문이다. (391 U. S., at 371.)

(2) 항소법원의 판결주문

이렇게 지방법원의 유죄판정을 항소법원은 인가하면서도, 1965년 개정법률의 위반(고의의 파괴·훼손)을 형량 부과에 있어서의 가중적 상황으로 지방법원 판사가 고려했을 수 있었기 때문에, 형의 선고를 무효화하도록 및 형을 다시 선고하도록 사건을 지방법원에 환송하였다. 새로운 청문을 바라는 오브라이언의 청구를 항소법원은 이에 따라 기각하였다. (소지의무 위반으로는 자신은 기소되지도, 정식사실심리되지도, 또는 유죄로 판정되지도 않았다고, 그리고 소지의무 위반은 훼손의 내지는 파괴의 축소범죄가 아니라고 그 청구에서 그는 주장하였다.) (391 U. S., at 371-372.)

바. 연방대법원의 사건기록 송부명령

정부가 청구한 사건기록 송부명령 No. 232를 및 피고인이 청구한 사건기록 송부명령 No. 233을 연방대법원은 허가하였다. (그 제정법을 위헌이라고 판시함에 있어서 오류를 항소법원은 저질렀다고 정부는 주장하였고, 자신에 대한 유죄판정을 자신이 기소된 바도 정식사실심리된 바도 없는 한 개의 범죄의 토대 위에서 지지함에 있어서 오류를 항소법원은 저질렀다고 피고인은 주장하였다.) (391 U. S., at 372.)

3. 쟁점

의무징병 등록증명서에 대한 고의의 파괴·훼손 등을 범죄로 하는 1965년 개정 법률이 연방헌법 수정 제1조의 말의 자유를 침해하는 위헌법률인지 여부가 쟁점이 되었다.

4. 법원장 워렌(WARREN) 판사가 쓴 법원의 의견의 요지

가. 위헌법률인지에 대하여

그 입법된 것으로서에 아울러 그 적용된 것으로서도 1965년 개정법률은 합헌이다. 따라서 항소법원의 판결주문을 우리는 무효화하며 지방법원의 판결주문을 및 형의 선고를 우리는 회복시킨다. (391 U. S., at 372.)

나. 자유로운 말을 제약하는 법률인지

1965년 개정법률은 자유로운 말을 그 문면상으로 제약하는 것이 아니다. 개정법률이 문면상으로 다루는 것은 말에는 관련을 지니지 않는 행위이다. 증명서에 대한 고의의 파괴 안에 불가피하게 표현행위적인 것이 존재하는 것은 아니다. 의무징병 증명서들의 파괴를 금지하는 한 개의 법이 자유로운 말을 제약하지 아니함은 운전면허증들의 파괴를 금지하는 자동차법이 자유로운 말을 제약하지 아니함에 마찬가지다. (391 U. S., at 375.)

다. 피고인의 행동이 "상징적인 말(symbolic speech)"로서 보호되어야 하는지; 동일한 행위과정 내에 말의 요소가 말 아닌 요소에 결합되어 있는 경우의 정부의 제한조치가 정당화되기 위한 요건

(1) 어떤 행위를 수행하는 중인 사람이 한 개의 사상을 이로써 표현하고자 의도한다 하여 그것만으로 그 행위가 "말(speech)"로 분류될 수 있는 것은 아니다. 동일한 행위과정 내에 "말(speech)"의 요소가 및 "말 아닌 것(nonspeech)"의 요소가 결합될 경우에는, 말 아닌 것의 요소를 규율하는 데 있어서의 정부적 이익

은 연방헌법 수정 제1조상의 자유들에 대한 부수적 제한들을 정당화할 수 있다. (371 U. S., at 376.)

(2) 이를 위하여는, ① 정부의 헌법적 권한 내에 한 개의 정부 규정이 있을 것이; ② 한 개의 중요한 내지는 실질적인 정부적 이익을 그것이 촉진할 것이; ③ 자유로운 표현의 억압에 그 정부적 이익이 관련되어 있지 아니할 것이; 그리고 그 주장되는 연방헌법 수정 제1조상의 자유들에 대한 부수적 제한이 그 이익의 촉진에 불가피한 정도만큼이보다도 더 크지 아니할 것이 요구된다. (391 U. S., at 377.)

(3) 이 모든 요구들을 1965년 개정법률은 충족하고, 따라서 그것을 위반한 행위로 오브라이언은 헌법적으로 유죄판정될 수 있다. (391 U. S., at 377.)

라. 등록증명서가 복무하는 정부적 이익이 증명되어 있는지

① 군대를 육성할 및 지원할, 병역을 위하여 동원가능한 인력을 등급화할 및 징병할 연방의회의 권한은 의문의 여지가 없다. 이를 위한 등록제도를 연방의회는 수립할 수 있고, 이에 협력하도록 개인들에게 요구할 수 있다.

② 증명서들의 발부는 및 그 지속적 이용을 보장하는 입법은 제도의 운영에 있어서의 적법한 및 실제적인 목적에 복무한다. 개인이 등록한 상태임의 증거로서; 개인의 징병적격 등급을 나타내는 증명서로서; 의무태만 여부를 확인시켜 주고 태만 용의자들을 확인하는 업무의 부담을 경감시킴으로써; 입대 적합성을 판정하기 위한 신속한 수단을 보장함으로써; 등록자들의 및 지역위원회의 정보소통을 도움으로써; 등록자의 파일을 찾는 업무를 간단한 것이 되게 함으로써; 징병적격 상태에 관한 등록자의 문의를 간단하게 답변될 수 있게 함으로써; 주소 등의 명시된 변경들에 관하여 지역위원회에 신고하여야 한다는 주의사항들을 게재함으로써 제도의 효율적 운용에 그것들은 복무한다. 증명서들의 변조·위조·오용을 적발·추적하는 일의 어려움을 그 파괴·훼손은 증대시킨다. 그것들의 파괴를 방지함에 있어서의 및 그것들의 지속적인 이용 가능성을 확보함에 있어서의 적법한 및 실제적인 이익을 연방의회는 지닌다. (391 U. S., at 377–381.)

③ 증명서들의 의도적 훼손을 내지는 파괴를 금지하는 법은 그것들의 지속적 이용 가능성을 정확하게 및 협소하게 보장한다. 정부적 이익은 및 1965년 개정 법률의 운용은 오브라이언의 행위의 비의사전달적 측면에, 의무징병 제도의 기능수행에의 해악을 방지하는 데 한정된다. 오브라이언에 대한 유죄판정을 정당화하기에 충분한 정부적 이익은 증명되어 있다. (391 U. S., at 381-382.)

마. 입법의 목적이 "말의 자유를 억누르기 위한" 것이었는지

여타의 점에서 합헌인 제정법을 그 주장된 불법적 입법동기를 근거삼아 당원이 폐기하지 아니함은 헌법의 원칙이다. 입법적 동기는 한 개의 제정법을 위헌이라고 선언하기 위한 합당한 근거가 아니며, 한 개의 제정법의 문면상의 불가피한 효과는 그것을 위헌으로 만들 수 있다. 그러한 불가피한 위헌적 효과를 개정법률은 지니지 않는바, 의무징병 증명서들의 파괴가 불가피하게 표현행위적인 것은 아니기 때문이다. 따라서, 그 제정법은 그 자체로 합헌이다. (391 U. S., at 382-385.)

사. 결론

1965년 개정법률은 그 제정된 것으로서에 아울러 그 적용된 것으로서도 합헌이므로, 지방법원의 유죄판정의 판결주문을 항소법원은 인가했어야 하였다. 따라서 항소법원의 판결주문은 무효화되며, 지방법원의 판결주문은 및 형의 선고는 회복된다. (391 U. S., at 372, 386.)

MR. CHIEF JUSTICE WARREN delivered the opinion of the Court.

On the morning of March 31, 1966, David Paul O'Brien and three companions burned their Selective Service registration certificates on the steps of the South Boston Courthouse. A sizable crowd, including several agents of the Federal Bureau of Investigation, witnessed the event.[1] Immediately after the burning, members of the crowd began attacking O'Brien and his companions. An FBI agent ushered O'Brien to safety inside the courthouse. After he was advised of his right to counsel and to silence, O'Brien stated to FBI agents that he had burned his registration certificate because of his beliefs, knowing that he was violating federal law. He produced the charred remains of the certificate, which, with his consent, were photographed.

For this act, O'Brien was indicted, tried, convicted, and sentenced in the United States District Court for the District of Massachusetts.[2] He did not contest the fact «391 U. S., 370» that he had burned the certificate. He stated in argument to the jury that he burned the certificate publicly to influence others to adopt his antiwar beliefs, as he put it, "so that other people would

---

1) At the time of the burning, the agents knew only that O'Brien and his three companions had burned small white cards. They later discovered that the card O'Brien burned was his registration certificate, and the undisputed assumption is that the same is true of his companions.

2) He was sentenced under the Youth Corrections Act, 18 U. S. C. § 5010 (b), to the custody of the Attorney General for a maximum period of six years for supervision and treatment.

[Footnote*] 마찬가지로 같은 법원에 대한 사건기록 송부명령에 의한 No. 233, O'Brien v. United States 사건을 함께 판단한다.

법원의 의견을 법원장 워렌(WARREN) 판사가 냈다.

의무징병 등록증명서들을 남부 보스턴 법원 계단 위에서 1966년 3월 31일 아침에 데이빗 폴 오브라이언(David Paul O'Brien)은 및 세 명의 동료들은 태웠다. 연방수사국(the Federal Bureau of Investigation)의 몇몇 요원들을 포함하는 꽤 많은 군중이 그 일을 목격하였다.[1] 오브라이언을 및 그의 동료들을 그 소각행위 직후에 그 군중들 일부가 공격하기 시작하였다. 오브라이언을 법원 안의 안전한 곳으로 요원 한 명은 안내하였다. 연방법을 자신이 위반하는 것이 됨을 자신은 알면서도 자신의 신념들 때문에 자신의 등록증명서를 자신이 태웠음을, 변호인의 조력을 받을 및 침묵을 누릴 그의 권리에 관하여 고지받은 뒤에 FBI 요원들에게 오브라이언은 말하였다. 증명서의 불타고 남은 잔존물들을 그는 제출하였고, 그것들은 그의 동의 하에 촬영되었다.

이 행위를 이유로 오브라이언은 매사추세츠주 지역관할 합중국 지방법원에 대배심 검사기소되었고 정식사실심리되었고, 유죄로 판정되었고, 형을 선고받았다.[2] 증명서를 자신이 태웠다는 «391 U. S., 370» 사실을 그는 다투지 않았다. 자신의 반전 신념들을 받아들이도록 타인들에게 영향을 가하기 위하여 증명서를 공개적으로 자신이 태운 것이라고, 그의 표현을 빌자면 "그리하여 다른 사람들로 하여금 의

---

1) 작은 흰색 카드들을 오브라이언이 및 그의 동료들이 태웠던 것으로만 그 소각행위 당시에 요원들은 알았다. 오브라이언이 태운 카드가 그의 등록증명서임을 그들은 나중에 발견하였고, 그리하여 다툼 없는 추정은 그 동일한 사항이 그의 동료들에게도 해당된다는 점이다.
2) 감호를 및 치료를 위하여 검찰총장의 보호에 최장 6년 동안 위탁되는 것으로 소년교화법((the Youth Corrections Act), 18 U. S. C. § 5010 (b)), 에 따라서 그는 선고되었다.

reevaluate their positions with Selective Service, with the armed forces, and reevaluate their place in the culture of today, to hopefully consider my position."

The indictment upon which he was tried charged that he "willfully and knowingly did mutilate, destroy, and change by burning ······ [his] Registration Certificate (Selective Service System Form No. 2); in violation of Title 50, App., United States Code, Section 462 (b)." Section 462 (b) is part of the Universal Military Training and Service Act of 1948. Section 462 (b)(3), one of six numbered subdivisions of § 462 (b), was amended by Congress in 1965, 79 Stat. 586 (adding the words italicized below), so that at the time O'Brien burned his certificate an offense was committed by any person, "who forges, alters, *knowingly destroys, knowingly mutilates*, or in any manner changes any such certificate ······"(Italics supplied.)

In the District Court, O'Brien argued that the 1965 Amendment prohibiting the knowing destruction or mutilation of certificates was unconstitutional because it was enacted to abridge free speech, and because it served no legitimate legislative purpose.[3] The District Court rejected these arguments, holding that the statute on its face did not abridge First Amendment rights, that the court was not competent to inquire into the motives of Congress in enacting the 1965 Amendment, and that the «391 U. S., 371» Amendment was areas on able exercise of the power of Congress to raise armies.

On appeal, the Court of Appeals for the First Circuit held the 1965 Amendment unconstitutional as a law abridging freedom of speech.[4] At the time the Amendment was enacted, a regulation of the Selective Service

---

3) The issue of the constitutionality of the 1965 Amendment was raised by counsel representing O'Brien in a pretrial motion to dismiss the indictment. At trial and upon sentencing, O'Brien chose to represent himself. He was represented by counsel on his appeal to the Court of Appeals.
4) O'Brien v. United States, 376 F.2d 538 (C. A. 1st Cir. 1967).

무징병에 관한, 군대에 관한 그들의 입장들을 재평가하게 하고자, 오늘날의 문화 속에서의 그들의 처지를 재평가하게 하고자, 그리고 바라건대는 나의 입장을 고려하게 하고자" 한 것이었다고 배심에게의 주장에서 그는 말하였다.

"…… [그의] 등록증명서(의무징병 관련서식 No. 2)를 소각함에 의하여 그것을" 그가 "의도적으로 및 고의적으로 훼손하였고 파괴하였고 변개하였다"고; 그것은 "합중국 법전집 제50편 추가조항 제462 (b)절에 대한 위반"이라고, 정식사실심리에 그가 처해진 근거인 대배심 검사기소장은 비난하였다. 제462 (b)절은 1948년 통합 군사훈련 및 병역 관계법의 일부이다. 제462 (b) (3)절은, 제462 (b)절의 여섯 개 소부들 중 한 개로서, 1965년 연방의회 법률, 79 Stat. 586 (이하의 이탤릭체 부분의 문언들을 추가함)에 의하여 개정되었는바, 그의 증명서를 오브라이언이 태운 당시에 ". . .조금이라도 이러한 증명서를 위조하는 변조하는, *고의적으로 파괴하는, 고의적으로 훼손하는*, 또는 그 어떤 방법으로든 변개하는 ……" 경우에는 그것이 누구에 의하여 저질러지든지간에 이에 따라 한 개의 범죄가 실행되는 것이 되었다. (이탤릭체 부분 첨가됨.)

증명서들에 대한 고의의 파괴를 내지는 훼손을 금지하는 1965년 개정법률은 위헌이라고, 왜냐하면 그것은 자유로운 말을 제약하기 위하여 입법되었기 때문이라고 및 적법한 입법적 목적에 그것은 기여하지 아니하기 때문이라고 지방법원에서 오브라이언은 주장하였다.[3] 이 주장들을 지방법원은 기각하였는데, 연방헌법 수정 제1조상의 권리들을 그 제정법은 문면상으로 제약하지 아니한다고, 1965년 개정법률을 입법함에 있어서의 연방의회의 동기들을 조사해 들어갈 권한을 법원은 지니지 않는다고, 그리고 그 개정법률은 군대를 육성할 연방의회의 권한의 «391 U. S., 371» 합리적인 행사라고 지방법원은 판시하였다.

말의 자유를 제약하는 한 개의 법으로서 1965년 개정법률은 위헌이라고 항소심에서 제1순회구 항소법원은 판시하였다.[4] 등록자들로 하여금 그들의 등록증명서들을 그들의 "신체적 점유 안에 항상" 소지하도록, 그 개정법률이 입법된 당시에 의

---

3) 대배심 검사기소장을 각하할 것을 구하는 정식사실심리 이전 신청에서 오브라이언을 대변한 변호인단에 의하여 1965년 개정법률의 합헌성의 쟁점은 제기되었다. 정식사실심리에서 및 양형 심리에서 자기 스스로 변론하기로 오브라이언은 선택하였다. 항소법원에의 자신의 항소에서 그는 변호인단에 의하여 대변되었다.

4) O'Brien v. United States, 376 F. 2d 538 (C. A. 1st Cir. 1967).

System required registrants to keep their registration certificates in their "personal possession at all times." 32 CFR 1617.1 (1962).[5] Wilful violations of regulations promulgated pursuant to the Universal Military Training and Service Act were made criminal by statute. 50 U. S. C. App. 462 (b) (6). The Court of Appeals, therefore, was of the opinion that conduct punishable under the 1965 Amendment was already punishable under the nonpossession regulation, and consequently that the Amendment served no valid purpose; further, that in light of the prior regulation, the Amendment must have been "directed at public as distinguished from private destruction." On this basis, the court concluded that the 1965 Amendment ran afoul of the First Amendment by singling out persons engaged in protests for special treatment. The court ruled, however, that O'Brien's conviction should be affirmed under the statutory provision, 50 U. S. C. App. 462 (b) (6), which in its view made violation of the nonpossession regulation a crime, because it regarded such violation to be a lesser included offense of the crime defined by the 1965 Amendment.[6] «391 U. S., 372»

The Government petitioned for certiorari in No. 232, arguing that the Court of Appeals erred in holding the statute unconstitutional, and that its decision conflicted with decisions by the Courts of Appeals for the Second[7] and Eighth Circuits[8] upholding the 1965 Amendment against identical constitutional challenges. O'Brien cross-petitioned for certiorari in No. 233, arguing

---

5) The portion of 32 CFR relevant to the instant case was revised as of January 1, 1967. Citations in this opinion are to the 1962 edition which was in effect when O'Brien committed the crime, and when Congress enacted the 1965 Amendment.

6) The Court of Appeals nevertheless remanded the case to the District Court to vacate the sentence and resentence O'Brien. In «391 U. S., 372» the court's view, the district judge might have considered the violation of the 1965 Amendment as an aggravating circumstance in imposing sentence. The Court of Appeals subsequently denied O'Brien's petition for a rehearing, in which he argued that he had not been charged, tried, or convicted for nonpossession, and that nonpossession was not a lesser included offense of mutilation or destruction. O'Brien v. United States, 376 F.2d 538, 542 (C. A. 1st Cir. 1967).

7) United States v. Miller, 367 F. 2d 72 (C. A. 2d Cir. 1966), cert. denied, 386 U. S. 911 (1967).

8) Smith v. United States, 368 F. 2d 529 (C. A. 8th Cir. 1966).

무징병 관련의 규정 한 개는 요구하였다. 32 CFR 1617.1 (1962).[5] 통합 군사훈련 및 병역 관계법에 따라 발령되는 규정들에 대한 의도적 위반행위들은 제정법에 의하여 범죄로 되어 있었다. 50 U. S. C. App. 462 (b) (6). 1965년 개정법률 아래서 처벌될 수 있는 행위는 소지의무 규정 아래서 처벌될 수 있는 것이 이미 되어 있다는 의견을, 그리하여 아무런 타당한 목적에도 결과적으로 개정법률은 복무하지 아니한다는 의견을; 이전의 규정에 비출 때 "은밀한 파괴로부터는 구분되는 것으로서의 공개적 파괴"에 그 개정법률은 향해진 것이었음이 틀림없다는 의견을 그리하여 더 나아가 항소법원은 가지고 있었다. 항의행위들에 가담하는 사람들을 특정의 처우를 위하여 뽑아냄으로써 연방헌법 수정 제1조에 1965년 개정법률은 저촉된다고 이러한 토대 위에서 항소법원은 결론지었다. 그러나 제정법상의 규정, 50 U. S. C. App. 462 (b) (6), 에 따라서 오브라이언에 대한 유죄판정은 인가되어야 한다고, 자신의 견지로는 소지의무 규정 위반행위를 한 개의 범죄로 그 규정은 만든다고, 왜냐하면 그러한 위반을 1965년 개정법률에 의하여 규정된 범죄의 축소범죄로 그것은 간주하기 때문이라고 항소법원은 판단하였다.[6] «391 U. S., 372»

사건기록 송부명령 No. 232를 정부는 청구하였는데, 그 제정법을 위헌이라고 판시함에 있어서 오류를 항소법원은 저질렀다고, 그리고 동일한 위헌 주장들에 맞서서 1965년 개정법률을 지지한 제2 순회구 항소법원의[7] 및 제8 순회구 항소법원의[8] 판결들에 그 판결은 저촉된다고 거기서 정부는 주장하였다 사건기록 송부명령 No. 233을 오브라이언은 맞청구하였고, 자신에 대한 유죄판정을 자신이 기소된 바도

5) 32 CFR 가운데 현재의 사건에 관련을 지니는 부분은 1967년 1월 1일에 개정되었다. 이 의견에서의 인용들은 범행을 오브라이언이 저지른 당시에 및 1965년 개정법률을 연방의회가 입법한 당시에 실시되고 있던 1962년 판에 대한 것들이다.

6) 형의 선고를 무효화하도록 및 오브라이언에 대하여 형을 다시 선고하도록 이에도 불구하고 사건을 지방법원에 항소법원은 환송하였다. 항소법원의 «391 U. S., 372» 견지에서, 1965년 개정법률의 위반을 형량 부과에 있어서의 가중적 상황으로 지방법원 판사는 고려했을 수가 있었기 때문이다. 새로운 청문을 바라는 오브라이언의 청구를 항소법원은 이에 따라 기각하였는바, 소지의무 위반으로는 자신은 기소되지도, 정식사실심리되지도, 또는 유죄로 판정되지도 않았다고, 그리고 소지의무 위반은 훼손의 내지는 파괴의 축소범죄가 아니라고 그 청구에서 그는 주장하였다. O'Brien v. United States, 376 F. 2d 538, 542 (C. A. 1st Cir. 1967).

7) United States v. Miller, 367 F. 2d 72 (C. A. 2d Cir. 1966), cert. denied, 386 U. S. 911 (1967).

8) Smith v. United States, 368 F. 2d 529 (C. A. 8th Cir. 1966).

that the Court of Appeals erred in sustaining his conviction on the basis of a crime of which he was neither charged nor tried. We granted the Government's petition to resolve the conflict in the circuits, and we also granted O'Brien's cross-petition. We hold that the 1965 Amendment is constitutional both as enacted and as applied. We therefore vacate the judgment of the Court of Appeals and reinstate the judgment and sentence of the District Court without reaching the issue raised by O'Brien in No. 233.

I.

When a male reaches the age of 18, he is required by the Universal Military Training and Service Act to register with a local draft board.[9] He is assigned a Selective Service number,[10] and within five days he is issued a «391 U. S., 373» registration certificate (SSS Form No. 2).[11] Subsequently, and based on a questionnaire completed by the registrant,[12] he is assigned a classification denoting his eligibility for induction,[13] and "[a]s soon as practicable" thereafter he is issued a Notice of Classification (SSS Form No. 110).[14] This initial classification is not necessarily permanent,[15] and if in the interim before induction the registrant's status changes in some relevant way, he may be reclassified.[16] After such a reclassification, the local board "as soon as practicable" issues to the registrant a new Notice of Classification.[17]

Both the registration and classification certificates are small white cards, approximately 2 by 3 inches. The registration certificate specifies the name of the registrant, the date of registration, and the number and address of the

---

9) See 62 Stat. 605, as amended, 65 Stat. 76, 50 U. S. C. App. § 453; 32 CFR § 1613.1 (1962).
10) 32 CFR § 1621.2 (1962).
11) 32 CFR § 1613.43a (1962).
12) 32 CFR §§ 1621.9, 1623.1 (1962).
13) 32 CFR §§ 1623.1, 1623.2 (1962).
14) 32 CFR § 1623.4 (1962).
15) 32 CFR § 1625.1 (1962).
16) 32 CFR §§ 1625.1, 1625.2, 1625.3, 1625.4, and 1625.11 (1962).
17) 32 CFR § 1625.12 (1962).

정식사실심리된 바도 없는 한 개의 범죄의 토대 위에서 지지함에 있어서 오류를 항소법원은 저질렀다고 거기서 그는 주장하였다. 순회구들에서의 충돌을 해소하기 위하여 사건기록 송부명령을 우리는 허가하였고, 그리고 오브라이언의 맞청구를 또한 우리는 허가하였다. 그 입법된 것으로서에 아울러 그 적용된 것으로서도 1965년 개정법률은 합헌임을 우리는 판시한다. 따라서 항소법원의 판결주문을 우리는 무효화하며 No. 233에서의 오브라이언에 의하여 제기된 쟁점에 도달하지 아니한 채로 지방법원의 판결주문을 및 형의 선고를 우리는 회복시킨다.

I.

남자가 18세에 달하면 지역 징병위원회에 등록하도록 통합 군사훈련 및 병역 관계법에 의하여 그는 요구된다.[9] 의무징병 번호를 그는 부여받고,[10] 등록증명서(SSS 서식 No. 2)를 《391 U. S., 373》 5일 내에 그는 발부받는다.[11] 그 뒤에 등록자에 의하여 완성되는 질문표에 터잡아,[12] 그의 징병적격을 표시하는 등급이 그에게 배정되고,[13] 그리고 "[가]능한 한 빨리" 등급통지서(SSS 서식 No. 110)가 그 뒤에 그에게 발부된다.[14] 이 최초의 등급은 반드시 영구적인 것은 아니고,[15] 그리하여 만약 입대 이전의 기간 중에 등록자의 상황이 유의미하게 바뀌면, 그는 등급이 재분류될 수 있다.[16] 새로운 등급통지서를 이러한 등급재분류 뒤에 "가능한 한 빨리" 등록자에게 지역위원회는 발부한다.[17]

등록증명서는 및 등급증명서는 다 같이 작은 흰 색의 카드들로서 대략 2인치×3인치의 크기이다. 등록자의 이름을, 등록일자를 및 그가 등록되는 지역위원회의 번호를 및 주소를 등록증명서는 명기한다. 아울러 그 위에는 등록자의 출생의 날짜가

---

9) See 62 Stat. 605, as amended, 65 Stat. 76, 50 U. S. C. App. § 453; 32 CFR § 1613.1 (1962).
10) 32 CFR § 1621.2 (1962).
11) 32 CFR § 1613.43a (1962).
12) 32 CFR §§ 1621.9, 1623.1 (1962).
13) 32 CFR §§ 1623.1, 1623.2 (1962).
14) 32 CFR § 1623.4 (1962).
15) 32 CFR § 1625.1 (1962).
16) 32 CFR §§ 1625.1, 1625.2, 1625.3, 1625.4, and 1625.11 (1962).
17) 32 CFR § 1625.12 (1962).

local board with which he is registered. Also inscribed upon it are the date and place of the registrant's birth, his residence at registration, his physical description, his signature, and his Selective Service number. The Selective Service number itself indicates his State of registration, his local board, his year of birth, and his chronological position in the local board's classification record.[18]

The classification certificate shows the registrant's name, Selective Service number, signature, and eligibility classification. It specifies whether he was so classified by his local board, an appeal board, or the President. It «391 U. S., 374» contains the address of his local board and the date the certificate was mailed.

Both the registration and classification certificates bear notices that the registrant must notify his local board in writing of every change in address, physical condition, and occupational, marital, family, dependency, and military status, and of any other fact which might change his classification. Both also contain a notice that the registrant's Selective Service number should appear on all communications to his local board.

Congress demonstrated its concern that certificates issued by the Selective Service System might be abused well before the 1965 Amendment here challenged. The 1948 Act, 62 Stat. 604, itself prohibited many different abuses involving "any registration certificate, ······ or any other certificate issued pursuant to or prescribed by the provisions of this title, or rules or regulations promulgated hereunder ······." 62 Stat. 622. Under §§ 12 (b) (1)-(5) of the 1948 Act, it was unlawful (1) to transfer a certificate to aid a person in making false identification; (2) to possess a certificate not duly issued with the intent of using it for false identification; (3) to forge, alter, "or in any manner"

---

18) 32 CFR § 1621.2 (1962).

및 장소가, 그의 등록지 주소가, 그의 신체적 특징이, 그의 서명이, 그리고 그의 의무징병 번호가 기재된다. 그의 등록 주(State)를, 그의 지역위원회를, 그의 출생연도를, 그리고 그의 지역위원회 등급기록의 연대기적 상태를 의무징병 번호 그 자체는 나타낸다.[18]

등록자의 이름을, 의무징병 번호를, 서명을, 그리고 징병적격 등급을 등급증명서는 보여준다. 지역위원회에 의하여, 항고위원회에 의하여, 또는 대통령에 의하여 그가 그렇게 분류되었는지 여부를 그것은 명시한다. 그의 «391 U. S., 374» 지역위원회 주소를 및 증명서가 우송된 날짜를 그것은 포함한다.

주소에 있어서의, 신체조건에 있어서의, 그리고 직업사항에, 혼인사항에, 가족사항에, 의존사항에, 병역사항에 있어서의 모든 변경에 관하여 및 그의 등급을 조금이라도 변경시킬 만한 그 밖의 사실에 관하여 그의 지역위원회에 등록자는 서면으로 신고하지 않으면 안 된다는 고지를 등록증명서는 및 등급증명서는 다 같이 담는다. 그의 지역위원회에의 모든 통신들에는 등록자의 의무징병 번호가 나타나야 한다는 고지를 둘은 다 같이 포함한다.

의무징병 제도에 의하여 발부된 증명서들이 오용될 수 있다는 자신의 염려를 여기서 다투어지는 1965년 개정법률이 있기 훨씬 전에 연방의회는 표시하였다. "…… 조금이라도 이 편 규정들에 따라서 발부되는 내지는 이 편 규정들에 의하여 또는 그 아래의 규칙들에 내지는 규정들에 의하여 규정되는 등록증명서를 내지는 그 밖의 증명서를" 포함하는 여러 가지 다양한 오용행위들을 1948년 법률, 62 Stat. 604, 그 자체가 금지하였다. 62 Stat. 622. 그리하여 1948년 법률 §§ 12 (b) (1)-(5) 아래서 이하의 행위들은 불법이 되었는바, 즉 (1) 허위의 신원증명서를 만드는 데 있어서 타인을 조력하기 위하여 증명서를 양도하는 행위가; (2) 허위의 신원증명을 위하여 사용할 목적으로 그 정당하지 않게 발부된 증명서를 소지하는 행위가; (3)

---

18) 32 CFR § 1621.2 (1962).

change a certificate or any notation validly inscribed thereon; (4) to photograph or make an imitation of a certificate for the purpose of false identification; and (5) to possess a counterfeited or altered certificate. 62 Stat. 622. In addition, as previously mentioned, regulations of the Selective Service System required registrants to keep both their registration and classification certificates in their personal possession at all times. 32 CFR § 1617.1 (1962) (Registration Certificates);

Congress demonstrated its concern that certificates issued by the Selective Service System might be abused well before the 1965 Amendment here challenged. The 1948 Act, 62 Stat. 604, itself prohibited many different abuses involving "any registration certificate, ······ or any other certificate issued pursuant to or prescribed by the provisions of this title, or rules or regulations promulgated hereunder ······." 62 Stat. 622. Under §§ 12 (b)(1)-(5) of the 1948 Act, it was unlawful (1) to transfer a certificate to aid a person in making false identification; (2) to possess a certificate not duly issued with the inten to fusing it for false identification; (3) to forge, alter," or in any manner" change a certificate or any notation validly inscribed thereon; (4) to photograph or make an imitation of a certificate for the purpose of false identification; and (5) to possess a counterfeited or altered certificate. 62 Stat. 622. In addition, as previously mentioned, regulations of the Selective Service System required registrants to keep both their registration and classification certificates in their personal possession at all times. 32 CFR § 1617.1 (1962) (Registration Certificates);[19] 32 CFR § 1623.5 «391 U. S., 375» (1962) (Classification

---

19) 32 CFR § 1617.1 (1962), provides, in relevant part:
"Every person required to present himself for and submit to registration must, after he is registered, have in his personal possession at all times his Registration Certificate (SSS Form No. 2) prepared by his local board which

증명서를 내지는 조금이라도 그 위에 적법하게 기입된 표기를 위조하는 행위가, 변조하는 행위가, "또는 방법 여하를 불문하고" 변개하는 행위가; (4) 허위의 신원증명의 목적으로 증명서를 촬영하는 내지는 모조하는 행위가; 그리고 (5) 위조된 내지는 변조된 증명서를 소지하는 행위가 그것들이다. 62 Stat. 622. 이에 더하여 앞에서 언급되었듯이, 그들의 등록증명서를 및 등급증명서를 등록자들로 하여금 그들의 신체적 점유 안에 항상 소지하도록 의무징병 규정들은 요구하였다. 32 CFR § 1617.1 (1962) (Registration Certificates);[19] 32 CFR § 1623.5 «391 U. S., 375» (1962) (Classification Certificates).[20] 그리고 조금이라도 그 법률, 62 Stat. 622, 의 규정에 대한 내지는 이에 따라 발령되는 규칙들에 내지는 규정들에 대한 고의의 위반을 한 개의 중죄로 그 법률 § 12 (b)(6)은 만들었다.

---

19) 해당 부분에서 32 CFR § 1617.1 (1962)는 규정한다:
"변경된 바 없는 및 그 위에 적법하게 및 유효하게 기입된 표기가 지역위원회에 의한 그것의 작성 이후로 방법 여하를 불문하고 변경되어 있지 아니한, 그의 지역위원회에 의하여 작성된 그의 등록증명서(SSS 서식 No. 2)를, 등록을 위하여 출두하도록 및 등록을 감수하도록 요구되는 모든 사람은 그 등록 이후로 그의 신체적 점유 안에 항상 소지하지 않으면 안 된다. 그의 등록증명서(SSS 서식 No. 2)를 그의 신체적 점유 안에 소지할 의무에 대한 누구든지의 불이행은 등록의무에 대한 그의 불이행의 일응의 증거가 된다."
20) 해당 부분에서 32 CFR § 1623.5 (1962)는 규정한다:
"그의 등록증명서(SSS 서식 No. 2)를에 추가하여, 그의 현재의 등급을 표시하는 그에게 발부된 유효한 등급통지서(SSS 서식 No. 110)를, 지역위원회에 의하여 등급 분류된 모든 사람은 그의 신체적 점유 안에 항상 소지하지 않으면 안 된다."

Certificates).[20] And § 12 (b)(6) of the Act, 62 Stat. 622, made knowing violation of any provision of the Act or rules and regulations promulgated pursuant thereto a felony.

By the 1965 Amendment, Congress added to § 12(b)(3) of the 1948 Act the provision here at issue, subjecting to criminal liability not only one who "forges, alters, or in any manner changes" but also one who "knowingly destroys, [or] knowingly mutilates" a certificate. We note at the outset that the 1965 Amendment plainly does not abridge free speech on its face, and we do not understand O'Brien to argue otherwise. Amended § 12 (b)(3) on its face deals with conduct having no connection with speech. It prohibits the knowing destruction of certificates issued by the Selective Service System, and there is nothing necessarily expressive about such conduct.

The Amendment does not distinguish between public and private destruction, and it does not punish only destruction engaged in for the purpose of expressing views. Compare Stromberg v. California, 283 U. S. 359 (1931).[21] A law prohibiting destruction of Selective Service certificates no more abridges free speech on its face than a motor vehicle law prohibiting the destruction of drivers' licenses, or a tax law prohibiting the destruction of books and records. «391 U. S., 376»

O'Brien nonetheless argues that the 1965 Amendment is unconstitutional in its application to him, and is unconstitutional as enacted because what he calls the "purpose" of Congress was "to suppress freedom of speech." We

---

has not been altered and on which no notation duly and validly inscribed thereon has been changed in any manner after its preparation by the local board. The failure of any person to have his Registration Certificate (SSS Form No. 2) in his personal possession shall be prima facie evidence of his failure to register."

20) 32 CFR § 1623.5 (1962), provides, in relevant part:
"Every person who has been classified by a local board must have in his personal possession at all times, in addition to his Registration Certificate (SSS Form No. 2), a valid Notice of Classification (SSS Form No. 110) issued to him showing his current classification."

21) See text, infra, at 382.

여기서 쟁점이 되어 있는 규정을 1965년 개정법률에 의하여 1948년 법률의 §
12(b)(3)에 연방의회는 추가하였는바, 증명서를 "위조하는, 변조하는, 내지는 방법
여하를 불문하고 변개하는" 사람을만이 아니라 증명서를 "고의로 파괴하는, [내지
는] 고의로 훼손하는" 사람을조차도 형사적 책임에 이로써 종속시켰다. 1965년 개
정법률은 자유로운 말을 그 문면상으로 명확하게 제약하는 것이 아님을 우리는 우
선 유념하는바, 따라서 오브라이언이 달리 주장하는 것을 우리는 이해하지 못한다.
말에는 관련을 지니지 않는 행위를 개정된 § 12 (b)(3)은 문면상으로 다룬다. 의무
징병 제도에 의하여 발부된 증명서에 대한 고의의 파괴를 그것은 금지할 뿐인바,
그러한 행동 주변에 불가피하게 표현행위적인 것이 존재하는 것은 아니다.

공개적 파괴의 및 은밀한 파괴의 양자 사이를 개정법률은 구분하지 아니하며, 따
라서 오직 견해들을 표명할 목적으로 이루어지는 파괴행위만을 그것이 처벌하는
것은 아니다. Stromberg v. California, 283 U. S. 359 (1931)을 비교하라.[21] 자유로운
말을 의무징병 증명서들의 파괴를 금지하는 한 개의 법이 문면상으로 제약하지 아
니함은 운전면허증들의 파괴를 금지하는 한 개의 자동차법이 또는 장부들의 및 기
록들의 파괴를 금지하는 한 개의 세법이 이를 제약하지 아니함에 마찬가지다. «391
U. S., 376»

자신에게의 적용에 있어서 1965년 개정법률은 위헌이라고, 그리고 그 제정된 것
으로서 그것은 위헌이라고, 왜냐하면 연방의회의 "목적"이라고 그가 부르는 바는
"말의 자유를 억누르기 위한" 것이었기 때문이라고 이에도 불구하고 오브라이언은
주장한다. 이 주장들을 하나씩 우리는 고찰한다.

---

21) 본문, infra, at 382를 보라.

consider these arguments separately.

II.

O'Brien first argues that the 1965 Amendment is unconstitutional as applied to him because his act of burning his registration certificate was protected "symbolic speech" within the First Amendment. His argument is that the freedom of expression which the First Amendment guarantees includes all modes of "communication of ideas by conduct," and that his conduct is within this definition because he did it in "demonstration against the war and against the draft."

We cannot accept the view that an apparently limitless variety of conduct can be labeled "speech" whenever the person engaging in the conduct intends thereby to express an idea. However, even on the assumption that the alleged communicative element in O'Brien's conduct is sufficient to bring into play the First Amendment, it does not necessarily follow that the destruction of a registration certificate is constitutionally protected activity. This Court has held that when "speech" and "nonspeech" elements are combined in the same course of conduct, a sufficiently important governmental interest in regulating the nonspeech element can justify incidental limitations on First Amendment freedoms. To characterize the quality of the governmental interest which must appear, the Court has employed a variety of descriptive terms: compelling;[22] substantial;[23] subordinating;[24] «391 U. S., 377» paramount;[25] cogent;[26] strong.[27] Whatever imprecision inheres in these terms, we think it clear that a government regulation is sufficiently justified if

---

22) NAACP v. Button, 371 U. S. 415, 438 (1963); see also Sherbert v. Verner, 374 U. S. 398, 403 (1963).
23) NAACP v. Button, 371 U. S. 415, 444 (1963); NAACP v. Alabama ex rel. Patterson, 357 U. S. 449, 464 (1958).
24) Bates v. Little Rock, 361 U. S. 516, 524 (1960).
25) Thomas v. Collins, 323 U. S. 516, 530 (1945); see also Sherbert v. Verner, 374 U. S. 398, 406 (1963).
26) Bates v. Little Rock, 361 U. S. 516, 524 (1960).
27) Sherbert v. Verner, 374 U. S. 398, 408 (1963).

Ⅱ.

 자신에게 적용된 것으로서의 1965년 개정법률은 위헌이라고, 왜냐하면 그의 등록증명서를 태운 자신의 행동은 연방헌법 수정 제1조 내에서의 "상징적인 말(symbolic speech)"로서 보호되어야 하는 것이었기 때문이라고 오브라이언은 첫째로 주장한다. 모든 방식들의 "행위에 의한 사상들의 교환"을, 연방헌법 수정 제1조가 보장하는 표현의 자유는 포함한다는 데에, 그리고 "전쟁에 반대하는 및 징병에 반대하는 표현"으로서 자신의 행위를 자신은 했으므로 이 개념 내에 자신의 행위는 있다는 데에 그의 주장은 있다.

 어떤 행위를 수행하는 중인 사람이 한 개의 사상을 이로써 표현하고자 의도하기만 하면 언제든 그 명백히 무제한적으로 잡다한 행위가 "말(speech)"로 분류될 수 있다는 견해를 우리는 받아들일 수 없다. 그러나 심지어 브라이언의 행위 안의 그 주장되는 의사소통적 요소가 연방헌법 수정 제1조를 작동시키기에 충분하다는 가정 위에서조차도, 한 개의 등록증명서의 파괴는 헌법적으로 보장되는 행동이라는 결론에 그것이 반드시 귀결되는 것은 아니다. 동일한 행위과정 내에 "말(speech)"의 요소가 및 "말 아닌 것(nonspeech)"의 요소가 결합될 경우에는, 말 아닌 것의 요소를 규율하는 데 있어서의 충분히 중요한 정부적 이익이 연방헌법 수정 제1조상의 자유들에 대한 부수적 제한들을 정당화할 수 있음을 당원은 판시해 왔다. 그 나타나 있지 아니하면 안 되는 정부적 이익의 특성을 규명하기 위하여, 다양한 설명적인 용어들을 당원은 사용해 왔는바: 강제적인(compelling);[22] 실질적인(substantial);[23] 우월적인(subordinating);[24] «391 U. S., 377» 최고의(paramount);[25] 설득력 있는(cogent);[26] 강력한(strong) 등등이다.[27] 이 용어들 안에 그 어떤 부정확성이 내재할지언정, 만약 정부의 헌법적 권한 내에 한 개의 정부 규정이 있으면; 만약 한 개의 중요한 내지는 실질적

---

22) NAACP v. Button, 371 U. S. 415, 438 (1963); 아울러 Sherbert v. Verner, 374 U. S. 398, 403 (1963)을 보라.
23) NAACP v. Button, 371 U. S. 415, 444 (1963); NAACP v. Alabama ex rel. Patterson, 357 U. S. 449, 464 (1958).
24) Bates v. Little Rock, 361 U. S. 516, 524 (1960).
25) Thomas v. Collins, 323 U. S. 516, 530 (1945); 아울러 Sherbert v. Verner, 374 U. S. 398, 406 (1963)을 보라.
26) Bates v. Little Rock, 361 U. S. 516, 524 (1960).
27) Sherbert v. Verner, 374 U. S. 398, 408 (1963).

it is within the constitutional power of the Government; if it furthers an important or substantial governmental interest; if the governmental interest is unrelated to the suppression of free expression; and if the incidental restriction on alleged First Amendment freedoms is no greater than is essential to the furtherance of that interest. We find that the 1965 Amendment to § 12 (b) (3) of the Universal Military Training and Service Act meets all of these requirements, and consequently that O'Brien can be constitutionally convicted for violating it.

The constitutional power of Congress to raise and support armies and to make all laws necessary and proper to that end is broad and sweeping. Lichter v. United States, 334 U. S. 742, 755-758 (1948); Selective Draft Law Cases, 245 U. S. 366 (1918); see also Ex parte Quirin, 317 U. S. 1, 25-26 (1942). The power of Congress to classify and conscript manpower for military service is "beyond question." Lichter v. United States, supra, at 756; Selective Draft Law Cases, supra. Pursuant to this power, Congress may establish a system of registration for individuals liable for training and service, and may require such individuals within reason to cooperate in the registration system. The issuance of certificates indicating the registration and eligibility classification of individuals is a legitimate and substantial administrative aid in the functioning of this system. And legislation «391 U. S., 378» to insure the continuing availability of issued certificates serves a legitimate and substantial purpose in the system's administration.

O'Brien's argument to the contrary is necessarily premised upon his unrealistic characterization of Selective Service certificates. He essentially adopts the position that such certificates are so many pieces of paper designed to notify registrants of their registration or classification, to be retained or tossed in the wastebasket according to the convenience or taste of the registrant. Once the registrant has received notification, according to this view, there is

인 정부적 이익을 그것이 촉진하면; 만약 자유로운 표현의 억압에 그 정부적 이익이 관련되어 있지 아니하면; 그리고 만약 그 주장되는 연방헌법 수정 제1조상의 자유들에 대한 부수적 제한이 그 이익의 촉진에 불가피한 정도만큼이보다도 더 크지 아니하면 그것은 충분히 정당화됨이 명백하다고 우리는 생각한다. 이 모든 요구들을 통합 군사훈련 및 병역 관계법 § 12 (b) (3)에 대한 1965년 개정법률은 충족한다고, 따라서 그것을 위반한 행위로 오브라이언은 헌법적으로 유죄판정될 수 있다고 우리는 판단한다.

군대를 육성할 및 지원할 및 그 목적을 위하여 필요한 및 적절한 모든 법들을 제정할 연방의회의 권한은 넓고도 포괄적인 것이다. Lichter v. United States, 334 U. S. 742, 755-758 (1948); Selective Draft Law Cases, 245 U. S. 366 (1918); 아울러 Ex parte Quirin, 317 U. S. 1, 25-26 (1942)를 보라. 병역을 위하여 동원가능한 인력을 등급화할 및 징병할 연방의회의 권한은 "의문의 여지가 없는" 것이다. Lichter v. United States, supra, at 756; Selective Draft Law Cases, supra. 훈련을 및 병역을 수행할 책임이 있는 개인들을 위한 등록제도를 이 권한에 따라서 연방의회는 수립할 수 있고, 그러한 등록제도에 협력하도록 당연히 개인들에게 요구할 수 있다. 개인들의 등록을 및 징병적격 등급을 나타내는 증명서들의 발부는 이 제도의 작동에 있어서의 적법한 및 실제적인 행정적 조력이다. 그리고 그 발부된 《391 U. S., 378》 증명서들의 지속적 이용 가능성을 보장하는 입법은 제도의 운영에 있어서의 적법한 및 실제적인 목적에 복무한다.

의무징병 증명서들에 대한 그의 비현실적 성격규정 위에 그 토대를 이에 반하는 오브라이언의 주장은 불가피하게 둔다. 이러한 증명서들은 그들의 등록을 내지는 등급을 등록자들에게 고지하기 위하여 고안된, 보유되기도 하는 또는 등록자의 편리에 내지는 기호에 따라 쓰레기통에 던져지기도 하는 그토록 많은 종잇장들일 뿐이라는 입장을 근본적으로 그는 취한다. 이 견해에 따르자면, 고지서를 등록자가 일단 수령하고 났으면, 그로서는 증명서들을 보유해 둘 이유가 없다. 등록증명서

no reason for him to retain the certificates. O'Brien notes that most of the information on a registration certificate serves no notification purpose at all; the registrant hardly needs to be told his address and physical characteristics. We agree that the registration certificate contains much information of which the registrant needs no notification. This circumstance, however, does not lead to the conclusion that the certificate serves no purpose, but that, like the classification certificate, it serves purposes in addition to initial notification. Many of these purposes would be defeated by the certificates' destruction or mutilation. Among these are:

1. The registration certificate serves as proof that the individual described thereon has registered for the draft. The classification certificate shows the eligibility classification of a named but undescribed individual. Voluntarily displaying the two certificates is an easy and painless way for a young man to dispel a question as to whether he might be delinquent in his Selective Service obligations. Correspondingly, the availability of the certificates for such display relieves the Selective Service System of the administrative burden it would otherwise have in verifying the registration and classification of all suspected delinquents. Further, since both certificates are in the nature of "receipts" attesting that the registrant «391 U. S., 379» has done what the law requires, it is in the interest of the just and efficient administration of the system that they be continually available, in the event, for example, of a mix-up in the registrant's file. Additionally, in a time of national crisis, reasonable availability to each registrant of the two small cards assures a rapid and uncomplicated means for determining his fitness for immediate induction, no matter how distant in our mobile society he may be from his local board.

2. The information supplied on the certificates facilitates communication between registrants and local boards, simplifying the system and benefiting all concerned. To begin with, each certificate bears the address of the regis-

위의 정보의 대부분은 고지의 목적에 전혀 복무하지 아니한다고; 등록자는 그의 주소를 및 신체적 특징들을 고지받을 필요가 전혀 없다고 오브라이언은 특별히 언급한다. 그 고지를 등록자가 필요로 하지 않는 대부분의 정보를 등록증명서가 담고 있다는 데에 우리는 동의한다. 그러나 아무런 목적에도 증명서가 복무하지 않는다는 결론에 이 상황은 이끌지 않는바, 오히려 등급증명서가 그러하듯, 최초의 고지가 복무함에 덧붙여 여러 목적들에 그것은 복무한다는 결론에 그것은 이끈다. 증명서들의 파괴에 내지는 훼손에 의하여 이 목적들 중 다수가 무너질 것이다. 이것들 중에는 아래의 것들이 있다:

1. 그 위에 기재된 개인이 징병을 위하여 등록한 상태임의 증거로서 등록증명서는 복무한다. 성명이 기재된 그러나 설명되지 않은 개인의 징병적격 등급을 등급증명서는 나타낸다. 두 증명서들을 자발적으로 내보임은 한 명의 젊은 남자로서 그의 의무징병 사항들에 있어서의 태만을 그가 저질렀는지 여부에 관한 질문을 떨쳐내는 쉽고도 힘 안 드는 방법이다. 이에 상응하여, 만약 경우가 달랐더라면 모든 태만 용의자들의 등록을 및 등급을 확인하는 데 있어서 의무징병 제도가 가졌을 행정적 부담을, 이러한 내보임을 위한 증명서들의 이용 가능성은 경감시켜 준다. 더 나아가, 두 가지 증명서들은 다 같이, 법이 요구하는 사항을 등록자가 이행한 상태임을 «391 U. S., 379» 증명하는 "영수증들"로서의 성격의 것들이므로, 가령 등록자의 파일의 혼재 속에서도 그것들이 지속적으로 이용될 수 있어야 함은 정당한 및 효율적인 제도 운영의 이익에 부합된다. 추가적으로, 국가적 위기의 시기에 즉시의 입대를 위한 그의 적합성을 판정하기 위한 신속한 및 간명한 수단을, 우리의 이동사회에서 그의 지역위원회로부터 제아무리 먼 곳에 그가 있는 경우라 하더라도, 두 개의 작은 카드들의 개개 등록자에게의 이용 가능성은 보장한다.

2. 등록자들의 및 지역위원회의 양자 사이의 정보소통을 증명서들 위에 제공되는 정보는 돕는바, 제도를 단순화시켜 주고 모든 관련자들을 이롭게 한다. 우선, 등록자의 지역위원회의 주소를 개개 증명서는 담는데, 기억력에 맡겨지기에는 적합

trant's local board, an item unlikely to be committed to memory. Further, each card bears the registrant's Selective Service number, and a registrant who has his number readily available so that he can communicate it to his local board when he supplies or requests information can make simpler the board's task in locating his file. Finally, a registrant's inquiry, particularly through a local board other than his own, concerning his eligibility status is frequently answerable simply on the basis of his classification certificate; whereas, if the certificate were not reasonably available and the registrant were uncertain of his classification, the task of answering his questions would be considerably complicated.

3. Both certificates carry continual reminders that the registrant must notify his local board of any change of address, and other specified changes in his status. The smooth functioning of the system requires that local boards be continually aware of the status and whereabouts of registrants, and the destruction of certificates deprives the system of a potentially useful notice device.

4. The regulatory scheme involving Selective Service certificates includes clearly valid prohibitions against the alteration, forgery, or similar deceptive misuse of certificates. «391 U. S., 380» The destruction or mutilation of certificates obviously increases the difficulty of detecting and tracing abuses such as these. Further, a mutilated certificate might itself be used for deceptive purposes.

The many functions performed by Selective Service certificates establish beyond doubt that Congress has a legitimate and substantial interest in preventing their wanton and unrestrained destruction and assuring their continuing availability by punishing people who knowingly and wilfully destroy or mutilate them. And we are unpersuaded that the pre-existence of the non-

하지 아니한 항목이다. 더 나아가, 등록자의 의무징병 번호를 개개 카드는 담고, 그리하여 자신의 번호를 즉시 이용 가능하도록, 그리하여 정보를 그가 제공할 때에 또는 요청할 때에 그것을 자신의 지역위원회에 전달할 수 있게끔 해 놓은 등록자는 자신의 파일을 찾는 데 있어서의 위원회의 업무를 더 간단한 것이 되게 만들 수 있다. 끝으로, 그의 징병적격 상태에 관한 등록자의 문의는, 특히 그 자신의 지역위원회 이외의 지역위원회를 통한 것인 경우에, 그의 등급증명서에 토대하여 간단하게 답변될 수 있는 경우가 흔하다; 이에 반하여 만약 증명서가 합리적으로 이용될 수 없다면 및 그리하여 등록자가 자신의 등급에 관하여 불확실하다면, 그의 질문들에 대하여 답변하는 업무는 상당히 복잡해질 것이다.

3. 조금이라도 주소의 변경에 관하여 및 그의 상태에 있어서의 그 밖의 명시된 변경들에 관하여 그의 지역위원회에 등록자는 신고하지 않으면 안 된다는 지속적 주의사항들을 두 가지 증명서들은 다 같이 게재한다. 등록자들의 상태를 및 소재들을 지역위원회들이 지속적으로 알고 있을 것을 제도의 순탄한 기능수행은 요구하는바, 잠재적으로 유용한 신고수단을 제도로부터 증명서들의 파괴는 박탈한다.

4. 증명서들의 변조에, 위조에, 또는 유사한 기망적 오용에 대한 명백히 유효한 금지들을 의무징병 증명서들을 포함하는 규제적 체계는 포함한다. «391 U. S., 380» 이러한 것들을에 유사한 오용행위들을 적발하는 및 추적하는 일의 어려움을 증명서들의 파괴는 내지는 훼손은 명백히 증대시킨다. 더 나아가, 훼손된 증명서는 그 자체만으로도 기망적 목적들을 위하여 사용될 수 있다.

그것들을 고의로 및 의도적으로 파괴하는 내지는 훼손하는 사람들을 처벌함에 의하여 그것들의 제멋대로의 및 무제한의 파괴를 방지함에 있어서의 및 그것들의 지속적인 이용 가능성을 확보함에 있어서의 적법한 및 실제적인 이익을 연방의회가 지닌다는 점을 의무징병 증명서들에 의하여 수행되는 여러 가지 기능들은 의문의 여지 없이 증명한다. 그리고 이 이익을 소지의무 규정들의 이전부터의 존재가

possession regulations in any way negates this interest.

In the absence of a question as to multiple punishment, it has never been suggested that there is anything improper in Congress' providing alternative statutory avenues of prosecution to assure the effective protection of one and the same interest. Compare the majority and dissenting opinions in Gore v. United States, 357 U. S. 386 (1958).[28] Here, the pre-existing avenue of prosecution was not even statutory. Regulations may be modified or revoked from time to time by administrative discretion. Certainly, the Congress may change or supplement a regulation.

Equally important, a comparison of the regulations with the 1965 Amendment indicates that they protect overlapping but not identical governmental interests, and that they reach somewhat different classes of wrongdoers.[29] The gravamen of the offense defined by the statute is the deliberate rendering of certificates unavailable for the various purposes which they may serve. Whether registrants keep their certificates in their personal «391 U. S., 381» possession at all times, as required by the regulations, is of no particular concern under the 1965 Amendment, as long as they do not mutilate or destroy the certificates so as to render them unavailable. Although as we note below we are not concerned here with the nonpossession regulations, it is not inappropriate to observe that the essential elements of nonpossession are not identical with those of mutilation or destruction. Finally, the 1965 Amendment, like § 12 (b) which it amended, is concerned with abuses involving any issued Selective Service certificates, not only with the registrant's own certificates. The knowing destruction or mutilation of someone else's certificates would therefore violate the statute but not the nonpossession regulations.

---

28) Cf. Milanovich v. United States, 365 U. S. 551 (1961); Heflin v.United States, 358 U. S. 415 (1959); Prince v. United States, 352 U. S. 322 (1957).

29) Cf. Milanovich v. United States, 365 U. S. 551 (1961); Heflin v. United States, 358 U. S. 415 (1959); Prince v. United States, 352 U. S. 322(1957).

조금이라도 부정한다는 데에 우리는 납득하지 않는다.

중복처벌에 관한 문제가 없는 한, 한 개의 동일한 이익에 대한 효과적인 보호를 보장하기 위한 대체적인 제정법적 소추 수단들을 연방의회가 규정함에 조금이라도 부적당한 것이 있다고는 시사되어 본 적이 결코 없다. Gore v. United States, 357 U. S. 386 (1958)에서의 다수의견을 및 반대의견을 비교하라.[28] 여기서는, 그 이전에 존재한 소추수단은 심지어 제정법상의 것이조차도 아니었다. 규정들은 행정적 재량에 의하여 수시로 개정될 수 있고 폐지될 수 있다. 확실히 연방의회는 한 개의 규정을 바꿀 수 있고 추가할 수 있다.

마찬가지로 중요한 것은, 중첩되는 그러나 동일하지 아니한 정부적 이익들을 그 규정들이 보호함을, 그리고 어느 정도 상이한 불법행위자 집단들에 그것들이 도달함을 그 규정들의 1965년 개정법률에의 한 개의 비교는 나타낸다는 점이다.[29] 제정법에 의하여 규정되는 범죄의 요점은 증명서들로 하여금 그 복무할 수 있는 다양한 목적들을 위하여 이용될 수 없는 것이 되게끔 의도적으로 만든다는 점이다. 규정들에 의하여 요구되는 바대로 그들의 증명서들을 «391 U. S., 381» 그들의 신체적 점유 안에 항상 등록자들이 소지하는지 여부는 그것들을 이용 불가능하게 만들기 위하여 증명서들을 그들이 훼손하지도 내지는 파괴하지도 않는 한 1965년 개정법률 아래서의 특별한 관심사항이 아니다. 비록 아래에서 우리가 특별히 언급하는 대로 소지의무 규정들에 관하여 관심을 여기서 우리는 지니지 아니함에도 불구하고, 소지의무 위반의 본질적 요소들은 훼손의 내지는 파괴의 요소들에 동등하지 않다고 말함은 부당하지 아니하다. 끝으로, 1965년 개정법률은, 그것이 개정한 § 12 (b)가 그러하듯, 등록자 자신의 증명서들에만이 아니라 조금이라도 발부된 의무징병 증명서들을 포함하는 오용행위들에 관련되어 있다. 다른 누군가의 증명서들에 대한 고의의 파괴는 내지는 훼손은 따라서 제정법을 침해할 것이지만 소지의무 규정들을 침해하지는 아니할 것이다.

---

28) Milanovich v. United States, 365 U. S. 551 (1961)을; Heflin v.United States, 358 U. S. 415 (1959)를; Prince v. United States, 352 U. S. 322 (1957)을 비교하라.

29) Milanovich v. United States, 365 U. S. 551 (1961)을; Heflin v. United States, 358 U. S. 415 (1959)를; Prince v. United States, 352 U. S. 322 (1957)을 비교하라.

We think it apparent that the continuing availability to each registrant of his Selective Service certificates substantially furthers the smooth and proper functioning of the system that Congress has established to raise armies. We think it also apparent that the Nation has a vital interest in having a system for raising armies that functions with maximum efficiency and is capable of easily and quickly responding to continually changing circumstances. For these reasons, the Government has a substantial interest in assuring the continuing availability of issued Selective Service certificates.

It is equally clear that the 1965 Amendment specifically protects this substantial governmental interest. We perceive no alternative means that would more precisely and narrowly assure the continuing availability of issued Selective Service certificates than a law which prohibits their wilful mutilation or destruction. Compare Sherbert v. Verner, 374 U. S. 398, 407-408 (1963), and the cases cited therein. The 1965 Amendment prohibits such conduct and does nothing more. In other words, both the governmental interest and the operation of the 1965 Amendment are limited to the noncommunicative «391 U. S., 382» aspect of O'Brien's conduct. The governmental interest and the scope of the 1965 Amendment are limited to preventing harm to the smooth and efficient functioning of the Selective Service System. When O' Brien deliberately rendered unavailable his registration certificate, he wilfully frustrated this governmental interest. For this noncommunicative impact of his conduct, and for nothing else, he was convicted.

The case at bar is therefore unlike one where the alleged governmental interest in regulating conduct arises in some measure because the communication allegedly integral to the conduct is itself thought to be harmful. In Stromberg v. California, 283 U. S. 359 (1931), for example, this Court struck down a statutory phrase which punished people who expressed their "opposition to organized government" by displaying "any flag, badge, banner, or

군대를 육성하기 위하여 연방의회가 수립한 제도의 순탄한 및 정당한 기능수행을 그의 의무징병 증명서의 개개 등록자에게의 지속적 이용 가능성은 실제적으로 촉진함이 명백하다고 우리는 생각한다. 최대의 효율을 지닌 및 지속적으로 변화하는 상황들에 쉽게 및 신속히 대응할 능력이 있는 군대를 육성하기 위한 한 개의 제도를 가짐에 있어서의 중대한 이익을 국가가 지님은 또한 명백하다고 우리는 생각한다. 그 발부된 의무징병 증명서들의 지속적 이용 가능성을 확보함에 있어서의 실제적인 이익을 이러한 이유들로 인하여 정부는 지닌다.

이 실제적인 정부의 이익을 1965년 개정법률이 명시적으로 보호함은 마찬가지로 명백하다. 그 발부된 의무징병 증명서들의 지속적 이용 가능성을 그것들의 의도적 훼손을 내지는 파괴를 금지하는 한 개의 법이보다도 조금이라도 더 정확하게 및 협소하게 보장할 만한 대체적 수단을 우리는 알지 못한다. Sherbert v. Verner, 374 U. S. 398, 407 408 (1963)을 및 그 안에 인용된 선례들을 비교하라. 이러한 행위를 1965년 개벙법률은 금지할 뿐 그 이상의 것은 하지 아니한다. 달리 말하자면, 정부적 이익은 및 1965년 개정법률의 운용은 다 같이 오브라이언의 행위의 비의사전달적 《391 U. S., 382》 측면에 한정된다. 의무징병 제도의 순탄한 및 효율적인 기능수행에의 해악을 방지하는 데 정부적 이익은 및 1965년 개정법률의 범위는 한정된다. 그의 등록증명서를 이용이 불가능하도록 오브라이언이 의도적으로 만들었을 때, 이 정부적 이익을 그는 의도적으로 좌절시켰다. 그의 행위의 이 비의사전달적 영향력을 이유로, 그리고 다름 아닌 바로 그것만을 이유로, 그는 유죄로 판정되었다.

어떤 행위를 규제함에 있어서의 그 주장된 정부적 이익이 발생하는 이유가, 그 행위에 필수의 것으로 주장되는 의사전달이 그 자체로 유해하다고 얼마간은 생각되기 때문인 경우의 사건에 현재의 사건은 그러므로 같지 아니하다. 예를 들면, "조금이라도 깃발을, 뱃지를, 기치를, 또는 장비를" 진열함으로써 그들의 "조직된 정부에의 반대"를 표명한 사람들을 처벌하는 한 개의 제정법상의 문구를 Stromberg v. California, 283 U. S. 359 (1931)에서 당원은 폐기하였다. 거기서의 제정법은 의사소

device." Since the statute there was aimed at suppressing communication it could not be sustained as a regulation of noncommunicative conduct. See also, NLRB v. Fruit & Vegetable Packers Union, 377 U. S. 58, 79 (1964) (concurring opinion).

In conclusion, we find that because of the Government's substantial interest in assuring the continuing availability of issued Selective Service certificates, because amended § 462 (b) is an appropriately narrow means of protecting this interest and condemns only the independent noncommunicative impact of conduct within its reach, and because the noncommunicative impact of O'Brien's act of burning his registration certificate frustrated the Government's interest, a sufficient governmental interest has been shown to justify O'Brien's conviction.

III.

O'Brien finally argues that the 1965 Amendment is unconstitutional as enacted because what he calls the "purpose" of Congress was "to suppress freedom of «391 U. S., 383» speech." We reject this argument because under settled principles the purpose of Congress, as O'Brien uses that term, is not a basis for declaring this legislation unconstitutional.

It is a familiar principle of constitutional law that this Court will not strike down an otherwise constitutional statute on the basis of an alleged illicit legislative motive. As the Court long ago stated:

"The decisions of this court from the beginning lend no support whatever to the assumption that the judiciary may restrain the exercise of lawful power on the assumption that a wrongful purpose or motive has caused the power to be exerted." McCray v. United States, 195 U. S. 27, 56 (1904).

This fundamental principle of constitutional adjudication was reaffirmed

통을 억압하는 데에 목표가 두어졌기에 그것은 비의사전달적 행위에 대한 한 개의 규제로서 유지될 수 없었다. 아울러, NLRB v. Fruit & Vegetable Packers Union, 377 U. S. 58, 79 (1964) (concurring opinion)을 보라.

발부된 의무징병 증명서들의 지속적 이용 가능성을 확보함에 있어서의 정부의 실제적 이익 때문에, 그 개정된 §462 (b)는 이 이익을 보호하는 적절하게 협소한 수단으로서 오직 그것의 도달범위 내에 있는 행위의 독립적인 비의사전달적 영향력만을 비난하기 때문에, 그리고 그의 등록증명서를 불태운 오브라이언의 행위의 비의사전달적 영향력이 그 정부의 이익을 좌절시켰기 때문에, 오브라이언에 대한 유죄판정을 정당화하기에 충분한 정부적 이익이 증명되어 있다고 결론적으로 우리는 판단한다.

Ⅲ.

연방의회의 "목적"이라고 그가 부르는 바는 "말의 자유를 억누르기 위한" 것이었기에 그 입법된 것으로서의 1965년 개정법률은 위헌이라고 오브라이언은 마지막으로 «391 U. S., 383» 주장한다. 이 주장을 우리는 배척하는바, 왜냐하면 확립된 원칙들에 따를 때 오브라이언이 사용하는 용어로서의 연방의회의 목적은 이 입법을 위헌으로 선언하기 위한 근거가 아니기 때문이다.

여타의 점에서 합헌인 한 개의 제정법을 그 주장된 불법적 입법동기를 근거삼아 당원이 폐기하지 아니함은 헌법의 친숙한 한 가지 원칙이다. 당원이 오래 전에 말하였듯이:

"행사되는 권한을 한 개의 불법적 목적이 내지는 동기가 야기해 놓았다는 가정 위에서, 적법한 권한의 행사를 사법부가 제약할 수 있다는 가정을 위한 근거를 당원의 선례들은 애초부터 전혀 제공하지 아니한다." McCray v. United States, 195 U. S. 27, 56 (1904).

헌법판결의 이 기본적 원칙은 재확인되었고 Arizona v. California, 283 U. S. 423, and the many cases were collected by Mr. Justice Brandeis for the Court in Arizona v. California, 283 U. S. 423, 455 (1931).

Inquiries into congressional motives or purposes are a hazardous matter. When the issue is simply the interpretation of legislation, the Court will look to statements by legislators for guidance as to the purpose of the legislature,[30] because the benefit to sound decision-making in «391 U. S., 384» this circumstance is thought sufficient to risk the possibility of misreading Congress' purpose. It is entirely a different matter when we are asked to void a statute that is, under well-settled criteria, constitutional on its face, on the basis of what fewer than a handful of Congressmen said about it. What motivates one legislator to make a speech about a statute is not necessarily what motivates scores of others to enact it, and the stakes are sufficiently high for us to eschew guesswork. We decline to void essentially on the ground that it is unwise legislation which Congress had the undoubted power to enact and which could be reenacted in its exact form if the same or another legislator made a "wiser" speech about it.

O'Brien's position, and to some extent that of the court below, rest upon a misunderstanding of Grosjean v. American Press Co., 297 U. S. 233 (1936), and Gomillion v. Lightfoot, 364 U. S. 339 (1960). These cases stand, not for

---

30) The Court may make the same assumption in a very limited and well–defined class of cases where the very nature of the constitutional question requires an inquiry into legislative purpose. The principal class of cases is readily apparent – those in which statutes have been challenged as bills of attainder. This Court's decisions have defined a bill of attainder as a legislative Act which inflicts punishment on named individuals or members of an easily ascertainable group without a judicial trial. In determining whether a particular statute is a bill of attainder, the analysis necessarily requires an inquiry into whether the three definitional elements – specificity in identification, punishment, and lack of a judicial trial – are contained in the statute. The inquiry into whether the challenged statute contains the necessary element of punishment has on occasion led the Court to examine the legislative motive in «391 U. S., 384» enacting the statute. See, e. g., United States v. Lovett, 328 U. S. 303 (1946). Two other decisions not involving a bill of attainder analysis contain an inquiry into legislative purpose or motive of the type that O' Brien suggests we engage in in this case. Kennedy v. Mendoza–Martinez, 372 U. S. 144, 169–184 (1963); Trop v. Dulles, 356 U. S. 86, 95 97 (1958). The inquiry into legislative purpose or motive in Kennedy and Trop, however, was for the same limited purpose as in the bill of attainder decisions – i. e., to determine whether the statutes under review were punitive in nature. We face no such inquiry in this case. The 1965 Amendment to § 462 (b) was clearly penal in nature, designed to impose criminal punishment for designated acts.

455 (1931)에서의 법원을 대표한 브랜다이스 판사에 의하여 그 많은 선례들이 수집되었다.

연방의회의 동기들에 내지는 목적들에 대한 심리들은 위험한 일이다. 쟁점이 단순히 입법의 해석인 경우에, 안내를 위하여 입법자들의 공언들을 입법부의 목적들에 관한 안내로서 당원은 살피는 법인바,[30] 왜냐하면 이 상황에서의 건전한 결정 내리기에 «391 U. S., 384» 가해지는 이익은 연방의회의 목적을 오해할 가능성을 무릅쓰기에 충분하다고 생각되기 때문이다. 충분히 확립된 표준들 아래서 문면상으로 합헌인 한 개의 제정법을 한줌에도 못 미치는 연방의회 의원들이 그것에 관하여 말한 바를 이유로 무효화하도록 우리가 요청되는 경우에 그것은 전적으로 다른 한 가지 문제이다. 한 개의 제정법에 관하여 한 개의 연설을 하도록 한 명의 입법자를 작동시키는 바는 반드시 다수의 다른 입법자들로 하여금 그것을 입법하도록 작동시키는 바는 아니고, 따라서 억측을 우리가 피해야 할 만큼 위험들은 충분히 높다. 본질적으로 그것이 그 입법할 명백한 권한을 연방의회가 지닌, 그런데 만약 그것에 관한 "더 현명한" 연설을 바로 그 입법자가 내지는 또 다른 입법자가 하였다면 바로 그 똑같은 형식으로 재입법될 수 있었던 현명하지 못한 입법이라는 이유에서 무효화하기를 우리는 거부한다.

Grosjean v. American Press Co., 297 U. S. 233 (1936) 판결에 대한 및 Gomillion v. Lightfoot, 364 U. S. 339 (1960) 판결에 대한 한 가지 오해에 오브라이언의 입장은 및

---

30) 입법적 목적에 대한 심리를 바로 그 헌법문제의 성격이 요구하는 경우에 바로 그 가정을 매우 제한된 및 명확한 범주의 사건들에서 당원은 할 수 있다. 주된 범주의 사건들은 이미 명확하다 – 즉 제정법들이 사권박탈 법률들(bills of attainder)로서 다투어져 온 사건들이다. 사권박탈 법률을, 특정 개인들 위에 또는 손쉽게 특정될 수 있는 그룹 구성원들 위에 처벌을 사법적 정식사실심리 없이 가하는 한 개의 입법적 법률로 당원의 판결들은 규정해 놓았다. 특정의 제정법이 사권박탈 법률인지 여부를 판정함에 있어서는 그 제정법 안에 그 세 가지 개념적 요소들이 – 신원사항에 있어서의 특정성이, 처벌이, 그리고 사법적 정식사실심리의 결여가 – 포함되어 있는지 여부에 대한 한 개의 심리를 분석은 필연적으로 요구한다. 처벌의 필수적 요소를 그 다투어지는 제정법이 포함하는지 여부에 대한 심리는 그 제정법을 입법함에 있어서의 입법적 동기를 조사하도록 때로 «391 U. S., 384» 당원을 이끌어 왔다. 예컨대, United States v. Lovett, 328 U. S. 303 (1946)을 보라. 이 사건에서 우리가 수행해야 한다고 오브라이언이 제언하는 부류의 입법적 목적에 내지는 동기에 대한 심리를, 사권박탈 법률 분석을 포함하지 아니하는 두 개의 다른 판결들은 포함한다. Kennedy v. Mendoza-Martinez, 372 U. S. 144, 169 184 (1963); Trop v. Dulles, 356 U. S. 86, 95 97 (1958). 그러나, Kennedy 사건에서와 Trop 사건에서의 입법적 목적에 내지는 동기에 대한 심리는 바로 그 사권박탈 법률 판결들에서에 동일한 제한된 목적을 위한 것이었는바 – 즉 검토 대상인 제정법이 성격상 징벌적인(punitive) 것들인지 여부를 판단하기 위한 것이었다. 이 사건에서 이러한 심리에 우리는 직면하지 않는다. § 462 (b)에 대한 1965년 개정법률은 성격상 명백하게 형벌적인(penal) 것으로서, 특정된 행위들에 대하여 형사처벌을 부과하고자 설계된 것이었다.

the proposition that legislative motive is a proper basis for declaring a statute unconstitutional, but that the inevitable effect of a statute on its face may render it unconstitutional. Thus, in Grosjean the Court, having concluded that the right of publications to be free from certain kinds of taxes was a freedom of the press protected by the First Amendment, struck down a statute which on its face did nothing other than impose «391 U. S., 385» just such a tax. Similarly, in Gomillion, the Court sustained a complaint which, if true, established that the "inevitable effect," 364 U. S., at 341, of the redrawing of municipal boundaries was to deprive the petitioners of their right to vote for no reason other than that they were Negro. In these cases, the purpose of the legislation was irrelevant, because the inevitable effect - the "necessary scope and operation," McCray v. United States, 195 U. S. 27, 59 (1904) - abridged constitutional rights. The statute attacked in the instant case has no such inevitable unconstitutional effect, since the destruction of Selective Service certificates is in no respect inevitably or necessarily expressive. Accordingly, the statute itself is constitutional.

We think it not amiss, in passing, to comment upon O'Brien's legislative-purpose argument. There was little floor debate on this legislation in either House. Only Senator Thurmond commented on its substantive features in the Senate. 111 Cong. Rec. 19746, 20433. After his brief statement, and without any additional substantive comments, the bill, H. R. 10306, passed the Senate. 111 Cong. Rec. 20434. In the House debate only two Congressmen addressed themselves to the Amendment - Congressmen Rivers and Bray. 111 Cong. Rec. 19871, 19872. The bill was passed after their statements without any further debate by a vote of 393 to 1. It is principally on the basis of the statements by these three Congressmen that O'Brien makes his congressional-"purpose" argument. We note that if we were to examine legislative purpose in the instant case, we would be obliged to consider not only these

어느 정도는 원심법원의 입장은 의존한다. 입법적 동기는 한 개의 제정법을 위헌이라고 선언하기 위한 합당한 근거라는 명제들이 아니라, 한 개의 제정법의 문면상의 불가피한 효과는 그것을 위헌으로 만들 수 있다는 명제를 이 선례들은 대표한다. 그리하여, 일정 종류의 세금들로부터 자유로울 공표들의 권리는 연방헌법 수정 제1조에 의하여 보호되는 언론의 자유임을 Grosjean 사건에서 당원은 결론지어 놓고서, 그 문면상으로 단지 바로 그 세금을 부과하기만 한 한 개의 제정법을 «391 U. S., 385» 당원은 폐기하였다. 이에 유사하게, 만약 그 고소가 진실이라면 그들의 투표할 권리를 단지 그들이 흑인이라는 이유만으로 청구인들에게서 박탈하는 것이 자치체 경계들의 재설정의 "불가피한 효과," 364 U. S., at 341, 임을 증명하는 것이 될 한 개의 고소를 Gomillion 사건에서 당원은 지지하였다. 이들 사건들에서는 입법의 목적은 상관이 없었는데, 왜냐하면 헌법적 권리들을 그 불가피한 효과는 - 즉 그 "필수적 범위는 및 작용은," McCray v. United States, 195 U. S. 27, 59 (1904) - 박탈하는 것이었기 때문이다. 그러한 불가피한 위헌적 효과를 현재의 사건에서 공격되는 제정법은 지니지 않는바, 왜냐하면 의무징병 증명서들의 파괴가 불가피하게 내지는 필연적으로 표현행위적인 것은 결코 아니기 때문이다. 따라서, 그 제정법은 그 자체로 합헌이다.

입법 목적에 관한 오브라이언의 주장을 지나가는 김에 논평함은 부적당하지 않다고 우리는 생각한다. 상원에서도 하원에서도 이 입법에 관한 회의장 토론은 거의 없었다. 그 입법의 실체적 특징들에 관하여 단지 상원의원 더몬드(Thurmond)가 상원에서 논평하였을 뿐이다. 111 Cong. Rec. 19746, 20433. 그의 짧은 발언 뒤에, 그리고 조금이라도 더 이상의 실질적 논평들은 없는 채로, 상원을 법안, H. R. 10306, 은 통과하였다. 111 Cong. Rec. 20434. 하원에서의 토론에서 개정법률에 관하여 단지 두 명의 하원의원들이 - 하원의원 리브스(Rivers)가 및 브레이(Bray)가 - 발언하였다. 111 Cong. Rec. 19871, 19872. 그들의 발언들이 있은 뒤에 조금이라도 더 이상의 토론 없이 393 대 1로 법안은 통과되었다. 연방의회의 - "목적"에 관한 자신의 주장을 오브라이언이 펴는 것은 주로 이 세 명의 연방의회 의원들에 의한 발언들에 터잡은 것이다. 만약 입법적 목적을 현재의 사건에서 우리가 심리해야 한다면 우리는 이 발언들을만이 아니라 상원의 및 하원의 군사위원회들의 보다 더 권위 있는 보고서

statements but also the more authoritative reports of the Senate and House Armed Services Committees. The portions of those reports explaining the purpose of the Amendment are reproduced in the Appendix in their entirety. While both reports make clear a concern with the "defiant" «391 U. S., 386» destruction of so-called "draft cards" and with "open" encouragement to others to destroy their cards, both reports also indicate that this concern stemmed from an apprehension that unrestrained destruction of cards would disrupt the smooth functioning of the Selective Service System.

IV.

Since the 1965 Amendment to § 12 (b) (3) of the Universal Military Training and Service Act is constitutional as enacted and as applied, the Court of Appeals should have affirmed the judgment of conviction entered by the District Court. Accordingly, we vacate the judgment of the Court of Appeals, and reinstate the judgment and sentence of the District Court. This disposition makes unnecessary consideration of O'Brien's claim that the Court of Appeals erred in affirming his conviction on the basis of the nonpossession regulation.[31]

It is so ordered.

MR. JUSTICE MARSHALL took no part in the consideration or decision of these cases.

APPENDIX TO OPINION OF THE COURT.

PORTIONS OF THE REPORTS OF THE COMMITTEES ON ARMED SERVICES OF THE SENATE AND HOUSE EXPLAINING THE 1965 AMENDMENT.

---

31) The other issues briefed by O'Brien were not raised in the petition for certiorari in No. 232 or in the cross–petition in No. 233. Accordingly, those issues are not before the Court.

들을 아울러 고찰해야만 할 것임을 우리는 유념한다. 그 보고서들 중 개정법률의 목적을 설명하는 부분들은 부록에 그 전체가 전재되어 있다. 이른바 "징병카드들" 의 "반항적" 파괴에 대한 및 그들의 《391 U. S., 386》 카드들을 파괴하라는 타인들 에게의 "공공연한" 부추김에 대한 염려를 두 보고서들은 다 같이 표명하고 있기는 하지만, 의무징병 제도의 순탄한 기능수행을 카드들에 대한 제멋대로의 파괴가 어 지럽힐 것이라는 우려로부터 이 염려는 유래함을 두 보고서들은 다 같이 나타낸다.

Ⅳ.

통합 군사훈련 및 병역 관계법 § 12 (b) (3)에 대한 1965년 개정법률은 그 제정된 것으로서에 아울러 그 적용된 것으로서도 합헌이므로, 지방법원에 의하여 기입된 유죄판정의 판결주문을 항소법원은 인가했어야 하였다. 따라서 항소법원의 판결 주문을 우리는 무효화하며, 지방법원의 판결주문을 및 형의 선고를 우리는 회복시 킨다. 그에 대한 유죄판정을 소지의무 규정에 터잡아 인가함에 있어서 오류를 항소 법원이 저질렀다는 오브라이언의 주장에 대한 고찰을 불필요하게끔 이 처분은 만 든다.[31]

그렇게 명령된다.

이 사건들의 검토에도 판결에도 마샬(MARSHALL) 판사는 가담하지 않았다.

법원의 의견에 붙이는 부록.

상원 군사위원회의 및 하원 군사위원회의 보고서들 중 1965년 개정법률을 설명 하는 부분들.

---

31) 오브라이언에 의한 준비서면에서 개진된 여타의 쟁점들은 사건기록 송부명령 청구 No. 232에서 내지는 맞청구서 No. 233에서 제기되지 않았다. 따라서 그 쟁점들은 이 법원 앞에 있지 아니하다.

The "Explanation of the Bill" in the Senate Report is as follows:

"Section 12 (b) (3) of the Universal Military Training and Service Act of 1951, as amended, provides, among other things, that a person who forges, alters, or changes «391 U. S., 387» a draft registration certificate is subject to a fine of not more than $10,000 or imprisonment of not more than 5 years, or both. There is no explicit prohibition in this section against the knowing destruction or mutilation of such cards.

"The committee has taken notice of the defiant destruction and mutilation of draft cards by dissident persons who disapprove of national policy. If allowed to continue unchecked this contumacious conduct represents a potential threat to the exercise of the power to raise and support armies.

"For a person to be subject to fine or imprisonment the destruction or mutilation of the draft card must be 'knowingly' done. This qualification is intended to protect persons who lose or mutilate draft cards accidentally." S. Rep. No. 589, 89th Cong., 1st Sess. (1965). And the House Report explained:

"Section 12 (b) (3) of the Universal Military Training and Service Act of 1951, as amended, provides that a person who forges, alters, or in any manner changes his draft registration card, or any notation duly and validly inscribed thereon, will be subject to a fine of $10,000 or imprisonment of not more than 5 years. H. R. 10306 would amend this provision to make it apply also to those persons who knowingly destroy or knowingly mutilate a draft registration card.

"The House Committee on Armed Services is fully aware of, and shares in, the deep concern expressed throughout the Nation over the increasing incidences in which individuals and large groups of individuals openly defy and encourage others to defy the authority of their Government by destroying or mutilating their draft cards.

상원보고서에서의 "법안설명"은 이러하다:

"징병등록 증명서를 위조하는, 변조하는, 또는 변개하는 «391 U. S., 387» 사람은 10,000불 이하의 벌금에 또는 5년 이하의 구금에 또는 두 가지의 병과에 처해짐을 개정된 것으로서의 1951년 통합 군사훈련 및 병역 관계법 제12 (b) (3)절은 특히 규정한다. 이러한 카드들에 대한 고의의 파괴에 내지는 훼손에 대처한 명시적 금지는 이 절 안에 있지 아니하다.

"국가정책을 비난하는 불찬성의 사람들에 의한 징병카드들에 대한 반항적인 파괴를 및 훼손을 위원회는 주목한 터이다. 만약 통제 없는 상태로 이 반항적인 행위가 지속도록 허용된다면, 군대를 육성할 및 지원할 권한의 행사에의 잠재적 위협을 그것은 나타낸다.

"벌금에 내지는 구금에 처해져야 할 사람을 위하여는 징병카드의 파괴는 내지는 훼손은 '고의로' 이루어진 것이 아니면 안 된다. 징병카드들을 우연히 분실하는 내지는 훼손하는 사람들을 보호하려는 의도를 이 조건은 담는다." S. Rep. No. 589, 89th Cong., 1st Sess. (1965). 그리고 하원 보고서는 설명하였다:

"그의 징병등록 카드를 내지는 조금이라도 그 위에 적법하게 및 유효하게 기입된 표기를 위조하는, 변조하는, 또는 방법 여하를 불문하고 변개하는 사람은 10,000불 이하의 벌금에 또는 5년 이하의 구금에 처해짐을 개정된 것으로서의 1951년 통합 군사훈련 및 병역 관계법 제12 (b) (3)절은 특히 규정한다. 징병등록 카드를 고의로 파괴하는 내지는 고의로 훼손하는 사람들에게도 그것이 적용되도록 이 규정을 하원보고서 10306은 개정하였으면 한다.

"그들의 징병카드들을 파괴함에 및 훼손함에 의하여 그들의 정부의 권한을 개인들이 및 다수 집단들이 공개적으로 무시하는 및 타인들로 하여금 무시하도록 부추기는 점증하는 사건들에 관하여 국가 전체에 걸쳐 표명된 깊은 우려를 하원 군사위원회는 충분히 인식하며 이를 공유한다.

"While the present provisions of the Criminal Code with respect to the destruction of Government property «391 U. S., 388» may appear broad enough to cover all acts having to do with the mistreatment of draft cards in the possession of individuals, the committee feels that in the present critical situation of the country, the acts of destroying or mutilating these cards are offenses which pose such a grave threat to the security of the Nation that no question whatsoever should be left as to the intention of the Congress that such wanton and irresponsible acts should be punished.

"To this end, H. R. 10306 makes specific that knowingly mutilating or knowingly destroying a draft card constitutes a violation of the Universal Military Training and Service Act and is punishable thereunder; and that a person who does so destroy or mutilate a draft card will be subject to a fine of not more than $10,000 or imprisonment of not more than 5 years." H. R. Rep.

"정부재산의 파괴에 관한 현행의 형법전은 개인들의 «391 U. S., 388» 점유 안의 징병 카드들에 대한 그릇된 취급에 관련되는 모든 행위들을 포함할 만큼 충분히 광범위한 것으로 나타날 수 있음에도, 현재의 중대한 국가적 상황 속에서 이 카드들을 파괴하는 내지는 훼손하는 행위들은 국가안보에의 중대한 위협을 제기하는, 그리하여 그러한 제멋대로의 무책임한 행위들은 처벌되어야 한다는 점에 대한 연방의회의 의도에 관하여 의문의 여지가 결코 남겨질 수 없는 범죄들이라고 위원회는 생각한다.

　"징병카드를 고의로 훼손함은 내지는 고의로 파괴함은 통합 군사훈련 및 병역 관계법 위반을 구성함을 및 이에 따라 처벌됨을; 그리고 그렇게 징병카드를 파괴하는 내지는 훼손하는 사람은 10,000불 이하의 벌금에 또는 5년 이하의 구금에 처해질 것임을 이것 때문에 하원보고서 10306은 명확히 한다" H. R. Rep.

# MR. JUSTICE HARLAN, concurring.

The crux of the Court's opinion, which I join, is of course its general statement, ante, at 377, that:

"a government regulation is sufficiently justified if it is within the constitutional power of the Government; if it furthers an important or substantial governmental interest; if the governmental interest is unrelated to the suppression of free expression; and if the incidental restriction on alleged First Amendment freedoms is no greater than is essential to the furtherance of that interest."

I wish to make explicit my understanding that this passage does not foreclose consideration of First Amendment claims in those rare instances when an "incidental" restriction upon expression, imposed by a regulation which furthers an "important or substantial" governmental interest and satisfies the Court's other criteria, in practice has the effect of entirely preventing a "speaker" «391 U. S., 389» from reaching a significant audience with whom he could not otherwise lawfully communicate. This is not such a case, since O'Brien manifestly could have conveyed his message in many ways other than by burning his draft card.

할란(HARLAN) 판사의 보충의견이다.

내가 가담하는 법원의 의견의 핵심은 당연히 그것의 총론적 서술, ante, at 377, 인바, 즉:

"만약 정부의 헌법적 권한 내에 한 개의 정부 규정이 있으면; 만약 한 개의 중요한 내지는 실질적인 정부적 이익을 그것이 촉진하면; 만약 자유로운 표현의 억압에 그 정부적 이익이 관련되어 있지 아니하면; 그리고 만약 그 주장되는 연방헌법 수정 제1조상의 자유들에 대한 부수적 제한이 그 이익의 촉진에 불가피한 정도만큼 이보다도 더 크지 아니하면 그것은 충분히 정당화된다."는 것이다.

"중요한 내지는 실질적인" 정부적 이익을 촉진하는 및 당원의 여타 표준들을 충족하는 한 개의 규정에 의하여 부과되는 표현에 대한 "부수적" 제한이 실제로는 "발언자"로 하여금 다른 방법으로는 더불어 적법하게 의사소통을 할 수가 없는 의미 있는 청중에 닿지 못하도록 완전히 방해하는 효과를 지니는 그 드문 경우들에 있어서의 연방헌법 «391 U. S., 389» 수정 제1조상의 주장들에 대한 고찰을 이 문장은 배제하지 않는다는 나의 이해를 나는 명확히 했으면 한다. 이것은 그러한 사건이 아닌바, 왜냐하면 그의 징병카드를 소각하는 것에 의하지 아니하고도 여러 가지 방법으로 그의 메시지를 오브라이언은 전달할 수 있었음이 명백하기 때문이다.

MR. JUSTICE DOUGLAS, dissenting.

The Court states that the constitutional power of Congress to raise and support armies is "broad and sweeping" and that Congress' power "to classify and conscript manpower for military service is 'beyond question.'" This is undoubtedly true in times when, by declaration of Congress, the Nation is in a state of war. The underlying and basic problem in this case, however, is whether conscription is permissible in the absence of a declaration of war.[1] That question has not been briefed nor was it presented in oral argument; but it is, I submit, a question upon which the litigants and the country are entitled to a ruling. I have discussed in Holmes v. United States, post, p.936, the nature of the legal issue and it will be seen from my dissenting opinion in that case that this Court has never ruled on «391 U. S., 390» the question. It is time that we made a ruling. This case should be put down for reargument and heard with Holmes v. United States and with Hart v. United States, post, p.956, in which the Court today denies certiorari.[2]

---

1) Neither of the decisions cited by the majority for the proposition that Congress' power to conscript men into the armed services is "'beyond question'" concerns peacetime conscription. As I have shown in my dissenting opinion in Holmes v. United States, post, p. 936, the Selective Draft Law Cases, 245 U. S. 366, decided in 1918, upheld the constitutionality of a conscription act passed by Congress more than a month after war had been declared on the German Empire and which was then being enforced in time of war. Lichter v. United States, 334 U. S. 742, concerned the constitutionality of the Renegotiation Act, another wartime measure, enacted by Congress over the period of 1942–1945 (id., at 745, n. 1) and applied in that case to excessive war profits made in 1942–1943 (id., at 753). War had been declared, of course, in 1941 (55 Stat. 795). The Court referred to Congress' power to raise armies in discussing the "background" (334 U. S., at 753) of the Renegotiation Act, which it upheld as a valid exercise of the War Power.

2) Today the Court also denies stays in Shiffman v. Selective Service Board No. 5, and Zigmond v. Selective Service Board No. 16, post, p.930, where punitive delinquency regulations are invoked against registrants, decisions that present a related question.

더글라스(DOUGLAS) 판사의 반대의견이다.

군대를 육성할 및 지원할 연방의회의 헌법적 권한은 "넓고도 포괄적인" 것이라고, 그리고 "병역을 위하여 동원가능한 인력을 등급화할 및 징병할" 연방의회의 권한은 "'의문의 여지가 없는'"것이라고 이 법원은 말한다. 연방의회의 선언에 의하여 전쟁 상태에 국가가 있을 때는 이것은 명백히 진실이다. 그러나 이 사건에서의 토대에 놓인 및 근본적인 문제는 전쟁선언의 부재 상태에서 징병이 허용되는지 여부이다.[1] 그 문제는 준비서면에서 개진된 바도 없고 구두변론에서 제기되지도 않았다; 그러나 그것은 감히 말하건대 판단을 받을 권리를 소송당사자들이 및 국가가 지니는 한 개의 문제이다. 그 법적 쟁점의 성격을 Holmes v. United States, post, p.936에서 나는 논한 바 있고 그리하여 그 문제에 관하여 당원이 결코 판단내린 적이 없음은 그 사건에서의 나의 반대의견에서 «391 U. S., 390» 확인될 것이다. 지금은 우리가 판단을 내려야 할 때이다. 이 사건은 재변론을 위하여 내려보내져야 하고 Holmes v. United States 사건에 및 Hart v. United States, post, p.956 사건에 더불어 함께 심리되어야 하는바, 사건기록 송부명령을 그 사건들에서 이 법원은 오늘 거부한다.[2]

---

1) 사람들을 징집하여 병역에 처할 연방의회의 권한은 "'의문의 여지가 없'"는 것이라는 명제를 위하여 다수의견에 의하여 인용되는 판결들은 그 어느 것이도 평화 시의 징병에 관련을 지니지 않는다. Holmes v. United States, post, p.936에서의 나의 반대의견에서 내가 증명해 놓았듯이, 독일제국에 대한 전쟁이 선포되고서 한 달이 더 넘은 뒤에 연방의회에 의하여 통과된 및 당시의 전시상황에서 시행되고 있던 한 개의 징병법의 합헌성을 1918년에 내려진 의무징병 관련법 판결들(the Selective Draft Law Cases, 245 U. S. 366)은 지지하였다. Lichter v. United States, 334 U. S. 742 판결은 전시수익제한법(the Renegotiation Act)의 합헌성에 관련되었는바, 그것은 또 한 개의 전시(wartime) 조치로서 1942년-1945년의 기간에 걸쳐 연방의회에 의하여 입법되었고(id., at 745, n. 1) 그 사건에서 1942년-1943년에 발생한 과도한 전시수익들에 적용되었다(id., at 753). 전쟁이 1941년에 선포되어 있었음은 물론이다 (55 Stat. 795). 전시수익제한법의 "배경"(334 U. S., at 753)을 논의함에 있어서 군대를 육성할 연방의회의 권한을 당원은 언급하였는데, 그 법을 전쟁권한의 유효한 행사로서 당원은 지지하였다.

2) Shiffman v. Selective Service Board No. 5,에서의 및 Zigmond v. Selective Service Board No. 16, post, p.930에서의 연기들(stays)을 오늘 이 법원은 부정하는데, 거기서는 등록자들을 겨냥하여 징벌적 태만 규정들이 원용되는바, 이것들은 한 가지 관련되는 문제를 제기하는 판결들이다.

The rule that this Court will not consider issues not raised by the parties is not inflexible and yields in "exceptional cases" (Duignan v. United States, 274 U. S. 195, 200) to the need correctly to decide the case before the court. E. g., Erie R. Co. v. Tompkins, 304 U. S. 64; Terminiello v. Chicago, 337 U. S. 1.

In such a case it is not unusual to ask for reargument (Sherman v. United States, 356 U. S. 369, 379, n. 2, Frankfurter, J., concurring) even on a constitutional question not raised by the parties. In Abel v. United States, 362 U. S. 217, the petitioner had conceded that an administrative deportation arrest warrant would be valid for its limited purpose even though not supported by a sworn affidavit stating probable cause; but the Court ordered reargument on the question whether the warrant had been validly issued in petitioner's case. 362 U. S., at 219, n., par. 1; 359 U. S. 940. In Lustig v. United States, 338 U. S. 74, the petitioner argued that an exclusionary rule should apply to the fruit of an unreasonable search by state officials solely because they acted in concert with federal officers (see Weeks v. United States, 232 U. S. 383; Byars v. United States, 273 U. S. 28). The Court ordered reargument on the question raised in a then pending case, Wolf v. Colorado, 338 U. S. 25 : applicability of the Fourth Amendment to the States. U. S. Sup. Ct. Journal, October Term, 1947, p.298. In Donaldson v. Read Magazine, 333 U. S. 178, the only issue presented, «391 U. S., 391» according to both parties, was whether the record contained sufficient evidence of fraud to uphold an order of the Postmaster General. Reargument was ordered on the constitutional issue of abridgment of First Amendment freedoms. 333 U. S., at 181 182; Journal, October Term, 1947, p.70. Finally, in Musser v. Utah, 333 U. S. 95, 96, reargument was ordered on the question of unconstitutional vagueness of a criminal statute, an issue not raised by the parties but suggested at oral argument by Justice Jackson. Journal, October Term, 1947, p.87.

당사자들에 의하여 제기되지 아니한 쟁점들을 당원은 고찰하지 아니하는 법이라는 규칙은 불변의 것이 아니며 그리하여 "예외적 사건들"(Duignan v. United States, 274 U. S. 195, 200)에서는 법원 앞의 사건을 올바르게 판단할 필요에 양보한다. 예컨대, Erie R. Co. v. Tompkins, 304 U. S. 64 사건이고; Terminiello v. Chicago, 337 U. S. 1 사건이다.

재변론을 그러한 사건에서 요청함은 이상하지 아니한바(Sherman v. United States, 356 U. S. 369, 379, n. 2, Frankfurter, J., concurring), 심지어 당사자들에 의하여 제기되지 아니한 헌법적 문제에 관해서조차도 그러하다. 설령 상당한 이유(probable cause)를 진술하는 선서진술서에 의하여 뒷받침되지 아니하는 경우에조차도 행정적 추방 체포영장은 그 한정된 목적을 위하여 유효하다는 데 대하여 Abel v. United States, 362 U. S. 217에서 청구인은 시인한 터였다; 그러나 청구인의 사건에서 영장이 유효하게 발부되었는지 여부의 문제에 관한 재변론을 당원은 명령하였다. 362 U. S., at 219, n., par. 1; 359 U. S. 940. 그리고 단지 연방 공무원들에 제휴하여 주(state) 공무원들이 행동하였다는 이유만으로 주(state) 공무원들에 의한 부당한 수색의 열매(fruit)에 위법수집 증거배제 법칙이 적용되어야 한다고 Lustig v. United States, 338 U. S. 74에서 청구인은 주장하였다(Weeks v. United States, 232 U. S. 383을; Byars v. United States, 273 U. S. 28을 보라). 그 당시에 계류 중인 한 개의 사건인 Wolf v. Colorado, 338 U. S. 25에서 제기된 문제에 대한, 즉 연방헌법 수정 제4조의 주들에게의 적용 가능성의 문제에 대한 재변론을 당원은 명령하였다. U. S. Sup. Ct. Journal, October Term, 1947, p.298. 그리고 Donaldson v. Read Magazine, 333 U. S. 178에서의 경우에 그 제기된 유일한 문제는, «391 U. S., 391» 당사자들에 따르면 우정장관의 명령 한 개를 유지하기에 충분한 기망의 증거를 기록이 포함했는지 여부였다. 연방헌법 수정 제1조상의 자유들의 침해라는 헌법적 쟁점에 관하여 재변론이 명령되었다. 333 U. S., at 181 182; Journal, October Term, 1947, p.70. 끝으로 Musser v. Utah, 333 U. S. 95, 96에서의 경우에 형사 제정법 한 개의 위헌적 모호성의 문제에 관하여 재변론이 명령되었는데, 그 쟁점은 당사자들에 의하여 제기된 바 없었고 단지 판사 잭슨(Jackson)에 의하여 구두변론에서 제언되었을 뿐이다. Journal, October Term, 1947, p.87.

These precedents demonstrate the appropriateness of restoring the instant case to the calendar for reargument on the question of the constitutionality of a peacetime draft and having it heard with Holmes v. United States and Hart v. United States.

평화 시의 징병의 합헌성의 문제에 관한 재변론을 위한 일정표에 현재의 사건을 되돌림의 적절함을 및 그것을 Holmes v. United States 사건에 및 Hart v. United States 사건에 더불어 함께 심리되게 함의 적절함을 이들 선례들은 논증한다.

표현의 자유_Freedom of Expression

Freedom o

TINKER ET AL. v. DES MOINES INDEPENDENT COMMUNITY SCHOOL DISTRICT ET AL., 393 U. S. 503 (1969)

제8순회구 관할 미합중국 항소법원에 내린 사건기록 송부명령

NOS. 21.
변 론 1968년 11월 12일
판 결 1969년 2월 24일

요약해설

1. 개요

TINKER ET AL. v. DES MOINES INDEPENDENT COMMUNITY SCHOOL DISTRICT ET AL., 393 U. S. 503 (1969)는 7 대 2로 판결되었다. 법원의 의견을 포르타스(FORTAS) 판사가 냈고, 보충의견을 스튜어트(STEWART) 판사가, 그리고 화이트(WHITE) 판사가 각각 냈다. 반대의견을 블랙(BLACK) 판사가, 그리고 할란(HARLAN) 판사가 각각 냈다. 월남전에 반대하는 의사표시로서의 검은 색 완장의 착용을 학생들에게 금지하고 그 착용을 이유로 해당 학생들을 정학조치에 처한 학교당국의 처분의 위헌성을 및 학교에서의 학생들의 연방헌법 수정 제1조상의 권리를 제한하기 위한 요건을 이 사건은 다루었다.

2. 사실관계

청구인들의 나이 및 신분관계[청구인 John F. Tinker: 당시 15세의 고등학생; 청구인 Christopher Eckhardt : 당시 16세의 고등학생; John의 여동생인 청구인 Mary Beth Tinker : 당시 13세의 중학생]에 관하여; 1965년 12월 디모인에서의 성인들하고 학생들하고의 회합에 관하여; 베트남전에 대한 반대를 및 휴전에 대한 지지를 휴가 시즌 중의 검은 색 완장(검은 색 천에 넓이 2 인치 크기)의 착용함으로써 및 12월 16일에와 신년 전야에 금식함으로써 공표하기로 그들이 결정한 점에 관하여; 완장착용 계획을 알게 된 학교장들의 대책 논의에서 완장 착용의 등교 학생더러 완장을 벗으라고 요구하기로, 만약 거부하면 완장 없이 학교에 돌아올 때까지 정학에 처하기로 결정된 점에 관하여; 학교당국의 규제 조치를 알면서도 검은 색 완장들을 찬 채로 12월 16에 메리 베뜨는 및 크리스토퍼는, 그 다음 날 존 팅커는 등교하였다가 귀가 조치에 이어 정학처분이 내려진 점에 관하여; 청구인들에 대한 징계의 금지를 및 명목적 손해배상을 구하는 이 사건 소를 청구인들이 제기한 점에 관하여; 학교 당국의 처분은 학교규율의 교란을 방지하기 위한 것으로서 정당하다는 이유로 처분의 합헌성을 지지한 연방 지방법원의 각하결정에 관하여; 항소심에서 항소법원의 판사들이 찬반동수로 나뉨에 따라 연방 지방법원의 판결이 의견 없이 인가된 점에 관하여; 사건기록 송부명령을 연방대법원이 내린 점에 관하여, 393 U. S., at 504-505를 보라.

3. 쟁점

청구인들의 연방헌법 수정 제1조상의 말의 자유를, 청구인들의 완장 착용을 금지한 학교당국의 조치가 침해하였는지가 쟁점이 되었다.

4. 포르타스(FORTAS) 판사가 낸 법원의 의견의 요지

특정 견해들을 표명하기 위한 완장의 착용은 연방헌법 수정 제1조의 자유로운 말 조항의 범위 내에 있는 상징적 행동 유형이다. 이에 참여하는 학생들에 의한 파괴적인 행동으로부터는 이 사건의 완장들의 착용은 전적으로 분리되었다. 연방헌법 수정 제1조 아래서의 포괄적인 보호를 누릴 자격이 있는 순전한 말(pure speech)에 그것은 유사하였다. (393 U. S., at 505-506.)

학교환경의 특수한 성격에 비추어 적용될 경우의 연방헌법 수정 제1조상의 권리들은 교사들에게와 학생들에게 유효하다. 청구인들 쪽의 질서위반 행위가 내지는 방해행위가 수반되지 아니한 소리 없는 수동적 의견표현을 이유로 청구인들을 학교 임원들은 금지하였고 처벌하고자 하였다. 그러나 학교 업무에 대한 청구인들의 방해의 증거가 내지는 다른 학생들의 권리들에의 충돌의 증거가 없다. 학교들의 업무를 내지는 다른 학생들의 권리들을 방해하는 말에 내지는 행동에 이 사건은 관련이 없다. (393 U. S., at 506-508.)

완장들의 착용으로부터 초래될 혼란에 대한 염려 위에 학교당국의 처분은 터잡은 것이라서 그것은 정당하다고 연방 지방법원은 결론지었으나, 표현의 자유에 대한 권리를 압도하기에는 혼란에 대한 획일적 염려로는 내지 불안으로는 충분하지 않다. 우리의 국가적 힘의 토대가 및 미국인들의 독립의 및 열정의 토대가 되는 것은 이 종류의 위험한 자유임을 미국의 역사는 말한다. (393 U. S., at 508–509.)

특정한 의견표현의 금지를 주가 정당화하기 위해서는, 인기 없는 관점에 동반하는 불편을 및 불쾌를 회피하려는 욕구 이상의 것에 의하여 자신의 행동이 야기되었음을 주는 증명하여야 한다. 학교 운영에 있어서의 적절한 규율의 요구들을 그 금지된 행동에의 참여가 중대하게 및 실질적으로 방해할 것임에 대한 사실인정이 및 증명이 없는 경우에 그 금지는 지지될 수 없다. 학교 업무를 완장들의 착용이 중대하게 방해하리라고 내지는 다른 학생들의 권리들을 그 착용이 침범하리라고 예상할 이유를 학교당국이 지녔음에 대한 증거를 기록에 대한 독립적 검토는 가져다주지 않는다. (393 U. S., at 509.)

베트남전에의 관여에 대한 반대의사의 표현으로부터 야기될지도 모르는 논란을 회피하고자 하는 절박한 희망에 학교당국의 처분은 근거하였던 것으로 생각된다. 업무에 내지는 규율에 대한 중대한 및 실질적인 방해를 회피하기 위하여 필요하다는 점을 보여주는 증거가 없는 한, 특정 의견에 대한 표현의 금지는 헌법적으로 허용될 수 없다. (393 U. S., at 510–511.)

주(state) 운영의 학교들은 전체주의의 고립된 장소가 되어서는 안 된다. 학생들에 대한 절대적 권한을 학교 임원들은 보유하지 않는다. 학생들은 학교 안에서든 밖에서든 연방헌법 아래서의 "사람들"이다. 주가 존중하지 않으면 안 되는 기본적 권리들을 그들은 보유한다. 그들의 말을 규제하기 위한 헌법적으로 타당한 이유들에 대한 구체적 증명의 부재 가운데서는, 그들의 견해들에 대한 표현의 자유를 누릴 권리를 학생들은 지닌다. 자신들이 더불어 다투기를 바라지 않는 감정들의 표현들을 학교 임원들은 억압할 수 없다. 동질의 국민을 양육하는 것이 되도록 자신의 학교들을 주가 운영해도 좋다는 원칙을 이 나라는 거절한다. (393 U. S., at 511.)

미국 학교들에서 헌법적 자유들에 대한 주의 깊은 보호는 중요하다. 교실은 특별하게도 사상들의 시장이다. 권위주의적 형태의 선택을 통해서보다는 다수의 혀들로부터 진실을 발견하는, 사상들의 튼튼한 교환에의 넓은 노출을 통하여 훈련된 지도자들에게 나라의 미래는 달려 있다. 학교에서의 학생들의 활동들 가운데는 학생들 사이에서의 직접적인 상호 의견교환이 있다. 허가된 시간 동안 학교 내에 그가 있을 때, 학교 운영에 있어서의 규율의 요구들을 중대하게 및 실질적으로 방해하지 않는 한, 및 타인들의 권리들에 충돌하지 않는 한, 논란의 여지 있는 주제들에 대하여조차 자신의 의견들을 그는 표명할 수 있다. (393 U. S., at 512-513.)

자유로운 말을 연방의회는 (그리고 주들은) 침해해서는 안 된다고 연방헌법은 말한다. 교실활동의 부분으로서의 경우를 제외하고는 학교 자산 위에서의 월남 문제의 논의를 금지하는 내지는 반대의견의 표현을 금지하는 규칙이 채택된다면, 학교의 업무를 및 규율을 중대하게 및 실질적으로 방해할 것이라는 점의 증명이 없는 한, 학생들의 헌법적 권리들을 그 규칙은 침해할 것이다. (393 U. S., at 513.)

현재 사건의 상황들 속에서, 소리 없는 수동적인 완장들의 증언에 대한 금지는 연방헌법상의 보장들을 침해한다. 월남전에 대한 반대를 및 휴전에 대한 지지를 나타내기 위하여, 그들의 견해들이 알려지게 하기 위하여, 그것들을 채택하도록 다른 사람들을 움직이기 위하여 완장들을 그들은 착용하였을 뿐, 학교활동들을 방해하지도, 학교 업무를 내지는 타인들의 생활들을 침해하고자 추구하지도, 업무에의 간섭을 유발하지도, 혼란을 유발하지도 않았다. 이러한 상황들 속에서 그들의 표현방식을 주 공무원들이 부정함을 연방헌법은 허용하지 않는다. 원심판결을 파기하고 이 의견에 부합되는 추후의 절차들을 위하여 사건을 환송한다. (393 U. S., at 514.)

MR. JUSTICE FORTAS delivered the opinion of the Court.

Petitioner John F. Tinker, 15 years old, and petitioner Christopher Eckhardt, 16 years old, attended high schools in Des Moines, Iowa. Petitioner Mary Beth Tinker, John's sister, was a 13-year-old student in junior high school.

In December 1965, a group of adults and students in Des Moines held a meeting at the Eckhardt home. The group determined to publicize their objections to the hostilities in Vietnam and their support for a truce by wearing black armbands during the holiday season and by fasting on December 16 and New Year's Eve. Petitioners and their parents had previously engaged in similar activities, and they decided to participate in the program.

The principals of the Des Moines schools became aware of the plan to wear armbands. On December 14, 1965, they met and adopted a policy that any student wearing an armband to school would be asked to remove it, and if he refused he would be suspended until he returned without the armband. Petitioners were aware of the regulation that the school authorities adopted.

On December 16, Mary Beth and Christopher wore black armbands to their schools. John Tinker wore his armband the next day. They were all sent home and suspended from school until they would come back without their armbands. They did not return to school until after the planned period for wearing armbands had expired - that is, until after New Year's Day.

This complaint was filed in the United States District Court by petitioners,

법원의 의견을 포르타스(FORTAS) 판사가 냈다.

아이오와주 디모인 소재의 고등학교들에 15세의 청구인 존 F. 팅커(John F. Tinker)는 및 16세의 청구인 크리스토퍼 에크하르트(Christopher Eckhardt)는 다니고 있었다. 존의 여동생인 청구인 메리 베뜨 팅커(Mary Beth Tinker)는 13세의 중학생이었다.

한 번의 회합을 에크하르트의 집에서 1965년 12월에 디모인 거주의 일단의 성인들은 및 학생들은 가졌다. 검은 색 완장들을 휴가 시즌 동안에 착용함으로써 및 12월 16일에와 신년 전야에 금식함으로써, 베트남에서의 적대행위들에 대한 그들의 반대를 및 휴전에 대한 그들의 지지를 공표하기로 그룹은 결정하였다. 이전에 유사한 행위들에 청구인들은 및 그들의 부모들은 가담한 바 있었고, 그 프로그램에 참여하기로 그들은 결정하였다.

완장들을 착용하려는 계획에 대하여 디모인 학교들의 교장들은 알게 되었다. 1965년 12월 14일에 그들은 만나 대책을 채택하였는데, 완장을 차고서 학교에 오는 학생은 누구든 그것을 벗으라고 요구될 것이고 만약 그가 거부하면 완장 없이 학교에 돌아올 때까지 정학에 그는 처해진다는 것이었다. 학교당국이 채택한 규제 조치에 대하여 청구인들은 알게 되었다.

검은 색 완장들을 찬 채로 12월 16에 자신들의 학교에 메리 베뜨는 및 크리스토퍼는 갔다. 자신의 완장을 그 다음 날 존 팅커는 찼다. 그들은 모두 집으로 돌려보내졌고, 완장 없이 돌아오고자 할 때까지 학교로부터 그들은 정학처분되었다. 완장들을 차기로 계획된 기간이 끝났을 때까지 - 즉, 신년 초하루가 지났을 때까지 그들은 학교에 돌아가지 않았다.

합중국 법률집(United States Code) 제42편 제1983절에 따라 그들의 부모들을 통한

through their fathers, under § 1983 of Title 42 of the United States Code. It prayed for an injunction restraining the respondent school officials and the respondent members of the board of directors of the school district from disciplining the petitioners, and it sought nominal damages. After an evidentiary hearing the District Court dismissed the complaint. It up- «393 U. S., 505» held the constitutionality of the school authorities' action on the ground that it was reasonable in order to prevent disturbance of school discipline. 258 F. Supp. 971 (1966). The court referred to but expressly declined to follow the Fifth Circuit's holding in a similar case that the wearing of symbols like the armbands cannot be prohibited unless it "materially and substantially interfere[s] with the requirements of appropriate discipline in the operation of the school." Burnside v. Byars, 363 F. 2d 744, 749 (1966).[1]

On appeal, the Court of Appeals for the Eighth Circuit considered the case en banc. The court was equally divided, and the District Court's decision was accordingly affirmed, without opinion. 383 F. 2d 988 (1967). We granted certiorari. 390 U. S. 942 (1968).

I.

The District Court recognized that the wearing of an armband for the purpose of expressing certain views is the type of symbolic act that is within the Free Speech Clause of the First Amendment. See West Virginia v. Barnette, 319 U. S. 624 (1943); Stromberg v. California, 283 U. S. 359 (1931). Cf. Thornhill v. Alabama, 310 U. S. 88 (1940); Edwards v. South Carolina, 372 U. S. 229 (1963); Brown v. Louisiana, 383 U. S. 131 (1966). As we shall discuss, the wearing of armbands in the circumstances of this case was entirely

---

1) In Burnside, the Fifth Circuit ordered that high school authorities be enjoined from enforcing a regulation forbidding students to wear "freedom buttons." It is instructive that in Blackwell v. Issaquena County Board of Education, 363 F. 2d 749 (1966), the same panel on the same day reached the opposite result on different facts. It declined to enjoin enforcement of such a regulation in another high school where the students wearing freedom buttons harassed students who did not wear them and created much disturbance.

청구인들에 의하여 합중국 지방법원에 이 소장은 제출되었다. 청구인들을 징계하지 말도록 피청구인 학교 임원들을 및 피청구인 학구 이사회 구성원들을 제약하는 금지명령을 소장은 구하였고, 아울러 명목적 손해배상을 그것은 구하였다. 증거청문 뒤에 소장을 연방 지방법원은 각하하였다. 학교 당국의 «393 U. S., 505» 처분은 학교규율의 교란을 방지하기 위한 것으로서 정당하다는 이유로 처분의 합헌성을 연방 지방법원은 지지하였다. 258 F. Supp. 971 (1966). "학교 운영에 있어서의 적절한 규율의 요구들을 중대하게 및 실질적으로 방해하[지]" 않는 한, 완장들을 비롯한 상징물들의 착용은 금지될 수 없다는 취지의 유사한 사건에서의 제5순회구 항소법원의 판시, Burnside v. Byars, 363 F. 2d 744, 749 (1966),[1] 를 연방 지방법원은 언급하였으나 이를 좇기를 연방 지방법원은 명시적으로 거부하였다.

항소심에서 사건을 판사 전원 출석으로 제8순회구 항소법원은 검토하였다. 찬반 동수로 항소법원은 나뉘었고, 이에 따라 연방 지방법원의 판결은 의견 없이 인가되었다. 383 F. 2d 988 (1967). 사건기록 송부명령을 우리는 내렸다. 390 U. S. 942 (1968).

I.

특정 견해들을 표명하기 위한 완장의 착용은 연방헌법 수정 제1조의 자유로운 말 조항(the Free Speech Clause)의 범위 내에 있는 상징적 행동 유형임을 연방 지방법원은 인정하였다. West Virginia v. Barnette, 319 U. S. 624 (1943)을; Stromberg v. California, 283 U. S. 359 (1931)을 보라. Thornhill v. Alabama, 310 U. S. 88 (1940)을; Edwards v. South Carolina, 372 U. S. 229 (1963)을; Brown v. Louisiana, 383 U. S. 131 (1966)을 비교하라. 우리의 논의에서 드러날 터이지만, 이에 참여하는 학생들에 의한 현실적으로든 잠재적으로든 파괴적인 행동으로부터는, 이 사건의 상황들 속

---

1) "프리덤 배지들(freedom buttons)"을 착용하지 못하도록 학생들을 금지하는 규정을 시행함으로부터 고등학교 당국은 금지되어야 한다고 Burnside 사건에서 제5순회구 항소법원은 명령하였다. 이것하고는 다른 사실관계 위에서 정반대의 결과에 같은 날 Blackwell v. Issaquena County Board of Education, 363 F. 2d 749 (1966)에서의 동일한 배심총원이 도달하였음은 교훈적이다. 배지들을 착용하지 아니한 학생들을 착용 학생들이 괴롭힌, 그리고 많은 혼란을 빚은 또 한 개의 고등학교에서는 이러한 규정의 시행을 금지하기를 그 판결은 거부하였다.

divorced from actually or potentially disruptive conduct by those participating in it. It was closely akin to "pure speech" «393 U. S., 506» which, we have repeatedly held, is entitled to comprehensive protection under the First Amendment. Cf. Cox v. Louisiana, 379 U. S. 536, 555 (1965); Adderley v. Florida, 385 U. S. 39 (1966).

First Amendment rights, applied in light of the special characteristics of the school environment, are available to teachers and students. It can hardly be argued that either students or teachers shed their constitutional rights to freedom of speech or expression at the schoolhouse gate. This has been the unmistakable holding of this Court for almost 50 years. In Meyer v. Nebraska, 262 U. S. 390 (1923), and Bartels v. Iowa, 262 U. S. 404 (1923), this Court, in opinions by Mr. Justice McReynolds, held that the Due Process Clause of the Fourteenth Amendment prevents States from forbidding the teaching of a foreign language to young students. Statutes to this effect, the Court held, unconstitutionally interfere with the liberty of teacher, student, and parent.[2] See also Pierce v. Society of Sisters, 268 «393 U. S., 507» U. S. 510 (1925); West Virginia v. Barnette, 319 U. S. 624 (1943); McCollum v. Board of Education, 333 U. S. 203 (1948); Wieman v. Updegraff, 344 U. S. 183, 195 (1952) (concurring opinion); Sweezy v. New Hampshire, 354 U. S. 234 (1957); Shelton v. Tucker, 364 U. S. 479, 487 (1960); Engel v. Vitale, 370 U. S. 421 (1962); Keyishian v. Board of Regents, 385 U. S. 589, 603 (1967);

---

2) Hamilton v. Regents of Univ. of Cal., 293 U. S. 245 (1934), is sometimes cited for the broad proposition that the State may attach conditions to attendance at a state university that require individuals to violate their religious convictions. The case involved dismissal of members of a religious denomination from a land grant college for refusal to participate in military training. Narrowly viewed, the case turns upon the Court's conclusion that merely requiring a student to participate in school training in military "science" could not conflict with his constitutionally protected freedom of conscience. The decision cannot be taken as establishing that the State may impose and enforce any conditions that it chooses upon attendance at public institutions of learning, however violative they may be of fundamental constitutional guarantees. See, e. g., West Virginia v. Barnette, 319 U. S. 624 (1943); Dixon v. Alabama State Board of Education, 294 F. 2d 150 (C. A. 5th Cir. 1961); Knight v. State Board of Education, 200 F. Supp. 174 (D. C. M. D. Tenn. 1961); Dickey v. Alabama State Board of Education, 273 F. Supp. 613 (D. C. M. D. Ala. 1967). See also Note, Unconstitutional Conditions, 73 Harv. L. Rev. 1595 (1960); Note, Academic Freedom, 81 Harv. L. Rev. 1045 (1968).

에서의 완장들의 착용은 전적으로 분리되었다. 연방헌법 수정 제1조 아래서의 포괄적인 «393 U. S., 506» 보호를 누릴 자격이 있다고 우리가 반복적으로 판시해 온 "순전한 말(pure speech)"에 그것은 밀접히 유사하였다. Cox v. Louisiana, 379 U. S. 536, 555 (1965)를; Adderley v. Florida, 385 U. S. 39 (1966)을 비교하라.

학교환경의 특수한 성격에 비추어 적용될 경우의 연방헌법 수정 제1조상의 권리들은 교사들에게와 학생들에게 유효하다. 말 내지는 표현의 자유에 대한 자신들의 헌법적 권리들을 학교 정문에서 학생들이든 교사들이든 어느 한 쪽이 내버린다고는 결코 주장될 수 없다. 이것은 당원의 거의 50년 동안의 오해의 여지 없는 판시가 되어 왔다. 어린 학생들에 대한 외국어 교육을 금지하지 못하도록 주들을 연방헌법 수정 제14조의 적법절차 조항은 금지한다고 Meyer v. Nebraska, 262 U. S. 390 (1923)에서, 그리고 Bartels v. Iowa, 262 U. S. 404 (1923)에서 맥레이놀즈(McReynolds) 판사의 의견들을 통하여 당원은 판시하였다. 그 교육을 금지하는 취지의 제정법들은 교사의, 학생의 및 부모의 자유를 위헌적으로 침해한다고 당원은 판시하였다.[2] 아울러 Pierce v. Society of Sisters, «393 U. S., 507» 268 U. S. 510 (1925)를; West Virginia v. Barnette, 319 U. S. 624 (1943)을; McCollum v. Board of Education, 333 U. S. 203 (1948)을; Wieman v. Updegraff, 344 U. S. 183, 195 (1952) (보충의견)을; Sweezy v. New Hampshire, 354 U. S. 234 (1957)을; Shelton v. Tucker, 364 U. S. 479, 487 (1960)을; Engel v. Vitale, 370 U. S. 421 (1962)를; Keyishian v. Board of Regents, 385 U. S. 589, 603 (1967)을; Epperson v. Arkansas, ante, p.97 (1968)을 보라.

---

2) 자신들의 종교적 신념들을 위반하도록 개인들에게 요구하는 조건들을 주립대학교에의 입학에 주(State)는 달 수 있다는 노골적 명제를 뒷받침하는 것으로 Hamilton v. Regents of Univ. of Cal., 293 U. S. 245 (1934) 판결이 때때로 인용된다. 군사훈련에의 참여 거부를 이유로 한 종교종파 한 개의 구성원들에 대한 토지허여 단과대학(a land grant college)으로부터의 퇴학처분을 그 사건은 포함하였다. 가까이 살펴보면, 헌법적으로 보호되는 그의 양심의 자유에, 군사 "과학"에 있어서의 학교훈련에 참여하도록 학생에게 단순히 요구하는 것은 저촉될 수 없다는 당원의 결론에 그 사건은 의존한다.
조금이라도 자신이 선택하는 조건들을, 기본적인 헌법적 보장들에 그것이 제아무리 위배되는 것들이라 하더라도, 공공 교육기관들에의 입학에 관하여 주가 부여할 수 있음을 및 시행할 수 있음을 확립하는 것으로 그 판결은 간주될 수 없다. 예컨대, West Virginia v. Barnette, 319 U. S. 624 (1943)을; Dixon v. Alabama State Board of Education, 294 F. 2d 150 (C. A. 5th Cir. 1961)을; Knight v. State Board of Education, 200 F. Supp. 174 (D. C. M. D. Tenn. 1961)을; Dickey v. Alabama State Board of Education, 273 F. Supp. 613 (D. C. M. D. Ala. 1967)을 보라. 아울러 Note, Unconstitutional Conditions, 73 Harv. L. Rev. 1595 (1960)을; Note, Academic Freedom, 81 Harv. L. Rev. 1045 (1968)을 보라.

Epperson v. Arkansas, ante, p.97 (1968).

In West Virginia v. Barnette, supra, this Court held that under the First Amendment, the student in public school may not be compelled to salute the flag. Speaking through Mr. Justice Jackson, the Court said:

"The Fourteenth Amendment, as now applied to the States, protects the citizen against the State itself and all of its creatures - Boards of Education not excepted. These have, of course, important, delicate, and highly discretionary functions, but none that they may not perform within the limits of the Bill of Rights. That they are educating the young for citizenship is reason for scrupulous protection of Constitutional freedoms of the individual, if we are not to strangle the free mind at its source and teach youth to discount important principles of our government as mere platitudes." 319 U. S., at 637.

On the other hand, the Court has repeatedly emphasized the need for affirming the comprehensive authority of the States and of school officials, consistent with fundamental constitutional safeguards, to prescribe and control conduct in the schools. See Epperson v. Arkansas, supra, at 104; Meyer v. Nebraska, supra, at 402. Our problem lies in the area where students in the exercise of First Amendment rights collide with the rules of the school authorities.

II.

The problem posed by the present case does not relate to regulation of the length of skirts or the type of cloth- «393 U. S., 508» ing, to hair style, or deportment. Cf. Ferrell v. Dallas Independent School District, 392 F. 2d 697 (1968); Pugsley v. Sellmeyer, 158 Ark. 247, 250 S. W. 538 (1923). It does not concern aggressive, disruptive action or even group demonstrations. Our problem involves direct, primary First Amendment rights akin to "pure

국기에 경례하도록 연방헌법 수정 제1조 아래서 공립학교의 학생은 강제되어서는 안 됨을 West Virginia v. Barnette, supra에서 당원은 판시하였다. 잭슨(Jackson) 판사를 통하여 판시하면서 당원은 말하였다:

"지금은 주들에게 적용되는 것으로서의 연방헌법 수정 제14조는 시민을 주(the State) 자신에 대처하여 및 그 피조물 전부에 대처하여 - 따라서 교육위원회들은 제외되지 않는다 - 보호한다. 중요한, 민감한, 그리고 고도로 자유재량적인 기능들을 이것들이 지님은 물론이지만, 그러나 권리장전의 한계들 내에서 그것들이 작동하지 않아도 될 만한 것들을 그것들은 전혀 지니지 않는다. 자유로운 정신을 그 원천에서부터 우리가 질식시키려는 것이 아니라면, 그리고 우리 정부의 중요한 원칙들을 단순한 상투어로 에누리하도록 젊은 사람들을 우리가 가르치려는 것이 아니라면, 젊은 사람들을 시민으로서의 신분을 위하여 그들이 가르치고 있다는 점은 개인의 헌법적 자유들의 신중한 보호가 요구되는 이유이다." 319 U. S., at 637.

반면에, 학교들에서의 행동을 규정할 및 통제할, 기본적인 헌법적 보장들에 부합되는 주들의 및 학교 임원들의 포괄적 권한을 인정해 줄 필요를 당원은 반복적으로 강조해 왔다. Epperson v. Arkansas, supra, at 104를; Meyer v. Nebraska, supra, at 402를 보라. 학교당국의 규칙들에 연방헌법 수정 제1조상의 권리들의 행사에 있어서의 학생들이 충돌하는 영역들에 우리의 문제는 놓여 있다.

Ⅱ.

스커트 길이의, 복장 상태의, 머리 모양의, 또는 품행의 규율에는 현재의 사건에 《393 U. S., 508》 의하여 제기되는 문제는 관련이 없다. Ferrell v. Dallas Independent School District, 392 F. 2d 697 (1968)을; Pugsley v. Sellmeyer, 158 Ark. 247, 250 S. W. 538 (1923)을 비교하라. 공격적인, 파괴적인 행동에 내지는 심지어는 집단적 시위들에조차도 그것은 관련이 없다. "순전한 말"에 유사한 직접적인, 일차적인 연방헌법 수정 제1조상의 권리들을 우리의 문제는 포함한다.

speech."

The school officials banned and sought to punish petitioners for a silent, passive expression of opinion, unaccompanied by any disorder or disturbance on the part of petitioners. There is here no evidence whatever of petitioners' interference, actual or nascent, with the schools' work or of collision with the rights of other students to be secure and to be let alone. Accordingly, this case does not concern speech or action that intrudes upon the work of the schools or the rights of other students.

Only a few of the 18,000 students in the school system wore the black armbands. Only five students were suspended for wearing them. There is no indication that the work of the schools or any class was disrupted. Outside the classrooms, a few students made hostile remarks to the children wearing armbands, but there were no threats or acts of violence on school premises.

The District Court concluded that the action of the school authorities was reasonable because it was based upon their fear of a disturbance from the wearing of the armbands. But, in our system, undifferentiated fear or apprehension of disturbance is not enough to overcome the right to freedom of expression. Any departure from absolute regimentation may cause trouble. Any variation from the majority's opinion may inspire fear. Any word spoken, in class, in the lunchroom, or on the campus, that deviates from the views of another person may start an argument or cause a disturbance. But our Constitution says we must take this risk, Terminiello v. Chicago, 337 U. S. 1 (1949); and our history says that it is this sort of hazardous freedom - this kind of openness - that is «393 U. S., 509» the basis of our national strength and of the independence and vigor of Americans who grow up and live in this relatively permissive, often disputatious, society.

In order for the State in the person of school officials to justify prohibition

청구인들 쪽의 질서위반 행위가 내지는 방해행위가 수반되지 아니한, 소리 없는 수동적 의견표현을 이유로 청구인들을 학교 임원들은 금지하였고 처벌하고자 하였다. 현실의 것이든 발생단계의 것이든 학교 업무에 대한 청구인들의 방해의 증거가 내지는 안전한 상태로 있을 및 홀로 내버려두어질 다른 학생들의 권리들에의 충돌의 증거가 여기에는 전혀 없다. 따라서 학교들의 업무를 내지는 다른 학생들의 권리들을 방해하는 말에 내지는 행동에 이 사건은 관련이 없다.

검은 색 완장들을 착용한 것은 학교 조직 내의 18,000 명의 학생들 가운데 겨우 몇 명만이었다. 그것들을 착용하였음을 이유로 정학처분을 받은 학생들은 오직 다섯 명이었다. 학교들의 업무가 또는 조금이라도 수업이 방해된 징후는 전혀 없다. 완장들을 두른 아이들에 대하여 적대적 의견들을 교실들 밖에서 몇몇 학생들은 보였으나, 학교 구내들에서 위협들은 내지는 폭력행위들은 없었다.

완장들의 착용으로부터 초래될 혼란에 대한 그들의 염려 위에 학교당국의 처분은 터잡은 것이라서 그것은 정당하다고 연방 지방법원은 결론지었다. 그러나, 우리의 제도에서는 표현의 자유에 대한 권리를 압도하기에는 혼란에 대한 획일적 염려로는 내지 불안으로는 충분하지 않다. 그 어떤 것이든 절대적 통제로부터의 이탈은 문제를 야기할 수 있다. 그 어떤 것이든 다수자의 의견으로부터의 변이는 두려움을 불어넣을 수 있다. 교실에서, 식당에서, 또는 교정에서 발언된, 타인의 견해들로부터 빗나가는 말은 그 어느 것이라도 논쟁을 일으키거나 혼란을 야기할 수 있다. 그러나 이 위험을 우리는 무릅쓰지 않으면 안 된다고 우리의 연방헌법은 말하며, Terminiello v. Chicago, 337 U. S. 1 (1949); 그리고 우리의 국가적 힘의 토대가 되는 것은 및 이 비교적 관대한, 흔히 논쟁적인 사회에서 성장하여 살아가는 미국인들의 독립의 및 《393 U. S., 509》 열정의 토대가 되는 것은 이 종류의 위험한 자유임을 - 이 종류의 개방성임을 - 우리의 역사는 말한다.

특정한 의견표현의 금지를 학교 임원들을 대신하여 주가 정당화하기 위해서는,

of a particular expression of opinion, it must be able to show that its action was caused by something more than a mere desire to avoid the discomfort and unpleasantness that always accompany an unpopular viewpoint. Certainly where there is no finding and no showing that engaging in the forbidden conduct would "materially and substantially interfere with the requirements of appropriate discipline in the operation of the school," the prohibition cannot be sustained. Burnside v. Byars, supra, at 749.

In the present case, the District Court made no such finding, and our independent examination of the record fails to yield evidence that the school authorities had reason to anticipate that the wearing of the armbands would substantially interfere with the work of the school or impinge upon the rights of other students. Even an official memorandum prepared after the suspension that listed the reasons for the ban on wearing the armbands made no reference to the anticipation of such disruption.[3] «393 U. S., 510»

On the contrary, the action of the school authorities appears to have been based upon an urgent wish to avoid the controversy which might result from the expression, even by the silent symbol of armbands, of opposition to this Nation's part in the conflagration in Vietnam.[4] It is revealing, in this respect,

---

3) The only suggestions of fear of disorder in the report are these: "A former student of one of our high schools was killed in Viet Nam. Some of his friends are still in school and it was felt that if any kind of a demonstration existed, it might evolve into something which would be difficult to control."
"Students at one of the high schools were heard to say they would wear arm bands of other colors if the black bands prevailed."
Moreover, the testimony of school authorities at trial indicates that it was not fear of disruption that motivated the regulation prohibiting the armbands; the regulation was directed against "the principle of the demonstration" itself. School authorities simply felt that "the schools are no place for demonstrations," and if the students "didn't like the way our elected officials were handling things, it should be handled with the ballot box and not in the halls of our public schools."

4) The District Court found that the school authorities, in prohibiting black armbands, were influenced by the fact that "[t]he Viet Nam war and the involvement of the United States therein has been the subject of a major controversy for some time. When the arm band regulation involved herein was promulgated, debate over the Viet Nam war had become vehement in many localities. A protest march against the war had been recently held in Washington, D. C. A wave of draft card burning incidents protesting the war had swept the country. At that time two highly publicized draft card burning cases were pending in this Court. Both individuals supporting the war and those opposing it were quite vocal in expressing their views." 258 F. Supp., at 972–973.

인기 없는 관점에 항상 동반하는 불편을 및 불쾌를 회피하려는 단순한 욕구 이상의 것에 의하여 자신의 행동이 야기되었음을 주는 증명할 수 있지 않으면 안 된다. "학교 운영에 있어서의 적절한 규율의 요구들을" 그 금지된 행동에의 참여가 "중대하게 및 실질적으로 방해할" 것임에 대한 사실인정이 및 증명이 없는 경우에 그 금지는 지지될 수 없음이 확실하다. Burnside v. Byars, supra, at 749.

현재의 사건에서 이러한 사실인정을 연방 지방법원은 하지 아니하였고, 그리고 학교 업무를 완장들의 착용이 중대하게 방해하리라고 내지는 다른 학생들의 권리들을 그 착용이 침범하리라고 예상할 이유를 학교당국이 지녔음에 대한 증거를 기록에 대한 우리의 독립적 검토는 가져다주지 않는다. 심지어 정학처분 뒤에 작성된, 완장들의 착용에 대한 금지의 이유들을 열거한 공식적 비망록에서조차도 이러한 방해의 예상에 대하여는 전혀 언급하지 않았다.[3] «393 U. S., 510»

이에 반하여, 베트남에서의 전쟁발발에의 이 나라의 관여에 대한 반대의사의 표현으로부터 - 비록 그것이 완장들이라는 소리 없는 상징물에 의한 것임에도 불구하고 - 야기될지도 모르는 논란을 회피하고자 하는 절박한 희망에 학교당국의 처분은 근거하였던 것으로 생각된다.[4] 논란 대상인 규제조치를 발령하기로 학교 교장들이

---

[3] 혼란의 염려에 대한 보고서에서의 유일한 시사 부분은 이러하다: "우리 고등학교들 중 한 개의 학생이었던 한 명이 베트남에서 살해되었다. 그의 친구들 중 몇몇은 여전히 학교에 다니고 있고 따라서 만일 형태 여하를 불문하고 조금이라도 시위가 발생하면 통제하기 어려운 상황으로 그것은 번질 수 있다고 생각되었다."
"만약 검은 색 완장들이 유행하면 다른 색깔의 완장들을 착용하겠다고 고등학교들 중 한 곳의 학생들은 말하는 것으로 알려졌다."
게다가, 완장을 금지하는 규제조치를 자극한 것은 방해에 대한 염려가 아니었음을 정식사실심리에서의 학교당국의 증언은 보여준다: "시위의 원칙" 그 자체에 규제조치는 겨냥되었다. "학교들은 시위행위들을 위한 장소가 아니다."라고 학교당국은 단순히 느꼈고, 그리하여 "상황을 우리의 선출된 임원이 다루는 방법을" 만약 학생들이 "좋아하지 않는다면, 우리 공립학교들의 집회장들에서가 아니라 투표함으로써 그것은 다루어져야 하였다."
[4] 검은 색 완장들을 금지함에 있어서 아래 사실에 의하여 영향을 학교당국은 받았음을 연방 지방법원은 인정하였다: "[월]남전은 및 거기에의 미합중국의 개입은 상당 기간 동안 주요 논쟁의 주제가 되어 왔다. 여기에 포함된 완장 규제가 공표되었을 때, 월남전을 둘러싼 논쟁은 여러 지역들에서 격렬한 것이 되어 있었다. 워싱턴 D. C.에서 전쟁에 반대하는 항의행진이 그 근자에 열린 터였다. 전쟁에 항의하여 징병 카드를 소각하는 사건들의 물결이 나라를 휩쓴 터였다. 두 개의 매우 널리 공표된 징병 카드 소각 사건들이 그 시점에서 당원에 계속되어 있었다. 전쟁을 지지하는 개인들이든 이에 반대하는 개인들이든 자신들의 견해들을 표현함에 있어서 너나없이 시끄러웠다." 258 F. Supp., at 972–973

that the meeting at which the school principals decided to issue the contested regulation was called in response to a student's statement to the journalism teacher in one of the schools that he wanted to write an article on Vietnam and have it published in the school paper. (The student was dissuaded.[5])

It is also relevant that the school authorities did not purport to prohibit the wearing of all symbols of political or controversial significance. The record shows that students in some of the schools wore buttons relating to national political campaigns, and some even wore the Iron Cross, traditionally a symbol of Nazism. The order prohibiting the wearing of armbands did not extend to these. Instead, a particular symbol - black armbands worn to exhibit opposition to this Nation's involvement «393 U. S., 511» in Vietnam - was singled out for prohibition. Clearly, the prohibition of expression of one particular opinion, at least without evidence that it is necessary to avoid material and substantial interference with schoolwork or discipline, is not constitutionally permissible.

In our system, state-operated schools may not be enclaves of totalitarianism. School officials do not possess absolute authority over their students. Students in school as well as out of school are "persons" under our Constitution. They are possessed of fundamental rights which the State must respect, just as they themselves must respect their obligations to the State. In our system, students may not be regarded as closed-circuit recipients of only that which the State chooses to communicate. They may not be confined to the expression of those sentiments that are officially approved. In the absence of a specific showing of constitutionally valid reasons to regulate

---

5) After the principals' meeting, the director of secondary education and the principal of the high school informed the student that the principals were opposed to publication of his article. They reported that "we felt that it was a very friendly conversation, although we did not feel that we had convinced the student that our decision was a just one."

결정한 그 회합이 소집되었던 것은 해당 학교들 중 한 곳에서 저널리즘 교사에게 학생 한 명이 하였던, 한 개의 기사를 월남전에 관하여 써서 학교신문에 공표되게 하기를 자신은 원한다는 발언에 대응한 것이었다는 점은 이에 관련하여 뜻이 깊다. (학생은 설득을 받고서 이를 단념하였다.) [5]

　정치적 내지는 논쟁적 의미를 지닌 모든 상징물들의 착용을 금지하고자 학교당 국이 꾀하였던 것은 아님은 마찬가지로 관련이 있다. 전국적 선거운동들에 관련된 단추들을 일부 학교들에서 학생들은 착용했음을, 전통적으로 나찌즘의 상징인 철 십자 훈장을 몇몇은 착용했음을 기록은 보여준다. 이것들에는 완장들의 착용을 금 지한 명령은 미치지 않았다. 그 대신에, 특정 상징물이, 즉 월남에의 국가 개입에 대한 반대를 나타내기 위하여 착용된 검은 색 완장들이 «393 U. S., 511» 금지의 대 상으로 뽑혔다. 적어도 학교업무에 내지는 규율에 대한 중대한 및 실질적인 방해를 회피하기 위하여 그것이 필요하다는 점을 보여주는 증거가 없는 한, 특정 의견에 대한 표현의 금지는 헌법적으로 허용될 수 없음이 명백하다.

　우리의 제도에서는, 주(state) 운영의 학교들은 전체주의의 고립된 장소가 되어서 는 안 된다. 자신들의 학생들에 대한 절대적 권한을 학교 임원들은 보유하지 않는 다. 학생들은 학교 안에서든 학교 밖에서든 다 같이 우리의 연방헌법 아래서의 "사 람들"이다. 바로 그들의 의무사항들을 그들 스스로가 존중하지 않으면 안 되듯이, 주가 존중하지 않으면 안 되는 기본적 권리들을 그들은 보유한다. 그 전달하기를 주가 선택하는 것들만을 위한 폐쇄회로 용기들로 우리의 제도에서 학생들은 간주 되어서는 안 된다. 공식적으로 승인된 감정들의 표현으로 그들은 한정되어서는 안 된다. 그들의 말을 규제하기 위한 헌법적으로 타당한 이유들에 대한 구체적 증명의 부재 가운데서는, 그들의 견해들에 대한 표현의 자유를 누릴 권리를 학생들은 지닌

---

5) 그의 기사의 공표에 교장들이 반대한다는 점을 교장들의 회합 뒤에 그 학생에게 중등교육국장은 및 그 고등학교의 교 장은 고지하였다. "비록 우리의 결정이 정당한 것이라는 점에 대하여 학생을 확신시킨 것으로 우리가 느끼지는 아니 하였음에도 불구하고, 그것은 매우 우호적인 대화였다고 우리는 느꼈다."고 그들은 보고하였다.

their speech, students are entitled to freedom of expression of their views. As Judge Gewin, speaking for the Fifth Circuit, said, school officials cannot suppress "expressions of feelings with which they do not wish to contend." Burnside v. Byars, supra, at 749.

In Meyer v. Nebraska, supra, at 402, Mr. Justice McReynolds expressed this Nation's repudiation of the principle that a State might so conduct its schools as to "foster a homogeneous people." He said:

"In order to submerge the individual and develop ideal citizens, Sparta assembled the males at seven into barracks and intrusted their subsequent education and training to official guardians. Although such measures have been deliberately approved by men of great genius, their ideas touching the relation between individual and State were wholly different from those upon which our institutions rest; and it hardly will be affirmed that any legislature could impose such restrictions upon the people of a «393 U. S., 512» State without doing violence to both letter and spirit of the Constitution."

This principle has been repeated by this Court on numerous occasions during the intervening years. In Keyishian v. Board of Regents, 385 U. S. 589, 603, MR. JUSTICE BRENNAN, speaking for the Court, said:

"'The vigilant protection of constitutional freedoms is nowhere more vital than in the community of American schools.' Shelton v. Tucker, [364 U.S. 479 ,] at 487. The classroom is peculiarly the 'marketplace of ideas.' the Nation's future depends upon leaders trained through wide exposure to that robust exchange of ideas which discovers truth 'out of a multitude of tongues, [rather] than through any kind of authoritative selection.'"

The principle of these cases is not confined to the supervised and ordained discussion which takes place in the classroom. The principal use to which the schools are dedicated is to accommodate students during prescribed

다. 제5순회구를 대표하여 판시하면서 지윈(Gewin) 판사가 말했듯이, "자신들이 더불어 다투기를 바라지 않는 감정들의 표현들을" 학교 임원들은 억압할 수 없다. Burnside v. Byars, supra, at 749.

"동질의 국민을 양육하는 것이 되도록" 자신의 학교들을 한 개의 주가 운영해도 좋다는 원칙에 대한 이 나라의 거절을 Meyer v. Nebraska, supra, at 402에서 맥레이놀즈(McReynolds) 판사는 표현하였다. 그는 말하였다:

"개인을 가라앉히기 위하여 및 이상적인 시민들을 개발하기 위하여, 남성들을 일곱 개의 병영들 안에 모아서 이후의 교육을 및 훈련을 공식의 관리인들에게 스파르타는 맡겼다. 비록 위대한 천재성의 인물들에 의하여 이러한 조치들은 승인되어 왔음에도 불구하고, 개인하고 주(State)하고의 양자 사이의 관계에 관한 그들의 사상들은 우리의 제도들이 얹혀 있는 사상들하고는 전적으로 달랐다; 그리하여 연방헌법의 문언을 및 정신을 다 같이 해치지 않는 채로 이러한 제약들을 한 개의 «393 U. S., 512» 주 주민들 위에 조금이라도 입법부가 부과할 수 있다는 것은 결코 승인될 수 없는 법이다."

그 사이의 여러 해 동안 수많은 경우들에 있어서 당원에 의하여 이 원칙은 반복되어 왔다. Keyishian v. Board of Regents, 385 U. S. 589, 603에서 당원을 대표하여 판시하면서 이렇게 브레넌(BRENNAN) 판사는 말하였다:

"'미국 학교들의 공동체에서보다 헌법적 자유들에 대한 주의 깊은 보호가 더 중요한 곳은 없다.' Shelton v. Tucker, [364 U.S. 479 ,] at 487. 교실은 특별하게도 '사상들의 시장'이다. '조금이라도 권위주의적 형태의 선택을 통해서[보다는 오히려] 다수의 혀들로부터' 진실을 발견하는, 사상들의 튼튼한 교환에의 넓은 노출을 통하여 훈련된 지도자들에게 나라의 미래는 달려 있다."

교실에서 발생하는, 감독 아래서의 정해진 논의에 이 사건들의 원칙은 한정되지 않는다. 규정된 시간들 동안에 특정 형태의 활동들을 위하여 학생들을 수용하는 데에, 학교들이 바쳐지는 주된 사용은 있다. 그 활동들 가운데는 학생들 사이에서의

hours for the purpose of certain types of activities. Among those activities is personal intercommunication among the students.[6] This is not only an inevitable part of the process of attending school; it is also an important part of the educational process. A student's rights, therefore, do not embrace merely the classroom hours. When he is in the cafeteria, or on the playing field, or on «393 U. S., 513» the campus during the authorized hours, he may express his opinions, even on controversial subjects like the conflict in Vietnam, if he does so without "materially and substantially interfer[ing] with the requirements of appropriate discipline in the operation of the school" and without colliding with the rights of others. Burnside v. Byars, supra, at 749. But conduct by the student, in class or out of it, which for any reason - whether it stems from time, place, or type of behavior - materially disrupts classwork or involves substantial disorder or invasion of the rights of others is, of course, not immunized by the constitutional guarantee of freedom of speech. Cf. Blackwell v. Issaquena County Board of Education, 363 F. 2d 749 (C. A. 5th Cir. 1966).

Under our Constitution, free speech is not a right that is given only to be so circumscribed that it exists in principle but not in fact. Freedom of expression would not truly exist if the right could be exercised only in an area that a benevolent government has provided as a safe haven for crackpots. The Constitution says that Congress (and the States) may not abridge the right to free speech. This provision means what it says. We properly read it to permit reasonable regulation of speech-connected activities in carefully restricted circumstances. But we do not confine the permissible exercise of First

---

6) In Hammond v. South Carolina State College, 272 F. Supp. 947 (D. C. S. C. 1967), District Judge Hemphill had before him a case involving a meeting on campus of 300 students to express their views on school practices. He pointed out that a school is not like a hospital or a jail enclosure. Cf. Cox v. Louisiana, 379 U. S. 536 (1965); Adderley v. Florida, 385 U. S. 39 (1966). It is a public place, and its dedication to specific uses does not imply that the constitutional rights of persons entitled to be there are to be gauged as if the premises were purely private property. Cf. Edwards v. South Carolina, 372 U. S. 229 (1963); Brown v. Louisiana, 383 U. S. 131 (1966).

직접적인 상호 의견교환이 있다.[6] 이것은 학교에의 등교 과정의 한 가지 불가피한 부분일 뿐만 아니라; 그것은 교육 과정의 한 가지 중요한 부분이기도 하다. 그러므로 단순히 수업시간들만을 학생의 권리들이 포함하는 것은 아니다. 허가된 시간 동안 카페테리아에, 또는 운동장에, 또는 «393 U. S., 513» 교정에 그가 있을 때, "학교 운영에 있어서의 적절한 규율의 요구들을 중대하게 및 실질적으로 방해하지" 않는 한, 및 타인들의 권리들에 충돌하지 않는 한, 심지어 월남에서의 대립이라든지 등 논란의 여지 있는 주제들에 대하여조차 자신의 의견들을 그는 표명할 수 있다. Burnside v. Byars, supra, at 749. 그러나 교실 안에서의 것이든 밖에서의 것이든 그 학생에 의한 행동은, 어떤 이유에서건 - 가령 시간상으로든, 장소적으로든 또는 행동 방식상으로든 상관 없이 - 수업을 중대하게 혼란스럽게 하는 것이면 내지는 실질적인 혼란을 또는 타인들의 권리들에 대한 침해를 포함하는 것이면, 말의 자유에 대한 헌법적 보장에 의하여 그것이 면제되지 아니함은 물론이다. Blackwell v. Issaquena County Board of Education, 363 F. 2d 749 (C. A. 5th Cir. 1966)을 비교하라.

우리의 연방헌법 아래서, 자유로운 말은 원칙에서는 존재하면서도 실제에서는 존재하지 아니한 것이 되도록 그렇게 제한된 것으로서만 부여된 권리인 것이 아니다. 만약 정신이 돈 사람들을 위한 안전한 항구로서 인정 많은 한 개의 정부가 제공해 놓은 영역 안에서만 그 권리가 행사될 수 있다면, 표현의 자유는 진정코 존재하지 아니하는 것이 될 것이다. 자유로운 말을 연방의회는 (그리고 주들은) 침해해서는 안 된다고 연방헌법은 말한다. 그것이 말하는 바를 이 규정은 의미한다. 말에 관련된 행위들에 대한 합리적 규율을 엄격히 제한된 상황들 안에서 허용하는 것으로 그것을 우리는 올바르게 해석한다. 그러나 연방헌법 수정 제1조상의 권리들의 허용가

---

6) 학교 관례에 대한 자신들의 견해들을 표현하기 위한 학생들 300명의 교정에서의 회합을 포함하는 사건을 Hammond v. South Carolina State College, 272 F. Supp. 947 (D. C. S. C. 1967)에서 자신 앞에 연방 지방법원 판사 헴필 (Hemphill)은 가졌다. 학교는 병원 경내에 내지는 감옥 경내에 유사하지 아니함을 그는 지적하였다. Cox v. Louisiana, 379 U. S. 536 (1965)를; Adderley v. Florida, 385 U. S. 39 (1966)을 비교하라. 그것은 한 개의 공공의 장소이며, 그러므로 마치 그 구내가 순수히 사적 재산인 경우에처럼 그 곳에의 있을 자격 있는 사람들의 헌법적 권리들이 측정되어야 함을 특정의 용도에 그것이 바쳐진다는 사실은 함축하지 않는다. Edwards v. South Carolina, 372 U. S. 229 (1963)을; Brown v. Louisiana, 383 U. S. 131 (1966)을 비교하라.

Amendment rights to a telephone booth or the four corners of a pamphlet, or to supervised and ordained discussion in a school classroom.

If a regulation were adopted by school officials forbidding discussion of the Vietnam conflict, or the expression by any student of opposition to it anywhere on school property except as part of a prescribed classroom exercise, it would be obvious that the regulation would violate the constitutional rights of students, at least if it could not be justified by a showing that the students' activities would materially and substantially disrupt the work and discipline of the school. Cf. Ham- «393 U. S., 514» mond v. South Carolina State College, 272 F. Supp. 947 (D. C. S. C. 1967) (orderly protest meeting on state college campus); Dickey v. Alabama State Board of Education, 273 F. Supp. 613 (D. C. M. D. Ala. 1967) (expulsion of student editor of college newspaper). In the circumstances of the present case, the prohibition of the silent, passive "witness of the armbands," as one of the children called it, is no less offensive to the Constitution's guarantees.

As we have discussed, the record does not demonstrate any facts which might reasonably have led school authorities to forecast substantial disruption of or material interference with school activities, and no disturbances or disorders on the school premises in fact occurred. These petitioners merely went about their ordained rounds in school. Their deviation consisted only in wearing on their sleeve a band of black cloth, not more than two inches wide. They wore it to exhibit their disapproval of the Vietnam hostilities and their advocacy of a truce, to make their views known, and, by their example, to influence others to adopt them. They neither interrupted school activities nor sought to intrude in the school affairs or the lives of others. They caused discussion outside of the classrooms, but no interference with work and no disorder. In the circumstances, our Constitution does not permit officials of the State to deny their form of expression.

능한 행사를 한 개의 전화박스로 내지는 팜플렛 한 장의 네 귀퉁이들로, 또는 학교 교실 한 곳에서의 감독되고 정해진 논의로 우리는 한정하지 않는다.

규정된 교실활동의 부분으로서의 경우를 제외하고는 학교 자산 위 어디든지에서의 월남 문제의 논의를 금지하는 내지는 조금이라도 그것에 대한 학생에 의한 반대의견의 표현을 금지하는 한 개의 규칙이 만약 학교 임원들에 의하여 채택된다면, 적어도 학교의 업무를 및 규율을 학생들의 활동들이 중대하게 및 실질적으로 방해할 것이라는 점에 대한 증명에 의하여 그것이 정당화될 수가 없는 한, 학생들의 헌법적 권리들을 그 규칙이 침해할 것임은 명백할 것이다. «393 U. S., 514» Hammond v. South Carolina State College, 272 F. Supp. 947 (D. C. S. C. 1967) (주립대학 교정에서의 질서정연한 항의집회)을; Dickey v. Alabama State Board of Education, 273 F. Supp. 613 (D. C. M. D. Ala. 1967) (대학신문 학생 편집발행인에 대한 퇴학처분)을 비교하라. 현재 사건의 상황들 속에서, 소리 없는 수동적인 "완장들의 증언" - 그것을 아이들 중 한 명은 그렇게 불렀다 - 에 대한 금지는 연방헌법상의 보장들을 확실히 침해한다.

우리가 논의해 왔듯이, 조금이라도 학교 활동들에 대한 실질적인 방해를 내지는 중대한 혼란을 예상하도록 학교당국을 정당하게 이끌었을 만한 사실관계를 기록은 보여주지 않으며, 학교 구내에서의 방해행위들은 내지는 혼란상황은 실제로 발생하지 않았다. 학교에서의 정해진 자신들의 일과행위들을 이 청구인들은 열심히 했을 뿐이다. 검은 색 천으로 된 넓이가 2 인치밖에 안 되는 한 개의 완장을 그들의 소매에 착용하는 것으로써만 그들의 일탈은 구성되었다. 월남에서의 적대행위들에 대한 그들의 반대를 및 휴전에 대한 그들의 지지를 나타내기 위하여, 그들의 견해들이 알려지게 하기 위하여, 그리고 그들의 본보기에 의하여 그것들을 채택하도록 다른 사람들을 움직이기 위하여 그것을 그들은 착용하였다. 그들은 학교활동들을 방해하지도 않았고 학교 업무를 내지는 타인들의 생활들을 침해하고자 추구하지도 않았다. 교실들 바깥에서의 논의를 그들은 유발하였으나, 업무에의 간섭을 유발하지도 않았고 혼란을 유발하지도 않았다. 이러한 상황들 속에서 그들의 표현방식을 주 공무원들더러 부정하도록 우리의 연방헌법은 허용하지 않는다.

We express no opinion as to the form of relief which should be granted, this being a matter for the lower courts to determine. We reverse and remand for further proceedings consistent with this opinion.

Reversed and remanded.

부여되어야 할 구제의 방식은 하급법원들이 판단할 문제이기에, 이에 관하여는 의견을 우리는 표명하지 않는다. 원심판결을 파기하고 이 의견에 부합되는 추후의 절차들을 위하여 사건을 우리는 환송한다.

원심판결은 파기되고 사건은 환송된다.

MR. JUSTICE STEWART, concurring.

Although I agree with much of what is said in the Court's opinion, and with its judgment in this case, I «393 U. S., 515» cannot share the Court's uncritical assumption that, school discipline aside, the First Amendment rights of children are co-extensive with those of adults. Indeed, I had thought the Court decided otherwise just last Term in Ginsberg v. New York, 390 U. S. 629. I continue to hold the view I expressed in that case: "[A] State may permissibly determine that, at least in some precisely delineated areas, a child - like someone in a captive audience - is not possessed of that full capacity for individual choice which is the presupposition of First Amendment guarantees." Id., at 649-650 (concurring in result). Cf. Prince v. Massachusetts, 321 U. S. 158.

스튜어트(STEWART) 판사의 보충의견이다.

이 법원의 의견에서 말해진 대부분에 대하여 및 이 사건에서의 판결주문에 대하여 비록 나는 동의함에도 불구하고, 학교규율을 «393 U. S., 515» 논외로 할 때 아동들의 연방헌법 수정 제1조상의 권리들이 성인들의 그것들에 동연이라는(co-extensive) 이 법원의 판단력 없는 가정에 나는 함께 할 수가 없다. 아닌게 아니라, 바로 지난 번 개정기 때 Ginsberg v. New York, 390 U. S. 629에서 이것하고는 다르게 당원이 판결한 것으로 나는 생각했었다. 그 사건에서 내가 표명하였던 그 견해를 보유하기를 나는 계속한다: "[연]방헌법 수정 제1조상의 보장들의 전제인 독립적 선택을 위한 그 완전한 능력을 적어도 어떤 명확하게 그려진 영역들 내에서 한 명의 아동은 - 사로잡힌 청중 가운데의 한 사람이 그러하듯 - 보유하지 않는 것으로 한 개의 주는 판단함이 허용된다." Id., at 649-650 (결론에 있어서 찬동함). Prince v. Massachusetts, 321 U. S. 158을 비교하라.

MR. JUSTICE WHITE, concurring.

While I join the Court's opinion, I deem it appropriate to note, first, that the Court continues to recognize a distinction between communicating by words and communicating by acts or conduct which sufficiently impinges on some valid state interest; and, second, that I do not subscribe to everything the Court of Appeals said about free speech in its opinion in Burnside v. Byars, 363 F. 2d 744, 748 (C. A. 5th Cir. 1966), a case relied upon by the Court in the matter now before us.

화이트(WHITE) 판사의 보충의견이다.

　이 법원의 의견에 나는 가담하면서, 첫째로, 언어에 의한 의사전달의, 그리고 모종의 정당한 주(state) 이익들을 충분히 침범하는 행동들에 내지는 행위에 의한 의사전달의 그 둘 사이의 구분을 인정하기를 이 법원은 지속한다는 점에; 그리고 둘째로, 지금 우리 앞에 있는 문제에 있어서 이 법원에 의하여 의존되는 선례인 Burnside v. Byars, 363 F. 2d 744, 748 (C. A. 5th Cir. 1966)의 그 자신의 의견에서 자유로운 말에 관하여 항소법원이 판시한 모든 것에 내가 찬동하는 것은 아니라는 점에 주의를 기울임이 적절하다고 나는 여긴다.

 MR. JUSTICE BLACK, dissenting.

The Court's holding in this case ushers in what I deem to be an entirely new era in which the power to control pupils by the elected "officials of state supported public schools ······" in the United States is in ultimate effect transferred to the Supreme Court.[1] The Court brought «393 U. S., 516» this particular case here on a petition for certiorari urging that the First and Fourteenth Amendments protect the right of school pupils to express their political views all the way "from kindergarten through high school." Here the constitutional right to "political expression" asserted was a right to wear black armbands during school hours and at classes in order to demonstrate to the other students that the petitioners were mourning because of the death of United States soldiers in Vietnam and to protest that war which they were against. Ordered to refrain from wearing the armbands in school by the elected school officials and the teachers vested with state authority to do so, apparently only seven out of the school system's 18,000 pupils deliberately refused to obey the order. One defying pupil was Paul Tinker, 8 years old, who was in the second grade; another, Hope Tinker, was 11 years old and in the fifth grade; a third member of the Tinker family was 13, in the eighth grade; and a fourth member of the same family was John Tinker, 15 years old, an 11th grade high school pupil. Their father, a Methodist minister without a church, is paid a salary by the American Friends Service Committee.

---

1) The petition for certiorari here presented this single question:
   "Whether the First and Fourteenth Amendments permit officials of state supported public schools to prohibit students from wearing symbols of political views within school premises where the symbols are not disruptive of school discipline or decorum."

블랙(BLACK) 판사의 반대의견이다.

　미합중국에서의 "······ 주립 공립학교"의 선출직 "임원들"에 의하여 학생들을 통제할 권한이 그 궁극적 취지에서 연방대법원에게로 이전되는 한 개의 완전히 새로운 시대라고 내가 여기는 바의 도래를 이 사건에서의 이 법원의 판시는 알린다.[1] 자신들의 정치적 견해들을 《393 U. S., 516》 표현할 학교 학생들의 권리를 "유치원에서부터 고등학교까지에 걸쳐" 내내 연방헌법 수정 제1조가 및 제14조가 보호한다고 주장하는 사건기록 송부명령 청구서에 따라서 이 특정 사건을 여기에 이 법원은 가져왔다. 여기서 그 주장된 "정치적 표현"의 헌법적 권리는 월남에서의 미합중국 병사들의 죽음 때문에 청구인들이 애도하는 중임을 다른 학생들에게 드러내기 위하여, 그리고 그들이 반대하는 그 전쟁에 항의하기 위하여, 검은 색 완장들을 학교 시간들 중에 교실들에서 착용할 권리였다. 검은 색 완장들을 학교에서 착용하기를 삼가도록 명령할 주(state) 권한을 부여받은 선출직 학교 임원들에 의하여 및 교사들에 의하여 그렇게 명령되자, 그 명령에 복종하기를 학제상의 18,000 명 가운데 외관상으로 일곱 명만은 일부러 거부하였다. 불복종한 학생 한 명은 파울 팅커(Paul Tinker)였는데, 여덟 살이었고 2학년이었다; 또 한 명인 호프 팅커(Hope Tinker)는 열한 살이었고 5학년이었다; 팅커(Tinker) 가족의 세 번째 구성원은 열세 살이었고 8학년이었다; 그 가족의 네 번째 구성원은 존 팅커(John Tinker)로서 열다섯 살이었으며 11학년의 고등학생이었다. 그들의 아버지는 소속교회를 지니지 않는 감리교회 목사로서 급여를 아메리카 프렌드 교도 봉사 위원회(the American Friends Service Committee)로부터 지급받고 있다. 학교의 명령을 거부하고 완장을 학교에서 착용하기를 고집한 또 한 명의 학생은 11학년의 학생으로서 이 사건에서의 청구인들 중 한 명인 크리

---

1) 이 한 가지 문제만을 여기서 사건기록 송부명령 청구서는 제기하였다: "정치적 견해들의 상징물들이 학교규율을 내지는 예법을 붕괴시키는 것들이 아닐 때 그것들을 학교 구내에서 착용하지 못하게끔 학생들을 금지하도록 주립 공립학교들의 임원들에게 연방헌법 수정 제1조가 및 제14조가 허용하는지 여부."

Another student who defied the school order and insisted on wearing an armband in school was Christopher Eckhardt, an 11th grade pupil and a petitioner in this case. His mother is an official in the Women's International League for Peace and Freedom.

As I read the Court's opinion it relies upon the following grounds for holding unconstitutional the judgment of the Des Moines school officials and the two courts below. First, the Court concludes that the wearing of armbands is "symbolic speech" which is "akin to 'pure speech'" and therefore protected by the First and Fourteenth Amendments. Secondly, the Court decides that the public schools are an appropriate place to exercise "symbolic speech" as long as normal school func- «393 U. S., 517» tions are not "unreasonably" disrupted. Finally, the Court arrogates to itself, rather than to the State's elected officials charged with running the schools, the decision as to which school disciplinary regulations are "reasonable."

Assuming that the Court is correct in holding that the conduct of wearing armbands for the purpose of conveying political ideas is protected by the First Amendment, cf., e. g., Giboney v. Empire Storage & Ice Co., 336 U. S. 490 (1949), the crucial remaining questions are whether students and teachers may use the schools at their whim as a platform for the exercise of free speech - "symbolic" or "pure" - and whether the courts will allocate to themselves the function of deciding how the pupils' school day will be spent. While I have always believed that under the First and Fourteenth Amendments neither the State nor the Federal Government has any authority to regulate or censor the content of speech, I have never believed that any person has a right to give speeches or engage in demonstrations where he pleases and when he pleases. This Court has already rejected such a notion. In Cox v. Louisiana, 379 U. S. 536, 554 (1965), for example, the Court clearly stated that the rights of free speech and assembly "do not mean that every-

스토퍼 에크하르트(Christopher Eckhardt)였다. 그의 모친은 평화와 자유를 위한 여성 국제연맹(the Women's International League for Peace and Freedom)의 임원이다.

이 법원의 의견을 내가 읽기로는 디모인의 학교 임원들의 및 두 개의 하급법원들의 판단을 위헌으로 판시하기 위하여 아래의 근거들에 그것은 의존한다. 첫째로, 완장들의 착용은 "'순전한 말(pure speech)'에 유사한" "상징적 말(symbolic speech)"이라고, 따라서 연방헌법 수정 제1조에 및 제14조에 의하여 그것은 보호된다고 이 법원은 결론짓는다. 둘째로, 일상적 학교기능들이 "부당하게(unreasonably)" 혼란에 빠뜨려지지 않는 한, 공립학교들은 "상징적 말"을 행사하기에 «393 U. S., 517» 적절한 장소라고 이 법원은 판단한다. 끝으로, 어떤 학교의 규율 규정들이 "정당한지(reasonable)"에 관한 판단을 학교들의 경영이 맡겨진 주(State's) 선출직 임원들에게가 아니라 이 법원 자신에게 이 법원은 돌린다.

정치적 견해들을 전달함을 목적으로 완장들을 착용하는 행위가 연방헌법 수정 제1조에 의하여 보호된다고 판시함에 있어서 이 법원이 옳다고 가정하더라도, cf., e. g., Giboney v. Empire Storage & Ice Co., 336 U. S. 490 (1949), 여전히 남는 중대한 문제들은 자유로운 말 - "상징적인(symbolic)" 것이든 또는 "순수한(pure)" 것이든 - 의 행사를 위한 한 개의 연단으로 학교들을 학생들이 및 교사들이 멋대로 사용할 수 있는가의 여부이고, 또 학생들의 학교생활이 어떻게 보내져야 하는지를 판단하는 기능을 자기 자신들에게 법원들이 배정하려는 것인가의 여부이다. 연방헌법 수정 제1조 아래서 및 제14조 아래서 조금이라도 말의 내용을 규제할 내지는 검열할 권한을 가지지 아니하기는 주(State)도 연방정부도 마찬가지라고 나는 항상 믿어왔음에도 불구하고, 자신에게 좋은 곳에서 자신에게 좋은 때에 연설들을 행할 내지는 시위행위들을 벌일 권리를 단 한 사람이라도 지닌다고는 나는 결코 믿어 본 적이 없다. 이러한 관념을 당원은 이미 거부한 바 있다. "표명할 의견들을 내지는 믿음들을 지닌 모든 사람이 공공장소 어디에서든 어느 때에든 일단의 사람들에게 연설을 해도 좋음을" 자유로운 말의 및 집회의 권리들은 "의미하지 않는다."고, 예컨대

one with opinions or beliefs to express may address a group at any public place and at any time."

While the record does not show that any of these armband students shouted, used profane language, or were violent in any manner, detailed testimony by some of them shows their armbands caused comments, warnings by other students, the poking of fun at them, and a warning by an older football player that other, nonprotesting students had better let them alone. There is also evidence that a teacher of mathematics had his lesson period practically "wrecked" chiefly by disputes with Mary Beth Tinker, who wore her armband for her "demonstrat- «393 U. S., 518» ion." Even a casual reading of the record shows that this armband did divert students' minds from their regular lessons, and that talk, comments, etc., made John Tinker "self-conscious" in attending school with his armband. While the absence of obscene remarks or boisterous and loud disorder perhaps justifies the Court's statement that the few armband students did not actually "disrupt" the classwork, I think the record overwhelmingly shows that the armbands did exactly what the elected school officials and principals foresaw they would, that is, took the students' minds off their classwork and diverted them to thoughts about the highly emotional subject of the Vietnam war. And I repeat that if the time has come when pupils of state-supported schools, kindergartens, grammar schools, or high schools, can defy and flout orders of school officials to keep their minds on their own schoolwork, it is the beginning of a new revolutionary era of permissiveness in this country fostered by the judiciary. The next logical step, it appears to me, would be to hold unconstitutional laws that bar pupils under 21 or 18 from voting, or from being elected members of the boards of education.[2]

---

2) The following Associated Press article appeared in the Washington Evening Star, January 11, 1969, p. A–2, col. 1:
   "BELLINGHAM, Mass. (AP) — Todd R. Hennessy, 16, has filed nominating papers to run for town park commissioner in the March election.

Cox v. Louisiana, 379 U. S. 536, 554 (1965)에서 당원은 명확하게 판시하였다.

　이 완장 착용 학생들 중 어느 누구도 소리를 지르거나 비속한 언어를 사용하거나 어떤 방식으로든 폭력적이었음을 기록은 보여주지 아니함에도 불구하고, 다른 학생들에 의한 비평들을, 경고들을, 그들에 대한 놀림을, 그리고 그 항의에 찬성하지 않는 다른 학생들로서는 그들을 내버려두는 것이 더 낫다는 취지의 학년이 높은 풋볼 선수 한 명에 의한 경고를 그들의 완장들이 야기했음을 그들 중 일부에 의한 자세한 증언은 보여준다. 주로 그녀의 "시위"를 위하여 완장을 착용한 메리 베뜨 팅커(Mary Beth Tinker)하고의 논쟁들로 인하여 자신의 수업시간을 수학교사 한 명이 사실상 "난파시켰다(wrecked)."는 증거가 또한 «393 U. S., 518» 있다. 학생들의 관심들을 그들의 정규수업들로부터 이 완장이 실제로 돌렸음을, 그리고 존 팅커(John Tinker)로 하여금 자신의 완장을 착용한 채로 학교에 등교함에 있어서 "사람 앞을 꺼리도록" 화젯거리가, 논평들이, 기타 등등이 만들었음을 기록에 대한 한 번의 무심결한 읽기는마저도 보여준다. 수업을 완장 착용의 소수의 학생들이 실제로 "방해하지" 않았다는 이 법원의 설명을 외설한 비평들의 내지는 거칠고 시끄러운 무질서의 부존재는 아마도 정당화하는 것들이기는 하지만, 완장들이 빚으리라고 선출직 학교 임원들이 및 교장들이 예견하였던 바로 그 상황을 그것들은 빚었음을, 즉 학생들의 마음들을 그들의 수업으로부터 탈취하여 월남전이라는 고도로 감정적인 주제에 관한 생각들에게로 그것들이 돌렸음을 기록은 압도적으로 보여준다고 나는 생각한다. 그리고 그들의 마음들을 그들 자신의 학업 위에 간직하라는 학교 임원들의 명령들을, 주립학교들의, 유치원들의, 그래머스쿨들의, 또는 고등학교들의 학생들이 무시하고 비웃을 수 있는 때가 온 것이라면, 그것은 사법부에 의하여 양성된 이 나라에서의 자유방임의 새로운 혁명적 시대의 시작이라는 것을 나는 반복한다. 그 다음 번 논리적 단계는 21세 미만의 또는 18세 미만의 학생들로 하여금 교육위원회들의 선출직 구성원에 투표하지 못하도록 내지는 그 구성원이 되지 못하도록 금지하는 법들을 위헌으로 판시하는 것이 될 것이라고 내게는 생각된다.[2]

---

2) 1969년 1월 11일자 워싱턴 이브닝 스타 A-2 페이지 제1단에 연합통신(Associated Press)의 아래 기사가 실렸다: "매사추세츠주 벨링햄 (연합통신) – 3월 선거에서 마을 공원 감독관에 입후보하기 위하여 후보추천 서류들을 16세의 토드 R. 헤네시(Todd R. Hennessy)는 제출하였다.

The United States District Court refused to hold that the state school order violated the First and Fourteenth Amendments. 258 F. Supp. 971. Holding that the protest was akin to speech, which is protected by the First «393 U. S., 519» and Fourteenth Amendments, that court held that the school order was "reasonable" and hence constitutional. There was at one time a line of cases holding "reasonableness" as the court saw it to be the test of a "due process" violation. Two cases upon which the Court today heavily relies for striking down this school order used this test of reasonableness, Meyer v. Nebraska, 262 U. S. 390 (1923), and Bartels v. Iowa, 262 U. S. 404 (1923). The opinions in both cases were written by Mr. Justice McReynolds; Mr. Justice Holmes, who opposed this reasonableness test, dissented from the holdings as did Mr. Justice Sutherland. This constitutional test of reasonableness prevailed in this Court for a season. It was this test that brought on President Franklin Roosevelt's well-known Court fight. His proposed legislation did not pass, but the fight left the "reasonableness" constitutional test dead on the battlefield, so much so that this Court in Ferguson v. Skrupa, 372 U. S. 726, 729, 730, after a thorough review of the old cases, was able to conclude in 1963:

"There was a time when the Due Process Clause was used by this Court to strike down laws which were thought unreasonable, that is, unwise or incompatible with some particular economic or social philosophy.

......

"The doctrine that prevailed in Lochner, Coppage, Adkins, Burns, and like cases - that due process authorizes courts to hold laws unconstitutional when

---

*"I can see nothing illegal in the youth's seeking the elective office,'said Lee Ambler, the town counsel. 'But I can't overlook the possibility that if he is elected any legal contract entered into by the park commissioner would be void because he is a juvenile.'

"Todd is a junior in Mount St. Charles Academy, where he has a top scholastic record."

연방헌법 수정 제1조를 및 제14조를 주립학교의 명령이 위반하였다고 판시하기를 미합중국 지방법원은 거부하였다. 258 F. Supp. 971. 연방헌법 수정 제1조에 및 제14조에 의하여 보호되는 말에 그 항의는 «393 U. S., 519» 유사하다고 그 법원은 판시하면서, 학교의 명령은 "정당한" 것이었다고, 따라서 합헌이었다고 그 법원은 판시하였다. 법원이 보는 바로서의 "정당성(reasonableness)"이 "적법절차(due process)" 위반의 기준이라고 판시한 일련의 사건들이 한 때 있었다. 이 정당성 기준을, 이 학교의 명령을 죽이기 위하여 이 법원이 오늘 무겁게 의존하는 두 개의 선례들인 Meyer v. Nebraska, 262 U. S. 390 (1923) 판결이 및 Bartels v. Iowa, 262 U. S. 404 (1923) 판결이 사용하였다. 두 개 모두에서 맥레이놀즈(McReynolds) 판사에 의하여 의견들은 집필되었다; 이 정당성 기준에 반대한 홈즈(Holmes) 판사는 그 판시들에 대하여 서덜랜드(Sutherland) 판사가 그랬듯이 반대하였다. 정당성이라는 이 헌법적 기준은 당원에서 한 동안 유행하였다. 프랭클린 루즈벨트 대통령의 잘 알려진 대(對) 사법부 싸움을 불러온 것은 이 기준이었다. 그가 제안한 입법은 통과되지 못하였으나, "정당성"이라는 헌법적 기준을 전장에서 죽은 것이 되게끔 결과적으로 그 싸움은 만들었는데, 그리하여 과거의 선례들에 대한 철저한 검토 뒤에 1963년에 Ferguson v. Skrupa, 372 U. S. 726, 729, 730에서 당원은 결론지을 수 있기에 이르렀다:

"부당하다고 생각되는, 즉 상책이 아니라고 또는 어떤 특정의 경제적 내지 사회적 철학에 모순된다고 생각되는 법들을 폐기하기 위하여 당원에 의하여 적법절차 조항이 사용된 시기가 있었다.

……

"Lochner 판결에서, Coppage 판결에서, Adkins 판결에서, Burns 판결에서, 그리고 그 비슷한 판결들에서 유행했던 법리는 - 입법부가 지각없이 행동해 놓았다고

"선출직 공무에 대한 청년의 추구에서 불법적인 사항을 나는 전혀 발견할 수 없다.'고 마을 법률고문 리 앰블러(Lee Ambler)는 말하였다. '그러나 만약 그가 당선될 경우에는 조금이라도 공원 감독관에 의하여 체결된 법적 계약은 그가 소년이라는 이유로 무효가 될 가능성을 나는 간과할 수 없다.'
"토드(Todd)는 마운트 세인트 찰스 아카데미의 11학년 학생이며, 거기서 최고 성적을 거두고 있다."

they believe the legislature has acted unwisely - has long since been discarded."

The Ferguson case totally repudiated the old reasonableness-due process test, the doctrine that judges have the power to hold laws unconstitutional upon the belief of judges that they "shock the conscience" or that they are «393 U. S., 520» "unreasonable," "arbitrary," "irrational," "contrary to fundamental 'decency,'" or some other such flexible term without precise boundaries. I have many times expressed my opposition to that concept on the ground that it gives judges power to strike down any law they do not like. If the majority of the Court today, by agreeing to the opinion of my Brother FORTAS, is resurrecting that old reasonableness-due process test, I think the constitutional change should be plainly, unequivocally, and forthrightly stated for the benefit of the bench and bar. It will be a sad day for the country, I believe, when the present-day Court returns to the McReynolds due process concept. Other cases cited by the Court do not, as implied, follow the McReynolds reasonableness doctrine. West Virginia v. Barnette, 319 U. S. 624, clearly rejecting the "reasonableness" test, held that the Fourteenth Amendment made the First applicable to the States, and that the two forbade a State to *compel* little schoolchildren to salute the United States flag when they had religious scruples against doing so.[3] Neither Thornhill v. Alabama, 310 U. S. 88; Stromberg v. California, 283 U. S. 359; Edwards «393 U. S., 521» v. South Carolina, 372 U. S. 229; nor Brown v. Louisiana, 383 U. S. 131,

---

3) In Cantwell v. Connecticut, 310 U. S. 296, 303–304 (1940), this Court said:
"The First Amendment declares that Congress shall make no law respecting an establishment of religion or prohibiting the free exercise thereof. The Fourteenth Amendment has rendered the legislatures of the states as incompetent as Congress to enact such laws. The constitutional inhibition of legislation on the subject of religion has a double aspect. On the one hand, it forestalls compulsion by law of the acceptance of any creed or the practice of any form of worship. Freedom of conscience and freedom to adhere to such religious organization or form of worship as the individual may choose cannot be restricted by law. On the other hand, it safeguards the free exercise of the chosen form of religion. Thus the Amendment embraces two concepts, – freedom to believe and freedom to act. The first is absolute but, in the nature of things, the second cannot be. Conduct remains subject to regulation for the protection of society."

그들이 믿는 경우에는 법들을 위헌으로 판시하도록 권한을 법원들에게 적법절차가 부여한다는 법리는 - 폐기된 지 오래 되었다.”

법들이 “양심에 충격을 준다”는, 내지는 “부당한(unreasonable),” “자의적인(arbitrary),” “비합리적인(irrational),” “기본적 ‘예절’에 어긋나는(contrary to fundamental ‘decency’)” 것들이라는, 내지는 정확한 한계들을 지니지 않는 이러한 유연한 어구에 해당되는 것들이라는 판사들의 믿음에 근거하여 그 법들을 위헌으로 판시할 권한을 판사들이 지닌다는 법리인 낡은 «393 U. S., 520» 정당성-적법절차 기준을 Ferguson 판결은 전적으로 거부하였다. 조금이라도 그들이 좋아하지 않는 것이기만 하면 그 법을 폐기할 권한을 판사들에게 그것이 부여한다는 논거 위에서의 그 개념에 대한 나의 반대를 나는 여러 번 표명해 왔다. 만약 나의 동료 포르타스(FORTAS) 판사의 의견에 동의함으로써, 그 낡은 정당성-적법절차 기준을 오늘의 다수판사들이 부활시키고 있는 것이라면, 헌법의 변경은 판사들의 및 법조계의 이익을 위하여 알기 쉽게, 명료하게, 그리고 똑바로 설명되어야 한다고 나는 생각한다. 맥레이놀즈(McReynolds) 판사의 적법절차 개념에게로 현재의 이 법원이 돌아가는 날은 슬픈 날이 될 것이라고 나는 믿는다. 맥레이놀즈(McReynolds) 판사의 정당성 법리를 그 함축된 바처럼 이 법원에 의하여 인용되는 여타의 선례들은 좇지 않는다. 연방헌법 수정 제1조를 주들에게 적용되게 연방헌법 수정 제14조는 만들었다고, 그리고 미합중국 국기에 경례함에 대한 종교상의 거리낌을 어린 학교아동들이 지닐 경우에는 그들로 하여금 그렇게 하도록 주가 *강제함(compel)*을 그 두 수정조항들은 금지했다고, “정당성” 기준을 명백히 거부하면서 West Virginia v. Barnette, 319 U. S. 624 판결은 판시하였다.[3] Thornhill v. Alabama, 310 U. S. 88 판결은; Stromberg v. California, 283 U. S. 359 판결은; Edwards «393 U. S., 521» v. South Carolina, 372 U. S. 229 판결은; 그리고 마찬가지로 Brown v. Louisiana, 383 U. S. 131 판결은 학교아동들에 관련된 바

---

3) Cantwell v. Connecticut, 310 U. S. 296, 303–304 (1940)에서 당원은 말하였다:
“종교의 창설에 관련한 법을 내지는 그것의 자유로운 행사를 금지하는 법을 연방의회는 제정해서는 안 된다고 연방헌법 수정 제1조는 선언한다. 연방의회로 하여금처럼 주들의 입법부들로 하여금 이러한 법들을 제정할 능력이 없는 것이 되도록 연방헌법 수정 제14조는 만들어 놓았다. 두 가지 측면을 종교 문제의 입법에 대한 헌법적 금지는 지닌다. 한쪽에서는, 조금이라도 교의의 수용에 대한 내지는 조금이라도 종교적 조직을 내지는 예배 형식의 실행에 대한 법에 의한 강제를 그것은 앞질러 방해한다. 양심의 자유는, 및 개인이 선택하는 대로의 종교적 조직을 내지는 예배 형식을 신봉할 자유는 법에 의하여 제약될 수 없다. 다른 한 쪽에서는, 그 선택된 종교 형식의 자유로운 행사를 그것은 보장한다. 이렇게 두 가지 개념들을 – 믿을 자유를 및 행동할 자유를 – 그 수정조항은 포함한다. 첫 번째의 것은 절대적이지만, 사물의 본성에 있어서 두 번째의 것은 절대일 수 없다. 사회의 보호를 위한 규율에 종속되는 것으로 행동은 남는다.”

related to schoolchildren at all, and none of these cases embraced Mr. Justice McReynolds' reasonableness test; and Thornhill, Edwards, and Brown relied on the vagueness of state statutes under scrutiny to hold them unconstitutional. Cox v. Louisiana, 379 U. S. 536, 555, and Adderley v. Florida, 385 U. S. 39, cited by the Court as a "compare," indicating, I suppose, that these two cases are no longer the law, were not rested to the slightest extent on the Meyer and Bartels "reasonableness-due process-McReynolds" constitutional test.

I deny, therefore, that it has been the "unmistakable holding of this Court for almost 50 years" that "students" and "teachers" take with them into the "schoolhouse gate" constitutional rights to "freedom of speech or expression." Even Meyer did not hold that. It makes no reference to "symbolic speech" at all; what it did was to strike down as "unreasonable" and therefore unconstitutional a Nebraska law barring the teaching of the German language before the children reached the eighth grade. One can well agree with Mr. Justice Holmes and Mr. Justice Sutherland, as I do, that such a law was no more unreasonable than it would be to bar the teaching of Latin and Greek to pupils who have not reached the eighth grade. In fact, I think the majority's reason for invalidating the Nebraska law was that it did not like it or in legal jargon that it "shocked the Court's conscience," "offended its sense of justice," or was "contrary to fundamental concepts of the English-speaking world," as the Court has sometimes said. See, e. g., Rochin v. California, 342 U. S. 165, and Irvine v. California, 347 U. S. 128. The truth is that a teacher of kindergarten, grammar school, or high school pupils no more carries into a school with him a complete right to freedom of speech and expression than an anti-Catholic or anti-Semite carries with him a complete freedom of «393 U. S., 522» speech and religion into a Catholic church or Jewish synagogue. Nor does a person carry with him into the United States Senate or House, or

가 전혀 없었고, 맥레이놀즈(McReynolds) 판사의 정당성 기준을 이 선례들은 전혀 포함하지 않았으며; 그리고 검토 대상인 주 제정법들을 위헌으로 판시함에 있어서 그 제정법들의 모호성에 Thornhill 판결은, Edwards 판결은 및 Brown 판결은 의존하였다. "비교하라"의 대상으로서 이 법원에 의하여 인용되는 Cox v. Louisiana, 379 U. S. 536, 555 판결은, 그리고 Adderley v. Florida, 385 U. S. 39 판결은 - 이 두 선례들은 더 이상 법이 아님을 나의 추측으로 그것은 암시한다 - Meyer 판결의 및 Bartels 판결의 "정당성-적법절차-맥레이놀즈" 계열의 헌법 기준 위에는 터럭만큼도 그 토대가 두어져 있지 아니하다.

따라서, "말의 내지는 표현의 자유"에 대한 헌법적 권리들을 "학교 정문" 안에 "학생들"이 및 "교사들"이 가지고 온다는 것이 "당원의 거의 50년 동안의 오해의 여지 없는 판시"가 되어 왔음을 나는 부정한다. 심지어 Meyer 판결은조차도 그렇게 판시하지 않았다. "상징적 말"에 대해서는 아예 언급을 그것은 하지 않는다; 그 판결이 한 바는 8학년에 아동이 이르기 전에 독일어를 가르침을 금지하는 네브라스카주 법 한 개를 "부당한(unreasonable)" 것으로 및 따라서 위헌으로 판시한 것이었다. 이러한 법이 부당하지 않았던 것은 라틴어를 내지는 그리스어를 8학년에 이르러 있지 못한 학생들에게 가르침을 금지함이 부당하지 않으리라는 것에 맞먹는다는 데 대하여 홈즈(Holmes) 판사에게 및 서덜랜드(Sutherland) 판사에게 내가 동의하듯 누구가든 동의함이도 당연하다. 실제로는, 그것을 자신이 좋아하지 않았다는 데에, 또는 법적 특수용어로는 당원이 때때로 말해 왔듯이, 그것이 "이 법원의 양심에 충격을 주었다."는 데에, 그것이 "이 법원의 정의관념을 침해했다."는 데에, 또는 그것이 "영어권 세계의 기본적 개념들"에 배치되었다는 데에 네브라스카주 법을 무효화한 다수의견의 이유는 있었다고 나는 생각한다. 예컨대, Rochin v. California, 342 U. S. 165를 및 Irvine v. California, 347 U. S. 128을 보라. 말의 및 표현의 자유에 대한 완전한 권리를 유치원의 내지는 그래머스쿨의 교사가 또는 고등학교 학생들이 자신에게 딸려 학교 안에 운반해 들이지 아니함은 말의 및 종교의 완전한 자유를 가톨릭 반대자가 또는 반유대주의자가 자신에게 딸려 가톨릭 교회 안에 또는 《393 U. S., 522》 유대인 교회 안에 운반해 들이지 아니함에 맞먹는다는 데 진실은 있다. 미합중국 상원 안에 내지는 하원 안에 또는 연방대법원 안에 내지는 조금이

into the Supreme Court, or any other court, a complete constitutional right to go into those places contrary to their rules and speak his mind on any subject he pleases. It is a myth to say that any person has a constitutional right to say what he pleases, where he pleases, and when he pleases. Our Court has decided precisely the opposite. See, e. g., Cox v. Louisiana, 379 U. S. 536, 555; Adderley v. Florida, 385 U. S. 39.

In my view, teachers in state-controlled public schools are hired to teach there. Although Mr. Justice McReynolds may have intimated to the contrary in Meyer v. Nebraska, supra, certainly a teacher is not paid to go into school and teach subjects the State does not hire him to teach as a part of its selected curriculum. Nor are public school students sent to the schools at public expense to broadcast political or any other views to educate and inform the public. The original idea of schools, which I do not believe is yet abandoned as worthless or out of date, was that children had not yet reached the point of experience and wisdom which enabled them to teach all of their elders. It may be that the Nation has outworn the old-fashioned slogan that "children are to be seen not heard," but one may, I hope, be permitted to harbor the thought that taxpayers send children to school on the premise that at their age they need to learn, not teach.

The true principles on this whole subject were in my judgment spoken by Mr. Justice McKenna for the Court in Waugh v. Mississippi University in 237 U. S. 589, 596-597. The State had there passed a law barring students from peaceably assembling in Greek letter fraternities and providing that students who joined them could be expelled from school. This law would appear on the surface to run afoul of the First Amendment's «393 U. S., 523» freedom of assembly clause. The law was attacked as violative of due process and of

라도 그 밖의 법원 안에 그들의 규칙들에 반하여 들어갈, 그리하여 조금이라도 그가 좋아하는 주제에 대한 그의 생각을 말할 완전한 헌법적 권리를 어느 누구도 그 자신에게 딸려 그 안에 운반해 들이지 아니함은 마찬가지다. 자신이 좋아하는 바를 자신이 좋아하는 곳에서 자신이 좋아하는 때 말할 헌법적 권리를 누구나가 지닌다고 말하는 것은 꾸며낸 이야기다. 정확하게 그 반대로 우리 법원은 판단해 왔다. 예컨대, Cox v. Louisiana, 379 U. S. 536, 555를; Adderley v. Florida, 385 U. S. 39를 보라.

나의 견해로는 주립 공립학교들의 교사들은 그 곳에서 가르치도록 고용된다. 비록 Meyer v. Nebraska, supra에서 이에 반대되게 맥레이놀즈(McReynolds) 판사가 암시해 놓았을 수 있음에도, 한 명의 교사가 급여를 지급받는 것은 그더러 학교에 가서 주 자신의 선택된 교육과정의 일부로서 가르치도록 그를 주가 고용하는 대상주제들이 아닌 것을 가르치게 하기 위한 것은 아님이 확실하다. 공공의 비용으로 학교들에 공립학교 학생들이 보내지는 것은 공중을 교육하기 위하여 내지는 공중에게 알리기 위하여 정치적 견해들을 내지는 조금이라도 그 이외의 견해들을 방송하게 하려는 것이 아님은 마찬가지다. 그들의 연장자들 전부를 그들로 하여금 가르칠 수 있게 해 줄 정도의 경험에 및 지혜에 아동들은 아직 도달해 있지 않았다는 데에 학교들의 본연의 의미는 있었는바, 가치 없는 것으로서 내지는 시대에 뒤진 것으로서 그것이 벌써 버려졌다고는 나는 믿지 않는다. "아동들은 청허되어야 하는 것이 아니라 보살펴져야 하는 것이다(children are to be seen not heard)."라는 그 구식의 슬로건을 국가가 입어 해어뜨린 것일 수도 있으나, 그들의 나이에는 그들은 가르칠 필요가 아니라 배울 필요가 있다는 전제 위에서 아동들을 학교에 납세자들은 보낸다는 생각을 누구든지 품음이 허용될 수 있으리라고 나는 기대한다.

나의 판단으로는 Waugh v. Mississippi University in 237 U. S. 589, 596-597에서 당원을 대표한 매케나(McKenna) 판사에 의하여 이 전체적 주제에 대한 진실한 원칙들은 말해졌다. 학생들을 그리스 문자 남학생 사교클럽에서 평온하게 회합함으로부터 금지하는, 그리고 거기에 가입하는 학생들은 학교로부터 추방될 수 있다고 규정하는 한 개의 법을 거기서 미시시피주는 통과시킨 상태였다. 문면상으로 이 법은 연방헌법 수정 제1조의 집회의 자유 조항에 저촉되는 것으로 «393 U. S., 523» 보일 만한 것이었다. 연방헌법 수정 제14조 아래서의 적법절차 조항을, 그리고 특권들

the privileges and immunities clause and as a deprivation of property and of liberty, under the Fourteenth Amendment. It was argued that the fraternity made its members more moral, taught discipline, and inspired its members to study harder and to obey better the rules of discipline and order. This Court rejected all the "fervid" pleas of the fraternities' advocates and decided unanimously against these Fourteenth Amendment arguments. The Court in its next to the last paragraph made this statement which has complete relevance for us today:

"It is said that the fraternity to which complainant belongs is a moral and of itself a disciplinary force. This need not be denied. But whether such membership makes against discipline was for the State of Mississippi to determine. It is to be remembered that the University was established by the State and is under the control of the State, and the enactment of the statute may have been induced by the opinion that *membership in the prohibited societies divided the attention of the students and distracted from that singleness of purpose which the State desired to exist in its public educational institutions*. It is not for us to entertain conjectures in opposition to the views of the State and annul its regulations upon disputable considerations of their wisdom or necessity." (Emphasis supplied.)

It was on the foregoing argument that this Court sustained the power of Mississippi to curtail the First Amendment's right of peaceable assembly. And the same reasons are equally applicable to curtailing in the States' public schools the right to complete freedom of expression. Iowa's public schools, like Mississippi's university, are operated to give students an opportunity to learn, not to talk politics by actual speech, or by "sym- «393 U. S., 524» bolic" speech. And, as I have pointed out before, the record amply shows that public protest in the school classes against the Vietnam war "distracted from that singleness of purpose which the State [here Iowa] desired to exist

및 면제들 조항을 침해하는 것으로서, 그리고 재산의 및 자유의 박탈로서 그 법은 공격되었다. 그 남학생 사교클럽은 그 구성원들을 더 도덕적으로 만든다고, 규율을 가르친다고, 그리고 더 열심히 공부하도록 및 규율의 및 질서의 규칙들에 더 잘 복종하도록 그 구성원들을 발분시킨다고 주장되었다. 그 사교클럽의 옹호자들의 "열렬한" 탄원들을 모두 무시하고서 연방헌법 수정 제14조 관련 주장들을 만장일치로 당원은 기각하였다. 자신의 마지막 두 번째 단락에서 이 판시를 당원은 내렸는데, 완전한 관련성을 오늘 우리에게 그것은 지닌다:

"원고가 소속되어 있는 남학생 사교클럽은 도덕적이면서 그 자체로서 규율적인 집단이라는 주장이 있다. 이는 부정되어야 할 필요가 없다. 그러나 그러한 회원자격이 규율에 어긋나는지 여부는 미시시피주가 판단할 사항이었다. 그 대학교는 주에 의하여 설립되었음이 및 주(State)의 통제 아래에 있음이, 그리고 학생들의 주의를 그 금지된 단체들의 회원자격이 분산시켰다는, 그리고 자신의 공립 교육기관들에 존재하기를 주가 바라는 그 목표의 단일성으로부터 빗나가게끔 그 회원자격이 만들었다는 의견에 의하여 그 제정법은 유발된 것이었을 수 있음이 기억되어야 한다. 주(State)의 견해들에 반대하는 추측들을 대접함은, 그리하여 주(State)의 규제조치들을 그것들의 지혜로움에 내지는 필요성에 관한 논란 있는 고려요소들에 의거하여 무효화함은 우리의 할 바가 아니다." (강조는 보태짐.)

평온한 집회에 관한 연방헌법 수정 제1조상의 권리를 박탈할 미시시피주의 권한을 당원이 지지한 것은 이상의 논의에 터잡아서였다. 그리고 표현의 완전한 자유의 권리를 주들의 공립학교들에 있어서 박탈하는 데에 바로 그 이유들은 똑같이 적용될 수 있다. 실제의 말에 의하여든 내지는 "상징적" 말에 의하여든 정치를 이야기할 기회를 제공하기 위해서가 아니라, 배울 기회를 학생들에게 제공하기 위하여 아이오와주 공립학교들은, 미시시피주 대학교가 그러하듯, «393 U. S., 524» 운영된다. 또한, 내가 앞에서 지적한 바 있듯이, "자신의 공립 교육기관들에 존재하기를 주가 [여기서는 아이오와주가] 바라는 그 목표의 단일성으로부터 빗나가게끔" 월남전에 대한 학교 교실들에서의 공개항의가 "만들었음을" 기록은 충분히 보여준다.

in its public educational institutions." Here the Court should accord Iowa educational institutions the same right to determine for themselves to what extent free expression should be allowed in its schools as it accorded Mississippi with reference to freedom of assembly. But even if the record were silent as to protests against the Vietnam war distracting students from their assigned class work, members of this Court, like all other citizens, know, without being told, that the disputes over the wisdom of the Vietnam war have disrupted and divided this country as few other issues ever have. Of course students, like other people, cannot concentrate on lesser issues when black armbands are being ostentatiously displayed in their presence to call attention to the wounded and dead of the war, some of the wounded and the dead being their friends and neighbors. It was, of course, to distract the attention of other students that some students insisted up to the very point of their own suspension from school that they were determined to sit in school with their symbolic armbands.

Change has been said to be truly the law of life but sometimes the old and the tried and true are worth holding. The schools of this Nation have undoubtedly contributed to giving us tranquility and to making us a more law-abiding people. Uncontrolled and uncontrollable liberty is an enemy to domestic peace. We cannot close our eyes to the fact that some of the country's greatest problems are crimes committed by the youth, too many of school age. School discipline, like parental discipline, is an integral and important part of training our children to be good citizens - to be better citizens. Here a very small number of students have crisply and sum- «393 U. S., 525» marily refused to obey a school order designed to give pupils who want to learn the opportunity to do so. One does not need to be a prophet or the son of a prophet to know that after the Court's holding today some students in Iowa schools and indeed in all schools will be ready, able, and

자신의 학교들 내에서 자유로운 표현이 어느 정도까지 허용되어야 할지 스스로 판단할, 집회의 자유에 관련하여 미시시피주에게 당원이 부여했던 바로 그 권리를 아이오와주 교육기관들에게 여기서 이 법원은 부여해야 한다. 그러나 심지어 학생들의 주의를 그 자신들에게 배정된 학업으로부터 빗나가게 하는 월남전에 대한 항의들에 관하여 기록이 침묵 상태인 경우라 하더라도, 월남전의 지혜로움을 둘러싼 논란들이, 여타의 쟁점들로서는 여태껏 사례가 드물 정도로, 이 나라를 붕괴시키고 분열시켰음을 이 법원의 구성원들은, 다른 모든 시민들이 그러하듯, 듣지 않고서도 안다. 전쟁의 부상자들의 및 사망자들의 일부가 자신들의 친구들이고 이웃들인 터에, 그들에 대한 주의를 끌고자 검은 색 완장들이 자신들의 면전에서 여봐란듯이 전시될 때에는 더 작은 문제들에 대해서 다른 국민들이 그러하듯 학생들은 집중할 수가 없음이 물론이다. 그들의 상징적 완장들을 착용한 채로 학교에 있고자 결심한 상태로 그들이 있기를 그들 자신들에 대한 정학처분 바로 그 시점까지 몇몇 학생들이 고집하였던 것은 당연히 다른 학생들의 주의를 빗나가게 하기 위한 것이었다.

변화야말로 참으로 삶의 법이라고 말해져 왔지만, 그러나 때로는 오래되고 고난을 견뎌내고 진실한 것들이 간직할 만한 가치가 있는 것들이다. 평온을 우리에게 부여함에, 우리를 더 준법적인 국민이 되게 함에 이 나라의 학교들은 바쳐져 있음은 의문이 없다. 통제되지 아니한 및 통제할 수 없는 자유는 국내 평화의 적이다. 젊은이들에 의하여, 너무나 많이도 학교 다닐 나이의 젊은이들에 의하여, 저질러지는 범죄들이 국가의 가장 큰 문제들 중 일부라는 사실에 우리의 눈을 우리는 닫을 수 없다. 학교의 규율은, 부모의 규율이 그러하듯, 훌륭한 시민들이 되도록 - 더 나은 시민들이 되도록 - 우리의 아동들을 훈육함에 있어서의 빠뜨릴 수 없는 중요한 부분이다. 배울 기회를 그 배우기를 원하는 학생들에게 부여하고자 의도된 «393 U. S., 525» 학교의 명령에 복종하기를 여기서 매우 적은 숫자의 학생들은 빳빳하게 즉석에서 거부하였다. 이 법원의 오늘의 판시 뒤에는 아이오와주 학교들에서의 및 실로 모든 학교들에서의 일부 학생들이 자신들의 교사들을 사실상 모든 명령들에 대하여 무시할 준비를 갖추고 무시할 능력을 갖추며 무시할 의지를 갖추게 되리라는 것을 알기 위하여 우리는 예

willing to defy their teachers on practically all orders. This is the more unfortunate for the schools since groups of students all over the land are already running loose, conducting break-ins, sit-ins, lie-ins, and smash-ins. Many of these student groups, as is all too familiar to all who read the newspapers and watch the television news programs, have already engaged in rioting, property seizures, and destruction. They have picketed schools to force students not to cross their picket lines and have too often violently attacked earnest but frightened students who wanted an education that the pickets did not want them to get. Students engaged in such activities are apparently confident that they know far more about how to operate public school systems than do their parents, teachers, and elected school officials. It is no answer to say that the particular students here have not yet reached such high points in their demands to attend classes in order to exercise their political pressures. Turned loose with lawsuits for damages and injunctions against their teachers as they are here, it is nothing but wishful thinking to imagine that young, immature students will not soon believe it is their right to control the schools rather than the right of the States that collect the taxes to hire the teachers for the benefit of the pupils. This case, therefore, wholly without constitutional reasons in my judgment, subjects all the public schools in the country to the whims and caprices of their loudest-mouthed, but maybe not their brightest, students. I, for one, am not fully persuaded that school pupils are wise enough, even with this Court's expert help from Washington, to run the 23,390 public school «393 U. S., 526» systems[4] in our 50 States. I wish, therefore, wholly to disclaim any purpose on my part to hold that the Federal Constitution compels the teachers, parents, and elected school officials to surrender control of the American public school system to public school students. I dissent.

---

4) Statistical Abstract of the United States (1968), Table No. 578, p.406.

언자가 내지는 예언자의 아들이 될 필요가 없다. 학교들에게 이것은 더욱 불행인데, 나라 전체에 걸쳐 학생 그룹들은 벌써 부수고 들어가기 짓들을, 들어가 눌러앉기 짓들을, 들어가 드러눕기 짓들을, 그리고 깨뜨리고 들어가기 짓들을 벌이면서 제멋대로 돌아다니고 있기 때문이다. 신문들을 읽고 텔레비전 뉴스 프로그램을 보는 모든 사람들에게 너무나도 친숙한 일이듯, 이 학생 그룹들 중 다수는 벌써 폭동을, 재물강탈을, 그리고 파괴행위를 시작하였다. 자신들의 말뚝 선을 가로지르지 못하도록 학생들을 강제하고자 말뚝들을 학교들에 그들은 박아 놓고서는, 성실한, 그러나 두려움에 떠는 학생들을 너무나도 자주 폭력적으로 그들은 공격하여 왔는데, 그 학생들이 원하는 모종의 교육을 그 학생들이 얻어가기를 그 말뚝들은 원하지 아니하였다. 공립학교 조직들을 어떻게 운영하는지에 관하여 자신들의 부모들이, 교사들이, 그리고 선출된 학교임원들이 아는 것을보다도 훨씬 더 많이 자신들이 안다는 데 대하여 이러한 활동에 종사하는 학생들은 외관상으로 자신만만하다. 그들의 정치적 압력들을 행사하고자 수업들에 참여하려는 그들의 요구사항들에 있어서 여기서의 특정 학생들은 아직 그러한 높은 지점들에 도달해 있지 않다고 말하는 것은 해답이 아니다. 손해배상을 및 금지명령들을 그들의 교사들을 상대로 하여 구하는 소송들을 지닌 채로 여기서 그들이 제멋대로의 자세가 되어 있는 터에, 학교들을 통제함은 학생들의 이익을 위하여 교사들을 고용하는 세금들을 징수하는 주들의 권리가 아니라 그들의 권리라고 어린 나이의 미숙한 학생들이 곧바로 믿지는 않으리라고 상상하는 것은 희망적인 생각에 지나지 않는다. 그러므로, 그들 중 가장 시끄러운 입을 가진 학생들의, 그러나 국가 안의 모든 공립학교들을 그들 중 아마도 가장 명석하지는 못한 학생들의, 일시적 생각들에 및 변덕들에 나의 판단으로는 헌법적 근거들 없이 이 사건은 종속시킨다. 설령 워싱턴으로부터의 이 법원의 교묘한 조력을 받는다 하더라도, 우리의 50 개 주들 안의 23,390 개의 공립학교 조직들[4]을 운영할 만큼 학생들이 충분히 현명함을 《393 U. S., 526》 적어도 나 자신은 완전히 납득하지 않는다. 그러므로 미국 공립학교 조직에 대한 통제를 교사들더러, 부모들더러, 그리고 선출된 학교임원들더러 공립학교 학생들에게 양도하도록 연방헌법은 강제한다고 판시하려는 내 쪽에서의 의도를 나는 전적으로 부인하고자 한다. 나는 반대한다.

---

4) tatistical Abstract of the United States (1968), Table No. 578, p. 406.

MR. JUSTICE HARLAN, dissenting.

I certainly agree that state public school authorities in the discharge of their responsibilities are not wholly exempt from the requirements of the Fourteenth Amendment respecting the freedoms of expression and association. At the same time I am reluctant to believe that there is any disagreement between the majority and myself on the proposition that school officials should be accorded the widest authority in maintaining discipline and good order in their institutions. To translate that proposition into a workable constitutional rule, I would, in cases like this, cast upon those complaining the burden of showing that a particular school measure was motivated by other than legitimate school concerns - for example, a desire to prohibit the expression of an unpopular point of view, while permitting expression of the dominant opinion.

Finding nothing in this record which impugns the good faith of respondents in promulgating the armband regulation, I would affirm the judgment below. «393 U. S., 527»

할란(HARLAN) 판사의 반대의견이다.

그들의 책무사항들의 이행에 있어서 표현의 및 결사의 자유들에 관한 연방헌법 수정 제14조의 요구사항들로부터 주립학교 당국은 전적으로 면제되는 것이 아니라는 데에 나는 분명히 동의한다. 동시에, 규율을 및 건전한 질서를 그들의 시설들 내에 유지함에 있어서 가장 넓은 권한을 학교임원들은 부여받아야 한다는 명제에 대하여 다수의견하고 및 내 자신하고의 둘 사이에 조금이라도 불일치가 있다고 믿기를 나는 내켜하지 않는다. 그 명제를 한 개의 작동 가능한 헌법규칙으로 바꾸기 위하여, 학교의 적법한 염려들 이외의 것에 의해서 - 예컨대 유력한 의견의 표현을은 허용하면서도, 인기 없는 견해의 표현을은 금지하려는 욕구에 의하여 - 특정의 학교 조치가 유발되었다는 점에 대한 증명책임을 그 불평하는 사람들에게 이 사건에 비슷한 사건들에서 나 같으면 지웠으면 한다.

완장의 규제를 공표함에 있어서의 피청구인들의 선의의 믿음을 반박하는 것을 이 기록에서 아무 것도 찾아볼 수 없기에, 원심의 판결주문을 나라면 인가하였을 것이다. «393 U. S., 527»

표현의 자유_Freedom of Expression

Freedom o

BRANDENBURG v. OHIO, 395 U. S. 444 (1969)

오하이오주 대법원으로부터의 항소

NOS. 492.
변 론 1969년 2월 27일
판 결 1969년 6월 9일

요약해설

1. 개요

BRANDENBURG v. OHIO, 395 U. S. 444 (1969) 판결은 집필자를 밝히지 아니하는 법원의 의견으로(PER CURIAM) 판결되었다. 급박한 불법적·폭력적 행동을 산출하는 경향에의 연결이 없는, 정치적 및 경제적 변화를 가져오기 위한 폭력적 수단에 대한 단순한 추상적 "옹호"를 처벌하는 주 법률은 연방헌법 수정 제1조의 및 제14조의 아래서 위헌임을 선언하였다. 이에 반대되는 Whitney v. California, 274 U. S. 357 (1927) 판결은 폐기되었다.

2. 사실관계

가. 행위 및 증거(395 U. S., at 445–446.)

(1) 두건을 쓴 채로 권총을, 라이플 소총을, 산탄총을, 탄약을, 성경책을 지닌 12명의 인물들의 지역 KKK단 회합의 단장인 항소인의 첫 번째 연설은 그것이 조직책들의 모임이라는 것으로; 오하이오주 전역에 걸쳐 수백 명의 회원들이 있다는 것으로; 다른 어떤 조직의 회원들을보다도 더 많은 회원들을 오하이오주에서 KKK단은 보유한다는 것으로; 백인을 억압하기를 대통령이, 의회가, 대법원이 계속한다면, 보복 조치가 취해져야만 하는 상황이 될 수도 있다는 것으로; 40만의 대열로써 의회를 향하여 7월 4일에 행진하고자 한다는 것으로; 거기서 두 그룹으로 나뉘어 플로리다주 세인트 오거스틴으로 및 미시시피주로 행진해 들어갈 것이라는 것으로 이루어졌다.

(2) 두건을 두른 여섯 명의 인물들의 회합에서의 항소인의 연설은 첫 번째의 것에 유사하였다. 보복 조치의 가능성에 대한 언급은 빠졌고, "개인적으로, 아

프리카로 검둥이는 되보내져야 한다고, 이스라엘로 유대인은 되보내져야 한다고 나는 믿습니다."라는 문장이 추가되었다.

(3) 검찰 측 증거는 위 회합들을 촬영한 필름과 거기에 나오는 화기류 등 품목들로, 그리고 그 연설자가 피고인임을 확인시켜 주는 증언으로 구성되었다.

나. 기소에서부터 연방대법원에 이르기까지의 경위

(1) 조금이라도 "산업적 내지는 정치적 변화들을 가져오기 위한 수단으로서의" 폭력의 사용의 의무를, 필요성을 또는 타당성을 옹호하는 또는 가르치는 사람을; 이러한 옹호를 담은 책을, 신문을 출판하는, 배포하는 또는 전시하는 사람을; 또는 "범죄적 노동조합지상주의의 신조(Criminal Syndicalism)의 타당성을 예증하려는, 퍼뜨리려는 내지는 옹호하려는 의도를 지니고서" 폭력적 행위들의 저지름을 "정당화하는" 사람을; 또는 "범죄적 노동조합지상주의의 신조들을 가르치기 위하여 내지는 옹호하기 위하여" 결성된 집단에 더불어 "자발적으로 회합하는" 사람을 오하이오주 범죄적 노동조합지상주의 단속법 (Criminal Syndicalism statute)은 처벌한다. (395 U. S., at 448.)

(2) 피고인은 "산업적 내지는 정치적 개혁을 달성하는 수단으로서 범죄의, 파괴행위의, 폭력행위의, 내지는 테러리즘이라는 불법적 수단들의 의무를, 필요성을, 내지는 타당성을 옹호하였음을 이유로 및 범죄적 노동조합지상주의의 신조를 가르치기 위하여 내지는 옹호하기 위하여 구성된 사람들의 단체에, 그룹에 내지는 집단에 어울려 자발적으로 회합하였음을 이유로, 위 오하이오주 법률 아래서 유죄로 판정되어 벌금 1,000달러에 및 1년에서 10년까지의 구금형에 처해졌다. 미합중국헌법 수정 제1조 아래서의 및 제14조 아래서의 범죄적 노동조합지상주의 단속법의 합헌성을 다투어 피고인이 항소하였으나, 그에 대한 유죄판정을 오하이오주 중간항소법원은 인가하였고, 피고인의 항소를 오하이오주 대법원은 의견 없이 직권으로 기각하였다. 피고인의 권리항소에 의하여 사건은 연방대법원에 올라갔다. (395 U. S., at 444-445, 449 footnote 2.)

3. 쟁점

이 사건에서 피고인의 행위는 급박한 불법적·폭력적 행동을 산출하는 경향에의 연결이 없는, 정치적 및 경제적 변화를 가져오기 위한 폭력적 수단에 대한 추상적 "옹호"에 해당되었으므로, 이를 처벌하는 위 오하이오주 법률은 연방헌법 수정 제1조의 및 제14조의 아래서 위헌이라고 피고인은 주장하였다. 그 여부가 쟁점이 되었다. (395 U. S., 445, 447–448.)

4. 법원의 의견의 요지(PER CURIAM)

1917년부터 1919년까지 사이에 오하이오주(1919년)에를 포함하는 20개의 주들에서 채택된 동일·유사 내용의 범죄적 노동조합지상주의 단속법들은 정치적 및 경제적 변화를 가져오기 위한 폭력적 수단을 "옹호"함만을 이유로 이를 주(State)가 불법화한 법률들이었다.

캘리포니아주 범죄적 노동조합지상주의 단속법의 합헌성을 Whitney v. California (1927)에서 당원은 지지하였으나, 후속 판결들에서 Whitney 판결은 철저히 불신되어 왔다. 급박한 불법적 행동을 선동함에 내지는 산출함에 겨냥되어 있지 아니한, 그리하여 그러한 행동을 선동할 가능성이 있지 아니한, 폭력의 사용의 옹호를 주가 금지함을, 자유로운 말에 대한 헌법적 보장들은 허용하지 않는다는 원칙을 Dennis v. United States (1951)은 및 Yates v. United States (1957)은 성립시켜 놓았다. (395 U. S., at 447.)

폭력에의 의존의 도덕적 정당성에 내지는 필요성에 대한 추상적 교육의, 그리고 폭력적 행위를 위하여 한 개의 집단을 준비시키는 것의 그 둘 사이의 구분을 짓지 아니하는 제정법은 연방헌법 수정 제1조에 및 제14조에 의하여 보장된 자유들을 침해하는바, 이는 허용될 수 없다. (395 U. S., at 448.)

이 기준에 비추어 오하이오주 범죄적 노동조합지상주의 단속법은 유지될 수 없다. 그 규정된 유형의 행위에 대한 단순한 옹호를, 및 그 유형의 행위를 단순히 옹호하기 위한 타인들과의 회합을, 처벌하기를 및 범죄적 처벌을 당한다는 조건으로 금지하기를 그 자체의 문언에 의해서와 적용된 것으로서 오하이오주 범죄적 노동조합지상주의 단속법은 꾀한다. 연방헌법 수정 제1조의 및 제14조의 비난의 범위 내에 이러한 제정법은 떨어진다. 이에 반대되는 Whitney v. California, supra, 판결의 가르침은 지지될 수 없으며, 그리하여 그 판결은 폐기된다. 원심판결은 파기된다. (395 U. S., at 449.)

PER CURIAM.

The appellant, a leader of a Ku Klux Klan group, was convicted under the Ohio Criminal Syndicalism statute for "advocat[ing] ······ the duty, necessity, or propriety «395 U. S., 445» of crime, sabotage, violence, or unlawful methods of terrorism as a means of accomplishing industrial or political reform" and for "voluntarily assembl[ing] with any society, group, or assemblage of persons formed to teach or advocate the doctrines of criminal syndicalism." Ohio Rev. Code Ann. § 2923.13. He was fined $1,000 and sentenced to one to 10 years' imprisonment. The appellant challenged the constitutionality of the criminal syndicalism statute under the First and Fourteenth Amendments to the United States Constitution, but the intermediate appellate court of Ohio affirmed his conviction without opinion. The Supreme Court of Ohio dismissed his appeal, sua sponte, "for the reason that no substantial constitutional question exists herein." It did not file an opinion or explain its conclusions. Appeal was taken to this Court, and we noted probable jurisdiction. 393 U. S. 948 (1968). We reverse.

The record shows that a man, identified at trial as the appellant, telephoned an announcer-reporter on the staff of a Cincinnati television station and invited him to come to a Ku Klux Klan "rally" to be held at a farm in Hamilton County. With the cooperation of the organizers, the reporter and a cameraman attended the meeting and filmed the events. Portions of the films were later broadcast on the local station and on a national network.

The prosecution's case rested on the films and on testimony identifying the

"산업적 내지는 정치적 개혁을 달성하는 수단으로서 범죄의, 파괴행위의, 폭력행위의, 내지는 테러리즘이라는 불법적 수단들의 의무를, 필요성을, 내지는 타당성을 …… 옹호해[였음을 이유로]" «395 U. S., 445» 및 "조금이라도 범죄적 노동조합 지상주의의 신조를 가르치기 위하여 내지는 옹호하기 위하여 구성된 사람들의 단체에, 그룹에 내지는 집단에 어울려 자발적으로 회합해[였음을 이유로]" 오하이오 주 범죄적 노동조합지상주의 단속법 아래서 유죄판정을 KKK단 지도자인 항소인은 받았다. Ohio Rev. Code Ann. § 2923.13. 벌금 1,000달러에 및 1년에서 10년까지의 구금형에 그는 처해졌다. 미합중국헌법 수정 제1조 아래서의 및 제14조 아래서의 범죄적 노동조합지상주의 단속법의 합헌성을 항소인은 다투었으나, 그에 대한 유죄판정을 오하이오주 중간항소법원은 의견 없이 인가하였다. "실체적 헌법문제가 여기에는 존재하지 아니함을 이유로" 그의 항소를 오하이오주 대법원은 직권으로 기각하였다. 오하이오주 대법원은 의견을 남기지도 자신의 결론사항들을 설명하지도 아니하였다. 당원에 항소가 제기되었고, 권리항소 관할권의 일응의 요건을 우리는 확인하였다. 393 U. S. 948 (1968). 원심판결을 우리는 파기한다.

전화를 신시내티 텔레비전 방송국 직원인 한 명의 아나운서 겸 통신원에게 정식 사실심리에서 항소인으로 확인된 한 명의 남자가 걸었음을 및 그더러 해밀턴 카운티 소재의 농장 한 곳에서 열릴 예정이던 KKK단 "집회"에 오도록 그 남자가 초청하였음을 기록은 보여준다. 조직책들의 협력을 얻어, 회합에 그 통신원은 및 한 명의 카메라맨은 참석하였고 행사진행을 녹화하였다. 지역 방송으로와 전국 방송으로 필름의 몇몇 부분들이 나중에 방영되었다.

통신원에게 연락한, 그리고 그 집회에서 연설한 사람이 항소인임을 확인시켜 주

appellant as the person who communicated with the reporter and who spoke at the rally. The State also introduced into evidence several articles appearing in the film, including a pistol, a rifle, a shotgun, ammunition, a Bible, and a red hood worn by the speaker in the films.

One film showed 12 hooded figures, some of whom carried firearms. They were gathered around a large wooden cross, which they burned. No one was present «395 U. S., 446» other than the participants and the newsmen who made the film. Most of the words uttered during the scene were incomprehensible when the film was projected, but scattered phrases could be understood that were derogatory of Negroes and, in one instance, of Jews.[1] Another scene on the same film showed the appellant, in Klan regalia, making a speech. The speech, in full, was as follows:

"This is an organizers' meeting. We have had quite a few members here today which are - we have hundreds, hundreds of members throughout the State of Ohio. I can quote from a newspaper clipping from the Columbus, Ohio Dispatch, five weeks ago Sunday morning. The Klan has more members in the State of Ohio than does any other organization. We're not a revengent organization, but if our President, our Congress, our Supreme Court, continues to suppress the white, Caucasian race, it's possible that there might have to be some revengeance taken.

---

1) The significant portions that could be understood were:
"How far is the nigger going to — yeah."
"This is what we are going to do to the niggers."
"A dirty nigger."
"Send the Jews back to Israel."
"Let's give them back to the dark garden."
"Save America."
"Let's go back to constitutional betterment."
"Bury the niggers."
"We intend to do our part."
"Give us our state rights."
"Freedom for the whites."
"Nigger will have to fight for every inch he gets from now on."

는 필름들에 및 증언에 검찰측 주장은 의존하였다. 권총 한 자루를, 라이플 소총 한 자루를, 산탄총 한 자루를, 탄약을, 성경책 한 권을, 그리고 필름들에서의 연설자가 두른 붉은 색 두건 한 개를 포함하여 필름에 나오는 몇몇 품목들을 증거로 주는 아울러 제출하였다.

두건을 두른 12 명의 인물들을 필름 한 개는 보여주었는데, 화기들을 그들 중 몇 명은 소지하였다. 한 개의 커다란 목재 십자가 주위에 그들은 모여 있다가 그것을 그들은 불태웠다. 그 참여자들을 및 «395 U. S., 446» 그 필름을 만든 취재기자들을 제외하고는 아무도 없었다. 필름이 상영되었을 때 그 장면 도중에 발언된 말들의 대부분은 알아들을 수 없는 것들이었으나, 흑인들을 그리고 한 차례 유대인들을 경멸하는 간헐적인 구절들은 이해될 수 있었다.[1] KKK단 기장을 입은 항소인이 연설을 하고 있음을 같은 필름에 등장하는 또 다른 장면은 보여주었다. 그 연설의 전체는 이러하였다:

"이것은 조직책들의 모임입니다. 오늘 여기에 우리가 소집한 회원들은 매우 소수입니다만 - 오하이오주 전역에 걸쳐 수백, 수백 명의 회원들을 우리는 가지고 있습니다. 다섯 주 전 일요일 조간의 콜럼버스지(Columbus誌)에서와 오하이오 특급지(Ohio Dispatch誌)에서 오려낸 기사로부터 나는 인용할 수 있습니다. 다른 어떤 조직이 지닌 회원들을보다도 더 많은 회원들을 오하이오주에서 KKK단은 보유합니다. 우리는 보복적 조직이 아니지만, 만약 백인을, 백색 인종을 억압하기를 우리의 대통령이, 우리의 의회가, 우리의 대법원이 계속한다면, 모종의 보복 조치가 취해져야만 하는 상황이 될 수도 있습니다.

---

1) 이해 가능한 중요 부분들은 이러하였다:
  "검둥이 놈 어디까지 가려나 – 내 참."
  "검둥이들에게 우리는 이렇게 해 주려 하지."
  "더러운 검둥이 놈이라니."
  "유대인들을 이스라엘로 보내버려."
  "어둠의 동산으로 그들을 되돌려 보내."
  "미국을 구하자."
  "헌법 개정으로 돌아가자."
  "검둥이들을 묻어버려."
  "우린 우리 몫을 하려는 거지."
  "우리에게 우리의 국가적 권리들을 달라."
  "백인들에게 자유를."
  "지금부터 검둥이는 그 얻는 구석 구석까지 싸워야만 할 거다."

"We are marching on Congress July the Fourth, four hundred thousand strong. From there we are dividing into two groups, one group to march on St. Augustine, Florida, the other group to march into Mississippi. Thank you." «395 U. S., 447»

The second film showed six hooded figures one of whom, later identified as the appellant, repeated a speech very similar to that recorded on the first film. The reference to the possibility of "revengeance" was omittted, and one sentence was added: "Personally, I believe the nigger should be returned to Africa, the Jew returned to Israel." Though some of the figures in the films carried weapons, the speaker did not.

The Ohio Criminal Syndicalism Statute was enacted in 1919. From 1917 to 1920, identical or quite similar laws were adopted by 20 States and two territories. E. Dowell, A History of Criminal Syndicalism Legislation in the United States 21 (1939). In 1927, this Court sustained the constitutionality of California's Criminal Syndicalism Act, Cal. Penal Code §§ 11400-11402, the text of which is quite similar to that of the laws of Ohio. Whitney v. California, 274 U. S. 357 (1927). The Court upheld the statute on the ground that, without more, "advocating" violent means to effect political and economic change involves such danger to the security of the State that the State may outlaw it. Cf. Fiske v. Kansas, 274 U. S. 380 (1927). But Whitney has been thoroughly discredited by later decisions. See Dennis v. United States, 341 U. S. 494, at 507 (1951). These later decisions have fashioned the principle that the constitutional guarantees of free speech and free press do not permit a State to forbid or proscribe advocacy of the use of force or of law violation except where such advocacy is directed to inciting or producing imminent lawless action and is likely to incite or produce such action.[2] As

---

2) It was on the theory that the Smith Act, 54 Stat. 670, 18 U. S. C. § 2385, embodied such a principle and that it had been applied only in conformity with it that this Court sustained the Act's constitutionality. Dennis v. United States,

"40만의 대열로써 의회를 향하여 7월 4일에 우리는 행진하고자 합니다. 거기서 두 그룹으로 우리는 나뉠 것인데, 하나는 플로리다주 세인트 오거스틴으로 행진할 것이고 다른 하나는 미시시피주로 행진해 들어갈 것입니다. 감사합니다." 《395 U. S., 447》

두건을 두른 여섯 명의 인물들을 두 번째 필름은 보여주었고, 첫 번째 필름에 녹화된 것에 매우 유사한 연설을 나중에 항소인임이 밝혀진 한 명은 반복하였다. "보복 조치"의 가능성에 대한 언급은 빠졌고, 문장 한 개가 추가되었다: "개인적으로, 아프리카로 검둥이는 되보내져야 한다고, 이스라엘로 유대인은 되보내져야 한다고 나는 믿습니다." 필름들에 등장하는 인물들 중 몇몇은 무기류를 소지하였음에도, 연설자는 소지하지 않았다.

1919년에 오하이오주 범죄적 노동조합지상주의 단속법은 제정되었다. 1917년부터 1919년까지 사이에, 20개의 주들에 및 두 개의 준주들(準州들; territories)에 의하여 동일한 내지는 매우 유사한 법률들이 채택되었다. E. Dowell, A History of Criminal Syndicalism Legislation in the United States 21 (1939). 캘리포니아주 범죄적 노동조합지상주의 단속법, Cal. Penal Code §§ 11400-11402, 의 합헌성을 1927년에 당원은 지지하였는데, 그 조문은 오하이오주 법률들의 조문에 매우 유사하다. Whitney v. California, 274 U. S. 357 (1927). 정치적 및 경제적 변화를 가져오기 위한 폭력적 수단을 "옹호함"은 주(State)의 안전에 대한 위험을 포함하기에 그것을 주는 불법화할 수 있다는 이유로, 그리고 그 이유만으로, 그 제정법을 당원은 지지하였다. Fiske v. Kansas, 274 U. S. 380 (1927)을 비교하라. 그러나 후속 판결들에서 Whitney 판결은 철저히 불신되어 왔다. Dennis v. United States, 341 U. S. 494, at 507 (1951)을 보라. 급박한 불법적 행동을 선동함에 내지는 산출함에 폭력의 사용의 내지는 법 위반행위의 옹호가 겨냥되어 있는 경우가 아닌 한, 그리하여 그러한 행동을 그 옹호가 선동할 내지는 일으킬 가능성이 있는 경우가 아닌 한, 그러한 옹호를 한 개의 주가 금지함을 내지는 박탈함을, 자유로운 말에 및 자유로운 언론에 대한 헌법적 보장들은 허용하지 않는다는 원칙을 이 후속 판결들은 성립시켜 놓았다.[2] 우리가 《395 U.

---

2) 스미드 법(the Smith Act), 54 Stat. 670, 18 U. S. C. § 2385, 의 합헌성을 당원이 지지하였던 것은 이러한 원칙을 그 법이 구체화하였다는, 그리고 이러한 원칙에의 부합 가운데서만 그것이 적용되어 왔다는 논거 위에서였다. Dennis v.

we «395 U. S., 448» said in Noto v. United States, 367 U. S. 290, 297-298 (1961), "the mere abstract teaching ······ of the moral propriety or even moral necessity for a resort to force and violence, is not the same as preparing a group for violent action and steeling it to such action." See also Herndon v. Lowry, 301 U. S. 242, 259-261 (1937); Bond v. Floyd, 385 U. S. 116, 134 (1966). A statute which fails to draw this distinction impermissibly intrudes upon the freedoms guaranteed by the First and Fourteenth Amendments. It sweeps within its condemnation speech which our Constitution has immunized from governmental control. Cf. Yates v. United States, 354 U. S. 298 (1957); De Jonge v. Oregon, 299 U. S. 353 (1937); Stromberg v. California, 283 U. S. 359 (1931). See also United States v. Robel, 389 U. S. 258 (1967); Keyishian v. Board of Regents, 385 U. S. 589 (1967); Elfbrandt v. Russell, 384 U. S. 11 (1966); Aptheker v. Secretary of State, 378 U. S. 500 (1964); Baggett v. Bullitt, 377 U. S. 360 (1964).

Measured by this test, Ohio's Criminal Syndicalism Act cannot be sustained. The Act punishes persons who "advocate or teach the duty, necessity, or propriety" of violence "as a means of accomplishing industrial or political reform"; or who publish or circulate or display any book or paper containing such advocacy; or who "justify" the commission of violent acts "with intent to exemplify, spread or advocate the propriety of the doctrines of criminal syndicalism"; or who "voluntarily assemble" with a group formed "to teach or advocate the doctrines of criminal syndicalism." Neither the indictment nor the trial judge's instructions to the jury in any way refined the statute's bald definition of the crime «395 U. S., 449» in terms of mere advocacy not distinguished from incitement to imminent lawless action.[3]

---

341 U. S. 494 (1951). That this was the basis for Dennis was emphasized in Yates v. United States, 354 U. S. 298, 320–324 (1957), in which the Court overturned con– «395 U. S., 448» victions for advocacy of the forcible overthrow of the Government under the Smith Act, because the trial judge's instructions had allowed conviction for mere advocacy, unrelated to its tendency to produce forcible action.

3) The first count of the indictment charged that appellant "did unlawfully by word of mouth advocate the necessity,

S., 448» Noto v. United States, 367 U. S. 290, 297-298 (1961)에서 말했듯이, "무력에의 및 폭력에의 의존의 도덕적 정당성에 대한 내지는 심지어 도덕적 필요성에 대한 …… 단순한 추상적 교육은 폭력적 행위를 위하여 한 개의 집단을 준비시키는 것에는 및 그러한 행동을 하도록 그 집단을 찌르는 것에는 동등하지 않다." 아울러 Herndon v. Lowry, 301 U. S. 242, 259-261 (1937)을; Bond v. Floyd, 385 U. S. 116, 134 (1966)을 보라. 연방헌법 수정 제1조에 및 제14조에 의하여 보장된 자유들을, 이 구분을 짓지 아니하는 제정법은 침해하는바, 이는 허용될 수 없다. 정부적 통제로부터 우리의 연방헌법이 면제해 놓은 말을 자신의 몰수 선고의 범위 내에 그것은 쓸어 넣는다. Yates v. United States, 354 U. S. 298 (1957)을; De Jonge v. Oregon, 299 U. S. 353 (1937)을; Stromberg v. California, 283 U. S. 359 (1931)을 비교하라. 아울러 United States v. Robel, 389 U. S. 258 (1967)을; Keyishian v. Board of Regents, 385 U. S. 589 (1967)을; Elfbrandt v. Russell, 384 U. S. 11 (1966)을; Aptheker v. Secretary of State, 378 U. S. 500 (1964)를; Baggett v. Bullitt, 377 U. S. 360 (1964)를 보라.

이 기준에 의하여 측정될 경우에, 오하이오주 범죄적 노동조합지상주의 단속법은 유지될 수 없다. 조금이라도 "산업적 내지는 정치적 변화들을 가져오기 위한 수단으로서의" 폭력의 사용의 의무를, 필요성을 또는 타당성을 옹호하는 또는 가르치는 사람을; 이러한 옹호를 담은 책을, 신문을 출판하는, 배포하는 또는 전시하는 사람을; 또는 "범죄적 노동조합지상주의의 신조의 타당성을 예증하려는, 퍼뜨리려는 내지는 옹호하려는 의도를 지니고서" 폭력적 행위들의 저지름을 "정당화하는" 사람을; 또는 "범죄적 노동조합지상주의의 신조들을 가르치기 위하여 내지는 옹호하기 위하여" 결성된 집단에 더불어 "자발적으로 회합하는" 사람을 그 법률은 처벌한다. 급박한 불법적 행동에의 선동으로부터 구분지어지지 아니한, 단순한 옹호에 관련한 범죄에 대한 그 제정법의 단조로운 개념정의를 조금도 정제하지 «395 U. S., 449» 아니하였기는 대배심 검사기소장이든 정식사실심리 판사의 배심에 대한 훈

United States, 341 U. S. 494 (1951). 이것이 Dennis 판결의 토대였다는 점은 Yates v. United States, 354 U. S. 298, 320–324 (1957)에서 강조되었고, 거기서 «395 U. S., 448» 폭력에 의한 정부 전복의 옹호를 이유로 한 유죄판정들을 스미드 법 아래서 당원은 뒤집었는데, 왜냐하면 폭력적 행동을 산출하는 경향에의 연결이 없는, 단순한 옹호를 이유로 하는 유죄판정을 정식사실심리 판사의 훈시들은 허용한 상태였기 때문이었다.

Accordingly, we are here confronted with a statute which, by its own words and as applied, purports to punish mere advocacy and to forbid, on pain of criminal punishment, assembly with others merely to advocate the described type of action. [4] Such a statute falls within the condemnation of the First and Fourteenth Amendments. The contrary teaching of Whitney v. California, supra, cannot be supported, and that decision is therefore over-ruled.

Reversed.

---

or propriety of crime, violence, or unlawful methods of terrorism as a means of accomplishing political reform ⋯⋯."
The second count charged that appellant "did unlawfully voluntarily assemble with a group or assemblage of persons formed to advocate the doctrines of criminal syndicalism ⋯⋯." The trial judge's charge merely followed the language of the indictment. No construction of the statute by the Ohio courts has brought it within constitutionally permissible limits. The Ohio Supreme Court has considered the statute in only one previous case, State v. Kassay, 126 Ohio St. 177, 184 N. E. 521 (1932), where the constitutionality of the statute was sustained.

4) Statutes affecting the right of assembly, like those touching on freedom of speech, must observe the established distinctions between mere advocacy and incitement to imminent lawless action, for as Chief Justice Hughes wrote in De Jonge v. Oregon, supra, at 364:
"The right of peaceable assembly is a right cognate to those of free speech and free press and is equally fundamental." See also United States v. Cruikshank, 92 U. S. 542, 552 (1876); Hague v. CIO, 307 U. S. 496, 513, 519 (1939); NAACP v. Alabama ex rel. Patterson, 357 U. S. 449, 460–461 (1958).

시들이든 마찬가지다.[3]

따라서 그 규정된 유형의 행위에 대한 단순한 옹호를, 및 그 유형의 행위를 단순히 옹호하기 위한 타인들과의 회합을, 그 자체의 문언에 의해서와 적용된 것으로서 처벌하기를 및 형사적 처벌을 당한다는 조건으로 금지하기를 꾀하는 한 개의 제정법에 우리는 대면한다.[4] 연방헌법 수정 제1조의 및 제14조의 비난의 범위 내에 이러한 제정법은 떨어진다. 이에 반대되는 Whitney v. California, supra, 판결의 가르침은 지지될 수 없으며, 그리하여 그 판결은 폐기된다.

원심판결은 파기된다.

---

[3] "······ 정치적 변화를 달성하는 수단으로서의 범죄의, 폭력의 내지는 테러리즘의 불법적 수단의 필요성을, 내지는 타당성을 구두발언으로써 불법적으로" 항소인은 "옹호하였다."고 대배심 검사기소장의 첫 번째 소인은 기소하였다. "······ 범죄적 노동조합지상주의의 신조들을 옹호하기 위하여 결성된 사람들의 집단에 내지는 집회에 더불어" 항소인이 "불법적으로 자발적으로 회합하였다."고 두 번째 소인은 기소하였다. 대배심 검사기소장의 문언을 정식사실심리 판사의 훈시는 단순히 좇은 것이었다. 그것을 헌법적으로 허용가능한 한계들의 범위 내에 오하이오주 법원들에 의한 그 제정법의 해석은 가져다 놓지 않았다. 그 제정법을 단 한 개의 선례, State v. Kassay, 126 Ohio St. 177, 184 N. E. 521 (1932), 에서 오하이오주 대법원은 고찰하였는데, 거기서 그 제정법의 합헌성은 지지되었다.

[4] 단순한 옹호의 및 급박한 불법행위에의 선동의 그 양자 사이의 확립된 구분들을 집회의 권리를 침해하는 제정법들은 말의 자유를 침해하는 제정법들이 그러하듯 준수하지 않으면 안 되는바, 왜냐하면 De Jonge v. Oregon, supra, at 364에서 휴즈(Hughes) 판사가 썼듯이:
"평온한 집회의 권리는 자유로운 말의 및 자유로운 언론의 권리들에 동종인 권리이고 따라서 똑같이 기본적이기 때문이다." 아울러 United States v. Cruikshank, 92 U. S. 542, 552 (1876)을; Hague v. CIO, 307 U. S. 496, 513, 519 (1939)를; NAACP v. Alabama ex rel. Patterson, 357 U. S. 449, 460–461 (1958)을 보라.

 **MR. JUSTICE BLACK, concurring.**

I agree with the views expressed by MR. JUSTICE DOUGLAS in his concurring opinion in this case that the "clear and present danger" doctrine should have no place «395 U. S., 450» in the interpretation of the First Amendment. I join the Court's opinion, which, as I understand it, simply cites Dennis v. United States, 341 U. S. 494 (1951), but does not indicate any agreement on the Court's part with the "clear and present danger" doctrine on which Dennis purported to rely.

블랙(BLACK) 판사의 보충의견이다.

    연방헌법 수정 제1조의 해석에 있어서 "명백한 현존의 위험(clear and present danger)"의 법리는 차지할 자리가 없다는, 이 사건에서의 그의 보충의견에서 더글라스(DOUGLAS) 판사에 《395 U. S., 450》 의하여 표명된 견해들에 나는 동의한다. 이 법원의 의견에 나는 가담하는바, 그것을 내가 이해하기로는 단순히 Dennis v. United States, 341 U. S. 494 (1951) 판결을 그것은 인용할 뿐, Dennis 판결이 의존하였다고 주장된 "명백한 현존의 위험"의 법리에 대한 이 법원 쪽에서의 동의를 조금이라도 그것은 나타내지 않는다.

 **MR. JUSTICE DOUGLAS, concurring.**

While I join the opinion of the Court, I desire to enter a caveat.

The "clear and present danger" test was adumbrated by Mr. Justice Holmes in a case arising during World War I - a war "declared" by the Congress, not by the Chief Executive. The case was Schenck v. United States, 249 U. S. 47, 52, where the defendant was charged with attempts to cause insubordination in the military and obstruction of enlistment. The pamphlets that were distributed urged resistance to the draft, denounced conscription, and impugned the motives of those backing the war effort. The First Amendment was tendered as a defense. Mr. Justice Holmes in rejecting that defense said:

"The question in every case is whether the words used are used in such circumstances and are of such a nature as to create a clear and present danger that they will bring about the substantive evils that Congress has a right to prevent. It is a question of proximity and degree."

Frohwerk v. United States, 249 U. S. 204, also authored by Mr. Justice Holmes, involved prosecution and punishment for publication of articles very critical of the war effort in World War I. Schenck was referred to as a conviction for obstructing security "by words of persuasion." Id., at 206. And the conviction in Frohwerk was sustained because "the circulation of the paper was «395 U. S., 451» in quarters where a little breath would be enough to kindle a flame." Id., at 209.

더글라스(DOUGLAS) 판사의 보충의견이다.

이 법원의 의견에 나는 가담하면서, 소송절차 정지통고(a caveat)를 내기를 나는 바란다.

제1차 세계대전 동안에 생긴 한 개의 사건에서 홈즈(Holmes) 판사에 의하여 그 "명백한 현존의 위험(clear and present danger)" 기준은 윤곽이 잡혔는데, 그 전쟁은 대통령에 의해서가 아니라 연방의회에 의하여 "선언된" 것이었다. 그 사건은 Schenck v. United States, 249 U. S. 47, 52이었고, 군대 내에서의 반항을 및 모병 방해를 야기하고자 시도한 행위들로써 거기서 피고인은 기소되었다. 배포된 팜플렛들은 징병에 대한 저항을 촉구하였고, 징집을 비난하였으며 전쟁 노력을 지원하는 사람들의 동기들을 비난하였다. 항변사유로서 연방헌법 수정 제1조가 제시되었다. 그 항변을 배척하면서 홈즈(Holmes) 판사는 말하였다:

"모든 사건마다에서 문제는, 한 개의 명백한 현존의 위험을 만들어 낼 만한, 그리하여 이를 방지할 권한을 연방의회가 지니는 그 실질적 해악들을 야기할 만한 그러한 상황들에서 그 사용된 문언들이 사용되는지 및 그것들이 그러한 성격의 것들인지 여부이다. 그것은 근접성의 및 정도의 문제이다."

제1차 세계대전에서의 전쟁 노력에 대한 매우 비판적인 기사들의 공표를 이유로 한 소추를 및 처벌을 마찬가지로 홈즈(Holmes) 판사에 의하여 집필된 Frohwerk v. United States, 249 U. S. 204 판결은 포함하였다. 안보를 "설득의 말들에 의하여" 방해하는 행위에 대한 한 개의 유죄판정으로서 Schenck 판결이 인용되었다. Id., at 206. 그리하여 Frohwerk 사건에서의 유죄판정이 지지되었던 것은 "화염을 붙이는 데에 《395 U. S., 451》 가벼운 숨결 한 개만으로도 충분할 만한 지역에서 문서의 배포가 이루어졌기" 때문이었다. Id., at 209.

Debs v. United States, 249 U. S. 211, was the third of the trilogy of the 1918 Term. Debs was convicted of speaking in opposition to the war where his "opposition was so expressed that its natural and intended effect would be to obstruct recruiting." Id., at 215.

"If that was intended and if, in all the circumstances, that would be its probable effect, it would not be protected by reason of its being part of a general program and expressions of a general and conscientious belief." Ibid.

In the 1919 Term, the Court applied the Schenck doctrine to affirm the convictions of other dissidents in World War I. Abrams v. United States, 250 U. S. 616, was one instance. Mr. Justice Holmes, with whom Mr. Justice Brandeis concurred, dissented. While adhering to Schenck, he did not think that on the facts a case for overriding the First Amendment had been made out:

"It is only the present danger of immediate evil or an intent to bring it about that warrants Congress in setting a limit to the expression of opinion where private rights are not concerned. Congress certainly cannot forbid all effort to change the mind of the country." Id., at 628.

Another instance was Schaefer v. United States, 251 U. S. 466, in which Mr. Justice Brandeis, joined by Mr. Justice Holmes, dissented. A third was Pierce v. United States, 252 U. S. 239, in which again Mr. Justice Brandeis, joined by Mr. Justice Holmes, dissented.

Those, then, were the World War I cases that put the gloss of "clear and present danger" on the First Amendment. Whether the war power - the greatest leveler of them all - is adequate to sustain that doctrine is debat- «395 U. S., 452» able. The dissents in Abrams, Schaefer, and Pierce show how easily "clear and present danger" is manipulated to crush what Brandeis called "[t]

그리고 Debs v. United States, 249 U. S. 211 판결은 1918년 개정기의 3부작 중 세 번째의 것이었다. 전쟁에 반대하여 연설하였음을 이유로 뎁스(Debs)는 유죄판정되었는데, "신병모집을 방해함이 그것의 통상적인 및 의도된 결과이게 마련인 상황에서" 그의 "반대는 표명되었다." Id., at 215.

"만약 그것이 의도되었다면, 그리고 만약, 전체적 상황 속에서 그것이 그 개연성 있는 결과이게 마련이라면, 그것은 보편적인 및 양심적인 믿음의 일반적 요목의 및 표현행위들의 일부가 됨을 이유로 보호되지는 못하는 법이다." Ibid.

제1차 세계대전에서의 다른 반대론자들에 대한 유죄판정들을 인가하기 위하여 Schenck 법리를 1919년 개정기에 당원은 적용하였다. 그 중 한 개가 Abrams v. United States, 250 U. S. 616 판결이었다. 반대의견을 홈즈(Holmes) 판사는 냈으며, 그에게 브랜다이스(Brandeis) 판사는 찬동하였다. Schenck 판결을 그는 지지하면서도, 연방헌법 수정 제1조를 짓밟기 위한 한 개의 사건이 성립되어 있는 것으로는, 사실관계에 바탕하여, 그는 생각하지 않았다:

"사적 권리들이 관련되어 있지 아니하는 경우에 의견의 표현에 한계를 설정함에 있어서의 연방의회를 정당화하는 것은 오직 급박한 해악의 현존하는 위험만이거나 그것을 야기하려는 의도만이다. 나라의 마음을 바꾸려는 모든 노력을 연방의회는 금지할 수 없음이 확실하다." Id., at 628.

또 하나가 Schaefer v. United States, 251 U. S. 466 판결이었는데, 거기서 홈즈(Holmes) 판사의 가담을 얻은 브랜다이스(Brandeis) 판사는 다수의견에 반대하였다. 세 번째가 Pierce v. United States, 252 U. S. 239 판결이었으며, 거기서 홈즈(Holmes) 판사의 가담을 얻은 브랜다이스(Brandeis) 판사는 다수의견에 반대하였다.

그러므로 그것들이 "명백한 현존의 위험(clear and present danger)"의 광택을 연방헌법 수정 제1조 위에 올려둔 제1차 세계대전 사건들이었다. 그 법리를 지지하기에 전쟁권한이 - 그들 전부에 대한 가장 중요한 수중 측량수가 - 적임인지 여부는 논란의 여지가 «395 U. S., 452» 있다. 심지어 전쟁 시기에서조차도 논증에 및 의견교환에 의한 "[새]로운 입법을 및 새로운 제도들을 통하여 보다 나은 조건들을 위하여

he fundamental right of free men to strive for better conditions through new legislation and new institutions" by argument and discourse (Pierce v. United States, supra, at 273) even in time of war. Though I doubt if the "clear and present danger" test is congenial to the First Amendment in time of a declared war, I am certain it is not reconcilable with the First Amendment in days of peace.

The Court quite properly overrules Whitney v. California, 274 U. S. 357, which involved advocacy of ideas which the majority of the Court deemed unsound and dangerous.

Mr. Justice Holmes, though never formally abandoning the "clear and present danger" test, moved closer to the First Amendment ideal when he said in dissent in Gitlow v. New York, 268 U. S. 652, 673 :

"Every idea is an incitement. It offers itself for belief and if believed it is acted on unless some other belief outweighs it or some failure of energy stifles the movement at its birth. The only difference between the expression of an opinion and an incitement in the narrower sense is the speaker's enthusiasm for the result. Eloquence may set fire to reason. But whatever may be thought of the redundant discourse before us it had no chance of starting a present conflagration. If in the long run the beliefs expressed in proletarian dictatorship are destined to be accepted by the dominant forces of the community, the only meaning of free speech is that they should be given their chance and have their way."

We have never been faithful to the philosophy of that dissent. «395 U. S., 453»

The Court in Herndon v. Lowry, 301 U. S. 242, overturned a conviction for exercising First Amendment rights to incite insurrection because of lack of

노력할 자유인들의 기본적 권리"라고 브랜다이스(Brandeis) 판사가 부른 바(Pierce v. United States, supra, at 273)를 분쇄하기 위하여 "명백한 현존의 위험"이 얼마나 쉽게 조작되는지를 Abrams에서의, Schaefer에서의 및 Pierce에서의 반대의견들은 보여준다. 선포된 전쟁의 시기에는 연방헌법 수정 제1조에 "명백한 현존의 위험" 기준이 적합한지에 대하여 나는 의심함에도 불구하고, 평화의 시기에는 연방헌법 수정 제1조에 그것이 양립되지 아니함을 나는 확신한다.

매우 적절히도 Whitney v. California, 274 U. S. 357 판결을 이 법원은 폐기하는 바, 불건전한 및 위험한 것으로 당원의 다수판사들이 간주하였던 의견들의 옹호를 그 사건은 포함하였다.

"명백한 현존의 위험" 기준을 공식적으로는 홈즈(Holmes) 판사는 결코 버리지 아니하면서도, Gitlow v. New York, 268 U. S. 652, 673에서의 반대의견에서 이렇게 말하였을 때 연방헌법 수정 제1조에 보다 더 가까이 그는 다가갔다:

"모든 착상은 한 개의 선동이다. 그것이 그 자신을 제출함은 믿음을 위해서이며, 그리하여 그것이 믿어지면, 모종의 다른 믿음이 그것보다 무겁지 아니한 한, 내지는 그 움직임을 그 탄생 시점에서 모종의 에너지의 결여가 질식시키지 아니하는 한, 그것은 행동의 토대가 된다. 보다 더 협소한 의미에 있어서의 한 개의 의견 표명의 및 한 개의 선동의 그 둘 사이의 유일한 차이는 결과를 향한 발언자의 열정이다. 화염을 이성에게 웅변은 지필 수 있다. 그러나, 우리 앞의 과다한 설교의 의도가 그 무엇이었든, 현존의 대화재의 가능성을 그것은 지니지 않았다. 만약에 프롤레타리아 독재에 대한 그 표명된 믿음들이 공동체의 지배적 세력들에 의하여 궁극적으로 받아들여지도록 운명지워져 있다면, 자유로운 말의 유일한 의미는, 그것들에게 기회가 부여되어야 한다는 것이고 그 자신들의 길을 그것들이 가야 한다는 것이다."

그 반대의견의 철학에 대하여 우리는 충실했던 적이 결코 없다. ≪395 U. S., 453≫

반란을 선동하기 위하여 연방헌법 수정 제1조의 권리들을 행사하였음을 이유로 한 한 개의 유죄판정을 선동 증거의 부족을 이유로 Herndon v. Lowry, 301 U. S.

evidence of incitement. Id., at 259-261. And see Hartzel v. United States, 322 U. S. 680. In Bridges v. California, 314 U. S. 252, 261-263, we approved the "clear and present danger" test in an elaborate dictum that tightened it and confined it to a narrow category. But in Dennis v. United States, 341 U. S. 494, we opened wide the door, distorting the "clear and present danger" test beyond recognition.[1]

In that case the prosecution dubbed an agreement to teach the Marxist creed a "conspiracy." The case was submitted to a jury on a charge that the jury could not convict unless it found that the defendants "intended to over-throw the Government 'as speedily as circumstances would permit.'" Id., at 509-511. The Court sustained convictions under that charge, construing it to mean a determination of "'whether the gravity of the "evil," discounted by its improbability, justifies such invasion of free speech as is necessary to avoid the danger.'"[2] Id., at 510, quoting from United States v. Dennis, 183 F.2d 201, 212.

Out of the "clear and present danger" test came other offspring. Advocacy and teaching of forcible overthrow of government as an abstract principle is immune from prosecution. Yates v. United States, 354 U. S. 298, 318. But an "active" member, who has a guilty knowledge and intent of the aim to over-throw the Government «395 U. S., 454» by violence, Noto v. United States, 367 U. S. 290, may be prosecuted. Scales v. United States, 367 U. S. 203, 228. And the power to investigate, backed by the powerful sanction of con-tempt, includes the power to determine which of the two categories fits the particular witness. Barenblatt v. United States, 360 U. S. 109, 130. And so the investigator roams at will through all of the beliefs of the witness, ransacking

---

1) See McKay, The Preference For Freedom, 34 N. Y. U. L. Rev. 1182, 1203–1212 (1959).
2) See Feiner v. New York, 340 U. S. 315, where a speaker was arrested for arousing an audience when the only "clear and present danger" was that the hecklers in the audience would break up the meeting.

242에서의 당원은 뒤집었다. Id., at 259-261. 아울러 Hartzel v. United States, 322 U. S. 680을 보라. "명백한 현존의 위험(clear and present danger)" 기준을 강화한 및 그것을 한정된 범주로 제한한 한 개의 공들인 방론으로써 그 기준을 Bridges v. California, 314 U. S. 252, 261-263에서 우리는 승인하였다. 그러나 그 문을 Dennis v. United States, 341 U. S. 494에서 우리는 활짝 열었으며, "명백한 현존의 위험" 기준을 알아볼 수 없을 만큼 우리는 일그러뜨렸다.[1]

마르크스주의를 가르치기로 하는 한 개의 합의를 한 개의 "공모(conspiracy)"라고 그 사건에서 검찰은 칭하였다. "'상황이 허락하는 한도껏 가장 신속하게' 정부를 전복하고자" 피고인들이 "의도하였음을" 배심 자신이 인정하지 않는 한 유죄판정을 배심은 내릴 수 없다는 훈시 위에서 배심에게 사건은 회부되었다. Id., at 509-511. 그 훈시 아래서의 유죄판정들을 당원은 지지하였는데, "그 위험을 회피하기 위하여 필요한 것으로서의 자유로운 말에 대한 그러한 침해를, '그 "해악"의 있을 법하지 아니함에 의하여 에누리된 것으로서의 그 "해악"의 중대함이 정당화하는지 여부'"에 대한 한 개의 판정을 의미하는 것으로 그것을 당원은 해석하였다.[2] Id., at 510, quoting from United States v. Dennis, 183 F.2d 201, 212.

"명백한 현존의 위험" 기준으로부터 새로운 결과가 나왔다. 한 개의 추상적 원칙으로서의 폭력에 의한 정부 전복의 옹호는 및 교육은 소추로부터 면제된다. Yates v. United States, 354 U. S. 298, 318. 그러나 정부를 폭력에 의하여 전복하려는 목적에 대한 범죄적 인식을 및 의도를 지닌 "적극적인(active)" «395 U. S., 454» 구성원은, Noto v. United States, 367 U. S. 290, 소추될 수 있다. Scales v. United States, 367 U. S. 203, 228. 그리고 특정 증인에게 그 두 가지 범주들의 어느 쪽이 부합하는지를 판정할 권한을 법원모독의 강력한 제재에 의하여 뒷받침되는 조사권한은 포함한다. Barenblatt v. United States, 360 U. S. 109, 130. 그러므로 증인의 양심을 및 그의 가장 내밀한 생각들을 샅샅이 찾으면서 증인의 믿음들 전부를 통과하여 조사자는 마음대로 돌아다닌다.

---

1) McKay, The Preference For Freedom, 34 N. Y. U. L. Rev. 1182, 1203-1212 (1959)을 보라.
2) 회합을 청중 내에서의 야유자들이 분쇄하리라는 것이 그 유일한 "명백한 현존의 위험"이었음에도, 청중을 선동하였음을 이유로 연설자가 체포된 경우인 Feiner v. New York, 340 U. S. 315를 보라.

his conscience and his innermost thoughts.

Judge Learned Hand, who wrote for the Court of Appeals in affirming the judgment in Dennis, coined the "not improbable" test, 183 F.2d 201, 214, which this Court adopted and which Judge Hand preferred over the "clear and present danger" test. Indeed, in his book, The Bill of Rights 59 (1958), in referring to Holmes' creation of the "clear and present danger" test, he said, "I cannot help thinking that for once Homer nodded."

My own view is quite different. I see no place in the regime of the First Amendment for any "clear and present danger" test, whether strict and tight as some would make it, or free-wheeling as the Court in Dennis rephrased it.

When one reads the opinions closely and sees when and how the "clear and present danger" test has been applied, great misgivings are aroused. First, the threats were often loud but always puny and made serious only by judges so wedded to the status quo that critical analysis made them nervous. Second, the test was so twisted and perverted in Dennis as to make the trial of those teachers of Marxism an all-out political trial which was part and parcel of the cold war that has eroded substantial parts of the First Amendment.

Action is often a method of expression and within the protection of the First Amendment.

Suppose one tears up his own copy of the Constitution in eloquent protest to a decision of this Court. May he be indicted? «395 U. S., 455»

Suppose one rips his own Bible to shreds to celebrate his departure from one "faith" and his embrace of atheism. May he be indicted?

"개연성 없지 아니함(not improbable)" 기준을, Dennis 사건에서의 판결주문을 인가함에 있어서 항소법원을 위하여 집필한 러니드핸드(Learned Hand) 판사는 만들어 냈는바, 183 F.2d 201, 214, 그것을 당원은 채택하였고, 그리고 "명백한 현존의 위험" 기준에 우선하여 그 기준을 러니드핸드 판사는 택하였다. 아닌 게 아니라 "명백한 현존의 위험" 기준에 대한 홈즈(Holmes) 판사의 창조를 가리켜, "홈즈(Holmes) 판사가 한번쯤 졸았던 것으로 나는 생각하지 않을 수 없다."고 그의 저서 The Bill of Rights 59 (1958)에서 러니드핸드 판사는 말하였다.

내 자신의 견해는 사뭇 다르다. 조금이라도 "명백한 현존의 위험" 기준을 위한 자리를 - 그것을 그렇게 몇몇 사람들이 만들었으면 하는 엄격하고도 바짝 죈 것으로서든, 아니면 그것을 Dennis 사건에서 당원이 고쳐불렀던 자유분방한 것으로서든 - 연방헌법 수정 제1조의 정부에서 나는 보지 못한다.

그 의견들을 우리가 꼼꼼히 읽을 때 그리하여 그 "명백한 현존의 위험" 기준이 언제 어떻게 적용되어 왔는지를 볼 때, 커다란 염려가 제기된다. 첫째로, 위협들은 자주 요란하였지만 항상 하잘 것 없는 것들이었고, 현상(status quo)에 그토록 융합되어 있는 나머지 비판적 분석이 신경과민 상태로 만든 판사들에 의해서만 그 위협들은 중대한 것으로 만들어졌다. 둘째로, Dennis 판결에서 그 기준은 너무도 뒤틀리고 곡해된 나머지, 연방헌법 수정 제1조의 실질적 부분들을 침식해 온 냉전의 중요 부분인 한 개의 전면적인 정치적 정식사실심리로 마르크스 주의의 교사들에 대한 정식사실심리를 만들었다.

행동은 흔히 표현의 한 가지 방법이고, 따라서 연방헌법 수정 제1조의 보호 범위 내에 그것은 있다.

당원의 판결에 대한 웅변적 항의 가운데 그 자신의 연방헌법 사본을 한 명이 찢는다고 가정하라. 그가 대배심 검사기소되어도 좋은가? «395 U. S., 455»

한 개의 "신앙"으로부터의 자신의 결별을 및 무신론에 대한 자신의 채용을 공표하기 위하여 그 자신의 성경책을 조각 조각으로 한 명이 찢는다고 가정하라. 그가

Last Term the Court held in United States v. O'Brien, 391 U. S. 367, 382, that a registrant under Selective Service who burned his draft card in protest of the war in Vietnam could be prosecuted. The First Amendment was tendered as a defense and rejected, the Court saying:

"The issuance of certificates indicating the registration and eligibility classification of individuals is a legitimate and substantial administrative aid in the functioning of this system. And legislation to insure the continuing availability of issued certificates serves a legitimate and substantial purpose in the system's administration." 391 U. S., at 377-378.

But O'Brien was not prosecuted for not having his draft card available when asked for by a federal agent. He was indicted, tried, and convicted for burning the card. And this Court's affirmance of that conviction was not, with all respect, consistent with the First Amendment.

The act of praying often involves body posture and movement as well as utterances. It is nonetheless protected by the Free Exercise Clause. Picketing, as we have said on numerous occasions, is "free speech plus." See Bakery Drivers Local v. Wohl, 315 U. S. 769, 775 (DOUGLAS, J., concurring); Giboney v. Empire Storage Co., 336 U. S. 490, 501; Hughes v. Superior Court, 339 U. S. 460, 465; Labor Board v. Fruit Packers, 377 U. S. 58, 77 (BLACK, J., concurring), and id., at 93 (HARLAN, J., dissenting); Cox v. Louisiana, 379 U. S. 559, 578 (opinion of BLACK, J.); Food Employees v. Logan Plaza, 391 U. S. 308, 326 (DOUGLAS, J., concurring). That means that it can be regulated when it comes to the "plus" or "action" side of the protest. It can be regulated as to «395 U. S., 456» the number of pickets and the place and hours (see Cox v. Louisiana, supra), because traffic and other com-

대배심 검사기소되어도 좋은가?

베트남에서의 전쟁에 대한 항의로서 자신의 징병 카드를 불태운 의무병역 등록자는 소추될 수 있다고 지난 번 개정기 때 United States v. O' Brien, 391 U. S. 367, 382에서 당원은 판시하였다. 연방헌법 수정 제1조가 항변으로서 제시되었으나 기각되었는데, 이렇게 당원은 말하였다:

"개인들의 등록을 및 적격 분류를 나타내는 증명서들의 발부는 이 제도의 기능에 있어서 적법하고도 가치 있는 행정적 조력이다. 발부된 증명서들의 지속적 이용 가능성을 확실히 하기 위한 입법은 제도의 운영에 있어서의 적법하고도 가치 있는 목적에 기여한다." 391 U. S., at 377-378.

그러나 연방 요원에 의하여 요구된 당시에 그의 징병 카드를 이용가능한 상태로 그가 소지하지 않았다는 이유로 오브라이언(O' Brien)이 소추되었던 것은 아니다. 그가 대배심 검사기소되고 정식사실심리되고 그리고 유죄로 판정되었던 것은 카드를 불태운 행위에 대한 것이었다. 그러므로 그 유죄판정에 대한 당원의 인가는, 미안하지만 연방헌법 수정 제1조에 부합되지 않았다.

발언들을 포함하듯 몸 동작을 및 움직임을 기도 행위는 흔히 포함한다. 그러함에도 불구하고 자유로운 행사 조항(the Free Exercise Clause)에 의하여 그것은 보호된다. 여러 경우들에 대하여 우리가 말해 왔듯이 피케팅은 "자유로운 말 이상의 것"이다. Bakery Drivers Local v. Wohl, 315 U. S. 769, 775 [더글라스(DOUGLAS) 판사, 보충의견]을; Giboney v. Empire Storage Co., 336 U. S. 490, 501을; Hughes v. Superior Court, 339 U. S. 460, 465를; Labor Board v. Fruit Packers, 377 U. S. 58, 77 [블랙(BLACK) 판사, 보충의견], and id., at 93 [할란(HARLAN) 판사, 반대의견]을; Cox v. Louisiana, 379 U. S. 559, 578 [블랙(BLACK) 판사의 의견]을; Food Employees v. Logan Plaza, 391 U. S. 308, 326 [더글라스(DOUGLAS) 판사, 보충의견]을 보라. 항의의 "여분" 쪽으로 내지는 "행동" 쪽으로 그것이 올 때에 그것이 규율될 수 있음을 그것은 의미한다. 피켓들의 숫자에 및 장소에와 시간들에 《395 U. S., 456》 관하여 그것은 규율될 수 있는데 (Cox v. Louisiana, supra를 보라), 왜냐하면 그렇게 하지 않을 때는 교통의

munity problems would otherwise suffer.

But none of these considerations are implicated in the symbolic protest of the Vietnam war in the burning of a draft card.

One's beliefs have long been thought to be sanctuaries which government could not invade. Barenblatt is one example of the ease with which that sanctuary can be violated. The lines drawn by the Court between the criminal act of being an "active" Communist and the innocent act of being a nominal or inactive Communist mark the difference only between deep and abiding belief and casual or uncertain belief. But I think, that all matters of belief are beyond the reach of subpoenas or the probings of investigators. That is why the invasions of privacy made by investigating committees were notoriously unconstitutional. That is the deep-seated fault in the infamous loyalty-security hearings which, since 1947 when President Truman launched them, have processed 20,000,000 men and women. Those hearings were primarily concerned with one's thoughts, ideas, beliefs, and convictions. They were the most blatant violations of the First Amendment we have ever known.

The line between what is permissible and not subject to control and what may be made impermissible and subject to regulation is the line between ideas and overt acts.

The example usually given by those who would punish speech is the case of one who falsely shouts fire in a crowded theatre.

This is, however, a classic case where speech is brigaded with action. See Speiser v. Randall, 357 U. S. 513, 536-537 (DOUGLAS, J., concurring). They are indeed inseparable and a prosecution can be launched for the overt «395 U. S., 457» acts actually caused. Apart from rare instances of that kind, speech is, I think, immune from prosecution. Certainly there is no constitu-

및 그 밖의 공동체적 문제들이 방치될 것이기 때문이다.

그러나 징병 카드를 불태움에 있어서의 베트남 전쟁에 대한 상징적 항의 안에는 이러한 고려요소들은 그 어느 것도 관련이 되어 있지 않다.

개인의 신념들은 정부가 침입할 수 없는 성역들이라고 오래도록 여겨져 왔다. Barenblatt 사건은 얼마나 손쉽게 그 성역이 침범될 수 있는가를 보여주는 한 개의 사례이다. 깊고도 영속적인 믿음의 및 우연하고도 불확실한 믿음의 그 둘 사이의 차이만을, "적극적"공산주의자가 됨이라는 범죄적 행동의 및 명목적인 내지는 게으른 공산주의자가 됨이라는 죄 없는 행동의 그 양자 사이에 당원에 의하여 그어진 금들은 나타낼 뿐이다. 그러나 믿음에 관한 모든 문제들은 벌칙부 소환영장들의 내지는 조사자들의 검사항목들의 범위 너머에 있다고 나는 생각한다. 그것은 조사 위원회들에 의하여 이루어진 프라이버시 침해행위들이 어째서 악명 높게도 위헌적인 것들이었는가의 이유이다. 아울러 그것은 1947년에 대통령 트루먼이 개시한 이래로 20,000,000 명의 남성들을 및 여성들을 조사 분류해 온 그 악명 높은 충성-보안 청문들 (loyalty-security hearings) 속에 깊게 자리해 있는 과오이다. 관심을 우선적으로 개인의 생각들에, 착상들에, 믿음들에, 그리고 신념들에그 청문들은 두었다. 그것들은 여태껏 우리가 알아온 연방헌법 수정 제1조에 대한 가장 뻔뻔스러운 침해행위들이었다.

그 허용되면서 통제에 종속되지 않는 바의 및 허용불가의 것이 될 수 있으면서 규율에 종속되는 바의 양자 사이의 금은 생각들의 및 명시적 행동들의 그 양자 사이의 금이다.

말을 처벌했으면 하는 사람들에 의하여 일반적으로 주어진 사례는 관객이 밀집한 극장에서 불이야(fire)라고 거짓으로 외치는 사람의 경우이다.

그러나 이것은 말이 행위에 더불어 짜여진 전형적 사건이다. Speiser v. Randall, 357 U. S. 513, 536-537 (더글라스(DOUGLAS) 판사, 보충의견)을 보라. 그것들은 참으로 불가분의 것들이고 따라서 실제로 야기된 명시적 행위들에 대해서 «395 U. S., 457» 소추는 개시될 수 있다. 그 종류의 드문 사례들로부터 벗어난 상태에서는, 말은 소추로부터 면제된다고 나는 생각한다. Yates 사건에서처럼의 추상적 관념들에

tional line between advocacy of abstract ideas as in Yates and advocacy of political action as in Scales. The quality of advocacy turns on the depth of the conviction; and government has no power to invade that sanctuary of belief and conscience.[3]

---

3) See MR. JUSTICE BLACK, dissenting, in Communications Assn. v. Douds, 339 U. S. 382, 446, 449 et seq.

대한 옹호의 및 Scales 사건에서처럼의 정치적 행동에 대한 옹호의 그 양자 사이에 헌법적 금이 그어져 있지 아니함은 확실하다. 신념의 깊이에 옹호의 질은 달려 있다; 그리고 믿음의 및 양심의 성역에 침범할 권한을 정부는 지니지 않는다.[3]

---

3) Communications Assn. v. Douds, 339 U. S. 382, 446, 449 et seq에서의 블랙(BLACK) 판사의 반대의견을 보라.

표현의 자유_Freedom of Expression

Freedom of

COHEN v. CALIFORNIA, 403 U. S. 15 (1971)

NOS. 299.
변 론 1971년 2월 22일
판 결 1971년 6월 7일

1. 개요

　COHEN v. CALIFORNIA, 403 U. S. 15 (1971) 판결은 5 대 4로 판결되었다. 법원의 의견을 할란(HARLAN) 판사가 냈다. 법원장(Burger 판사)이 및 블랙(BLACK) 판사가 가담하는 반대의견을 블랙먼(BLACKMUN) 판사가 냈는데, 블랙먼(BLACKMUN) 판사의 의견 Paragraph 2에 화이트(WHITE) 판사는 찬동하였다. 베트남전을 및 의무징집 제도를 비난하는 저속한 문구를 단 웃옷을 법원건물 내에서 착용하는 행위가 연방헌법 수정 제1조의 말의 자유(freedom of speech)의 보호 안에 드는지를 판단하였다.

2. 사실관계

　베트남전에 및 징집에 대하여 반대하는 자신의 감정을 공중에게 알리기 위한 수단으로서 "징병제도 엿먹어라(Fuck the Draft)"라는 문구를 단 웃옷을 입은 채로 법원건물 복도에서 피고인은 관측되었다. 복도에는 여성들이 및 아동들이 있었다. 폭력행위를 피고인은 행하지도, 위협하지도 않았고, 폭력행위를 다른 누군가가 저지르지도 위협하지도 않았다. 조금이라도 소음을 피고인은 만들지 않았다. 피고인은 법정을 나오자마자 경찰관에게 체포되었다. 평정을 및 평온을 무례한 행위(offensive conduct)로써 어지럽힌 죄목으로 캘리포니아주 형법전(California Penal Code) § 415에 따라 로스앤젤레스 시법원에서 유죄판정이 내려지고 30일간의 구금형이 선고되었다. 유죄판정은 주 항소법원에서 인가되었고 이에 대한 재검토를 주 대법원은 거절하였다. 피고인의 항소에 따라 사건은 연방대법원에 올라왔다. (403 U. S., at 16-17.)

3. 쟁점 및 법원의 의견의 요지

가. 관할권의 문제

연방헌법 수정 제1조에 및 제14조에 의하여 보장되는 표현의 자유를 캘리포니아 주 형법전 조항이 침해하였다고 코헨은 처음부터 일관되게 주장하였고 주 최고법 원에 의하여 배척되었으므로, 연방대법원의 관할권이 존재한다. (403 U. S., at 17-18.)

나. 의사전달 행위를 이유로 형사처벌을 가함이 말의 자유를 침해하는지 여부의 판단기준

(1) 메시지를 전달하지 아니하는 행위인지; 의사전달 능력을 억압함이 없이도 규제 될 수 있는 행위인지

메시지를 전달하기 위하여 사용한 단어들이 무례하다는 점이 이 유죄판정의 근 거이므로 처벌대상인 "행위"는 그 의사전달의 사실이다. 이 유죄판정이 터잡는 토 대는 메시지를 전달하지 아니하는, 그리하여 피고인 자신을 표현할 능력을 억압함 이 없이도 규제될 수 있는 특정의 행위가 아닌, "말"이다. 징집에의 불복종의 내지 는 방해의 의도의 증명이 없는 한, 징집에 관한 개인의 입장을 주장함을 이유로 처 벌하는 것은 연방헌법 수정 제1조에 및 제14조에 부합되지 않는다. (403 U. S., at 18.)

(2) 말의 자유의 행사방법에 대한 규제인지, 실체적 메시지에 대한 금지인지

말의 자유에 대한 행사를 이유로 하는 처벌은 그 자유를 행사하는 방법에 대한 유효한 규제로서만 정당화될 수 있을 뿐 그것이 전달하는 실체적 메시지에 대한 금 지로서는 정당화될 수가 없다. (403 U. S., at 19.)

(3) 일정 종류의 말은 일정 장소에서는 관용되지 않으리라는 점을 일반인에게 고지 하여 줄 만한 문언이 제정법 내에 존재하는지

일정 종류의 말은 내지는 행위는 일정 장소들에서는 관용되지 않으리라는 점을 일반인에게 통지하여 줄 법한, 제정법 내의 문구의 부재 상태에서는, 법원건물 내 의 점잖은 분위기를 보전하기를 추구한다는 이유로 이 유죄판정을 지지해서는 안 된다. "무례한 행위(offensive conduct)"라는 문언은 특정 장소들 사이의 구분들이 이로써 설정됨을 일반인에게 충분히 고지하는 것일 수 없다. (403 U. S., at 19.)

(4) 일정한 표현 형식들이 사용되었다는 점의 증명만으로 표현을 처벌할 정부의 권한이 확립된 경우(외설물 등)의 예외에 해당되는지

일정 형식들의 표현을 그러한 형식의 사용에 대한 증명에만 터잡아 포괄적으로 다룰 정부의 권한을 선례들이 확립해 놓은 범주의 사건들에 - 예컨대, 외설물 사건에 - 이 사건은 들지 않는다. 폭력적인 반응을 불러일으킬 가능성이 있는 직접적으로 매도하는 말들의 사용을 주들은 금지할 수 있다. 코헨의 단어는 청취자의 신체에 향해진 것도, 직접의 개인적 모멸로 여겨질 수 있는 것도 아니었다. 코헨을 본 사람이 실제로 폭력적으로 흥분되었거나 그것을 그가 의도하였다는 점에 대한 증명이 없다. (403 U. S., at 19-20.)

(5) 무례한 표현을 그 원하지 않는 청중이 있다는 이유로 박탈할 수 있는지; 용납될 수 없는 방법으로 프라이버시적 이익들이 침해되고 있는 중임에 대한 증명이 있는지

무례를 가할 수 있는 말을 박탈함을 그 뜻하지 않은 청중들의 추정적 현존이 자동적으로 정당화하는 것은 아니다. 반갑지 않은 견해들의 주거(home)의 프라이버시 안에의 침입을 금지하기 위하여 정부는 정당하게 행동할 수 있다. 그러나, 주거 밖에서는 불쾌한 말을 사람들은 듣지 않으면 안 된다. 타인들을 그 청취로부터 보호하려는 목적에서 의견교환을 차단하려면, 근본적으로 용납될 수 없는 방법으로 프라이버시적 이익들이 침해되고 있는 중임에 대한 증명이 요구된다. 공공건물 내의 청취자들이 잠깐 동안 그것에 노출되었을 수 있다는 사실은 이 평온방해 유죄판정을 정당화하지 아니한다. (403 U. S., at 21-22.)

다. 특정의 상스러운 말의 사용을 "무례한 행위"로서 공중의 의견교환으로부터 주가 도려낼 수 있는지

(1) 혼란에 대한 획일적 염려만으로는 표현의 자유에 대한 권리를 압도하기에 충분하지 아니하다. (Tinker (1969)). 반대견해들을 공표하려는 사람들로 하여금 특정 형식들의 표현을 회피하도록 강제할 권한을 그러한 염려 위에 세움은 헌

법적 가치들에 부합될 수 없다. 개인의 표현의 형식을 및 내용을 정부기관들이 명령해서는 안 됨은 일반적 원칙이다. 정부적 제약들을 공중의 논의의 경기장으로부터 제거하도록, 자유로운 표현의 헌법적 권리는 설계되고 의도된다. 어떤 견해들이 외쳐질지에 관한 결정을 대부분 우리 각자의 손들에 그 권리는 내맡긴다. 때때로의 불협화음은 취약함의 징후가 아니라 강력함의 징후이다. 그 수단이 평화로운 것인 한, 수용 가능성의 기준들을 의사소통은 충족할 필요가 없다. (403 U. S., at 23-25.)

(2) 가장 꾀까다로운 사람에게마저도 마음에 드는 지점에 이르도록 공중의 토론을 정화할 권한을 주는 지니지 아니한다. 취미를 및 말씨를 개인에게 연방헌법이 맡겨 두는 영역에서의 원칙에 따른 구분들을 정부 공무원들은 지을 수 없다. 미국 시민권의 특권 한 가지는 공공의 인물들을 및 업적들을 비판할 권리인바, 정보에 근거한 책임 있는 비판을만이 아니라 바보스럽게 및 절제 없이 말할 자유를 그것은 의미한다. (403 U. S., at 25-26.)

(3) 특정의 단어들을 금지하고서도 그 과정에서 사상들을 억압하는 중대한 위험을 무릅쓰지 않을 수 있다는 가정은 용납될 수 없다. 그러한 중대한 결과들의 위험을 감수함으로부터 귀결될 만한 사회적 이익은 발견될 수 없다. (403 U. S., at 26.)

라. 결론

단지 네 글자짜리 허사에 대한 표현을 형사적 범죄로 주(State)가 만드는 것은 연방헌법 수정 제1조에 및 제14조에 부합될 수 없다. 원심의 판결주문은 파기되지 않으면 안 된다. (403 U. S., at 26.)

MR. JUSTICE HARLAN delivered the opinion of the Court.

This case may seem at first blush too inconsequential to find its way into our books, but the issue it presents is of no small constitutional significance. «403 U. S., 16»

Appellant Paul Robert Cohen was convicted in the Los Angeles Municipal Court of violating that part of California Penal Code § 415 which prohibits "maliciously and willfully disturb[ing] the peace or quiet of any neighborhood or person ⋯⋯ by ⋯⋯ offensive conduct ⋯⋯."[1] He was given 30 days' imprisonment. The facts upon which his conviction rests are detailed in the opinion of the Court of Appeal of California, Second Appellate District, as follows:

"On April 26, 1968, the defendant was observed in the Los Angeles County Courthouse in the corridor outside of division 20 of the municipal court wearing a jacket bearing the words 'Fuck the Draft' which were plainly visible. There were women and children present in the corridor. The defendant was arrested. The defendant testified that he wore the jacket knowing that the words were on the jacket as a means of informing the public of the depth

---

1) The statute provides in full:

"Every person who maliciously and willfully disturbs the peace or quiet of any neighborhood or person, by loud or unusual noise, or by tumultuous or offensive conduct, or threatening, traducing, quarreling, challenging to fight, or fighting, or who, on the public streets of any unincorporated town, or upon the public highways in such unincorporated town, run any horse race, either for a wager or for amusement, or fire any gun or pistol in such unincorporated town, or use any vulgar, profane, or indecent language within the presence or hearing of women or children, in a loud and boisterous manner, is guilty of a misdemeanor, and upon conviction by any Court of competent jurisdiction shall be punished by fine not exceeding two hundred dollars, or by imprisonment in the County Jail for not more than ninety days, or by both fine and imprisonment, or either, at the discretion of the Court."

법원의 의견을 할란(HARLAN) 판사가 냈다.

이 사건은 처음에 언뜻 보았을 때는 우리의 책들에 들어가기에는 너무도 대수롭지 않은 것처럼 생각될 수 있지만 그것이 제기하는 쟁점은 결코 그 헌법적 의미가 적지 아니하다. 《403 U. S., 16》

"…… 무례한 행위에 의하여 …… 조금이라도 이웃의 내지는 타인의 평정을 및 평온을 악의적으로 및 의도적으로 어지럽[힘]"을 금지하는 캘리포니아주 형법전 (California Penal Code) § 415 부분을 위반한 죄로 로스앤젤레스 시법원에서 유죄로 항소인 폴 로버트 코헨(Paul Robert Cohen)은 판정되었다.[1] 30일간의 구금형을 그는 부여받았다. 그에 대한 유죄판정이 토대하는 사실관계는 캘리포니아주 제2항소지구 항소법원의 의견에 이렇게 상술되어 있다:

"쉽게 눈에 띄는 '징병제도 엿먹어라(Fuck the Draft)' 라는 문구를 단 웃옷을 입은 채로 1968년 4월 26일 로스앤젤레스 카운티 법원건물 제20 구역 밖의 복도에서 피고인은 관측되었다. 복도에는 여성들이 및 아동들이 있는 상태였다. 피고인은 체포되었다. 그 웃옷 위에 그 단어들이 있음을 알면서도 베트남전에 및 징집에 대하여 반대하는 자신의 감정의 깊이를 공중에게 알리기 위한 한 가지 수단으로서 그 웃옷을 자신이 입었다고 피고인은 증언하였다.

---

1) 그 제정법의 전문은 이러하다:
  "시끄러운 내지는 이상한 소음에 의하여, 또는 사나운 내지는 무례한 행위에, 위협에, 비방에, 다툼에, 다툼걸기에, 또는 싸움에 의하여 조금이라도 이웃의 또는 타인의 평정을 내지는 평온을 악의적으로 및 의도적으로 어지럽히는 사람은, 또는 조금이라도 법인체 아닌 도회지의 공공도로들 위에서 내지는 그러한 법인체 아닌 도회지의 공공의 간선도로들 위에서 조금이라도 내기를 위하여든 또는 오락을 위하여든 경마를 벌이는 사람은, 또는 조금이라도 총을 또는 권총을 그러한 법인체 아닌 도회지에서 발사하는 사람은, 또는 조금이라도 저속한, 모독적인, 또는 상스러운 어투를 여성들의 내지는 아동들의 출석 범위 내에서 내지는 청취 범위 내에서 소란스런 내지는 거친 방법으로 사용하는 사람은 누구든지 한 개의 경죄(a misdemeanor)를 범한 것이 되고, 조금이라도 자격을 지닌 관할법원의 유죄판정에 따라서 그 법원의 재량으로 200달러 이하의 벌금에 의하여 또는 카운티 감옥에의 90일 이하의 구금에 의하여 또는 두 가지의 병과에 의하여 또는 그 중 어느 하나에 의하여 처벌된다."

of his feelings against the Vietnam War and the draft.

"The defendant did not engage in, nor threaten to engage in, nor did any-one as the result of his conduct «403 U. S., 17» in fact commit or threaten to commit any act of violence. The defendant did not make any loud or unusu-al noise, nor was there any evidence that he uttered any sound prior to his arrest." 1 Cal. App. 3d 94, 97-98, 81 Cal. Rptr. 503, 505 (1969).

In affirming the conviction the Court of Appeal held that "offensive con-duct" means "behavior which has a tendency to provoke others to acts of violence or to in turn disturb the peace," and that the State had proved this element because, on the facts of this case, "[i]t was certainly reasonably fore-seeable that such conduct might cause others to rise up to commit a violent act against the person of the defendant or attempt to forceably remove his jacket." 1 Cal. App. 3d, at 99-100, 81 Cal. Rptr., at 506. The California Supreme Court declined review by a divided vote.[2] We brought the case here, postponing the consideration of the question of our jurisdiction over this appeal to a hearing of the case on the merits. 399 U. S. 904 . We now reverse.

The question of our jurisdiction need not detain us long. Throughout the proceedings below, Cohen consistently «403 U. S., 18» claimed that, as con-strued to apply to the facts of this case, the statute infringed his rights to free-dom of expression guaranteed by the First and Fourteenth Amendments of the Federal Constitution. That contention has been rejected by the highest

---

[2] The suggestion has been made that, in light of the supervening opinion of the California Supreme Court in In re Bushman, 1 Cal. 3d 767, 463 P. 2d 727 (1970), it is "not at all certain that the California Court of Appeal's con-struction of § 415 is now the authoritative California construction." Post, at 27 (BLACKMUN, J., dissenting). In the course of the Bushman opinion, Chief Justice Traynor stated:
"[One] may ······ be guilty of disturbing the peace through 'offensive' conduct [within the meaning of § 415] if by his actions he wilfully and maliciously incites others to violence or engages in conduct likely to incite others to vio-lence. (People v. Cohen (1969) 1 Cal. App. 3d 94, 101. [81 Cal. Rptr. 503].)" 1 Cal. 3d, at 773, 463 P. 2d, at 730. We perceive no difference of substance between the Bushman construction and that of the Court of Appeal, par-ticularly in light of the Bushman court's approving citation of Cohen.

"피고인은 조금이라도 폭력행위를 행하지도, 행하겠다고 위협하지도 않았고, 그의 행위의 결과로서 조금이라도 누군가가 《403 U. S., 17》 폭력행위를 실제로 저지르지도 저지르겠다고 위협하지도 않았다. 조금이라도 시끄러운 내지는 이상한 소음을 피고인은 만들지 않았고, 조금이라도 소리를 그의 체포 이전에 그가 내뱉었다는 증거 또한 전혀 없었다." 1 Cal. App. 3d 94, 97-98, 81 Cal. Rptr. 503, 505 (1969).

"타인들을 도발하여 폭력행위들에 나아게 하는 경향을 지니는 내지는 차례차례 평온을 어지럽히는 경향을 지니는 행동을" "무례한 행위(offensive conduct)"는 의미한다고, 그리고 이 요소를 주(the State)는 증명한 터였다고, 왜냐하면 이 사건의 사실관계 위에서는, "[타]인들로 하여금 폭력적 행위를 피고인의 신체에 대하여 저지르고자 일어서도록 내지는 그의 웃옷을 강제로 벗겨내고자 시도하도록 그러한 행위가 야기할 수 있음은 합리적으로 예측 가능하였음이 확실하였기" 때문이라고 유죄판정을 인가함에 있어서 항소법원은 판시하였다. 1 Cal. App. 3d, at 99-100, 81 Cal. Rptr., at 506. 재검토를 쪼개진 표결에 의하여 캘리포니아주 대법원은 거절하였다.[2] 사건을 여기에 우리는 가져왔는바, 이 항소에 대한 우리의 관할권의 문제의 고찰을 사건의 본안에 관한 청문 때까지 우리는 연기하였다. 399 U. S. 904. 원심판결을 이제 우리는 파기한다.

우리의 관할권의 문제는 우리를 오래 붙잡아 둘 필요가 없다. 연방헌법 수정 제1조에 및 제14조에 의하여 보장되는 《403 U. S., 18》 표현의 자유에 관한 자신의 권리들을, 이 사건의 사실관계에 적용된다고 해석된 것으로서의 그 제정법은 침해하였다고 하급법원들에서의 절차들 전체에 걸쳐 코헨은 일관되게 주장하였다. 재검

---

2) In re Bushman, 1 Cal. 3d 767, 463 P. 2d 727 (1970) 사건에서의 병행적인 캘리포니아주 대법원의 의견에 비추어, "§ 415에 대한 캘리포니아주 항소법원의 해석이 지금 그 권위 있는 캘리포니아주의 해석이라는 데 대하여 전혀 확신이 들지 않는다."는 시사가 제기되어 있는 상태이다. Post, at 27 (BLACKMUN, J., dissenting). 또한 Bushman 사건의 의견에서 법원장 트레이너(Traynor)는 말하였다:
"[만]약에 타인들로 하여금 폭력에 이르도록 그의 행위들에 의하여 의도적으로 및 악의적으로 그가 자극한다면 내지는 타인들로 하여금 폭력에 이르도록 자극할 소지가 있는 행위를 그가 행한다면 [그는] …… [§ 415의 의미 내에서의] '무례한(offensive)' 행위를 통하여 평온을 어지럽히는 범죄에 대하여 유죄일 수 있다. (People v. Cohen (1969) 1 Cal. App. 3d 94, 101, [81 Cal. Rptr. 503].)" 1 Cal. 3d, at 773, 463 P. 2d, at 730.
Bushman 판결에서의 해석의 및 항소법원의 해석의 양자 사이에서 아무런 실재적 차이를 우리는 느끼지 않는바, Cohen 판결을 Bushman 법원이 승인하여 인용한 점에 비추어 특히 그러하다.

California state court in which review could be had. Accordingly, we are fully satisfied that Cohen has properly invoked our jurisdiction by this appeal. 28 U. S. C. § 1257 (2); Dahnke-Walker Milling Co. v. Bondurant, 257 U. S. 282 (1921).

I.

In order to lay hands on the precise issue which this case involves, it is useful first to canvass various matters which this record does not present.

The conviction quite clearly rests upon the asserted offensiveness of the words Cohen used to convey his message to the public. The only "conduct" which the State sought to punish is the fact of communication. Thus, we deal here with a conviction resting solely upon "speech," cf. Stromberg v. California, 283 U. S. 359 (1931), not upon any separately identifiable conduct which allegedly was intended by Cohen to be perceived by others as expressive of particular views but which, on its face, does not necessarily convey any message and hence arguably could be regulated without effectively repressing Cohen's ability to express himself. Cf. United States v. O' Brien, 391 U. S. 367 (1968). Further, the State certainly lacks power to punish Cohen for the underlying content of the message the inscription conveyed. At least so long as there is no showing of an intent to incite disobedience to or disruption of the draft, Cohen could not, consistently with the First and Fourteenth Amendments, be punished for asserting the evident position on the inutility or immorality of the draft his jacket reflected. Yates v. United States, 354 U. S. 298 (1957). «403 U. S., 19»

Appellant's conviction, then, rests squarely upon his exercise of the "freedom of speech" protected from arbitrary governmental interference by the Constitution and can be justified, if at all, only as a valid regulation of the manner in which he exercised that freedom, not as a permissible prohibition

토가 이루어질 수 있었던 캘리포니아주 최고법원에 의하여 그 주장은 배척된 것이 되어 있다. 따라서 이 항소에 의하여 우리의 관할권에 코헨이 정당하게 호소하였다는 점에 대하여 우리는 완전히 납득한다. 28 U. S. C. § 1257 ⑵; Dahnke-Walker Milling Co. v. Bondurant, 257 U. S. 282 (1921).

I .

이 사건이 포함하는 정확한 쟁점을 붙잡기 위하여는, 첫째로 이 기록이 제시하지 아니하는 다양한 사항들을 점검함이 유익하다.

그의 메시지를 공중에게 전달하기 위하여 코헨이 사용한 단어들(words)의 그 주장되는 무례함에 유죄판정은 의존함이 명백하다. 그 처벌하고자 주가 추구한 대상인 유일한 "행위(conduct)"는 그 의사전달의 사실이다. 이렇듯, 특정의 견해들을 표현하는 것으로 타인들에 의하여 인식되게 하고자 코헨에 의하여 의도된 것으로 주장됨에도 그 문면상으로 조금이라도 메시지를 반드시 전달하지는 아니하는, 그리하여 그 자신을 표현할 코헨의 능력을 결과적으로 억압하지 아니하고서도 규제될 수 있다고 주장되는 조금이라도 분리하여 특정 가능한 모종의 행위에가 아니라 오직 "말(speech)"에만 터잡는 한 개의 유죄판정을, cf. Stromberg v. California, 283 U. S. 359 (1931), 여기서 우리는 다룬다. United States v. O'Brien, 391 U. S. 367 (1968)을 비교하라. 더 나아가, 옷에 박힌 글자가 전달한 메시지의 본질적인 내용을 이유로 코헨을 처벌할 권한을 주(the State)는 확실히 결여한다. 적어도 징집에의 불복종의 내지는 방해의 의도의 증명이 없는 한, 그의 웃옷이 나타낸 징집의 무용함에 내지는 부도덕함에 관한 명백한 입장을 주장함을 이유로 코헨이 처벌되는 것은 연방헌법 수정 제1조에 및 제14조에 부합되는 것일 수 없었다. Yates v. United States, 354 U. S. 298 (1957). 《403 U. S., 19》

그렇다면 항소인에 대한 유죄판정은 연방헌법에 의하여 자의적인 정부적 간섭으로부터 보호되는 "말의 자유(freedom of speech)"에 대한 그의 행사에 정확하게 근거한 것이고 따라서 오직 그 자유를 그가 행사하는 방법에 대한 한 개의 유효한 규제로서만 - 설령 그러한 규제라는 것이 조금이라도 있다 하더라도 - 그것은 정당화될

on the substantive message it conveys. This does not end the inquiry, of course, for the First and Fourteenth Amendments have never been thought to give absolute protection to every individual to speak whenever or wherever he pleases, or to use any form of address in any circumstances that he chooses. In this vein, too, however, we think it important to note that several issues typically associated with such problems are not presented here.

In the first place, Cohen was tried under a statute applicable throughout the entire State. Any attempt to support this conviction on the ground that the statute seeks to preserve an appropriately decorous atmosphere in the courthouse where Cohen was arrested must fail in the absence of any language in the statute that would have put appellant on notice that certain kinds of otherwise permissible speech or conduct would nevertheless, under California law, not be tolerated in certain places. See Edwards v. South Carolina, 372 U. S. 229, 236-237, and n. 11 (1963). Cf. Adderley v. Florida, 385 U. S. 39 (1966). No fair reading of the phrase "offensive conduct" can be said sufficiently to inform the ordinary person that distinctions between certain locations are thereby created.[3]

In the second place, as it comes to us, this case cannot be said to fall within those relatively few categories of «403 U. S., 20» instances where prior decisions have established the power of government to deal more comprehensively with certain forms of individual expression simply upon a showing that such a form was employed. This is not, for example, an obscenity case. Whatever else may be necessary to give rise to the States' broader power to

---

[3] It is illuminating to note what transpired when Cohen entered a courtroom in the building. He removed his jacket and stood with it folded over his arm. Meanwhile, a policeman sent the presiding judge a note suggesting that Cohen be held in contempt of court. The judge declined to do so and Cohen was arrested by the officer only after he emerged from the courtroom. App. 18–19.

수 있을 뿐 그것이 전달하는 실체적 메시지에 대한 한 개의 허용 가능한 금지로서는 정당화될 수가 없는 것이다. 심리를 이것이 종결짓지 아니함은 물론인바, 왜냐하면 그가 좋아하는 무엇이든지를 그가 좋아하는 어느 때든지 말할 수 있는, 내지는 그 어떤 형식의 연설이든지를 그가 선택하는 그 어떤 상황에서든 사용할 수 있는 절대적 보호를 모든 개인에게 부여하는 것으로 연방헌법 수정 제1조는 및 제14조는 결코 여겨진 적이 없기 때문이다. 그러나 이러한 문제들에 전형적으로 연결되는 몇 가지 쟁점들은 여기에 제기되지 아니함을 특별히 언급함은 이 맥락에서도 중요하다고 우리는 생각한다.

첫째로, 주 전체에 걸쳐 적용되는 한 개의 제정법 아래서의 정식사실심리를 코헨은 받았다. 여타의 상황에서라면 허용 가능할 일정 종류의 말은 내지는 행위는 이에도 불구하고 일정 장소들에서는 캘리포니아주 법 아래서 관용되지 않으리라는 점을 조금이라도 항소인에게 고지하여 줄 법한, 그 제정법 내의 문구의 부재 상태에서는, 코헨이 체포된 법원건물 내에서의 적당히 점잖은 분위기를 보전하기를 그 제정법이 추구한다는 이유로 이 유죄판정을 지지하려는 시도는 그 어떤 것이든 실패하지 않으면 안 된다. Edwards v. South Carolina, 372 U. S. 229, 236-237, and n. 11 (1963)을 보라. Adderley v. Florida, 385 U. S. 39 (1966)를 비교하라. 특정 장소들 사이의 구분들이 이로써 설정됨을 일반인에게 충분히 고지하는 것으로는 "무례한 행위(offensive conduct)"라는 문언의 공정한 해석은 말해질 수 없다.[3]

둘째로, 우리에게 이해되기로는, 일정 형식들의 개인적 표현을 그러한 형식이 사용되었다는 증명에만 터잡아 보다 더 포괄적으로 «403 U. S., 20» 다룰 정부의 권한을 선례들이 확립해 놓은 그 비교적 드문 범주의 사건들 내에 이 사건은 든다고 말해질 수 없다. 예컨대, 이것은 외설물 사건이 아니다. 외설한 표현을 금지하기 위한 주(State)의 보다 더 광범위한 권한을 발동시키는 데 필요한 것이 그 밖의 그 무엇일 수 있든지간에, 그러한 표현은 모종의 의미 있는 방법으로 색정적인 것이지 않으면

---

3) 건물 내의 법정에 코헨이 들어갔을 때 무엇이 발생했는지를 특별히 언급함은 사안을 밝혀준다. 그의 웃옷을 그는 벗었고 그것을 그의 팔 위에 접은 한 채로 섰다. 법원모독으로 코헨이 구금되어야 함을 제언하는 쪽지 한 개를 판사에게 그 사이에 경찰관 한 명이 보냈다. 그렇게 하기를 판사는 거절하였는데 법정으로부터 코헨이 나오자마자 그 경찰관에 의하여 그는 체포되었다. App. 18-19.

prohibit obscene expression, such expression must be, in some significant way, erotic. Roth v. United States, 354 U. S. 476 (1957). It cannot plausibly be maintained that this vulgar allusion to the Selective Service System would conjure up such psychic stimulation in anyone likely to be confronted with Cohen's crudely defaced jacket.

This Court has also held that the States are free to ban the simple use, without a demonstration of additional justifying circumstances, of so-called "fighting words," those personally abusive epithets which, when addressed to the ordinary citizen, are, as a matter of common knowledge, inherently likely to provoke violent reaction. Chaplinsky v. New Hampshire, 315 U. S. 568 (1942). While the four-letter word displayed by Cohen in relation to the draft is not uncommonly employed in a personally provocative fashion, in this instance it was clearly not "directed to the person of the hearer." Cantwell v. Connecticut, 310 U. S. 296, 309 (1940). No individual actually or likely to be present could reasonably have regarded the words on appellant's jacket as a direct personal insult. Nor do we have here an instance of the exercise of the State's police power to prevent a speaker from intentionally provoking a given group to hostile reaction. Cf. Feiner v. New York, 340 U. S. 315 (1951); Terminiello v. Chicago, 337 U. S. 1 (1949). There is, as noted above, no showing that anyone who saw Cohen was in fact violently aroused or that appellant intended such a result. «403 U. S., 21»

Finally, in arguments before this Court much has been made of the claim that Cohen's distasteful mode of expression was thrust upon unwilling or unsuspecting viewers, and that the State might therefore legitimately act as it did in order to protect the sensitive from otherwise unavoidable exposure to appellant's crude form of protest. Of course, the mere presumed presence of unwitting listeners or viewers does not serve automatically to justify curtailing all speech capable of giving offense. See, e. g., Organization for a Better

안 된다. Roth v. United States, 354 U. S. 476 (1957). 코헨의 투박하게 마멸된 웃옷에 대면하게 될 가능성이 있는 누군가의 안에 그러한 심적인 흥분을 의무징집 제도에 대한 이 저속한 언급이 불러낼 만하였다고는 그럴 듯하게 주장될 수 없다.

이른바 "싸움 거는 말들"의 단순한 사용을, 즉 일반적 시민에게 가해질 경우에는 본질적으로 폭력적인 반응을 불러일으킬 가능성이 한 가지 상식의 문제로서 있는 그 직접적으로 매도하는 모멸적인 말들의 단순한 사용을 주들은, 그 정당화시켜 주는 추가적인 상황들의 증명 없이도, 자유로이 금지할 수 있음을 당원은 또한 판시한 바 있다. Chaplinsky v. New Hampshire, 315 U. S. 568 (1942). 징집에 관련하여 코헨에 의하여 내보여진 네 글자짜리 단어는 직접 도발적으로 사용되는 경우가 드물지 아니하기는 하지만, 이 사건에서 그것은 "청취자의 신체에 향해진" 것이 아니었음이 명백하다. Cantwell v. Connecticut, 310 U. S. 296, 309 (1940). 항소인의 윗옷 위의 그 단어들을 직접의 개인적 모멸로서 그 실제로 출석해 있던 내지는 출석해 있었을 가능성이 있는 개인이 여겼을 수는 없었다. 발언자로 하여금 특정 그룹을 의도적으로 유발시켜 적대적 반응에 이르게 만들지 못하도록 금지하기 위한 주 (State) 경찰권한의 행사의 사건을 여기서 우리가 또한 가지고 있는 것도 아니다. Feiner v. New York, 340 U. S. 315 (1951)을; Terminiello v. Chicago, 337 U. S. 1 (1949) 을 비교하라. 위에서 특별히 언급된 대로, 코헨을 본 어느 누군가가 실제로 폭력적으로 흥분되었다는 점에 대한 내지는 그러한 결과를 항소인이 의도하였다는 점에 대한 증명이 없다. «403 U. S., 21»

마지막으로, 내키지 않는 및 의심하지 않는 많은 구경꾼들에게 코헨의 혐오스러운 표현방식이 억지로 들이밀어졌다는, 그러므로 항소인의 노골적인 항의방식에의 민감한 노출을 여타의 피할 수 없는 노출로부터 막기 위하여 그 하였던 대로 적법하게 주(State)는 행동할 수 있었다는 많은 주장이 당원 앞에서의 논의들에서 이루어져 있다. 무례를 가할 수 있는 모든 말을 박탈함을 정당화하는 데에 그 뜻하지 않은 청중들의 또는 시청자들의 단순한 추정적 현존이 자동적으로 복무하지 아니함은 물론이다. 예컨대, Organization for a Better Austin v. Keefe, 402 U. S. 415 (1971)을

Austin v. Keefe, 402 U. S. 415 (1971). While this Court has recognized that government may properly act in many situations to prohibit intrusion into the privacy of the home of unwelcome views and ideas which cannot be totally banned from the public dialogue, e. g., Rowan v. Post Office Dept., 397 U. S. 728 (1970), we have at the same time consistently stressed that "we are often 'captives' outside the sanctuary of the home and subject to objectionable speech." Id., at 738. The ability of government, consonant with the Constitution, to shut off discourse solely to protect others from hearing it is, in other words, dependent upon a showing that substantial privacy interests are being invaded in an essentially intolerable manner. Any broader view of this authority would effectively empower a majority to silence dissidents simply as a matter of personal predilections.

In this regard, persons confronted with Cohen's jacket were in a quite different posture than, say, those subjected to the raucous emissions of sound trucks blaring outside their residences. Those in the Los Angeles courthouse could effectively avoid further bombardment of their sensibilities simply by averting their eyes. And, while it may be that one has a more substantial claim to a recognizable privacy interest when walking through a courthouse corridor than, for example, strolling through Central Park, surely it is nothing like the interest in «403 U. S., 22» being free from unwanted expression in the confines of one's own home. Cf. Keefe, supra. Given the subtlety and complexity of the factors involved, if Cohen's "speech" was otherwise entitled to constitutional protection, we do not think the fact that some unwilling "listeners" in a public building may have been briefly exposed to it can serve to justify this breach of the peace conviction where, as here, there was no evidence that persons powerless to avoid appellant's conduct did in fact object to it, and where that portion of the statute upon which Cohen's conviction rests evinces no concern, either on its face or as construed by the

보라. 공중의 토론으로부터 완전히 금지될 수 없는 그 반갑지 않은 견해들의 및 사상들의 주거(home)의 프라이버시 안에의 침입을 다양한 상황들에서 금지하기 위하여 정부는 정당하게 행동할 수 있음을 당원은 인정하여 오면서도, e. g., Rowan v. Post Office Dept., 397 U. S. 728 (1970), "우리는 자주 주거(home)라는 신전 밖의 '포로들(captives)' 임을 및 그러므로 불쾌한 말을 듣지 않으면 안 됨을" 동시에 우리는 일관되게 강조해 왔다. Id., at 738. 오직 타인들을 그 청취로부터 보호하려는 목적에서의, 의견교환을 차단할 연방헌법에 일치하는 정부의 능력은, 달리 말하자면, 근본적으로 용납될 수 없는 방법으로 그 중대한 프라이버시적 이익들이 침해되고 있는 중임에 대한 증명에 의존한다. 단순히 개인적인 선입적 애호의 문제로서 소수파들을 침묵시킬 권한을 다수파에게 이 권한에 대한 조금이라도 더 관대한 견해는 결과적으로 부여하는 것이 될 것이다.

이 점에 관해서는, 예를 들면 그들의 주거들 밖에서 요란히 외치는 트럭들의 귀에 거슬리는 소리의 방출들을 듣지 않으면 안 되는 사람들과는 매우 다른 처지에 코헨의 윗옷에 직면한 사람들은 있었다. 단순히 그들의 두 눈을 비킴에 의하는 것만으로도 그들의 민감성들에의 더 이상의 폭격을 로스앤젤레스 법원건물 안에 있던 사람들은 효과적으로 피할 수 있었다. 그리고, 예컨대, 센트럴파크를 산책하면서 지나갈 때에 있어서보다도 법원건물 복도를 걸어서 지나갈 때에 있어서 한 개의 인지 가능한 프라이버시 이익에 대한 더 실질적인 주장을 누군가가 지니는 경우가 있을 수 있기는 하지만, 그것은 자기 자신의 주거(home)라는 《403 U. S., 22》 한계들 내에서의 그 원하지 않는 표현으로부터의 자유로움에 있어서의 이익에는 전혀 같지 아니한 것임이 확실하다. Keefe, supra를 비교하라. 그 관련되는 요소들의 섬세함을 및 복잡함을 전제할 때, 만약 달리 헌법적 보호를 누릴 자격을 코헨의 "말(speech)"이 지녔다고 한다면, 항소인의 행위를 피할 능력이 없는 사람들이 실제로 이에 반대하였다는 증거가 여기서 없었던 것처럼 없었던 경우에는, 그리고 그 포로가 된 방청자의 특별한 곤경에 대한 염려를 코헨의 유죄판정이 의존하는 제정법의 해당 부분이 그 문면에서든 캘리포니아주 법원들의 해석으로서든 명시하지 않는 경우에는, 그렇기는커녕 오히려 "조금이라도 이웃을 내지는 타인을" 어지럽히는

California courts, with the special plight of the captive auditor, but, instead, indiscriminately sweeps within its prohibitions all "offensive conduct" that disturbs "any neighborhood or person." Cf. Edwards v. South Carolina, supra.[4]

II

Against this background, the issue flushed by this case stands out in bold relief. It is whether California can excise, as "offensive conduct," one particular scurrilous epithet from the public discourse, either upon the theory of the court below that its use is inherently likely to cause violent reaction or upon a more general assertion that the States, acting as guardians of public morality, «403 U. S., 23» may properly remove this offensive word from the public vocabulary.

The rationale of the California court is plainly untenable. At most it reflects an "undifferentiated fear or apprehension of disturbance [which] is not enough to overcome the right to freedom of expression." Tinker v. Des Moines Indep. Community School Dist., 393 U. S. 503, 508 (1969). We have been shown no evidence that substantial numbers of citizens are standing ready to strike out physically at whoever may assault their sensibilities with execrations like that uttered by Cohen. There may be some persons about with such lawless and violent proclivities, but that is an insufficient base upon which to erect, consistently with constitutional values, a governmental power to force persons who wish to ventilate their dissident views into

---

4) In fact, other portions of the same statute do make some such distinctions. For example, the statute also prohibits disturbing "the peace or quiet ⋯⋯ by loud or unusual noise" and using "vulgar, profane, or indecent language within the presence or hearing of women or children, in a loud and boisterous manner." See n. 1, supra. This second-quoted provision in particular serves to put the actor on much fairer notice as to what is prohibited. It also buttresses our view that the "offensive conduct" portion, as construed and applied in this case, cannot legitimately be justified in this Court as designed or intended to make fine distinctions between differently situated recipients.

모든 "무례한 행위(offensive conduct)"를 그 자신의 금지사항들 안에 그 제정법의 해당 부분이 무차별적으로 휩쓸어 넣는 경우에는, 이 평온방해 유죄판정을 정당화하는 데에 공공건물 내의 몇몇 내켜하지 않는 "청취자들"이 잠깐 동안 그것에 노출되었을 수 있다는 사실이 복무할 수 있다고는 우리는 생각하지 않는다. Edwards v. South Carolina, supra를 비교하라.[4]

Ⅱ

이것을 배경으로 하여, 이 사건에 의하여 상기되는 쟁점은 뚜렷이 두드러져 보인다. 폭력적인 반응을 한 개의 특정의 상스러운 모멸적인 말의 사용이 본질적으로 야기할 가능성이 있다는 원심법원의 이론에 의거해서든 또는 이 무례한 말을 공중의 어휘로부터 공중의 도덕성의 수호자들로서 행동하는 주들이 정당하게 제거할 수 있다는 보다 더 일반적인 주장에 의거해서든 그것을 "무례한 행위"로서 공중의 의견교환으로부터 «403 U. S., 23» 캘리포니아주가 도려낼 수 있는지 여부에 그 쟁점은 있다.

캘리포니아주 법원의 이론적 근거는 유지될 수 없음이 명백하다. "표현의 자유에 대한 권리를 압도하기에는 충분하지 아니[한] 혼란에 대한 획일적 염려를 내지는 내지 불안을" 기껏해야 그것은 나타낸다. Tinker v. Des Moines Indep. Community School Dist., 393 U. S. 503, 508 (1969). 자신들의 감수성들을 코헨에 의하여 발설된 유형의 매도로써 공격하는 누구에게든지 주먹을 휘두르고자 상당한 숫자의 시민들이 준비를 갖추고 서 있는 중임에 대한 증거를 우리는 제시받은 바 없다. 그러한 불법적인 및 폭력적인 성벽을 지니는 일부의 사람들은 주변에 있을 수 있지만, 그러나 그것은 자신들의 반대견해들을 공표하기를 원하는 사람들로 하여금 특정 형식들의 표현을 회피하도록 강제할 한 개의 정부적 권한을 헌법적 가치들에 부합되게 그 위에 세우기에는 충분하지 못한 토대이다. 폭력적인 및 불법적인

---

4) 실제로, 그러한 구분들을 바로 그 제정법의 여타 부분들은 짓고 있다. 예를 들면, "시끄러운 내지는 이상한 소음에 의하여 ……" 및 "저속한, 모독적인, 또는 상스러운 어투를 여성들의 내지는 아동들의 출석 범위 내에서 내지는 청취 범위 내에서 소란스런 내지는 거친 방법으로 사용함"에 의하여 "평정을 내지는 평온을 …… 어지럽히는 행위를 그 제정법은 아울러 금지한다. n. 1, supra를 보라. 무엇이 금지되는지에 관하여 훨씬 더 공정한 고지를 행위자에게 하는 데에 이 두 번째로 인용되는 규정은 특히 복무한다. 이 사건에서 해석된 및 적용된 것으로서의 "무례한 행위(offensive conduct)" 부분은, 섬세한 구분들을 서로 상이한 상황에 처해지는 수령자들 사이에서 짓고자 계획된 및 의도된 것으로서 이 법원에서 합리적으로는 정당화될 수 없다는 우리의 견해를 그것은 또한 보강한다.

avoiding particular forms of expression. The argument amounts to little more than the self-defeating proposition that to avoid physical censorship of one who has not sought to provoke such a response by a hypothetical coterie of the violent and lawless, the States may more appropriately effectuate that censorship themselves. Cf. Ashton v. Kentucky, 384 U. S. 195, 200 (1966); Cox v. Louisiana, 379 U. S. 536, 550-551 (1965).

Admittedly, it is not so obvious that the First and Fourteenth Amendments must be taken to disable the States from punishing public utterance of this unseemly expletive in order to maintain what they regard as a suitable level of discourse within the body politic.[5] We «403 U. S., 24» think, however, that examination and reflection will reveal the shortcomings of a contrary viewpoint.

At the outset, we cannot overemphasize that, in our judgment, most situations where the State has a justifiable interest in regulating speech will fall within one or more of the various established exceptions, discussed above but not applicable here, to the usual rule that governmental bodies may not prescribe the form or content of individual expression. Equally important to our conclusion is the constitutional backdrop against which our decision must be made. The constitutional right of free expression is powerful medicine in a society as diverse and populous as ours. It is designed and intended

---

5) The amicus urges, with some force, that this issue is not properly before us since the statute, as construed, punishes only conduct that might cause others to react violently. However, because the opinion below appears to erect a virtually irrebuttable presumption that use of this word will produce such results, the statute as thus construed appears to impose, in effect, a flat ban on the public utterance of this word. With the case in this posture, it does not seem inappropriate «403 U. S., 24» to inquire whether any other rationale might properly support this result. While we think it clear, for the reasons expressed above, that no statute which merely proscribes "offensive conduct" and has been construed as broadly as this one was below can subsequently be justified in this Court as discriminating between conduct that occurs in different places or that offends only certain persons, it is not so unreasonable to seek to justify its full broad sweep on an alternate rationale such as this. Because it is not so patently clear that acceptance of the justification presently under consideration would render the statute overbroad or unconstitutionally vague, and because the answer to appellee's argument seems quite clear, we do not pass on the contention that this claim is not presented on this record.

한 개의 가정적 패거리에 의한 그러한 반응을 유발하고자 추구한 바 없는 한 명에 대한 신체적 검열을 회피하기 위하여 그 검열을 보다 더 적절하게 주들(States)이 그들 스스로 실시할 수 있다는 그 자멸적인 명제에 그 주장은 해당되는 것에 불과하다. Ashton v. Kentucky, 384 U. S. 195, 200 (1966)을; Cox v. Louisiana, 379 U. S. 536, 550-551 (1965)를 비교하라.

국가 내에서의 대화의 알맞은 수준이라고 그들이 간주하는 바를 유지하기 위하여 이 꼴사나운 허사의 공개적 발설을 처벌하는 일을 주들로 하여금 할 수 없도록 만드는 것으로 연방헌법 수정 제1조가 및 제14조가 해석되지 않으면 안 된다는 것은 그다지 명백하지는 아니함이 일반적으로는 인정되어 있다.[5] 그러나, 《403 U. S., 24》 이에 반하는 견해의 단점들을 시험은 및 숙고는 드러내 줄 것이라고 우리는 생각한다.

우선, 말을 규제함에 있어서의 타당한 이익을 주가 지니는 대부분의 상황들이란 개인의 표현의 형식을 내지는 내용을 정부기관들은 명령해서는 안 된다는 그 일반적 규칙에의, 위에서 논의된, 그러나 여기에는 적용될 수 없는 그 다양한 확립된 예외들 가운데의 한 가지 이상의 범위 내에 떨어질 것임을 우리는 아무리 강조해도 지나친 것일 수 없다는 것이 우리의 판단이다. 우리의 결론에 마찬가지로 중요한 것은 우리의 결정이 이루어짐에 있어서 마주 대하지 않으면 안 되는 그 헌법적 배경이다. 우리 사회 같은 다양한 및 붐비는 한 개의 사회에서 자유로운 표현의 헌법적 권리는 강력한 약물이다. 정부적 제약들을 공중의 논의의 경기장으로부터 제거

---

5) 타인들로 하여금 폭력적으로 반응하도록 야기할 수 있는 행위만을 그 해석된 것으로서의 제정법은 처벌하므로 이 쟁점은 우리 앞에 전혀 있지 아니하다고 상당한 설득력을 지닌 채로 법정의 고문(the amicus)은 주장한다. 그러나, 그러한 결과들을 이 말의 사용이 산출할 것이라는 사실상 반박불능의 추정을 원심법원의 의견은 수립하는 것으로 보이므로, 한 개의 전면적인 금지를 이 말의 공개적 발설 위에 그렇게 해석된 것으로서의 제정법은 결과적으로 부과하는 것으로 보인다. 사건을 이 정세 안에서 볼 때, 이 결과를 조금이라도 다른 이론적 근거가 《403 U. S., 24》 정당하게 지지할 수 있을지 여부를 조사함은 부적절해 보이지 않는다. 위에서 표명된 이유들로 인하여 "무례한 행위(offensive conduct)"를 단순히 금지하기만 하는. 그러면서도 원심에서 이 제정법이 그랬던 것만큼이나 그렇게 노골적으로 조금이라도 해석되어 온 제정법은, 상이한 장소들에서 발생하는 행위의 또는 오직 특정의 사람들만을 해치는 행위의 양자 사이를 구분짓는 것으로서 뒤에 당원에서 정당화될 수 없음이 명백하다고 우리는 생각함에도, 그것의 완전한 넓은 범위를 정당화하기를 이것에 유사한 대체적인 이론적 근거 위에서 추구함은 그다지 불합리한 것은 아니다. 그 제정법을 지나치게 광범위한 것이 되게끔 또는 위헌적으로 모호한 것이 되게끔 현재 고찰에 놓인 정당화 사유의 승인이 만들 것임은 그다지 특별히 명백하지 아니하기 때문에. 그리고 피항소인의 주장에 대한 대답은 매우 명백해 보이기 때문에. 이 기록에 이 주장은 제기되어 있지 아니하다는 주장을 우리는 판단하지 아니한다.

to remove governmental restraints from the arena of public discussion, putting the decision as to what views shall be voiced largely into the hands of each of us, in the hope that use of such freedom will ultimately produce a more capable citizenry and more perfect polity and in the belief that no other approach would comport with the premise of individual dignity and choice upon which our political system rests. See Whitney v. California, 274 U. S. 357, 375-377 (1927) (Brandeis, J., concurring).

To many, the immediate consequence of this freedom may often appear to be only verbal tumult, discord, and «403 U. S., 25» even offensive utterance. These are, however, within established limits, in truth necessary side effects of the broader enduring values which the process of open debate permits us to achieve. That the air may at times seem filled with verbal cacophony is, in this sense not a sign of weakness but of strength. We cannot lose sight of the fact that, in what otherwise might seem a trifling and annoying instance of individual distasteful abuse of a privilege, these fundamental societal values are truly implicated. That is why "[w]holly neutral futilities ······ come under the protection of free speech as fully as do Keats' poems or Donne's sermons," Winters v. New York, 333 U. S. 507, 528 (1948) (Frankfurter, J., dissenting), and why "so long as the means are peaceful, the communication need not meet standards of acceptability," Organization for a Better Austin v. Keefe, 402 U. S. 415, 419 (1971).

Against this perception of the constitutional policies involved, we discern certain more particularized considerations that peculiarly call for reversal of this conviction. First, the principle contended for by the State seems inherently boundless. How is one to distinguish this from any other offensive word? Surely the State has no right to cleanse public debate to the point where it is grammatically palatable to the most squeamish among us. Yet no readily ascertainable general principle exists for stopping short of that result

하도록 그것은 설계되고 의도되는바, 보다 더 능력 있는 시민을 및 보다 더 완전한 국가를 그러한 자유의 사용이 궁극적으로 산출하리라는 기대 속에서 및 우리의 정치제도가 의존하는 개인의 존엄이라는 및 선택이라는 전제에 그 조금이라도 다른 접근법은 어울리지 않으리라는 믿음 속에서, 어떤 견해들이 외쳐질지에 관한 결정을 대부분 우리 각자의 손들에 그것은 내맡긴다. Whitney v. California, 274 U. S. 357, 375-377 (1927) (Brandeis, J., concurring)을 보라.

많은 사람들에게, 이 자유의 즉석의 결과는 단지 말의 소동에, 불화에, 그리고 심지어는 무례한 발언에 «403 U. S., 25» 불과한 것으로 자주 나타날 수 있다. 그러나 이것들은, 그 확립된 한계들 내에서, 실제로는 우리로 하여금 성취하도록 그 열린 토론의 과정이 허락하는 더 넓은 지속적 가치들의 필수적인 부수효과들이다. 때때로 불협화음으로 공기가 채워져 있는 것처럼 보인다는 것은 이 의미에서 취약함의 징후가 아니라 강력함의 징후이다. 경우가 달랐다면 한 개의 특권에 대한 개인의 혐오스러운 오용의 한 개의 하찮은 및 귀찮은 사례로 여겨질 수도 있는 바 안에 이 기본적인 사회적 가치들이 참으로 함축된다는 사실을 시야에서 우리는 놓칠 수 없다. 바로 그것이, 그 "…… [자]유로운 말의 보호 아래에 키츠(Keats)의 시들이 내지는 돈(Donne)의 설교들이 놓이는 바로 그만큼이나 완전히 똑 같이 그 보호 아래에" 어째서 "그 전적으로 중립인 하찮은 것들이 놓이는지," Winters v. New York, 333 U. S. 507, 528 (1948) (Frankfurter, J., dissenting), 의 이유이고, 그리고 그 "수단이 평화로운 것인 한, 의사소통은 수용 가능성의 기준들을 충족할 필요가" 어째서 "없는지," Organization for a Better Austin v. Keefe, 402 U. S. 415, 419 (1971), 의 이유이다.

그 관련된 헌법적 정책들에 대한 이 인식을 배경으로 하고서, 이 유죄판정의 파기를 특별히 요구하는 몇 가지 더 상술된 고찰들을 우리는 발견한다. 첫째로, 주(the State)에 의하여 주장되는 원칙은 본질적으로 무한인 것으로 보인다. 이것을 조금이라도 여타의 무례한 말로부터 어떻게 구분한다는 말인가? 우리들 중 가장 꾀까다로운 사람에게마저도 문법적으로 마음에 드는 지점에로 공중의 토론을 정화할 권한을 주가 지니지 아니함은 확실하다. 만약 원심판결 주문을 우리가 인가한다면, 그 결과에 이르지 않도록 갑자기 멈추기 위한 즉시 확인 가능한 일반적 원칙은 하물며

were we to affirm the judgment below. For, while the particular four-letter word being litigated here is perhaps more distasteful than most others of its genre, it is nevertheless often true that one man's vulgarity is another's lyric. Indeed, we think it is largely because governmental officials cannot make principled distinctions in this area that the Constitution leaves matters of taste and style so largely to the individual.

Additionally, we cannot overlook the fact, because it «403 U. S., 26» is well illustrated by the episode involved here, that much linguistic expression serves a dual communicative function: it conveys not only ideas capable of relatively precise, detached explication, but otherwise inexpressible emotions as well. In fact, words are often chosen as much for their emotive as their cognitive force. We cannot sanction the view that the Constitution, while solicitous of the cognitive content of individual speech, has little or no regard for that emotive function which, practically speaking, may often be the more important element of the overall message sought to be communicated. Indeed, as Mr. Justice Frankfurter has said, "[o]ne of the prerogatives of American citizenship is the right to criticize public men and measures - and that means not only informed and responsible criticism but the freedom to speak foolishly and without moderation." Baumgartner v. United States, 322 U. S. 665, 673-674 (1944).

Finally, and in the same vein, we cannot indulge the facile assumption that one can forbid particular words without also running a substantial risk of suppressing ideas in the process. Indeed, governments might soon seize upon the censorship of particular words as a convenient guise for banning the expression of unpopular views. We have been able, as noted above, to discern little social benefit that might result from running the risk of opening the door to such grave results.

존재하지 않는다. 왜냐하면, 여기서 다투어지는 그 특별한 네 글자 단어는 이 장르의 여타의 대부분의 것들보다도 아마도 더 혐오스럽기는 하지만, 이에도 불구하고 이 사람의 저속함은 저 사람의 서정시임이 흔히 진실이기 때문이다. 실로, 취미를 및 말씨를 거의 대부분 개인에게 연방헌법이 맡겨 두는 이 영역에서의 원칙에 따른 구분들을 정부 공무원들이 지을 수 없는 데에 그것이 그러함의 주된 원인이 있다고 우리는 생각한다.

이에 더하여, 그 사실을 우리는 간과할 수 없는바, 왜냐하면 《403 U. S., 26》 이중적 의사소통의 기능에 대부분의 언어적 표현이 복무한다는 점은 여기에 포함된 에피소드에 의하여 잘 예증되기 때문이다: 즉 상대적으로 정확한 및 공평한 해설의 능력을 지니는 사상들을만이 아니라 달리 표현할 수 없는 감정들을까지도 그것은 전달한다. 실제로, 인식적 효과를 위하여만큼이나 감정적 효과를 위하여도 단어들은 자주 선택된다. 개개 말의 인식적 내용을 연방헌법은 갈망하면서도, 현실적으로 말해서 그 전달되게 하려는 전체적 메시지의 자주 더 중요한 요소일 수 있는 그 감정적 기능에는 연방헌법이 관계가 거의 없거나 아주 없다는 견해를 우리는 재가할 수 없다. 실로, 프랑크푸르터(Frankfurter) 판사가 말해 놓았듯이, "[미국 시민권의 특권들 중 한 가지는 공공의 인물들을 및 업적들을 비판할 권리이다 - 그리고 정보에 근거한 및 책임 있는 비판을만이 아니라 바보스럽게 및 절제 없이 말할 자유를 그것은 의미한다." Baumgartner v. United States, 322 U. S. 665, 673-674 (1944).

끝으로, 그리고 그 동일한 맥락에서, 특정의 단어들을 누군가가 금지하고서도 그 과정에서 사상들을 억압하는 중대한 위험을 무릅쓰지 않을 수 있다는 그 손쉬운 가정을 우리는 용납할 수 없다. 과연, 인기 없는 견해들의 표현을 금지하기 위한 편리한 가면으로서 특정 단어들의 검열에 정부들은 곧 달라붙을 수도 있다. 위에서 특별히 언급된 대로 그러한 중대한 결과들에 문을 열어주는 위험을 감수함으로부터 귀결될 만한 사회적 이익을 우리는 발견할 수 있었던 적이 없다.

It is, in sum, our judgment that, absent a more particularized and compelling reason for its actions, the State may not, consistently with the First and Fourteenth Amendments, make the simple public display here involved of this single four-letter expletive a criminal offense. Because that is the only arguably sustainable rationale for the conviction here at issue, the judgment below must be

Reversed. «403 U. S., 27»

단지 이 단 한 개의 네 글자짜리 허사에 대한 여기에 포함된 표현을 한 개의 형사적 범죄로 주(State)가 만드는 것은 그 자신의 조치들을 위한 더 특수화된 및 강제적인 이유가 없는 한 연방헌법 수정 제1조에 및 제14조에 부합될 수 없다는 것이 결국 우리의 판단이다. 그것은 여기에 쟁점이 된 유죄판정을 위한 그 유일한 유지 가능한 이론적 근거라는 점이 논증 가능하므로 원심의 판결주문은

파기되지 않으면 안 된다. 《403 U. S., 27》

I dissent, and I do so for two reasons:

1. Cohen's absurd and immature antic, in my view, was mainly conduct and little speech. See Street v. New York, 394 U. S. 576 (1969); Cox v. Louisiana, 379 U. S. 536, 555 (1965); Giboney v. Empire Storage Co., 336 U. S. 490, 502 (1949). The California Court of Appeal appears so to have described it, 1 Cal. App. 3d 94, 100, 81 Cal. Rptr. 503, 507, and I cannot characterize it otherwise. Further, the case appears to me to be well within the sphere of Chaplinsky v. New Hampshire, 315 U. S. 568 (1942), where Mr. Justice Murphy, a known champion of First Amendment freedoms, wrote for a unanimous bench. As a consequence, this Court's agonizing over First Amendment values seems misplaced and unnecessary.

2. I am not at all certain that the California Court of Appeal's construction of § 415 is now the authoritative California construction. The Court of Appeal filed its opinion on October 22, 1969. The Supreme Court of California declined review by a four-to-three vote on December 17. See 1 Cal. App. 3d, at 104. A month later on January 27, 1970, the State Supreme Court in another case construed § 415, evidently for the first time. In re Bushman, 1 Cal. 3d 767, 463 P. 2d 727. Chief Justice Traynor, who was among the dissenters to his court's refusal to take Cohen's case, wrote the majority opinion. He held that § 415 "is not unconstitutionally vague and overbroad" and further said:

"[T]hat part of Penal Code section 415 in question here makes punishable

나는 반대하는바, 내가 그렇게 함은 두 가지 이유들에서이다:

1. 코헨의 어리석은 및 미숙한 익살맞은 행동은, 나의 견해로는 주로 행위였을 뿐 말이 아니었다. Street v. New York, 394 U. S. 576 (1969)를; Cox v. Louisiana, 379 U. S. 536, 555 (1965)를; Giboney v. Empire Storage Co., 336 U. S. 490, 502 (1949)를 보라. 그것을 그렇게 캘리포니아주 항소법원은 묘사했던 것으로 나타나 있고, 1 Cal. App. 3d 94, 100, 81 Cal. Rptr. 503, 507, 그리하여 그것을 다르게 나는 규정할 수 없다. 더 나아가, 사건은 Chaplinsky v. New Hampshire, 315 U. S. 568 (1942) 판결의 범위 내에 넉넉히 있는 것으로 내게 생각되는바, 거기서 연방헌법 수정 제1조상의 자유들의 알려진 옹호자인 머피(Murphy) 판사는 만장일치의 법원을 대표하여 썼다. 한 가지 결과로서, 연방헌법 수정 제1조상의 가치들에 관한 이 법원의 고뇌는 장소를 잘못 짚은 것으로 및 불필요한 것으로 생각된다.

2. 나는 §415에 대한 캘리포니아주 항소법원의 해석이 지금 그 권위 있는 캘리포니아주의 해석이라는 데 대하여 전혀 확신이 들지 않는다. 그 자신의 의견을 1969년 10월 22일 항소법원은 기록에 철하였다. 재검토를 12월 17일에 4 대 3으로 캘리포니아주 대법원은 거절하였다. 1 Cal. App. 3d, at 104를 보라. 한 달 뒤인 1970년 1월 27일 §415를 별개의 사건에서 주 대법원은 해석하였는데, 아마도 최초였다. In re Bushman, 1 Cal. 3d 767, 463 P. 2d 727. 코헨의 사건을 취하기를 자신의 법원이 거절한 데 대한 반대자들 중의 한 명이었던 법원장 트레이너(Traynor)는 다수의견을 썼다. §415는 "위헌적으로 모호하지도 아니하고 지나치게 광범위하지도 아니하다."고 그는 판시하였고 더 나아가 말하였다:

"[오]직 폭력적인 및 공중의 안전을 및 질서를 위협하는 행위만을, 내지는 그 성

only wilful and malicious conduct that is violent and endangers public safety and order or that creates a clear and present danger that others will engage in violence of that nature. «403 U. S., 28»

"······ [It] does not make criminal any nonviolent act unless the act incites or threatens to incite others to violence ······." 1 Cal. 3d, at 773-774, 463 P. 2d, at 731.

Cohen was cited in Bushman, 1 Cal. 3d, at 773, 463 P. 2d, at 730, but I am not convinced that its description there and Cohen itself are completely consistent with the "clear and present danger" standard enunciated in Bushman. Inasmuch as this Court does not dismiss this case, it ought to be remanded to the California Court of Appeal for reconsideration in the light of the subsequently rendered decision by the State's highest tribunal in Bushman.

MR. JUSTICE WHITE concurs in Paragraph 2 of MR. JUSTICE BLACKMUN's dissenting opinion.

격의 폭력에 타인들이 참가하게 될 한 개의 명백한 현존의 위험을 빚어내는 의도적인 및 악의적인 행위만을 그 처벌 대상으로 형법전 제415절 가운데 여기서의 문제가 된 부분은 만든다. 《403 U. S., 28》

"…… [비]폭력적인 행위가 타인들로 하여금 폭력에 이르도록 선동하지 않는 한 내지는 선동하고자 위협하지 않는 한 그러한 행위를 조금이라도 범죄로 그것은 만들지 않는다 ……" 1 Cal. 3d, at 773-774, 463 P. 2d, at 731.

Cohen 판결은 Bushman, 1 Cal. 3d, at 773, 463 P. 2d, at 730 판결에서 인용되었으나, Bushman 판결에서 선언된 "명백한 현존의 위험(clear and present danger)" 기준에, 거기서의 Cohen 판결에 대한 설명이 및 Cohen 판결 자체가 완전히 부합되는지 나는 확신이 서지 않는다. 이 사건을 이 법원이 각하하지 아니하는 만큼, Bushman 판결에서의 주(State's) 최고 재판부에 의하여 추후적으로 내려진 판결에 비춘 재검토를 위하여 캘리포니아주 항소법원에 그것은 환송되어야 한다.

블랙먼(BLACKMUN) 판사의 Paragraph 2에 화이트(WHITE) 판사는 찬동한다.

표현의 자유_Freedom of Expression

Freedom of

NEW YORK TIMES CO. v. UNITED STATES, 403 U. S. 713 (1971)

제2순회구 관할 합중국 항소법원에 내린 사건기록 송부명령

NOS. 1873.
변 론 1971년 6월 26일
판 결 1971년 6월 30일*

* 콜럼비아 특별구 관할 합중국 항소법원에 내린 사건기록 송부명령에 따른 No. 1885, United States v. Washington Post Co. et al.을 함께 판단한다.

1. 개요

NEW YORK TIMES CO. v. UNITED STATES, 403 U. S. 713 (1971)은 콜럼비아 특별구 관할 순회구 합중국 항소법원에 내린 소송기록 송부명령에 의한 No. 1885, United States v. Washington Post Co. et al. 사건에 더불어 함께 판단되었는바, 5 대 4로, 집필자를 밝히지 아니하는 법원의 의견으로(PER CURIAM) 판결되었다. 더글라스(DOUGLAS) 판사의 가담 아래서의 보충의견을 블랙(BLACK) 판사가; 블랙(BLACK) 판사의 가담 아래서의 보충의견을 더글라스(DOUGLAS) 판사가; 보충의견을 브레넌(BRENNAN) 판사가; 화이트(WHITE) 판사의 가담 아래서의 보충의견을 스튜어트(STEWART) 판사가; 스튜어트(STEWART) 판사의 가담 아래서의 보충의견을 화이트(WHITE) 판사가; 보충의견을 마샬(MARSHALL) 판사가 각각 냈고; 반대의견을 법원장 버거(BURGER) 판사가; 법원장 버거(BURGER) 판사의 및 블랙먼(BLACKMUN) 판사의 가담 아래서의 반대의견을 할란(HARLAN) 판사가; 반대의견을 블랙먼(BLACKMUN) 판사가 각각 썼다. 국가 안보 상의 이유로 비밀분류된 특정자료의 언론에의 공표를 사전에 금지함에 요구되는 요건의 문제를 다루었다.

2. 사실관계 및 쟁점 (403 U. S., at 714, 715, 724, 732, 751, 753, 759, 760,)[1]

가. "베트남 정책에 관한 미국의 의사결정 절차의 역사(History of U. S. Decision-Making Process on Viet Nam Policy)"라는 제목의 비밀연구의 내용들을 뉴욕타임즈(New York Times)지가 및 워싱턴포스트(Washington Post)지가 입수하였다.

나. (1) 3개월 가량의 내용분석 기간을 거친 뒤에, 그것들로부터 추출된 일부자

---

1) https://en.wikipedia.org/wiki/New_York_Times_Co._v._United_States 를 아울러 참조하였다.

료를 1971. 6. 13. (일)에 뉴욕타임즈가 공표하고 난 뒤인 1971. 6. 14. (월)에 그 공표를 금지하는 그 자신의 명령을 전보(telegram)로써 뉴욕타임즈에게 정부는 내리고서, 더 이상의 자료들을 공표하지 못하도록 사전에 금지하여 달라는 소송을 뉴욕주 남부지구 관할 연방지방법원에 미합중국은 제기하였다. 연방지방법원의 뉴욕타임즈에 대한 임시적 금지명령은 1971. 6. 15. (화)에 내려졌다. 뉴욕타임즈 사건에서의 판사 거페인(Gurfein) 앞에서의 청문은 6월 18일에 열렸고 그의 판결은 6월 19일에 내려졌다.

(2) 워싱턴포스트지는 자료로부터 추출된 내용을 1971. 6. 18.부터 공표하기 시작하였다. 공표를 중지해 달라고 워싱턴포스트에게 그 날 법무부장관은 요청하였으나, 워싱턴포스트가 거부하자, 워싱턴포스트를 상대로 하는 금지명령을 콜럼비아 특별구 관할 연방지방법원에 미합중국은 신청하였다. 게셀(Gesell) 판사 앞에서의 청문은 6월 21일 오전 8시에 시작되었고, 항소법원에 의하여 부여된 마감시간의 망치 아래서 그의 판결은 그 날 오후 5시 직전에 내려졌다.

(3) 언론의 공표에 대한 사전의 제한조치를 위한 정당화 사유를 증명할 무거운 책임을 이 사건에서 정부는 충족시키지 못한 터라고 판단하여 각각의 청구를 위 1심법원들은 기각하였다. 두 사건들에서의 정부의 항소는 전원재판부로 구성된 제2순회구 관할 항소법원에 의하여 및 콜럼비아 특별구 관할 항소법원에 의하여 6월 22일에 각각 청문되었다.

다. (1) 뉴욕주 남부지구 관할 연방지방법원의 1심판결을 제2순회구 항소법원은 파기하였고, 정부에 의하여 설명된 특정 항목들의 공표가 금지됨을 정당화할 만큼의 중대한 즉각의 위험을 합중국의 안보에 그것들의 공개가 제기할지 여부를 판단하도록, 추후의 청문들을 위하여 거페인(Gurfein) 판사에게 제2순회구 항소법원은 환송하였다.

(2) 이에 반하여 콜럼비아 특별구 관할 연방지방법원의 1심판결을 콜럼비아 특별구 관할 항소법원은 인가하였다. 제2순회구 관할 항소법원은 및 콜럼비아 순회구 관할 항소법원은 다 같이 6월 23일에 판결을 내렸다.

라. 뉴욕타임즈의 사건기록 송부명령 청구는 및 잠정적 구제를 구하는 신청은 6

월 24일 오전 11시에 연방대법원에 접수되었다. 워싱턴포스트 사건에서의 잠정적 구제를 구하는 합중국의 신청은 6월 24일 오후 7:15경에 접수되었다. 두 사건들에 대한 사건기록 송부명령을 연방대법원으로 하여금 허가하도록 하급법원들에서의 위 불일치는 만들었다. 연방대법원에서의 청문을 6월 26일 오전 11시로 지정하는 명령은 24시간의 여유도 없이 발령되었다. 워싱턴 포스트 사건에서의 기록은 6월 25일 오후 1시 직전에 서기에게 제출되었다; 뉴욕타임즈 사건에서의 기록은 그 날 밤 7시 또는 8시까지도 도착하지 않았다. 당사자들의 준비서면들은 6월 26일의 변론을 두 시간도 남기지 않은 시점에서야 수령되었다.

마. 최종 판결주문이 나오기 이전의 사건기록 송부명령에 대한 연방대법원의 허가는, 완전한 기록을 뉴욕타임즈 사건에서 제2순회구 관할 항소법원의 명령에 따라 연방 지방법원이 만들어놓기 전에, 뉴욕주 남부지구 관할 연방지방법원에서의 정식사실심리를 중지시켰다. 그 감춰지게 하고자 정부에 의하여 추구된 자료들의 공표에 대한 임시적 정지결정들을 1971년 6월 25일에 연방대법원은 내렸다.

바. 뉴욕타임즈 사건에서, 그것이 연방대법원에 올라왔을 때 기본적 자료를 판사들은 아직 검토하지 못한 상태였다. 콜럼비아 특별구 사건에서도, 더 이상의 것은 이루어져 있지 않았고, 그나마 이 점에 있어서 달성된 것은 환송이 요구됨에 의거한 것이었는바, 워싱턴 포스트는 자신의 정보의 원천을 보호하고자 자신이 노력하는 중이라는 변명 위에서, 어떤 자료를 자신이 실제로 소지하는지를 공개하기를 처음에 거부하는 상황이었고, 그리하여 그 연방 지방법원의 경우는 그 소지에 관하여 가정들을 하도록 강제되는 상황이었다.

사. 이 사건들에서는 공표행위에 대한 사전의 제한조치들(prior restraints)의 언론 위에의 부과를 위한 정당화 사유를 증명할 정부의 무거운 책임을 정부가 충족시켰는지 여부가 쟁점이 되었다.

3. 집필자를 밝히지 아니하는 법원의 의견의 요지 (403 U. S., at 714.)

표현에 대한 사전제한의 부과를 위한 정당화 사유를 증명할 정부가 지는 무거운 책임을 정부는 충족시키지 못한 터라는 1심법원들의 판단에 우리는 동의한다. 콜럼비아 특별구 관할 항소법원의 판결주문은 인가된다. 제2순회구 관할 항소법원의 명령은 파기되는바, 뉴욕주 남부지구 관할 연방지방법원의 판결주문을 인가하는 판결주문을 기입하라는 지시들이 딸린 채로 사건은 환송된다. 이 법원에 의하여 1971년 6월 25일에 기입된 정지결정들은 취소된다.

4. 더글라스(DOUGLAS) 판사가 가담하는 블랙(BLACK) 판사의 보충의견의 요지

가. 이 법원에 사건들이 제출되었을 때, 워싱턴포스트를 상대로 한 정부측 주장은 각하되었어야 하고, 뉴욕타임즈를 상대로 한 금지명령은 구두변론 없이 취소되었어야 한다. 연방헌법 수정 제1조에 대한 극악한 침해에, 이 금지명령들은 해당한다. 구두변론 뒤에는, 콜럼비아 순회구 항소법원의 판결주문을 우리는 인가하지 않으면 안 되고, 제2순회구 항소법원의 판결주문을 우리는 파기하지 않으면 안 된다. 뉴스의 공표가 때로는 금지되어도 좋다는 취지의 판시는 연방헌법 수정 제1조의 파멸을 부르는 결과가 될 것이다. 연방헌법 수정 제1조가 말하는 바를 연방헌법 수정 제1조는 의미하지 않는다고 판시하도록, 처음으로 연방법원들은 요청되는 상황이다. (403 U. S., at 714-715.)

나. 연방헌법이 채택되었을 때, 일정한 기본적 자유들을 보장하는 권리장전을 그것이 포함하지 않았기 때문에 종교의, 출판의, 집회의, 말의 자유를 박탈함을 중앙정부에게 허용하는 것으로 해석될 수 있음을 두려워하는 공중의 아우성에 응하여, 정부의 권한 너머에 이 위대한 자유들이 있음에 대하여 시민들을 만족시키기 위한 수정조항들을 제임스 매디슨(James Madison)은 제출하였다. "그들의 생각들을 말할, 쓸, 또는 공표할 그들의 권리를 국민은 박탈당하거나 빼앗기지 아니한다; 그리고 자유의 위대한 보루들 중 한 개로서 언론의 자유는 불가침이다."라고 그의 제안은 선언하였다. 그 원천이 무엇이든지간에, 검열 없이, 금지명령들 없이, 사전의 제한조치들 없이 뉴스를 자유로이

공표하도록 언론은 남겨지지 않으면 안 된다. (403 U. S., at 715-716.)

다. 우리의 민주주의에서의 필수불가결의 역할을 위하여 자유언론이 누려야 할 그 보호를 연방헌법 수정 제1조에서 자유언론에 건국의 아버지들은 부여하였다. 정부를 자유로이 견책할 수 있는 상태로 언론이 남아 있도록 언론을 검열할 정부의 권한은 폐지되었다. 정부의 비밀들을 언론이 벌거벗겨서 국민에게 알릴 수 있도록 언론은 보호되었다. 자유언론의 최고의 책무사항은 국민을 기망하여 외국의 열병들에, 외국의 탄환에 및 포탄에 죽도록 떠나보냄으로부터 정부를 방지할 의무이다. 뉴욕타임즈, 워싱턴포스트 등 언론은 그들의 용기 있는 보도를 이유로 비난을 받아 마땅한 것이 아니라, 건국의 아버지들이 보았던 그 목적에 봉사하였음을 이유로 칭송되어야 한다. (403 U. S., at 716-717.)

라. 국가안보를 위협할 만한 정보의 공표로부터 국가를 보호할 행정부의 권한은 외교에 관한 및 총사령관으로서의 대통령의 헌법상의 권한으로부터 생긴다고; 언론의 자유를 박탈하는 법들을 연방헌법 수정 제1조에도 불구하고 행정부는, 연방의회는, 사법부는 국가안보(national security)의 이름으로 제정할 수 있다고 정부는 주장한다. 뉴스의 공표를 법원들을 통하여 저지할 고유권한을 대통령이 지님을 인정함은 연방헌법 수정 제1조를 없애는 것이다. 정보에 밝은 대의정부의 희생 가운데서의 군사적 및 외교적 비밀사항들의 보호는 참다운 안전보장을 제공하지 않는다. (403 U. S., at 717-719).

마. 무력에 및 폭력에 의한 전복에게로 이끄는 선동들로부터 공동체를 보전함의 중요성이 클수록, 국민의 의지에 정부가 부응할 수 있도록, 그리하여 평화로운 방법으로 변화들이 확보될 수 있도록, 자유로운 말의, 언론의 및 집회의 헌법적 권리들을 보전할 필요는 더 명령적이다. 합헌정부의 토대 자체인 공화국의 안전보장은 거기에 달려 있다. [De Jonge v. Oregon, 299 U. S. 353, 365, 휴즈(Hughes) 판사] (403 U. S., at 719-720.)

5. 블랙(BLACK) 판사가 가담하는 더글라스(DOUGLAS) 판사의 보충의견의 요지

가. 언론에 대한 정부적 제약의 여지를 연방헌법 수정 제1조는 남기지 않는다. 게다가, 그 사용하기를 타임즈가 및 워싱턴포스트가 추구하는 자료의 언론에 의한 공표를 금지하는 제정법은 없다. 이 사건에 간첩행위방지법(the Espionage Act)은 적용되지 않는다. 그러므로 조금이라도 정부가 보유하는 권한은 그 자신의 고유권한으로부터 오는 것이지 않으면 안 된다. 전쟁을 선언할 권한을 대통령에게가 아니라 연방의회에게 연방헌법은 부여한다. 이 폭포들이 지닐 수 있는 심각한 충격은 언론에 대한 사전 제약을 승인하기 위한 근거가 아니다. 조금이라도 표현에 대한 사전의 제한조치는 그것의 헌법적 정당성에게 불리한 '무거운 추정'을 지닌 채로 당원에 온다. (403 U. S., at 720-723.)

나. 이 사건에서는 국가안보라는 국가이익을 보호하기 위하여 법원에 들어가 금지명령을 얻어낼 고유권한들을 자신은 지닌다고 정부는 말한다. 정부에 있어서의 비밀성은 기본적으로 반민주주의적인 것으로서, 관료주의적 오류들을 영속시킨다. 공공 문제들의 공개적 논의는 국가적 건강에 지극히 중요하다. 공공의 문제들에 관하여는 제약 없는, 강건한, 그리고 활짝 열린" 토론이 있어야 한다. 그 효력을 일 주일이 넘도록 지녀 온 이 사건들에서의 정지결정들은 연방헌법 수정 제1조에 대한 우롱을 구성한다. (403 U. S., at 723-724.)

6. 브레넌(BRENNAN) 판사의 보충의견의 요지

가. 그 자신의 점유 내의 정보를 공표함으로부터 신문을 금지하고자 합중국이 추구한 적이 이전에는 결코 없었다. 설령 이 사건들에서의 잠정적 제한조치들 중 일부가 정당하였다고 가정되는 경우에조차도, 장래에 있어서의 유사한 사법적 조치의 정당성에 대하여는 그 가정은 관계가 없다. 이 사건들에 의하여 제기되는 종류의 상황들에 있어서의 사법적 제한조치들에 대한 절대적 장벽으로 연방헌법 수정 제1조는 위치한다. (403 U. S., at 725.)

나. 임시의 것이든 아니든, 금지적 구제의 부여 그 자체는 이 사건들에 처음부터

널리 미쳐 있는 오류였다. 성가신 결과들이 생겨날 수가 있다는 추측에 내지는 억측에 토대를 둔 언론에 대한 사전의 사법적 제한조치들을 연방헌법 수정 제1조는 절대적으로 관용하지 않는다. (403 U. S., at 725.)

다. 사전의 사법적 제한조치에 대한 연방헌법 수정 제1조의 금지가 무시되어도 좋은 극도로 협소한 사건들의 부류로서 선례들에서 지적되어 온 것은 국가가 "전쟁 상황에 있을" 때에만이었다. 그 성격의 사건의 발발을 쟁점인 자료로부터 도출된 항목들의 공표가 야기하리라는 점을 정부는 제시하거나 주장하지조차 않았다. 이 사건에서 발령된 모든 제한조치는 연방헌법 수정 제1조를 침해한 것이 되었다. 자신의 주장을 정부가 명확히 하지 않는 한, 그리고 명확히 할 때까지, 금지명령은 발부되어서는 안 됨을 연방헌법 수정 제1조는 명령한다. (403 U. S., at 726–727.)

7. 화이트(WHITE) 판사가 가담하는 스튜어트(STEWART) 판사의 보충의견의 요지

가. 엄청난 권한을 국가방위의 및 국제관계의 연관된 영역들에서 행정부는 부여받는다. 이 권한은 입법부에 및 사법부에 의하여 대부분 통제되지 아니한다. 국가안보의 및 국제관계의 영역들에서의 행정부에 대한 유일한 효과적 제약은 견식 있는 시민계층에게만, 정보에 근거한 비판적 여론에만 달려 있을 수 있다. 정보에 근거한 자유로운 언론이 없이는 견식 있는 국민은 있을 수 없다. (403 U. S., at 727–728.)

나. 국가이익을 위하여 공표되어서는 안 된다고 행정부로서 고집하는 자료의 신문들에 의한 공표를 금지해 달라고 우리는 요청된다. 우리나라에 내지는 우리 국민에 대한 직접적인, 급박한, 그리고 회복불능의 손상에 조금이라도 그것들의 공개가 확실히 귀결되리라고 나는 말할 수 없다. 연방헌법 수정 제1조 아래서 우리 앞의 쟁점들에 대하여는 오직 한 개의 사법적 결정만이 있을 수 있다. 이 법원의 판결주문들에 나는 가담한다. (403 U. S., at 730.)

8. 스튜어트(STEWART) 판사가 가담하는 화이트(WHITE) 판사의 보충의견의 요지

가. 정부 계획들에 관한 정보를 공표함을 막는 금지명령을 어떤 상황들 속에서도 연방헌법 수정 제1조가 허용하지 않는다고는 나는 말하지 않는다. 적어도 이러한 상황들에서의 사전의 제한조치들을 위한 명시적 의회적 권한부여의 부존재 가운데서는, 이 사건들에서의 공표를 막기 위한 금지명령을 정당화하기 위하여 자신이 충족시키지 않으면 안 되는 무거운 책임을 합중국은 충족하지 못했다. (403 U. S., at 730-731.)

나. 외교업무를 및 국가안보를 위한 기본적인 행정부의 책임에 따라, 공공의 이익에의 중대한 및 회복불능의 위해를 공개 대상인 정보가 위협하는 경우에는 신문기사의 공표를 겨냥한 금지명령을 대통령은 구할 수 있다고; 공표 대상인 자료가 기밀로 분류되든 안 되든, 관련 형사 제정법들 아래서 공표가 적법하든 안 하든, 그리고 정보의 보유에 신문이 처하게 된 상황들 여하에 상관없이 금지명령은 발부되어야 한다고 정부는 주장한다. (403 U. S., at 732.)

다. 연방의회에 의한 입법의 부재 상태에서는, 언론의 공표행위들을 금지함을 위한 이토록 포괄적인 구제수단을 허가할 만큼 멀리까지 행정부의 및 법원들의 고유권한들이 미친다는 데 나는 동의할 수 없다. 정부가 제시하는 중대한 회복불능의 위험 기준에 곤란은 내재한다. 쟁점인 자료는 당원의 의견으로부터 또는 공공기록들로부터는 이용할 수 없을 것이고, 언론에 의하여 그것은 공표되지도 못할 것이다. 자료는 법원 기록들에 밀봉된 채로 남아 있고 따라서 그것은 오늘의 의견들에서 논의되고 있지 않다. (403 U. S., at 732-733.)

라. 특별히도 무거운 정당화사유를 연방헌법 수정 제1조 아래서 사전의 제한조치들은 요구한다; 그러나 사전의 제한조치들을 정부가 정당화하지 못한 점은 범죄적 공표를 이유로 한 유죄판정을 내릴 정부의 헌법적 권리의 척도로 작용하는 것은 아니다. 국가방위에 관련되는 정보의 공표를 금지할 권한들을 전쟁 시기에 대통령에게 부여하고자 하였던 규정을 간첩행위방지법이 검토 아래에 있던 1917년에 그 법안으로부터 연방의회는 제거하였다. 언론을

감시할 이러한 광범위한 권한들을 대통령에게 부여하기를 당시의 연방의회
는 내켜하지 아니하였다. (403 U. S., at 732–734.)

마. 관련성을 이 사건들에 지니는 다수의 규정들을 형사법전은 포함하는 바, 그
러므로 국가안보를 및 국가방위를 잠재적으로 유해한 정보의 허가 없는 공
개로부터 보호하는 문제들에 연방의회가 본격적으로 착수했음은 명백하다.
그러나 임박한 공표에 대처한 금지명령에 의한 구제를 연방의회는 허가하지
않았다. 형사적 제재들에, 그리고 그 제재들이 가하는 억제적 효과에 의존하
는 것으로 연방의회는 만족했다. (403 U. S., 735–740).

9. 마샬(MARSHALL) 판사의 보충의견의 요지

가. 여기서의 문제는 국익이라고 정부가 믿는 바를 보호하기 위하여 법원들의
형평법상의 재판권을 불러올 권한을 이 특정 사건들에 있어서 행정부가 지
니는지 여부이다. 우리의 외교업무의 수행을 위한 그의 일차적 책임에 의하
여 및 총사령관으로서의 그의 지위에 의하여 광범위한 권한들을 대통령은
지닌다. 국가안보에 손상을 끼치는 자료의 공표를 방지하기 위한 조력으로
서 당원의 형평법상의 재판권의 원용을 위한 근거가 일정한 상황들에 있어
서는 있을 수가 있다. (403 U. S., at 740–741.)

나. 그러나 그 금지하기를 연방의회가 명시적으로 거부한 터인 행동을 방지하기
위하여 법원모독에 관한 자신의 권한을 이 법원이 사용하는 것은 권력분립
의 개념에 배치된다. 연방의회의 처분에 상관없이 법을 법원들이 및 행정부
가 제정할 수 있는 권한인 금지명령을, 정부에게 연방헌법은 제공하지 않았
다. 우리의 정부제도의 원칙들로부터의 일탈을 편의는 및 현재의 정치적 고
려요소들은 정당화하지 않는다. (403 U. S.,at 742–743.)

다. 합중국의 군사적 및 전략적 비밀들을 보호하는 문제에 대하여 다방면에 걸
치는 검토를 연방의회는 부여해 놓았다. 금지명령을 이 법원이 발부하기 위
하여는, 이미 존재하는 정부의 처분권한을 이러한 금지명령이 제고시키리라

는 점에 대한 증명을 요구하는 것처럼 생각될 것이다. 이러한 증명을 하려는 아무런 시도가 없었다. 여기서 대통령이 구하는 권한을 대통령에게 명확하게 부여하였을, 그리고 그 신문들의 현재의 활동을 불법으로 만들었을 입법을 통과시키기를 연방의회는 명시적으로 거부하여 왔다. 행위를 불법으로 만들기를 연방의회가 명시적으로 거부하는 때에, 그 쟁점들을 다시 판단함은 이 법원이 할 바가 아니다. (403 U. S., at 743-747.)

10. 법원장 버거(BURGER) 판사의 반대의견의 요지

가. 이 사건들에서는 현대정부의 효과적인 기능 수행의 명령에, 자유로운 및 제약 없는 언론의 명령은 충돌한다. 사건들의 사실관계를 우리는 알지 못한다. 사전의 제한조치에 대한 우리의 보편적인 혐오를 이 사건들의 신속한 지정은 반영한다. 이 사건들에 대한 합리적인 및 숙고를 거친 사법적 처리를 그 서두름은 배제하였다. (403 U. S., at 748-749.)

나. 대중의 "알 권리(right to know)"를 신문사들은 주장한다. 연방헌법 수정 제1조상의 권리 그 자체는 한 개의 절대자가 아니다. 전체 수집물을 검토할, 및 공표에 대한 동의가 도출될 수 있을지 여부를 판단할 기회를 정부에게 부여함은 불합리하지 아니하였을 것이다. 공표 가능한 부분에 및 공표될 수 없는 부분에 관한 불일치가 이로써 축소될 수 있었을 것이다. 도난된 재산의, 내지는 비밀의 정부문서들의 발견에 관한 시민의 기본적인 의무인, 책임 있는 공무원들에게 즉시 신고할 의무를 신문이 이행하려 하지 아니한다는 것은 믿기 어려운 일이다. (403 U. S., at 749-751.)

다. 어떤 토대 위에서 우리가 행동하고 있는지를 우리는 알지 못한다. 이 법원 앞에서의 구두변론에서 사실적 쟁점들에 관한 질문들에 양쪽의 변호인단은 빈번히 대답할 수가 없었다. 이 사건들을 야기한 문서들을 전혀 검토할 수 없음을, 그리하여 그것들을 숙지하지 못하고 있음을 그들은 지적하였다. 사안의 본안에 이를 준비가 나는 되어 있지 아니하다. (403 U. S., at 751-752.)

라. 제2순회구 관할 항소법원을 나 같으면 인가할 것이고, 우리의 사건기록 송부명령 허가에 의하여 중지된 정식사실심리를 연방 지방법원더러 끝맺도록, 그리고 워싱턴 포스트지 사건에서의 현상을 그 동안 보전하도록 나 같으면 허용할 것이다. (403 U. S., at 752.)

11. 법원장 버거(BURGER) 판사가 및 블랙먼(BLACKMUN) 판사가 가담하는 할란(HARLAN) 판사의 반대의견의 요지

가. 이 사건들을 다룸에 있어서 이 법원은 무책임하게도 열광해 왔다. 이러한 경솔한 시간표를 회피하도록 이 소송들에 포함된 특별히도 중요한 및 어려운 문제들에 대한 정당한 고려는 이 법원을 이끌었어야 하였다. (403 U. S., at 753.)

나. 이 사건들의 시비곡직을 정확하게 판단하기 위하여는, 이 소송들을 합중국 이름으로 제기할 권한이 검찰총장에게 부여되어 있는지 여부 등을 포함하여 여러 가지 법률적 사실적 쟁점들이 고찰되었어야 하였다. 그 종류의 고찰을 이 사건들에 부여하기에는 우리가, 하급법원들이, 및 당사자들이 이용할 수 있었던 시간은 전적으로 불충분한 것이 되었다. (403 U. S., 753–755.)

다. 이 법원의 의견에 및 판결주문들에 나는 반대한다.
(1) 그 자신의 주장을 연방 지방법원에 제시할 충분한 기회를 시간적 요소들 때문에 정부가 부여받지 못한 상태라는 점은 뉴욕타임즈 사건에서의 제2순회구 관할 항소법원을 인가하기 위한 충분한 근거이다. (403 U. S., at 755–756.)
(2) 워싱턴포스트 사건에서 콜럼비아 특별구 관할 항소법원의 판결주문이 유지될 수 없는 데에는 더 기본적인 이유가 있다. 외교업무 분야에서의 정부 행정부서의 활동들에 대하여 판단함에 있어서의 사법적 기능의 범위는 매우 좁게 한정된다. 우리의 헌법체계가 의존하는 권력분립의 개념에 의하여 이 견해는 명령된다. 외국과의 협상들의 성공은 자주 비밀에 의존할 수밖에 없다; 모든 조치들의, 요구들의, 내지는 궁극적 양보들의

완전한 공개는 극도로 무분별한 일이 될 것이다. (403 U. S., at 756-757.)

(3) 섣부른 공개의 해로운 영향력을 평가할 권한은 행정부에게만 맡겨져 있는 것은 아니다. 연방헌법 수정 제1조의 가치들을 정치적 압력들에 대처하여 보호할 자신의 의무의 이행에 있어서 당초의 행정부의 결정을, 대통령의 외교권한의 정당한 범위 내에 논의의 주제사항이 놓여 있음에 대하여 자기 자신을 만족시킬 정도로까지는 사법부는 검토하여야 한다. 사법적 통제의 완전한 포기를 헌법적 고찰들은 금지한다. 국가안보를 주제사항의 공개가 회복불능으로 손상할 것이라는 판단은 관련 행정부서의 최고책임자에 의하여 이루어져야 함을 사법부는 주장할 수 있다. 그러나 이 두 가지 너머로 사법부가 나아가서 국가안보에 미칠 공개의 영향력을 스스로 재판단함은 정당할 수 없다. 외교정책에 관한 행정부의 결정들은 정치적인 것들이지 사법적인 것들이 아니다. 행정부의 결론들에는 경의가 부여되어야 한다. (403 U. S., at 757-758.)

(4) 따라서 나라면 콜럼비아 특별구 관할 항소법원의 판결주문을 무효화할 것이고 연방지방법원에서의 추후의 절차들을 위하여 사건을 환송할 것이다. 이러한 추후 절차들의 개시에 앞서서, 국무장관으로부터 내지는 국방부장관으로부터 또는 그 양쪽으로부터 국가안보의 쟁점에 대한 그들의 견해들을 획득하기 위한 기회가 정부에게 제공되어야 하고, 뒤이은 연방 지방법원의 검토는 이 의견에 표명된 견해들에 부합되는 것이어야 한다. 제2순회구 항소법원의 판결주문을 나라면 인가할 것이다. 개개 사건에서 추후의 청문들이 남아 있는 동안, 공표에 대한 제한조치들을 나 같으면 계속할 것이다. (403 U. S., at 758-759.)

12. 블랙먼(BLACKMUN) 판사의 반대의견의 요지

가. 자신의 권한 없는 소지 안에 들어온 47권 분량을 검토하는 데 석 달의 시간을 뉴욕타임즈는 비밀리에 투입하였다. 자료에 대한 공표를 뉴욕타임즈가 개시하였을 때, 열광적인 걸음걸이를 그것은 취했고, 그 이래로 이를 유지해 왔다. 겉으로는, 일단 공표가 시작되면, 자료가 공개되는 속도는 아무리 빨라도

충분할 수 없다. 콜럼비아 특별구 사건 또한 대부분 마찬가지다. (403 U. S., at 759-760.)

나. 신중한 고찰 없이, 불충분하게 전개된 및 대부분 가정된 사실관계 위에서 헌법적 쟁점들에 대하여 허둥대는 판단을 내리도록 1심법원들은에 및 항소법원들은에 아울러 이 법원은 압박을 받아 왔다. 법에 관하여 많은 서면이 작성되어 있으나, 사실관계에 관하여는 지식이 거의 없고 소화는 더 적다. 이것은 이만한 중대성을 및 그 주장된 중요성을 지니는 한 개의 소송을 정식사실심리하는 그 방법은 아니다. (403 U. S., at 760-761.)

다. 연방헌법의 조항은 하나하나가마다 중요하고, 따라서 여타 규정들을 격하시키는 희생 속에서의 연방헌법 수정 제1조를 위한 무제한의 절대주의의 교의에 나는 동의할 수가 없다. 당원의 다수판사들을 연방헌법 수정 제1조 절대주의는 지배한 적이 없다. 여기에 요구되는 것은 언론의 넓은 권리의, 이를 금지할 정부의 매우 협소한 권리의 그 양자 사이의 정당하게 개발된 기준들 위에서의 비교교량이다. 이러한 기준들은 아직 개발되지 않고 있다.

라. 따라서 물론 신속하게, 그러나 양측으로부터의 증거의 규율바른 제출을 허용하는 시간표에 따라, 규칙들에 의하여 허용되는 대로의 증거개시 절차(discovery)의 사용에, 준비서면들의 작성에, 구두변론에 그리고 더 높은 품질을 지닌 법원의 의견들에 더불어 전개되도록 이 사건들을 나 같으면 환송할 것이다. 미합중국에 대한 자신들의 궁극적 책임사항들을 두 신문들은 충분히 인식해야 하는 법임을 나는 강력히 주장한다. (403 U. S., 761-763.)

PER CURIAM.

We granted certiorari in these cases in which the United States seeks to enjoin the New York Times and the Washington Post from publishing the contents of a classified study entitled "History of U. S. Decision-Making Process on Viet Nam Policy." Post, pp.942, 943.

"Any system of prior restraints of expression comes to this Court bearing a heavy presumption against its constitutional validity." Bantam Books, Inc. v. Sullivan, 372 U. S. 58, 70 (1963); see also Near v. Minnesota, 283 U. S. 697 (1931). The Government "thus carries a heavy burden of showing justification for the imposition of such a restraint." Organization for a Better Austin v. Keefe, 402 U. S. 415, 419 (1971). The District Court for the Southern District of New York in the New York Times case and the District Court for the District of Columbia and the Court of Appeals for the District of Columbia Circuit in the Washington Post case held that the Government had not met that burden. We agree.

The judgment of the Court of Appeals for the District of Columbia Circuit is therefore affirmed. The order of the Court of Appeals for the Second Circuit is reversed and the case is remanded with directions to enter a judgment affirming the judgment of the District Court for the Southern District of New York. The stays entered June 25, 1971, by the Court are vacated. The judgments shall issue forthwith.

So ordered.

집필자를 밝히지 아니하는 법원의 의견이다(PER CURIAM).

"월남 정책에 관한 미국의 의사결정 절차의 역사(History of U. S. Decision-Making Process on Viet Nam Policy)"라는 제목의 비밀연구의 내용들을 공표하지 못하도록 뉴욕타임즈를 및 워싱턴포스트를 금지하기를 합중국이 구하는 이 사건들에서 사건기록 송부명령을 우리는 허가하였다. Post, pp.942, 943.

"조금이라도 표현에 대한 사전의 제한조치들(prior restraints)에 관한 제도는 그 제도의 헌법적 정당성에게 불리한 무거운 추정을 지닌 채로 당원에 온다." Bantam Books, Inc. v. Sullivan, 372 U. S. 58, 70 (1963); 아울러 Near v. Minnesota, 283 U. S. 697 (1931)을 보라. 이러한 제한의 부과를 위한 정당화 사유를 증명할 무거운 책임을 정부는 진다." Organization for a Better Austin v. Keefe, 402 U. S. 415, 419 (1971). 그 책임을 정부는 충족시키지 못한 터라고 뉴욕타임즈 사건에서의 뉴욕주 남부지구 관할 연방지방법원은 및 워싱턴포스트 사건에서의 콜럼비아 특별구 관할 연방지방법원은 그리고 콜럼비아 특별구 관할 항소법원은 판시하였다. 우리는 동의한다.

콜럼비아 특별구 관할 항소법원의 판결주문은 따라서 인가된다. 제2순회구 관할 항소법원의 명령은 파기되고 뉴욕주 남부지구 관할 연방지방법원의 판결주문을 인가하는 판결주문을 기입하라는 지시들이 딸린 채로 사건은 환송된다. 이 법원에 의하여 1971년 6월 25일에 기입된 정지결정들은 취소된다. 판결주문들은 즉시 발급되어야 한다.

그렇게 명령된다.

MR. JUSTICE BLACK, with whom MR. JUSTICE DOUGLAS joins, concurring.

I adhere to the view that the Government's case against the Washington Post should have been dismissed and that the injunction against the New York Times should have been vacated without oral argument when the cases were first presented to this Court. I believe «403 U. S., 715» that every moment's continuance of the injunctions against these newspapers amounts to a flagrant, indefensible, and continuing violation of the First Amendment. Furthermore, after oral argument, I agree completely that we must affirm the judgment of the Court of Appeals for the District of Columbia Circuit and reverse the judgment of the Court of Appeals for the Second Circuit for the reasons stated by my Brothers DOUGLAS and BRENNAN. In my view it is unfortunate that some of my Brethren are apparently willing to hold that the publication of news may sometimes be enjoined. Such a holding would make a shambles of the First Amendment.

Our Government was launched in 1789 with the adoption of the Constitution. The Bill of Rights, including the First Amendment, followed in 1791. Now, for the first time in the 182 years since the founding of the Republic, the federal courts are asked to hold that the First Amendment does not mean what it says, but rather means that the Government can halt the publication of current news of vital importance to the people of this country.

In seeking injunctions against these newspapers and in its presentation to the Court, the Executive Branch seems to have forgotten the essential purpose and history of the First Amendment. When the Constitution was adopt-

더글라스(DOUGLAS) 판사가 가담하는 블랙(BLACK) 판사의 보충의견이다.

이 법원에 사건들이 최초로 제출되었을 때, 워싱턴포스트를 상대로 한 정부측 주장은 각하되었어야 한다는 견해를, 그리고 뉴욕타임즈를 상대로 한 금지명령은 구두변론 없이 취소되었어야 한다는 견해를 나는 고수한다. 연방헌법 《403 U. S., 715》 수정 제1조에 대한 극악한, 변호할 여지가 없는, 그리고 지속적인 침해에, 이 신문들을 겨냥한 금지명령들의 매 순간의 지속은 해당한다고 나는 믿는다. 더군다나 구두변론 뒤에는, 나의 동료들인 더글라스(DOUGLAS) 판사에 및 브레넌(BRENNAN) 판사에 의하여 설명된 이유들에 따라 콜럼비아 순회구 항소법원의 판결주문을 우리는 인가하지 않으면 안 된다는 데에, 그리고 제2순회구 항소법원의 판결주문을 파기하지 않으면 안 된다는 데에 나는 완전히 동의한다. 뉴스의 공표가 때로는 금지되어도 좋다고 나의 동료들 중 일부가 외관상으로 기꺼이 판시하고자 함은 나의 견해로는 불행이다. 그러한 판시는 연방헌법 수정 제1조의 파멸을 부르는 결과가 될 것이다.

연방헌법의 채택에 더불어 1789년에 우리의 정부는 시작되었다. 연방헌법 수정 제1조를 포함하는 권리장전이 뒤이은 것은 1791년이었다. 연방헌법 수정 제1조가 말하는 바를 연방헌법 수정 제1조는 의미하지 않는다고 판시하도록, 오히려 이 나라 국민에게 지극히 중요한 시사 뉴스의 공표를 정부가 정지시킬 수 있음을 그것은 의미한다고 판시하도록 공화국의 창설 이래 182년만에 처음으로 이제 연방법원들은 요청된다.

이 신문들을 겨냥한 금지명령들을 구함에 있어서와 이 법원에의 자신의 제시에 있어서, 연방헌법 수정 제1조의 근본적인 목적을 및 역사를 행정부는 잊어버린 것으로 보인다. 연방헌법이 채택되었을 때, 일정한 기본적 자유들을 보장하는 권리장

ed, many people strongly opposed it because the document contained no Bill of Rights to safeguard certain basic freedoms.[1] They especially feared that the «403 U. S., 716» new powers granted to a central government might be interpreted to permit the government to curtail freedom of religion, press, assembly, and speech. In response to an overwhelming public clamor, James Madison offered a series of amendments to satisfy citizens that these great liberties would remain safe and beyond the power of government to abridge. Madison proposed what later became the First Amendment in three parts, two of which are set out below, and one of which proclaimed: "The people shall not be deprived or abridged of their right to speak, to write, or to publish their sentiments; *and the freedom of the press, as one of the great bulwarks of liberty, shall be inviolable.*"[2] (Emphasis added.) The amendments were offered to curtail and restrict the general powers granted to the Executive, Legislative, and Judicial Branches two years before in the original Constitution. The Bill of Rights changed the original Constitution into a new charter under which no branch of government could abridge the people's freedoms of press, speech, religion, and assembly. Yet the Solicitor General argues and some members of the Court appear to agree that the general powers of the Government adopted in the original Constitution should be interpreted to limit and restrict the specific and emphatic guarantees of the Bill of Rights adopted later. I can imagine no greater perversion of history. Madison and the other Framers of the First Amendment, able men «403 U. S.,

---

1) In introducing the Bill of Rights in the House of Representatives, Madison said: "[B]ut I believe that the great mass of the people who opposed [the Constitution], disliked it because it did not contain effectual provisions against the encroachments on particular rights ······." 1 Annals of Cong. 433. Congressman Goodhue added: "[I]t is the wish of many of our constituents, that something should be added to the Constitution, to secure in a stronger manner their liberties from the inroads of power." Id., at 426.

2) The other parts were:
"The civil rights of none shall be abridged on account of religious belief or worship, nor shall any national religion be established, nor shall the full and equal rights of conscience be in any manner, or on any pretext, infringed."
"The people shall not be restrained from peaceably assembling and consulting for their common good; nor from applying to the Legislature by petitions, or remonstrances, for redress of their grievances." 1 Annals of Cong. 434.

전을 그 문서가 포함하지 않았기 때문에 그것에 대하여 많은 사람들은 강력하게 반대하였다.[1] 종교의, 출판의, 집회의, 그리고 말의 «403 U. S., 716» 자유를 박탈함을 중앙정부에게 허용하는 것으로, 그 정부에 부여된 새로운 권한들은 해석될 수도 있음을 그들은 특히도 두려워하였다. 압도적인 공중의 아우성 소리에 응하여, 이 위대한 자유들이 안전한 상태로 이를 박탈할 정부의 권한 너머에 남아 있음에 대하여 시민들을 만족시키기 위한 일련의 수정조항들을 제임스 매디슨(James Madison)은 제출하였다. 나중에 연방헌법 수정 제1조가 된 것을 세 개의 부분으로 매디슨은 제안하였는데, 그 둘은 아래에 진열되어 있고 나머지 하나는 이렇게 선언하였다: "그들의 생각들을 말할, 쓸, 또는 공표할 그들의 권리를 국민은 박탈당하거나 빼앗기지 아니한다; *그리고 자유의 위대한 보루들 중 한 개로서 언론의 자유는 불가침이다.*"[2] (강조는 보태짐.) 2년 전의 원래의 연방헌법에서 행정부에, 입법부에 및 사법부에 부여된 일반적 권한들을 박탈하기 위하여 및 제한하기 위하여 그 수정조항들은 제안되었다. 언론에, 말에, 종교에, 및 집회에 관한 국민의 자유들을 그 아래서는 정부의 어느 부서가도 박탈할 수 없는 한 개의 새로운 헌장이 되게끔 원래의 연방헌법을 권리장전은 변경시켰다. 그런데도 나중에 채택된 권리장전의 그 명시적이면서도 단호한 보장들을 한정하는 것으로 및 제약하는 것으로 원래의 연방헌법에서 채택된 정부의 일반적 권한들은 해석되어야 한다고 송무장관은 주장하고 있고 이에 이 법원의 구성원들 일부는 동의하는 것으로 보인다. 역사에 대한 더 큰 곡해를 나로서는 상상할 수가 없다. 매디슨은 및 연방헌법 수정 제1조의 그 밖의 입안자들은 그 자신들이 «403 U. S., 717» 유능한 분들이었던 만큼, 결코 오해될 수가 없다고 그들로서 진지하게 믿었던 용어로써 썼다: "…… 언론의 …… 자유를 박탈하는 …… 법을 연방의회는 제정해서는 안 된다." 그 원천이 무엇이든지간에, 검열 없이,

---

1) 권리장전을 하원에서 소개하면서 매디슨은 말하였다: "[그]러나 [연방헌법에] 반대한 국민 대다수가 그것을 싫어했던 것은 …… 특정 권리들에의 침해들에 대처한 효과적인 규정들을 그것이 포함하지 않았기 때문이었다고 나는 믿습니다." 1 Annals of Cong. 433. 하원의원 굿휴(Goodhue)는 보탰다: "[자]신들의 자유들을 권력의 침해들로부터 더 강력하게 보장하기 위한 어떤 것이 추가되어야 한다는 것이 우리 유권자들 다수의 소망입니다." Id., at 426.

2) 나머지 부분들은 이러하였다:
"어느 누구의 것이든 시민적 권리들은 종교적 믿음을 내지는 예배를 이유로 박탈되어서는 아니 되고, 조금이라도 국가적 종교가 창설되어서는 아니 되며, 양심의 완전하고도 평등한 권리들은 어떤 방법으로도 내지는 어떤 구실 위에서도 침해되어서는 아니 된다."
"평온하게 모임으로부터 및 그들의 공공선을 위하여 협의함으로부터; 내지는 그들의 고충사항들의 구제를 위하여 청원들에 의하여 내지는 항의들에 의하여 입법부에 신청함으로부터 국민은 제약되어서는 아니 된다." 1 Annals of Cong. 434.

717» that they were, wrote in language they earnestly believed could never be misunderstood: "Congress shall make no law ······ abridging the freedom ······ of the press ·······." Both the history and language of the First Amendment support the view that the press must be left free to publish news, whatever the source, without censorship, injunctions, or prior restraints.

In the First Amendment the Founding Fathers gave the free press the protection it must have to fulfill its essential role in our democracy. The press was to serve the governed, not the governors. The Government's power to censor the press was abolished so that the press would remain forever free to censure the Government. The press was protected so that it could bare the secrets of government and inform the people. Only a free and unrestrained press can effectively expose deception in government. And paramount among the responsibilities of a free press is the duty to prevent any part of the government from deceiving the people and sending them off to distant lands to die of foreign fevers and foreign shot and shell. In my view, far from deserving condemnation for their courageous reporting, the New York Times, the Washington Post, and other newspapers should be commended for serving the purpose that the Founding Fathers saw so clearly. In revealing the workings of government that led to the Vietnam war, the newspapers nobly did precisely that which the Founders hoped and trusted they would do.

The Government's case here is based on premises entirely different from those that guided the Framers of the First Amendment. The Solicitor General has carefully and emphatically stated:

"Now, Mr. Justice [BLACK], your construction of ······ [the First Amendment] is well known, and I certainly respect it. You say that no law means no law,

금지명령들 없이, 또는 사전의 제한조치들 없이 뉴스를 자유로이 공표하도록 언론은 남겨지지 않으면 안 된다는 견해를 연방헌법 수정 제1조의 역사는 및 문언은 다 같이 뒷받침한다.

우리의 민주주의에서의 필수불가결의 역할을 완수하기 위하여 자유언론이 가지지 않으면 안 되는 그 보호를 연방헌법 수정 제1조에서 자유언론에 건국의 아버지들은 부여했다. 통치자들에게가 아니라 피치자들에게 언론은 봉사하게끔 되어 있었다. 정부를 자유로이 견책할 수 있는 상태로 언론이 영구히 남아 있도록 언론을 검열할 정부의 권한은 폐지되었다. 정부의 비밀들을 언론이 벌거벗겨서 국민에게 알릴 수 있도록 언론은 보호되었다. 정부의 기망을 오직 자유로운 및 제약 없는 언론이라야 효과적으로 폭로할 수 있다. 그리하여 자유 언론의 책무사항들 중 최고의 것은 조금이라도 국민을 기망하여 외국의 열병들에, 외국의 탄환에 및 포탄에 죽도록 그들을 먼 곳으로 떠나보냄으로부터 정부 부문을 방지할 의무이다. 나의 견해로는 뉴욕타임즈는, 워싱턴포스트는 및 그 밖의 신문들은 그들의 용기 있는 보도를 이유로 비난을 받아 마땅한 것이 전혀 아니라, 건국의 아버지들이 명확하게 보았던 그 목적에 봉사함을 이유로 그들은 칭송되어야 한다. 월남전으로 이끌었던 정부의 작업들을 폭로함에 있어서, 신문들이 하리라고 건국의 아버지들이 기대하였고 신뢰하였던 바를 신문들은 훌륭하게도 정확히 수행하였다.

연방헌법 수정 제1조의 입안자들을 이끌었던 전제들에 전적으로 어긋나는 전제들 위에 여기서의 정부의 주장은 토대를 둔다. 송무장관은 주의 깊게 및 단호하게 말하여 왔다:

"그런데, [블랙(BLACK) 판사님, …… [연방헌법 수정 제1조] …… 에 대한 판사님의 해석은 잘 알려져 있고, 그것을 저는 확실히 존중합니다. 법이 아님을 법이 아님은

and that should be obvious. I can only «403 U. S., 718» say, Mr. Justice, that to me it is equally obvious that 'no law' does not mean 'no law' , and I would seek to persuade the Court that is true. ······ [T]here are other parts of the Constitution that grant powers and responsibilities to the Executive, and ······ the First Amendment was not intended to make it impossible for the Executive to function or to protect the security of the United States."[3]

And the Government argues in its brief that in spite of the First Amendment, "[t]he authority of the Executive Department to protect the nation against publication of information whose disclosure would endanger the national security stems from two interrelated sources: the constitutional power of the President over the conduct of foreign affairs and his authority as Commander-in-Chief."[4]

In other words, we are asked to hold that despite the First Amendment's emphatic command, the Executive Branch, the Congress, and the Judiciary can make laws enjoining publication of current news and abridging freedom of the press in the name of "national security." The Government does not even attempt to rely on any act of Congress. Instead it makes the bold and dangerously far-reaching contention that the courts should take it upon themselves to "make" a law abridging freedom of the press in the name of equity, presidential power and national security, even when the representatives of the people in Congress have adhered to the command of the First Amendment and refused to make such a law.[5] See concurring opinion of

---

3) Tr. of Oral Arg. 76.

4) Brief for the United States 13–14.

5) Compare the views of the Solicitor General with those of James Madison, the author of the First Amendment. When speaking of the Bill of Rights in the House of Representatives, Madison said: "If they [the first ten amendments] are incorporated into the Constitution, «403 U. S., 719» independent tribunals of justice will consider themselves in a peculiar manner the guardians of those rights; they will be an impenetrable bulwark against every assumption of power in the Legislative or Executive; they will be naturally led to resist every encroachment upon rights expressly stipulated for in the Constitution by the declaration of rights." 1 Annals of Cong. 439.

의미한다고 판사님은 말하는데, 그것은 명백합니다. 판사님, «403 U. S., 718» '법이 아님(no law)'을 '법이 아님(no law)'은 의미하지 않는다는 것이 제게는 마찬가지로 명백하다고 저는 말할 수 있을 뿐이고, 따라서 그것이 진실이라는 데 대하여 법원을 설득하고자 저로서는 노력하고자 합니다. ······ [권]한들을 및 책임들을 행정부에 부여하는 연방헌법의 여타 부분들이 있으며, 그리고 ······ 합중국의 안보를 행정부가 관장함을 내지는 보호함을 불가능하게 만들고자 연방헌법 수정 제1조는 의도되지 않았습니다."[3]

연방헌법 수정 제1조에도 불구하고, "[국]가안보를 그 폭로가 위협할 만한 정보의 공표로부터 국가를 보호할 행정부의 권한은 두 개의 상호연관된 원천들로부터 생긴다."고: 즉, "외교관계의 수행에 관한 대통령의 헌법상의 권한이 및 총사령관으로서의 그의 권한이" 그것이라고, 또한 자신의 준비서면에서 정부는 주장한다.[4]

달리 말하면, 시사뉴스의 공표를 금지하는 및 언론의 자유를 박탈하는 법들을 연방헌법 수정 제1조의 단호한 명령에도 불구하고 행정부는, 연방의회는, 그리고 사법부는 "국가안보(national security)"의 이름으로 제정할 수 있다고 판시하도록 우리는 요청된다. 조금이라도 연방의회의 법률에 의존하려는 시도조차를 정부는 하지 않는다. 그렇게 하기보다는, 심지어 연방헌법 수정 제1조의 명령을 연방의회에서의 국민의 대표자들이 고수해 온, 그리하여 그러한 법을 제정하기를 그 대표자들이 거부해 온 경우에조차도, 언론의 자유를 박탈하는 한 개의 법을 형평법의, 대통령 권한의 및 국가안보의 이름으로 "제정함"을 자기 책임으로 법원들은 삼아야 한다는 그 대담한, 그리고 위험하리만큼 광범위한 주장을 정부는 한다.[5] 더글라스(DOUGLAS) 판사의 보충의견, «403 U. S., 719» post, at 721-722를 보라. 뉴스의 공표를 법원들

---

3) Tr. of Oral Arg. 76.

4) Brief for the United States 13-14.

5) 연방헌법 수정 제1조의 창시자인 제임스 매디슨의 견해들에 송무장관의 견해들을 비교하라. 하원에서 권리장전에 관하여 연설하면서 매디슨은 말하였다: "만약 그것들[첫 열 개의 수정조항들]이 연방헌법 내에 «403 U. S., 719» 통합되면, 독립된 법원들은 특유의 방법으로 자신들을 그 권리들의 수호자로 여길 것이다; 그들은 입법부에서의 또는 행정부에서의 권력의 모든 전횡에 맞서는 뚫리지 않는 성벽이 될 것이다; 권리선언에 의하여 연방헌법 안에 명시적으로 규정된 권리들에 대한 모든 잠식을 격퇴하도록 그들은 자연스럽게 인도될 것이다.." 1 Annals of Cong. 439.

MR. JUSTICE DOUGLAS, «403 U. S., 719» post, at 721-722. To find that the President has "inherent power" to halt the publication of news by resort to the courts would wipe out the First Amendment and destroy the fundamental liberty and security of the very people the Government hopes to make "secure." No one can read the history of the adoption of the First Amendment without being convinced beyond any doubt that it was injunctions like those sought here that Madison and his collaborators intended to outlaw in this Nation for all time.

The word "security" is a broad, vague generality whose contours should not be invoked to abrogate the fundamental law embodied in the First Amendment. The guarding of military and diplomatic secrets at the expense of informed representative government provides no real security for our Republic. The Framers of the First Amendment, fully aware of both the need to defend a new nation and the abuses of the English and Colonial governments, sought to give this new society strength and security by providing that freedom of speech, press, religion, and assembly should not be abridged. This thought was eloquently expressed in 1937 by Mr. Chief Justice Hughes - great man and great Chief Justice that he was - when the Court held a man could not be punished for attending a meeting run by Communists.

"The greater the importance of safeguarding the community from incitements to the overthrow of our institutions by force and violence, the more imperative is the need to preserve inviolate the constitutional rights of free speech, free press and free «403 U. S., 720» assembly in order to maintain the opportunity for free political discussion, to the end that government may be responsive to the will of the people and that changes, if desired, may be obtained by peaceful means. Therein lies the security of the Republic, the very foundation of constitutional government."[6]

---

6) e Jonge v. Oregon, 299 U. S. 353, 365.

에게의 의뢰에 의하여 저지할 "고유권한"을 대통령이 지님을 인정함은 연방헌법 수정 제1조를 없애는 것이, 그리고 그 "안전한" 상태로 만들기를 정부가 기대하는 바로 그 국민의 기본적 자유를 및 안전을 파괴하는 것이 될 것이다. 이 나라에서 영구토록 불법화하고자 매디슨이 및 그의 협력자들이 의도한 금지명령들은 바로 여기서 추구되는 것들에 속하는 금지명령들이었다는 점에 대하여, 연방헌법 수정 제1조의 채택의 역사를 읽는 사람이라면 그 어떤 의문조차도 없이 확신하게 되지 않을 수 없다.

"안전보장(security)"이라는 낱말은 연방헌법 수정 제1조에 구체화된 기본법을 폐지하기 위하여 그 윤곽이 인용되어서는 안 되는 한 개의 넓은, 모호한 일반성을 지닌 단어이다. 정보에 밝은 대의정부의 희생 가운데서의 군사적 및 외교적 비밀사항들의 보호는 우리 공화국을 위한 참다운 안전보장을 제공하지 않는다. 새로운 국가를 방어할 필요를 및 영국 정부의 및 식민지 정부의 남용행위들을 다 같이 충분히 인식한 연방헌법 수정 제1조의 입안자들은, 말의, 언론의, 종교의 및 집회의 자유는 박탈되어서는 안 된다고 규정함에 의하여 힘을 및 안전을 이 새로운 사회에 부여하기를 추구하였다. 공산주의자들에 의하여 개최된 회합에 참여했음을 이유로 개인이 처벌될 수는 없다고 당원이 판시한 1937년에 휴즈(Hughes) 판사에 의하여 - 그가 위대한 사람이었고 위대한 법원장이었기에 - 이 생각은 웅변적으로 표현되었다.

"무력에 및 폭력에 의한 우리 제도들의 전복에게로 이끄는 선동들로부터 공동체를 보전함의 중요성이 더 크면 클수록, 국민의 의지에 정부가 부응할 수 있도록, 그리하여 만약 요구될 경우에는 평화로운 방법들에 의하여 변화들이 확보될 수 있도록 하기 위하여, «403 U. S., 720» 자유로운 정치적 논의의 기회를 유지함을 목적으로 하는 자유로운 말의, 자유로운 언론의 및 자유로운 집회의 헌법적 권리들을 손상 없는 상태로 보전할 필요는 더 명령적이다. 합헌정부의 토대 자체인 공화국의 안전보장은 거기에 달려 있다."[6]

---

6) De Jonge v. Oregon, 299 U. S. 353, 365.

MR. JUSTICE DOUGLAS, with whom MR. JUSTICE BLACK joins, concurring.

While I join the opinion of the Court I believe it necessary to express my views more fully.

It should be noted at the outset that the First Amendment provides that "Congress shall make no law ⋯⋯ abridging the freedom of speech, or of the press." That leaves, in my view, no room for governmental restraint on the press.[1]

There is, moreover, no statute barring the publication by the press of the material which the Times and the Post seek to use. Title 18 U. S. C. § 793 (e) provides that "[w]hoever having unauthorized possession of, access to, or control over any document, writing ⋯⋯ or information relating to the national defense which information the possessor has reason to believe could be used to the injury of the United States or to the advantage of any foreign nation, willfully communicates ⋯⋯ the same to any person not entitled to receive it ⋯⋯ [s]hall be fined «403 U. S., 721» not more than $10,000 or imprisoned not more than ten years, or both."

The Government suggests that the word "communicates" is broad enough to encompass publication.

---

1) See Beauharnais v. Illinois, 343 U. S. 250, 267 (dissenting opinion of MR. JUSTICE BLACK), 284 (my dissenting opinion); Roth v. United States, 354 U. S. 476, 508 (my dissenting opinion which MR. JUSTICE BLACK joined); Yates v. United States, 354 U. S. 298, 339 (separate opinion of MR. JUSTICE BLACK which I joined); New York Times Co. v. Sullivan, 376 U. S. 254, 293 (concurring opinion of MR. JUSTICE BLACK which I joined); Garrison v. Louisiana, 379 U. S. 64, 80 (my concurring opinion which MR. JUSTICE BLACK joined).

블랙(BLACK) 판사가 가담하는 더글라스 (DOUGLAS) 판사의 보충의견이다.

이 법원의 의견에 나는 가담하면서도, 나의 견해들을 보다 더 자세히 표명함이 필요하다고 나는 믿는다.

"말의 내지는 언론의 자유를 박탈하는 ······법을 연방의회는 제정해서는 안 된다."고 그 첫머리에서 연방헌법 수정 제1조가 규정함이 유념되어야 한다. 나의 견해로는 언론에 대한 정부적 제약의 여지를 그것은 남기지 않는다.[1]

게다가, 그 사용하기를 타임즈가 및 워싱턴포스트가 추구하는 자료의 언론에 의한 공표를 금지하는 제정법은 없다. "[조]금이라도 합중국에의 위해를 위하여 내지는 조금이라도 외국의 이익을 위하여 그 정보가 사용될 수 있다고 믿을 이유를 그 소지자가 지니는 국가방위에 관련되는 문서에 대한, ······서류에 대한, 내지는 정보에 대한 허가 없는 소지를, 접근을, 내지는 통제를 지니는 사람으로서 ······ 조금이라도 그것을 수령할 자격이 없는 사람에게 그것을 고의로 전달하는 사람은 누구든 10,000불 이하의 벌금에 처해지거나 또는 10년 이하의 구금형에 처해지거나 또는 두 가지가 병과된다."고 «403 U. S., 721» 합중국법률집 제18편(Title 18 U. S. C.) 제793절 (e)는 규정한다.

"전달하다"라는 단어는 공표를 포함할 만큼은 충분히 넓다고 정부는 제창한다.

---

1) Beauharnais v. Illinois, 343 U. S. 250, 267 (블랙(BLACK) 판사의 반대의견), 284 (나의 반대의견)을; Roth v. United States, 354 U. S. 476, 508 (블랙(BLACK) 판사가 가담한 나의 반대의견)을; Yates v. United States, 354 U. S. 298, 339 (내가 가담한 블랙(BLACK) 판사의 개별의견)을; New York Times Co. v. Sullivan, 376 U. S. 254, 293 (내가 가담한 블랙(BLACK) 판사의 보충의견)을; Garrison v. Louisiana, 379 U. S. 64, 80 (블랙(BLACK) 판사가 가담한 나의 보충의견)을 보라.

There are eight sections in the chapter on espionage and censorship, §§ 792-799. In three of those eight "publish" is specifically mentioned: § 794 (b) applies to "Whoever, in time of war, with intent that the same shall be communicated to the enemy, collects, records, publishes, or communicates ······ [the disposition of armed forces]."

Section 797 applies to whoever "reproduces, *publishes*, sells, or gives away" photographs of defense installations.

Section 798 relating to cryptography applies to whoever: "communicates, furnishes, transmits, or otherwise makes available ······ or *publishes*" the described material.[2] (Emphasis added.)

Thus it is apparent that Congress was capable of and did distinguish between publishing and communication in the various sections of the Espionage Act.

The other evidence that § 793 does not apply to the press is a rejected version of § 793. That version read: "During any national emergency resulting from a war to which the United States is a party, or from threat of such a war, the President may, by proclamation, declare the existence of such emergency and, by proclamation, prohibit the publishing or communicating of, or the attempting to publish or communicate any information relating to the national defense which, in his judgment, is of such character that it is or might be useful to the «403 U. S., 722» enemy." 55 Cong. Rec. 1763. During the debates in the Senate the First Amendment was specifically cited and that provision was defeated. 55 Cong. Rec. 2167.

Judge Gurfein's holding in the Times case that this Act does not apply to this case was therefore preeminently sound. Moreover, the Act of September 23, 1950, in amending 18 U. S. C. § 793 states in § 1 (b) that:

---

[2] These documents contain data concerning the communications system of the United States, the publication of which is made a crime. But the criminal sanction is not urged by the United States as the basis of equity power.

간첩행위에 및 검열에 관한 장에는 여덟 개의 절들, §§ 792-799, 이 있다. 그 여덟 개 가운데 세 개에서 "공표행위"가 명시적으로 언급된다: "적에게 [군대의 배치가] 전달되게 하려는 의도를 지니고서 바로 그것을 전시에 수집하는, 기록하는, 공표하는, 내지는 전달하는 사람 누구에게든" 제794절 (b)는 적용된다.

방어설비들의 사진들을 "복사하는, *공표하는*, 판매하는, 또는 양도하는" 사람 누구에게든 제797절은 적용된다.

그 규정된 자료를 "전달하는, 제공하는, 보내는, 내지는 그 밖의 방법으로 이용가능하게 만드는 …… 내지는 *공표하는*" 누구에게든, 암호해독에 관한 제798절은 적용된다.[2] (강조는 보태짐.)

그러므로 간첩행위방지법(the Espionage Act)의 여러 절들에서 공표행위의 및 전달의 그 양자 사이를 연방의회는 구분할 수 있었고 실제로 구분했음이 명백하다.

제793절의 변형이 거부된 한 번의 사례는 언론에는 제793절이 적용되지 않는다는 점에 대한 또 다른 증거이다. 그 변형은 이러하였다: "조금이라도 합중국이 당사자인 전쟁으로부터 내지는 그러한 전쟁의 위협으로부터 발생한 국가적 위기 동안에, 이러한 위기의 존재를 포고에 의하여 대통령은 선언할 수 있고, 조금이라도 그의 판단으로 적들에게 유용한 내지는 유용할 수도 있는 성격의 국가방위에 관한 정보의 공표행위를 내지는 전달행위를, 내지는 공표하려는 내지는 전달하려는 시도행위를 포고에 의하여 대통령은 금지할 «403 U. S., 722» 수 있다." 55 Cong. Rec. 1763. 상원에서의 논의 과정에서 연방헌법 수정 제1조가 명시적으로 낭독되었고 그 규정은 폐기되었다. 55 Cong. Rec. 2167.

이 사건에 이 법률은 적용되지 않는다는 Times 사건에서의 거페인(Gurfein) 판사의 판시는 따라서 탁월하게 올바른 것이었다. 더욱이, 합중국법률집 제18편 제793절을 개정함에 있어서 1950년 9월 23일자 법률은 제1절 (b)에서 규정한다:

---

2) 합중국의 의사소통 체계에 관한 자료들을 이 문서들은 포함하는바, 그 공표는 한 개의 범죄로 만들어져 있다. 그러나 형평법상의 권한의 근거로서 형사적 제재는 합중국에 의하여 요구되고 있지 않다.

"Nothing in this Act shall be construed to authorize, require, or establish military or civilian censorship or in any way to limit or infringe upon freedom of the press or of speech as guaranteed by the Constitution of the United States and no regulation shall be promulgated hereunder having that effect." 64 Stat. 987.

Thus Congress has been faithful to the command of the First Amendment in this area.

So any power that the Government possesses must come from its "inherent power."

The power to wage war is "the power to wage war successfully." See Hirabayashi v. United States, 320 U. S. 81, 93. But the war power stems from a declaration of war. The Constitution by Art. I, § 8, gives Congress, not the President, power "[t]o declare War." Nowhere are presidential wars authorized. We need not decide therefore what leveling effect the war power of Congress might have.

These disclosures[3] may have a serious impact. But that is no basis for sanctioning a previous restraint on «403 U. S., 723» the press. As stated by Chief Justice Hughes in Near v. Minnesota, 283 U. S. 697, 719-720:

"While reckless assaults upon public men, and efforts to bring obloquy upon those who are endeavoring faithfully to discharge official duties, exert a baleful influence and deserve the severest condemnation in public opinion, it cannot be said that this abuse is greater, and it is believed to be less, than that which characterized the period in which our institutions took shape. Meanwhile, the administration of government has become more complex, the

---

3) There are numerous sets of this material in existence and they apparently are not under any controlled custody. Moreover, the President has sent a set to the Congress. We start then with a case where there already is rather wide distribution of the material that is destined for publicity, not secrecy. I have gone over the material listed in the *in camera* brief of the United States. It is all history, not future events. None of it is more recent than 1968.

"합중국 헌법에 의하여 보장된 것으로서의 언론의 내지는 말의 자유를 어떤 방법으로든 제한하는 내지는 침해하는 군사적 내지는 비군사적 검열을 허가하는 것으로, 요구하는 것으로, 또는 제정하는 것으로 이 법률 안의 규정은 어느 것도 해석되어서는 안 되며, 그 효과를 지니는 규칙은 이에 의거하여 공포되어서는 안 된다." 64 Stat. 987.

이렇듯 연방헌법 수정 제1조의 명령에의 충실을 이 영역에서 연방의회는 기해 왔다.

그러므로 조금이라도 정부가 보유하는 권한은 그 자신의 "고유권한"으로부터 오는 것이지 않으면 안 된다.

전쟁을 수행할 권한은 "전쟁을 성공적으로 수행할 권한"이다. Hirabayashi v. United States, 320 U. S. 81, 93을 보라. 그러나 전쟁에 대한 한 개의 선언으로부터 전쟁권한은 생긴다. "[전]쟁을 선언할" 권한을 대통령에게가 아니라 연방의회에게 연방헌법은 제1조 제8절에 의하여 부여한다. 대통령에 의한 전쟁들은 어디서도 허가되어 있지 않다. 따라서 어떤 제거 효과를 연방의회의 전쟁권한이 지녀도 좋은지를 우리는 판단할 필요가 없다.

심각한 충격을 이 폭로들[3]은 지닐 수가 있다. 그러나 그것은 언론에 대한 사전 제약을 승인하기 위한 근거가 «403 U. S., 723» 아니다. Near v. Minnesota, 283 U. S. 697, 719-720에서 재판장 휴즈(Hughes) 판사에 의하여 판시되었듯이:

"공적 인물들에 대한 미필적 고의에 준하는 무모한 공격들이 및 공무상의 책무들을 이행하고자 충실하게 애쓰는 사람들 위에 악평을 씌우려는 노력들이 해로운 영향을 끼친다고 해도, 따라서 공중의 의견에서의 가장 엄격한 비난을 그것이 받아 마땅하다고 해도, 우리의 제도들이 형성된 시기를 성격지웠던 그 남용이보다도 이 남용이 더 크다고는 말하여 질 수가 없는바, 이 남용은 더 적다고 믿어진다. 한편으

---

3) 이 자료의 여러 세트들이 존재하는데, 조금이라도 통제된 보관 아래에 외관상으로 그것들은 있지 않다. 게다가, 한 세트를 연방의회에 대통령은 보냈다. 그렇다면 비밀을 위하여가 아니라 공표를 위하여 운명이 정해진 자료의 넓은 배포가 오히려 이미 이루어진 한 개의 사건을 가지고서 우리는 출발한다. 판사실에서의(in camera) 합중국의 준비서면에 목록화된 자료를 나는 검토한 상태이다. 그것은 장래의 사건들이 아니라 완전히 역사이다. 그것 중에 1968년보다 시기적으로 더 나중의 것은 없다.

opportunities for malfeasance and corruption have multiplied, crime has grown to most serious proportions, and the danger of its protection by unfaithful officials and of the impairment of the fundamental security of life and property by criminal alliances and official neglect, emphasizes the primary need of a vigilant and courageous press, especially in great cities. The fact that the liberty of the press may be abused by miscreant purveyors of scandal does not make any the less necessary the immunity of the press from previous restraint in dealing with official misconduct."

As we stated only the other day in Organization for a Better Austin v. Keefe, 402 U. S. 415, 419, "[a]ny prior restraint on expression comes to this Court with a 'heavy presumption' against its constitutional validity."

The Government says that it has inherent powers to go into court and obtain an injunction to protect the national interest, which in this case is alleged to be national security.

Near v. Minnesota, 283 U. S. 697, repudiated that expansive doctrine in no uncertain terms.

The dominant purpose of the First Amendment was to prohibit the widespread practice of governmental sup- «403 U. S., 724» pression of embarrassing information. It is common knowledge that the First Amendment was adopted against the widespread use of the common law of seditious libel to punish the dissemination of material that is embarrassing to the powers-that-be. See T. Emerson, The System of Freedom of Expression, c. V (1970); Z. Chafee, Free Speech in the United States, c. XIII (1941). The present cases will, I think, go down in history as the most dramatic illustration of that principle. A debate of large proportions goes on in the Nation over our posture in Vietnam. That debate antedated the disclosure of the contents of the present documents. The latter are highly relevant to the debate in progress.

로는, 행정부는 보다 더 복잡해져 있고, 위법행위의 및 부패의 기회들은 늘어나 있으며, 범죄는 매우 심각한 부분들로 자라나 있는바, 특히 대도시들에서의 주의 깊은 및 용감한 언론의 일차적 필요를, 부정한 공직자들에 의한 그것의 보호의 위험은 및 범죄적 제휴들에 및 공직자의 태만에 의한 생명의 및 자유의 기본적 안전에 대한 손상의 위험은 강조한다. 사악한 스캔들 납품업자들에 의하여 언론의 자유가 남용될 수 있다는 사실은 공직자의 부정행위를 취급함에 있어서의 제약으로부터의 언론의 면제를 조금이라도 덜 필요한 것으로 만들지 않는다."

바로 저 다른 날에 Organization for a Better Austin v. Keefe, 402 U. S. 415, 419에서 우리가 말했듯이, "[조]금이라도 표현에 대한 사전의 제한조치는 그것의 헌법적 정당성에게 불리한 '무거운 추정' 을 지닌 채로 당원에 온다."

이 사건에서는 국가안보라고 주장되는 그 국가이익을 보호하기 위하여 법원에 들어가 금지명령을 얻어낼 고유권한들을 자신은 지닌다고 정부는 말한다.

그 과대망상적 신조를 결코 불확실하지 않은 표현으로써 Near v. Minnesota, 283 U. S. 697 판결은 거부하였다.

난처한 정보에 대한 정부측 은폐의 광범위한 실행을 금지하는 데 연방헌법 수정 제1조의 《403 U. S., 724》 지배적 목적은 있었다. 당국을 곤혹스럽게 만드는 자료의 배포를 처벌하기 위한 치안방해적 문서비방 보통법의 광범위한 사용에 대처하여 연방헌법 수정 제1조가 채택되었음은 상식이다. T. Emerson, The System of Freedom of Expression, c. V (1970)을; Z. Chafee, Free Speech in the United States, c. XIII (1941)을 보라. 내 생각으로는 그 원칙의 가장 극적인 예증으로 현재의 사건은 역사에서 받아들여질 것이다. 우리나라에서의 대부분의 논의는 월남에서의 우리의 자세에 관하여 이루어진다. 현재의 문서들의 내용의 폭로를 시기적으로 그 논의는 앞섰다. 진행 중인 논의에 후자는 고도로 관련이 있다.

Secrecy in government is fundamentally anti-democratic, perpetuating bureaucratic errors. Open debate and discussion of public issues are vital to our national health. On public questions there should be "uninhibited, robust, and wide-open" debate. New York Times Co. v. Sullivan, 376 U. S. 254, 269-270.

I would affirm the judgment of the Court of Appeals in the Post case, vacate the stay of the Court of Appeals in the Times case and direct that it affirm the District Court.

The stays in these cases that have been in effect for more than a week constitute a flouting of the principles of the First Amendment as interpreted in Near v. Minnesota.

정부에 있어서의 비밀성은 기본적으로 반민주주의적인 것으로서, 관료주의적 오류들을 영속시킨다. 공공 문제들의 공개적 논의는 및 토의는 우리의 국가적 건강에 지극히 중요하다. 공공의 문제들에 관하여는 "제약 없는, 강건한, 그리고 활짝 열린" 토론이 있어야 한다. New York Times Co. v. Sullivan, 376 U. S. 254, 269-270.

Post 사건에서의 항소법원의 판결주문을 나라면 인가할 것이고, Times 사건에서의 항소법원의 정지결정을 나라면 무효화할 것이고 연방지방법원을 항소법원더러 인가하도록 지시할 것이다.

그 효력을 일 주일이 넘도록 지녀 온 이 사건들에서의 정지결정들은 Near v. Minnesota에서 해석된 것으로서의 연방헌법 수정 제1조에 대한 우롱을 구성한다.

MR. JUSTICE BRENNAN, concurring.

I

I write separately in these cases only to emphasize what should be apparent: that our judgments in the present cases may not be taken to indicate the propriety, in the future, of issuing temporary stays and restraining «403 U. S., 725» orders to block the publication of material sought to be suppressed by the Government. So far as I can determine, never before has the United States sought to enjoin a newspaper from publishing information in its possession. The relative novelty of the questions presented, the necessary haste with which decisions were reached, the magnitude of the interests asserted, and the fact that all the parties have concentrated their arguments upon the question whether permanent restraints were proper may have justified at least some of the restraints heretofore imposed in these cases. Certainly it is difficult to fault the several courts below for seeking to assure that the issues here involved were preserved for ultimate review by this Court. But even if it be assumed that some of the interim restraints were proper in the two cases before us, that assumption has no bearing upon the propriety of similar judicial action in the future. To begin with, there has now been ample time for reflection and judgment; whatever values there may be in the preservation of novel questions for appellate review may not support any restraints in the future. More important, the First Amendment stands as an absolute bar to the imposition of judicial restraints in circumstances of the kind presented by these cases.

브레넌(BRENNAN) 판사의 보충의견이다.

I

이 사건들에서 개별의견으로 내가 쓰는 것은 그 명백해져야 할 바를 단지 강조하기 위함이다: 즉 임시적 정지결정들을 발부함의, 및 그 감춰지게 하고자 정부에 의하여 추구된 자료의 공표를 저지하기 위한 명령들을 제한함의, 장래에 있어서의 《403 U. S., 725》 적절성을 나타내는 것으로 현재의 사건들에서의 우리의 판결주문들은 해석되어서는 안 된다는 점이다. 내가 판단할 수 있는 한도 내에서는, 그 자신의 점유 내의 정보를 공표하지 못하도록 신문을 금지하고자 합중국이 추구한 적이 이전에는 결코 없었다. 제기된 문제들의 상대적 생소함은, 결정들이 도달됨에 있어서 수반된 불가피한 서두름은, 주장된 이해관계의 중대함은, 및 자신들의 주장들을 영구적 제한들이 적합하였었는지 여부의 문제 위에 모든 당사자들이 집중해 왔다는 사실은, 이 사건들에서 지금까지 부과된 제약들 중 적어도 일부를 정당화하였을 수가 있다. 이 법원에 의한 궁극적 검토를 위하여 여기에 포함된 쟁점들이 보전됨을 확실히 하고자 몇몇 하급법원들이 추구하였음을 이유로 그 법원들을 탓하기는 곤란함이 확실하다. 그러나 설령 우리 앞의 두 개의 사건들에서의 잠정적 제한조치들 중 일부가 정당하였다고 가정되는 경우에조차도, 장래에 있어서의 유사한 사법적 조치의 정당성에 대하여는 그 가정은 관계가 없다. 우선, 숙고를 및 판단을 위한 충분한 시간이 있어 왔다; 새로운 문제들의 항소심 검토를 위한 보전에 그 어떤 가치들이 있을 수 있든간에 조금이라도 장래에 있어서의 제한조치들을 그 가치들은 뒷받침하여서는 안 된다. 더욱 중요한 것은, 이 사건들에 의하여 제기되는 종류의 상황들에 있어서의 사법적 제한조치들에 대한 절대적 장벽으로 연방헌법 수정 제1조는 위치한다는 점이다.

II

The error that has pervaded these cases from the outset was the granting of any injunctive relief whatsoever, interim or otherwise. The entire thrust of the Government's claim throughout these cases has been that publication of the material sought to be enjoined "could," or "might," or "may" prejudice the national interest in various ways. But the First Amendment tolerates absolutely no prior judicial restraints of the press predicated upon surmise or conjecture that untoward consequences «403 U. S., 726» may result. * Our cases, it is true, have indicated that there is a single, extremely narrow class of cases in which the First Amendment's ban on prior judicial restraint may be overridden. Our cases have thus far indicated that such cases may arise only when the Nation "is at war," Schenck v. United States, 249 U. S. 47, 52 (1919), during which times "[n]o one would question but that a government might prevent actual obstruction to its recruiting service or the publication of the sailing dates of transports or the number and location of troops." Near v. Minnesota, 283 U. S. 697, 716 (1931). Even if the present world situation were assumed to be tantamount to a time of war, or if the power of presently available armaments would justify even in peacetime the suppression of information that would set in motion a nuclear holocaust, in neither of these actions has the Government presented or even alleged that publication of items from or based upon the material at issue would cause the happening of an event of that nature. "[T]he chief purpose of [the First Amendment's] guaranty [is] to prevent previous restraints upon publication." Near v. Minnesota, supra, at 713. Thus, only governmental allegation and proof that publication must inevitably, di- «403 U. S., 727» rectly, and immediately cause the occurrence of an event kindred to imperiling the safety of a transport already at sea can support even the issuance of an interim restraining order. In no event may mere conclusions be sufficient: for if the Executive Branch seeks

Ⅱ

임시의 것이든 아니든, 도대체 금지적 구제의 부여 그 자체는 이 사건들에 처음부터 널리 미쳐 있는 오류였다. 이 사건들 전체를 통하여 정부측 주장의 전체적 추력은, 국가의 이익을 금지청구 대상인 자료의 공표가 다양한 방법들로써 손상"시켰을 수 있거나(could)," 또는 손상"시켰을지도 모르거나(might)," 또는 손상"시킬지도 모른다(may)"는 데 있었다. 그러나 성가신 결과들이 생겨날 수가 있다는 추측에 내지는 억측에 토대를 둔 언론에 대한 사전의 사법적 제한조치들을 연방헌법 수정 제1조는 «403 U. S., 726» 절대적으로 관용하지 않는다. * 사전의 사법적 제한조치에 대한 연방헌법 수정 제1조의 금지가 무시되어도 좋은 유일한, 극도로 협소한 사건들의 부류가 있음을 틀림없이 우리의 선례들은 지적해 왔다. 국가가 "전쟁 상황에 있을" 때에만 그러한 경우들은 발생할 수 있음을 우리의 선례들은 지적해 왔는바, Schenck v. United States, 249 U. S. 47, 52 (1919), 그 시기 동안에는 "[모]병업무에 대한 실제의 방해를 내지는 수송선들의 항해 날짜들에 대한 내지는 병력의 숫자에 및 위치에 대한 공표를 정부가 방지할 수 있음에 관하여 아무도 의문을 제기하지 않을 것이다." Near v. Minnesota, 283 U. S. 697, 716 (1931). 심지어 전쟁의 시기에 현재의 세계 상황이 동등한 것으로 가정된다고 하더라도, 또는 핵전쟁에 의한 대파괴를 촉발할 만한 정보의 은폐를 즉시 이용 가능한 군사력이 평화시기에 있어서조차 정당화한다고 하더라도, 쟁점인 자료로부터 도출된 항목들의 내지는 이에 근거한 항목들의 공표가 그 성격의 사건의 발발을 야기하리라는 점을 이 조치들 중 어디서도 정부는 제시하거나 심지어는 주장하지조차 않았다. "[연방헌법 수정 제1조의] 보장의 주된 목적은 공표에 대한 사전의 제한조치들을 방지하는 것[이다]." Near v. Minnesota, supra, at 713. 그러므로, 잠정적 제한명령의 발부나마를 뒷받침할 수 «403 U. S., 727» 있는 것은, 이미 항해에 나선 수송선의 안전을 위태롭게 함에 유사한 사건의 발발을 공표가 불가피하게, 직접적으로 그리고 즉각적으로 야기할 것임에 틀림없다는 정부측 주장 및 그 증거만이다. 단순한 결론들만으로는 결코 충분할 수 없다: 왜냐하면 공표를 저지함에 있어서의 사법부의 조력을 만약 행정부가 추구한다면, 그 조력이 추구되는 토대인 근거를 사법부의 정사(scrutiny)에 행정부는 불가피하게 제출하지 않으면 안 되기 때문이다. 그러므로 이 사건에서 발령된 모든 제

judicial aid in preventing publication, it must inevitably submit the basis upon which that aid is sought to scrutiny by the judiciary. And therefore, every restraint issued in this case, whatever its form, has violated the First Amendment - and not less so because that restraint was justified as necessary to afford the courts an opportunity to examine the claim more thoroughly. Unless and until the Government has clearly made out its case, the First Amendment commands that no injunction may issue.

[Footnote*] Freedman v. Maryland, 380 U. S. 51 (1965), and similar cases regarding temporary restraints of allegedly obscene materials are not in point. For those cases rest upon the proposition that "obscenity is not protected by the freedoms of speech and press." Roth v. United States, 354 U. S. 476, 481 (1957). Here there is no question but that the material sought to be suppressed is within the protection of the First Amendment; the only question is whether, notwithstanding that fact, its publication may be enjoined for a time because of the presence of an overwhelming national interest. Similarly, copyright cases have no pertinence here: the Government is not asserting an interest in the particular form of words chosen in the documents, but is seeking to suppress the ideas expressed therein. And the copyright laws, of course, protect only the form of expression and not the ideas expressed.

한조치는 그 형태가 무엇이든 연방헌법 수정 제1조를 침해한 것이 되었는바, 그 주장을 더 철저히 검토할 기회를 법원들에게 제공하기 위하여 필요한 것으로서 그 제한조치가 정당화되었다 하여 덜 그러한 것이 되지는 않는다. 자신의 주장을 정부가 명확히 하지 않는 한, 그리고 명확히 할 때까지, 금지명령은 발부되어서는 안 됨을 연방헌법 수정 제1조는 명령한다.

[Footnote*] Freedman v. Maryland, 380 U. S. 51 (1965)은 및 음란성이 주장된 자료들에 대한 제한조치들에 관한 유사한 선례들은 적절한 예들이 아니다. 왜냐하면 "음란물은 말의 및 언론의 자유들에 의하여 보호되지 않는다."는 명제 위에 그 사건들은 의존하기 때문이다. Roth v. United States, 354 U. S. 476, 481 (1957). 여기에는 공표금지가 구해진 자료가 연방헌법 수정 제1조의 보호 범위 내에 있다는 점에는 문제가 없다; 유일한 문제는 그 사실에도 불구하고 압도적 국가이익의 존재를 이유로 그것의 공표가 일시적으로 금지될 수 있는지 여부이다. 이에 유사하게, 저작권 사건들은 여기에 관련이 없다: 그 문서들에서 골라진 특정의 표현형식에 있어서의 이익을 정부는 주장하고 있는 것이 아니라, 거기에 표현된 생각들을 감추고자 정부는 추구하고 있다. 그리고 물론, 저작권 법들은 그 표현된 생각들을 보호하는 것이 아니라 오직 그 표현형식만을 보호한다.

MR. JUSTICE STEWART, with whom MR. JUSTICE WHITE joins, concurring.

In the governmental structure created by our Constitution, the Executive is endowed with enormous power in the two related areas of national defense and international relations. This power, largely unchecked by the Legislative[1] and Judicial[2] branches, has been pressed to the very hilt since the advent of the nuclear missile age. For better or for worse, the simple fact is that a «403 U. S., 728» President of the United States possesses vastly greater constitutional independence in these two vital areas of power than does, say, a prime minister of a country with a parliamentary from of government.

In the absence of the governmental checks and balances present in other areas of our national life, the only effective restraint upon executive policy and power in the areas of national defense and international affairs may lie in an enlightened citizenry - in an informed and critical public opinion which alone can here protect the values of democratic government. For this reason, it is perhaps here that a press that is alert, aware, and free most vitally serves the basic purpose of the First Amendment. For without an informed and free press there cannot be an enlightened people.

Yet it is elementary that the successful conduct of international diplomacy

---

1) The President's power to make treaties and to appoint ambassadors is, of course, limited by the requirement of Art. II, § 2, of the Constitution that he obtain the advice and consent of the Senate. Article I, § 8, empowers Congress to "raise and support Armies," and "provide and maintain a Navy." And, of course, Congress alone can declare war. This power was last exercised almost 30 years ago at the inception of World War II. Since the end of that war in 1945, the Armed Forces of the United States have suffered approximately half a million casualties in various parts of the world.

2) See Chicago & Southern Air Lines v. Waterman S. S. Corp., 333 U. S. 103; Hirabayashi v. United States, 320 U. S. 81; United States v. Curtiss–Wright Corp., 299 U. S. 304; cf. Mora v. McNamara, 128 U. S. App. D. C. 297, 387 F. 2d 862, cert. denied, 389 U. S. 934.

화이트(WHITE) 판사가 가담하는 스튜어트 (STEWART) 판사의 보충의견이다.

우리의 연방헌법에 의하여 창출된 정부 구조에서는, 엄청난 권한을 국가방위의 및 국제관계의 두 가지 연관된 영역들에서 행정부는 부여받는다. 입법부에 의하여[1] 및 사법부에 의하여[2] 대부분 통제되지 아니하는 이 권한은 핵미사일 시대의 도래 이래로 자루 바짝 밑에까지 강요되어 왔다. 좋든 싫든 간에 간명한 사실은 «403 U. S., 728» 이 지극히 중요한 권한 영역들에서 이를테면 의원내각제 국가의 수상이 보유하는 독립성을보다도 굉장히 더 큰 헌법적 독립성을 합중국 대통령은 보유한 다는 것이다.

국가안보의 및 국제관계의 영역들에서의 행정부의 정책에 및 권한에 대한 유일 한 효과적 제약은, 우리의 국가생활의 다른 영역들에 현존하는 정부적 통제들의 및 균형들의 부재 상태에서는, 오직 견식 있는 시민계층에게만 - 정보에 근거한 비판 적 여론에만 - 달려 있을 수 있는바, 민주주의 정부의 가치들을 여기서 그것만이 유 일하게 보호할 수 있다. 이러한 이유에서, 민첩한, 빈틈없는, 그리고 자유로운 언론 이 연방헌법 수정 제1조의 기본적 목적에 가장 참되게 봉사하는 것은 아마도 여기 서일 것이다. 왜냐하면 정보에 근거한 자유로운 언론이 없이는 견식 있는 국민은 있을 수 없기 때문이다.

그러나 국제외교의 성공적 수행은 및 효과적인 국가방위의 유지는 기밀성을 및

---

1) 상원의 조언을 및 동의를 대통령은 얻어야 한다는 연방헌법 제2조 제2절의 요구사항에 의하여 조약을 체결할 및 대사 들을 임명할 대통령의 권한은 물론 제한된다. "육군을 설립하고 지원할." 그리고 "해군을 창설하고 유지할" 권한을 연 방의회에게 제1조 제8절은 부여한다. 그리고 전쟁을 선언할 수 있는 것은 오직 연방의회만임은 물론이다. 거의 30년 전에 세계 2차대전의 개시 때에 이 권한은 마지막으로 행사되었다. 1945년 그 전쟁의 종식 이래로, 세계 여러 곳들에 서 합중국 군대가 입은 사상자 숫자는 대략 50만에 달한다.

2) Chicago & Southern Air Lines v. Waterman S. S. Corp., 333 U. S. 103을; Hirabayashi v. United States, 320 U. S. 81을; United States v. Curtiss-Wright Corp., 299 U. S. 304를 보라; Mora v. McNamara, 128 U. S. App. D. C. 297, 387 F. 2d 862, cert. denied, 389 U. S. 934를 비교하라.

and the maintenance of an effective national defense require both confidentiality and secrecy. Other nations can hardly deal with this Nation in an atmosphere of mutual trust unless they can be assured that their confidences will be kept. And within our own executive departments, the development of considered and intelligent international policies would be impossible if those charged with their formulation could not communicate with each other freely, frankly, and in confidence. In the area of basic national defense the frequent need for absolute secrecy is, of course, self-evident.

I think there can be but one answer to this dilemma, if dilemma it be. The responsibility must be where the power is.[3] If the Constitution gives the Executive «403 U. S., 729» a large degree of unshared power in the conduct of foreign affairs and the maintenance of our national defense, then under the Constitution the Executive must have the largely unshared duty to determine and preserve the degree of internal security necessary to exercise that power successfully. It is an awesome responsibility, requiring judgment and wisdom of a high order. I should suppose that moral, political, and practical considerations would dictate that a very first principle of that wisdom would be an insistence upon avoiding secrecy for its own sake. For when everything is classified, then nothing is classified, and the system becomes one to be disregarded by the cynical or the careless, and to be manipulated by those intent on self-protection or self-promotion. I should suppose, in short, that

---

3) "It is quite apparent that if, in the maintenance of our international relations, embarrassment – perhaps serious embarrassment – is to be avoided and success for our aims achieved, congressional legislation which is to be made effective through negotiation and inquiry within the international field must often accord to the President a degree of discretion and freedom from statutory restriction which «403 U. S., 729» would not be admissible were domestic affairs alone involved. Moreover, he, not Congress, has the better opportunity of knowing the conditions which prevail in foreign countries, and especially is this true in time of war. He has his confidential sources of information. He has his agents in the form of diplomatic, consular and other officials. Secrecy in respect of information gathered by them may be highly necessary, and the premature disclosure of it productive of harmful results. Indeed, so clearly is this true that the first President refused to accede to a request to lay before the House of Representatives the instructions, correspondence and documents relating to the negotiation of the Jay Treaty – a refusal the wisdom of which was recognized by the House itself and has never since been doubted. ⋯⋯" United States v. Curtiss–Wright Corp., 299 U. S. 304, 320.

비밀성을 다 같이 요구함은 기본이다. 그들의 신뢰가 지켜질 것임을 그들이 보장받을 수 있지 않은 한, 우리나라하고의 사이에서 상호신뢰의 분위기 속에서 다른 국가들은 결코 교섭할 수 없다. 그리고 우리 자신의 행정부서들 내에서, 숙고를 거친 분별 있는 국제정책들의 수립을 책임지는 사람들이 서로간에 자유로이, 솔직하게, 그리고 비밀 속에서 의사소통할 수 없다면 그 국제정책들의 전개는 불가능할 것이다. 기본적 국가방위 영역에서는 절대적 비밀성에 대한 빈번한 필요는 물론 자명한 것이다.

이 딜레마에게는 - 만약 그것이 딜레마라면 - 오직 한 개의 해답만이 있을 수 있다고 나는 생각한다. 권한이 있는 곳에는 책임이 있지 않으면 안 된다.[3] 외교 수행에 있어서 «403 U. S., 729» 및 우리의 국가방위 유지의 수행에 있어서 분배되지 않는 커다란 권한을 행정부에게 만약 연방헌법이 부여한다면, 그렇다면 그 권한을 성공적으로 행사함에 필요한 정도의 내부 안전을 판단하고 보전할, 분배되지 않는 커다란 책임을 연방헌법 아래서 행정부는 지지 않으면 안 된다. 그것은 고도의 판단을 및 지혜를 요구하는 두려울 정도의 책임이다. 비밀성 그 자체를 위한 비밀성을 회피함에 대한 강조에 그 지혜의 가장 첫 번째 원칙은 있어야 함을 도덕적, 정치적, 그리고 실제적 고려요소들은 명령하리라고 나는 가정하여야 한다. 왜냐하면 모든 것이 기밀로 분류될 때는, 그 때는 아무 것도 기밀로 분류되지 않는 것이고, 그리하여 냉소적인 사람들에 내지는 부주의한 사람들에 의하여 제도는 무시되는 것이 되며, 그리고 자기보호에 또는 자기출세에 여념이 없는 사람들에 의하여 제도는 조작되는 것이 되기 때문이다. 요컨대 신뢰성이 진실로 유지될 때에만 비밀성은 가장

---

3) "만약 우리의 국제관계의 유지에 있어서 장애가 - 아마도 심각한 장애가 - 회피되어야 한다면, 그리하여 우리의 목적들을 위한 성공이 달성되어야 한다면, 국제관계 분야 내에서 협상을 및 연구를 통하여 효력 있는 것으로 만들어져야 할 연방의회의 입법은, 만약 국내문제들만이 포함되어 있다면 허용될 수 없는 제정법의 제한으로부터의 일정 정도의 재량을 및 자유를 대통령에게 자주 «403 U. S., 729» 부여하지 않으면 안 됨이 매우 명백하다. 더욱이, 외국들에서의 진행되는 상황들을 알 수 있는 더 나은 기회를 가지는 쪽은 연방의회가 아니라 그인바, 전쟁의 시기에 이것은 특별히 진실이다. 정보에 대한 그 자신의 비밀원천들을 그는 가진다. 그의 요원들을 외교관들의, 영사들의 및 그 밖의 직원들의 형태로 그는 지닌다. 그들에 의하여 수집된 정보에 관한 비밀성은 매우 높게 요구될 수 있으며, 그리하여 그것의 설익은 공개는 해로운 결과들을 낳는 것이 될 수 있다. 아닌게 아니라, 이것은 매우도 명백하게 진실이라서, 제이 조약(Jay Treaty)의 협상에 관련되는 지시들을, 교신을 및 문서들을 하원 앞에 제시하라는 요청에 따르기를 초대 대통령은 거부하였다 - 그 거부의 지혜로움은 하원 그 자신에 의하여 인정되었고, 그 이래 그것은 결코 의문시된 적이 없다. ……" United States v. Curtiss-Wright Corp., 299 U. S. 304, 320.

the hallmark of a truly effective internal security system would be the maximum possible disclosure, recognizing that secrecy can best be preserved only when credibility is truly maintained. But be that as it may, it is clear to me that it is the constitutional duty of the Executive - as a matter of sovereign prerogative and not as a matter of law as the courts know law - through the promulgation and enforcement of executive regulations, to protect «403 U. S., 730» the confidentiality necessary to carry out its responsibilities in the fields of international relations and national defense.

This is not to say that Congress and the courts have no role to play. Undoubtedly Congress has the power to enact specific and appropriate criminal laws to protect government property and preserve government secrets. Congress has passed such laws, and several of them are of very colorable relevance to the apparent circumstances of these cases. And if a criminal prosecution is instituted, it will be the responsibility of the courts to decide the applicability of the criminal law under which the charge is brought. Moreover, if Congress should pass a specific law authorizing civil proceedings in this field, the courts would likewise have the duty to decide the constitutionality of such a law as well as its applicability to the facts proved.

But in the cases before us we are asked neither to construe specific regulations nor to apply specific laws. We are asked, instead, to perform a function that the Constitution gave to the Executive, not the Judiciary. We are asked, quite simply, to prevent the publication by two newspapers of material that the Executive Branch insists should not, in the national interest, be published. I am convinced that the Executive is correct with respect to some of the documents involved. But I cannot say that disclosure of any of them will surely result in direct, immediate, and irreparable damage to our Nation or its people. That being so, there can under the First Amendment be but one judicial resolution of the issues before us. I join the judgments of the Court.

잘 보전될 수 있음을 인식하는 가운데서의 가능한 한 최대한의 공개에 진실로 효과적인 내부 안전 제도의 품질증명은 있음을 나는 가정해야 한다. 그러나 그것이 무엇이든, 국제관계의 및 국가방위의 영역들에서 자신의 책무사항들을 이행함에 필요한 기밀성을, 행정규칙들의 공표를 및 시행을 통하여 보호함은 법원들이 아는 바로서의 법의 문제로서가 아닌 «403 U. S., 730» 주권적 특권(sovereign prerogative)의 문제로서의 행정부의 헌법적 의무임은 내게 명백해 보인다.

연방의회는 및 법원들은 그 수행할 역할이 없음을 이것은 말하려는 것이 아니다. 정부 재산을 보호하기 위하여 및 정부 비밀사항들을 보전하기 위하여 특정의 적절한 형사법들을 제정할 권한을 의문의 여지없이 연방의회는 지닌다. 그러한 법들을 연방의회는 통과시켜 왔는바, 그것들 중 몇몇은 이 사건들의 명백한 상황들에 매우 그럴듯한 관련을 지니는 것들이다. 그리하여 만약 형사소추가 제기된다면, 그 기소가 제기되는 근거인 형사법의 적용 여부를 판단함은 법원들의 책무가 될 것이다. 더욱이, 만약 이 분야에서의 민사절차들을 허가하는 특정의 법을 연방의회가 통과시켜야 한다면, 증명된 사실관계에의 그 법의 적용 가능성을과 아울러 그 법의 합헌성을 판단할 책임을 법원들은 마찬가지로 질 것이다.

그러나 우리 앞의 사건들에서 특정 규칙들을 해석하도록 우리는 요구되고 있지도 아니하고 또는 특정의 법들을 적용하도록 요구되고 있지도 아니하다. 그 대신에 우리가 요구되는 바는 사법부에게가 아니라 행정부에게 연방헌법이 부여한 기능을 수행해 달라는 데 있다. 국가이익을 위하여 공표되어서는 안 된다고 행정부로서 고집하는 자료의 신문들에 의한 공표를 금지해 달라고, 매우 간단하게, 우리는 요청된다. 그 포함된 문서들 중 일부에 관하여 행정부가 옳다고 나는 확신한다. 그러나 우리나라에 내지는 우리 국민에 대한 직접적인, 급박한, 그리고 회복불능의 손상에 조금이라도 그것들의 공개가 확실히 귀결되리라고 나는 말할 수 없다. 그것이 그러하므로, 연방헌법 수정 제1조 아래서 우리 앞의 쟁점들에 대하여는 오직 한 개의 사법적 결정만이 있을 수 있다. 이 법원의 판결주문들에 나는 가담한다.

I concur in today's judgments, but only because of the concededly extraordinary protection against prior re- «403 U. S., 731» straints enjoyed by the press under our constitutional system. I do not say that in no circumstances would the First Amendment permit an injunction against publishing information about government plans or operations.[1] Nor, after examining the materials the Government characterizes as the most sensitive and destructive, can I deny that revelation of these documents will do substantial damage to public interests. Indeed, I am confident that their disclosure will have that result. But I nevertheless agree that the United States has not satisfied the very heavy burden that it must meet to warrant an injunction against publication in these cases, at least in the absence of express and appropriately limited congressional authorization for prior restraints in circumstances such as these. «403 U. S., 732»

The Government's position is simply stated: The responsibility of the

---

[1] The Congress has authorized a strain of prior restraints against private parties in certain instances. The National Labor Relations Board routinely issues cease–and–desist orders against employers who it finds have threatened or coerced employees in the exercise of protected rights. See 29 U. S. C. § 160 (c). Similarly, the Federal Trade Commission is empowered to impose cease–and–desist orders against unfair methods of competition. 15 U. S. C. § 45 (b). Such orders can, and quite often do, restrict what may be spoken or written under certain circumstances. See, e. g., NLRB v. Gissel Packing Co., 395 U. S. 575, 616–620 (1969). Article I, § 8, of the Constitution authorizes Congress to secure the "exclusive right" of authors to their writings, and no one denies that a newspaper can properly be enjoined from publishing the copyrighted works of another. See Westermann Co. v. Dispatch Co., 249 U. S. 100 (1919). Newspapers do themselves rely from time to time on the copyright as a means of protecting their accounts of important events. However, those enjoined under the statutes relating to the National Labor Relations Board and the Federal Trade Commission are private parties, not the press; and when the press is enjoined under the copyright laws the complainant is a private copyright holder enforcing a private right. These situations are quite distinct from the Government's request for an injunction against publishing information about the affairs of government, a request admittedly not based on any statute.

오늘의 판결주문들에 나는 찬동하는바, 그것은 오직 우리의 헌법 제도 아래서 언론에 의하여 향유되는, 사전 제한조치들을 «403 U. S., 731» 금지하는 명백히 과도한 보호 때문이다. 정부 계획들에 내지는 시행들에 관한 정보를 공표함을 막는 금지명령을 어떤 상황들 속에서도 연방헌법 수정 제1조가 허용하지 않는다고는 나는 말하지 않는다.[1] 가장 민감한 및 파괴적인 것들로 정부가 규정하는 자료들을 내가 검토한 뒤에, 공공이익들에의 중대한 손상을 이 문서들의 공개가 끼치리라는 점을 나는 부정할 수도 없다. 아닌게 아니라, 그 결과를 그것들의 공개가 가져올 것으로 나는 자신한다. 그러나 이에도 불구하고, 적어도 이러한 상황들에서의 사전의 제한조치들을 위한 명시적 및 적절히 제한된 의회적 권한부여의 부존재 가운데서는, 이 사건들에서의 공표를 막기 위한 금지명령을 정당화하기 위하여 자신이 충족시키지 않으면 안 되는 무거운 책임을 합중국은 충족하지 못했다는 데 대하여 나는 동의한다. «403 U. S., 732»

정부의 입장은 간단히 진술된다: 외교업무의 수행을 위한 및 국가안보를 위한 행

---

1) 일정한 경우들에 있어서 개인 당사자들을 겨냥한 일종의 사전 제한조치들을 연방의회는 허가하였다. 보호대상 권리들의 행사에 있어서 피용자들을 위협하는 내지는 강요하는 것으로 자신이 판단하는 사용자들을 겨냥한 정지명령을 연방노동관계위원회는 정기적으로 발부한다. 합중국법률집 제29편 제160절 (c)를 보라. 이에 유사하게, 불공정한 경쟁수단을 겨냥하여 정지명령을 부과하도록 연방 통상위원회는 권한이 부여되어 있다. 15 U. S. C. § 45 (b). 일정한 상황들 아래서 연설될 수 있는 바를 내지는 저술될 수 있는 바를 이러한 명령들은 제한할 수 있고 꽤 자주 제한한다. 예컨대, NLRB v. Gissel Packing Co., 395 U. S. 575, 616-620 (1969)를 보라. 저작물들에 대한 저작자들의 "배타적 권리"를 보장하도록 연방의회에게 연방헌법 제1조 제8절은 권한을 부여하며, 타인의 저작권의 대상인 저작물들을 공표함으로부터 신문은 정당하게 금지될 수 있음을 아무도 부정하지 않는다. Westermann Co. v. Dispatch Co., 249 U. S. 100 (1919)를 보라. 중요사건들에 대한 그들의 기사들을 보호하는 수단으로서의 저작권에 신문들은 그 자신들이 때때로 의존한다. 그러나 노동관계위원회에 및 연방 통상위원회에 관한 제정법들 아래서 금지되는 사람들은 언론 아닌 개인 당사자들이다; 그러므로 저작권법들에 따라서 언론이 금지되는 경우에 원고는 개인적 권리를 시행하는 개인적 저작권 보유자이다. 조금이라도 제정법에 의존하지 아니함이 명백한 경우인 정부 업무에 관한 정보를 공표함에 대한 금지명령을 구하는 정부의 요청으로부터, 이 상황들은 상당히 구분된다.

Executive for the conduct of the foreign affairs and for the security of the Nation is so basic that the President is entitled to an injunction against publication of a newspaper story whenever he can convince a court that the information to be revealed threatens "grave and irreparable" injury to the public interest;[2] and the injunction should issue whether or not the material to be published is classified, whether or not publication would be lawful under relevant criminal statutes enacted by Congress, and regardless of the circumstances by which the newspaper came into possession of the information.

At least in the absence of legislation by Congress, based on its own investigations and findings, I am quite unable to agree that the inherent powers of the Executive and the courts reach so far as to authorize remedies having such sweeping potential for inhibiting publications by the press. Much of the difficulty inheres in the "grave and irreparable danger" standard suggested by the United States. If the United States were to have judgment under such a standard in these cases, our decision would be of little guidance to other courts in other cases, for the material at issue here would not be available from the Court's opinion or from public records, nor would it be published by the press. Indeed, even today where we hold that the United States has not met its burden, the material remains sealed in court records and it is «403 U. S., 733» properly not discussed in today's opinions. Moreover, because the material poses substantial dangers to national interests and because of the hazards of criminal sanctions, a responsible press may choose never to publish the more sensitive materials. To sustain the Government in these cases would start the courts down a long and hazardous road that I am not willing to travel, at least without congressional guidance and direction.

---

2) The "grave and irreparable danger" standard is that asserted by the Government in this Court. In remanding to Judge Gurfein for further hearings in the Times litigation, five members of the Court of Appeals for the Second Circuit directed him to determine whether disclosure of certain items specified with particularity by the Government would "pose such grave and immediate danger to the security of the United States as to warrant their publication being enjoined."

정부의 책임은 매우 기본적인 것이라서, 공공의 이익에 대한 "중대한 및 회복불능의" 위해를 공개 대상인 정보가 위협함에 대하여 법원을 대통령이 납득시킬 수 있는 경우에는 언제든 대통령은 신문기사의 공표를 겨냥한 금지명령을 구할 자격이 있다는 것이고;[2] 공표 대상인 자료가 기밀로 분류되든 안 되든, 연방의회에 의하여 제정된 관련 형사 제정법들 아래서 공표가 적법하든 안 하든, 그리고 정보의 보유 상태에 신문이 처하게 된 상황들 여하에 상관없이 금지명령은 발부되어야 한다는 것이다.

적어도 연방의회 자신의 조사들에 및 소견들에 터잡은 연방의회에 의한 입법의 부재 상태에서는, 언론에 의한 공표행위들을 금지함을 위한 이토록 포괄적인 잠재력을 지닌 구제수단을 허가할 만큼 멀리까지 행정부의 및 법원들의 고유권한들이 미친다는 데 나는 결코 동의할 수 없다. 합중국에 의하여 제안된 "중대한 회복불능의 위험" 기준에 대부분의 곤란은 내재한다. 만약 이 사건들에서 이러한 기준에 따라 판단을 합중국이 받아야 한다면, 다른 사건들에서 다른 법원들에게 우리의 판결은 별다른 안내가 되지 못할 것인데, 왜냐하면 여기서의 쟁점인 자료는 당원의 의견으로부터 또는 공공기록들로부터는 이용할 수 없을 것이고, 언론에 의하여 그것은 공표되지도 못할 것이기 때문이다. 아닌게 아니라, 자신의 책임을 합중국이 충족시키지 못한 상태라고 우리가 판시하는 오늘에조차도, 자료는 법원 기록들에 밀봉된 채로 남아 있고 따라서 그것은 «403 U. S., 733» 오늘의 의견들에서 정당하게도 논의되고 있지 않다. 더욱이, 그 국가적 이익들에의 중대한 위험들을 자료는 제기하기 때문에, 그리고 형사적 제재들의 위험들 때문에, 더욱 민감한 자료들을 결코 공표하지 않기로 책임 있는 언론은 선택할 수 있다. 이 사건들에서의 정부를 지지함은 적어도 연방의회의 안내 및 지시 없이는 나로서는 여행하고 싶지 않은 길고도 위험한 길을 따라 법원들을 출발시키는 것이 될 것이다.

---

2) "중대한 회복불능의 위험" 기준은 이 법원에서 정부에 의하여 주장되는 기준이다. "정부에 의하여 상세히 설명된 특정 항목들의 공표가 금지됨을 정당화할 만큼의 중대한 즉각의 위험을 합중국의 안보에" 그것들의 공개가 "제기"할지 여부를 판단하도록, Times 사건에서 추후의 청문들을 위하여 거페인(Gurfein) 판사에게 환송함에 있어서 그에게 제2순회구 항소법원의 다섯 명의 판사들은 지시하였다.

It is not easy to reject the proposition urged by the United States and to deny relief on its good-faith claims in these cases that publication will work serious damage to the country. But that discomfiture is considerably dispelled by the infrequency of prior-restraint cases. Normally, publication will occur and the damage be done before the Government has either opportunity or grounds for suppression. So here, publication has already begun and a substantial part of the threatened damage has already occurred. The fact of a massive breakdown in security is known, access to the documents by many unauthorized people is undeniable, and the efficacy of equitable relief against these or other newspapers to avert anticipated damage is doubtful at best.

What is more, terminating the ban on publication of the relatively few sensitive documents the Government now seeks to suppress does not mean that the law either requires or invites newspapers or others to publish them or that they will be immune from criminal action if they do. Prior restraints require an unusually heavy justification under the First Amendment; but failure by the Government to justify prior restraints does not measure its constitutional entitlement to a conviction for criminal publication. That the Government mistakenly chose to proceed by injunction does not mean that it could not successfully proceed in another way.

When the Espionage Act was under consideration in «403 U. S., 734» 1917, Congress eliminated from the bill a provision that would have given the President broad powers in time of war to proscribe, under threat of criminal penalty, the publication of various categories of information related to the national defense.[3] Congress at that time was unwilling to clothe the President

---

3) "Whoever, in time of war, in violation of reasonable regulations to be prescribed by the President, which he is hereby authorized to make and promulgate, shall publish any information with respect to the movement, numbers, description, condition, or disposition of any of the armed forces, ships, aircraft, or war materials of the United States, or with respect to the plans or conduct of any naval or military operations, or with respect to any works or

합중국에 의하여 주장되는 명제를 거부하기란, 그리고 중대한 손상을 국가에게 공표가 끼치리라는 이 사건들에서의 합중국의 선의의 주장들에 의거한 구제를 부정하기란 쉽지 않다. 그러나 사전의 제한조치 사건들의 희소성에 의하여 그 곤란은 상당히 일소된다. 일상적으로는, 정부가 기회를 가지기도 금지의 근거를 가지기도 전에 공표는 발생하는 법이고 손상은 가해지는 법이다. 그러므로 여기서, 공표는 이미 시작되어 있고 그 위협된 손상의 중요부분은 이미 발생해 있다. 안보에 있어서의 대규모의 고장의 사실은 알려져 있고, 허가되지 않은 많은 사람들에 의한 문서들에의 접근은 부정될 수 없으며, 예상되는 손해를 회피하기 위한 이 신문들에 또는 다른 신문들에 대처한 형평법상의 구제의 효험은 기껏해야 의문스럽다.

그 위에 또 중요한 것은, 그 문서들의 공표에 대한 금지를 종료시킴은, 그 금지시키기를 정부가 이제 구하는 상대적으로 드문 민감한 문서들을 공표하도록 신문들에게 또는 그 밖의 자들에게 법이 요구함을 또는 권유함을 의미하지도, 내지는 만약 그들이 공표한다면 형사적 조치로부터 그들이 면제될 것임을 의미하지도 않는다는 것이다. 연방헌법 수정 제1조 아래서 특별히도 무거운 정당화사유를 사전의 제한조치들은 요구한다; 그러나 사전의 제한조치들을 정부가 정당화하지 못한 점은 범죄적 공표를 이유로 한 유죄판정을 내릴 정부의 헌법적 권리의 척도로 작용하는 것은 아니다. 금지명령에 의한 절차를 진행하기로 정부가 잘못 선택하였다는 점은 절차를 다른 방법에 의하여 성공적으로 정부가 진행할 수 없었음을 의미하지 않는다.

간첩행위방지법이 검토 아래에 있던 1917년에, «403 U. S., 734» 국가방위에 관련되는 다양한 범주들의 정보의 공표를 형사처벌의 위협 아래 금지하기 위한 광범위한 권한들을 전쟁 시기에 대통령에게 부여하였을 한 개의 규정을 그 법안으로부터 연방의회는 제거하였다.[3] 언론을 감시할 이러한 광범위한 권한들을 대통령에게

---

3) "전시에, 그 제정할 및 공표할 권한을 부여받은 대통령에 의하여 제정된 정당한 규칙들에 대한 위반 가운데서, 조금이라도 합중국 군대의, 선박들의, 항공기의, 또는 전쟁물자의 움직임에, 숫자에, 특징에, 상태에, 또는 배치에 관한 정보를, 또는 조금이라도 해군의 내지는 육군의 작전의 계획들에 또는 수행에 관한 정보를, 또는 조금이라도 장소의 요새화를 내지는 방어를 위하여 취해지는, 내지는 요새화에 내지는 방어에 관련되는 내지는 요새화를 내지는 방어를 위하여 의도되는 작전들에 또는 조치들에 관한 정보를, 또는 조금이라도 공공의 방어에 관련되는, 적에게 유용할 것으로 예상되는 그 밖의 정보를 공표하는 사람은 누구든 …… 벌금에 의하여 …… 또는 구금형에 의하여 처벌된다." 55

with such far-reaching powers to monitor the press, and those opposed to this part of the legislation assumed that a necessary concomitant of such power was the power to "filter out the news to the people through some man." 55 Cong. Rec. 2008 (remarks of Sen. Ashurst). However, these same members of congress appeared to have little doubt that newspapers would be subject to criminal prosecution if they insisted on publishing information of the type Congress had itself determined should not be revealed. Senator Ashurst, for example, was quite sure that the editor of such a newspaper "should be punished if he did publish information as to the movements of the fleet, the troops, the aircraft, the location of powder factories, the location of defense works, and all that sort of thing." Id., at 2009.[4] «403 U. S., 735»

The Criminal Code contains numerous provisions potentially relevant to these cases. Section 797[5] makes it a crime to publish certain photographs or drawings of military installations. Section 798,[6] also in precise language, pro-

---

measures undertaken for or connected with, or intended for the fortification or defense of any place, or any other information relating to the public defense calculated to be useful to the enemy, shall be punished by a fine ⋯⋯ or by imprisonment ⋯⋯." 55 Cong. Rec. 2100.

4) Senator Ashurst also urged that "'freedom of the press' means freedom from the restraints of a censor, means the absolute liberty and right to publish whatever you wish; but you take your chances of punishment in the courts of your country for the violation of the laws of libel, slander, and treason." 55 Cong. Rec. 2005.

5) Title 18 U. S. C. § 797 provides:
"On and after thirty days from the date upon which the President defines any vital military or naval installation or equipment as being within the category contemplated under section 795 of this title, whoever reproduces, publishes, sells, or gives away any photograph, sketch, picture, drawing, map, or graphical representation of the vital military or naval installations or equipment so defined, without first obtaining permission of the commanding officer of the military or naval post, camp, or station concerned, or higher authority, unless such photograph, sketch, picture, drawing, map, or graphical representation has clearly indicated thereon that it has been censored by the proper military or naval authority, shall be fined not more than $1,000 or imprisoned not more than one year, or both."

6) In relevant part 18 U. S. C. § 798 provides:
"(a) Whoever knowingly and willfully communicates, furnishes, transmits, or otherwise makes available to an unauthorized person, or publishes, or uses in any manner prejudicial to the safety or interest of the United States or for the benefit of any foreign government to the detriment of the United States any classified information —
"(1) concerning the nature, preparation, or use of any code, cipher, or cryptographic system of the United States or any foreign government; or
"(2) concerning the design, construction, use, maintenance, or repair of any device, apparatus, or appliance used or prepared or planned for use by the United States or any foreign government for cryptographic or communication intelligence purposes; or
"(3) concerning the communication intelligence activities of the United States or any foreign government; or
"(4) obtained by the process of communication intelligence from the communications of any foreign government,

부여하기를 당시의 연방의회는 내켜하지 아니하였고, 그리하여 이러한 권한의 필수적 부수물은 "누군가를 통하여 뉴스를 국민에게 걸러줄" 권한이라고 법안의 이 부분에 반대하는 사람들은 가정하였다. 55 Cong. Rec. 2008 (상원의원 애슈어스트(Ashurst)의 소견들). 그러나, 공개되어서는 안 된다고 연방의회가 스스로 결정해 놓은 유형의 정보를 공표하기를 신문들이 고집하면 형사적 소추에 신문들이 처해지리라는 데 대하여 연방의회의 바로 그 의원들은 의문을 지니지 않은 것으로 나타났다. 예컨대, "함대의, 병력의, 항공기의 움직임들에 관한, 화약공장들의 위치에 관한, 방어 작전들의 위치에 관한, 그리고 그 종류의 모든 것들에 관한 정보를 실제로 공표하였으면" 이러한 신문의 편집자는 "처벌되어야 한다."는 데 대하여 상원의원 애쉬어스트는 매우 확신하였다. Id., at 2009.[4] «403 U. S., 735»

관련성을 이 사건들에 대하여 잠재적으로 지니는 다수의 규정들을 형사법전은 포함한다. 군사시설들의 일정한 사진들을 내지는 도면들을 공표함을 범죄로 제797절[5]은 규정한다. 합중국의 암호해독 체계들에 관한 내지는 통신 첩보활동들에 관한 조금이라도 기밀로 분류된 «403 U. S., 736» 정보의 고의의 및 의도적인 공표를, 조금이라도 통신 첩보작전들로부터 얻어진 정보에 대한 것을 아울러, 정확한 표현으로 제798절[6]

Cong. Rec. 2100.

4) "검열관의 제한조치들로부터의 자유를 '언론의 자유'는 의미하며, 당신이 원하는 무엇이든지를 공표할 절대적 자유를 및 권리를 그것은 의미한다; 그러나 문서비방의, 중상의, 및 반역의 법들에 대한 위반을 이유로 하는 당신의 나라의 법원들에서의 당신에 대한 처벌 가능성을 당신은 감수한다."고 상원의원 애쉬어스트는 아울러 주장하였다. 55 Cong. Rec. 2005.

5) 합중국법률집 제18편 제797절은 규정한다:
"조금이라도 이 편 제795절 아래서 예상되는 범주 내에 있는 중요한 육군의 내지는 해군의 시설로 내지는 장비로 대통령이 규정하는 날로부터 30일 이후로, 조금이라도 그렇게 규정된 중요한 육군의 내지는 해군의 시설들의 내지는 장비들의 사진을, 약도를, 그림을, 도면을, 지도를, 또는 도해표시를, 해당 육군의 내지는 해군의 기지의, 병영의, 관련 주둔지 사령관의 또는 상급권한자의 허가를 먼저 얻음이 없이, 복사하는, 공표하는, 판매하는, 또는 양도하는 사람은 누구든지, 정당한 육군의 내지는 해군의 권한에 의하여 그러한 사진이, 약도가, 그림이, 도면이, 지도가, 또는 도해표시가 검열된 상태에 있음을 그것이 그 위에 명백하게 나타내지 않는 한, 1,000불 이하의 벌금에 처해지거나 1년 이하의 구금형에 처해지거나 두 가지가 병과된다."

6) 해당부분에서 합중국법률집 제18편 제798절은 규정한다:
"(a) 조금이라도 기밀로 분류된 아래의 정보를 허가되지 않은 사람에게 고의로 및 의도적으로 전달하는, 제공하는, 보내는, 또는 그 밖의 방법으로 이용가능하게 만드는, 또는 공표하는, 또는 합중국의 안전에 내지는 이익에 유해한 방법으로 또는 조금이라도 외국 정부의 이익을 위하여 합중국에 불리하게 사용하는 사람은 누구든 10,000불 이하의 벌금에 또는 10년 이하의 구금형에 처해지거나 두 가지가 병과된다.
"(1) 합중국의 또는 조금이라도 외국 정부의 암호의, 부호의, 또는 암호해독 체계의 특징에, 조합제에 또는 사용에 관한 정보; 또는
"(2) 조금이라도 암호의 내지는 통신첩보의 목적들을 위하여 합중국에 내지는 외국정부에 의하여 사용되는 내지는 합

scribes knowing and willful publication of any classified information concerning the cryptographic sys- «403 U. S., 736» tems or communication intelligence activities of the United States as well as any information obtained from communication intelligence operations.[7] If any of the material here at issue is of this nature, the newspapers are presumably now on full notice of the position of the United States and must face the consequences if they «403 U. S., 737» publish. I would have no difficulty in sustaining convictions under these sections on facts that would not justify the intervention of equity and the imposition of a prior restraint.

The same would be true under those sections of the Criminal Code casting a wider net to protect the national defense. Section 793 (e)[8] makes it a crimi-

---

knowing the same to have been obtained by such processes –

"Shall be fined not more than $10,000 or imprisoned not more than ten years, or both."

[7] The purport of 18 U. S. C. § 798 is clear. Both the House and Senate Reports on the bill, in identical terms, speak of furthering the security of the United States by preventing disclosure of information concerning the cryptographic systems and the communication intelligence systems of the United States, and explaining that "[t]his bill makes it a crime to reveal the methods, techniques, and material used in the transmission by this Nation of enciphered or coded messages. ⋯⋯ Further, it makes it a crime to reveal methods used by this Nation in breaking the secret codes of a foreign nation. It also prohibits under certain penalties the divulging of any information which may have come into this Government's hands as a result of such a code–breaking." H. R. Rep. No. 1895, 81st Cong., 2d Sess., 1 (1950). The narrow reach of the statute was explained as covering "only a small category of classified matter, a category which is both vital and vulnerable to an almost unique degree." Id., at 2. Existing legislation was deemed inadequate.

"At present two other acts protect this information, but only in a limited way. These are the Espionage Act of 1917 (40 Stat. 217) and the act of June 10, 1933 (48 Stat. 122). Under the first, unauthorized revelation of information of this kind can be penalized only if it can be proved that the person making the revelation did so with an intent to injure the United States. Under the second, only diplomatic codes and messages transmitted in diplomatic codes are protected. The present bill is designed to protect against knowing and willful publication or any other revelation of all important information affecting the United States communication intelligence operations and all direct information about all United States codes and ciphers." Ibid.

Section 798 obviously was intended to cover publications by nonemployees of the Government and to ease the Government's burden in obtaining convictions. See H. R. Rep. No. 1895, supra, at 2–5. The identical Senate Report, not cited in parallel in the text of this footnote, is S. Rep. No. 111, 81st Cong., 1st Sess. (1949).

[8] Section 793 (e) of 18 U. S. C. provides that: "(e) Whoever having unauthorized possession of, access to, or control over any document, writing, code book, signal book, sketch, photograph, photographic negative, blueprint, plan, map, model, instrument, appliance, or note relating to the national defense, or information relating to the national defense which information the possessor has reason to believe could be used to the injury of the United States or to the advantage of any foreign nation, willfully communicates, delivers, transmits or causes to be communicated, delivered, or transmitted, or attempts to communicate, deliver, transmit or cause to be communicated, delivered, or transmitted the same to any person not entitled to receive it, or willfully retains the same and fails to deliver it to the officer or employee of the United States entitled to receive it;"

은 마찬가지로 금지한다.[7] 만약 조금이라도 여기서의 쟁점인 자료가 이 성격의 것이라면 지금은 합중국의 입장을 그 신문들은 충분히 알고 있다고 추정되고 따라서 그런데도 그들이 공표하면 그 결과들에 그들은 직면하지 않으면 《403 U. S., 737》 안 된다. 형평법의 개입을 및 사전적 제한조치의 부과를 정당화하지 아니하는 사실관계 위에서 이 절들에 따라 유죄판정들을 지지하는 데 나 같으면 곤란이 없을 것이다.

국가방위를 보호하기 위하여 더 넓은 그물을 던지는 형법전의 그 절들 아래서도 바로 그것은 타당할 것이다. "국가방위에 관한" 문서에 대한 조금이라도 허가 없는 소지자가 (1) 조금이라도 그 수령할 자격이 없는 사람에게 그 문서를 의도적으로 전달하는 내지는 전달되도록 야기하는 행위를 내지는, (2) 의도적으로 그 문서를 보유하면서 이를 수령할 권한 있는 합중국의 공무원에게 이를 인도하지 아니하는

중국에 내지는 외국정부에 의한 사용을 위하여 조제된 또는 계획된 설비의, 장치의, 또는 기구의 설계에, 구조에, 사용에, 유지에, 또는 수리에 관한 정보; 또는

"(3) 합중국의 내지는 조금이라도 외국정부의 통신첩보 활동들에 관한 정보; 또는

"(4) 통신첩보 과정에 의하여 조금이라도 외국정부의 통신들로부터 얻어진 정보임을 알면서 그러한 과정들에 의하여 얻어진 정보."

[7] 합중국법률집 제18편 제798절의 의미는 명백하다. 합중국의 암호체계들에 및 통신첩보 체계들에 관한 정보의 공개를 방지함에 의하여 합중국의 안전보장을 촉진함에 관하여 법안에 대한 하원의 및 상원의 보고서들은 다 같이 동일한 표현으로 말하는바, "[암]호화된 내지는 부호화된 메시지들의 이 나라에 의한 전송에 사용되는 방법들을, 기법들을, 및 자료를 공개함을 한 개의 범죄로 이 법안은 만든다. …… 더 나아가, 외국의 비밀 암호들을 해독함에 있어서 이 나라에 의하여 사용되는 방법들을 공개함을 한 개의 범죄로 그것은 만든다. 조금이라도 이러한 암호해독의 결과로서 이 정부의 손 안에 들어왔을 수 있는 정보를 누설함을 일정한 처벌들 아래서 그것은 아울러 금지한다."고 보고서들은 설명한다. H. R. Rep. No. 1895, 81st Cong., 2d Sess., 1 (1950). "오직 극히 중요하면서 유례 없이 상처 입기 쉬운 한 개의 범주인 기밀로 분류된 사항의 작은 범주만을" 포함하는 것으로 그 제정법의 협소한 도달범위는 설명되었다. Id., at 2. 현존의 입법은 불충분한 것으로 여겨졌다.

"현재로서는 이 정보를 오직 한정된 방법으로써만 두 개의 또 다른 법률들은 보호한다. 1917년의 간첩행위방지법(the Espionage Act of 1917 (40 Stat. 217))이 및 1933년 6월 10일자 법률 (48 Stat. 122)이 그것들이다. 첫 번째 것 아래서 이 종류의 정보의 허가없는 공개가 처벌될 수 있는 경우는 오직 그 공개를 한 사람이 합중국에게 위해를 가하려는 의도를 지니고서 그렇게 하였음이 증명될 수 있는 경우만이다. 두 번째 것 아래서, 오직 외교 암호문들로 전송된 외교적 암호문들이 및 메시지들만이 보호된다. 합중국 통신첩보 작전들에 영향을 미치는 모든 중요한 정보의 및 모든 합중국 암호들에 및 부호들에 관한 모든 직접적 정보의 고의의 의도적인 공표에 내지는 조금이라도 그 밖의 공개에 대처하여 보호하고자 현재의 법안은 계획된다." Ibid.

정부의 피용자 이외의 자들에 의한 공표들을 포함하도록, 그리하여 유죄판정들을 얻음에 있어서의 정부의 부담을 가볍게 하도록 제798절은 명백히 의도되었다. H. R. Rep. No. 1895, supra, at 2-5를 보라. 이 각주의 본문에서 나란히 인용되지 아니하는 동일한 상원 보고서는 S. Rep. No. 111, 81st Cong., 1st Sess. (1949)이다.

nal act for any unauthorized possessor of a document "relating to the national defense" either (1) willfully to communicate or cause to be communicated that document to any person not entitled to receive it or (2) willfully to retain the document and fail to deliver it to an officer of the United States entitled to receive it. The subsection was added in 1950 because pre-existing law provided no «403 U. S., 738» penalty for the unauthorized possessor unless demand for the documents was made.[9] "The dangers surrounding the unau-

---

is guilty of an offense punishable by 10 years in prison, a $10,000 fine, or both. It should also be noted that 18 U. S. C. § 793 (g), added in 1950 (see 64 Stat. 1004; S. Rep. No. 2369, pt. 1, 81st Cong., 2d Sess., 9 (1950)), provides that "[i]f two or more persons conspire to violate any of the foregoing provisions of this section, and one or more of such persons do any act to effect the object of the conspiracy, each of the parties to such conspiracy shall be subject to the punishment provided for the offense which is the object of such conspiracy."

9) The amendment of § 793 that added subsection (e) was part of the Subversive Activities Control Act of 1950, which was in turn Title I of the Internal Security Act of 1950. See 64 Stat. 987. The report of the Senate Judiciary Committee best explains the purposes of the amendment:

"Section 18 of the bill amends section 793 of title 18 of the United States Code (espionage statute). The several paragraphs of section 793 of title 18 are designated as subsections (a) through (g) for purposes of convenient reference. The significant changes which would be made in section 793 of title 18 are as follows:

"(1) Amends the fourth paragraph of section 793, title 18 (subsec. (d)), to cover the unlawful dissemination of 'information relating to the national defense which information the possessor has reason to believe could be used to the injury of the United States or to the advantage of any foreign nation.' *The phrase 'which information the possessor has reason to believe could be used to the injury of the United States or to the advantage of any foreign nation' would modify only 'information relating to the national defense' and not the other items enumerated in the subsection.* The fourth paragraph of section 793 is also amended to provide that only those with lawful possession of the items relating to national defense enumerated therein may retain them subject to demand therefor. Those who have unauthorized possession of such items are treated in a separate subsection.

"(2) Amends section 793, title 18 (subsec. (e)), to provide that unauthorized possessors of items enumerated in paragraph 4 of section 793 must surrender possession thereof to the proper authorities without demand. Existing law provides no penalty for the unauthorized possession of such items unless a demand for them is made by the person entitled to receive them. The dangers surrounding the unauthorized possession of such items are self-evident, and it is deemed advisable to require their surrender in such a case, regardless of demand, especially since their unauthorized possession may be unknown to the authorities who would otherwise make the demand. The only difference between subsection (d) and subsection (e) of section 793 is that a demand by the person entitled to receive the items would be a necessary element of an offense under subsection (d) where the possession is lawful, whereas such «403 U. S., 739» a demand would not be a necessary element of an offense under subsection (e) where the possession is unauthorized." S. Rep. No. 2369, pt. 1, 81st Cong., 2d Sess., 8–9 (1950) (emphasis added).

It seems clear from the foregoing, contrary to the intimations of the District Court for the Southern District of New York in this case, that in prosecuting for communicating or withholding a "document" as contrasted with similar action with respect to "information" the Government need not prove an intent to injure the United States or to benefit a foreign nation but only willful and knowing conduct. The District Court relied on Gorin v. United States, 312 U. S. 19 (1941). But that case arose under other parts of the predecessor to § 793, see 312 U. S., at 21–22 – parts that imposed different intent standards not repeated in § 793 (d) or § 793 (e). Cf. 18 U. S. C. §§ 793 (a), (b), and (c). Also, from the face of subsection (e) and from the context of the Act of which it was a part, it seems undeniable that a newspaper, as well as others unconnected with the Government, are vulnerable to prosecution under § 793 (e)

행위를 범죄행위로 제793절 (e)[8]는 만든다. 그 소절이 1950년에 추가된 까닭은 문서들에 대한 요구가 이루어진 경우가 «403 U. S., 738» 아닌 한 허가 없는 소지자에 대한 처벌을 기존의 법은 규정하지 않았기 때문이다.[9] "이러한 품목들의 허가 없는

---

8) 합중국법률집 제793절 (e)는 규정한다: "(e) 조금이라도 국가방위에 관련되는 문서에, 저작물에, 암호책에, 암호표에, 약도에, 사진에, 사진원판에, 교정쇄에, 설계도에, 지도에, 모형에, 계기에, 장치에, 또는 기호에 대한, 또는 합중국에 해롭게 또는 조금이라도 외국에게 유리하게 사용될 수 있다고 믿을 이유를 소지자로서 지니는 국가방위에 관련되는 정보에 대한 허가 없는 소지를 내지는 접근을 또는 통제를 지니는 사람으로서 조금이라도 그 수령할 자격이 없는 사람에게 위의 것을 의도적으로 전달하는, 인도하는, 보내는, 또는 전달되도록, 인도되도록, 보내지도록 야기하는, 또는 전달하고자, 인도하고자, 보내고자, 또는 전달되도록, 인도되도록, 보내지도록 야기하고자 시도하는 사람은, 내지는 의도적으로 위의 것을 보유하면서 이를 수령할 권한 있는 합중국의 공무원에게 내지는 피용자에게 이를 인도하지 아니하는 사람은 누구든지;" 10년의 감옥형에, 10,000불의 벌금에, 또는 그 병과에 의하여 처벌할 수 있는 범죄에 대하여 유죄이다. "[만]약 조금이라도 이 절의 위 규정들을 위반하고자 두 사람 이상이 공모하면, 그리고 조금이라도 그 공모의 목적을 달성하기 위한 행위를 그들 중 한 명 이상이 하면, 그러한 공모의 목적인 범죄에 대하여 규정된 처벌에 그 당사자들 각각은 처해진다."고 1950년에 추가된 합중국법률집 제793절 (g)는 규정함이 아울러 주목되어야 한다. (64 Stat. 1004를; S. Rep. No. 2369, pt. 1, 81st Cong., 2d Sess., 9 (1950)을 보라.)

9) 소절 (e)를 추가한 제793절의 개정조항은 1950년의 파괴활동통제법(the Subversive Activities Control Act)의 일부였는데, 그것은 원래 1950년의 국내안전보장법(the Internal Security Act) 제1편이었다. 64 Stat. 987을 보라. 개정조항의 목적들을 상원 법제사법위원회의 보고서는 가장 잘 설명한다:
"합중국법률집 제18편(간첩행위방지법) 제793절을 법안 제18절은 개정한다. 제18편 제793절의 몇몇 단락들은 편리한 참조의 목적을 위하여 소절 (a)부터 (g)까지로 표시된다. 제18편 제793절에서 이루어지는 중요한 변경들은 이러하다:
"(1) '합중국에 해롭게 또는 조금이라도 외국에게 유리하게 사용될 수 있다고 믿을 이유를 소지자로서 지니는 국가방위에 관련되는 정보'의 불법적 배포를 포함시키기 위하여 제18편 제793절 네 번째 단락을 개정한다(소절 (d)). '합중국에 해롭게 또는 조금이라도 외국에게 유리하게 사용될 수 있다고 믿을 이유를 소지자로서 지니는 국가방위에 관련되는 정보' 라는 문구는 '국가방위에 관련되는 정보' 만을 개정하며 소절 내에 열거된 그 밖의 품목들을 개정하지 않는다. 거기에 열거된 국가방위에 관련되는 품목들에 대한 적법한 소지를 지니는 사람들만이 그것들에 대한 요구에 종속된 채로 그것들을 보유할 수 있음을 규정하도록 제793절 네 번째 단락은 마찬가지로 개정된다. 그러한 품목들에 대한 허가 없는 소지를 지니는 사람들은 별도의 소절에서 다루어진다.
"(2) 제793절 단락 4에 열거된 품목들의 허가 없는 소지자들은 요구가 없더라도 그 소지를 정당한 당국에 양도하지 않으면 안 됨을 규정하도록 제18편 제793절을 개정한다. (소절 (e)). 이러한 품목들을 수령할 권한 있는 사람에 의하여 그것들에 대한 요구가 이루어지지 않는 한, 그것들의 허가 없는 소지에 대한 처벌을 현존의 법은 규정하지 않는다. 이러한 품목들의 허가 없는 소지를 둘러싼 위험들은 자명하고, 따라서 그러한 경우에는 요구에 상관없이 그것들의 양도를 규정함이 타당한 것으로 간주되는바, 특히 그것들의 허가 없는 소지가 당국에 알려져 있다면 요구를 당국이 할 것임에도 불구하고 그것이 당국에 알려져 있지 않을 수가 있기 때문이다. 소절 (d)의 및 소절 (e)의 양자 사이의 유일한 차이는, 소지가 적법한 경우인 소절 (d) 아래서는 그 품목들을 수령할 권한 있는 사람에 의한 요구가 범죄의 필수요소임에 반하여, 소지가 «403 U. S., 739» 허가되어 있지 않은 경우인 소절 (e) 아래서는 요구는 범죄의 필수요소가 아니라는 점이다." S. Rep. No. 2369, pt. 1, 81st Cong., 2d Sess., 8–9 (1950) (강조는 보태짐).
이 사건에서의 뉴욕주 남부지구 관할 연방 지방법원의 암시들에 상반되게, "정보"에 관련되는 유사한 행동에 대비되는 것으로서의 한 개의 "문서"를 전달함을 내지는 보유함을 이유로 소추함에 있어서는, 오직 의도적인 및 고의적인 행위를 증명할 필요 이외에는, 합중국에게 위해를 가하려는 내지는 외국을 이롭게 하려는 의도를 정부는 증명할 필요가 없음은 이상으로부터 명백해 보인다. Gorin v. United States, 312 U. S. 19 (1941)에 연방 지방법원은 의존하였다. 그러나 제793절 (d)에서 또는 제793절 (e)에서 반복되지 아니한 별개의 의도 기준들을 부과한, 제793절의 개정 전 법률(predecessor)의 다른 부분들 아래서 그 사건은 발생하였다. 312 U. S., at 21–22를 보라. 합중국법률집 제18편 제793절 (a)를, (b)를 및 (c)를 비교하라. 아울러, 만약 그 절에 의하여 포함되는 물건들을 전달하거나 보유하거나 했다가는, 정부에 연결되어 있지 아니한 타인들이 그러하듯 한 개의 신문은 제793절 (e) 아래서 소추에 처해지기가 쉽다는 점은 소절 (e)의 문면으로부터 및 그것을 담고 있던 법률의 맥락으로부터 부정할 수 없는 것으로 보인다. 국가방위에 관한 문서들의 신문에 의한 공표에는 "전달"은 미치지 않는다고 연방 지방법원은 판단하였다. 그 결론의 정확성에 관하여 견해들을 나는 표명하지 않는다. 그러나 그 소절을 위반하기 위하여는 전달이든 공표든 어느 것도 필요하지 않다.

thorized possession of such items are self- «403 U. S., 739» evident, and it is deemed advisable to require their surrender in such a case, regardless of demand, especially since their unauthorized possession may be unknown to the authorities who would otherwise make the demand." S. Rep. No. 2369, pt. 1, 81st Cong., 2d Sess., 9 (1950). Of course, in the cases before us, the unpublished documents have been demanded by the United States and their import has been made known at least to counsel for the newspapers involved. In Gorin v. United States, 312 U. S. 19, 28 (1941), the words "national defense" as used in a predecessor of § 793 were held by a unanimous Court to have "a well understood connotation" - a "generic concept of broad connotations, referring to the military and naval establishments and the related activities of national preparedness" - and to be "sufficiently definite to apprise the public of prohibited activi- «403 U. S., 740» ties" and to be consonant with due process. 312 U. S., at 28. Also, as construed by the Court in Gorin, information "connected with the national defense" is obviously not limited to that threatening "grave and irreparable" injury to the United States.[10]

It is thus clear that Congress has addressed itself to the problems of protecting the security of the country and the national defense from unauthorized disclosure of potentially damaging information. Cf. Youngstown Sheet & Tube Co. v. Sawyer, 343 U. S. 579, 585-586 (1952); see also id., at 593-628 (Frankfurter, J., concurring). It has not, however, authorized the injunctive remedy against threatened publication. It has apparently been satisfied to rely on criminal sanctions and their deterrent effect on the responsible as well as the irresponsible press. I am not, of course, saying that either of these

---

if they communicate or withhold the materials covered by that section. The District Court ruled that "communication" did not reach publication by a newspaper of documents relating to the national defense. I intimate no views on the correctness of that conclusion. But neither communication nor publication is necessary to violate the subsection.

[10] Also relevant is 18 U. S. C. § 794. Subsection (b) thereof forbids in time of war the collection or publication, with intent that it shall be communicated to the enemy, of any information with respect to the movements of military forces, "or with respect to the plans or conduct ⋯⋯ of any naval or military operations ⋯⋯ or any other information relating to the public defense, which might be useful to the enemy ⋯⋯."

소지를 둘러싼 위험들은 ≪403 U. S., 739≫ 자명하고, 따라서 그러한 경우에는 요구에 상관없이 그것들의 양도를 규정함이 타당한 것으로 간주되는바, 특히 그것들의 허가 없는 소지가 당국에 알려져 있다면 요구를 당국이 할 것임에도 불구하고 그것이 당국에 알려져 있지 않을 수가 있기 때문이다." S. Rep. No. 2369, pt. 1, 81st Cong., 2d Sess., 9 (1950). 물론, 우리 앞의 사건들에 있어서, 그 공표되지 아니한 문서들은 합중국에 의하여 요구된 상태였고, 적어도 관련 신문들을 위한 변호인단에게는 그것들의 의미는 알려져 있었다. 제793절의 개정 전 법률에서 사용된 것으로서의 "국가방위"라는 문구는 "잘 알려진 함축"을 - "육군의 및 해군의 시설들을 및 국가적 군비의 관련 활동들을 가리키는 폭넓은 함축들을 지니는 포괄적 개념"을 - 지니는 것으로, 그리고 그 "금지된 활동들을 공중에 알리기에 충분히 명확한 것으로" 및 적법절차에 일치하는 것으로 Gorin v. United States, 312 U. S. 19, 28 (1941)에서 ≪403 U. S., 740≫ 만장일치의 당원에 의하여 판시되었다. 312 U. S., at 28. 아울러, Gorin 판결에서 당원에 의하여 해석되었듯이, "국가방위에 관련되는" 정보는 합중국에의 "중대한 회복불능의" 위해의 협박에 한정되지 아니함이 명백하다.[10]

그러므로 잠재적으로 유해한 정보의 허가 없는 공개로부터 국가안보를 및 국가방위를 보호하는 문제들에 연방의회가 본격적으로 착수했음은 명백하다. Youngstown Sheet & Tube Co. v. Sawyer, 343 U. S. 579, 585-586 (1952)를 비교하라; 아울러 id., at 593-628 (프랑크푸르터(Frankfurter) 판사, 보충의견)을 보라. 그러나 임박한 공표에 대처한 금지명령에 의한 구제를 연방의회는 허가하지 않았다. 형사적 제재들에, 그리고 책임감 있는 언론기관에든 책임감 없는 언론에든 그 제재들이 가하는 억제적 효과에 의존하는 것으로 연방의회는 만족했음이 명백하다. 이 사건의 신문들 중 어느 쪽인가는 한 개의 범죄를 범한 상태라고 또는 현재 그 자신의 소지 안에 있는 모든 자료를 공표한다면 한 개의 범죄를 그 쪽이 범하게 되는 것이라고 내가

10) 마찬가지로 합중국법률집 제18편 제794절은 관련이 있다. 조금이라도 육군의 움직임들에 관한 내지는 "조금이라도 해군의 내지는 육군의 작전의 ……계획들에 또는 수행에 관한 …… 또는 조금이라도 공공의 방어에 관련되는, 적에게 유용할 것으로 예상되는 그 밖의 정보의 ……" 적에게 전달되게 하려는 의도를 지닌 수집을 내지는 공표를 전시에 그 소절 (b)는 금지한다.

newspapers has yet committed a crime or that either would commit a crime if it published all the material now in its possession. That matter must await resolution in the context of a criminal proceeding if one is instituted by the United States. In that event, the issue of guilt or innocence would be determined by procedures and standards quite different from those that have purported to govern these injunctive proceedings.

말하는 것은 물론 아니다. 만약 합중국에 의하여 형사적 절차가 개시되면 그 절차의 맥락에 있어서의 결정을 그 문제는 기다리지 않으면 안 된다. 그 경우에, 이 금지명령 절차들을 지배하는 것으로 주장되는 것들로부터 구분되는 별개의 절차들에 및 기준들에 의하여 유죄의 내지는 무죄의 문제가 판단될 것이다.

MR. JUSTICE MARSHALL, concurring.

The Government contends that the only issue in these cases is whether in a suit by the United States, "the First Amendment bars a court from prohibiting a news- «403 U. S., 741» paper from publishing material whose disclosure would pose a 'grave and immediate danger to the security of the United States.'" Brief for the United States 7. With all due respect, I believe the ultimate issue in these cases is even more basic than the one posed by the Solicitor General. The issue is whether this Court or the Congress has the power to make law.

In these cases there is no problem concerning the President's power to classify information as "secret" or "top secret." Congress has specifically recognized Presidential authority, which has been formally exercised in Exec. Order 10501 (1953), to classify documents and information. See, e. g., 18 U. S. C. § 798; 50 U. S. C. § 783.[1] Nor is there any issue here regarding the President's power as Chief Executive and Commander in Chief to protect national security by disciplining employees who disclose information and by taking precautions to prevent leaks.

The problem here is whether in these particular cases the Executive Branch has authority to invoke the equity jurisdiction of the courts to protect what it believes to be the national interest. See In re Debs, 158 U. S. 564, 584 (1895). The Government argues that in addition to the inherent power of any government to protect itself, the President's power to conduct foreign affairs

---

1) See n. 3, infra.

마샬(MARSHALL) 판사의 보충의견이다.

합중국에 의한 한 개의 소송에서 "'합중국의 안보에 대한 중대한 회복불능의 위험'을 그 공개가 제기할 만한 자료를 공표하지 못하도록 신문을 금지함을 연방헌법 «403 U. S., 741» 수정 제1조가 저지하는지" 여부가 이 사건들에 있어서의 유일한 쟁점이라고 정부는 주장한다. Brief for the United States 7. 미안한 말이지만, 이 사건들에서의 궁극적 쟁점은 송무장관에 의하여 제기된 쟁점보다 훨씬 더 근본적이라고 나는 믿는다. 쟁점은 법을 제정할 권한을 가지는 쪽이 당원인지 아니면 연방의회인지 여부이다.

이 사건들에서 정보를 "비밀(secret)"로 또는 "극비(top secret)"로 분류할 대통령의 권한에 관하여는 문제가 없다. 대통령의 권한을 연방의회는 명시적으로 인정하여 왔는바, 문서들을 및 정보를 기밀로 분류하는 행정명령 10501 (1953)에서 그것은 공식적으로 행사되어 있다. 예컨대, 합중국법률집 제18편 제798절을; 합중국법률집 제50편 제783절을 보라.[1] 정보를 공개하는 피용자들을 제재함으로써 및 누설들을 방지하기 위한 예방책들을 취함으로써 국가안보를 보호할 행정수반으로서의 및 최고사령관으로서의 대통령의 권한에 관하여 여기에 조금이라도 쟁점이 있는 것도 아니다.

여기서의 문제는 국익이라고 정부 자신이 믿는 바를 보호하기 위하여 법원들의 형평법상의 재판권을 불러올 권한을 이 특정 사건들에 있어서 행정부가 지니는지 여부이다. In re Debs, 158 U. S. 564, 584 (1895)를 보라. 그 자신을 보호할 모든 정부의 고유권한에 더하여, 외국들을 효과적으로 상대할 및 국가의 군사업무를 수행할 대통령의 능력을 보호하기 위하여 검열을 언론 위에 부과할 권한을 대통령에게, 외

---

1) See n. 3, infra.

and his position as Commander in Chief give him authority to impose censorship on the press to protect his ability to deal effectively with foreign nations and to conduct the military affairs of the country. Of course, it is beyond cavil that the President has broad powers by virtue of his primary responsibility for the conduct of our foreign affairs and his position as Commander in Chief. Chicago & Southern Air Lines v. Waterman S. S. Corp., 333 U. S. 103 (1948); Hirabayashi v. United States, 320 U. S. 81, 93 (1943); United States v. Curtiss- «403 U. S., 742» Wright Corp., 299 U. S. 304 (1936).[2] And in some situations it may be that under whatever inherent powers the Government may have, as well as the implicit authority derived from the President's mandate to conduct foreign affairs and to act as Commander in Chief, there is a basis for the invocation of the equity jurisdiction of this Court as an aid to prevent the publication of material damaging to "national security," however that term may be defined.

It would, however, be utterly inconsistent with the concept of separation of powers for this Court to use its power of contempt to prevent behavior that Congress has specifically declined to prohibit. There would be a similar damage to the basic concept of these co-equal branches of Government if when the Executive Branch has adequate authority granted by Congress to protect "national security" it can choose instead to invoke the contempt power of a court to enjoin the threatened conduct. The Constitution provides that Congress shall make laws, the President execute laws, and courts interpret laws. Youngstown Sheet & Tube Co. v. Sawyer, 343 U. S. 579 (1952). It did not provide for government by injunction in which the courts and the Executive Branch can "make law" without regard to the action of Congress. It may be more convenient for the Executive Branch if it need only convince a judge to prohibit conduct rather than ask the Congress to pass a law, and it

---

2) But see Kent v. Dulles, 357 U. S. 116 (1958); Youngstown Sheet & Tube Co. v. Sawyer, 343 U. S. 579 (1952).

교업무를 수행할 그의 권한은 및 총사령관으로서의 그의 지위는 부여한다고 정부는 주장한다. 물론 우리의 외교업무의 수행을 위한 그의 일차적 책임에 의하여 및 총사령관으로서의 그의 지위에 의하여 광범위한 권한들을 대통령이 지닌다는 데는 흠잡을 것이 없다. Chicago & Southern Air Lines v. Waterman S. S. Corp., 333 U. S. 103 (1948); Hirabayashi v. United States, 320 U. S. 81, 93 (1943); United States v. Curtiss- «403 U. S., 742» Wright Corp., 299 U. S. 304 (1936).[2] 그러므로 외교업무를 수행할 및 총사령관으로서 행동할 대통령의 명령으로부터 도출되는 함축적 권한 아래서처럼, 정부가 가질 수 있는 그 어떤 고유권한들 아래서도, "국가안보"에 - 그 용어가 어떻게 규정될 수 있든지간에 - 손상을 끼치는 자료의 공표를 방지하기 위한 한 개의 조력으로서 당원의 형평법상의 재판권의 원용을 위한 근거가 일정한 상황들에 있어서는 있을 수가 있는 것이다.

그러나 그 금지하기를 연방의회가 명시적으로 거부한 터인 행동을 방지하기 위하여 법원모독에 관한 자신의 권한을 이 법원이 사용하는 것은 권력분립의 개념에 철저히 배치될 것이다. "국가안보"를 보호하기 위하여 연방의회에 의하여 허용된 충분한 권한을 행정부가 지니는 경우에 그 임박한 행위를 금지하기 위하여 법원모독에 관한 법원의 권한을 이에 대신하여 불러내기를 행정부가 선택할 수 있다면, 이 상호 대등인 정부 부서들의 기본적 개념에는 이에 비슷한 손상이 가해질 것이다. 연방의회는 법들을 제정한다고, 대통령은 법들을 집행한다고, 그리고 법원들은 법들을 해석한다고 연방헌법은 규정한다. Youngstown Sheet & Tube Co. v. Sawyer, 343 U. S. 579 (1952). 연방의회의 처분에 상관없이 "법을" 법원들이 및 행정부가 "제정"할 수 있는 권한인 금지명령을, 정부에게 연방헌법은 제공하지 않았다. 만약 행동을 금지하기 위하여 판사 한 명만을 설득하면 된다면, 한 개의 법을 통과시켜 달라고 연방의회에 요청하는 것이보다는 그것이 행정부를 위하여 더욱 편리

---

2) 그러나 Kent v. Dulles, 357 U. S. 116 (1958)을; Youngstown Sheet & Tube Co. v. Sawyer, 343 U. S. 579 (1952)를 보라.

may be more convenient to enforce a contempt order than to seek a criminal conviction in a jury trial. Moreover, it may be considered politically wise to get a court to share the responsibility for arresting those who the Executive Branch has probable cause to believe are violating the law. But convenience and political considerations of the «403 U. S., 743» moment do not justify a basic departure from the principles of our system of government.

In these cases we are not faced with a situation where Congress has failed to provide the Executive with broad power to protect the Nation from disclosure of damaging state secrets. Congress has on several occasions given extensive consideration to the problem of protecting the military and strategic secrets of the United States. This consideration has resulted in the enactment of statutes making it a crime to receive, disclose, communicate, withhold, and publish certain documents, photographs, instruments, appliances, and information. The bulk of these statutes is found in chapter 37 of U. S. C., Title 18, entitled Espionage and Censorship.[3] In that chapter, «403 U. S., 744» Congress has provided penalties ranging from a $10,000 fine to death for vio-

---

3) There are several other statutory provisions prohibiting and punishing the dissemination of information, the disclosure of which Congress thought sufficiently imperiled national security to warrant that result. These include 42 U. S. C. §§ 2161 through 2166 relating to the authority of the Atomic Energy Commission to classify and declassify "Restricted Data" ["Restricted Data" is a term of art employed uniquely by the Atomic Energy Act]. Specifically, 42 U. S. C. § 2162 authorizes the Atomic Energy Commission to classify certain information. Title 42 U. S. C. § 2274, subsection (a), provides penalties for a person who "communicates, transmits, or discloses [restricted data] ⋯⋯ with intent to injure the United States or with intent to secure an advantage to any foreign nation ⋯⋯." Subsection (b) of 2274 provides lesser penalties for one who "communicates, transmits, or discloses" such information "with reason to believe such data will be utilized to injure the United States or to secure an advantage to any foreign nation ⋯⋯." Other sections of Title 42 of the United States Code dealing with atomic energy prohibit and punish acquisition, removal, concealment, tampering with, alteration, mutilation, or destruction of documents incorporating "Restricted Data" and provide penalties for employees and former employees of the Atomic Energy Commission, the armed services, contractors and licensees of the Atomic Energy Commission. Title 42 U. S. C. §§ 2276, 2277. Title 50 U. S. C. App. § 781, 56 Stat. 390, prohibits the making of any sketch or other representation of military installations or any military equipment located on any military «403 U. S., 744» installation, as specified; and indeed Congress in the National Defense Act of 1940, 54 Stat. 676, as amended, 56 Stat. 179, conferred jurisdiction on federal district courts over civil actions "to enjoin any violation" thereof. 50 U. S. C. App. § 1152 (6). Title 50 U. S. C. § 783 (b) makes it unlawful for any officers or employees of the United States or any corporation which is owned by the United States to communicate material which has been "classified" by the President to any person who that governmental employee knows or has reason to believe is an agent or representative of any foreign government or any Communist organization.

할지도 모르고, 그리고 배심에 의한 정식사실심리에서의 형사적 유죄판정을 추구함이보다는 법원모독 명령을 집행함이 더 편리할지도 모른다. 더욱이, 법을 위반하고 있다고 믿을 상당한 이유를 행정부로서 지니는 사람들을 체포함에 대하여 책임을 나누도록 법원을 개입시키는 쪽이 정치적으로 더 현명하다고 간주될 수도 있다. 그러나 우리의 정부제도의 원칙들로부터의 일탈을 «403 U. S., 743» 편의는 및 현재의 정치적 고려요소들은 정당화하지 않는다.

국가 기밀사항들을 손상시키는 공개로부터 국가를 보호하기 위한 광범위한 권한을 행정부에게 연방의회가 제공해 놓지 아니한 상황에 이 사건들에서 우리는 직면해 있지 않다. 합중국의 군사적 및 전략적 비밀들을 보호하는 문제에 대하여 다방면에 걸치는 검토를 연방의회는 여러 기회들을 통하여 부여해 놓았다. 일정한 문서들을, 사진들을, 계기들을, 장치들을 및 정보를 수령함을, 공개함을, 전달함을, 보유함을, 그리고 공표함을 범죄로 하는 제정법들의 입법을 이 검토는 결과적으로 낳았다. 이 제정법들의 주요부분은 간첩행위 및 검열(Espionage and Censorship)이라는 제목의 합중국법률집 제18편 제37장에서 발견된다.[3] 여러 제정법들을 «403 U. S., 744» 위반한 데 대하여 10,000불의 벌금에서 사형에까지 걸치는 처벌들을 그 장에서 연방의회는 규정해 놓았다.

---

3) 국가안보를 그 공개가 충분히 위협한다고, 그러하기에 그 배포의 금지라는 및 처벌이라는 결과를 정당화한다고 연방의회가 생각한 정보의 배포를 금지하는 및 처벌하는 몇몇 그 밖의 제정법상의 규정들이 있다. "특별취급자료(Restricted Data)"를 기밀로 분류할 및 해제할 핵에너지 위원회(the Atomic Energy Commission)의 권한에 관한 합중국법률집 제42편 제2161절으로부터 2166절까지 이것들은 포함한다["특별취급자료(Restricted Data)"는 핵에너지법(the Atomic Energy Act)에 의해서만 사용되는 특수분야 용어이다]. 특히, 일정한 정보를 기밀로 분류할 권한을 핵에너지위원회에게 합중국법률집 제42편 제2162절은 부여한다. "합중국을 해하려는 의도를 지니고서 내지는 조금이라도 외국에게 이익을 제공하려는 의도를 지니고서 …… [특별취급자료]를 전달하는, 보내는, 내지는 공개하는 ……" 사람에 대한 처벌을 합중국법률집 제42편 제2274절 소절 (a)는 규정한다. "…… 합중국을 해하기 위하여 내지는 조금이라도 외국에게 이익을 제공하기 위하여 이러한 자료가 사용되리라고 믿을 이유를 지니고서, ……" 이러한 정보를 "전달하는, 보내는, 또는 공개하는" 사람에 대한 더 가벼운 처벌들을 제2274절 소절 (b)는 규정한다. 핵에너지를 다루는 합중국법률집 제42편의 다른 절들은 "특별취급자료"를 통합하는 문서들의 획득을, 이전을, 은닉을, 조작을, 변경을, 훼손을, 또는 파괴를 금지하고 처벌하며, 핵에너지위원회의, 그 위원회 병무서비스 부문의, 그 위원회 계약자들의 및 그 위원회 면허사용권자들의 피용자들에 대한 및 과거의 피용자들에 대한 처벌들을 그 절들은 규정한다. 조금이라도 구체적으로 열거된 것으로서의 군사적 시설들의 내지는 군사시설 위에 소재하는 군사장비의 약도를 내지는 그 밖의 표현물을 만드는 것을 합중국법률집 제42편 제2276절은; 제2277절은, 합중국법률집 제50편 부록 제781절, 56 Stat. 390, 은 «403 U. S., 744» 금지한다; 그리고 참으로 56 Stat. 179로 개정된 1940년의 국가방위법(the National Defense Act of 1940), 54 Stat. 676.에서 그것들의 "침해를 금지하는" 민사소송들에 대한 재판권을 연방 지방법원들에게 연방의회는 수여하였다. 50 U. S. C. App. § 1152 (6). 대통령에 의하여 "기밀로 분류되어 있는" 자료를, 조금이라도 외국 정부의 내지는 조금이라도 공산주의 조직의 요원임을 정부측 피용자가 아는 내지는 그러한 요원이라고 믿을 이유를 정부측 피용자가 지니는 사람에게, 조금이라도 합중국 공무원들이 내지는 피용자들이 또는 조금이라도 합중국에 의하여 소유되는 법인이 전달함을 불법으로 합중국법률집 제50편 제783절 (b)는 만든다.

lating the various statutes.

Thus it would seem that in order for this Court to issue an injunction it would require a showing that such an injunction would enhance the already existing power of the Government to act. See Bennett v. Laman, 277 N. Y. 368, 14 N. E. 2d 439 (1938). It is a traditional axiom of equity that a court of equity will not do a useless thing just as it is a traditional axiom that equity will not enjoin the commission of a crime. See Z. Chafee & E. Re, Equity 935-954 (5th ed. 1967); 1 H. Joyce, Injunctions §§ 58-60a (1909). Here there has been no attempt to make such a showing. The Solicitor General does not even mention in his brief whether the Government considers that there is probable cause to believe a crime has been committed or whether there is a conspiracy to commit future crimes.

If the Government had attempted to show that there was no effective remedy under traditional criminal law, it would have had to show that there is no arguably applicable statute. Of course, at this stage this Court could not and cannot determine whether there has been a violation of a particular statute or decide the constitutionality of any statute. Whether a good-faith prosecution could have been instituted under any statute could, however, be determined. «403 U. S., 745»

At least one of the many statutes in this area seems relevant to these cases. Congress has provided in 18 U. S. C. § 793 (e) that whoever "having unauthorized possession of, access to, or control over any document, writing, code book, signal book ······ or note relating to the national defense, or information relating to the national defense which information the possessor has reason to believe could be used to the injury of the United States or to the advantage of any foreign nation, willfully communicates, delivers, transmits ······ the same to any person not entitled to receive it, or willfully retains

그러므로 금지명령을 이 법원이 발부하기 위하여는, 이미 존재하는 정부의 처분 권한을 이러한 금지명령이 제고시키리라는 점에 대한 증명을 요구하는 것처럼 생각될 것이다. Bennett v. Laman, 277 N. Y. 368, 14 N. E. 2d 439 (1938)을 보라. 쓸모없는 일을 형평법 법원은 하지 아니하는 법이라는 것은 범죄의 실행을 형평법은 금지하지 않는 법이라는 전통적 통칙만큼이나 전통적 통칙이다. Z. Chafee & E. Re, Equity 935-954 (5th ed. 1967)을; 1 H. Joyce, Injunctions §§ 58-60a (1909)를 보라. 여기서는 이러한 증명을 하려는 아무런 시도가 없었다. 범죄가 저질러진 것으로 믿을 상당한 이유가 있다고 정부가 여기는지 여부에 관하여 내지는 장래의 범죄들을 저지르기 위한 공모가 있는지 여부에 관하여 자신의 준비서면에서 송무장관은 언급조차를 하지 않는다.

만약 전통적 형사법 아래서는 효과적인 구제가 존재하지 아니하였음을 증명하고자 정부가 시도해 놓았다면, 적용 가능한 제정법이 존재하지 아니함을 아마 틀림없이 정부는 증명했어야 할 것이다. 물론, 특정 제정법에 대한 위반이 있었는지 여부를 이 단계에서 이 법원은 판단할 수도 없었고 판단할 수도 없으며 조금이라도 제정법의 합헌성을 판단할 수도 없다. 그러나, 조금이라도 제정법 아래서 선의의 소추가 제기되었을 수 있는지 여부는 판단될 수 있었다. «403 U. S., 745»

이 영역에 있어서의 여러 제정법들 가운데 적어도 한 개는 이 사건들에 관련을 지니는 것으로 보인다. "조금이라도 국가방위에 관련되는 문서에, 저작물에, 암호책에, 암호표에, …… 또는 기호에 대한, 또는 합중국에 해롭게 또는 조금이라도 외국에게 유리하게 사용될 수 있다고 믿을 이유를 소지자로서 지니는 국가방위에 관련되는 정보에 대한 허가 없는 소지를 내지는 접근을 또는 통제를 지니는 사람으로서 조금이라도 그 수령할 자격이 없는 사람에게 위의 것을 의도적으로 전달하는, 인도하는, 보내는 …… 사람은, 내지는 의도적으로 위의 것을 보유하면서 이를 수령할 권한 있는 합중국의 공무원에게 내지는 피용자에게 이를 인도하지 아니하는

the same and fails to deliver it to the officer or employee of the United States entitled to receive it ⋯⋯ [s]hall be fined not more than $10,000 or imprisoned not more than ten years, or both." Congress has also made it a crime to conspire to commit any of the offenses listed in 18 U. S. C. § 793 (e).

It is true that Judge Gurfein found that Congress had not made it a crime to publish the items and material specified in § 793 (e). He found that the words "communicates, delivers, transmits ⋯⋯" did not refer to publication of newspaper stories. And that view has some support in the legislative history and conforms with the past practice of using the statute only to prosecute those charged with ordinary espionage. But see 103 Cong. Rec. 10449 (remarks of Sen. Humphrey). Judge Gurfein's view of the statute is not, however, the only plausible construction that could be given. See my Brother WHITE's concurring opinion.

Even if it is determined that the Government could not in good faith bring criminal prosecutions against the New York Times and the Washington Post, it is clear that Congress has specifically rejected passing legislation that would have clearly given the President the power he seeks here and made the current activity of the newspapers unlawful. When Congress specifically declines to make conduct unlawful it is not for this Court «403 U. S., 746» to redecide those issues - to overrule Congress. See Youngstown Sheet & Tube Co. v. Sawyer, 343 U. S. 579 (1952).

On at least two occasions Congress has refused to enact legislation that would have made the conduct engaged in here unlawful and given the President the power that he seeks in this case. In 1917 during the debate over the original Espionage Act, still the basic provisions of § 793, Congress rejected a proposal to give the President in time of war or threat of war

사람은" 누구든지 "…… 10년 이하의 감옥형에, 10,000불 이하의 벌금에, 또는 그 병과에 의하여 처벌된[다]."고 합중국법률집 제18편 제793절 (e)에서 연방의회는 규정해 놓았다.

아울러, 합중국법률집 제18편 제793절 (e)에 열거된 범죄들 중 어느 것이든지를 범하고자 공모함을 한 개의 범죄로 연방의회는 만들어 놓았다. 제793절 (e)에 열거된 품목들을 및 자료를 공표함을 한 개의 범죄로 연방의회는 만들어 두지 아니하였다고 거페인(Gurfein) 판사가 인정하였음은 진실이다. "전달하다, 인도하다, 보내다 ……" 등의 낱말들은 뉴스 기사들의 공표를 가리키지 않는다고 그는 판단하였다. 그리고 입법의 역사에서 상당한 근거를 그 견해는 지니며, 일반적 간첩행위로 고발된 사람들을 소추하기 위해서만 그 제정법을 사용한 과거의 관행에 그의 견해는 부합한다. 그러나 103 Cong. Rec. 10449 (상원의원 험프리(Humphrey)의 발언들)을 보라. 그 제정법에 대한 거페인(Gurfein) 판사의 견해는, 그러나, 그 부여될 수 있는 유일한 그 럴듯한 해석인 것은 아니다. 나의 동료 화이트(WHITE) 판사의 보충의견을 보라.

설령 뉴욕타임즈를 및 워싱턴포스트를 상대로 형사소추들을 정부가 선의 속에서 제기할 수 없었던 것으로 결정된다 하더라도, 여기서 대통령이 구하는 권한을 대통령에게 명확하게 부여하였을, 그리고 그 신문들의 현재의 활동을 불법으로 만들었을 입법을 통과시키기를 연방의회가 명시적으로 거부하여 왔음은 명백하다. 행위를 불법으로 만들기를 연방의회가 명시적으로 거부하는 때에, 그 쟁점들을 다시 판단함은 - 연방의회를 «403 U. S., 746» 번복시킴은 - 이 법원이 할 바가 아니다. Youngstown Sheet & Tube Co. v. Sawyer, 343 U. S. 579 (1952)를 보라.

여기에 관련된 행동을 불법으로 만들었을, 그리고 대통령이 이 사건에서 구하는 권한을 대통령에게 부여하였을 입법을 제정하기를 적어도 두 번의 기회에 연방의회는 거부한 터이다. 여전히 제793절의 기본적 규정들이 되어 있는 최초의 간첩행위방지법에 대한 1917년의 논의 과정에서, 적에게 유용한 것이 될 수도 있는 국가방위에 관한 정보의 공표를 전쟁의 시기에 또는 전쟁 위협의 시기에 포고에 의하여

authority to directly prohibit by proclamation the publication of information relating to national defense that might be useful to the enemy. The proposal provided that:

"During any national emergency resulting from a war to which the United States is a party, or from threat of such a war, the President may, by proclamation, declare the existence of such emergency and, by proclamation, prohibit the publishing or communicating of, or the attempting to publish or communicate any information relating to the national defense which, in his judgment, is of such character that it is or might be useful to the enemy. Whoever violates any such prohibition shall be punished by a fine of not more than $10,000 or by imprisonment for not more than 10 years, or both: *Provided*, That nothing in this section shall be construed to limit or restrict any discussion, comment, or criticism of the acts or policies of the Government or its representatives or the publication of the same." 55 Cong. Rec. 1763.

Congress rejected this proposal after war against Germany had been declared even though many believed that there was a grave national emergency and that the threat of security leaks and espionage was serious. The Executive Branch has not gone to Congress and requested that the decision to provide such power be reconsidered. In- «403 U. S., 747» stead, the Executive Branch comes to this Court and asks that it be granted the power Congress refused to give.

In 1957 the United States Commission on Government Security found that "[a]irplane journals, scientific periodicals, and even the daily newspaper have featured articles containing information and other data which should have been deleted in whole or in part for security reasons." In response to this problem the Commission proposed that "Congress enact legislation making it

직접적으로 금지할 권한을 대통령에게 부여하자는 제안을 연방의회는 부결하였다. 그 제안은 이렇게 규정하였다:

"조금이라도 합중국이 당사자인 전쟁으로부터 내지는 그러한 전쟁의 위협으로부터 초래되는 국가적 위기 동안에, 그러한 위기의 존재를 포고에 의하여 대통령은 선언할 수 있고, 조금이라도 그의 판단으로 적에게 유용한 내지는 유용할 수도 있는 성격의 국가방위에 관한 정보의 공표를 내지는 전달을, 내지는 그러한 정보를 공표하려는 내지는 전달하려는 시도를 포고에 의하여 대통령은 금지할 수 있다. 조금이라도 이러한 금지를 위반하는 사람은 누구든지 10,000불 이하의 벌금으로써 또는 10년 이하의 구금형으로써 또는 그 병과로써 처벌된다: 단(Provided), 조금이라도 정부의 내지는 그 대리인들의 행위들에 대한 내지는 정책들에 대한 논의를, 논평을, 비판을 내지는 그것들의 공표를 제한하는 내지는 제약하는 것으로 이 절의 규정은 해석되지 아니한다." 55 Cong. Rec. 1763.

독일을 상대로 한 전쟁이 선언되고 난 뒤에, 중대한 국가적 위기가 발생했다고, 그리고 보안누설들의 및 간첩행위의 위협이 심각하다고 비록 많은 사람들이 믿었음에도 불구하고 이 제안을 연방의회는 부결시켰다. 행정부는 연방의회에 찾아가서 이러한 권한을 규정하는 결정을 재검토해 달라고 요청하지도 않았다. 그렇게 «403 U. S., 747» 하지는 아니한 채로, 행정부는 이 법원에 와서는 그 부여하기를 연방의회가 거부한 권한을 자신으로 하여금이 부여받게 해 달라고 요청한다.

"[보]안상의 이유들로 인하여 전부든 일부든 삭제되었어야 할 정보를 및 그 밖의 자료들을 포함하는 기사들을 비행기 잡지들은, 과학 정기간행물들은, 그리고 심지어는 일간신문은 크게 다루어 왔음"을 1957년에 정부보안에 관한 합중국위원회는 확인하였다. 이 문제에 대응하여, "조금이라도 '비밀' 로 또는 '극비' 로 분류된 정보임을 아는 또는 그러한 정보라고 믿을 합리적 이유들을 지니는 사람이, 그러한 정

a crime for any person willfully to disclose without proper authorization, for any purpose whatever, information classified 'secret' or 'top secret,' knowing, or having reasonable grounds to believe, such information to have been so classified." Report of Commission on Government Security 619-620 (1957). After substantial floor discussion on the proposal, it was rejected. See 103 Cong. Rec. 10447-10450. If the proposal that Sen. Cotton championed on the floor had been enacted, the publication of the documents involved here would certainly have been a crime. Congress refused, however, to make it a crime. The Government is here asking this Court to remake that decision. This Court has no such power.

Either the Government has the power under statutory grant to use traditional criminal law to protect the country or, if there is no basis for arguing that Congress has made the activity a crime, it is plain that Congress has specifically refused to grant the authority the Government seeks from this Court. In either case this Court does not have authority to grant the requested relief. It is not for this Court to fling itself into every breach perceived by some Government official nor is it for this Court to take on itself the burden of enacting law, especially a law that Congress has refused to pass.

I believe that the judgment of the United States Court of Appeals for the District of Columbia Circuit should «403 U. S., 748» be affirmed and the judgment of the United States Court of Appeals for the Second Circuit should be reversed insofar as it remands the case for further hearings.

보를 정당한 권한 없이 의도적으로 공개하는 행위를 그 목적 여하를 불문하고 한 개의 범죄로 만드는 입법을 연방의회가 제정할 것을" 위원회는 제안하였다. Report of Commission on Government Security 619-620 (1957). 그 제안에 대한 풍부한 지면 토론 뒤에, 그것은 부결되었다. 103 Cong. Rec. 10447-10450을 보라. 만약 상원의원 코튼(Cotton)이 의원석에서 옹호한 그 제안이 입법되었더라면, 여기에 포함된 문서들의 공표는 확실히 한 개의 범죄가 되었을 것이다. 그러나 그것을 한 개의 범죄로 하기를 연방의회는 거부하였다. 그 결정을 다시 내려 달라고 이 법원에게 정부는 여기서 요청하고 있다. 그러한 권한을 이 법원은 가지지 않는다.

국가를 보호하기 위하여 전통적 형사법을 사용할 제정법상의 허가 아래서의 권한을 정부가 지니든지, 만약 그렇지 아니하고 그 활동을 한 개의 범죄로 연방의회가 만들어 놓았다고 주장하기 위한 근거가 없다면, 이 법원에게서 정부가 구하는 그 권한을 부여하기를 연방의회가 명시적으로 거부했음이 명백하든지 둘 중 하나이다. 그 요청된 구제를 부여할 권한을 어느 사건에서도 이 법원은 지니지 않는다. 정부 직원 누군가에 의하여 파악되는 모든 위반행위에 매달리는 일은 이 법원이 할 바가 아니고, 법을, 특히 그 통과시키기를 연방의회가 거부한 터인 한 개의 법을 제정할 책임을 그 자신 위에 올려두는 일은 마찬가지로 이 법원이 할 바가 아니다.

콜럼비아 특별구 관할 합중국 항소법원의 판결주문은 인가되어야 한다고, 그리고 제2 순회구 «403 U. S., 748» 관할 합중국 항소법원의 판결주문은 추후의 청문들을 위하여 사건을 그것이 환송하는 한도 내에서 파기되어야 한다고 나는 믿는다.

MR. CHIEF JUSTICE BURGER, dissenting.

So clear are the constitutional limitations on prior restraint against expression, that from the time of Near v. Minnesota, 283 U. S. 697 (1931), until recently in Organization for a Better Austin v. Keefe, 402 U. S. 415 (1971), we have had little occasion to be concerned with cases involving prior restraints against news reporting on matters of public interest. There is, therefore, little variation among the members of the Court in terms of resistance to prior restraints against publication. Adherence to this basic constitutional principle, however, does not make these cases simple. In these cases, the imperative of a free and unfettered press comes into collision with another imperative, the effective functioning of a complex modern government and specifically the effective exercise of certain constitutional powers of the Executive. Only those who view the First Amendment as an absolute in all circumstances - a view I respect, but reject - can find such cases as these to be simple or easy.

These cases are not simple for another and more immediate reason. We do not know the facts of the cases. No District Judge knew all the facts. No Court of Appeals judge knew all the facts. No member of this Court knows all the facts.

Why are we in this posture, in which only those judges to whom the First Amendment is absolute and permits of no restraint in any circumstances or for any reason, are really in a position to act?

버거(BURGER) 판사의 반대의견이다.

표현을 막는 사전의 제한조치에 대한 헌법적 제한들은 너무도 명백한 나머지, Near v. Minnesota, 283 U. S. 697 (1931) 사건의 판결 시점으로부터, 최근에 Organization for a Better Austin v. Keefe, 402 U. S. 415 (1971)에서까지, 공공의 이익의 문제들에 관하여 보도하는 뉴스에 대한 사전의 제한조치들을 포함하는 사건들에 관심을 가질 기회를 우리는 가지지 못하였다. 그러므로 공표를 막는 사전의 제한조치들에 대한 저항에 관련하여서는 이 법원의 구성원들 가운데 편차가 거의 없다. 그러나 기본적 헌법원칙의 준수는 이 사건들을 간단한 사건들로 만들지 않는다. 이 사건들에서는 또 다른 명령에, 즉 복잡한 현대정부의 효과적인 기능 수행의 명령에 및 행정부의 특정 헌법적 권한들의 효과적인 행사의 명령에, 자유로운 및 제약 없는 언론의 명령은 충돌한다. 오직 연방헌법 수정 제1조를 모든 상황들에 있어서의 한 개의 절대자로 보는 사람들만이 - 나로서는 존중하는, 그러나 거부하는 한 개의 견해이다 - 이러한 사건들을 간단하고 손쉬운 것으로 생각할 수 있다.

또 한 개의 보다 더 직접적인 이유로 인하여 이 사건들은 간단하지가 않다. 사건들의 사실관계를 우리는 알지 못한다. 사실관계 전부를 연방 지방법원 판사 어느 누구도 알지 못했다. 사실관계 전부를 항소법원 판사 어느 누구도 알지 못했다. 사실관계 전부를 이 법원의 구성원 어느 누구도 알지 못한다.

연방헌법 수정 제1조를 절대자라고 보는, 제한을 그 어떤 상황에서도 그 어떤 이유로도 허용하지 아니하는 것으로 보는 판사들만이 실제로 행동하는 위치에 있는 이 사태에 우리가 처해 있음은 어째서인가?

I suggest we are in this posture because these cases have been conducted in unseemly haste. MR. JUSTICE HARLAN covers the chronology of events demonstrating the hectic pressures under which these cases have been processed and I need not restate them. The prompt «403 U. S., 749» setting of these cases reflects our universal abhorrence of prior restraint. But prompt judicial action does not mean unjudicial haste.

Here, moreover, the frenetic haste is due in large part to the manner in which the Times proceeded from the date it obtained the purloined documents. It seems reasonably clear now that the haste precluded reasonable and deliberate judicial treatment of these cases and was not warranted. The precipitate action of this Court aborting trials not yet completed is not the kind of judicial conduct that ought to attend the disposition of a great issue.

The newspapers make a derivative claim under the First Amendment; they denominate this right as the public "right to know"; by implication, the Times asserts a sole trusteeship of that right by virtue of its journalistic "scoop." The right is asserted as an absolute. Of course, the First Amendment right itself is not an absolute, as Justice Holmes so long ago pointed out in his aphorism concerning the right to shout "fire" in a crowded theater if there was no fire. There are other exceptions, some of which Chief Justice Hughes mentioned by way of example in Near v. Minnesota. There are no doubt other exceptions no one has had occasion to describe or discuss. Conceivably such exceptions may be lurking in these cases and would have been flushed had they been properly considered in the trial courts, free from unwarranted deadlines and frenetic pressures. An issue of this importance should be tried and heard in a judicial atmosphere conducive to thoughtful, reflective deliberation, especially when haste, in terms of hours, is unwarranted in light of the long period the Times, by its own choice, deferred publication.[1] «403 U. S., 750»

---

[1] As noted elsewhere the Times conducted its analysis of the 47 volumes of Government documents over a period

부적절한 서두름 속에서 이 사건들이 처리되어 왔기 때문에 이 사태에 우리가 처해 있다고 나는 제안한다. 이 사건들이 절차를 거쳐오면서 겪었던 열광적 압력들을 예증하는 진행경과의 연대기를 할란(HARLAN) 판사는 취재하고 있기에, 그것들을 내가 다시 설명할 필요는 없다. 사전의 제한조치에 «403 U. S., 749» 대한 우리의 보편적인 혐오를 이 사건들의 신속한 지정은 반영한다.

더욱이 여기서는, 그 절취된 문서들을 타임즈가 얻게 된 날부터 타임즈가 나아감에 있어서 지녔던 태도에 그 열광적인 서두름은 대부분 기인한다. 이 사건들에 대한 합리적인 및 숙고를 거친 사법적 처리를 그 서두름이 배제하였음이, 그리하여 정당화되지 못하였음이 이제는 꽤 명백하다고 생각된다. 정식사실심리들을 중단시키는 아직도 완성되지 아니한 이 법원의 돌연한 행동은 중대한 쟁점의 처분에 수반해야 할 종류의 사법적 행동이 아니다.

연방헌법 수정 제1조 아래서의 파생적 주장을 신문들은 제기한다; 대중의 "알 권리(right to know)"라고 이 권리를 그들은 이름 붙인다; 신문 특유의 "특종"의 힘으로 그 권리의 유일한 수탁자로서의 지위를 함축에 의하여 타임즈는 주장한다. 한 개의 절대자로서 그 권리는 주장된다. 관객이 밀집한 극장에서 화재가 발생하지 않았는데도 "불이야(fire)"라고 외칠 권리에 관한 그의 경구에서 그토록 오래 전에 홈즈(Holmes) 판사가 지적했듯이 연방헌법 수정 제1조상의 권리 그 자체는 한 개의 절대자가 아님은 물론이다. 그 밖의 예외들이 있는바, 그 일부를 Near v. Minnesota에서 사례로서 법원장 휴즈(Hughes) 판사는 언급하였다. 그 밖의 예외들을 설명할 내지는 논의할 기회를 아무도 가져본 바 없음에 의문이 없다. 생각되는 바로는 이 사건들에 이러한 예외들은 숨어 있는 중일 수가 있고 그리하여 만약 정식사실심리 법원들에서 부당한 마감시간들 없이 및 발광한 압력들 없이 그것들이 정당하게 고찰되었다면 그것들은 분출되었을 것이다. 사려 깊은, 숙고를 들인 고찰로 이끌어주는 사법적 분위기 속에서 이러한 중요성을 지닌 쟁점은 정식사실심리되고 청문되어야 하는바, 시간들의 점에서 보아 공표를 타임즈가 그 자신의 선택에 의하여 연기한 그 긴 시간에 비추어 서두름이 부당한 경우에는 특히 그러하다.[1] «403 U. S., 750»

---

1) 다른 곳에서 언급했듯이 47권의 정부 문서들에 대한 그 자신의 분석을 여러 달에 걸쳐 타임즈는 수행했으며, 정부가

It is not disputed that the Times has had unauthorized possession of the documents for three to four months, during which it has had its expert analysts studying them, presumably digesting them and preparing the material for publication. During all of this time, the Times, presumably in its capacity as trustee of the public's "right to know," has held up publication for purposes it considered proper and thus public knowledge was delayed. No doubt this was for a good reason; the analysis of 7,000 pages of complex material drawn from a vastly greater volume of material would inevitably take time and the writing of good news stories takes time. But why should the United States Government, from whom this information was illegally acquired by someone, along with all the counsel, trial judges, and appellate judges be placed under needless pressure? After these months of deferral, the alleged "right to know" has somehow and suddenly become a right that must be vindicated instanter.

Would it have been unreasonable, since the newspaper could anticipate the Government's objections to release of secret material, to give the Government an opportunity to review the entire collection and determine whether agreement could be reached on publication? Stolen or not, if security was not in fact jeopardized, much of the material could no doubt have been declassified, since it spans a period ending in 1968. With such an approach - one that great newspapers have in the past practiced and stated editorially to be the duty of an honorable press - the newspapers and Government might well have nar- «403 U. S., 751» rowed the area of disagreement as to what was and was not publishable, leaving the remainder to be resolved in orderly litigation, if necessary. To me it is hardly believable

---

of several months and did so with a degree of security that a government might envy. Such security was essential, of course, to protect the enterprise «403 U. S., 750» from others. Meanwhile the Times has copyrighted its mate- rial and there were strong intimations in the oral argument that the Times contemplated enjoining its use by any other publisher in violation of its copyright. Paradoxically this would afford it a protection, analogous to prior restraint, against all others — a protection the Times denies the Government of the United States.

문서들의 허가 없는 소지를 3개월에서 4개월 동안 타임즈가 하였다는 점은 다투어지지 않는바, 그 동안 타임즈는 자신의 숙련 분석가들로 하여금 그것들을 연구하게 하고 있었고 아마도 그것들을 요약하여 공표를 위한 자료를 준비하게 하고 있었다. 추정컨대 대중의 "알 권리"의 수탁자로서의 자신의 자격에서, 그 적합하다고 자신이 여긴 목적들을 위하여 공표를 이 기간 동안 내내 타임즈는 연기하여 왔고 그리하여 대중의 지식은 지체되었다. 의문의 여지 없이 여기에는 그럴 만한 이유가 있었다; 훨씬 더 큰 분량의 자료로부터 도출된 7,000 페이지에 달하는 복잡한 자료의 분석에는 불가피하게 시간이 걸리게 마련이고 또한 좋은 뉴스기사들의 작성에는 시간이 걸린다. 그러나 불필요한 압력 아래에, 누군가에 의하여 불법적으로 이 정보를 탈취당한 합중국 정부가 어째서 모든 변호인단에, 정식사실심리 판사에, 그리고 항소법원 판사들에 나란히 놓여야 하는가? 이 여러 달의 연기 뒤에, 그 주장된 "알 권리"는 웬일인지 갑자기, 즉각적으로 옹호되지 않으면 안 되는 한 개의 권리가 되어 버렸다.

비밀자료의 방출에 대한 정부의 이의들을 신문이 예상할 수 있었으므로 전체 수집물을 검토할, 및 공표에 대한 동의가 도출될 수 있을지 여부를 판단할 기회를 정부에게 부여함은 불합리하였을 것인가? 도난된 것이든 아니든, 만약 안보가 실제로 위협당하지 않았다면, 자료의 대부분은 해제될 수 있었을 것임에 의문이 없는바, 왜냐하면 자료가 걸치는 기간은 1968년에 끝나기 때문이다. 이러한 접근을 - 위대한 신문들이 과거에 실행해 온, 그리고 명예로운 언론의 의무라고 그들이 말해 온 접근을 - 지니고서였다면, 무엇이 공표될 수 있고 《403 U. S., 751》 무엇이 공표될 수 없는지에 관한 불일치의 영역을 신문들은 및 정부는 축소시켰을 것이도, 그리고 그 나머지를 규율 바른 쟁송에서 해결되도록 남겨 놓을 수 있었을 것이도 당연하다. 도난된 재산의, 내지는 비밀의 정부문서들의 발견에 내지는 소지에 관한 모든 시민의 기본적인 및 간명한 의무사항들 중 한 가지를 미국인들의 생활에 있어서 한

부러워할 만한 정도의 보안을 기울여 그것을 했다. 물론 이러한 보안은 타인들로부터 기업을 보호하기 위하여 《403 U. S., 750》 필수적이다. 그것의 자료를 그 동안에 타임즈는 저작권화하여 놓았고, 자신의 저작권의 침해 가운데서의 조금이라도 다른 출판사에 의한 그것의 사용을 금지시키기를 타임즈가 고려한다는 강한 암시들이 구두변론에서 있었다. 역설적으로 사전의 제한조치에 유사한 보호를 모든 타인들에 대처하여 타임즈에게 이것은 제공할 것인데, 이는 합중국 정부에게는 타임즈가 부인하는 한 개의 보호이다.

that a newspaper long regarded as a great institution in American life would fail to perform one of the basic and simple duties of every citizen with respect to the discovery or possession of stolen property or secret government documents. That duty, I had thought - perhaps naively - was to report forthwith, to responsible public officers. This duty rests on taxi drivers, Justices, and the New York Times. The course followed by the Times, whether so calculated or not, removed any possibility of orderly litigation of the issues. If the action of the judges up to now has been correct, that result is sheer happenstance.[2]

Our grant of the writ of certiorari before final judgment in the Times case aborted the trial in the District Court before it had made a complete record pursuant to the mandate of the Court of Appeals for the Second Circuit.

The consequence of all this melancholy series of events is that we literally do not know what we are acting on. As I see it, we have been forced to deal with litigation concerning rights of great magnitude without an adequate record, and surely without time for adequate treatment either in the prior proceedings or in this Court. It is interesting to note that counsel on both sides, in oral argument before this Court, were frequently unable to respond to questions on factual points. Not surprisingly they pointed out that they had been working literally "around the clock" and simply were unable to review the documents that give rise to these cases and «403 U. S., 752» were not familiar with them. This Court is in no better posture. I agree generally with MR. JUSTICE HARLAN and MR. JUSTICE BLACKMUN but I am not prepared to reach the merits.[3]

---

[2] Interestingly the Times explained its refusal to allow the Government to examine its own purloined documents by saying in substance this might compromise its sources and informants! The Times thus asserts a right to guard the secrecy of its sources while denying that the Government of the United States has that power.

[3] With respect to the question of inherent power of the Executive to classify papers, records, and documents as secret, or otherwise unavailable for public exposure, and to secure aid of the courts for enforcement, there may be an analogy with respect to this Court. No statute gives this Court express power to establish and enforce the utmost

개의 위대한 기관으로 오래도록 간주되어 온 신문이 이행하지 않으려 한다는 것은 내게는 결코 믿을 수 없는 일이다. 그 의무는 책임 있는 공무원들에게 즉시 신고할 의무라고, 필시 순진하게도, 나는 생각해 왔었다. 택시 운전사들에게, 대법관들에게, 그리고 뉴욕타임즈에게 이 의무는 의존한다. 쟁점들에 대한 조금이라도 질서 있는 쟁송의 가능성을 타임즈에 의하여 밟아진 경로는, 그렇게 계산되었든 안 되었든, 제거하였다. 만약 지금까지의 판사들의 행위가 옳은 것이 되어 왔다면, 그 결과는 참으로 뜻밖이다.[2]

연방 지방법원에서의 정식사실심리를, 최종 판결주문이 나오기 이전의 사건기록 송부명령에 대한 우리의 허가는, 완전한 기록을 Times 사건에서 제2순회구 관할 항소법원의 명령에 따라 연방 지방법원이 만들어놓기 전에, 중지시켰다.

이 모든 우울한 일련의 상황전개의 결과는 어떤 토대 위에서 우리가 행동하고 있는지를 우리가 문자 그대로 알지 못한다는 것이다. 내가 보는 바로는, 매우 중대한 권리들에 관한 쟁송을 충분한 기록도 없이, 그리하여 확실히도 적절한 처리를 위한 시간도 없이 다루도록 선행 절차들에서든 이 법원에서든 어느 한 쪽에서 우리는 강제되어 왔다. 이 법원 앞에서의 구두변론에서 사실적 쟁점들에 관한 질문들에 양쪽의 변호인단이 빈번히 대답할 수가 없었음을 유념함은 흥미롭다. 자신들은 문자 그대로 "24시간 내내" 일하고 있음을, 그런데도 이 사건들을 야기한 문서들을 전혀 검토할 수 없음을, 그리하여 그것들을 숙지하지 못하고 있음을 그들이 «403 U. S., 752» 지적하였음은 놀라운 일이 아니다. 더 나은 처지에 이 법원은 있지 않다. 할란(HARLAN) 판사에게 및 블랙먼(BLACKMUN) 판사에게 전체적으로 나는 동의하지만, 사안의 본안에 이를 준비가 나는 되어 있지 아니하다.[3]

---

2) 재미있게도, 요컨대 그 자신의 절취된 문서들을 검사하도록 정부에게 허용하는 것은 그 자신의 원천들을 및 정보원들을 손상시킬지도 모른다고 말함으로써 그것을 정부에게 허용하기에 대한 자신의 거부를 타임즈는 설명하였다! 그것의 원천들의 비밀성을 방호할 권리를 합중국 정부에 대하여서는 부정하면서도 그 권리를 타임즈는 이렇게 주장한다.

3) 서류들을, 기록들을, 그리고 문서들을 비밀로 내지는 그 밖에 공개노출을 위하여는 사용할 수 없는 것으로 분류할, 또는 집행을 위하여 법원들의 조력을 확보할 행정부의 고유권한의 문제에 관하여는 당원에 관련되는 한 개의 유추가 있을 수 있다. 우리의 심의내용들의 및 기록들의 비밀성을 위한 최고의 보안조치들을 확립할 및 시행할 권한을 당원에게 제정법은 부여하지 않는다. 그런데도 자신의 내부기능들의 비밀성을 그 요구되는 어떤 조치들에 의해서든 보호할 법원의 고유권한에 관하여 나는 의문이 없다.

I would affirm the Court of Appeals for the Second Circuit and allow the District Court to complete the trial aborted by our grant of certiorari, meanwhile preserving the status quo in the Post case. I would direct that the District Court on remand give priority to the Times case to the exclusion of all other business of that court but I would not set arbitrary deadlines.

I should add that I am in general agreement with much of what MR. JUSTICE WHITE has expressed with respect to penal sanctions concerning communication or retention of documents or information relating to the national defense.

We all crave speedier judicial processes but when judges are pressured as in these cases the result is a parody of the judicial function.

---

security measures for the secrecy of our deliberations and records. Yet I have little doubt as to the inherent power of the Court to protect the confidentiality of its internal operations by whatever judicial measures may be required.

제2순회구 관할 항소법원을 나 같으면 인가할 것이고, 우리의 사건기록 송부명령 허가에 의하여 중지된 정식사실심리를 연방 지방법원더러 끝맺도록, 그리고 워싱턴포스트지 사건에서의 현상을 그 동안 보전하도록 나 같으면 허용할 것이다. 연방 지방법원의 다른 모든 업무에 대한 배제 속에서 우선순위를 Times 사건에 그 법원더러 부여하도록 나라면 지시할 것이지만, 그러나 자의적인 마감시간을 나는 설정하지 않을 것이다.

국가방위에 관한 문서들의 내지는 정보의 전달에 관련한 내지는 보유에 관련한 형사적 제재들에 관하여 화이트(WHITE) 판사가 표명해 놓은 바의 대부분에 대한 일반적 동의 가운데에 내가 있음을 나는 덧붙여야 한다.

보다 신속한 사법절차들을 우리는 다 같이 열망하지만, 그러나 이 사건들에서처럼 판사들이 압박될 경우에 그 결과는 사법적 기능에 대한 한 개의 희문(parody)이 된다.

MR. JUSTICE HARLAN, with whom THE CHIEF JUSTICE and MR. JUSTICE BLACKMUN join, dissenting.

These cases forcefully call to mind the wise admonition of Mr. Justice Holmes, dissenting in Northern Securities Co. v. United States, 193 U. S. 197, 400-401 (1904):

"Great cases like hard cases make bad law. For great cases are called great, not by reason of their «403 U. S., 753» real importance in shaping the law of the future, but because of some accident of immediate overwhelming interest which appeals to the feelings and distorts the judgment. These immediate interests exercise a kind of hydraulic pressure which makes what previously was clear seem doubtful, and before which even well settled principles of law will bend."

With all respect, I consider that the Court has been almost irresponsibly feverish in dealing with these cases.

Both the Court of Appeals for the Second Circuit and the Court of Appeals for the District of Columbia Circuit rendered judgment on June 23. The New York Times' petition for certiorari, its motion for accelerated consideration thereof, and its application for interim relief were filed in this Court on June 24 at about 11 a. m. The application of the United States for interim relief in the Post case was also filed here on June 24 at about 7:15 p. m. This Court's order setting a hearing before us on June 26 at 11 a. m., a course which I joined only to avoid the possibility of even more peremptory action by the Court, was issued less than 24 hours before. The record in the Post case was

법원장이 및 블랙먼(BLACKMUN) 판사가 가담하는 할란(HARLAN) 판사의 반대의견이다.

Northern Securities Co. v. United States, 193 U. S. 197, 400-401 (1904)의 반대의견에서의 홈즈(Holmes) 판사의 현명한 훈계를 이 사건들은 강력하게 마음에 불러낸다:

"나쁜 법을 어려운 사건들이 만들어내듯 위대한 사건들은 만든다. 왜냐하면 위대한 사건들이 위대하다고 불리는 까닭은 미래의 법을 형성함에 《403 U. S., 753》 있어서의 그것들의 참다운 중요성에 있는 것이 아니라, 감정들에 호소하는, 그리하여 판결을 뒤트는 즉시의 압도적 이익을 지닌 모종의 사고(accident)에 있기 때문이다. 이전에는 명백하였던 것을 의심스러운 것으로 만들어 내는, 그리하여 그 앞에서는 심지어 충분히 확립된 원칙들이마저도 굽히게 되곤 하는 일종의 수압을 이 즉시의 이익들은 행사한다."

미안한 말이지만, 이 사건들을 다룸에 있어서 이 법원은 무책임하게도 열광해 왔다고 나는 여긴다.

제2순회구 관할 항소법원은 및 콜럼비아 순회구 관할 항소법원은 다 같이 6월 23일에 판결을 내렸다. 뉴욕타임즈의 사건기록 송부명령 청구는, 이에 대한 가속된 검토를 구하는 뉴욕타임즈의 신청은, 그리고 잠정적 구제를 구하는 뉴욕타임즈의 신청은 6월 24일 오전 11시에 이 법원에 접수되었다. Post 사건에서의 잠정적 구제를 구하는 합중국의 신청은 마찬가지로 6월 24일 오후 7:15경에 여기에 접수되었다. 우리 앞에서의 청문을 6월 26일 오전 11시로 지정하는, 오직 이 법원에 의한 더욱 독단적인 조치의 가능성을 회피하기 위해서만 나로서는 가담한 이 법원의 명령은 24시간의 여유도 없이 발령되었다. Post 사건에서의 기록은 6월 25일 오후 1시 직전에 서기에게 제출되었다; Times 사건에서의 기록은 그 날 밤 7시 또는 8시까지

filed with the Clerk shortly before 1 p. m. on June 25; the record in the Times case did not arrive until 7 or 8 o'clock that same night. The briefs of the parties were received less than two hours before argument on June 26.

This frenzied train of events took place in the name of the presumption against prior restraints created by the First Amendment. Due regard for the extraordinarily important and difficult questions involved in these litigations should have led the Court to shun such a precipitate timetable. In order to decide the merits of these cases properly, some or all of the following questions should have been faced:

1. Whether the Attorney General is authorized to bring these suits in the name of the United States. Com- «403 U. S., 754» pare In re Debs, 158 U. S. 564 (1895), with Youngstown Sheet & Tube Co. v. Sawyer, 343 U. S. 579 (1952). This question involves as well the construction and validity of a singularly opaque statute - the Espionage Act, 18 U. S. C. § 793 (e).

2. Whether the First Amendment permits the federal courts to enjoin publication of stories which would present a serious threat to national security. See Near v. Minnesota, 283 U. S. 697, 716 (1931) (dictum).

3. Whether the threat to publish highly secret documents is of itself a sufficient implication of national security to justify an injunction on the theory that regardless of the contents of the documents harm enough results simply from the demonstration of such a breach of secrecy.

4. Whether the unauthorized disclosure of any of these particular documents would seriously impair the national security.

5. What weight should be given to the opinion of high officers in the Executive Branch of the Government with respect to questions 3 and 4.

6. Whether the newspapers are entitled to retain and use the documents

도 도착하지 않았다. 당사자들의 준비서면들은 6월 26일의 변론을 두 시간도 남기지 않은 시점에서야 수령되었다.

연방헌법 수정 제1조에 의하여 창출되는 사전의 제한조치들에 대한 위헌성 추정의 이름으로 이 격노한 사건진행의 절차는 발생하였다. 이러한 경솔한 시간표를 회피하도록 이 소송들에 포함된 특별히도 중요한 및 어려운 문제들에 대한 정당한 고려는 이 법원을 이끌었어야 하였다. 이 사건들의 시비곡직을 정확하게 판단하기 위하여는, 아래의 문제들의 일부가 내지는 전부가 직시되었어야 하였다:

1. 이 소송들을 합중국 이름으로 제기할 권한이 검찰총장에게 부여되어 있는지 여부. «403 U. S., 754» In re Debs, 158 U. S. 564 (1895)를 Youngstown Sheet & Tube Co. v. Sawyer, 343 U. S. 579 (1952)에 비교하라. 특별히도 불분명한 제정법인 간첩행위방지법(the Espionage Act), 18 U. S. C. § 793 (e)의 해석을 및 효력을 이 문제는 포함한다.

2. 중대한 위협을 국가안보에 제기할 기사들의 공표를 금지하도록 연방법원들에게 연방헌법 수정 제1조가 허용하는지 여부. Near v. Minnesota, 283 U. S. 697, 716 (1931) (방론)을 보라.

3. 그 문서들의 내용에 상관없이 이러한 기밀누설의 실연 자체로부터 충분한 위해가 도출된다는 이론에 근거하여 금지명령을 정당화하기에 그 고도로 비밀인 문서들을 공표하려는 징후가 그 자체로 충분한 국가안보의 관련사실인지 여부.

4. 국가안보를 조금이라도 이 특정 문서들의 허가 없는 공개가 중대하게 침해할 것인지 여부.

5. 위 제3항의 및 제4항의 문제들에 관한 정부 행정부서 내 고위 공직자들의 의견에 어떠한 가치가 부여되어야 하는지.

6. 문서들이 내지는 만약 복사본인 경우에는 그 원본들이 정부의 소지로부터 절

notwithstanding the seemingly uncontested facts that the documents, or the originals of which they are duplicates, were purloined from the Government's possession and that the newspapers received them with knowledge that they had been feloniously acquired. Cf. Liberty Lobby, Inc. v. Pearson, 129 U. S. App. D. C. 74, 390 F. 2d 489 (1967, amended 1968).

7. Whether the threatened harm to the national security or the Government's possessory interest in the documents justifies the issuance of an injunction against publication in light of -

a. The strong First Amendment policy against prior restraints on publication; «403 U. S., 755»

b. The doctrine against enjoining conduct in violation of criminal statutes; and

c. The extent to which the materials at issue have apparently already been otherwise disseminated.

These are difficult questions of fact, of law, and of judgment; the potential consequences of erroneous decision are enormous. The time which has been available to us, to the lower courts, * and to the parties has been wholly inadequate for giving these cases the kind of consideration they deserve. It is a reflection on the stability of the judicial process that these great issues - as important as any that have arisen during my time on the Court - should have been decided under the pressures engendered by the torrent of publicity that has attended these litigations from their inception.

Forced as I am to reach the merits of these cases, I dissent from the opinion and judgments of the Court. Within the severe limitations imposed by the time constraints under which I have been required to operate, I can only state my reasons in telescoped form, even though in different circumstances I

취되었음에 대한, 및 그것들이 중죄적 방법으로 획득되었음에 대한 인식을 지닌 채로 그것들을 신문들이 입수하였다는 그 외관상 다툼 없는 사실관계에도 불구하고, 그 문서들을 보유하고 사용할 권리를 신문들이 지니는지 여부. Liberty Lobby, Inc. v. Pearson, 129 U. S. App. D. C. 74, 390 F. 2d 489 (1967, amended 1968)을 비교하라.

7. 아래의 사항들에 비추어 공표에 대한 금지명령의 발부를 국가안보에의 내지는 문서들에 대한 정부의 소지의 이익에의 임박한 위해가 정당화하는지 여부

a. 공표에 대한 사전의 제한조치들을 불리하게 취급하는 연방헌법 수정 제1조의 강력한 정책; «403 U. S., 755»

b. 형사 제정법들에 대한 위반 가운데 이루어지는 행동에 대하여는 금지명령을 내리지 아니한다는 법리; 그리고

c. 별개의 경로를 통하여 쟁점인 자료들이 외관상으로 이미 배포되어 있는 정도.

이것들은 사실의, 법의 및 판단의 어려운 문제들이다; 그릇된 판결의 잠재적 결과들은 엄청나다. 마땅히 부여받을 자격을 이 사건들이 지니는 그 종류의 고찰을 이 사건들에 부여하기에는 우리가, 하급법원들이,* 및 당사자들이 이용할 수 있었던 시간은 전적으로 불충분한 것이 되었다. 이 소송들에 그 시작 때부터 깃든 공표의 급류에 의하여 야기된 압력들 아래서 이 중요한 쟁점들이 - 당원에서의 나의 복무 기간 중에 발생한 바 있는 그 어떤 쟁점에도 못지 않게 중요한 쟁점들이 - 판결되었어야 한다는 것은 사법절차의 안정성에 가하여지는 불명예이다.

이 사건들의 시비곡직에 이르도록 나는 강제되는바, 이 법원의 의견에 및 판결주문들에 나는 반대한다. 사건들을 내가 검토함에 있어서 감수하도록 요구되어 온 시간적 한계들에 의하여 가해진 가혹한 제약들이 아니었다면 사건들을 위에서 지적된 그 완전한 범위 내에서 다루도록 강제된다고 나는 느꼈을 터임에도 불구하고,

would have felt constrained to deal with the cases in the fuller sweep indicated above.

It is a sufficient basis for affirming the Court of Appeals for the Second Circuit in the Times litigation to observe that its order must rest on the conclusion that because of the time elements the Government had not been given an adequate opportunity to present its case «403 U. S., 756» to the District Court. At the least this conclusion was not an abuse of discretion.

In the Post litigation the Government had more time to prepare; this was apparently the basis for the refusal of the Court of Appeals for the District of Columbia Circuit on rehearing to conform its judgment to that of the Second Circuit. But I think there is another and more fundamental reason why this judgment cannot stand - a reason which also furnishes an additional ground for not reinstating the judgment of the District Court in the Times litigation, set aside by the Court of Appeals. It is plain to me that the scope of the judicial function in passing upon the activities of the Executive Branch of the Government in the field of foreign affairs is very narrowly restricted. This view is, I think, dictated by the concept of separation of powers upon which our constitutional system rests.

In a speech on the floor of the House of Representatives, Chief Justice John Marshall, then a member of that body, stated:

"The President is the sole organ of the nation in its external relations, and its sole representative with foreign nations." 10 Annals of Cong. 613 (1800).

From that time, shortly after the founding of the Nation, to this, there has been no substantial challenge to this description of the scope of executive power. See United States v. Curtiss-Wright Corp., 299 U. S. 304, 319-321 (1936), collecting authorities.

위 같은 제약들의 범위 내에서는, 나의 이유들을 단축된 형태로만 나는 말할 수 있을 뿐이다.

그 자신의 주장을 연방 지방법원에 제시할 충분한 기회를 시간적 요소들 때문에 정부가 부여받지 못한 상태라는 결론에 제2순회구 관할 항소법원의 명령은 의존하지 아니하면 안 된다고 말함은 Times 사건에서의 제2순회구 관할 항소법원을 인가하기 위한 《403 U. S., 756》 충분한 근거이다. 적어도 이 결론은 재량권의 남용이 아니었다.

Post 사건에서 정부는 준비할 시간이 더 많았다; 재청문에서 자신의 판결을 제2순회구 항소법원에 순응시키기를 콜럼비아 특별구 관할 항소법원이 거절한 토대는 이것이었음이 명백하다. 그러나 이 판결주문이 유지될 수 없는 데에는 별도의 더 기본적인 이유가 - 항소법원에 의하여 파기된 Times 사건에서의 연방지방법원의 판결주문을 복위시키지 아니하는 추가적 근거를 마찬가지로 제공해 주는 이유가 - 있다고 나는 생각한다. 외교업무 분야에서의 정부 행정부서의 활동들에 대하여 판단함에 있어서의 사법적 기능의 범위는 매우 좁게 한정됨이 내게는 분명하다. 우리의 헌법체계가 의존하는 권력분립의 개념에 의하여 이 견해는 명령된다고 나는 생각한다.

하원 의원석에서의 연설에서 당시에는 하원의원이던 법원장 존 마샬(John Marshall)은 말하였다:

"대통령은 대외관계에서의 유일한 국가기관이며 외교관계에서의 국가의 유일한 대표자입니다." 10 Annals of Cong. 613 (1800).

국가의 창설 직후였던 그 때부터 지금까지, 행정권의 범위에 대한 위 설명에 대하여 실질적인 이의가 제기된 적이 없다. 선례들을 모아 놓은 United States v. Curtiss-Wright Corp., 299 U. S. 304, 319-321 (1936)을 보라.

From this constitutional primacy in the field of foreign affairs, it seems to me that certain conclusions necessarily follow. Some of these were stated concisely by President Washington, declining the request of the House of Representatives for the papers leading up to the negotiation of the Jay Treaty:

"The nature of foreign negotiations requires caution, and their success must often depend on secrecy; «403 U. S., 757» and even when brought to a conclusion a full disclosure of all the measures, demands, or eventual concessions which may have been proposed or contemplated would be extremely impolitic; for this might have a pernicious influence on future negotiations, or produce immediate inconveniences, perhaps danger and mischief, in relation to other powers." 1 J. Richardson, Messages and Papers of the Presidents 194-195 (1896).

The power to evaluate the "pernicious influence" of premature disclosure is not, however, lodged in the Executive alone. I agree that, in performance of its duty to protect the values of the First Amendment against political pressures, the judiciary must review the initial Executive determination to the point of satisfying itself that the subject matter of the dispute does lie within the proper compass of the President's foreign relations power. Constitutional considerations forbid "a complete abandonment of judicial control." Cf. United States v. Reynolds, 345 U. S. 1, 8 (1953). Moreover, the judiciary may properly insist that the determination that disclosure of the subject matter would irreparably impair the national security be made by the head of the Executive Department concerned - here the Secretary of State or the Secretary of Defense - after actual personal consideration by that officer. This safeguard is required in the analogous area of executive claims of privilege for secrets of state. See id., at 8 and n. 20; Duncan v. Cammell, Laird & Co., 1942. A. C. 624, 638 (House of Lords).

외교업무 분야에서의 이 헌법상의 우선적 지위로부터 일정한 결론들이 필수적으로 도출된다고 내게는 생각된다. 제이 조약(Jay Treaty)의 협상에 관련되는 서류들에 대한 하원의 요청을 거부하면서의 워싱턴(Washington) 대통령에 의하여 이것들 중 몇 가지는 간결하게 설명되었다:

"외국과의 협상들의 성격은 주의를 요구하는바, 그 성공은 자주 비밀에 의존할 수밖에 없다; «403 U. S., 757» 그러므로 설령 결론에 다다르게 된 경우에조차도, 그 제기되었을 수 있는 내지는 검토되었을 수 있는 모든 조치들의, 요구들의, 내지는 궁극적 양보들의 완전한 공개는 극도로 무분별한 일이 될 것이다; 왜냐하면 해로운 영향력을 장래의 협상들에 대하여 이것은 지닐 수가 있기 때문이고, 다른 권한들과의 관계에서 즉각적인 성가신 일들을, 아마도 위험을 및 해악을 이것은 낳을 수가 있기 때문이다." 1 J. Richardson, Messages and Papers of the Presidents 194-195 (1896).

그러나 섣부른 공개의 "해로운 영향력"을 평가할 권한은 행정부에게만 맡겨져 있는 것은 아니다. 연방헌법 수정 제1조의 가치들을 정치적 압력들에 대처하여 보호할 자신의 의무의 이행에 있어서 당초의 행정부의 결정을, 대통령의 외교관계 권한의 정당한 범위 내에 논의의 주제사항이 놓여 있음에 대하여 자기 자신을 만족시킬 정도로까지 사법부는 검토하지 않으면 안 된다는 데 대하여 나는 동의한다. "사법적 통제의 완전한 포기"를 헌법적 고찰들은 금지한다. United States v. Reynolds, 345 U. S. 1, 8 (1953)을 비교하라. 더욱이, 국가안보를 주제사항의 공개가 회복불능으로 손상할 것이라는 판단은 관련 행정부서의 최고책임자에 의하여 - 여기서는 국방부장관에 의하여 - 그 공직자의 실제상인 직접적인 검토 뒤에 이루어져야 함을 사법부는 정당하게 주장할 수 있다. 국가의 비밀사항들을 위한 특권에 대한 행정부의 주장들의 유사한 영역에서 이 보장은 요구된다. id., at 8 and n. 20을; Duncan v. Cammell, Laird & Co., 1942. A. C. 624, 638 (House of Lords)을 보라.

But in my judgment the judiciary may not properly go beyond these two inquiries and redetermine for itself the probable impact of disclosure on the national security.

"[T]he very nature of executive decisions as to foreign policy is political, not judicial. Such de- «403 U. S., 758» cisions are wholly confided by our Constitution to the political departments of the government, Executive and Legislative. They are delicate, complex, and involve large elements of prophecy. They are and should be undertaken only by those directly responsible to the people whose welfare they advance or imperil. They are decisions of a kind for which the Judiciary has neither aptitude, facilities nor responsibility and which has long been held to belong in the domain of political power not subject to judicial intrusion or inquiry." Chicago & Southern Air Lines v. Waterman Steamship Corp., 333 U. S. 103, 111 (1948) (Jackson, J.).

Even if there is some room for the judiciary to override the executive determination, it is plain that the scope of review must be exceedingly narrow. I can see no indication in the opinions of either the District Court or the Court of Appeals in the Post litigation that the conclusions of the Executive were given even the deference owing to an administrative agency, much less that owing to a co-equal branch of the Government operating within the field of its constitutional prerogative.

Accordingly, I would vacate the judgment of the Court of Appeals for the District of Columbia Circuit on this ground and remand the case for further proceedings in the District Court. Before the commencement of such further proceedings, due opportunity should be afforded the Government for procuring from the Secretary of State or the Secretary of Defense or both an expression of their views on the issue of national security. The ensuing review by the District Court should be in accordance with the views

그러나 나의 판단으로는 이 두 가지 조사들 너머로 사법부가 나아가서 국가안보에 미칠 공개의 있을 법한 영향력을 스스로 재판단함은 정당할 수 없다

"[외]교정책에 관한 행정부의 결정들은 정치적인 것들이지 사법적인 것들이 아니다. 그러한 «403 U. S., 758» 결정들은 우리의 연방헌법에 의하여 정부의 정치적 부문들에, 즉 행정부에 및 입법부에 전적으로 신탁된다. 그것들은 신중을 요하는 것들이고, 복잡하며, 예언의 요소들을 많이 포함한다. 국민에게 직접적으로 책임을 지는 사람들 - 국민의 복지를 향상시키거나 위태롭게 하거나 하는 사람들 - 에 의해서만 그것들은 다루어지고 다루어져야 한다. 그것들은 적합성을, 재능을 및 책임을 사법부로서는 전혀 지니지 아니하는 종류의, 그리고 사법적 간섭에 내지는 심사에 종속되지 아니하는 정치권력의 영역에 속하는 것으로 오래도록 간주되어 온 종류의 결정들이다." Chicago & Southern Air Lines v. Waterman Steamship Corp., 333 U. S. 103, 111 (1948) (Jackson, J.).

설령 행정부의 결정을 사법부로서 무시할 여지가 어느 정도 있다 하더라도, 검토의 범위는 극도로 협소한 것이 되지 않으면 안 됨은 명백하다. 자신의 헌법적 특권의 영역 내에서 기능하는 상호대등의 정부 부서로서의 지위에 기한 경의는커녕 집행기관의 지위에 기한 경의가 행정부의 결론들에 부여되었다는 표지조차를 Post 사건에서의 연방지방법원의 내지는 항소법원의 의견들 중 어디서도 나는 찾아볼 수 없다.

따라서 나라면 콜럼비아 특별구 관할 항소법원의 판결주문을 이 이유로 무효화할 것이고 연방지방법원에서의 추후의 절차들을 위하여 사건을 환송할 것이다. 이러한 추후 절차들의 개시에 앞서서, 국무장관으로부터 내지는 국방부장관으로부터 또는 그 양쪽으로부터 국가안보의 쟁점에 대한 그들의 견해들을 획득하기 위한 적절한 기회가 정부에게 제공되어야 한다. 뒤이은 연방 지방법원의 검토는 이 의견에 표명된 견해들에 부합되는 것이어야 한다. 그리하여 위에서 설명된 이유들에 따라 나 같으면 제2순회구 항소법원의 판결주문을 인가할 것이다.

expressed in this opinion. And for the reasons stated above I would affirm the judgment of the Court of Appeals for the Second Circuit.

Pending further hearings in each case conducted under the appropriate ground rules, I would continue the «403 U. S., 759» restraints on publication. I cannot believe that the doctrine prohibiting prior restraints reaches to the point of preventing courts from maintaining the status quo long enough to act responsibly in matters of such national importance as those involved here.

[Footnote*] The hearing in the Post case before Judge Gesell began at 8 a. m. on June 21, and his decision was rendered, under the hammer of a deadline imposed by the Court of Appeals, shortly before 5 p. m. on the same day. The hearing in the Times case before Judge Gurfein was held on June 18 and his decision was rendered on June 19. The Government's appeals in the two cases were heard by the Courts of Appeals for the District of Columbia and Second Circuits, each court sitting en banc, on June 22. Each court rendered its decision on the following afternoon.

개개 사건에서 적절한 기본원칙들 아래서 수행되는 추후의 청문들이 남아 있다면, 공표에 대한 제한조치들을 《403 U. S., 759》 나 같으면 계속할 것이다. 여기에 포함된 종류의 국가적 중요성의 문제들에 있어서 책임성 있게 행동하기에 충분할 만큼 오래 동안 현상을 유지할 수 없도록 법원들을 금지하는 지점에까지, 사전의 제한조치들을 금지하는 법리가 미친다고는 나는 믿을 수 없다.

[Footnote*] 포스트(Post) 사건에서의 게셀(Gesell) 판사 앞에서의 청문은 6월 21일 오전 8시에 시작되었고, 항소법원에 의하여 부여된 마감시간의 망치 아래서 그의 판결은 그 날 오후 5시 직전에 내려졌다. Times 사건에서의 판사 거페인(Gurfein) 앞에서의 청문은 6월 18일에 열렸고 그의 판결은 6월 19일에 내려졌다. 두 사건들에서의 정부의 항소는 각각 전원재판부로 구성된 콜럼비아 특별구 관할 항소법원에 의하여 및 제2순회구 관할 항소법원에 의하여 6월 22일에 청문되었다. 그 다음 날 오후에 자신의 판결을 항소법원들은 저마다 내렸다.

MR. JUSTICE BLACKMUN, dissenting.

I join MR. JUSTICE HARLAN in his dissent. I also am in substantial accord with much that MR. JUSTICE WHITE says, by way of admonition, in the latter part of his opinion.

At this point the focus is on only the comparatively few documents specified by the Government as critical. So far as the other material - vast in amount - is concerned, let it be published and published forthwith if the newspapers, once the strain is gone and the sensationalism is eased, still feel the urge so to do.

But we are concerned here with the few documents specified from the 47 volumes. Almost 70 years ago Mr. Justice Holmes, dissenting in a celebrated case, observed:

"Great cases like hard cases make bad law. For great cases are called great, not by reason of their real importance in shaping the law of the future, but because of some accident of immediate overwhelming interest which appeals to the feelings and distorts the judgment. These immediate interests exercise a kind of hydraulic pressure ⋯⋯." Northern Securities Co. v. United States, 193 U. S. 197, 400-401 (1904).

The present cases, if not great, are at least unusual in their posture and implications, and the Holmes observation certainly has pertinent application.

The New York Times clandestinely devoted a period of three months to

블랙먼(BLACKMUN) 판사의 반대의견이다.

그의 반대의견에서의 할란(HARLAN) 판사에게 나는 가담한다. 그의 의견의 나중 부분에서 훈계의 방법으로 화이트(WHITE) 판사가 말하는 바의 대부분에 대하여 나는 사실상 같은 생각이다.

이 지점에서는, 중대한 것들로 정부에 의하여 특정된 상대적으로 적은 숫자의 문서들에 초점은 있다. 여타의 자료 - 매우 많은 분량의 - 에 관한 한, 공표되도록 내버려두고, 만약 긴장이 지나가고 선정주의가 완화된 지금도 그렇게 하기 위한 충동을 신문들이 여전히 느낀다면 즉시 공표되도록 내버려두자.

그러나 47권의 분량으로부터 특정된 적은 숫자의 문서들에 관심을 여기서 우리는 가진다. 거의 70년 전에, 한 개의 유명한 사건에서의 반대의견에서 홈즈(Holmes) 판사는 말하였다:

"나쁜 법을 어려운 사건들이 만들어내듯 위대한 사건들은 만들어낸다. 왜냐하면 위대한 사건들이 위대하다고 불리는 까닭은 미래의 법을 형성함에 있어서의 그것들의 참다운 중요성에 있는 것이 아니라, 감정들에 호소하는, 그리하여 판결을 뒤트는 즉시의 압도적 이익을 지닌 모종의 사고(accident)에 있기 때문이다. …… 일종의 수압을 이 즉시의 이익들은 행사한다." Northern Securities Co. v. United States, 193 U. S. 197, 400-401 (1904).

현재의 사건들은 위대한 사건들이지는 않더라도 적어도 정세에 및 함축들에 있어서 색다른 사건들이고, 따라서 확실히 타당성 있는 적용을 홈즈 판사의 피력은 지닌다.

자신의 권한 없는 소지 안에 들어온 47권 분량을 검토하는 데 석 달의 시간을 뉴

examining the 47 volumes that came into its unauthorized possession. Once it had begun publi- «403 U. S., 760» cation of material from those volumes, the New York case now before us emerged. It immediately assumed, and ever since has maintained, a frenetic pace and character. Seemingly, once publication started, the material could not be made public fast enough. Seemingly, from then on, every deferral or delay, by restraint or otherwise, was abhorrent and was to be deemed violative of the First Amendment and of the public's "right immediately to know." Yet that newspaper stood before us at oral argument and professed criticism of the Government for not lodging its protest earlier than by a Monday telegram following the initial Sunday publication.

The District of Columbia case is much the same.

Two federal district courts, two United States courts of appeals, and this Court - within a period of less than three weeks from inception until today - have been pressed into hurried decision of profound constitutional issues on inadequately developed and largely assumed facts without the careful deliberation that, one would hope, should characterize the American judicial process. There has been much writing about the law and little knowledge and less digestion of the facts. In the New York case the judges, both trial and appellate, had not yet examined the basic material when the case was brought here. In the District of Columbia case, little more was done, and what was accomplished in this respect was only on required remand, with the Washington Post, on the excuse that it was trying to protect its source of information, initially refusing to reveal what material it actually possessed, and with the District Court forced to make assumptions as to that possession.

With such respect as may be due to the contrary view, this, in my opinion, is not the way to try a lawsuit of this magnitude and asserted importance. It

욕타임즈는 비밀리에 투입하였다. 일단 그 분량들로부터 추출된 «403 U. S., 760» 자료에 대한 공표를 뉴욕타임즈가 개시하였을 때, 지금 우리 앞에 있는 뉴욕타임즈 사건은 출현하였다. 열광적인 걸음걸이를 및 성격을 그것은 즉각적으로 취했고, 그리고 그 이래로 이를 유지해 왔다. 겉으로는, 일단 공표가 시작되면, 자료가 공개되는 속도는 아무리 빨라도 충분할 수 없다. 겉으로는, 그 때 이래로, 제한조치에 의해서든 그 밖의 것에 의해서든 모든 연기는 내지는 지체는 혐오스러운 것이었고, 연방헌법 수정 제1조를 및 "즉각적으로 알 권리"를 침해하는 것으로 간주되었다. 그런데도 그 신문은 구두변론에서 우리 앞에 서서는, 정부 자신의 이의를 최초의 일요일자 공표에 이은 월요일자 전보에 의하여보다도 더 일찍 정부가 제기하지 아니하였음을 탓하는 취지의 정부에 대한 비난을 분명히 표명하였다.

콜럼비아 특별구 사건 또한 대부분 마찬가지다.

미국 사법절차를 특징지워야 한다고 누구든 기대하는 그 신중한 고찰 없이, 불충분하게 전개된 및 대부분 가정된 사실관계 위에서 심원한 헌법적 쟁점들에 대하여 허둥대는 판단을 내리도록 연방 지방법원들 두 개는, 합중국 항소법원들 두 개는, 그리고 이 법원은 - 시작 때로부터 오늘에 이르기까지 3주도 안 되는 기간 동안 - 압박을 받아 왔다. 법에 관하여 많은 서면이 작성되어 있으나, 사실관계에 관하여는 지식이 거의 없고 소화는 더 적다. 뉴욕주 사건에서, 그것이 여기에 올라왔을 때 기본적 자료를 판사들은, 정식사실심리 판사든 항소심 판사든 아직 검토하지 못한 상태였다. 콜럼비아 특별구 사건에서도, 더 이상의 것은 이루어져 있지 않았고, 그나마 이 점에 있어서 달성된 것은 환송이 요구됨에 의거한 것이었는바, 워싱턴 포스트의 경우는 자신의 정보의 원천을 보호하고자 자신은 노력하는 중이라는 변명 위에서, 어떤 자료를 자신이 실제로 소지하는지를 공개하기를 처음에 거부하는 상황이었고, 그리하여 그 연방 지방법원의 경우는 그 소지에 관하여 가정들을 하도록 강제되는 상황이었다.

이러한 마땅한 경의를 정반대의 견해에 대하여 지니면서도, 나의 의견으로 이것은 이만한 중대성을 및 그 주장된 중요성을 지니는 한 개의 소송을 정식사실심리하

is not the way for federal courts to adjudicate, and to be required to adjudicate, issues that allegedly concern the Nation's «403 U. S., 761» vital welfare. The country would be none the worse off were the cases tried quickly, to be sure, but in the customary and properly deliberative manner. The most recent of the material, it is said, dates no later than 1968, already about three years ago, and the Times itself took three months to formulate its plan of procedure and, thus, deprived its public for that period.

The First Amendment, after all, is only one part of an entire Constitution. Article II of the great document vests in the Executive Branch primary power over the conduct of foreign affairs and places in that branch the responsibility for the Nation's safety. Each provision of the Constitution is important, and I cannot subscribe to a doctrine of unlimited absolutism for the First Amendment at the cost of downgrading other provisions. First Amendment absolutism has never commanded a majority of this Court. See, for example, Near v. Minnesota, 283 U. S. 697, 708 (1931), and Schenck v. United States, 249 U. S. 47, 52 (1919). What is needed here is a weighing, upon properly developed standards, of the broad right of the press to print and of the very narrow right of the Government to prevent. Such standards are not yet developed. The parties here are in disagreement as to what those standards should be. But even the newspapers concede that there are situations where restraint is in order and is constitutional. Mr. Justice Holmes gave us a suggestion when he said in Schenck,

"It is a question of proximity and degree. When a nation is at war many things that might be said in time of peace are such a hindrance to its effort that their utterance will not be endured so long as men fight and that no Court could regard them as protected by any constitutional right." 249 U. S., at 52.

는 그 방법은 아니다. 그것은 국가의 지극히 중요한 복지에 관련된다고 주장되는 쟁점들을 연방법원들이 판결하는 내지는 판결하도록 요구되는 «403 U. S., 761» 그 방법이 아니다. 참말로 신속히, 그러나 관례대로의 방법으로 및 정당하게도 신중한 방법으로 그 사건들이 정식사실심리된다 하여 이 나라가 더 나빠지는 것은 결코 아니다. 자료 중 가장 최근의 것이라 해도 벌써 약 3년 전인 1968년도의 것이라고 주장되고 있고, 절차에 대한 자신의 계획을 수립하는 데 타임즈 스스로 석 달을 들였는바, 그리하여 자료의 제공을 자신의 대중에게 그 기간 동안 타임즈는 거절하였다.

연방헌법 수정 제1조는 결국 전체 연방헌법의 한 부분에 불과하다. 외교업무의 수행에 관한 우선적 권한을 행정부에 그 위대한 문서의 제2조는 부여하며 또한 국가적 안전의 책임을 그 부서에 그것은 부과한다. 연방헌법의 조항은 하나하나마다 중요하고, 따라서 여타 규정들을 격하시키는 희생 속에서의 연방헌법 수정 제1조를 위한 무제한의 절대주의의 교의에 나는 동의할 수가 없다. 당원의 다수판사들을 연방헌법 수정 제1조 절대주의는 지배한 적이 없다. 예컨대, Near v. Minnesota, 283 U. S. 697, 708 (1931)을, 및 Schenck v. United States, 249 U. S. 47, 52 (1919)를 보라. 여기에 요구되는 것은 출판할 언론의 넓은 권리의, 이를 금지할 정부의 매우 협소한 권리의 그 양자 사이의 정당하게 개발된 기준들 위에서의 비교교량이다. 이러한 기준들은 아직 개발되지 않고 있다. 그 기준들이 무엇이어야 하는지에 관하여 불일치 가운데에 여기서의 당사자들은 있다. 그러나 제한이 합당한 및 합헌인 상황들이 있음을 심지어 신문들이조차도 시인한다. Schenck 판결에서 이렇게 말하였을 때 한 개의 제언을 우리에게 홈즈(Holmes) 판사는 주었다.

"그것은 근접성의 및 정도의 문제이다. 한 개의 국가가 전쟁 중일 때는, 평화의 시기에서라면 말해져도 좋았을 많은 것들이 국가의 노력에 대한 한 개의 장애물이 되어 사람들이 싸우는 한 그것들의 표명은 허용되지 않게 되고는 하는 법이고, 그리하여 그것들을 조금이라도 헌법적 권리에 의하여 보호되는 것들로서 법원이라면 간주할 수가 없었을 것이 되고는 하는 법이다." 249 U. S., at 52.

I therefore would remand these cases to be developed expeditiously, of course, but on a schedule permitting the «403 U. S., 762» orderly presentation of evidence from both sides, with the use of discovery, if necessary, as authorized by the rules, and with the preparation of briefs, oral argument, and court opinions of a quality better than has been seen to this point. In making this last statement, I criticize no lawyer or judge. I know from past personal experience the agony of time pressure in the preparation of litigation. But these cases and the issues involved and the courts, including this one, deserve better than has been produced thus far.

It may well be that if these cases were allowed to develop as they should be developed, and to be tried as lawyers should try them and as courts should hear them, free of pressure and panic and sensationalism, other light would be shed on the situation and contrary considerations, for me, might prevail. But that is not the present posture of the litigation.

The Court, however, decides the cases today the other way. I therefore add one final comment.

I strongly urge, and sincerely hope, that these two newspapers will be fully aware of their ultimate responsibilities to the United States of America. Judge Wilkey, dissenting in the District of Columbia case, after a review of only the affidavits before his court (the basic papers had not then been made available by either party), concluded that there were a number of examples of documents that, if in the possession of the Post, and if published, "could clearly result in great harm to the nation," and he defined "harm" to mean "the death of soldiers, the destruction of alliances, the greatly increased difficulty of negotiation with our enemies, the inability of our diplomats to negotiate ······." I, for one, have now been able to give at least some cursory

따라서 물론 신속하게, 그러나 양측으로부터의 증거의 규율바른 제출을 허용하는 시간표에 따라, 필요한 경우에는 «403 U. S., 762» 규칙들에 의하여 허용되는 대로의 증거개시 절차(discovery)의 사용에 더불어, 준비서면들의 작성에 더불어, 구두변론에 더불어, 그리고 이 시점에 나타나 있는 것보다는 더 높은 품질을 지닌 법원의 의견들에 더불어 전개되도록 이 사건들을 나 같으면 환송할 것이다. 이 마지막 설명을 함에 있어서 변호사를 또는 판사를 나는 비판하지 않는다. 소송의 준비에 있어서의 시간적 압력의 고뇌를 과거의 몸소의 경험으로부터 나는 안다. 그러나 지금껏 연출되어 온 것을보다 더 나은 것을, 이 사건들은 및 그 포함된 쟁점들은, 그리고 이 법원을 포함하여 법원들은, 받을 자격이 있다.

만약 그 마땅히 전개되어야 할 바에 따라 이 사건들이 전개되도록, 그리하여 그 것들을 압력 없이, 허둥지둥 없이 및 선정주의 없이 변호사들이 정식사실심리해야 할 바대로 및 법원들이 청취해야 할 바대로 이 사건들이 정식사실심리되도록 허용된다면 상황 위에 별개의 빛이 뿌려질 것임도 당연하고, 그 경우에는 정반대의 고찰들이 우세를 거둘 수도 있을 것이라고 내게는 생각된다. 그러나 그것은 소송의 현재의 정세가 아니다.

그러나 사건들을 다른 방법으로 오늘 이 법원은 판단한다. 그러므로 마지막 한 개의 논평을 나는 보탠다.

미합중국에 대한 자신들의 궁극적 책임사항들을 두 신문들은 충분히 인식해야 하는 법임을 나는 강력하게 주장하며 진지하게 기대한다. 만약 워싱턴포스트의 소지 내에 있게 된다면, 그리고 만약 공표된다면 "국가에 중대한 위해로 귀결될 수 있음이 명백한" 문서들의 다수의 사례들이 있다고 콜럼비아 특별구 사건에서의 반대의견에서 윌키(Wilkey) 판사는, 단지 자신의 법정 앞의 선서진술서들에 대한 검토 뒤에 (어느 쪽 당사자에 의하여서도 사용 불가능한 상태에 그 기본적 서류들은 있었다) 결론지었고, 그리고 "병사들의 사망을, 동맹관계의 파괴를, 우리의 적들하고의 협상에 있어서의 크게 증대된 곤란을, 우리의 외교관들의 협상능력의 상실을 ……" 의미하는 것으로 "위해"를 그는 정의하였다. 그 선서진술서들에만이 아니라 자료 그 자체에 대하여도 적어도 어느 정도 조잡한 검토를 나로서는 이제는 할 수 있게 되어 있다. 가능성 있

study not only to the affidavits, but to the material itself. I regret to say that from this examination I fear that Judge Wilkey's statements have possible foundation. I therefore share «403 U. S., 763» his concern. I hope that damage has not already been done. If, however, damage has been done, and if, with the Court's action today, these newspapers proceed to publish the critical documents and there results therefrom "the death of soldiers, the destruction of alliances, the greatly increased difficulty of negotiation with our enemies, the inability of our diplomats to negotiate," to which list I might add the factors of prolongation of the war and of further delay in the freeing of United States prisoners, then the Nation's people will know where the responsibility for these sad consequences rests.

는 토대를 윌키(Wilkey) 판사의 주장들이 지님을 이 검토로부터 내가 우려함을 말함이 나로서는 유감이다. 그리하여 그의 우려를 나는 《403 U. S., 763》 공유한다. 그 위해가 이미 가해져 버린 것이 아니기를 나는 기대한다. 그러나 만약 위해가 가해져 있다면, 그리고 만약 그 중대한 문서들을 공표하는 데에 오늘의 이 법원의 처분에 수반하여 이 신문들이 나아간다면, 그리고 이로 인하여 "병사들의 사망이, 동맹 관계의 파괴가, 우리의 적들하고의 협상에 있어서의 크게 증대된 곤란이, 우리의 외교관들의 협상능력의 상실이" 결과적으로 초래된다면 - 전쟁의 장기화의, 및 합중국 포로들의 석방에 있어서의 더 오랜 지체의 요소들을 이 목록에 나는 추가할 수도 있다 - 이러한 통탄할 결과들이 어디에 얹혀 있는지 국민들은 그 때는 알게 될 것이다.

표현의 자유_Freedom of Expression

Freedom of

MILLER v. CALIFORNIA, 413 U. S. 15 (1973)

NOS. 70–73.
변 론 1972년 11월 7일
판 결 1973년 6월 21일

요약해설

1. 개요 및 쟁점

MILLER v. CALIFORNIA, 413 U. S. 15 (1973)은 5 대 4로 판결되었다. 법원의 의견을 법원장 버거(BURGER) 판사가 냈다. 반대의견을 더글라스(DOUGLAS) 판사가 냈고, 역시 반대의견을 스튜어트(STEWART) 판사의 및 마샬(MARSHALL) 판사의 가담 아래 브레넌(BRENNAN) 판사가 냈다. 포르노물의 우편배포에 대한 주들의 형사적 규제가 연방헌법 수정 제1조에 위반되지 아니하기 위한 요건의 문제를 다루었다.

2. 사실관계

가. 외설광고물의 우편발송 (413 U. S., at 16–18)

(1) 포르노 사진이 많이 담긴 서적들의 판매를 광고하기 위하여 다량우편물 발송 작업을 항소인은 벌였다. "성교"라는 제목의, "남자-여자"라는 제목의, "사진으로 보는 섹스파티들"이라는 제목의 및 "사진으로 보는 포르노그래피의 역사"라는 제목의 네 권의 서적들을 및 "부부간의 성교"라는 제목의 한 개의 필름을 그 팜플렛들은 광고한다. 설명하는 내용의 인쇄물을 팜플렛들은 일부 포함하고 있기는 하지만, 자주 두드러지게 펼쳐진 생식기들을 한 채로의 다양한 성교행위들을 하고 있는 두 명의 또는 그 이상의 그룹들로 이루어진 남자들을 및 여자들을 매우 노골적으로 묘사하는 그림들로 및 도화들로 그것들은 주로 구성된다.

(2) 캘리포니아주 뉴포트 비치 소재의 레스토랑 한 곳을 도착지로 기재한 우편봉투에 담긴 우편물을 통하여 다섯 개의 요청되지 않은 광고 팜플렛들을 피고

인은 발송하였다. 레스토랑의 지배인에 및 그의 모친에 의하여 그 봉투는 개봉되었다. 경찰에 그들은 고소하였다.

나. 유죄판정, 항소기각, 연방대법원에의 권리항소

외설한 문건을 고의적으로 배포함으로써 경죄인 캘리포니아주 형법전 § 311.2 (a)를 위반한 것으로 배심에 의한 정식사실심리 뒤에 그는 유죄로 판정되었고, 그 판결주문을 의견 없이 약식으로 캘리포니아주 오렌지 카운티 상위법원 항소부는 인가하였다. 피고인의 권리항소에 따라 사건은 연방대법원에 올라갔다. (413 U. S., at 16–17.)

3. 법원장 버거(BURGER) 판사가 쓴 법원의 의견의 요지

가. 본의 아닌 수령자들의 감수성들을 해칠 내지는 청소년들에게 노출의 중대한 위험을 그 살포의 방법이 함께 수반할 경우에 외설한 표현물들의 살포를 내지는 전시를 금지함에 있어서의 적법한 이익을 주들은 가진다. 연방헌법 수정 제14조를 통하여 주들에게 적용되는 것으로서의 연방헌법 수정 제1조를 침해함이 없이 주가 규제할 수 있는 외설한 표현물을 확인하기 위하여 사용되지 않으면 안 될 표준들을 규정짓도록 우리는 요구된다. (413 U. S., at 18–20.)

나. 선례들의 흐름

(1) 음란한 및 외설한 말들에 대한 금지는 조금이라도 헌법적 문제를 제기하지 아니한다고; 이러한 발언들은 사상들의 제시의 본질적 부분이 아니라고; 그것들은 사회적 가치가 너무도 박약한 나머지 그것들로부터 도출될 수 있는 그 어떤 이익이보다도 질서에 및 도덕성에 있어서의 사회적 이익이 명백하게 더 중대하다고 Chaplinsky v. New Hampshire, 315 U. S. 568, 571-572 (1942)에서 당원은 판시하였다. (413 U. S., at 20–21.)

(2) 외설한, 음란한, 음탕한 내지는 불결한 표현물들의 우송을 처벌하는 연방 제

정법 아래서의 유죄판정을 Roth v. United States, 354 U. S. 476 (1957)에서 당원은 지지하였다. 외설한 표현물들이 연방헌법 수정 제1조에 의하여 보호된다는 주장을 당원은 배척하였다. 그 단점을 벌충하는 사회적 중요성을 철저히 결여한 외설물의 배제는 연방헌법 수정 제1조의 역사에 함축되어 있다고, 헌법적으로 보호되는 말의 내지는 언론출판의 영역 안에 외설은 있지 아니하다고 거기서 판시되었다. (413 U. S., at 20–21.)

아래의 (3) Memoirs v. Massachusetts, 383 U. S. 413 (1966)에서의 상대다수 의견의 해석에 의하면, Roth 판결의 개념 아래서는, 한 개의 서적이 외설한 것이 되기 위하여는 (a) 전체적으로 판단된 그 표현물의 지배적 주제가 성에 있어서의 호색적 관심에 호소한다는 점이; (b) 성적 사항들의 묘사에 내지는 표현에 관한 동시대적 지역사회 표준들을 그 표현물이 모욕하기 때문에 그것은 명백하게 무례하다는 점이; 그리고 (c) 그 단점을 벌충하는 사회적 가치를 그 표현물이 철저히 결여한다는 점이 증명되지 않으면 안 되었다. (413 U. S., at 20–21.)

(3) 외설의 새로운 기준을 Memoirs v. Massachusetts, 383 U. S. 413 (1966)에서 당원은 형성하였는바, 즉 한 권의 서적이 외설한 것으로 간주되기 위하여는 '무조건적으로 무가치한' 것이어야만 할 필요는 없고, 단점을 벌충하는 사회적 가치를 '철저히' 결여하는 것으로 인정되지 않으면 안 된다고 그것은 판시하였다. (413 U. S., at 21.)

그 단점을 벌충하는 사회적 중요성을 외설은 철저히 결여하는 것으로 Roth 판결은 추정한 반면, 외설을 증명하기 위하여는 그 단점을 벌충하는 사회적 가치를 그 표현물이 "철저히 결여함"이 확정적으로 입증되지 않으면 안 됨을 Memoirs 판결은 요구하였다. 그 부정명제의 증명은 우리의 형사적 증명의 표준들 아래서 사실상 불가능하다. (413 U. S., 21–22.)

(4) 이 사건은 위 세 단계의 Memoirs 기준을 적용하여 정식사실심리되었으나 이제 Memoirs 기준은 작동 불가능한 것으로서 그 창시자에 의하여 폐기된 터이다. "그 단점을 벌충하는 사회적 가치를 철저히 결여함"이라는 Memoirs v.

Massachusetts, 383 U. S., at 419 판결에서의 기준을 헌법적 표준으로 우리는 채택하지 않는다. (413 U. S., at 22-23, 25.)

다. 이 법원이 적용하는 기준; 사실심리자를 위한 기본적 지침들

(1) 당원에 의하여 명확하게 확립되어 있는 것은 연방헌법 수정 제1조의 보호를 외설한 표현물은 받지 않는다는 것이다. 그러나 표현 형식을 규제함을 떠맡는 일은 내재적 위험을 지니므로, 외설한 표현물들을 규제하고자 계획된 주 제정법들은 주의 깊게 제한되지 않으면 안 된다. (413 U. S., at 23-24.)

(2) 그 결과로서, 전체적으로 보아 성에 대한 호색적 관심에 호소하는, 성적 행위를 명백하게 무례한 방법으로 묘사하는, 그리고 전체적으로 보아 중대한 문학적, 예술적, 정치적, 또는 과학적 가치를 지니지 아니하는 표현물들로 주(state) 범죄는 또한 제한되지 않으면 안 된다. (413 U. S., at 24-25.)

(3) 사실심리자를 위한 기본적 지침들은 (a) 전체적으로 보아 호색적 관심에 표현물이 호소하는 것으로 "동시대적 지역사회 표준들을 적용한 평균적인 사람"이 인정할 것인지 여부가; (b) 그 적용되는 주 법에 의하여 구체적으로 규정된 성적 행위를 명백하게 무례한 방법으로 표현물이 묘사하는지 내지는 설명하는지 여부가; 및 (c) 전체적으로 보아 중대한 문학적, 예술적, 정치적, 내지는 과학적 가치를 표현물이 결여하는지 여부가 되지 않으면 안 된다. (413 U. S., at 24-27.)

(4) 외설성을 판단하기 위한 적절한 표준들에 관한 단 한 개의 당원의 다수의견 이조차도 Roth 판결 이래로 부존재해 온 터였다. 오늘, 1957년 Roth 판결 이래로 처음으로, "노골적인" 포르노그래피를 연방헌법 수정 제1조에 의하여 보호되는 표현으로부터 격리시키기 위한 구체적 지침들에 관하여 이 법원의 다수판사들은 동의하였다. (413 U. S., at 29.)

라. 전국적 표준들이 아닌 지역사회의 표준들일 것

(1) 법에 관하여 제한적 훈시들에 의하여 안내받는 가운데 그들의 지역사회 표준

들에 사실심리자들로 하여금 의존하도록, 배심원들을 궁극적 사실판단자들로 삼는 대립당사자주의 재판제도는 역사적으로 허용해 왔다. (413 U. S., at 30.)

(2) 외설성에 관한 사실판단을 함에 있어서 "전국적 표준들"의 증거를 제시함에 대한 그 주장된 주의(State's) 불이행은 및 주(state) 지역사회 표준들을 고려하라는 정식사실심리 법원의 훈시는 헌법적 오류들이 아니었다. (413 U. S., at 30–31.)

마. 외설한 표현물의 상업적 이용을 보호의 대상에서 배제함

사상들의 및 정치적 토론의 자유로운 및 강건한 교환을 외설한 표현물의 상업적 이용에 동일시함은 연방헌법 수정 제1조의 웅대한 개념의 품위를, 그리고 자유를 위한 역사적 투쟁에 있어서의 그것의 숭고한 목적들의 품위를 떨어뜨린다. 그것은 "자유로운 말에 대한 및 자유로운 언론출판에 대한 위대한 보장들의 오용"이다. (413 U. S., at 34–36.)

바. 결론

요약하자면, (a) 외설한 표현물은 여방헌법 수정 제1조에 의하여 보호되지 아니한다는 Roth 판시를 우리는 재확인하고; (b) 이상에서 선언된 명시적 보장들에 부합되는 범위 내에서, "단점을 벌충하는 사회적 가치를" 그 표현물이 "철저히 결여"한다는 점에 대한 증명 없이 주들에 의하여 이러한 표현물은 규제될 수 있음을 우리는 판시하며; 그리고 (c) "전국적 표준들"을이 아닌 "동시대적 지역사회 표준들"을 적용함에 의하여 외설성은 판단되어야 함을 우리는 판시한다. 캘리포니아주 오렌지 카운티 상위법원 항소부의 판결주문은 무효화되고 이 의견에 의하여 수립되는 연방헌법 수정 제1조 표준들에 모순되지 아니하는 추후의 절차들을 위하여 사건은 환송된다. (413 U. S., 36–37.)

4. 더글라스(DOUGLAS) 판사의 반대의견의 요지

가. 헌법적 지침들의 부존재

그 외설함을 법원이 선언해 놓기 이전의 한 개의 물건의 판매를 이유로 하는 유죄판정들을 이 모호한 기준들 아래서 우리가 어떻게 승인할 수 있는가? 헌법상의 문언들을 우리는 다루지 아니한다는 데에 곤란은 있는바, 연방헌법에도 권리장전에도 "외설(obscenity)"은 언급되어 있지 아니하다. 무엇이 "외설한지" 아닌지를 판단하기 위한 헌법적 지침들은 있지 아니하다. 설령 그 채택된다 하더라도 그것은 국민들에 의한 충분한 논의 뒤에 헌법적 개정에 의하여 이루어져야만 할 한 개의 검열제도이다. (413 U. S., at 39-41.)

나. 검열 배제가 오히려 올가미로 작용하는 모순의 점

검열을 헌법적 개정이 허용한다면, 위험한 지반 위에 언제 자신이 있는지를 발행인은 알 것이다. 검열이 허용되지 않는 현행의 제도 아래서는 형사법은 한 개의 올가미가 된다. 출판 뒤에 법원들에 의하여 즉석에서 만들어지는 새로운 법에 따라 발행인은 창살들 뒤에 놓이게 될 것이다. (413 U. S., at 41.)

다. 외설성 여부에 관한 민사절차에 의한 경고가 선행되어야 함

한 개의 영역을 적법의 울타리 너머에 민사절차가 놓아두게 되까지는, 그리하여 정당한 경고가 부여되기까지는 형사소추는 유지되어서는 안 된다. 헌법상의 권리들이 관련되는 경우에는 확실하게, 사람들이 한 바가 범죄행위였다는 점에 대한 정당한 경고를 그들이 받지 못한 경우에 그들이 감옥에 가도록 내지는 벌금에 처해지도록 허용되어서는 안 된다. 한 개의 표현물이 외설한 것이라고 만약에 민사절차에서 선고되어 있으면, 그리고 그 판단에 대한 검토가 완료되어 있으면, 그런데도 그것을 공표하면, 그 때는 한 개의 모호한 법은 명확한 것이 되어 있다. 모호하기 때문에 무효라는 그 유서 깊은 기준을 적어도 그 경우에 제기되는 형사소추는 위반하지 않는 것이 될 것이다. 이 사건에서는 캘리포니아주에 의하여 이러한 보호적 절차가 설계되어 있지 아니하였다. (413 U. S., at 41-43.)

라. "무례"한 표현임을 이유로 하는 처벌 권한을 부여함의 위헌성

(1) 판단을 내리는 특정의 판사에게의 내지는 배심에게의 "무례한" 사상들을 이

유로 하는 처벌을 연방헌법 수정 제1조가 허용한다는 착상은 놀라운 것이다. 그 권한을 검열자에게 부여하는 것은 자유로운 사회의 전통들로부터의 결별을 짓는 것이다. 일부 사람들에게 발언자들의 및 발행인들의 생각들이 및 사상들이 "무례한" 것들일 수 있다는 이유로는 그 발언자들이 및 발행인들이 협박을 당하거나 진압되거나 하지 않아 온 것은 연방헌법 수정 제1조의 덕분이다. (413 U. S., at 44-45.)

(2) "무례함"이라는 표준은 위헌적으로 모호하기도 하고 위헌적으로 광범위하기도 하다. 외설한 것에 대한 제한들이 만약 있어야 한다면, 그 때는 헌법적 개정이 그 목적을 달성하는 방법이 되어야 한다. (413 U. S., 45-46.)

마. 감성적인 문제로서의 성격 : 외설의 정의를 규정할 권한의 부존재

이성적인 문제들을이 아니라 고도로 감성적인 문제들을 우리는 다룬다. 여러 사람들에게 아가(雅歌)는 외설하다. 외설의 정의들을 규정할 헌법적 권한이 판사들에게 부여되었다고는 나는 생각하지 않는다. (413 U. S., at 46.)

5. 브레넌(BRENNAN) 판사의 반대의견의 요지

소추의 근거가 된 그 제정법은 헌법적으로는 과도하게 넓고 그리하여 문면상으로 무효이다. 상위법원 항소부의 판결주문을 나라면 파기하였을 것이고 이 의견에 배치되지 아니하는 절차들을 위하여 사건을 환송하였을 것이다. (413 U. S., at 47-48.)

This is one of a group of "obscenity-pornography" cases being reviewed by the Court in a re-examination of standards enunciated in earlier cases involving what Mr. Justice Harlan called "the intractable obscenity problem." Interstate Circuit, Inc. v. Dallas, 390 U. S. 676, 704 (1968) (concurring and dissenting).

Appellant conducted a mass mailing campaign to advertise the sale of illustrated books, euphemistically called "adult" material. After a jury trial, he was convicted of violating California Penal Code § 311.2 (a), a misdemeanor, by knowingly distributing obscene matter,[1] «413 U. S., 17» and the Appellate

---

[1] At the time of the commission of the alleged offense, which was prior to June 25, 1969, §§ 311.2 (a) and 311 of the California Penal Code read in relevant part: "§ 311.2 Sending or bringing into state for sale or distribution; printing, exhibiting, distributing or possessing within state "(a) Every person who knowingly: sends or causes to be sent, or brings or causes to be brought, into this state for sale or distribution, or in this state prepares, publishes, prints, exhibits, distributes, or offers to distribute, or has in his possession with intent to distribute «413 U. S., 17» or to exhibit or offer to distribute, any obscene matter is guilty of a misdemeanor. ·······" "§ 311. Definitions "As used in this chapter: "(a) 'Obscene' means that to the average person, applying contemporary standards, the predominant appeal of the matter, taken as a whole, is to prurient interest, i. e., a shameful or morbid interest in nudity, sex, or excretion, which goes substantially beyond customary limits of candor in description or representation of such matters and is matter which is utterly without redeeming social importance. "(b) 'Matter' means any book, magazine, newspaper, or other printed or written material or any picture, drawing, photograph, motion picture, or other pictorial representation or any statute or other figure, or any recording, transcription or mechanical, chemical or electrical reproduction or any other articles, equipment, machines or materials. "(c) 'Person' means any individual, partnership, firm, association, corporation, or other legal entity. "(d) 'Distribute' means to transfer possession of, whether with or without consideration. "(e) 'Knowingly' means having knowledge that the matter is obscene." Section 311 (e) of the California Penal Code, supra, was amended on June 25, 1969, to read as follows: "(e) 'Knowingly' means being aware of the character of the matter." Cal. Amended Stats. 1969, c. 249, § 1, p. 598. Despite appellant's contentions to the contrary, the record indicates that the new 311 (e) was not applied ex post facto to his case, but only the old 311 (e) as construed by state decisions prior to the commission of the alleged offense. See People v. Pinkus, 256 Cal. App. 2d 941, 948–950, 63 Cal. Rptr. 680, 685–686 (App. Dept., Superior Ct., Los Angeles, 1967); People v. Campise, 242 Cal. App. 2d 905, 914, 51 Cal. Rptr. 815, 821 (App. Dept., Superior Ct., San Diego, 1966). Cf. Bouie v. City of Columbia, 378 U. S. 347 (1964). Nor did § 311.2, supra, as applied, create any "direct, immediate burden on the performance «413 U. S., 18» of the postal functions," or infringe on congressional

법원의 의견을 법원장 버거(BURGER) 판사가 냈다.

"다루기 힘든 외설 문제," Interstate Circuit, Inc. v. Dallas, 390 U. S. 676, 704 (1968) (보충의견이면서 반대의견임), 라고 할란(Harlan) 판사가 부른 바를 포함하는 선례들에서 선언된 표준들에 대한 재검토로서 이 법원에 의하여 재심리되고 있는 한 무리의 "외설-포르노그래피" 사건들 가운데 이것은 그 한 개다.

완곡하게 표현하여 "성인"물이라고 불리는, 사진이 많이 담긴 서적들의 판매를 광고하기 위하여 다량우편물 발송작업을 항소인은 벌였다. 외설한 문건을 고의적으로 배포함으로써 경죄인 캘리포니아주 형법전 § 311.2 (a)를 위반한 것으로 배심에 의한 정식사실심리 뒤에 그는 유죄로 판정되었고,[1] «413 U. S., 17» 그 판결주문

---

[1] 1969년 6월 15일 이전인 그 주장된 범죄의 범행 당시에, 캘리포니아주 형법전 § 311.2 (a)의 및 § 311의 해당부분은 이러하였다:

"§ 311.2 판매를 내지는 배포를 위하여 주(state) 안에 발송하는 내지는 반입하는 행위: 주(state) 안에서 인쇄하는, 전시하는, 배포하는 또는 소지하는 행위

"(a) …… 조금이라도 외설한 표현물을 판매를 내지는 배포를 위하여 이 주(state) 안에 고의로 발송하는 내지는 발송되게끔 야기하는, 반입하는 내지는 반입되게끔 야기하는, 또는 이 주 안에서 준비하는, 간행하는, 인쇄하는, 전시하는, 배포하는, 또는 배포하기를 제의하는, 또는 배포할 내지는 전시할 의도로 또는 배포하기를 제의할 의도로 그의 «413 U. S., 17» 점유 안에 가지는 사람은 누구든지 경죄를 범하는 것이 된다."

"§ 311. 정의

"이 절에서 사용되는 용어의 정의는 이러하다:

"(a) 전체적으로 보아 동시대적 표준들을 적용한 것으로서의 해당 표현물의 유력한 호소력이 나체상에 관한, 성교에 관한, 배설에 관한 묘사에 있어서의 내지는 표현에 있어서의 솔직성의 통례적 한계들을 본질적으로 넘어서는 호색적 관심을 평균인에게 자극함, 즉 그러한 사항들에 관한 음란한 내지는 음침한 관심을 자극함. 그런데 그 단점을 벌충하는 사회적 중요성을 해당 표현물이 철저히 결여함을 '외설한(obscene)'이라 함은 의미한다.

"(b) 종류 여하를 불문하고 서적을, 잡지를, 신문을, 또는 기타 인쇄된 내지는 집필된 물건을 또는 종류 여하를 불문하고 그림을, 도화를, 사진을, 동영상을, 또는 기타 회화적 표현을 내지는 종류 여하를 불문하고 조상(彫像)을 내지는 기타 표상을, 또는 종류 여하를 불문하고 녹음을, 녹화를 또는 기계적, 화학적 내지 전기적 재생을 또는 종류 여하를 불문하고 그 밖의 물품들을, 장비를, 기계들을 또는 용구들을 '표현물(Matter)'이라 함은 의미한다.

"(c) 개인을, 조합을, 회사를, 협회를, 법인을, 또는 기타 법적 주체를, '사람(Person)'이라 함은 의미한다.

"(d) 약인(consideration)을 대가로 하는지 여부에 상관없이, 점유를 옮김을 '배포한다' 함은 의미한다.

"(e) 표현물이 외설하다는 점에 대한 인식을 지니고 있음을 '고의로(Knowingly)'라 함은 의미한다."

1969년 6월 25일 위 캘리포니아주 형법전 311절은 아래처럼 개정되었다:

"(e) 표현물의 성격을 인식하고 있음을 '고의로(Knowingly)'라 함은 의미한다."

Department, Superior Court of California, County of Orange, summarily affirmed the judgment without opinion. Appellant's conviction was specifically «413 U. S., 18» based on his conduct in causing five unsolicited advertising brochures to be sent through the mail in an envelope addressed to a restaurant in Newport Beach, California. The envelope was opened by the manager of the restaurant and his mother. They had not requested the brochures; they complained to the police.

The brochures advertise four books entitled "Intercourse," "Man-Woman," "Sex Orgies Illustrated," and "An Illustrated History of Pornography," and a film entitled "Marital Intercourse." While the brochures contain some descriptive printed material, primarily they consist of pictures and drawings very explicitly depicting men and women in groups of two or more engaging in a variety of sexual activities, with genitals often prominently displayed.

I

This case involves the application of a State's criminal obscenity statute to a situation in which sexually explicit materials have been thrust by aggressive sales action upon unwilling recipients who had in no way indicated any desire to receive such materials. This Court has recognized that the States have a legitimate interest in prohibiting dissemination or exhibition of obscene material[2] «413 U. S., 19» when the mode of dissemination carries

---

commerce powers under Art. I, § 8, cl. 3. Roth v. United States, 354 U. S. 476, 494 (1957), quoting Railway Mail Assn. v. Corsi, 326 U. S. 88, 96 (1945). See also Mishkin v. New York, 383 U. S. 502, 506 (1966); Smith v. California, 361 U. S. 147, 150–152 (1959).

2) This Court has defined "obscene material" as "material which deals with sex in a manner appealing to prurient interest," Roth v. United States, supra, at 487, but the Roth definition does not reflect the precise meaning of "obscene" as traditionally used in the English language. Derived from the Latin obscaenus, ob, to, plus caenum, filth, "obscene" is defined in the Webster's Third New International Dictionary (Unabridged 1969) as "1a: disgusting «413 U. S., 19» to the senses ⋯⋯ b: grossly repugnant to the generally accepted notions of what is appropriate ⋯⋯ 2: offensive or revolting as countering or violating some ideal or principle." The Oxford English Dictionary (1933 ed.) gives a similar definition, "[o]ffensive to the senses, or to taste or refinement: disgusting, repulsive, filthy, foul, abominable, loathsome." The material we are discussing in this case is more accurately defined as "pornog–

을 의견 없이 약식으로 캘리포니아주 오렌지 카운티 상위법원 항소부는 인가하였다. 캘리포니아주 뉴포트 «413 U. S., 18» 비치 소재의 레스토랑 한 곳을 도착지로 기재한 우편봉투에 담긴 우편물을 통하여 다섯 개의 요청되지 않은 광고 팜플렛들이 발송되게끔 야기함에 있어서의 그의 행위에 항소인의 유죄판정은 명시적으로 근거하였다. 레스토랑의 지배인에 및 그의 모친에 의하여 그 봉투는 개봉되었다. 그 팜플렛들을 그들은 요청한 바 없었다; 경찰에 그들은 고소하였다.

"성교"라는 제목의, "남자-여자"라는 제목의, "사진으로 보는 섹스파티들"이라는 제목의 및 "사진으로 보는 포르노그래피의 역사"라는 제목의 네 권의 서적들을 및 "부부간의 성교"라는 제목의 한 개의 필름을 그 팜플렛들은 광고한다. 설명하는 내용의 인쇄물을 팜플렛들은 일부 포함하고 있기는 하지만, 자주 두드러지게 펼쳐진 생식기들을 한 채로의 다양한 성교행위들을 하고 있는 두 명의 또는 그 이상의 그룹들로 이루어진 남자들을 및 여자들을 매우 노골적으로 묘사하는 그림들로 및 도화들로 그것들은 주로 구성된다.

I

성적으로 노골적인 표현물들을 수령하려는 의사를 전혀 표명한 적이 없는 본의 아닌 수령자들에 대한 공격적 판매촉진 활동에 의하여 그 표현물들이 강제로 안겨져 있는 상황에의 주의(State's) 형사 외설규제 제정법의 적용을 이 사건은 포함한다. 본의 아닌 수령자들의 감수성들을 해칠 중대한 위험을 내지는 청소년들에게의 노출의 중대한 위험을 «413 U. S., 19» 그 살포의 방법이 함께 수반할 경우에 외설한 표현물들의 살포를 내지는 전시를 금지함에 있어서의 적법한 이익을 주들은 가짐

Cal. Amended Stats. 1969, c. 249, § 1, p. 598. 반대되는 항소인의 주장들에도 불구하고, 그의 사건에 새로운 § 311 (e)이 소급적으로 적용된 것이 아님. 단지 그 주장된 범죄의 범행 이전의 주(state) 판례들에 의하여 해석된 것으로서의 옛 § 311 (e)만이 적용되었음을 기록은 보여준다. People v. Pinkus, 256 Cal. App. 2d 941, 948-950, 63 Cal. Rptr. 680, 685-686 (App. Dept., Superior Ct., Los Angeles, 1967)을; People v. Campise, 242 Cal. App. 2d 905, 914, 51 Cal. Rptr. 815, 821 (App. Dept., Superior Ct., San Diego, 1966)을 보라. Bouie v. City of Columbia, 378 U. S. 347 (1964)을 비교하라. 조금이라도 "직접적인, 즉각적인 부담을 우편 업무사항들의 이행 위에" 그 «413 U. S., 18» 적용된 것으로서의 위 § 311.2는 빚지도 않았고, 연방헌법 Art. I, § 8, cl. 3 아래서의 연방의회의 주제통상 규제권한을 그것은 침해하지도 않았다. Roth v. United States, 354 U. S. 476, 494 (1957), quoting Railway Mail Assn. v. Corsi, 326 U. S. 88, 96 (1945). 아울러 Mishkin v. New York, 383 U. S. 502, 506 (1966)을; Smith v. California, 361 U. S. 147, 150-152 (1959)를 보라.

with it a significant danger of offending the sensibilities of unwilling recipients or of exposure to juveniles. Stanley v. Georgia, 394 U. S. 557, 567 (1969); Ginsberg v. New York, 390 U. S. 629, 637-643 (1968); Interstate Circuit, Inc. v. Dallas, supra, at 690; Redrup v. New York, 386 U. S. 767, 769 (1967); Jacobellis v. Ohio, 378 U. S. 184, 195 (1964). See Rabe v. Washington, 405 U. S. 313, 317 (1972) (BURGER, C. J., concurring); United States v. Reidel, 402 U. S. 351, 360-362 (1971) (opinion of MARSHALL, J.); Joseph Burstyn, Inc. v. Wilson, 343 U. S. 495, 502 (1952); Breard v. Alexandria, 341 U. S. 622, 644-645 (1951); Kovacs v. Cooper, 336 U. S. 77, 88-89 (1949); Prince v. Massachusetts, 321 U. S. 158, 169-170 (1944). Cf. Butler v. Michigan, 352 U. S. 380, 382-383 (1957); Public Utilities Comm' n v. Pollak, 343 U. S. 451, 464-465 (1952). It is in this context that we are called «413 U. S., 20» on to define the standards which must be used to identify obscene material that a State may regulate without infringing on the First Amendment as applicable to the States through the Fourteenth Amendment.

The dissent of MR. JUSTICE BRENNAN review the background of the obscenity problem, but since the Court now undertakes to formulate standards more concrete than those in the past, it is useful for us to focus on two of the landmark cases in the somewhat tortured history of the Court's obscenity decisions. In Roth v. United States, 354 U. S. 476 (1957), the Court sustained a conviction under a federal statute punishing the mailing of "obscene, lewd, lascivious or filthy ······" materials. The key to that holding was the Court's rejection of the claim that obscene materials were protected

---

raphy" or "pornographic material." "Pornography" derives from the Greek (porne, harlot, and graphos, writing). The word now means "1: a description of prostitutes or prostitution 2: a depiction (as in writing or painting) of licentiousness or lewdness: a portrayal of erotic behavior designed to cause sexual excitement." Webster's Third New International Dictionary, supra. Pornographic material which is obscene forms a sub-group of all "obscene" expression, but not the whole, at least as the word "obscene" is now used in our language. We note, therefore, that the words "obscene material," as used in this case, have a specific judicial meaning which derives from the Roth case, i. e., obscene material "which deals with sex." Roth, supra, at 487. See also ALI Model Penal Code § 251.4 (l) "Obscene Defined." (Official Draft 1962.)

을 당원은 인정해 왔다.[2] Stanley v. Georgia, 394 U. S. 557, 567 (1969); Ginsberg v. New York, 390 U. S. 629, 637-643 (1968); Interstate Circuit, Inc. v. Dallas, supra, at 690; Redrup v. New York, 386 U. S. 767, 769 (1967); Jacobellis v. Ohio, 378 U. S. 184, 195 (1964). 아울러 Rabe v. Washington, 405 U. S. 313, 317 (1972) (법원장 버거 (BURGER) 판사, 보충의견)을; United States v. Reidel, 402 U. S. 351, 360-362 (1971) (마샬 (MARSHALL) 판사의 의견)을; Joseph Burstyn, Inc. v. Wilson, 343 U. S. 495, 502 (1952) 를; Breard v. Alexandria, 341 U. S. 622, 644-645 (1951)을; Kovacs v. Cooper, 336 U. S. 77, 88-89 (1949)를; Prince v. Massachusetts, 321 U. S. 158, 169-170 (1944)를 보라. 아울러 Butler v. Michigan, 352 U. S. 380, 382-383 (1957)를; Public Utilities Comm'n v. Pollak, 343 U. S. 451, 464-465 (1952)를 비교하라. 연방헌법 수정 제14조를 통하여 주들에게 «413 U. S., 20» 적용되는 것으로서의 연방헌법 수정 제1조를 침해함이 없이 주가 규제할 수 있는 외설한 표현물을 확인하기 위하여 사용되지 않으면 안 될 표준들을 규정짓도록 우리가 요구됨은 이 맥락에서이다.

외설 문제의 배경을 브레넌(BRENNAN) 판사의 반대의견은 검토하지만, 그러나 과거에 내려진 것들을보다도 더 구체적인 표준들을 공식화하기를 이 법원이 지금 떠맡지 아니하는 이상에는, 당원의 외설 판결들의 약간은 뒤틀린 역사에 있어서의 이정표가 되는 사건들 두 개에 우리가 집중함이 유익하다. "외설한, 음란한, 음탕한

---

2) "호색적 관심에 호소하는 방법으로 성을 다루는 표현물"이라고 "외설한 표현물"을 당원은 정의한 바 있으나. Roth v. United States, supra, at 487. 영어에서 전통적으로 사용되는 것으로서의 "외설한(obscene)"이라는 낱말의 정확한 의미를 Roth 판결에서의 정의는 반영하지 않는다. 라틴어 obscaenus에서 유래한 것으로서 to(에게)의 의미인 ob에 filth(불결물)의 의미인 caenum을 합친 "obscene"은 웹스터 국제사전 제3판(무삭제. 1969년)에 "1a: 오감에 «413 U. S., 19» 불쾌한 …… b: 적절한 것이라고 일반적으로 받아들여진 관념들에 터무니없이 거슬리는 …… 2: 일정한 규범을 내지는 원칙을 거스르는 것으로서 내지는 위반하는 것으로서 무례한 내지는 혐오할 만한"이라고 규정되어 있다. "[오]감에. 취향에 또는 우아함에 거슬리는: 구역질나는. 불쾌한. 불결한. 더러운. 혐오스러운. 역겨운"이라는 유사한 개념규정을 옥스퍼드 영어사전(1933년판)은 부여한다. 이 사건에서 우리가 논의하는 표현물은 보다 더 정확하게 "포르노그래피"로 내지는 "포르노물"로 정의된다. "Pornography"는 그리스어(pornė. 매춘부, 그리고 graphos, 저작)로부터 유래한다. "1: 매춘부들의 내지는 매춘의 묘사 2: (쓰기에 의해서든 그리기에 의해서든) 음탕함의 내지는 음란함의 묘사: 성적 흥분을 야기하기 위하여 계획된 색정적 행동의 묘사"를 그 단어는 이제 의미한다. Webster's Third New International Dictionary, supra. 모든 "외설한" 표현물의 하위그룹을 외설한 포르노물은 형성하지만, 적어도 "외설한"이라는 낱말이 우리 말에서 사용되는 바의 의미에 따라서는 그 전부를 형성하지는 아니한다. Roth 사건으로부터 도출되는 특별한 선례적 의미를. 즉 "성을 다루는" 외설한 표현물이라는 의미를 이 사건에서 사용되는 용어로서의 "외설한 표현물"은 지님을 따라서 우리는 유념한다. Roth, supra, at 487. 아울러 ALI Model Penal Code § 251.4 (I) "Obscene Defined." (Official Draft 1962)를 보라.

by the First Amendment. Five Justices joined in the opinion stating:

"All ideas having even the slightest redeeming social importance - unortho-
dox ideas, controversial ideas, even ideas hateful to the prevailing climate of
opinion - have the full protection of the [First Amendment] guaranties, unless
excludable because they encroach upon the limited area of more important
interests. But implicit in the history of the First Amendment is the rejection of
obscenity as utterly without redeeming social importance. ······ This is the
same judgment expressed by this Court in Chaplinsky v. New Hampshire,
315 U. S. 568, 571-572:

"'······ There are certain well-defined and narrowly limited classes of
speech, the prevention and punishment of which have never been thought to
raise any Constitutional problem. *These include the lewd and obscene* ······
*It has been well observed that such utterances are no essential part of any
exposition of ideas, and are of such slight social* «413 U. S., 21» *value as a
step to truth that any benefit that may be derived from them is clearly out-
weighed by the social interest in order and morality.* ······' [Emphasis by
Court in Roth opinion.]

"We hold that obscenity is not within the area of constitutionally protected
speech or press." 354 U. S., at 484-485 (footnotes omitted).

Nine years later, in Memoirs v. Massachusetts, 383 U. S. 413 (1966), the
Court veered sharply away from the Roth concept and, with only three
Justices in the plurality opinion, articulated a new test of obscenity. The plu-
rality held that under the Roth definition "as elaborated in subsequent cases,
three elements must coalesce: it must be established that (a) the dominant

내지는 불결한 ……" 표현물들의 우송을 처벌하는 연방 제정법 아래서의 유죄판정을 Roth v. United States, 354 U. S. 476 (1957)에서 당원은 지지하였다. 외설한 표현물들이 연방헌법 수정 제1조에 의하여 보호된다는 주장에 대한 당원의 배척에 그 판시의 열쇠는 있었다. 아래처럼 말한 그 의견에 다섯 명의 대법관들이 가담하였다:

"그 단점을 벌충하는 사회적 중요성이 가장 사소한 것들을마저 포함하는 모든 사상들은 - 이단의 사상들은, 논쟁의 여지가 많은 사상들은, 심지어 여론의 지배적 분위기에 대하여 증오에 찬 사상들은조차도 - 보다 더 중요한 이익들의 제한된 영역을 그것들이 침해함으로 인하여 그 보호대상에서 제외되는 것들이 아닌 한 [연방헌법 수정 제1조상의] 보장들의 완전한 보호를 누린다. 그러나 그 벌충하는 사회적 중요성을 철저히 결여한 외설물의 배제는 연방헌법 수정 제1조의 역사에 함축되어 있다. …… 이것은 Chaplinsky v. New Hampshire, 315 U. S. 568, 571-572에서 당원에 의하여 표명된 바로 그 판단이다:

"'조금이라도 헌법적 문제를 그 금지가 및 처벌이 제기하는 것으로는 결코 생각되어 본 적이 없는 …… 명확히 정의된 및 협소하게 한정된 일정한 부류의 말이 있는바, 음란한 것들을 및 외설한 것들을 이것들은 포함한다 ……. 이러한 발언들은 조금이라도 사상들의 제시의 본질적 부분이 아님은, 진실에 이르는 발걸음으로서의 사회적 가치가 너무도 박약한 «413 U. S., 21» 나머지 조금이라도 그것들로부터 도출될 수 있는 그 어떤 이익이보다도 질서에 및 도덕성에 있어서의 사회적 이익이 명백하게 더 중대함은 충분히 인지되어 왔다.……' [강조는 Roth 의견에서의 당원에 의한 것임.]

"헌법적으로 보호되는 말의 내지는 언론출판의 영역 안에 외설은 있지 아니하다고 우리는 본다." 354 U. S., at 484-485 (각주생략).

9년 뒤에 Memoirs v. Massachusetts, 383 U. S. 413 (1966)에서 당원은 Roth 개념으로부터 뚜렷하게 방향을 바꾸었고, 그 상대다수 의견에서의 3명의 판사들만을 가지고서 외설의 새로운 기준을 형성하였다. "후속 판례들에서 공들여 정리된 것으로서의" Roth 개념 아래서는, "세 가지 요소들이 합체되지 않으면 안 된다"고: "즉 (a) 전체적으로 판단된 그 표현물의 지배적 주제가 성에 있어서의 호색적 관심에

theme of the material taken as a whole appeals to a prurient interest in sex; (b) the material is patently offensive because it affronts contemporary community standards relating to the description or representation of sexual matters; and (c) the material is utterly without redeeming social value." Id., at 418.

The sharpness of the break with Roth, represented by the third element of the Memoirs test and emphasized by MR. JUSTICE WHITE's dissent, id., at 460-462, was further underscored when the Memoirs plurality went on to state:

"The Supreme Judicial Court erred in holding that a book need not be 'unqualifiedly worthless before it can be deemed obscene.' A book cannot be proscribed unless it is found to be utterly without redeeming social value." Id., at 419 (emphasis in original).

While Roth presumed "obscenity" to be "*utterly* without redeeming social importance," Memoirs required «413 U. S., 22» that to prove obscenity it must be affirmatively established that the material is "*utterly* without redeeming social value." Thus, even as they repeated the words of Roth, the Memoirs plurality produced a drastically altered test that called on the prosecution to prove a negative, i. e., that the material was "*utterly* without redeeming social value" - a burden virtually impossible to discharge under our criminal standards of proof. Such considerations caused Mr. Justice Harlan to wonder if the "utterly without redeeming social value" test had any meaning at all. See Memoirs v. Massachusetts, id., at 459 (Harlan, J., dissenting). See also id., at 461 (WHITE, J., dissenting); United States v. Groner, 479 F. 2d 577, 579-581 (CA5 1973).

Apart from the initial formulation in the Roth case, no majority of the Court has at any given time been able to agree on a standard to determine what

호소한다는 점이; (b) 성적 사항들의 묘사에 내지는 표현에 관한 동시대적 지역사회 표준들을 그 표현물이 모욕하기 때문에 그것은 명백하게 무례하다는 점이; 그리고 (c) 그 단점을 벌충하는 사회적 가치를 그 표현물이 철저히 결여한다는 점이 증명되지 않으면 안 된다."고 상대다수 의견은 보았다. Id., at 418.

Memoirs 기준의 세 번째 요소에 의하여 대표된, 그리고 화이트(WHITE) 판사의 반대의견, id., at 460-462에 의하여 강조된, Roth 개념으로부터의 그 뚜렷한 결별은 Memoirs 상대다수 의견이 이렇게 말하는 데 나아가자 더욱 더 부각되었다:

한 권의 서적이 '외설한 것으로 간주될 수 있기 위하여는 무조건적으로 무가치한' 것이어야만 할 필요는 없다고 판시함에 있어서 오류를 연방대법원은 범하였다. 단점을 벌충하는 사회적 가치를 철저히 결여하는 것으로 인정되지 않는 한 한 권의 서적은 금지될 수 없다." Id., at 419 (강조는 원문).

"그 단점을 벌충하는 사회적 중요성을 외설은 철저히 결여"하는 것으로 Roth 판결은 추정한 반면, 외설을 증명하기 위하여는 «413 U. S., 22» "그 단점을 벌충하는 사회적 가치를" 그 표현물이 *철저히 결여함*"이 확정적으로 입증되지 않으면 안 됨을 Memoirs 판결은 요구하였다. 이렇듯, 심지어 Roth 판결의 표현을 그들은 반복하면서조차도, 한 개의 부정명제를 증명하도록, 즉 "그 단점을 벌충하는 사회적 가치를" 그 표현물이 *철저히 결여함을* 증명하도록 검찰에게 요구하는 과감하게 변경된 기준을 Memoirs 상대다수 판사들은 만들어 냈는 바 - 그것은 우리의 형사적 증명의 표준들 아래서는 그 이행함이 사실상 불가능한 한 개의 부담이다. "그 단점을 벌충하는 사회적 가치를 *철저히 결여함*"이라는 기준이 도대체 조금이라도 의미를 지니는지를 할란(Harlan) 판사로 하여금 의심하도록 이러한 고찰들은 야기하였다. Memoirs v. Massachusetts, id., at 459 (할란(Harlan) 판사, 반대의견)을 보라. 아울러 id., at 461 (화이트(WHITE) 판사, 반대의견)을; United States v. Groner, 479 F. 2d 577, 579-581 (CA5 1973)을 보라.

Roth 사건에서의 애초의 공식화를 떠나서, 주의(State's) 경찰권 아래서의 규제에 종속되는 외설의 포르노 표현물을 무엇이 구성하는지를 판단할 표준에 관하여 당

constitutes obscene, pornographic material subject to regulation under the States' police power. See, e. g., Redrup v. New York, 386 U. S., at 770-771. We have seen "a variety of views among the members of the Court unmatched in any other course of constitutional adjudication." Interstate Circuit, Inc. v. Dallas, 390 U. S., at 704-705 (Harlan, J., concurring and dissenting) (footnote omitted).[3] This is not remarkable, for in the area «413 U. S., 23» of freedom of speech and press the courts must always remain sensitive to any infringement on genuinely serious literary, artistic, political, or scientific expression. This is an area in which there are few eternal verities.

The case we now review was tried on the theory that the California Penal Code 311 approximately incorporates the three-stage Memoirs test, supra. But now the Memoirs test has been abandoned as unworkable by its author,[4] and no Member of the Court today supports the Memoirs formulation.

II

This much has been categorically settled by the Court, that obscene material is unprotected by the First Amendment. Kois v. Wisconsin, 408 U. S. 229 (1972); United States v. Reidel, 402 U. S., at 354; Roth v. United States, supra, at 485.[5] "The First and Fourteenth Amendments have never been treated as absolutes [footnote omitted]." Breard v. Alexandria, 341 U. S., at 642 , and

---

3) In the absence of a majority view, this Court was compelled to embark on the practice of summarily reversing convictions for the dissemination of materials that at least five members of the Court, applying their separate tests, found to be protected by the First Amendment. Redrup v. New York, 386 U. S. 767 (1967). Thirty—one cases have been decided in this manner. Beyond the necessity of circumstances, however, no justification has ever been offered in support of the Redrup "policy." See Walker v. Ohio, 398 U. S. 434—435 (1970) (dissenting opinions of BURGER, C. J., and Harlan, J.). The Redrup procedure has cast us in the role of an unreviewable board of censorship for the 50 States, subjectively judging each piece of material brought before us.

4) See the dissenting opinion of MR. JUSTICE BRENNAN in Paris Adult Theatre I v. Slaton, post, p.73.

5) As Mr. Chief Justice Warren stated, dissenting, in Jacobellis v. Ohio, 378 U. S. 184, 200 (1964): "For all the sound and fury that the Roth test has generated, it has not been proved unsound, and I believe that we should try to live with it — at least until a more satisfactory definition is evolved. No government — be it federal, state, or local — should be forced to choose between repressing all material, including that within the realm of decency, and allowing unrestrained license to publish any material, no matter how vile. There must be a rule of reason in this as in other areas of the law, and we have attempted in the Roth case to provide such a rule."

원의 다수의견은 한 때라도 동의할 수 있었던 적이 없었다. 예컨대, Redrup v. New York, 386 U. S., at 770-771을 보라. "조금이라도 다른 과정의 헌법판결에는 어울리지 않는 당원의 구성원들 가운데서의 다양한 견해들"을 우리는 보아 왔다. Interstate Circuit, Inc. v. Dallas, 390 U. S., at 704-705 (할란(Harlan) 판사, 보충의견이면서 반대의견임) (각주생략).[3] 이것은 놀랄 만한 것이 아닌바, 왜냐하면 말의 «413 U. S., 23» 및 언론출판의 자유의 영역에서는 참으로 중대한 문학적, 예술적, 정치적 내지는 과학적 표현에 대한 조금이나마의 침해에 민감한 상태로 법원들은 항상 남아 있지 않으면 안 되기 때문이다. 이것은 몇 안 되는 영원한 진리가 존재하는 영역이다.

위 세 단계의 Memoirs 기준을 캘리포니아주 형법전 § 311은 대부분 통합한다는 이론에 의거하여, 우리가 지금 검토하는 사건은 정식사실심리되었다. 그러나 이제 Memoirs 기준은 작동 불가능한 것으로서 그 창시자에 의하여 폐기된 터이고,[4] Memoirs 공식을 오늘 이 법원의 구성원은 아무가도 지지하지 않는다.

II

당원에 의하여 명확하게 확립되어 있는 것은 이만큼인바, 즉 연방헌법 수정 제1조의 보호를 외설한 표현물은 받지 않는다는 것이다. Kois v. Wisconsin, 408 U. S. 229 (1972); United States v. Reidel, 402 U. S., at 354; Roth v. United States, supra, at 485.[5] "연방헌법 수정 제1조는 및 제14조는 절대적인 것들로 취급되어 본 적이 결

---

3) 연방헌법 수정 제1조에 의하여 보호된다고 당원의 구성원들 중 적어도 다섯 명이 그 자신들의 개별적 기준들을 적용하여 인정한 표현물들의 살포를 이유로 하는 유죄판정들을 약식으로 파기하는 관행에 착수하도록 다수의견의 부재 속에서 당원은 강제되었다. Redrup v. New York, 386 U. S. 767 (1967). 이 방법으로 서른 한 개의 사건들이 판결되어 있다. 그러나 상황들의 필요성을 넘어, Redrup "정책"을 뒷받침하는 정당화사유는 전혀 제공되어 본 적이 없다. Walker v. Ohio, 398 U. S. 434-435 (1970) (법원장 버거(BURGER) 판사의 및 할란(Harlan) 판사의 반대의견들)을 보라. 우리 앞에 놓인 표현물의 조각조각을 주관적으로 판단하는 50 개 주들을 위한 재심리 불능의 검열 위원회의 역할 속에 우리를 Redrup 절차는 던져 놓았다.

4) Paris Adult Theatre I v. Slaton, post, p. 73에서의 브레넌(BRENNAN) 판사의 반대의견을 보라.

5) Jacobellis v. Ohio, 378 U. S. 184, 200 (1964)의 반대의견에서 법원장 워렌(Warren) 판사가 말했듯이: "Roth 기준이 빚어온 그 모든 항의에도 및 격노에도 불구하고, 그것은 불합리한 것으로 증명되어 있지는 아니하며, 그리하여 그것을 지닌 채로 살아가고자 - 적어도 보다 더 만족스러운 개념이 개발되기까지는 - 우리는 시도해야 한다고 나는 믿는다. 예절의 영역 이내의 것을 포함하는 모든 표현물을 억누르는 것의, 및 그 어떤 표현물이든지를 - 제아무리 수치스러운 것이더라도 - 간행할 무제한의 면허를 허용하는 것의 그 양자 사이에서 선택하도록 정부는 - 연방이든, 주(state)이든, 또는 지방이든 - 강제되어서는 안 된다. 법의 다른 영역들에서처럼 이 영역에서도 이성의 규칙이 존재하지 않으면 안 되는바, 그리하여 그러한 규칙을 제공하고자 Roth 사건에서 우리는 시도해 놓은 터이다."

cases cited. See Times Film Corp. v. Chicago, 365 U. S. 43, 47-50 (1961); Joseph Burstyn, Inc. v. Wilson, 343 U. S., at 502. We acknowledge, however, the inherent dangers of undertaking to regulate any form of expression. State statutes designed to regulate obscene materials must be «413 U. S., 24» carefully limited. See Interstate Circuit, Inc. v. Dallas, supra, at 682-685. As a result, we now confine the permissible scope of such regulation to works which depict or describe sexual conduct. That conduct must be specifically defined by the applicable state law, as written or authoritatively construed.[6] A state offense must also be limited to works which, taken as a whole, appeal to the prurient interest in sex, which portray sexual conduct in a patently offensive way, and which, taken as a whole, do not have serious literary, artistic, political, or scientific value.

The basic guidelines for the trier of fact must be: (a) whether "the average person, applying contemporary community standards" would find that the work, taken as a whole, appeals to the prurient interest, Kois v. Wisconsin, supra, at 230, quoting Roth v. United States, supra, at 489; (b) whether the work depicts or describes, in a patently offensive way, sexual conduct specifically defined by the applicable state law; and (c) whether the work, taken as a whole, lacks serious literary, artistic, political, or scientific value. We do not adopt as a constitutional standard the "*utterly* without redeeming social value" test of Memoirs v. Massachusetts, «413 U. S., 25» 383 U. S., at 419; that concept has never commanded the adherence of more than three Justices at one time.[7] See supra, at 21. If a state law that regulates obscene

---

6) See, e. g., Oregon Laws 1971, c. 743, Art. 29, §§ 255–262, and Hawaii Penal Code, Tit. 37, §§ 1210–1216, 1972 Hawaii Session Laws, Act 9, c. 12, pt. II, pp. 126–129, as examples of state laws directed at depiction of defined physical conduct, as opposed to expression. Other state formulations could be equally valid in this respect. In giving the Oregon and Hawaii statutes as examples, we do not wish to be understood as approving of them in all other respects nor as establishing their limits as the extent of state power. We do not hold, as MR. JUSTICE BRENNAN intimates, that all States other than Oregon must now enact new obscenity statutes. Other existing state statutes, as construed heretofore or hereafter, may well be adequate. See United States v. 12 200-ft. Reels of Film, post, at 130 n. 7.

7) "A quotation from Voltaire in the flyleaf of a book will not constitutionally redeem an otherwise obscene publication

코 없다[각주생략]." Breard v. Alexandria, 341 U. S., at 642, and cases cited. 아울러 Times Film Corp. v. Chicago, 365 U. S. 43, 47-50 (1961)을; Joseph Burstyn, Inc. v. Wilson, 343 U. S., at 502를 보라. 그러나 표현 형식을 조금이라도 규제함을 떠맡는 일의 내재적 위험을 우리는 인정한다. 외설한 표현물들을 규제하고자 계획된 주 제정법들은 주의 깊게 «413 U. S., 24» 제한되지 않으면 안 된다. Interstate Circuit, Inc. v. Dallas, supra, at 682-685를 보라. 그 결과로서, 성적 행위를 묘사하는 또는 설명하는 표현물들로 이러한 규제의 허용 가능한 범위를 이제 우리는 한정한다. 문언상의 것으로서든 또는 유권적으로 해석된 것으로서든, 그 적용되는 주 법에 의하여 그 행위는 명시적으로 규정되지 않으면 안 된다.[6] 전체적으로 보아 성에 대한 호색적 관심에 호소하는, 성적 행위를 명백하게 무례한 방법으로 묘사하는, 그리고 전체적으로 보아 중대한 문학적, 예술적, 정치적, 또는 과학적 가치를 지니지 아니하는 표현물들로 주(state) 범죄는 또한 제한되지 않으면 안 된다.

사실심리자를 위한 기본적 지침들은 아래의 것들이 되지 않으면 안 된다: 즉 (a) 전체적으로 보아 호색적 관심에 표현물이 호소하는 것으로 "동시대적 지역사회 표준들을 적용한 평균적인 사람"이 인정할 것인지 여부가, Kois v. Wisconsin, supra, at 230, quoting Roth v. United States, supra, at 489; (b) 그 적용되는 주 법에 의하여 구체적으로 규정된 성적 행위를 명백하게 무례한 방법으로 표현물이 묘사하는지 내지는 설명하는지 여부가; 및 (c) 전체적으로 보아 중대한 문학적, 예술적, 정치적, 내지는 과학적 가치를 표현물이 결여하는지 여부가 되지 않으면 안 된다. "그 단점을 벌충하는 사회적 가치를 철저히 결여함"이라는 Memoirs v. Massachusetts, 383 U. S., at 419 판결에서의 기준을 헌법적 표준으로 «413 U. S., 25» 우리는 채택하지 않는다; 세 명 이상의 대법관들의 고수를 그 개념은 한 때라도 호령한 적이 없다.[7]

---

6) 표현에 겨냥된 것들에 반대되는 것으로서의 특정의 육체적 행위의 묘사에 겨냥된 주 법들의 사례들로서 예컨대. Oregon Laws 1971, c. 743, Art. 29, §§ 255-262을 및 Hawaii Penal Code, Tit. 37, §§ 1210-1216, 1972 Hawaii Session Laws, Act 9, c. 12, pt. II, pp.126-129를 보라. 이 점에서는 다른 주(state) 공식화들은 마찬가지로 유효할 수 있을 것이다. 오레건주의 및 하와이주의 제정법들을 사례들로서 제시함에 있어서, 여타의 모든 점들에서 그것을 승인하는 것으로 또는 그것들의 한계들을 주 권한의 범위로서 확립하는 것으로 이해되기를 우리는 바라지 않는다. 브레넌 (BRENNAN) 판사가 암시하듯이, 외설규제 제정법들을 오레건주 이외의 모든 주들이 이제 입법하지 아니하면 안 된다고는 우리는 보지 않는다. 여태껏 해석되어 온 것으로서의 내지는 향후에 해석되는 것으로서의 여타의 현존의 주 제정법들은 충분한 것일 수 있다. United States v. 12 200-ft. Reels of Film, post. at 130 n. 7을 보라.
7) "한 권의 서적 여백 페이지에의 볼테르(Voltaire)로부터의 인용은 나머지 점에서 외설한 간행물을 헌법적으로 벌충하지는 못할 것이다 ……." Kois v. Wisconsin, 408 U. S. 229, 231 (1972). 아울러 Memoirs v. Massachusetts, 383 U. S.

material is thus limited, as written or construed, the First Amendment values applicable to the States through the Fourteenth Amendment are adequately protected by the ultimate power of appellate courts to conduct an independent review of constitutional claims when necessary. See Kois v. Wisconsin, supra, at 232; Memoirs v. Massachusetts, supra, at 459-460 (Harlan, J., dissenting); Jacobellis v. Ohio, 378 U. S., at 204 (Harlan, J., dissenting); New York Times Co. v. Sullivan, 376 U. S. 254, 284-285 (1964); Roth v. United States, supra, at 497-498 (Harlan, J., concurring and dissenting).

We emphasize that it is not our function to propose regulatory schemes for the States. That must await their concrete legislative efforts. It is possible, however, to give a few plain examples of what a state statute could define for regulation under part (b) of the standard announced in this opinion, supra:

(a) Patently offensive representations or descriptions of ultimate sexual acts, normal or perverted, actual or simulated.

(b) Patently offensive representations or descriptions of masturbation, excretory functions, and lewd exhibition of the genitals.

Sex and nudity may not be exploited without limit by films or pictures exhibited or sold in places of public accommodation any more than live sex and nudity can «413 U. S., 26» be exhibited or sold without limit in such public places.[8] At a minimum, prurient, patently offensive depiction or

---

...." Kois v. Wisconsin, 408 U. S. 229, 231 (1972). See Memoirs v. Massachusetts, 383 U. S. 413, 461 (1966) (WHITE, J., dissenting). We also reject, as a constitutional standard, the ambiguous concept of "social importance." See id., at 462 (WHITE, J., dissenting).

8) Although we are not presented here with the problem of regulating lewd public conduct itself, the States have greater power to regulate nonverbal, physical conduct than to suppress depictions or descriptions of the same behavior. In United States v. O'Brien, 391 U. S. 367, 377 (1968), a case not dealing with obscenity, the Court held a State regulation of conduct which itself embodied both speech and nonspeech elements to be "sufficiently justified if ..... it furthers an important or substantial governmental interest; if the governmental interest is unrelated to the

supra, at 21을 보라. 만약 문언상의 것으로서든 해석된 것으로서든 외설한 표현물을 규제하는 주 법이 이렇게 제한된다면, 연방헌법 수정 제14조를 통하여 주들에게 적용되는 것으로서의 연방헌법 수정 제1조의 가치들은 그 필요할 경우에 헌법적 주장들에 대한 독립적 검토를 행할 항소법원들의 궁극적 권한에 의하여 충분히 보호된다. Kois v. Wisconsin, supra, at 232를; Memoirs v. Massachusetts, supra, at 459-460 [할란(Harlan) 판사, 반대의견]을; Jacobellis v. Ohio, 378 U. S., at 204 [할란(Harlan) 판사, 반대의견]을; New York Times Co. v. Sullivan, 376 U. S. 254, 284-285 (1964)를; Roth v. United States, supra, at 497-498 [할란(Harlan) 판사, 보충의견이면서 반대의견임]을 보라.

주들을 위한 규제의 요강들을 제의함은 우리의 역할이 아님을 우리는 강조한다. 그들의 구체적 입법 노력들을 그것은 기다리지 않으면 안 된다. 그러나 이 의견, supra에서 선언된 표준의 (b) 부분에 따른 규제를 위하여 주 제정법이 규정할 수 있는 사항들의 몇 가지 간단한 사례들을 제공함은 가능하다:

(a) 정상적인 것이든 변태적인 것이든, 실제의 것이든 흉내의 것이든, 근본적인 성적 행위들의 명백하게 무례한 표현들 내지 묘사들.

(b) 자위행위의, 배설작용들의 명백하게 무례한 표현들 내지는 묘사들, 및 생식기들의 음란한 노출.

공중의 편의시설 장소들에서 상연되는 내지는 팔리는 영화들에 또는 그림들에 의하여 성행위가 내지는 나체상이 제한 없이 이용되어서는 안 됨은 그러한 공중의 장소들에서 《413 U. S., 26》 실제의 성행위가 내지는 나체상이 제한 없이 상연되거나 팔릴 수 없음에 다름 아니다.[8] 연방헌법 수정 제1조의 보호를 누릴 가치를 지니

413, 461 (1966) (화이트(WHITE) 판사, 반대의견)을 보라. 헌법적 표준으로서의 "사회적 중요성"이라는 모호한 개념을 우리는 아울러 물리친다. id., at 462 (화이트(WHITE) 판사, 반대의견)을 보라.

8) 음란한 공개적 행위 자체를 규제하는 문제를 우리는 여기서 제기받고 있지 아니함에도 불구하고, 비언어적, 신체적 행동을 규제하기 위하여 주가 지니는 권한은 이러한 행동의 묘사들을 내지는 표현들을 금지하기 위하여 주가 지니는 권한의 크기보다도 더 크다. 언어의 요소를 및 비언어적 요소를 둘 다 그 자체로 표현하는 행위에 대한 주(State) 규제는 "…… 만약 중요한 내지는 실질적인 정부적 이익을 그것이 촉진한다면; 만약 자유로운 표현의 금지에 그 정부적 이익이 관련되어 있지 않다면; 그리고 만약 그 주장된 연방헌법 수정 제1조상의 자유들에 대한 그 부수적인 제한이 그 이익의 촉진에 불가결한 정도보다도 더 크지 않다면 충분히 정당화된다."고, 외설을 다루지 아니한 사건인 United States

description of sexual conduct must have serious literary, artistic, political, or scientific value to merit First Amendment protection. See Kois v. Wisconsin, supra, at 230-232; Roth v. United States, supra, at 487; Thornhill v. Alabama, 310 U. S. 88, 101-102 (1940). For example, medical books for the education of physicians and related personnel necessarily use graphic illustrations and descriptions of human anatomy. In resolving the inevitably sensitive questions of fact and law, we must continue to rely on the jury system, accompanied by the safeguards that judges, rules of evidence, presumption of innocence, and other protective features provide, as we do with rape, murder, and a host of other offenses against society and its individual members.[9]

MR. JUSTICE BRENNAN, author of the opinions of the Court, or the plurality opinions, in Roth v. United States, supra; Jacobellis v. Ohio, supra; Ginzburg v. United «413 U. S., 27» States, 383 U. S. 463 (1966), Mishkin v. New York, 383 U. S. 502 (1966); and Memoirs v. Massachusetts, supra, has abandoned his former position and now maintains that no formulation of this Court, the Congress, or the States can adequately distinguish obscene material unprotected by the First Amendment from protected expression, Paris Adult Theatre I v. Slaton, post, p. 73 (BRENNAN, J., dissenting). Paradoxically, MR. JUSTICE BRENNAN indicates that suppression of unprotected obscene material is permissible to avoid exposure to unconsenting adults, as in this case, and to juveniles, although he gives no indication of how the division between protected and nonprotected materials may be drawn with greater precision for these purposes than for regulation of commercial exposure to

suppression of free expression; and if the incidental restriction on alleged First Amendment freedoms is no greater than is essential to the furtherance of that interest." See California v. LaRue, 409 U. S. 109, 117–118 (1972).

9) The mere fact juries may reach different conclusions as to the same material does not mean that constitutional rights are abridged. As this Court observed in Roth v. United States, 354 U. S., at 492 n. 30, "it is common experience that different juries may reach different results under any criminal statute. That is one of the consequences we accept under our jury system. Cf. Dunlop v. United States, 165 U. S. 486, 499–500."

기 위해서는 적어도 중대한 문학적, 예술적, 정치적, 또는 과학적 가치를, 성적 행위에 대한 호색의 명백하게 무례한 묘사는 내지는 표현은 지니지 않으면 안 된다. Kois v. Wisconsin, supra, at 230-232를; Roth v. United States, supra, at 487을; Thornhill v. Alabama, 310 U. S. 88, 101-102 (1940)을 보라. 예를 들어, 인간의 구조에 대한 그림에 의한 설명들을 및 묘사들을 의사들의 및 관련 요원들의 교육을 위한 의학서적들은 불가피하게 사용한다. 사실의 및 법의 그 불가피하게 예민한 문제들을 해결함에 있어서는, 판사들이, 증거규칙들이, 무죄추정이, 그리고 그 밖의 보호적 특질들이 제공하는 보장수단들에 의하여 동반되는 배심제도에 의존하기를 우리는 계속하지 않으면 안 되는바, 마치 강간에 관하여, 살인에 관하여, 사회에 대한 및 그 개인 구성원들에 대한 그 밖의 많은 범죄들에 관하여 우리가 그렇게 하기를 계속함에 다름 아니다.[9]

Roth v. United States, supra에서의; Jacobellis v. Ohio, supra에서의; Ginzburg v. United States, 383 U. S. 463 (1966)에서의, Mishkin v. New York, 383 U. S. 502 (1966)에서의; 그리고 Memoirs v. Massachusetts, supra에서의 법원의 의견들의 «413 U. S., 27» 내지는 상대다수 의견들의 집필자인 브레넌(BRENNAN) 판사는, 그의 이전의 입장을 버린 터로서, 연방헌법 수정 제1조의 보호를 받지 아니하는 외설한 표현물을 그 보호되는 표현으로부터 당원의, 연방의회의, 또는 주들의 공식화는 그 어느 것이도 충분히 구분할 수 없다고 지금은 그는 주장한다. Paris Adult Theatre I v. Slaton, post, p.73 [브레넌(BRENNAN) 판사, 반대의견]. 보호되지 아니하는 외설한 표현물의 발매금지는 이 사건에서처럼 그 표현물에의 노출에 동의하지 아니하는 성인들에게의 및 청소년들에게의 노출을 피하기 위하여 허용될 수 있다고 역설적이게도 브레넌(BRENNAN) 판사는 지적하는바, 다만 그 동의하는 성인들만에게로 한정된 상업적 공개의 규제를 위한 경우의 정확성을보다도 이러한 목적상의 더 큰 정확성을 지닌 채로 그 보호되는 표현물들의 및 그 보호되지 아니하는 표현물들의 그

---

v. O'Brien, 391 U. S. 367, 377 (1968)에서 당원은 판시하였다. California v. LaRue, 409 U. S. 109, 117-118 (1972)를 보라.

9) 헌법적 권리들이 침해됨을, 동일한 표현물에 관하여 상이한 결론들에 배심들이 도달할 수 있다는 사실 자체만으로는 의미하지 않는다. Roth v. United States, 354 U. S., at 492 n. 30에서 당원이 말하였듯이, "어떤 형사 제정법 아래서도 서로 상이한 결론들에 여러 배심들이 도달할 수 있음은 공통의 경험이다. 그것은 우리의 배심제도 아래서 우리가 받아들이는 결과들 가운데 한 가지이다. Dunlop v. United States, 165 U. S. 486, 499-500을 비교하라."

consenting adults only. Nor does he indicate where in the Constitution he finds the authority to distinguish between a willing "adult" one month past the state law age of majority and a willing "juvenile" one month younger.

Under the holdings announced today, no one will be subject to prosecution for the sale or exposure of obscene materials unless these materials depict or describe patently offensive "hard core" sexual conduct specifically defined by the regulating state law, as written or construed. We are satisfied that these specific prerequisites will provide fair notice to a dealer in such materials that his public and commercial activities may bring prosecution. See Roth v. United States, supra, at 491-492. Cf. Ginsberg v. New York, 390 U. S., at 643.[10] If «413 U. S., 28» the inability to define regulated materials with ultimate, god-like precision altogether removes the power of the States or the Congress to regulate, then "hard core" pornography may be exposed without limit to the juvenile, the passerby, and the consenting adult alike, as, indeed, MR. JUSTICE DOUGLAS contends. As to MR. JUSTICE DOUGLAS' position, see United States v. Thirty-seven Photographs, 402 U. S. 363, 379-380 (1971) (Black, J., joined by DOUGLAS, J., dissenting); Ginzburg v. United States, supra, at 476, 491-492 (Black, J., and DOUGLAS, J., dissenting); Jacobellis v. Ohio, supra, at 196 (Black, J., joined by DOUGLAS, J., con-

---

10) As MR. JUSTICE BRENNAN stated for the Court in Roth v. United States, supra, at 491–492: "Many decisions have recognized that these terms of obscenity statutes are not precise. [Footnote omitted.] This Court, however, has consistently held that lack of precision is not itself offensive to the requirements of due process. '. . . [T]he Constitution does not require impossible standards' ; all that is required is that the «413 U. S., 28» language 'conveys sufficiently definite warning as to the proscribed conduct when measured by common understanding and practices. ······' United States v. Petrillo, 332 U. S. 1, 7–8. These words, applied according to the proper standard for judging obscenity, already discussed, give adequate warning of the conduct proscribed and mark '······ boundaries sufficiently distinct for judges and juries fairly to administer the law ······ That there may be marginal cases in which it is difficult to determine the side of the line on which a particular fact situation falls is no sufficient reason to hold the language too ambiguous to define a criminal offense. ······' Id., at 7. See also United States v. Harriss, 347 U. S. 612, 624 , n. 15; Boyce Motor Lines, Inc. v. United States, 342 U. S. 337, 340; United States v. Ragen, 314 U. S. 513, 523–524; United States v. Wurzbach, 280 U. S. 396; Hygrade Provision Co. v. Sherman, 266 U. S. 497; Fox v. Washington, 236 U. S. 273; Nash v. United States, 229 U. S. 373."

양자 사이의 구분선이 그어질 수 있는 표지를 그는 제시하지 아니한다. 주 성년 연령을 한 달을 넘은 동의하는 "성인"의 및 그 한 달이 부족한 동의하는 "청소년"의 양자 사이를 구분지을 권한을 연방헌법 안의 어디에서 그가 발견하는지를 마찬가지로 그는 제시하지 아니한다.

오늘 선언되는 판시사항들 아래서는, 문언상의 것으로서든 해석된 것으로서든 주(state) 규제 관련법에 의하여 명시적으로 규정된 명백히 무례한 "노골적인" 성적 행위를 이들 표현물들이 묘사하지 않는 한 내지는 표현하지 않는 한, 외설한 표현물들의 판매를 내지는 공개를 이유로는 아무도 기소에 처해지지 않을 것이다. 이러한 표현물들에 대한 취급자의 공개적 상업적 활동들이 소추를 야기할 수 있음에 대한 그 취급자에게의 공정한 고지를 이러한 명시적 필요조건들이 제공할 것임을 우리는 납득한다. Roth v. United States, supra, at 491-492를 보라. Ginsberg v. New York, 390 U. S., at 643을 비교하라.[10] 만약 «413 U. S., 28» 규제대상 표현물들을 궁극적인 신 같은 정확성을 지니고서 규정할 능력의 없음이 이를 규제할 주들의 내지는 연방의회의 권한을 모조리 제거한다면, 그때는 "노골적인" 포르노그래피는 과연 더글라스(DOUGLAS) 판사가 주장하듯이 청소년에게, 통행인에게, 그리고 동의하는 성인에게 다 같이 무제한으로 노출될 수 있다. 더글라스(DOUGLAS) 판사의 입장에 관하여는, United States v. Thirty-seven Photographs, 402 U. S. 363, 379-380 (1971) [더글라스(DOUGLAS) 판사의 가담을 받은 블랙(Black) 판사, 반대의견]을; Ginzburg v. United States, supra, at 476, 491-492 [블랙(Black) 판사 및 더글라스(DOUGLAS) 판사, 반대의견]을; Jacobellis v. Ohio, supra, at 196 [더글라스(DOUGLAS) 판

---

10) Roth v. United States, supra, at 491-492에서의 법원을 위하여 브레넌(BRENNAN) 판사가 말했듯이: "외설규제 제정법들의 이 문언들은 정확하지 아니함을 다수의 판결들은 인정해 왔다. [각주생략.] 그러나 정확성의 결여는 그 자체로는 적법절차의 요구사항들에 위반되는 것은 아님을 당원은 일관되게 판시해 왔다. '…… [불]가능한 표준들을 연방헌법은 요구하지 않는다'; 그 요구되는 전부는 «413 U. S., 28» 보통의 이해력에 및 관행들에 의하여 측정될 때에 그 금지되는 행동에 관하여 충분히 명확한 경고를. ……' 그 문언이 '전달'해야 한다는 것이다. United States v. Petrillo, 332 U. S. 1, 7-8. 이미 논의된 대로의 외설성을 판단하기 위한 적절한 표준에 따라 적용될 경우의 이 문언들은 그 금지되는 행동에 관한 충분한 경고를 주면서 나아가 '…… 판사들이 및 배심들이 법을 운용하기에 충분할 만큼 명확한 한계선들을' 그것은 명시한다. '…… 구분선의 어느 쪽에 특정의 사실적 상황이 떨어지는지를 판단하기 어려운 경계선상의 사건들이 있을 수 있다는 점은 형사적 범죄를 규정하기에는 너무 모호한 것으로 그 문언을 보기 위한 충분한 이유가 아니다. ……' Id., at 7. 아울러 United States v. Harriss, 347 U. S. 612, 624, n. 15를; Boyce Motor Lines, Inc. v. United States, 342 U. S. 337, 340을; United States v. Ragen, 314 U. S. 513, 523-524를; United States v. Wurzbach, 280 U. S. 396을; Hygrade Provision Co. v. Sherman, 266 U. S. 497을; Fox v. Washington, 236 U. S. 273을; Nash v. United States, 229 U. S. 373을 보라."

curring); Roth, supra, at 508-514 (DOUGLAS, J., dissenting). In this belief, however, MR. JUSTICE DOUGLAS now stands alone.

MR. JUSTICE BRENNAN also emphasizes "institutional stress" in justification of his change of view. Noting that "[t]he number of obscenity cases on our docket gives ample testimony to the burden that has been placed upon this Court," he quite rightly remarks that the examination of contested materials "is hardly a source of edification to the members of this Court." Paris Adult «413 U. S., 29» Theatre I v. Slaton, post, at 92, 93. He also notes, and we agree, that "uncertainty of the standards creates a continuing source of tension between state and federal courts. ⋯⋯" "The problem is ⋯⋯ that one cannot say with certainty that material is obscene until at least five members of this Court, applying inevitably obscure standards, have pronounced it so." Id., at 93, 92.

It is certainly true that the absence, since Roth, of a single majority view of this Court as to proper standards for testing obscenity has placed a strain on both state and federal courts. But today, for the first time since Roth was decided in 1957, a majority of this Court has agreed on concrete guidelines to isolate "hard core" pornography from expression protected by the First Amendment. Now we may abandon the casual practice of Redrup v. New York, 386 U. S. 767 (1967), and attempt to provide positive guidance to federal and state courts alike.

This may not be an easy road, free from difficulty. But no amount of "fatigue" should lead us to adopt a convenient "institutional" rationale - an absolutist, "anything goes" view of the First Amendment - because it will lighten our burdens.[11] "Such an abnegation of judicial supervision in this

---

11) We must note, in addition, that any assumption concerning the relative burdens of the past and the probable burden under the standards now adopted is pure speculation.

사의 가담을 받은 블랙(Black) 판사, 보충의견]을; Roth, supra, at 508-514 [더글라스 (DOUGLAS) 판사, 반대의견]을 보라. 그러나 이 믿음 속에 더글라스(DOUGLAS) 판사는 이제 홀로 선다.

"제도상의 압박"을 자신의 견해 변경의 정당화 사유로서 브레넌(BRENNAN) 판사는 아울러 강조한다. "[당]원 위에 가해져 있는 부담에 관한 충분한 증거를 우리 소송 사건 일람표상의 외설 사건들의 숫자는 제공한다."고 특별히 말하면서, 논란 대상 인 표현물들의 검토는 "당원의 구성원들에게는 결코 계몽의 원천이 아님을" 그는 꽤 정확하게 언급한다. Paris Adult «413 U. S., 29» Theatre I v. Slaton, post, at 92, 93. "주 법원들의 및 연방법원들의 양자 사이의 지속적인 긴장의 원천을 표준들의 불확실성은 빚어낸다. ……" ",그 불가피하게 모호한 표준들을 적용하여 표현물이 외설함을 당원의 적어도 다섯 명의 구성원들이 선언해 놓기까지는 표현물이 외설 함을 아무도 확실성 있게 말할 수 없다는 데에 …… 문제는 있다."는 점을 그는 아 울러 특별히 언급하고 그리고 우리는 이에 동의한다. Id., at 93, 92.

외설성을 판단하기 위한 적절한 표준들에 관한 단 한 개의 당원의 다수의견이조 차도 Roth 판결 이래로 부존재한다는 점이 주 법원들에게와 연방법원들에게 다 같 이 긴장을 가해 왔음은 확실히 진실이다. 그러나 오늘, Roth 사건이 1957년에 판결 된 이래로 처음으로, "노골적인" 포르노그래피를 연방헌법 수정 제1조에 의하여 보 호되는 표현으로부터 격리시키기 위한 구체적 지침들에 관하여 이 법원의 다수판 사들은 동의한 터이다. 그 변덕스러운 Redrup v. New York, 386 U. S. 767 (1967)의 관행을 이제 우리는 버려도 되고, 그리하여 명확한 지침을 연방법원들에게와 주 법 원들에게 다 같이 제공하고자 우리는 시도해도 된다.

이것은 어려움으로부터 풀려난 손쉬운 길이 아닐 수 있다. 그러나 "피로"의 정도 가 제아무리 클지언정, 우리의 짐들을 편리한 "제도상의" 정당화가 경감시켜 준다 는 이유로 그러한 정당화를 - 연방헌법 수정 제1조에 관한 절대론자의, "무엇이든 괜찮다"식의 견해를 - 채택하도록 우리를 그 피로가 이끌어가게 해서는 안 된다.[11]

---

11) 조금이라도 과거의 상대적 부담들에 관한 및 지금 채택되는 표준들 아래서의 개연성 있는 부담에 관한 추정은 순전 한 사변이라는 점을 추가로 우리는 유의하지 않으면 안 된다.

field would be inconsistent with our duty to uphold the constitutional guarantees." Jacobellis v. Ohio, supra, at 187-188 (opinion of BRENNAN, J.). Nor should we remedy "tension between state and federal courts" by arbitrarily depriving the States of a power reserved to them under the Constitution, a power which they have enjoyed and exercised continuously from before the adoption of the First Amendment to this day. See Roth v. United States, supra, at 482-485. "Our duty admits of no 'substitute for facing up «413 U. S., 30» to the tough individual problems of constitutional judgment involved in every obscenity case.' [Roth v. United States, supra, at 498]; see Manual Enterprises, Inc. v. Day, 370 U. S. 478, 488 (opinion of Harlan, J.) [footnote omitted]." Jacobellis v. Ohio, supra, at 188 (opinion of BRENNAN, J.).

III

Under a National Constitution, fundamental First Amendment limitations on the powers of the States do not vary from community to community, but this does not mean that there are, or should or can be, fixed, uniform national standards of precisely what appeals to the "prurient interest" or is "patently offensive." These are essentially questions of fact, and our Nation is simply too big and too diverse for this Court to reasonably expect that such standards could be articulated for all 50 States in a single formulation, even assuming the prerequisite consensus exists. When triers of fact are asked to decide whether "the average person, applying contemporary community standards" would consider certain materials "prurient," it would be unrealistic to require that the answer be based on some abstract formulation. The adversary system, with lay jurors as the usual ultimate factfinders in criminal prosecutions, has historically permitted triers of fact to draw on the standards of their community, guided always by limiting instructions on the law. To require a State to structure obscenity proceedings around evidence of a national "community standard" would be an exercise in futility.

"헌법적 보장들을 유지할 우리의 의무에 이 영역에서의 사법적 감독에 대한 이러한 포기는 부합되지 아니할 것이다." Jacobellis v. Ohio, supra, at 187-188 [브레넌(BRENNAN) 판사의 의견]. "주 법원들의 및 연방법원들의 양자 사이의 긴장을," 연방헌법 아래서 주들에게 유보된 권한을 주들에게서 자의적으로 박탈함에 의하여 우리가 교정해서도 역시 안 될 것인바, 그것은 연방헌법 수정 제1조의 채택 이전부터 오늘까지 그들이 지속적으로 향유하고 행사해 온 권한인 것이다. Roth v. United States, supra, at 482-485를 보라. "'모든 외설 사건에 포함되는 헌법적 판단의 다루기 《413 U. S., 30》 힘든 개별적 문제들에 감연히 직면함에 갈음하는 대용물'을 우리의 임무는 허용하지 않는다. [Roth v. United States, supra, at 498]; 아울러 Manual Enterprises, Inc. v. Day, 370 U. S. 478, 488 [할란(Harlan) 판사의 의견] [각주생략]을 보라." Jacobellis v. Ohio, supra, at 188 [브레넌(BRENNAN) 판사의 의견].

Ⅲ

한 개의 연방헌법 아래서, 주들의 권한들에 대한 연방헌법 수정 제1조상의 기본적 제한들은 지역사회마다에 따라 다르지 아니하지만, 그러나 무엇이 "호색적 관심"에 호소하는 것인지에 관한, 내지는 무엇이 "명백하게 무례한" 것인지에 관한 고정된, 통일된 전국적 표준들이 존재함을, 존재해야 함을 내지는 존재할 수 있음을 이는 의미하지 않는다. 이것들은 본질적으로 사실의 문제들이고, 게다가 50개의 주들 전체를 위하여 단 하나의 공식화 속에서 이러한 표준들이 분명히 말해질 수 있기를 당원이 합리적으로 예상하기에는, 설령 그 필수인 합의가 존재한다고 가정한다고 하더라도, 우리의 국가는 정말이지 너무나 크고 너무나 다양하다. "동시대적 지역사회 표준들을 적용하여 평균적인 사람이" 일정한 표현물들을 "호색적"이라고 여길지 여부를 판단하도록 사실심리자들이 요청될 때, 모종의 추상적 공식화 위에 그 답변이 토대를 둘 것을 요구함은 비현실적일 것이다. 법에 관하여 제한적 훈시들에 의하여 항상 안내받는 가운데 그들의 지역사회 표준들에 사실심리자들로 하여금 의존하도록, 전문가 아닌 배심원들을 형사 소추들에 있어서의 궁극적 사실판단자들로 삼는 대립당사자주의 재판제도는 역사적으로 허용해 왔다. 외설 절차들을 전국적 "지역사회 표준"의 증거 주변에 구축하도록 주에게 요구함은 무익한 연습이 될 것이다.

As noted before, this case was tried on the theory that the California obscenity statute sought to incorporate the tripartite test of Memoirs. This, a "national" standard of First Amendment protection enumerated by a plurality of this Court, was correctly regarded at the time of trial as limiting state prosecution under the controlling case «413 U. S., 31» law. The jury, however, was explicitly instructed that, in determining whether the "dominant theme of the material as a whole ······ appeals to the prurient interest" and in determining whether the material "goes substantially beyond customary limits of candor and affronts contemporary community standards of decency," it was to apply "contemporary community standards of the State of California."

During the trial, both the prosecution and the defense assumed that the relevant "community standards" in making the factual determination of obscenity were those of the State of California, not some hypothetical standard of the entire United States of America. Defense counsel at trial never objected to the testimony of the State's expert on community standards[12] or to the instructions of the trial judge on "statewide" standards. On appeal to the Appellate Department, Superior Court of California, County of Orange, appellant for the first time contended that application of state, rather than national, standards violated the First and Fourteenth Amendments.

We conclude that neither the State's alleged failure to offer evidence of "national standards," nor the trial court's charge that the jury consider state community standards, were constitutional errors. Nothing in the First Amendment requires that a jury must consider hypothetical and unascertainable "national standards" when attempting to determine whether certain

---

12) The record simply does not support appellant's contention, belatedly raised on appeal, that the State's expert was unqualified to give evidence on California "community standards." The expert, a police officer with many years of specialization in obscenity offenses, had conducted an extensive statewide survey and had given expert evidence on 26 occasions in the year prior to this trial. Allowing such expert testimony was certainly not constitutional error. Cf. United States v. Augenblick, 393 U. S. 348, 356 (1969).

앞에서 특별히 언급되었듯이, Memoirs 판결의 3자구성의 기준을 통합하고자 캘리포니아 외설규제 제정법이 추구하였다는 이론에 의거하여 이 사건은 정식사실심리되었다. 당원의 상대다수 의견 한 개에 의하여 열거된 연방헌법 수정 제1조상의 보호의 "전국적" 표준인 이것은, 그 구속력 있는 판례법 아래서 주 검찰을 제약하는 것으로 정식사실심리 당시에 정당하게 《413 U. S., 31》 간주되었다. 그러나 "전체적으로 판단된 그 표현물의 지배적 주제가 …… 호색적 관심에 호소하는지" 여부를 판단함에 있어서 및 표현물이 "솔직성의 통례적 한계들을 본질적으로 넘어서는지 및 동시대적 지역사회의 예절의 표준들을 모욕하는지 여부를 판단함에 있어서," "캘리포니아주의 동시대적 지역사회 표준들을" 자신은 적용해야 함을 배심은 명확하게 훈시받았다.

외설성에 관한 사실판단을 함에 있어서의 관련 "지역사회 표준들"은 미합중국 전체의 모종의 가정적 표준들이 아닌 캘리포니아주 표준들임을 정식사실심리 동안, 검찰은 및 변호인단은 다 같이 추정하였다. 지역사회 표준들에 관한 주측(State's) 전문가의 증언에 대하여[12] 내지는 "주 규모의" 표준들에 관한 정식사실심리 판사의 훈시사항들에 대하여 변호인단은 정식사실심리에서 한 번도 이의를 제기하지 않았다. 연방헌법 수정 제1조를 및 제14조를 전국적 표준들의 적용이 아닌 주(state) 표준들의 적용이 침해했음을 캘리포니아주 오렌지 카운티 상위법원 항소부에의 항소에서 항소인은 처음으로 주장하였다.

"전국적 표준들"의 증거를 제시함에 대한 그 주장된 주의(State's) 불이행은 및 주(state) 지역사회 표준들을 고려하라는 정식사실심리 법원의 훈시는 그 어느 것이도 헌법적 오류들이 아니었다고 우리는 결론짓는다. 특정 표현물들이 외설한지 여부를 사실문제로서 판단하고자 시도할 때에 그 가정적인 및 확인 불가능한 "전국적 표준들"을 배심이 고려하지 않으면 안 된다고 요구하는 것은 연방헌법 수정 제1조

---

12) 캘리포니아주 "지역사회 표준들"에 관하여 증언할 자격을 주측의 전문가는 갖추지 못했다는 항소심에서 때늦게 제기된 항소인의 주장을 기록은 전혀 뒷받침하지 않는다. 외설관련 범죄들에서의 다년간의 전문적 지식을 지닌 경찰관인 그 전문가는 주 규모의 광범위한 조사를 수행한 터였고 이 정식사실심리 전 해에 26 차례에 걸쳐 전문가 증언을 한 터였다. 이러한 전문가 증언을 허용함은 헌법적 오류가 아님이 확실하다. United States v. Augenblick, 393 U. S. 348, 356 (1969)를 비교하라.

materials are obscene as a matter «413 U. S., 32» of fact. Mr. Chief Justice Warren pointedly commented in his dissent in Jacobellis v. Ohio, supra, at 200:

"It is my belief that when the Court said in Roth that obscenity is to be defined by reference to 'community standards,' it meant community standards - not a national standard, as is sometimes argued. I believe that there is no provable 'national standard' ...... At all events, this Court has not been able to enunciate one, and it would be unreasonable to expect local courts to divine one."

It is neither realistic nor constitutionally sound to read the First Amendment as requiring that the people of Maine or Mississippi accept public depiction of conduct found tolerable in Las Vegas, or New York City. [13] «413 U. S., 33» See Hoyt v. Minnesota, 399 U. S. 524-525 (1970) (BLACKMUN, J., dissenting); Walker v. Ohio, 398 U. S. 434 (1970) (BURGER, C. J., dissenting); id., at 434-435 (Harlan, J., dissenting); Cain v. Kentucky, 397 U. S. 319 (1970) (BURGER, C. J., dissenting); id., at 319-320 (Harlan, J., dissenting); United States v. Groner, 479 F. 2d, at 581-583; O' Meara & Shaffer, Obscenity in The

---

13) In Jacobellis v. Ohio, 378 U. S. 184 (1964), two Justices argued that application of "local" community standards would run the risk of preventing dissemination of materials in some places because sellers would be unwilling to risk criminal conviction by testing variations in standards from place to place. Id., at 193–195 (opinion of BRENNAN, J., joined by Goldberg, J.). The use of "national" standards, however, necessarily implies that materials found tolerable in some places, but not under the "national" criteria, will nevertheless be unavailable where they are acceptable. Thus, in terms of danger to free expression, the potential for suppression seems at least as great in the application of a single nationwide standard as in allowing distribution in accordance with local tastes, a point which Mr. Justice Harlan often emphasized. See Roth v. United States, 354 U. S., at 506. Appellant also argues that adherence to a "national standard" is necessary "in order to avoid unconscionable burdens on the free flow of interstate commerce." As noted supra, at 18 n. 1, the application of domestic state police powers in this case did not intrude on any congressional powers under Art. I, § 8, cl. 3, for there is no indication that appellant's materials were ever distributed interstate. Appellant's argument would appear without substance in any event. Obscene material may be validly regulated by a State in the exercise of its traditional local power to protect the «413 U. S., 33» general welfare of its population despite some possible incidental effect on the flow of such materials across state lines. See, e. g., Head v. New Mexico Board, 374 U. S. 424 (1963); Huron Portland Cement Co. v. Detroit, 362 U. S. 440 (1960); Breard v. Alexandria, 341 U. S. 622 (1951); H. P. Hood & Sons v. Du Mond, 336 U. S. 525 (1949); Southern Pacific Co. v. Arizona, 325 U. S. 761 (1945); Baldwin v. G. A. F. Seelig, Inc., 294 U. S. 511 (1935); Sligh v. Kirkwood, 237 U. S. 52 (1915).

«413 U. S., 32» 안에는 없다. Jacobellis v. Ohio, supra, at 200의 반대의견에서 법원장 워렌(Warren) 판사는 날카롭게 논평하였다:

"외설은 '지역사회 표준들'에의 참조에 의하여 판정되어야 한다고 Roth 사건에서 당원이 말하였을 때, 때때로 주장되듯이 전국적 표준을이 아닌 지역사회 표준들을 그것은 의미하였다는 것이 나의 믿음이다. 증명 가능한 '전국적 표준'은 존재하지 아니한다고 나는 믿는다. …… 어쨌든, 한 개를이라도 당원은 선언할 수 있었던 적이 없는바, 한 개를 지방의 법원들이 예언하리라고 기대함은 불합리한 일일 것이다."

라스베가스에서 또는 뉴욕시에서 용인되는 것으로 인정된 행동의 공공연한 묘사를 메인주의 또는 미시시피주의 국민들이 받아들여야 함을 요구하는 것으로 연방헌법 수정 제1조를 해석함은 현실적이지도 합헌적이지도 아니하다.[13] «413 U. S., 33» Hoyt v. Minnesota, 399 U. S. 524-525 (1970) [블랙먼(BLACKMUN) 판사, 반대의견]을; Walker v. Ohio, 398 U. S. 434 (1970) [법원장 버거(BURGER) 판사, 반대의견]을; id., at 434-435 [할란(Harlan) 판사, 반대의견]을; Cain v. Kentucky, 397 U. S. 319 (1970) [법원장 버거(BURGER) 판사, 반대의견]을; id., at 319-320 [할란(Harlan) 판사, 반대의견]

---

13) 일정한 장소들에서의 표현물들의 배포를 금지하는 위험을 "지방의" 지역사회 표준들의 적용은 무릅쓰게 될 것임을, 왜냐하면 장소마다에서의 표준들의 변화들을 판단함에 의한 형사 유죄판정의 위험을 감수하기를 판매상들은 꺼려하게 될 것이기 때문임을 Jacobellis v. Ohio, 378 U. S. 184 (1964)에서 두 명의 대법관들은 주장하였다. Id., at 193-195 (골드버그(Goldberg) 판사의 가담을 받은 브레넌(BRENNAN) 판사의 의견). 그렇지만 일정한 장소들에서 참을 수 있는 것으로 판단된, 그러나 "전국적" 표준 아래서는 그렇지 아니한 것으로 판단된 표현물은, 그것들이 받아들여질 수 있는 곳에서의 입수가 이에도 불구하고 불가능함을 "전국적" 표준들의 사용은 불가피하게 함축한다. 이렇듯, 자유로운 표현에 대한 위험의 관점에서는, 적어도 지방의 취향들에 따른 배포를 허용함에 있어서의 억압의 가능성의 크기만큼은 그 단일한 전국적 표준의 적용에 있어서의 억압의 가능성은 큰바, 이는 할란(Harlan) 판사가 자주 강조하였던 관점이다. Roth v. United States, 354 U. S., at 506을 보라.
"주제통상(interstate commerce)의 자유로운 흐름 위에의 불합리한 부담들을 회피하기 위하여" "전국적 표준"에의 고수가 필요함을 항소인은 아울러 주장한다. supra, at 18 n. 1에서 특별히 언급되었듯이, 이 사건에서의 주 경찰권한들의 주 내에서의 적용은 조금이라도 연방헌법 Art. I, § 8, cl. 3 아래서의 연방의회의 권한들을 침범하지 않았는바, 왜냐하면 항소인의 표현물들이 주 경계를 넘어서 배포되었다는 점에 대한 징후가 없기 때문이다. 어쨌든, 항소인의 주장은 실체가 없는 것으로 드러날 것이다. 자신의 주민의 일반적 복지를 보호할 주 자신의 전통적인 권한의 행사 속에서, 외설한 표현물들의 «413 U. S., 33» 주 경계들을 넘어서의 흐름 위에의 모종의 있을 수 있는 부수적 효과에도 불구하고, 이러한 표현물은 주에 의하여 유효하게 규제될 수 있다. 예컨대, Head v. New Mexico Board, 374 U. S. 424 (1963)을; Huron Portland Cement Co. v. Detroit, 362 U. S. 440 (1960)을; Breard v. Alexandria, 341 U. S. 622 (1951)을; H. P. Hood & Sons v. Du Mond, 336 U. S. 525 (1949)를; Southern Pacific Co. v. Arizona, 325 U. S. 761 (1945)를; Baldwin v. G. A. F. Seelig, Inc., 294 U. S. 511 (1935)를; Sligh v. Kirkwood, 237 U. S. 52 (1915)를 보라.

Supreme Court: A Note on Jacobellis v. Ohio, 40 Notre Dame Law. 1, 6-7 (1964). See also Memoirs v. Massachusetts, 383 U. S., at 458 (Harlan, J., dissenting); Jacobellis v. Ohio, supra, at 203-204 (Harlan, J., dissenting); Roth v. United States, supra, at 505-506 (Harlan, J., concurring and dissenting). People in different States vary in their tastes and attitudes, and this diversity is not to be strangled by the absolutism of imposed uniformity. As the Court made clear in Mishkin v. New York, 383 U. S., at 508-509, the primary concern with requiring a jury to apply the standard of "the average person, applying contemporary community standards" is to be certain that, so far as material is not aimed at a deviant group, it will be judged by its impact on an average person, rather than a particularly susceptible or sensitive person - or indeed a totally insensitive one. See Roth v. United States, supra, at 489. Cf. the now discredited test in Regina v. Hicklin, 1868. L. R. 3 Q. B. 360. We hold that the requirement that the jury evaluate the materials with reference to "contemporary «413 U. S., 34» standards of the State of California" serves this protective purpose and is constitutionally adequate.[14]

IV

The dissenting Justices sound the alarm of repression. But, in our view, to equate the free and robust exchange of ideas and political debate with com-

---

14) Appellant's jurisdictional statement contends that he was subjected to "double jeopardy" because a Los Angeles County trial judge dismissed, before trial, a prior prosecution based on the same brochures, but apparently alleging exposures at a different time in a different setting. Appellant argues that once material has been found not to be obscene in one proceeding, the State is "collaterally estopped" from ever alleging it to be obscene in a different proceeding. It is not clear from the record that appellant properly raised this issue, better regarded as a question of procedural due process than a "double jeopardy" claim, in the state courts below. Appellant failed to address any portion of his brief on the merits to this issue, and appellee contends that the question was waived under California law because it was improperly pleaded at trial. Nor is it totally clear from the record before us what collateral effect the pretrial dismissal might have under state law. The dismissal was based, at least in part, on a failure of the prosecution to present affirmative evidence required by state law, evidence which was apparently presented in this case. Appellant's contention, therefore, is best left to the California courts for further consideration on remand. The issue is not, in any event, a proper subject for appeal. See Mishkin v. New York, 383 U. S. 502, 512–514 (1966).

을; United States v. Groner, 479 F. 2d, at 581-583을; O'Meara & Shaffer, Obscenity in The Supreme Court: A Note on Jacobellis v. Ohio, 40 Notre Dame Law. 1, 6-7 (1964)을 보라. 아울러 Memoirs v. Massachusetts, 383 U. S., at 458 [할란(Harlan) 판사, 반대의견]을; Jacobellis v. Ohio, supra, at 203-204 [할란(Harlan) 판사, 반대의견]을; Roth v. United States, supra, at 505-506 [할란(Harlan) 판사, 보충의견이면서 반대의견임]을 보라. 그들의 취향들에 및 태도들에 있어서 여러 주들의 사람들은 편차를 보이는바, 강요된 획일성이라는 절대주의에 의하여 이 다양성은 억제되어서는 안 된다. Mishkin v. New York, 383 U. S., at 508-509에서 당원이 명확히 하였듯이, "동시대적 지역사회 표준들을 적용한 평균적인 사람"의 표준을 적용할 것을 배심에게 요구함의 우선적 염려는, 표준에서 벗어난 집단을 그 목표로 표현물이 삼고 있지 아니하는 한, 특별히 민감한 내지는 과민한 사람에게가 내지는 전적으로 무감각한 사람에게가 아니라 평균적인 사람에게 가해지는 그것의 영향력에 의하여 그것이 판단된다는 점을 확실히 하기 위한 것이다. Roth v. United States, supra, at 489를 보라. 이제는 불신되는 Regina v. Hicklin, 1868. L. R. 3 Q. B. 360에서의 기준을 비교하라. "캘리포니아주의 동시대적 표준들"에 관하여 표현물들을 배심이 «413 U. S., 34» 평가해야 한다는 요구는 이 보호적 목적들에 기여한다고, 그리고 헌법적으로 적절하다고 우리는 본다.[14]

IV

억압의 경보음을 반대의견 대법관들은 울린다. 그러나 우리의 견해로는 사상들의 및 정치적 토론의 자유로운 및 강건한 교환을 외설한 표현물의 상업적 이용에

---

14) 동일한 팜플렛들에 근거한, 그러나 다른 때에 다른 배경에서의 노출행위들을 외견상 주장한 이전의 소추를 정식사실심리 이전에 로스앤젤레스 카운티 정식사실심리 판사가 각하하였기 때문에. "이중위험"에 자신은 처해졌다고 항소인의 관할권 진술은 주장한다. 외설하지 않은 것으로 한 개의 절차에서 표현물이 한 번 판단되어 있으면, 그것이 외설함을 별개의 절차에서 주가 조금이라도 주장함은 "부수적 금반언"에 의하여 금지된다고 항소인은 주장한다. "이중위험" 주장이라고 보기보다는 절차상의 적법절차 문제라고 봄이 더 타당한 이 쟁점을 주 하급 법원들에서 항소인이 적절하게 제기했는지가 기록상으로 명백하지 아니하다. 그의 준비서면을 일부라도 이 쟁점의 본안에 맞추어 항소인은 제출하지 못하였고, 아울러 그 문제는 캘리포니아주 법에 따라서 포기되었다고, 왜냐하면 그것은 정식사실심리에서 부적절하게 소급되었기 때문이라고 피항소인은 주장한다. 어떤 부수적 효과를 주 법 아래서 그 정식사실심리 이전의 각하가 지닐 수 있었는지가 우리 앞의 기록상으로 전적으로 명확하지 아니하기조차 하다. 주 법에 의하여 요구되는, 이 사건에서는 외견상으로 제출된 확정적 증거를 제출할 의무에 대한 검찰의 불이행에 적어도 부분적으로 토대를 그 각하는 두었다. 따라서 항소인의 주장은 환송심에서의 추후의 검토를 위하여 캘리포니아주 법원들에게 최선껏 맡겨진다. 어쨌든 그 쟁점은 항소를 위한 정당한 주제가 아니다. Mishkin v. New York, 383 U. S. 502, 512–514 (1966)을 보라.

mercial exploitation of obscene material demeans the grand conception of the First Amendment and its high purposes in the historic struggle for freedom. It is a "misuse of the great guarantees of free speech and free press ⋯⋯." Breard v. Alexandria, 341 U. S., at 645. The First Amendment protects works which, taken as a whole, have serious literary, artistic, political, or scientific value, regardless of whether the government or a majority of the people approve of the ideas these works represent. "The protection given speech and press was fashioned to assure unfettered interchange of *ideas* for the bringing about of «413 U. S., 35» political and social changes desired by the people," Roth v. United States, supra, at 484 (emphasis added). See Kois v. Wisconsin, 408 U. S., at 230-232; Thornhill v. Alabama, 310 U. S., at 101-102. But the public portrayal of hard-core sexual conduct for its own sake, and for the ensuing commercial gain, is a different matter. [15]

There is no evidence, empirical or historical, that the stern 19th century American censorship of public distribution and display of material relating to sex, see Roth v. United States, supra, at 482-485, in any way limited or affected expression of serious literary, artistic, political, or scientific ideas. On the contrary, it is beyond any question that the era following Thomas Jefferson to Theodore Roosevelt was an "extraordinarily vigorous period," not just in economics and politics, but in belles lettres and in "the outlying fields of social and political philosophies."[16] We do not see the harsh hand «413 U. S., 36»

---

15) In the apt words of Mr. Chief Justice Warren, appellant in this case was "plainly engaged in the commercial exploitation of the morbid and shameful craving for materials with prurient effect. I believe that the State and Federal Governments can constitutionally punish such conduct. That is all that these cases present to us, and that is all we need to decide." Roth v. United States, supra, at 496 (concurring opinion).

16) See 2 V. Parrington, Main Currents in American Thought ix et seq. (1930). As to the latter part of the 19th century, Parrington observed "A new age had come and other dreams – the age and the dreams of a middle-class sovereignty ⋯⋯ From the crude and vast romanticisms of that vigorous sovereignty emerged eventually a spirit of realistic criticism, seeking to evaluate the worth of this new America, and discover if possible other philosophies to take the place of those which had gone down in the fierce battles of the Civil War." Id., at 474. Cf. 2 S. Morison, H. Commager & W. Leuchtenburg, The Growth of the American Republic 197–233 (6th ed. 1969); Paths of American Thought 123–166, 203–290 (A. Schlesinger & M. White ed. 1963) (articles of Fleming, Lerner, Morton & Lucia White, E. Rostow, Samuelson, Kazin, Hofstadter); and H. Wish, Society and Thought in Modern America

동일시함은 연방헌법 수정 제1조의 웅대한 개념의 품위를, 그리고 자유를 위한 역사적 투쟁에 있어서의 그것의 숭고한 목적들의 품위를 떨어뜨린다. 그것은 "……자유로운 말에 대한 및 자유로운 언론출판에 대한 위대한 보장들의 오용"이다. Breard v. Alexandria, 341 U. S., at 645. 전체적으로 판단하여 중대한 문학적, 예술적, 정치적, 또는 과학적 가치를 지니는 표현물들을, 이러한 표현물들이 표현하는 사상들을 정부가 또는 국민 다수가 승인하는지 여부에 상관없이, 연방헌법 수정 제1조는 보호한다. "국민들에 의하여 희망되는 정치적 사회적 변화들의 일으킴을 위한 사상들의 제약 없는 상호교환을 확보하도록 《413 U. S., 35》 말에 및 언론출판에 부여되는 보호는 구상되었다." Roth v. United States, supra, at 484 (강조는 보태짐). Kois v. Wisconsin, 408 U. S., at 230-232를; Thornhill v. Alabama, 310 U. S., at 101-102를 보라. 그러나 노골적인 성행위 그 자체를 위한 및 이에서 얻어지는 상업적 이득을 위한 그 공공연한 묘사는 별개의 문제이다.[15]

중대한 문학적, 예술적, 정치적, 또는 과학적 사상들의 표현을 성에 관련된 표현물의 공공연한 배포에 대한 및 전시에 대한 그 준엄한 19세기 미국의 검열이, see Roth v. United States, supra, at 482-485, 조금이라도 제한했다는 내지는 악영향을 미쳤다는 증거는 경험적인 것이든 역사적인 것이든 없다. 오히려 그 반대로, 토마스 제퍼슨(Thomas Jefferson)에 이어 테어도어 루스벨트(Theodore Roosevelt)에 이르기까지의 시대가 경제에 및 정치에 있어서만이 아니라 순(純)문학에 있어서 및 "사회적 정치적 철학들이라는 변경의 영역들"에 있어서 "엄청나게 원기 왕성한 시대"였음은 의문을 용납하지 않는다.[16] 성에 대한 인간의 관심의 상업적 이용에 대한 모든 주

---

15) 법원장 워렌(Warren) 판사의 적절한 표현에 따르면, "색욕을 자극하는 효과를 지닌 병적인 및 추잡한 갈망의 상업적 이용에" 이 사건의 항소인은 "명백히 종사하였다. 이러한 행위를 주 정부는 및 연방정부는 합헌적으로 처벌할 수 있다고 나는 믿는다. 그것이 이 사건들이 우리에게 제시하는 전부이고 그것이 우리가 판단할 필요가 있는 전부이다." Roth v. United States, supra, at 496 (보충의견).

16) 2 V. Parrington, Main Currents in American Thought ix et seq. (1930)을 보라. "새로운 시대가, 그리고 다른 꿈들이 – 즉 중류계급 통치권의 시대가 및 그 꿈들이 – 도래해 있었다. …… 그 원기 왕성한 통치권의 투박한 및 광대한 낭만주의로부터 현실주의적 비평이 드디어 출현하였는바, 이 새로운 아메리카의 가치를 평가하고자, 그리고 남북전쟁의 흉포한 전투들 속에서 가라앉아 버린 철학들을 대신할 다른 철학들을 가능하면 발견하고자 그것은 시도하였다."라고 19세기 후반에 관하여 패링턴(Parrington)은 말하였다. Id., at 474. 아울러 2 S. Morison, H. Commager & W. Leuchtenburg, The Growth of the American Republic 197-233 (6th ed. 1969)를; Paths of American Thought 123-166, 203-290 (A. Schlesinger & M. White ed. 1963) (articles of Fleming, Lerner, Morton & Lucia White, E. Rostow, Samuelson, Kazin, Hofstadter)를; 그리고 H. Wish, Society and Thought in Modern America 337-386

of censorship of ideas - good or bad, sound or unsound - and "repression" of political liberty lurking in every state regulation of commercial exploitation of human interest in sex.

MR. JUSTICE BRENNAN finds "it is hard to see how state-ordered regimentation of our minds can ever be forestalled." Paris Adult Theatre I v. Slaton, post, at 110 (BRENNAN, J., dissenting). These doleful anticipations assume that courts cannot distinguish commerce in ideas, protected by the First Amendment, from commercial exploitation of obscene material. Moreover, state regulation of hard-core pornography so as to make it unavailable to nonadults, a regulation which MR. JUSTICE BRENNAN finds constitutionally permissible, has all the elements of "censorship" for adults; indeed even more rigid enforcement techniques may be called for with such dichotomy of regulation. See Interstate Circuit, Inc. v. Dallas, 390 U. S., at 690.[17] One can concede that the "sexual revolution" of recent years may have had useful byproducts in striking layers of prudery from a subject long irrationally kept from needed ventilation. But it does not follow that no regulation of patently offensive "hard core" materials is needed or permissible; civilized people do not allow unregulated access to heroin because it is a derivative of medicinal morphine.

In sum, we (a) reaffirm the Roth holding that obscene material is not protected by the First Amendment; (b) hold that such material can be regulated by the States, subject to the specific safeguards enunciated «413 U. S., 37» above, without a showing that the material is "utterly without redeeming social value"; and (c) hold that obscenity is to be determined by applying

---

337–386 (1952).

17) "[W]e have indicated ······ that because of its strong and abiding interest in youth, a State may regulate the dissemination to juveniles of, and their access to, material objectionable as to them, but which a State clearly could not regulate as to adults. Ginsberg v. New York, ······ [390 U. S. 629 (1968)]." Interstate Circuit, Inc. v. Dallas, 390 U. S. 676, 690 (1968) (footnote omitted).

(state) 규제 속에 《413 U. S., 36》 사상들 - 좋든 나쁘든, 건전하든 불건전하든 - 에 대한 검열이라는 및 정치적 자유의 "억압"이라는 거친 손이 숨어 있음을 우리는 보지 못한다.

"주(state) 명령에 의한 우리의 마음들의 조직화가 어떻게 조금이라도 미연에 방지될 수 있는지 이해하기 어려움"을 브레넌(BRENNAN) 판사는 인정한다. Paris Adult Theatre I v. Slaton, post, at 110 [브레넌(BRENNAN) 판사, 반대의견]. 연방헌법 수정 제1조에 의하여 보호되는 사상들에 있어서의 교섭을 외설한 표현물의 상업적 이용으로부터 법원들은 구분할 수 없다고 이 음울한 예상들은 가정한다. 더욱, 합헌적으로 허용되는 것으로 브레넌(BRENNAN) 판사가 인정하는 규제인, 미성년자들에게 입수되지 않게끔 만들기 위한 노골적인 포르노그래피에 대한 주(state) 규제는 성인들에 대하여는 "검열"의 모든 요소들을 지닌다; 이러한 이분법적 규제에는 아닌게 아니라 더욱 엄밀한 시행 기법들이마저도 요구될 수 있다. Interstate Circuit, Inc. v. Dallas, 390 U. S., at 690을 보라.[17] 그 켜켜이 덮인 고상한 체하기의 층들을, 불합리하게도 오래도록 억제되어 온 한 개의 주제로부터 그 요구되는 표출이 때려냄에 있어서 유익한 부산물들을 최근 연간의 "성 혁명"은 가져왔을 수 있음을 우리는 시인할 수 있다. 그러나 그렇다고 하여 명백히 무례한 "노골적인" 표현물들에 대한 규제가 요구되지 않는다는 것이 내지는 허용될 수 없다는 것이 되지는 않는다; 헤로인에의 규제 없는 접근을 문명화된 국민은 허용하지 않는바, 왜냐하면 그것은 약용 모르핀의 파생물이기 때문이다.

요약하자면, (a) 외설한 표현물은 여방헌법 수정 제1조에 의하여 보호되지 아니한다는 Roth 판시를 우리는 재확인하고; (b) 이상에서 선언된 명시적 보장들에 부합되는 범위 내에서, "단점을 벌충하는 사회적 가치를" 그 표현물이 "철저히 결여"한다는 《413 U. S., 37》 점에 대한 증명 없이 주들에 의하여 이러한 표현물은 규제될 수 있음을 우리는 판시하며; 그리고 (c) "전국적 표준들"을이 아닌 "동시대적 지

(1952)를 비교하라.

17) "[어]린 사람들에 관하여 지니는 그 자신의 강력한 및 영속적인 이익으로 인하여 청소년들에게 못마땅한 표현물의 그들에게의 살포를 및 그 표현물에의 그들의 접근을 그들에 관련하여서 주는 규제할 수 있음을. 그러나 성인들에 관련해서는 그것을 주는 명백히 규제할 수 없을 것임을 …… 우리는 밝힌 터이다. Ginsberg v. New York, …… [390 U. S. 629 (1968)]." Interstate Circuit, Inc. v. Dallas, 390 U. S. 676, 690 (1968) (각주생략).

"contemporary community standards," see Kois v. Wisconsin, supra, at 230, and Roth v. United States, supra, at 489, not "national standards." The judgment of the Appellate Department of the Superior Court, Orange County, California, is vacated and the case remanded to that court for further proceedings not inconsistent with the First Amendment standards established by this opinion. See United States v. 12 200-ft. Reels of Film, post, at 130 n. 7.

Vacated and remanded.

역사회 표준들"을 적용함에 의하여, see Kois v. Wisconsin, supra, at 230, and Roth v. United States, supra, at 489, 외설성은 판단되어야 함을 우리는 판시한다. 캘리포니아주 오렌지 카운티 상위법원 항소부의 판결주문은 무효화되고 이 의견에 의하여 수립되는 연방헌법 수정 제1조 표준들에 모순되지 아니하는 추후의 절차들을 위하여 사건은 환송된다. United States v. 12 200-ft. Reels of Film, post, at 130 n. 7 을 보라.

원심판결은 무효화되고 사건은 환송된다.

 **MR. JUSTICE DOUGLAS, dissenting.**

I

Today we leave open the way for California[1] to send a man to prison for distributing brochures that advertise books and a movie under freshly written standards defining obscenity which until today's decision were never the part of any law.

The Court has worked hard to define obscenity and concededly has failed. In Roth v. United States, 354 U. S. 476 , it ruled that "[o]bscene material is material which deals with sex in a manner appealing to prurient interest." Id., at 487. Obscenity, it was said, was rejected by the First Amendment because it is "utterly without redeeming «413 U. S., 38» social importance." Id., at 484. The presence of a "prurient interest" was to be determined by "contemporary community standards." Id., at 489. That test, it has been said, could not be determined by one standard here and another standard there, Jacobellis v. Ohio, 378 U. S. 184, 194 , but "on the basis of a national standard." Id., at 195. My Brother STEWART in Jacobellis commented that the difficulty of the Court in giving content to obscenity was that it was "faced with the task of trying to define what may be indefinable." Id., at 197.

In Memoirs v. Massachusetts, 383 U. S. 413, 418 , the Roth test was elabo-

---

1) California defines "obscene matter" as "matter, taken as a whole, the predominant appeal of which to the average person, applying contemporary standards, is to prurient interest, i. e., a shameful or morbid interest in nudity, sex, or excretion; and is matter which taken as a whole goes substantially beyond customary limits of candor in description or representation of such matters; and is matter which taken as a whole is utterly without redeeming social importance." Calif. Penal Code 311 (a).

I

서적들을 및 영화를 광고하는 팜플렛들을 배포하였다는 이유로, 오늘의 판결이 있기까지는 법의 일부가 전혀 아니었던 외설을 규정하는 새로이 제정된 표준들 아래서 사람을 감옥에 보내는 길을 캘리포니아주에게 열린 상태로 오늘 우리는 남겨 둔다.[1]

외설을 규정하기 위하여 당원은 매우 노력하여 왔으나 명백히 실패를 거둔 터이다. "[외]설한 표현물이란 호색적 관심에 호소하는 방법으로 성을 다루는 표현물이다."라고 Roth v. United States, 354 U. S. 476에서 당원은 판시하였다. Id., at 487. 연방헌법 수정 제1조에 의하여 외설은 배제된다고, 왜냐하면 그것은 "그 단점을 벌충하는 사회적 중요성을 철저히 결여하고" 있기 «413 U. S., 38» 때문이라고 판시되었다. Id., at 484. "동시대적 지역사회 표준들"에 의하여 "호색적 관심"의 존재는 판단되어야 하였다. Id., at 489. 여기서는 이러한 표준에 의하여, 저기서는 다른 표준에 의하여 그 기준은 판단될 수 없는 것으로, Jacobellis v. Ohio, 378 U. S. 184, 194, "전국적 표준의 토대 위에서" 그것은 판단될 수 있는 것으로 판시되어 왔다. Id., at 195. 내용을 외설에 부여함에 있어서의 당원의 어려움은 "그 규정할 수 없는 바를 규정하고자 시도하는 임무에" 자신이 "직면하는" 데 있음을 Jacobellis 판결에서 나의 동료 스튜어트(STEWART) 판사는 논평하였다. Id., at 197.

Roth 기준은 아래처럼 해석되어야 하는 것으로 Memoirs v. Massachusetts, 383

---

rated to read as follows: "[T]hree elements must coalesce: it must be established that (a) the dominant theme of the material taken as a whole appeals to a prurient interest in sex; (b) the material is patently offensive because it affronts contemporary community standards relating to the description or representation of sexual matters; and (c) the material is utterly without redeeming social value."

In Ginzburg v. United States, 383 U. S. 463 , a publisher was sent to prison, not for the kind of books and periodicals he sold, but for the manner in which the publications were advertised. The "leer of the sensualist" was said to permeate the advertisements. Id., at 468. The Court said, "Where the purveyor's sole emphasis is on the sexually provocative aspects of his publications, that fact may be decisive in the determination of obscenity." Id., at 470. As Mr. Justice Black said in dissent, "······ Ginzburg ······ is now finally and authoritatively condemned to serve five years in prison for distributing printed matter about sex which neither Ginzburg nor anyone else could possibly have known to be criminal." Id., at 476. That observation by Mr. Justice Black is underlined by the fact that the Ginzburg decision was five to four. «413 U. S., 39»

A further refinement was added by Ginsberg v. New York, 390 U. S. 629, 641 , where the Court held that "it was not irrational for the legislature to find that exposure to material condemned by the statute is harmful to minors."

But even those members of this Court who had created the new and changing standards of "obscenity" could not agree on their application. And so we adopted a per curiam treatment of so-called obscene publications that seemed to pass constitutional muster under the several constitutional tests which had been formulated. See Redrup v. New York, 386 U. S. 767. Some condemn it if its "dominant tendency might be to 'deprave or corrupt' a

U. S. 413, 418에서 퇴고되었다: "세 가지 요소들이 합체되지 않으면 안 된다: (a) 전체적으로 판단된 그 표현물의 지배적 주제가 성에 있어서의 호색적 관심에 호소하는 것이어야 하고; (b) 그 표현물이 성적 사항들의 묘사에 내지는 표현에 관한 동시대적 지역사회 표준들을 모욕하기 때문에 명백하게 무례한 것이어야 하며; 그리고 (c) 그 단점을 벌충하는 사회적 가치를 그 표현물이 철저히 결여하여야 한다."

Ginzburg v. United States, 383 U. S. 463에서 감옥에 발행인이 보내진 것은 그가 판 서적들의 및 정기간행물들의 종류 때문이 아니라 그 출판물들이 광고된 방법 때문이었다. "호색가의 곁눈질"이 그 광고들에는 충만해 있는 것으로 판시되었다. Id., at 468. "자신의 출판물들의 성적으로 도발적인 측면들 위에 조달상인의 유일한 강조가 두어진 경우에, 외설의 판단에 있어서 그 사실은 결정적일 수 있다."고 당원은 말하였다. Id., at 470. 블랙(Black) 판사가 반대의견에서 말하였듯이, "범죄가 되는 줄을 긴츠부르크(Ginzburg)이든 그 밖의 누구가든 필시 아무가도 알았을 수가 없는 성에 관한 인쇄물을 배포했음을 이유로 5년을 감옥에서 보내도록 …… 긴츠부르크(Ginzburg)는. . . 이제 궁극적으로 및 위압적으로 유죄에 처해진다." Id., at 476. 블랙(Black) 판사의 그 말은 Ginzburg 판결이 5 대 4로 내려졌다는 사실에 의하여 강조된다. ≪413 U. S., 39≫

"제정법에 의하여 비난되는 표현물에의 노출이 미성년자들에게 유해하다고 입법부가 판단함은 불합리한 것이 아니었다."고 당원이 판시한 Ginsberg v. New York, 390 U. S. 629, 641에 의하여 추가적 정련이 보태졌다.

그러나 심지어는 "외설"의 그 새로운 및 뒤바뀌는 표준들을 창안해 냈던 당원의 구성원들은조차도 그것들의 적용에 동의할 수 없었다. 그리하여 그 공식화되어 있던 여러 가지 헌법적 기준들 아래서 헌법적 검열을 통과한다고 여겨진 이른바 외설 출판물들에 대한, 법원의 의견의 집필자를 밝히지 않는 법원의 의견으로서의 취급을 우리는 채택하였다. Redrup v. New York, 386 U. S. 767을 보라. 만약 그것의 "지배적 경향이 한 명의 독자를 '타락시키는 내지는 더럽히는' 것이 될 수 있"으면

reader."[2] Others look not to the content of the book but to whether it is advertised "'to appeal to the erotic interests of customers.'"[3] Some condemn only "hardcore pornography"; but even then a true definition is lacking. It has indeed been said of that definition, "I could never succeed in [defining it] intelligibly," but "I know it when I see it."[4]

Today we would add a new three-pronged test:

"(a) whether 'the average person, applying contemporary community standards' would find that the work, taken as a whole, appeals to the prurient interest, ⋯⋯ (b) whether the work depicts or describes, in a patently offensive way, sexual conduct specifically defined by the applicable state law, and (c) whether the work, taken as a whole, lacks serious literary, artistic, political, or scientific value."

Those are the standards we ourselves have written into the Constitution.[5] Yet how under these vague tests can «413 U. S., 40» we sustain convictions for the sale of an article prior to the time when some court has declared it to be obscene?

Today the Court retreats from the earlier formulations of the constitutional

---

2) Roth v. United States, 354 U. S. 476, 502 (opinion of Harlan, J.).

3) Ginzburg v. United States, 383 U. S. 463, 467.

4) Jacobellis v. Ohio, 378 U. S. 184, 197 (STEWART, J., concurring).

5) At the conclusion of a two-year study, the U. S. Commission on «413 U. S., 40» Obscenity and Pornography determined that the standards we have written interfere with constitutionally protected materials: "Society's attempts to legislate for adults in the area of obscenity have not been successful. Present laws prohibiting the consensual sale or distribution of explicit sexual materials to adults are extremely unsatisfactory in their practical application. The Constitution permits material to be deemed 'obscene' for adults only if, as a whole, it appeals to the 'prurient' interest of the average person, is 'patently offensive' in light of 'community standards,' and lacks 'redeeming social value,' these vague and highly subjective aesthetic, psychological and moral tests do not provide meaningful guidance for law enforcement officials, juries or courts. As a result, law is inconsistently and sometimes erroneously applied and the distinctions made by courts between prohibited and permissible materials often appear indefensible. Errors in the application of the law and uncertainty about its scope also cause interference with the communication of constitutionally protected materials." Report of the Commission on Obscenity and Pornography 53 (1970).

그것을 어떤 이들은 비난한다.[2] 서적의 내용에가 아니라 "'고객들의 성애적 관심들에 호소하기 위하여'" 그것이 광고되는지 여부에 다른 사람들은 주목한다.[3] "노골적인 포르노그래피"만을 어떤 사람들은 비난한다; 그러나 심지어는 정확한 개념정의마저가 결여되어 있다. "식별력 있게 [그것을 정의함]에 있어서 나는 결코 성공할 수 없었지만," 그러나 "그것을 내가 볼 때는 그것을 나는 안다."라고 그 정의에 관하여 아닌게 아니라 말해져 왔다.[4]

세 개로 갈래진 새로운 기준을 오늘 우리는 보태려고 한다:

"(a) 전체적으로 보아 호색적 관심에 표현물이 호소하는 것으로 '동시대적 지역사회 표준들을 적용한 평균적인 사람'이 인정할 것인지 여부 …… (b) 그 적용되는 주 법에 의하여 구체적으로 규정된 성적 행위를 명백하게 무례한 방법으로 표현물이 묘사하는지 내지는 설명하는지 여부, 및 (c) 전체적으로 보아 중대한 문학적, 예술적, 정치적, 내지는 과학적 가치를 표현물이 결여하는지 여부."

그것들은 연방헌법 안에 우리 스스로가 써 넣어 놓은 표준들이다.[5] 그러나 그 외설함을 «413 U. S., 40» 어떤 법원이 선언해 놓기 이전의 한 개의 물건의 판매를 이유로 하는 유죄판정들을 이 모호한 기준들 아래서 우리가 어떻게 승인할 수 있는가?

헌법적 기준의 초기의 공식화들로부터 오늘 이 법원은 후퇴하여 새로운 정의들

---

2) Roth v. United States, 354 U. S. 476, 502 (할란(Harlan) 판사의 의견).

3) Ginzburg v. United States, 383 U. S. 463, 467.

4) Jacobellis v. Ohio, 378 U. S. 184, 197 (스튜어트(STEWART) 판사, 보충의견).

5) 헌법적으로 보호되는 표현물들을 우리가 써 놓은 표준들은 방해하는 «413 U. S., 40» 것으로 2년간의 연구의 결론으로서 외설 및 포르노그래피 대책 미합중국위원회는 결정하였다: "외설의 영역에서 성인들을 위하여 법을 제정하려는 사회의 시도들은 성공을 거두지 못한 터이다. 명백한 성적 표현물들의 동의에 의한 성인들에게의 판매를 내지는 배포를 금지하는 현재의 법들은 그것들의 실제의 적용에 있어서 극도로 불만족스럽다. 전체적으로 보아 평균적인 사람의 '호색적' 관심에 표현물이 호소하는 것이어야만, 그리고 '지역사회 표준들'에 비추어 '명백히 무례한' 것이어야만, 그리고 '단점을 벌충하는 사회적 가치'를 결여하는 것이어야만 그것이 성인들에 대하여 '외설한' 것으로 간주되도록 연방헌법은 허용한다. 경찰관들을, 배심들을 내지는 법원들을 위한 의미 있는 지침을 이들 모호한 및 고도로 주관적인, 심미적인, 심리적인 및 도덕적인 기준들은 제공하지 아니한다. 그 결과로서, 모순되게 및 때때로는 잘못되게 법은 적용되고, 또한 그 금지되는 표현물들의 및 그 허용되는 표현물들의 양자 사이에서 법원들에 의하여 이루어지는 구분들은 자주 지킬 수 없는 것들임이 드러난다. 헌법적으로 보호되는 표현물들의 전달에의 방해를 법의 적용에 있어서의 오류들은 및 그것의 범위의 불확실성은 마찬가지로 야기한다." Report of the Commission on Obscenity and Pornography 53 (1970).

test and undertakes to make new definitions. This effort, like the earlier ones, is earnest and well intentioned. The difficulty is that we do not deal with constitutional terms, since "obscenity" is not mentioned in the Constitution or Bill of Rights. And the First Amendment makes no such exception from "the press" which it undertakes to protect nor, as I have said on other occasions, is an exception necessarily implied, for there was no recognized exception to the free press at the time the Bill of Rights was adopted which treated "obscene" publications differently from other types of papers, magazines, and books. So there are no constitutional guidelines for deciding what is and what is not "obscene." The Court is at large because we deal with tastes and standards of literature. What shocks me may «413 U. S., 41» be sustenance for my neighbor. What causes one person to boil up in rage over one pamphlet or movie may reflect only his neurosis, not shared by others. We deal here with a regime of censorship which, if adopted, should be done by constitutional amendment after full debate by the people.

Obscenity cases usually generate tremendous emotional outbursts. They have no business being in the courts. If a constitutional amendment authorized censorship, the censor would probably be an administrative agency. Then criminal prosecutions could follow as, if, and when publishers defied the censor and sold their literature. Under that regime a publisher would know when he was on dangerous ground. Under the present regime - whether the old standards or the new ones are used - the criminal law becomes a trap. A brand new test would put a publisher behind bars under a new law improvised by the courts after the publication. That was done in Ginzburg and has all the evils of an ex post facto law.

My contention is that until a civil proceeding has placed a tract beyond the pale, no criminal prosecution should be sustained. For no more vivid illustration of vague and uncertain laws could be designed than those we have fash-

을 내리기를 이 법원은 떠맡는다. 초기의 노력들이 그러하였듯이 이 노력은 진지하고 그 의도도 훌륭하다. 헌법상의 문언들을 우리는 다루지 아니한다는 데에 곤란은 있는바, 왜냐하면, 연방헌법에도 권리장전에도 "외설(obscenity)"은 언급되어 있지 아니하기 때문이다. 게다가 그 자신이 보호하기를 떠맡는 "언론출판(the press)"으로부터의 이러한 예외를 연방헌법 수정 제1조는 규정하지 아니할 뿐만 아니라, 다른 기회들에 내가 말해 왔듯이, 필연적으로 함축되는 예외가 있는 것도 아닌바, 왜냐하면 권리장전이 채택된 당시에 "외설한" 출판물을 여타의 신문들하고는, 잡지들하고는, 및 서적들하고는 다르게 다룬 자유로운 언론출판에의 승인된 예외는 없었기 때문이다. 그러므로 무엇이 "외설한지" 아닌지를 판단하기 위한 헌법적 지침들은 있지 아니하다. 문예의 취향들을 및 표준들을 우리는 다루기에 이 법원은 자유이다. 내게 쇼크를 주는 것은 《413 U. S., 41》 나의 이웃에게는 생계가 될 수 있다. 한 개의 팜플렛에 내지는 영화에 대하여 한 명을 격노로 끓어오르게 만드는 것은 단지 그의 노이로제를 나타내는 것으로서 타인들에 의해서는 공유되지 아니하는 것일 수 있다. 설령 그 채택된다 하더라도 국민들에 의한 충분한 논의 뒤에 헌법적 개정에 의하여 이루어져야만 할 한 개의 검열제도를 여기서 우리는 다룬다.

엄청난 감정적 폭발들을 외설 사건들은 대개는 빚어낸다. 법정들에 있을 자격을 그것들은 지니지 않는다. 만약에 검열을 헌법적 개정이 허용한다면, 그 검열자는 필시 행정기관이 될 것이다. 그때는 검열자를 발행인들이 무시하여 그들의 인쇄물을 판매함에 따라, 만약 판매하면, 그리고 판매하는 경우에는 형사소추들이 뒤따를 수 있을 것이다. 위험한 지반 위에 언제 자신이 있는지를 그 제도 아래서라면 발행인은 알 것이다. 현행의 제도 아래서는 - 옛 표준들이 사용되든 새로운 표준들이 사용되든 상관없이 - 형사법은 한 개의 올가미가 된다. 발행인을 출판 뒤에 법원들에 의하여 즉석에서 만들어지는 새로운 법에 따라 창살들 뒤에, 갓 만들어진 기준은 놓게 될 것이다. Ginzburg 사건에서 그것이 이루어졌고 그리하여 사후법의 모든 악폐들을 그것은 지닌다.

한 개의 영역을 적법의 울타리 너머에 민사절차가 놓아두게 되까지는, 형사소추는 유지되어서는 안 된다는 데에 나의 주장은 있다. 왜냐하면, 우리가 만들어 놓은 것보다도 더 생생한 모호한 및 불확실한 법들의 예증은 디자인될 수 없을 것이기

ioned. As Mr. Justice Harlan has said:

"The upshot of all this divergence in viewpoint is that anyone who undertakes to examine the Court's decisions since Roth which have held particular material obscene or not obscene would find himself in utter bewilderment." Interstate Circuit, Inc. v. Dallas, 390 U. S. 676, 707.

In Bouie v. City of Columbia, 378 U. S. 347 , we upset a conviction for remaining on property after being asked to leave, while the only unlawful act charged by the statute was entering. We held that the defendants had received no "fair warning, at the time of their conduct" «413 U. S., 42» while on the property "that the act for which they now stand convicted was rendered criminal" by the state statute. Id., at 355. The same requirement of "fair warning" is due here, as much as in Bouie. The latter involved racial discrimination; the present case involves rights earnestly urged as being protected by the First Amendment. In any case - certainly when constitutional rights are concerned - we should not allow men to go to prison or be fined when they had no "fair warning" that what they did was criminal conduct.

II

If a specific book, play, paper, or motion picture has in a civil proceeding been condemned as obscene and review of that finding has been completed, and thereafter a person publishes, shows, or displays that particular book or film, then a vague law has been made specific. There would remain the underlying question whether the First Amendment allows an implied exception in the case of obscenity. I do not think it does[6] and my views «413 U.

---

6) It is said that "obscene" publications can be banned on authority of restraints on communications incident to decrees restraining unlawful business monopolies or unlawful restraints of trade, Sugar Institute v. United States, 297 U. S. 553, 597 , or communications respecting the sale of spurious or fraudulent securities. Hall v. Geiger-Jones Co., 242 U. S. 539, 549; Caldwell v. Sioux Falls Stock Yards Co., 242 U. S. 559, 567; Merrick v. Halsey & Co., 242 U. S. 568, 584. The First Amendment answer is that whenever speech and conduct are brigaded — as they are when one shouts "Fire" in a crowded theater — speech can be outlawed. Mr. Justice Black, writing for a unani-

때문이다. 할란(Harlan) 판사가 말해 놓은 대로: "특정 표현물을 외설하다고 또는 외설하지 아니하다고 판시해 온 Roth 판결 이래의 당원의 판결들을 검토하기를 떠맡는 사람은 누구든지 철저한 어리둥절함 속에 있는 그 자신을 발견하게 되리라는 것이 견해에 있어서의 이 모든 상이의 귀결이다." Interstate Circuit, Inc. v. Dallas, 390 U. S. 676, 707.

떠나라는 요구를 받은 뒤로도 남아 있었음을 이유로 한 유죄판정을 Bouie v. City of Columbia, 378 U. S. 347에서 우리는 뒤집었는바, 제정법에 의하여 고소된 유일한 불법적 행동은 침입이었다. "그들이 지금 유죄판정을 받아 서 있는 이유가 된 «413 U. S., 42» 행동은" 주 제정법에 의하여 "범죄가 되었음에 대한" "정당한 경고를 그 소유지 위에 있던 동안의 그들의 행위 당시에" 피고인들은 받지 못하였다고 우리는 판시하였다. Id., at 355. "정당한 경고"라는 바로 그 요구는 Bouie 사건에서 꼭 그러하였듯이 여기에 당연하다. 인종차별을 후자는 포함하였다; 연방헌법 수정 제1조에 의하여 보호되는 것으로 열심히 주장되는 권리들을 현재의 사건은 포함한다. 어떤 사건에서든지 - 헌법상의 권리들이 관련되는 경우에는 확실하게 - 사람들이 한 바가 범죄행위였다는 점에 대한 "정당한 경고"를 그들이 받지 못한 경우에 그들이 감옥에 가도록 내지는 벌금에 처해지도록 우리는 허용해서는 안 된다.

Ⅱ

특정의 서적이, 각본이, 신문이, 영화가 외설한 것이라고 만약에 민사절차에서 선고되어 있으면, 그리고 그 판단에 대한 검토가 완료되어 있으면, 그런데도 그 특정의 서적을 내지는 영화를 그 뒤에 발행하면, 상연하면, 또는 전시하면, 그때는 한 개의 모호한 법은 명확한 것이 되어 있다. 함축된 예외를 외설사건에서 연방헌법 수정 제1조가 허용하는지 여부라는, 그 토대에 놓인 문제가 남게 될 것이다. 그것이 허용한다고는 나는 생각하지 않으며[6] 그리고 그 쟁점에 «413 U. S., 43» 관한 나의

---

6) 불법적 사업독점들을 내지는 불법적 거래제한들을 제한하는 법령들에 부수되는 전달행위들에의 제한조치들을 내릴 권한에 따라, Sugar Institute v. United States, 297 U. S. 553, 597, 또는 위조의 내지는 부정한 증권들의 판매에 관한 전달행위들에의 제한조치들을 내릴 권한에 따라, "외설한" 출판물들은 금지될 수 있다고 말해진다. Hall v. Geiger-Jones Co., 242 U. S. 539, 549; Caldwell v. Sioux Falls Stock Yards Co., 242 U. S. 559, 567; Merrick v. Halsey & Co., 242 U. S. 568, 584. 관중이 밀집한 극장에서 "불이야"라고 외치는 경우에 그러하듯 말이 및 행동이 결합되는 때에는 언제든, 말은 금지될 수 있다는 데에 연방헌법 수정 제1조의 대답은 있다. 한 개의 주가 적법하게 금지한 이차적 불매동맹을 지지하기 위하여 감시원을 배치하지 못하도록 노동조합들은 제한될 수 있다고 Giboney v. Empire Stor-

S., 43» on the issue have been stated over and over again.[7] But at least a criminal prosecution brought at that juncture would not violate the time-honored void-for-vagueness test.[8]

No such protective procedure has been designed by California in this case. Obscenity - which even we cannot define with precision - is a hodge-podge. To send «413 U. S., 44» men to jail for violating standards they cannot understand, construe, and apply is a monstrous thing to do in a Nation dedicated to fair trials and due process.

III

While the right to know is the corollary of the right to speak or publish, no one can be forced by government to listen to disclosure that he finds offensive. That was the basis of my dissent in Public Utilities Comm' n v. Pollak, 343 U. S. 451, 467 , where I protested against making streetcar passengers a

---

mous Court in Giboney v. Empire Storage Co., 336 U. S. 490 , stated that labor unions could be restrained from picketing a firm in support of a secondary boycott which a State had validly outlawed. Mr. Justice Black said: "It rarely has been suggested that the constitutional freedom for speech and press extends its immunity to speech or writing used as an integral part of conduct in violation of a valid criminal statute. We reject the contention now." Id., at 498.

7) See United States v. 12 200–ft. Reels of Film, post, p. 123; United States v. Orito, post, p. 139; Kois v. Wisconsin, 408 U. S. 229; Byrne v. Karalexis, 396 U. S. 976, 977; Ginsberg v. New York, 390 U. S. 629, 650; Jacobs v. New York, 388 U. S. 431, 436; Ginzburg v. United States, 383 U. S. 463, 482; Memoirs v. Massachusetts, 383 U. S. 413, 424; Bantam Books, Inc. v. Sullivan, 372 U. S. 58, 72; Times Film Corp. v. Chicago, 365 U. S. 43, 78; Smith v. California, 361 U. S. 147, 167; Kingsley Pictures Corp. v. Regents, 360 U. S. 684, 697; Roth v. United States, 354 U. S. 476, 508; Kingsley Books, Inc. v. Brown, 354 U. S. 436, 446; Superior Films, Inc. v. Department of Education, 346 U. S. 587, 588; Gelling v. Texas, 343 U. S. 960.

8) The Commission on Obscenity and Pornography has advocated such a procedure:
"*The Commission recommends the enactment, in all jurisdictions which enact or retain provisions prohibiting the dissemination of sexual materials to adults or young persons, of legislation authorizing prosecutors to obtain declaratory judgments as to whether particular materials fall within existing legal prohibitions* ······ "A declaratory judgment procedure ······ would permit prosecutors to proceed civilly, rather than through the criminal process, against suspected violations of obscenity prohibition. If such civil procedures are utilized, penalties would be imposed for violation of the law only with respect to conduct occurring after a civil declaration is obtained. The Commission believes this course of action to be appropriate whenever there is any existing doubt regarding the legal status of materials; where other alternatives are available, the criminal process should not ordinarily be invoked against persons who might have reasonably believed, in good faith, that the books or films they distributed were entitled to constitutional protection, for the threat of criminal sanctions might otherwise deter the free distribution of constitutionally protected material." Report of the Commission on Obscenity and Pornography 63 (1970).

견해들은 거듭 거듭 피력되어 왔다.[7] 그러나 모호하기 때문에 무효라는 그 유서 깊은 기준을 적어도 그 경우에 제기되는 형사소추는 위반하지 않는 것이 될 것이다.[8]

이 사건에서는 캘리포니아주에 의하여 이러한 보호적 절차가 설계되어 있지 아니하였다. 외설은 - 그것을 심지어는 우리조차도 정확성 있게 정의할 수 없다 - 뒤범벅이다. 이해할 수 «413 U. S., 44» 없는, 해석할 수 없는, 그리고 적용할 수 없는 표준들을 위반했다는 이유로 사람들을 감옥에 보냄은 공정한 정식사실심리들에와 적법절차에 헌정된 한 개의 국가에서는 어처구니 없는 일이다.

Ⅲ

알 권리는 말할 내지는 공표할 권리의 당연한 결과이기는 하지만, 무례하다고 그 자신이 판단하는 발표를 듣도록은 아무도 정부에 의하여 강제될 수 없다. 그것은 Public Utilities Comm'n v. Pollak, 343 U. S. 451, 467에서의 나의 반대의견의 토대였는바, 시가전차 승객들을 "포로 신세의" 청중으로 만드는 데에 맞서서 나는 거기서 항의하였다. 이들 외설 사건들에는 "포로 신세의 청중"의 문제가 없다. 보도록

---

age Co., 336 U. S. 490에서의 전원일치의 법원을 위하여 쓰면서 블랙(Black) 판사는 말하였다. 이렇게 블랙(Black) 판사는 말하였다: "그 자신의 면제를 유효한 형사 제정법에 위반되는 행동의 불가결한 부분으로서 사용되는 말에 내지는 쓰기(writing)에, 말을 및 언론출판을 위한 헌법상의 자유가 확대시킨다는 것은 시사되어 본 적이 거의 없다. 그 주장을 이제 우리는 물리친다." Id., at 498.

7) United States v. 12 200-ft. Reels of Film, post, p. 123을; United States v. Orito, post, p.139를; Kois v. Wisconsin, 408 U. S. 229를; Byrne v. Karalexis, 396 U. S. 976, 977을; Ginsberg v. New York, 390 U. S. 629, 650을; Jacobs v. New York, 388 U. S. 431, 436을; Ginzburg v. United States, 383 U. S. 463, 482를; Memoirs v. Massachusetts, 383 U. S. 413, 424를; Bantam Books, Inc. v. Sullivan, 372 U. S. 58, 72를; Times Film Corp. v. Chicago, 365 U. S. 43, 78; Smith v. California, 361 U. S. 147, 167을; Kingsley Pictures Corp. v. Regents, 360 U. S. 684, 697을; Roth v. United States, 354 U. S. 476, 508을; Kingsley Books, Inc. v. Brown, 354 U. S. 436, 446을; Superior Films, Inc. v. Department of Education, 346 U. S. 587, 588을; Gelling v. Texas, 343 U. S. 960을 보라.

8) 이러한 절차를 외설 및 포르노그래피 대책위원회는 옹호해 놓았다:
"…… 성적 표현물들의 성인들에게의 내지는 어린 사람들에게의 배포를 금지하는 규정들을 입법하는 내지는 보유하는 모든 관할들에서의, 현존의 법적 금지사항들의 범위 내에 특정 표현물들이 들어오는지 여부에 관한 선언적 판단들을 얻도록 검찰관들에게 허용하는 법률의 제정을 위원회는 권장한다.
"…… 외설 금지조항의 위반들이 의심되는 행위들을 상대하여서는 형사절차를 통해서보다는 민사적으로 절차를 진행하도록 검찰관들에게 선언적 판단절차는 허용한다. 만약 이러한 민사절차들이 이용되면, 민사적 선언이 얻어지고 난 뒤에 발생하는 행위에 관련하여서만 법 위반에 대한 처벌들은 가해진다. 표현물들의 법적 지위에 관한 조금이라도 현존하는 의심이 있을 때는 언제든지 이 소송절차는 적합하다고 위원회는 믿는다; 다른 대체수단들이 이용가능한 경우에는, 자신들이 배포한 서적들은 내지는 필름들은 헌법적 보호를 받을 자격이 있음을 선의의 믿음 속에서 합리적으로 믿었을 수 있는 사람들을 상대로 하는 형사절차는 일반적으로 동원되어서는 안 되는바, 왜냐하면 그렇게 하지 아니할 경우에는 헌법적으로 보호되는 표현물의 자유로운 배포를 형사적 제재들의 위협은 저해할 수 있기 때문이다." Report of the Commission on Obscenity and Pornography 63 (1970).

"captive" audience. There is no "captive audience" problem in these obscenity cases. No one is being compelled to look or to listen. Those who enter newsstands or bookstalls may be offended by what they see. But they are not compelled by the State to frequent those places; and it is only state or governmental action against which the First Amendment, applicable to the States by virtue of the Fourteenth, raises a ban.

The idea that the First Amendment permits government to ban publications that are "offensive" to some people puts an ominous gloss on freedom of the press. That test would make it possible to ban any paper or any journal or magazine in some benighted place. The First Amendment was designed "to invite dispute," to induce "a condition of unrest," to "create dissatisfaction with conditions as they are," and even to stir "people to anger." Terminiello v. Chicago, 337 U. S. 1, 4. The idea that the First Amendment permits punishment for ideas that are "offensive" to the particular judge or jury sitting in judgment is astounding. No greater leveler of speech or literature has ever been designed. To give the power to the censor, as we do today, is to make a sharp and radical break with the traditions of a free society. The First Amendment was not fashioned as a vehicle for «413 U. S., 45» dispensing tranquilizers to the people. Its prime function was to keep debate open to "offensive" as well as to "staid" people. The tendency throughout history has been to subdue the individual and to exalt the power of government. The use of the standard "offensive" gives authority to government that cuts the very vitals out of the First Amendment.[9] As is intimated by the Court's opin-

9) Obscenity law has had a capricious history: "The white slave traffic was first exposed by W. T. Stead in a magazine article, 'The Maiden Tribute,' the English law did absolutely nothing to the profiteers in vice, but put Stead in prison for a year for writing about an indecent subject. When the law supplies no definite standard of criminality, a judge in deciding what is indecent or profane may consciously disregard the sound test of present injury, and proceeding upon an entirely different theory may condemn the defendant because his words express ideas which are thought liable to cause bad future consequences. Thus musical comedies enjoy almost unbridled license, while a problem play is often forbidden because opposed to our views of marriage. In the same way, the law of blasphemy has been used against Shelley's Queen Mab and the decorous promulgation of pantheistic ideas, on the ground that to attack religion is to loosen the bonds of society and endanger the state. This is simply a roundabout modern

또는 듣도록 강제되고 있는 사람은 아무도 없다. 신문 판매점에 또는 신문잡지 매점에 들어가는 사람들은 그들이 보는 바에 의하여 기분이 상할 수 있다. 그러나 그 장소들에 늘 출입하도록 그들은 주에 의하여 강제되지 아니한다; 그리고 한 개의 금지를 연방헌법 수정 제14조에 의하여 주들에게 적용되는 연방헌법 수정 제1조가 세우는 상대는 오직 주 행위이거나 정부의 행위일 뿐이다.

일부 사람들에게의 "무례한" 출판물들을 정부로 하여금 금지하도록 연방헌법 수정 제1조가 허용한다는 착상은 언론출판의 자유 위에의 불길한 광택을 붙인다. 그 어떤 신문을이든 또는 그 어떤 간행물을이든 내지는 잡지를이든 어딘가 길이 저문 장소에서 금지할 수 있도록 그 기준은 만들 것이다. "토론을 야기하기 위하여," "불안 상황을" 유발하기 위하여, "그 존재하는 것들로서의 조건들에의 불만을 빚어내기" 위하여 그리고 심지어는 "사람들을 노여움으로" 각성시키기 위하여 연방헌법 수정 제1조는 설계되었다. Terminiello v. Chicago, 337 U. S. 1, 4. 판단을 내리는 특정의 판사에게의 내지는 배심에게의 "무례한" 사상들을 이유로 하는 처벌을 연방헌법 수정 제1조가 허용한다는 착상은 놀라운 것이다. 말에 대한 및 문예에 대한 이보다 더 큰 노면정지기는 일찍이 설계되어 본 적이 없다. 오늘 우리가 부여하고 있듯이 그 권한을 검열자에게 부여하는 것은 자유로운 사회의 전통들로부터의 뚜렷한 및 근본적인 결별을 짓는 것이다. 신경안정제를 사람들에게 조제해 주기 위한 매개물로서 연방헌법 수정 《413 U. S., 45》 제1조는 만들어지지 않았다. 그것의 가장 중요한 기능은 논의를 "근엄한" 사람들에게와 마찬가지로 "무례한" 사람들에게도 열린 채로 유지하는 것이었다. 역사 전체에 걸쳐서의 경향은 개인을 굴복시키는 것이, 그리고 정부의 권한을 강화하는 것이 되어 왔다. 연방헌법 수정 제1조의 핵심 자체를 잘라낼 권한을 정부에게 "무례한"이라는 표준의 사용은 부여한다.[9] 이 법

---

9) 변덕스러운 역사를 외설 관련 법리는 지녀 왔다: "W. T. 스테드(Stead)에 의하여 한 개의 잡지 기사 '처녀공물(The Maiden Tribute)'에서 백인여성 매춘거래는 최초로 폭로되었다. 매춘에서의 부당이득자들에게는 절대적으로 아무 것을도 하지 않은 채로, 외설한 주제에 관하여 썼다는 이유로 스테드(Stead)를 1년 동안 감옥에 영국법은 넣었다. 범죄성의 명확한 표준을 법이 제공하지 아니할 때, 무엇이 외설한지 내지는 불경스런 것인지를 판단함에 있어서 현존의 손해의 건전한 기준을 판사는 의도적으로 무시할 수가 있고, 그리고 전적으로 상이한 이론 위에서 나아가면서, 나쁜 향후의 결과들을 야기하기 쉬운 것으로 생각되는 착상들을 피고인의 말들이 표현한다는 이유로 피고인을 유죄로 판사는 인정할 수 있다. 이렇듯 거의 구속 없는 면허를 뮤지컬 코메디들은 향유함에 반하여, 문제 고발 연극은 결혼에 관한 우리의 견해들에 반대된다는 이유로 자주 금지된다. 마찬가지 방법으로, 쉘리(Shelley)의 작품 여왕 맵(Queen Mab)에 겨냥하여 및 예의바른 범신론적 사상들의 공표에 겨냥하여 불경행위(blasphemy) 법리는 사용되어 왔는바, 종

ion, the materials before us may be garbage. But so is much of what is said in political campaigns, in the daily press, on TV, or over the radio. By reason of the First Amendment - and solely because of it - speakers and publishers have not been threatened or subdued because their thoughts and ideas may be "offensive" to some.

The standard "offensive" is unconstitutional in yet another way. In Coates v. City of Cincinnati, 402 U. S. 611 , we had before us a municipal ordinance that made it a crime for three or more persons to assemble on a street and conduct themselves "in a manner annoying to persons «413 U. S., 46» passing by." We struck it down, saying: "If three or more people meet together on a sidewalk or street corner, they must conduct themselves so as not to annoy any police officer or other person who should happen to pass by. In our opinion this ordinance is unconstitutionally vague because it subjects the exercise of the right of assembly to an unascertainable standard, and unconstitutionally broad because it authorizes the punishment of constitutionally protected conduct.

"Conduct that annoys some people does not annoy others. Thus, the ordinance is vague, not in the sense that it requires a person to conform his conduct to an imprecise but comprehensive normative standard, but rather in the sense that no standard of conduct is specified at all." Id., at 614.

How we can deny Ohio the convenience of punishing people who "annoy" others and allow California power to punish people who publish materials "offensive" to some people is difficult to square with constitutional requirements.

---

method to make heterodoxy in sex matters and even in religion a crime." Z. Chafee, Free Speech in the United States 151 (1942).

원의 의견에 의하여 암시되듯이, 우리 앞의 표현물들은 쓰레기일 수 있다. 그러나 정치적 선거운동들에서, 일간 언론출판에서, 텔레비전에서, 또는 라디오에서 말해지는 바의 대부분이 그러하다. 일부 사람들에게 발언자들의 및 발행인들의 생각들이 및 사상들이 "무례한" 것들일 수 있다는 이유로는 그 발언자들이 및 발행인들이 협박을 당하거나 진압되거나 하지 않아 온 것은 연방헌법 수정 제1조의 - 그리고 유일하게 그 조항의 - 덕분이다.

"무례함"이라는 표준은 다른 또 한 가지 점에서도 위헌적이다. 가로 위에 세 명이상이 모여서 "통행인들을 귀찮게 하는" 방법으로 행동함을 범죄로 규정한 자치체의 조례를 Coates v. City of Cincinnati, 402 U. S. 611에서 우리 앞에 «413 U. S., 46» 우리는 지녔었다. 그것을 우리는 무효화하면서, 이렇게 말하였다: "보도 위에서 내지는 가로 모퉁이 위에서 만약 세 명 이상이 함께 만난다면, 조금이라도 그 곳을 우연히 지나가게 될 경찰관을 내지는 다른 사람을 귀찮게 하지 아니하도록 그들은 처신하지 않으면 안 된다. 우리의 견해로는 이 조례는 위헌적으로 모호한바, 왜냐하면 집회의 권리의 행사를 불확실한 표준에 그것은 종속시키기 때문이고, 또한 이 조례는 위헌적으로 광범위한바, 왜냐하면 헌법적으로 보호되는 행위에 대한 처벌을 그것은 허용하기 때문이다.

"일부 사람들을 귀찮게 하는 행위는 다른 사람들을 귀찮게 하지 아니한다. 그러므로 부정확한, 그러나 포괄적인 및 규범적인 표준에 그의 행동을 일치시키도록 사람에게 그것이 요구한다는 의미에서가 아니라, 행동의 표준이 전혀 명시되어 있지 않다는 의미에서, 그 조례는 모호하다." Id., at 614.

타인들을 "괴롭히는" 사람을 처벌하는 편의를 오하이오주에게서는 우리가 박탈하면서도 일부 사람들에게의 "무례한" 표현물들을 발행하는 사람을 처벌할 권한을 캘리포니아주에게는 어떻게 허용할 수 있는가는 헌법적 요구사항들에 일치시키기가 어렵다.

교를 공격함은 사회의 유대를 느슨하게 한다는 것을 및 국가를 위태롭게 한다는 것을 그 근거로 하였다. 이것은 솔직히 성 문제들에 있어서의 및 심지어는 종교에 있어서의 이단을 한 개의 범죄로 만들기 위한 한 개의 완곡한 현대적 수법이다." Z. Chafee, Free Speech in the United States 151 (1942).

If there are to be restraints on what is obscene, then a constitutional amendment should be the way of achieving the end. There are societies where religion and mathematics are the only free segments. It would be a dark day for America if that were our destiny. But the people can make it such if they choose to write obscenity into the Constitution and define it.

We deal with highly emotional, not rational, questions. To many the Song of Solomon is obscene. I do not think we, the judges, were ever given the constitutional power to make definitions of obscenity. If it is to be defined, let the people debate and decide by a constitutional amendment what they want to ban as obscene and what standards they want the legislatures and the courts to apply. Perhaps the people will decide that the path towards a mature, integrated society requires «413 U. S., 47» that all ideas competing for acceptance must have no censor. Perhaps they will decide otherwise. Whatever the choice, the courts will have some guidelines. Now we have none except our own predilections.

외설한 것에 대한 제한들이 만약 있어야 한다면, 그 때는 헌법적 개정이 그 목적을 달성하는 방법이 되어야 한다. 종교가 및 수학이 그 유일한 자유 부문들인 사회들이 있다. 만약 그것이 우리의 운명이라면 그것은 미국을 위하여 어두운 날일 것이다. 그러나 외설을 연방헌법 안에 써 넣기를 및 그리하여 그것을 규정하기를 국민이 선택한다면 그것을 그러한 것으로 국민은 만들 수 있다.

이성적인 문제들을이 아니라 고도로 감성적인 문제들을 우리는 다룬다. 여러 사람들에게 아가(雅歌)는 외설하다. 외설의 정의들을 규정할 헌법적 권한이 한 번이라도 판사들인 우리들에게 부여되었다고는 나는 생각하지 않는다. 설령 그것이 규정되어야 한다고 하더라도, 외설물로서 금지하기를 국민들이 원하는 것이 무엇인지를 및 어떤 표준들을 입법부들이 및 법원들이 적용하기를 국민들이 원하는지를 국민들로 하여금 의논하여 헌법 개정에 의하여 결정하게 하자. 수용을 위하여 경쟁하는 모든 사상들은 검열자를 지녀서는 안 됨을 한 개의 성숙된, 통합된 «413 U. S., 47» 사회를 향한 길은 요구한다고 어쩌면 국민들은 판단할 것이다. 어쩌면 다르게 그들은 판단할 것이다. 그 선택이 무엇이 되든, 상당한 지침들을 법원들은 가지게 될 것이다. 지금은 우리 자신의 예언들을 말고는 우리는 가진 것이 없다.

In my dissent in Paris Adult Theatre I v. Slaton, post, p. 73, decided this date, I noted that I had no occasion to consider the extent of state power to regulate the distribution of sexually oriented material to juveniles or the offensive exposure of such material to unconsenting adults. In the case before us, appellant was convicted of distributing obscene matter in violation of California Penal Code § 311.2, on the basis of evidence that he had caused to be mailed unsolicited brochures advertising various books and a movie. I need not now decide whether a statute might be drawn to impose, within the requirements of the First Amendment, criminal penalties for the precise conduct at issue here. For it is clear that under my dissent in Paris Adult Theatre I, the statute under which the prosecution was brought is unconstitutionally overbroad, and therefore invalid on its face. * "[T]he transcendent value to all society of constitutionally protected expression is deemed to justify allowing 'attacks on overly broad statutes with no requirement that the person making the attack demonstrate that his own conduct could not be regulated by a statute drawn with the requisite narrow specificity.'" Gooding v. Wilson, 405 U. S. 518, 521 (1972), quoting «413 U. S., 48» from Dombrowski v. Pfister, 380 U. S. 479, 486 (1965). See also Baggett v. Bullitt, 377 U. S. 360, 366 (1964); Coates v. City of Cincinnati, 402 U. S. 611, 616 (1971); id., at 619-620 (WHITE, J., dissenting); United States v. Raines, 362 U. S. 17, 21-22 (1960); NAACP v. Button, 371 U. S. 415, 433 (1963). Since my view in Paris Adult Theatre I represents a substantial departure from the course of our prior decisions, and since the state courts have as yet had no opportunity to consider

브레넌(BRENNAN) 판사의 반대의견인바, 이에는 스튜어트 (STEWART) 판사가 및 마샬(MARSHALL) 판사가 가담한다.

오늘 판결된 Paris Adult Theatre I v. Slaton, post, p. 73에서의 나의 반대의견에서, 성 지향적 표현물의 청소년들에의 배포를 규제할, 또는 이러한 표현물의 동의하지 않는 성인들에게의 무례한 노출을 규제할 주 권한의 범위를 고찰할 필요가 없음을 나는 특별히 언급하였다. 우리 앞의 사건에서는 캘리포니아주 형법전 § 311.2의 위반 속에서 외설물을 배포한 행위로 항소인은 유죄가 인정되었는데, 다양한 서적들을 및 한 개의 영화를 광고하는 불필요한 팜플렛들이 우편으로 발송되도록 그가 야기한 터였음을 뒷받침하는 증거에 그것은 근거하였다. 여기서의 쟁점인 바로 그 행위를 이유로 형사처벌들을 부과하도록 연방헌법 수정 제1조의 요구사항들 내에서 한 개의 제정법이 그려져도 좋은지 여부를 지금은 나는 판단할 필요가 없다. 왜냐하면 소추의 근거가 된 그 제정법은 헌법적으로는 과도하게 넓고 그리하여 문면상으로 무효임이 Paris Adult Theatre I에서의 나의 반대의견에 따라 명백하기 때문이다.* "'[그] 없어서는 안 될 협소한 한정성에 따라 그려진 제정법에 의해서라면 자신의 행위는 규제될 수 없을 것임을 그 공격을 행하는 사람이 증명해야 한다는 요구 없이, 과도하게 넓은 제정법들에 대한 공격들을' 허용함을 정당화하는 것으로, 헌법적으로 보호되는 표현이 모든 사회에 대하여 지니는 초월적 가치는 간주되어야 한다." Gooding v. Wilson, 405 U. S. 518, 521 (1972), quoting «413 U. S., 48» from Dombrowski v. Pfister, 380 U. S. 479, 486 (1965). 아울러 Baggett v. Bullitt, 377 U. S. 360, 366 (1964)를; Coates v. City of Cincinnati, 402 U. S. 611, 616 (1971)을; id., at 619-620 (WHITE, J., 반대의견)을; United States v. Raines, 362 U. S. 17, 21-22 (1960)을; NAACP v. Button, 371 U. S. 415, 433 (1963)을 보라. 나의 이전의 판단들의 경로로부터의 실질적인 결별을 Paris Adult Theatre I에서의 나의 견해는 나타내기에, 그리고 "단 한 개의 소추에서 그 [제정법을] 복권시키기 위한 매개물로서 금방 눈에 띄는 해석이 떠오르는지," Dombrowski v. Pfister, supra, at 491, 여부를 살필 기회를 주

whether a "readily apparent construction suggests itself as a vehicle for reha-bilitating the [statute] in a single prosecution," Dombrowski v. Pfister, *supra*, at 491, I would reverse the judgment of the Appellate Department of the Superior Court and remand the case for proceedings not inconsistent with this opinion. See Coates v. City of Cincinnati, *supra*, at 616.

[Footnote*] Cal. Penal Code § 311.2 (a) provides that "Every person who knowingly: sends or causes to be sent, or brings or causes to be brought, into this state for sale or distribution, or in this state prepares, publishes, prints, exhibits, distributes, or offers to distribute, or has in his possession with intent to distribute or to exhibit or offer to distribute, any obscene matter is guilty of a misdemeanor."

법원들이 아직 지녀보지 못했기에, 상위법원 항소부의 판결주문을 나라면 파기하였을 것이고 이 의견에 배치되지 아니하는 절차들을 위하여 사건을 환송하였을 것이다. Coates v. City of Cincinnati, supra, at 616을 보라.

[Footnote*] "판매를 내지는 배포를 위하여 조금이라도 외설한 표현물을 이 주 (state) 안에 고의로 발송하는 내지는 발송되게끔 야기하는, 반입하는 내지는 반입되게끔 야기하는, 또는 이 주 안에서 준비하는, 간행하는, 인쇄하는, 전시하는, 배포하는, 또는 배포하기를 제의하는, 또는 배포할 내지는 전시할 의도로 또는 배포하기를 제의할 의도로 그의 점유 안에 가지는 사람은 누구든지 경죄를 범하는 것이 된다."라고 캘리포니아주 형법전§311.2 (a)는 규정한다.

표현의 자유_Freedom of Expression

Freedom of

PROCUNIER v. MARTINEZ, 416 U. S. 396 (1974)

NOS. 72-1465.
변 론 1973년 12월 3일
판 결 1974년 4월 29일

요약해설

1. 개요

　　PROCUNIER v. MARTINEZ, 416 U. S. 396 (1974)은 9 대 0으로 판결되었다. 법원의 의견을 파월(Powell) 판사가 냈다. 브레넌(Brennan) 판사가 가담하는, 그리고 그 Ⅱ 부분에 더글라스(Douglas) 판사가 가담하는 보충의견을 마샬(Marshall) 판사가 냈고, 판결 주문에 찬동하는 의견을 더글라스(Douglas) 판사가 냈다. 감옥에 수감된 재소자의 우편을 검열하여 "부당하게 불평하"는 내지는 "불편을 과장하"는 말이, "선동적인 정치적, 인종적, 종교적 기타의 견해"의 표현이 및 "명예훼손적"인 내지는 "그 밖의 부적절한" 것으로 간주되는 내용이 들어 있는 경우에 그 발송을 금지할 권한을 교도소 직원들에게 부여한 캘리포니아 주 교정국 규정들이 연방헌법 수정 제1조에 부합되는지 등의 문제를 다루었다. 재소자의 서신에 대한 검열은 표현의 자유에 대한 억압에 관련되지 아니하는 중요한 실질적 정부 이익을 그것이 촉진하는 경우에 허용될 수 있다고, 연방헌법 수정 제1조상의 자유들에 대한 제한은 그 관련되는 특정의 정부적 이익의 보호에 필수인 만큼이보다도 더 커서는 안 된다고 Procunier v. Martinez 판결은 판시하였다. 이 기준에 따라, 캘리포니아주 교정국 규정은 위헌으로 판시되었다. Procunier v. Martinez 판결은 1987년에 Turner v. Safley, 482 U. S. 78 (1987) 판결에 의하여 변경되었는데, 합리성의 심리(reasonableness, or rational basis review)에만 감옥 규율들은 종속된다고 거기서 판시됨으로써 재소자들의 권리는 축소되었다. 하급법원들에서는 여전히 혼선이 있는바, 외부로 발송되는 재소자들의 편지들에는 Procunier v. Martinez 판결이, 교소도에 들어오는 편지들에는 Turner v. Safley 판결이 적용되는 것으로 하급법원들 일부는 해석하고 있다. (https://mtsu.edu/first-amendment/article/538/procunier-v-martinez 참조.)

2. 사실관계 및 쟁점

가. 집단소송, 약식판결, 쟁점

(1) 이 사건은 항소인 프로쿠니에(Procunier)가 캘리포니아주 교정국장으로서의 권한으로 발한 특정규정들의 합헌성의 문제에 관련한 것이다. 재소자의 우편에 대한 검열규칙들의 부당함을 및 재소자와의 변호사-의뢰인 접견을 수행하는 데의 로스쿨 학생들을과 법률보조자들을 사용함에 대한 금지규칙의 부당함을 지적하면서 자신들을 및 위 교정국 관할 행형시설에 있는 다른 모든 죄수들을 위하여 집단소송을 피항소인들은 냈다. 합중국법률집 제28편 제2281절에 따라 변론을 열어 위헌확인을 및 금지 명령을 통한 구제를 바라는 피항소인들의 요청을 3명의 판사로 구성된 미합중국 지방법원은 들었다. 약식판결을 내려, 문제의 규칙의 더 이상의 시행을 금지하고서, 새로운 규정을 제출하도록, 그리하여 법원의 승인을 얻도록 항소인들에게 위 법원은 명하였다. 새로운 제안을 항소인들의 제1차 개정안에 대하여 피항소인들이 냈고, 위 제1차 개정안을 더 수정할 것을 요구하는 명령을 1973. 5. 30. 법원은 내렸다. 제2차 개정안에 대하여 피항소인들의 반대가 있었으나 지방법원은 위 반대를 배척하고서 이를 승인하였다. 지방법원에서 교정국 규정의 제1차 개정안이 심리되고 있던 중, 당초의 규정들을 위헌이라고 한 지방법원의 판정을 항소인들은 이 사건 항소를 제기하여 다투었다. (416 U. S., at 398.)

(2) 재소자 우편검열을 규정한 캘리포니아주 교정국의 규정이, 및 로스쿨 학생들을 및 법률 전문직보조자들을 개업변호사들이 사용함에 대한 위 규정의 제한이 연방헌법에 부합되는지 여부가 쟁점이 되었다.

나. 서신에 관한 교정국 규정의 내용

(1) 죄수들의 개인적 서신은 "한 개의 은혜일 뿐 한 개의 권리가 아니"라고 교정국이 일반적으로 전제함을 규칙 2401은 명기하였다. "부당하게 불평하"는 내지는 "불편사항들을 과장하"는 편지를 쓰지 말도록 재소자들에게 규칙 1201은 명령하였다. "선동적인 정치적, 인종적, 종교적 또는 기타의 견해들을 내

지는 신념들을 ……" 표현하는 문서를 금지대상으로 규칙 1205(d)는 규정하였다. "범죄활동에 관련되는, 외설적인, 음란한, 명예훼손적인, 외국문제를 담은 내지는 그 밖에 부적절한" 서신을 재소자들은 보낼 수도 받을 수도 없다고 규칙 2402 (8)은 규정하였다. (416 U. S., at 399-400.)

(2) 감옥규칙에 내지는 정책에 특정의 편지가 위반되는지에 관한 우편 담당자의 판단을 돕기 위한 어떠한 더 이상의 기준은도 마련되지 않았다. 어떤 편지를 불허해야 할 것으로 감옥의 담당자가 생각한 경우에 다음의 조치를 그는 취할 수 있었다: 1) 그 편지의 발송을 또는 교부를 거부하고 그것을 그 작성자에게 돌려 주는 것; 2) 규율보고서를 작성하는 것. 우편 혜택의 정지에, 기타의 제재에 이 보고서는 이어질 수 있다; 3) 그 편지의 복사본을 또는 그 내용의 개요서를 당해 죄수의 서류철에 편철하는 것. 이것은 당해 재소자의 작업배당을 및 거실배당을 결정하고 가석방 대상자에 뽑히는 일시를 정하는 요소가 될 수 있었다. (416 U. S., at 400.)

다. 로스쿨 학생들에 및 법률적 전문직보조원들에 의한 변호사—의뢰인 접견을 금지한 행정규칙 MV-IV-02의 규정 (416 U. S., at 419-421.)

(1) "법원에 신고된 책임변호사(an attorney-of-record)를 위한 조사자들은 두 명 이하로 제한된다. 이러한 조사자들은 주에 의하여 면허되지 않으면 안 되거나 또는 주 법률가협회의 구성원들이지 않으면 안 된다. 지명은 변호사에 의하여 서면으로 이루어지지 않으면 안 된다."고 행정규칙 MV-IV-02는 규정하였다. 이렇게 죄수들에게의 접근을 법률가협회 구성원들에게로 및 면허된 사적 조사자들에게로 제한함에 의하여, 재소자 의뢰인들을 면담하기 위한 로스쿨 학생들에 및 법률적 전문직보조원들에 대한 변호사들의 사용 위에의 절대적 금지를 이 규정은 부과하였다.

(2) 변호사-의뢰인 접견들을 법률가협회 구성원들에게로 및 면허된 사적 조사자들에게로 제한하는 규칙은 가난한 재소자들에 대한 충분한 전문적 대변을 방해하는 것이었다. 재소자 의뢰인에게의 직접적 방문을 시간소모적인 것으로 캘리포니아주 행형시설들의 원거리성은 만든다.

(3) 개업 변호사들에 의하여 사용된 로스쿨 학생들의, 및 법적 조력을 죄수들에

게 제공하는 로스쿨 프로그램들에 연계된 로스쿨 학생들의 그 양자 사이의 자의적 구분을 위 규정은 빚었다. 변호사들을 위하여 일하는 로스쿨 학생들에 의한 접견들을 금지하면서도, 여러 로스쿨 프로그램들의 참여자들로 하여금은 감옥들에 들어가 재소자들을 만나도록 교정국은 허용하였다.

다. 지방법원의 판단

보호되어야 할 표현 행위를 합당한 사유 없이 검열하도록 권한을 부여한 것으로서 죄수 우편에 대한 위 규정들은 수정헌법 제1조에 위배된다고, 위 규정들은 모호하기 때문에 무효라고 지방법원은 판시하였다. 또한 재소자의 서신에 대한 검열에 있어서의 실수를 및 자의를 방지하기 위한 최소한의 절차적 보장을 위 규정들이 제공하지 못하였음을 지방법원은 확인하였다. 결론적으로 위 규정들의 더 이상의 시행을 지방법원은 금지하였다. 행정규칙 MV-IV-02의 지속적 시행을 지방법원은 아울러 금지하였다. (416 U. S., at 400, 419.)

3. 파월(Powell) 판사가 쓴 법원의 의견의 요지

가. 판단회피에 관한 항소인들의 주장을 배척함

감옥 규정들을 위헌이라고 주 법원이 선언할 가능성이 있으므로 이러한 문제들에 대하여 판단하기를 예양의 차원에서 연방지방법원은 회피하였어야 한다거나, 캘리포니아 형법 § 2600 (4)에 대한 캘리포니아주 법원의 해석에 의하여 및 그 해석을 죄수 우편에 관한 규정들에 적용함에 의하여 이 사건의 연방헌법문제를 피하게 하거나 변경시킬 것이라는 이유로, 판단회피를 연방법원은 해야 한다고 항소인들은 주장하였다. 이를 연방대법원은 받아들이지 않았는바, 수정헌법 제1조에 대한 면전에서의 반감에 연방헌법문제가 관련되어 있을 때의 판단회피는 비싼 대가를 요구한다는 점을 특히 연방대법원은 지적하였다. (416 U. S., at 400-404.)

나. 감옥 행정의 문제에 대한 연방법원의 전통적 자세의 전향의 필요성

감옥 행정의 문제에 손을 뗄 때는 태도를, 그 문제의 성격으로 인하여 전통적으로 연방법원은 취하여 왔다. 그러나, 연방의 또는 주의 시설 내에서 발생하는 타당한 헌법적 요구를 인정하지 않는다는 것까지를 사법적 자제 정책이 의미할 수는 없다. 기본적인 헌법적 보장을 감옥의 규정이 또는 관행이 침해하는 경우에 헌법적 권리들을 보호할 의무를 법원은 이행해야 하는 법이다. 죄수 불만사항들에 관한 전통적인 사법자제의 방침의, 및 헌법상의 권리들을 보호하여야 할 필요의 그 양자 사이의 긴장관계는 연방법원들로 하여금 이 문제에 대하여 광범위한 불일치를 보도록 만들어 왔다. 죄수 서신 검열에 대한 판단기준을 구성하여 이 문제에 답을 주는 데에 우리의 임무는 있다. (416 U. S., at 404-407.)

다. 죄수들의 권리로서의 문제를 초월함; 판단의 기준

(1) 재소자들의, 및 그에 더불어 교신하는 데 특정된 이익을 가지는 사람들의 그 양자 사이의 직접적인 및 개인적인 서신의 경우에는 죄수들의 권리 이상의 것을 우편검열은 포함한다. 이들 사이의 교신을 검열하는 것은 이들 각각의 이익을 침해한다. 쌍방의 이익이 불가분적으로 섞여 있는 교신의 특정한 수단을 여기서 우리는 다룬다. (416 U. S., at 408.)

(2) 따라서 "죄수들의 권리들"의 문제들을 포함하는 선례들에게로가 아니라, Tinker v. Des Moines Independant Community School District (1969)에게로, Healy v. James (1972)에게로, United States v. O'Brien (1968)에게로 등, 정당한 정부활동들의 추진 속에서 부과된 연방헌법 수정 제1조상의 자유들에 대한 부수적 제한들의 일반적 문제를 다룬 당원의 판결들에게로 안내를 위하여 방향을 우리는 돌린다. (416 U. S., at 409-411.)

라. 말의 자유에 대한 제한이 정당화되기 위한 4 가지 분석요소

"[정]부의 헌법적 권한 내에 한 개의 정부 규정이 있으면; 만약 한 개의 중요한 내지는 실질적인 정부적 이익을 그것이 촉진하면; 만약 자유로운 표현의 억압에 그 정부적 이익이 관련되어 있지 아니하면; 그리고 만약 그 주장되는 연방헌법 수정 제1조상의 자유들에 대한 부수적 제한이 그 이익의 촉진에 불가피한 정도만큼이보다도 더 크지 아니하면 그것은 충분히 정당화된다." (United States v. O'Brien, 391 U. S.

367, 377 (1968)) (416 U. S., at 411.)

마. 행형기관의 유지에 있어서의 정부의 이익; 판단기준

(1) 감옥이라는 행형기관의 유지에 관련되는 정부의 이익은 내부질서의 및 규율의 유지이고, 도주로부터의 및 무단 침입으로부터의 시설의 안전한 유지이며 죄수들의 사회복귀이다. 그 가운데서 재소자 서신에 대하여 제한을 가함을 정당화하는 것은 질서이고 안전이다. (416 U. S., at 412-413.)

(2) 첫째로, 표현의 자유의 억압에 관련 없는 중요한 내지는 실질적인 정부적 이익을 문제의 규정은 및 관행은 촉진하는 것이지 않으면 안 된다. 안전이라는, 질서라는, 사회복귀라는 정부의 실질적 이익의 한 가지 이상을 우편검열 규정이 촉진한다는 점을 감옥관리들은 증명하지 않으면 안 된다. 둘째로, 관련된 특정한 정부측 이익의 보호에 필요한 정도를 수정헌법 제1조상의 자유들에 대한 제약이 넘어서는 안 된다. 만일 그 제한의 범위가 불필요하게 넓은 것이면 이는 무효이다. (416 U. S., at 413-414.)

바. 우편검열 규정의 위헌성

(1) "부당하게 불평하"는 내지는 "불편사항들을 과장하"는 진술을, "선동적인 정치적, 인종적, 종교적 기타의 견해"의 표현을, 및 "명예훼손적"인 내지는 "그 밖에 부적당하다고 간주되"는 내용을 검열할 권한을, 위 규정들은 부여하였다. 감옥 당국으로 하여금 그들의 개인적 편견을과 견해를 검열의 기준으로 적용하도록 이 규정들은 유도하였다. 과도한 재량의 범위는 비판을 억압하는 데에 이용되었다. 표현의 억압에 관련되지 않는 정부측 이익을 촉진하는 데에 이 광범위한 제한이 필요하다는 점을 항소인들은 밝히지 못하였다. (416 U. S., at 415.)

(2) "불편사항들을 과장하"는 내지는 "부당하게 불평하"는 진술이 검열되는 것은 "기습적인 폭동의 예방책으로서 및 재소자의 사회복귀를 진작시키기 위하여"라고 항소인들은 주장하지만, 기습적인 폭동을 발송되는 편지에서의 불편사항들의 과장이 및 부적절한 불평이 어떻게 야기한다는 것인지, 어떠한

도움을 범죄자들의 사회복귀에 불평의 억압이 준다는 것인지 항소인들은 밝히지 아니한다. "선동적인 정치적, 인종적, 종교적 기타의 견해들"에 대한 금지를 "감옥의 안전에 위험을 이러한 내용이 명백히 제기한다"는 이유로 항소인들은 옹호하지만, 폭력을 부추기는 내용에만 미치도록 위 규정은 그어져 있지 않으며, 그 들어오는 편지에게로만 한정되어 있는 것이도 아니다. 죄수 우편에 대한 검열권한을 행형행정의 적법한 이익을 위하여 필요한 범위만큼보다도 훨씬 더 넓게 규정들은 부여하였고, 따라서 이는 무효이다. (416 U. S., at 416.)

(3) 절차적 보장의 결여의 점

특정 서신을 검열하는 내지는 교부를 거부하는 결정에는 최소한의 절차적 보장이 수반되어야 한다. 자신이 쓴 내지는 자신 앞으로 온 편지가 거부되었다는 점에 관하여 재소자가 고지받을 것을, 거부 결정에 이의하기 위한 합당한 기회가 편지를 쓴 사람에게 부여될 것을, 그 이의는 당초 그 서신을 거부한 담당자 이외의 자에게 할 수 있을 것을 지방법원은 정당하게 요구하였다. (416 U. S., at 417-419.)

사. 행정규칙 MV-IV-02의 위헌성

법원들에게의 접근 위에의 부당한 제한을 이 규칙은 구성하였다. 전문적 대변의 이용 가능성을 내지는 법원들에의 접근의 권리의 여타의 측면들을 부당하게 방해하는 규정들은 및 관행들은 무효이다. 변호사-의뢰인 접견들을 법률가협회 구성원들에게로 및 면허된 사적 조사자들에게로 제한하는 규칙은 가난한 재소자들에 대한 충분한 전문적 대변을 방해하는 것이다. 중대한 부담을 법원들에의 접근의 권리 위에 그 규정은 부과하였다. 행정규칙 MV-IV-02의 그 포괄적 금지를 위한 정당화사유의 결여를 로스쿨 학생들의 그 두 범주들 사이의 구분의 자의성은 드러낸다. (416 U. S., at 419-421.)

아. 결론

원심의 판결주문은 인가된다. (416 U. S., at 422.)

MR. JUSTICE POWELL delivered the opinion of the Court.

This case concerns the constitutionality of certain regulations promulgated by appellant Procunier in his capacity as Director of the California Department of Corrections. Appellees brought a class action on behalf of themselves and all other inmates of penal institutions under the Department's jurisdiction to challenge the rules relating to censorship of prisoner mail and the ban against the use of law students and legal paraprofessionals to conduct attorney-client interviews with inmates. Pursuant to 28 U. S. C. 2281 a three-judge United States District Court was convened to hear appellees' request for declaratory and injunctive relief. That court entered summary judgment enjoining continued enforcement of the rules in question and ordering appellants to submit new regulations for the court's approval. 354 F. Supp. 1092 (ND Cal. 1973). Appellants' first revisions resulted in counterproposals by appellees and a court order issued May 30, 1973, requiring further modification of the proposed rules. The second set of revised regulations was approved by the District Court on July 20, 1973, over appellees' objections. While the first proposed revisions of the Department's regulations were pending before the District Court, appellants brought this appeal to contest that court's decision holding the original regulations unconstitutional.

We noted probable jurisdiction. 412 U. S. 948 (1973). We affirm.

법원의 의견을 파월(Powell) 판사가 냈다.

　이 사건은 항소인 프로쿠니에(Procunier)가 캘리포니아주 교정국장으로서의 권한으로 발한 특정규정들의 합헌성의 문제에 관련한 것이다. 재소자의 우편검열에 관한 규칙들의 부당함을 및 재소자와의 변호사-의뢰인 접견을 수행하는 데의 법과대학생들을과 법률보조자들을 사용함에 대한 금지의 부당함을 지적하면서 자신들을 및 위 교정국 관할 행형시설에 있는 다른 모든 죄수들을 위하여 집단소송을 피항소인들은 냈다. 합중국법률집 제28편 제2281절(28 U. S. C. § 2281)에 따라 변론을 열어 위헌확인을 및 금지 명령을 통한 구제를 바라는 피항소인들의 요청을 3명의 판사로 구성된 미합중국 지방법원은 들었다. 약식판결을 내려, 문제의 규칙의 더 이상의 시행을 금지하고서, 새로운 규정을 제출하도록, 그리하여 법원의 승인을 얻도록 항소인들에게 위 법원은 명하였다. 354 F. Supp. 1092 (N.D.Cal. 1973). 새로운 제안을 항소인들의 제1차 개정안에 대하여 피항소인들이 냈고, 위 제1차 개정안을 더 수정할 것을 요구하는 명령을 1973. 5. 30. 법원은 내렸다. 제2차 개정안에 대하여 피항소인들의 반대가 있었으나 지방법원은 위 반대를 배척하고서 이를 승인하였다. 지방법원에서 교정국 규정의 제1차 개정안이 심리되고 있던 중, 당초의 규정들을 위헌이라고 한 법원의 판정을 항소인들은 이 사건 항소를 제기하여 다투었다.

　권리항소의 일응의 합당한 관할권을 우리는 인정하였다. 412 U. S. 948 (1973). 원심판결을 우리는 인가한다.

I

First we consider the constitutionality of the Director's rules restricting the personal correspondence of prison inmates. Under these regulations, correspondence between «416 U. S., 399» inmates of California penal institutions and persons other than licensed attorneys and holders of public office was censored for nonconformity to certain standards. Rule 2401 stated the Department's general premise that personal correspondence by prisoners is "a privilege, not a right ⋯⋯."[1] More detailed regulations implemented the Department's policy. Rule 1201 directed inmates not to write letters in which they "unduly complain" or "magnify grievances."[2] Rule 1205 (d) defined as contraband writings "expressing inflammatory political, racial, religious or other views or beliefs ⋯⋯."[3] Finally, Rule 2402 (8) provided that inmates "may not send or receive letters that pertain to criminal activity; «416 U. S., 400» are lewd, obscene, or defamatory; contain foreign matter, or are otherwise inappropriate."[4]

Prison employees screened both incoming and outgoing personal mail for violations of these regulations. No further criteria were provided to help members of the mailroom staff decide whether a particular letter contravened

---

1) Director's Rule 2401 provided: "The sending and receiving of mail is a privilege, not a right, and any violation of the rules governing mail privileges either by you or by your correspondents may cause suspension of the mail privileges."

2) Director's Rule 1201 provided: "INMATE BEHAVIOR: Always conduct yourself in an orderly manner. Do not fight or take part in horseplay or physical encounters except as part of the regular athletic program. Do not agitate, unduly complain, magnify grievances, or behave in any way which might lead to violence." It is undisputed that the phrases "unduly complain" and "magnify grievances" were applied to personal correspondence.

3) Director's Rule 1205 provided: "The following is contraband: ⋯⋯ . "d. Any writings or voice recordings expressing inflammatory political, racial, religious or other views or beliefs when not in the immediate possession of the originator, or when the originator's possession is used to subvert prison discipline by display or circulation." Rule 1205 also provides that writings "not defined as contraband under this rule, but which, if circulated among other inmates, would in the judgment of the warden or superintendent tend to subvert prison order or discipline, may be placed in the inmate's property, to which he shall have access under supervision."

4) At the time of appellees' amended complaint, Rule 2402 (8) included prohibitions against "prison gossip or discussion of other inmates." Before the first opinion of the District Court, these provisions were deleted, and the phrase "contain foreign matter" was substituted in their stead.

먼저 감옥 재소자들의 개인적인 서신을 제약하는 교정국장의 규칙의 합헌성 여부를 보기로 한다. 이러한 규정들 아래서 자격 있는 변호사가도 공무원이도 아닌 사람의, 및 캘리포니아주 행형기관들에 수감된 «416 U. S., 399» 죄수들의 그 양자 사이의 서신이 일정한 기준에 불합치 되는지가 검열되었다. 죄수들의 개인적 서신은 "한 개의 은혜일 뿐 한 개의 권리가 아니"라고 교정국이 일반적으로 전제함을 규칙 2401은 명기하였다.[1] 보다 상세한 규정들에 의하여 교정국의 위 정책은 보강되어 있었다. "부당하게 불평하"는 내지는 "불편사항들을 과장하"는 편지를 쓰지 말도록 재소자들에게 규칙 1201은 명령하였다.[2] "선동적인 정치적, 인종적, 종교적 또는 기타의 견해들을 내지는 신념들을 ……" 표현하는 문서를 금지대상으로 규칙 1205(d)는 규정하였다.[3] 끝으로 "범죄활동에 관련되는, 외설적인, 음란한, 명예훼손적인, 외국문제를 담은 내지는 그 밖에 «416 U. S., 400» 부적절한" 서신을 재소자들은 보낼 수도 받을 수도 없다고 규칙 2402 (8)은 규정하였다.[4]

위 규정들을 위반하였는지를 그 수신되는 및 발송되는 편지 전부에 대하여 감옥의 담당자들은 검열하였다. 감옥규칙에 내지는 정책에 특정의 편지가 위반되는지에 관한 우편 담당자의 판단을 돕기 위한 어떠한 더 이상의 기준이도 마련되지 않

---

1) 교정국장의 규칙 2401은 규정하였다: "우편의 발송은 및 수령은 한 개의 특권일 뿐 한 개의 권리가 아니며, 따라서 조금이라도 우편특권들을 규율하는 규칙들에 대한 당신에 의한 또는 당신의 서신 상대방들에 의한 위반은 우편특권들의 정지를 초래할 수 있다."
2) 교정국장의 규칙 1201은 규정하였다: "재소자의 행동: 항상 규율 있는 방법으로 행동할 것. 정규의 체육 프로그램의 일부로서를 제외하고는 싸우거나 난폭한 놀이에 내지는 신체적 접촉행위들에 가담하지 말 것. 선동하거나, 부당하게 불평하거나, 불편사항들을 과장하거나, 또는 조금이라도 폭력으로 이끌 수 있는 방법으로 행동하지 말 것." "부당하게 불평하는" 및 "불편사항들을 과장하는"이라는 구절들이 개인적 서신에 적용되었음은 다툼이 없다.
3) 교정국장의 규칙 1205는 규정하였다: "아래의 것은 금제물이다: ……. d. 창작자의 즉시의 점유에 있지 아니한 경우의, 내지는 감옥규율을 그 전시에 내지는 유포에 의하여 전복하기 위하여 창작자의 점유가 사용되는 경우의, 조금이라도 선동적 정치적, 인종적, 종교적 또는 기타의 견해들을 내지는 신념들을 표현하는 문서들 내지는 음성 녹음들." "이 규칙 아래서 금제품으로 규정되지 아니하는, 그러나 만약 여타의 재소자들 사이에서 유포될 경우에는 교도소장의 내지는 감독자의 판단으로 감옥 질서를 내지는 규율을 전복하는 경향을 지니는 문서들은 재소자의 소유에 놓아질 수 있되 감독 아래서의 접근을 이에 대하여 그는 가진다."고 규칙 1205는 아울러 규정한다.
4) "다른 재소자들에 대한 감옥 뒷공론의 내지는 의논의" 금지들을 피항소인들의 변경소장이 제출된 시점에서 규칙 2402 (8)은 포함하였다. 지방법원의 최초의 의견 이전에 이 규정들은 삭제되었고, 그것들 대신에 "외국문제를 담은"이라는 구절로 대체되었다.

any prison rule or policy. When a prison employee found a letter objectionable, he could take one or more of the following actions: (1) refuse to mail or deliver the letter and return it to the author; (2) submit a disciplinary report, which could lead to suspension of mail privileges or other sanctions; or (3) place a copy of the letter or a summary of its contents in the prisoner's file, where it might be a factor in determining the inmate's work and housing assignments and in setting a date for parole eligibility.

The District Court held that the regulations relating to prisoner mail authorized censorship of protected expression without adequate justification in violation of the First Amendment and that they were void for vagueness. The court also noted that the regulations failed to provide minimum procedural safeguards against error and arbitrariness in the censorship of inmate correspondence. Consequently, it enjoined their continued enforcement.

Appellants contended that the District Court should have abstained from deciding these questions. In that court appellants advanced no reason for abstention other than the assertion that the federal court should defer to the California courts on the basis of comity. The District Court properly rejected this suggestion, noting that the «416 U. S., 401» mere possibility that a state court might declare the prison regulations unconstitutional is no ground for abstention. Wisconsin v. Constantineau, 400 U. S. 433, 439 (1971).

Appellants now contend that we should vacate the judgment and remand the case to the District Court with instructions to abstain on the basis of two arguments not presented to it. First, they contend that any vagueness challenge to an uninterpreted state statute or regulation is a proper case for abstention. According to appellants, "[t]he very statement by the district court that the regulations are vague constitutes a compelling reason for abstention." Brief for Appellants 8-9. As this Court made plain in Baggett v. Bullitt,

았다. 어떤 편지를 불허해야 할 것으로 감옥의 담당자가 생각한 경우에 다음의 조치 중 한 가지 이상을 그는 취할 수 있었다 : (1) 그 편지의 발송을 또는 교부를 거부하고 그것을 그 작성자에게 돌려 주는 것; (2) 규율보고서를 작성하는 것. 우편 혜택의 정지에, 기타의 제재에 이 보고서는 이어질 수 있다; (3) 그 편지의 복사본을 또는 그 내용의 개요서를 당해 죄수의 서류철에 편철하는 것. 이것은 당해 재소자의 작업배당을 및 거실배당을 결정하고 가석방 대상자에 뽑히는 일시를 정하는 요소가 될 수 있다.

보호되어야 할 표현 행위를 합당한 사유 없이 검열하도록 권한을 부여한 것으로서 죄수 우편에 대한 위 규정들은 수정헌법 제1조에 위배된다고, 위 규정들은 모호하기 때문에 무효라고 지방법원은 판시하였다. 또한 재소자의 서신에 대한 검열에 있어서의 실수를 및 자의를 방지하기 위한 최소한의 절차적 보장을 위 규정들이 제공하지 못하였음을 지방법원은 확인하였다. 결론적으로 위 규정들의 더 이상의 시행을 지방법원은 금지하였다.

이러한 문제들에 대하여 판단하기를 지방법원은 회피하였어야 하였다고 항소인들은 주장한다. 예양의 차원에서 캘리포니아 주 법원의 의견에 연방법원이 따라야 한다는 주장을 이외에는 판단 회피의 이유에 관하여 아무 것을도 지방법원에서 항소인들은 내세운 바 없었다. 위 감옥 규정들을 위헌이라고 주 법원이 선언할 가능성이 «416 U. S., 401» 있다는 것만으로는 판단 회피의 이유가 되지 않는다고 판시하여 위 주장을 지방법원은 배척하였는데 이는 적절한 것이었다. Wisconsin v. Constantineau, 400 U. S. 433, 439 (1971).

우리가 원심 판결 주문을 취소하고 사건을 지방법원에 환송하여야 한다고, 그리고 판단을 회피하라는 지시를 덧붙여야 한다고 당초 지방법원에 제기된 바 없는 그 자신들의 두 가지 주장들에 근거하여 항소인들은 이제 주장한다. 첫째, 해석되지 아니한 상태의 주 법에 또는 규정에 대하여 그것이 모호하다는 항변이 제기되기만 하면 판단을 회피하여야 할 사안이 된다고 당초 지방법원에 제기된 바 없는 그 자신의 두 가지 주장에 근거하여 항소인들은 주장한다. 항소인들에 따르면 위 규정들을 모호한 것이라고 한 지방법원의 언급 바로 그 자체가 움직일 수 없는 판단회피

377 U. S. 360 (1964), however, not every vagueness challenge to an uninterpreted state statute or regulation constitutes a proper case for abstention.[5] But we need not decide whether appellants' contention is controlled by the analysis in Baggett, for the short «416 U. S., 402» answer to their argument is that these regulations were neither challenged nor invalidated solely on the ground of vagueness. Appellees also asserted, and the District Court found, that the rules relating to prisoner mail permitted censorship of constitutionally protected expression without adequate justification. In light of the successful First Amendment attack on these regulations, the District Court's conclusion that they were also unconstitutionally vague hardly "constitutes a compelling reason for abstention."

As a second ground for abstention appellants rely on Cal. Penal Code 2600 (4), which assures prisoners the right to receive books, magazines, and periodicals.[6] Although they did not advance this argument to the District Court, appellants now contend that the interpretation of the statute by the state

---

5) In Baggett the Court considered the constitutionality of loyalty oaths required of certain state employees as a condition of employment. For the purpose of applying the doctrine of abstention the Court distinguished between two kinds of vagueness attacks. Where the case turns on the applicability of a state statute or regulation to a particular person or a defined course of conduct, resolution of the unsettled question of state law may eliminate any need for constitutional adjudication. 377 U. S., at 376–377. Abstention is therefore appropriate. Where, however, as in this case, the statute or regulation is challenged as vague because individuals to whom it plainly applies simply cannot understand what is required of them and do not wish to forswear all activity arguably within the scope of the vague terms, abstention is not required. Id., at 378. In such a case no single adjudication by a state court could eliminate the constitutional difficulty. Rather it would require "extensive adjudications, under the impact of a variety of factual situations," to bring the challenged statute or regulation "within the bounds of permissible constitutional certainty." Ibid.

6) Cal. Penal Code 2600 provides that "[a] sentence of imprisonment in a state prison for any term suspends all the civil rights of the person so sentenced ······," and it allows for partial restoration of those rights by the California Adult Authority. The statute then declares, in pertinent part: "This section shall be construed so as not to deprive such person of the following civil rights, in accordance with the laws of this state: ······. "(4) To purchase, receive, and read any and all newspapers, periodicals, and books accepted for distribution by the United States Post Office. Pursuant to the provisions of this section, prison authorities shall have the authority to exclude obscene publications or writings, and mail containing information concerning where, how, or from whom such matter may be obtained; and any matter of a character tending to incite murder, arson, riot, violent racism, or any other form of violence; and any matter concerning gambling or a lottery. ······"

의 이유를 구성한다는 것이다. Brief for Appellants 8-9. 그러나 Bagget v, Bullitt, 377 U. S. 360 (1964) 판결에서 당원이 명백히 밝혔듯이, 판단을 회피할 적절한 사안을 해석되지 아니한 주 법에 또는 규정에 대한 모호성의 항변 전부가 이루는 것은 아니다.[5] 그러나 Baggett 사건에서 이루어진 분석에 의하여 항소인의 주장이 결정되어야 할 것인지 판단할 필요를 우리는 느끼지 않는바, 왜냐하면 항소인들의 «416 U. S., 402» 주장에 대하여는 이러한 규정들에 대하여 이의 제기되고 무효화 된 것은 단지 모호성만을 이유로 한 것이 아니라는 간단한 답이 있기 때문이다. 피항소인들이 주장한 및 지방법원이 확인한 바는 헌법상 보호되는 표현에 대한 검열을 정당한 사유 없이 죄수의 서신에 관한 규칙들이 허용하였다는 점이다. 이 규정들에 대한 연방헌법 수정 제1조에 기한 성공적인 공격에 비추어, 위 규정들이 위헌적으로 모호하기도 하다는 지방법원의 결론이 결코 판단회피의 결정적인 이유를 구성한다고는 할 수 없는 것이다.

판단회피의 두 번째 이유로서 캘리포니아 형법 § 2600 (4)에 항소인들은 의존하고 있는데, 서적들을, 잡지들을 및 정기간행물들을 수령할 권리를 죄수들에게 위 조항은 보장한다.[6] 위 법률에 대한 캘리포니아주 법원의 해석에 의하여 및 그 해석을 죄수 우편에 관한 규정들에 적용함에 의하여 아래에서 우리가 판결하는 헌법문제를 피하게 하거나 변경시킬 것이라고, 항소인들은 지방법원에서는 주장한 바 없

---

[5] 고용의 조건으로서 특정 주(state) 피용자들에게 요구된 충성서약들의 합헌성을 Baggett 사건에서 당원은 고찰하였다. 사법자제 법리를 적용함의 목적을 위하여 두 종류의 모호성 공격들 사이를 당원은 구분지었다. 한 개의 주 제정법의 내지는 규정의 특정 사람에게의 내지는 한 개의 확정된 행위과정에의 적용 가능성에 사건이 달려 있는 경우에, 헌법판단의 필요를 주 법에 관한 미확정의 문제는 제거할 수 있다. 377 U. S., at 376-377. 그러므로 사법자제는 적절하다. 그러나 이 사건에서처럼 제정법의 내지는 규정의 적용을 명백히 받는 개인들이 그 자신들에게 무엇이 요구되는지를 이해할 수 없고 그리하여 그 모호한 규정들의 범위 내에 있다고 주장되는 모든 행동을 맹세코 그만두기를 그들이 원하지 아니하기 때문에 그것이 모호하다고 공격되는 경우에, 판단회피는 요구되지 않는다. Id., at 378. 이러한 경우에 주 법원에 의한 단 한 개의 판단으로는 그 헌법적 난제를 제거할 수 없을 것이다. 오히려 그 공격되는 제정법을 내지는 규정을 "허용 가능한 헌법적 확실성의 범위들 내에" 데려오는 일은 "다양한 사실적 상황들의 영향력 아래서의 광범위한 판결들을" 요구할 것이다. Ibid.

[6] "[기]간 여하에 상관 없이 주 감옥에서의 구금형기는 그 선고를 받는 사람의 모든 시민적 권리들을 정지시킨다 ……."고 캘리포니아주 형법전(Cal. Penal Code) 2600은 규정하고, 또한 캘리포니아주 성인죄수 교화국(the California Adult Authority)에 의한 그 권리들의 부분적 회복을 그것은 허용한다. 그 제정법은 게다가 해당 부분에서 선언한다: "아래의 시민적 권리들을 그러한 사람에게서 박탈하지 않도록 이 주 법들에 따라서 이 절은 해석되어야 한다: ……"(4) 합중국 우편국에 의하여 배부를 위하여 수령되는 모든 신문들을, 정기간행물들을, 그리고 서적들을 구매할, 수령할, 그리고 읽을 권리. 외설한 출판물들을 내지는 서적들을, 및 어디서, 어떻게, 내지는 누구로부터 그러한 것이 입수될 수 있는지에 관한 정보를 포함하는 우편을; 그리고 조금이라도 살인을, 방화를, 폭력적 인종주의를, 또는 조금이라도 그 밖의 형태의 폭력을 자극하는 경향을 지니는 내용을; 및 조금이라도 도박에 또는 복권에 관련한 내용을 배제할 권한을 이 절의 규정들에 따라서 감옥 당국은 지닌다. ……"

courts and its application to the regulations governing prisoner mail might avoid or modify the constitutional questions decided below. Thus appellants seek to establish the essential prerequisite for abstention - "an uncertain issue of state «416 U. S., 403» law," the resolution of which may eliminate or materially alter the federal constitutional question.[7] Harman v. Forssenius, 380 U. S. 528, 534 (1965). We are not persuaded.

A state court interpretation of 2600 (4) would not avoid or substantially modify the constitutional question presented here. That statute does not contain any provision purporting to regulate censorship of personal correspondence. It only preserves the right of inmates to receive "newspapers, periodicals, and books" and authorizes prison officials to exclude "obscene publications or writings, and mail containing information concerning «416 U. S., 404» where, how, or from whom *such matter* may be obtained ······" (emphasis added). And the plain meaning of the language is reinforced by recent legislative history. In 1972, a bill was introduced in the California Legislature to restrict censorship of personal correspondence by adding an entirely new subsection to 2600. The legislature passed the bill, but it was vetoed by Governor Reagan. In light of this history, we think it plain that no reasonable interpretation of 2600 (4) would avoid or modify the federal constitutional question

---

7) Appellants argue that the correctness of their abstention argument is demonstrated by the District Court's disposition of Count II of appellees' amended complaint. In Count II appellees challenged the mail regulations on the ground that their application to correspondence between inmates and attorneys contravened the Sixth and Fourteenth Amendments. Appellees later discovered that a case was then pending before the Supreme Court of California in which the application of the prison rules to attorney–client mail was being attacked under subsection (2) of 2600, which provides: "This section shall be construed so as not to deprive [an inmate] of the following civil rights, in accordance with the laws of this state: ······. "(2) To correspond, confidentially, with any member of the State Bar, or holder of public office, provided that the prison authorities may open and inspect such mail to search for contraband." The District Court did stay its hand, and the subsequent decision in In re Jordan, 7 Cal. 3d 930, 500 P.2d 873 (1972) (holding that 2600 (2) barred censorship of attorney–client correspondence), rendered Count II moot. This disposition of the claim relating to attorney–client mail is, however, quite irrelevant to appellants' contention that the District Court should have abstained from deciding whether the mail regulations are constitutional as they apply to personal mail. Subsection (2) of 2600 speaks directly to the issue of censorship of attorney–client mail but says nothing at all about personal correspondence, and appellants have not informed us of any challenge to the censorship of personal mail presently pending in the state courts.

으면서도 이제 주장한다. 그리하여 주 법이 불확실하다는 쟁점이 있다는, 그리고 연방헌법문제를 그 쟁점의 결정이 제거하거나 현저하게 «416 U. S., 403» 변경시킬 것이라는, 판단회피의 필수적 선행조건을 항소인들은 세워 내려고 한다.[7] Harman v. Forssenius, 380 U. S. 528, 534 (1965). 우리는 이에 동의하지 않는다.

여기에서 제기된 헌법문제를 § 2600 (4) 에 대한 주 법원의 해석 여하는 회피시키지도 실질적으로 수정시키지도 못할 것이다. 개인적 서신의 검열을 규율하려는 어떠한 규정을도 그 법률은 포함하고 있지 않다. 오직 "신문들을, 정기간행물들을 및 책들을" 수령할 재소자들의 권리를 그것은 보전할 뿐이고, 그리고 "외설한 출판물들에 또는 서적들에 관한 및 *이러한 물건이* 어디서 어떻게 누구로부터 얻어질 수 있는가에 관한 «416 U. S., 404» 정보를 담은 우편물을 제거할 권한을 감옥 관리들에게 그것은 부여할 뿐이다. 그리고 최근의 입법 역사에 의하여 그 용어의 평범한 의미는 강화되고 있다. 1972년에 캘리포니아 주의회에 한 개의 법안이 제출되었는데, 이것은 완전히 새로운 장을 § 2600에 첨가하여 개인적 서신의 검열을 제한하고자 한 것이었다. 위 법안을 주의회는 통과시켰으나 주지사 레이건에 의하여 거부되었다. § 2600 (4)를 아무리 합리적으로 해석한다 하더라도 이하에서 판단되는 연방헌법문제를 회피시키거나 수정하지 못하리라는 것은 명백하다고 이러한 역사에 비추어 우리는 생각한다. 연방헌법적 문제가 수정헌법 제1조에 대한 면전에서의 반감에 관련되어 있을 때의 판단회피는 비싼 대가를 요구한다는 점을 더욱이 우리

---

7) 피항소인들의 변경된 소장의 소인 III에 대한 지방법원의 처분에 의하여 자신들의 판단회피 주장의 정확성은 증명된다고 항소인들은 주장한다. 연방헌법 수정 제6조를 및 제14조를 재소자들의 및 변호사들의 양자 사이의 통신에 대한 우편규정들의 적용은 침해한다는 이유로 우편규정들을 소인 III에서 피항소인들은 다투었다. 변호인-의뢰인 사이의 우편에의 감옥규칙들의 적용이 2600 소절 (2) 아래서 공격되고 있는 중인 한 개의 사건이 당시에 캘리포니아주 대법원 앞에 계속되어 있음을 피항소인들은 나중에 발견하였는데, 그 소절 (2)는 규정한다: "아래의 시민적 권리들을 [재소자에게서] 박탈하지 아니하도록 이 주(state)의 법들에 따라서 이 절은 해석되어야 한다: ……. "(2) 금제물에 대비하여 그 우편을 감옥 당국이 개봉하여 검사할 수 있을 것을 전제로, 조금이라도 주 법률가협회의 구성원에 내지는 공직보유자에 더불어 비밀히 교신할 권리." 지방법원은 자제하였고, In re Jordan, 7 Cal. 3d 930, 500 P.2d 873 (1972) (변호인-의뢰인 교신에 대한 검열을 2600 (2)가 금지한다고 판시함).에서의 나중의 결정은 소인 III를 쟁송성 결여 상태로 만들었다. 그러나, 변호인-의뢰인 우편에 관련한 주장에 대한 이 처분은. 개인적 우편에 적용되는 것으로서의 우편규정들이 합헌인지 여부를 판단하기를 지방법원이 회피했어야 한다는 항소인들의 주장에는 전혀 무관하다. 변호인-의뢰인 우편에 대한 검열의 쟁점에 대하여 직접적으로 2600 소절 (2)는 말하지만, 개인적 서신에 관하여는 전혀 말하지 아니하며, 또한 조금이라도 현재 주 법원들에 걸려 있는 개인적 우편의 검열에 대한 이의에 관하여 우리에게 항소인들은 알려준 바도 없다.

decided below. Moreover, we are mindful of the high cost of abstention when the federal constitutional challenge concerns facial repugnance to the First Amendment. Zwickler v. Koota, 389 U. S. 241, 252 (1967); Baggett v. Bullitt, 377 U. S., at 379. We therefore proceed to the merits.

A

Traditionally, federal courts have adopted a broad hands-off attitude toward problems of prison administration. In part this policy is the product of various limitations on the scope of federal review of conditions in state penal institutions.[8] More fundamentally, this attitude springs from complementary perceptions about the nature of the problems and the efficacy of judicial intervention. Prison administrators are responsible for maintaining internal order and discipline, for securing their institutions against unauthorized access or escape, and for rehabilitating, to the extent that human nature and inadequate resources allow, the inmates placed in their custody. The Herculean obstacles to effective discharge of these duties are too apparent to warrant explication. Suffice it to say that the problems of prisons «416 U. S., 405» in America are complex and intractable, and, more to the point, they are not readily susceptible of resolution by decree. Most require expertise, comprehensive planning, and the commitment of resources, all of which are peculiarly within the province of the legislative and executive branches of government. For all of those reasons, courts are ill equipped to deal with the increasingly urgent problems of prison administration and reform.[9] Judicial

---

8) See Note, Decency and Fairness: An Emerging Judicial Role in Prison Reform, 57 Va. L. Rev. 841, 842–844 (1971).

9) They are also ill suited to act as the front–line agencies for the consideration and resolution of the infinite variety of prisoner complaints. Moreover, the capacity of our criminal justice system to deal fairly and fully with legitimate claims will be impaired by a burgeoning increase of frivolous prisoner complaints. As one means of alleviating this problem, THE CHIEF JUSTICE has suggested that federal and state authorities explore the possibility of instituting internal administrative procedures for disposition of inmate grievances. 59 A. B. A. J. 1125, 1128 (1973). At the Third Circuit Judicial Conference meeting of October 15, 1973, at which the problem was addressed, suggestions also included (i) abstention where appropriate to avoid needless consideration of federal constitutional issues; and (ii) the use of federal magistrates who could be sent into penal institutions to conduct hearings and make findings of

는 우려한다. Zwickler v.Koota, 389 U. S. 241, 252 (1967); Baggett v.Bullitt, 377 U. S.,at 379. 따라서 본안을 우리는 판단한다.

A

감옥 행정의 문제에 손을 떼는 태도를 전통적으로 연방법원은 취하여 왔다. 주 행형기관에 있어서의 상황을 연방법원이 검토할 수 있는 범위에 여러 가지 한계가 있다는 점에 부분적으로 이 정책은 기인하는 것이다.[8] 보다 근본적으로 문제의 성질로부터 그리고 사법적 간섭의 효율성에 관한 보충적 개념으로부터 이 태도는 연유한다. 내부질서를 및 규율을 유지할, 그리고 그들의 시설을 무단접근으로부터 또는 도주로부터 보호할 및 인간의 본성이 및 부족한 자원이 허용하는 한도까지 자신들의 구금 하에 놓여진 재소자들을 복귀시킬 책임을 감옥 관리자들은 진다. 이러한 의무를 이행하는 데 있어서의 장애가 매우 크다는 것은 설명을 요하지 않을 만큼 명백하다. 미국 감옥의 문제들이 복잡하고 다루기 힘들다는 것을, 그리고 보다 더 적절히 《416 U. S., 405》 말하자면 법령에 의한 해결을 위 문제들이 허락하지 않는다는 것을 언급하는 것으로 충분하다. 숙련을과 포괄적인 계획을 및 자원의 공급을 대부분의 문제들이 요구하는데, 특히 입법부의 및 행정부의 영역에 이 모든 것들은 속한다. 감옥 관리에 및 개혁에 있어서의 점증하는 급박한 문제를 다루기에는 이 모든 점으로 인하여 법원은 부적절하다.[9] 위 사실을 법원이 인정하는 것은 단지 합당한 현실 감각을 반영하는 것일 따름이다. 더욱이 주 행형기관들이 관련될 경우

---

8) Note, Decency and Fairness: An Emerging Judicial Role in Prison Reform, 57 Va. L. Rev. 841, 842-844 (1971)을 보라.

9) 무한한 다양성을 지니는 죄수 불만사항들에 대한 고찰을 및 해결을 위한 최전선의 기관들로서 행동하는 데에도 그들은 어울리지 않는다. 더욱이, 정당한 주장들을 공정하게 및 완전히 취급할 수 있는 우리의 형사재판 제도의 수용능력은 무의미한 죄수 소송들의 급격한 증대에 의하여 손상될 것이다. 재소자 불만사항들의 처분을 위한 내부의 행정절차들을 실시할 수 있는 가능성을 연방 당국은 및 주 당국은 검토하도록. 이 문제를 경감시키는 한 가지 수단으로서 대법원장은 제언한 바 있다. 59 A. B. A. J. 1125, 1128 (1973). 그 문제가 중점적으로 논의된 제3순회구 사법관회의의 1973년 10월 15일자 회합에서, (i) 연방헌법 쟁점들에 대한 불필요한 고찰을 회피하기 위한 적절한 경우의 사법자제를; 그리고 (ii) 청문들을 수행하기 위하여 및 사실판단을 위하여 행형기관들에 파견될 수 있는 연방 치안판사들의 사용을 제언들은 또한 포함하였다. 조금이라도 특정의 제안의 장점에 내지는 타당성에 관하여 견해를 우리는 표명하지 아니함을 우리는 강조하지만, 그러나 이 악화일로의 상황에 대한 연방당국에 및 주 당국에 의한 신속한 및 사려 깊은 검토의 필요성을 표명함은 적절하다고 우리는 참으로 생각한다.

recognition of that fact reflects no more than a healthy sense of realism. Moreover, where state penal institutions are involved, federal courts have a further reason for deference to the appropriate prison authorities.

But a policy of judicial restraint cannot encompass any failure to take cognizance of valid constitutional claims whether arising in a federal or state institution. When a prison regulation or practice offends a fundamental constitutional guarantee, federal courts will discharge their duty to protect constitutional «416 U. S., 406» rights. Johnson v. Avery, 393 U. S. 483, 486 (1969). This is such a case. Although the District Court found the regulations relating to prisoner mail deficient in several respects, the first and principal basis for its decision was the constitutional command of the First Amendment, as applied to the States by the Fourteenth Amendment.[10]

The issue before us is the appropriate standard of review for prison regulations restricting freedom of speech. This Court has not previously addressed this question, and the tension between the traditional policy of judicial restraint regarding prisoner complaints and the need to protect constitutional rights has led the federal courts to adopt a variety of widely inconsistent approaches to the problem. Some have maintained a hands-off posture in the face of constitutional challenges to censorship of prisoner mail. E. g., McCloskey v. Maryland, 337 F. 2d 72 (CA4 1964); Lee v. Tahash, 352 F. 2d 970 (CA8 1965) (except insofar as mail censorship rules are applied to discriminate against a particular racial or religious group); Krupnick v. Crouse, 366 F. 2d 851 (CA10 1966); Pope v. Daggett, 350 F. 2d 296 (CA10 1965). Another has required only that censorship of personal correspondence not

fact. We emphasize that we express no view as to the merit or validity of any particular proposal, but we do think it appropriate to indicate the necessity of prompt and thoughtful consideration by responsible federal and state authorities of this worsening situation.

10) Specifically, the District Court held that the regulations authorized restraint of lawful expression in violation of the First and Fourteenth Amendments, that they were fatally vague, and that they failed to provide minimum procedural safeguards against arbitrary or erroneous censorship of protected speech.

문제를 고유한 감옥당국에 연방법원이 맡길 또 다른 이유가 있다.

그러나 연방의 또는 주의 시설 내에서 발생하는 타당한 헌법적 요구를 인정하지 않는다는 것까지를 사법적 자제 정책이 의미할 수는 없다. 기본적인 헌법적 보장을 감옥의 규정이 또는 관행이 침해하는 경우에 헌법적 권리들을 보호할 의무를 법원은 «416 U. S., 406» 이행해야 하는 법이다. Johnson v. Avery, 393 U. S. 483, 486 (1969). 이 사건이 그러한 경우이다. 비록 죄수 우편 관련 규정들을 몇 가지 점에서 불충분한 것으로 지방법원이 인정하였음에도 불구하고 그 판결의 으뜸가는 주된 근거는 수정헌법 제14조에 따라 주에 적용되게 되어 있는 수정헌법 제1조상의 헌법적 명령이다.[10]

우리 앞에 있는 문제는 말의 자유를 제한하는 감옥 규정들을 검토할 적절한 기준의 문제이다. 이전에 이 문제에 관하여 당원은 밝힌 바 없으며, 연방법원들로 하여금 이 문제에 대하여 광범위한 불일치를 보이도록, 그리고 다양하게 접근하도록, 죄수 불만사항들에 관한 전통적인 사법자제의 방침의, 및 헌법상의 권리들을 보호하여야 할 필요의 그 양자 사이의 긴장관계는 만들어 왔다. 죄수 우편의 검열에 대하여 손을 떼는 자세를 어떤 법원들은 유지하여 왔다. 법원이 손을 뗀 예들로서는 McCloskey v. Maryland, 337 F. 2d 72 (CA4 1964) 판결을; Lee v. Tahash, 352 F. 2d 970 (CA8 1965) (특정한 인종적 또는 종교적 집단을 차별하기 위하여 우편 검열 규정들이 적용된 한도 내에서는 제외) 판결을; Krupnick v. Crouse, 366 F. 2d 851 (CA10 1966) 판결을; Pope v. Daggett, 350 F. 2d 296 (CA10 1965) 판결들을 들 수 있다. 또 개인적 서신에 대한 검열이 감옥 제도에 관한 어떠한 개념에 따라서든지 지지되는 것일 것만을 - 그 개념이 합리적인 및 헌법적으로 받아들일 수 있는 것인 한 - 다른 법원은 요구하여 왔다. Sostre v. McGinnis, 442 F. 2d 178,199 (CA2 1971), cert. denied sub nom. Oswald v. Sostre, 405

---

10) 적법한 표현에 대한 제한을 규정들이 허용하는 것은 연방헌법 수정 제1조에 및 제14조에 위배된다고, 그것들은 치명적으로 모호하다고, 그리고 보호 대상인 말에 대한 자의적인 내지는 오류적인 검열에 대처한 최소한의 절차적 보장들을 그것들은 제공하지 아니한다고 특히 지방법원은 판시하였다.

lack support "in any rational and constitutionally acceptable concept of a prison system." Sostre v. McGinnis, 442 F. 2d 178, 199 (CA2 1971), cert. denied sub nom. Oswald v. Sostre, 405 U. S. 978 (1972). At the other extreme some courts have been willing to require demonstration of a "compelling state interest" to justify censorship of prisoner mail. E. g., Jackson v. Godwin, 400 F. 2d 529 «416 U. S., 407» (CA5 1968) (decided on both equal protection and First Amendment grounds); Morales v. Schmidt, 340 F. Supp. 544 (WD Wis. 1972); Fortune Society v. McGinnis, 319 F. Supp. 901 (SDNY 1970). Other courts phrase the standard in similarly demanding terms of "clear and present danger." E. g., Wilkinson v. Skinner, 462 F. 2d 670, 672-673 (CA2 1972). And there are various intermediate positions, most notably the view that a "regulation or practice which restricts the right of free expression that a prisoner would have enjoyed if he had not been imprisoned must be related both reasonably and necessarily to the advancement of some justifiable purpose." E. g., Carothers v. Follette, 314 F. Supp. 1014, 1024 (SDNY 1970) (citations omitted). See also Gates v. Collier, 349 F. Supp. 881, 896 (ND Miss. 1972); LeMon v. Zelker, 358 F. Supp. 554 (SDNY 1972).

This array of disparate approaches and the absence of any generally accepted standard for testing the constitutionality of prisoner mail censorship regulations disserve both the competing interests at stake. On the one hand, the First Amendment interests implicated by censorship of inmate correspondence are given only haphazard and inconsistent protection. On the other, the uncertainty of the constitutional standard makes it impossible for correctional officials to anticipate what is required of them and invites repetitive, piecemeal litigation on behalf of inmates. The result has been unnecessarily to perpetuate the involvement of the federal courts in affairs of prison administration. Our task is to formulate a standard of review for prisoner mail censorship that will be responsive to these concerns.

U. S. 978 (1972). 그 정반대의 경우로서, 죄수 우편의 검열을 정당화하기 위하여는 그 검열하여야 할 절박한 주 이익에 대한 구속력 있는 증명을 어떤 법원들은 기꺼이 요구하여 오고 있는 중이다. 이러한 예로서는 Jackson v. Godwin, 400 F. 2d 529 «416 U. S., 407» (CA 5 1968) (보호에 있어서의 평등의 원칙을 및 수정헌법 제1조를 다 같이 그 근거로 함) 판결이; Morales v.Schmidt, 340 F.Supp. 544 (WD Wis. 1972) 판결이; Fortune Society v. McGinnis, 319 F.Supp. 901 (SDNY 1970) 판결이 있다. 그 기준을 "명백한 현존의 위험"이라는 마찬가지로 요건적인 용어로써 여타의 법원들은 서술한다. 예컨대 Wilkinson v. Skinner, 462 F. 2d 670, 672-673 (CA2 1972) 판결이 그것이다. 그 밖에 다양한 중간 입장을 취하는 판결들이 있는데 가장 전형적 견해는 "죄수가 감금되지 않았더라면 누릴 수 있었을 자유로운 표현의 권리를 제한하는 규정은 내지는 관행은 정당한 목적을 촉진시키는 데 합리적으로 및 필수적으로 관련되어야 한다."는 것이다. 즉 Carothers v. Follette, 314 F.Supp. 1014, 1024 (SDNY 1970) 판결이 그것이다(인용부호 생략). 또한 Gates v. Collier, 349 F.Supp. 881, 896 (ND Miss. 1972) 판결을; LeMon v. Zelker, 358 F.Supp. 554 (SNDY 1972) 판결을 보라.

이 제 각각인 접근방법들의 정렬은 및 죄수 우편에 대한 검열 규정의 합헌성 여부를 판정하기 위한 조금이라도 일반적으로 인정된 기준의 부재는 이들 대립하는 이익 양쪽 모두를 해친다. 한편으로는 재소자 서신의 검열에 의하여 얽히게 되는 수정헌법 제1조상의 이익들이 위협을 받고 그 보호가도 제각각이게 된다. 다른 한편으로 헌법적 기준이 불확실하다는 점은 교정 관리들로 하여금 자신들에게 무엇이 요구되는지 미리 알지 못하게 하며 재소자들을 위한 반복적인 및 단편적인 소송를 야기한다. 그 결과는 연방법원들로 하여금 불필요하게도 감옥 행정 문제에 끝없이 개입하게 하는 것이었다. 죄수 서신 검열에 대한 판단기준을 구성하여 이러한 문제에 답을 주는 데에 우리의 임무는 있다.

B

We begin our analysis of the proper standard of review for constitutional challenges to censorship of prisoner mail with a somewhat different premise from that taken «416 U. S., 408» by the other federal courts that have considered the question. For the most part, these courts have dealt with challenges to censorship of prisoner mail as involving broad questions of "prisoners' rights." This case is no exception. The District Court stated the issue in general terms as "the applicability of First Amendment rights to prison inmates ......," 354 F. Supp., at 1096, and the arguments of the parties reflect the assumption that the resolution of this case requires an assessment of the extent to which prisoners may claim First Amendment freedoms. In our view this inquiry is unnecessary. In determining the proper standard of review for prison restrictions on inmate correspondence, we have no occasion to consider the extent to which an individual's right to free speech survives incarceration, for a narrower basis of decision is at hand. In the case of direct personal correspondence between inmates and those who have a particularized interest in communicating with them,[11] mail censorship implicates more than the right of prisoners.

Communication by letter is not accomplished by the act of writing words on paper. Rather, it is effected only when the letter is read by the addressee. Both parties to the correspondence have an interest in securing that result, and censorship of the communication between them necessarily impinges on the interest of each. Whatever the status of a prisoner's claim to uncensored correspondence with an outsider, it is plain that the latter's interest is grounded in the First Amendment's guarantee of freedom of speech. And this does not depend on whether the nonprisoner correspondent is the author or

---

11) Different considerations may come into play in the case of mass mailings. No such issue is raised on these facts, and we intimate no view as to its proper resolution.

B

죄수 우편 검열의 헌법문제의 판단을 위한 적절한 기준을 분석하는 데 있어서 지금까지 이 문제를 살폈던 다른 연방법원들에 의하여 채택된 《416 U. S., 408》 전제들로부터는 약간 다른 전제를 가지고서 우리는 시작하고자 한다. 죄수 우편의 검열에 대한 문제제기를 "죄수들의 권리들"의 광범위한 문제들을 포함하는 것으로 대부분 위 법원들은 다루어 왔다. 이 사건은도 예외가 아니다. 문제를 "수정헌법 제1조상의 권리들의 감옥 수감자에게의 적용가능성 ……"이라는 일반적인 어휘로 지방법원은 서술하였으며, 354 F. Supp ., at 1096, 이 사건의 결정을 위하여는 수정헌법 제1조상의 자유들을 죄수들이 어디까지 요구할 수 있는가를 사정해 내도록 요구된다고 전제하고 있음을 당사자들의 주장은도 나타낸다. 우리의 견해로는 이를 심리할 필요가 없다. 재소자 서신에 대한 감옥의 제한을 판단하는 적절한 기준을 정함에 있어서 자유로운 말에 대한 개인의 권리가 그의 수감에도 불구하고 어느 정도까지 남게 되는가를 우리는 고찰할 필요가 없다. 왜냐하면 판단을 위한 보다 확실한 근거가 가까이 있기 때문이다. 재소자들의, 및 그에 더불어 교신하는 데 특정된 이익을 가지는 사람들의 그 양자 사이의 직접적인 및 개인적인 서신의 경우에는[11] 죄수들의 권리 이상의 것을 우편검열은 포함한다.

종이 위에 단어를 쓰는 것으로 편지에 의한 교신은 끝나지 않는다. 오히려 그것은 편지가 수신자에 의하여 읽혀질 때에야 효과가 생긴다. 이를 확보하는 데 있어서 이익을 서신의 쌍방 당사자는 가지며 이들 사이의 교신을 검열하는 것은 이들 각각의 이익을 침해한다. 외부자에 더불어서의 검열없는 서신 연락에 대한 죄수의 요구가 어떤 지위에 있든지간에, 말의 자유에 대한 수정헌법 제1조의 보장에 외부자의 이익이 근거하는 것임은 명백하다. 또한 죄수 아닌 교신자가 특정한 편지를 쓴 사람인가 이를 받을 사람인가에 이것은 달려 있는 것도 아니다. 왜냐하면 《416 U. S., 409》 원하는 교신에 대한 정부의 부당한 간섭에 대처한 보호를 수정헌

---

11) 대량우편물들의 경우에는 별개의 고찰들이 작동할 수 있다. 이 사실관계 위에서는 그러한 쟁점은 제기되지 아니하고, 따라서 그것의 정확한 해결에 관하여는 아무런 견해를 우리는 밝히지 않는다.

intended recipient of a particular letter, for the addressee as well as the sender of direct personal correspondence «416 U. S., 409» derives from the First and Fourteenth Amendments a protection against unjustified governmental interference with the intended communication. Lamont v. Postmaster General, 381 U. S. 301 (1965); accord, Kleindienst v. Mandel, 408 U. S. 753, 762-765 (1972); Martin v. City of Struthers, 319 U. S. 141, 143 (1943). We do not deal here with difficult questions of the so-called "right to hear" and third-party standing but with a particular means of communication in which the interests of both parties are inextricably meshed. The wife of a prison inmate who is not permitted to read all that her husband wanted to say to her has suffered an abridgment of her interest in communicating with him as plain as that which results from censorship of her letter to him. In either event, censorship of prisoner mail works a consequential restriction on the First and Fourteenth Amendments rights of those who are not prisoners.

Accordingly, we reject any attempt to justify censorship of inmate correspondence merely by reference to certain assumptions about the legal status of prisoners. Into this category of argument falls appellants' contention that "an inmate's rights with reference to social correspondence are something fundamentally different than those enjoyed by his free brother." Brief for Appellants 19. This line of argument and the undemanding standard of review it is intended to support fail to recognize that the First Amendment liberties of free citizens are implicated in censorship of prisoner mail. We therefore turn for guidance, not to cases involving questions of "prisoners' rights," but to decisions of this Court dealing with the general problem of incidental restrictions on First Amendment liberties imposed in furtherance of legitimate governmental activities.

As the Court noted in Tinker v. Des Moines School District, 393 U. S. 503, 506 (1969), First Amendment «416 U. S., 410» guarantees must be "applied

법 제1조로부터 및 제14조로부터 직접적인 및 개인적인 서신의 받을 사람은도 보내는 사람은도 이끌어 낼 수 있기 때문이다. Lamont v. Postmaster General, 381 U. S. 301 (1965); accord, Kleindienst v.Mandel, 408 U. S. 753, 762-765 (1972); Martin v. City of Struthers, 319 U. S. 141, 143 (1943). 이른바 "들을 권리(right to hear)"라는 및 제3자의 지위라는 어려운 문제를이 아니라, 쌍방의 이익이 불가분적으로 섞여 있는 교신의 특정한 수단을 여기서 우리는 다룬다. 감옥 재소자의 아내로서 자신에게 남편이 말하고자 하였던 모든 것을 읽는 것이 불허된 사람은 그에 더불어 교신하는 데 있어서의 자신의 이익을 침해당해 있다. 남편에게 쓴 아내 자신의 편지가 검열되는 데서 오는 이익의 침해가만큼이나 이 이익의 침해는 명백하다. 죄수들이 아닌 사람들의 수정헌법 제1조상의 및 제14조상의 권리들에 대한 필연적인 제약을 어느 경우에든지 죄수 우편의 검열은 가한다.

따라서 단지 죄수들의 법적 지위에 관한 몇몇 가정을 언급하는 것만으로 검열을 정당화하려는 어떠한 시도를도 우리는 배척한다. "사회적 교신에 관한 재소자의 권리들은 그의 자유로운 형제에 의하여 향유되는 그것들로부터는 근본적으로 다른 것"이라는 항소인들의 항변은 바로 이러한 범주의 주장에 속한다. Brief for Appellants 19. 죄수 우편에 대한 검열에는 자유시민들의 연방헌법 수정 제1조상의 자유들이 얽혀 있음을, 이 계열의 주장은 및 그것이 뒷받침하고자 의도하는 부당한 심사 기준은 인정하지 아니한다. 따라서 "죄수들의 권리들"의 문제들을 포함하는 선례들에게로가 아니라 정당한 정부활동들의 추진 속에서 부과된 연방헌법 수정 제1조상의 자유들에 대한 부수적 제한들의 일반적 문제를 다루는 당원의 판결들에게로 안내를 위하여 우리는 돌린다.

Tinker v. Des Moines Independant Community School District, 393 U. S. 503, 506 (1969)에서 당원이 설시하였듯이 수정헌법 제1조상의 «416 U. S., 410» 보장들은 그

in light of the special characteristics of the ⋯⋯ environment." Tinker concerned the interplay between the right to freedom of speech of public high school students and "the need for affirming the comprehensive authority of the States and of school officials, consistent with fundamental constitutional safeguards, to prescribe and control conduct in the schools." Id., at 507. In overruling a school regulation prohibiting the wearing of antiwar armbands, the Court undertook a careful analysis of the legitimate requirements of orderly school administration in order to ensure that the students were afforded maximum freedom of speech consistent with those requirements. The same approach was followed in Healy v. James, 408 U. S. 169 (1972), where the Court considered the refusal of a state college to grant official recognition to a group of students who wished to organize a local chapter of the Students for a Democratic Society (SDS), a national student organization noted for political activism and campus disruption. The Court found that neither the identification of the local student group with the national SDS, nor the purportedly dangerous political philosophy of the local group, nor the college administration's fear of future, unspecified disruptive activities by the students could justify the incursion on the right of free association. The Court also found, however, that this right could be limited if necessary to prevent campus disruption, id., at 189-190, n. 20, and remanded the case for determination of whether the students had in fact refused to accept reasonable regulations governing student conduct.

In United States v. O'Brien, 391 U. S. 367 (1968), the Court dealt with incidental restrictions on free speech occasioned by the exercise of the governmental power to conscript men for military service. O'Brien had burned his Selective Service registration certificate on the steps «416 U. S., 411» of a courthouse in order to dramatize his opposition to the draft and to our country's involvement in Vietnam. He was convicted of violating a provision of

여건의 특수한 성격에 비추어 적용되어야 한다. 공립고등학교 학생들의 말의 자유에 대한 권리의, 그리고 학교들에서의 행위를 규정할 및 통제할, 기본적인 헌법적 보장들에 부합되는 포괄적인 권한을 주에게 및 학교당국자들에게 인정하여 줄 필요성의 그 양자 사이의 상호작용에 Tinker 사건은 관련되었다. Id, at 507. 반전 완장의 착용을 금지하는 학교규정을 무효화함에 있어서 규율 있는 학교 운영의 적법한 요구들에 대한 주의 깊은 분석을 당원은 떠맡았는바, 그 요구들에 부합되는 최대한의 말의 자유를 학생들이 부여받도록 보장하고자 하였다. 동일한 방법이 Healy v. James, 408 U. S. 169 (1972) 판결에도 이어졌는데 정치적 행동주의로 및 교내 혼란행위로 유명한 전국적 학생조직인 Students for a Democratic Society (SDS)의 지역 조직을 결성하고자 한 일단의 학생들에 대한 공식적 승인을 주 대학이 거부한 점을 이 판결에서는 고찰하였다. 자유로운 결사의 권리에 대한 침해를 지역 학생 그룹이 전국적 SDS에 일체라는 점은, 지역 그룹의 정치적 이념이 위험한 것으로 추정된다는 점은, 내지는 위 학생들의 장차의 부특정의 파괴행위를 대학 당국이 염려한다는 점은 그 어느 것이도 정당화하지 못한다고 당원은 보았다. 그러나 학내 혼란행위를 예방하기 위하여 필요한 경우에는 위 권리가 제한될 수 있음을 당원은 아울러 인정하였다. id., at 189-190, n. 20. 그리하여 학생활동을 규율하는 합리적인 규정들을 수용하기를 학생들이 실제로 거부하였는지를 판정하기 위하여 위 사건을 당원은 환송하였다.

병역징집을 위한 정부의 권한행사에 수반되어 발생한 말의 자유에 대한 제약의 문제를 United States v. O'Brien, 391 U. S. 367 (1968) 판결에서 당원은 다루었다. 징병에 및 미국의 베트남 개입에 대한 자신의 반대의견을 극적으로 표현하기 《416 U. S., 411》 위하여 자신의 의무징병 등록증명서를 법원의 계단에서 오브라이언은 불태웠었다. 그 무렵 개정되어 등록증명서의 고의적 파괴를 또는 훼손을 금지하고 있던 의무병역법(Selective Service Law)의 규정을 위반한 것으로 유죄를 그는 선고받았다.

the Selective Service law that had recently been amended to prohibit knowing destruction or mutilation of registration certificates. O'Brien argued that the purpose and effect of the amendment were to abridge free expression and that the statutory provision was therefore unconstitutional, both as enacted and as applied to him. Although O'Brien's activity involved "conduct" rather than pure "speech," the Court did not define away the First Amendment concern, and neither did it rule that the presence of a communicative intent necessarily rendered O'Brien's actions immune to governmental regulation. Instead, it enunciated the following four-part test:

"[A] government regulation is sufficiently justified if it is within the constitutional power of the Government; if it furthers an important or substantial governmental interest; if the governmental interest is unrelated to the suppression of free expression; and if the incidental restriction on alleged First Amendment freedoms is no greater than is essential to the furtherance of that interest." Id., at 377.

Of course, none of these precedents directly controls the instant case. In O'Brien the Court considered a federal statute which on its face prohibited certain conduct having no necessary connection with freedom of speech. This led the Court to differentiate between "speech" and "nonspeech" elements of a single course of conduct, a distinction that has little relevance here. Both Tinker and Healy concerned First and Fourteenth Amendment liberties in the context of state educational institutions, a circumstance involving rather different governmental interests than are at stake here. In broader terms, however, these precedents involved incidental «416 U. S., 412» restrictions on First Amendment liberties by governmental action in furtherance of legitimate and substantial state interest other than suppression of expression. In this sense these cases are generally analogous to our present inquiry.

그 법률 개정의 목적은 및 효과는 자유로운 표현을 제약하기 위한 것이었다고, 따라서 그 법률조항은 입법에 및 자신에 대한 적용 모두에 있어서 위헌이라고 오브라이언은 주장하였다. 비록 순전한 "말"을보다는 "행동"을 오브라이언의 행위가 포함하였음에도 수정헌법 제1조에의 관련이 없다고 당원은 단정짓지 않았으며, 또한 의사를 전달하려는 의도가 있다는 점이 반드시 오브라이언의 행위를 정부측 규정의 적용에서 면제시키는 것이라고 판정하지도 않았다. 대신에 다음의 4 가지 점에 대한 분석을 당원은 밝혔다.

"[만]약 정부의 헌법적 권한 내에 한 개의 정부 규정이 있으면; 만약 한 개의 중요한 내지는 실질적인 정부적 이익을 그것이 촉진하면; 만약 자유로운 표현의 억압에 그 정부적 이익이 관련되어 있지 아니하면; 그리고 만약 그 주장되는 연방헌법 수정 제1조상의 자유들에 대한 부수적 제한이 그 이익의 촉진에 불가피한 정도만큼 이보다도 더 크지 아니하면 그것은 충분히 정당화된다." Id, at 377.

물론 이 사건을 위 선례들은 그 어느 것이도 직접적으로 지배하지 않는다. 말의 자유에 외견상으로 필수적인 관련이 없는 일정한 행위를 금지한 연방법률을 오브라이언 사건에서 당원은 고찰하였다. 한 개의 행동과정 중에서의 "말"의 요소를 및 "말 아닌" 요소를 당원으로 하여금 구분하도록 이것은 이끌었는데 이 구분은 이 사건에서는 별반 관련이 없다. 수정헌법 제1조상의 및 제14조상의 자유들을 주 교육기관에의 관련 속에서 Tinker 사건은 및 Healy 사건은 다 같이 고찰하였는데 주 교육기관이라는 상황이 포함하는 정부이익은 이 사건에서 문제가 되어 있는 정부 이익에는 상이한 것이다. 그러나 표현의 억압의 촉진에 있어서가 아닌 적법한 및 실질적인 《416 U. S., 412》주 이익의 촉진에 있어서의 정부적 행위에 의한 수정헌법 제1조상의 자유들에 대한 부수적 제약들을 보다 넓은 의미에서 위 선례들은 포함하였다. 이러한 의미에서 우리의 현재의 탐구에 위 선례들은 유사하다.

The case at hand arises in the context of prisons. One of the primary functions of government is the preservation of societal order through enforcement of the criminal law, and the maintenance of penal institutions is an essential part of that task. The identifiable governmental interests at stake in this task are the preservation of internal order and discipline,[12] the maintenance of institutional security against escape or unauthorized entry, and the rehabilitation of the prisoners. While the weight of professional opinion seems to be that inmate freedom to correspond with outsiders advances rather than retards the goal of rehabilitation, [13]the legitimate governmental «416 U. S., 413» interest in the order and security of penal institutions justifies the imposition of certain restraints on inmate correspondence. Perhaps the most obvious example of justifiable censorship of prisoner mail would be refusal to send or deliver letters concerning escape plans or containing other information concerning proposed criminal activity, whether within or without the prison. Similarly, prison officials may properly refuse to transmit encoded messages. Other less obvious possibilities come to mind, but it is not our purpose to survey the range of circumstances in which particular restrictions on prisoner mail might be warranted by the legitimate demands of prison administration as they exist from time to time in the various kinds of penal institutions found in this country. Our task is to determine the proper standard for deciding whether a particular regulation or practice relating to inmate correspondence constitutes an

---

12) We need not and do not address in this case the validity of a temporary prohibition of an inmate's personal corre-spondence as a disciplinary sanction (usually as part of the regimen of solitary confinement) for violation of prison rules.

13) Policy Statement 7300.1A of the Federal Bureau of Prisons sets forth the Bureau's position regarding general correspondence by the prisoners entrusted to its custody. It authorizes all federal institutions to adopt open cor-respondence regulations and recognizes that any need for restrictions arises primarily from considerations of order and security rather than rehabilitation: "Constructive, wholesome contact with the community is a valuable therapeutic tool in the overall correctional process. At the same time, basic controls need to be exercised in order to protect the security of the institution, individuals and/or the community—at–large." The recommended policy guideline adopted by the Association of State Correctional Administrators on August 23, 1972, echoes the view that personal correspondence by prison inmates is a generally wholesome activity: "Correspondence with mem-bers of an inmate's family, close friends, associates and organizations is beneficial to the morale of all confined «416 U. S., 413» persons and may form the basis for good adjustment in the institution and the community."

감옥이라는 맥락 속에서 현재의 사건은 발생하였다. 형법의 시행을 통하여 사회의 질서를 유지함은 정부의 첫째 가는 기능 가운데 하나이며 행형기관의 유지는 위 임무의 불가결한 부분이다. 이 임무에 관련되는 정부의 이익으로서 인정할 수 있는 것은 내부질서의 및 규율의 유지이고,[12] 도주로부터의 및 무단 침입으로부터의 시설의 안전한 유지이며, 죄수들의 사회복귀이다. 사회복귀라는 정당한 정부이익을 외부자에 더불어 교신할 재소자의 자유가 저해한다기보다는 오히려 촉진시킨다는 것이 보다 유력한 전문적 견해로 여겨지므로,[13] 재소자 서신에 대하여 《416 U. S., 413》 일정한 제한을 가함을 정당화하는 정부의 이익은 행형기관의 질서이고 안전이다. 모름지기 죄수 우편에 대한 정당한 검열의 가장 명백한 예는 감옥 안에서의 것이든 밖에서의 것이든 탈주 계획에 관련된 편지에 내지는 계획된 범죄활동에 관한 정보를 담고 있는 편지에 대하여 발송을 또는 전달을 거부하는 것일 것이다. 마찬가지로 암호로 쓰인 메시지의 전달을 감옥 관리들은 당연히 거부할 수 있다. 그 밖에도 가능성 있는 보다 덜 명백한 여러 경우들이 생각나기는 하지만 감옥 관리라는 적법한 요구에 따라 죄수 우편에 대하여 특별한 제약을 허용하여야 할 상황의 범위가 어디까지인가를 조사함은 우리의 목적이 아니다. 왜냐하면 그 상황들이란 미국의 수다한 종류의 행형기관에서 그때그때 생겨나는 것이기 때문이다. 수정헌법 제1조상의 자유들에 대한 허용할 수 없는 제한을 재소자 서신에 관한 특정 규율이 및 관행이 이루는지를 판정할 적절한 기준을 결정하는 데에 우리의 임무는 있다.

---

12) 김옥 규칙들에 대한 위반을 이유로 하는 한 개의 징벌적 제재로서의 (대개는 독방감금 요법의 부분으로서의) 재소자의 개인적 서신에 대한 일시적 금지의 타당성을 이 사건에서 우리는 중점 두어 다룰 필요가 없고 중점 두어 다루지 않는다.

13) 그 자신의 감호에 맡겨진 죄수들의 서신일반에 관한 연방교도소관리국(the Federal Bureau of Prisons)의 입장을 관리국 정책준칙 7300.1A는 설명한다. 공개서신 규정들을 채택할 권한을 모든 연방기관들에게 그것은 부여하며, 사회복귀의 고려요소로부터보다는 주로 질서의 및 안전의 고려요소들로부터 조금이라도 제한조치들을 위한 필요는 발생함을 그것은 인정한다: "공동체에의 건설적인, 유익한 접촉은 교정과정 전반에 있어서의 귀중한 치료적 도구이다. 동시에, 시설의 안전을, 개인들을 및/또는 공동체 일반을 보호하기 위하여 기본적 통제들은 실시될 필요가 있다." 죄수에 의한 개인적 서신은 일반적으로 건전한 활동이라는 견해를 주 교정관리자연합(the Association of State Correctional Administrators)에 의하여 1972년 8월 23일에 채택된 권장되는 정책기준은 반영한다: "재소자의 가족 구성원들에, 가까운 친구들에, 동료들에, 또는 조직들에 더부는 서신은 모든 피구금자들의 의욕들에 《416 U. S., 413》 유익하며 시설에의 및 공동체에의 적응을 위한 토대를 형성할 수 있다."

impermissible restraint of First Amendment liberties.

Applying the teachings of our prior decisions to the instant context, we hold that censorship of prisoner mail is justified if the following criteria are met. First, the regulation or practice in question must further an important or substantial governmental interest unrelated to the suppression of expression. Prison officials may not censor inmate correspondence simply to eliminate unflattering or unwelcome opinions or factually inaccurate statements. Rather, they must show that a regulation authorizing mail censorship furthers one or more of the substantial governmental interests of security, order, and rehabilitation. Second, the limitation of First Amendment freedoms must be no greater than is necessary or essential to the protection of the particular governmental interest involved. Thus a restriction on inmate correspondence «416 U. S., 414» that furthers an important or substantial interest of penal administration will nevertheless be invalid if its sweep is unnecessarily broad. This does not mean, of course, that prison administrators may be required to show with certainty that adverse consequences would flow from the failure to censor a particular letter. Some latitude in anticipating the probable consequences of allowing certain speech in a prison environment is essential to the proper discharge of an administrator's duty. But any regulation or practice that restricts inmate correspondence must be generally necessary to protect one or more of the legitimate governmental interests identified above.[14] «416 U. S., 415»

---

14) While not necessarily controlling, the policies followed at other well-run institutions would be relevant to a determination of the need for a particular type of restriction. For example, Policy Statement 7300.1A of the Federal Bureau of Prisons specifies that personal correspondence of inmates in federal prisons, whether incoming or outgoing, may be rejected for inclusion of the following kinds of material: "(1) Any material which might violate postal regulations, i.e., threats, blackmail, contraband or which indicate plots of escape. "(2) Discussions of criminal activities. "(3) No inmate may be permitted to direct his business while he is in confinement. This does not go to the point of prohibiting correspondence necessary to enable the inmate to protect the property and funds that were legitimately his at the time he was committed to the institution. Thus, an inmate could correspond about refinancing a mortgage on his home or sign insurance papers, but he could not operate a mortgage or insurance business while in the institution. "(4) Letters containing codes or other obvious attempts to circumvent these regulations will be subject to rejection. "(5) Insofar as possible, all letters should be written in English, but every effort should be made to accommodate those inmates who are unable to write in English or whose correspondents would be

다음의 기준을 충족하고 있을 때 죄수 우편의 검열은 정당화된다고, 선례들이 밝힌 바를 이 사건에 적용하여 우리는 본다. 첫째, 표현의 자유의 억압에 관련 없는 중요한 내지는 실질적인 정부적 이익을 문제의 규정은 및 관행은 촉진하는 것이지 않으면 안 된다. 단순히 마음에 들지 않는 내지는 찬성하지 않는 견해를 또는 사실적으로 부정확한 진술을 제거하기 위하여 감옥관리들은 검열할 수 없다. 안전이라는, 질서라는, 사회복귀라는 정부의 실질적 이익의 한 가지 이상을 우편검열의 권한을 부여하는 규정이 촉진한다는 점을 오히려 감옥관리들은 증명하지 않으면 안 된다. 둘째로, 관련된 특정한 정부측 이익의 보호에 필요한 내지는 필수인 정도를 수정헌법 제1조상의 자유들에 대한 제약이 넘어서는 안 된다. 따라서 재소자의 서신에 대한 제한이 비록 행형당국의 《416 U. S., 414》 중요한 내지는 실질적인 이익을 촉진하는 것일지라도 만일 그 제한의 범위가 불필요하게 넓은 것이라면 역시 무효이다. 특정한 서신을 검열하지 않을 경우에는 유해한 결과가 뒤따를 것이라는 점을 명확하게 밝히도록 감옥관리자들이 요구된다는 것을 물론 이것은 의미하지는 않는다. 감옥이라는 조건 속에서 어떠한 말을 허용함으로 인하여 나타날 개연성 있는 결과를 예측하는 데 있어서 일정정도의 범위가 허용됨은 감옥관리자의 적절한 의무이행에 불가결하다. 그러나 재소자의 서신을 제한하는 어떠한 규정은이나 관행은도 위에서 밝힌 적법한 정부측 이익의 한 가지 이상을 보호하는 데 일반적으로 필요한 것이지 않으면 안 된다.[14] 《416 U. S., 415》

---

14) 여타의 잘 운영되는 시설들에서 준수되는 정책들은 특정유형의 제한조치의 필요에 대한 판단에, 필수적으로 구속력을 지니는 것은 아니라 하더라도, 관련을 지닐 것이다. 아래 종류의 요소를 포함함을 이유로 연방 감옥들 내의 재소자들의 개인적 서신은 그 나가려는 것이든 들어오려는 것이든 불문하고 거부될 수 있음을, 예를 들어 연방교도소관리국(the Federal Bureau of Prisons) 정책준칙 7300.1A는 명시한다: "(1) 조금이라도 우편규정들에 위반될 수 있는 요소를, 즉 위협들을, 공갈을, 금제품을 또는 도주계획들을 나타내는 요소를 또는 "(2) 범죄활동들의 의논들을 서신이 포함하는 경우이다. "(3) 그 자신의 사업을 그가 구금되어 있는 동안에 지시하도록 재소자는 허용될 수 없다. 시설에 그가 구금된 당시에 적법하게 그 자신의 것이었던 재산을 및 자금을 재소자로 하여금 보호할 수 있게 해 주기 위하여 필요한 서신을 금지하는 지점에까지 이것은 미치지 않는다. 그의 주거 위의 저당권의 자금을 보충함에 관하여 그러므로 재소자는 교통할 수 있고 보험서류들에 서명할 수 있으나, 대부업을 내지는 보험사업을 시설 내에 있는 동안 그는 운영할 수 없다. "(4) 암호들을 내지는 이 규정들을 우회하려는 여타의 명백한 시도들을 포함하는 편지들은 거부에 처해질 것이다. "(5) 가능한 한도껏 모든 서신들은 영어로 작성되어야 하는바, 그러나 영어를 쓸 수 없는 재소자들을 또는 영어로 작성되는 편지를 그 상대방들이 이해할 수 없는 재소자들을 수용하기 위한 모든 노력이 이루어져야 한다. 범죄의 정교함은, 재소자의 및 교신상대방의 《416 U. S., 415》 관계는 외국어로 쓰인 서신이 허용되어야 할지 여부를 결정함에 있어서 고려되어야 할 요소들이다."

C

On the basis of this standard, we affirm the judgment of the District Court. The regulations invalidated by that court authorized, inter alia, censorship of statements that "unduly complain" or "magnify grievances," expression of "inflammatory political, racial, religious or other views," and matter deemed "defamatory" or "otherwise inappropriate." These regulations fairly invited prison officials and employees to apply their own personal prejudices and opinions as standards for prisoner mail censorship. Not surprisingly, some prison officials used the extraordinary latitude for discretion authorized by the regulations to suppress unwelcome criticism. For example, at one institution under the Department's jurisdiction, the checklist used by the mailroom staff authorized rejection of letters "criticizing policy, rules or officials," and the mailroom sergeant stated in a deposition that he would reject as "defamatory" letters "belittling staff or our judicial system or anything connected with Department of Corrections." Correspondence was also censored for "disrespectful comments," "derogatory remarks," and the like.

Appellants have failed to show that these broad restrictions on prisoner mail were in any way necessary to the furtherance of a governmental interest unrelated to the suppression of expression. Indeed, the heart of appellants' position is not that the regulations are justified by a legitimate governmental interest but that they do not need to be. This misconception is not only stated affirmatively; it also underlies appellants' discussion of the particular regulations under attack. For example, appellants' sole defense of the prohibition against matter that is "defamatory" or "otherwise inappropriate" is that «416 U. S., 416» it is "within the discretion of the prison administrators." Brief for

---

unable to understand a letter written in English. The criminal sophistication of the inmate, the relationship of the inmate and the «416 U. S., 415» correspondent are factors to be considered in deciding whether correspondence in a foreign language should be permitted."

지방법원의 판결주문을 이러한 기준의 토대 위에서 우리는 인가한다. "부당하게 불평하"는 내지는 "불편사항들을 과장하"는 진술을, "선동적인 정치적, 인종적, 종교적 기타의 견해"의 표현을, 및 "명예훼손적"인 내지는 "그 밖에 부적당하다고 간주되"는 내용을 검열할 권한을, 지방법원이 무효화시킨 위 규정들은 특히 부여하였다. 감옥관리자로 하여금 및 감옥에 고용된 사람들로 하여금 자신들의 개인적 편견을과 견해를 죄수 우편에 대한 검열의 기준으로 곧잘 적용하도록 이 규정들은 유도하였다. 위 과도한 재량의 범위를 그 찬성하지 않는 비판을 억압하는 데에, 놀라운 것이도 아니지만 감옥 관리들 중 몇몇은 이용하였다. 예컨대, 위 교정국 관할 하의 시설 한 개에서는 "정책을, 규칙을 또는 직원들을 비판하는" 편지를 거부할 권한을, 우편 담당자가 사용한 검열목록이 부여하였으며 "직원을, 우리의 사법제도를 또는 교정부서들에 관련된 어느 것이든지를 무시하는" 편지들을 "명예훼손적"인 것으로서 자신은 거부하겠다고 우편담당 경사 한 명은 선서 증언에서 진술하였다. 또한 "존경심 없는 말"이, "권위를 떨어뜨리는 언급"이 및 이에 유사한 것들이 있는지를 찾아 서신은 검열되었다.

표현의 억압에 관련되지 않는 정부측 이익을 촉진하는 데에 죄수 우편에 대한 이러한 광범위한 제한이 조금이라도 필요하다는 점을 항소인들은 밝히지 못하였다. 적법한 정부의 이익에 의하여 위 규정들이 정당화된다는 데에가 아니라 정당화되어야 할 필요가 없다는 데에 진실로 항소인들의 주장의 핵심은 있다. 이 잘못된 인식은 단정적으로 진술되어 있는 것만이 아니다; 비난을 받고 있는 특정의 규정들에 대한 항소인들의 논의의 저변에 그것은 또한 깔려 있는 것이기도 하다. 예컨대, "명예훼손적"인 내지는 "기타 부적절한" 내용들의 금지에 대한 《416 U. S., 416》 항소인들의 유일한 변호는 "감옥관리자의 재량범위 내"에 그것이 있다는 것이다. Brief for Appellants 21. "불편사항들을 과장하"는 내지는 "부당하게 불평하"는 진술이 검열되는 것은 "기습적인 폭동의 예방책으로서 및 재소자의 사회복귀를 진작시키기 위하여"라고 항소인들은 주장한다. Id, at 22. 그러나 모름지기 기습적인 폭동을 발송되는 편지에 들어 있을 불편사항들의 과장이 및 부적절한 불평이 어떻게

Appellants 21. Appellants contend that statements that "magnify grievances" or "unduly complain" are censored "as a precaution against flash riots and in the furtherance of inmate rehabilitation." Id., at 22. But they do not suggest how the magnification of grievances or undue complaining, which presumably occurs in outgoing letters, could possibly lead to flash riots, nor do they specify what contribution the suppression of complaints makes to the rehabilitation of criminals. And appellants defend the ban against "inflammatory political, racial, religious or other views" on the ground that "[s]uch matter clearly presents a danger to prison security ······." Id., at 21. The regulation, however, is not narrowly drawn to reach only material that might be thought to encourage violence nor is its application limited to incoming letters. In short, the Department's regulations authorized censorship of prisoner mail far broader than any legitimate interest of penal administration demands and were properly found invalid by the District Court.[15] «416 U. S., 417»

---

15) After the District Court held the original regulations unconstitutional, revised regulations were developed by appellants and approved by the court. Supp. to App. 194–200, 211. Although these regulations are not before us for review, they are indicative of one solution to the problem. The following provisions govern censorship of prisoner correspondence:

"CORRESPONDENCE
"A. Criteria for Disapproval of Inmate Mail
"1. Outgoing Letters "Outgoing letters from inmates of institutions not requiring approval of inmate correspondents may be disapproved for mailing only if the content falls as a whole or in significant part into any of the following categories:
"a. The letter contains threats of physical harm against any person or threats of criminal activity. «416 U. S., 417»
"b. The letter threatens blackmail ······ or extortion.
"c. The letter concerns sending contraband in or out of the institutions.
"d. The letter concerns plans to escape.
"e. The letter concerns plans for activities in violation of institutional rules.
"f. The letter concerns plans for criminal activity.
"g. The letter is in code and its contents are not understood by reader.
"h. The letter solicits gifts of goods or money from other than family.
"i. The letter is obscene.
"j. The letter contains information which if communicated would create a clear and present danger of violence and physical harm to a human being. Outgoing letters from inmates of institutions requiring approval of correspondents may be disapproved only for the foregoing reasons, or if the addressee is not an approved correspondent of the inmate and special permission for the letter has not been obtained.
"2. Incoming Letters
"Incoming letters to inmates may be disapproved for receipt only for the foregoing reasons, or if the letter con–

야기한다는 것인지 항소인들은 제시하지 아니하고 있으며 또한 어떠한 도움을 범죄자들의 사회복귀에 불평을 억압함이 준다는 것인지 구체적으로 밝히지도 아니하고 있다. 나아가 "선동적인 정치적, 인종적, 종교적 기타의 견해들"에 대한 금지를 "감옥의 안전에의 위험을 이러한 내용이 명백히 제기한다"는 이유로 항소인들은 옹호한다. Id, at 21. 그러나 폭력을 부추기는 것으로 생각될 수 있는 내용에만 미치도록 위 규정은 그어져 있지 않으며, 그 들어오는 편지에게로만 그 적용이 한정되어 있는 것이도 아니다. 요컨대, 죄수 우편에 대한 검열권한을 조금이라도 행형행정의 적법한 이익을 위하여 필요한 범위만큼보다도 훨씬 더 넓게 교정국의 규정들은 부여하였으며 따라서 이를 무효로 지방법원이 판단한 것은 적절하였다.[15] «416 U. S., 417»

---

15) 당초의 규정들을 위헌으로 지방법원이 판시한 뒤에. 항소인들에 의하여 개정규정들이 개발되어 그 법원에 의하여 승인되었다. Supp. to App. 194-200, 211. 비록 이 규정들은 우리 앞에 있지 아니함에도 불구하고, 그것들은 문제에 대한 한 가지 해결책을 나타낸다. 죄수서신에 대한 검열을 이하의 규정들은 지배한다:

"서신
"A. 재소자 우편의 불허를 위한 기준
"1. 발송되는 편지들
  "시설들의 재소자들로부터 발송되는 편지들로서 재소자의 교신 상대방들의 동의를 요하지 아니하는 것들은 전체적으로 또는 중요한 부분에서 조금이라도 아래의 범주들에 그 내용이 떨어지는 경우에만 그 발송이 불허될 수 있다:
  "a. 조금이라도 사람에 대한 신체적 해악의 위협들을 또는 범죄활동의 위협들을 편지가 포함하는 경우. «416 U. S., 417»
  "b. 공갈을 또는 ……강탈을 편지가 위협하는 경우.
  "c. 금제물을 시설들 안으로 또는 밖으로 보내는 데에 편지가 관련되는 경우.
  "d. 도주하기 위한 계획들에 편지가 관련되는 경우.
  "e. 시설의 규칙들에 위배되는 활동들을 위한 계획들에 편지가 관련되는 경우.
  "f. 범죄활동을 위한 계획들에 편지가 관련되는 경우.
  "g. 편지가 암호로 작성되고 이를 읽는 사람에 의하여 그 내용들이 이해되지 않는 경우.
  "h. 가족 이외의 자로부터의 상품의 내지는 돈의 증여를 편지가 간청하는 경우.
  "i. 편지가 음란한 경우.
  "j. 그 전달될 경우에는 사람에 대한 폭력의 및 신체적 위해의 명백한 현존의 위험을 빛을 정보를 편지가 포함하는 경우. 시설들의 재소자들로부터 보내지는 편지들로서 서신 상대방들의 승인을 요구하는 것들은 위 이유들에 따라서만, 또는 만약 수신인이 그 재소자의 승인된 교신자가 아닌 경우로서 그 편지를 위한 특별허가가 얻어져 있지 아니한 경우에 불허될 수 있다.
"2. 들어오는 편지들
  "재소자들에게 들어오는 편지들은 위 이유들에 따라서만. 또는 중대한 정신적 내지는 정서적 교란을 재소자에게 야기하는 내용을 그 편지가 포함하는 경우에, 또는 재소자의 서신 상대방들에 대한 승인을 요구하는 시설에서 그 승인되지 아니한 상대방인 자로부터 온 것으로서 그 편지를 위한 특별허가가 얻어져 있지 아니한 경우에 그 수령이 불허될 수 있다.
"3. 한계들
  "중대한 정신적 내지는 정서적 교란을 재소자에게 야기하리라는 점을 이유로 하는 편지의 불허가는 오직 그 시설의 의료진 구성원에 의해서만 그 재소자의 전담상담원에게의 상담 뒤에만 내려질 수 있다. 감옥 규율을 내지는 안전을 또는 그 재소자의 사회복귀를 그 편지의 수령이 손상시킬 가능성이 있다는, 그리고 그 재소자의 교란을 경감시킬 아무런 합리적인 대체수단이 없다는 판단에 터잡아서만 그 편지를 그 의료진 구성원은 불허할 수 있다. 나가는 편지들은 내지는 들어오는 편지들은 «416 U. S., 418» 시설에 대한 내지는 그 요원들에 대한 비판을 그

We also agree with the District Court that the decision to censor or with-hold delivery of a particular letter must be accompanied by minimum proce-dural safeguards. «416 U. S., 418» The interest of prisoners and their corre-spondents in uncensored communication by letter, grounded as it is in the First Amendment, is plainly a "liberty" interest within the meaning of the Fourteenth Amendment even though qualified of necessity by the circum-stance of imprisonment. As such, it is protected from arbitrary governmental invasion. See Board of Regents v. Roth, 408 U. S. 564 (1972); Perry v. Sindermann, 408 U. S. 593 (1972). The District Court required that an inmate be notified of the rejection of a letter written by or addressed to him, that the author of that letter be given a reasonable opportunity to protest that deci-sion, and that complaints be referred to a prison official other than «416 U.

---

tains material which would cause severe psychiatric or emotional disturbance to the inmate, or in an institution requiring approval of inmate correspondents, is from a person who is not an approved correspondent and special permission for the letter has not been obtained.

"3. *Limitations*

"Disapproval of a letter on the basis that it would cause severe psychiatric or emotional disturbance to the inmate may be done only by a member of the institution's psychiatric staff after consultation with the inmate's caseworker. The staff member may disapprove the letter only upon a finding that receipt of the letter would be likely to affect prison discipline or security or the inmate's rehabilitation, and that there is no reasonable alter-native means of ameliorating the disturbance of the inmate. Outgoing or incoming letters «416 U. S., 418» may not be rejected solely upon the ground that they contain criticism of the institution or its personnel.

"4. Notice of Disapproval of Inmate Mail

"a. When an inmate is prohibited from sending a letter, the letter and a written and signed notice stating one of the authorized reasons for disapproval and indicating the portion or portions of the letter causing disap-proval will be given the inmate.

"b. When an inmate is prohibited from receiving a letter, the letter and a written and signed notice stating one of the authorized reasons for disapproval and indicating the portion or portions of the letter causing disap-proval will be given the sender. The inmate will be given notice in writing that a letter has been rejected, indicating one of the authorized reasons and the sender's name.

"c. Material from correspondence which violates the provisions of paragraph one may be placed in an inmate' s file. Other material from correspondence may not be placed in an inmate's file unless it has been lawfully observed by an employee of the department and is relevant to assessment of the inmate's rehabilitation. However, such material which is not in violation of the provisions of paragraph one may not be the subject of disciplinary proceedings against an inmate. An inmate shall be notified in writing of the placing of any material from correspondence in his file.

"d. Administrative review of inmate grievances regarding the application of this rule may be had in accordance with paragraph DP–1003 of these rules."

D

특정 서신을 검열하는 내지는 교부를 거부하는 결정에는 최소한의 절차적 보장이 수반되어야 한다는 점에 있어서도 견해를 지방법원에 더불어 우리는 같이 한다. «416 U. S., 418» 서신에 의한 검열 없는 교신에 대하여 죄수들이 및 그들의 교신자들이 수정헌법 제1조에 기하여 가지는 이익은 비록 그것이 수감이라는 조건에 따라 수정될 수 있는 것이기는 할지언정 명백히 수정헌법 제14조의 의미 내에서의 "자유"의 이익이다. 그러한 것으로서 그것은 자의적인 정부의 침해로부터 보호된다. Board of Regents v. Roth, 408 U. S. 564 (1972)를; Perry v. Sindermann, 408 U. S. 593 (1972)를 보라. 자신이 쓴 내지는 자신 앞으로 온 편지가 거부되었다는 점에 관하여 재소자가 고지받을 것을, 거부 결정에 이의하기 위한 합당한 기회가 편지를 쓴 사람에게 부여될 것을, 그 이의는 당초 그 서신을 «416 U. S., 419» 거부한 담당자 이외의 자에게 할 수 있을 것을 지방법원은 요구하였다. 이러한 요구들은 부당하게 까다로운 것으로 보이지 아니하며 부당하게 까다롭다고 항소인들이 다투는 것이도 아니다. 따라서 죄수 우편에 관한 교정국의 규정에 대한 지방법원의 판결주문을 우리는 인가한다.

것들이 포함한다는 그 한 가지 이유만으로 거부되어서는 안 된다.
"4. 재소자 우편의 불허가에 대한 고지
　"a. 한 개의 편지를 발송하지 못하도록 재소자가 금지되는 경우에, 그 편지가, 및 불허가를 위한 공인된 이유들 중 한 가지를 설명하는 및 불허가를 야기하는 편지의 부분을 내지는 부분들을 적시하는 서면에 의한 서명된 고지가 그 재소자에게 부여되어야 한다.
　"b. 한 개의 편지를 수령하지 못하도록 재소자가 금지되는 경우에, 그 편지가, 및 불허가를 위한 공인된 이유들 중 한 가지를 설명하는 및 불허가를 야기하는 편지의 부분을 및 부분들을 적시하는 서면에 의한 서명된 고지가 그 발송자에게 부여되어야 한다. 한 개의 편지가 거부되었다는, 그 공인된 이유들 중 한 가지를 및 발송자의 이름을 적시하는 서면에 의한 고지를 그 재소자는 부여받아야 한다.
　"c. 서신 가운데서 제1항의 규정들에 위반되는 내용은 재소자의 기록철에 두어질 수 있다. 서신 가운데서의 여타의 내용은 그것이 부서의 피용자 한 명에 의하여 적법하게 관찰되어 온 것으로서 그 재소자의 사회복귀의 판정에 관련을 지니는 것이 아닌 한, 재소자의 기록철에 두어져서는 안 된다. 그러나, 제1항의 규정들에 위반되지 아니하는 내용은 재소자에 불리하게 징계절차들의 대상이 되어서는 안 된다. 조금이라도 서신 가운데서의 내용이 그의 기록철에 두어짐에 관하여는 서면으로 재소자에게 고지가 이루어져야 한다.
　"d. 이 규칙의 적용에 관한 재소자 불만사항들에 대한 행정적 심리는 이 규칙들 중 DP–1003절에 따라서 이루어질 수 있다."

S., 419» the person who originally disapproved the correspondence. These requirements do not appear to be unduly burdensome, nor do appellants so contend. Accordingly, we affirm the judgment of the District Court with respect to the Department's regulations relating to prisoner mail.

II

The District Court also enjoined continued enforcement of Administrative Rule MV-IV-02, which provides in pertinent part:

"Investigators for an attorney-of-record will be confined to not more than two. Such investigators must be licensed by the State or must be members of the State Bar. Designation must be made in writing by the Attorney."

By restricting access to prisoners to members of the bar and licensed private investigators, this regulation imposed an absolute ban on the use by attorneys of law students and legal paraprofessionals to interview inmate clients. In fact, attorneys could not even delegate to such persons the task of obtaining prisoners'signatures on legal documents. The District Court reasoned that this rule constituted an unjustifiable restriction on the right of access to the courts. We agree.

The constitutional guarantee of due process of law has as a corollary the requirement that prisoners be afforded access to the courts in order to challenge unlawful convictions and to seek redress for violations of their constitutional rights. This means that inmates must have a reasonable opportunity to seek and receive the assistance of attorneys. Regulations and practices that unjustifiably obstruct the availability of professional representation or other aspects of the right of access to the courts are invalid. Ex parte Hull, 312 U. S. 546 (1941). «416 U. S., 420»

The District Court found that the rule restricting attorney-client interviews

II

행정규칙 MV-IV-02의 지속적 시행을 지방법원은 아울러 금지하였는바, 해당부분에서 그것은 규정한다:

"법원에 신고된 책임변호사(an attorney-of-record)를 위한 조사자들은 두 명 이하로 제한된다. 이러한 조사자들은 주에 의하여 면허되지 않으면 안 되거나 또는 주 법률가협회의 구성원들이지 않으면 안 된다. 지명은 변호사에 의하여 서면으로 이루어지지 않으면 안 된다."

죄수들에게의 접근을 법률가협회 구성원들에게로 및 면허된 사적 조사자들에게로 제한함에 의하여, 재소자 의뢰인들을 면담하기 위한 로스쿨 학생들에 및 법률적 전문직보조원들에 대한 변호사들의 사용 위에의 절대적 금지를 이 규정은 부과하였다. 실제로, 심지어 법률문서들 위에의 죄수들의 서명들을 얻는 임무를조차도 이 사람들에게 변호사들은 위임할 수 없었다. 법원들에게의 접근 위에의 부당한 제한을 이 규칙은 구성한다고 지방법원은 추론하였다. 우리는 동의한다.

불법적 유죄판정들에 이의하기 위한 및 그들의 헌법적 권리들의 침해들에 대한 구제를 구하기 위한 법원들에의 접근을 죄수들은 부여받아야 한다는 요구를 한 개의 추론으로서 적법절차의 헌법적 보장은 지닌다. 변호사들의 조력을 구할 및 수령할 합리적 기회를 재소자들은 가지지 않으면 안 됨을 이것은 의미한다. 전문적 대변의 이용 가능성을 내지는 법원들에의 접근의 권리의 여타의 측면들을 부당하게 방해하는 규정들은 및 관행들은 무효이다. Ex parte Hull, 312 U. S. 546 (1941). 《416 U. S., 420》 to members of the bar and licensed private investigators inhibited adequate professional representation of indigent inmates. The remoteness of many California penal institutions makes a personal visit to an inmate client a time-consuming undertaking. The court reasoned that the ban against the use of law students or other paraprofessionals for attorney-client interviews would deter some lawyers from representing prisoners who could not afford to pay for their traveling time or that of licensed private investigators. And those lawyers who agreed to do so would waste time that might be employed more efficaciously in working on the inmates' legal problems. Allowing law students and paraprofessionals to interview inmates might well reduce the cost of legal representation for prisoners. The District Court therefore concluded that the regulation imposed a substantial burden on the right of access to the courts.

As the District Court recognized, this conclusion does not end the inquiry, for prison administrators are not required to adopt every proposal that may be thought to facilitate prisoner access to the courts. The extent to which that right is burdened by a particular regulation or practice must be weighed against the legitimate interests of penal administration and the proper regard that judges should give to the expertise and discretionary authority of correctional officials. In this case the ban against the use of law students and other paraprofessional personnel was absolute. Its prohibition was not limited to prospective interviewers who posed some colorable threat to security or to those inmates thought to be especially dangerous. Nor was it shown that a less restrictive regulation would unduly burden the administrative task of screening and monitoring visitors. «416 U. S., 421»

Appellants' enforcement of the regulation in question also created an arbitrary distinction between law students employed by practicing attorneys and

변호사-의뢰인 접견들을 법률가협회 구성원들에게로 및 면허된 사적 조사자들에게로 제한하는 규칙은 가난한 재소자들에 대한 충분한 전문적 대변을 방해하는 것임을 지방법원은 인정하였다. 재소자 의뢰인에게의 직접적 방문을 시간소모적인 것으로 다수의 캘리포니아주 행형시설들의 원거리성은 만든다. 변호사-의뢰인 접견들을 위한 로스쿨 학생들의 내지는 여타의 전문직보조원들의 사용에 대한 금지는 그들의 여행시간을 내지는 면허된 사적 조사자들의 여행시간을 지불할 능력이 없는 죄수들을 대변하지 못하도록 상당수 변호사들을 방해할 것으로 지방법원은 추론하였다. 게다가, 재소자들의 법적 문제들에 관하여 일하는 데 있어서 더 효율적으로 사용될 수 있는 시간을, 그들을 그렇게 대변하기로 동의한 변호사들은 낭비하게 될 것이다. 재소자들을 로스쿨 학생들로 하여금 및 전문직보조원들로 하여금 면담하도록 허용함은 죄수들을 위한 법적 대변의 비용을 감소시키는 것이도 당연할 것이다. 중대한 부담을 법원들에의 접근의 권리 위에 그 규정은 부과한다고 따라서 지방법원은 결론지었다.

지방법원이 인정하였듯이, 탐구를 이 결론은 결말짓지 아니하는바, 왜냐하면 법원들에의 죄수의 접근을 용이하게 하는 것으로 생각될 수 있는 모든 제안을 채택하도록 감옥 관리자들이 요구되는 것은 아니기 때문이다. 특정의 규정에 내지는 관행에 의하여 그 권리 위에 부담이 가해지는 정도는 형벌 운영의 적법한 이익들에 견주어 및 교정직 공무원들의 전문지식에와 재량적 권한에 판사들이 부여하여야 할 정당한 존중에 견주어 저울질되지 않으면 안 된다. 이 사건에서 로스쿨 학생들의 및 여타의 전문직보조원들의 사용에 대한 금지는 절대적이었다. 안전에의 상당한 겉보기의 위협을 제기한 장래의 접견자들에 대한 것으로 내지는 내지는 특별히 위험하다고 생각되는 일부 재소자들에 대한 것으로 그것의 금지는 한정되지 않았다. 방문자들을 걸러내는 및 감시하는 행정적 임무를 모종의 덜 제약적인 규정이 부당하게 부담지울 것이었다는 점이 증명된 것이도 아니었다. «416 U. S., 421»

개업 변호사들에 의하여 사용된 로스쿨 학생들의 및 법적 조력을 죄수들에게 제공하는 로스쿨 프로그램들에 연계된 로스쿨 학생들의 그 양자 사이의 자의적 구분

those associated with law school programs providing legal assistance to prisoners.[16] While the Department flatly prohibited interviews of any sort by law students working for attorneys, it freely allowed participants of a number of law school programs to enter the prisons and meet with inmates. These largely unsupervised students were admitted without any security check other than verification of their enrollment in a school program. Of course, the fact that appellants have allowed some persons to conduct attorney-client interviews with prisoners does not mean that they are required to admit others, but the arbitrariness of the distinction between the two categories of law students does reveal the absence of any real justification for the sweeping prohibition of Administrative Rule MV-IV-02. We cannot say that the District Court erred in invalidating this regulation.

This result is mandated by our decision in Johnson v. Avery, 393 U. S. 483 (1969). There the Court struck down a prison regulation prohibiting any inmate from advising or assisting another in the preparation of legal documents. Given the inadequacy of alternative sources of legal assistance, the rule had the effect of denying to illiterate or poorly educated inmates any opportunity to vindicate possibly valid constitutional claims. The Court found that the regulation impermissibly burdened the right of access to the courts despite the not insignificant state interest in preventing the establishment of personal power structures by unscrupulous jailhouse lawyers and the attendant problems of prison discipline that «416 U. S., 422» follow. The countervailing state interest in Johnson is, if anything, more persuasive than any interest advanced by appellants in the instant case.

The judgment is

Affirmed.

---

16) Apparently, the Department's policy regarding law school programs providing legal assistance to inmates, though well established, is not embodied in any regulation.

을 문제의 규정에 대한 항소인들의 시행은 또한 빗었다.[16] 변호사들을 위하여 일하는 로스쿨 학생들에 의한 접견들을 그 종류 여하에 상관 없이 교정국은 단호히 금지하면서도, 여러 로스쿨 프로그램들의 참여자들로 하여금은 감옥들에 들어가도록 및 재소자들을 만나도록 교정국은 자유로이 허용하였다. 대부분 감독을 받지 않는 이들 학생들은 로스쿨 프로그램에의 그들의 등록에 대한 확인을 제외하고는 아무런 보안점검 없이 받아들여졌다. 물론, 여타의 사람들을 받아들이도록 그들이 요구됨을, 죄수들에 대한 변호사-의뢰인 접견들을 일부 사람들로 하여금 수행하도록 항소인들이 허용해 왔다는 사실은 의미하지 않는바, 그러나 행정규칙 MV-IV-02의 그 포괄적 금지를 위한 조금이나마의 진실한 정당화사유의 결여를 로스쿨 학생들의 그 두 범주들 사이의 구분의 자의성은 참으로 드러낸다. 이 규정을 무효화함에 있어서 지방법원이 오류를 범했다고 우리는 말할 수 없다.

Johnson v. Avery, 393 U. S. 483 (1969)에서의 우리의 판결에 의하여 이 결론은 명령된다. 법적 문서들의 준비에 있어서 다른 재소자를 조금이라도 조언하지 못하도록 내지는 조력하지 못하도록 재소자를 금지하는 한 개의 감옥규정을 거기서 당원은 폐기하였다. 법적 조력의 대체적 원천들의 불충순성을 전제할 때, 조금이라도 있을 수 있는 타당한 헌법적 주장들을 옹호할 기회를 문맹인 내지는 빈약한 교육수준인 재소자들에 대하여 부정하는 효력을 그 규칙은 지녔다. 부도덕한 감옥 변호사들에 의한 개인적 권력구조를 수립함을 방지함에 있어서의 그 무의미하지 아니한 주 이익에도 불구하고, 및 이에 뒤따르는 감옥규율의 부수적 문제들에도 불구하고, 법원들에의 접근의 권리를 그 규정은 허용이 불가능할 정도로 부담지웠음을 당원은 «416 U. S., 422» 인정하였다. Johnson 사건에서의 상쇄적 주 이익은, 굳이 어느 쪽인가 하면, 현재의 사건에서 항소인들에 의하여 제창되는 이익 그 어느 것이보다도 더 설득력이 있다.

원심의 판결주문은

인가된다.

---

16) 외관상으로, 법적 조력을 재소자들에게 제공하는 로스쿨 프로그램들에 관한 교정국의 정책은 비록 충분히 확립된 것임에도 그 어떤 규정에도 포함되어 있지 않다.

MR. JUSTICE MARSHALL, with whom MR. JUSTICE BRENNAN joins, concurring.

I

I concur in the opinion and judgment of the Court. I write separately only to emphasize my view that prison authorities do not have a general right to open and read all incoming and outgoing prisoner mail. Although the issue of the First Amendment rights of inmates is explicitly reserved by the Court, I would reach that issue and hold that prison authorities may not read inmate mail as a matter of course.

II

As Mr. Justice Holmes observed over a half century ago, "the use of the mails is almost as much a part of free speech as the right to use our tongues ······." Milwaukee Social Democratic Publishing Co. v. Burleson, 255 U. S. 407, 437 (1921) (dissenting opinion), quoted with approval in Blount v. Rizzi, 400 U. S. 410, 416 (1971). See also Lamont v. Postmaster General, 381 U. S. 301, 305 (1965). A prisoner does not shed such basic First Amendment rights at the prison gate.[1] Rather, he "retains all the rights of an ordinary citizen except those expressly, or by necessary implication, taken from «416 U. S., 423» him by law." Coffin v. Reichard, 143 F. 2d 443, 445 (CA6 1944).[2]

---

[1] See, e. g., Cruz v. Beto, 405 U. S. 319 (1972); Cooper v. Pate, 378 U. S. 546 (1964); Brown v. Peyton, 437 F. 2d 1228, 1230 (CA4 1971); Rowland v. Sigler, 327 F. Supp. 821, 827 (Neb.), aff'd, 452 F. 2d 1005 (CA8 1971); Fortune Society v. McGinnis, 319 F. Supp. 901, 903 (SDNY 1970).

[2] Accord, Moore v. Ciccone, 459 F. 2d 574, 576 (CA8 1972); Nolan v. Fitzpatrick, 451 F. 2d 545, 547 (CA1 1971); Brenneman v. Madigan, 343 F. Supp. 128, 131 (ND Cal. 1972); Burnham v. Oswald, 342 F. Supp. 880, 884 (WDNY 1972); Carothers v. Follette, 314 F. Supp. 1014, 1023 (SDNY 1970).

브레넌(Brennan) 판사가 가담하는 마샬 (Marshall) 판사의 보충의견이다.

Ⅰ

법원의 견해에와 판결에 나는 찬동한다. 나의 견해를 내가 따로 밝히는 것은 나가는 및 들어오는 모든 편지를 열, 그리하여 이를 읽어 볼 일반적인 권리를 감옥당국이 지니지 않는다는 나의 견해를 강조하려는 것뿐이다. 재소자들의 수정헌법 제1조상의 권리들의 문제를 비록 법원은 명백히 유보하고 있지만 위 문제에까지 나아가 재소자의 우편을 감옥당국자들이 당연히 읽어서는 안 됨을 나는 밝힌다.

Ⅱ

반 세기 이전에 홈즈(Holmes) 판사가 고찰하였듯이 "우편의 사용은 우리의 혀를 사용할 권리에 맞먹는 자유로운 말의 권리의 한 부분이다. ……" Milwaukee Social Democratic Publishing Co. v. Burleson, 255 U. S. 407,437 (1921) (dissenting opionion), quoted with approval in Blount v. Rizzi,400 U. S. 410, 416 (1971). 또한 Lamont v. Postmaster General, 381 U. S. 301, 305 (1965) 판결을 보라. 수정헌법 제1조상의 이러한 기본적 권리들을 감옥 문에서 죄수는 내던져 버리지 않는다.[1] "법에 의하여 명백히 또는 필수적인 연관 속에서 박탈당한 것들을 제외하고는 일반 시민으로서의 모든 권리들을" 오히려 《416 U. S., 423》 그는 "그대로 지닌다." Coffin v. Reichard, 143 F. 2d 443,445 (CA6 1944).[2] 따라서 한 개의 은혜로서라기보다는 헌법상 보장된

---

1) 예컨대. Cruz v. Beto, 405 U. S. 319 (1972)를; Cooper v. Pate, 378 U. S. 546 (1964)를; Brown v. Peyton, 437 F. 2d 1228, 1230 (CA4 1971)를; Rowland v. Sigler, 327 F. Supp. 821, 827 (Neb.), aff'd, 452 F. 2d 1005 (CA8 1971)을; Fortune Society v. McGinnis, 319 F. Supp. 901, 903 (SDNY 1970)을 보라.

2) 같은 취지의 것들로서, Moore v. Ciccone, 459 F. 2d 574, 576 (CA8 1972)가; Nolan v. Fitzpatrick, 451 F. 2d 545, 547 (CA1 1971)이; Brenneman v. Madigan, 343 F. Supp. 128, 131 (ND Cal. 1972)가; Burnham v. Oswald, 342 F. Supp. 880, 884 (WDNY 1972)가; Carothers v. Follette, 314 F. Supp. 1014, 1023 (SDNY 1970)이 있다.

Accordingly, prisoners are, in my view, entitled to use the mails as a medium of free expression not as a privilege, but rather as a constitutionally guaranteed right.[3]

It seems clear that this freedom may be seriously infringed by permitting correctional authorities to read all prisoner correspondence. A prisoner's free and open expression will surely be restrained by the knowledge that his every word may be read by his jailors and that his message could well find its way into a disciplinary file, be the object of ridicule, or even lead to reprisals. A similar pall may be cast over the free expression of the inmates' correspondents. Cf. Talley v. California, 362 U. S. 60, 65 (1960); NAACP v. Alabama, 357 U. S. 449, 462 (1958). Such an intrusion on First Amendment freedoms can only be justified by a substantial government interest and a showing that the means chosen to effectuate the State's purpose are not unnecessarily restrictive of personal freedoms.

"[E]ven though the governmental purpose be legitimate and substantial, that purpose cannot be pursued by means that broadly stifle fundamental personal liberties when the end can be more «416 U. S., 424» narrowly achieved." Shelton v. Tucker, 364 U. S. 479 488 (1960).[4]

The First Amendment must in each context "be applied 'in light of the special characteristics of the ⋯⋯ environment,'" Healy v. James, 408 U. S. 169, 180 (1972), and the exigencies of governing persons in prisons are different from and greater than those in governing persons without. Barnett v. Rodgers, 133 U. S. App. D.C. 296, 301-302, 410 F. 2d 995, 1000-1001 (1969);

---

3) See, e. g., Sostre v. McGinnis, 442 F. 2d 178, 199 (CA2 1971) (en banc); Preston v. Thieszen, 341 F. Supp. 785, 786–787 (WD Wis. 1972); cf. Gray v. Creamer, 465 F. 2d 179, 186 (CA3 1972); Morales v. Schmidt, 340 F. Supp. 544 (WD Wis. 1972); Palmigiano v. Travisono, 317 F. Supp. 776 (RI 1970); Carothers v. Follette, supra.

4) The test I would apply is thus essentially the same as the test applied by the Court: "[T]he regulation ⋯⋯ in question must further an important or substantial governmental interest unrelated to the suppression of expression ⋯⋯ [and] the limitation of First Amendment freedoms must be no greater than is necessary or essential to the protection of the particular governmental interest involved." Ante, at 413.

한 개의 권리로서의 자유로운 표현의 한 가지 수단으로 우편을 사용할 지위에 나의 견해로 죄수들은 있다.[3]

교정당국자로 하여금 모든 죄수 서신을 읽도록 허용함으로써 이 자유가 심각하게 침해될 수 있음은 명백해 보인다. 자신의 모든 낱말이 교도관들에 의하여 읽혀질 수 있음에 대한 및 자신의 메시지가 징계파일에 들어갈 수도 있음에 대한, 조롱의 대상이 될 수 있음에 내지는 심지어 보복을마저 부를 수 있에 대한 인식에 의하여 그의 자유로운 및 공개된 표현은 억압될 것임이 틀림없다. Talley v. California, 362 U. S. 60, 65 (1960)을; NAACP v. Alabama, 357 U. S. 449, 462 (1958)을 비교하라. 오직 실질적인 정부의 이익에 의해서만, 및 주(State)의 목적을 실현하기 위하여 채택된 수단이 개인의 자유들에 대하여 불필요하게 제약적인 것들이 아님에 대한 한 개의 증명에 의해서만 수정헌법 제1조의 자유들에 대한 이러한 침해는 정당화될 수 있다.

"비록 정부의 목적이 적법한 및 실질적인 것이라 하더라도 보다 더 협소한 제약을 통하여 위 목적이 달성될 수 있는 때에는 기본적인 개인의 권리들을 넓게 질식시키는 수단에 의하여 그것은 «416 U. S., 424» 추구될 수 없다." Shelton v. Tucker, 364 U. S. 479, 488 (1960).[4]

수정헌법 제1조는 각각의 맥락에 따라 " '…… 환경의 특수한 성격에 비추어' 적용되어야 한다". Healy v. James, 408 U. S. 169, 180 (1972). 그런데 감옥 안의 행정담당자들의 절박한 사정이란 감옥 밖의 행정담당자들의 사정들에 다르지도 더 크지도 아니하다. Barnett v. Rodgers, 133 U. S. App. D. C. 296, 301-302, 410 F. 2d

---

3) 예컨대, Sostre v. McGinnis, 442 F. 2d 178, 199 (CA2 1971) (en banc)을; Preston v. Thieszen, 341 F. Supp. 785, 786-787 (WD Wis. 1972)를 보라; Gray v. Creamer, 465 F. 2d 179, 186 (CA3 1972)를; Morales v. Schmidt, 340 F. Supp. 544 (WD Wis. 1972)를; Palmigiano v. Travisono, 317 F. Supp. 776 (RI 1970)을; Carothers v. Follette, supra를 비교하라.

4) 내가 적용하였으면 하는 그 기준은 이 법원에 의하여 적용된 기준에 이렇듯 본질적으로 동일하다: "[표]현의 자유의 억압에 관련 없는 중요한 내지는 실질적인 정부적 이익을 문제의 규정은 …… 촉진하는 것이지 아니면 안 된다. …… [그리고] 특정한 정부측 이익의 보호에 필요한 내지는 필수인 정도를 수정헌법 제1조상의 자유들에 대한 제약이 넘어서는 안 된다." Ante, at 413.

Rowland v. Sigler, 327 F. Supp. 821, 827 (Neb.), aff'd, 452 F. 2d 1005 (CA8 1971). The State has legitimate and substantial concerns as to security, personal safety, institutional discipline, and prisoner rehabilitation not applicable to the community at large. But these considerations do not eliminate the need for reasons imperatively justifying the particular deprivation of fundamental constitutional rights at issue. Cf. Healy v. James, supra, at 180; Tinker v. Des Moines School District, 393 U. S. 503, 506 (1969).

The State asserts a number of justifications for a general right to read all prisoner correspondence. The State argues that contraband weapons or narcotics may be smuggled into the prison via the mail, and certainly this is a legitimate concern of prison authorities. But this argument provides no justification for reading outgoing mail. Even as to incoming mail, there is no showing that stemming the traffic in contraband could not be accomplished equally well by means of physical tests «416 U. S., 425» such as fluoroscoping letters.[5] If physical tests were inadequate, merely opening and inspecting - and not reading - incoming mail would clearly suffice.[6]

It is also suggested that prison authorities must read all prison mail in order to detect escape plans. The State surely could not justify reading everyone's mail and listening to all phone conversations on the off chance that criminal schemes were being concocted. Similarly, the reading of all prisoner mail is too great an intrusion on First Amendment rights to be justified by such a speculative concern. There has been no showing as to the seriousness of the problem of escapes planned or arranged via the mail. Indeed, the State's claim of concern over this problem is undermined by the general practice of permitting unmonitored personal interviews during which any number of

---

5) See Marsh v. Moore, 325 F. Supp. 392, 395 (Mass. 1971).

6) See Moore v. Ciccone, supra, at 578 (Lay, J., concurring); cf. Jones v. Wittenberg, 330 F. Supp. 707, 719 (ND Ohio 1971), aff'd sub nom. Jones v. Metzger, 456 F. 2d 854 (CA6 1972).

995,1000-1001 (1969); Roland v. Sigler, 327 F. Supp. 821, 827 (Neb.), aff'd, 452 F. 2d 1005 (CA8 1971). 보안이라는, 개인의 안전이라는, 시설 내의 질서라는, 죄수의 사회 복귀라는 사회 일반에 적용할 수 없는 적법한 및 실질적인 임무를 주(the State)는 지 닌다. 그러나 쟁점인 헌법상의 기본적 권리들의 특별한 박탈을 위한 명령적인 이유 들에 대한 요구를 이 고려요소들은 제거하지 않는다. Healy v. James, supra, 408, U. S., at 180을; Tinker v. Des Moines School District, 393 U. S. 503, 506 (1969)를 비 교하라.

모든 죄수 서신을 읽을 일반적 권리를 정당화한다는 이유들 몇 가지를 주(the State)는 내세운다. 암거래되는 무기가 우편을 통하여 감옥에 반입될 수 있다고 주 (the State)는 주장하는데, 분명히 이는 감옥 당국으로서의 정당한 염려이다. 그러나 이 주장은 밖으로 나가는 우편을 읽는 데에 대하여는 어떠한 정당화 사유가도 되지 않는다. 밖에서 들어오는 우편을 놓고 보더라도 편지들을 형광투시하는 등의 물리 적 검사의 수단에 의하여는 금제품의 차단이 그렇게 잘 수행될 수 없다는 «416 U. S., 425» 점이 전혀 밝혀져 있지 아니하다.[5] 만일 물리적 검사가 불충분하다면 밖에 서 들어오는 편지를 단지 개봉하여 검사하는 것으로도 - 따라서 읽지 않고서도 - 충 분하리라는 것은 명백하다.[6]

탈주계획을 적발하기 위하여 죄수의 모든 서신을 감옥당국은 읽어야 한다는 주 장이도 제기되었다. 범죄계획이 꾸며지고 있다고 믿지 않으면서도 모든 사람의 편 지를 읽음을 및 모든 전화통화를 청취함을 분명히 주는 정당화 시키지 못하였다. 마찬가지로 모든 죄수 서신을 읽음은 수정헌법 제1조상의 권리들에 대한 너무나 큰 침해이어서 이러한 공상적인 염려에 의하여는 정당화 될 수 없다. 우편을 경유 하여 계획되는 내지는 준비되는 탈주의 심각성에 관한 증명은 이루어져 있지 아니 하다. 사실, 들키지 않는 채 얼마든지 은밀한 계획이 논의될 수 있는감옥 당국자들 이 감시 없는 개인 접견들을 허용하는 일반적 관행에 의하여, 이 문제의 염려에 대 한 주(the State)의 주장은 그 토대가 침식된다.[7] 서신을 통한 탈주계획을 특정 재소자

---

5) Marsh v. Moore, 325 F. Supp. 392, 395 (Mass. 1971)를 보라.
6) Moore v. Ciccone, supra, at 578 (Lay, J., concurring)를 보라; Jones v. Wittenberg, 330 F. Supp. 707, 719 (ND Ohio 1971), aff'd sub nom. Jones v. Metzger, 456 F. 2d 854 (CA6 1972)를 비교하라.
7) Palmigiano v. Travisono, supra.

surreptitious plans might be discussed undetected.[7] When prison authorities have reason to believe that an escape plot is being hatched by a particular inmate through his correspondence, they may well have an adequate basis to seize that inmate's letters; but there is no such justification for a blanket policy of reading all prison mail.

It is also occasionally asserted that reading prisoner mail is a useful tool in the rehabilitative process. The therapeutic model of corrections has come under increasing criticism and in most penal institutions rehabilitative programs are more ideal than reality.[8] Assuming the validity of the rehabilitative model, however, the State does not demonstrate that the reading of inmate «416 U. S., 426» mail, with its attendant chilling effect on free expression, serves any valid rehabilitative purpose. Prison walls serve not merely to restrain offenders but also to isolate them. The mails provide one of the few ties inmates retain to their communities or families - ties essential to the success of their later return to the outside world.[9] Judge Kaufman, writing for the Second Circuit, found two observations particularly apropos of similar claims of rehabilitative benefit in Sostre v. McGinnis, 442 F. 2d 178, 199 (1971) (en banc):

"Letter writing keeps the inmate in contact with the outside world, helps to hold in check some of the morbidity and hopelessness produced by prison life and isolation, stimulates his more natural and human impulses, and otherwise may make contributions to better mental attitudes and reformation."[10]

and:

"The harm censorship does to rehabilitation ⋯⋯ cannot be gainsaid.

---

7) Palmigiano v. Travisono, supra.
8) See generally J. Mitford, Kind and Usual Punishment: The Prison Business (1973).
9) See, e. g., National Advisory Commission on Criminal Justice Standards and Goals, Corrections 67–68 (1973).
10) See Palmigiano v. Travisono, supra, at 791.

가 꾸미고 있다고 믿을 만한 이유가 있을 때에는 당연히 그 재소자의 서신을 압수할 정당한 근거를 감옥 당국자들은 가질 것이다. 그러나 죄수의 우편 전부를 읽을 총괄보험증서 (a blanket policy)에 대하여는 이러한 정당화는 있을 수 없다.

죄수 우편을 읽는 것은 사회복귀의 진행에 있어서 유익한 도구라는 점이도 때때로 주장되고 있다. 교정의 치료적 모델은 점증하는 비판에 처하여 있으며 대부분의 행형기관에 있어서 사회복귀 프로그램은 현실적인 것이기보다는 이상적인 것이다.[8] 그러나 사회복귀 모델의 타당성을 주는 가정하면서도, 재소자의 «416 U. S., 426» 우편을 읽음이 자유로운 표현 위에의 그것의 냉각적 효과에 더불어 조금이라도 유효한 사회복귀의 목적에 조금이라도 기여한다는 점을 주는 논증하지 못하였다. 감옥의 담장은 범죄자들을 제약하는 데에뿐만 아니라 이들을 격리하는 데에도 기여한다. 자신들의 공동체들에 내지는 가족들에 대하여 재소자들이 보유하는 몇 안 되는 연결들 가운데 한 가지를 우편은 제공한다 - 그들의 나중의 외부세계에의 성공적인 복귀에 이 연결은 필수이다.[9] 특히 Sostre v. McGinnis,442 F. 2d 178,199 (1971) (전원합의)에서의 그 동일한 사회복귀적 이익에 관하여 두 가지 의견을 제 2순회 재판구를 위하여 기술하면서 카우프만(Kaufman) 판사는 제시하였다.

"편지쓰기는 재소자를 계속 외부세계에 연결시켜 주고 수감생활에 및 격리에 따르는 고통을 및 절망을 제어하도록 도움을 주며 그의 더 자연스러운 및 인간적인 추진력을 자극하고 그 밖에도 마음가짐을 및 개선을 향상시키는 데 기여할 수 있다."[10]

또한

"사회복귀에 검열이 참으로 끼치는 해악은 부정될 수 없다. 재소자들은 외부세계에의 연결을 잃고 재소자의 생각을 및 감옥에 대한 비판을 편지들에 담는 데 조

---

8) 일반적으로 J. Mitford, Kind and Usual Punishment: The Prison Business (1973)을 보라.
9) 예컨대, National Advisory Commission on Criminal Justice Standards and Goals, Corrections 67-68 (1973)을 보라.
10) Palmigiano v. Travisono, supra, at 791을 보라.

Inmates lose contact with the outside world and become wary of placing intimate thoughts or criticisms of the prison in letters. This artificial increase of alienation from society is ill advised."[11]

The Court today agrees that "the weight of professional opinion seems to be that inmate freedom to correspond with outsiders advances rather than retards the goal of rehabilitation." Ante, at 412.[12] «416 U. S., 427»

Balanced against the State's asserted interests are the values that are generally associated with freedom of speech in a free society - values which "do not turn to dross in an unfree one." Sostre v. McGinnis, supra, at 199. First Amendment guarantees protect the free and uninterrupted interchange of ideas upon which a democratic society thrives. Perhaps the most obvious victim of the indirect censorship effected by a policy of allowing prison authorities to read inmate mail is criticism of prison administration. The threat of identification and reprisal inherent in allowing correctional authorities to read prisoner mail is not lost on inmates who might otherwise criticize their jailors. The mails are one of the few vehicles prisoners have for informing the community about their existence and, in these days of strife in our correctional institutions, the plight of prisoners is a matter of urgent public concern. To sustain a policy which chills the communication necessary to inform the public on this issue is at odds with the most basic tenets of the guarantee of freedom of speech.[13]

The First Amendment serves not only the needs of the polity but also those of the human spirit - a spirit that demands self-expression. Such expression is

---

11) Singer, Censorship of Prisoners' Mail and the Constitution, 56 A. B. A. J. 1051, 1054 (1970).
12) Various studies have strongly recommended that correctional authorities have the right to inspect mail for contraband but not to read it. National Advisory Commission on Criminal Justice Standards «416 U. S., 427» and Goals, Corrections, Standard 2.17, pp.66–69 (1973); see California Board of Corrections, California Correctional System Study: Institutions 40 (1971); Center for Criminal Justice, Boston University Law School, Model Rules and Regulations on Prisoners' Rights and Responsibilities, Standards IC-1 and IC-2, pp.46–47 (1973).
13) See, e. g., Nolan v. Fitzpatrick, 451 F. 2d, at 547–548.

심스러워 지게 된다. 사회로부터의 소외의 이 인위적 조장은 분별 없다."[11]

"사회복귀라는 정당한 정부이익을 외부자에 더불어 교신할 재소자의 자유가 저해한다기보다는 오히려 촉진시킨다는 것이 보다 유력한 전문적 견해로 여겨진다."는 데에 이 법원은 오늘 동의한다. Ante, at 412.[12] «416 U. S., 427»

주장된 주(State)의 이익들에 대조하여 비교되는 것들은 자유 사회에서의 말의 자유에 일반적으로 관련되는 가치들인바, 이 가치들은 "수감된 사람에게라 하여 쓸모 없게 되지 않는다." Sostre v. McGinnis, supra, 442 F. 2d, at 199. 민주사회가 번영하는 토대인 자유로운 및 간섭 없는 생각들의 교환을 수정헌법 제1조상의 보장들은 보호한다. 감옥 당국자들로 하여금 재소자 우편을 읽도록 허용하는 정책에 의하여 행하여지는 간접적 검열의 가장 명백한 피해자는 아마도 감옥 행정에 대한 비판일 것이다. 교정당국으로 하여금 죄수 우편을 읽도록 허용하는 데에 내재된 신원 확인의 및 보복의 위협은 그 위협이 없다면 자신들의 옥리들을 비판하였을 재소자들 위에서 사라지지 않는다. 우편은 자신들의 존재에 관하여 공동체에 알리기 위하여, 그리고 또한 우리의 교정시설에서 투쟁이 생겨나고 있는 오늘날 죄수들의 고통이 긴급한 사회적 관심을 기울여야 할 문제임을 알리기 위하여 죄수들이 가지는 몇 개 안 되는 수단들 가운데 하나이다. 이러한 문제를 사회에 알리는 데 필요한 교신을 냉각시키는 정책을 유지함은 말의 자유의 보장의 가장 기본적인 원칙들에 조화되지 않는다.[13]

국가의 필요들에게만이 아니라 인간 정신의 - 자기표현을 요구하는 정신의 - 필요들에게도 수정헌법 제1조는 복무한다. 이러한 표현은 사상들의 발전의 및 독자

---

11) Singer, Censorship of Prisoners' Mail and the Constitution, 56 A. B. A. J. 1051, 1054 (1970).
12) 금제물을 찾아 우편을 검사할 권한을 교정당국이 지닐 것을, 그러나 그것을 읽지는 말 것을 다양한 연구들은 강력하게 권고하여 왔다. National Advisory Commission on Criminal Justice Standards «416 U. S., 427» and Goals, Corrections, Standard 2.17, pp.66-69 (1973); 아울러 California Board of Corrections, California Correctional System Study: Institutions 40 (1971)을; Center for Criminal Justice, Boston University Law School, Model Rules and Regulations on Prisoners' Rights and Responsibilities, Standards IC-1 and IC-2, pp.46-47 (1973)을 보라.
13) 예컨대, Nolan v. Fitzpatrick, 451 F. 2d, at 547-548을 보라.

an integral part of the development of ideas and a sense of identity. To suppress expression is to reject the basic human desire for recognition and affront the individual's worth and dignity.[14] Cf. Stanley v. Georgia, 394 U. S. «416 U. S., 428» 557 (1969). Such restraint may be "the greatest displeasure and indignity to a free and knowing spirit that can be put upon him." J. Milton, Aeropagitica 21 (Everyman's ed. 1927). When the prison gates slam behind an inmate, he does not lose his human quality; his mind does not become closed to ideas; his intellect does not cease to feed on a free and open interchange of opinions; his yearning for self-respect does not end; nor is his quest for self-realization concluded. If anything, the needs for identity and self-respect are more compelling in the dehumanizing prison environment. Whether an O. Henry writing his short stories in a jail cell or a frightened young inmate writing his family, a prisoner needs a medium for self-expression. It is the role of the First Amendment and this Court to protect those precious personal rights by which we satisfy such basic yearnings of the human spirit.

MR. JUSTICE DOUGLAS joins in Part II of this opinion.

---

14) Emerson, Toward a General Theory of the First Amendment, 72 Yale L. J. 877, 879–880 (1963).

성이라는 감정의 빠뜨릴 수 없는 부분이다. 표현을 억압함은 인정받고자 하는 기본적인 인간의 욕망을 배격하는 것이며 개인의 가치를 및 존엄을 모욕하는 것이다.[14] Stanley v. Georgia,394 U. S. «416 U. S., 428» 557 (1969)를 비교하라. 이러한 제약은 "한 개의 자유로운 및 의식적인 정신에게 가하여질 수 있는 가장 큰 불쾌이고 모욕"일 수 있다. J. Milton, Aeropagitica, 21 (Everyone's ed. 1927). 한 명의 재소자 뒤에서 감옥 문들이 소리내어 닫힐 때 그의 인간으로서의 특성을 그는 상실하지 않는다; 그의 마음은 사상들에게 닫힌 것이 되지 않는다; 의견들의 자유로운 및 열린 교환을 자양분으로 삼기를 그의 지성은 그치지 않는다; 자기 존중을 위한 그의 염원은 끝나지 않는다; 또한 자기실현을 위한 그의 탐구는 종결되지 않는다. 굳이 어느 쪽인가 하면, 일체성을 및 자기존중을 위한 요구들은 비인간적인 감옥 환경에서 더욱 강제적이다. 그의 단편들을 감방에서 쓰는 한 명의 O. Henry 같은 작가이든 가족에게 편지를 쓰는 한 명의 놀란 어린 재소자이든, 자기표현을 위한 수단을 한 명의 죄수는 필요로 한다. 인간정신의 이러한 기본적인 염원들을 우리가 만족시키는 수단인 이 고귀한 개인적 권리들을 보호함이 바로 수정헌법 제1조의 및 이 법원의 역할이다.

이 견해의 Ⅱ 부분에 더글라스(Douglas) 판사는 가담한다.

---

14) Emerson, Toward a General Theory of the First Amendment, 72 Yale L. J. 877, 879–880 (1963).

MR. JUSTICE DOUGLAS, concurring in the judgment.

I have joined Part II of MR. JUSTICE MARSHALL's opinion because I think it makes abundantly clear that foremost among the Bill of Rights of prisoners in this country, whether under state or federal detention, is the First Amendment. Prisoners are still "persons" entitled to all constitutional rights unless their liberty has been constitutionally curtailed by procedures that satisfy all of the requirements of due process.

While Mr. Chief Justice Hughes in Stromberg v. California, 283 U. S. 359, stated that the First Amendment was applicable to the States by reason of the Due Process Clause of the Fourteenth, it has become customary to «416 U. S., 429» rest on the broader foundation of the entire Fourteenth Amendment. Free speech and press within the meaning of the First Amendment are, in my judgment, among the pre-eminent privileges and immunities of all citizens.

마샬(Marshall) 판사의 견해 중 II 부분에 나는 가담한 터인바, 왜냐하면 주(state)의 구금 하에 있든 연방의 구금 하에 있든 이 나라 안의 죄수들의 권리장전 가운데 으뜸가는 것은 수정헌법 제1조임을 충분히 명백하게 그것은 만든다고 나는 생각하기 때문이다. 죄수들은 그들의 자유가 적법 절차의 요건을 갖춘 절차에 따라 헌법에 부합하게 제약되어 있지 아니하는 한 여전히 헌법상의 모든 권리들을 누릴 지위에 있는 "사람들"인 것이다.

수정헌법 제14조의 적법 절차 보장규정을 이유로 하여 수정헌법 제1조를 주에 대하여 적용할 수 있다고 Stromberg v. California, 283 U. S. 359에서 법원장 휴즈(Hughes) 판사는 말하였지만, 수정헌법 제14조 전체라는 «416 U. S., 429» 보다 넓은 토대에 의거함은 관례의 것이 되어 왔다. 나의 판단으로는, 모든 시민들의 최우선의 특권들의 및 면제들의 가운데에 수정헌법 제1조의 의미 내에서의 자유로운 말은 및 출판은 있다.

표현의 자유_Freedom of Expression

Freedom of

MIAMI HERALD PUBLISHING CO. v. TORNILLO, 418 U. S. 241 (1974)

NOS. 73-797.
변 론 1974년 4월 17일
판 결 1974년 6월 25일

요약해설

1. 개요 및 쟁점

MIAMI HERALD PUBLISHING CO. v. TORNILLO, 418 U.S. 241 (1974) 판결은 9 대 0으로 판결되었다. 법원의 의견을 법원장 버거(BURGER) 판사가 썼고, 렌퀴스트 (REHNQUIST) 판사가 가담하는 보충의견을 브레넌(BRENNAN) 판사가 썼으며, 별도의 보충의견을 화이트(WHITE) 판사가 썼다. 자신의 기록에 대한 신문에 의한 비판에 및 공격들에 응수할 동등한 지면을 누릴 이른바 반론권을 정치적 후보자에게 부여하는 주 제정법이 자유로운 언론출판의 보장들을 침해하는지 여부를 다루었다.

2. 사실관계

가. 쟁송의 발생

피항소인의 주 하원의원 후보자격을 비판하는 논설을 신문사인 항소인(Miami Herald Publishing Co.)은 간행하였다. 이에 대한 반론을 실어 달라고 피항소인이 요구하였으나 항소인은 이를 거부하였다. 이에 선언적 및 금지적 구제를 및 손해의 배상을 구하는 이 사건 소를 신문에 대한 반론권 제정법인 플로리다주 제정법 § 104.38 (1973)에 근거하여 피항소인은 제기하였다.(1급경죄를 그 제정법에의 준수 불이행은 구성한다.) (418 U. S., at 243-244.)

나. 순회법원의 판단

범죄의 수행에 대한 금지명령이 발부됨은 적합할 수 없다는 이유로 금지적 구제를 순회법원은 기각하였다; 신문이 싣지 않으면 안 될 내용을 신문에게 명령하는 § 104.38은 연방헌법 수정 제1조의 및 제14조의 아래서 언론출판의 자유에 대한 침해로서 위헌이라고 순회법원은 결론지었다. 피항소인의 청구원인은 기판력을 지닌 채로 기각되었다. (418 U. S., at 244-245.)

다. 플로리다주 대법원의 판단

TORNILLO의 직접항소에 따라, 플로리다주 대법원은 이를 파기하였는데, 헌법적 보장들을 § 104.38은 침해하지 않는다고 판시하였다. 이 제정법 아래서 손해배상 청구를 포함한 민사적 구제수단들은 이용가능한 것으로 판시되었다; 플로리다주 대법원의 의견에 배치되지 아니하는 추후의 절차들을 위하여 정식사실심리 법원에 사건은 환송되었다. 항소인의 항소에 따라 사건은 연방대법원에 올라갔다. (418 U. S., at 245-246.)

3. 법원장 버거(BURGER) 판사가 쓴 법원의 의견의 요지

가. 연방헌법 수정 제1조에 위반하여 신문의 내용을 규율하고자 그 제정법은 꾀하므로, 그 제정법의 작동을 어떤 표현들이 초래할지 편집자가 정확하게 알수 없기에 그 모호성으로 인하여, 그리고 명예훼손적인 비판논평의 및 명예훼손적이지 아니한 비판논평의 양자 사이의 차이를 구분하지 아니하기에 그 제정법은 무효라고 항소인은 주장한다. (418 U. S., at 247.)

나. 폭넓은 다양성을 지닌 견해들이 공중에게 도달하도록 보장할 의무를 정부는 진다고 언론출판에 접근할 강제력 있는 권리를 지지하는 옹호자들이에 더불어 피항소인은 주장한다. (418 U. S., at 247-248.)

다. 1791년에 "조금이라도 종교의 창설에 관련한, 또는 그 자유로운 행사를 금지하는; 또는 말의 내지는 언론출판의 자유를; 또는 평화롭게 모일, 그리고 고충사항들의 구제를 위하여 정부에 청원할 국민의 자유를 박탈하는 법을 연방의회는 제정해서는 안 된다."는 내용의 연방헌법 수정 제1조가 비준된 당시에 언론출판은 국민들의 대변자였다. 광범위한 의견들을 독자들에게 언론출판은 집합적으로 제시하였다. 인기 없는 견해들을 팜플렛들은 및 책들은 제공하였고, 전통적 신문들에 의하여 다루어지지 아니한 사건들을 및 견해들을 다루고 표현하였다. 사상들의 참다운 시장이 존재하였고 거기에는 정보교환의 통로들에의 상대적으로 쉬운 접근이 있었다. (418 U. S., at 248.)

라. 오늘의 언론출판은 우리의 국가적 존립의 초기 시절의 것하고는 매우 다르다. 라디오에, 텔레비전에, 통신위성들에, 케이블 TV 방송망에 의한 지난 반세기 동안의 통신혁명의 영향들로 인하여 인쇄물에 의한 언론출판인 신문들은 대기업이 되었고 다양한 요구를 채우기에는 숫자가 적다. 연쇄망을 및 기업연합 조직을 지닌 전국적 전신 및 신문 사업체들은 비경쟁적인 것이, 여론을 조작할 능력에 있어서 거대하게 강력한 것이 및 집중된 것이 되었다. 결과적으로 정보를 전달할 및 여론을 형성할 권력은 작은 숫자의 손들에게 맡겨져 있다. 쟁점들에 대한 토론에 반응할 내지는 기여할 능력을 대중은 상실한 터이다. 매체에 대한 비판적 분석을 통신수단의 독점은 허용하지 않는다. 초기에 지니고 있던 그 현실성을 자유로운 공개적 표현의 권리는 상실한 상태이다. (418 U. S., at 248–250.)

마. 인쇄매체에 의하여 공급되는 사상들의 시장에의 진입은 거의 불가능한 상황이다. 공중을 위한 대리인들임에 대한 신문들의 자임은 그 직책에 책임을 져야 할 부수적인 신뢰관계적 의무를 수반한다. 공정성을, 정확성을 및 책임성을 보장하기 위한 효과적인 방법은 적극적 조치를 정부가 취하는 데 있다. 사상들의 시장은 오늘날 독점회사이기 때문에 공중의 연방헌법 수정 제1조상의 이익은 위험 속에 있다. 언론출판을 정부규제로부터 보호하기 위함에 더하여 언론출판에의 공중의 강제적 접근을 보장하기 위하여, 일정한 의무들을 언론출판 소유주들 위에 연방헌법 수정 제1조는 부과한다. 반트러스트법들로부터 연방헌법 수정 제1조에 의하여 언론출판은 면제되지 않는다. (418 U. S., at 251–252.)

바. 다양한 및 상반되는 원천들로부터의 정보의 가장 넓은 파종이 공중의 복리에 필수라는, 자유로운 언론출판은 자유로운 사회의 조건이라는 가정이 연방헌법 수정 제1조의 토대이다. 일부를 위한 자유를이 아니라 모든 이를 위한 자유를, 공표의 자유는 의미한다. 모든 사람을 대변하도록 소수의 판로들

을 강제함이보다는 오히려 판로들의 다양성을 제고하기 위한 정부의 조치들이 더 바람직하다. (418 U. S., at 253-254.)

사. 정부적인 것이든 합의에 의한 것이든 모종의 기구를, 집행력 있는 접근권 류의 구제의 이행은 개개 항목마다에서 필수적으로 요구한다. 만약 그것이 정부적 강제이면, 연방헌법 수정 제1조의 명시적 규정들의 및 그 수정조항 위의 사법적 해석의 양자 사이의 대결을 이것은 즉각적으로 야기한다. 무엇을 신문이 실을 수 있는지를 및 무엇을 신문이 실을 수 없는지를 신문에게 미리 정부기관은 말할 수 없다. 그 공표되지 않아야 한다고 이성이 말하는 바를 공표하도록 하는 종류의 강제는 위헌이다. 언론출판의 책임성은 연방헌법에 의하여 명령되지 않으며 따라서 여타의 수많은 덕목들이 입법화 될 수 없듯이 그것은 입법화될 수 없다. (418 U. S., 254-256.)

아. 공표되어서는 안 된다고 이성이 말하는 바를 공표하도록 편집자들을 내지는 발행인들을 강제함이 이 사건에서 쟁점에 놓여 있는 사항이다. 신문의 내용에 토대한 처벌을 플로리다주 제정법은 강요한다. 정부에 의하여 강제되는 접근권은 불가피하게 공중토론의 활력을 풀죽이며, 공중토론의 다양성을 제약한다. 연방헌법 수정 제1조의 주된 목적은 정부 업무에 대한 자유로운 토론을 보호하기 위한 것이었다. 후보들에 대한 토론들을 이것은 포함한다. (418 U. S., at 256-257.)

자. 연방헌법 수정 제1조의 방벽들을 편집자들의 임무에 대한 그 자신의 침범 탓으로 플로리다주 제정법은 치워내지 못한다. 편집자의 통제권의 및 판단력의 행사를 신문 안에 들어갈 기사의 선택은, 및 종이의 크기에 및 내용에 관한 제약들에 관하여 내려지는 결정들은, 그리고 공공의 쟁점들에 및 공무원들에 대한 취급은 구성한다. 자유 언론출판에 대한 연방헌법 수정 제1조상의 보장들에 부합되게 이 중대한 절차의 정부적 규제가 어떻게 행사될 수 있는지 아직 논증이 되어 있지 아니하다. 플로리다주 대법원의 판결주문은 파기된다. (418 U. S., at 258.)

MR. CHIEF JUSTICE BURGER
delivered the opinion of the Court.

The issue in this case is whether a state statute granting a political candidate a right to equal space to reply to criticism and attacks on his record by a newspaper violates the guarantees of a free press.

I

In the fall of 1972, appellee, Executive Director of the Classroom Teachers Association, apparently a teachers' collective-bargaining agent, was a candidate for the Florida House of Representatives. On September 20, 1972, and again on September 29, 1972, appellant printed editorials critical of appellee's candidacy.[1] In «418 U. S., 244» response to these editorials appellee

---

1) The text of the September 20, 1972, editorial is as follows:

"The State's Laws And Pat Tornillo

"LOOK who's upholding the law!

"Pat Tornillo, boss of the Classroom Teachers Association and candidate for the State Legislature in the Oct. 3 run-off election, has denounced his opponent as lacking 'the knowledge to be a legislator, as evidenced by his failure to file a list of contributions to and expenditures of his campaign as required by law.'

"Czar Tornillo calls 'violation of this law inexcusable.'

"This is the same Pat Tornillo who led the CTA strike from February 19 to March 11, 1968, against the school children and taxpayers of Dade Country. Call it whatever you will, it was an illegal act against the public interest and clearly prohibited by the statutes.

"We cannot say it would be illegal but certainly it would be inexcusable of the voters if they sent Pat Tornillo to Tallahassee to occupy the seat for District 103 in the House of Representatives."

The text of the September 29, 1972, editorial is as follows:

"FROM the people who brought you this – the teacher strike of '68 – come now instructions on how to vote for responsible government, i.e., against Crutcher Harrison and Ethel Beckham, for Pat Tornillo. The tracts and blurbs and bumper stickers pile up daily in teachers'school mailboxes amidst continuing pouts that the School Board should be delivering all this at your expense. The screeds «418 U. S., 244» say the strike is not an issue. We say maybe it wouldn't be were it not a part of a continuation of disregard of any and all laws the CTA might find aggravating. Whether in defiance of zoning laws at CTA Towers, contracts and laws during the strike, or more recently state prohibitions against soliciting campaign funds amongst teachers, CTA says fie and try and sue us – what's good for CTA is good for CTA and that is natural law. Tornillo's law, maybe. For years now he has been kicking

법원의 의견을 법원장 버거(BURGER) 판사가 냈다.

　　자유로운 언론출판의 보장들을 자신의 기록에 대한 신문에 의한 비판에 및 공격들에 응수할 동등한 지면을 누릴 권리를 정치적 후보자에게 부여하는 주 제정법이 침해하는지 여부에 이 사건에서의 쟁점은 있다.

I

　　1972년 가을에 교사들의 단체교섭 대행자인 평교사협회의 전무이사인 피항소인은 플로리다주 하원의원 선거의 후보자였다. 피청구인의 후보자격을 비판하는 논설들을 1972년 9월 20일에, 그리고 다시 1972년 9월 29일에, 항소인은 간행하였다.[1] 이 논설들에 «418 U. S., 244» 응수하여, 평교사협회의 역할을 및 데이드 카운

---

1) 1972년 9월 20일자 논설의 본문은 이러하다:

"주 법들과 팻 토르닐로(Pat Tornillo)

"법을 누가 준수하는지를 보라!

"자신의 적수를 '의원이 됨에 필요한 지식'을 결여한 사람으로, '그의 선거운동에의 기부자들 명단을 및 지출사항을 법에 의하여 요구되는 대로 정리보관할 의무에 대한 그의 불이행에 의하여 이는 입증되는 것으로' 평교사협회의 우두머리이자 10월 3일 주 의원 선거 결선투표의 후보인 팻 토르닐로는 비난해 왔다.

"'이 법의 위반은 용서될 수 없는 것'이라고 차르(Czar) 토르닐로는 비난한다.

"이 사람은 데이드 카운티의 학생 아동들을 및 납세자들을 상대로 한 1968년 2월 19일부터 3월 11일까지의 평교사협회의 파업을 이끌었던 바로 그 팻 토르닐로이다. 그것을 어떻게 부르든, 그것은 공익에 반하는 및 제정법들에 의하여 명백히 금지된 불법적 행동이었다.

"하원에서의 103 지구 의석을 차지하도록 팻 토르닐로를 탈라하세(Tallahassee)로 만약 유권자들이 보낸다면 그것은 불법이 될 것이라고 우리가 말할 수는 없지만, 확실히 그것은 유권자들로서 용서될 수 없는 일일 것이다."

1972년 9월 29일자 논설의 본문은 이러하다:

"이것을 – 1968년의 교사파업을 – 당신들에게 가져온 사람들로부터, 이제 책임 있는 정부를 위하여는 어떻게 투표하여야 하는지에 관한 지시사항들이 나오는바, 즉 크루쳐 해리슨에게와 에델 베캄에게는 반대하여야 하고 팻 토르닐로에게는 찬성하여야 한다는 것이다. 그 모든 것을 당신들의 비용부담으로 교육위원회가 배달하고 있어야 한다는 지속적인 샬쭉거림 가운데서 팸플릿들이, 선전문구들이 및 범퍼스티커들이 교사들의 학교 우체통들에 날마다 쌓인다. 그 파업은 «418 U. S., 244» 쟁점이 아니라고 그 문장들은 말한다. 만약 그것이 평교사협회가 악화시키고 있을 수 있는 그 모든 법들에 대한 무시의 연속의 일부가 아니라면 아마도 그것은 쟁점이 아닐 것이라고 우리는 말한다. 씨티에이 타워즈 빌딩에서의 토지이용규제법들에 대한 무시 가운데서든, 계약들에 및 법들에 대한 파업기간 중의 무시 가운데서든, 아니면 선거운동 기금을 교사들 사이에서 모금함에 대한 주(state) 금지조치들에 대한 보다 최근의 무시 가운데서든, '에잇, 우리를 고소해 보시지 – 평교사협회에 좋은 것은 평교사협회에 좋은 것이고 그것은 자연법이지.'라고 평교사협회는 말한다. 아마도 토르닐로의 법일 것이다. 자신의 시운전격 정치력에 주의를 끌기 위하여 대중의 정

demanded that appellant print verbatim his replies, defending the role of the Classroom Teachers Association and the organization's accomplishments for the citizens of Dade County. Appellant declined to print the appellee's replies, and appellee brought suit in Circuit Court, Dade County, seeking declaratory and injunctive relief and actual and punitive damages in excess of $5,000. The action was premised on Florida Statute § 104.38 (1973), a "right of reply" statute which provides that if a candidate for nomination or election is assailed regarding his personal character or official record by any newspaper, the candidate has the right to demand that the newspaper print, free of cost to the candidate, any reply the candidate may make to the newspaper's charges. The reply must appear in as conspicuous a place and in the same kind of type as the charges which prompted the reply, provided it does not take up more space than the charges. Failure to comply with the statute constitutes a first-degree misdemeanor.[2] «418 U. S., 245»

Appellant sought a declaration that § 104.38 was unconstitutional. After an emergency hearing requested by appellee, the Circuit Court denied injunctive relief because, absent special circumstances, no injunction could properly issue against the commission of a crime, and held that § 104.38 was unconstitutional as an infringement on the freedom of the press under the First and Fourteenth Amendments to the Constitution. 38 Fla. Supp. 80 (1972). The

---

the public shin to call attention to his shakedown statesmanship. He and whichever acerbic prexy is in alleged office have always felt their private ventures so chock-full of public weal that we should leap at the chance to nab the tab, be it half the Glorious Leader's salary or the dues checkoff or anything else except perhaps mileage on the staff hydrofoil. Give him public office, says Pat, and he will no doubt live by the Golden Rule. Our translation reads that as more gold and more rule."

2) "104.38 Newspaper assailing candidate in an election; space for reply — If any newspaper in its columns assails the personal charac- «418 U. S., 245» ter of any candidate for nomination or for election in any election, or charges said candidate with malfeasance or misfeasance in office, or otherwise attacks his official record, or gives to another free space for such purpose, such newspaper shall upon request of such candidate immediately publish free of cost any reply he may make thereto in as conspicuous a place and in the same kind of type as the matter that calls for such reply, provided such reply does not take up more space than the matter replied to. Any person or firm failing to comply with the provisions of this section shall be guilty of a misdemeanor of the first degree, punishable as provided in § 775.082 or § 775.083."

티의 시민들을 위한 협회의 업적들을 옹호하는 자신의 항변들을 말 그대로 간행해 달라고 항소인에게 피항소인은 요구하였다. 피항소인의 항변들을 간행하기를 항소인은 거부하였고, 그러자 선언적 및 금지적 구제를 및 5,000 달러를 넘는 실손해의 및 징벌적 손해의 배상을 구하는 소송을 데이드 카운티 순회법원에 피항소인은 제기하였다. 플로리다주 제정법 § 104.38 (1973)에 그 소송은 근거한 것이었는바, 그것은 한 개의 "반론권" 제정법으로서, 만약 지명을 내지는 당선을 위한 후보자가 인격적 품성에 내지는 공무상의 기록에 관하여 조금이라도 신문의 공격을 받게 되면 그 신문사의 주장들에 대하여 조금이라도 그 후보자가 할 수 있는 반론을 당해 후보자의 비용부담 없이 그 신문더러 싣도록 요구할 권리를 그 후보자는 가진다고 이는 규정한다. 신문의 주장들이 차지한 지면 크기를 반론이 넘어서지 않는 한, 그 반론을 유발한 주장들에 동일한 정도로 눈에 띄는 장소에 및 그 동일한 활자체로 반론은 실리지 않으면 안 된다. 1급경죄를 그 제정법에의 준수 불이행은 구성한다.[2]

«418 U. S., 245»

§ 104.38은 위헌이라는 선언을 항소인은 구하였다. 피항소인에 의하여 요청된 긴급청문 뒤에, 범죄의 수행에 대한 금지명령이 발부됨은 적합할 수 없다는 이유로 금지적 구제를 순회법원은 기각하였고, 연방헌법 수정 제1조의 및 제14조의 아래서 언론출판의 자유에 대한 침해로서 § 104.38은 위헌이라고 순회법원은 판시하였다. 38 Fla. Supp. 80 (1972). 신문이 싣지 않으면 안 될 내용을 신문에게 명령함은 신문이 실어서는 안 될 내용을 신문에게 명령함에 다르지 아니하다고 순회법원은 결

강이뼈를 지금껏 수 년 동안 그는 걷어차 오고 있는 중이다. 그들의 사적인 벤처사업은 공공복리로 꽉 들어차 있다고, 그래서 그 셈을 치러 챙길 찬스를 향하여 – 그것이 경애하는 지도자 동지의 봉급의 절반이 되든 또는 조합비공제가 되든 또는 아마도 간부용 수중익선의 마일리지를 제외한 그 밖의 무엇이 되든 – 우리는 날듯이 뛰어가야 할 지경이라고 그는 및 사무소에 있다는 그 어떤 거친 회장은이든 언제나 생각해 왔다. 공직을 그에게 맡기시오, 그러면 틀림없이 황금률에 따라 그는 살아갈 거요라고 팻은 말한다. 더 많은 황금을 및 더 많은 규칙을 의미하는 것으로 그것을 우리의 해석은 풀이한다."

2) "104.38 선거에서의 후보를 공격하는 신문; 반론을 위한 지면할애 의무 – 조금이라도 선거에서의 지명을 내지는 당선을 위한 후보의 인격적 품성을 그 칼럼들에서 «418 U. S., 245» 조금이라도 신문이 공격하면, 내지는 직무상의 부정행위로 내지는 부당행위로 그 후보를 비난하면, 또는 그 밖에 그의 공무상의 기록을 공격하면 내지는 이러한 목적을 위한 무료의 지면을 타인에게 제공하면, 이에 대하여 그러한 후보가 할 수 있는 반론을 그러한 후보의 요청에 따라 비용부담 없이 그러한 반론을 초래하는 기사에 동일한 정도로 눈에 띄는 장소에 및 그 동일한 활자체로 그러한 신문은 즉시 간행해야 하는바, 다만 반론대상인 기사가 차지한 지면보다 더 큰 지면을 그러한 반론이 차지해서는 안 된다. 이 절의 규정들을 준수하기를 누구든 또는 어떤 회사든 불이행하면 1급경죄에 해당하고, § 775.082에 또는 § 775.083에 규정된 바에 따라 처벌된다."

Circuit Court concluded that dictating what a newspaper must print was no different from dictating what it must not print. The Circuit Judge viewed the statute's vagueness as serving "to restrict and stifle protected expression." Id., at 83. Appellee's cause was dismissed with prejudice.

On direct appeal, the Florida Supreme Court reversed, holding that § 104.38 did not violate constitutional guarantees. 287 So.2d 78 (1973).[3] It held that free speech was enhanced and not abridged by the Florida right-of-reply statute, which in that court's view, furthered the "broad societal interest in the free flow of information to the public." Id., at 82. It also held that the statute is «418 U. S., 246» not impermissibly vague; the statute informs "those who are subject to it as to what conduct on their part will render them liable to its penalties." Id., at 85.[4] Civil remedies, including damages, were held to be available under this statute; the case was remanded to the trial court for further proceedings not inconsistent with the Florida Supreme Court's opinion.

We postponed consideration of the question of jurisdiction to the hearing of the case on the merits. 414 U. S. 1142 (1974).

II

Although both parties contend that this Court has jurisdiction to review the judgment of the Florida Supreme Court, a suggestion was initially made that the judgment of the Florida Supreme Court might not be "final" under 28 U. S. C. 1257.[5] In North Dakota State Pharmacy Bd. v. Snyder's Stores, 414 U.

---

3) The Supreme Court did not disturb the Circuit Court's holding that injunctive relief was not proper in this case even if the statute were constitutional. According to the Supreme Court neither side took issue with that part of the Circuit Court's decision. 287 So.2d, at 85.
4) The Supreme Court placed the following limiting construction on the statute:
   "[W]e hold that the mandate of the statute refers to 'any reply' which is wholly responsive to the charge made in the editorial or other article in a newspaper being replied to and further that such reply will be neither libelous nor slanderous of the publication nor anyone else, nor vulgar nor profane." Id., at 86.
5) Appellee's Response to Appellant's Jurisdictional Statement and Motion to Affirm the Judgment Below or, in the Al—

론지었다. "보호대상인 표현을 제한하고 질식시키는 데에" 그 제정법의 모호함은 기여하는 것으로 순회법원 판사는 간주하였다. Id., at 83. 피항소인의 청구원인은 기판력을 지닌 채로 기각되었다.

직접항소에 따라, 플로리다주 대법원은 이를 파기하였는데, 헌법적 보장들을 § 104.38은 침해하지 않는다고 판시하였다. 287 So.2d 78 (1973).[3] 플로리다주 반론권 제정법에 의하여 자유로운 말은 앙양되었을 뿐 침해된 것이 아니라고, "공중을 향한 자유로운 정보 흐름에 있어서의 폭넓은 사회적 이익"을 그 법원의 견지에서 그 제정법은 촉진한다고 그 법원은 판시하였다. Id., at 82. 그 제정법은 허용 불가능할 정도로 모호한 «418 U. S., 246» 것은 아니라고; "그 자신의 적용을 받는 사람들을 그 자신의 처벌조항들에 그들 쪽의 어떤 행동이 처해지게 하는지를 그들에게" 그 제정법은 알려준다고 그 법원은 아울러 판시하였다. Id., at 85.[4] 이 제정법 아래서 손해배상 청구를 포함한 민사적 구제수단들은 이용가능한 것으로 판시되었다; 플로리다주 대법원의 의견에 배치되지 아니하는 추후의 절차들을 위하여 정식사실심리 법원에 사건은 환송되었다.

관할 문제의 고찰을 사건의 실체관계에 대한 청문 때까지 우리는 연기하였다. 414 U. S. 1142 (1974).

II

플로리다주 대법원의 판결주문을 재검토할 관할권을 이 법원은 지닌다고 쌍방이 주장함에도 불구하고, 플로리다주 대법원의 판결주문은 28 U. S. C. § 1257 아래서 "종국의" 것이 아닐 수 있다는 한 개의 제언이 당초에 제기되었다.[5] 약국을 경영

---

3) 설령 그 제정법이 합헌이라고 하더라도 금지적 구제는 이 사건에 적합하지 아니하다고 한 순회법원의 판시를 주 대법원은 교란하지 않았다. 주 대법원에 따르면, 순회법원의 판단 중 그 부분에 대하여는 어느 쪽 당사자가도 문제를 삼지 않았다. 287 So.2d, at 85.

4) 그 제정법에 대한 아래의 제한적 해석을 주 대법원은 내놓았다:
"[반]론대상인 신문의 논설에서 내지는 그 밖의 기사에서 이루어진 비난에 대한 전적으로 응수인 '그 어떤 반론에도' 그 제정법의 명령은 적용된다고, 그리고 더 나아가 이러한 반론은 그 공표를 내지는 그 밖의 어느 누구든지를 문서비방하는 것이 되지도 중상하는 것이 되지도, 저속한 것이 되지도 불경한 것이 되지도 아니한다고 우리는 본다." Id., at 86.

5) Appellee's Response to Appellant's Jurisdictional Statement and Motion to Affirm the Judgment Below or, in the Alternative, to Dismiss the Appeal 4-7.

S. 156 (1973), we reviewed a judgment of the North Dakota Supreme Court, under which the case had been remanded so that further state proceedings could be conducted respecting Snyder's application for a permit to operate a drug store. We held that to be a final judgment for purposes of our jurisdiction. Under the principles of finality enunciated in Snyder's Stores, the judgment of «418 U. S., 247» the Florida Supreme Court in this case is ripe for review by this Court.[6]

III

A

The challenged statute creates a right to reply to press criticism of a candidate for nomination or election. The statute was enacted in 1913, and this is only the second recorded case decided under its provisions.[7]

Appellant contends the statute is void on its face because it purports to regulate the content of a newspaper in violation of the First Amendment. Alternatively it is urged that the statute is void for vagueness since no editor could know exactly what words would call the statute into operation. It is also contended that the statute fails to distinguish between critical comment which is and which is not defamatory.

---

ternative, to Dismiss the Appeal 4–7.

6) Both appellant and appellee claim that the uncertainty of the constitutional validity of § 104.38 restricts the present exercise of First Amendment rights. Brief for Appellant 41; Brief for Appellee 79. Appellant finds urgency for the present consideration of the constitutionality of the statute in the upcoming 1974 elections. Whichever way we were to decide on the merits, it would be intolerable to leave unanswered, under these circumstances, an important question of freedom of the press under the First Amendment; an uneasy and unsettled constitutional posture of § 104.38 could only further harm the operation of a free press. Mills v. Alabama, 384 U. S. 214, 221–222 (1966) (DOUGLAS, J., concurring). See also Organization for a Better Austin v. Keefe, 402 U. S. 415, 418 n. (1971).

7) In its first court test the statute was declared unconstitutional. State v. News–Journal Corp., 36 Fla. Supp. 164 (Volusia County Judge's Court, 1972). In neither of the two suits, the instant action and the News–Journal action, has the Florida Attorney General defended the statute's constitutionality.

하기 위한 허가를 구하는 스나이더의 신청에 관하여 추후의 주(state) 절차들이 진행될 수 있게 하기 위하여 사건을 환송한 터였던 노스다코다주 대법원의 판결주문 한 개를 North Dakota State Pharmacy Bd. v. Snyder's Stores, 414 U. S. 156 (1973)에서 우리는 재검토하였다. 그것은 우리의 관할권의 목적상으로 한 개의 종국적 판결주문이라고 우리는 판시하였다. Snyder's Stores 판결에서 설명된 종국성의 규칙들에 따라, 이 사건에서의 《418 U. S., 247》 플로리다주 대법원의 판결주문은 이 법원에 의한 재검토에 적합하다.[6)]

III

A

지명을 내지는 선거를 위한 후보에 대한 언론출판의 비판에 대하여 반론을 펼 한 개의 권리를 문제의 제정법은 창설한다. 1913년에 그 제정법은 제정되었고, 이 것은 그 규정들 아래서 판결된 기록상의 겨우 두 번째 사건이다.[7)]

연방헌법 수정 제1조에 위반하여 신문의 내용을 규율하고자 그 제정법은 꾀하므로 그것은 분명하게 무효라고 항소인은 주장한다. 그 제정법의 작동을 어떤 표현들이 초래할지 편집자가 정확하게 알 수 없기에 그 모호성으로 인하여 그 제정법은 무효라는 주장이 선택적으로 제기된다. 명예훼손적인 비판논평의 및 명예훼손적이지 아니한 비판논평의 양자 사이의 차이를 그 제정법은 구분하지 아니한다는 주장이 아울러 제기된다.

---

6) 연방헌법 수정 제1조상의 권리들의 현재의 행사를 § 104.38의 헌법적 유효성의 불확실함은 제한한다고 항소인은 및 피항소인은 다 같이 주장한다. Brief for Appellant 41 ; Brief for Appellee 79. 그 제정법의 합헌성에 대한 현재의 고찰의 긴급성을 임박한 1974년의 선거에서 항소인은 발견한다. 실체적 사항에 관하여 그 어떤 방법으로 우리가 판단하든지간에, 연방헌법 수정 제1조 아래서의 언론출판의 자유의 한 가지 중요한 문제를 이러한 상황들 아래서 답변되지 아니한 채로 남겨두는 것은 참을 수 없는 일이 될 것이다 ; 자유로운 언론출판의 운용을 § 104.38의 불안한 및 불안정한 헌법적 입지는 더욱 해칠 수 있을 뿐이다. Mills v. Alabama, 384 U. S. 214, 221-222 (1966) (더글라스(DOUGLAS) 판사, 보충의견). 아울러 Organization for a Better Austin v. Keefe, 402 U. S. 415, 418 n. (1971)을 보라.

7) 최초의 법원 시험에서 그 제정법은 위헌으로 선언되었다. State v. News-Journal Corp., 36 Fla. Supp. 164 (Volusia County Judge's Court, 1972). 현재의 소송에서 및 News-Journal 소송에서 등 그 두 개의 소송들 그 어디서도 그 제정법의 합헌성을 플로리다주 검찰총장은 옹호한 적이 없다.

The appellee and supporting advocates of an enforceable right of access to the press vigorously argue that «418 U. S., 248» government has an obligation to ensure that a wide variety of views reach the public.[8] The contentions of access proponents will be set out in some detail.[9] It is urged that at the time the First Amendment to the Constitution[10] was ratified in 1791 as part of our Bill of Rights the press was broadly representative of the people it was serving. While many of the newspapers were intensely partisan and narrow in their views, the press collectively presented a broad range of opinions to readers. Entry into publishing was inexpensive; pamphlets and books provided meaningful alternatives to the organized press for the expression of unpopular ideas and often treated events and expressed views not covered by conventional newspapers.[11] A true marketplace of ideas existed in which there was relatively easy access to the channels of communication.

Access advocates submit that although newspapers of the present are superficially similar to those of 1791 the press of today is in reality very different from that known in the early years of our national existence. In the past half century a communications revolution has seen the introduction of radio and television into our lives, the promise of a global community through the «418 U. S., 249» use of communications satellites, and the specter of a "wired" nation by means of an expanding cable television network with two-way capabilities. The printed press, it is said, has not escaped the

---

8) See generally Barron, Access to the Press – A New First Amendment Right, 80 Harv. L. Rev. 1641 (1967).

9) For a good overview of the position of access advocates see Lange, The Role of the Access Doctrine in the Regulation of the Mass Media: A Critical Review and Assessment, 52 N. C. L. Rev. 1, 8–9 (1973) (hereinafter Lange).

10) "Congress shall make no law respecting an establishment of religion, or prohibiting the free exercise thereof; or abridging the freedom of speech, or of the press; or of the right of the people peaceably to assemble, and to petition the Government for a redress of grievances."

11) See Commission on Freedom of the Press, A Free and Responsible Press 14 (1947) (hereinafter sometimes Commission).

B

폭넓은 다양성을 지닌 견해들이 공중에게 도달하도록 보장할 의무를 정부는 진다고 《418 U. S., 248》 피항소인은 및 언론출판에 접근할 강제력 있는 권리를 지지하는 옹호자들은 열정적으로 주장한다.[8] 접근권 옹호자들의 주장들은 상당히 상세하게 설명될 것이다.[9] 1791년에 우리의 권리장전의 일부로서 연방헌법 수정 제1조[10]가 비준된 당시에 언론출판은 광범위하게 그 자신의 봉사 대상인 국민들의 대변자였음이 강조된다. 다수의 신문들이 그 견해들에서 심하게 파당적이기는 및 편협하기는 하였지만, 광범위한 의견들을 독자들에게 언론출판은 집합적으로 제시하였다. 출판에의 참가는 비싸지 않았다; 조직을 갖춘 언론출판에 대한 의미 있는 대체 수단들을 인기 없는 견해들을 위하여 팜플렛들은 및 책들은 제공하였고, 전통적 신문들에 의하여 다루어지지 아니한 사건들을 및 견해들을 자주 다루고 표현하였다.[11] 사상들의 참다운 시장이 존재하였고 거기에는 정보교환의 통로들에의 상대적으로 쉬운 접근이 있었다.

비록 1791년의 신문들에 현재의 신문들이 피상적으로는 유사하다고 하더라도 오늘의 언론출판은 우리의 국가적 존립의 초기 시절에 알려진 언론출판하고는 실제상으로 매우 다름을 접근권 옹호자들은 제기한다. 라디오의 및 텔레비전의 우리의 삶 안에의 도입을; 통신위성들의 사용을 통한 지구공동체의 약속을; 송수신 양용의 능력들을 지닌 《418 U. S., 249》 확장일로의 케이블 TV 방송망에 의한 "이상한" 나라의 유령을 지난 반 세기 동안에 통신 혁명은 보아 왔다. 이 혁명의 영향들을 인쇄물에 의한 언론출판은 벗어나지 못한 것으로 말해진다. 신문들은 대기업이 되었고 보다 더 큰 문자해독 인구의 요구를 채우기에는 그들의 숫자는 훨씬 더 적

---

8) 일반적으로 Barron, Access to the Press – A New First Amendment Right, 80 Harv. L. Rev. 1641 (1967)을 보라.

9) 접근권 옹호자들의 입장에 대한 훌륭한 개관을 위하여는, Lange, The Role of the Access Doctrine in the Regulation of the Mass Media: A Critical Review and Assessment, 52 N. C. L. Rev. 1, 8–9 (1973) (이하에서 Lange)를 보라.

10) "조금이라도 종교의 창설에 관련한, 또는 그 자유로운 행사를 금지하는; 또는 말의 내지는 언론출판의 자유를; 또는 평화롭게 모일, 그리고 고충사항들의 구제를 위하여 정부에 청원할 국민의 자유를 박탈하는 법을 연방의회는 제정해서는 안 된다."

11) Commission on Freedom of the Press, A Free and Responsible Press 14 (1947) (이하에서는 때때로 Commission)을 보라.

effects of this revolution. Newspapers have become big business and there are far fewer of them to serve a larger literate population.[12] Chains of newspapers, national newspapers, national wire and news services, and one-newspaper towns,[13] are the dominant features of a press that has become noncompetitive and enormously powerful and influential in its capacity to manipulate popular opinion and change the course of events. Major metropolitan newspapers have collaborated to establish news services national in scope.[14] Such national news organizations provide syndicated "interpretive reporting" as well as syndicated features and commentary, all of which can serve as part of the new school of "advocacy journalism."

The elimination of competing newspapers in most of our large cities, and the concentration of control of media that results from the only newspaper's being owned by the same interests which own a television station and a radio station, are important components of this trend toward «418 U. S., 250» concentration of control of outlets to inform the public.

The result of these vast changes has been to place in a few hands the power to inform the American people and shape public opinion.[15] Much of the editorial opinion and commentary that is printed is that of syndicated columnists distributed nationwide and, as a result, we are told, on national and

---

12) Commission 15. Even in the last 20 years there has been a significant increase in the number of people likely to read newspapers. Bagdikian, Fat Newspapers and Slim Coverage, Columbia Journalism Review 15, 16 (Sept./Oct. 1973).

13) "Nearly half of U. S. daily newspapers, representing some three–fifths of daily and Sunday circulation, are owned by newspaper groups and chains, including diversified business conglomerates. One–newspaper towns have become the rule, with effective competition operating in only 4 percent of our large cities." Background Paper by Alfred Balk in Twentieth Century Fund Task Force Report for a National News Council, A Free and Responsive Press 18 (1973).

14) Report of the Task Force in Twentieth Century Fund Task Force Report for a National News Council, A Free and Responsive Press 4 (1973).

15) "Local monopoly in printed news raises serious questions of diversity of information and opinion. What a local newspaper does not print about local affairs does not see general print at all. And, having the power to take initiative in reporting and enunciation of opinions, it has extraordinary power to set the atmosphere and determine the terms of local consideration of public issues." B. Bagdikian, The Information Machines 127 (1971).

다.[12] 신문들의 연쇄망들은, 전국적 신문들은, 전국적 전신 및 신문 사업체들은, 그리고 신문 한 개의 마을들은,[13] 비경쟁적인 것이 되어 버린, 및 여론을 조작할 및 사건들의 경로를 바꿀 그 자신의 능력에 있어서 거대하게 강력한 및 영향력 있는 것이 되어 버린, 언론출판의 지배적 특징들이다. 범위에 있어서 전국적인 뉴스 서비스 사업체들을 설립하기 위하여 주요 대도시 신문들은 협력해 왔다.[14] 기업연합화된 특별뉴스들을 및 논평들을만이 아니라 기업연합화된 "해석적 보도"를 이러한 전국적 뉴스 단체들은 제공하는데, "자기변호적 저널리즘"의 새 학교의 일부로서 이 모든 것들은 복무한다.

우리의 대도시들 대부분에서의 경쟁적 신문들의 제거는, 및 텔레비전 방송국을 및 라디오 방송국을 소유하는 동일 이익주체들에 의하여 그 유일한 신문사가 소유된다는 점으로부터 초래되는 매체에 대한 통제권의 집중은, 공중에게 정보를 제공하는 판로들에 대한 통제권의 «418 U. S., 250» 집중을 향한 이 경향의 중요한 구성요소들이다.

이러한 거대한 변화들의 결과는 정보를 미국 국민에게 전달할 및 여론을 형성할 권력을 작은 숫자의 손들에게 맡기는 것이 되어 왔다.[15] 인쇄물로 나오는 논설의견의 및 논평의 대부분은 전국적으로 배치된 기업연합으로 조직된 칼럼니스트들의 것이고, 그리하여 그 결과로서, 국가적 및 세계적 쟁점에 관하여 논설의견의, 논평의 및 해설적 분석의 균질성이 보이는 경향이 있음을 우리는 듣는다. 편견에 치우

---

12) Commission 15. 심지어 최근 20년 동안에조차도 신문을 읽는 것으로 생각되는 국민의 숫자에 있어서의 의미 있는 증대가 있어 왔다. Bagdikian, Fat Newspapers and Slim Coverage, Columbia Journalism Review 15, 16 (Sept./Oct. 1973).

13) "평일의 및 일요일의 판매부수의 약 5분의 3을 차지하는 미국 일간신문들의 거의 절반이 신문사 그룹들에 및 연쇄망들에 의하여 소유되며, 이에는 다양화된 기업 복합체들이 포함된다. 유효한 경쟁이 우리 대도시들의 4%에서만 작동하는 상황에서 신문 한 개의 마을들은 일반이 되어 버렸다." Background Paper by Alfred Balk in Twentieth Century Fund Task Force Report for a National News Council, A Free and Responsive Press 18 (1973).

14) Report of the Task Force in Twentieth Century Fund Task Force Report for a National News Council, A Free and Responsive Press 4 (1973).

15) "정보의 및 의견의 다양성에 관한 중대한 문제들을 인쇄된 뉴스에 있어서의 지역적 독점은 야기한다. 지역적 문제들에 관하여 지역신문이 인쇄하지 않는 사항은 전국적 인쇄를 전혀 보지 못한다. 그리고, 의견들의 보도에 있어서와 발표에 있어서 주도권을 취할 힘을 그것은 지니고 있으므로, 공공의 문제들에 대한 검토의 분위기를 설정할 및 그 조건들을 결정할 비상한 힘을 그것은 지닌다." B. Bagdikian, The Information Machines 127 (1971).

world issues there tends to be a homogeneity of editorial opinion, commentary, and interpretive analysis. The abuses of bias and manipulative reportage are, likewise, said to be the result of the vast accumulations of unreviewable power in the modern media empires. In effect, it is claimed, the public has lost any ability to respond or to contribute in a meaningful way to the debate on issues. The monopoly of the means of communication allows for little or no critical analysis of the media except in professional journals of very limited readership.

"This concentration of nationwide news organizations - like other large institutions - has grown increasingly remote from and unresponsive to the popular constituencies on which they depend and which depend on them." Report of the Task Force in Twentieth Century Fund Task Force Report for a National News Council, A Free and Responsive Press 4 (1973).

Appellee cites the report of the Commission on Freedom of the Press, chaired by Robert M. Hutchins, in which it was stated, as long ago as 1947, that "[t]he right of free «418 U. S., 251» public expression has ······ lost its earlier reality." Commission on Freedom of the Press, A Free and Responsible Press 15 (1947).

The obvious solution, which was available to dissidents at an earlier time when entry into publishing was relatively inexpensive, today would be to have additional newspapers. But the same economic factors which have caused the disappearance of vast numbers of metropolitan newspapers,[16] have made entry into the marketplace of ideas served by the print media almost impossible. It is urged that the claim of newspapers to be "surrogates for the public" carries with it a concomitant fiduciary obligation to account

---

16) The newspapers have persuaded Congress to grant them immunity from the antitrust laws in the case of "failing" newspapers for joint operations. 84 Stat. 466, 15 U. S. C. 1801 et seq.

친 보도의 및 속임수 보도의 남용 사례들은 마찬가지로 현대 매체 제국들에 있어서의 재검토 불능의 권력의 거대한 축적들의 결과라고 말해진다. 요컨대, 쟁점들에 대한 토론에 조금이라도 의미 있는 방법으로 반응할 내지는 기여할 능력을 대중은 상실한 터라고 말해진다. 매우 제한된 독자층을 지닌 전문적 잡지들에서의 경우를 제외하고는 매체에 대한 비판적 분석을 통신수단의 독점은 거의 또는 전혀 허용하지 않는다.

"전국범위의 뉴스 단체들의 이 집중은 - 여타의 대형기관들의 경우가 그러하듯 - 그들이 의존하는 및 그들에게 의존하는 대중 고객들로부터 점점 더 떨어진 것이 및 둔감한 것이 되어 왔다." Report of the Task Force in Twentieth Century Fund Task Force Report for a National News Council, A Free and Responsive Press 4 (1973).

로버트 M. 허친스가 이끄는 언론출판 자유위원회(the Commission on Freedom of the Press)의 보고서를 피항소인은 인용하는바, "…… [초]기에 지니고 있던 그 현실성을 자유로운 공개적 표현의 권리는 상실한 상태이다."라는 설명이 《418 U. S., 251》 오래 전인 1947년에 거기에 있었다. Commission on Freedom of the Press, A Free and Responsible Press 15 (1947).

출판에의 진입이 상대적으로 비싸지 않았던 초기 시점에 의견을 달리하는 사람들이 이용할 수 있었던 그 명백한 해법은, 오늘날에는 추가적 신문들을 가져야 하는 것이 될 것이다. 그러나 거대한 숫자의 대도시 신문들의 퇴장을 야기해 온 바로 그 경제적 요소들[16]은, 인쇄매체에 의하여 공급되는 사상들의 시장에의 진입을 거의 불가능하게 만들어 놓았다. "공중을 위한 대리인들"임에 대한 신문들의 자임은 그 직책에 책임을 져야 할 부수적인 신뢰관계적 의무를 함께 수반한다는 주장이 역설된다.[17] 공정성을 및 정확성을 보장하기 위한 및 상당한 책임성을 제공하기 위한

---

16) "파산 중인" 신문들의 경우에는 공동경영을 위한 반트러스트법들로부터의 면제를 자신들에게 부여하도록 연방의회를 신문들은 설득해 왔다. 84 Stat. 466, 15 U. S. C. § 1801 et seq.
17) "민주주의에 있어서의 모든 권리들이 그러하듯 언론출판의 자유는 모든 국민에게 속하는 권리이다. 그러나 현실적

for that stewardship.[17) From this premise it is reasoned that the only effective way to insure fairness and accuracy and to provide for some accountability is for government to take affirmative action. The First Amendment interest of the public in being informed is said to be in peril because the "marketplace of ideas" is today a monopoly controlled by the owners of the market.

Proponents of enforced access to the press take comfort from language in several of this Court's decisions which suggests that the First Amendment acts as a sword as well as a shield, that it imposes obligations on the owners of the press in addition to protecting the press from government regulation. In Associated Press v. United States, 326 U. S. 1, 20 (1945), the Court, in «418 U. S., 252» rejecting the argument that the press is immune from the antitrust laws by virtue of the First Amendment, stated:

"The First Amendment, far from providing an argument against application of the Sherman Act, here provides powerful reasons to the contrary. That Amendment rests on the assumption that the widest possible dissemination of information from diverse and antagonistic sources is essential to the welfare of the public, that a free press is a condition of a free society. Surely a command that the government itself shall not impede the free flow of ideas does not afford non-governmental combinations a refuge if they impose restraints upon that constitutionally guaranteed freedom. Freedom to publish means freedom for all and not for some. Freedom to publish is guaranteed by the Constitution, but freedom to combine to keep others from publishing is not. Freedom of the press from governmental interference under the First Amendment does not sanction repression of that freedom by private inter-

---

17) "Freedom of the press is a right belonging, like all rights in a democracy, to all the people. As a practical matter, however, it can be exercised only by those who have effective access to the press. Where financial, economic, and technological conditions limit such access to a small minority, the exercise of that right by that minority takes on fiduciary or quasi–fiduciary characteristics." A. MacLeish in W. Hocking, Freedom of the Press 99 n. 4 (1947) (italics omitted).

유일한 효과적인 방법은 적극적 조치를 정부가 취하는 데 있음이 이 전제로부터 추론된다. "사상들의 시장"은 오늘날 시장 소유주들에 의하여 통제되는 독점회사이기 때문에 정보를 제공받음에 있어서의 공중의 연방헌법 수정 제1조상의 이익은 위험 속에 있다고 말해진다.

방패로서는 물론이고 칼로서도 연방헌법 수정 제1조는 기능함을 시사하는, 언론출판을 정부규제로부터 보호함에 더하여 의무들을 언론출판 소유주들 위에 그것이 부과함을 시사하는 당원의 몇몇 판결들에서 위안을 언론출판에의 강제적 접근의 지지자들은 찾는다. 반트러스트법들로부터 연방헌법 수정 제1조에 의하여 언론출판은 《418 U. S., 252》 면제된다는 주장을 배척하면서 Associated Press v. United States, 326 U. S. 1, 20 (1945)에서 당원은 말하였다:

"연방헌법 수정 제1조는 셔먼법의 적용을 배제함을 위한 논거를 제공하기는커녕, 오히려 그 반대가 되어야 할 강력한 이유들을 여기에 제공한다. 다양한 및 상반되는 원천들로부터의 정보의 가능한 한 가장 넓은 파종이 공중의 복리에 필수라는, 자유로운 언론출판은 자유로운 사회의 조건이라는 가정 위에 그 수정조항은 토대한다. 제한조치들을 그 헌법적으로 보장된 자유 위에 비정부적 결합체들이 부과한다면, 사상들의 자유로운 흐름을 정부 자체가 방해하여서는 안 된다는 한 개의 명령이 한 개의 피난처를 그들에게 제공하지 아니함은 확실하다. 일부를 위한 자유를이 아니라 모든 이를 위한 자유를, 공표할 자유는 의미한다. 공표할 자유는 연방헌법에 의하여 보장되지만, 공표하지 못하도록 타인들을 막기 위하여 결합할 자유는 그러하지 아니하다. 연방헌법 수정 제1조 아래서의 정부적 간섭으로부터의 언론출판의 자유에 대한 사적 이익들에 의한 억압을, 그 자유는 재가하지 아니한다." (각주생략.)

문제로서, 언론출판에의 유효한 접근권을 가지는 사람들에 의해서만 그것은 행사될 수 있다. 이러한 접근을 작은 소수집단에게로 재정적, 경제적 및 기술적 조건들이 제한하는 경우에, 신뢰관계적 내지는 준—신뢰관계적 특징들을 그 소수집단에 의한 그 권리의 행사는 띤다." A. MacLeish in W. Hocking, Freedom of the Press 99 n. 4 (1947) (이탤릭체 생략됨).

ests." (Footnote omitted.)

In New York Times Co. v. Sullivan, 376 U. S. 254, 270 (1964), the Court spoke of "a profound national commitment to the principle that debate on public issues should be uninhibited, robust, and wide-open." It is argued that the "uninhibited, robust" debate is not "wide-open" but open only to a monopoly in control of the press. Appellee cites the plurality opinion in Rosenbloom v. Metromedia, Inc., 403 U. S. 29, 47, and n. 15 (1971), which he suggests seemed to invite experimentation by the States in right-to-access regulation of the press.[18] «418 U. S., 253»

Access advocates note that MR. JUSTICE DOUGLAS a decade ago expressed his deep concern regarding the effects of newspaper monopolies:

"Where one paper has a monopoly in an area, it seldom presents two sides of an issue. It too often hammers away on one ideological or political line using its monopoly position not to educate people, not to promote debate, but to inculcate in its readers one philosophy, one attitude - and to make money."

"The newspapers that give a variety of views and news that is not slanted

---

[18] "If the States fear that private citizens will not be able to respond adequately to publicity involving them, the solution lies in the «418 U. S., 253» direction of ensuring their ability to respond, rather than in stifling public discussion of matters of public concern.[fn[*]]

"[fn[*]] Some states have adopted retraction statutes or right-of-reply statutes ⋯⋯

"One writer, in arguing that the First Amendment itself should be read to guarantee a right of access to the media not limited to a right to respond to defamatory falsehoods, has suggested several ways the law might encourage public discussion. Barron, Access to the Press – A New First Amendment Right, 80 Harv. L. Rev. 1641, 1666–1678 (1967). It is important to recognize that the private individual often desires press exposure either for himself, his ideas, or his causes. Constitutional adjudication must take into account the individual's interest in access to the press as well as the individual's interest in preserving his reputation, even though libel actions by their nature encourage a narrow view of the individual's interest since they focus only on situations where the individual has been harmed by undesired press attention. A constitutional rule that deters the press from covering the ideas or activities of the private individual thus conceives the individual's interest too narrowly."

"공공의 문제들에 대한 토론은 제약 없는, 강건한, 그리고 활짝 열린 것이어야 한 다는 원칙에 대한 심원한 국가적 서약"에 관하여 New York Times Co. v. Sullivan, 376 U. S. 254, 270 (1964)에서 당원은 말하였다. "제약 없는, 강건한" 토론은 "활짝 열린" 것이 아니라 언론출판의 통제 속의 독점에게만 열린 것이라는 주장이 있다. Rosenbloom v. Metromedia, Inc., 403 U. S. 29, 47, and n. 15 (1971)에서의 상대다수 의견을 피항소인은 인용하는바, 언론출판의 접근권 규제에 있어서의 주들에 의한 실험을 그 의견은 권유한 것 같다고 그는 암시한다.[18] «418 U. S., 253»

신문 독점들의 결과들에 관한 그의 깊은 우려를 10년 전에 더글라스(DOUGLAS) 판 사가 표명했음을 접근권 옹호자들은 가리킨다:

"한 개의 영역에서의 독점권을 한 개의 신문이 가지는 곳에서는, 쟁점의 양 측면 들을 그것이 제기하는 경우란 좀처럼 드물다. 자신의 독점적 지위를 이용하여 한 개의 이념적 내지는 정치적 노선을 그것은 되풀이해서 강조하는 경우가 너무 흔한 바, 국민들을 교육하기 위해서가 아니라, 토론을 촉진하기 위해서가 아니라, 자신 의 독자들 안에 한 개의 철학을, 한 개의 자세를 되풀이하여 가르치기 위해서 - 그 리하여 돈을 벌기 위해서이다."

"왜곡되지 않은 및 획책되지 않은 다양한 견해들을 및 뉴스를 제공하는 신문들 은 참으로 드물다. 게다가 그 문제는 더 악화될 가망이 있다. ……" The Great

---

18) "자신들을 포함하는 공표에 대하여 사적 시민들이 적절히 대응할 수 없게 될 것을 만약 주들이 염려한다면, 공중의 관심사항들에 «418 U. S., 253» 대한 공중의 토론을 질식시킴에보다는 대응할 그들의 능력을 보장하는 방향에 그 해결책은 놓인다.[*]
"[*] 최소 제정법들을 내지는 반론권 제정법들을 몇몇 주들은 채택한 터이다 …….
"명예훼손적 부정확 사항들에 대응할 권리에 한정되지 아니하는 매체에의 접근의 권리를 보장하는 것으로 연방헌법 수정 제1조 그 자체가 해석되어야 함을 주장하면서 공중의 토론을 법이 장려할 수 있는 몇 가지 방법들을 한 명의 저 자는 제의해 놓았다. Barron, Access to the Press – A New First Amendment Right, 80 Harv. L. Rev. 1641, 1666– 1678 (1967). 그 자신을 위해서든 그의 사상들을 위해서든 또는 그의 대의명분들을 위해서든 언론출판에의 노출을 사적 개인이 자주 원함을 인식함은 중요하다. 개인의 이익에 대한 협소한 견해를 비록 문서비방 소송들이 그 성격 자 체로 인하여 고무함에도 불구하고 - 왜냐하면, 원하지 않는 언론출판의 관심에 의하여 개인이 손상을 받아 있는 상 황들에만 그 초점을 문서비방 소송들은 맞추기에 - 개인의 명예를 보전함에 있어서의 그의 이익만이 아니라 언론 출판에의 접근에 있어서의 그의 이익을 헌법판결은 고려하지 않으면 안 된다. 사적 개인의 사상들을 내지는 활동들 을 보도함으로부터 언론출판을 저지하는 헌법적 규칙은 이렇듯 개인의 이익을 너무 협소하게 이해한다."

or contrived are few indeed. And the problem promises to get worse ⋯⋯." The Great Rights 124-125, 127 (E. Cahn ed. 1963).

They also claim the qualified support of Professor Thomas I. Emerson, who has written that "[a] limited right of access to the press can be safely enforced," «418 U. S., 254» although he believes that "[g]overnment measures to encourage a multiplicity of outlets, rather than compelling a few outlets to represent everybody, seems a preferable course of action." T. Emerson, The System of Freedom of Expression 671 (1970).

IV

However much validity may be found in these arguments, at each point the implementation of a remedy such as an enforceable right of access necessarily calls for some mechanism, either governmental or consensual.[19] If it is governmental coercion, this at once brings about a confrontation with the express provisions of the First Amendment and the judicial gloss on that Amendment developed over the years.[20]

The Court foresaw the problems relating to government-enforced access as early as its decision in Associated Press v. United States, supra. There it carefully contrasted the private "compulsion to print" called for by the Association's bylaws with the provisions of the District Court decree against appellants which "does not compel AP or its members to permit publication of anything which their 'reason' tells them should not be published." 326 U. S., at 20 n. 18. In Branzburg v. Hayes, 408 U. S. 665, 681 (1972), we emphasized that

---

19) The National News Council, an independent and voluntary body concerned with press fairness, was created in 1973 to provide a means for neutral examination of claims of press inaccuracy. The Council was created following the publication of the Twentieth Century Fund Task Force Report for a National News Council, A Free and Responsive Press. The background paper attached to the Report dealt in some detail with the British Press Council, seen by the author of the paper as having the most interest to the United States of the European press councils.

20) Because we hold that § 104.38 violates the First Amendment's guarantee of a free press we have no occasion to consider appellant's further argument that the statute is unconstitutionally vague.

Rights 124-125, 127 (E. Cahn ed. 1963).

　　토마스 I. 에머슨 교수의 조건부 지지를 그들은 아울러 주장하는바, "[모]든 사람을 대변하도록 소수의 판로들을 강제함이보다는 오히려 판로들의 다양성을 《418 U. S., 254》 제고하기 위한 정부의 조치들이 더 바람직해 보인다."는 것을 비록 자신으로서는 믿음에도 불구하고 "[언]론출판에의 제한된 접근권은 안전하게 시행될 수 있다."고 그는 써 놓았다. T. Emerson, The System of Freedom of Expression 671 (1970).

IV

　　이 주장들 안에서 제아무리 많은 타당성이 발견될 수 있을망정, 정부적인 것이든 합의에 의한 것이든 모종의 장치를, 집행력 있는 접근권 류의 구제의 이행은 개개 항목마다에서 필수적으로 요구한다.[19] 만약 그것이 정부적 강제이면, 연방헌법 수정 제1조의 명시적 규정들의, 및 여러 해에 걸쳐 개발되어 온 그 수정조항 위의 사법적 해석의 그 양자 사이의 대결을 이것은 즉각적으로 야기한다.[20]

　　정부 시행의 접근권에 관련한 문제들을 일찍이 Associated Press v. United States, supra에서의 자신의 판단에서 당원은 예상하였다. 연합통신사의 내규들에 의하여 요구된 사적 "게재 강제"를, "그 공표되지 말아야 한다고 조금이라도 그들의 '이성'이 말하는 공표를 허락하도록 연합통신을 내지는 그 구성원들을 강제하지 아니하는," 항소인들에게 내린 지방법원 명령의 조항들에 거기서 당원은 주의깊게 대조하였다. 326 U. S., at 20 n. 18. 당시의 우리 앞의 사건들은 "말에 내지는 집회에 대한 침해들을 포함하지 아니함을, 또는 그 언론출판사가 공표할 수 있는 사항에 대한

---

19) 언론출판의 부정확성의 주장들에 대한 중립적 검증수단을 제공하기 위하여 언론출판의 공정을 다루는 독립의 및 임의의 기구인 전국뉴스심의회가 1973년에 창설되었다. 전국뉴스심의회를 위한 20세기기금 특별전문위원회 보고서 A Free and Responsive Press의 공표에 따라 심의회는 창설되었다. 영국의 언론출판심의회를 보고서에 첨부된 배경문건은 꽤 상세히 다루었는바, 그것은 그 문건의 저자에게는 유럽의 언론출판 심의회들 중 미합중국에 가장 큰 중요성을 지닌 것으로 여겨졌다.

20) 자유로운 언론출판에 대한 연방헌법 수정 제1조의 보장을 § 104.38은 침해한다고 우리는 판시하므로, 그 제정법은 위헌적으로 모호하다는 피항소인의 추가적 주장을 우리는 고찰할 이유가 없다.

the cases then «418 U. S., 255» before us "involve no intrusions upon speech or assembly, no prior restraint or restriction on what the press may publish, and no express or implied command that the press publish what it prefers to withhold." In Columbia Broadcasting System, Inc. v. Democratic National Committee, 412 U. S. 94, 117 (1973), the plurality opinion as to Part III noted:

"The power of a privately owned newspaper to advance its own political, social, and economic views is bounded by only two factors: first, the acceptance of a sufficient number of readers - and hence advertisers - to assure financial success; and, second, the journalistic integrity of its editors and publishers."

An attitude strongly adverse to any attempt to extend a right of access to newspapers was echoed by other Members of this Court in their separate opinions in that case. Id., at 145 (STEWART, J., concurring); id., at 182 n. 12 (BRENNAN, J., joined by MARSHALL, J., dissenting). Recently, while approving a bar against employment advertising specifying "male" or "female" preference, the Court's opinion in Pittsburgh Press Co. v. Human Relations Comm' n, 413 U. S. 376, 391 (1973), took pains to limit its holding within narrow bounds:

"Nor, a fortiori, does our decision authorize any restriction whatever, whether of content or layout, on stories or commentary originated by Pittsburgh Press, its columnists, or its contributors. On the contrary, we reaffirm unequivocally the protection afforded to editorial judgment and to the free expression of views on these and other issues, however controversial."

Dissenting in Pittsburgh Press, MR. JUSTICE STEWART, joined by MR. JUSTICE DOUGLAS, expressed the view that no "government agency - local,

사전의 《418 U. S., 255》 제한조치를 내지는 제약을 포함하지 아니함을, 그 언론출판사가 보류하기를 택하는 바를 그 언론출판사더러 공표하라고 명하는 명시적 내지는 함축적 명령을 포함하지 아니함을" Branzburg v. Hayes, 408 U. S. 665, 681 (1972)에서 우리는 강조하였다. Columbia Broadcasting System, Inc. v. Democratic National Committee, 412 U. S. 94, 117 (1973)에서 Part III에 관한 상대다수 의견은 지적하였다:

"그 자신의 정치적, 사회적 및 경제적 견해들을 촉진하려는 사적으로 소유된 신문의 힘은 오직 두 가지 요인들에 의해서만 제한된다: 첫째는, 재정상의 성공을 확보하기 위한 충분한 숫자의 독자들의 - 그리하여 광고주들의 - 받아들임이고; 그리고 둘째는, 편집자들의 및 발행인들의 신문잡지 특유의 성실성이다."

신문들에의 접근의 권리를 조금이라도 확장하려는 시도에 강하게 반대하는 태도는 그 사건에서 당원의 다른 구성원들에 의하여 그들의 개별 의견들에서 반향되었다. Id., at 145 (STEWART, J., concurring); id., at 182 n. 12 (BRENNAN, J., joined by MARSHALL, J., dissenting). 최근에, "남성" 우선을 또는 "여성" 우선을 명시하는 채용광고에 대한 금지를 승인하면서, 자신의 판시를 협소한 범위들 내로 제한하고자 수고를 Pittsburgh Press Co. v. Human Relations Comm'n, 413 U. S. 376, 391 (1973)에서의 당원의 의견은 들었다:

"피츠버그 프레스지에 의하여, 그 기고가들에 의하여 또는 그 기부자들에 의하여 창작된 줄거리들 위에의 내지는 논평 위에의 제한을, 그 내용에 대하여든 페이지 배정에 대하여든, 우리의 결정이 허용하는 것은 더 한층 아니다. 이에 정반대로, 제아무리 논란의 여지가 있는 것일망정, 이 쟁점들에 및 여타의 쟁점들에 관하여 편집상의 판단력에 및 견해들의 자유로운 표현에 제공되는 보호를 우리는 명확히 재확인한다."

"무엇을 신문이 실을 수 있는지를 및 무엇을 신문이 실을 수 없는지를 신문에게 미리 정부기관은 - 지방의 것이든, 주(state)의 것이든, 또는 연방의 것이든 - 말할 수"

state, or federal - can tell «418 U. S., 256» a newspaper in advance what it can print and what it cannot." Id., at 400. See Associates & Aldrich Co. v. Times Mirror Co., 440 F.2d 133, 135 (CA9 1971).

We see that beginning with Associated Press, supra, the Court has expressed sensitivity as to whether a restriction or requirement constituted the compulsion exerted by government on a newspaper to print that which it would not otherwise print. The clear implication has been that any such a compulsion to publish that which "'reason'tells them should not be published" is unconstitutional. A responsible press is an undoubtedly desirable goal, but press responsibility is not mandated by the Constitution and like many other virtues it cannot be legislated.

Appellee's argument that the Florida statute does not amount to a restriction of appellant's right to speak because "the statute in question here has not prevented the Miami Herald from saying anything it wished"[21] begs the core question. Compelling editors or publishers to publish that which "'reason'tells them should not be published" is what is at issue in this case. The Florida statute operates as a command in the same sense as a statute or regulation forbidding appellant to publish specified matter. Governmental restraint on publishing need not fall into familiar or traditional patterns to be subject to constitutional limitations on governmental powers. Grosjean v. American Press Co., 297 U. S. 233, 244-245 (1936). The Florida statute exacts a penalty on the basis of the content of a newspaper. The first phase of the penalty resulting from the compelled printing of a reply is exacted in terms of the cost in printing and composing time and materials and in taking up space that could be devoted to other material the newspaper may have preferred to

---

21) Brief for Appellee 5.

《418 U. S., 256》 없다는 견해를 Pittsburgh Press 판결에서 다수의견에 반대하면서 스튜어트(STEWART) 판사는 더글라스(DOUGLAS) 판사의 가담을 받아 표명하였다. Id., at 400. 아울러 Associates & Aldrich Co. v. Times Mirror Co., 440 F.2d 133, 135 (CA9 1971)을 보라.

그 싣고자 하지 아니하는 것을 신문더러 싣도록 신문 위에 정부에 의하여 시행된 강제를 한 개의 제한이 내지는 요구가 구성하는지 여부에 관하여 민감성을 당원이 보여 왔음을 Associated Press, supra에서를 필두로 우리는 본다. "그 공표되지 않아야 한다고 '이성'이 말하는" 바를 조금이라도 공표하도록 하는 종류의 강제는 위헌이라는 데에 그 명백한 함축은 있어 왔다. 책임성 있는 언론출판은 의문의 여지 없이 바람직한 목표이지만, 그러나 언론출판의 책임성은 연방헌법에 의하여 명령되지 않으며, 따라서 여타의 수많은 덕목들이 입법화 될 수 없듯이 그것은 입법화 될 수 없다.

"조금이라도 그 말하고자 하는 바를 마이애미 헤럴드지로 하여금 말하지 못하도록 여기서의 문제의 제정법은 금지한 바가 없기" 때문에, 그 말할 항소인의 권리에 대한 한 개의 제한에 플로리다주 제정법이 해당하지 아니한다는 피항소인의 주장21)은 핵심적 문제점을 증명하지 않은 채 참임을 가정하고 논하는 것이다. "공표되어서는 안 된다고 '이성'이 말하는" 바를 공표하도록 편집자들을 내지는 발행인들을 강제함이 이 사건에서 쟁점에 놓여 있는 사항이다. 특정 내용을 공표하지 못하도록 항소인을 금지하는 한 개의 제정법에서였다면 내지는 규제에서였다면 그러하였을 바로 그 의미에서의 한 개의 명령으로서 플로리다주 제정법은 작용한다. 정부의 권한들에 대한 헌법적 제한들에 공표에 대한 정부의 제한조치가 종속되기 위하여는 친숙한 내지는 전통적인 형식들 속에 그 조치가 속해야 할 필요는 없다. Grosjean v. American Press Co., 297 U. S. 233, 244-245 (1936). 신문의 내용에 토대한 처벌을 플로리다주 제정법은 강요한다. 인쇄에서의, 식자시간에서의 및 재료들에서의 비용이라는 점에서, 그리고 그 인쇄하기를 신문이 선호했을 수 있는 다른 기사에 할애될 수 있는 지면을 그것이 차지한다는 점에서, 반론의 강제인쇄로부터

---

21) Brief for Appellee 5.

print. It is correct, as appellee contends, that a newspaper is not subject to the «418 U. S., 257» finite technological limitations of time that confront a broadcaster but it is not correct to say that, as an economic reality, a newspaper can proceed to infinite expansion of its column space to accommodate the replies that a government agency determines or a statute commands the readers should have available.[22]

Faced with the penalties that would accrue to any newspaper that published news or commentary arguably within the reach of the right-of-access statute, editors might well conclude that the safe course is to avoid controversy. Therefore, under the operation of the Florida statute, political and electoral coverage would be blunted or reduced.[23] Government-enforced right of access inescapably "dampens the vigor and limits the variety of public debate," New York Times Co. v. Sullivan, 376 U. S., at 279. The Court, in Mills v. Alabama, 384 U. S. 214, 218 (1966), stated:

"[T]here is practically universal agreement that a major purpose of [the First] Amendment was to protect the free discussion of governmental affairs. This of course includes discussions of candidates ⋯⋯." «418 U. S., 258»

Even if a newspaper would face no additional costs to comply with a compulsory access law and would not be forced to forgo publication of news or opinion by the inclusion of a reply, the Florida statute fails to clear the barriers of the First Amendment because of its intrusion into the function of editors. A newspaper is more than a passive receptacle or conduit for news,

---

22) "However, since the amount of space a newspaper can devote to 'live news' is finite,[*] if a newspaper is forced to publish a particular item, it must as a practical matter, omit something else.
 "[*]The number of column inches available for news is predetermined by a number of financial and physical factors, including circulation, the amount of advertising, and, increasingly, the availability of newsprint. ⋯⋯" Note. 48 Tulane L. Rev. 433, 438 (1974) (one footnote omitted).
 Another factor operating against the "solution" of adding more pages to accommodate the access matter is that "increasingly subscribers complain of bulky, unwieldy papers." Bagdikian, Fat Newspapers and Slim Coverage, Columbia Journalism Review 19 (Sept./Oct. 1973).
23) See the description of the likely effect of the Florida statute on publishers, in Lange 70–71.

초래되는 처벌의 첫 번째 국면은 강제된다. 방송사가 직면하는 유한의 기술적 시간 상의 제한들의 구속을 신문은 받지 않는다는 《418 U. S., 257》 점은 피항소인이 주장하듯이 옳지만, 그러나 독자들이 이용할 수 있어야 한다고 정부기관이 결정하는 내지는 제정법이 명령하는 반론들을 수용하기 위한 기사 지면의 무한한 확장에 한 개의 경제적 실체로서의 신문이 나아갈 수 있다고 말하는 것은 옳지 않다.[22]

주장 상으로 접근권 제정법의 적용 범위 내에 있는 뉴스를 내지는 논평을 공표한 어떤 신문에게든지 달라붙을 벌칙들에 직면하여, 안전한 길이란 논쟁을 회피하는 것이라고 편집자들은 결론짓는 것이 당연할 것이다. 그러므로 플로리다주 제정법의 작동 아래서, 정치적인 및 선거관련의 보도는 날이 안 들게 제작되거나 축소되고는 할 것이다.[23] 정부에 의하여 강제되는 접근권은 불가피하게 "공중토론의 활력을 풀죽이며, 공중토론의 다양성을 제약한다." New York Times Co. v. Sullivan, 376 U. S., at 279. 당원은 Mills v. Alabama, 384 U. S. 214, 218 (1966)에서 말하였다:

"[연]방헌법 [수정 제1조]의 주된 목적은 정부 업무에 대한 자유로운 토론을 보호하기 위한 것이었음에 대한 사실상 보편적인 합의가 있다. …… 후보들에 대한 토론들을 이것이 포함함은 물론이다." 《418 U. S., 258》

강제적 접근을 보장하는 법을 준수하기 위한 추가비용들을 신문이 설령 부담하지 아니한다고 하더라도, 그리고 반론의 게재에 의하여 뉴스의 내지는 의견의 공표를 그만두도록 강제되지 않는다 하더라도, 편집자들의 임무에 대한 그 자신의 침범 탓으로 연방헌법 수정 제1조의 방벽들을 플로리다주 제정법은 치워내지 못한다.

---

22) "그러나, '살아 있는 뉴스' 에 신문이 할애할 수 있는 지면의 분량이 제한되어 있으므로.[*] 특정 기사를 싣도록 만약 신문이 강제된다면, 실제상의 문제로서 그 밖의 무엇인가를 신문은 생략하지 않으면 안 된다.
"[*]뉴스에 이용 가능한 칼럼인치들의 숫자는 재정적 및 물리적 요소들에 의하여 미리 정해지는바, 이에는 배포숫자가, 광고수주액이, 그리고 갈수록 신문인쇄용지의 이용 가능성이 …… 포함된다." Note, 48 Tulane L. Rev. 433, 438 (1974) (각주 한 개 생략됨).
접근권 사항을 수용하기 위한 더 많은 면수를 늘리는 "해법"에게 불리하게 작용하는 또 다른 요인은 "부피가 커진, 거대한 신문들에 대하여 기부자들이 갈수록 불평한다."는 점이다. Bagdikian, Fat Newspapers and Slim Coverage, Columbia Journalism Review 19 (Sept./Oct. 1973).
23) 발행인들에게 플로리다주 제정법이 미칠 법한 영향에 대한 설명을 Lange 70–71에서 보라.

comment, and advertising.[24] The choice of material to go into a newspaper, and the decisions made as to limitations on the size and content of the paper, and treatment of public issues and public officials - whether fair or unfair - constitute the exercise of editorial control and judgment. It has yet to be demonstrated how governmental regulation of this crucial process can be exercised consistent with First Amendment guarantees of a free press as they have evolved to this time. Accordingly, the judgment of the Supreme Court of Florida is reversed.

It is so ordered.

---

24) "[L]iberty of the press is in peril as soon as the government tries to compel what is to go into a newspaper. A journal does not merely print observed facts the way a cow is photographed through a plateglass window. As soon as the facts are set in their context, you have interpretation and you have selection, and editorial selection opens the way to editorial suppression. Then how can the state force abstention from discrimination in the news without dictating selection?" 2 Z. Chafee, Government and Mass Communications 633 (1947).

신문은 뉴스를, 논평을 및 광고를 담는 수동적 그릇 내지는 도랑 이상의 것이다.[24] 편집자의 통제권의 및 판단력의 행사를 신문 안에 들어갈 기사의 선택은, 및 종이의 크기에 및 내용에 관한 제약들에 관하여 내려지는 결정들은, 그리고 공공의 쟁점들에 및 공무원들에 대한 취급은 - 공정하든 불공정하든 - 구성한다. 이 시점까지 진화해 온 대로의 자유 언론출판에 대한 연방헌법 수정 제1조상의 보장들에 부합되게 이 중대한 절차의 정부적 규제가 어떻게 행사될 수 있는지 아직 논증이 되어 있지 아니하다. 따라서, 플로리다주 대법원의 판결주문은 파기된다.

그렇게 명령된다.

---

24) "[신]문 안에 들어갈 바를 강제하기를 정부가 시도하는 즉시로 언론출판의 자유는 위험 속에 있다. 관찰된 사실관계를 두꺼운 판유리를 뚫고서 암소 한 마리가 촬영되는 방식으로 신문은 그냥 인쇄를 하는 것이 아니다. 그 자신들의 맥락 안에 그 사실관계가 배치되자마자, 해석을 당신은 지니고 선택을 당신은 지니며, 그리하여 편집상의 삭제에의 길을 편집상의 선택은 연다. 그렇다면 뉴스에 있어서의 식별력의 자제를 주가 강요하면서도 선택을 명령함이 어떻게 없을 수가 있는가?" 2 Z. Chafee, Government and Mass Communications 633 (1947).

I join the Court's opinion which, as I understand it, addresses only "right of reply" statutes and implies no view upon the constitutionality of "retraction" statutes affording plaintiffs able to prove defamatory falsehoods a statutory action to require publication of a retraction. «418 U. S., 259» See generally Note, Vindication of the Reputation of a Public Official, 80 Harv. L. Rev. 1730, 1739-1747 (1967).

내가 이해하는 바로는 "반론권" 제정법들만을 중점 두어 다루는, 및 취소의 공표를 요구할 제정법적 조치를 명예훼손적 부정확 사항들을 증명할 수 있는 원고들에게 부여하는 "취소" 제정법들의 합헌성에 관하여는 견해를 함축하지 아니하는 이 법원의 의견에 나는 가담한다. 《418 U. S., 259》 일반적으로 Note, Vindication of the Reputation of a Public Official, 80 Harv. L. Rev. 1730, 1739-1747 (1967)을 보라.

MR. JUSTICE WHITE, concurring.

The Court today holds that the First Amendment bars a State from requiring a newspaper to print the reply of a candidate for public office whose personal character has been criticized by that newspaper's editorials. According to our accepted jurisprudence, the First Amendment erects a virtually insurmountable barrier between government and the print media so far as government tampering, in advance of publication, with news and editorial content is concerned. New York Times Co. v. United States, 403 U. S. 713 (1971). A newspaper or magazine is not a public utility subject to "reasonable" governmental regulation in matters affecting the exercise of journalistic judgment as to what shall be printed. Cf. Mills v. Alabama, 384 U. S. 214, 220 (1966). We have learned, and continue to learn, from what we view as the unhappy experiences of other nations where government has been allowed to meddle in the internal editorial affairs of newspapers. Regardless of how beneficent-sounding the purposes of controlling the press might be, we prefer "the power of reason as applied through public discussion"[1] and remain intensely skeptical about those measures that would allow government to insinuate itself into the editorial rooms of this Nation's press.

"Whatever differences may exist about interpretations of the First Amendment, there is practically universal agreement that a major purpose of that Amendment was to protect the free discussion of governmental affairs. This of course includes discussions of candidates, structures and forms of

---

1) Whitney v. California, 274 U. S. 357, 375 (1927) (Brandeis, J., concurring).

화이트(WHITE) 판사의 보충의견이다.

    신문사의 논설들에 의하여 그 인격적 성품이 비판되어 있는 공직 후보자의 반론을 실으라고 신문에게 주(a State)가 요구함을 연방헌법 수정 제1조는 금지한다고 이 법원은 오늘 판시한다. 우리의 일반적으로 받아들여진 법률학에 따르면, 공표에 앞서서의 뉴스에 및 논설 내용에 대한 정부의 참견이 문제되는 한, 정부의 및 인쇄매체의 그 양자 사이에서의 사실상 넘을 수 없는 방벽을 연방헌법 수정 제1조는 수립한다. New York Times Co. v. United States, 403 U. S. 713 (1971). 신문은 내지는 잡지는 무엇이 실릴지에 관한 신문잡지 특유의 판단력의 행사에 영향을 미치는 문제들에 있어서의 "합리적인" 정부 규제에 종속되는 공익기업이 아니다. Mills v. Alabama, 384 U. S. 214, 220 (1966)을 비교하라. 신문들의 내부적 편집의 문제들에 참견함이 정부에게 허용되어 온 다른 나라들의 불행한 경험들이라고 우리가 간주하는 바로부터 우리는 배운 터이고 또 그 배우기를 계속한다. 언론출판을 통제함의 목적들이 제아무리 이익되는 소리를 낼 수 있는지에 상관없이, "공중의 논의를 통하여 적용되는 것으로서의 이성의 힘"[1]을 우리는 더 낮게 여기며 그리하여 정부 자신을 이 나라의 언론출판의 편집실들에 어느덧 들어박히게 함을 정부에게 허용하려는 그 조치들에 관하여 심하게 회의적인 입장에 우리는 남는다.

    "연방헌법 수정 제1조의 해석들에 관하여 그 어떤 차이들이 존재할 수 있든지간에, 그 수정조항의 주된 목적은 정부 업무에 대한 자유로운 토론을 보호하기 위한 것이었음에 대한 사실상 보편적인 합의가 있다. 후보들에 대한 토론들을, 정부의 구성들을 및 형태들을, 정부가 작동되는 내지는 《418 U. S., 260》 작동되어야 하는

---

1) Whitney v. California, 274 U. S. 357, 375 (1927) (Brandeis, J., concurring).

«418 U. S., 260» government, the manner in which government is operated or should be operated, and all such matters relating to political processes. The Constitution specifically selected the press ······ to play an important role in the discussion of public affairs. Thus the press serves and was designed to serve as a powerful antidote to any abuses of power by governmental officials and as a constitutionally chosen means for keeping officials elected by the people responsible to all the people whom they were selected to serve. Suppression of the right of the press to praise or criticize governmental agents and to clamor and contend for or against change ······ muzzles one of the very agencies the Framers of our Constitution thoughtfully and deliberately selected to improve our society and keep it free." Mills v. Alabama, supra, at 218-219.

Of course, the press is not always accurate, or even responsible, and may not present full and fair debate on important public issues. But the balance struck by the First Amendment with respect to the press is that society must take the risk that occasionally debate on vital matters will not be comprehensive and that all viewpoints may not be expressed. The press would be unlicensed because, in Jefferson's words, "[w]here the press is free, and every man able to read, all is safe."[2] Any other accommodation - any other system that would supplant private control of the press with the heavy hand of government intrusion - would make the government the censor of what the people may read and know.

To justify this statute, Florida advances a concededly important interest of ensuring free and fair elections by means of an electorate informed about the issues. But «418 U. S., 261» prior compulsion by government in matters going to the very nerve center of a newspaper - the decision as to what copy

---

[2] Letter to Col. Charles Yancey in 14 The Writings of Thomas Jefferson 384 (Lipscomb ed. 1904).

방법을, 그리고 정치적 과정들에 관련되는 이러한 모든 문제들을 이것이 포함함은 물론이다. 공공의 문제들의 토론에 있어서의 중요한 역할을 수행하도록 …… 언론출판을 연방헌법은 명시적으로 선택하였다. 그리하여 조금이라도 정부 공무원들에 의한 권한의 남용들에 대한 강력한 해독제로서 및 공무원들을 모든 국민에게 - 그 복무하기 위하여 그들이 선출된 터인 그 복무대상인 사람들에게 - 책임을 지는 자세로 유지시키기 위한 헌법적으로 선택된 수단으로서 언론출판은 복무하고 그렇게 복무하도록 설계되었다. 정부 요원들을 칭찬할 내지는 비판할 및 ……변화를 구하여 내지는 변화에 반대하여 시끄럽게 말할 및 주장할 권리의 억압은 우리 사회를 향상시키도록 및 그것을 자유로운 것으로 유지하도록 우리 연방헌법의 초안자들이 사려깊게 및 신중하게 선택한 바로 그 기관들을 재갈물리는 것이다." Mills v. Alabama, supra, at 218-219.

물론 언론출판은 항상 정확한 것이지는 아니하고 또는 심지어 책임성 있는 것이지조차도 아니하며, 그리하여 공공의 문제들에 대한 완전한 및 공정한 토론을 제공하지 못할 수 있다. 그러나 중요한 문제들에 관한 토론이 때때로 포괄적인 것이 되지 아니할 및 모든 관점들이 표명되지는 못할 위험을 사회는 감수하지 않으면 안된다는 데에 언론출판에 관하여 연방헌법 수정 제1조에 의하여 내려진 수지결산은 있다. 언론출판은 무면허가 되게 해야 하는바, 왜냐하면 제퍼슨(Jefferson)의 표현대로 "[언]론출판이 자유로운 곳에서는, 그리하여 모든 사람이 읽을 수 있는 곳에서는, 모든 것이 안전하기" 때문이다.[2] 조금이라도 이에 어긋나는 변통은 - 조금이라도 이에 어긋나게 언론출판에 대한 사적 통제를 정부간섭의 무거운 손으로써 밀어내는 제도는 - 정부로 하여금 국민들이 읽을 수 내지는 알 수 있는 바에 대한 검열관이 되게 할 것이다.

쟁점들에 관하여 정보를 갖춘 유권자들에 의한 자유로운 및 공정한 선거를 보장함이라는 명백히 중요한 이익을, 이 제정법을 정당화하기 위하여 플로리다주는 제기한다. 그러나 《418 U. S., 261》 신문의 신경중추 자체에 - 조금이라도 특정의 간행판에 어떤 기사가 포함될지 또는 포함되지 않을지에 관한 결정권에 - 닿는 문제

---

2) Letter to Col. Charles Yancey in 14 The Writings of Thomas Jefferson 384 (Lipscomb ed. 1904).

will or will not be included in any given edition - collides with the First Amendment. Woven into the fabric of the First Amendment is the unexceptionable, but nonetheless timeless, sentiment that "liberty of the press is in peril as soon as the government tries to compel what is to go into a newspaper." 2 Z. Chafee, Government and Mass Communications 633 (1947).

The constitutionally obnoxious feature of § 104.38 is not that the Florida Legislature may also have placed a high premium on the protection of individual reputational interests; for government certainly has "a pervasive and strong interest in preventing and redressing attacks upon reputation." Rosenblatt v. Baer, 383 U. S. 75, 86 (1966). Quite the contrary, this law runs afoul of the elementary First Amendment proposition that government may not force a newspaper to print copy which, in its journalistic discretion, it chooses to leave on the newsroom floor. Whatever power may reside in government to influence the publishing of certain narrowly circumscribed categories of material, see, e. g., Pittsburgh Press Co. v. Human Relations Comm'n, 413 U. S. 376 (1973); New York Times Co. v. United States, 403 U. S., at 730 (WHITE, J., concurring), we have never thought that the First Amendment permitted public officials to dictate to the press the contents of its news columns or the slant of its editorials.

But though a newspaper may publish without government censorship, it has never been entirely free from liability for what it chooses to print. See ibid. Among other things, the press has not been wholly at liberty to publish falsehoods damaging to individual reputation. At least until today, we have cherished the average citizen's «418 U. S., 262» reputation interest enough to afford him a fair chance to vindicate himself in an action for libel characteristically provided by state law. He has been unable to force the press to tell his side of the story or to print a retraction, but he has had at least the opportunity to win a judgment if he has been able to prove the falsity of the damaging publication,

들에 있어서의 정부에 의한 사전의 강제는 연방헌법 수정 제1조에 충돌한다. "신문 안에 들어갈 바를 강제하기를 정부가 시도하는 즉시로 언론출판의 자유는 위험 속에 있다."는 그 완전한, 그러나 영원한 생각이 연방헌법 수정 제1조라는 직물 안에는 엮어져 있다. 2 Z. Chafee, Government and Mass Communications 633 (1947).

높은 우대점수를 개인의 명예적 이익들의 보호 위에 플로리다주 입법부가 마찬가지로 부여해 놓았을 수 있다는 데에 §104.38의 헌법적으로 불쾌한 특징이 있는 것은 아니다; 왜냐하면 "명예에 대한 공격들을 방지함에 및 제거함에 있어서의 널리 미치는 및 강력한 이익을 정부는 확실히 지니기 때문이다." Rosenblatt v. Baer, 383 U. S. 75, 86 (1966). 오히려 이와는 정반대로, 뉴스실 바닥에 놓아두기를 그 자신의 신문잡지 특유의 재량 안에서 신문이 선택하는 기사를 인쇄하도록 신문을 정부는 강제할 수 없다는 연방헌법 수정 제1조의 기본적 명제에 이 법은 충돌한다. 일정한 협소하게 한정된 범주들의 기사를 공표함에 영향을 끼칠 그 어떠한 권한이 정부에게 있을 수 있을망정, see, e. g., Pittsburgh Press Co. v. Human Relations Comm'n, 413 U. S. 376 (1973); New York Times Co. v. United States, 403 U. S., at 730 (WHITE, J., concurring), 언론출판의 뉴스 칼럼들의 내용들을 내지는 그 논설들의 관점을 언론출판에게 공무원들더러 명령하도록 연방헌법 수정 제1조가 허용하는 것으로 우리는 결코 생각해 본 적이 없다.

그러나 정부의 검열 없이 신문이 공표할 수 있다고 하더라도, 그 싣기로 그 자신이 선택하는 사항에 대한 책임으로부터 신문은 결코 완전히 자유로웠던 적이 없다. ibid를 보라. 특히, 개인의 명예를 손상하는 부정확한 내용을 언론출판은 전적으로 자유로이 공표할 수 있었던 것이 아니다. 특징적으로 주 법에 의하여 규정되는 «418 U. S., 262» 문서비방 소송에서 그 자신을 옹호할 공평한 기회를 평균적 시민에게 부여할 정도만큼은 평균적 시민의 명성의 이익을 적어도 오늘까지 우리는 소중히 여겨 왔다. 그 자신 쪽의 사정을 말하도록 내지는 취소를 싣도록 언론출판을 강제할 수 없는 상태에 그는 있어 왔으나, 그 손해를 끼치는 공표의 부정확성을 만약 그가 증명할 수 있으면 자신의 명예손상에 대한 합리적 손해배상을 받을 기회를

as well as a fair chance to recover reasonable damages for his injury.

Reaffirming the rule that the press cannot be forced to print an answer to a personal attack made by it, however, throws into stark relief the consequences of the new balance forged by the Court in the companion case also announced today. Gertz v. Robert Welch, Inc., post, p.323, goes far toward eviscerating the effectiveness of the ordinary libel action, which has long been the only potent response available to the private citizen libeled by the press. Under Gertz, the burden of proving liability is immeasurably increased, proving damages is made exceedingly more difficult, and vindicating reputation by merely proving falsehood and winning a judgment to that effect are wholly foreclosed. Needlessly, in my view, the Court trivializes and denigrates the interest in reputation by removing virtually all the protection the law has always afforded.

Of course, these two decisions do not mean that because government may not dictate what the press is to print, neither can it afford a remedy for libel in any form. Gertz itself leaves a putative remedy for libel intact, albeit in severely emaciated form; and the press certainly remains liable for knowing or reckless falsehoods under New York Times Co. v. Sullivan, 376 U. S. 254 (1964), and its progeny, however improper an injunction against publication might be.

One need not think less of the First Amendment to sustain reasonable methods for allowing the average citizen «418 U. S., 263» to redeem a falsely tarnished reputation. Nor does one have to doubt the genuine decency, integrity, and good sense of the vast majority of professional journalists to support the right of any individual to have his day in court when he has been falsely maligned in the public press. The press is the servant, not the master,

에 아울러 적어도 판결주문을 얻을 기회를 그는 가져왔다.

그러나 언론출판 자신에 의하여 이루어진 인격적 공격에 대한 답변을 싣도록 언론출판은 강제될 수 없다는 규칙을 재확인함은 오늘 마찬가지로 선고되는 병행심리 사건에서 이 법원에 의하여 안출되는 새로운 수지결산의 결과들을 강한 양각세공(relief) 속에 던진다. 일반적 문서비방 소송이 지니는 유용성의 내장을 적출함을 향하여 Gertz v. Robert Welch, Inc., post, p.323 판결은 멀리 나아가는바, 그것은 언론출판에 의하여 문서비방을 당한 사적 시민이 이용할 수 있는 유일한 효능 있는 대응수단이 오래도록 되어 왔다. 이 Gertz 판결 아래서, 유책성을 증명할 책임은 헤아릴 수 없을 만큼 증대되고, 손해액을 증명함은 지나칠 정도로 더욱 어려워지고, 그리하여 부정확성을 증명함만에 의하여 및 그 취지의 판결주문을 얻음만에 의하여 명예를 옹호함은 아예 전적으로 배제된다. 법이 항상 제공해 온 모든 보호를 사실상 제거함에 의하여 명예에 있어서의 이익을 이 법원은 하찮은 것으로 만들고 훼손하는바, 내 견해로는 그것은 불필요한 일이다.

언론출판이 실을 바를 정부가 명령하여서는 안 된다고 하여 그 때문에 문서비방에 대한 구제수단을 어떤 형태로도 정부가 또한 제공할 수도 없다는 의미를 이 두 개의 판결들이 지니는 것이 아님은 물론이다. 추정상의 구제수단을 비록 격심하게 쇠약해진 상태로이기는 하지만 손대지 않은 채로, Gertz 판결 자체는 남겨둔다; 그리고 공표에 대한 금지명령이 제아무리 부적절한 것일 수 있을망정, 고의의 내지는 미필적 고의에 준하는 무모함 속에서의 부정확함들에 대하여는 New York Times Co. v. Sullivan, 376 U. S. 254 (1964) 판결에 및 그 후속 판결들에 따라 책임을 져야 하는 것으로 언론출판이 여전히 남음은 확실하다.

그릇되게 손상된 명예를 되찾도록 평균적 시민에게 허용함을 위한 합리적 방법들을 지지하기 위하여 연방헌법 수정 제1조를 덜 가치 있는 «418 U. S., 263» 것으로 우리는 생각할 필요가 없다. 조금이라도 공개 언론출판에서 그릇되게 헐뜯긴 개인의, 법정에서 그 자신의 기일을 가질 권리를 지지한다 하여 직업적 저널리스트들 대다수의 참다운 예의를, 성실성을 및 훌륭한 분별력을 우리가 의심해야만 하는 것은도 아니다. 언론출판은 시민의 종복이지 주인이 아니고, 게다가 일반시민을 잡아

of the citizenry, and its freedom does not carry with it an unrestricted hunting license to prey on the ordinary citizen.

"In plain English, freedom carries with it responsibility even for the press; freedom of the press is not a freedom from responsibility for its exercise." "Without ······ a lively sense of responsibility a free press may readily become a powerful instrument of injustice." Pennekamp v. Florida, 328 U. S. 331, 356, 365 (1946) (Frankfurter, J., concurring) (footnote omitted).

To me it is a near absurdity to so deprecate individual dignity, as the Court does in Gertz, and to leave the people at the complete mercy of the press, at least in this stage of our history when the press, as the majority in this case so well documents, is steadily becoming more powerful and much less likely to be deterred by threats of libel suits.

먹을 무제한의 사냥허가를 언론출판의 자유는 그 자신에게 수반하지 않는다.

"쉬운 영어로 말하여, 심지어 언론출판을 위한 것이라 하더라도 책임을 그 자신에게 자유는 함께 수반한다; 언론출판의 자유란 그것의 행사에 따르는 책임으로부터의 면제가 아니다." "생생한 책임감 …… 이 없다면 자유로운 언론출판은 곧장 불의의 강력한 도구가 될 수 있다." Pennekamp v. Florida, 328 U. S. 331, 356, 365 (1946) (프랑크푸르터(Frankfurter) 판사, 보충의견) (각주생략).

이 사건에서의 다수의견이 그토록 잘 증명해 주듯이 적어도 언론출판이 점차적으로 더 강력해 지고 있는 중인 및 문서비방 소송들에 의하여 언론출판이 저지될 가능성이 훨씬 더 적어지고 있는 중인 우리 역사의 이 단계에서는, 개인의 존엄을 그토록 업신여김은, 그리하여 Gertz 판결에서처럼 국민을 언론출판의 완전한 자비에 맡김은 내게는 바보스러움에 가깝다.

표현의 자유_Freedom of Expression

Freedom of

GERTZ v. ROBERT WELCH, INC., 418 U. S. 323 (1974)

미합중국 제7순회구 항소법원에
내린 사건기록 송부명령

NOS. 72–617.
변 론 1973년 11월 14일
판 결 1974년 6월 25일

요약해설

1. 개요

GERTZ v. ROBERT WELCH, INC., 418 U. S. 323 (1974) 은 5 대 4로 판결되었다. 법원의 의견을 파월(POWELL) 판사가 냈고 보충의견을 블랙먼(BLACKMUN) 판사가 냈다. 반대의견을 버거(URGER) 판사가, 더글라스(DOUGLAS) 판사가, 브레넌(BRENNAN) 판사가 및 화이트(WHITE) 판사가 각각 냈다. 명예훼손 처벌 법리의, 그리고 연방헌법 수정 제1조에 의하여 보호되는 말의 및 언론의 자유의, 그 둘 사이의 적절한 조절 문제를 명확히 하고자 한 거의 10년 동안의 고투에 연방대법원이 돌아감을 법원의 의견 첫머리에서 파월(POWELL) 판사는 밝히고 있다.

공직자들(public officials)이지도 공적 인물들(public figures)이지도 아니한 사적 개인들에게는 New York Times Co. v. Sullivan, 376 U. S. 254 (1964) 판결의 현실의 악의(actual malice)의 법리가 적용되지 아니함을, 따라서 명예훼손적 허위사실 공표를 저지른 출판사에게 내지는 방송사에게 책임을 York Times 판결에 의하여 요구되는 증명에보다도 덜 엄격한 증명에 의거해서도 부과하도록 주들은 허용됨을 판시하였다. 다만, New York Times 기준이 요구하는 엄격한 증명에 미달하는 증명만을 한 경우의 - 즉, 고의에 의한 무시의 내지는 미필적 고의에 준하는 무시의 증명에 대조되는 것으로서의 과실의 증명을 한 경우의 - 원고에게 허용되는 손해배상의 범위는 추정적 내지는 징벌적 손해배상을 배제한 실제의 손해에 국한됨을 이 판결은 밝혔다.

2. 사실관계

가. 경찰관 누치오의 살인범죄

넬슨(Nelson)이라는 이름의 청년을 1968년에 시카고 경찰관 누치오(Nuccio)는 쏘아서 죽였다. 누치오를 주 당국은 기소하였고 2급 살인에 대한 유죄판정을 궁극적으로 얻었다. 누치오를 상대로 한 민사소송에서 자신들을 대변하도록 저명한 변호사인 청구인 엘머 거츠(Elmer Gertz)를 넬슨 가족들은 선임하였다. (418 U. S., at 325.)

나. 월간지 발행인으로서의 피청구인; 청구인 거츠(Gertz)에 대한 명예훼손적 기사의 공표; 기사내용의 진실 여부 확인을 위한 노력의 결여; 기사의 배포

(1) 존 버치 협회(the John Birch Society)[1]의 견해들을 대변하는 월간지인 아메리칸 오피니언(American Opinion)을 피청구인은 발간한다. 지방의 법집행 기관들의 평판을 나쁘게 하려는, 그리고 공산주의 독재를 후원할 수 있는 전국적 경찰대를 그 대신에 창설하려는 전국적 음모에 관하여 1960년대 초에 잡지는 경고하기 시작하였다. 이 위험을 공중에게 경고하려는 지속적인 노력의 일환으로서, 경찰관 누치오의 살인죄 혐의에 대한 정식사실심리에 관한 기사를 아메리칸 오피니언의 편집주간은 주문하였다. 잡지에 대한 정기적 기부자 한 명을 그는 고용하였다. 그 결과물인 "조작극 : 리차드 누치오, 그리고 대 경찰 투쟁"이라는 제목의 기사를 1969년 3월에 피청구인은 발행하였다. 누치오에 대한 형사 정식사실심리에서의 그에게 불리한 증언은 허위였음을, 그리고 그에 대한 기소는 경찰에 대한 공산주의 운동의 일부였음을 설명하는 내용으로 기사는 되어 있다. (418 U. S., at 325-326.)

(2) 청년의 사체에 대한 검시관의 검시절차에 민사소송에서의 넬슨 가족들을 위한 변호사로서의 자신의 권한으로 청구인 거츠(Gertz)는 참석하고 손해배상 청구소송들을 제기하였으나, 경찰관 누치오에 관하여 언론과의 사이에서 청구인은 논의한 바도 없었고 형사절차에서 역할을 수행한 바도 없었다. 누치오에 대한 소추에의 청구인의 연결은 희박한 것임에도 불구하고, 그를 그 "조작극"의 설계사로 피청구인의 잡지는 묘사하였다. 청구인은 "우리 정부에 대한 폭력에 의한 강탈을 옹호해 온, 당초에 대학연합 사회주의자협회라고 알려진 산업적 민주주의를 위한 마르크스주의자 연맹"의 임원이었다고 기사는 주장

---

1) 1958년 12월 9일 미국의 로버트 H. W. 웰치 2세(1899~1985)가 설립한 사조직. 웰치는 보스턴의 캔디 제조업자로서 은퇴 후 공산주의 세력에 투쟁하고자 및 극단적인 보수주의적 주장을 확산시키고자 이 협회를 결성했다. (https://search.daum.net/search?w=tot&DA=YZR&t__nil_searchbox=btn&sug=&sugo=&q=John+Birch+Society)

하였다. 거츠를 "레닌주의자"로 및 "공산주의자 전위대원"으로 그것은 낙인 찍었다. 거츠는 전국법률가협회의 임원이었다고 아울러 그것은 주장하였는데, "1968년 민주당 전당대회 도중의 시카고 경찰에 대한 공산주의자들의 공격을 계획하기 위하여 다른 어떤 단체가 한 것을보다도 더 많은 것을 아마도 한" 공산주의자 조직으로 그것은 기술되었다. (418 U. S., at 326.)

(3) 중대한 부정확함들을 이 주장들은 포함하였다. 전과기록을 청구인이 보유하였다는 함축은 틀린 것이었다. 청구인은 대략 15년쯤 전에 전국법률가협회의 회원이자 임원이기는 했었지만, 그러나 1968년 시카고에서의 시위들을 계획함에 있어서 그가 내지는 그 조직이 가담하였었다는 증거는 없었다. 청구인이 "레닌주의자"였다는 내지는 "공산주의자 전위대원"이었다는 비난을 위한 근거가 없기는 마찬가지였다. 그리고 그는 "산업적 민주주의를 위한 마르크스주의자 연맹"의 내지는 "대학연합 사회주의자협회"의 회원이었던 적이 없었다. (418 U. S., at 326.)

(4) 청구인에 대한 비난사항들을 확인하기 위한 내지는 입증하기 위한 노력을 아메리칸 오피니언의 편집주간은 기울이지 않았다. 그렇게 하기는커녕, "리차드 누치오 사건을 캐 들어가는 광범위한 조사를" 저자가 "실시한" 상태임을 주장하는 편집자로서의 설명을 그는 덧붙였다. 그리고 청구인의 사진을 기사에 그는 포함시키고서 제목을 그 아래에 이렇게 썼다: "붉은 협회의 엘머 거츠, 누치오를 공격하다." 그 기사를 담은 아메리칸 오피니언의 발행물을 나라 전체의 잡지 판매점들에 피청구인은 내놓았고 기사의 중쇄본들을 시카고의 대로변들 위에서 배포하였다. (418 U. S., at 327.)

다. 문서비방 소송을 청구인이 제기함; New York Times Co. v. Sullivan, 376 U. S. 254 (1964)에서 선언된 현실의 악의(actual malice) 기준에 의한 특권을 피청구인이 주장함

(1) 문서비방을 이유로 하는 주적상위(州籍相違) 소송을 일리노이주 북부지구 관할 미합중국 지방법원에 청구인은 제기하였다. 변호사로서의 및 시민으로서의 자신의 명예를 피청구인에 의하여 공표된 허위사실들이 손상하였다고 그는 주장하였다. 외관상으로 현실의 손해를 청구인이 주장하지 못하였음을 이유

로 소장을 각하할 것을, 답변을 제출하기에 앞서서 피청구인은 신청하였다. 그러나 일리노이주 법 아래서 그 자체로서의 문서비방을 기사에 포함된 주장들은 구성한다고, 따라서 현실의 손해를 청구인은 진술하여야 할 필요가 없다고 지방법원은 판단하였다. (418 U. S., at 327.)

(2) 약식판결을 구하는 정식사실심리 이전 신청을 소장에 대하여 답변한 뒤에 피청구인은 제기하였는데, 명예훼손을 이유로 하는 책임을 면제하는 헌법상의 특권을 피청구인은 주장하였다. 청구인은 공직자 내지는 공적 인물이라고, 그리고 공공의 이익의 및 관심의 문제를 기사는 다룬다고 그것은 주장하였다. New York Times Co. v. Sullivan, 376 U. S. 254 (1964)에서 선언된 특권을 자신은 원용할 권리가 있다고; 즉 "'현실의 악의'를 지닌 채로의 - 즉 그것이 허위의 것임에 대한 인식을 지닌 채로의 또는 그것이 허위의 것인지 아닌지 여부에 관한 미필적 고의에 준하는 무시를 지닌 채로의" 명예훼손적 허위사실의 공표를 청구인이 증명하지 못하는 한, 그 법리 아래서 책임을 피청구인은 면하게 된다고 피청구인은 주장하였다. (418 U. S., at 327-328.)

(3) 이러한 증명을 청구인은 할 수 없다고 피청구인은 주장하면서 이를 뒷받침하는 잡지 편집주간의 선서진술서를 제출하였다. 청구인에 관한 주장들의 허위성에 대한 인식을 편집주간은 부인하였고, 저자의 명성에 및 아메리칸 오피니언에 대한 저자의 기여사항들의 정확성에 및 확실성에 관한 자신의 이전의 경험에 자신은 의존했었다고 그는 진술하였다. (418 U. S., at 328.)

라. 약식판결 신청의 기각, 지방법원의 판단, 배심의 평결에도 불구한 피청구인 승소의 판결주문

(1) 약식판결을 구하는 피청구인의 신청을 1970년 9월 16일 지방법원은 기각하였다. 진실에 대한 미필적 고의에 준하는 무시 가운데서의 명예훼손적 허위사실의 공표를 증명하기에 충분한 사실적 입증을 함으로써 그 헌법적 특권을 청구인은 극복할 수 있다고 지방법원은 결론지었다. 청구인은 New York Times 판결 아래서의 공직자라는 내지는 Curtis Publishing Co. v. Butts, 388 U. S. 130 (1967) 판결 아래서의 공적 인물이라는 주장에, 헌법적 특권의 보호에 관한 피청구인의 주장은 달린 것으로 지방법원은 생각하였는데, 청구인은

공직자가도 아니고 공적 인물이도 아님을 배심에의 사건 회부 이전에 지방법원은 판단하였다. (418 U. S., at 328.)

(2) 기재 내용 그 자체로서의 문서비방을 일리노이주 법 아래서 기사 안의 주장들 일부는 구성하였기에, 손해배상액의 산정을 제외한 모든 쟁점들을 배심의 검토에서 배제하는 지시사항들을 붙여 사건을 배심에게 지방법원은 회부하였다. 50,000불의 승소를 청구인에게 배심은 인정하였다. (418 U. S., at 328-329.)

(3) 비록 청구인은 공직자가도 공적 인물이도 아님에도 불구하고 이 사건은 New York Times 기준이 지배하여야 한다고, 배심 평결에 이어 지방법원은 결론지었다. 그 어떤 공공의 쟁점에 대한 논의를이든 그 특권은 보호한다는 피청구인의 주장을 지방법원은 받아들였다. 따라서, 배심의 평결에도 불구하고 피청구인 승소의 판결주문을 지방법원은 기입하였다. (418 U. S., at 329.)

마. 청구인의 항소. 항소법원의 판단

(1) 이 사건에의 New York Times 기준의 적용 가능성을 다투기 위하여 청구인은 항소하였다. (418 U. S., at 330.)

(2) 청구인이 공적 인물이 아니라는 지방법원의 판단을 항소법원은 유지하였다. 공중의 이익의 문제를 기사는 다루고 있기에 헌법적 특권을 피청구인은 주장할 수 있다는 점에 관하여 지방법원에 항소법원은 동의하면서, 그 사이에 선고된 Rosenbloom v. Metromedia, Inc., 403 U. S. 29 (1971) 판결에서의 당원의 판단을 인용하였다. (418 U. S., at 330.)

(3) 조금이라도 중대한 공공이익의 쟁점에 관한 공표에는, 명예를 훼손당하는 사람의 지위에, 명성에, 또는 익명성에 상관없이 New York Times 기준의 적용을 요구하는 것으로 Rosenbloom 판결을 항소법원은 해석하였고, 이러한 쟁점에 피청구인의 주장들은 관련된다고 항소법원은 결론지었다. (418 U. S., at 330-331.)

(4) New York Times 판결에 의하여 규정된 대로의 "현실의 악의"를 지니고서 피청구인이 행동하였음을 청구인이 증명하지 못한 터라는 지방법원의 결론을 항소법원은 승인하였다. 기사내용이 진실인지 여부를 조사하기를 불이행함에 관한 증거 자체만으로는, 진실에 대한 미필적 고의에 준하는 무시를 확증

하지 못함을 항소법원은 정당하게 주목하였다. 이에 따라 지방법원의 판결을 항소법원은 인가하였다. 원심판결을 우리는 파기한다. (418 U. S., at 331-332.)

3. 쟁점

공직자이지도 공적 인물이지도 아니한 한 명의 개인에 관한 명예훼손적 허위사실들의 주장들에 의하여 가해진 명예손상에 대한 New York Times 판결의 "현실의 악의" 기준의 헌법적 특권을 그 허위사실들을 공표하는 신문사가 내지는 방송사가 주장할 수 있는지 여부가, 그 주장할 수 없다면, 손해배상의 범위가 어디까지인지가 주된 쟁점이 되었다. (418 U. S., at 332, 349-350.)

4. 파월(POWELL) 판사가 쓴 법원의 의견의 요지

가. Rosenbloom v. Metromedia, Inc., 403 U. S. 29 (1971)에서의 당원의 고찰에 대한 재검토

(1) 외설하다고 주장된 출판물을 판매한 혐의로 소매상에게의 배달을 하는 동안에 체포되고 3,000권에 달하는 그의 전체 재고 서적들을 및 잡지들을 압수당한 누드잡지 배포자인 로젠블룸(Rosenbloom)에 관하여, 그 압수된 3,000권은 "소문상으로"만 내지는 "추정상으로만" 외설한 것들임을 두 차례의 뉴스보도에서 지역 라디오 방송국 한 곳이 밝히지 아니하였음을 이유로, 그리고 "음란물 장사"에 내지는 "누드잡지 행상인들"에 대한 언급들을, 금지적 구제를 구하는 법원절차에 관한 그 방송사의 보도에서 방송하였음을 이유로 그 방송국을 로젠블룸이 제소한 끝에 라디오 방송국 패소의 판결주문을 그는 얻었는데, 그러나 그 방송에는 New York Times 특권이 적용된다고 제3순회구 항소법원은 판시하고서 이를 파기하였다. (418 U. S., at 332-333.)

(2) 원심판결을 당원은 인가하였다. 그러나, 구속력 있는 이론적 근거에의 동의에 다수판사들(majority)은 이를 수가 없었다. Rosenbloom 판결의 개별의견들에 대한 재검토를 가지고서 이 사건의 논의를 우리는 시작한다. (418 U. S., at 333.)

(3) 현실의 악의(actual malice) 기준

New York Times Co. v. Sullivan, 376 U. S. 254 (1964) 판결에서, 공직자들에 대한 비판을 명예훼손 보통법에 의하여 부과되는 제약들로부터 자유롭게 하려는 의도가 담긴 헌법적 특권을 당원은 규정하였다. "'현실의 악의(actual malice)'를 지니고서 - 즉 그것이 허위의 것임에 대한 인식을 지니고서 또는 그것이 허위의 것인지 아닌지 여부에 관한 미필적 고의에 준하는 무시를 지니고서 - 성명이 이루어졌음을 공직자가 증명하지 못하는 한, 그의 공무상의 행위에 관련된 명예훼손적 허위성을 이유로 하는 손해배상을 청구하지 못하도록 그를 금지하는 한 개의 연방규칙을 헌법적 보장들은 요구한다."고 당원은 판시하였다. Id., at 279-280. (418 U. S., at 333-334.)

(4) 공적 인물들(public figures)에게의 확장

그 헌법적 특권을 "공적 인물들(public figures)"에 대한 명예훼손적 비판에 확장시키기로 New York Times 판결로부터 3년 뒤에 Curtis Publishing Co. v. Butts 판결에서 및 그 자매판결인 Associated Press v. Walker, 388 U. S. 130, 162 (1967)에서 당원의 다수의견은 동의하였다. (418 U. S., at 335-336.) 조지아 주립대학교의 미식축구 코치 월리 버츠(Wally Butts)는 및 미시시피 주립대학교 캠퍼스 전 소장 에드윈 워커(Edwin Walker)는 New York Times 판결 아래서의 "공직자"로는 분류될 수 없었으나, "공직자들"에 대한 비판에처럼 "공적 인물들(public figures)"에 대한 비판에도 New York Times 기준이 적용되어야 한다고 당원은 판시하였다. 비공인(非公人)인, "그러함에도 불구하고 중요한 공공의 문제들의 해결에 밀접하게 관련되는, 내지는 그들의 명성으로 인하여 사회 일반에게 관심 대상인 영역들에서 추이를 정하는" 인물들에 대한 명예훼손적 비판을 보호하기 위하여, 그 사건에서 선언된 헌법적 특권을 당원은 확장하였다. (418 U. S., at 336-337.)

(5) Brennan 판사의 추가확장 해석

Rosenbloom v. Metromedia, Inc., 403 U. S. 29 (1971)의 상대다수 판사들을 위한 그의 의견에서 New York Times 특권을 한 걸음 더 멀리 브레넌(BRENNAN) 판사는 데려가, 만약 일반대중의 내지는 공공의 이익의 문제들에 그 공표들이 관련되는 것들이면 사적 인사들에 대한 명예훼손적 허위보도들에 그 보호는 연장되어야 한다고 그는 결론지었다. 공직자들(public officials)의 및 공적 인물들(public figures)의, 그리고 사적 개인들의 그 둘 사이의 구분을 그는 버렸다. 상대다수 의견 아래서는, 일반대중의 이익에 본의 아니게 관련되게 되는 사적 시민은 New York Times 기준의 요구들을 그가 충족시킬 수 있지 않은 한, 그 자신의 명성의 손상에 대한 배상청구권을 가지지 않는다. (418 U. S., at 337.)

나. 일정 정도의 허위사실의 공표가 보호되어야 하는 이유

사실에 관한 오류적 주장은 헌법적 보호를 누릴 가치가 없지만, 그것은 자유토론에 불가피하다. 자신의 사실적 주장들의 정확성을 보장하도록 출판사를 내지는 방송사를 강제하는 무과실책임(strict liability)의 법리는 참기 어려운 자기검열에 이를 수 있다. 중요한 말을 보호하기 위하여는 어느 정도의 허위사실 공표를 우리가 보호하여야 함을 연방헌법 수정 제1조는 요구한다. (418 U. S., at 339–341.)

다. 경쟁적 가치

(1) 명예훼손 법리에 의하여 달성되는 경쟁적 가치의 전적인 희생을 통신 매체들을 위한 절대적 보호는 요구한다. 문서비방 처벌관련 법리의 토대에 놓인 정당한 주(state) 이익은 명예훼손적 허위사실 공표에 의하여 개인들에게 가해진 해악의 그 개인들에 대한 보상이다. 자신의 좋은 이름의 보호를 누릴 개인의 권리가 반영하는 것은 모든 인간의 불가결한 존엄에 및 가치에 대한 우리의 기본적 개념이다. 연방헌법 수정 제9조에 및 제10조에 따라 일차적으로 개개 주들에게 사적 인격의 보호는 남겨져 있다. (418 U. S., at 341.)

(2) 강건하고도 제약 없는 언론의, 및 부당한 명예훼손을 시정함에 있어서의 적법한 이익의, 그 둘 사이에는 상당한 긴장이 존재한다. 이 경쟁하는 이해관계들 사이의 적절한 조화를 규정하기 위한 노력에 있어서는 말의 및 언론의 자유들의 유익한 행사에 불가결한 그 "숨쉴 공간"을 그 자유들에게 보장해야 함이 각별히 유념되어야 한다. (418 U. S., at 342.)

다. 공적 인물에게 및 사적 개인에게 적용되는 명예훼손 법리의 구분

(418 U. S., 343–346.)

공적 인물에 대한 명예훼손의 맥락에 적합한 헌법적 보호의 등급을 New York Times 기준은 규정한다. 사적 개인들에 관하여는 별개의 법리가 통용되어야 함을, 사적 개인들의 명예훼손을 배상함에 담긴 주 이익은 요구한다. 사적 개인의 명예에 침해를 가하는 명예훼손적 허위사실 공표에 따르는 손해배상을 강제하기 위한 그들의 노력들에 있어서의 상당한 폭을 주들은 보유해야 한다.

유력한 통신 체널들에의 상당히 더 큰 접근을 공직자들(public officials)은 및 공적 인물들(public figures)은 일반적으로 향유하고, 그리하여 허위의 주장들에 대응함에 있어서 공적 인물들(public figures)이 지니는 기회는 사적 개인들이 일반적으로 향유하는 기회가보다도 더 현실적이다. 공적 업무에의 연루라는 일정한 불가피한 결과들을 한 명의 공직자(a public officer)가 되기로 결정하는 개인은 받아들이지 않으면 안 된다. 공적 인물들(public figures)로 분류되는 사람들은 이에 비슷한 위치에 있다.

라. Rosenbloom 판결의 상대다수 의견에 따른, 사적 명예훼손 행위들에의 New York Times 기준의 적용을 배제함

(1) 이 정당한 주 이익을 Rosenbloom 판결의 상대다수 의견에 의하여 제창된 New York Times 기준의 확장이 침해하는 수준은 용인될 수 없는 것이다. 사적 명예훼손 행위들에의 New York Times 기준의 적용 가능성을 판정하기 위한 "공공의 내지는 일반대중의 이익" 기준은 그 걸려 있는 경쟁하는 가치들 양쪽의 요구를 채우기에 부적절하다. 무과실책임을 주들이 부과하지 아니하는 한도 내에서, 사적 개인의 명예를 침해하는 명예훼손적 허위사실의 공표를 저지른 출판사의 내지는 방송사의 책임에 관한 적절한 기준을 주들은 스스로 규정할 수 있다. (418 U. S., at 346–347.)

(2) 명예훼손적 허위사실 공표를 저지른 출판사에게 내지는 방송사에게 책임을 York Times 판결에 의하여 요구되는 증명에보다도 덜 엄격한 증명에 의거해서도 부과하도록, 사적 개인들에 의한 명예훼손 소송들에 있어서의 경쟁하는 가치들에 대한 우리의 조절은 주들에게 허용한다. (418 U. S., at 348.)

마. New York Times 기준의 엄격한 증명에 미달하는 증명을 한 경우의 손해배상의 범위

그러나 실제의 손해에 대한 배상을 넘어서까지는 이 상쇄적인 주 이익은 연장되지 않는다. 적어도 허위성에 대한 인식의 증명 위에, 내지는 진실에 대한 미필적 고의에 준하는 무시의 증명 위에 책임이 근거하지 아니하는 경우에는 추정적인 내지는 징벌적인 손해배상을 주들은 허용해서는 안 된다. 요컨대, New York Times 판결에 의하여 판시된 엄격한 기준에 미달하는 기준 아래서 책임을 증명한 사적 명예훼손 원고가 받을 수 있는 손해배상액은 단지 실제의 손해에 대하여 그를 회복시키기에 충분한 금액만이다. (418 U. S., at 349–350.)

바. 청구인이 공적 인물(a public figure)이었는지

(1) 일정한 경우들에 있어서는 널리 퍼진 명성을 내지는 악명을 개인이 성취함으로써 그는 한 명의 공적 인물이 될 수가 있다. 보다 일반적으로는, 특정의 공공의 논의 속에 한 명의 개인이 자발적으로 그 자신을 던져 넣거나 이에 말려들어가거나 하여, 제한된 범주의 쟁점들을 위하여 이로써 그는 공적 인물이 된다. 어떤 경우이든 이러한 사람들은 공공의 문제들의 해결에 있어서 특별한 두드러짐을 띤다.

(2) 청구인은 공적 인물이 아니었다. 최소한도의 역할만을 검시관의 검시에서 그는 수행하였고, 따라서 그의 참여는 오직 사적 의뢰인에 대한 그의 대변업무에만 관련된 것이었다. 청구인을 공적 인물로 규정짓기를 거부함에 있어서 오류를 정식사실심리 법원은 저지르지 않았다. (418 U. S., at 352.)

사. 결론

이 사건에 New York Times 기준은 적용될 수 없다. 피청구인 승소의 판결주문을 기입함에 있어서 오류를 정식사실심리 법원은 저질렀다. 무과실책임을 부과하도록 배심은 허용되었던 까닭에, 그리고 손해의 증명 없이 손해액을 추정하도록 배심은 허용되었던 까닭에, 새로운 정식사실심리가 필요하다. 원심판결을 파기하고 이 의견에 부합되는 추후의 절차들을 위하여 사건을 환송한다. (418 U. S., at 352.)

5. 더글라스(DOUGLAS) 판사의 반대의견의 요지

가. 연방헌법 수정 제4조의 규정들에 의하여 정당한 수색들에와 압수들에 및 치안판사들에 의하여 발부되는 영장들에 조화되지 않으면 안 되는 프라이버시의 권리가와는 다르게, 자유로운 말의 및 자유로운 언론의 권리들은 그 금지사항이 명백해 보이는 용어로써 입안자들에 의하여 보호되었다. 내용 여하를 불문하고 문서비방 처벌관련 법을 전혀 통과시키지 못하도록 연방의회를 연방헌법 수정 제1조는 금지하였다. (418 U. S., 356.)

나. 연방헌법 수정 제14조를 통하여 연방헌법 수정 제1조가 주들에게 적용 가능한 것이 된 터에, 말의 내지는 언론의 자유들을 조절할 능력을 연방의회가 지니는 이상으로 주들은 지닐 수 없다. 형사 제정법에 의하여 합헌적으로 주가 불러올 수 없는 사항은 마찬가지로 주(州)의 문서비방 민사소송의 범위 너머에 있다. New York Times Co. v. Sullivan, 376 U. S. 254, 277. (418 U. S., at 357.)

다. 연방헌법 수정 제14조의 존중을 받는 말의 자유로 하여금 연방헌법 수정 제1조의 보호의 희석된 변형이 되게끔, 공공의 쟁점들에 대한 공중의 의논을 이유로 하는 주(州) 문서비방 소송들의 가능성의 지속되는 인정은 만든다. (418 U. S., at 358.)

라. 자유로운 말에 및 자유언론에 관한 주(州) 판결들의 토대를 단지 적법절차 조항 위에만이 아니라 합중국 시민권자의 특권들 위에 및 면제들 위에 등 널리 연방헌법 수정 제14조 위에 당원은 두어 왔다. 주(州) 침해에 대처하여 말의 및 언론의 자유가 지니는 보호에의 자격을보다도 더 높은 자격을 지닌 특권을 내지는 면제를 나는 생각할 수 없다. (418 U. S., at 358–359.)

마. 이러한 논의를 이유로 하는 손해배상금의 부과를 자신의 민사 문서비방 법들을 통하여 한 개의 주가 인가할 때 자유로운 및 열린 논의를 그 주는 침해한다. 이 사건에서의 공표의 매개물은 아메리칸 오피니언지(誌)였는데, 그 잡지는 존 버치 협회(the John Birch Society)의 견해들을 전파하는 고도로 논란의 대상인 정기간행물이고 그 협회는 매우 공격적이라고 여러 사람들이 생각하는 한 개의 단체이다. "공산주의자 음모들"을, "법집행 기관들을 겨냥한 공모들"을

및 경찰에 의한 사적 시민의 살해를 그 주제는 포함하였다. (418 U. S., at 359-360.)

바. 이 사건의 상황들에서 출판사의 내지는 방송사의 책임에 관한 적절한 기준을 스스로 자유로이 규정하도록, 그리하여 단순과실 기준을 한 가지 선택권으로서 채택할 수 있도록 주들을 오늘의 기준은 남겨놓는다. 이 법원에 따르면, 합리적인 사람으로서 출판사가 행동하지 못하였다고 배심이 판정할 경우에는 손해배상금을 배심은 자유로이 부과할 수 있다. 연방헌법 수정 제1조의 보호에 대한 이러한 침식이 지속되면, 합리적인 사람은 말하기를 그만두는 사람임도 당연한 것이 될 것이다. (418 U. S., at 360.)

사. 공공의 문제들에 대한 이 논의를 이유로 한 손해배상금의 피청구인에게의 부과를 연방헌법 수정 제1조는 및 제14조는 금지하므로, 나라면 원심판결을 인가할 것이다. (418 U. S., at 360.)

6. 브레넌(BRENNAN) 판사의 반대의견의 요지

가. 명예훼손의 피해자가 사적 인물이면 및 명예에의 중대한 위험이 명백해 보이도록 명예훼손적 공표의 내용이 만드는 경우이면 무과실책임을 제외한 모든 책임을 주들이 부과할 수 있을 때에, 저 자유로운 및 강건한 토론에 충분한 숨쉴 공간이 허용된다는 데에 나는 동의할 수 없다. (418 U. S., at 361.)

나. 나는 Rosenbloom v. Metromedia, Inc., supra에서 표명된 나의 견해를 고수한다. 공공의 내지는 일반대중의 이익의 사건들에의 사적 개인들의 연루에 대한 매체들의 보도사항들에 관한 민사 문서비방 소송들에서는 New York Times Co. v. Sullivan, 376 U. S. 254 (1964) 판결에 따라 인지 상태에서의 허위성의 내지는 미필적 고의에 준하는 부주의에 의한 허위성의 기준을 적용하도록 주들에게 우리가 요구할 때에만 매체들의 자기검열에 대한 회피의 및 개인의 명예사항들에 대한 보호의 그 둘 사이에서의 적절한 조절을 산출할 수 있다. (418 U. S., at 361.)

다. 공적 인물들에 대한 명예훼손의 맥락에서 매체들에게 제공되어 온 바로 그 수준의 헌법적 보호를, 공공의 관심 사항들에의 사적 인물들의 개입을 매체의 보도들이 다루는 경우의 사건들에서 제공하기를 이 법원은 거부한다. Rosenbloom 사건에서 내가 밝힌 이유들에 따라 그것들을 나는 받아들일 수가 없다. (418 U. S., at 362-363.)

라. 연방헌법 수정 제1조상의 자유들에 대한 어느 정도의 남용이 관용되는 유일한 이유는 공중의 관심대상 사건들에 대한 논평자이기를 지망하는 사람들로 하여금 법정에서 그것이 증명될 수 있을지 여부에 대한 의문 때문에 또는 그렇게 해야 하는 비용에 대한 두려움 때문에 그 자신들의 비판을 목소리 냄으로부터 제지되지 않도록 보증하기 위해서일 뿐이다. New York Times Co. v. Sullivan, 376 U. S., at 279. (418 U. S., at 365.)

마. 그 요구되는 숨실 공간을 자유로운 표현에게서 이 법원의 판시는 박탈한다. 불법영역을 훨씬 더 멀리 출판사들이 비켜감에 따라, 적법한 공표에 대한 자기검열의 규칙을 오늘의 판결은 악화시킬 것이다. Speiser v. Randall, 357 U. S. 513, 526 (1958). (418 U. S., at 365.)

바. 공중의 이익의 문제들에 사적 개인들이 연루되는 사건들에서의 합리적 주의 기준에 대한 다수의 주들에 의한 채택은 마찬가지로 자기검열에게로 이끌 것이다. 더욱이, 합리적 주의를 뒷받침하기 위한 증명책임은 의문의 여지 없이 증거의 우세일 것이다. (418 U. S., at 366.)

사. 인기 없는 견해들을 억압할 훨씬 더 큰 위협을 제기하는 것은 추정적 내지는 징벌적 손해배상액의 있을 수 있는 인용이라기보다는 적절한 주의의 결여를 이유로 책임을 부과할 수 있는 배심의 재량이다. 연방헌법 수정 제1조의 표현에 필요한 활동범위를, 심지어 실제의 손해를 한도로 하는 인용액의 제한은조차도 제공하여 주지는 못할 것이다. (418 U. S., at 367.)

아. 다대한 손해배상금 판정으로부터 동등하게 손상을 소규모 신문사가 입음은 그 판정액의 명목이 실제의 손해에 대한 것이든 징벌적 손해에 대한 것이든 차이가 없다. Rosenbloom, supra, at 52-53. (418 U. S., at 367-368.)

자. 부주의에 의한 허위보도에 대한 책임을 부과하는 주 법들에 의하여 야기되는 자기검열이 출판사들에 및 방송사들에 대하여 지니는 중요성에 비하면 일반대중의 내지는 공중의 이익 개념의 불확실한 윤곽들로부터 생겨날 수도 있는 그 나머지 자기검열은 그 중요성이 훨씬 덜하다. (418 U. S., at 369.)

차. 다툼의 대상인 기사를 그 허위성에 대한 인식을 지닌 채로 내지는 진실에 대한 미필적 고의에 준하는 무시를 지닌 채로 피청구인이 공표했음을 청구인은 증명하지 못하였으므로, 항소법원의 판결주문을 나라면 인가할 것이다. (418 U. S., at 369.)

7. 화이트(WHITE) 판사의 반대의견의 요지

가. 전통적 문서비방 법리 위에 오늘의 판결이 가하는 영향력(418 U. S., at 375–376.)

(1) 전통적 문서비방 법리 위에 오늘의 판결이 가하는 영향력은 곧바로 명백하고도 확실하다. 자신의 소송을, 문면상으로 명예훼손적인 문서비방이라는 증거에 내지는 역사적으로 그 자체로 제소 가능한 중상행위라는 증거에 더 이상 원고는 의거할 수 없게 될 것이다. 공표자 쪽의 의도적인 내지는 부주의한 허위성을 내지는 태만을 그는 증명하지 않으면 안 된다. 지역사회에서의 그의 지위에의 실제의 손상에 대한 자격 있는 증거에 명예손상으로 인한 손해의 회복은 좌우되게 된다. 새 규칙 아래서는 공표가 진실이라는 이유에서가 아니라, 그것이 과실에 의하여 이루어진 것이 아니었다는 이유에서 원고는 패소할 수 있다.

(2) 그 자체로 제소 가능한 경우를 제외한 명예훼손 사건들에서 물질적 내지는 금전적 손실이 증명되면 명예에의 손상을 이유로 하는 일반적 손해배상액의 인용은 아울러 얻어질 수 있다는 매우 오랜 세월에 걸쳐 형성된 현행의 규칙을, 명예에의 특별한 손해를 일반적 손해배상액이 인용될 수 있기에 앞서 증명하여야 한다는 요구는 제거할 것이다. 징벌적 손해배상액의 인용을 위하여는 완고한 연방기준이 부과된다. 악의를 및 명예훼손의 시도를 증명하는 것으로는 더 이상 충분하지 못하게 될 것이다. 이것들은 법에 있어서의 극단적

변화들이고 주들의 특권들에 대한 심각한 침해들이다.

나. 명예훼손 법에서의 주요 변화들을 New York Times Co. v. Sullivan, 376 U. S. 254 (1964) 판결은; Rosenblatt v. Baer, 383 U. S. 75 (1966) 판결은 및 Curtis Publishing Co. v. Butts and Associated Press v. Walker, 388 U. S. 130 (1967) 판결은 빚어 놓았다. 인지 상태에서의 허위성을 내지는 진실에 대한 미필적 고의에 준하는 무시를 공직자들은 및 공적 인물들은 증명하지 않으면 안 된다. 이 판결들을 준수하도록 주들은 요구되었다. 공중의 내지는 일반대중의 관심의 사안에 공표가 관련하는 경우에는 항상 바로 그 기준이 적용되게 할 것을 그 뒤에 Rosenbloom v. Metromedia, Inc., 403 U. S. 29 (1971) 판결에서 당원의 세 명의 판사들은 촉구하였다. (418 U. S., at 377.)

다. Rosenbloom에서의 상대다수 의견을 사적 개인이 관련되는 경우에 이 법원은 거부하는바, 무과실책임의 등 이러한 잘못 규정된 개념들의 의미를 분별하기 위하여, 그리고 손해배상금의 인용을 위한 새로운 규칙들을 모양 짓기 위하여 주들은 이제 애쓰지 않으면 안 된다. (418 U. S., at 377–380.)

라. 연방헌법 수정 제1조의 채택 당시에, 문서비방 관련법의 결말들의 다수가 전개된 상태였는바, 문서비방들은 및 일부 중상행위들은 본질적으로 유해하여 명예에의 손상의 특별한 증명 없이도 제소 가능하다는 규칙은 특별히 그리하였다. (418 U. S., at 380–381.)

마. 문서비방 보통법을 폐지하려는 의도를 연방헌법 수정 제1조가 띤 것이라는 점에 대한 증거는 설령 그 존재한다 하더라도 부족하다. 이 보통법 소송들은 언론의 자유를 침해하는 것들이 아니었다.(418 U. S., at 381–382.)

바. 적법한 말의 및 불법인 말의 그 둘 사이의 구분을 1791년의 상황들은 자의적으로 영구히 고정짓지 아니한다. 치안방해적 문서비방들을 폐지하기를 및 연방정부에 대한 비판을 이유로 하는 연방정부에 의한 소추들을 금지하기를 초안자들이 의도했을 수 있는 반면에, 외설에, 모독에 및 개인들의 명예훼손에 관한 보통법을 자유로운 말 조항들은 일소하지 아니한다. (418 U. S., at 382–

384.)

사. 명예훼손적 발언들은 연방헌법 수정 제1조에 의하여 전적으로 보호되지 않는다는 데에 New York Times Co. v. Sullivan, 376 U. S. 254 (1964) 판결 이전의 법원의 일관된 견해는 있었다. (418 U. S., at 384-386.)

아. 이 역사적 견해의 일반성을 New York Times Co. v. Sullivan, supra에서 당원은 받아들일 수 없었다. 치안방해적 문서비방은 - 정부에 및 공직자들에 대한 비판은 - 주(State) 경찰권한 너머에 있다는 데에 New York Times 판결의 및 연방헌법 수정 제1조의 핵심적 의미는 있다. 명예에 손상을 가하는 공표된 허위사실들을 시정하기 위한 연방헌법 수정 제1조 자신의 역사적 상환청구권을 사적 시민으로부터 모든 상황들에서 박탈할 의도를 그 수정조항이 지녔음을, 내지는 역사에 및 선례에 어긋나게 그 수정조항이 이제 그렇게 해석되어야 함을 시사하지 아니하기는 New York Times 판결이가든 그 후속판례들이가든 마찬가지다. (418 U. S., at 386-387.)

자. 무과실책임이라고 자신이 간주하는 바를 및 New York Times 악의를 다 같이 거부하고서는 일정 정도의 중간의 과실을 이 법원은 고집한다. 무과실책임에 대한 사법체계의 저항이, 문서비방 법리에 대변혁을 불러오기 위하여 연방헌법 수정 제1조를 사용하는 근거로서 충분한지 나는 의심한다. (418 U. S., at 389-390.)

차. 언론매체 산업을 대량의 문서비방 판결들로부터 보호하려는 것이 이 법원의 주된 관심이라고 하더라도, 일반적 및 징벌적 손해배상에 관한 이 법원의 새로운 요구사항들로써 충분한 보호가 될 것으로 생각될 것이다. 이 법원의 새로운 규칙들 아래서, 명예훼손적 공표를만이 아니라 이에 수반된 일정 정도의 과실을까지 원고는 증명하지 않으면 안 된다. 위험을 이 방식으로 배분함은, 그리하여 그 손해를 전적으로 잘못 없는 피해자더러 감수하라고 강제함은 받아들일 수 없다. New York Times 판결에 및 그 이후의 선례들에 의하여 교란된 바 없는 그 일반적 손해배상 규칙을, 즉 문면상으로의 문서비방들에 및 중상행위들에 관하여 명예훼손은 추정된다는 및 그 청구되는 그 어떤 특별손해액에

도 더하여 일반적 손해배상액은 인정될 수 있다는 규칙을 이 법원은 폐지한다. 설령 금전적 손해배상을 원고가 받아서는 안 된다고 하더라도 그는 승소할 수 있어야 하고 그 공표가 허위라는 판결주문을 그는 얻을 수 있어야 한다. (418 U. S., at 391–393.)

카. 배심들에 의한, 통제되지 않는 손해배상액 인정을 이 법원은 두려워하지만, 그러나 배심원들의 양식을 그것은 모독하는 것일 뿐만 아니라, 과도한 배심 평결들을 제한함에 있어서의 정식사실심리 법원들의 및 항소심 법원들의 역할을 그것은 고려하지 않는 것이기도 하다. 이 책무를 능숙하게 미국 법원들은 이행해 왔다. 배심 인용액은 확실히 예측 불가능할 수 있기는 하지만, 배심의 결론이 증거의 이성적 고찰에 및 법의 타당한 적용에 근거한 것이 됨을 보장하고자 정식사실심리 법원들은 및 항소심 법원들은 점점 더 점점 더 주의를 기울여 왔다. (418 U. S., at 394–397.)

타. 연방헌법 수정 제1조는 공공의 문제들에 대한 제약 없는, 강건한, 그리고 활짝 열린 토론에 바치는 자유국민의 봉헌에 대한 장엄한 선언인바, 그러나 그것의 힘을 불필요하게 우리가 소비한다면 중대한 학대를 그것에 우리는 가하는 것이다. New York Times 판결에 찬동하기를 및 그 판결의 보호를 공적 인물들에 관한 명예훼손적 허위공표들에 확장하는 판결들에 찬동하기를 나는 계속한다. (418 U. S., at 398.)

파. 뉴스매체들의 이익을 위한 주 문서비방법들의 추가적 거세에 의하여 공중의 토론의 질이 내지는 양이 어떻게 촉진될지 나는 이해할 수 없다. 새로운 및 급진적인 불균형을 보도행위들의 과정에 이 추세는 유발시킬 수 있다. (418 U. S., at 399–400.)

하. 명예에의 공격들을 방지함에 및 시정함에 있어의 사회의 널리 미치는 및 강력한 이익에 이 법원이 부여하는 중요성에 이 사건은 궁극적으로 귀착한다. 그 이익을 이 법원은 잘못 짚었고 훼손하였다. 적어도 그 쟁점은 고도로 논란의 여지가 있는 것인바, 게다가 주 문서비방 법들을 주무름을 정당화하기 위

한 무거운 증명책임을 이 법원은 완수해 놓지도 못하였다. (418 U. S., at 400-401.)

거. 노출의 일정 정도의 위험은 문명화된 공동체에서의 삶의 부수물이기는 하지만, 명예훼손적 허위공표들을 사적 시민은 받아들일 용의가 없다. 게다가 그의 명예에의 부당한 침해에 대하여 혐의를 풀 능력을 사회가 갖추고 있지 못한 것이도 아니다. (418 U. S., at 402.)

너. 연방헌법 수정 제1조가 주 명예훼손 법들에 관한 분야에서의 유일한 길잡이임을 가정함은 오류이다. 그것은 유일한 길잡이가 아니다. 부당한 침해로부터 및 불법적 손상으로부터 자기 자신의 명예의 보호를 누릴 개인의 권리가 반영하는 것은 다름 아닌 모든 인간의 불가결한 존엄에 및 가치에 대한 우리의 기본적 개념이다. 사적 인격의 보호는 생명 자체의 보호가 그러하듯, 연방헌법 수정 제9조에 및 제10조에 따라 일차적으로 개개 주들에게 남겨져 있다. 그러나 우리의 헌법제도의 기초원리로서 이 법원에 의한 인정을 누릴 자격을 그 권리가 조금이라도 덜 갖추고 있음을 이것은 의미하지 않는다. Rosenblatt v. Baer, supra, at 92 [스튜어트(STEWART) 판사, 보충의견].

더. 그들의 훌륭한 이름들에 있어서의 그 자신들의 적법한 이익을 지킬 효과적인 수단을 우리 국민들이 박탈당한다면 우리의 체제는 살아남을 수도 없다. 나라면 항소법원의 판결주문을 파기하고 배심의 평결을 회복시킬 것이다.(418 U. S., at 402-404.)

> ## MR. JUSTICE POWELL delivered the opinion of the Court.

This Court has struggled for nearly a decade to define the proper accommodation between the law of defamation and the freedoms of speech and press protected by the First Amendment. With this decision we return to that effort. We granted certiorari to reconsider the extent of a publisher's constitutional privilege against liability for defamation of a private citizen. 410 U. S. 925 (1973).

I

In 1968 a Chicago policeman named Nuccio shot and killed a youth named Nelson. The state authorities prosecuted Nuccio for the homicide and ultimately obtained a conviction for murder in the second degree. The Nelson family retained petitioner Elmer Gertz, a reputable attorney, to represent them in civil litigation against Nuccio.

Respondent publishes American Opinion, a monthly outlet for the views of the John Birch Society. Early in the 1960's the magazine began to warn of a nationwide conspiracy to discredit local law enforcement agencies and create in their stead a national police force capable of supporting a Communist dictatorship. As part of the continuing effort to alert the public to this assumed danger, the managing editor of American Opinion commissioned an article on the murder trial of Officer Nuccio. For this purpose he engaged a regular contributor to the magazine. In March 1969 respondent published the resulting article under the title "FRAME-UP: Richard «418 U. S., 326» Nuccio And

법원의 의견을 파월(POWELL) 판사가 냈다.

　명예훼손 처벌 법리의, 그리고 연방헌법 수정 제1조에 의하여 보호되는 말의 및 언론의 자유의, 그 둘 사이의 적절한 조절 문제를 명확히 하고자 거의 10년 동안을 당원은 고투해 왔다. 이 판결을 가지고서 그 고투에 우리는 돌아간다. 사적 시민에의 명예훼손을 이유로 하는 책임에 대처한 출판사의 헌법적 특권의 범위를 재검토하기 위하여 사건기록 송부명령을 우리는 허가하였다. 410 U. S. 925 (1973).

I

　넬슨(Nelson)이라는 이름의 청년을 1968년에 누치오(Nuccio)라는 이름의 시카고 경찰관은 쏘아서 죽였다. 누치오를 살인혐의로 주 당국은 기소하였고 2급 살인에 대한 유죄판정을 궁극적으로 주 당국은 얻었다. 누치오를 상대로 한 민사소송에서 자신들을 대변하도록 저명한 변호사인 청구인 엘머 거츠(Elmer Gertz)를 넬슨 가족들은 선임하였다.

　존 버치 협회(the John Birch Society)의 견해들을 대변하는 월간지인 아메리칸 오피니언(American Opinion)을 피청구인은 발간한다. 지방의 법집행 기관들의 평판을 나쁘게 하려는, 그리고 공산주의 독재를 후원할 수 있는 전국적 경찰대를 그 대신에 창설하려는 전국적 음모에 관하여 1960년대 초에 잡지는 경고하기 시작하였다. 이 가정된 위험을 공중에게 경고하려는 지속적인 노력의 일환으로서, 경찰관 누치오의 살인죄 혐의에 대한 정식사실심리에 관한 기사를 아메리칸 오피니언의 편집주간은 주문하였다. 잡지에 대한 정기적 기부자 한 명을 이 목적을 위하여 그는 고용하였다. 그 결과물인 "조작극 : 리차드 누치오, 그리고 대 경찰 투쟁"이라는 제목의 《418 U. S., 326》 기사를 1969년 3월에 피청구인은 발행하였다. 누치오에 대한 형사 정식

The War On Police." The article purports to demonstrate that the testimony against Nuccio at his criminal trial was false and that his prosecution was part of the Communist campaign against the police.

In his capacity as counsel for the Nelson family in the civil litigation, petitioner attended the coroner's inquest into the boy's death and initiated actions for damages, but he neither discussed Officer Nuccio with the press nor played any part in the criminal proceeding. Notwithstanding petitioner's remote connection with the prosecution of Nuccio, respondent's magazine portrayed him as an architect of the "frame-up." According to the article, the police file on petitioner took "a big, Irish cop to lift." The article stated that petitioner had been an official of the "Marxist League for Industrial Democracy, originally known as the Intercollegiate Socialist Society, which has advocated the violent seizure of our government." It labeled Gertz a "Leninist" and a "Communist-fronter." It also stated that Gertz had been an officer of the National Lawyers Guild, described as a Communist organization that "probably did more than any other outfit to plan the Communist attack on the Chicago police during the 1968 Democratic Convention."

These statements contained serious inaccuracies. The implication that petitioner had a criminal record was false. Petitioner had been a member and officer of the National Lawyers Guild some 15 years earlier, but there was no evidence that he or that organization had taken any part in planning the 1968 demonstrations in Chicago. There was also no basis for the charge that petitioner was a "Leninist" or a "Communist-fronter." And he had never been a member of the "Marxist League for Industrial Democracy" or the "Intercollegiate Socialist Society." «418 U. S., 327»

The managing editor of American Opinion made no effort to verify or substantiate the charges against petitioner. Instead, he appended an editorial

사실심리에서의 그에게 불리한 증언은 허위였음을, 그리고 그에 대한 기소는 경찰에 대한 공산주의 운동의 일부였음을 설명하는 내용으로 기사는 되어 있다.

청년의 사체에 대한 검시관의 검시절차에 민사소송에서의 넬슨 가족들을 위한 변호사로서의 자신의 권한으로 청구인은 참석하였고 손해배상 청구소송들을 제기하였으나, 경찰관 누치오에 관하여 언론과의 사이에서 청구인은 논의한 바도 없었고 형사절차에서 조금이라도 역할을 수행한 바도 없었다. 누치오에 대한 소추에의 청구인의 연결은 희박한 것임에도 불구하고, 그를 그 "조작극"의 설계사로 피청구인의 잡지는 묘사하였다. 이 기사에 따르면, 그 "들어올리는 데에 커다란 덩치의 아일랜드계 경찰관 한 명"을 청구인에 관한 경찰 서류철은 필요로 하였다. 청구인은 "우리 정부에 대한 폭력에 의한 강탈을 옹호해 온, 당초에 대학연합 사회주의자협회라고 알려진 산업적 민주주의를 위한 마르크스주의자 연맹"의 임원이었다고 기사는 주장하였다. 거츠를 "레닌주의자"로 및 "공산주의자 전위대원"으로 그것은 낙인찍었다. 거츠는 전국법률가협회의 임원이었다고 아울러 그것은 주장하였는데, "1968년 민주당 전당대회 도중의 시카고 경찰에 대한 공산주의자들의 공격을 계획하기 위하여 다른 어떤 단체가 한 것을보다도 더 많은 것을 아마도 한" 공산주의자 조직으로 그것은 기술되었다.

중대한 부정확함들을 이 주장들은 포함하였다. 전과기록을 청구인이 보유하였다는 함축은 틀린 것이었다. 청구인은 대략 15년쯤 전에 전국법률가협회의 회원이자 임원이기는 했지만, 그러나 1968년 시카고에서의 시위들을 계획함에 있어서 그가 내지는 그 조직이 조금이라도 가담하였다는 증거는 없었다. 청구인이 "레닌주의자"였다는 내지는 "공산주의자 전위대원"이었다는 비난을 위한 근거가 없기는 마찬가지였다. 그리고 그는 "산업적 민주주의를 위한 마르크스주의자 연맹"의 내지는 "대학연합 사회주의자협회"의 회원이었던 적이 결코 없었다. 《418 U. S., 327》

청구인에 대한 비난사항들을 확인하기 위한 내지는 입증하기 위한 노력을 아메리칸 오피니언의 편집주간은 기울이지 않았다. 그렇게 하기는커녕, "리차드 누치

introduction stating that the author had "conducted extensive research into the Richard Nuccio Case." And he included in the article a photograph of petitioner and wrote the caption that appeared under it: "Elmer Gertz of Red Guild harrasses Nuccio." Respondent placed the issue of American Opinion containing the article on sale at newsstands throughout the country and distributed reprints of the article on the streets of Chicago.

Petitioner filed a diversity action for libel in the United States District Court for the Northern District of Illinois. He claimed that the falsehoods published by respondent injured his reputation as a lawyer and a citizen. Before filing an answer, respondent moved to dismiss the complaint for failure to state a claim upon which relief could be granted, apparently on the ground that petitioner failed to allege special damages. But the court ruled that statements contained in the article constituted libel per se under Illinois law and that consequently petitioner need not plead special damages. 306 F. Supp. 310 (1969).

After answering the complaint, respondent filed a pretrial motion for summary judgment, claiming a constitutional privilege against liability for defamation.[1] It asserted that petitioner was a public official or a public figure and that the article concerned an issue of public interest and concern. For these reasons, respondent argued, it was entitled to invoke the privilege enunciated in New York Times Co. v. Sullivan, 376 U. S. 254 (1964). Under this rule respondent would escape liability unless «418 U. S., 328» petitioner could prove publication of defamatory falsehood "with 'actual malice' - that is, with knowledge that it was false or with reckless disregard of whether it was false or not." Id., at 280. Respondent claimed that petitioner could not make such a showing and submitted a supporting affidavit by the magazine's managing

---

1) Petitioner filed a cross—motion for summary judgment on grounds not specified in the record. The court denied petitioner's cross—motion without discussion in a memorandum opinion of September 16, 1970.

오 사건을 캐 들어가는 광범위한 조사를" 저자가 "실시한" 상태임을 주장하는 편집자로서의 설명을 그는 덧붙였다. 그리고 청구인의 사진을 기사에 그는 포함시키고서 제목을 그 아래에 이렇게 썼다: "붉은 협회의 엘머 거츠, 누치오를 공격하다." 그 기사를 담은 아메리칸 오피니언의 발행물을 나라 전체의 잡지 판매점들에 피청구인은 내놓았고 기사의 증쇄본들을 시카고의 대로변들 위에서 배포하였다.

문서비방을 이유로 하는 주적상위(州籍相違) 소송을 일리노이주 북부지구 관할 미합중국 지방법원에 청구인은 제기하였다. 변호사로서의 및 시민으로서의 자신의 명예를 피청구인에 의하여 공표된 허위사실들이 손상하였다고 그는 주장하였다. 구제가 부여될 수 있는 근거가 될 한 개의 주장에 대한 진술의 결여를 이유로, 즉 외관상으로 현실의 손해를 청구인이 주장하지 못하였음을 이유로 소장을 각하할 것을, 답변을 제출하기에 앞서서 피청구인은 신청하였다. 그러나 일리노이주 법 아래서 그 자체로서의 문서비방을 기사에 포함된 주장들은 구성한다고, 따라서 현실의 손해를 청구인은 진술하여야 할 필요가 없다고 지방법원은 판단하였다. 306 F. Supp. 310 (1969).

약식판결을 구하는 정식사실심리 이전 신청을 소장에 대하여 답변한 뒤에 피청구인은 제기하였는데, 명예훼손을 이유로 하는 책임을 면제하는 헌법상의 특권을 피청구인은 주장하였다.[1] 청구인은 공직자(a public official) 내지는 공적 인물(a public figure)이라고, 그리고 공공의 이익의 및 관심의 문제를 기사는 다룬다고 그것은 주장하였다. New York Times Co. v. Sullivan, 376 U. S. 254 (1964)에서 선언된 특권을 자신은 원용할 권리가 있다고 이러한 이유들에 따라서 피청구인은 주장하였다. "'현실의 악의'를 지닌 채로의 - 즉 그것이 허위의 것임에 대한 «418 U. S., 328» 인식을 지닌 채로의 또는 그것이 허위의 것인지 아닌지 여부에 관한 미필적 고의에 준하는 무시를 지닌 채로의" 명예훼손적 허위사실의 공표를 청구인이 증명하지 못하는 한, 그 법리 아래서 책임을 피청구인은 면하게 된다는 것이었다. Id., at 280. 이러한 증명을 청구인은 할 수 없다고 피청구인은 주장하면서 이를 뒷받침하는 잡지 편집주

---

1) 약식판결을 구하는 교호신청(交互申請)을 청구인은 제기하였는데, 그 이유들은 기록에 명시되어 있지 않다. 청구인의 교호신청을 1970년 9월 16일자 간단한 판결문으로 논의 없이 지방법원은 기각하였다.

editor. The editor denied any knowledge of the falsity of the statements concerning petitioner and stated that he had relied on the author's reputation and on his prior experience with the accuracy and authenticity of the author's contributions to American Opinion.

The District Court denied respondent's motion for summary judgment in a memorandum opinion of September 16, 1970. The court did not dispute respondent's claim to the protection of the New York Times standard. Rather, it concluded that petitioner might overcome the constitutional privilege by making a factual showing sufficient to prove publication of defamatory falsehood in reckless disregard of the truth. During the course of the trial, however, it became clear that the trial court had not accepted all of respondent's asserted grounds for applying the New York Times rule to this case. It thought that respondent's claim to the protection of the constitutional privilege depended on the contention that petitioner was either a public official under the New York Times decision or a public figure under Curtis Publishing Co. v. butts, 388 U. S. 130 (1967), apparently discounting the argument that a privilege would arise from the presence of a public issue. After all the evidence had been presented but before submission of the case to the jury, the court ruled in effect that petitioner was neither a public official nor a public figure. It added that, if he were, the resulting application of the New York Times standard would require a directed verdict for respondent. Because some statements in the article constituted libel per se «418 U. S., 329» under Illinois law, the court submitted the case to the jury under instructions that withdrew from its consideration all issues save the measure of damages. The jury awarded $50,000 to petitioner.

Following the jury verdict and on further reflection, the District Court concluded that the New York Times standard should govern this case even though petitioner was not a public official or public figure. It accepted

간의 선서진술서를 제출하였다. 청구인에 관한 주장들의 허위성에 대한 조금이나 마의 인식을 편집주간은 부인하였고, 저자의 명성에 및 아메리칸 오피니언에 대한 저자의 기여사항들의 정확성에 및 확실성에 관한 자신의 이전의 경험에 자신은 의존했었다고 그는 진술하였다.

약식판결을 구하는 피청구인의 신청을 1970년 9월 16일자 간단한 판결문으로 지방법원은 기각하였다. New York Times 기준의 보호에 관한 피청구인의 주장을 지방법원은 문제삼지 않았다. 오히려, 진실에 대한 미필적 고의에 준하는 무시 가운데서의 명예훼손적 허위사실의 공표를 증명하기에 충분한 사실적 입증을 함으로써 그 헌법적 특권을 청구인은 극복할 수 있다고 지방법원은 결론지었다. 그러나 New York Times 법리를 이 사건에 적용하여야 한다는 취지의 피청구인의 제시된 논거들의 전부를 정식사실심리 법원이 받아들인 것은 아님이 정식사실심리 과정에서 명백해졌다. 청구인이 New York Times 판결 아래서의 공직자(a public official)라는 내지는 Curtis Publishing Co. v. Butts, 388 U. S. 130 (1967) 판결 아래서의 공적 인물(a public figure)이라는 주장에, 헌법적 특권의 보호에 관한 피청구인의 주장은 달린 것으로 지방법원은 생각하였는데, 공공의 쟁점의 존재로부터 한 개의 특권은 발생하는 법이라는 주장을 그것은 명백히 무시한 것이었다. 청구인은 공직자(a public official)가도 아니고 공적 인물(a public figure)이도 아님을, 모든 증거가 제출되고 난 뒤에, 그러나 배심에의 사건 회부 이전에 지방법원은 판단하였다. 만약 그가 그러한 사람이라면 피청구인 승소의 지시평결(directed verdict)을 이에 따른 New York Times 기준의 적용은 요구할 것임을 지방법원은 덧붙였다. 기재 내용 그 자체로서의 문서비방을 일리노이주 법 아래서 기사 안의 주장들 일부는 «418 U. S., 329» 구성하였기에, 손해배상액의 산정을 제외한 모든 쟁점들을 배심의 검토에서 배제하는 지시사항들을 붙여 사건을 배심에게 지방법원은 회부하였다. 50,000불의 승소를 청구인에게 배심은 인정하였다.

비록 청구인은 공직자(a public official)가도 공적 인물(a public figure)이도 아님에도 불구하고 이 사건은 New York Times 기준이 지배하여야 한다고, 배심 평결에 이어, 그리고 추가적 숙고를 거쳐 지방법원은 결론지었다. 그 어떤 공공의 쟁점에 대한

respondent's contention that that privilege protected discussion of any public issue without regard to the status of a person defamed therein. Accordingly, the court entered judgment for respondent notwithstanding the jury's verdict.[2] This conclusion anticipated the reason- «418 U. S., 330» ing of a plurality of this Court in Rosenbloom v. Metromedia, Inc., 403 U. S. 29 (1971).

Petitioner appealed to contest the applicability of the New York Times standard to this case. Although the Court of Appeals for the Seventh Circuit doubted the correctness of the District Court's determination that petitioner was not a public figure, it did not overturn that finding.[3] It agreed with the District Court that respondent could assert the constitutional privilege because the article concerned a matter of public interest, citing this Court's intervening decision in Rosenbloom v. Metromedia, Inc., supra. The Court of

---

2) 322 F. Supp. 997 (1970). Petitioner asserts that the entry of judgment n. o. v. on the basis of his failure to show knowledge of falsity or reckless disregard for the truth constituted unfair surprise and deprived him of a full and fair opportunity to prove "actual malice" on the part of respondent. This contention is not supported by the record. It is clear that the trial court gave petitioner no reason to assume that the New York Times privilege would not be available to respondent. The court's memorandum opinion denying respondent's pretrial motion for summary judgment does not state that the New York Times standard was inapplicable to this case. Rather, it reveals that the trial judge thought it possible for petitioner to make a factual showing sufficient to overcome respondent's claim of constitutional privilege. It states in part:
"When there is a factual dispute as to the existence of actual malice, summary judgment is improper.
......
"In the instant case a jury might infer from the evidence that [respondent's] failure to investigate the truth of the allegations, coupled with its receipt of communications challenging the factual accuracy of this author in the past, amounted to actual malice, that is, 'reckless disregard' of whether the allegations were true or not. New York Times [Co.] v. Sullivan, [376 U. S. 254,] 279–280 [(1964)]." Mem. Op., Sept. 16, 1970.
Thus, petitioner knew or should have known that the outcome of the trial might hinge on his ability to show by clear and convincing «418 U. S., 330» evidence that respondent acted with reckless disregard for the truth. And this question remained open throughout the trial. Although the court initially concluded that the applicability of the New York Times rule depended on petitioner's status as a public figure, the court did not decide that petitioner was not a public figure until all the evidence had been presented. Thus petitioner had every opportunity, indeed incentive, to prove "reckless disregard" if he could, and he in fact attempted to do so. The record supports the observation by the Court of Appeals that petitioner "did present evidence of malice (both the 'constitutional' and the 'ill will'type) to support his damage claim and no such evidence was excluded ……." 471 F. 2d 801, 807 n. 15 (1972).
3) The court stated:
"[Petitioner's] considerable stature as a lawyer, author, lecturer, and participant in matters of public import undermine[s] the validity of the assumption that he is not a 'public figure' as that term has been used by the progeny of New York Times. Nevertheless, for purposes of decision we make that assumption and test the availability of the claim of privilege by the subject matter of the article." Id., at 805.

논의를이든 거기서 명예훼손을 당한 사람의 지위 여하에 상관없이 그 특권은 보호한다는 피청구인의 주장을 지방법원은 받아들였다. 따라서, 배심의 평결에도 불구하고 피청구인 승소의 판결주문을 지방법원은 기입하였다.[2] Rosenbloom v. Metromedia, Inc., 403 U. S. 29 (1971) 판결에서의 «418 U. S., 330» 당원의 상대다수 판사들의 추론을 이 결론은 예상하였다.

이 사건에의 New York Times 기준의 적용 가능성을 다투기 위하여 청구인은 항소하였다. 청구인이 공적 인물이 아니라는 지방법원의 판단의 정확성을 제7순회구 항소법원은 비록 의심하였음에도 불구하고, 그 판단을 항소법원은 뒤집지 않았다.[3] 공중의 이익의 문제를 기사는 다루고 있기에 헌법적 특권을 피청구인은 주장할 수 있다는 점에 관하여 지방법원에 동의하면서, 그 사이에 선고된 Rosenbloom v. Metromedia, Inc., supra에서의 당원의 판단을 항소법원은 인용하였다. 조금이라도 중대한 공공의 이익의 쟁점에 관한 공표에는 내지는 방송에는, 명예를 훼손당하

---

2) 322 F. Supp. 997 (1970). 허위성의 인식을 내지는 진실에 대한 무시를 증명함에 대한 자신의 불이행에 토대한 판결주문 n. o. v.의 기입은 불공정한 불의의 타격을 구성하였다고, 그리하여 피청구인 쪽의 "현실의 악의"를 증명할 완전하고도 공평한 기회를 자신에게서 판결주문은 박탈하였다고 청구인은 주장한다. 이 주장은 기록에 의하여 뒷받침되지 않는다. 피청구인에게 New York Times 특권이 유효하지 않다고 가정할 만한 이유를 청구인에게 정식사실심리 법원이 전혀 부여한 바 없음은 명백하다. 이 사건에 New York Times 기준이 적용되지 아니함을. 약식판결을 구하는 피청구인의 정식사실심리 이전 신청을 기각하는 법원의 간단한 판결문은 판시하지 않는다. 헌법적 특권에 관한 피청구인의 주장을 극복하기 위한 충분한 사실적 증명을 청구인이 하는 것은 가능하다고 정식사실심리 판사는 생각하였음을 오히려 판결문은 드러낸다. 판결문 가운데 이렇게 판시한 부분이 있다:
"현실의 악의의 존재에 관하여 사실관계의 다툼이 있는 경우에. 약식판결은 부적절하다.
......
"주장사실들의 진실성을 조사함에 대한 [피청구인의] 불이행은. 과거의 이 저자의 사실적 정확성을 의심스럽게 하는 소식들에 대한 피청구인의 수령에 결합하여, 현실의 악의에 달하는 것으로, 즉 주장들이 진실인지 아닌지 여부에 대한 '미필적 고의에 준하는 무시'에 달하는 것으로, 증거에 의거하여 현재의 사건에서 배심은 추론하였을 수 있다. New York Times [Co.] v. Sullivan. [376 U. S. 254.] 279–280 [(1964)]." Mem. Op., Sept. 16, 1970.
진실에 대한 미필적 고의에 준하는 무시를 지니고서 피청구인이 행동하였음을 명백한 및 설득력 있는 증거에 의하여 증명할 «418 U. S., 330» 그의 능력에 정식사실심리의 결과는 달려 있을 수 있음을 이렇듯 청구인은 알았거나 알았어야 하였다. 게다가 정식사실심리 전체를 통하여 이 문제는 미결정 상태로 남아 있었다. 비록 공적 인물로서의 청구인의 지위 여하에 New York Times 법리의 적용은 좌우된다고 지방법원은 최초로 결론지었음에도 불구하고, 청구인이 공적 인물이 아니라고는 증거 전부가 제출되고 났을 때까지 지방법원은 판단하지 않았다. "미필적 고의에 준하는 무시"를 그가 증명할 수 있다면 이를 증명할 모든 기회를. 심지어는 동기를조차도 이렇듯 청구인은 가졌고, 그리고 실제로 그렇게 하고자 그는 시도하였다. "자신의 손해 주장을 뒷받침하기 위한 악의의 증거를(' 헌법사실적' 유형을 및 '해의(害意)' 유형을 합쳐) 청구인은 "실제로 제출하였다."는. 그리고 "그러한 증거는 아무 것도 배제되지 않았다. ……"는 항소법원의 의견을 기록은 뒷받침한다. 471 F. 2d 801, 807 n. 15 (1972).
3) 항소법원은 말하였다:
"그가. New York Times 판결의 후속판결들에 의하여 '공적 인물' 이라는 단어가 사용된 의미에서의 '공적 인물'이 아니라는 가정의 타당성의 토대를 변호사로서의, 저자로서의, 강의자로서의, 그리고 공공의 중요사항들에의 참여자로서의 [청구인의] 유력한 지위는 침식[한]다. 이에도 불구하고, 그 가정을 판결의 목적상으로 우리는 하며, 특권에 대한 주장의 이용 가능성을 기사의 계쟁물에 의하여 우리는 판단한다." Id., at 805.

Appeals read Rosenbloom to require application of the New York Times standard to any publication or broadcast about an issue of significant public interest, without regard to the position, fame, or anonymity of the person defamed, and it concluded that respondent's statements «418 U. S., 331» concerned such an issue.[4] After reviewing the record, the Court of Appeals endorsed the District Court's conclusion that petitioner had failed to show by clear and «418 U. S., 332» convincing evidence that respondent had acted with "actual malice" as defined by New York Times. There was no evidence that the managing editor of American Opinion knew of the falsity of the accusations made in the article. In fact, he knew nothing about petitioner except what he learned from the article. The court correctly noted that mere proof of failure to investigate, without more, cannot establish reckless disregard for the truth. Rather, the publisher must act with a "high degree of

---

4) In the Court of Appeals petitioner made an ingenious but unavailing attempt to show that respondent's defamatory charge against him concerned no issue of public or general interest. He asserted that the subject matter of the article was the murder trial of Officer Nuccio and that he did not participate in that proceeding. Therefore, he argued, even if the subject matter of the article generally were protected by the New York Times privilege, under the opinion of the Rosenbloom plurality, the defamatory statements about him were not. The Court of Appeals rejected this argument. It noted that the accusations against petitioner played an integral part in respondent's general thesis of a nationwide conspiracy to harass the police:

"[W]e may also assume that the article's basic thesis is false. Nevertheless, under the reasoning of New York Times Co. v. Sullivan, even a false statement of fact made in support of a false thesis is protected unless made with knowledge of its falsity or with reckless disregard of its truth or falsity. It would undermine the rule of that case to permit the actual falsity of a statement to determine whether or not its publisher is entitled to the benefit of the rule.

"If, therefore, we put to one side the false character of the article and treat it as though its contents were entirely true, it cannot be denied that the comments about [petitioner] were integral to its central thesis. They must be tested under the New York Times standard." 471 F. 2d, at 806.

We think that the Court of Appeals correctly rejected petitioner's argument. Its acceptance might lead to arbitrary imposition of liability on the basis of an unwise differentiation among kinds of factual misstatements. The present case illustrates the point. Respondent falsely portrayed petitioner as an architect of the criminal prosecution against Nuccio. On its face this inaccuracy does not appear defamatory. Respondent also falsely labeled petitioner a "Leninist" and a "Communist-fronter." These accusations are generally considered defamatory. Under petitioner's interpretation of the "public or general interest" test, respondent would have enjoyed a constitutional privilege to publish defamatory falsehood if petitioner had in fact been associated with the criminal prosecution. But this would mean that the seemingly innocuous mistake of con- «418 U. S., 332» fusing petitioner's role in the litigation against Officer Nuccio would destroy the privilege otherwise available for calling petitioner a Communist-fronter. Thus respondent's privilege to publish statements whose content should have alerted it to the danger of injury to reputation would hinge on the accuracy of statements that carried with them no such warning. Assuming that none of these statements was published with knowledge of falsity or with reckless disregard for the truth, we see no reason to distinguish among the inaccuracies.

는 사람의 지위에, 명성에, 또는 익명성에 상관없이 New York Times 기준의 적용을 요구하는 것으로 Rosenbloom 판결을 《418 U. S., 331》 항소법원은 해석하였고, 그리고 이러한 쟁점에 피청구인의 주장들은 관련된다고 항소법원은 결론지었다.[4] New York Times 판결에 의하여 규정된 대로의 "현실의 악의"를 지니고서 피청구인이 행동하였음을 명백한 및 설득력 있는 증거에 의하여 청구인이 《418 U. S., 332》 증명하지 못한 터라는 지방법원의 결론을 기록을 검토한 뒤에 항소법원은 승인하였다. 기사에서 이루어진 비난들의 허위성을 아메리칸 오피니언의 편집주간이 알았다는 증거는 없다. 기사로부터 그가 알게 된 사항을 제외하고는 청구인에 관하여 실제로 아무 것도 그는 알지 못하였다. 조사하기를 불이행함에 관한 증거 자체만으로는, 더 이상의 것이 없이, 진실에 대한 미필적 고의에 준하는 무시를 확증하지 못함을 항소법원은 정당하게 주목하였다. 오히려, "…… 있을 법한 허위성에 대한 고도의 각성을'" 지닌 채로 출판사는 행동하지 않으면 안 된다. St. Amant

---

[4] 청구인 자신에 대한 피청구인의 명예훼손적 비난은 공공의 내지는 일반대중의 이익의 쟁점에 관련되지 아니함을 증명하고자 한 개의 독창적인, 그러나 무익한 시도를 항소법원에서 청구인은 하였다. 기사의 계쟁물은 경찰관 누치오의 살인죄 혐의 정식사실심리였다고, 그 절차에 자신은 참가하지 않았다고 그는 주장하였다. 그러므로 설령 Rosenbloom 판결의 상대다수 의견에 따라 New York Times 특권에 의하여 기사의 계쟁물이 일반적으로 보호된다고 하더라도, 자신에 관한 명예훼손적 주장들은 보호되지 않는다고 그는 주장하였다. 이 주장을 항소법원은 기각하였다. 경찰을 공격하기 위한 전국 차원의 공모라는 피청구인의 일반적 논제에서의 불가결의 역할을 청구인에 대한 비난들이 수행하였음을 항소법원은 주목하였다:

"[기]사의 기본적 논제가 허위라고도 우리는 가정할 수 있다. 이에도 불구하고, New York Times Co. v. Sullivan 판결의 추론 아래서는, 허위성의 인식을 지니고서 이루어진 것이 내지는 진실성에 내지는 허위성에 대한 미필적 고의에 준하는 무시 가운데서 이루어진 것이 아닌 한, 심지어는 허위의 논제의 근거로서 이루어진 허위의 사실주장이마저도 보호된다. 그 법리의 이익을 누릴 권리를 공표자가 지니는지 지니지 않는지 여부를 주장의 실제의 허위성으로 하여금 판정하도록 허용함은 그 사건의 법리의 토대를 침식할 것이다.

"그러므로 만약 기사의 허위성을 우리가 무시하고서 마치 그 내용들이 전적으로 진실한 것처럼 그것을 우리가 다룬다면, [청구인]에 관한 논평들이 그것의 중심적 논제에 필수임은 부정될 수 없다. New York Times 기준에 따라서 그것들은 판단되지 않으면 안 된다." 471 F. 2d, at 806.

청구인의 주장을 항소법원이 기각한 것은 정당하였다고 우리는 생각한다. 여러 종류의 사실적 허위주장들 가운데서의 지각없는 차별화에 토대한 책임의 자의적 부과에게로 그 주장의 승인은 이끌 수가 있다. 그 문제를 현재의 사건은 예증한다. 청구인을 누치오에 대한 형사소추의 설계사로 피청구인은 거짓되게 묘사하였다. 문면상으로 이 부정확성은 명예훼손적인 것으로 보이지 않는다. 청구인을 "레닌주의자"로 및 "공산주의자 전위대원"으로 피청구인은 거짓되게 낙인찍었다. 이 비난들은 일반적으로 명예훼손적인 것으로 간주된다. "공공의 내지는 일반대중의 이익" 기준에 대한 청구인의 해석에 따르면, 명예훼손적 허위사실을 공표할 헌법적 특권을 만약 형사소추에 청구인이 실제로 관련되어 있었다면 피청구인은 향유했을 것이다. 그러나 청구인을 공산주의자 전위대원이라고 칭한 데 대하여 여타의 경우였다면 《418 U. S., 332》 이용할 수 있었을 그 특권을. 경찰관 누치오에 대한 소송에서의 청구인의 역할을 혼동한 얼핏 보아 무해한 잘못이 파괴할 수 있음을 이것은 의미할 것이다. 그러므로 명예에의 손상의 위험에 대하여 피청구인을 그 내용이 경계시켰어야 할 주장들을 공표할 피청구인의 특권은, 이러한 경고를 동반하지 아니한 주장들의 정확성에 따라 정해지는 것이 될 것이다. 허위성의 인식을 지닌 채로는 내지는 진실에 대한 미필적 고의에 준하는 무시를 지닌 채로는 이 주장들 중 그 어느 것이도 공표되지 아니한 것으로 가정하기에, 그 부정확함들 사이에서 구분을 지을 이유를 우리는 인정할 수 없다.

awareness of ······ probable falsity.'" St. Amant v. Thompson, 390 U. S. 727, 731 (1968); accord, Beckley Newspapers Corp. v. Hanks, 389 U. S. 81, 84-85 (1967); Garrison v. Louisiana, 379 U. S. 64, 75-76 (1964). The evidence in this case did not reveal that respondent had cause for such an awareness. The Court of Appeals therefore affirmed, 471 F. 2d 801 (1972). For the reasons stated below, we reverse.

II

The principal issue in this case is whether a newspaper or broadcaster that publishes defamatory falsehoods about an individual who is neither a public official nor a public figure may claim a constitutional privilege against liability for the injury inflicted by those statements. The Court considered this question on the rather different set of facts presented in Rosenbloom v. Metromedia, Inc., 403 U. S. 29 (1971). Rosenbloom, a distributor of nudist magazines, was arrested for selling allegedly obscene material while mak- «418 U. S., 333» ing a delivery to a retail dealer. The police obtained a warrant and seized his entire inventory of 3,000 books and magazines. He sought and obtained an injunction prohibiting further police interference with his business. He then sued a local radio station for failing to note in two of its newscasts that the 3,000 items seized were only "reportedly" or "allegedly" obscene and for broadcasting references to "the smut literature racket" and to "girliebook peddlers" in its coverage of the court proceeding for injunctive relief. He obtained a judgment against the radio station, but the Court of Appeals for the Third Circuit held the New York Times privilege applicable to the broadcast and reversed. 415 F. 2d 892 (1969).

This Court affirmed the decision below, but no majority could agree on a

v. Thompson, 390 U. S. 727, 731 (1968); accord(같은 취지), Beckley Newspapers Corp. v. Hanks, 389 U. S. 81, 84-85 (1967); Garrison v. Louisiana, 379 U. S. 64, 75-76 (1964). 이러한 각성의 이유를 피청구인이 지녔음을 이 사건에서의 증거는 보여주지 않는다. 이에 따라 지방법원의 판결을 항소법원은 인가하였다. 471 F. 2d 801 (1972). 아래에서 밝히는 이유들에 따라 원심판결을 우리는 파기한다.

II

공직자(a public official)이지도 공적 인물(a public figure)이지도 아니한 한 명의 개인에 관한 명예훼손적 허위사실들의 주장들에 의하여 가해진 명예손상에 대한 책임면제의 헌법적 특권을 그 허위사실들을 공표하는 신문사가 내지는 방송사가 주장할 수 있는지 여부에 이 사건에서의 주된 쟁점은 있다. 이 문제를 Rosenbloom v. Metromedia, Inc., 403 U. S. 29 (1971)에서 제기된 오히려 상이한 일련의 사실관계 위에서 당원은 고찰하였다. 외설하다고 주장된 출판물을 판매한 혐의로 《418 U. S., 333》 소매상에게의 배달을 하는 동안에 누드잡지 배포자인 로젠블룸(Rosenbloom)은 체포되었다. 영장을 경찰은 얻고서 3,000권에 달하는 그의 전체 재고 서적들을 및 잡지들을 압수하였다. 자신의 영업에 대한 경찰의 더 이상의 간섭을 금지하는 금지명령을 그는 신청하여 이를 얻어냈다. 압수된 3,000권은 "소문상으로"만 내지는 "추정상으로만" 외설한 것들임을 두 차례의 뉴스보도에서 지역 라디오 방송국 한 곳이 밝히지 아니하였음을 이유로, 그리고 "음란물 장사"에 대한 내지는 "누드잡지 행상인들"에 대한 언급들을 금지적 구제를 구하는 법원절차에 관한 그 방송사의 보도에서 방송하였음을 이유로 그 방송국을 그 뒤에 그는 제소하였다. 라디오 방송국 패소의 판결주문을 그는 얻었는데, 그러나 그 방송에는 New York Times 특권이 적용된다고 제3순회구 항소법원은 판시하고서 이를 파기하였다. 415 F. 2d 892 (1969).

원심판결을 당원은 인가하였으나, 구속력 있는 이론적 근거에의 동의에 다수판

controlling rationale. The eight Justices[5] who participated in Rosenbloom announced their views in five separate opinions, none of which commanded more than three votes. The several statements not only reveal disagreement about the appropriate result in that case, they also reflect divergent traditions of thought about the general problem of reconciling the law of defamation with the First Amendment. One approach has been to extend the New York Times test to an expanding variety of situations. Another has been to vary the level of constitutional privilege for defamatory falsehood with the status of the person defamed. And a third view would grant to the press and broadcast media absolute immunity from liability for defamation. To place our holding in the proper context, we preface our discussion of this case with a review of the several Rosenbloom opinions and their antecedents.

In affirming the trial court's judgment in the instant case, the Court of Appeals relied on MR. JUSTICE BREN- «418 U. S., 334» NAN's conclusion for the Rosenbloom plurality that "all discussion and communication involving matters of public or general concern," 403 U. S., at 44, warrant the protection from liability for defamation accorded by the rule originally enunciated in New York Times Co. v. Sullivan, 376 U. S. 254 (1964). There this Court defined a constitutional privilege intended to free criticism of public officials from the restraints imposed by the common law of defamation. The Times ran a political advertisement endorsing civil rights demonstrations by black students in Alabama and impliedly condemning the performance of local law-enforcement officials. A police commissioner established in state court that certain misstatements in the advertisement referred to him and that they constituted libel per se under Alabama law. This showing left the Times with the single defense of truth, for under Alabama law neither good faith nor reasonable care would protect the newspaper from liability. This Court conclud-

---

5) MR. JUSTICE DOUGLAS did not participate in the consideration or decision of Rosenbloom.

사들(majority)은 이를 수가 없었다. Rosenbloom 판결에 참여한 여덟 명의 대법관들[5]은 자신들의 견해들을 다섯 개의 개별의견들로써 선언하였는데, 세 표를 넘는 찬성을 그 의견들은 그 어느 것이도 얻어내지 못하였다. 그 사건에서의 타당한 결과에 관한 불일치를 개별 판사들은 드러낼 뿐만 아니라, 명예훼손 법리를 연방헌법 수정 제1조에 조화시키는 일반적 문제에 관한 생각의 발산적 전통들을 그것들은 아울러 반영한다. 한 가지 접근법은 New York Times 기준을 팽창적인 다양한 상황들에 연장시키는 것이 되어 왔다. 또 한 가지는 명예훼손적 허위성에 적용되는 헌법적 특권의 등급을 명예훼손 피해자의 지위에 따라 다양화하는 것이 되어 왔다. 그리고 명예훼손을 이유로 하는 책임으로부터의 절대적 면제를 언론에게와 방송사에게 세 번째 견해는 부여하였으면 한다. 올바른 맥락 속에 우리의 판시를 두기 위하여, Rosenbloom 판결의 개별의견들에 대한 재검토를 가지고서 이 사건의 논의를 우리는 시작한다.

New York Times Co. v. Sullivan, 376 U. S. 254 (1964)에서 최초로 선언된 법리에 의하여 부여되는 «418 U. S., 334» 명예훼손을 이유로 하는 책임으로부터의 보호를, "공공의 내지는 일반대중의 관심사항들을 포함하는 모든 논의는 및 의사소통은" 정당화한다는 Rosenbloom 판결의 상대다수 의견(plurality), 403 U. S., at 44, 을 위한 브레넌(BRENNAN) 판사의 결론에, 이 사건에서의 정식사실심리 법원의 판결주문을 인가함에 있어서 항소법원은 의존하였다. 공직자들(public officials)에 대한 비판을 명예훼손 보통법에 의하여 부과되는 제약들로부터 자유롭게 하려는 의도가 담긴 헌법적 특권을 거기서 당원은 규정하였다. 앨라배마주에서의 흑인 학생들에 의한 시민권 시위들을 선전하는, 그리고 지방 경찰관들의 행위를 함축적으로 비난하는 정치적 광고를 타임즈사는 실었다. 자신을 광고 안의 몇 가지 잘못된 주장들이 지칭함을, 그리고 그 기재 자체로서의 문서비방을 앨라배마주 법 아래서 그것들은 구성함을 주 법원에서 경찰국장은 입증하였다. 진실의 항변 한 가지만을 지닌 상태로 타임즈사를 이 입증은 남겨놓았는데, 왜냐하면 앨라배마주 법 아래서는 신문사를 책임으로부터 보호해 주지 못하기는 선의는도 합리적인 주의는도 마찬가지일 것이기 때문이었다. "자신의 사실적 주장들 전부의 진실성을 보증하도록 공직자의

---

5) Rosenbloom 사건의 검토에든 판결에든 더글라스(DOUGLAS) 판사는 가담하지 않았다.

ed that a "rule compelling the critic of official conduct to guarantee the truth of all his factual assertions" would deter protected speech, id., at 279, and announced the constitutional privilege designed to counter that effect:

"The constitutional guarantees require, we think, a federal rule that prohibits a public official from recovering damages for a defamatory falsehood relating to his official conduct unless he proves that the statement was made with 'actual malice' - that is, with knowledge that it was false or with reckless disregard of whether it was false or not." Id., at 279-280. [6] «418 U. S., 335»

Three years after New York Times, a majority of the Court agreed to extend the constitutional privilege to defamatory criticism of "public figures." This

---

[6] New York Times and later cases explicated the meaning of the new standard. In New York Times the Court held that under the circumstances the newspaper's failure to check the accuracy of the advertisement against news stories in its own files did not establish «418 U. S., 335» reckless disregard for the truth. 376 U. S., at 287–288. In St. Amant v. Thompson, 390 U. S. 727, 731 (1968), the Court equated reckless disregard of the truth with subjective awareness of probable falsity: "There must be sufficient evidence to permit the conclusion that the defendant in fact entertained serious doubts as to the truth of his publication." In Beckley Newspapers Corp. v. Hanks, 389 U. S. 81 (1967), the Court emphasized the distinction between the New York Times test of knowledge of falsity or reckless disregard of the truth and "actual malice" in the traditional sense of ill–will. Garrison v. Louisiana, 379 U. S. 64 (1964), made plain that the new standard applied to criminal libel laws as well as to civil actions and that it governed criticism directed at "anything which might touch on an official's fitness for office." Id., at 77. Finally, in Rosenblatt v. Baer, 383 U. S. 75, 85 (1966), the Court stated that "the 'public official' designation applies at the very least to those among the hierarchy of government employees who have, or appear to the public to have, substantial responsibility for or control over the conduct of governmental affairs."
In Time, Inc. v. Hill, 385 U. S. 374 (1967), the Court applied the New York Times standard to actions under an unusual state statute. The statute did not create a cause of action for libel. Rather, it provided a remedy for unwanted publicity. Although the law allowed recovery of damages for harm caused by exposure to public attention rather than by factual inaccuracies, it recognized truth as a complete defense. Thus, nondefamatory factual errors could render a publisher liable for something akin to invasion of privacy. The Court ruled that the defendant in such an action could invoke the New York Times privilege regardless of the fame or anonymity of the plaintiff. Speaking for the Court, MR. JUSTICE BRENNAN declared that this holding was not an extension of New York Times but rather a parallel line of reasoning applying that standard to this discrete context:
"This is neither a libel action by a private individual nor a statutory action by a public official. Therefore, although the First Amendment principles pronounced in New York Times guide our conclusion, we reach that conclusion only by applying these principles in this discrete context. It therefore serves no purpose to distinguish the facts here from those in New York Times. Were this a libel action, the distinction which has been suggested be– «418 U. S., 336» tween the relative opportunities of the public official and the private individual to rebut defamatory charges might be germane. And the additional state interest in the protection of the individual against damage to his reputation would be involved. Cf. Rosenblatt v. Baer, 383 U. S. 75, 91 (STEWART, J., concurring)." 385 U. S., at 390–391.

행위에 대한 비판자를 강제하는 한 개의 규칙"은 그 보호되는 말을 제지할 것이라고 당원은 결론짓고서, id., at 279, 그러한 결과를 막는 데 뜻을 둔 그 헌법적 특권을 당원은 선언하였다:

"'현실의 악의(actual malice)'를 지니고서 - 즉 그것이 허위의 것임에 대한 인식을 지니고서 또는 그것이 허위의 것인지 아닌지 여부에 관한 미필적 고의에 준하는 무시를 지니고서 - 성명이 이루어졌음을 공직자(a public official)가 증명하지 못하는 한, 그의 공무상의 행위에 관련된 명예훼손적 허위성을 이유로 하는 손해배상을 청구하지 못하도록 그를 금지하는 한 개의 연방규칙을 헌법적 보장들은 요구한다고 우리는 생각한다." Id., at 279-280.[6] «418 U. S., 335»

그 헌법적 특권을 "공적 인물들(public figures)"에 대한 명예훼손적 비판에 확장시키기로 New York Times 판결로부터 3년 뒤에 당원의 다수의견은 동의하였다. 이 확

---

6) 그 새로운 기준의 의미를 New York Times 판결은 및 그 이후의 판례들은 해석하였다. 광고의 정확성을 신문사 자신의 문서철들에 담긴 뉴스 기사들에 대조하여 점검하지 않은 점은 제반상황 아래서 미필적 고의에 준하는 무시를 증명하지 않는다고 New York Times 판결에서 «418 U. S., 335» 당원은 판시하였다. 376 U. S., at 287-288. 미필적 고의에 준하는 무시를 그 있을 법한 허위성에 대한 주관적 인식에 동등한 것으로 St. Amant v. Thompson, 390 U. S. 727, 731 (1968) 판결에서 당원은 보았다: "자신의 공표의 진실성에 관한 중대한 의심들을 피고인이 실제로 마음에 품었다는 결론을 허용하기 위하여는 충분한 증거가 있지 않으면 안 된다." 허위성의 인식에 관한 내지 진실에 대한 미필적 고의에 준하는 무시에 관한 New York Times 기준의, 그리고 해의(ill-will)의 전통적 의미 내에서의 현실의 악의의, 그 둘 사이의 구분을 Beckley Newspapers Corp. v. Hanks, 389 U. S. 81 (1967)에서 당원은 강조하였다. 민사소송들에서처럼 형사 문서비방 관련법들에 새로운 기준은 적용됨. 그리고 "공직자들의 공무 적합성을 건드릴 수 있는 사항 일체"에 겨냥된 비판을 그 기준은 지배함을 Garrison v. Louisiana, 379 U. S. 64 (1964) 판결은 명확히 하였다. Id., at 77. 끝으로, 적어도 정부 업무의 수행에 대하여 실질적인 책임을 내지는 통제를 지니는, 내지는 그 지니는 것으로 공중에게 생각되는 정부 피용자들의 계급제도 가운데 있는 사람들에게 '공직자(public official)'라는 명칭은 적용된다."고 Rosenblatt v. Baer, 383 U. S. 75, 85 (1966)에서 당원은 말하였다.

Time, Inc. v. Hill, 385 U. S. 374 (1967)에서 New York Times 기준을 색다른 주 제정법 아래서의 소송들에 당원은 적용하였다. 문서비방 소송의 청구원인을 그 제정법은 창출하지 않았다. 불필요한 공표에 대한 구제를 오히려 그것은 규정하였다. 사실적 부정확성들에 의하여가 아니라 공중의 관심에의 노출에 의하여 야기된 손해의 회복을 비록 그 법은 허용하였음에도, 진실을 완전한 항변으로서 그것은 인정하였다. 공표자를 프라이버시의 침해에 유사한 모종의 것에 대하여 책임을 져야 하는 처지에 명예훼손적이지 아니한 사실적 오류들은 그러므로 처할 수가 있었다. 이러한 소송에서 New York Times 특권을 원고의 명성에 내지는 익명성에 상관없이 피고는 원용할 수 있다고 당원은 판시하였다. 이 판시는 New York Times 판결의 확장이라기보다는 그 기준을 이 별개의 맥락에 적용하는 같은 방향의 추론임을. 법원을 대표하여 말하면서 브레넌(BRENNAN) 판사는 선언하였다:

"이것은 사적 개인에 의한 문서비방 소송도 아니고 공직자(a public official)에 의한 제정법상의 소송도 아니다. 비록 우리의 결론을 New York Times 판결에서 선언된 연방헌법 수정 제1조상의 원칙들이 안내함에도 불구하고, 그 결론에 우리가 도달함은 그러므로 오직 이 원칙들을 이 별개의 맥락에 적용함에 의해서만이다. 따라서 여기서의 사실관계를 New York Times 사건에서의 사실관계로부터 구분지음은 목적에 소용이 되지 않는다. 만약 이것이 문서비방 소송이라면, 명예훼손적 비난들을 «418 U. S., 336» 논박할 수 있는 공직자(the public official)의 및 사적 개인의 그 양자 사이의 암시되어 온 상관적 기회들의 구분은 적절할 수도 있을 것이다. 그리고 개인의 명성에의 손상에 대처한 그 개인의 보호에 있어서의 추가적인 주(state) 이익이 포함될 것이다. Rosenblatt v. Baer, 383 U. S. 75, 91 (스튜어트(STEWART) 판사, 보충의견)." 아울러, 385 U. S., at 390-391을 비교하라.

extension «418 U. S., 336» was announced in Curtis Publishing Co. v. butts and its companion, Associated Press v. Walker, 388 U. S. 130, 162 (1967). The first case involved the Saturday Evening Post's charge that Coach Wally Butts of the University of Georgia had conspired with Coach "Bear" Bryant of the University of Alabama to fix a football game between their respective schools. Walker involved an erroneous Associated Press account of former Major General Edwin Walker's participation in a University of Mississippi campus riot. Because Butts was paid by a private alumni association and Walker had resigned from the Army, neither could be classified as a "public official" under New York Times. Although Mr. Justice Harlan announced the result in both cases, a majority of the Court agreed with Mr. Chief Justice Warren's conclusion that the New York Times test should apply to criticism of "public figures" as well as "public officials."[7] The Court extended the con- «418 U. S., 337» stitutional privilege announced in that case to protect defamatory criticism of nonpublic persons who "are nevertheless intimately involved in the resolution of important public questions or, by reason of their fame, shape events in areas of concern to society at large." Id., at 164 (Warren, C. J., concurring in result).

In his opinion for the plurality in Rosenbloom v. Metromedia, Inc., 403 U. S. 29 (1971), MR. JUSTICE BRENNAN took the New York Times privilege one step further. He concluded that its protection should extend to defamatory falsehoods relating to private persons if the statements concerned matters of general or public interest. He abjured the suggested distinction

---

7) Professor Kalven once introduced a discussion of these cases with the apt heading, "You Can't Tell the Players without a Score Card." Kalven, The Reasonable Man and the First Amendment: Hill, Butts, and Walker, 1967 Sup. Ct. Rev. 267, 275. Only three other Justices joined Mr. Justice Harlan's analysis of the issues involved. In his concurring opinion, Mr. Chief Justice Warren stated the principle for which these cases stand — that the New York Times test reaches both public figures and public officials. MR. JUSTICE BRENNAN and MR. JUSTICE WHITE agreed with the Chief Justice on that question. Mr. Justice Black and MR. JUSTICE DOUGLAS reiterated their view that publishers should have an absolute immunity from liability for defamation, but they acquiesced in the Chief Justice's reasoning in order to enable a majority of the Justices to agree on the question of the appropriate constitutional privilege for defamation of public figures.

장이 《418 U. S., 336》 선언된 것은 Curtis Publishing Co. v. Butts 판결에서 및 그 자매판결인 Associated Press v. Walker, 388 U. S. 130, 162 (1967)에서였다. 그 자신들의 각각의 학교들 사이의 미식축구 시합결과를 포섭하기 위하여 앨라배마 주립대학교의 코치 "베어" 브라이언트가 및 조지아 주립대학교의 미식축구 코치 월리 버츠(Wally Butts)가 공모했었다는 새터데이 이브닝 포스트지의 비난을 첫 번째 사건은 포함하였다. 미시시피 주립대학교 캠퍼스 소동에의 전 소장 에드윈 워커(Edwin Walker)의 가담에 관한 연합통신사의 잘못된 논평을 Walker 사건은 포함하였다. 급여를 민간의 동문회로부터 버츠는 지급받고 있었기에, 그리고 육군을 워커는 제대한 상태였기에, New York Times 판결 아래서의 "공직자(public official)"로는 그 둘은 아무도 분류될 수 없었다. 비록 그 결론을 두 사건들 모두에서 할란(Harlan) 판사가 선언하였음에도 불구하고, "공직자들(public officials)"에 대한 비판에처럼 "공적 인물들(public figures)"에 대한 비판에도 New York Times 기준이 적용되어야 한다는 법원장 워렌(Warren) 판사의 결론에 당원의 다수의견은 동의하였다.[7] 비공인(非公人)인, "그러함에도 불구하고 《418 U. S., 337》 중요한 공공의 문제들의 해결에 밀접하게 관련되는, 내지는 그들의 명성으로 인하여 사회 일반에게 관심 대상인 영역들에서 추이를 정하는" 인물들에 대한 명예훼손적 비판을 보호하기 위하여, 그 사건에서 선언된 헌법적 특권을 당원은 확장하였다. Id., at 164 [법원장 워렌(Warren) 판사, 결론에 있어서 찬동함].

Rosenbloom v. Metromedia, Inc., 403 U. S. 29 (1971)의 상대다수 판사들을 위한 그의 의견에서 New York Times 특권을 한 걸음 더 멀리 브레넌(BRENNAN) 판사는 데려갔다. 만약 일반대중의 내지는 공공의 이익의 문제들에 그 공표들이 관련되는 것들이면 사적 인사들에 대한 명예훼손적 허위보도들에 그 보호는 연장되어야 한다고 그는 결론지었다. 한 쪽에서는 공직자들(public officials)의 및 공적 인물들(public fig-

---

7) "득점표 없이는 선수들을 당신은 말할 수 없다."는 적절한 제목으로써 이 사건들의 논의를 칼벤(Kalven) 교수는 시작한 적이 있다. Kalven, The Reasonable Man and the First Amendment: Hill, Butts, and Walker, 1967 Sup. Ct. Rev. 267, 275. 관련 쟁점들에 대한 할란(Harlan) 판사의 분석에는 겨우 세 명의 판사들이 가담하였다. 이 사건들이 대변하는 원칙을 ―New York Times 기준은 공적 인물들(public figures)에게도 공직자들(public officials)에게도 다 같이 적용된다는 원칙을 ― 자신의 보충의견에서 법원장 워렌(Warren) 판사는 말하였다. 그 문제에 관하여 법원장에게 브레넌(BRENNAN) 판사는 및 화이트(WHITE) 판사는 찬동하였다. 명예훼손을 이유로 하는 책임으로부터의 절대적 면제를 출판인들은 지녀야 한다는 자신들의 견해를 블랙(Black) 판사는 및 더글라스(DOUGLAS) 판사는 반복하였으나, 공적 인물들(public figures)에 대한 명예훼손에 적용되는 적절한 헌법적 특권의 문제에 관하여 다수판사들의 동의성립을 가능하게 하여 주고자 법원장의 추론을 그들은 잠자코 받아들였다.

between public officials and public figures on the one hand and private individuals on the other. He focused instead on society's interest in learning about certain issues: "If a matter is a subject of public or general interest, it cannot suddenly become less so merely because a private individual is involved, or because in some sense the individual did not 'voluntarily' choose to become involved." Id., at 43. Thus, under the plurality opinion, a private citizen involuntarily associated with a matter of general interest has no recourse for injury to his reputation unless he can satisfy the demanding requirements of the New York Times test.

Two Members of the Court concurred in the result in Rosenbloom but departed from the reasoning of the plurality. Mr. Justice Black restated his view, long shared by MR. JUSTICE DOUGLAS, that the First Amendment cloaks the news media with an absolute and indefeasible immunity from liability for defamation. Id., at 57. MR JUSTICE WHITE concurred on a narrower ground. Ibid. He concluded that "the First Amendment gives the press and the broadcast media a privilege to report and comment upon the official actions of public «418 U. S., 338» servants in full detail, with no requirement that the reputation or the privacy of an individual involved in or affected by the official action be spared from public view." Id., at 62. He therefore declined to reach the broader questions addressed by the other Justices.

Mr. Justice Harlan dissented. Although he had joined the opinion of the Court in New York Times, in Curtis Publishing Co. he had contested the extension of the privilege to public figures. There he had argued that a public figure who held no governmental office should be allowed to recover damages for defamation "on a showing of highly unreasonable conduct constituting an extreme departure from the standards of investigation and reporting ordinarily adhered to by responsible publishers." 388 U. S., at 155. In his ures)의, 그리고 다른 한 쪽에서는 사적 개인들의 그 둘 사이의 제창된 구분을 그는 버렸다. 특정 쟁점들에 관하여 알게 됨에 있어서의 사회의 이익에 초점을 그 대신에 그는 맞추었다: "만약 사안이 공공의 내지는 일반대중의 이익의 문제라면, 사적 개인이 관련된다는 이유만으로는, 내지는 이에 관련되기를 모종의 의미에서 그 개인이 '자발적으로' 선택한 것이 아니라는 이유로는 그것은 갑자기 덜 그러한 것이 될 수는 없는 것이다." Id., at 43. 그리하여, 상대다수 의견 아래서는, 일반대중의 이익에 본의 아니게 관련되게 되는 사적 시민은 New York Times 기준의 벅찬 요구들을 그가 충족시킬 수 있지 않은 한, 그 자신의 명성의 손상에 대한 배상청구권을 가지지 않는다.

Rosenbloom 판결의 결론에 당원의 판사들 두 명은 찬동하면서도 상대다수 의견의 추론으로부터는 그 두 명은 결별하였다. 명예훼손을 이유로 하는 책임으로부터의 절대적인 및 파기불능의 면제로써 외투를 뉴스 매체에 연방헌법 수정 제1조는 입힌다는 자신의 견해를 블랙(Black) 판사는 다시 서술하였는데, 그것은 더글라스 (DOUGLAS) 판사에 의하여 오래도록 공유되어 온 견해였다. Id., at 57. 화이트(WHITE) 판사가 찬동한 근거는 더 협소한 것이었다. Ibid. "공중의 종복들의 공무상의 행위들을 최대한껏 상세하게 보도할 및 논평할 특권을 언론에게 및 방송매체에게 연방헌법 수정 제1조는 부여하는바, «418 U. S., 338» 그 관련되는 내지는 그 공무상의 행위에 의하여 영향을 받는 개인의 명성이 내지는 프라이버시가 공중의 관찰로부터 제외되어야 한다는 요구는 이에 동반되지 않는다."고 그는 결론지었다. Id., at 62. 다른 대법관들에 의하여 역점 두어 다루어진 더 넓은 문제들에 이르기를 이에 따라 그는 거절하였다.

할란(Harlan) 판사는 반대하였다. 비록 New York Times 판결에서의 법원의 의견에 그는 가담했었음에도 불구하고, 공적 인물들(public figures)에게의 특권의 확장을 Curtis Publishing Co. 사건에서 그는 다투었었다. "책임성 있는 출판사들에 의하여 일반적으로 준수되는 조사의 및 보도의 기준들로부터의 극단의 일탈을 구성하는 고도로 부당한 행위의 증명에 의거하여" 명예에 대한 손상을 회복하도록 정부의 직책을 맡지 않는 공적 인물은 허용되어야 한다고 거기서 그는 주장했었다. 388 U. S., at 155. 공직자들(public officials)에 의한 명예훼손 소송들은 "……. 치안방해적 문

Curtis Publishing Co. opinion Mr. Justice Harlan had distinguished New York Times primarily on the ground that defamation actions by public officials "lay close to seditious libel ·······." Id., at 153. Recovery of damages by one who held no public office, however, could not "be viewed as a vindication of governmental policy." Id., at 154. Additionally, he had intimated that, because most public officials enjoyed absolute immunity from liability for their own defamatory utterances under Barr v. Matteo, 360 U. S. 564 (1959), they lacked a strong claim to the protection of the courts.

In Rosenbloom Mr. Justice Harlan modified these views. He acquiesced in the application of the privilege to defamation of public figures but argued that a different rule should obtain where defamatory falsehood harmed a private individual. He noted that a private person has less likelihood "of securing access to channels of communication sufficient to rebut falsehoods concerning him" than do public officials and public figures, 403 U. S., at 70, and has not voluntarily placed himself in the «418 U. S., 339» public spotlight. Mr. Justice Harlan concluded that the States could constitutionally allow private individuals to recover damages for defamation on the basis of any standard of care except liability without fault.

MR. JUSTICE MARSHALL dissented in Rosenbloom in an opinion joined by MR. JUSTICE STEWART. Id., at 78. He thought that the plurality's "public or general interest" test for determining the applicability of the New York Times privilege would involve the courts in the dangerous business of deciding "what information is relevant to self-government." Id., at 79. He also contended that the plurality's position inadequately served "society's interest in protecting private individuals from being thrust into the public eye by the distorting light of defamation." Ibid. MR. JUSTICE MARSHALL therefore reached the conclusion, also reached by Mr. Justice Harlan, that the States should be "essentially free to continue the evolution of the common law of

서비방에 가까이 있다."는 점을 주된 이유로 하여 New York Times 판결을 Curtis Publishing Co. 판결에서의 자신의 의견에서 할란(Harlan) 판사는 구분지은 터였다. Id., at 153. 그러나 공직을 맡지 않는 사람에 의한 손해회복은 "정부정책의 정당화 사유로서는 간주"될 수 없었다. Id., at 154. 이에 더하여, 그들 자신의 명예훼손적 발언들에 따르는 책임으로부터의 절대적 면제를 Barr v. Matteo, 360 U. S. 564 (1959) 판결 아래서 공직자들(public officials)은 향유하기에 법원들의 보호를 구할 설득력 있는 주장을 그들은 결여함을 그는 밝힌 바 있었다.

이 견해들을 Rosenbloom 판결에서 할란(Harlan) 판사는 수정하였다. 공적 인물들(public figures)에 대한 명예훼손에의 특권의 적용을 그는 잠자코 받아들였으나, 사적 개인을 명예훼손적 허위사실 공표가 손상시킨 경우에는 별개의 법리가 통용된다고 그는 주장하였다. "자신에 관한 허위사실들을 반박하기에 충분한 보도기관 채널들에의 접근을 확보할" 가능성이 공직자들(public officials)이보다도 내지는 공적 인물들(public figures)이보다도 사적 개인은 더 적음을, 403 U. S., at 70, 그리고 그 자신을 공중의 각광에 자발적으로 그가 둔 것이 아님을 《418 U. S., 339》 그는 유념하였다. 무과실책임의 기준에 터잡는 경우를 제외하고는 주의의무(care)에 관한 그 어떤 기준에 터잡더라도, 명예훼손으로 인한 손해를 사적 개인들로 하여금 회복하도록 주들은 합헌적으로 허용할 수 있다고 할란(Harlan) 판사는 결론지었다.

Rosenbloom 판결에서의 스튜어트(STEWART) 판사의 가담을 얻은 자신의 의견에서 마샬(MARSHALL) 판사는 반대하였다. Id., at 78. New York Times 특권의 적용 여부를 판정하기 위한 상대다수 의견의 "공공의 내지는 일반대중의 이익" 기준은 "어떤 정보가 자기통치에 적절한지"를 판단하는 위험한 업무에 법원들을 말려들게 할 것이라고 그는 생각하였다. Id., at 79. "사적 개인들을 명예훼손의 일그러뜨리는 불빛에 의하여 공중의 시야 속에 밀어 넣어짐으로부터 보호함에 있어서의 사회의 이익"에 상대다수 의견의 입장은 불충분하게 공헌함을 아울러 그는 주장하였다. Ibid. 무과실책임을 주들이 부과하지 아니하는 한, "명예훼손 보통법의 안출을 계속함에 있어서 및 주들의 필요에 최선껏 부합되는 그 어떤 과실 기준을이든 만들어냄에 있어서" 주들은 "본질적으로 자유로워야" 한다는 할란(Harlan) 판사에 의해서도

defamation and to articulate whatever fault standard best suits the State's need," so long as the States did not impose liability without fault. Id., at 86. The principal point of disagreement among the three dissenters concerned punitive damages. Whereas Mr. Justice Harlan thought that the States could allow punitive damages in amounts bearing "a reasonable and purposeful relationship to the actual harm done ⋯⋯," id., at 75, MR. JUSTICE MARSHALL concluded that the size and unpredictability of jury awards of exemplary damages unnecessarily exacerbated the problems of media self-censorship and that such damages should therefore be forbidden.

III

We begin with the common ground. Under the First Amendment there is no such thing as a false idea. However pernicious an opinion may seem, we depend for its correction not on the conscience of judges and juries but «418 U. S., 340» on the competition of other ideas.[8] But there is no constitutional value in false statements of fact. Neither the intentional lie nor the careless error materially advances society's interest in "uninhibited, robust, and wide-open" debate on public issues. New York Times Co. v. Sullivan, 376 U. S., at 270. They belong to that category of utterances which "are no essential part of any exposition of ideas, and are of such slight social value as a step to truth that any benefit that may be derived from them is clearly outweighed by the social interest in order and morality." Chaplinsky v. New Hampshire, 315 U. S. 568, 572 (1942).

Although the erroneous statement of fact is not worthy of constitutional protection, it is nevertheless inevitable in free debate. As James Madison pointed out in the Report on the Virginia Resolutions of 1798: "Some degree

---

8) As Thomas Jefferson made the point in his first Inaugural Address: "If there be any among us who would wish to dissolve this Union or change its republican form, let them stand undisturbed as monuments of the safety with which error of opinion may be tolerated where reason is left free to combat it."

도달된 그 결론에 그리하여 마샬(MARSHALL) 판사는 도달하였다. Id., at 86. 세 명의 반대 판사들 사이의 불일치의 주된 논점은 징벌적 손해배상에 관련되었다. "……, 합리적인 및 합목적적인 관련을 그 가해진 실제의 손해에" 지니는 그 액수의 징벌적 손해배상을 주들은 허용할 수 있다고 할란(Harlan) 판사는 생각하였음에 반하여, id., at 75, 매체의 자기검열의 문제들을 본보기 손해배상액에 관한 배심판정의 크기가 및 예측불가능성이 불필요하게 악화시킨다고, 따라서 이러한 손해배상은 금지되어야 한다고 마샬(MARSHALL) 판사는 결론지었다.

Ⅲ

평범한 논거를 가지고서 우리는 시작한다. 연방헌법 수정 제1조 아래서는 허위의 의견이라는 것은 없다. 제아무리 유해한 것으로 한 개의 의견이 보일 수 있을망정, 그 교정을 판사들의 내지는 배심들의 양심에가 아니라 다른 의견들의 경쟁에 《418 U. S., 340》 우리는 의존한다.[8] 그러나 사실에 관한 허위의 주장들에는 헌법적 가치가 담겨 있지 않다. 공중의 쟁점들에 관한 "제약 없는, 강건한, 그리고 활짝 열린" 토론에 있어서의 사회의 이익을 제고시키지 아니하기는 의도적인 거짓말이가든 부주의한 오류가든 마찬가지다. New York Times Co. v. Sullivan, 376 U. S., at 270. "사상들의 제시의 본질적인 부분에는 전혀 해당하지 아니하는, 그리고 조금이라도 그것들로부터 도출될 수 있는 이익이보다도 질서에 및 도덕에 있어서의 사회적 이익이 명백하게 더 무거운 까닭에 진실을 향한 한 개의 걸음으로서는 그토록 사소한 사회적 가치밖에는 없는" 그 범주의 발언들에 그것들은 속한다. Chaplinsky v. New Hampshire, 315 U. S. 568, 572 (1942).

비록 사실에 관한 오류적 주장은 헌법적 보호를 누릴 가치가 없지만, 이에도 불구하고 그것은 자유토론에 불가피하다. 1798년 버지니아 결의 보고서에서 제임스

---

8) 자신의 최초 취임연설에서 토마스 제퍼슨(Thomas Jefferson)은 피력하였다: "이 연방체제를 해체하였으면 하는 또는 그것의 공화제도를 변경시켰으면 하는 누군가가 만약 우리 중에 있다 하더라도, 의견의 오류에 맞서 이성이 싸우도록 허용되는 곳에서는, 의견의 오류를 관용될 수 있게끔 해 주는 안전의 기념비들이 방해 없이 서 있듯이, 그들로 하여금 방해 없이 서 있게 하라."

of abuse is inseparable from the proper use of every thing; and in no instance is this more true than in that of the press." 4 J. Elliot, Debates on the Federal Constitution of 1787, p.571 (1876). And punishment of error runs the risk of inducing a cautious and restrictive exercise of the constitutionally guaranteed freedoms of speech and press. Our decisions recognize that a rule of strict liability that compels a publisher or broadcaster to guarantee the accuracy of his factual assertions may lead to intolerable self-censorship. Allowing the media to avoid liability only by proving the truth of all injurious statements does not accord adequate protection to First Amendment liberties. As the Court stated in New York Times Co. v. Sullivan, supra, at 279: "Allowance of the defense of truth, «418 U. S., 341» with the burden of proving it on the defendant, does not mean that only false speech will be deterred." The First Amendment requires that we protect some falsehood in order to protect speech that matters.

The need to avoid self-censorship by the news media is, however, not the only societal value at issue. If it were, this Court would have embraced long ago the view that publishers and broadcasters enjoy an unconditional and indefeasible immunity from liability for defamation. See New York Times Co. v. Sullivan, supra, at 293 (Black, J., concurring); Garrison v. Louisiana, 379 U. S., at 80 (DOUGLAS, J., concurring); Curtis Publishing Co. v. Butts, 388 U. S., at 170 (opinion of Black, J.). Such a rule would, indeed, obviate the fear that the prospect of civil liability for injurious falsehood might dissuade a timorous press from the effective exercise of First Amendment freedoms. Yet absolute protection for the communications media requires a total sacrifice of the competing value served by the law of defamation.

The legitimate state interest underlying the law of libel is the compensation of individuals for the harm inflicted on them by defamatory falsehood. We would not lightly require the State to abandon this purpose, for, as MR.

메디슨(James Madison)은 지적하였다: "어느 정도의 남용은 모든 사물의 고유의 사용으로부터 분리될 수 없다; 그리고 출판의 사용에 있어서보다도 이것이 더 타당한 경우는 없다." 4 J. Elliot, Debates on the Federal Constitution of 1787, p.571 (1876). 헌법적으로 보장된 말의 및 언론의 자유에 대한 조심스런 제한적 사용을 유발하는 위험을 오류에 대한 처벌은 게다가 무릅쓴다. 자신의 사실적 주장들의 정확성을 보장하도록 출판사를 내지는 방송사를 강제하는 무과실책임(strict liability)의 법리는 참기 어려운 자기검열에 이를 수 있음을 우리의 판결들은 인정한다. 유해한 주장들 전부의 진실성을 증명함에 의하여서만 책임을 매체들로 하여금 면할 수 있게끔 허용함은 충분한 보호를 연방헌법 수정 제1조상의 자유들에 부여하지 않는다. New York Times Co. v. Sullivan, supra, at 279에서 당원은 말하였다: "오직 부정확한 말만이 방지될 «418 U. S., 341» 것임을, 진실의 항변의 허용은 - 진실을 증명할 책임을 피고 위에 둔 채로는 - 의미하지 않는다." 중요한 말을 보호하기 위하여는 어느 정도의 허위사실 공표를 우리가 보호하여야 함을 연방헌법 수정 제1조는 요구한다.

　　그러나 뉴스 매체들에 의한 자기검열을 회피할 필요는 쟁점 대상으로서의 유일한 사회적 가치인 것은 아니다. 만약 그것이 유일한 가치라면, 명예훼손 책임으로부터의 무조건의 및 파기불능의 면제를 출판사들은 및 방송사들은 향유한다는 견해를 오래 전에 당원은 취했을 것이다. New York Times Co. v. Sullivan, supra, at 293 [블랙(Black) 판사, 보충의견]을; Garrison v. Louisiana, 379 U. S., at 80 [더글라스(DOUGLAS) 판사, 보충의견]을; Curtis Publishing Co. v. Butts, 388 U. S., at 170 [블랙(Black) 판사의 의견]을 보라. 연방헌법 수정 제1조상의 자유들의 효과적인 행사를 포기하도록 소심한 언론을 유해한 허사실 공표에 근거한 민사책임의 가능성이 단념시킬지도 모른다는 우려를 이러한 법리는 참으로 없애줄 것이다. 그러나 명예훼손 법리에 의하여 달성되는 경쟁적 가치의 전적인 희생을 통신 매체들을 위한 절대적 보호는 요구한다.

　　문서비방 처벌관련 법리의 토대에 놓인 정당한 주(state) 이익은 명예훼손적 허위사실 공표에 의하여 개인들에게 가해진 해악의 그 개인들에 대한 보상이다. 이 목적을 주들더러 포기하도록 우리는 가벼이 요구하지 않을 것인바, 왜냐하면 우리에

JUSTICE STEWART has reminded us, the individual's right to the protection of his own good name

"reflects no more than our basic concept of the essential dignity and worth of every human being - a concept at the root of any decent system of ordered liberty. The protection of private personality, like the protection of life itself, is left primarily to the individual States under the Ninth and Tenth Amendments. But this does not mean that the right is entitled to any less recognition by this Court as a basic of our constitutional system." Rosenblatt v. Baer, 383 U. S. 75, 92 (1966) (concurring opinion). «418 U. S., 342»

Some tension necessarily exists between the need for a vigorous and uninhibited press and the legitimate interest in redressing wrongful injury. As Mr. Justice Harlan stated, "some antithesis between freedom of speech and press and libel actions persists, for libel remains premised on the content of speech and limits the freedom of the publisher to express certain sentiments, at least without guaranteeing legal proof of their substantial accuracy." Curtis Publishing Co. v. Butts, supra, at 152. In our continuing effort to define the proper accommodation between these competing concerns, we have been especially anxious to assure to the freedoms of speech and press that "breathing space" essential to their fruitful exercise. NAACP v. Button, 371 U. S. 415, 433 (1963). To that end this Court has extended a measure of strategic protection to defamatory falsehood.

The New York Times standard defines the level of constitutional protection appropriate to the context of defamation of a public person. Those who, by reason of the notoriety of their achievements or the vigor and success with which they seek the public's attention, are properly classed as public figures and those who hold governmental office may recover for injury to reputation only on clear and convincing proof that the defamatory falsehood was made

게 스튜어트(STEWART) 판사가 상기시켜 주었듯이, 자신의 좋은 이름의 보호를 누릴 개인의 권리가

"반영하는 것은 다름 아닌 모든 인간의 불가결한 존엄에 및 가치에 대한 우리의 기본적 개념 - 조금이라도 품위를 갖춘 규율 잡힌 자유의 뿌리에 놓인 개념 - 이기 때문이다. 사적 인격의 보호는 생명 자체의 보호가 그러하듯, 연방헌법 수정 제9조에 및 제10조에 따라 일차적으로 개개 주들에게 남겨져 있다. 그러나 우리의 헌법 제도의 기초원리로서 이 법원에 의한 인정을 누릴 자격을 그 권리가 조금이라도 덜 갖추고 있음을 이것은 의미하지 않는다." Rosenblatt v. Baer, 383 U. S. 75, 92 (1966) (보충의견). «418 U. S., 342»

강건하고도 제약 없는 언론의, 및 부당한 명예훼손을 시정함에 있어서의 적법한 이익의, 그 둘 사이에는 상당한 긴장이 불가피하게 존재한다. 할란(Harlan) 판사가 말했듯이, "말의 및 언론의 자유의, 그리고 문서비방에 대한 처벌의 그 양자 사이에는 모종의 반정립(antithesis)이 지속되는바, 왜냐하면, 문서비방 처벌관련 법리는 여전히 말의 내용을 전제로 하는 것인데 일정한 생각들을 표현할 - 적어도 그것들의 본질적 정확성의 법적 증명을 보증하지 아니하는 채로 표현할 - 출판사의 자유를 문서비방 법리는 제한하기 때문이다." Curtis Publishing Co. v. Butts, supra, at 152. 이 경쟁하는 이해관계들 사이의 적절한 조화를 규정하기 위한 우리의 이어지는 노력에 있어서 말의 및 언론의 자유들의 유익한 행사에 불가결한 그 "숨쉴 공간"을 그 자유들에게 보장하고자 우리는 각별히 염려해 왔다. NAACP v. Button, 371 U. S. 415, 433 (1963). 그 목적을 위하여 한 개의 전략적 보호 조치를 명예훼손적 허위사실 공표에 당원은 확장해 놓았다.

공적 인물에 대한 명예훼손의 맥락에 적합한 헌법적 보호의 등급을 New York Times 기준은 규정한다. 그들의 업적들에 따르는 악명으로 인하여 또는 공중의 관심을 추구함에 있어서 그들이 지니는 열정으로 내지는 성공으로 인하여 공적 인물들(public figures)로 정당하게 분류된 사람들이 및 정부의 관직을 맡는 사람들이 명예훼손에 대하여 배상을 받을 수 있는 경우는, 허위성의 인식을 지니고서 내지는 진실에 대한 미필적 고의에 준하는 무시를 지니고서 그 명예훼손적 허위사실 공표가

with knowledge of its falsity or with reckless disregard for the truth. This standard administers an extremely powerful antidote to the inducement to media self-censorship of the common-law rule of strict liability for libel and slander. And it exacts a correspondingly high price from the victims of defamatory falsehood. Plainly many deserving plaintiffs, including some intentionally subjected to injury, will be unable to surmount the barrier of the New York Times test. Despite this «418 U. S., 343» substantial abridgment of the state law right to compensation for wrongful hurt to one's reputation, the Court has concluded that the protection of the New York Times privilege should be available to publishers and broadcasters of defamatory falsehood concerning public officials and public figures. New York Times Co. v. Sullivan, supra; Curtis Publishing Co. v. Butts, supra. We think that these decisions are correct, but we do not find their holdings justified solely by reference to the interest of the press and broadcast media in immunity from liability. Rather, we believe that the New York Times rule states an accommodation between this concern and the limited state interest present in the context of libel actions brought by public persons. For the reasons stated below, we conclude that the state interest in compensating injury to the reputation of private individuals requires that a different rule should obtain with respect to them.

Theoretically, of course, the balance between the needs of the press and the individual's claim to compensation for wrongful injury might be struck on a case-by-case basis. As Mr. Justice Harlan hypothesized, "it might seem, purely as an abstract matter, that the most utilitarian approach would be to scrutinize carefully every jury verdict in every libel case, in order to ascertain whether the final judgment leaves fully protected whatever First Amendment values transcend the legitimate state interest in protecting the particular plaintiff who prevailed." Rosenbloom v. Metromedia, Inc., 403 U. S., at 63 (foot-

이루어졌음을 뒷받침하는 명백한 및 설득력 있는 증명에 그들이 근거할 때만이다. 문서비방에 및 중상(slander)에 적용되는 무과실책임 보통법이 가하는 매체 측의 자기검열에의 유인에 대한 극도로 강력한 해독제를 이 기준은 공급한다. 그리고 이에 상응하여 높은 대가를 명예훼손적 허위사실 공표의 피해자들로부터 그것은 징수한다. 명예훼손에 의도적으로 처해진 일부가를 포함하여 그 배상받아 마땅한 다수의 원고들이 New York Times 기준의 방벽을 넘을 수가 없고는 할 것이다. 개인의 명예의 «418 U. S., 343» 불법적 훼손을 회복하기 위한 손해배상을 받을 주 법에 따른 권리에 대한 이 중대한 제한에도 불구하고, 공직자들(public officials)에 및 공적 인물들(public figures)에 관한 명예훼손적 허위사실을 공표한 출판사들에게 및 방송사들에게 New York Times 특권은 원용될 수 있어야 한다고 당원은 결론지은 터이다. New York Times Co. v. Sullivan, supra; Curtis Publishing Co. v. Butts, supra. 이 판결들은 정당하다고 우리는 생각하지만, 그러나 오직 책임으로부터의 면제에 있어서의 언론의 및 방송매체의 이익에의 참조에 의해서만 그 판시들이 정당화된다고는 우리는 판단하지 않는다. 이 염려의, 및 공적 인물들(public persons)에 의하여 제기되는 문서비방 소송들의 맥락 안에 현존하는 그 제한되는 주 이익의, 그 둘 사이의 조절을 New York Times 법리는 말한다고 오히려 우리는 믿는다. 사적 개인들에 관하여는 별개의 법리가 통용되어야 함을, 사적 개인들의 명예훼손을 배상함에 담긴 주 이익은 요구한다고 아래의 이유들에 따라 우리는 결론짓는다.

언론의 필요들의, 및 불법적 명예훼손에 대한 배상을 구하는 개인의 요구의, 그 양자 사이의 수지는 이론상으로는 사건 하나하나마다 개별적으로 결산될 수도 있음은 물론일 것이다. 할란(Harlan) 판사가 가정하였듯이, "우세를 거둔 특정 원고를 보호함에 있어서의 정당한 주 이익을 능가하는 연방헌법 수정 제1조상의 그 모든 가치들을 보호되는 상태로 최종 판결주문이 남겨놓는지 여부를 확인하기 위하여 모든 문서비방 사건에서의 모든 배심 평결을 주의 깊게 정사하는 것이 가장 실용적인 접근법이라고, 순전히 한 개의 추상적 문제로서는, 생각될 수도 있을 것이다." Rosenbloom v. Metromedia, Inc., 403 U. S., at 63 (각주 생략). 그러나 예측 불가능한

note omitted). But this approach would lead to unpredictable results and uncertain expectations, and it could render our duty to supervise the lower courts unmanageable. Because an ad hoc resolution of the competing interests at stake in each particular case is not feasible, we must lay down broad rules of general «418 U. S., 344» application. Such rules necessarily treat alike various cases involving differences as well as similarities. Thus it is often true that not all of the considerations which justify adoption of a given rule will obtain in each particular case decided under its authority.

With that caveat we have no difficulty in distinguishing among defamation plaintiffs. The first remedy of any victim of defamation is self-help - using available opportunities to contradict the lie or correct the error and thereby to minimize its adverse impact on reputation. Public officials and public figures usually enjoy significantly greater access to the channels of effective communication and hence have a more realistic opportunity to counteract false statements than private individuals normally enjoy.[9] Private individuals are therefore more vulnerable to injury, and the state interest in protecting them is correspondingly greater.

More important than the likelihood that private individuals will lack effective opportunities for rebuttal, there is a compelling normative consideration underlying the distinction between public and private defamation plaintiffs. An individual who decides to seek governmental office must accept certain necessary consequences of that involvement in public affairs. He runs the risk of closer public scrutiny than might otherwise be the case. And society's interest in the officers of government is not strictly limited to the formal discharge of official duties. As the Court pointed out in Garrison v. Louisiana,

---

9) Of course, an opportunity for rebuttal seldom suffices to undo harm of defamatory falsehood. Indeed, the law of defamation is rooted in our experience that the truth rarely catches up with a lie. But the fact that the self-help remedy of rebuttal, standing alone, is inadequate to its task does not mean that it is irrelevant to our inquiry.

결과들에 및 불확실한 예상들에 이 접근법은 이르게 될 것인바, 하급법원들을 감독할 우리의 의무를 제어 불가능한 것으로 그것은 만들 것이다. 각각의 특정 사건에 걸려 있는 경쟁하는 이익들에 대한 한 개의 임시적 해결은 실행 가능하지 않기에, 일반적 적용이 가능한 넓은 원칙들을 우리는 세우지 않으면 «418 U. S., 344» 안 된다. 유사점들을만큼이나 차이점들을 포함하는 다양한 사건들을 이러한 원칙들은 불가피하게 똑같이 다룬다. 그리하여 특정 원칙의 권위 아래서 판결된 개개 특정 사건에 그 원칙의 채택을 정당화하는 고려요소들의 전부가 통용되지는 아니하는 법임은 흔히 사실이다.

그 억제를 지닌 채로라면 명예훼손 소송 원고들 사이에서 구분을 지음에 있어서 우리는 어려울 것이 없다. 명예훼손 피해자 아무나의 첫 번째 구제책은 자기조력(self-help)인 바 - 거짓을 논박하기 위하여 내지는 오류를 시정하기 위하여, 그리하여 명예에 그것이 끼치는 영향력을 이로써 최소화하기 위하여 이용 가능한 기회들을 사용하는 것이다. 유력한 통신 채널들에의 상당히 더 큰 접근을 공직자들(public officials)은 및 공적 인물들(public figures)은 일반적으로 향유하고, 그리하여 허위의 주장들에 대응함에 있어서 그들이 지니는 기회는 사적 개인들이 일반적으로 향유하는 기회가보다도 더 현실적이다.[9] 명예훼손에 그리하여 사적 개인들은 더 취약하고, 따라서 그들을 보호함에 있어서의 주 이익은 그만큼 더 크다.

효과적인 논박 기회들을 사적 개인들이 결여할 가능성이보다도 더 중요한 것은, 공적 명예훼손 원고들의 및 사적 명예훼손 원고들의 그 양자 사이의 구분에는 그 토대에 놓인 한 가지 강제적인 규범적 고려요소가 있다는 것이다. 저 공적 업무에의 연루라는 일정한 불가피한 결과들을 정부의 관직을 구하기로 결정하는 개인은 받아들이지 않으면 안 된다. 경우가 달랐을 때에 비하여 더 근접한 공중의 감시의 위험을 그는 무릅쓴다. 게다가 정부 공무원들에 대하여 지니는 사회의 이익은 공무상의 의무사항들에 대한 공식적 이행에 엄격하게 한정되지 않는다. Garrison v. Louisiana, 379 U. S., at 77에서 당원이 지적하였듯이, "공직자의 직무 적합성에

---

9) 명예훼손적 허위사실 공표로 인한 손해를 원상태로 돌리기에는 논박의 기회만으로는 결코 충분하지 아니함은 물론이다. 거짓말을 진실이 만회하는 경우는 좀처럼 드물다는 우리의 경험에 그 뿌리를 아닌 게 아니라 명예훼손 법리는 둔다. 그러나 논박이라는 자기조력의 구제책이 그 자체만으로는 구제책으로서의 임무에 불충분하다는 사실은 우리의 심리에 그것이 무관함을 의미하지는 않는다.

379 U. S., at 77, the public's interest extends to "anything «418 U. S., 345» which might touch on an official's fitness for office ······ Few personal attributes are more germane to fitness for office than dishonesty, malfeasance, or improper motivation, even though these characteristics may also affect the official's private character."

Those classed as public figures stand in a similar position. Hypothetically, it may be possible for someone to become a public figure through no purposeful action of his own, but the instances of truly involuntary public figures must be exceedingly rare. For the most part those who attain this status have assumed roles of especial prominence in the affairs of society. Some occupy positions of such persuasive power and influence that they are deemed public figures for all purposes. More commonly, those classed as public figures have thrust themselves to the forefront of particular public controversies in order to influence the resolution of the issues involved. In either event, they invite attention and comment.

Even if the foregoing generalities do not obtain in every instance, the communications media are entitled to act on the assumption that public officials and public figures have voluntarily exposed themselves to increased risk of injury from defamatory falsehood concerning them. No such assumption is justified with respect to a private individual. He has not accepted public office or assumed an "influential role in ordering society." Curtis Publishing Co. v. Butts, 388 U. S., at 164 (Warren, C. J., concurring in result). He has relinquished no part of his interest in the protection of his own good name, and consequently he has a more compelling call on the courts for redress of injury inflicted by defamatory falsehood. Thus, private individuals are not only more vulnerable to injury than public officials and public figures; they are also more deserving of recovery.

≪418 U. S., 345≫ 관계될 수 있는 그 무엇에든지. ……" 공중의 이익은 미친다. "직무 적합성에의 밀접한 관계를 부정직이보다도, 부정행위가보다도, 부도덕한 유인이보다도 더 지니는 것들은 인격적 속성들 가운데 거의 없다."

공적 인물들(public figures)로 분류되는 사람들은 이에 비슷한 위치에 있다. 그 자신의 목적적 행동을 통하지 아니한 채로 누군가가 공적 인물이 됨은 가정적으로는 가능할 수 있으나, 참으로 본의 아닌 공적 인물들(public figures)의 경우들이란 극도로 드묾이 틀림없다. 왜냐하면 이 지위를 얻는 사람들의 대부분은 사회의 관심사들에 있어서 특별한 돌출의 역할들을 맡아 왔기 때문이다. 상당한 설득력 있는 지위들을 어떤 이들은 점유함으로써 모든 의미에서 공적 인물들(public figures)로 그들은 간주된다. 관련된 쟁점들의 결정에 영향을 미치기 위하여 특정의 공공의 논의들에서의 최전선에 그 자신들을 공적 인물들(public figures)로 분류되는 사람들은 내밀어 놓은 경우가 더 일반적이다. 어떤 경우에든, 주목을 및 논평을 그들은 불러들인다.

설령 모든 경우에 위 일반적 사항들이 통용되는 것은 아니라 하더라도, 자신들에 관한 명예훼손적 허위사실 공표로부터의 증대된 명예손상의 위험에 그 자신들을 공직자들(public officials)은 및 공적 인물들(public figures)은 자발적으로 노출시켜 놓았다는 가정 위에서 행동할 권리를 통신매체들은 지닌다. 사적 개인에 관하여는 이러한 가정은 정당화되지 않는다. 공직을 그는 받아들인 바도 없고" 사회에 명령을 내림에 있어서 영향력 있는 역할"을 그는 맡은 바도 없다. Curtis Publishing Co. v. Butts, 388 U. S., at 164 [법원장 워렌(Warren) 판사, 결론에 있어서 찬동함]. 자기 자신의 좋은 이름의 보호에 있어서의 자신의 이익을 그는 조금이라도 포기한 바가 없고, 따라서 명예훼손적 허위사실 공표에 의하여 가해진 명예손상의 배상을 위한, 법원들에 대한 더욱 더 강제적인 요구를 그는 지닌다. 이렇듯, 공직자들(public officials)이보다도 및 공적 인물들(public figures)이보다도 사적 개인들은 명예훼손에 더 취약할 뿐만 아니라; 손해배상을 받아 마땅한 자격을 그들은 더 갖추고 있다.

For these reasons we conclude that the States should retain substantial latitude in their efforts to enforce a «418 U. S., 346» legal remedy for defamatory falsehood injurious to the reputation of a private individual. The extension of the New York Times test proposed by the Rosenbloom plurality would abridge this legitimate state interest to a degree that we find unacceptable. And it would occasion the additional difficulty of forcing state and federal judges to decide on an ad hoc basis which publications address issues of "general or public interest" and which do not - to determine, in the words of MR. JUSTICE MARSHALL, "what information is relevant to self-government." Rosenbloom v. Metromedia, Inc., 403 U. S., at 79. We doubt the wisdom of committing this task to the conscience of judges. Nor does the Constitution require us to draw so thin a line between the drastic alternatives of the New York Times privilege and the common law of strict liability for defamatory error. The "public or general interest" test for determining the applicability of the New York Times standard to private defamation actions inadequately serves both of the competing values at stake. On the one hand, a private individual whose reputation is injured by defamatory falsehood that does concern an issue of public or general interest has no recourse unless he can meet the rigorous requirements of New York Times. This is true despite the factors that distinguish the state interest in compensating private individuals from the analogous interest involved in the context of public persons. On the other hand, a publisher or broadcaster of a defamatory error which a court deems unrelated to an issue of public or general interest may be held liable in damages even if it took every reasonable precaution to ensure the accuracy of its assertions. And liability may far exceed compensation for any actual injury to the plaintiff, for the jury may be permitted to presume damages without proof of loss and even to award punitive damages. «418 U. S., 347»

We hold that, so long as they do not impose liability without fault, the

사적 개인의 명예에 침해를 가하는 명예훼손적 허위사실 공표에 따르는 손해배상을 강제하기 위한 그들의 노력들에 있어서의 «418 U. S., 346» 상당한 폭을 주들은 보유해야 한다고 이러한 이유들에 따라 우리는 결론짓는다. 이 정당한 주 이익을 Rosenbloom 판결의 상대다수 의견에 의하여 제창된 New York Times 기준의 확장이 침해하는 수준은 가히 용인될 수 없는 것이라고 우리는 판단한다. 그리하여 어떤 공표들이 "일반대중의 내지는 공공의 이익"을 중점 두어 다루는지 및 어떤 공표들이 이를 그렇게 다루지 아니하는지를 임시적으로 판단하도록 - 마샬(MARSHALL) 판사의 표현에 의하면, "자기통치(self-government)에 어떤 정보가 관련을 지니는지"를 판단하도록 - 주 판사들을 및 연방 판사들을 강제하는 추가적 곤란을 그것은 야기할 것이다. Rosenbloom v. Metromedia, Inc., 403 U. S., at 79. 이 임무를 판사들의 양심에 맡기는 일의 지혜로움을 우리는 의심한다. New York Times 특권의, 및 명예훼손적 오류에 대한 무과실책임 보통법의, 그 둘 사이에 그토록 희미한 금을 긋도록 우리에게 연방헌법은 요구하고 있지도 않다. 사적 명예훼손 행위들에의 New York Times 기준의 적용 가능성을 판정하기 위한 "공공의 내지는 일반대중의 이익" 기준은 그 걸려 있는 경쟁하는 가치들 양쪽의 요구를 채우기에는 부적절하다. 한쪽에서는, 공공의 내지는 일반대중의 이익의 쟁점에 관련되는 명예훼손적 허위사실 공표에 의하여 명예를 훼손당하는 사적 개인은, 그 엄격한 New York Times 기준을 만약 그가 충족시킬 수 있는 경우가 아닌 한, 의지할 수단이 없다. 사적 개인들의 피해를 배상함에 있어서의 주 이익을 공적 인물들의 맥락 안에 포함된 유사한 이익으로부터 구분짓는 요소들에도 불구하고 이는 그러하다. 다른 한편으로, 공공의 내지는 일반대중의 이익의 쟁점에 관련 없는 것으로 법원이 판단하는 명예훼손적 오류를 공표하는 출판사는 내지는 방송사는, 설령 자신의 주장들의 정확성을 보증하기 위한 모든 합리적인 예방책을 강구한 경우에조차도, 손해배상 책임을 져야 하는 것으로 간주될 수 있다. 게다가 원고에게 발생한 실제의 손해에 대한 손해배상액을 책임은 훨씬 더 넘어서는 것이 될 수 있는데, 왜냐하면 손실액의 증거 없이 손해액을 추정하도록, 그리고 심지어 징벌적 손해배상을 인정하도록마저 배심은 허용될 수 있기 때문이다. «418 U. S., 347»

무과실책임을 주들이 부과하지 아니하는 한도 내에서는, 사적 개인의 명예를 침

States may define for themselves the appropriate standard of liability for a publisher or broadcaster of defamatory falsehood injurious to a private individual.[10] This approach provides a more equitable «418 U. S., 348» boundary between the competing concerns involved here. It recognizes the strength of the legitimate state interest in compensating private individuals for wrongful injury to reputation, yet shields the press and broadcast media from the rigors of strict liability for defamation. At least this conclusion obtains where, as here, the substance of the defamatory statement "makes substantial danger to reputation apparent."[11] This phrase places in perspective the conclusion we announce today. Our inquiry would involve considerations somewhat different from those discussed above if a State purported to condition civil liability on a factual misstatement whose content did not warn a reasonably prudent editor or broadcaster of its defamatory potential. Cf. Time, Inc. v.

---

10) Our caveat against strict liability is the prime target of MR. JUSTICE WHITE's dissent. He would hold that a publisher or broadcaster may be required to prove the truth of a defamatory statement concerning a private individual and, failing such proof, that the publisher or broadcaster may be held liable for defamation even though he took every conceivable precaution to ensure the accuracy of the offending statement prior to its dissemination. Post, at 388–392. In MR. JUSTICE WHITE's view, one who publishes a statement that later turns out to be inaccurate can never be "without fault" in any meaningful sense, for "[i]t is he who circulated a falsehood *that he was not required to publish*." Post, at 392 (emphasis added).

MR. JUSTICE WHITE characterizes New York Times Co. v. Sullivan, 376 U. S. 254 (1964), as simply a case of seditious libel. Post, at 387. But that rationale is certainly inapplicable to Curtis Publishing Co. v. Butts, 388 U. S. 130 (1967), where MR. JUSTICE WHITE joined four other Members of the Court to extend the knowing–or–reckless–falsity standard to media defamation of persons identified as public figures but not connected with the Government. MR. JUSTICE WHITE now suggests that he would abide by that vote, post, at 398, but the full thrust of his dissent – as we read it – contradicts that suggestion. Finally, in Rosenbloom v. Metromedia, Inc., 403 U. S. 29, 57 (1971), MR. JUSTICE WHITE voted to apply the New York Times privilege to media defamation of an individual who was neither a public official nor a public figure. His opinion states that the knowing–or–reckless–falsity standard should apply to media "comment upon the official actions of public servants," id., at 62, including defamatory falsehood about a person arrested by the police. If adopted by the Court, this conclusion would significantly extend the New York Times privilege.

MR. JUSTICE WHITE asserts that our decision today "trivializes and denigrates the interest in reputation." Miami Herald Publishing Co. v. Tornillo, ante, at 262 (concurring opinion), that it "scuttle[s] the libel laws of the States in ······ wholesale fashion" and renders ordinary citizens "powerless to protect themselves." Post, at 370. In light of the progressive extension of the knowing–or–reckless–falsity «418 U. S., 348» requirement detailed in the preceding paragraph, one might have viewed today's decision allowing recovery under any standard save strict liability as a more generous accommodation of the state interest in comprehensive reputational injury to private individuals than the law presently affords.

11) Curtis Publishing Co. v. Butts, supra, at 155.

해하는 명예훼손적 허위사실의 공표를 저지른 출판사의 내지는 방송사의 책임에 관한 적절한 기준을 주들은 스스로 규정할 수 있다고 우리는 본다.[10] 여기에 포함된 경쟁하는 이익들 사이에서의 ≪418 U. S., 348≫ 보다 더 형평에 맞는 한계를 이 접근법은 제공한다. 명예에 대한 불법적 침해를 입은 사적 개인들의 손해를 회복시킴에 있어서의 정당한 주 이익의 참뜻을 그것은 인정하면서도, 언론 매체들을 및 방송 매체들을 명예훼손에 대한 무과실책임의 가혹함들로부터 그것은 보호한다. 적어도 여기서처럼 "명예에의 중대한 위험이 명백해 보이도록" 명예훼손적 공표의 내용이 "만드는"[11] 경우에 이 결론은 통용된다. 오늘 우리가 선언하는 결론을 균형 속에 이 구절은 놓는다. 그 명예훼손적 가능성을 합리적으로 신중한 편집자에게 내지는 방송사에게 그 내용이 경고한 바 없는 사실적 허위주장에 의거한 민사책임의 조건을 설정하기를 만약에 한 개의 주가 꾀하는 경우라면, 위에서 논의된 고려요소

---

10) 무과실책임에 대한 우리의 억제는 화이트(WHITE) 판사의 반대의견의 주된 표적이다. 사적 개인에 관한 명예훼손적 공표의 진실함을 증명하도록 출판사는 내지는 방송사는 요구될 수 있다고, 그리고 이러한 증명에 실패할 경우에는, 심지어 그 침해적 공표의 정확성을 보증하기 위한 모든 인식 가능한 예방책을 그 공표 이전에 출판사가 내지는 방송사가 취한 경우에조차도 그 출판사는 내지는 방송사는 명예훼손에 대하여 책임을 면할 수 없는 것으로 판단될 수 있다고 그는 보고자 한다. Post, at 388-392. 화이트(WHITE) 판사의 견해에 의하면, 한 개의 주장을 공표하는 사람은 그 주장의 부정확함이 나중에 드러날 경우에는 조금이라도 참다운 의미에서는 "무과실"일 수가 결코 없다는 것이 되는바, 왜냐하면 "*[공]표하도록 그가 요구되지도 않았던* 그 허위사실을 배포한 사람은 바로 그이기 때문이다." Post, at 392 (강조는 보태짐).

단순히 한 개의 치안방해적 문서비방 사건으로 New York Times Co. v. Sullivan, 376 U. S. 254 (1964) 판결을 화이트(WHITE) 판사는 규정한다. Post, at 387. 그러나 Curtis Publishing Co. v. Butts, 388 U. S. 130 (1967) 판결에 그 설명은 적용될 수 없음이 분명한바, 거기서 허위성에 대한 인식의 내지는 미필적 고의에 준하는 무시의 기준은. 공적 인물들(public figures)임이 확인된, 그러나 정부에 연결되어 있지 않은 사람들에 대한 매체들의 명예훼손에 확장함에 있어서 당원의 네 명의 다른 판사들에게 화이트(WHITE) 판사는 가담하였다. 그 입장을 자신은 고수하지 않고자 함을 화이트(WHITE) 판사는 이제 암시하지만, post, at 398, 그러함에도 그의 반대의견의 전체 취지는 – 그것을 우리가 읽기로는 – 이 암시에 모순된다. 마지막으로, Rosenbloom v. Metromedia, Inc., 403 U. S. 29, 57 (1971)에서, 공직자이지도 공적 인물이지도 아니한 개인에 대한 매체들의 명예훼손에 New York Times 특권을 적용하는 쪽에 화이트(WHITE) 판사는 표를 던졌다.

"공공의 종복들의 공무상의 행위들에 대한" 매체들의 "논평"에는 허위성에 대한 인식의 내지는 미필적 고의에 준하는 무시의 기준이 적용되어야 함을 그의 의견은 말하는바, id., at 62, 경찰에 의하여 체포되는 사람에 관한 명예훼손적 허위사실 공표가 이에는 포함된다. 만약 당원에 의하여 이 결론이 채택된다면, New York Times 특권을 그것은 의미 깊게 확장시킬 것이다.

"명예훼손에 있어서의 이익을 하찮은 것으로" 오늘의 우리의 판결은 "떨어뜨리고 모욕한다."고, Miami Herald Publishing Co. v. Tornillo, ante, at 262 (보충의견), 그리고 "주들의 문서비방 법리들을 …… 무차별적으로" 그것은 "침몰시킨다.]"고, 그리하여 일반 시민들로 하여금 "그 자신들을 보호할 능력이 없는 상태가" 되게끔 그것은 만든다고 화이트(WHITE) 판사는 주장한다. Post, at 370.

앞 절들에서 상세히 논해진, 허위성에 대한 인식의 내지는 미필적 고의에 준하는 ≪418 U. S., 348≫ 무시의 요건의 점진적 확장에 비추어, 무과실책임 기준을 제외한 어떤 기준 아래서든 손해배상을 허용하는 오늘의 판결을, 사적 개인들에 대한 포괄적 명예훼손에 있어서 현재 법들이 제공하는 만큼보다도 더 관대하게 주 이익을 조정한 것이라고 누구든 여겼을 만도 하다.

11) Curtis Publishing Co. v. Butts, supra, at 155.

Hill, 385 U. S. 374 (1967). Such a case is not now before us, and we intimate no view as to its proper resolution.

IV

Our accommodation of the competing values at stake in defamation suits by private individuals allows the States to impose liability on the publisher or broadcaster of defamatory falsehood on a less demanding showing than that required by New York Times. This conclusion is not based on a belief that the considerations which prompted the adoption of the New York Times privilege for defamation of public officials and its extension to public figures are wholly inapplicable to the context of private individuals. Rather, we endorse this approach in recognition of the strong and legitimate state inter-est in compensating private individuals for injury to reputa- «418 U. S., 349» tion. But this countervailing state interest extends no further than compensa-tion for actual injury. For the reasons stated below, we hold that the States may not permit recovery of presumed or punitive damages, at least when lia-bility is not based on a showing of knowledge of falsity or reckless disregard for the truth.

The common law of defamation is an oddity of tort law, for it allows recovery of purportedly compensatory damages without evidence of actual loss. Under the traditional rules pertaining to actions for libel, the existence of injury is presumed from the fact of publication. Juries may award substan-tial sums as compensation for supposed damage to reputation without any proof that such harm actually occurred. The largely uncontrolled discretion of juries to award damages where there is no loss unnecessarily compounds the potential of any system of liability for defamatory falsehood to inhibit the vigorous exercise of First Amendment freedoms. Additionally, the doctrine of

들하고는 다소간 상이한 고려요소들을 우리의 조사는 포함할 것이다. Time, Inc. v. Hill, 385 U. S. 374 (1967)을 비교하라. 그러한 경우는 우리 앞에 지금 있지 아니하고, 따라서 그것의 적절한 해결에 관하여 견해를 우리는 밝히지 않는다.

Ⅳ

명예훼손적 허위사실 공표를 저지른 출판사에게 내지는 방송사에게 책임을 York Times 판결에 의하여 요구되는 증명에보다도 덜 엄격한 증명에 의거해서도 부과하도록, 사적 개인들에 의한 명예훼손 소송들에 있어서의 그 걸려 있는 경쟁하는 가치들에 대한 우리의 조절은 주들에게 허용한다. 공직자들(public officials)에 대한 명예훼손에 대한 New York Times 특권의 채택을 및 그것의 공적 인물들(public figures)에의 확장을 촉발한 고려요소들은 사적 개인들의 맥락에는 전적으로 적용될 수 없다는 믿음에 이 결론은 근거해 있지 아니하다. 오히려 명예손상으로 인한 사적 개인들의 손해를 배상함에 있어서의 강력한 및 정당한 주 이익에 대한 인식 가운데서 이 접근법을 우리는 승인한다. 《418 U. S., 349》그러나 실제의 손해에 대한 배상을 넘어서까지는 이 상쇄적인 주 이익은 연장되지 않는다. 적어도 허위성에 대한 인식의 내지는 진실에 대한 미필적 고의에 준하는 무시의 증명 위에 책임이 근거하지 아니하는 경우에는 추정적인 내지는 징벌적인 손해배상을 주들은 허용해서는 안 된다고, 이하에서 밝히는 이유들에 따라 우리는 본다.

명예훼손 보통법은 불법행위법의 괴짜인데, 왜냐하면 그 칭해지는 바 전보적 손해배상을 실제의 손해의 증거 없이도 그것은 허용하기 때문이다. 문서비방 소송들에 관한 전통적 원칙들 아래서는 공표라는 사실로부터 손해의 존재는 추정된다. 그러한 피해가 실제로 발생했음에 대한 아무런 증명 없이도 다대한 액수를 추정된 명예 손상에 대한 손해배상액으로서 배심들은 인정할 수 있다. 손해가 없는 경우에 손해배상을 인정할 수 있는 배심들의 대부분 통제되지 않는 재량권은 조금이라도 명예훼손적 허위사실 공표에 대한 책임을 묻는 제도의 잠재력을 불필요하게 증대시켜 연방헌법 수정 제1조상의 자유들의 정열적인 행사를 저지하게 만든다. 그것 말고도, 허위사실의 공표에 의하여 가해진 손해에 대하여 개인들에게 배상하도록

presumed damages invites juries to punish unpopular opinion rather than to compensate individuals for injury sustained by the publication of a false fact. More to the point, the States have no substantial interest in securing for plaintiffs such as this petitioner gratuitous awards of money damages far in excess of any actual injury.

We would not, of course, invalidate state law simply because we doubt its wisdom, but here we are attempting to reconcile state law with a competing interest grounded in the constitutional command of the First Amendment. It is therefore appropriate to require that state remedies for defamatory falsehood reach no farther than is necessary to protect the legitimate interest involved. It is necessary to restrict defamation plaintiffs who do not prove knowledge of falsity or reckless disregard for the truth to compensation for actual injury. We «418 U. S., 350» need not define "actual injury," as trial courts have wide experience in framing appropriate jury instructions in tort actions. Suffice it to say that actual injury is not limited to out-of-pocket loss. Indeed, the more customary types of actual harm inflicted by defamatory falsehood include impairment of reputation and standing in the community, personal humiliation, and mental anguish and suffering. Of course, juries must be limited by appropriate instructions, and all awards must be supported by competent evidence concerning the injury, although there need be no evidence which assigns an actual dollar value to the injury.

We also find no justification for allowing awards of punitive damages against publishers and broadcasters held liable under state-defined standards of liability for defamation. In most jurisdictions jury discretion over the amounts awarded is limited only by the gentle rule that they not be excessive. Consequently, juries assess punitive damages in wholly unpredictable amounts bearing no necessary relation to the actual harm caused. And they

이 아니라 인기 없는 의견을 처벌하도록 그 추정된 손해배상액의 법리는 배심들을 유인한다. 보다 더 중요하게는, 조금이나마의 실제의 손해를 훨씬 넘는 이유 없는 금전적 손해배상 액수를 이 청구인에 유사한 원고들에게 보장함에 있어서 실질적 이익을 주들은 지니지 않는다.

주 법의 지혜로움을 우리가 의심한다는 이유만으로 그것을 우리가 무효화하고자 하는 것이 아님은 물론이지만, 그러나 주 법을 연방헌법 수정 제1조의 헌법적 명령에 터잡은 경쟁하는 이익에 조화시키고자 여기서 우리는 시도하고 있다. 그 관련된 적법한 이익을 보호하기 위하여 필요한 만큼보다도 더 멀리까지는 명예훼손적 허위사실 공표에 대한 주(state) 구제수단들이 미쳐서는 안 될 것을 요구함은 따라서 적절하다. 허위성의 인식을 또는 진실에 대한 미필적 고의에 준하는 무모한 무시를 증명하지 못하는 명예훼손 소송 원고들의 승소액은 실제의 손해의 배상으로 제한할 필요가 있다. "실제의 «418 U. S., 350» 손해"를 우리는 정의할 필요가 없는바, 불법행위 소송들에서의 적절한 배심 훈시사항들을 짜 맞추는 데 있어서 넓은 경험을 정식사실심리 법원들은 지니고 있기 때문이다. 현금지급의 손해에 실제의 손해는 한정되지 아니한다고 말함으로써 충분하다. 지역사회 안에서의 명예의 및 지위의 손상을, 인격적 수치를, 정신적 고통을 및 괴로움을, 명예훼손적 허위사실 공표에 의하여 가해지는 실제의 손해의 보다 더 통례적인 유형들은 확실히 포함한다. 훈시사항들에 의하여 배심들은 제한되지 않으면 안 됨은 물론이고, 따라서 비록 손해에 대한 실제의 달러 가치를 부여하는 증거가 있어야 할 필요는 없다 하더라도, 손해에 관한 자격 있는 증거에 의하여 모든 손해배상 평결액수들은 뒷받침되지 않으면 안 된다.

명예훼손에 대하여 책임 있는 것으로 주(state) 설정의 기준들 아래서 판단된 출판사들을 및 방송사들을 상대로 징벌적 손해배상액을 허용하기 위한 정당화 사유를 마찬가지로 우리는 인정할 수 없다. 대부분의 관할들에서 그 내려지는 배상액에 관한 배심의 재량은 그것들이 과도한 것이어서는 안 된다는 그 점잖은 규칙에 의해서만 제한된다. 따라서, 그 야기된 실제의 손해에의 필연적 관련을 지니지 아니하는 전적으로 예상할 수 없는 액수의 징벌적 손해배상을 배심들은 사정한다. 그리하여

remain free to use their discretion selectively to punish expressions of unpopular views. Like the doctrine of presumed damages, jury discretion to award punitive damages unnecessarily exacerbates the danger of media self-censorship, but, unlike the former rule, punitive damages are wholly irrelevant to the state interest that justifies a negligence standard for private defamation actions. They are not compensation for injury. Instead, they are private fines levied by civil juries to punish reprehensible conduct and to deter its future occurrence. In short, the private defamation plaintiff who established liability under a less demanding standard than that stated by New York Times may recover only such damages as are sufficient to compensate him for actual injury. «418 U. S., 351»

V

Notwithstanding our refusal to extend the New York Times privilege to defamation of private individuals, respondent contends that we should affirm the judgment below on the ground that petitioner is either a public official or a public figure. There is little basis for the former assertion. Several years prior to the present incident, petitioner had served briefly on housing committees appointed by the mayor of Chicago, but at the time of publication he had never held any remunerative governmental position. Respondent admits this but argues that petitioner's appearance at the coroner's inquest rendered him a "de facto public official." Our cases recognize no such concept. Respondent's suggestion would sweep all lawyers under the New York Times rule as officers of the court and distort the plain meaning of the "public official" category beyond all recognition. We decline to follow it.

Respondent's characterization of petitioner as a public figure raises a different question. That designation may rest on either of two alternative bases. In some instances an individual may achieve such pervasive fame or notoriety

인기 없는 견해들의 표현들을 선별적으로 처벌할 그들의 재량을 자유로이 사용할 수 있는 상태에 여전히 그들은 남는다. 추정된 손해배상액의 법리가 그러하듯, 징벌적 손해배상액을 인정할 배심의 재량은 매체의 자기검열의 위험을 불필요하게 악화시킴에도 불구하고, 앞의 법리의 경우하고는 다르게, 사적 명예훼손 소송들을 위한 부주의 기준을 정당화하는 주 이익에 징벌적 손해배상액은 전적으로 관련이 없다. 그것들은 손해에 대한 배상이 아니다. 그렇기는커녕, 그것들은 비난할 만한 행위를 처벌하기 위하여 및 그것의 장래의 발생을 저지하기 위하여 민사배심들에 의하여 부과되는 사적 벌금들이다. 요컨대, New York Times 판결에 의하여 판시된 엄격한 기준에 미달하는 기준 아래서 책임을 증명한 사적 명예훼손 원고가 받을 수 있는 손해배상액은 단지 실제의 손해에 대하여 그를 회복시키기에 충분한 금액만이다. «418 U. S., 351»

V

New York Times 특권을 사적 개인들의 명예훼손에 확장함에 대한 우리의 거부에도 불구하고, 원심의 판결주문을 청구인이 공직자임을 내지는 공적 인물임을 이유로 우리는 인가해야 한다고 피청구인은 주장한다. 전자의 주장을 위하여는 근거가 없다. 현재의 사건이 있기 몇 해 전에, 시카고 시장에 의하여 임명된 주택위원회들에서 잠깐 청구인은 복무했었으나, 보수를 받는 정부직책을 공표 당시에 그는 전혀 보유하지 아니하고 있었다. 이 점을 피청구인은 시인하면서도, 청구인을 "사실상의 공직자"로 검시관의 검시에의 청구인의 출석은 만들었다고 피청구인은 주장한다. 이러한 개념을 우리의 선례들은 인정하지 않는다. 피청구인의 제언은 New York Times 법리 아래서 모든 변호사들을 쓸어다 법원의 공무원들로 만들 것이고, 그리하여 그 간명한 "공직자" 범주의 의미를 아무도 알아볼 수 없을 만큼 그것은 왜곡시킬 것이다. 그것을 좇기를 우리는 거부한다.

한 명의 공적 인물로 청구인을 피청구인이 규정함은 별개의 문제를 제기한다. 두 가지 선택적 근거들 중 한 개에 그 명칭은 의거할 수 있다. 일정한 경우들에 있어서는 널리 퍼진 명성을 내지는 악명을 개인이 성취함으로써 모든 목적을 위하여

that he becomes a public figure for all purposes and in all contexts. More commonly, an individual voluntarily injects himself or is drawn into a particular public controversy and thereby becomes a public figure for a limited range of issues. In either case such persons assume special prominence in the resolution of public questions.

Petitioner has long been active in community and professional affairs. He has served as an officer of local civic groups and of various professional organizations, and he has published several books and articles on legal subjects. Although petitioner was consequently well known in some circles, he had achieved no general fame «418 U. S., 352» or notoriety in the community. None of the prospective jurors called at the trial had ever heard of petitioner prior to this litigation, and respondent offered no proof that this response was atypical of the local population. We would not lightly assume that a citizen's participation in community and professional affairs rendered him a public figure for all purposes. Absent clear evidence of general fame or notoriety in the community, and pervasive involvement in the affairs of society, an individual should not be deemed a public personality for all aspects of his life. It is preferable to reduce the public-figure question to a more meaningful context by looking to the nature and extent of an individual's participation in the particular controversy giving rise to the defamation.

In this context it is plain that petitioner was not a public figure. He played a minimal role at the coroner's inquest, and his participation related solely to his representation of a private client. He took no part in the criminal prosecution of Officer Nuccio. Moreover, he never discussed either the criminal or civil litigation with the press and was never quoted as having done so. He plainly did not thrust himself into the vortex of this public issue, nor did he engage the public's attention in an attempt to influence its outcome. We are persuaded that the trial court did not err in refusing to characterize petitioner

및 모든 맥락들 안에서 그는 한 명의 공적 인물이 될 수가 있다. 보다 일반적으로는, 특정의 공공의 논의 속에 한 명의 개인이 자발적으로 그 자신을 던져 넣거나 이에 말려들어가거나 하여, 제한된 범주의 쟁점들을 위하여 이로써 그는 공적 인물이된다. 어떤 경우이든 이러한 사람들은 공공의 문제들의 해결에 있어서 특별한 두드러짐을 띤다.

지역사회에서 및 전문직역 업무에서 오랫동안 청구인은 활동해 왔다. 지역 시민단체들의 및 다양한 전문직역 조직들의 임원으로서 그는 봉사해 왔고 법적 주제들에 관한 여러 권의 책들을 및 논문들을 출판하여 왔다. 그 결과로서 일정한 영역들에서는 비록 청구인이 널리 알려졌음에도 불구하고, 지역사회에서의 일반적 명성을 내지는 악명을 그는 «418 U. S., 352» 얻어 있지 아니하였다. 정식사실심리에 소환된 예비 배심원들은 아무도 이 소송 이전에 청구인에 관하여 들어본 적이 없었고, 그리고 배심원들의 이 답변이 지역주민들의 대표적 예가 아니라는 증거를 피청구인은 제출하지 않았다. 지역사회 문제에의 및 전문직역 문제에의 시민의 참여가그를 모든 목적상에서의 한 명의 공적 인물로 만든다고 우리는 가벼이 단정하지 않고자 한다. 지역사회에서의 일반적 명성의 내지는 악명의 명백한 증거가 내지는 사회문제들에의 널리 미치는 관여의 증거가 없이는, 그의 삶의 모든 측면들에 있어서 공적 인물로 한 명의 개인은 간주되어서는 안 된다. 명예훼손을 야기하는 특정 논란에의 개인의 참여의 성격을 및 정도를 살핌에 의하여 공적 인물의 문제를 보다더 의미 있는 맥락으로 축소시키는 쪽이 차라리 더 낫다.

청구인은 공적 인물이 아니었음이 이 맥락에서 명백하다. 최소한도의 역할만을 검시관의 검시에서 그는 수행하였고, 따라서 그의 참여는 오직 사적 의뢰인에 대한그의 대변업무에만 관련된 것이었다. 경찰관 누치오에 대한 형사소추에 그는 관여하지 않았다. 더욱이, 형사소송을이든 민사소송을이든 언론하고의 사이에서 그는전혀 논의하지 않았고 그런 논의를 한 것으로 전혀 인용되지 않았다. 이 공공의 쟁점의 소용돌이 속에 그 자신을 그는 밀어넣지도 않았음이, 그리고 공중의 관심을그것의 결과에 영향을 주려는 시도 속에서 그는 이용하지도 않았음이 명백하다. 이소송의 목적 내에서 청구인을 공적 인물로 규정짓기를 거부함에 있어서 오류를 정

as a public figure for the purpose of this litigation.

We therefore conclude that the New York Times standard is inapplicable to this case and that the trial court erred in entering judgment for respondent. Because the jury was allowed to impose liability without fault and was permitted to presume damages without proof of injury, a new trial is necessary. We reverse and remand for further proceedings in accord with this opinion.

It is so ordered.

«418 U. S., 353»

식사실심리 법원은 저지르지 않았다는 데 대하여 우리는 납득한다.

그러므로 이 사건에 New York Times 기준은 적용될 수 없다고, 그리고 피청구인 승소의 판결주문을 기입함에 있어서 오류를 정식사실심리 법원은 저질렀다고 우리는 결론짓는다. 무과실책임을 부과하도록 배심은 허용되었던 까닭에, 그리고 손해의 증명 없이 손해액을 추정하도록 배심은 허용되었던 까닭에, 새로운 정식사실심리가 필요하다. 원심판결을 파기하고 이 의견에 부합되는 추후의 절차들을 위하여 사건을 환송한다.

그렇게 명령한다.

≪418 U. S., 353≫

MR. JUSTICE BLACKMUN, concurring.

I joined MR. JUSTICE BRENNAN's opinion for the plurality in Rosenbloom v. Metromedia, Inc., 403 U. S. 29 (1971). I did so because I concluded that, given New York Times Co. v. Sullivan, 376 U. S. 254 (1964), and its progeny (noted by the Court, ante, at 334-336, n. 6), as well as Curtis Publishing Co. v. Butts and Associated Press v. Walker, 388 U. S. 130 (1967), the step taken in Rosenbloom, extending the New York Times doctrine to an event of public or general interest, was logical and inevitable. A majority of the Court evidently thought otherwise, as is particularly evidenced by MR. JUSTICE WHITE's separate concurring opinion there and by the respective dissenting opinions of Mr. Justice Harlan and of MR. JUSTICE MARSHALL joined by MR. JUSTICE STEWART.

The Court today refuses to apply New York Times to the private individual, as contrasted with the public official and the public figure. It thus withdraws to the factual limits of the pre-Rosenbloom cases. It thereby fixes the outer boundary of the New York Times doctrine and says that beyond that boundary, a State is free to define for itself the appropriate standard of media liability so long as it does not impose liability without fault. As my joinder in Rosenbloom's plurality opinion would intimate, I sense some illogic in this.

The Court, however, seeks today to strike a balance between competing values where necessarily uncertain assumptions about human behavior color the result. Although the Court's opinion in the present case departs from the rationale of the Rosenbloom plurality, in that the Court now conditions a libel

블랙먼(BLACKMUN) 판사의 보충의견이다.

Rosenbloom v. Metromedia, Inc., 403 U. S. 29 (1971) 판결에서의 상대다수 판사들을 대표한 브레넌(BRENNAN) 판사의 의견에 나는 가담하였다. 내가 그렇게 한 까닭은 Curtis Publishing Co. v. Butts 판결을은 및 Associated Press v. Walker, 388 U. S. 130 (1967) 판결을은 물론이고, New York Times Co. v. Sullivan, 376 U. S. 254 (1964) 판결을 및 그것의 후속판례들(ante, at 334–336, n. 6에서 이 법원에 의하여 적시된 것들)을 전제할 때, 공공의 내지는 일반대중의 이익의 사건에 New York Times 법리를 확장시킴에 있어서 Rosenbloom 판결에서 취해진 조치는 논리적인 것으로서 불가피하다고 나는 결론지었기 때문이다. 명백히 이와는 다르게 당원의 다수의견은 생각하였는데, 거기서의 화이트(WHITE) 판사의 개별 보충의견에 의하여 및 할란(Harlan) 판사의 및 스튜어트(STEWART) 판사가 가담한 마샬(MARSHALL) 판사의 개별 반대의견들에 의하여 이는 특별히 입증된다.

공직자에 및 공적 인물에 대조되는 사람으로서의 사적 개인에게 New York Times 판결을 적용하기를 오늘 이 법원은 거부한다. Rosenbloom 판결 이전 선례들의 사실적 한계들에게로 이 법원은 이렇게 물러난다. New York Times 법리의 외적 경계를 이 법원은 이로써 확정짓는바, 그 경계 너머에서는 매체들의 책임에 관한 적절한 기준을, 무과실책임을 그것이 부과하지 아니하는 한, 주(a State)는 스스로 자유로이 정할 수 있다고 이 법원은 말한다. Rosenbloom 사건의 상대다수 의견에의 나의 가담이 암시함직하듯, 상당한 논리를 이 안에서 나는 느낀다.

그러나 인간의 행동에 관한 불확실한 가정들이 그 결과를 불가피하게 윤색하는 경우의 경쟁하는 가치들 사이에서 조정책을 찾아내고자 오늘 이 법원은 추구한다. 비록 Rosenbloom 판결에서의 상대다수 의견의 근본적 원리로부터 현재의 사건에서의 이 법원의 의견은 결별하고 있음에도 불구하고, 사적 개인에 의한 문서비방

action by a private person upon a showing of negligence, as contrasted with a showing of willful or reckless disregard, I am willing to «418 U. S., 354» join, and do join, the Court's opinion and its judgment for two reasons:

1. By removing the specters of presumed and punitive damages in the absence of New York Times malice, the Court eliminates significant and powerful motives for self-censorship that otherwise are present in the traditional libel action. By so doing, the Court leaves what should prove to be sufficient and adequate breathing space for a vigorous press. What the Court has done, I believe, will have little, if any, practical effect on the functioning of responsible journalism.

2. The Court was sadly fractionated in Rosenbloom. A result of that kind inevitably leads to uncertainty. I feel that it is of profound importance for the Court to come to rest in the defamation area and to have a clearly defined majority position that eliminates the unsureness engendered by Rosenbloom's diversity. If my vote were not needed to create a majority, I would adhere to my prior view. A definitive ruling, however, is paramount. See Curtis Publishing Co. v. Butts, 388 U. S., at 170 (Black, J., concurring); Time, Inc. v. Hill, 385 U. S. 374, 398 (1967) (Black, J., concurring); United States v. Vuitch, 402 U. S. 62, 97 (1971) (separate statement).

For these reasons, I join the opinion and the judgment of the Court.

소송을 고의에 의한 무시의 내지는 미필적 고의에 준하는 무시의 증명에 대조되는 것으로서의 과실의 증명에 이 법원이 이제 조건지우는 점에 있어서, 두 가지 이유들에 《418 U. S., 354》 따라 이 법원의 의견에 및 그 판결주문에 나는 기꺼이 가담하고자 하고 실제로 가담한다:

1. 여타의 경우라면 전통적 문서비방 소송에 현존하게 될 자기검열의 심각한 및 강력한 동기들을, New York Times 판결 기준상의 악의의 부재 속에서의 추정적 손해액의 내지는 징벌적 손해액의 유령들을 제거함에 의하여 이 법원은 제거한다. 정열적 언론을 위한 충분한 및 적절한 숨쉴 공간으로서 증명되어야 할 바가 무엇인지의 문제를, 그렇게 함으로써 이 법원은 남겨둔다. 책임성 있는 저널리즘의 기능에 대하여 실제상의 영향을, 이 법원이 해 놓은 바가 끼치는 부분은 설령 있다고 하더라도 거의 없을 것으로 나는 믿는다.

2. 유감스럽게도 이 법원은 Rosenbloom 사건에서 세분되었다. 그런 종류의 상황이 빚는 결과는 불가피하게 불확실성으로 통한다. 명예훼손 영역에서 안정 상태에 당원이 이름은, 그리하여 Rosenbloom 사건의 다양성에 의하여 야기된 불확실을 걷어내는 명확하게 정립된 다수의견 입장을 당원이 지님은 심대한 중요성을 지닌다고 나는 느낀다. 한 개의 다수의견을 성립시키는 데에 만약 나의 투표가 필요하지 않다면, 나의 이전의 견해를 나는 고수할 것이다. 그러나 한 개의 명확한 판단은 가장 중요하다. Curtis Publishing Co. v. Butts, 388 U. S., at 170 (블랙(Black) 판사, 보충의견)을; Time, Inc. v. Hill, 385 U. S. 374, 398 (1967) (블랙(Black) 판사, 보충의견)을; United States v. Vuitch, 402 U. S. 62, 97 (1971) (개별 판시)을 보라.

이 법원의 의견에 및 판결주문에 이러한 이유들에 따라 나는 가담한다.

MR. CHIEF JUSTICE BURGER, dissenting.

The doctrines of the law of defamation have had a gradual evolution primarily in the state courts. In New York Times Co. v. Sullivan, 376 U. S. 254 (1964), and its progeny this Court entered this field.

Agreement or disagreement with the law as it has evolved to this time does not alter the fact that it has been orderly development with a consistent basic rationale. In today's opinion the Court abandons the tradi- «418 U. S., 355» tional thread so far as the ordinary private citizen is concerned and introduces the concept that the media will be liable for negligence in publishing defamatory statements with respect to such persons. Although I agree with much of what MR. JUSTICE WHITE states, I do not read the Court's new doctrinal approach in quite the way he does. I am frank to say I do not know the parameters of a "negligence" doctrine as applied to the news media. Conceivably this new doctrine could inhibit some editors, as the dissents of MR. JUSTICE DOUGLAS and MR. JUSTICE BRENNAN suggest. But I would prefer to allow this area of law to continue to evolve as it has up to now with respect to private citizens rather than embark on a new doctrinal theory which has no jurisprudential ancestry.

The petitioner here was performing a professional representative role as an advocate in the highest tradition of the law, and under that tradition the advocate is not to be invidiously identified with his client. The important public policy which underlies this tradition - the right to counsel - would be gravely jeopardized if every lawyer who takes an "unpopular" case, civil or

점진적인 진화를 일차적으로 주 법원들에서 명예훼손 법리들은 거두어 왔다. 이 분야에 당원은 들어간 것은 New York Times Co. v. Sullivan, 376 U. S. 254 (1964)에서와 그 후속판례들에서였다.

이 시점에 이르도록까지 전개되어 온 바대로의 법은 일관성 있는 기본적 원리를 지닌 정돈된 발전이 되어 왔다는 사실을 그 법에 대한 동의는 내지는 부동의는 바꾸지 아니한다. 보통의 사적 개인이 관련되는 «418 U. S., 355» 한도 내에서는 그 전통적 맥락을 오늘의 의견에서 이 법원은 버리고서, 이러한 사람들에 관련한 명예훼손적 주장들을 공표함에 있어서의 과실에 대하여 책임을 매체들은 지게 된다는 개념을 이 법원은 소개한다. 화이트(WHITE) 판사가 말하는 바의 대부분에 비록 나는 동의함에도 불구하고, 이 법원의 새로운 교리적 접근법을, 그가 해석하는 꼭 그 방식대로는 나는 해석하지 않는다. 뉴스 매체들에 적용되는 것으로서의 "과실" 법리의 범위들을 나는 알지 못함을 나는 솔직하게 말한다. 생각되는 바로는, 더글라스(DOUGLAS) 판사의 및 브레넌(BRENNAN) 판사의 반대의견들이 제시하듯, 일부 편집자들을 이 새로운 법리는 방해할 수 있다. 그러나 관할권상의 계보를 지니지 아니하는 새로운 교리적 이론에 착수하는 쪽을보다는, 사적 시민들에 관하여 법의 이 영역이 여태껏 진화해 왔듯이 그것으로 하여금 계속하여 진화하도록 허용하는 쪽을 나는 선호하고자 한다.

법의 가장 높은 전통 안에서의 옹호자로서의 전문직업상의 대변적 역할을 여기서의 청구인은 수행하고 있었는데, 그 전통에 따르면 옹호자는 자신의 의뢰인하고의 동속으로 비위에 거슬리게 인정되어서는 안 된다. 예를 들어 심각한 전과기록을 지닌 의뢰인을 대변한다는 이유로 "폭도의 주둥이"라고, 혹은 신체손해 소송에서의 원고를 대변한다는 이유로 "구급차 꽁무니 추격자"라고 해당 변호사를 표현할

criminal, would automatically become fair game for irresponsible reporters and editors who might, for example, describe the lawyer as a "mob mouthpiece" for representing a client with a serious prior criminal record, or as an "ambulance chaser" for representing a claimant in a personal injury action.

I would reverse the judgment of the Court of Appeals and remand for reinstatement of the verdict of the jury and the entry of an appropriate judgment on that verdict.

수도 있는 책임성 없는 기자들의 및 편집인들의 목표물로 형사든 민사든 "인기 없는" 사건을 맡는 모든 변호사가 만약 자동적으로 떨어진다면, 이 전통의 토대에 놓이는 중요한 공공의 가치는 - 즉 변호인의 조력을 받을 권리는 - 중대하게 위협될 것이다.

나라면 항소법원의 판결주문을 파기할 것이고 배심 평결의 복위를 위하여 및 그 평결에 토대한 적절한 판결주문의 기입을 위하여 사건을 환송할 것이다.

MR. JUSTICE DOUGLAS, dissenting.

The Court describes this case as a return to the struggle of "defin[ing] the proper accommodation between the law of defamation and the freedoms of speech and press protected by the First Amendment." It is indeed a struggle, once described by Mr. Justice Black as "the same «418 U. S., 356» quagmire" in which the Court "is now helplessly struggling in the field of obscenity." Curtis Publishing Co. v. Butts, 388 U. S. 130, 171 (concurring opinion). I would suggest that the struggle is a quite hopeless one, for, in light of the command of the First Amendment, no "accommodation" of its freedoms can be "proper" except those made by the Framers themselves.

Unlike the right of privacy which, by the terms of the Fourth Amendment, must be accommodated with reasonable searches and seizures and warrants issued by magistrates, the rights of free speech and of a free press were protected by the Framers in verbiage whose proscription seems clear. I have stated before my view that the First Amendment would bar Congress from passing any libel law.[1] This was the view held by Thomas Jefferson[2] and it is one Congress has never challenged through enactment of a civil libel statute. The sole congressional attempt at this variety of First Amendment muzzle was in the Sedition Act of 1798 - a criminal libel act never tested in this

---

1) See, e. g., Rosenblatt v. Baer, 383 U. S. 75, 90 (concurring).

2) In 1798 Jefferson stated:

"[The First Amendment] thereby guard[s] in the same sentence, and under the same words, the freedom of religion, of speech, and of the press: insomuch, that whatever violates either, throws down the sanctuary which covers the others, *and that libels, falsehood, and defamation, equally with heresy and false religion, are withheld from the cognizance of federal tribunals.* ······" 8 The Works of Thomas Jefferson 464–465 (Ford ed. 1904) (emphasis added).

더글라스(DOUGLAS) 판사의 반대의견이다.

"명예훼손 처벌 법리의, 그리고 연방헌법 수정 제1조에 의하여 보호되는 말의 및 언론의 자유의, 그 둘 사이의 적절한 조절 문제를 명확히 하[려는]" 고투에로 돌아가는 것이라고 이 사건을 이 법원은 표현한다. 그것은 아닌게 아니라, "외설의 영역에서" 이 법원이 "지금 어찌할 도리 없이 고투하는 중인" «418 U. S., 356» "바로 그 진구렁"이라고 블랙(Black) 판사에 의하여 일찍이 묘사된 바 있는 한 개의 고투이다. Curtis Publishing Co. v. Butts, 388 U. S. 130, 171 (보충의견). 그 고투는 전혀 가망 없는 것이라고 나는 생각하겠는바, 왜냐하면 연방헌법 수정 제1조의 명령에 비추어, 그 입안자들 스스로에 의하여 만들어진 조절들을 제외하고는 연방헌법 수정 제1조의 자유들의 "조절"은 "적절한" 것이 될 수가 없기 때문이다.

연방헌법 수정 제4조의 규정들에 의하여 정당한 수색들에와 압수들에 및 치안판사들에 의하여 발부되는 영장들에 조화되지 않으면 안 되는 프라이버시의 권리가 하고는 다르게, 자유로운 말의 및 자유로운 언론의 권리들은 그 금지사항이 명백해 보이는 용어로써 입안자들에 의하여 보호되었다. 내용 여하를 불문하고 문서비방 처벌관련 법을 전혀 통과시키지 못하도록 연방의회를 연방헌법 수정 제1조는 금지하고자 한 것이라는 나의 견해를 이전에 나는 밝힌 바 있다.[1] 이것이 토마스 제퍼슨(Thomas Jefferson)에 의하여 취해진 견해였으며[2] 그리고 그 견해에 대하여 연방의회는 민사 문서비방 제정법의 입법을 통하여서는 결코 도전해 본 적이 없다. 이 다양한 연방헌법 수정 제1조에 대한의 재갈에의 연방의회의 유일한 시도는 1798년의

---

1) 예컨대, Rosenblatt v. Baer, 383 U. S. 75, 90 (보충의견)을 보라.
2) 1798년에 제퍼슨(Jefferson)은 말하였다:
   "종교의, 말의, 그리고 언론의 자유를 동일한 문장에서 및 동일한 자구들 아래서 [연방헌법 수정 제1조는] 이로써 보호[한]다: 그리하여, 여타의 성소들을 보호하는 그 성소를, 둘 중 어느 하나를이라도 위반하는 그 모든 것은 넘어뜨리는 것이 되는 것이고, 그리하여 문서비방 행위들은, 허위사실 공표는, 그리고 명예훼손은, 이단이 및 사이비종교가 꼭 그러하듯이, 연방재판소들의 관할권으로부터 보류되는 것이 된다. ……" 8 The Works of Thomas Jefferson 464–465 (Ford ed. 1904) (강조는 보태짐).

Court and one which expired by its terms three years after enactment. As President, Thomas Jefferson pardoned those who were convicted under the Act, and fines levied in its prosecution were repaid by Act of Congress.[3] The general «418 U. S., 357» consensus was that the Act constituted a regrettable legislative exercise plainly in violation of the First Amendment.[4]

With the First Amendment made applicable to the States through the Fourteenth,[5] I do not see how States have any more ability to "accommodate" freedoms of speech or of the press than does Congress. This is true whether the form of the accommodation is civil or criminal since "[w]hat a State may not constitutionally bring about by means of a criminal statute is likewise beyond the reach of its civil law of libel." New York Times Co. v. Sullivan, 376 U. S. 254, 277. Like Congress, States are without power "to use a civil libel law or any other law to impose damages for merely discussing public affairs." Id., at 295 (Black, J., concurring).[6] «418 U. S., 358»

---

3) See, e. g., Act of July 4, 1840, c. 45, 6 Stat. 802, accompanied by H. R. Rep. No. 86, 26th Cong., 1st Sess. (1840).

4) Senator Calhoun in reporting to Congress assumed the invalidity of the Act to be a matter "which no one now doubts." Report with Senate Bill No. 122, S. Doc. No. 118, 24th Cong., 1st Sess., 3 (1836).

5) See Stromberg v. California, 283 U. S. 359, 368–369.

6) Since this case involves a discussion of public affairs, I need not decide at this point whether the First Amendment prohibits all libel actions. "An unconditional right to say what one pleases about public affairs is what I consider to be the *minimum* guarantee of the First Amendment." New York Times Co. v. Sullivan, 376 U. S. 254, 297 (Black, J., concurring) (emphasis added). But "public affairs" includes a great deal more than merely political affairs. Matters of science, economics, business, art, literature, etc., are all matters of interest to the general public. Indeed, any matter of sufficient general interest to prompt media coverage may be said to be a public affair. Certainly police killings, "Communist conspiracies," and the like qualify.

A more regressive view of free speech has surfaced but it has thus far gained no judicial acceptance. Solicitor General Bork has stated:

"Constitutional protection should be accorded only to speech that is explicitly political. There is no basis for judicial intervention to protect any other form of expression, be it scientific, literary or «418 U. S., 358» that variety of expression we call obscene or pornographic. Moreover, within that category of speech we ordinarily call political, there should be no constitutional obstruction to laws making criminal any speech that advocates forcible overthrow of the government or the violation of any law." Bork, Neutral Principles and Some First Amendment Problems, 47 Ind. L. J. 1, 20 (1971).

According to this view, Congress, upon finding a painting aesthetically displeasing or a novel poorly written or a revolutionary new scientific theory unsound could constitutionally prohibit exhibition of the painting, distribution of the

반정부활동 단속법(the Sedition Act)에서 있었는데, 그것은 당원에서 시험되어 본 적이 없는 형사적 문서비방 처벌법으로서 입법 3년 뒤에 그 자신의 조항들에 의하여 효력이 상실되었다. 그 법률 아래서 유죄판정된 사람들을 대통령으로서 토마스 제퍼슨(Thomas Jefferson)은 사면하였고, 그 법률의 집행에서 징수된 벌금들은 연방의회의 법률에 의하여 환불되었다.3) 연방헌법 수정 《418 U. S., 357》 제1조를 명백히 침해하는 유감스러운 입법권의 행사를 그 법률은 구성한다는 데 일반적 여론은 있었다.4)

연방헌법 수정 제14조를 통하여 연방헌법 수정 제1조가 주들에게 적용 가능한 것이 된 터에,5) 조금이라도 말의 내지는 언론의 자유들을 "조절"할 능력을 연방의회 이상으로 주들이 어떻게 지닐 수 있다는 것인지 나는 이해할 수 없다. 조절의 형식이 민사적인 것이든 형사적인 것이든 상관 없이 이것은 그러한바, 왜냐하면 [형]사 제정법에 의하여 주가 합헌적으로 불러올 수 없는 사항은 마찬가지로 주(州)의 문서비방 민사소송의 범위 너머에 있"기 때문이다. New York Times Co. v. Sullivan, 376 U. S. 254, 277. "단지 공공의 문제들을 논의함만을 이유로 하는 손해배상금을 부과하기 위하여 민사 문서비방 관련법을 내지는 조금이라도 그 밖의 법을 사용할" 권한을 연방의회가 결여하듯 주들은 결여한다. Id., at 295 [블랙(Black) 판사, 보충의견].6) 《418 U. S., 358》

---

3) 예컨대. 1840년 제26회 연방의회 하원 제1차회기 보고서에 따른 1840년 7월 4일자 법률. c. 45, 6 Stat. 802를 보라.

4) 그 법률의 무효성은 "이제는 어느 누구도 의심하지 아니하는" 문제라고 상원의원 칼하운(Calhoun)은 연방의회에 보고하면서 생각하였다. Report with Senate Bill No. 122, S. Doc. No. 118, 24th Cong., 1st Sess., 3 (1836).

5) Stromberg v. California, 283 U. S. 359, 368–369을 보라.

6) 공공 문제의 논의를 이 사건이 포함하는 이상. 모든 민사비방 소송들을 연방헌법 수정 제1조가 금지하는지 여부를 이 시점에서 나는 판단할 필요가 없다. "공공 문제에 관하여 자기 좋은 대로 말할 한 개의 무조건적인 권리는 나의 생각으로는 연방헌법 수정 제1조의 *최소한도의* 보장이 되어야 할 바이다." New York Times Co. v. Sullivan, 376 U. S. 254, 297 (블랙(Black) 판사, 보충의견) (강조는 보태짐). 그러나 단순히 정치적 문제들을 포함함을 넘어 그보다 훨씬 더 많은 것들을 "공공의 문제"은 포함한다. 과학의, 경제의, 상업의, 예술의, 문학의, 기타 등등의 문제들은 모두 일반 공중의 관심사항들이다. 일반적 관심사가 되는 사안으로서 언론보도를 촉발시키기에 충분한 것이면 그 어떤 것이든 아닌 게 아니라 공공의 문제라고 말해질 수 있다. 경찰관 살해사건들은. "공산주의자 공모사건들은." 그리고 이에 유사한 것들은 자격을 지님이 확실하다.
자유로운 말에 관한 보다 더 퇴행적인 견해가 표면상 제기되어 있으나. 그것은 여태껏 사법부의 채용을 얻지 못한 터이다. 송무장관 보크(Bork)는 말한 바 있다:
"오직 명확하게 정치적인 말에 대하여서만 연방의회의 보호는 부여되어야 한다. 조금이라도 그 이외의 형식의 표현을 – 과학적인 표현을이든, 문학적인 표현을이든, 또는 외설적이라고 또는 춘화적이라고 우리가 부르는 그 다양한 표현을이든 – 보호하기 위한 《418 U. S., 358》 사법부의 개입을 뒷받침하여 주는 근거는 전혀 없다. 더군다나. 정치적이라고 우리가 일반적으로 부르는 말의 범주 내에서도. 폭력에 의한 정부의 전복을 내지는 조금이라도 법에 대한 위반을 조금이라도 옹호하는 말을 범죄로 규정하는 법들에 대한 헌법적 장해는 있어서는 안 된다." Bork, Neutral Principles

Continued recognition of the possibility of state libel suits for public discussion of public issues leaves the freedom of speech honored by the Fourteenth Amendment a diluted version of First Amendment protection. This view is only possible if one accepts the position that the First Amendment is applicable to the States only through the Due Process Clause of the Fourteenth, due process freedom of speech being only that freedom which this Court might deem to be "implicit in the concept of ordered liberty."[7] But the Court frequently has rested «418 U. S., 359» state free speech and free press decisions on the Fourteenth Amendment generally[8] rather than on the Due Process Clause alone. The Fourteenth Amendment speaks not only of due process but also of "privileges and immunities" of United States citizenship. I can conceive of no privilege or immunity with a higher claim to recognition against state abridgment than the freedoms of speech and of the press. In our federal system we are all subject to two governmental regimes, and freedoms of speech and of the press protected against the infringement of only one are quite illusory. The identity of the oppressor is, I would think, a matter of relative indifference to the oppressed.

---

book or discussion of the theory. Congress might also proscribe the advocacy of the violation of any law, apparently without regard to the law's constitutionality. Thus, were Congress to pass a blatantly invalid law such as one prohibiting newspaper editorials critical of the Government, a publisher might be punished for advocating its violation. Similarly, the late Dr. Martin Luther King, Jr., could have been punished for advising blacks to peacefully sit in the front of buses or to ask for service in restaurants segregated by law.

7) See Palko v. Connecticut, 302 U. S. 319, 325. As Mr. Justice Black has noted, by this view the test becomes "whether the government has an interest in abridging the right involved and, if so, whether that interest is of sufficient importance, *in the opinion of a majority of the Supreme Court*, to justify the government's action in doing so. Such a doctrine can be used to justify almost any government suppression of First Amendment freedoms. As I have stated many times before, I cannot subscribe to this doctrine because I believe that the First Amendment's unequivocal command that there shall be no abridgement of the rights of free speech shows that the men «418 U. S., 359» who drafted our Bill of Rights did all the 'balancing' that was to be done in this field." H. Black, A Constitutional Faith 52 (1969).

8) See, e. g., Bridges v. California, 314 U. S. 252, 263 n. 6 (Black, J.); Murdock v. Pennsylvania, 319 U. S. 105, 108 (DOUGLAS, J.); Saia v. New York, 334 U. S. 558, 560 (DOUGLAS, J.); Talley v. California, 362 U. S. 60, 62 (Black, J.); DeGregory v. Attorney General of New Hampshire, 383 U. S. 825, 828 (DOUGLAS, J.); Elfbrandt v. Russell, 384 U. S. 11, 18 (DOUGLAS, J.); Mills v. Alabama, 384 U. S. 214, 218 (Black, J.); Mine Workers v. Illinois Bar Assn., 389 U. S. 217, 221 –222, and n. 4 (Black, J.). «418 U. S., 361»

연방헌법 수정 제14조의 존중을 받는 말의 자유로 하여금 연방헌법 수정 제1조의 보호의 희석된 변형이 되게끔, 공공의 쟁점들에 대한 공중의 의논을 이유로 하는 주(州) 문서비방 소송들의 가능성의 지속되는 인정은 만든다. 연방헌법 수정 제14조의 적법절차 조항을 통해서만 주들에게 연방헌법 수정 제1조가 적용될 수 있다는 입장을 우리가 받아들일 경우에만 이 견해는 가능한바, 왜냐하면 단지 "규율 바른 자유의 개념에 내재하는"[7] 것으로 당원이 간주할 수 있는 그 자유에 적법절차 상의 말의 자유는 불과한 것이기 때문이다. 그러나 자유로운 말에 및 자유언론에 관한 «418 U. S., 359» 주(州) 판결들의 토대를 단지 적법절차 조항 위에만이 아니라 널리 연방헌법 수정 제14조 위에[8] 당원은 빈번히 두어 왔다. 적법절차 조항에 관하여만이 아니라 합중국 시민권자의 "특권들에 및 면제들에" 관하여도 연방헌법 수정 제14조는 말한다. 주(州) 침해에 대처하여 말의 및 언론의 자유가 지니는 보호에의 자격을보다도 더 높은 자격을 지닌 특권을 내지는 면제를 나는 생각할 수 없다. 우리의 연방제도 안에서 두 개의 정부적 통치기구들에 우리는 모두가 종속되는바, 그런데도 그 둘 중 어느 한 가지의 침해에 대처하여서만 말의 및 언론의 자유들이 보호될 뿐이라면 그것들이란 실체가 없는 것이 된다. 피억압자에게 있어서 억압자의 신원은 상대적으로 사소한 문제라고 나 같으면 생각할 것이다.

---

and Some First Amendment Problems, 47 Ind. L. J. 1, 20 (1971). 이 견해에 따르자면, 그림이 미학적으로 불쾌한 것임을 내지는 소설이 졸렬하게 저술된 것임을 또는 혁명적인 새로운 과학적 이론이 건전하지 못한 것임을 인정할 경우에 그 그림의 전시를, 그 책의 배포를 또는 그 이론의 토론을 연방의회는 헌법적으로 금지할 수가 있을 것이다. 조금이라도 법 위반행위의 옹호를, 일견하여 그 법의 합헌성에 대한 고려 없이, 아울러 연방의회는 금지해도 될 것이다. 따라서, 정부를 비판하는 신문 사설들을 금지하는 등의 노골적으로 무효인 한 개의 법을 만약 연방의회가 통과시키는 경우라면, 그 법의 위반을 옹호한다는 죄목으로 발행자는 처벌될 수도 있을 것이다. 평화적으로 버스들 앞에 앉도록 또는 법에 의하여 격리된 식당들에서 서비스를 요구하도록 흑인들을 선동하였다는 죄목으로 고(故) 마틴 루터 킹 주니어 목사는 이에 유사하게 처벌되었을 수도 있을 것이다.

7) Palko v. Connecticut, 302 U. S. 319, 325를 보라. 블랙(Black) 판사가 써 놓았듯이 이 견해에 의하면 기준은 "관련된 권리를 침해함에 있어서 이익을 정부가 지니는지 여부가 및 만약 지닌다면, 그렇게 함에 있어서의 정부의 행위를 정당화할 만큼의 충분한 중요성을 *연방대법원 다수판사들의 의견 안에서* 그 이익이 지니는지 여부가 된다." "이러한 이론이 사용된다면 연방헌법 수정 제1조상의 자유들에 대한 정부의 억압 그 어떤 것이든 대부분 정당화할 수 있다. 여러 번을 이전에 내가 말해 왔듯이, 이 이론에 나는 찬동할 수 없는바, 왜냐하면 이 영역에서 이루어져야 할 모든 '저울질' 작업을 권리장전을 입안한 사람들은 했음을, 자유로운 말의 권리들에 «418 U. S., 359» 대한 침해는 있어서는 안 된다는 연방헌법 수정 제1조의 명료한 명령은 보여준다고 나는 믿기 때문이다." H. Black, A Constitutional Faith 52 (1969).

8) 예컨대, Bridges v. California, 314 U. S. 252, 263 n. 6 (블랙(Black) 판사)을; Murdock v. Pennsylvania, 319 U. S. 105, 108 (더글라스(DOUGLAS) 판사)을; Saia v. New York, 334 U. S. 558, 560 (더글라스(DOUGLAS) 판사)을; Talley v. California, 362 U. S. 60, 62 (블랙(Black) 판사)를; DeGregory v. Attorney General of New Hampshire, 383 U. S. 825, 828 (더글라스(DOUGLAS) 판사)을; Elfbrandt v. Russell, 384 U. S. 11, 18 (더글라스(DOUGLAS) 판사)을; Mills v. Alabama, 384 U. S. 214, 218 (블랙(Black) 판사)을; Mine Workers v. Illinois Bar Assn., 389 U. S. 217, 221 -222, and n. 4 (블랙(Black) 판사)를 보라. «418 U. S., 361»

There can be no doubt that a State impinges upon free and open discussion when it sanctions the imposition of damages for such discussion through its civil libel laws. Discussion of public affairs is often marked by highly charged emotions, and jurymen, not unlike us all, are subject to those emotions. It is indeed this very type of speech which is the reason for the First Amendment since speech which arouses little emotion is little in need of protection. The vehicle for publication in this case was the American Opinion, a most controversial periodical which disseminates the views of the John Birch Society, an organization which many deem to be «418 U. S., 360» quite offensive. The subject matter involved "Communist plots," "conspiracies against law enforcement agencies," and the killing of a private citizen by the police. With any such amalgam of controversial elements pressing upon the jury, a jury determination, unpredictable in the most neutral circumstances, becomes for those who venture to discuss heated issues, a virtual roll of the dice separating them from liability for often massive claims of damage.

It is only the hardy publisher who will engage in discussion in the face of such risk, and the Court's preoccupation with proliferating standards in the area of libel increases the risks. It matters little whether the standard be articulated as "malice" or "reckless disregard of the truth" or "negligence," for jury determinations by any of those criteria are virtually unreviewable. This Court, in its continuing delineation of variegated mantles of First Amendment protection, is, like the potential publisher, left with only speculation on how jury findings were influenced by the effect the subject matter of the publication had upon the minds and viscera of the jury. The standard announced today leaves the States free to "define for themselves the appropriate standard of liability for a publisher or broadcaster" in the circumstances of this case. This of course leaves the simple negligence standard as an option, with the jury free to impose damages upon a finding that the publisher failed to

이러한 논의를 이유로 하는 손해배상금의 부과를 자신의 민사 문서비방 법들을 통하여 한 개의 주가 인가할 때 자유로운 및 열린 논의를 그 주가 침해함은 의문이 있을 수 없다. 공공의 문제들에 대한 토의는 흔히 고도로 긴장된 감정들을 띤 것들이 되기 십상이고, 그리고 이러한 감정들의 지배를 우리 모두들이에 다르지 아니하게 배심원들은 받는다. 그다지 감정을 야기하지 아니하는 말은 그다지 보호의 필요가 없기에, 연방헌법 수정 제1조의 이유가 되는 것은 아닌 게 아니라 바로 이러한 형태의 말이다. 이 사건에서의 공표의 매개물은 아메리칸 오피니언지(誌)였는데, 그 잡지는 존 버치 협회(the John Birch Society)의 견해들을 전파하는 고도로 논란의 대상인 정기간행물이고 그 협회는 매우 공격적이라고 여러 사람들이 생각하는 «418 U. S., 360» 한 개의 단체이다. "공산주의자 음모들"을, "법집행 기관들을 겨냥한 공모들"을 및 경찰에 의한 사적 시민의 살해를 그 주제는 포함하였다. 배심의 마음을 무겁게 내리누르는, 논쟁의 여지가 많은 요소들의 이러한 유형의 혼합물을 조금이라도 지닌 상태에서는, 가장 중립적 상황들에서조차도 예측이 불가능한 배심의 판정은, 달궈진 쟁점들을 토의하기를 감행하는 사람들에게는, 흔히 다액의 손해배상 요구들에 대한 책임으로부터 그들을 분리하는 사실상의 주사위 굴리기가 된다.

이러한 위험의 면전에서 논의에 참가하고자 할 자는 튼튼한 출판사뿐인데, 게다가 문서비방 영역에서의 기준들을 증식시킴에의 당원의 몰두는 그 위험들을 증대시킨다. 그 기준이 "악의"라든지 또는 "진실에 대한 미필적 고의에 준하는 무시"라든지 또는 "부주의"라든지 등으로 명확히 표현되어야 하는지 여부는 문제가 되지 아니하는바, 왜냐하면 그 기준들 어느 것에 의하든 배심판정들은 사실상 재검토가 불가능하기 때문이다. 연방헌법 수정 제1조의 보호에 관한 얼룩덜룩한 외투들에 대한 그 자신의 지속적인 묘사에 있어서, 단지 배심의 마음들에 및 창자들에 공표의 내용이 끼친 효과에 의하여 배심판정들이 어떻게 영향을 받았는지에 관한 추측만을 지닌 채로, 잠재적 출판사가 그러하듯 이 법원은 남겨진다. 이 사건의 상황들에서 "출판사의 내지는 방송사의 책임에 관한 적절한 기준을 스스로" 자유로이 "규정"하도록 주들을 오늘 선언되는 기준은 남겨놓는다. 단순과실 기준을 한 가지 선택권으로서 이것이 남겨둠은 물론인바, "합리적인 사람"으로서 출판사가 행동하지 못하였다고 배심이 판정할 경우에는 손해배상금을 배심은 자유로이 부과할 수 있

act as "a reasonable man." With such continued erosion of First Amendment protection, I fear that it may well be the reasonable man who refrains from speaking.

Since in my view the First and Fourteenth Amendments prohibit the imposition of damages upon respondent for this discussion of public affairs, I would affirm the judgment below.

«418 U. S., 361»

다. 연방헌법 수정 제1조의 보호에 대한 이러한 침식이 지속되면, 합리적인 사람은 말하기를 그만두는 사람임도 당연한 것이 될까 나는 두려워한다.

공공의 문제들에 대한 이 논의를 이유로 한 손해배상금의 피청구인에게의 부과를 나의 견해로 연방헌법 수정 제1조는 및 제14조는 금지하므로, 나라면 원심판결을 인가할 것이다.

《418 U. S., 361》

MR. JUSTICE BRENNAN, dissenting.

I agree with the conclusion, expressed in Part V of the Court's opinion, that, at the time of publication of respondent's article, petitioner could not properly have been viewed as either a "public official" or "public figure"; instead, respondent's article, dealing with an alleged conspiracy to discredit local police forces, concerned petitioner's purported involvement in "an event of public or general interest." Roosenbloom v. Metromedia, Inc., 403 U. S. 29, 31-32 (1971); see ante, at 331-332, n. 4. I cannot agree, however, that free and robust debate - so essential to the proper functioning of our system of government - is permitted adequate "breathing space," NAACP v. Button, 371 U. S. 415, 433 (1963), when, as the Court holds, the States may impose all but strict liability for defamation if the defamed party is a private person and "the substance of the defamatory statement 'makes substantial danger to reputation apparent.'" Ante, at 348.[1] I adhere to my view expressed in Rosenbloom v. Metromedia, Inc., supra, that we strike the proper accommodation between avoidance of media self-censorship and protection of individual reputations only when we require States to apply the New York Times Co. v. Sullivan, 376 U. S. 254 (1964), knowing-or-reckless-falsity standard in civil libel actions concerning media reports of the involvement of private individuals in events of public or general interest.

The Court does not hold that First Amendment guarantees do not extend

---

1) A fortiori I disagree with my Brother WHITE's view that the States should have free rein to impose strict liability for defamation in cases not involving public persons.

 **브레넌(BRENNAN) 판사의 반대의견이다.**

　　피청구인의 기사의 공표 시점에서 청구인은 "공직자"로도 내지는 "공적 인물"로도 정당하게 간주될 수 없었다는 취지의 법원의 의견 V 부분에서 표명된 결론에 나는 동의한다; 그보다도, 지역 경찰대를 믿지 못할 기관으로 만들기 위한 한 개의 주장된 공모를 다룬 피청구인의 기사는 "공공의 내지는 일반대중의 이익의 사건"에의 청구인의 알려진 연루에 관심을 두었다. Roosenbloom v. Metromedia, Inc., 403 U. S. 29, 31-32 (1971); 아울러 ante, at 331-332, n. 4를 보라. 그러나 이 법원이 판시하듯이, 명예훼손의 피해자가 사적 인물이면 및 "'명예에의 중대한 위험이 명백해 보이도록' 명예훼손적 공표의 내용이 '만드는'" 경우이면 무과실책임을 제외한 모든 책임을 명예훼손에 대하여 주들이 부과할 수 있을 때에, 우리 정부조직의 올바른 작동에 그토록 필수인 저 자유로운 및 강건한 토론에 충분한 "숨쉴 공간," NAACP v. Button, 371 U. S. 415, 433 (1963), 이 허용된다는 데에 나는 동의할 수 없다. Ante, at 348.[1] 나는 Rosenbloom v. Metromedia, Inc., supra에서 표명된 나의 견해를 고수하는바, 공공의 내지는 일반대중의 이익의 사건들에의 사적 개인들의 연루에 대한 매체들의 보도사항들에 관한 민사 문서비방 소송들에서는 New York Times Co. v. Sullivan, 376 U. S. 254 (1964) 판결을 적용하도록, 즉 인지 상태에서의 허위성의 내지는 미필적 고의에 준하는 부주의에 의한 허위성의 기준을 적용하도록 주들에게 우리가 요구할 때에만 매체들의 자기검열에 대한 회피의 및 개인의 명예사항들에 대한 보호의 그 둘 사이에서의 적절한 조절을 우리가 산출할 수 있다는 것이 그것이다.

　　공공의 내지는 일반대중의 이익의 문제들에의 사적 개인들의 연루에 관련한 말

---

1) 공적 인물들을 포함하지 아니하는 사건들에서는 명예훼손에 대하여 무과실책임을 부과할 자유로운 재량권을 주들은 갖는다는 나의 동료 화이트(WHITEO 판사의 견해에 더욱 더 나는 부동의한다.

to speech concerning private persons' involvement in events of public or general interest. It recognizes that self-governance in this country perseveres because of our "profound national com- «418 U. S., 362» mitment to the principle that debate on *public issues* should be uninhibited, robust, and wide-open." Id., at 270 (emphasis added). Thus, guarantees of free speech and press necessarily reach "far more than knowledge and debate about the strictly official activities of various levels of government," Rosenbloom v. Metromedia, Inc., supra, at 41; for "[f]reedom of discussion, if it would fulfill its historic function in this nation, must embrace all issues about which information is needed or appropriate to enable the members of society to cope with the exigencies of their period." Thornhill v. Alabama, 310 U. S. 88, 102 (1940).

The teaching to be distilled from our prior cases is that, while public interest in events may at times be influenced by the notoriety of the individuals involved, "[t]he public's primary interest is in the event[,] ······ the conduct of the participant and the content, effect, and significance of the conduct ······." Rosenbloom, supra, at 43. Matters of public or general interest do not "suddenly become less so merely because a private individual is involved, or because in some sense the individual did not 'voluntarily' choose to become involved." Ibid. See Time, Inc. v. Hill, 385 U. S. 374, 388 (1967).

Although acknowledging that First Amendment values are of no less significance when media reports concern private persons' involvement in matters of public concern, the Court refuses to provide, in such cases, the same level of constitutional protection that has been afforded the media in the context of defamation of public persons. The accommodation that this Court has established between free speech and libel laws in cases involving public officials and public figures - that defamatory falsehood be shown by clear and convincing evidence to have been published with knowledge of falsity or

에 연방헌법 수정 제1조는 적용되지 않는다고 이 법원은 판시하지 않는다. "*공공의 문제*들에 대한 토론은 제약 없는, 강건한, 그리고 활짝 열린 것이어야 한다는 «418 U. S., 362» 원칙에 대한" 우리의 "심원한 국가적 서약"에 힘입어 이 나라에서의 자기통치는 유지됨을 이 법원은 인정한다. Id., at 270 (강조는 보태짐). "정부작용의 다양한 수준들에서의 엄격히 공식적인 행위들에 관한 지식을 및 토론을 훨씬 넘어서까지," 자유로운 말의 및 언론의 보장들이 미침은 그러므로 불가피하다. Rosenbloom v. Metromedia, Inc., supra, at 41; 왜냐하면 "[이] 나라에서의 자신의 역사적 기능을 토론의 자유가 완수하고자 하는 것이라면, 사회 구성원들로 하여금 그들의 시대적 긴급사항들에 대처할 수 있게끔 해 주는 데에 그 정보가 요구되는 내지는 적절한 그 모든 쟁점들을 그것은 포함하지 않으면 안 되기 때문이다." Thornhill v. Alabama, 310 U. S. 88, 102 (1940).

관련된 개인들의 악평에 의하여 사건들에서의 공중의 이익은 때때로 영향을 받을 수 있기는 하지만, "[공]중의 일차적 이익은 …… 사건에[,] 참여자의 행위에 및 그 행위의 내용에, 효과에, 그리고 의미에 …… 있다."는 데에, 우리의 선례들로부터 추출되어야 할 교훈은 있다. Rosenbloom, supra, at 43. 공공의 내지는 일반대중의 이익의 문제는, "사적 개인이 관련된다는 이유만으로는, 내지는 이에 관련되기를 모종의 의미에서 그 개인이 '자발적으로' 선택한 것이 아니라는 이유로는 갑자기 덜 그러한 것이 될 수는" 없는 것이다." Ibid. 아울러 Time, Inc. v. Hill, 385 U. S. 374, 388 (1967)을 보라.

공공의 관심 사항들에의 사적 인물들의 개입을 매체의 보도들이 다루는 경우라 하여 연방헌법 수정 제1조상의 가치들이 결코 덜 중요한 것은 아님을 이 법원은 인정함에도 불구하고, 공적 인물들에 대한 명예훼손의 맥락에서 매체들에게 제공되어 온 바로 그 수준의 헌법적 보호를 이러한 사건들에서 제공하기를 이 법원은 거부한다. 공직자들(public officials)을 및 공적 인물들(public figures)을 포함하는 사건들에 있어서 자유로운 말의 및 문서비방 법리들의 그 양자 사이에 이 법원이 설정한 조절은 - 즉 허위성의 지식을 지닌 채로 내지는 미필적 고의에 준하는 진실에 대한 무시를 지닌 채로 명예훼손적 허위내용이 공표된 터임이 명백한 및 설득력 있는 증거

with reckless disregard of truth - is not apt, the Court holds, because «418 U. S., 363» the private individual does not have the same degree of access to the media to rebut defamatory comments as does the public person and he has not voluntarily exposed himself to public scrutiny.

While these arguments are forcefully and eloquently presented, I cannot accept them, for the reasons I stated in Rosenbloom:

"The New York Times standard was applied to libel of a public official or public figure to give effect to the [First] Amendment's function to encourage ventilation of public issues, not because the public official has any less interest in protecting his reputation than an individual in private life. While the argument that public figures need less protection because they can command media attention to counter criticism may be true for some very prominent people, even then it is the rare case where the denial overtakes the original charge. Denials, retractions, and corrections are not 'hot' news, and rarely receive the prominence of the original story. When the public official or public figure is a minor functionary, or has left the position that put him in the public eye ······, the argument loses all of its force. In the vast majority of libels involving public officials or public figures, the ability to respond through the media will depend on the same complex factor on which the ability of a private individual depends: the unpredictable event of the media's continuing interest in the story. Thus the unproved, and highly improbable, generalization that an as yet [not fully defined] class of 'public figures' involved in matters of public concern will be better able to respond through the media than private individuals also involved in such matters seems too insubstantial «418 U. S., 364» a reed on which to rest a constitutional distinction." 403 U. S., at 46-47.

Moreover, the argument that private persons should not be required to

에 의하여 증명되어야 한다는 법리는 - 적합하지 아니하다고, 왜냐하면 명예훼손적 논평들을 《418 U. S., 363》 반박할 매체에의, 공적 인물이 지닌 만큼의 동등한 수준의 접근을 사적 개인들은 지니지 아니하기 때문이라고 및 그 자신을 공중의 감시에 그는 자발적으로 내놓은 것이 아니기 때문이라고 이 법원은 판시한다.

이 주장들은 강력하게 및 웅변적으로 제시되는 것들이라고는 하나, Rosenbloom 사건에서 내가 밝힌 이유들에 따라 그것들을 나는 받아들일 수가 없다:

"공공 문제들에 대한 자유토의를 권장하는 [연방헌법 수정 제1조]의 기능을 실행하기 위하여 공직자(a public official)에 내지는 공적 인물(a public figure)에 대한 문서비방에 New York Times 기준은 적용되었는데, 자신의 명성을 보호함에 있어서의 이익을 사적 생활에 있어서의 개인이보다도 그 공직자가 조금이라도 덜 지니기 때문이었던 것은 아니다. 공적 인물들(public figures)의 경우에는 비판을 반박하기 위한 매체들의 관심을 얻을 수 있기 때문에 보호의 필요가 더 적다는 주장은 일부의 매우 저명한 사람들에게는 진실일 수 있기는 하지만, 심지어 그 때에도 당초의 비난을 그 부정이 만회하는 경우란 드물다. 부정들은, 취소들은, 그리고 정정들은 '뜨거운' 뉴스가 아니고, 따라서 최초의 기사의 돌출성을 그것들이 누리는 경우는 드물다. 공직자가 내지는 공적 인물이 하급직원인 경우에 내지는 그를 공중의 눈에 띄게 했던 그 지위를 그가 떠나버린 경우에 ……, 모든 설득력을 그 주장은 잃는다. 공직자들(public officials)을 내지는 공적 인물들(public figures)을 포함하는 문서비방 사건들의 거의 대부분에 있어서, 매체를 통하여 응수할 능력은 사적 개인의 능력이 의존하는 바로 그 복잡한 요소에 의존할 것이다: 즉 기사에 대한 매체들의 지속적인 관심이라는 그 예측 불가능한 사건이 그것이다. 그리하여 공공의 관심 문제들에 연루되는 사적 개인들이보다도 마찬가지로 그러한 문제들에 연루되는 아직 [충분히 규명되지 아니한] 부류의 '공적 인물들(public figures)이' 매체를 통하여 더 잘 대응하고는 하는 법이라는 그 증명되지 아니한, 게다가 그 고도로 있을 법하지 않은 일반화는 《418 U. S., 364》 한 개의 헌법적 구분이 의존하기에는 너무도 약한 갈대라는 느낌이 든다." 403 U. S., at 46-47.

더욱이, 공공의 영역에 자유로이 들어감으로써 명예훼손의 위험을 사적 개인들

prove New York Times knowing-or-reckless falsity because they do not assume the risk of defamation by freely entering the public arena "bears little relationship either to the values protected by the First Amendment or to the nature of our society." Id., at 47. Social interaction exposes all of us to some degree of public view. This Court has observed that "[t]he risk of this exposure is an essential incident of life in a society which places a primary value on freedom of speech and of press." Time, Inc. v. Hill, 385 U. S., at 388. Therefore,

"[v]oluntarily or not, we are all 'public' men to some degree. Conversely, some aspects of the lives of even the most public men fall outside the area of matters of public or general concern. See ······ Griswold v. Connecticut, 381 U. S. 479 (1965). Thus, the idea that certain 'public' figures have voluntarily exposed their entire lives to public inspection, while private individuals have kept theirs carefully shrouded from public view is, at best, a legal fiction. In any event, such a distinction could easily produce the paradoxical result of dampening discussion of issues of public or general concern because they happen to involve private citizens while extending constitutional encouragement to discussion of aspects of the lives of 'public figures' that are not in the area of public or general concern." Rosenbloom, supra, at 48 (footnote omitted).

To be sure, no one commends publications which defame the good name and reputation of any person: "In an ideal world, the responsibility of the press would match the freedom and public trust given it." Id., at «418 U. S., 365» 51.[2] Rather, as the Court agrees, some abuse of First Amendment free-

---

[2] A respected commentator has observed that factors other than purely legal constraints operate to control the press:

"Traditions, attitudes, and general rules of political conduct are far more important controls. The fear of opening a credibility gap, and thereby lessening one's influence, holds some participants in check. Institutional pressures in large organizations, including some of the press, have a similar effect; it is difficult for an organization to have an open policy of making intentionally false accusations." T. Emerson, The System of Freedom of Expression 538

은 떠맡는 것이 아니기에 New York Times 판결이 기준삼은 인지 상태에서의 내지는 미필적 고의에 준하는 무시 가운데서의 허위성을 증명하도록 그들은 요구되어서는 안 된다는 주장은 "연방헌법 수정 제1조에 의하여 보호되는 가치들에 대하여든 우리 사회의 성격에 대하여든 그다지 관계가 없다." Id., at 47. 우리 모두를 어느 정도의 공중의 관찰에 사회적 상호작용은 노출시킨다. "[말]의 및 언론의 자유 위에 우선적 가치를 두는 사회에서는 이 노출의 위험은 생활의 불가결한 부수물이다."라고 당원은 말한 바 있다. Time, Inc. v. Hill, 385 U. S., at 388. 그러므로,

"[자]발적으로든 아니게든, 우리는 모두가 어느 정도는 '공적' 인물들이다. 역으로, 심지어 그 가장 공적인 인물들의 경우라 하더라도 그들의 삶들의 어떤 측면들은 공중의 내지는 일반대중의 관심의 영역 바깥에 떨어진다. …… Griswold v. Connecticut, 381 U. S. 479 (1965)을 보라. 이렇듯, 일정한 '공적' 인물들은 그들의 전체 삶들을 공중의 감시에 자발적으로 노출시켜 놓았다는, 이에 반하여 사적 개인들은 그들의 삶들을 공중의 시야로부터 주의 깊게 덮어 놓았다는 관념은 기껏해야 한 개의 법적 가설이다. 어쨌든, '공적 인물들(public figures)'의 삶들 가운데 공중의 내지는 일반대중의 관심 영역에 있지 아니한 측면들에 대한 논의에 헌법적 조장을 확장하면서도, 사적 시민들을 공중의 내지는 일반대중의 관심 대상인 쟁점들이 우연히 포함한다는 이유로 그것들에 대한 논의를 풀죽이는 그 역설적 결과를 이러한 구분이라면 자칫 산출할 수 있을 것이다." Rosenbloom, supra, at 48 (각주 생략).

어느 누구의 것을이든 그 좋은 이름을 및 명성을 훼손시키는 공표들을 권장하는 사람은 확실히 아무도 없다: "이상적인 세계에서라면, 언론의 책임은 그 자신에게 부여된 자유에 및 공중의 신뢰에 걸맞는 것이 될 것이다." Id., at ≪418 U. S., 365≫ 51.[2] 오히려, 이 법원이 동의하듯이, 연방헌법 수정 제1조상의 자유들에 대한 어느

---

2) 언론을 통제하는 데에는 순전히 법적인 구속들 이외의 요소들이 작용함을 훌륭한 주석자 한 분은 말한 바 있다: "정치적 행위의 전통들은, 태도들은 및 일반적 규칙들은 훨씬 더 중요한 통제요소들이다. 신뢰성 간격을 보이게 되지 않을까에 대한, 그리하여 자신의 영향력을 이로써 감소시키게 되지 않을까에 대한 두려움은 일부 참여자들을 억제시킨다. 일부 언론을 포함하는 대규모 조직들에 있어서의 제도적 압력들은 유사한 효과를 지닌다; 의도적으로 허위인 비난행위들을 가하겠다는 공공연한 정책을 한 개의 조직으로서 지니기란 어렵다." T. Emerson, The System of Freedom of Expression 538 (1970).

doms is tolerated only to insure that would-be commentators on events of public or general interest are not "deterred from voicing their criticism, even though it is believed to be true and even though it is in fact true, because of doubt whether it can be proved in court or fear of the expense of having to do so." New York Times Co. v. Sullivan, 376 U. S., at 279. The Court's holding and a fortiori my Brother WHITE's views, see n. 1, supra, simply deny free expression its needed "breathing space." Today's decision will exacerbate the rule of self-censorship of legitimate utterance as publishers "steer far wider of the unlawful zone," Speiser v. Randall, 357 U. S. 513, 526 (1958).

We recognized in New York Times Co. v. Sullivan, supra, at 279, that a rule requiring a critic of official conduct to guarantee the truth of all of his factual contentions would inevitably lead to self-censorship when «418 U. S., 366» publishers, fearful of being unable to prove truth or unable to bear the expense of attempting to do so, simply eschewed printing controversial articles. Adoption, by many States, of a reasonable-care standard in cases where private individuals are involved in matters of public interest - the probable result of today's decision - will likewise lead to self-censorship since publishers will be required carefully to weigh a myriad of uncertain factors before publication. The reasonable-care standard is "elusive," Time, Inc. v. Hill, supra, at 389; it saddles the press with "the intolerable burden of guessing how a jury might assess the reasonableness of steps taken by it to verify the accuracy of every reference to a name, picture or portrait." Ibid. Under a reasonable-care regime, publishers and broadcasters will have to make pre-pub-

---

(1970).

Typical of the press' own ongoing self–evaluation is a proposal to establish a national news council, composed of members drawn from the public and the journalism profession, to examine and report on complaints concerning the accuracy and fairness of news reporting by the largest newsgathering sources. Twentieth Century Fund Task Force Report for a National News Council, A Free and Responsive Press (1973). See also Comment, The Expanding Constitutional Protection for the News Media from Liability for Defamation: Predictability and the New Synthesis, 70 Mich. L. Rev. 1547, 1569–1570 (1972).

정도의 남용이 관용되는 유일한 이유는 공중의 내지는 일반대중의 관심대상 사건들에 대한 논평자이기를 지망하는 사람들로 하여금 "심지어 그것이 진실하다고 믿어진다 하더라도, 그리고 심지어 실제로 그것이 진실이라고 하더라도, 법정에서 그것이 증명될 수 있을지 여부에 대한 의문 때문에 또는 그렇게 해야 하는 비용에 대한 두려움 때문에 그 자신들의 비판을 목소리 냄으로부터 제지되지" 않도록 보증하기 위해서일 뿐이다. New York Times Co. v. Sullivan, 376 U. S., at 279. 그 요구되는 "숨쉴 공간"을 자유로운 표현에게서 이 법원의 판시는 및 그보다도 한층 더 나의 동료 화이트(WHITE) 판사의 견해들은, see n. 1, supra, 아주 박탈한다. "불법영역을 훨씬 더 멀리" 출판사들이 "비켜감"에 따라, 적법한 공표에 대한 자기검열의 규칙을 오늘의 판결은 악화시킬 것이다. Speiser v. Randall, 357 U. S. 513, 526 (1958).

진실을 증명할 수 없게 될까를 내지는 그렇게 하고자 시도함에 드는 비용을 감당할 수 없게 될까를 두려워하는 출판사들이 논쟁의 소지 있는 기사들을 출판하기를 아주 회피할 경우에 자신의 사실적 주장들 전부의 진실성을 보증하도록 공직자의 «418 U. S., 366» 행위에 대한 비판자에게 요구하는 한 개의 규칙은 불가피하게 자기검열에게로 이끌 것임을 New York Times Co. v. Sullivan, supra, at 279에서 우리는 인정하였다. 공중의 이익의 문제들에 사적 개인들이 연루되는 사건들에서의 합리적 주의 기준에 대한 다수의 주들에 의한 채택은 - 오늘의 판결의 있을 법한 결과가 그것이다 - 마찬가지로 자기검열에게로 이끌 것인바, 왜냐하면 무수한 불확실한 요소들을 공표에 앞서서 주의 깊게 저울질하도록 출판사들은 요구될 것이기 때문이다. 합리적 주의 기준은 "정의하기 어렵다" Time, Inc. v. Hill, supra, at 389; "이름에, 사진에 내지는 초상에 대한 모든 언급의 정확성을 확인하기 위하여 언론에 의하여 취해진 조치들의 합리성을 어떻게 배심이 평가할 수도 있을지를 추측해야 하는 참을 수 없는 짐을" 언론에게 그것은 부과한다. Ibid. 합리적 주의 기준 아래서는, 빈도는 덜하면서 비용은 더 드는 보도를 더 높은 수준의 정확성으로써 실시함

최대의 뉴스발굴 원천들에 의한 뉴스보도의 정확성에 관한 및 공정성에 관한 불만사항들을 검토하고 보고하기 위하여 공중으로부터 및 저널리즘 전문직으로부터 뽑히는 구성원들로 이루어지는 전국 뉴스 심의회를 설립하자는 제안에서 언론 자신의 진행 중인 자기평가의 전형적인 모습은 보인다. Twentieth Century Fund Task Force Report for a National News Council, A Free and Responsive Press (1973). 아울러 Comment, The Expanding Constitutional Protection for the News Media from Liability for Defamation: Predictability and the New Synthesis, 70 Mich. L. Rev. 1547, 1569–1570 (1972)를 보라.

lication judgments about juror assessment of such diverse considerations as the size, operating procedures, and financial condition of the newsgathering system, as well as the relative costs and benefits of instituting less frequent and more costly reporting at a higher level of accuracy. See The Supreme Court, 1970 Term, 85 Harv. L. Rev. 3, 228 (1971). Moreover, in contrast to proof by clear and convincing evidence required under the New York Times test, the burden of proof for reasonable care will doubtless be the preponderance of the evidence.

"In the normal civil suit where [the preponderance of the evidence] standard is employed, 'we view it as no more serious in general for there to be an erroneous verdict in the defendant's favor than for there to be an erroneous verdict in the plaintiff's favor.' In re Winship, 397 U. S. 358, 371 (1970) (HARLAN, J., concurring). In libel cases, however, we view an erroneous verdict for the plaintiff as most serious. Not only does it mulct the defendant for an innocent misstatement ······ but the «418 U. S., 367» possibility of such error, even beyond the vagueness of the negligence standard itself, would create a strong impetus toward self-censorship, which the First Amendment cannot tolerate." Rosenbloom, 403 U. S., at 50.

And, most hazardous, the flexibility which inheres in the reasonable-care standard will create the danger that a jury will convert it into "an instrument for the suppression of those 'vehement, caustic, and sometimes unpleasantly sharp attacks,' ······ which must be protected if the guarantees of the First and Fourteenth Amendments are to prevail." Monitor Patriot Co. v. Roy, 401 U. S. 265, 277 (1971).

The Court does not discount altogether the danger that jurors will punish for the expression of unpopular opinions. This probability accounts for the Court's limitation that "the States may not permit recovery of presumed or

에 수반되는 상대적 비용들에 및 편의점들에 대하여는 물론이고, 뉴스수집 제도의 크기에, 운용 절차들에 및 재정상황에 등 이러한 다양한 고려요소들에 대한 배심원 평가에 관한 공표 이전의 판단들을 출판사들은 내지는 방송사들은 해야만 하게 될 것이다. The Supreme Court, 1970 Term, 85 Harv. L. Rev. 3, 228 (1971)을 보라. 더욱이, New York Times 기준 아래서 요구되는 명백한 및 설득력 있는 증거에 의한 증명에 대비하여, 합리적 주의를 뒷받침하기 위한 증명책임은 의문의 여지 없이 증거의 우세일 것이다.

"[증거의 우세] 기준이 사용되는 일반적 민사소송에서, '피고 승소의 잘못된 평결이 내려지는 경우가 원고 승소의 잘못된 평결이 내려지는 경우에 비하여 결코 더 중대한 문제라고는 일반적으로 우리는 보지 않는다.' In re Winship, 397 U. S. 358, 371 (1970) [할란(HARLAN) 판사, 보충의견]. 그러나 문서비방 사건들에서는, 원고 승소의 잘못된 평결을 가장 중대한 문제로 우리는 본다. 사실에 어긋나는 무죄인 진술을 이유로 벌금을 피고인에게 그것은 과할 뿐만 아니라 …… 이러한 오류의 «418 U. S., 367» 가능성은 부주의 기준 자체의 모호함이 만들어내는 것을 넘어서마저 자기검열을 향한 강력한 추진력을 만들어내는바, 그것을 연방헌법 수정 제1조는 견딜 수 없다." Rosenbloom, 403 U. S., at 50.

게다가, 무엇보다도 위험한 것은, "연방헌법 수정 제1조의 및 제14조의 보장들이 널리 보급되어 마땅하다면 반드시 보호되지 않으면 안 되는 그 '격렬한, 신랄할, 그리고 때때로 불쾌하리만큼 날카로운 공격들' …… 의 억압을 위한 수단"으로 합리적 주의 기준을 배심이 바꿀 위험을 그 기준에 내재하는 유연성은 빚을 것이라는 점이다. Monitor Patriot Co. v. Roy, 401 U. S. 265, 277 (1971).

인기 없는 의견들의 표현을 이유로 처벌을 배심원들이 가할 위험을 이 법원은 아주 무시하지는 않는다. "적어도 허위성에 대한 인식의 내지는 진실에 대한 미필적 고의에 준하는 무시의 증명 위에 책임이 근거하지 아니하는 경우에는 추정적인

punitive damages, at least when liability is not based on a showing of knowledge of falsity or reckless disregard for the truth." Ante, at 349. But plainly a jury's latitude to impose liability for want of due care poses a far greater threat of suppressing unpopular views than does a possible recovery of presumed or punitive damages. Moreover, the Court's broad-ranging examples of "actual injury," including impairment of reputation and standing in the community, as well as personal humiliation, and mental anguish and suffering, inevitably allow a jury bent on punishing expression of unpopular views a formidable weapon for doing so. Finally, even a limitation of recovery to "actual injury" - however much it reduces the size or frequency of recoveries - will not provide the necessary elbowroom for First Amendment expression.

"It is not simply the possibility of a judgment for damages that results in self-censorship. The very «418 U. S., 368» possibility of having to engage in litigation, an expensive and protracted process, is threat enough to cause discussion and debate to 'steer far wider of the unlawful zone'thereby keeping protected discussion from public cognizance. ······ Too, a small newspaper suffers equally from a substantial damage award, whether the label of the award be 'actual' or 'punitive.'" Rosenbloom, supra, at 52-53.

On the other hand, the uncertainties which the media face under today's decision are largely avoided by the New York Times standard. I reject the argument that my Rosenbloom view improperly commits to judges the task of determining what is and what is not an issue of "general or public interest."[3] I noted in Rosenbloom «418 U. S., 369» that performance of this

---

3) The Court, taking a novel step, would not limit application of First Amendment protection to private libels involving issues of general or public interest, but would forbid the States from imposing liability without fault in any case where the substance of the defamatory statement made substantial danger to reputation apparent. As in Rosenbloom v. Metromedia, Inc., 403 U. S. 29, 44 n. 12, 48–49, n. 17 (1971), I would leave open the question of what constitutional standard, if any, applies when defamatory falsehoods are published or broadcast concerning either a private or public person's activities not within the scope of the general or public interest.

내지는 징벌적인 손해배상을 주들은 허용해서는 안 된다."는 이 법원의 제한을 이 개연성은 설명한다. Ante, at 349. 그러나 인기 없는 견해들을 억압할 훨씬 더 큰 위협을 제기하는 것은 추정적 내지는 징벌적 손해배상액의 있을 수 있는 인용이라기보다는 적절한 주의의 결여를 이유로 책임을 부과할 수 있는 배심의 재량임이 명백하다. 더욱이, 인격적 수치를, 정신적 고뇌를 및 고통을 등은 물론이고 명성의 및 지역사회에서의 지위의 손상을 포함하는 "실제의 손해"에 관한 이 법원의 넓은 범위의 사례들은, 인기 없는 견해들의 표현을 처벌하기 위한 무서운 무기를 그렇게 하기로 결심한 배심에게 불가피하게 허용한다. 궁극적으로, 연방헌법 수정 제1조의 표현에 필요한 활동범위를, 심지어 "실제의 손해"를 한도로 하는 인용액의 제한 이조차도 - 승소금액의 크기를 내지는 빈도를 그것이 그 얼마나 감소시키든지에 상관 없이 - 제공하여 주지는 못할 것이다.

"자기검열에 결과적으로 이르게 되는 것은 단지 손해배상 판결의 가능성 때문만은 아니다. 비싸고도 오래 «418 U. S., 368» 끄는 절차인 소송에서 맞붙어야만 하게 될 가능성 그 자체는 의논으로 및 토론으로 하여금 '불법영역을 훨씬 더 멀리 비켜 가게끔' 만들기에, 그리하여 그 보호되는 의논으로 하여금 공중의 인식 범위로부터 차단된 상태에 있게끔 하기에 충분한 위협이다. …… 마찬가지로, 다대한 손해배상금 판정으로부터 소규모 신문사는 동등하게 손상을 입는바, 그 판정액의 명목이 '실제의' 손해에 대한 것이든 '징벌적' 손해에 대한 것이든 차이가 없다." Rosenbloom, supra, at 52-53.

반면에, 오늘의 판결 아래서 매체들이 직면하는 불확실성들은 New York Times 기준에 의하여 대부분 회피된다. 무엇이 "일반대중의 내지는 공중의 이익"의 쟁점인지 및 무엇이 그 아닌지를 판정짓는 임무를 부적절하게도 판사들에게 Rosenbloom 사건에서의 나의 견해가 맡긴다는 주장을 나는 물리친다.[3] 이 임무의 수행이 항상 쉬운

---

3) 새로운 조치를 취함으로써 연방헌법 수정 제1조의 보호의 적용을 일반대중의 내지는 공중의 이익의 쟁점들을 포함하는 사적 문서비방 사건들에게로 이 법원은 제한하고자 하는 것은 아니며, 오히려 명예에의 실질적인 위험이 명백한 것이 되게끔 조금이라도 명예훼손적 주장의 내용이 만드는 경우이기만 하면 무과실책임을 주들이 부과함을 이 법원은 금지하고자 한다. 대중일반의 내지는 공중의 이익의 범위 안에 들지 않는 사적 개인의 내지는 공적 인물의 활동들에 관한 명예훼손적 허위내용들이 공표되거나 방송되는 경우에 어떤 헌법적 기준이 – 가령 헌법적 기준이 조금이라도 있다면 – 적용되는가의 문제를 Rosenbloom v. Metromedia, Inc., 403 U. S. 29, 44 n. 12, 48-49, n. 17 (1971)에서처럼, 미해결로 나라면 남겨 놓을 것이다.
부가적으로 말하자면, 일정 정도의 과실을 증명할 수 없을 경우에는 그 공표가 허위였다는 판결주문을 확보함에 의하

task would not always be easy. Id., at 49 n. 17. But surely the courts, the ultimate arbiters of all disputes concerning clashes of constitutional values, would only be performing one of their traditional functions in undertaking this duty. Also, the difficulty of this task has been substantially lessened by that "sizable body of cases, decided both before and after Rosenbloom, that have employed the concept of a matter of public concern to reach decisions in ...... cases dealing with an alleged libel of a private individual that employed a public interest standard ...... and ...... cases that applied Butts to the alleged libel of a public figure." Comment, The Expanding Constitutional Protection for the News Media from Liability for Defamation: Predictability and the New Synthesis, 70 Mich. L. Rev. 1547, 1560 (1972). The public interest is necessarily broad; any residual selfcensorship that may result from the uncertain contours of the "general or public interest" concept should be of far less concern to publishers and broadcasters than that occasioned by state laws imposing liability for negligent falsehood.

Since petitioner failed, after having been given a full and fair opportunity, to prove that respondent published the disputed article with knowledge of its falsity or with reckless disregard of the truth, see ante, at 329-330, n. 2, I would affirm the judgment of the Court of Appeals.

Parenthetically, my Brother WHITE argues that the Court's view and mine will prevent a plaintiff — unable to demonstrate some degree of fault — from vindicating his reputation by securing a judgment that the publication was false. This argument overlooks the possible enactment of statutes, not requiring proof of fault, which provide for an action for retraction or for publication of a court's determination of falsity if the plaintiff is able to demonstrate that false statements have been published concerning his activities. Cf. Note, Vindication of the Reputation of a Public Official, 80 Harv. L. Rev. 1730, 1739–1747 (1967). Although it may be that questions could be raised concerning the constitutionality of such statutes, certainly nothing I have said today (and, as I read the Court's opinion, nothing said there) should be read to imply that a private plaintiff, unable to prove fault, must inevitably be denied the oppor— «418 U. S. 369» tunity to secure a judgment upon the truth or falsity of statements published about him. Cf. Rosenbloom v. Metromedia, Inc., supra, at 47, and n. 15.

것은 «418 U. S., 369» 아닐 것임을 Rosenbloom 사건에서 나는 써 놓았다. Id., at 49 n. 17. 그러나 이 책무를 떠맡음에 있어서의 자신들의 전통적 기능들 중 한 가지를 헌법적 가치들의 충돌들에 관한 모든 논쟁들의 궁극적 심판자인 법원들은 단지 수행하고 있게 될 것임이 확실하다. 그 위에, "공중의 이익 기준을 사용한, 사적 개인에 대한 주장된 문서비방을 다룬 사건들에서의 판결들에 도달하기 위하여 공중의 관심 문제의 개념을 사용한 선례들을, 및 Butts 법리를 공적 인물에 대한 주장된 문서비방에 적용한 선례들을 포함하는, Rosenbloom 이전에도 및 이후에도 판결된 꽤 큰 덩치의 선례들"에 의하여 이 임무의 어려움은 대폭 감소해 있다. Comment, The Expanding Constitutional Protection for the News Media from Liability for Defamation: Predictability and the New Synthesis, 70 Mich. L. Rev. 1547, 1560 (1972). 공중의 이익은 불가피하게 넓다; 부주의에 의한 허위보도에 대한 책임을 부과하는 주 법들에 의하여 야기되는 자기검열이 출판사들에 및 방송사들에 대하여 지니는 중요성에 비하면 조금이라도 "일반대중의 내지는 공중의 이익" 개념의 불확실한 윤곽들로부터 생겨날 수도 있는 그 나머지 자기검열은 그 중요성이 훨씬 덜하다.

다툼의 대상인 기사를 그 허위성에 대한 인식을 지닌 채로 내지는 진실에 대한 미필적 고의에 준하는 무시를 지닌 채로 피청구인이 공표했음을, 그 완전하고도 공정한 기회를 부여받고 나서도 청구인은 증명하지 못하였으므로, see ante, at 329-330, n. 2, 항소법원의 판결주문을 나라면 인가하였을 것이다.

여 그 자신의 명예를 원고가 옹호함을 이 법원의 견해는 및 나의 견해는 방해할 것이라고 나의 동료 화이트(WHITE) 판사는 주장한다. 취소를 구하는 소송을 규정하는 내지는, 자신의 활동들에 관련하여 허위의 주장들이 공표된 터임을 만약 원고가 증명할 수 있을 경우에는 허위성에 대한 법원의 판단의 공표를 규정하는, 과실의 증명을 요구하지 아니하는 있을 수 있는 제정법들의 입법을 이 주장은 간과한다. Note, Vindication of the Reputation of a public official, 80 Harv. L. Rev. 1730, 1739–1747 (1967)을비교하라. 이러한 제정법들의 합헌성에 관하여 문제들이 제기될 수는 있을 것임에도 불구하고, 과실을 증명할 수 없는 사적 개인으로서의 원고는 그 자신에 관하여 공표된 주장들의 진실성에 관한 내지는 허위성에 관한 판결주문을 얻을 기회를 불가피하게 박탈당하지 않으면 안 됨을 함축하는 것으로는, 오늘 내가 말해 놓은 «418 U. S., 369» 바는 (그리고 이 법원의 의견을 내가 읽기로 거기에서 판시된 바는) 결코 해석되어서는 안 됨이 확실하다. Rosenbloom v. Metromedia, Inc., supra, at 47, and n. 15를 비교하라.

MR. JUSTICE WHITE, dissenting.

For some 200 years - from the very founding of the Nation - the law of defamation and right of the ordinary citizen to recover for false publication injurious to his reputation have been almost exclusively the business of «418 U. S., 370» state courts and legislatures. Under typical state defamation law, the defamed private citizen had to prove only a false publication that would subject him to hatred, contempt, or ridicule. Given such publication, general damage to reputation was presumed, while punitive damages required proof of additional facts. The law governing the defamation of private citizens remained untouched by the First Amendment because until relatively recently, the consistent view of the Court was that libelous words constitute a class of speech wholly unprotected by the First Amendment, subject only to limited exceptions carved out since 1964.

But now, using that Amendment as the chosen instrument, the Court, in a few printed pages, has federalized major aspects of libel law by declaring unconstitutional in important respects the prevailing defamation law in all or most of the 50 States. That result is accomplished by requiring the plaintiff in each and every defamation action to prove not only the defendant's culpability beyond his act of publishing defamatory material but also actual damage to reputation resulting from the publication. Moreover, punitive damages may not be recovered by showing malice in the traditional sense of ill will; knowing falsehood or reckless disregard of the truth will now be required.

I assume these sweeping changes will be popular with the press, but this is

화이트(WHITE) 판사의 반대의견이다.

거의 200년 동안 - 국가의 설립 때부터 - 명예훼손 관련 법은 및 자신의 명예를 침해하는 허위의 공표에 대하여 회복을 구할 일반 시민의 권리는 거의 대부분 배타적으로 «418 U. S., 370» 주 법원들의 및 주 입법부들의 업무가 되어 왔다. 자신으로 하여금 미움을, 모멸을, 또는 비웃음을 당하게 할 허위의 공표만을 전형적인 주 명예훼손 관련 법 아래서 피해자인 사적 시민은 증명하여야 하였다. 이러한 공표가 있으면 명예에의 일반적 손상은 추정되었고, 이에 반하여 추가적 사실들의 증명을 징벌적 손해배상은 요구하였다. 연방헌법 수정 제1조의 보호 범위에서 전적으로 배제되는 범주의 말을 문서비방적 어구는 구성한다는 것이 비교적 최근까지 당원의 일관된 견해로서 단지 1964년 이래로 제한된 범주의 예외들이 적용되었기 때문에, 사적 시민들에 대한 명예훼손을 지배하는 관련 법리는 연방헌법 수정 제1조에 의하여 손대지지 않은 채로 남았다.

그러나 지금은, 50개 주들의 전체에서 내지는 대부분에서 통용되는 명예훼손 관련법을 중요한 점들에서 위헌이라고 그 수정조항을 선택된 그릇으로 사용하여 당원은 선언함으로써 문서비방 관련법의 주요 측면들을 몇몇 페이지들에서 당원은 연방화해 놓았다. 명예훼손적 자료를 공표한 피고의 행위를 넘어 피고의 유책성을 만이 아니라 그 공표로부터 초래된 명예에의 실제의 손해를까지 증명할 것을 명예훼손 사건의 하나 하나 전부에서 원고에게 요구함에 의하여 그 결과는 달성된다. 더욱이, 악의의 전통적 의미로서의 해의를 증명함에 의하여는 징벌적 손해배상은 인정되어서는 안 된다; 인지 상태에서의 허위성이 내지는 진실에 대한 미필적 고의에 준하는 무시가 이제는 요구되고는 한다.

좋은 평판을 언론에게서 이 포괄적 변화들은 얻을 것으로 나는 가정하지만, 그러

not the road to salvation for a court of law. As I see it, there are wholly insufficient grounds for scuttling the libel laws of the States in such wholesale fashion, to say nothing of deprecating the reputation interest of ordinary citizens and rendering them powerless to protect themselves. I do not suggest that the decision is illegitimate or beyond the bounds of judicial review, but it is an ill-considered exercise of the power entrusted to this Court, particularly when the «418 U. S., 371» Court has not had the benefit of briefs and argument addressed to most of the major issues which the Court now decides. I respectfully dissent.

I

Lest there be any mistake about it, the changes wrought by the Court's decision cut very deeply. In 1938, the Restatement of Torts reflected the historic rule that publication in written form of defamatory material - material tending "so to harm the reputation of another as to lower him in the estimation of the community or to deter third persons from associating or dealing with him"[1] - subjected the publisher to liability although no special harm to reputation was actually proved.[2] Re- «418 U. S., 372» statement of Torts § 569 (1938).[3] Truth was a defense, and some libels were privileged; but,

---

[1] Restatement of Torts § 559 (1938); see also W. Prosser, Law of Torts § 111, p.739 (4th ed. 1971); 1 A. Hanson, Libel and Related Torts 14, pp.21–22 (1969); 1 F. Harper & F. James, The Law of Torts § 5.1, pp.349–350 (1956).

[2] The observations in Part I of this opinion as to the current state of the law of defamation in the various States are partially based upon the Restatement of Torts, first published in 1938, and Tentative Drafts Nos. 11 and 12 of Restatement of Torts (Second), released in 1965 and 1966, respectively. The recent transmittal of Tentative Draft No. 20, dated April 25, 1974, to the American Law Institute for its consideration has resulted in the elimination of much of the discussion of the prevailing defamation rules and the suggested changes in many of the rules themselves previously found in the earlier Tentative Drafts. This development appears to have been largely influenced by the draftsmen's "sense for where the law of this important subject should be thought to stand." Restatement (Second) of Torts, p. vii (Tent. Draft No. 20, Apr. 25, 1974). It is evident that, to a large extent, these latest views are colored by the plurality opinion in Rosenbloom v. Metromedia, Inc., 403 U. S. 29 (1971). See, e. g., Restatement (Second) of Torts, supra, at xiii, §§ 569, 580, 581A, 581B, 621. There is no indication in the latest draft, however, that the conclusions reached in Tentative Drafts Nos. 11 and 12 are not an accurate reflection of the case law in the States in the mid–1960's prior to the developments occasioned by the plurality opinion in Rosenbloom. See infra, at 374–375.

[3] See also W. Prosser, supra, n. 1, § 112, p.752 and n. 85; Murnaghan, From Figment to Fiction to Philosophy – The Requirement of Proof of Damages in Libel Actions, 22 Cath. U. L. Rev. 1, 11–13 (1972).

나 이것은 법원을 위한 구원의 길은 아니다. 그것을 내가 보기에는 주들의 문서비방 관련법들을 이러한 무차별적인 방법으로 침몰시키기 위한 근거들로서는 이것들은 전적으로 불충분한바, 일반 시민들의 명예의 이익을 업신여기기 위한, 그리하여 그 자신들을 보호할 능력이 없는 상태가 되게끔 그들을 만들기 위한 근거들로서는야 말할 것도 없다. 그 결정이 불법이라고 내지는 사법적 심사의 범위들을 벗어났다고 나는 말하는 것은 아니지만, 그러나 그것은 이 법원에 맡겨진 권한의 부적절한 행사인바, 이 법원이 지금 판결하는 «418 U. S., 371» 주요 쟁점들 대부분을 역점 두어 다룬 준비서면들의 및 논의의 이익을 이 법원이 누리지 못한 상태인 경우에 그것은 특히 그러하다. 나는 정중히 반대한다.

I

그 점에 관하여 조금이라도 오해가 있을까 하여, 이 법원의 판결에 의하여 초래되는 변화들은 매우 깊게 베고든다. 명예훼손적 자료의[1] - 즉 자칫 "타인의 명성을 해쳐 공동체의 평가에 있어서 그를 떨어뜨리기 쉬운 내지는 그를 사귐에 내지는 교제함에 있어서 제3자들을 주저하게 만들기 쉬운" 자료의 - 문서 형태의 공표는 비록 명예에의 아무런 특별한 손해가 실제로 입증되지 아니함에도 불구하고 그 발행자를 책임에 처한다는 그 역사적 규칙을 1938년에 법재록 불법행위편(the Restatement of Torts)은 반영하였다.[2] Re- «418 U. S., 372» statement of Torts § 569 (1938).[3] 진실은 항변사유였고, 그리고 일부 문서비방들은 특권으로 취급되었다; 그러나 허위의 유

---

1) Restatement of Torts § 559 (1938); 아울러 W. Prosser, Law of Torts § 111, p.739 (4th ed. 1971)을; 1 A. Hanson, Libel and Related Torts 14, pp.21-22 (1969)를; 1 F. Harper & F. James, The Law of Torts § 5.1, pp.349-350 (1956)을 보라.

2) 1938년에 처음으로 출판된 법재록 불법행위편(the Restatement of Torts)에, 그리고 1965년에와 1966년에 각각 발표된 법재록 불법행위편(제2판)에 대한 임시초안 제11번에 및 제12번에 그 토대를 여러 주들에서의 명예훼손 관련법의 현재의 상태에 관한 이 의견 Part I에서의 피력들은 부분적으로 둔 것들이다. 널리 보급되어 있는 명예훼손 원칙들에 대한 논의 대부분의 삭제를 1974년 4월 25일자 임시초안 제20번에 대한 검토를 위한 미국법학회에의 최근의 전송은 결과적으로 가져왔고, 그 이전의 임시초안들에 들어 있던 원칙들 그 자체에서의 여러 가지 변화들을 그것은 시사하였다. "이 중요한 주제에 관하여 법이 서야 할 곳이 어디여야 한다고 여겨져야 할지에 대한" 초안 입안자들의 "판단력"에 의하여 이 전개는 주로 영향을 입은 것으로 생각된다. Restatement (Second) of Torts, p. vii (Tent. Draft No. 20, Apr. 25, 1974). 이들 최근의 견해들은 대부분 Rosenbloom v. Metromedia, Inc., 403 U. S. 29 (1971)에서의 상대다수 의견의 영향을 받은 것임은 명백하다. 예컨대, Restatement (Second) of Torts, supra, at xiii, §§ 569, 580, 581A, 581B, 621을 보라. 그러나 임시초안 제11번에서 및 제12번에서 도달된 결론들은 Rosenbloom 판결에서의 상대다수 의견에 의하여 야기된 전개들이 있기 이전인 1960년대 중반의 주들에서의 판례법의 정확한 반영이 아니라는 징후는 최근의 초안에는 없다. infra, at 374-375를 보라.

3) 아울러 W. Prosser, supra, n. 1, § 112, p.752를 및 n. 85를; Murnaghan, From Figment to Fiction to Philosophy - The Requirement of Proof of Damages in Libel Actions, 22 Cath. U. L. Rev. 1, 11-13 (1972)를 보라.

given a false circulation, general damage to reputation was presumed and damages could be awarded by the jury, along with any special damages such as pecuniary loss and emotional distress. At the very least, the rule allowed the recovery of nominal damages for any defamatory publication actionable per se and thus performed

"a vindicatory function by enabling the plaintiff publicly to brand the defamatory publication as false. The salutary social value of this rule is preventive in character since it often permits a defamed person to expose the groundless character of a defamatory rumor before harm to the reputation has resulted therefrom." Id., § 569, comment b, p.166.

If the defamation was not libel but slander, it was actionable per se only if it imputed a criminal offense; a venereal or loathsome and communicable disease; improper conduct of a lawful business; or unchastity by a woman. Id., § 570. To be actionable, all other types of slanderous statements required proof of special damage other than actual loss of reputation or emotional distress, that special damage almost always being in the form of material or pecuniary loss of some kind. Id., § 575 and comment b, pp.185-187.

Damages for libel or slander per se included "harm caused thereby to the reputation of the person defamed or in the absence of proof of such harm, for the harm which normally results from such a defamation." Id., § 621. At the heart of the libel-and-slander-per-se «418 U. S., 373» damage scheme lay the award of general damages for loss of reputation. They were granted without special proof because the judgment of history was that the content of the publication itself was so likely to cause injury and because "in many cases the effect of defamatory statements is so subtle and indirect that it is impossible directly to trace the effects thereof in loss to the person defamed."

포가 있으면 명예에의 일반적 손상은 추정되었고, 금전적 손실이라든가 정신적 고통이라든가 등의 조금이나마의 특별손해들에 나란히, 손해배상액은 배심에 의하여 인정될 수 있었다. 적어도 최소한, 그 자체로 제소 가능한 조금이나마의 명예훼손적 공표에 대하여는 명목적 손해배상의 인용을 규칙은 허용하였고 그리하여

"명예훼손적 공표물이 허위의 것이라는 낙인을 원고로 하여금 공개적으로 찍을 수 있게 해 줌으로써 제재적 기능을" 그 규칙은 수행하였다. "이 규칙의 유익한 사회적 가치는 성격상 예방적인 것인바, 왜냐하면 명예훼손적 소문의 근거가 없음을 그 소문으로부터 명성에의 손상이 생겨나기 이전에 명예훼손 피해자로 하여금 드러낼 수 있도록 그것은 자주 허용하기 때문이다." Id., § 569, comment b, p.166.

만약 명예훼손이 문서비방이 아닌 중상이었을 경우에는 단지 형사적 범죄를 그것이 씌우는 것이기만 하면 그것은 그 자체로 제소 가능하였다; 즉, 성병이 내지는 불쾌한 및 전염성 있는 질병이; 합법적 사업의 부적절한 행위가; 또는 여성의 부정행위가 등이다. Id., § 570. 제소 가능하기 위하여는, 명예에의 실제의 손실 이외의 내지는 정신적 고통 이외의 특별손해의 증명을 그 밖의 모든 유형들의 중상적 공표들은 요구하였는데, 그 특별손해란 거의 항상 모종의 물질적 내지 금전적 손실의 형태를 띠었다. Id., § 575 and comment b, pp.185-187.

"그 행위로써 피해자의 명성에 야기된 손상을 내지는 이러한 손상의 증명이 없을 때에는 이러한 명예훼손으로부터 일반적으로 귀결되는 손상을" 그 자체로서의 문서비방으로 인한 내지는 그 자체로서의 중상행위로 인한 손해배상은 포함하였다. Id., § 621. 그 자체로서의 문서비방에 및 그 자체로서의 중상행위에 따르는 손해배상 《418 U. S., 373》 제도의 핵심에는 명예손상을 이유로 하는 일반적 손해배상액의 인용이 놓여 있었다. 특별손해의 증명 없이 그것들은 인용되었는데, 왜냐하면 공표의 내용 그 자체만으로도 손해를 야기할 소지가 매우 크다는 데에 역사의 판단은 있었기 때문이고 또한 "많은 경우들에 있어서 명예훼손적 주장들의 효과는 포착하기가 매우 힘들고도 간접적인 것이라서 그 효과들을 직접적으로 추적하여 명예훼손 피해자에게의 손상을 확인하기란 불가능하기" 때문이다. Id., § 621, com-

Id., § 621, comment a, p.314.[4] Proof of actual injury to reputation was itself insufficient proof of that special damage necessary to support liability for slander not actionable per se. But if special damage in the form of material or pecuniary loss were proved, general damages for injury to reputation could be had without further proof. "The plaintiff may recover not only for the special harm so caused, but also for general loss of reputation." Id., § 575, comment a, p.185.[5] The right to recover for emotional distress depended upon the defendant's otherwise being liable for either libel or slander. Id., § 623. Punitive damages were recoverable upon proof of special facts amounting to express malice. Id., § 908 and comment b, p.555. «418 U. S., 374»

Preparations in the mid-1960's for Restatement (Second) of Torts reflected what were deemed to be substantial changes in the law of defamation, primarily a trend toward limiting per se libels to those where the defamatory nature of the publication is apparent on its face, i. e., where the "defamatory innuendo is apparent from the publication itself without reference to extrinsic facts by way of inducement." Restatement (Second) of Torts § 569, p.29 (Tent. Draft No. 12, Apr. 27, 1966). Libels of this sort and slanders per se continued to be recognized as actionable without proof of special damage or injury to reputation.[6] All other defamations would require proof of special injury in the form of material or pecuniary loss. Whether this asserted change

---

4) Proof of the defamation itself established the fact of injury and the existence of some damage to the right of reputation, and the jury was permitted, even without any other evidence, to assess damages that were considered to be the natural or probable consequences of the defamatory words. Restatement of Torts § 621, comment a, p.314 (1938); see also C. Gatley, Libel and Slander 1004 (6th ed. 1967); M. Newell, Slander and Libel § 721, p. 810 (4th ed. 1924); see generally C. McCormick, Law of Damages § 116, pp.422–430 (1935). In this respect, therefore, the damages were presumed because of the impossibility of affixing an exact monetary amount for present and future injury to the plaintiff's reputation, wounded feelings and humiliation, loss of business, and any consequential physical illness or pain. Ibid.

5) See also Prosser, supra, n. 1, § 112, p.761; Harper & James, supra, n. 1, § 5.14, p.388; Note, Developments in the Law – Defamation, 69 Harv. L. Rev. 875, 939–940 (1956).

6) Also actionable per se were those libels where the imputation, although not apparent from the material itself, would have been slander per se if spoken rather than written.

ment a, p.314.[4] 명예에의 실제의 손상의 증거만으로는, 그 자체로 제소 가능하지 아니한 중상행위에 대한 책임을 뒷받침하는 데 필요한 그 특별손해에 대한 증거로서 불충분하였다. 그러나 만약 물질적인 내지는 금전상의 손실의 형태로 특별손해가 증명된다면, 명예에의 침해를 이유로 하는 일반적 손해배상은 더 이상의 증거 없이도 얻어질 수 있었다. "그렇게 야기된 특별한 손해에 대하여만이 아니라 명예의 일반적 손상에 대하여도 원고는 회복을 구할 수 있다." Id., § 575, comment a, p.185.[5] 정신적 고통에 대하여 배상받을 권리는, 달리 피고가 비방에 대하여 또는 중상행위에 대하여 책임이 있는지 여부에 달려 있었다. Id., § 623. 명시적 악의를 나타내기에 이를 만큼의 특별한 사실들의 증명에 의하여 징벌적 손해배상액은 인용될 수 있었다. Id., § 908 and comment b, p.555. «418 U. S., 374»

무엇이 명예훼손 관련법에서의 실질적인 변화들로서 간주되어야 하는지를 법재록(제2판) 불법행위편을 위한 1960년대 중반의 예비조사들은 숙고하였는데, 공표의 명예훼손적 성격이 그 문면상으로 명백한 경우의 것들로, 즉 "생각을 일으킬 목적으로서의 외부적 사실관계에의 언급 없이 공표 그 자체로부터 명예훼손적 비꿈이 명백한" 경우의 것들로 그 자체로서의 문서비방들을 제한하는 쪽으로의 경향을 우선적으로 그것은 숙고하였다. Restatement (Second) of Torts § 569, p. 29 (Tent. Draft No. 12, Apr. 27, 1966). 이 종류의 문서비방들은 및 그 자체로서의 중상행위들은 명예에의 특별한 손해의 내지는 손상의 증거 없이 제소 가능한 것으로 계속 인정되었다.[6] 물질적 내지는 금전적 손실의 형태에 있어서의 특별손해의 증명을 그 밖의 모든 명예훼손들은 요구하곤 하였다. 그 일반적인 법을 이 주장된 변화가 반영한 것인지 여부가 무겁게 토론되었으나,[7] 문서비방이 및 중상행위가 그 자체로 제소 가능한, 그

---

4) 명예의 권리에의 손상의 사실을 및 일정한 손해의 존재를 명예훼손 자체의 증명은 입증하였고, 그 명예훼손적 어구들의 자연스런 내지는 있을 법한 결과들로서 간주되는 손해배상액을 심지어는 그 밖의 아무런 증거 없이도 사정하도록 배심은 허용되었다. Restatement of Torts § 621, comment a. p. 314 (1938); 아울러 C. Gatley, Libel and Slander 1004 (6th ed. 1967)을; M. Newell, Slander and Libel § 721, p. 810 (4th ed. 1924)을 보라; 일반적으로 C. McCormick, Law of Damages § 116, pp. 422-430 (1935)를 보라. 따라서 이 점에서, 원고의 명예에의 현재의 및 장래의 손상의, 상처받은 감정들의 및 수치심의, 사업의 상실의, 그리고 이에 수반되는 육체적 질병의 내지는 고통의 정확한 금전적 액수를 정하기가 불가능함으로 인하여 손해액은 추정되었다. Ibid.

5) 아울러 Prosser, supra, n. 1, § 112, p. 761을; Harper & James, supra, n. 1, § 5.14, p. 388을; Note, Developments in the Law – Defamation, 69 Harv. L. Rev. 875, 939-940 (1956)을 보라.

6) 아울러 비방들이 비록 문건 자체로부터는 명백하지 아니하더라도, 만약 문서로써가 아니라 말로써 이루어졌더라면 그 자체로서 중상행위가 되었을 문서비방들은 그 자체로 제소 가능하였다.

7) Restatement (Second) of Torts § 569, pp. 29-45, 47-48 (Tent. Draft No. 12, Apr. 27, 1966); 아울러 Murnaghan,

reflected the prevailing law was heavily debated,[7] but it was unquestioned at the time that there are recurring situations in which libel and slander are and should be actionable per se.

In surveying the current state of the law, the proposed Restatement (Second) observed that "[a]ll courts except Virginia agree that any libel which is defamatory upon its face is actionable without proof of damage ⋯⋯." Restatement (Second) of Torts § 569, p.84 (Tent. Draft No. 11, Apr. 15, 1965). Ten jurisdictions continued to support the old rule that libel not defamatory on its face and whose innuendo depends on extrinsic facts is actionable without proof of damage although slander would not be. Twenty-four jurisdictions were said to hold that libel not defamatory on its face is to be treated like slander and thus not actionable without proof of damage where «418 U. S., 375» slander would not be. Id., § 569, p.86. The law in six jurisdictions was found to be in an unsettled state but most likely consistent with the Restatement (Second). Id., § 569, p.88. The law in Virginia was thought to consider libel actionable without proof of special damage only where slander would be, regardless of whether the libel is defamatory on its face. Id., § 569, p.89. All States, therefore, were at that time thought to recognize important categories of defamation that were actionable per se.[8] Nor was any question apparently raised at that time that upon proof of special damage in the form of material or pecuinary loss, general damages to reputation could be recovered without further proof.

Unquestionably, state law continued to recognize some absolute, as well as some conditional, privileges to publish defamatory materials, including the privilege of fair comment in defined situations. But it remained true that in a

---

7) Restatement (Second) of Torts § 569, pp.29–45, 47–48 (Tent. Draft No. 12, Apr. 27, 1966); see also Murnaghan, supra, n. 3.

8) Applying settled Illinois law, the District Court in this case held that it is libel per se to label someone a Communist. 306 F. Supp. 310 (ND Ill. 1969).

리고 제소 가능해야 마땅한 그 되풀이되는 상황들이 존재한다는 점에 관하여는 그 당시에 의문이 없었다.

현행의 일리노이주 법을 개관함에 있어서, "조금이라도 문면상으로 명예훼손적인 문서비방은 손해의 증명 없이 제소가 가능하다는 데에 …… 버지니아주를 제외한 [모]든 주들은 동의한다."고 법재록(Restatement) (제2판) 초안은 서술하였다. Restatement (Second) of Torts § 569, p.84 (Tent. Draft No. 11, Apr. 15, 1965). 문명상으로 명예훼손적이지 않은 및 외부적 사실관계에 풍자가 의존하는 문서비방은 손해의 증명 없이 제소가 가능하다는, 그러나 중상행위는 그러하지 아니하다는 옛 규칙을 지지하기를 열 개의 관할들은 계속하였다. 문면상으로 명예훼손적이지 않은 문서비방은 중상행위처럼 취급되어야 한다고, 따라서 손해의 증명 없이는 중상행위가 제소 가능하지 아니한 경우에는 문서비방 또한 손해의 증명 없이는 제소가 가능하지 않다고 스물 네 개의 관할들은 간주하는 《418 U. S., 375》 것으로 설명되었다. Id., § 569, p.86. 여섯 개의 관할들에서의 법은 미확정의 상태에 있는 것으로, 그러나 대부분은 법재록(Restatement) (제2판)에 부합하는 것으로 확인되었다. Id., § 569, p.88. 특별손해의 증명 없이도 중상행위가 제소 가능한 경우에만 문서비방은 특별손해의 증명 없이 제소 가능한 것으로 버지니아주에서의 법은 간주한다고 여겨졌는데, 그 문서비방이 문면상으로 명예훼손적인지 여부에는 관계가 없었다. Id., § 569, p.89. 따라서 그 자체로 제소 가능한 명예훼손의 주요 범주들을 그 당시에 모든 주들은 인정하는 것으로 생각되었다.[8] 물질적 내지는 금전적 손실의 형태로서의 특별손해의 증명에 터잡아 더 이상의 증명 없이 명예에의 일반적 손해배상액이 인용될 수 있다는 데 대하여도 그 당시에 외관상으로 제기된 의문은 없었다.

특정된 상황들 내에서의 공정한 논평의 특권을 포함하여, 명예훼손적 자료들을 공표할 모종의 조건부적인 특권들을은 물론이고 모종의 절대적인 특권들을 인정하기를 의문의 여지 없이 주 법은 계속하였다. 그러나 폭넓은 범위의 상황들에서

---

supra, n. 3을 보라.
8) 타인을 공산주의자라고 딱지붙이는 행위는 그 자체로 문서비방임을, 확립된 일리노이주 법을 적용하여 이 사건에서의 지방법원은 판시하였다. 306 F. Supp. 310 (ND III. 1969).

wide range of situations, the ordinary citizen could make out a prima facie case without proving more than a defamatory publication and could recover general damages for injury to his reputation unless defeated by the defense of truth.[9]

The impact of today's decision on the traditional law of libel is immediately obvious and indisputable. No longer will the plaintiff be able to rest his case with proof of a libel defamatory on its face or proof of a slander historically actionable per se. In addition, he must prove some further degree of culpable conduct on the part of the «418 U. S., 376» publisher, such as intentional or reckless falsehood or negligence. And if he succeeds in this respect, he faces still another obstacle: recovery for loss of reputation will be conditioned upon "competent" proof of actual injury to his standing in the community. This will be true regardless of the nature of the defamation and even though it is one of those particularly reprehensible statements that have traditionally made slanderous words actionable without proof of fault by the publisher or of the damaging impact of his publication. The Court rejects the judgment of experience that some publications are so inherently capable of injury, and actual injury so difficult to prove, that the risk of falsehood should be borne by the publisher, not the victim. Plainly, with the additional burden on the plaintiff of proving negligence or other fault, it will be exceedingly difficult, perhaps impossible, for him to vindicate his reputation interest by securing a judgment for nominal damages, the practical effect of such a judgment being a judicial declaration that the publication was indeed false. Under the new rule the plaintiff can lose, not because the statement is true, but because it was not negligently made.

---

9) This appears to have been the law in Illinois at the time Gertz brought his libel suit. See, e. g., Brewer v. Hearst Publishing Co., 185 F. 2d 846 (CA7 1950); Hotz v. Alton Telegraph Printing Co., 324 Ill. App. 1, 57 N. E. 2d 137 (1944); Cooper v. Illinois Publishing & Printing Co., 218 Ill. App. 95 (1920).

명예훼손적 공표 이상의 것을 증명함이 없이도 일응 승소가 보장되는 유리한 사건을 일반적 시민이 제기할 수 있음은, 그리하여 진실의 항변에 의하여 배척되지 아니하는 한 그의 명예에의 침해에 대한 일반적 손해액을 그가 회복할 수 있음은 여전히 타당하였다.[9]

전통적 문서비방 법리 위에 오늘의 판결이 가하는 영향력은 곧바로 명백하고도 확실한 것이다. 자신의 소송을 문면상으로 명예훼손적인 문서비방이라는 증거에 내지는 역사적으로 그 자체로 제소 가능한 중상행위라는 증거에 더 이상 원고는 의거할 수 없게 될 것이다. 이에 더하여, 공표자 쪽의 더 높은 등급의 비난 가능한 행위를, 가령 의도적인 «418 U. S., 376» 내지는 무모한 허위성을 내지는 태만을 그는 증명하지 않으면 안 된다. 그리고 만약 이 점에서 성공을 그가 거두더라도, 또 다른 장애에 그는 직면한다: 즉, 지역사회에서의 그의 지위에의 실제의 손상에 대한 "자격 있는" 증거에 명예손상으로 인한 손해의 회복은 좌우되게 된다는 점이다. 명예훼손의 성격 여하에 불문하고 및 심지어 그것이 중상적 어구들을 공표자의 과실에 대한 내지는 그의 공표의 해로운 효과에 대한 증명 없이 제소 가능하도록 전통적으로 만들어 온 그 특별히 비난할 만한 공표들 중 한 가지인 경우에조차도 이것은 그러한 법이다. 일부 공표들은 너무도 본래적으로 손상을 가할 수 있는 것들이라서, 그런데도 실제의 손해는 증명이 너무도 어려운 것이라서 피해자에 의해서가 아니라 공표자에 의해서 허위성의 위험은 부담되어야 한다는 경험의 판단을 이 법원은 무시한다. 부주의를 내지는 그 밖의 과실을 증명하는 추가적 부담이 원고에게 가하여진 상태에서, 그로서는 공표가 실제로 허위의 것이었다는 점에 대한 사법적 선언인 명목적 손해배상 판결주문을 얻음으로써 자신의 명예의 이익을 지키기가 극도로 어렵거나 아마도 불가능하리라는 점은 명백하다. 새 규칙 아래서는 공표가 진실이라는 이유에서가 아니라, 그것은 과실에 의하여 이루어진 것이 아니었다는 이유에서 원고는 패소할 수 있다.

---

9) 그의 문서비방 소송을 거츠(Gertz)가 제기한 당시에는 이것이 일리노이주에서의 법이었던 것으로 보인다. 예컨대, Brewer v. Hearst Publishing Co., 185 F. 2d 846 (CA7 1950)을; Hotz v. Alton Telegraph Printing Co., 324 Ill. App. 1, 57 N. E. 2d 137 (1944)를; Cooper v. Illinois Publishing & Printing Co., 218 Ill. App. 95 (1920)을 보라.

So too, the requirement of proving special injury to reputation before general damages may be awarded will clearly eliminate the prevailing rule, worked out over a very long period of time, that, in the case of defamations not actionable per se, the recovery of general damages for injury to reputation may also be had if some form of material or pecuniary loss is proved. Finally, an inflexible federal standard is imposed for the award of punitive damages. No longer will it be enough to prove ill will and an attempt to injure.

These are radical changes in the law and severe invasions of the prerogatives of the States. They should «418 U. S., 377» at least be shown to be required by the First Amendment or necessitated by our present circumstances. Neither has been demonstrated.

Of course, New York Times Co. v. Sullivan, 376 U. S. 254 (1964); Rosenblatt v. Baer, 383 U. S. 75 (1966), and Curtis Publishing Co. v. Butts and Associated Press v. Walker, 388 U. S. 130 (1967), have themselves worked major changes in defamation law. Public officials and public figures, if they are to recover general damages for injury to reputation, must prove knowing falsehood or reckless disregard for the truth. The States were required to conform to these decisions. Thereafter in Rosenbloom v. Metromedia, Inc., 403 U. S. 29 (1971), three Members of the Court urged that the same standard be applied whenever the publication concerned an event of public or general concern. But none of these cases purported to foreclose in all circumstances recovery by the ordinary citizen on traditional standards of liability, and until today, a majority of the Court had not supported the proposition that, given liability, a court or jury may not award general damages in a reasonable amount without further proof of injury.

In the brief period since Rosenbloom was decided, at least 17 States and

그러므로 마찬가지로, 그 자체로 제소 가능한 경우를 제외한 명예훼손 사건들에서 모종의 형태의 물질적 내지는 금전적 손실이 증명되면 명예에의 손상을 이유로 하는 일반적 손해배상액의 인용은 아울러 얻어질 수 있다는 매우 오랜 세월에 걸쳐 형성된 현행의 규칙을, 일반적 손해배상액이 인용될 수 있기에 앞서 명예에의 특별한 손해를 증명하여야 한다는 요구는 명확하게 제거할 것이다. 끝으로, 징벌적 손해배상액의 인용을 위하여 완고한 연방기준이 부과된다. 악의를 및 명예훼손의 시도를 증명하는 것으로는 더 이상 충분하지 못하게 될 것이다.

이것들은 법에 있어서의 극단적 변화들이고 주들의 특권들에 대한 심각한 침해들이다. 연방헌법 수정 제1조에 《418 U. S., 377》 의하여 그것들이 요구된다는 내지는 우리의 현재의 상황들에 의하여 그것들이 강제된다는 증명을 그것들은 요한다. 그 어느 것이도 증명되어 있지 아니한 터이다.

명예훼손 법에서의 주요 변화들을 New York Times Co. v. Sullivan, 376 U. S. 254 (1964) 판결은; Rosenblatt v. Baer, 383 U. S. 75 (1966) 판결은 및 Curtis Publishing Co. v. Butts and Associated Press v. Walker, 388 U. S. 130 (1967) 판결은 그것들 자체만으로도 빚어 놓았음은 물론이다. 공직자들(public officials)은 및 공적 인물들(public figures)은 명예에의 손상을 이유로 일반적 손해배상액을 만약 그들이 인용받고자 한다면, 인지 상태에서의 허위성을 내지는 진실에 대한 미필적 고의에 준하는 무시를 증명하지 않으면 안 된다. 이 판결들을 준수하도록 주들은 요구되었다. 공중의 내지는 일반대중의 관심의 사안에 공표가 관련하는 경우에는 항상 바로 그 기준이 적용되게 할 것을 그 뒤에 Rosenbloom v. Metromedia, Inc., 403 U. S. 29 (1971) 판결에서 당원의 세 명의 판사들은 촉구하였다. 그러나 이 사건들은 그 어느 것이도 전통적 책임기준들 위에서의 일반시민에 의한 승소를 모든 상황들에서 배제하려는 취지는 아니었고, 그리고 책임이 인정될 경우에 합리적 금액 내의 일반적 손해배상액을 손해에 관한 더 이상의 증명 없이는 법원은 내지는 배심은 인용하지 아니할 수 있다는 명제를 오늘까지 당원의 다수판사들은 지지한 바가 없다.

Rosenbloom 상대다수 의견의 표현을 빌자면, "공중의 내지는 일반대중의 관심

several federal courts of appeals have felt obliged to consider the New York Times constitutional privilege for liability as extending to, in the words of the Rosenbloom plurality, "all discussion and communication involving matters of public or general concern." Id., at 44.[10] Apparently, however, general

10) See, e. g., West v. Northern Publishing Co., 487 P. 2d 1304, 1305–1306 (Alaska 1971) (article linking owners of taxicab companies to illegal liquor sales to minors); Gallman v. Carnes, 254 Ark. 987, 992, 497 S. W. 2d 47, 50 (1973) (matter concerning state law school professor and assistant dean); Belli v. Curtis Publishing Co., 25 Cal. App. 3d 384, 102 Cal. Rptr. 122 (1972) (article concerning attorney «418 U. S., 378» with national reputation); Moriarty v. Lippe, 162 Conn. 371, 378–379, 294 A. 2d 326, 330–331 (1972) (publication about certain police officers); Firestone v. Time, Inc., 271 So. 2d 745, 750–751 (Fla. 1972) (divorce of prominent citizen not a matter of legitimate public concern); State v. Snyder, 277 So. 2d 660, 666–668 (La. 1973) (criminal defamation prosecution of a defeated mayoral candidate for statements made about another candidate); Twohig v. Boston Herald–Traveler Corp., ___ Mass. ___, ___, 291 N. E. 2d 398, 400–401 (1973) (article concerning a candidate's votes in the legislature); Priestley v. Hastings & Sons Publishing Co. of Lynn, 360 Mass. 118, 271 N. E. 2d 628 (1971) (article about an architect commissioned by a town to build a school); Harnish v. Herald–Mail Co., Inc., 264 Md. 326, 334–336, 286 A. 2d 146, 151 (1972) (article concerning substandard rental property owned by a member of a city housing authority); Standke v. B. E. Darby & Sons, Inc., 291 Minn. 468, 476–477, 193 N. W. 2d 139, 145 (1971) (newspaper editorial concerning performance of grand jurors); Whitmore v. Kansas City Star Co., 499 S. W. 2d 45, 49 (Mo. Ct. App. 1973) (article concerning a juvenile officer, the operation of a detention home, and a grand jury investigation); Trails West, Inc. v. Wolff, 32 N. Y. 2d 207, 214–218, 298 N. E. 2d 52, 55–58 (1973) (suit against a Congressman for an investigation into the death of schoolchildren in a bus accident); Twenty–five East 40th Street Restaurant Corp. v. Forbes, Inc., 30 N. Y. 2d 595, 282 N. E. 2d 118 (1972) (magazine article concerning a restaurant's food); Kent v. City of Buffalo, 29 N. Y. 2d 818, 277 N. E. 2d 669 (1971) (television station film of plaintiff as a captured robber); Frink v. McEldowney, 29 N. Y. 2d 720, 275 N. E. 2d 337 (1971) (article concerning an attorney representing a town); Mead v. Horvitz Publishing Co. (9th Dist. Ohio Ct. App. June 13, 1973) (unpublished), cert. denied, 416 U. S. 985 (1974) (financial condition of participants in the development of a large apartment complex involving numerous local contractors); Washington v. World Publishing Co., 506 P. 2d 913 (Okla. 1973) (article about contract dispute between a candidate for United States Senate and his party's county chairman); Matus v. Triangle Publications, Inc., 445 Pa. 384, 395–399, 286 A. 2d 357, 363–365 (1971) «418 U. S., 379» (radio "talk show" host's discussion of gross overcharging for snowplowing a driveway not considered an event of public or general concern); Autobuses Internacionales S. De R. L., Ltd. v. El Continental Publishing Co., 483 S. W. 2d 506 (Tex. Ct. Civ. App. 1972) (newspaper article concerning a bus company's raising of fares without notice and in violation of law); Sanders v. Harris, 213 Va. 369, 372–373, 192 S. E. 2d 754, 757–758 (1972) (article concerning English professor at a community college); Old Dominion Branch No. 496 v. Austin, 213 Va. 377, 192 S. E. 2d 737 (1972), rev' d, ante, p. 264 (plaintiff's failure to join a labor union considered not an issue of public or general concern); Chase v. Daily Record, Inc., 83 Wash. 2d 37, 41, 515 P. 2d 154, 156 (1973) (article concerning port district commissioner); Miller v. Argus Publishing Co., 79 Wash. 2d 816, 827, 490 P. 2d 101, 109 (1971) (article concerning the backer of political candidates); Polzin v. Helmbrecht, 54 Wis. 2d 578, 586, 196 N. W. 2d 685, 690 (1972) (letter to editor of newspaper concerning a reporter and the financing of pollution control measures).

The following United States Courts of Appeals have adopted the plurality opinion in Rosenbloom: Cantrell v. Forest City Publishing Co., 484 F. 2d 150 (CA6 1973), cert. pending, No. 73–5520 (article concerning family members of the victim of a highly publicized bridge disaster not actionable absent proof of actual malice); Porter v. Guam Publications, Inc., 475 F. 2d 744, 745 (CA9 1973) (article concerning citizen's arrest for theft of a cash box considered an event of general or public interest); Cervantes v. Time, Inc., 464 F. 2d 986, 991 (CA8 1972) (article concerning mayor and alleged organized crime connections conceded to be a matter of public or general concern); Firestone v. Time, Inc., 460 F. 2d 712 (CA5 1972) (magazine article concerning prominent citizen's use

의 문제들을 포함하는 모든 의논에 및 의사소통에" 미치는 것으로서의, 책임에 대한 New York Times 판결에 따른 헌법적 특권들을 고려하지 않을 수 없음을 Rosenbloom 사건이 판결된 이래의 그 짧은 기간에 적어도 열일곱 개의 주들은 및 몇몇 연방 항소법원들은 깨달은 터이다. Id., at 44.[10] 그러나 일단 책임기준이 충족

---

10) 예컨대, West v. Northern Publishing Co., 487 P. 2d 1304, 1305-1306 (Alaska 1971) (택시회사들의 소유주들을 미성년자들에게의 불법 주류판매 행위들에 연결짓는 기사)를; Gallman v. Carnes, 254 Ark. 987, 992, 497 S. W. 2d 47, 50 (1973) (주 법률전문대학원 교수에 및 부학장에 관련된 문제)를; Belli v. Curtis Publishing Co., 25 Cal. App. 3d 384, 102 Cal. Rptr. 122 (1972) (전국적 명성을 지닌 «418 U. S., 378» 변호사에 관한 기사)를; Moriarty v. Lippe, 162 Conn. 371, 378-379, 294 A. 2d 326, 330-331 (1972) (특정 경찰관들에 관한 공표)를; Firestone v. Time, Inc., 271 So. 2d 745, 750-751 (Fla. 1972) (적법한 공중의 관심 사안이 아닌 저명한 시민의 이혼)을; State v. Snyder, 277 So. 2d 660, 666-668 (La. 1973) (다른 후보에 관하여 이루어진 공표들을 이유로 한, 명예훼손 죄목으로의 낙선한 시장후보에 대한 형사소추)를; Twohig v. Boston Herald-Traveler Corp., ___ Mass. ___, ___, 291 N. E. 2d 398, 400-401 (1973) (후보의 입법부에서의 투표행위들에 관한 기사)를; Priestley v. Hastings & Sons Publishing Co. of Lynn, 360 Mass. 118, 271 N. E. 2d 628 (1971) (학교를 짓도록 주민들의 위임을 받은 건축가에 관한 기사)를; Harnish v. Herald-Mail Co., Inc., 264 Md. 326, 334-336, 286 A. 2d 146, 151 (1972) (시 건축 당국의 구성원 소유인 기준 미달의 임대재산에 관한 기사)를; Standke v. B. E. Darby & Sons, Inc., 291 Minn. 468, 476-477, 193 N. W. 2d 139, 145 (1971) (대배심원들의 공적에 관한 신문사설)을; Whitmore v. Kansas City Star Co., 499 S. W. 2d 45, 49 (Mo. Ct. App. 1973) (청소년 담당 공무원에, 유치장의 운영에, 그리고 대배심 조사에 관한 기사)를; Trails West, Inc. v. Wolff, 32 N. Y. 2d 207, 214-218, 298 N. E. 2d 52, 55-58 (1973) (버스사고에서의 아동들의 사망에 대한 조사를 이유로 한 의원을 상대로 한 소송)을; Twenty-five East 40th Street Restaurant Corp. v. Forbes, Inc., 30 N. Y. 2d 595, 282 N. E. 2d 118 (1972) (레스토랑 음식에 관한 잡지기사)를; Kent v. City of Buffalo, 29 N. Y. 2d 818, 277 N. E. 2d 669 (1971) (체포된 강도범으로서의 원고의 텔레비전 방송국 필름)을; Frink v. McEldowney, 29 N. Y. 2d 720, 275 N. E. 2d 337 (1971) (주민들을 대변하는 변호사에 관한 기사)를; Mead v. Horvitz Publishing Co. (9th Dist. Ohio Ct. App. June 13, 1973) (미발간), cert. denied, 416 U. S. 985 (1974) (다수의 지역적 계약자들을 포함하는 대규모 아파트 단지 개발에의 참여자들의 재정적 상황)을; Washington v. World Publishing Co., 506 P. 2d 913 (Okla. 1973) (연방 상원의원 후보자의 및 그의 소속 당 카운티 의장의 양자 사이의 계약분쟁에 관한 기사)를; Matus v. Triangle Publications, Inc., 445 Pa. 384, 395-399, 286 A. 2d 357, 363-365 (1971) «418 U. S., 379» (차도 제설작업을 이유로 하는 막대한 금액의 과잉청구에 대한 라디오 "토크쇼" 진행자의 논의는 공중의 내지는 일반대중의 관심 사안으로 간주되지 아니함)을; Autobuses Internacionales S. De R. L., Ltd. v. El Continental Publishing Co., 483 S. W. 2d 506 (Tex. Ct. Civ. App. 1972) (통지 없는 상태에서의 및 법 위반 속에서의 버스회사의 요금인상에 관한 신문기사)를; Sanders v. Harris, 213 Va. 369, 372-373, 192 S. E. 2d 754, 757-758 (1972) (지역 초급대학 영어과 교수에 관한 기사)를; Old Dominion Branch No. 496 v. Austin, 213 Va. 377, 192 S. E. 2d 737 (1972), rev'd, ante, p. 264 (노동조합에의 원고의 가입거절은 공중의 내지는 일반대중의 관심사안으로 간주되지 아니함)을; Chase v. Daily Record, Inc., 83 Wash. 2d 37, 41, 515 P. 2d 154, 156 (1973) (지역 항만 감독관에 관한 기사)를; Miller v. Argus Publishing Co., 79 Wash. 2d 816, 827, 490 P. 2d 101, 109 (1971) (정치 지망자들의 후원자에 관한 기사)를; Polzin v. Helmbrecht, 54 Wis. 2d 578, 586, 196 N. W. 2d 685, 690 (1972) (보도기자에 관한 및 독직행위 방지 조치들의 재원조달에 관한 신문사 편집인에게의 편지)를 보라.

Rosenbloom 판결에서의 상대다수 의견을 아래의 미합중국 항소법원들은 채택한 상태이다: Cantrell v. Forest City Publishing Co., 484 F. 2d 150 (CA6 1973), cert. pending, No. 73-5520 (널리 보도된 다리 붕괴사고 희생자의 가족들에 관한 기사는 실제의 악의의 증거가 없이는 제소 가능하지 아니함); Porter v. Guam Publications, Inc., 475 F. 2d 744, 745 (CA9 1973) (현금 상자의 절취 혐의로의 시민에 대한 체포에 관한 기사는 대중일반의 내지는 공중의 이익의 문제라고 간주됨); Cervantes v. Time, Inc., 464 F. 2d 986, 991 (CA8 1972) (시장에 및 주장된 조직적 범죄 단체에 관한 기사는 공중의 및 대중일반의 관심의 문제임이 시인됨); Firestone v. Time, Inc., 460 F. 2d 712 (CA5 1972) (이혼에 관련하여 탐정들을 및 전자감시 장치를 저명한 시민이 사용한 점에 관한 잡지기사); Davis v. National Broadcasting Co., 447 F. 2d 981 (CA5 1971), aff'd 320 F. Supp. 1070 (ED La. 1970) (케네디 대통령 암살을 둘러싼 사건들에 말려든 사람에 관한 텔레비전 보도는 공중의 이익의 문제로 간주됨). 그러나 필라델피아 소매상인에 의하여 제기된 주적상위(州籍相違) 사건으로서의 문서비방 소송에서의 출판사 승소의 약식 판결주문에 대한 항

«418 U. S., 378» damages still remain recoverable once that standard of lia-
bility is satisfied. Except where public officials and public figures are con-
cerned, the Court now repudi- «418 U. S., 379» ates the plurality opinion in
Rosenbloom and appears to espouse the liability standard set forth by three
other Justices in that case. The States must now struggle to «418 U. S., 380»
discern the meaning of such ill-defined concepts as "liability without fault"
and to fashion novel rules for the recovery of damages. These matters have
not been briefed or argued by the parties and their workability has not been
seriously explored. Nevertheless, yielding to the apparently irresistible
impulse to announce a new and different interpretation of the First
Amendment, the Court discards history and precedent in its rush to refashion
defamation law in accordance with the inclinations of a perhaps evanescent
majority of the Justices.

II

The Court does not contend, and it could hardly do so, that those who
wrote the First Amendment intended to prohibit the Federal Government,
within its sphere of influence in the Territories and the District of Columbia,
from providing the private citizen a peaceful remedy for damaging false-
hood. At the time of the adoption of the First Amendment, many of the con-
sequences of libel law already described had developed, particularly the rule

---

of detectives and electronic surveillance in connection with a divorce); Davis v. National Broadcasting Co., 447
F. 2d 981 (CA5 1971), aff'd 320 F. Supp. 1070 (ED La. 1970) (television report about a person caught up in the
events surrounding the assassination of President Kennedy considered a matter of public interest). However, at
least one Court of Appeals, faced with an appeal from summary judgment in favor of a publisher in a diversity libel
suit brought by a Philadelphia retailer, has expressed "discom- «418 U. S., 380» fort in accepting the Rosen-
bloom plurality opinion as a definitive statement of the appropriate law ······." Gordon v. Random House, Inc., 486
F. 2d 1356, 1359 (CA3 1973).

As previously discussed in n. 2, supra, the latest proposed draft of Restatement (Second) of Torts substantially re-
flects the views of the Rosenbloom plurality. It also anticipates "that the Supreme Court will hold that strict liability for
defamation is inconsistent with the free-speech provision of the First Amendment ······." Restatement (Second) of
Torts § 569, p. 59 (Tent. Draft No. 20, Apr. 25, 1974), as well as the demise of pre-Rosenbloom damages rules.
See id., § 621, pp.285-288.

되면 《418 U. S., 378》 일반적 손해배상금은 여전히 인용 가능함이 명백하다. Rosenbloom에서의 상대다수 의견을 공직자들(public officials)이 및 공적 인물들(public figures)이 관련되는 경우에서를 제외하고는 《418 U. S., 379》 이 법원은 이제 거부하는바, 그 사건에서의 세 명의 다른 판사들에 의하여 제시된 책임기준을 이 법원은 지지하는 것으로 보인다. "무과실책임"의 등 이러한 잘못 규정된 《418 U. S., 380》 개념들의 의미를 분별하기 위하여, 그리고 손해배상금의 인용을 위한 새로운 규칙들을 모양 짓기 위하여 주들은 이제 애쓰지 않으면 안 된다. 당사자들에 의하여 이 문제들은 준비서면으로 주장된 바 없고 또한 그것들의 작동 가능성은 진지하게 탐험되어 있지 아니하다. 이에도 불구하고, 연방헌법 수정 제1조에 대한 새로운 및 상이한 해석을 선언하고 싶은 외관상으로 저항불능의 충동에 굴복하여, 명예훼손 관련법을 아마도 덧없는 다수 판사들의 취향들에 따라 재구성하려는 자신의 돌진 가운데서 역사를 및 선례를 이 법원은 버린다.

Ⅱ

손상을 가하는 허위공표에 대한 평화적 구제수단을 준주(準州)들에서와 콜럼비아특별구에서의 연방정부의 영향력 범위 내에서 사적 시민에게 연방정부로 하여금 제공하지 못하도록 금지함을 연방헌법 수정 제1조를 쓴 분들이 의도하였다고는 이 법원은 주장하지 아니하고 있고, 결코 그렇게는 주장할 수도 없었다. 연방헌법 수정 제1조의 채택 당시에, 이미 기술된 문서비방 관련법의 결말들의 다수는 전개된 상태였는바, 문서비방들은 및 일부 중상행위들은 너무도 본질적으로 유해하여 명예에의 손상의 특별한 증명 없이도 제소 가능하다는 규칙은 특별히 그러하였다. Roth v. United States, 354 U. S. 476, 482 (1957)에서 당원이 지적하였듯이, 연방헌법을 1792년까지 비준한 열네 개의 주들 중 열 개의 주들은 자유로운 표현을 위한 헌

소를 받고서, "적절한 법에 《418 U. S., 380》 대한 명확한 판시로서의 Rosenbloom 상대다수 의견을 받아들임에 있어서의 불안 ……"을 항소법원들 중 적어도 한 개는 표명하였다. Gordon v. Random House, Inc., 486 F. 2d 1356, 1359 (CA3 1973).

앞의 n. 2, supra에서 논의되었듯이, Rosenbloom 상대다수 의견의 견해들을 최근의 법재록(Restatement) (제2판) 불법행위편 초안은 실질적으로 반영한다. "명예훼손에 대한 무과실책임은 연방헌법 수정 제1조의 자유로운 말 조항에 어긋난다고 연방대법원은 판시할 것. ……"이라고 그것은 아울러 예상한다. Restatement (Second) of Torts § 569, p.59 (Tent. Draft No. 20, Apr. 25, 1974), as well as the demise of pre—Rosenbloom damages rules. 또한 id., § 621, pp.285-288을 보라.

that libels and some slanders were so inherently injurious that they were actionable without special proof of damage to reputation. As the Court pointed out in Roth v. United States, 354 U. S. 476, 482 (1957), 10 of the 14 States that had ratified the Constitution by 1792 had themselves provided constitutional guarantees for free «418 U. S., 381» expression, and 13 of the 14 nevertheless provided for the prosecution of libels. Prior to the Revolution, the American Colonies had adopted the common law of libel.[11] Contrary to some popular notions, freedom of the press was sharply curtailed in colonial America.[12] Seditious libel was punished as a contempt by the colonial legislatures and as a criminal offense in the colonial courts.[13]

Scant, if any, evidence exists that the First Amendment was intended to abolish the common law of libel, at least to the extent of depriving ordinary citizens of meaningful redress against their defamers. On the contrary,

"[i]t is conceded on all sides that the common-law rules that subjected the libeler to responsibility for the private injury, or the public scandal or disorder occasioned by his conduct, are not abolished by the protection extended to the press in our constitutions." 2 T. Cooley, Constitutional Limitations 883 (8th ed. 1927).

Moreover, consistent with the Blackstone formula,[14] these «418 U. S., 382» common-law actions did not abridge freedom of the press. See general-

---

11) Merin, Libel and the Supreme Court, 11 Wm. & Mary L. Rev. 371, 373 (1969).
12) A. Sutherland, Constitutionalism in America: Origin and Evolution of Its Fundamental Ideas 118–119 (1965).
13) See generally L. Levy, Legacy of Suppression: Freedom of Speech and Press in Early American History (1960).
14) The men who wrote and adopted the First Amendment were steeped in the common–law tradition of England. They read Blackstone, "a classic tradition of the bar in the United States" and "the oracle of the common law in the minds of the American Framers ⋯⋯." J. Hurst, The Growth of American Law: The Law Makers 257 (1950); Levy, supra, n. 13, at 13; see also Sutherland, supra, n. 12, at 124–125; Schick v. United States, 195 U. S. 65, 69 (1904). From him they learned that the major means of accomplishing free speech and press was to prevent prior restraints, the publisher later being subject to legal action if his publication was injurious. 4 W. Blackstone, Commentaries *150–153.

법적 보장조항들을 그들 스스로 규정하고 《418 U. S., 381》 있었는데, 이에도 불구하고 문서비방들에 대한 소추를 그 열네 개의 주들 중 열세 개의 주들은 규정하였다. 문서비방에 관한 보통법을 독립혁명 이전에 아메리카 식민지들은 채택한 상태였다.[11] 몇몇 일반적인 관념들에 어긋나게, 식민지 아메리카에서 언론의 자유는 호되게 제한되었다.[12] 치안방해적 문서비방은 식민지 입법부들에 의하여 모독죄로, 그리고 식민지 법정들에서 형사범죄로 처벌되었다.[13]

문서비방 보통법을 폐지하려는 의도를 연방헌법 수정 제1조가 띤 것이라는 점에 대한 증거는, 자신들의 명예훼손자들에 대처한 의미 있는 구제수단을 일반 시민들에게서 적어도 박탈할 정도의 것에 관한 한, 설령 존재한다 하더라도 부족하다. 그렇기는커녕,

"[문]서비방자를 사적 손해에 대하여, 또는 그의 행동에 의하여 야기된 공공연한 추문에 내지는 혼란에 대하여 책임에 처했던 보통법 규칙들이, 우리의 헌법들에서 언론에까지 연장된 그 보호에 의하여 폐지되지 아니함은 모든 당사자들에 의하여 시인된다." 2 T. Cooley, Constitutional Limitations 883 (8th ed. 1927).

더욱이, 블랙스톤 공식에 부합되는 한,[14] 이 《418 U. S., 382》 보통법 소송들은 언론의 자유를 침해하는 것들이 아니었다. 일반적으로 L. Levy, Legacy of Suppression:

---

11) Merin, Libel and the Supreme Court, 11 Wm. & Mary L. Rev. 371, 373 (1969).

12) A. Sutherland, Constitutionalism in America: Origin and Evolution of Its Fundamental Ideas 118-119 (1965).

13) 일반적으로 L. Levy, Legacy of Suppression: Freedom of Speech and Press in Early American History (1960)을 보라.

14) 연방헌법 수정 제1조를 쓰고 채택한 분들은 영국의 보통법 전통에 깊이 몰두해 있었다. "미합중국에서의 법정의 고전적 전설"인, 및 "미국의 기초를 놓은 분들의 마음 속에서의 보통법의 현인 ……"인 블랙스톤을 그들은 읽었다. J. Hurst, The Growth of American Law: The Law Makers 257 (1950); Levy, supra, n. 13, at 13; 아울러 Sutherland, supra, n. 12, at 124-125를; Schick v. United States, 195 U. S. 65, 69 (1904)를 보라. 자유로운 말을 및 자유언론을 달성하는 주요 수단은 사전 제한조치들을 금지하는 것임을, 그러므로 만약 그의 공표가 유해하였으면 나중에 법적 소송조치들에 그 공표자는 처해짐을 그로부터 그들은 배웠다. 4 W. Blackstone, Commentaries *150-153.

ly L. Levy, Legacy of Suppression: Freedom of Speech and Press in Early American History 247-248 (1960); Merin, Libel and the Supreme Court, 11 Wm. & Mary L. Rev. 371, 376 (1969); Hallen, Fair Comment, 8 Tex. L. Rev. 41, 56 (1929). Alexander Meiklejohn, who accorded generous reach to the First Amendment, nevertheless acknowledged:

"No one can doubt that, in any well-governed society, the legislature has both the right and the duty to prohibit certain forms of speech. Libelous assertions may be, and must be, forbidden and punished. So too must slander. ······ All these necessities that speech be limited are recognized and provided for under the Constitution. They were not unknown to the writers of the First Amendment. That amendment, then, we may take it for granted, *does not forbid the abridging of speech*. But, at the same time, *it does forbid the abridging of the freedom of speech*. It is to the solving of that paradox, that apparent self-contradiction, that we are summoned if, as free men, we wish to know what the right of freedom of speech is." Political Freedom, The Constitutional Powers of the People 21 (1965).

See also Leflar, The Free-ness of Free Speech, 15 Vand. L. Rev. 1073, 1080-1081 (1962).

Professor Zechariah Chafee, a noted First Amendment scholar, has persuasively argued that conditions in 1791 "do not arbitrarily fix the division between lawful and unlawful speech for all time." Free Speech in the United States 14 (1954).[15] At the same time, however, «418 U. S., 383» he notes that

---

15) See also Meiklejohn, The First Amendment Is An Absolute, 1961 Sup. Ct. Rev. 245, 264:
"First, the Framers initiated a political revolution whose development is still in process throughout the world. Second, like most «418 U. S., 383» revolutionaries, the Framers could not foresee the specific issues which would arise as their 'novel idea' exercised its domination over the governing activities of a rapidly developing nation in a rapidly and fundamentally changing world. In that sense, the Framers did not know what they were doing. And in the same sense, it is still true that, after two centuries of experience, we do not know what they were doing, or what we ourselves are now doing.
"In a more abstract and more significant sense, however, both they and we have been aware that the adoption of the principle of self-government by 'The People' of this nation set loose upon us and upon the world at large an

Freedom of Speech and Press in Early American History 247-248 (1960)을; Merin, Libel and the Supreme Court, 11 Wm. & Mary L. Rev. 371, 376 (1969)을; Hallen, Fair Comment, 8 Tex. L. Rev. 41, 56 (1929)을 보라. 관대한 적용범위를 연방헌법 수정 제1조에 부여한 알렉산더 마이클존은 이에도 불구하고 인정하였다:

"조금이라도 훌륭하게 통치되는 사회에서는 일정 종류의 말을 금지할 권한을 및 책임을 다 같이 입법부가 지님은 아무도 의심할 수 없다. 문서비방에 의한 주장들은 금지되고 처벌될 수 있는바, 또한 그것들은 반드시 금지되고 처벌되지 않으면 안 된다. 중상행위 또한 마찬가지이지 않으면 안 된다. …… 말이 제한되어야 할 이 모든 필요들은 연방헌법 아래서 인정되고 규정된다. 연방헌법 수정 제1조의 집필자들에게 그것들은 미지의 것들이 아니었다. 그렇다면 *말을 제한함을* 그 수정조항은 *금지하지 아니한다고* 우리는 당연히 생각해도 된다. 그러나 동시에 *말의 자유를 제한함을 그것은 참으로 금지한다.* 말의 자유의 권리란 무엇인지를 알기를 자유로운 사람들로서 우리가 원한다면 그 역설을, 그 명백한 자기모순을 해소하기 위함이 우리가 소환되어 있는 바 목적이다." Political Freedom, The Constitutional Powers of the People 21 (1965).

아울러 Leflar, The Free-ness of Free Speech, 15 Vand. L. Rev. 1073, 1080-1081 (1962)를 보라.

"적법한 말의 및 불법인 말의 그 둘 사이의 구분을" 1791년의 상황들은 "자의적으로 영구히 고정짓지 아니함"을 연방헌법 수정 제1조에 관한 저명한 학자인 제카리아 체이피(Zechariah Chafee) 교수는 설득력 있게 논하여 놓았다. Free Speech in the United States 14 (1954).[15] 그러나 동시에, «418 U. S., 383» 치안방해적 문서비방들

---

15) 아울러 Meiklejohn, The First Amendment Is An Absolute, 1961 Sup. Ct. Rev. 245, 264를 보라:
　"첫째로, 전세계에 걸쳐 그 진전이 여전히 진행 중에 있는 정치적 혁명을 초안자들은 일으켰다. 둘째로, 급속도로 «418 U. S., 383» 및 근본적으로 변화해 가는 세계에서 급속도로 발전하는 국가의 통치행위들에 대한 자신의 지배력을 초안자들의 '새로운 이상' 이 행사함에 따라서 발생할 구체적 문제들을, 대부분의 혁명가들이 그러하듯, 초안자들은 예상할 수 없었다. 그들이 하고 있는 바가 무엇인지를, 그 의미에서 초안자들은 알지 못하였다. 그리고 그들이 하고 있던 바가 무엇인지를 내지는 우리 자신이 하고 있는 바가 무엇인지를 두 세기 동안의 경험 뒤에도 바로 그 의미에서 우리가 알지 못함은 여전히 진실이다.
　"그러나 보다 더 추상적인 및 보다 더 중요한 의미에서, 자신들이 누구인가에 관한 및 어떻게 해야만 자신들이 가장 잘 통치될 수 있는지에 관한 사람들의 관념들을 여전히 바꾸어 나가는 중인 한 개의 이상을, '국민' 에 의한 자기통치

while the Framers may have intended to abolish seditious libels and to prevent any prosecutions by the Federal Government for criticism of the Government,[16] "the free speech clauses do not wipe out the common law as to obscenity, profanity, and defamation of individuals."[17]

The debates in Congress and the States over the Bill of Rights are unclear and inconclusive on any articulated intention of the Framers as to the free press guarantee.[18] We know that Benjamin Franklin, John Adams, and William Cushing favored limiting freedom of the press to truthful statements, while others such as James Wilson suggested a restatement of the Blackstone standard.[19] «418 U. S., 384» Jefferson endorsed Madison's formula that "Congress shall make no law ⋯⋯ abridging the freedom of speech or the press" only after he suggested:

"The people shall not be deprived of their right to speak, to write, or otherwise to publish anything but false facts affecting injuriously the life, liberty, or reputation of others ⋯⋯." F. Mott, Jefferson and the Press 14 (1943).[20]

Doubt has been expressed that the Members of Congress envisioned the First Amendment as reaching even this far. Merin, Libel and the Supreme Court, 11 Wm. & Mary L. Rev. 371, 379-380 (1969).

---

idea which is still transforming men's conceptions of what they are and how they may best be governed."

16) See Beauharnais v. Illinois, 343 U. S. 250, 272 (1952) (Black, J., dissenting). Brant, who interprets the Framers' intention more liberally than Chafee, nevertheless saw the free speech protection as bearing upon criticism of government and other political speech. I. Brant, The Bill of Rights 236 (1965).

17) Z. Chafee, Free Speech in the United States 14 (1954).

18) See 1 Annals of Cong. 729–789 (1789). See also Brant, supra, n. 16, at 224; Levy, supra, n. 13, at 214, 224.

19) Merin, supra, n. 11, at 377. Franklin, for example, observed:
"If by the *Liberty of the Press* were understood merely the Liberty of discussing the Propriety of Public Measures and political opinions, let us have as much of it as you please: But if it means the Liberty of affronting, calumniating, and defaming one another, I, for my «418 U. S., 384» part, own myself willing to part with my Share of it when our Legislators shall please so to alter the Law, and shall cheerfully consent to exchange my *Liberty* of Abusing others for the *Privilege* of not being abus' d myself." 10 B. Franklin, Writings 38 (Smyth ed. 1907).

20) Jefferson's noted opposition to public prosecutions for libel of government figures did not extend to depriving them of private libel actions. Mott, supra, at 43. There is even a strong suggestion that he favored state prosecutions. E. Hudon, Freedom of Speech and Press in America 47–48 (1963).

을 폐지하기를 및 조금이라도 연방정부에 대한 비판을 이유로 하는 연방정부에 의한 소추들을 금지하기를 초안자들은 의도했을 수 있는 반면에,[16] "외설에, 모독에 및 개인들의 명예훼손에 관한 보통법을 자유로운 말 조항들은 일소하지 아니한다."는 점을[17] 그는 주목하였다.

권리장전에 관한 연방의회에서의 및 주들에서의 논의들은 자유언론의 보장에 관한 초안자들의 조금이라도 명확히 표현된 의도에 대하여 불명확하고 불확정적이다.[18] 언론의 자유를 진실한 표명들의 범위 내로 제한하는 쪽을 벤자민 프랭클린(Benjamin Franklin)은, 존 아담스(John Adams)는, 그리고 윌리엄 쿠싱(William Cushing)은 선호했음을, 이에 반하여 블랙스톤(Blackstone) 기준의 재술(再述)을 제임스 윌슨(James Wilson) 등 다른 사람들은 제언했음을 우리는 안다.[19] «418 U. S., 384» "…… 언론의 자유를 침해하는 법을 연방의회는 제정해서는 안 된다"는 매디슨(Madison) 공식에, 아래의 제언을 자신이 한 뒤에서야 제퍼슨은 찬성하였다:

"타인의 생명을, 자유를 내지는 명성을 유해하게 침범하는 허위의 사실들을 제외하고는, 그 무엇이든지를 말할, 쓸 또는 *그 밖의 방법으로* 공표할 그들의 권리를 국민은 박탈당하지 아니한다 ……." F. Mott, Jefferson and the Press 14 (1943).[20]

연방헌법 수정 제1조를 이 지점에까지 미치는 것으로 그 연방의회 의원들이 상상했는지에 대해서조차도 의문이 제기되어 왔다. Merin, Libel and the Supreme

---

원칙의 이 나라의 채택은 우리에게 및 세계 일반에게 놓아주었음을 그들이나 우리나 다 같이 알게 되었다."

16) Beauharnais v. Illinois, 343 U. S. 250, 272 (1952) (블랙(Black) 판사, 반대의견)을 보라. 초안자들의 의도를 체이피(Chafee)가보다도 더 개방적으로 해석하는 브랜트(Brant)는 이에도 불구하고 자유로운 말의 보호를 정부에 대한 비판에 및 그 밖의 정치적 말에 미치는 것으로 보았다. I. Brant, The Bill of Rights 236 (1965).

17) Z. Chafee, Free Speech in the United States 14 (1954).

18) 1 Annals of Cong. 729–789 (1789)를 보라. 아울러 Brant, supra, n. 16, at 224를 ; Levy, supra, n. 13, at 214, 224를 보라.

19) Merin, supra, n. 11, at 377. 예컨대, 프랭클린(Franklin)은 말하였다:
"공공의 조치들의 적정성을 및 정치적 의견들을 논의할 자유만이 *언론의 자유*에 의하여 의미되는 바라면, 네가 좋을 대로만큼 그것을 우리로 하여금 지니게 하여라 : 그러나 서로를 욕보일, 비방할 및 명예훼손할 자유를 만약 그것이 의미한다면, 법을 우리의 «418 U. S., 384» 입법자들이 그렇게 변경시키고 싶어 할 경우에 나로서는 그 자유에 대한 나의 몫을 기꺼이 버리겠음을 나는 자인하는바, 타인들을 매도할 나의 *자유*를 버리고서 그 대신에 내 자신이 매도되지 아니할 특권을 취하는 데 나는 기꺼이 동의하겠다." 10 B. Franklin, Writings 38 (Smyth ed. 1907).

20) 정부 인물들에 대한 문서비방을 이유로 하는 공중의 소추들에 대한 제퍼슨(Jefferson)의 유명한 반대는 문서비방 사적 소송들을 그들에게서 박탈하는 데에는 미치지 아니하였다. Mott, supra, at 43. 주(state)에 의한 소추들을 그가 옹호했음을 뒷받침하는 강력한 시사가마저도 있다. E. Hudon, Freedom of Speech and Press in America 47–48 (1963).

This Court in bygone years has repeatedly dealt with libel and slander actions from the District of Columbia and from the Territories. Although in these cases First Amendment considerations were not expressly discussed, the opinions of the Court unmistakably revealed that the classic law of libel was firmly in place in those areas where federal law controlled. See, e. g., Washington Post Co. v. Chaloner, 250 U. S. 290 (1919); Baker v. Warner, 231 U. S. 588 (1913); Nalle v. Oyster, 230 U. S. 165 (1913); Dorr v. United States, 195 U. S. 138 (1904); Pollard v. Lyon, 91 U. S. 225 (1876); White v. Nicholls, 3 How. 266 (1845).

The Court's consistent view prior to New York Times Co. v. Sullivan, 376 U. S. 254 (1964), was that defamatory «418 U. S., 385» utterances were wholly unprotected by the First Amendment. In Patterson v. Colorado ex rel. Attorney General, 205 U. S. 454, 462 (1907), for example, the Court said that although freedom of speech and press is protected from abridgment by the Constitution, these provisions "do not prevent the subsequent punishment of such as may be deemed contrary to the public welfare." This statement was repeated in Near v. Minnesota ex rel. Olson, 283 U. S. 697, 714 (1931), the Court adding:

"But it is recognized that punishment for the abuse of the liberty accorded to the press is essential to the protection of the public, and that the common law rules that subject the libeler to responsibility for the public offense, as well as for the private injury, are not abolished by the protection extended in our constitutions." Id., at 715.

Chaplinsky v. New Hampshire, 315 U. S. 568, 571-572 (1942) (footnotes omitted), reflected the same view:

"There are certain well-defined and narrowly limited classes of speech, the

Court, 11 Wm. & Mary L. Rev. 371, 379-380 (1969).

콜럼비아 특별구로부터의 및 준주(準州)들로부터의 문서비방의 및 중상행위의 소송들을 과거의 시절에 당원은 반복적으로 다루어 왔다. 비록 이 사건들에서 연방헌법 수정 제1조의 고찰들은 명시적으로 논의되지 않았음에도 불구하고, 연방법이 지배하는 그 영역들에서는 전통적인 문서비방 관련법은 확고히 적절함을 법원의 의견들은 오해의 여지 없이 드러냈다. 예컨대, Washington Post Co. v. Chaloner, 250 U. S. 290 (1919)를; Baker v. Warner, 231 U. S. 588 (1913)을; Nalle v. Oyster, 230 U. S. 165 (1913)을; Dorr v. United States, 195 U. S. 138 (1904)를; Pollard v. Lyon, 91 U. S. 225 (1876)을; White v. Nicholls, 3 How. 266 (1845)를 보라.

명예훼손적 발언들은 연방헌법 수정 제1조에 의하여 전적으로 보호되지 않는다는 «418 U. S., 385» 데 New York Times Co. v. Sullivan, 376 U. S. 254 (1964) 판결 이전의 법원의 일관된 견해는 있었다. 말의 및 언론의 자유는 연방헌법에 의하여 침해로부터 보호됨에도 불구하고 이 규정들은 "공공복리에 반하는 것으로 여겨질 수 있는 종류의 것에 대한 사후적 처벌을 금지하지 아니함"을 예컨대 Patterson v. Colorado ex rel. Attorney General, 205 U. S. 454, 462 (1907)에서 당원은 말하였다. 이 판시는 Near v. Minnesota ex rel. Olson, 283 U. S. 697, 714 (1931)에서 되풀이되었는데, 당원은 이렇게 덧붙였다:

"그러나 언론에 부여되는 자유의 남용에 대한 처벌이 공중의 보호에 불가결함은, 및 문서비방자를 개인에 대한 침해를 이유로 해서와 아울러 공중에 대한 공격을 이유로 해서도 책임에 처하는 보통법 규칙들은 우리의 헌법들에서 확장된 보호에 의하여 폐지되지 아니함이 승인된다." Id., at 715.

바로 그 견해를 Chaplinsky v. New Hampshire, 315 U. S. 568, 571-572 (1942) (각주 생략)은 나타냈다:

"조금이라도 연방헌법적 문제를 그 처벌이 야기하는 것으로는 결코 생각되어 본

prevention and punishment of which have never been thought to raise any Constitutional problem. These include the lewd and obscene, the profane, the libelous, and the insulting or 'fighting' words - those which by their very utterance inflict injury or tend to incite an immediate breach of the peace. It has been well observed that such utterances are no essential part of any exposition of ideas, and are of such slight social value as a step to truth that any benefit that may be derived from them is clearly outweighed by the social interest in order and morality."

Beauharnais v. Illinois, 343 U. S. 250, 254-257 (1952) (footnotes omitted), repeated the Chaplinsky statement, nothing also that nowhere at the time of the adoption of «418 U. S., 386» the Constitution "was there any suggestion that the crime of libel be abolished." And in Roth v. United States, 354 U. S., at 483 (footnote omitted), the Court further examined the meaning of the First Amendment:

"In light of this history, it is apparent that the unconditional phrasing of the First Amendment was not intended to protect every utterance. This phrasing did not prevent this Court from concluding that libelous utterances are not within the area of constitutionally protected speech. Beauharnais v. Illinois, 343 U. S. 250, 266. At the time of the adoption of the First Amendment, obscenity law was not as fully developed as libel law, but there is sufficiently contemporaneous evidence to show that obscenity, too, was outside the protection intended for speech and press."[21]

The Court could not accept the generality of this historic view in New York Times Co. v. Sullivan, supra. There the Court held that the First Amendment

---

21) For further expressions of the general proposition that libels are not protected by the First Amendment, see Konigsberg v. State Bar of California, 366 U. S. 36, 49–50 and n. 10 (1961); Times Film Corp. v. City of Chicago, 365 U. S. 43, 48 (1961); Pennekamp v. Florida, 328 U. S. 331, 348–349 (1946); cf. Paris Adult Theatre I v. Slaton, 413 U. S. 49, 67 (1973); Stanley v. Georgia, 394 U. S. 557, 561 n. 5 (1969).

적이 없는, 명확하고도 협소하게 한정된 일정한 부류의 말이 있다. 음란한 및 외설한, 불경스런, 문서비방적인, 모욕적인 내지는 '마구 지껄여 시끄럽게 떠드는' 말들을 - 그 발언 자체에 의하여 무례를 가하는 내지는 즉각적인 평온방해를 자극할 소지가 있는 말들을 - 이것들은 포함한다. 이러한 발언들은 결코 의견들의 제시에 불가결한 부분이 아님은, 및 진실을 향한 한 개의 걸음으로서의 그것들의 사회적 가치는 매우 미미하여 조금이라도 그것들로부터 도출될 수 있는 이익은 질서에 및 도덕성에 담긴 사회적 이익에 의하여 명백히 압도됨은 충분히 인식되어 왔다."

Chaplinsky 판시를 Beauharnais v. Illinois, 343 U. S. 250, 254-257 (1952) (각주들 생략) 판결은 되풀이하였는데, "문서비방 범죄가 폐지되어야 한다는 제언은" 연방헌법의 채택 당시에 «418 U. S., 386» 어디에도 "없었음"을 Beauharnais 판결은 아울러 써 놓았다. 그리고 연방헌법 수정 제1조의 의미를 Roth v. United States, 354 U. S., at 483 (각주 생략)에서 당원은 더 한층 검토하였다:

"모든 발언을 보호하려는 의도를 연방헌법 수정 제1조의 무조건적 표현법이 지닌 것이 아님은 이 역사에 비추어 명백하다. 헌법적으로 보호되는 말의 범위 내에 문서비방적 발언은 있지 아니하다고 당원이 결론지음을 이 표현법은 금지하지 아니하였다. Beauharnais v. Illinois, 343 U. S. 250, 266. 연방헌법 수정 제1조의 채택 당시에 문서비방 처벌관련 법리가 발전되어 있던 만큼까지 완전하게 외설행위 처벌관련 법리가 발전되었던 것은 아니지만, 말을 및 언론을 위하여 예정된 보호영역 밖에 외설행위는 마찬가지로 놓여 있었음을 보여주기에 충분할 만큼의 동시대적 증거가 있다." [21]

이 역사적 견해의 일반성을 New York Times Co. v. Sullivan, supra에서 당원은 받아들일 수 없었다. 치안방해적 문서비방을 이유로 하는 소송들을 금지하려는 의

---

21) 문서비방행위들은 연방헌법 수정 제1조에 의하여 보호되지 아니한다는 일반적 명제의 더 이상의 표현들로는 Konigsberg v. State Bar of California, 366 U. S. 36, 49–50 and n. 10 (1961)을; Times Film Corp. v. City of Chicago, 365 U. S. 43, 48 (1961)을; Pennekamp v. Florida, 328 U. S. 331, 348–349 (1946)을 보라; Paris Adult Theatre I v. Slaton, 413 U. S. 49, 67 (1973)을; Stanley v. Georgia, 394 U. S. 557, 561 n. 5 (1969)를 비교하라.

was intended to forbid actions for seditious libel and that defamation actions by public officials were therefore not subject to the traditional law of libel and slander. If these officials (and, later, public figures occupying semiofficial or influential, although private, positions) were to recover, they were required to prove not only that the publication was false but also that it was knowingly false or published with reckless disregard for its truth or falsity. This view that the First Amendment was written to for- «418 U. S., 387» bid seditious libel reflected one side of the dispute that raged at the turn of the nineteenth century[22] and also mirrored the views of some later scholars.[23]

The central meaning of New York Times, and for me the First Amendment as it relates to libel laws, is that seditious libel - criticism of government and public officials - falls beyond the police power of the State. 376 U. S., at 273-276.[24] In a democratic society such as ours, the citizen has the privilege of criticizing his government and its officials. But neither New York Times nor its progeny suggest that the First Amendment intended in all circumstances to deprive the private citizen of his historic recourse to redress published false-hoods damaging to reputation or that, contrary to history and precedent, the Amendment should now be so interpreted. Simply put, the First Amendment did not confer a "license to defame the citizen." W. Douglas, The Right of the People 36 (1958).

I do not labor the foregoing matters to contend that the Court is foreclosed from reconsidering prior interpretations of the First Amendment.[25] But the

---

22) See Levy, supra, n. 13, at 247–248.
23) See, e. g., Abrams v. United States, 250 U. S. 616, 630 (1919) (Holmes, J., dissenting).
24) Kalven, The New York Times Case: A Note on "The Central Meaning of the First Amendment," 1964 Sup. Ct. Rev. 191, 208–209.
25) "The language of the First Amendment is to be read not as barren words found in a dictionary but as symbols of historic experience illumined by the presuppositions of those who employed them. ⋯⋯ As in the case of every other provision of the Constitution that is not crystallized by the nature of its technical concepts, the fact that the First Amendment is not self–defining and self–enforcing neither impairs its usefulness nor compels its paralysis as

도를 연방헌법 수정 제1조는 지닌 것임을, 따라서 공직자들(public officials)에 의한 명예훼손 소송들은 문서비방의 및 중상행위의 전통적 법리에 종속되지 아니함을 거기서 당원은 판시하였다. 만약 이 공직자들이 (그리고, 나중에는 비록 사적 지위들이기는 하지만 반(半)공직자적인 내지는 영향력 있는 지위들을 차지하고 있는 공적 인물들(public fig-ures)이) 손해배상을 받고자 한다면, 공표가 허위임을만이 아니라 인지 상태에서의 허위임을 내지는 그것의 진실성에 내지는 허위성에 대한 미필적 고의에 준하는 무시를 지닌 채로 공표되었음을까지 증명하도록 그들은 요구되었다. 치안방해적 문서비방 소송을 금지하기 위하여 연방헌법 수정 제1조가 «418 U. S., 387» 성립되었다는 이 견해는 20세기 전환기에 몰아친 논쟁의 한 쪽을 반영하였고[22] 또한 일부 나중의 학자들의 견해들을 대표하기도 하였다.[23]

치안방해적 문서비방은 - 정부에 및 공직자들(public officials)에 대한 비판은 - 주(State) 경찰권한 너머에 있다는 데에 New York Times 판결의, 및 내게는 문서비방 법리들에 관련되는 것으로서의 연방헌법 수정 제1조의 핵심적 의미는 있다. 376 U. S., at 273-276.[24] 자신의 정부를 및 그 공직자들을 비판할 특권을 우리들의 사회에 유사한 민주주의 사회에서 시민은 지닌다. 그러나 명예에 손상을 가하는 공표된 허위사실들을 시정하기 위한 연방헌법 수정 제1조 그의 역사적 상환청구권을 사적 시민으로부터 모든 상황들에서 박탈할 의도를 그 수정조항이 지녔음을, 내지는 역사에 및 선례에 어긋나게 그 수정조항이 이제 그렇게 해석되어야 함을 시사하지 아니하기는 New York Times 판결이가든 그 후속판례들이가든 마찬가지다. 간명히 표현하면, "시민의 명예를 훼손할 면허장을" 연방헌법 수정 제1조는 수여하지 아니하였다. W. Douglas, The Right of the People 36 (1958).

연방헌법 수정 제1조에 대한 이전의 해석들을 재검토함으로부터 당원이 배제된다고 주장하기 위하여 이상의 사항들을 내가 상세히 논할 필요는 없다.[25] 그러나

---

22) Levy, supra, n. 13, at 247-248을 보라.

23) 예컨대, Abrams v. United States, 250 U. S. 616, 630 (1919) (홈즈(Holmes) 판사, 반대의견)을 보라.

24) Kalven, The New York Times Case : A Note on "The Central Meaning of the First Amendment," 1964 Sup. Ct. Rev. 191, 208-209.

25) "사전 속에서의 매마른 단어들로서가 아니라, 그 단어들을 사용한 사람들의 전제들에 의하여 조명되는 역사적 경험의 상징들로서 연방헌법 수정 제1조의 문언은 해석되어야 한다. …… 그 자신의 기술적 개념들의 성격에 의하여 구체화되지 않는 연방헌법의 그 밖의 모든 규정의 경우에서처럼, 연방헌법 수정 제1조가 자체정의적이지도 자기강제적이지도 아니하다는 사실은 그 조항의 유용성을 손상시키지도 아니하고 살아 있는 법률문서로서의 그것의 마비를 강제하

Court apparently finds a clean slate where in fact we have instructive historical experience dating from long before «418 U. S., 388» the first settlers, with their notions of democratic government and human freedom, journeyed to this land. Given this rich background of history and precedent and because we deal with fundamentals when we construe the First Amendment, we should proceed with care and be presented with more compelling reasons before we jettison the settled law of the States to an even more radical extent.[26)]

Ⅲ

The Court concedes that the dangers of self-censorship are insufficient to override the state interest in protecting the reputation of private individuals who are both more helpless and more deserving of state concern than public persons with more access to the media to defend themselves. It therefore refuses to condition the private plaintiff's recovery on a showing of intentional or reckless falsehood as required by New York Times. But the Court nevertheless extends the reach of the First Amendment to all defamation actions by requiring that the ordinary «418 U. S., 389» citizen, when libeled by a publication defamatory on its face, must prove some degree of culpability on the part of the publisher beyond the circulation to the public of a damaging falsehood. A rule at least as strict would be called for where the defamatory

---

a living instrument." Dennis v. United States, 341 U. S. 494, 523 (1951) (Frankfurter, J., concurring).

26) "[T]he law of defamation has been an integral part of the laws of England, the colonies and the states since time immemorial. So many actions have been maintained and judgments recovered under the various laws of libel that the Constitutional validity of libel actions could be denied only by a Court willing to hold all of its predecessors were wrong in their interpretation of the First Amendment and that two hundred years of precedents should be over—ruled." Rutledge, The Law of Defamation: Recent Developments, 32 Alabama Lawyer 409, 410 (1971).

The prevailing common—law libel rules in this country have remained in England and the Commonwealth nations. Pedrick, Freedom of the Press and the Law of Libel: The Modern Revised Translation, 49 Cornell L. Q. 581, 583–584 (1964). After many years of reviewing the English law of defamation, the Porter Committee concluded that "though the law as to defamation requires some modification, the basic principles upon which it is founded are not amiss." Report of the Committee on the Law of Defamation, Cmd. No. 7536, 222, p.48 (1948).

민주정부에 및 인간의 자유에 대한 그들의 관념들을 지닌 채로 최초의 정착자들이 이 땅에 이주해 오기 훨씬 오래 전부터 내려오는 《418 U. S., 388》 교훈적인 역사상 의 경험을 사실상 우리가 지니고 있는 마당임에서는 깨끗한 석판을 당원은 명백히 발견한다. 이 풍부한 역사의 및 선례의 배경을 전제할 때에는, 그리고 연방헌법 수 정 제1조를 우리가 해석할 때는 기본적 요소들을 우리는 다루는 까닭에, 주의를 지 닌 채로 우리는 나아가야 하며, 주들의 확립된 법을 심지어 보다 더 과격한 정도로 까지 우리가 버리기에 앞서서 보다 더 많은 명령적 이유들을 우리는 제시받아야 한 다.[26]

Ⅲ

자신들을 보호하기 위한 매체에의 보다 더 많은 접근을 지니는 공적 인물들의 명예를보다도 더 무력한 및 주(state)의 관심을 더 받아 마땅한 사적 개인들의 명예를 보호함에 있어서의 주(state) 이익을 뒤엎기에는 자기검열의 위험들로는 충분하지 아니함을 이 법원은 시인한다. New York Times 판결에 의하여 요구되는 바로서의 의도적인 허위성의 증명에 내지는 미필적 고의에 준하는 무시에 의한 허위성의 증 명에 터잡은 사적 원고들의 승소판결을 그리하여 이 법원은 거부한다. 그러나, 이 에도 불구하고, 문면상으로 명예훼손적인 공표에 의하여 문서비방을 당할 경우의 보통의 시민은 명예훼손적 허위내용의 공중에의 배포의 점을 넘어 공표자 측의 《418 U. S., 389》 일정 정도의 책임을 증명하지 않으면 안 됨을 이 법원은 요구함으 로써 연방헌법 수정 제1조의 도달범위를 모든 명예훼손 소송들에 이 법원은 확장

지도 아니한다." Dennis v. United States, 341 U. S. 494, 523 (1951) (프랑크푸르터(Frankfurter) 판사, 보충의견).

26) "[명]예훼손 법리는 기억할 수 없는 과거부터 영국의, 식민지들의 및 주들의 법들 중 빠뜨릴 수 없는 부분이 되어 왔 다. 다양한 문서비방 관련법들 아래서 매우 많은 소송들이 유지되어 왔기에, 그리고 매우 많은 판결주문들이 확보되 어 왔기에, 문서비방 소송들의 연방헌법적 유효성은 오직 연방헌법 제1조에 대한 그들의 해석에 있어서 자신의 전 임자들 전부가 틀렸다고, 그리고 200년간의 선례들은 폐기되어야 한다고 기꺼이 판시할 의지를 당원이 지닐 경우 의 그 당원에 의해서만 부정될 수 있을 것이다." Rutledge, The Law of Defamation: Recent Developments, 32 Ala- bama Lawyer 409, 410 (1971).
이 나라에서의 지배적인 문서비방 보통법 규칙들은 영국에와 영연방 국가들에 살아남은 것이 되어 있다. Pedrick, Freedom of the Press and the Law of Libel: The Modern Revised Translation, 49 Cornell L. Q. 581, 583-584 (1964). "약간의 수정을 명예훼손에 관한 법리는 요구함에도 불구하고, 그것이 토대를 두고 있는 기본원칙들은 부적 절하지 아니하다."고, 명예훼손 관련 영국법에 대한 검토에 여러 해를 거친 뒤에 포터 위원회는 결론지었다. Report of the Committee on the Law of Defamation, Cmd. No. 7536, 222, p.48 (1948).

character of the publication is not apparent from its face. Ante, at 348.[27] Furthermore, if this major hurdle to establish liability is surmounted, the Court requires proof of actual injury to reputation before any damages for such injury may be awarded.

The Court proceeds as though it were writing on tabula rasa and suggests that it must mediate between two unacceptable choices - on the one hand, the rigors of the New York Times rule which the Court thinks would give insufficient recognition to the interest of the private plaintiff, and, on the other hand, the prospect of imposing "liability without fault" on the press and others who are charged with defamatory utterances. Totally ignoring history and settled First Amendment law, the Court purports to arrive at an "equitable compromise," rejecting both what it considers faultless liability and New York Times malice, but insisting on some intermediate degree of fault. Of course, the Court necessarily discards the contrary judgment arrived at in the 50 States that the reputation interest of the private citizen is deserving of considerably more protection.

The Court evinces a deep-seated antipathy to "liability without fault." But this catch-phrase has no talismanic significance and is almost meaningless in this context where the Court appears to be addressing those libels and slanders that are defamatory on their face and where «418 U. S., 390» the publisher is no doubt aware from the nature of the material that it would be inherently damaging to reputation. He publishes notwithstanding, knowing that he will inflict injury. With this knowledge, he must intend to inflict that injury, his excuse being that he is privileged to do so - that he has published

---

27) If I read the Court correctly, it clearly implies that for those publications that do not make "substantial danger to reputation apparent," the New York Times actual-malice standard will apply. Apparently, this would be true even where the imputation concerned conduct or a condition that would be per se slander.

한다. 문면상으로 공표의 명예훼손적 성격이 명백하지 아니한 경우에 적어도 동일한 정도의 엄격성을 지닌 규칙이 요구되고는 하였다. Ante, at 348.[27] 더군다나, 책임을 인정시키기 위한 이 주요한 장애가 설령 극복된다 하더라도, 명예에의 실제의 손상의 증명을, 이러한 손상을 이유로 하는 손해배상이 인정되기 이전에 이 법원은 요구한다.

마치 백지상태에서 자신이 쓰고 있는 양 이 법원은 나아가 두 개의 용납하기 어려운 선택항목들의 양자 사이에서 - 한 쪽에서는, 사적 원고의 이익에 부여하는 배려가 불충분할 것이라고 이 법원이 생각하는 New York Times 규칙이 지닌 엄격함들의 및 다른 쪽에서는, "무과실책임"을, 언론에게 및 명예훼손적 발언들을 이유로 고소당하는 다른 사람들에게 부과하게 될 가능성의 그 양자 사이에서 - 자신이 조정하지 않으면 안 되는 양 이 법원은 암시한다. 역사를 및 확립된 연방헌법 수정 제1조 관련 법리를 전적으로 무시하면서도, "공평한 타협"에 자신은 도달한다고 이 법원은 주장하는데, 무과실책임이라고 자신이 간주하는 바를 및 New York Times 악의를 다같이 거부하고서는 일정 정도의 중간의 과실을 이 법원은 고집한다. 훨씬 더 많은 보호를 누릴 자격을 사적 시민의 명예의 이익은 지닌다는 50개의 주들에서 도달된 이에 반하는 판단을 이 법원은 물론 불가피하게 버린다.

"무과실책임"에 대하여 깊게 자리한 반감을 이 법원은 분명히 나타낸다. 그러나 부적의 의미를 이 케치프레이즈는 지니지 아니하며, 문면상으로 명예훼손적인 문서비방들을 및 중상행위들을 이 법원이 역점 두어 다루고 있는 것으로 보이는, 그리고 본질적으로 명예를 그것이 손상시키라는 점을 자료의 성격으로부터 공표자가 «418 U. S., 390» 의문의 여지 없이 알고 있는 이 맥락에서는 이 케치프레이즈는 거의 무의미하다. 손상을 자신이 가할 것임을 알면서도, 이에도 불구하고 그는 공표한다. 이 지식을 지닌 이상, 그 명예훼손을 가하고자 그는 의도함이 틀림없는바, 그렇게 할 특권을 자신은 지닌다는 데에, 즉 진실을 자신은 공표한 것이라는 데에

---

27) 이 법원의 입장을 내가 정확하게 해석하면, "명예에의 중대한 위험이 명백해 보이도록" 만들지 아니하는 공표들을 위하여는 New York Times 판결의 현실의 악의 기준이 적용된다는 것을 그것은 당연히 수반함이 명백하다. 그 자체만으로도 중상행위가 될 행동에 내지는 상황에 비난이 관련된 경우에조차도 이것은 타당할 것임이 분명하다.

the truth. But as it turns out, what he has circulated to the public is a very damaging falsehood. Is he nevertheless "faultless"? Perhaps it can be said that the mistake about his defense was made in good faith, but the fact remains that it is he who launched the publication knowing that it could ruin a reputation.

In these circumstances, the law has heretofore put the risk of falsehood on the publisher where the victim is a private citizen and no grounds of special privilege are invoked. The Court would now shift this risk to the victim, even though he has done nothing to invite the calumny, is wholly innocent of fault, and is helpless to avoid his injury. I doubt that jurisprudential resistance to liability without fault is sufficient ground for employing the First Amendment to revolutionize the law of libel, and in my view, that body of legal rules poses no realistic threat to the press and its service to the public. The press today is vigorous and robust. To me, it is quite incredible to suggest that threats of libel suits from private citizens are causing the press to refrain from publishing the truth. I know of no hard facts to support that proposition, and the Court furnishes none.

The communications industry has increasingly become concentrated in a few powerful hands operating very lucrative businesses reaching across the Nation and into almost every home.[28] Neither the industry as a whole nor

---

28) A recent study has comprehensively detailed the role and impact of mass communications in this Nation. See Note, Media and the First Amendment in a Free Society, 60 Geo. L. J. 867 (1972). For example, 99% of the American households have a radio, and 77% «418 U. S., 391» hear at least one radio newscast daily. In 1970, the yearly average home television viewing time was almost six hours per day. Id., at 883 n. 53.
"Sixty years ago, 2,442 newspapers were published daily nationwide, and 689 cities had competing dailies. To-day, in only 42 of the cities served by one of the 1,748 American daily papers is there a competing newspaper under separate ownership. Total daily circulation has passed 62 million copies, but over 40 percent of this circu-lation is controlled by only 25 ownership groups.
"Newspaper owners have profited greatly from the consolidation of the journalism industry. Several of them report yearly profits in the tens of millions of dollars, with after tax profits ranging from seven to 14 percent of gross rev-enues. Unfortunately, the owners have made their profits at the expense of the public interest in free expression.

그의 항변은 있다. 그러나 그 나타나는 바처럼, 공중에게 그가 배포해 놓은 것은 지극히도 명예를 침해하는 허위사실이다. 이에도 불구하고 그는 "무과실"인가? 그의 항변에 관한 오해가 선의 속에서 이루어졌다고 아마도 주장될 수는 있겠지만, 그러나 명예를 손상시킬 수 있음을 알면서도 그 공표를 개시한 사람은 그라는 사실이 남는다.

이러한 상황들 속에서는, 피해자가 사적 시민인 경우에, 그리고 특별한 특권의 근거들이 제시되지 못하는 경우에, 허위성의 위험을 공표자 위에 법은 여태껏 두어 왔다. 심지어 그 중상을 초래하는 행동을 피해자가 한 바가 전혀 없음에도, 그리고 과실로부터 그가 전적으로 결백함에도, 그리고 그 자신의 명예손상을 피할 방도가 그에게 없음에도 불구하고, 이 위험을 피해자에게로 이 법원은 이제 옮겼으면 한다. 무과실책임에 대한 사법체계의 저항은 문서비방 법리에 대변혁을 불러오기 위하여 연방헌법 수정 제1조를 사용하는 근거로서 충분한지 나는 의심하는바, 나의 견해로는, 언론에 대하여 및 언론의 공중에의 복무에 대하여 실제적 위협을 그 법 규칙들 전체는 가하지 아니한다. 언론은 오늘날 활발하며 강건하다. 진실을 공표함을 언론으로 하여금 자제하도록 사적 시민들로부터의 문서비방 소송들의 위협들이 야기하고 있다고 말함은 내게는 매우 믿기 어렵다. 그 주장을 뒷받침하는 견고한 사실적 근거들에 관하여 나는 아는 바 없으며, 그것들을 이 법원은 제시하지 아니한다.

국가전체에 및 거의 모든 가정에까지 미치는 매우 수지맞는 사업들을 경영하는 몇몇의 유력한 손들에 통신매체 산업은 증대일로로 집중된 것이 되어 왔다.[28] 전체

---

28) 이 나라에서의 대중통신매체들의 역할을 및 영향력을 최근의 연구는 포괄적으로 상술하여 놓았다. Note, Media and the First Amendment in a Free Society, 60 Geo. L. J. 867 (1972)를 보라. 예를 들면, 미국인 세대의 99%가 라디오를 보유하고 있으며, 77%가 «418 U. S., 391» 날마다 적어도 한 개의 라디오 뉴스를 청취한다. 1970년에 가정에서의 연간 평균 텔레비전 시청시간은 대략 매일 여섯 시간이었다. Id., at 883 n. 53.
"60년 전에는, 전국적으로 날마다 2,442개의 신문들이 발행되었고, 경쟁적 일간지들을 689개의 도시들이 가지고 있었다. 오늘에는 별개의 소유주에 의한 경쟁적 신문이 있는 경우는 1,748개의 미국 일간지들 중 한 개가 배포되는 42개의 도시들에서만이다. 전체 일간지 배포부수는 6,200만을 넘은 상태이지만, 이 배포부수의 40%는 25개의 소유주 그룹들에 의하여 통제된다.
"신문 소유주들은 저널리즘 산업의 합병으로부터 크게 이익을 보아 왔다. 그들 중 몇몇은 연간 수천만 달러의 이익을 공표하는바, 세후이익은 총수입의 7%에서 14%에 달한다. 불행하게도, 자유표현에 있어서의 공중의 이익을 희생시킨 대가로 그들의 이익을 소유주들은 얻어 왔다. 신문사 소유의 넓은 토대가 협소해 지는 만큼, 상반되는 원천들로부터 공중에 의하여 수령되는 사실관계의 및 의견들의 변화는 갈수록 제한된다. 신문발행은 아닌게 아니라 미국의 선도적 산업이다. 이 방향으로의 그 자신의 진전을 통하여, 언론은 그 일차적 관심이 경제에 있는 선택된 집단에 의

«418 U. S., 391» its individual components are easily intimidated, and we are fortunate that they are not. Requiring them to pay for the occasional damage they do to private reputation will play no substantial part in their future performance or their existence.

In any event, if the Court's principal concern is to protect the communications industry from large libel judgments, it would appear that its new requirements with respect to general and punitive damages would be ample protection. Why it also feels compelled to escalate the threshold standard of liability I cannot fathom, «418 U. S., 392» particularly when this will eliminate in many instances the plaintiff's possibility of securing a judicial determination that the damaging publication was indeed false, whether or not he is entitled to recover money damages. Under the Court's new rules, the plaintiff must prove not only the defamatory statement but also some degree of fault accompanying it. The publication may be wholly false and the wrong to him unjustified, but his case will nevertheless be dismissed for failure to prove negligence or other fault on the part of the publisher. I find it unacceptable to distribute the risk in this manner and force the wholly innocent victim to bear the injury; for, as between the two, the defamer is the only culpable party. It is he who circulated a falsehood that he was not required to publish.

It is difficult for me to understand why the ordinary citizen should himself carry the risk of damage and suffer the injury in order to vindicate First

As the broad base of newspaper ownership narrows, the variation of facts and opinions received by the public from antagonistic sources is increasingly limited. Newspaper publication is indeed a leading American industry. Through its evolution in this direction, the press has come to be dominated by a select group whose prime interest is economic.

"The effect of consolidation within the newspaper industry is magnified by the degree of intermedia ownership. Sixty–eight cities have a radio station owned by the only local daily newspaper, and 160 television stations have newspaper affiliations. In 11 cities diversity of ownership is completely lacking with the only television station and newspaper under the same control." Id., at 892–893 (footnotes omitted).

See also Congress, FCC Consider Newspaper Control of Local TV, 32 Cong. Q. 659–663 (1974).

로서의 산업이든 또는 그 개개 《418 U. S., 391》 구성원들이든 그 어느 쪽도 쉽사리 협박에 굴복하지 아니하는바, 그들이 굴복하지 아니함이 우리에게는 다행이다. 사적 명예에 그들이 가하는 우연한 손상을 지불하라고 그들에게 요구하더라도 그들의 장래의 업무수행에 및 그들의 존속에 중대한 영향을 끼치지는 아니할 것이다.

어쨌든, 언론매체 산업을 대량의 문서비방 판결들로부터 보호하려는 것이 만약 이 법원의 주된 관심이라고 하더라도, 일반적 및 징벌적 손해배상에 관한 이 법원의 새로운 요구사항들로써 충분한 보호가 될 것으로 생각될 것이다. 책임의 역치(閾値)수준을 상승시키도록 강제된다고까지 이 법원이 생각하는 이유가 무엇인지 나는 헤아릴 수 없는바, 《418 U. S., 392》 금전적 손해배상을 얻을 권리를 그가 가지든 안 가지든, 그 명예훼손적 공표가 실제로 허위였다는 사법적 판단을 얻을 원고의 가능성을 많은 경우들에 있어서 이것이 제거하게 마련인 상황에서, 그것은 특히 그러하다. 이 법원의 새로운 규칙들 아래서, 명예훼손적 공표를만이 아니라 이에 수반된 일정 정도의 과실까지 원고는 증명하지 않으면 안 된다. 그 공표는 전적으로 허위일 수 있고 그에게 가해진 손해는 정당화될 수 없는 것일 수 있는데도, 이에도 불구하고 공표자 쪽의 부주의를 내지는 그 밖의 과실을 증명하지 못하였음을 이유로 그의 사건은 기각될 것이다. 위험을 이 방식으로 배분함은, 그리하여 전적으로 잘못 없는 피해자더러 그 손해를 감수하라고 강제함은 받아들일 수 없다고 나는 생각한다; 왜냐하면, 그 둘 사이에서는 명예훼손 가해자가 유일한 유책 당사자이기 때문이다. 그 공표하도록 요구되지 아니하였음에도 불구하고 허위내용을 배포한 사람은 그다.

허위의 정보를 배포시킨 데 대한 책임으로부터 언론을 및 그 밖의 사람들을 보호함으로써 연방헌법 수정 제1조의 가치들을 옹호하기 위하여 명예손상의 위험을 일반적 시민이 어째서 그 스스로 부담해야 하는지 및 명예손상을 어째서 그가 감수해야 하는지 나로서는 이해하기 어렵다. 이것이 특히 그러한 것은 공중의 이익을

하여 지배되기에 이르렀다.

"복수매체 소유의 정도에 의하여 신문산업 내에서의 합병의 효과는 증폭된다. 지역 일간신문사에 의해서만 소유되는 한 개의 라디오 방송국을 가지고 있는 도시들은 68개이고, 신문사와의 제휴관계를 지닌 텔레비전 방송국들은 160개에 달한다. 11개의 도시들에서 동일한 통제 아래에 유일한 텔레비전 방송국이 및 신문사가 있음으로써 소유관계의 다양성은 완전히 결여되어 있다." Id., at 892–893 (각주들은 생략됨).

아울러 Congress, FCC Consider Newspaper Control of Local TV, 32 Cong. Q. 659–663 (1974)를 보라.

Amendment values by protecting the press and others from liability for circulating false information. This is particularly true because such statements serve no purpose whatsoever in furthering the public interest or the search for truth but, on the contrary, may frustrate that search and at the same time inflict great injury on the defenseless individual. The owners of the press and the stockholders of the communications enterprises can much better bear the burden. And if they cannot, the public at large should somehow pay for what is essentially a public benefit derived at private expense.

IV

A

Not content with escalating the threshold requirements of establishing liability, the Court abolishes the ordinary damages rule, undisturbed by New York Times «418 U. S., 393» and later cases, that, as to libels or slanders defamatory on their face, injury to reputation is presumed and general damages may be awarded along with whatever special damages may be sought. Apparently because the Court feels that in some unspecified and unknown number of cases, plaintiffs recover where they have suffered no injury or recover more than they deserve, it dismisses this rule as an "oddity of tort law." The Court thereby refuses in any case to accept the fact of wide dissemination of a per se libel as prima facie proof of injury sufficient to survive a motion to dismiss at the close of plaintiff's case.

I have said before, but it bears repeating, that even if the plaintiff should recover no monetary damages, he should be able to prevail and have a judgment that the publication is false. But beyond that, courts and legislatures literally for centuries have thought that in the generality of cases, libeled plain-

내지는 진실의 추구를 촉진함에 있어서의 그 어떠한 목적에도 이러한 주장들은 기여하지 아니하기 때문이고, 게다가 오히려 그 추구를 그 주장들은 좌절시킬 수 있으면서 동시에 심대한 명예손상을 방어능력 없는 개인에게 그 주장들은 가할 수 있기 때문이다. 그 부담을 언론사의 소유주들은 및 언론매체 기업들의 주주들은 훨씬 더 잘 부담할 수 있다. 그리고 설령 그들이 부담할 수 없다고 하더라도, 본질적으로 사적 희생에 의하여 도출된 공중의 이익을 위하여 공중 일반은 어떻게든 지불해야 하는 것이다.

IV

A

책임을 확증하기 위한 역치(閾值) 요건들을 상승시키는 것으로는 만족하지 못하고서, New York Times 판결에 및 그 이후의 선례들에 의하여 교란된 바 없는 그 일반적 «418 U. S., 393» 손해배상 규칙을, 즉 문면상으로의 문서비방들에 및 중상행위들에 관하여 명예훼손은 추정되고 그 청구되는 그 어떤 특별손해액에도 더하여 일반적 손해배상액은 인정될 수 있다는 규칙을 이 법원은 폐지한다. 모종의 특정되지 아니한 및 알려지지 아니한 숫자의 사건들에서 아무런 손해를 원고들이 입은 바 없는데도 승소를 원고들이 거둔다고 내지는 승소를 거두어 마땅한 금액을보다도 더 많은 금액을 그들이 승소한다고 이 법원은 생각하기 때문인 것으로 일응 보이는 바, 이 규칙을 "불법행위법의 괴짜"로서 이 법원은 버린다. 그 자체로서의 문서비방의 넓은 살포의 사실을, 원고의 주장의 종료 때의 각하 신청을 견뎌내기에 충분한 명예손상의 일응의 증거로서 받아들이기를 그 *어떤* 사건에서도 이로써 이 법원은 거부한다.

설령 금전적 손해배상을 원고가 받아서는 안 된다고 하더라도 그는 승소할 수 있어야 하고 그 공표가 허위라는 판결주문을 얻을 수 있어야 함을 나는 이전에 말한 바 있지만, 그것은 되풀이할 만하다. 그러나 그것을 넘어서도, 사건들 일반에 있어서 자신들의 명예사항들에 대한 손상의 정도를 문서비방 피해자인 원고들이 만

tiffs will be seriously shortchanged if they must prove the extent of the injury to their reputations. Even where libels or slanders are not on their face defamatory and special damage must be shown, when that showing is made, general damages for reputation injury are recoverable without specific proof.[29] «418 U. S., 394»

The Court is clearly right when at one point it states that "the law of defamation is rooted in our experience that the truth rarely catches up with a lie." Ante, at 344 n. 9. But it ignores what that experience teaches, viz., that damage to reputation is recurringly difficult to prove and that requiring actual proof would repeatedly destroy any chance for adequate compensation. Eminent authority has warned that

"it is clear that proof of actual damage will be impossible in a great many cases where, from the character of the defamatory words and the circumstances of publication, it is all but certain that serious harm has resulted in fact." W. Prosser, Law of Torts § 112, p.765 (4th ed. 1971).[30]

The Court fears uncontrolled awards of damages by juries, but that not only denigrates the good sense of most jurors - it fails to consider the role of trial and appellate courts in limiting excessive jury verdicts where no reason-

---

29) Having held that the defamation plaintiff is limited to recovering for "actual injury," the Court hastens to add: "Suffice it to say that actual injury is not limited to out–of–pocket loss. Indeed, the more customary types of actual harm inflicted by defamatory falsehood include impairment of reputation and standing in the community, personal humiliation, and mental anguish and suffering." Ante, at 350.
It should be pointed out that under the prevailing law, where the defamation is not actionable per se and proof of "special damage" is required, a showing of actual injury to reputation is insufficient; but if pecuniary loss is shown, general reputation damages are recoverable. The Court changes the latter, but not the former, rule. Also under present law, pain and suffering, although shown, do not «418 U. S., 394» warrant damages in any defamation action unless the plaintiff is otherwise entitled to at least nominal damages. By imposing a more difficult standard of liability and requiring proof of actual damage to reputation, recovery for pain and suffering, though real, becomes a much more remote possibility.

30) "The harm resulting from an injury to reputation is difficult to demonstrate both because it may involve subtle differences in the conduct of the recipients toward the plaintiff and because the recipients, the only witnesses able to establish the necessary causal connection, may be reluctant to testify that the publication affected their relation-ships with the plaintiff. Thus some presumptions are necessary if the plaintiff is to be adequately compensated." Note, Developments in the Law – Defamation, 69 Harv. L. Rev. 875, 891–892 (1956).

약 증명하지 않으면 안 된다고 할 경우에는 그들은 중대하게 무시될 것이라고 법원들은 및 입법부들은 문자 그대로 수 세기 동안 생각해 왔다. 심지어 문서비방들이 내지는 중상행위들이 그 문면상으로는 명예훼손적이 아니하여 특별손해가 증명되지 않으면 안 되는 경우에조차도, 그 증명이 이루어지면 명예손상에 대한 일반적 손해배상액은 구체적 증거 없이도 승소가 가능하다.[29] «418 U. S., 394»

"거짓말을 진실이 만회하는 경우는 좀처럼 드물다는 우리의 경험에 그 뿌리를 명예훼손 법리는 둔다."고 한 곳에서 이 법원이 말할 때에 이 법원은 명백히 옳다. Ante, at 344 n. 9. 그러나 경험이 가르치는 바를, 즉 명예에의 손상은 증명하기가 반복적으로 어렵다는 점을 및 실제의 증명을 요구함은 여하한 적절한 배상의 가능성을조차도 반복적으로 파괴하게 될 것이라는 점을 이 법원은 무시한다. 저명한 권위자는 경고한 바 있다 :

"실제로 중대한 피해가 발생해 있음이 명예훼손적 표현의 성격으로부터 및 공표의 상황들로부터 거의 확실한 대부분의 사건들에서 현실적 손해배상액의 증명은 불가능할 것임이 명백하다." W. Prosser, Law of Torts § 112, p.765 (4th ed. 1971).[30]

배심들에 의한 통제되지 않는 손해배상액 인정을 이 법원은 두려워하지만, 그러나 대부분의 배심원들의 양식을 그것은 모독하는 것일 뿐만 아니라 - 그 인용되는 손해배상액의 및 그 뒷받침되는 손해의 양자 사이에 합리적 관련성이 존재하지 아

---

29) "실제의 손해"를 회복하도록 명예훼손 소송의 원고는 제한된다고 판시해 놓고서는 이렇게 이 법원은 서둘러 덧붙인다: "현금지급의 손해에 실제의 손해는 한정되지 아니함을 말하는 것으로 충분하다. 지역사회 안에서의 명예의 및 지위의 손상을, 인격적 수치를, 정신적 고통을 및 괴로움을 명예훼손적 허위사실 공표에 의하여 가해지는 실제의 손해의 보다 더 통례적인 유형들은 확실히 포함한다." Ante, at 350.
현행의 법 아래서 명예훼손이 그 자체로 제소 가능한 것이 아니어서 "특별손해"의 증명이 요구되는 경우에는 명예에의 실제의 손상의 증명으로 충분하지 아니함은 지적되어야 한다; 그러나 만약 금전적 손실이 증명되면, 일반적인 명예손상은 회복이 가능하다. 후자의 규칙을이 아니라 전자의 규칙을 이 법원은 바꾼다. 현행의 법 아래서도, 고통은 및 괴로움은, 설령 증명되더라도 «418 U. S., 394» 적어도 명목적 손해배상의 권리가 달리 원고에게 있지 아니한 한 그 어떤 명예훼손 소송에서도 손해배상을 보장하지 아니한다. 보다 더 어려운 책임 기준을 부과함에 의하여 및 명예에의 실제의 손상의 증명을 요구함에 의하여, 고통에 및 괴로움에 대한 회복은 그 실제의 것들임에도 불구하고 훨씬 더 먼 가능성이 된다.
30) "명예에의 손상으로부터 귀결되는 손해가 증명하기 어려운 이유는 그 수령자들의 원고를 향한 행동에 있어서의 미묘한 차이들을 그것이 포함할 수 있기 때문이기도 하고, 그 필요한 인과적 인결을 증명해 줄 수 있는 유일한 증인들인 그 수령자들이 원고하고의 자신들의 관계들을 그 공표가 손상시켰음을 증언하기를 꺼려할 수 있기 때문이기도 하다. 그렇기에 원고에게 충분히 배상이 이루어지기 위하여는 모종의 가정들이 필요하다." Note, Developments in the Law – Defamation, 69 Harv. L. Rev. 875, 891–892 (1956).

able relationship exists between the amount awarded and the injury sustained.[31] Available informa- «418 U. S., 395» tion tends to confirm that American courts have ably discharged this responsibility.[32]

The new rule with respect to general damages appears to apply to all libels or slanders, whether defamatory on their face or not, except, I gather, when the plaintiff proves intentional falsehood or reckless disregard. Although the impact of the publication on the victim is the same, in such circumstances the injury to reputation may apparently be presumed in accordance with the traditional rule. Why a defamatory statement is more apt to cause injury if the lie is intentional than when it is only negligent, I fail to understand. I suggest that judges and juries who must live by these rules will find them equally incomprehensible.

B

With a flourish of the pen, the Court also discards the prevailing rule in libel and slander actions that punitive damages may be awarded on the classic grounds of common-law malice, that is, "'[a]ctual malice' in the sense of ill will or fraud or reckless indifference to con- «418 U. S., 396» sequences." C. McCormick, Law of Damages § 118, p.431 (1935); see also W. Prosser, supra, § 113, p.772; 1 A. Hanson, Libel and Related Torts 163, p.133 (1969); Note,

---

31) "On questions of damages, the judge plays an important role. It is, of course, for him to determine and instruct the jury as to what matters may be taken into consideration by them in arriving «418 U. S., 395» at a verdict since such questions are clearly matters of substantive law. But the judge also may and frequently does exercise a judgment as to the amount of damages the plaintiff may recover. His function here is primarily to keep the jury within bounds of reason and common sense, to guard against excessive verdicts dictated by passion and prejudice and to see to it that the amount of the verdict has some reasonable relation to the plaintiff's evidence as to his loss or the probability of loss. Thus, the trial judge may grant a new trial or the appellate court may reverse and remand the case for a new trial because of excessive damages or, as is more frequently the case, a remittitur may be ordered, the effect of which is that the plaintiff must accept a specified reduction of his damages or submit to a new trial on the issue of liability as well as damages." 1 F. Harper & F. James, The Law of Torts § 5.29, p.467 (1956) (footnote omitted).

32) See Pedrick, supra, n. 26, at 587 n. 23.

니하는 경우의 과도한 배심 평결들을 제한함에 있어서의 정식사실심리 법원들의 및 항소심 법원들의 역할을 그것은 고려하지 않는 것이기도 하다.[31] 이 책무를 능숙하게 《418 U. S., 395》 미국 법원들은 이행해 왔음을 확인하는 데에 입수 가능한 정보는 도움이 된다.[32]

추측컨대 의도적인 허위성을 내지는 미필적 고의에 준하는 무시를 원고가 증명하는 경우를 제외하고는, 문면 자체로 명예훼손적이든 아니든 모든 문서비방들에 내지는 중상행위들에 일반적 손해배상액에 관한 그 새로운 규칙은 적용되는 것으로 보인다. 비록 피해자에 미치는 공표의 영향력은 동일함에도 불구하고, 이러한 상황들에 있어서 명예에 가해진 손상은 전통적 규칙에 부합되게 추정될 수 있다. 거짓말이 단지 부주의에 의한 것일 때보다도 의도적인 것일 때에 손해를 명예훼손적 공표가 야기하기가 어째서 더 쉬운가를 나는 이해할 수 없다. 그것들이 똑같이 이해 불가능함을 이 규칙들 곁에서 살지 않으면 안 되는 판사들은 및 배심원들은 발견할 것이라고 나는 말한다.

B

보통법상의 악의라는 전통적 근거들 위에서, 즉 "해의(害意)의 의미에서의 내지는 기망의 내지는 결과들에 대한 미필적 고의에 준하는 무관심의 의미에서의 '[실제의 악의]'"라는 전통적 근거들 위에서 징벌적 손해배상이 인용될 수 있다는 문서비방의 및 중상행위의 소송들에 있어서의 현행의 규칙을 과장된 문장으로 이 법원은 아울러 버린다. 《418 U. S., 396》 C. McCormick, Law of Damages § 118, p. 431 (1935); 아울러 W. Prosser, supra, § 113, p. 772를; 1 A. Hanson, Libel and Related

---

31) "중요한 역할을 손해배상의 문제들에 대하여 판사는 수행한다. 한 개의 평결에 도달함에 있어서 배심에 의하여 어떤 사항들이 고려될 수 있는지에 관하여 판정해야 할 사람이 및 배심에게 설시해야 할 사람이 그임은 《418 U. S., 395》 물론인바, 왜냐하면 이러한 문제들은 명백하게 실체법 사항들이기 때문이다. 그러나 원고가 승소할 수 있는 손해배상 액수에 관하여 판단을 판사는 행사할 수도 있고 또한 실제로 빈번하게 행사한다. 여기서의 그의 기능은 일차적으로 이성의 및 상식의 한계들 내에 배심을 붙들어 두는 것이고, 격정에 및 편견에 의하여 지시되는 과도한 평결들이 내려지지 않도록 경계하는 것이고 원고의 손해에 관한 내지는 손실의 가능성에 관한 원고의 증거에의 모종의 합리적 관련을 평결 금액이 지니도록 조치하는 것이다. 그러므로, 과도한 손해배상액을 이유로 새로운 정식사실심리를 정식사실심리 판사는 허용할 수 있고 새로운 정식사실심리를 위하여 사건을 항소법원은 파기하거나 환송할 수 있으며, 보다 더 자주 있는 일로서 손해배상액 감축결정이 내려질 수 있는데, 그 효과는 자신의 손해배상금에 대한 명기된 감축을 원고는 받아들이거나 손해배상액의 문제에만이 아니라 책임의 문제에 관하여도 새로운 정식사실심리를 그는 감수하지 않으면 안 된다는 것이다." 1 F. Harper & F. James, The Law of Torts § 5.29, p.467 (1956) (각주생략).

32) Pedrick, supra, n. 26, at 587 n. 23을 보라.

Developments in the Law - Defamation, 69 Harv. L. Rev. 875, 938 (1956); Cal. Civ. Code § 48a (4) (d) (1954). In its stead, the Court requires defamation plaintiffs to show intentional falsehood or reckless disregard for the truth or falsity of the publication. The Court again complains about substantial verdicts and the possibility of press self-censorship, saying that punitive damages are merely "private fines levied by civil juries to punish reprehensible conduct and to deter its future occurrence." Ante, at 350. But I see no constitutional difference between publishing with reckless disregard for the truth, where punitive damages will be permitted, and negligent publication where they will not be allowed. It is difficult to understand what is constitutionally wrong with assessing punitive damages to deter a publisher from departing from those standards of care ordinarily followed in the publishing industry, particularly if common-law malice is also shown.

I note also the questionable premise that "juries assess punitive damages in wholly unpredictable amounts bearing no necessary relation to the actual harm caused." Ibid. This represents an inaccurate view of established practice, "another of those situations in which judges, largely unfamiliar with the relatively rare actions for defamation, rely on words without really going behind them ······."[33] While a jury award in any type of civil case may certainly be unpredictable, trial and appellate courts have been increasingly vigilant in ensuring that the jury's result is "based upon a rational consideration of the evidence and the proper application of the «418 U. S., 397» law." Reynolds v. Pegler, 123 F. Supp. 36, 39 (SDNY 1954), aff' d, 223 F. 2d 429 (CA2), cert. denied, 350 U. S. 846 (1955). See supra, nn. 31-32. Moreover, some courts require that punitive damages bear a reasonable relation to the

---

33) Murnaghan, supra, n. 3, at 29.

Torts 163, p. 133 (1969)를; Note, Developments in the Law - Defamation, 69 Harv. L. Rev. 875, 938 (1956)을; Cal. Civ. Code § 48a (4) (d) (1954)를 보라. 의도적 허위성을 내지는 공표의 진실성에 대한 내지는 허위성에 대한 미필적 고의에 준하는 무시를 증명할 것을 명예훼손 원고들에게 그 대신에 이 법원은 요구한다. 징벌적 손해배상은 단지 "비난할 만한 행위를 처벌하기 위하여 및 그것의 장래의 발생을 저지하기 위하여 민사배심들에 의하여 부과되는 사적 벌금들이다."라고 이 법원은 말하면서, 다대한 평결금액들을 및 언론의 자기검열 가능성을 이 법원 거듭 불평한다. Ante, at 350. 그러나 진실성에 대한 미필적 고의에 준하는 무시를 지닌 채로 공표하는 행위 - 그 경우에는 징벌적 손해배상이 곧잘 허용될 것이다 - 의 및 부주의한 공표 - 그 경우에는 징벌적 손해배상은 허용되지 않을 것이다 - 의 그 양자 사이의 헌법적 차이를 나는 전혀 인정할 수가 없다. 출판산업 내에서 일반적으로 준수되는 그 주의 기준들로부터 이탈하지 말도록 출판사를 저지하기 위한 징벌적 손해배상액을 사정함에 있어서 무엇이 헌법적으로 잘못인지, 특별히 보통법상의 악의가 아울러 증명되는 경우에, 이해하기가 어렵다.

"그 야기된 실제의 손해에의 필연적 관련을 지니지 아니하는 전적으로 예상할 수 없는 액수의 징벌적 손해배상을 배심들은 사정한다."는 그 의문스러운 전제를 나는 아울러 주목한다. Ibid. 확립된 관행에 관한 부정확한 견해를, 즉 ". …… 상대적으로 드문 명예훼손 소송들에 대부분 친숙하지 못한 판사들이 자구 이면에까지 실제로 이르지 아니한 채로 자구에 의존하는 상황들의 또 다른 한 가지"를 이것은 나타낸다.[33] 어떤 형태의 민사사건에서도 배심 인용액은 확실히 예측 불가능할 수 있기는 하지만, 배심의 결론이 "증거의 이성적 고찰에 및 법의 타당한 적용에 근거한" 것이 됨을 보장하고자 정식사실심리 법원들은 및 항소심 법원들은 점점 더 점점 더 주의를 기울여 《418 U. S., 397》 왔다. Reynolds v. Pegler, 123 F. Supp. 36, 39 (SDNY 1954), aff'd, 223 F. 2d 429 (CA2), cert. denied, 350 U. S. 846 (1955). 아울러 supra, nn. 31-32를 보라. 더욱이, 전보적 손해배상 인용액에의 합리적 관련을 징벌적 손해배상액이 지닐 것을 일부 법원들은 요구한다.[34] 보통법상의 징벌적 손해배

---

33) Murnaghan, supra, n. 3, at 29.
34) Note, Developments in the Law – Defamation, 69 Harv. L. Rev., supra, at 875, 938 and n. 443.

compensatory damages award.[34] Still others bar common-law punitive damages or condition their award on a refusal to print a retraction.[35]

"The danger ······ of immoderate verdicts, is certainly a real one, and the criterion to be applied by the judge in setting or reducing the amount is concededly a vague and subjective one. Nevertheless the verdict may be twice submitted by the complaining defendant to the common sense of trained judicial minds, once on motion for new trial and again on appeal, and it must be a rare instance when an unjustifiable award escapes correction." C. McCormick, supra, 77, p.278.

The Court points to absolutely no empirical evidence to substantiate its premise. For my part, I would require something more substantial than an undifferentiated fear of unduly burdensome punitive damages awards before retooling the established common-law rule and depriving the States of the opportunity to experiment with different methods for guarding against abuses.

Even assuming the possibility that some verdicts will be "excessive," I cannot subscribe to the Court's remedy. On its face it is a classic example of judicial overkill. Apparently abandoning the salutary New York Times policy of case-by-case "'independent examination of the whole record' ······ so as to assure ourselves that the judgment does not constitute a forbidden intrusion on «418 U. S., 398» the field of free expression,"[36] the Court substitutes an inflexible rule barring recovery of punitive damages absent proof of constitutional malice. The First Amendment is a majestic statement of a free people's dedication to "uninhibited, robust, and wide-open" debate on public issues,[37] but we do it a grave disservice when we needlessly spend its

---

34) Note, Developments in the Law – Defamation, 69 Harv. L. Rev., supra, at 875, 938 and n. 443.
35) Id., at 939, 941–942. See, e. g., Cal. Civ. Code 48a (2) (1954).
36) 376 U. S., at 285.
37) Id., at 270.

상을 또 다른 법원들은 금지하거나 취소를 공표함에 대한 거부 위에 징벌적 손해배상의 인용을 조건지우기도 한다.[35]

"과도한 평결들의 …… 위험은 확실히 실제의 위험이고, 그 액수를 설정함에 내지는 감액함에 있어서 판사에 의하여 적용되어야 할 기준은 명백히 모호하면서도 주관적인 기준이다. 이에도 불구하고 훈련된 사법부 사람들의 상식에 두 번 평결은 그 불복하는 피고에 의하여 회부될 수 있는바, 즉 한 번은 새로운 정식사실심리를 구하는 신청에 의해서이고 그리고 또 한 번은 항소에 의해서이며, 그리하여 정당하다고 인정할 수 없는 판결금액이 교정을 회피하는 경우는 드문 사례임이 틀림없다." C. McCormick, supra, 77, p.278.

자신의 전제를 입증하기 위하여 이 법원이 가리키는 것은 경험적 증거가 절대적으로 아니다. 나로 말하자면, 그 확립된 보통법 규칙을 재편성함에 앞서서, 그리하여 남용 사례들을 막기 위한 여러 가지 수단들을 가지고서 실험할 기회를 주들에게서 박탈함에 앞서서, 과도하게 무거운 징벌적 손해배상 인용액에 대한 획일적인 두려움을보다는 더 실체적인 모종의 근거를 나라면 요구할 것이다.

심지어 상당수 평결들이 "과도한" 것이 될 가능성을 가정하는 경우라 하더라도, 이 법원의 치료법에 나는 동의할 수 없다. 표면상으로도 그것은 사법적 과잉의 전형적 사례이다. "자유로운 표현의 영역 위에의 금지된 침입을 판결주문이 구성하지 아니함을 우리 자신에게 우리가 보장하기 위한 '전체 기록에 대한 독립적 검토' ……"[36]라는 그 건전한 New York Times 정책을 «418 U. S., 398» 이 법원은 버리고서, 헌법적 악의의 증명이 없는 한 징벌적 손해배상의 인용을 금지하는 완고한 규칙을 이 법원은 대신 채택한다. 연방헌법 수정 제1조는 공공의 문제들에 대한 "제약 없는, 강건한, 그리고 활짝 열린" 토론에 바치는 자유국민의 봉헌에 대한 장엄한 선언인바,[37] 그러나 그것의 힘을 불필요하게 우리가 소비한다면 중대한 학대를 그것에 우리는 가하는 것이다.[38] 거의 200년 동안 징벌적 손해배상은 및 연방헌법 수

---

35) Id., at 939, 941-942. 예컨대, Cal. Civ. Code 48a (2) (1954)를 보라.

36) 376 U. S., at 285.

37) Id., at 270.

38) 문서비방 배심 평결액의 과도함을 이유로 하는 사법부의 재검토에는 연방헌법 수정 제1조의 가치들이 반영되어야 하지만, 여타의 점에서는 유용한, 그리고 오랜 경험에 의하여 그 타당함이 증명된 규칙을 몇몇 사례들에서 그것이 잘

force.[38] For almost 200 years, punitive damages and the First Amendment have peacefully coexisted. There has been no demonstration that state libel laws as they relate to punitive damages necessitate the majority's extreme response. I fear that those who read the Court's decision will find its words inaudible, for the Court speaks "only [with] a voice of power, not of reason." Mapp v. Ohio, 367 U. S. 643, 686 (1961) (Harlan, J., dissenting).

V

In disagreeing with the Court on the First Amendment's reach in the area of state libel laws protecting nonpublic persons, I do not repudiate the principle that the First Amendment "rests on the assumption that the widest possible dissemination of information from diverse and antagonistic sources is essential to the welfare of the public, that a free press is a condition of a free society." Associated Press v. United States, 326 U. S. 1, 20 (1945); see also Miami Herald Publishing Co. v. Tornillo, ante, at 260 (WHITE, J., concurring). I continue to subscribe to the New York Times decision and those decisions extending its protection to defamatory falsehoods about public persons. My quarrel with the Court stems «418 U. S., 399» from its willingness "to sacrifice good sense to a syllogism"[39] - to find in the New York Times doctrine an infinite elasticity. Unfortunately, this expansion is the latest manifestation of the destructive potential of any good idea carried out to its logical extreme.

Recovery under common-law standards for defamatory falsehoods about a private individual, who enjoys no "general fame or notoriety in the community," who is not "pervasive[ly] involve[d] in the affairs of society," and who

---

38) Judicial review of jury libel awards for excessiveness should be influenced by First Amendment considerations, but it makes little sense to discard an otherwise useful and time-tested rule because it might be misapplied in a few cases.

39) O. Holmes, The Common Law 36 (1881).

정 제1조는 평화롭게 공존하였다. 다수의견의 극단적 응답을 징벌적 손해배상에 관련되는 주 문서비방 법들이 불가피하게 만든다는 점에 대한 논증은 여태껏 있지 아니하다. 이 법원의 판결의 문언은 알아들을 수 없음을 그것을 읽는 사람들은 알 아채게 될 것으로 나는 우려하는바, 왜냐하면 "이성의 목소리[로써]가 아니라 힘의 목소리[로써만]" 이 법원은 말하기 때문이다. Mapp v. Ohio, 367 U. S. 643, 686 (1961) [할란(Harlan) 판사, 반대의견].

V

비공인(非公人)인 인물들을 보호하는 주 문서비방 법들의 영역에서의 연방헌법 수 정 제1조의 적용 범위에 관한 이 법원의 의견에 반대함에 있어서, "다양한 및 대립 되는 원천들로부터의 정보의 가능한 한 가장 넓은 전파는 공중의 복지에 필수불가 결하다는, 자유언론은 자유사회의 조건이라는 가정 위에" 연방헌법 수정 제1조는 "의존한다."는 원칙을 나는 거부하지 않는다. Associated Press v. United States, 326 U. S. 1, 20 (1945); 아울러 Miami Herald Publishing Co. v. Tornillo, ante, at 260 [화이 트(WHITE) 판사, 보충의견]을 보라. New York Times 판결에 찬동하기를 및 그 판결 의 보호를 공적 인물들에 관한 명예훼손적 허위공표들에 확장하는 판결들에 찬동 하기를 나는 계속한다. "양식을 삼단논법에 희생시킴을" 39)기꺼이 무릅쓰려는 - 무 한정한 탄력성을 «418 U. S., 399» New York Times 법리 속에서 찾아냄을 기꺼이 무릅쓰려는 이 법원의 자세로부터 이 법원에 대한 나의 싸움은 비롯된다. 불행하게 도 이 확장은 제아무리 훌륭한 사상이라 하더라도 논리적 극단에까지 옮겨질 경우 에는 수반되고야 말게 되는 파괴적 잠재력의 최근의 현현이다.

"지역사회에서의 일반적 명성을 내지는 악명을" 향유하지 아니하는, "사회문제 들에 널리 미치도록 관여하고" 있지 아니한, 그리고 "…… [특정의] 공공의 쟁점의 결과에 영향을 주려는 시도 속에서 그것의 소용돌이 속에 그 자신을 밀어넣"지" 아 니하는40) 사적 개인에 관한 명예훼손적 허위사실들에 적용되는 보통법 기준들 아

못 적용되었음을 이유로 버리는 것은 이해할 수가 없다.
39) O. Holmes, The Common Law 36 (1881).
40) Ante, at 351, 352.

does not "thrust himself into the vortex of [a given] public issue ······ in an attempt to influence its outcome,"[40] is simply not forbidden by the First Amendment. A distinguished private study group put it this way:

"Accountability, like subjection to law, is not necessarily a net subtraction from liberty." "The First Amendment was intended to guarantee free expression, not to create a privileged industry." Commission on Freedom of the Press, A Free and Responsible Press 130, 81 (1947).

I fail to see how the quality or quantity of public debate will be promoted by further emasculation of state libel laws for the benefit of the news media.[41] If any- «418 U. S., 400» thing, this trend may provoke a new and radical imbalance in the communications process. Cf. Barron, Access to the Press - A New First Amendment Right, 80 Harv. L. Rev. 1641, 1657 (1967). It is not at all inconceivable that virtually unrestrained defamatory remarks about private citizens will discourage them from speaking out and concerning themselves with social problems. This would turn the First Amendment on its head. Note, The Scope of First Amendment Protection for Good-Faith Defamatory Error, 75 Yale L. J. 642, 649 (1966); Merin, 11 Wm. & Mary L. Rev., at 418. David Riesman, writing in the midst of World War II on the fascists' effective use of defamatory attacks on their opponents, commented: "Thus it is that the law of libel, with its ecclesiastic background and domestic character, its aura of heart-balm suits and crusading nineteenth-century editors, becomes suddenly important for modern democratic survival."

---

40) Ante, at 351, 352.

41) Cf. Pedrick, supra, n. 26, at 601–602:
"A great many forces in our society operate to determine the extent to which men are free in fact to express their ideas. Whether there is a privilege for good faith defamatory misstatements on matters of public concern or whether there is strict liability for such statements may not greatly affect the course of public discussion. How different has life been in those states which heretofore followed the majority rule imposing strict liability for misstatements of fact defaming public figures from life in the minority states where the good faith privilege held sway?" See also T. Emerson, The System of Freedom of Expression 519 (1970) (footnote omitted): "[O]n the whole the role of libel law in «418 U. S., 400» the system of freedom of expression has been relatively minor and essentially erratic."

래서의 승소는 연방헌법 수정 제1조에 의하여 결코 금지되지 아니한다. 그것을 유명한 사적 연구 그룹은 이렇게 표현하였다:

"책임은, 법에의 복종이 그러하듯, 반드시 자유로부터의 완전한 뺄셈이어야만 하는 것은 아니다." "특권화된 산업을 창출하도록이 아니라 자유로운 표현을 보장하도록 연방헌법 수정 제1조는 의도된 것이었다." Commission on Freedom of the Press, A Free and Responsible Press 130, 81 (1947).

뉴스매체들의 이익을 위한 주 문서비방법들의 추가적 거세에 의하여 공중의 토론의 질이 내지는 양이 어떻게 촉진될지 나는 이해할 수 없다.[41] 굳이 어느 쪽인가 하면, «418 U. S., 400» 새로운 및 급진적인 불균형을 보도행위들의 과정에 이 추세는 유발시킬 수 있다. Barron, Access to the Press - A New First Amendment Right, 80 Harv. L. Rev. 1641, 1657 (1967)을 비교하라. 사회적 문제들에 관하여 발언함으로부터 및 이에 관여함으로부터 사적 시민들을 그들에 관한 사실상 제약되지 아니한 명예훼손적 언급들이 단념시키게 되리라는 점은 전혀 생각할 수 없는 일이 아니다. 연방헌법 수정 제1조를 이것은 물구나무 세울 것이다. The Scope of First Amendment Protection for Good-Faith Defamatory Error, 75 Yale L. J. 642, 649 (1966)을; Merin, 11 Wm. & Mary L. Rev., at 418을 주목하라. 자신들의 적대자들에 대한 명예훼손적 공격들을 파시스트들이 효과적으로 사용함에 관하여 제2차 세계 대전 중에 쓰면서 데이빗 리즈만(David Riesman)은 논평하였다: "그리하여, 문서비방법은, 그것의 교회적 배경이에 및 국내적 성격이에 나란히, 그리고 심장을 누르는 소송들을 감싼 그것의 분위기가에 및 십자군 전쟁에 참여하는 19세기 출판인들이에 나란히, 현대의 민주주의의 생존을 위하여 갑자기 중요한 것이 된다는 점이다." Democracy and Defamation: Fair Game and Fair Comment I, 42 Col. L. Rev. 1085,

---

41) Pedrick, supra, n. 26, at 601-602를 비교하라:
"자신들의 사상들을 표현함에 있어서 사람들이 실제로 자유로운 정도를 결정함에는 엄청나게 많은 세력들이 작용한다. 공중의 관심의 문제들에 대한 선의의 명예훼손적 허위공표들을 위한 특권이 있는지 여부는 내지는 이러한 공표들에 대한 무과실책임이 있는지 여부는 공중의 논의과정에 중대하게 영향을 미쳐서는 안 된다. 공적 인물들(public figures)의 명예를 훼손하는 사실적 허위공표들에 무과실책임을 부과하는 다수 규칙을 여태껏 좇아온 주들에서의 삶은 선의의 특권이 지배한 소수 주들에서의 삶으로부터 얼마나 다른 것이 되어 왔는가?"
아울러, T. Emerson, The System of Freedom of Expression 519 (1970) (각주생략)을 보라: "[전]체적으로 표현의 자유의 제도에 있어서의 문서비방 법의 역할은 상대적으로 중요성이 적으면서 불규칙한 것이 되어 왔다."

Democracy and Defamation: Fair Game and Fair Comment I, 42 Col. L. Rev. 1085, 1088 (1942).

This case ultimately comes down to the importance the Court attaches to society's "pervasive and strong interest in preventing and redressing attacks upon reputation." Rosenblatt v. Baer, 383 U. S., at 86. From all that I have seen, the Court has miscalculated and denigrates that interest at a time when escalating assaults on individuality and personal dignity counsel otherwise.[42] «418 U. S., 401» At the very least, the issue is highly debatable, and the Court has not carried its heavy burden of proof to justify tampering with state libel laws.[43] «418 U. S., 402»

---

42) "The man who is compelled to live every minute of his life among others and whose every need, thought, desire, fancy or gratification is subject to public scrutiny, has been deprived of his individuality and human dignity. Such an individual merges with the mass. His opinions, being public, tend never to be different; his aspirations, being known, tend always to be conventionally accepted ones; his feelings, being openly exhibited, tend to lose their «418 U. S., 401» quality of unique personal warmth and to become the feelings of every man. Such a being, although sentient, is fungible; he is not an individual." Bloustein, Privacy as an Aspect of Human Dignity: An Answer to Dean Prosser, 39 N. Y. U. L. Rev. 962, 1003 (1964).

43) With the evisceration of the common-law libel remedy for the private citizen, the Court removes from his legal arsenal the most effective weapon to combat assault on personal reputation by the press establishment. The David and Goliath nature of this relationship is all the more accentuated by the Court's holding today in Miami Herald Publishing Co. v. Tornillo, ante, p. 241, which I have joined, that an individual criticized by a newspaper's editorial is precluded by the First Amendment from requiring that newspaper to print his reply to that attack. While that case involves an announced candidate for public office, the Court's finding of a First Amendment barrier to government "intrusion into the function of editors," ante, at 258, does not rest on any distinction between private citizens or public officials. In fact, the Court observes that the First Amendment clearly protects from governmental restraint "the exercise of editorial control and judgment," i. e., "[t]he choice of material to go into a newspaper, and the decisions made as to limitations on the size and content of the paper, and treatment of *public issues and public officials* — whether fair or unfair ⋯⋯." Ibid. (Emphasis added.)

We must, therefore, assume that the hapless ordinary citizen libeled by the press (a) may not enjoin in advance of publication a story about him, regardless of how libelous it may be, Near v. Minnesota ex rel. Olson, 283 U. S. 697 (1931); (b) may not compel the newspaper to print his reply; and (c) may not force the newspaper to print a retraction, because a judicially compelled retraction, like a "remedy such as an enforceable right of access," entails "governmental coercion" as to content, which "at once brings about a confrontation with the express provisions of the First Amendment and the judicial gloss on that Amendment developed over the years," Miami Herald Publishing Co. v. Tornillo, ante, at 254; but cf. this case, ante, at 368 n. 3 (BRENNAN, J., dissenting).

My Brother BRENNAN also suggests that there may constitutionally be room for "the possible enactment of statutes, not requiring proof «418 U. S., 402» of fault, which provide ⋯⋯ for publication of a court's determination of falsity if the plaintiff is able to demonstrate that false statements have been published concerning his activities." Ibid. The Court, however, does not even consider this less drastic alternative to its new "some fault" libel standards.

1088 (1942).

"명예에의 공격들을 방지함에 및 시정함에 있어의" 사회의 "널리 미치는 및 강력한 이익에" 이 법원이 부여하는 중요성에 이 사건은 궁극적으로 귀착한다. Rosenblatt v. Baer, 383 U. S., at 86. 내가 보아 온 그 모든 것들에 비추어, 달리 판단하도록 개체성에 및 인간의 존엄성에 대한 점증하는 공격들이 조언하는 때에 그 이익을 이 법원은 잘못 짚었고 훼손하였다.[42] «418 U. S., 401» 적어도 그 쟁점은 고도로 논란의 여지가 있는 것인바, 게다가 주 문서비방 법들을 주무름을 정당화하기 위한 무거운 증명책임을 이 법원은 완수해 놓지도 못하였다.[43] «418 U. S., 402»

---

[42] "삶의 매 순간을 다른 사람들 속에서 살도록 강제되는 사람은, 그리고 공중의 정사에 그의 모든 요구가, 생각이, 상상이 내지는 만족이 종속당하는 사람은 그의 개체성을 및 인간으로서의 존엄성을 박탈당한 상태에 있는 것이 된다. 이러한 개인은 일반대중에 합병된다. 대중적인 것이 된 그의 의견들은 결코 다른 것이 되기 어렵다; 알려진 것들이 된 그의 열망들은 항상 인습적으로 받아들여진 것들이 되기 쉽다; 공개적으로 노출된 것들이 된 그의 생각들은 독특한 인간적 따뜻함의 특성을 «418 U. S., 401» 잃기가 쉽고 모든 사람의 생각들이 되기 쉽다. 이러한 존재는 비록 지각력이 있다 하더라도 대체가 가능하다; 그는 개체가 아니다." Bloustein, Privacy as an Aspect of Human Dignity: An Answer to Dean Prosser, 39 N. Y. U. L. Rev. 962, 1003 (1964).

[43] 사적 시민을 위한 보통법상의 문서비방 구제수단의 내장적출로써, 언론기관에 의한 개인의 명예에의 공격에 맞서 싸울 가장 효율성 높은 무기를 그의 법적 병기고로부터 이 법원은 제거한다. 신문논설에 의하여 비판되는 개인은 그 공격에 대한 자신의 응답을 게재하도록 신문사에게 요구함으로부터 연방헌법 수정 제1조에 의하여 차단된다는 취지의 내가 가담한 Miami Herald Publishing Co. v. Tornillo, ante, p. 241에서의 이 법원의 오늘의 판시에 의하여, 다윗에 및 골리앗에 비유되는 이 관계의 성격은 한층 더 두드러진다. 공직을 위한 후보자임을 선언한 사람을 그 사건이 포함하기는 하지만, "편집자들의 역할에의" 정부의 "간섭"을 금지하는 연방헌법 수정 제1조의 장벽에 대한 이 법원의 인정, ante, at 258, 은 조금이라도 사적 시민들의 내지는 공무원들의 양자 사이의 구분 위에는 의존하지 않는다. "편집자로서의 통제력의 및 판단력의 행사," 즉 "[신]문에 들어갈 자료의 선택을, 및 신문의 크기에 및 내용에 대한 제한사항들에 관하여 이루어진 결정들을, 그리고, …… 공중의 쟁점들에 및 공무원들에 대한 취급을 – 공정하든 불공정하든" 정부의 제약으로부터 연방헌법 수정 제1조는 명확하게 보호함을 실제로 이 법원은 말한다. Ibid. (강조는 보태짐.) 따라서, 언론에 의하여 문서비방된 운 나쁜 일반적 시민은 (a) 자신에 관한 기사의 공표가 아무리 문서비방적일 수 있는지에 상관없이 그것을 미리 금지하여서는 안 된다고, Near v. Minnesota ex rel. Olson, 283 U. S. 697 (1931); (b) 그의 응수를 게재하도록 신문사를 강제해서는 안 된다고; 그리고 (c) 취소문을 게재하도록 신문사를 강요해서는 안 된다고 우리는 가정하듯, 왜냐하면 사법적으로 강제된 취소는, "강제적인 접근의 권리로서의 구제수단"이 그러하듯, 내용에 관한 "정부적 강요"를 수반하고, 그것은 "연방헌법 수정 제1조의 명시적 규정들에의 및 오랜 기간에 걸쳐 전개되어 온 그 수정조항에 대한 사법적 해석에의 대결을 동시에 야기하기 때문이다." Miami Herald Publishing Co. v. Tornillo, ante, at 254; 그러나 이 사건, ante, at 368 n. 3 (브레넌(BRENNAN) 판사, 반대의견)을 비교하라.

"자신의 활동들에 관련하여 허위의 주장들이 공표된 터임을 만약 원고가 증명할 수 있을 경우에는 허위성에 대한 법원의 판단의 공표를 규정하는, 과실의 «418 U. S., 402» 증명을 요구하지 아니하는 있을 수 있는 제정법들의 입법"의 여지가 헌법적으로 있을 수 있지 않은가 하고 나의 동료 브레넌(BRENNAN) 판사는 아울러 제언한다. Ibid. 그러나 "모종의 과실"을 전제하는 자신의 새로운 문서비방 기준들에 대한 이 덜 급진적인 대안을 이 법원은 숫제 고려조차 하지 아니한다.

While some risk of exposure "is a concomitant of life in a civilized community," Time, Inc. v. Hill, 385 U. S. 374, 388 (1967), the private citizen does not bargain for defamatory falsehoods. Nor is society powerless to vindicate unfair injury to his reputation.

"It is a fallacy ······ to assume that the First Amendment is the only guide-post in the area of state defamation laws. It is not. ······

"The right of a man to the protection of his own reputation from unjustified invasion and wrongful hurt reflects no more than our basic concept of the essential dignity and worth of every human being - a concept at the root of any decent system of ordered liberty. The protection of private personality, like the protection of life itself, is left primarily to the individual States under the Ninth and Tenth Amendments. But this does not mean that the right is entitled to any less recognition by this Court as a basic of our constitutional system." Rosenblatt v. Baer, supra, at 92 (STEWART, J., concurring).

The case against razing state libel laws is compelling when considered in light of the increasingly prominent role of mass media in our society and the awesome power it has placed in the hands of a select few.[44] Surely, our political "system cannot flourish if regimentation takes hold." Public Utilities Comm'n v. Pollak, 343 U. S. 451, 469 (1952) (DOUGLAS, J., dissenting). Nor can it survive if our people are deprived of an effective method «418 U. S., 403» of vindicating their legitimate interest in their good names.[45]

Freedom and human dignity and decency are not antithetical. Indeed, they cannot survive without each other. Both exist side-by-side in precarious bal-

---

44) See n. 28, supra.

45) "No democracy, ······ certainly not the American democracy, will indefinitely tolerate concentrations of private power irresponsible and strong enough to thwart the aspirations of the people. Eventually governmental power will be used to break up private power, or governmental power will be used to regulate private power — if private power is at once great and irresponsible." Commission on Freedom of the Press, A Free and Responsible Press 80 (1947).

노출의 일정 정도의 위험은 "문명화된 공동체에서의 삶의 부수물"이기는 하지만, Time, Inc. v. Hill, 385 U. S. 374, 388 (1967), 명예훼손적 허위공표들을 사적 시민은 받아들일 용의가 없다. 게다가 그의 명예에의 부당한 침해에 대하여 혐의를 풀능력을 사회가 갖추고 있지 못한 것이도 아니다.

　　"연방헌법 수정 제1조가 주 명예훼손 법들에 관한 분야에서의 유일한 길잡이임을 …… 가정함은 오류이다. 그것은 유일한 길잡이가 아니다. ……

　　"부당한 침해로부터 및 불법적 손상으로부터 자기 자신의 명예의 보호를 누릴개인의 권리가 반영하는 것은 다름 아닌 모든 인간의 불가결한 존엄에 및 가치에대한 우리의 기본적 개념 - 조금이라도 품위를 갖춘 규율 잡힌 자유의 뿌리에 놓인개념 - 이기 때문이다. 사적 인격의 보호는 생명 자체의 보호가 그러하듯, 연방헌법수정 제9조에 및 제10조에 따라 일차적으로 개개 주들에게 남겨져 있다. 그러나 우리의 헌법제도의 기초원리로서 이 법원에 의한 인정을 누릴 자격을 그 권리가 조금이라도 덜 갖추고 있음을 이것은 의미하지 않는다." Rosenblatt v. Baer, supra, at 92 [스튜어트(STEWART) 판사, 보충의견].

　　우리 사회에서의 대중매체의 점증하는 두드러진 역할에 비추어, 그리고 선택된소수의 손들에 그것이 쥐어준 권력에 비추어 고찰하면, 주 문서비방 법들을 없앰에반대하는 주장은 설득력이 있다.[44] 확실한 것은, "만약 통제가 달라붙는다면" 우리의 "체제는 융성할 수 없다."는 점이다. Public Utilities Comm'n v. Pollak, 343 U. S. 451, 469 (1952) [더글라스(DOUGLAS) 판사, 반대의견]. 만약 그들의 훌륭한 이름들에 있어서의 그 자신들의 적법한 이익을 《418 U. S., 403》 지킬 효과적인 수단을 우리 국민들이 박탈당한다면 그것은 살아남을 수도 없다.[45]

　　자유는, 인간의 존엄은 및 예의바름은 정반대의 것들이 아니다. 아닌게 아니라,서로가 없이는 그것들은 살아남을 수 없다. 다른 쪽을 압도하고자 한 쪽이 항상 위

---

44) n. 28, supra를 보라.
45) "국민의 염원들을 좌절시키기에 충분할 만큼의 무책임한 및 강력한 사적 권력의 집중들을 …… 민주정부이라면, 그리고 확실히 미국 민주주의는, 결코 무한정으로 묵인하지 아니할 것이다. 만약 사적 권력이 거대하면서도 동시에 무책임한 경우라면 결국은 사적 권력을 깨뜨리기 위하여 정부의 권한이 사용되든지, 또는 사적 권력을 규율하기 위하여 정부의 권한이 사용되든지 할 것이다." Commission on Freedom of the Press, A Free and Responsible Press 80 (1947).

ance, one always threatening to overwhelm the other. Our experience as a Nation testifies to the ability of our democratic institutions to harness this dynamic tension. One of the mechanisms seized upon by the common law to accommodate these forces was the civil libel action tried before a jury of average citizens. And it has essentially fulfilled its role. Not because it is necessarily the best or only answer, but because

"the juristic philosophy of the common law is at bottom the philosophy of pragmatism. Its truth is relative, not absolute. The rule that functions well produces a title deed to recognition." B. Cardozo, Selected Writings 149 (Hall ed. 1947).

In our federal system, there must be room for allowing the States to take diverse approaches to these vexing questions. We should "continue to forbear from fettering the States with an adamant rule which may embarrass them in coping with their own peculiar problems ······." Mapp v. Ohio, 367 U. S., at 681 (Harlan, J., dissenting); see also Murnaghan, From Figment to Fiction to Philosophy - The Requirement of Proof of Damages in Libel Actions, 22 Cath. U. L. Rev. 1, 38 (1972). «418 U. S., 404» Cf. Younger v. Harris, 401 U. S. 37, 44-45 (1971). Whether or not the course followed by the majority is wise, and I have indicated my doubts that it is, our constitutional scheme compels a proper respect for the role of the States in acquitting their duty to obey the Constitution. Finding no evidence that they have shirked this responsibility, particularly when the law of defamation is even now in transition, I would await some demonstration of the diminution of freedom of expression before acting.

For the foregoing reasons, I would reverse the judgment of the Court of Appeals and reinstate the jury's verdict.

협하는 가운데의 불확실한 균형 속에서 그 둘은 다 같이 나란히 존재한다. 이 역동적 긴장을 동력화하는 우리의 민주주의 제도들의 능력을 한 개의 국가로서의 우리의 경험은 증언한다. 이 힘들을 조화시키기 위하여 보통법에 의하여 포착된 장치들 중 한 가지는 평균적 시민들로 구성되는 배심 앞에서 정식사실심리되는 민사 문서 비방 소송이었다. 그리고 자신의 역할을 그것은 본질적으로 완수해 왔다. 그것이 반드시 최선의 것이기 때문이 내지는 유일한 해답이기 때문이 아니라,

"실용주의 철학의 밑바탕에 보통법의 법철학이 놓여 있기 때문이다. 그것의 진리는 절대적이 아니라 상대적이다. 잘 기능하는 규칙은 승인의 권리증서를 산출한다." B. Cardozo, Selected Writings 149 (Hall ed. 1947).

우리의 연방체계에서는, 이 성가신 문제들에 대한 다양한 접근법들을 주들로 하여금 택하도록 허용하기 위한 여지가 있지 않으면 안 된다. "…… 주들 자신의 특유의 문제들을 다룸에 있어서 주들을 난처하게 할 수 있는 견고무비의 원칙으로써 주들을 속박함을" 우리는 "계속 삼가야 한다." Mapp v. Ohio, 367 U. S., at 681 [할란(Harlan) 판사, 반대의견]; 아울러 Murnaghan, From Figment to Fiction to Philosophy - The Requirement of Proof of Damages in Libel Actions, 22 Cath. U. L. Rev. 1, 38 (1972)를 보라. 《418 U. S., 404》 또한 Younger v. Harris, 401 U. S. 37, 44-45 (1971)을 비교하라. 다수의견에 의하여 좇아진 경로가 현명한 것이든 아니든, 그리고 그것이 현명한 것임에 대한 나의 의심들을 나는 표명하여 두었는바, 연방헌법에 복종할 주들의 의무를 다함에 있어서의 주들의 역할에의 정당한 존중을 우리의 헌법적 체계는 강제한다. 이 책임을 그들이 회피한 터임을 나타내는 증거를 발견할 수 없는 이상, 명예훼손 법이 지금에도 변화 가운데 있는 때에 특히, 표현의 자유의 감손에 대한 모종의 논증을 행동에 앞서서 나라면 기다릴 것이다.

위에서 살핀 이유들에 따라, 나라면 항소법원의 판결주문을 파기하고 배심의 평결을 회복시킬 것이다.

표현의 자유_Freedom of Expression

Freedom of

미국 연방대법원 판례시리즈 VII

NEBRASKA PRESS ASSN. ET AL. v. STUART, JUDGE, ET AL., 427 U. S. 539 (1976)

네브라스카주 대법원에 내린 사건기록 송부명령

NOS.　75–817.
변 론　1976년 4월 19일
판 결　1976년 6월 30일

1. 개요

NEBRASKA PRESS ASSN. ET AL. v. STUART, JUDGE, ET AL., 427 U. S. 539 (1976)은 9 대 0으로 판결되었다. 법원의 의견을 법원장 버거(BURGER) 판사가 냈고, 보충의견을 화이트(WHITE) 판사가, 파월(POWELL) 판사가 각각 냈다. 판결주문에 찬동하는 의견을 스튜어트(STEWART) 판사의 및 마샬(MARSHALL) 판사의 가담 아래 브레넌(BRENNAN) 판사가 냈고, 마찬가지로 판결주문에 찬동하는 의견을 스티븐스(STEVENS) 판사가 냈다. 공정한 배심의 구성을 어렵게 만드는 위험을 피하기 위하여, 피고인의 자백들에 내지는 시인들에 관한 기사들을 내지는 살인사건에 피고인을 함축시키는 사실관계에 관한 기사들을 공표하지 말라는 명령을 언론사들에게 주 지방법원 판사가 내린 것이 언론의 자유에 대한 헌법상의 권리에 대한 침해를 구성하는지를 다루었다.

2. 사실관계

가. 살인사건의 용의자

(1) 네브라스카주 소재의 인구 850명의 마을인 서덜랜드 소재의 그들의 집에서 1975년 10월 18일 저녁에 헨리 켈리(Henry Kellie) 가족의 여섯 명이 살해된 채로 지역경찰에 발견되었다. 범죄사건들이 발생한 직후에 지역 텔레비전 방송국을 통한 특별발표에 의하여 인구 850명의 지역사회는 경계에 처해졌다. 도로들로부터 벗어나 있도록 및 집 안에 남을 받아들이는 일에 주의를 기울이도록 경찰에 의하여 주민들은 요청되었고, 서덜랜드에 빈집털이가 돌아다닌다는 소문들이 급속히 확산되었다. 사이먼츠를 용의자로서 수사가 관련시켰을

때, 그의 이름은 및 인상착의는 언론에 제공되었고 이에 이어 공중에게 퍼뜨려졌다. (427 U. S., at 541-542, 573.)

(2) 10월 19일 새벽에 사이먼츠는 체포되었고 여섯 개의 모살 소인들로써 기소되었으며, 네브라스카주 링컨 카운티의 카운티 법원 앞에서 기소인부 신문에 처해졌다. 신문잡지 기자들이 출석했기 때문에 그리고 공정한 정식사실심리를 나중에 얻을 피고인의 권리들에 보석에 관한 증거가 해로울 것이었기 때문에 사이먼츠의 이의에도 불구하고 링컨 카운티 검사의 요청에 따라 보석심문의 일부가 비공개에 처해졌다. 그 심문에서 사이먼츠를 위한 변호인단이 지정되었고 보석은 기각되었으며, 정식사실심리를 위하여 네브라스카주 링컨 카운티 지방법원에 사이먼츠가 이송되어야 할지 여부를 판정하기 위한 예비심문 기일로 10월 22일이 지정되었다. (427 U. S., at 542, 573-574.)

(3) 밤 사이에 형성되었던 긴장의 대부분을, 라디오를 및 텔레비전을 통하여 방송된 사이먼츠의 체포 뉴스는 없애 주었다. 10월 19일부터 그 사흘 뒤에 기입된 최초의 제한명령 때까지의 기간 동안, 그 있었던 진행사항들에 관한 정확한 사실적 기사들을 보도기관들은 작성하였는데, 사이먼츠에 의하여 여러 인척들에게 이루어진 부죄적 진술들에 관한 기사들을 그것들은 포함하였다. (427 U. S., at 574.)

나. 보도에 내지는 공개에 대한 제한명령을 검사가 및 변호인이 함께 신청함; 공소장 변경; 카운티 법원의 제한명령

(1) 자백들을 내지는 시인들을 피고인이 하였다는 점을 포함하여 사건은 지방의, 지역의 및 전국의 신문들에, 라디오 방송국들에 및 텔레비전 방송국들에 널리 보도되었다. 공정한 배심 구성함을 어렵게 만들 및 공정한 정식사실심리를 방해하는 데 보탬이 될 편파적 뉴스가 보도될 가능성이 있음을 이유로, 공개적으로 보도될 수 있는 사항들에 내지는 없는 사항들에, 또는 공중에게 공개될 수 있는 사항들에 내지는 없는 사항들에 관한 제한명령을 내려 달라는 신청을, 범행 3일 뒤에 주 카운티 법원에 주 검사는 및 변호인은 함께 제기하였다. 성 폭행의 범행 과정에서 내지는 그 시도의 과정에서 사이먼츠에 의하

여 여섯 개의 모살범행들이 자행되어 있음을 기소하는 변경된 공소장을 부검 결과들이 완결된 10월 22일 카운티 검사는 제출하였다. 언론기관들을 위한 변호인의 불출석 가운데서, 구두변론을 주 카운티 법원은 청취하였다. (427 U. S., at 542, 575.)

(2) 제한명령을 구하는 검사의 신청을 카운티 법원은 허가하였고 그 명령을 그 다음 날인 10월 22일 내렸다. 사건에의 모든 당사자들은, 즉 변호사들은, 법원 전직원은, 공무원들은, 경찰관들은, 증인들은 및 예비심문 동안에 법원에 출석해 있는 그 밖의 사람은, 예비심문 동안에 이루어진 그 어떤 증언을이든 내지는 제출된 그 어떤 증거를이든 그 어떤 형태로든 내지는 방법으로든 공중에의 배포를 위하여 공개해서는 내지는 그 공개를 허가해서는 안 됨을; 예비심문은 제쳐두고, 임박한 내지는 계속 중인 형사재판에 관한 정보의 공개를 및 보도를 위한 주 법원의 및 뉴스 매체의 구성원들에 의하여 채택된 자율적 기준들인 네브라스카주 법정보도지침에 규정된 것을 제외하고는 조금이라도 이 문제에 관한 정보를 경찰관은, 공무원은, 변호사는, 증인은, 또는 뉴스매체는 배포해서는 안 됨을 카운티 법원은 명령하였다. 상급법원에 의하여 변경될 때까지 내지는 취소될 때까지 또는 이 공소사실들로부터의 피고인의 방면이 명령될 때까지 효력을 명령은 유지하게 되어 있었다. 같은 날 열린 사이먼츠의 예비심문은 이를 비공개로 진행해 달라는 변호인 측의 요청을 법원이 기각함에 따라 청중에게 공개되었는데, 그 때에 다양한 증인들이 증언하였고, 그 주장된 범행들을 둘러싼 상황전개에 관한 중대한 사실적 정보를 그들은 드러냈다. 심문의 종결에 따라 피고인을 지방법원에 카운티 법원은 이송하였는데, 대배심 검사기소장에 소추된 범죄들이 저질러졌음을, 그리고 그것들을 사이먼츠가 저질렀다고 믿을 상당한 이유가 있음을 카운티 법원은 인정하였기 때문이다. (427 U. S., at 542, 575-576.)

다. 주 지방법원 판사의 제한명령 (427 U. S., at 543-544, 575-577.)

(1) 주 지방법원에의 소송참가 허가를 10월 23일에 청구인들은 - 몇몇 언론 및 방송 연합체들로, 출판사들로, 그리고 개인 통신원들로 그들은 구성된다 - 신청하였는데, 카운티 법원에 의하여 부과된 제한명령은 무효화되어야 한다고 그

들은 주장하였다. 청구인들의 참가신청을 지방법원 판사는 허가하였고, 카운 티 법원의 명령을 더 이상의 청문들 없이 10월 27일에 종료시키고서 이를 그 자신의 명령으로 대체하였다.

(2) 공정한 정식사실심리를 받을 피고인의 권리를 정식사실심리 이전의 공개가 침해할 명백한 현존의 위험이 있음을 주 지방법원 판사는 인정하여, 배심이 구성될 때까지 특히 (1) 경찰관들에게 사이먼츠가 해 놓은 자백의 존재를 또 는 그 내용을; (2) 다른 사람들에게 사이먼츠가 진술들을 한 바 있다는 사실 을 또는 그 진술들의 성격을; (3) 범행 당일 밤에 그가 써 놓은 메모의 내용을; (4) 예비심문에서 의사가 한 증언의 특정 측면들을; (5) 그 주장된 성폭행 피 해자들의 신원을 및 폭행의 성격을 등 다섯 가지 사항들을 보도하지 못하도 록 명령은 금지하였다. 제한명령 그 자체의 정확한 성격을 보도하지 말도록 아울러 그것은 금지하였다. 네브레스카주 법정보도지침들을 카운티 법원 판 사의 명령이 그랬듯이 이 명령은 구체화하였다.

라. 주 지방법원 판사의 명령에 대한 정지명령 신청; 주 대법원에의 급속 항소의 제기; 순회구담당 대법관으로서의 블랙먼(BLACKMUN) 판사에게의 정지명령 신청 (427 U. S., at 544, 578–582.)

(1) 직무집행 영장에, 정지명령에, 또는 급속항소에 의하여 명령의 정지를 주 지 방법원으로부터 및 즉시의 구제를 주 대법원으로부터 10월 31일에 청구인들 은 추구하였다. 이 소송들에 네브라스카주는 및 피고인 사이먼츠는 참가하 였다.

(2) 이 신청들에 대하여 주 지방법원이도 네브라스카주 대법원이도 응하지 아니 하자, 주 지방법원 명령의 정지를 순회구담당 대법관으로서의 블랙먼 (BLACKMUN) 판사에게 11월 5일에 청구인들은 신청하였다.

(3) 정지 결정을 내리기를 "네브라스카주 대법원에의 예양에 좇아 적어도 즉시 의 현재로서는" 거부하는 판사실에서의 의견을 11월 13일에 블랙먼(BLACKMUN) 판사는 냈다. 청구인들의 신청들에 관한 주장들을 듣는 날짜로 11월 25일을 11월 18일에 네브라스카주 대법원이 지정하였을 때, 구제를 블랙먼(BLACKMUN) 판사에게 청구인들은 다시 신청하였다. "수인 가능한 한계들을" 네브라스카

주 대법원 앞에서의 지연이 "초과하였다."고 그는 결론짓고서, 명령을 그는 내렸다. 그 권고적 법정보도지침들을 명령이 구체화한 한도 내에서 명령을 그는 정지시켰고 몇몇 그 밖의 사항들의 보도를 금지하였다. 자백의 존재를 내지는 성격을 보도하지 못하도록 금지하는 지방법원의 명령 부분을 그리하여 유지되게끔 그는 남겨두었고, 그리고 피고인에게 "매우 불리한" 내지는 그를 "강하게 연루짓는," 그리하여 "독립적인 및 공정한 유죄판단에 도달할 그것들에 노출된 사람들의 능력을 회복불능으로 손상시킬" 사실관계의 공표를 제약하지 못하도록 그 법원을 금지하기를 그는 거부하였다. 공표에 대한 모든 사전 제한조치의 부과를 블랙먼(BLACKMUN) 판사의 명령이 허용한 한도 내에서 그 명령을 연방대법원은 무효화하여야 한다는 신청을 연방대법원에 그 다음 날 청구인들은 제기하였다.

(4) 이에 이어 더 광범위한 정지를 네브라스카주 대법원에 청구인들은 신청하였다; 구두변론을 11월 25일에 네브라스카주 대법원은 청취하였고, 청구인들이 구한 더 광범위한 정지를 거부하는 결정을 12월 1일에 전원재판부의 이름으로 주 대법원은 내렸다. 형사사건에 청구인들이 내지는 그 밖의 어느 누구든 제3자가 참가함은 부적절하다고, 그리고 그 사건으로부터의 항소는 기각되지 않으면 안 된다고 최초로 네브라스카주 대법원은 판시하였다. 그러나 피청구인 스튜어트(Stuart)를 상대로 한 청구인들의 직무이행 영장 소송에 대하여 관할권을 자신은 지닌다고, 그리고 그 소송에 피청구인 사이먼츠가 및 네브라스카주가 참가함은 적법하다고 네브라스카주 대법원은 결론지었다.

마. 네브라스카주 대법원의 판시 (27 U. S., at 544-545, 583-584.)

(1) 범죄사건을 둘러싼 공개성으로 인하여, 공정한 배심에 의한 정식사실심리를 누릴 피고인의 권리가 위험에 놓인 것으로 주 대법원은 판단하였다. 링컨 카운티가 및 그 재판지 변경이 가능한 인근 카운티들이 공개성에 다 같이 노출된 상태임을 주 대법원은 유념하였다.

(2) 공정한 정식사실심리를 누릴 피고인의 권리를 및 진행상황을 보도함에 있어서의 청구인들의 이익을 조정하도록 지방법원의 명령을 주 대법원은 수정하여, (a) 경찰관들에게 이루어진 피고인의 자백들의 내지는 시인들의 존재에

및 성격에, (b) 언론 구성원들에게 이외의 제3의 당사자들에게 이루어진 자백들에 내지는 시인들에, 그리고 (c) 피고인을 "강하게 연루짓는" 그 밖의 사실들에 대하여서만 보도를 금지하고, 지방법원의 나머지 부분의 명령은 무효화하였다. 네브라스카주 법정보도지침들에 주 대법원은 의존하지 않았다. 일정한 상황들 아래서의 정식사실심리 이전 청문들로부터의 언론출판의 및 공중의 배제를 규정하는, 형사재판 기준들에 관한 미국 법률가협회 기획사업 (American Bar Association Project on Standards for Criminal Justice)의 Fair Trial and Free Press § 3.1, Pretrial Hearings) (App. Draft 1968) 부분을 네브라스카주 대법원은 채택하였고, 장래의 정식사실심리 이전 절차들을 비공개리에 진행하여 달라는 신청들을 그 기준 아래서 검토하도록, 그리하여 언론에게 정식사실심리 이전 심문들이 닫혀져야 하는지 여부에 대한 재검토를 하도록 사건을 주 지방법원 판사에게 주 대법원은 환송하였다.

바. 연방대법원의 사건기록 송부명령, 쟁송성의 검토 (427 U. S., at 541, 546–547, 584.)

(1) 주 대법원의 명령을 정지시켜 줄 것을 연방대법원에 12월 4일 청구인들은 신청하였고 그들의 보다 먼저 제출된 문서들을 사건기록 송부명령 청구로서 취급되게 해 달라고 신청하였다. 이 나중의 신청을 11월 8일 연방대법원은 허가하였고, 영장 청구의 및 정지신청의 검토를 그 다음 날 업무 종료에 따라 피청구인들로부터의 답변들이 있기까지 연기하였다. 재검토를 신속히 처리해 달라는, 또는 주 대법원의 명령을 사이먼츠의 정식사실심리 계속 중에 완전히 정지시켜 달라는 청구인 언론기관들의 신청을 연방대법원은 기각하였다.

(2) 사건기록 송부명령을 연방대법원이 허가한 이후로 사이먼츠는 주 지방법원에서 살인죄에 대하여 유죄로 판정되어 사형을 선고받고서 주 대법원에 항소한 상태가 되었다. 주 지방법원 판사의 제한명령은 배심이 구성될 때까지를 시간적 한계로 하고 있었으므로 1976년 1월 7일 배심이 구성되었을 때 그 명령은 실효되어 공표에 대한 제한들은 없는 것이 되었고, 이로써 사건은 쟁송성을 상실한 상태라고 연방대법원에서 참가인 사이먼츠는 주장하였다. 그러나 당사자들 사이의 근원적인 분쟁이 반복 가능한 것이면, 그러면서도 재검토를 비켜가는 성격의 것이면, 공격 대상인 명령이 실효되었다는 이유만으로는

관할권이 반드시 소멸하는 것은 아님을, 그리고 이 사건의 쟁점이 바로 그러한 성격의 것들임을 들어, 사이먼츠의 주장을 연방대법원은 배척하고 본안에 나아갔다.

3. 쟁점

살인사건에 관한 언론의 보도에 의하여 편견 없는 공정한 배심을 구성함에 장애가 초래될 위험을 피하기 위하여 언론기관들로 하여금 특정 사항에 대한 보도를 배심 구성 때까지는 하지 말도록 금지한 법원의 제한명령이 수정헌법 제1조에 대한 침해가 되는지 여부가 쟁점이 되었다.

4. 법원장 버거(BURGER) 판사가 낸 법원의 의견의 요지

가. 편견 없는 배심을 가질 권리의, 및 언론출판의 자유 보장의 그 양자의 잠재적 충돌들을 연방헌법의 저자들은 인식하였다. 제약 없는 언론으로부터는 사적 권리들에 제기되는 위험들이 있음을 그들은 인식하였다. (427 U. S., at 547-548.)

나. 공평한 배심에 의한 정식사실심리를 연방 형사 소추사건들에서는 연방헌법 수정 제6조가 명시적으로 보장하고, 주 형사 소추사건들에서는 연방헌법 수정 제14조의 적법절차 조항이 보장한다. 궁극적으로, 사람에게서 자유를 내지는 생명을 빼앗을 수 있는 것은 오직 배심만이다. 배심원은 선서절차에 처해지지 않은 채로 그가 서 있는 경우처럼 중립이지 않으면 안 되고, 정식사실심리에서 현출된 증거 위에 그 토대를 그의 평결은 둔 것이지 않으면 안 된다. (427 U. S., at 550-551.)

다. 사건이 세상을 놀라게 하는 성격의 것인 때에는 중립의 배심에 의한 정식사실심리를 받을 피고인의 권리의, 및 연방헌법 수정 제1조에 의하여 타인들에게 보장된 권리들의, 그 양자 사이에는 긴장들이 전개된다. 예컨대 Ilrvin v. Dowd, 366 U. S. 717, 722 (1961)에서, 적대적인 뉴스 보도 이후로 피고인은 살인죄에 대하여 유죄로 판정되었다. 유죄판정을 및 사형선고를 당원은 무효화하고서 새로운 정식사실심리를 위하여 사건을 환송하였다. 지역 경찰의 협력 하에 행해진 고도로 감정적인 자백이 녹화되어 정식사실심리를 기다리는 동안 사흘에 걸쳐 텔레비전으로 그 자백이 방영된 피고인에 대한 유죄판정을 Rideau v. Louisiana, 373 U. S. 723 (1963)에서 당원은 파기하였다. 진실을 향한 침착한 탐구를 정식사실심리 공표의 크기가, 절차들에 대한 판사의 통제 불이행이, 그리고 텔레비전 방송이 본질적으로 방해한 경우에 적법절차에 위반된다고 Estes v. Texas, 381 U. S. 532 (1965)에서 당원은 판시하였다.

(427 U. S., at 551-552.)

라. 정식사실심리 이전에 이루어진 공표의 영향력 등을 이유로, 청구인을 위한 새로운 정식사실심리를, 최초의 정식사실심리가 있은 지 12년이나 지났음에도 불구하고, Sheppard v. Maxwell, 384 U. S. 333 (1966)에서 당원은 명령하였다. 계속 중인 정식사실심리들에 대한 편파적인 뉴스 해설은 유행이 되어 왔음을 언급하고서, 편파적 뉴스의 위협이 누그러질 때까지의 정식사실심리의 연기를 내지는 공표가 그토록 퍼져 있지 아니한 다른 카운티로의 이송을, 배심의 격리를 등 포함하여 결코 피고인에게 불리하게 균형점이 저울질되지 않음을 보장하기 위한 강력한 조치들을, 정식사실심리 법원들은 취하지 않으면 안 됨을 당원은 경고하였다. (427 U. S., at 552-553.)

마. 반면에, 광범위한 공표에도 불구하고 정식사실심리들은 공정하였다고 여타의 사건들에서 우리는 판시해 왔다. 예컨대, Stroble v. California, 343 U. S. 181 (1952)에서는 정식사실심리에 앞선 6주 동안 주지 상태가 감퇴하였음을, 배심원 자격 예비심문에서의 배심원들에 대한 철저한 신문을 등 당원은 주목하여, 적법절차의 박탈을 청구인은 증명하지 못하였다고 판시하였다. 불공정한 정식사실심리에게로 정식사실심리 이전의 공표가 필연적으로 이끄는 것은 아님을 위 Stroble 사건은 및 Murphy v. Florida (1975) 사건은, Beck v. Washington (1962) 사건은 증명한다. (427 U. S., at 554.)

바. 사건을 공정하게 판단할 궁극적으로 선발된 배심의 능력은 공표의 논조에 및 정도에 의하여 영향을 받는바, 적법절차의 요구들에 부합되는 정식사실심리

를 피고인이 수령하는지 여부를, 정식사실심리 이전의 공표의 효과들을 완화시키기 위하여 판사가 취하는 내지는 간과하는 조치들은 결정짓는다. 공정한 정식사실심리를 제공하지 아니함에 따르는 비용들은 높다. (427 U. S., at 554-555.)

사. 우리가 판단하지 않으면 안 되는 바는, 주 법원들에 의하여 사용된 수단들이 연방헌법에 의하여 배제되는 것들이었는지 여부에 있다. (427 U. S., at 555-556.)

아. 공정한 중립의 배심을 누릴 피고인의 권리를 보호하기 위하여 발령된 제한명령들을 사전의 제한에 관한 우리의 선례들은 포함하지 않았으나, 출판물들에 대한 모든 사전의 제한조치들을 금지하는 데에 연방헌법 수정 제1조의 주된 목적은 있다는 것이; 그리고 표현에 대한 사전의 제한조치가 당원에 올 때는 헌법적 정당성 결여의 무거운 추정을 그것은 동반한다는 것이; 및 이러한 제한의 부과를 위한 정당화 사유를 증명할 무거운 책임을 피청구인은 부담한다는 것이; 제한조치의 일시적 성격에 의하여는 정부 위의 책임이 감소되지 아니한다는 것이; 말에 및 공표에 대한 사전의 제한조치들은 연방헌법 수정 제1조상의 권리들에 대한 가장 중대한 침해라는 것이 당원의 Near v. Minnesota ex rel. Olson (1931)에서의; Patterson v. Colorado ex rel. Attorney General (1907)에서의; Organization for a Better Austin v. Keefe (1971)에서의; Carroll v. Princess Anne (1968)에서의; Bantam Books, Inc. v. Sullivan (1963)에서의; New York Times Co. v. United States (1971)에서의 사전의 제한조치에 관한 의견들이 지니는, 이 사건에 적절한 공통의 맥락들이다. (427 U. S., at 556-559.)

자. 책임감 있는 언론은 특히 형사법 분야에서 효과적인 사법운영의 보조자로 간주되어 왔다. 정식사실심리들에 관한 정보를 언론은 단순히 보도하는 것만이 아니라, 경찰을, 검찰관들을, 그리고 사법절차들을 공중의 비판에 복종시킴으로써 오심을 감시한다. (427 U. S., at 559-560.)

차. 편견 없는 배심원들에 의한 공정한 정식사실심리를 받을 피고인의 권리들을 보호하기 위한 상당한 노력을, 연방헌법 수정 제1조상의 권리들을 행사하는

사람들은 기울여야 한다. 그러나, 그 자신을 이 나라의 언론의 편집실들 안에 심어 넣음을 정부에게 허용하게 마련인 그 조치들에 관하여 극도로 회의적인 상태에 우리는 여전히 남는다. 사전의 제한조치에 대한 장벽들이 높은 상태로 유지됨은 명백하다. (427 U. S., at 560–561.)

카. 집중적인 뉴스 보도를 그 범행은 이미 끈 상태였다. 집중적인 및 널리 스며드는, 정식사실심리 이전의 공표가 있을 것이라고 결론지음에 있어서 정식사실심리 판사는 정당하였다. 공정한 정식사실심리를 받을 피고인의 권리를 공표가 손상시킬 수도 있는 명백한 현존의 위험이 있다고 그는 합리적으로 결론지었다. (427 U. S., at 562–563.)

타. 그러나, 모든 공표를 제한하는 명령에 미달하는 조치들로써도 공정한 정식사실심리를 피고인에게 보장했을지 여부를, 즉 여타의 수단들로는 충분하지 않았을 것인지 여부를 정식사실심리 법원은 명시적으로 판단하지 않았다. 공표에 대한 사전의 제한조치를 갈음할 대체수단들로서는 Sheppard 사건에서 논의된 대로 (a) 집중적인 공표에 덜 노출된 장소로의 재판지의 변경이; (b) 공중의 관심이 가라앉기를 기다리기 위한 정식사실심리의 연기가; (c) 유·무죄에 관하여 고정된 의견들을 지닌 사람들을 걸러내기 위한 배심원 후보들에 대한 엄격한 심문이; (d) 쟁점들을 오직 공개법정에 제출된 증거 위에서만 판단할 개개 배심원의 의무에 대한 단호한 훈시사항들의 사용이 있다. 배심원들의 격리는 항상 동원 가능하다. 정식사실심리 이전의 공표의 영향력을 무디게 하는 데 보탬이 되는 여타의 조치들로서, 변호사들이, 경찰이, 그리고 증인들이 누군가에게 말해도 되는 사항들을 정식사실심리 법원들이 제한하기를 법조전문직 연구결과들은 권유한다. (427 U. S., at 563–564.)

파. 정식사실심리 이전의 공표는 불공정한 정식사실심리에 자동적으로 및 모든 종류의 형사사건에서 데려가는 것으로는 간주될 수 없다. 공표의 해로운 영향들을 누그러뜨리기 위하여 여타의 어떤 조치들이 사용되었는지를 공표의 영향력에 관한 상소절차에서의 평가들은 고려한다. 사이먼츠의 권리들을 대체적 조치들로써는 보호하지 못했으리라는 사실인정은 없으며, 이러한 조치

들로는 충분하지 못할 수가 있음을 네브라스카주 대법원은 겨우 함축한 것에 지나지 않았다. 더욱이, 이러한 사실인정을 뒷받침하기에 기록은 부족하다. (427 U. S., at 565.)

하. 공표에 대한 사전의 제한조치의 예상되는 효력을 우리는 평가하지 않으면 안 된다. 정식사실심리 이전의 제한 명령들을 관리하는 문제들의 현실성을 우리는 무시할 수 없다. 특정 관할권 내에서의 공표를 제한함으로부터는 구분되는 공표 일반에 적용되는 제한명령에 대한 장해를 대인 관할권의 요구는 아울러 제기한다. (427 U. S., at 555–566.)

거. 배심원들의 중립성을 어떤 정보가 실제로 침해할지를 정식사실심리 판사로서 예견하기란, 및 편파적 정보를 잠재적 배심원들로부터 격리시켜 줄 명령을 문안으로 작성하기란 어렵다. 편파적임이 그렇게 명확하지 아니한 회색지대 상황들에서 정당하게 공표되어도 좋은 정보는 제한명령에 위배되지 아니하면서도 여전히 편파적인 것일 수가 있다. (427 U. S., at 566–567.)

너. 기록에 드러난 사건경과는 인구 850명의 지역사회에서 발생한 것이다. 뉴스보도 없이도 입소문을 타고서 소문들은 신속하게 퍼질 것이라고 가정함이 합리적이다. 그 안에서의 생활에 밀접히 영향을 미치는 문제를 논의함으로부터 전체 지역사회가 제한될 수 없음은 명백하다. 이러한 실제적 문제들을 전제할 때, 사이먼츠의 권리들을 사전의 제한조치가 보호했으리라는 점은 결코 명백하지 않다. (427 U. S., at 567.)

더. 궁극적으로, 여기에 기입된 제한명령은 지탱될 수 없다. 매우 광범위한 제한명령을 당초에 카운티 법원이 내리고서, 공중에게와 언론에게 공개된 예비심문을 그 뒤에 열었을 때, 사이먼츠에 의하여 이루어진 부죄적 진술들에 관한 증언이 이루어졌고; 경찰관들에게 그가 하였던 자백이 제출되었다. 카운티 법원의 이 공개심문 뒤에 주 지방법원의 나중의 명령은 내려졌고, 주 대법원에 의하여 변경되었는데, (1) 법 집행 공무원들에게 이루어진 피고인의 자백들은 내지는 시인들은; (2) 피고인에 의하여 뉴스매체에게 이루어진 진술들을 제외한, 피고인에 의하여 제3자들에게 이루어진 자백들은 내지는 시인들은; 및 (3) 피고인을 살해행위들의 범인으로 강력하게 함축하는 그 밖의 모든 정보는 이로써 보도가 금지되었다. (427 U. S., at 567-568.)

러. 이미 이루어진 카운티 법원의 공개의 예비심문에서 제시된 증거의 보도를 금지한 것은, 그 확립된 원칙들에 명백히 위반되었다. 법정에서 일어나는 진행사항들을 보도하지 못하도록 언론을 금지하는 것은 아무 것도 없다. 일단 공개심문이 실시되어 있는 이상에는 거기서 생긴 사항은 사전의 제한조치의 대상이 될 수 없었다. 명령의 세 번째 금지사항인 "함축적" 정보에 관한 이 금지는 너무나 모호하고 너무나 광범위하여 연방헌법 수정 제1조에 부합될 수 없다. 잠재적 배심원들의 견해들을 장래의 통제 없는 공표가 왜곡시킴으로써 공정한 평결을 공개법정에 제시되는 증거에만 근거하여 내릴 배심원들의 의무를 이행할 만한 12명이 발견될 수 없게 되었을지 기록상으로 명백하지 아니하다. 중대한 해악을 여기서의 정식사실심리 이전의 공표가 끼칠 개연성은 사전의 제한조치에 관한 선례들이 요구하는 정도만큼의 확실성을 지니고서 증명되지 못하였다. (427 U. S., at 568-569.)

머. 표현의 자유의 보장들은 모든 상황들 아래서의 절대적 금지가 아님을 우리는 재확인하지만, 그러나 사전의 제한조치에 대한 장벽들은 높은 상태로 유지되고 그것의 사용을 저지하는 추정은 손상 없는 상태로 유지된다. 공개리에 진행된 사법적 절차들에 대한 보도를 내지는 논평을 이 명령이 제한한 한도 내에서, 그것은 무효임이 명백하다. 여타의 원천들로부터 얻어지는 정보에 터잡은 공표를 그것이 금지한 한도 내에서, 사전의 제한조치를 책임지기 위한 조건으로서 부과되는 그 무거운 증명책임은 이행되지 못하였다. 네브라스카주 대법원의 판결주문은 파기된다. (427 U. S., at 569-570.)

MR. CHIEF JUSTICE BURGER
delivered the opinion of the Court.

The respondent State District Judge entered an order restraining the petitioners from publishing or broadcasting accounts of confessions or admissions made by the accused or facts "strongly implicative" of the accused in a widely reported murder of six persons. We granted certiorari to decide whether the entry of such an order on the showing made before the state court violated the constitutional guarantee of freedom of the press. «427 U. S., 542»

I

On the evening of October 18, 1975, local police found the six members of the Henry Kellie family murdered in their home in Sutherland, Neb., a town of about 850 people. Police released the description of a suspect, Erwin Charles Simants, to the reporters who had hastened to the scene of the crime. Simants was arrested and arraigned in Lincoln County Court the following morning, ending a tense night for this small rural community.

The crime immediately attracted widespread news coverage, by local, regional, and national newspapers, radio and television stations. Three days after the crime, the County Attorney and Simants' attorney joined in asking the County Court to enter a restrictive order relating to "matters that may or may not be publicly reported or disclosed to the public," because of the "mass coverage by news media" and the "reasonable likelihood of prejudicial news which would make difficult, if not impossible, the impaneling of an

법원의 의견을 법원장 버거(BURGER) 판사가 냈다.

피고인에 의하여 이루어진 자백들에 내지는 시인들에 관한 기사들을 내지는 여섯 명에 대한 널리 보도된 살인사건에 피고인을 "강력하게 함축하는" 사실관계에 관한 기사들을 공표하지 못하도록 내지는 방송하지 못하도록 청구인들을 제한하는 명령을 피청구인인 주 지방법원 판사는 내렸다. 언론출판의 자유에 대한 헌법적 보장을 주 법원 앞에서 이루어진 주장에 근거한 이러한 명령의 기입이 위반했는지 여부를 판단하기 위하여 사건기록 송부명령을 우리는 허가하였다. «427 U. S., 542»

I

헨리 켈리(Henry Kellie) 가족의 피살된 여섯 명을 네브라스카주 인구 850명의 마을인 서덜랜드 소재의 그들의 집에서 1975년 10월 18일 저녁에 지역경찰은 발견하였다. 용의자인 어윈 찰스 사이먼츠(Erwin Charles Simants)의 인상착의 설명서를 범죄현장에 달려와 있는 기자들에게 경찰은 배포하였다. 그 다음날 아침에 사이먼츠는 체포되어 기소인부 신문을 링컨 카운티 법원에서 받았는데, 이 작은 시골 공동체로서는 긴장한 상태에 들어가 있는 야간에서야 그것은 끝났다.

지방의, 지역의 및 전국의 신문들에, 라디오 방송국들에 및 텔레비전 방송국들에 의한 광범위한 뉴스 시청을 범행은 즉각적으로 끌었다. "뉴스매체에 의한 대중의 시청 범위"를 이유로 하는, 및 "공정한 배심을 구성함을 불가능하게까지는 아니더라도 어렵게 만들 만한 및 공정한 정식사실심리를 방해하는 데 보탬이 될 만한 편파적 뉴스가 보도될 상당한 가능성"을 이유로 하는, "공개적으로 보도될 수 있는 내지는 없는 사항들에, 또는 공중에게 공개될 수 있는 내지는 없는 사항들"에 관한 제한명령을 내리도록 카운티 법원에 요청함에 있어서 범행 3일 뒤에 카운티 검사는

impartial jury and tend to prevent a fair trial." The County Court heard oral argument but took no evidence; no attorney for members of the press appeared at this stage. The County Court granted the prosecutor's motion for a restrictive order and entered it the next day, October 22. The order prohibited everyone in attendance from "releas[ing] or authoriz[ing] the release for public dissemination in any form or manner whatsoever any testimony given or evidence adduced"; the order also required members of the press to observe the Nebraska Bar-Press Guidelines.[1] «427 U. S., 543»

Simants' preliminary hearing was held the same day, open to the public but subject to the order. The County Court bound over the defendant for trial to the State District Court. The charges, as amended to reflect the autopsy findings, were that Simants had committed the murders in the course of a sexual assault.

Petitioners - several press and broadcast associations, publishers, and individual reporters - moved on October 23 for leave to intervene in the District Court, asking that the restrictive order imposed by the County Court be vacated. The District Court conducted a hearing, at which the County Judge testified and newspaper articles about the Simants case were admitted in evidence. The District Judge granted petitioners' motion to intervene and, on October 27, entered his own restrictive order. The judge found "because of the nature of the crimes charged in the complaint that there is a clear and present danger that pre-trial publicity could impinge upon the defendant's right to a fair trial." The order applied only until the jury was impaneled, and

---

1) These Guidelines are voluntary standards adopted by members of the state bar and news media to deal with the reporting of crimes and criminal trials. They outline the matters of fact that may appropriately be reported, and also list what items are not generally appropriate for reporting, including confessions, opinions «427 U. S. 543» on guilt or innocence, statements that would influence the outcome of a trial, the results of tests or examinations, comments on the credibility of witnesses, and evidence presented in the jury's absence. The publication of an accused's criminal record should, under the Guidelines, be "considered very carefully." The Guidelines also set out standards for taking and publishing photographs, and set up a joint bar–press committee to foster cooperation in resolving particular problems that emerge.

및 사이먼츠의 변호인은 함께 하였다. 구두변론을 카운티 법원은 청취하였으나 증거를 채택하지는 아니하였다; 이 단계에서는 언론기관들을 위한 변호인은 출석하지 아니하였다. 제한명령을 구하는 검사의 신청을 카운티 법원은 허가하였고 그 명령을 그 다음 날인 10월 22일 내렸다. 출석한 모든 사람들로 하여금 "그 이루어진 증언의 내지는 제출된 증거의, 형태 여하를 내지는 방법 여하를 불문한, 공개적 전파를 위한 배포[행위를] 하지 말도록 내지는 배포의 허가[행위를] 하지 말도록," 그 명령은 금지하였다; 네브라스카주 법정보도지침들(the Nebraska Bar-Press Guidelines)을 준수하도록 언론기관들에게 그 명령은 아울러 요구하였다.[1] «427 U. S., 543»

같은 날 사이먼츠의 예비심문이 열렸는데, 청중에게 예비심문이 공개되기는 하였으나 명령을 준수할 의무는 유지되었다. 정식사실심리를 위하여 피고인을 주 지방법원에게 카운티 법원은 넘겼다. 부검에서의 발견사항들을 반영하기 위하여 변경된 것으로서의 공소사실은 그 살해들을 성폭행 과정에서 사이먼츠가 저질렀다는 것이었다.

지방법원에의 소송참가 허가를 10월 23일에 청구인들은 - 몇몇 언론 및 방송 연합체들로, 출판사들로, 그리고 개인 통신원들로 그들은 구성된다 - 신청하였는데, 카운티 법원에 의하여 부과된 제한명령은 무효화되어야 한다고 그들은 주장하였다. 심문을 지방법원은 열었고, 거기서 카운티 판사는 증언하였으며, 증거로 사이먼츠 사건에 관한 신문기사들이 채택되었다. 청구인들의 참가신청을 지방법원 판사는 허가하였고, 그 자신의 제한명령을 10월 27일에 그는 내렸다. "공정한 정식사실심리를 받을 피고인의 권리를, 공소장에 기재된 범죄들의 성격 때문에, 정식사실심리 이전의 공개가 침해할 명백한 현존의 위험이 있음을" 판사는 인정하였다. 배심이 구성될 때까지만 명령은 적용되는 것으로 하였고, 청구인들로 하여금 특히 다섯 가지 사항들을 보도하지 못하도록 금지하였다: (1) 경찰관들에게 사이먼츠가 해

---

1) 이 지침들은 범죄들을 및 형사재판들을 보도하는 문제를 다루기 위하여 주(state) 법원의 및 뉴스 매체의 구성원들에 의하여 채택된 자율적 기준이다. 적절히 보도될 수 있는 사실문제들(matters of fact)을 지침들은 개설(概說)하며, 아울러 어떤 항목들이 보도에 일반적으로 적합하지 아니한지를 목록화하는바, 자백들을, 유죄에 «427 U. S., 543» 내지는 무죄에 관한 의견들을. 정식사실심리의 결과들에 영향을 줄 만한 진술들을, 시험들의 내지는 신문들의 결과들을, 증인들의 신빙성에 관한 논평들을. 배심의 불출석 상태에서 제출된 증거를 그 목록은 포함한다. 지침들에 의하면 피고인의 범죄기록의 공표는 "매우 주의 깊게 검토되어야" 한다. 사진들을 촬영하는 및 공표하는 기준들을 지침들은 아울러 명시하며, 그 발생하는 특정 문제들을 해결함에 있어서의 협력을 증진시키기 위하여 법원-언론 공동위원회를 지침들은 설립한다.

specifically prohibited petitioners from reporting five subjects: (1) the existence or contents of a confession Simants had made to law enforcement officers, which had been introduced in open court at arraignment; (2) the fact or nature of statements Simants had made to other persons; (3) the contents of a note he had written the night of the crime; (4) certain aspects of the medical testimony at the preliminary hearing; and (5) the identity of the «427 U. S., 544» victims of the alleged sexual assault and the nature of the assault. It also prohibited reporting the exact nature of the restrictive order itself. Like the County Court's order, this order incorporated the Nebraska Bar-Press Guidelines. Finally, the order set out a plan for attendance, seating, and courthouse traffic control during the trial.

Four days later, on October 31, petitioners asked the District Court to stay its order. At the same time, they applied to the Nebraska Supreme Court for a writ of mandamus, a stay, and an expedited appeal from the order. The State of Nebraska and the defendant Simants intervened in these actions. The Nebraska Supreme Court heard oral argument on November 25, and issued its per curiam opinion December 1. State v. Simants, 194 Neb. 783, 236 N. W. 2d 794 (1975).[2] «427 U. S., 545»

The Nebraska Supreme Court balanced the "heavy presumption against ······ constitutional validity" that an order restraining publication bears, New

_____

2) In the interim, petitioners applied to MR. JUSTICE BLACKMUN as Circuit Justice for a stay of the State District Court's order. He postponed ruling on the application out of deference to the Nebraska Supreme Court, 423 U. S. 1319 (Nov. 13, 1975) (in chambers); when he concluded that the delay before that court had "exceed[ed] tolerable limits," he entered an order, 423 U. S. 1327, 1329 (Nov. 20, 1975) (in chambers). We need not set out in detail MR. JUSTICE BLACKMUN's careful decision on this difficult issue. In essence he stayed the order insofar as it incorporated the admonitory Bar–Press Guidelines and prohibited reporting of some other matters. But he declined "at least on an application for a stay and at this distance, [to] impose a prohibition upon the Nebraska courts from placing any restrictions at all upon what the media may report prior to trial." Id., at 1332. He therefore let stand that portion of the District Court's order that prohibited reporting the existence or nature of a confession, and declined to prohibit that court from restraining publication of facts that were so "highly prejudicial" to the accused or "strongly implicative" of him that they would "irreparably impair the ability of those exposed to them to reach an independent and impartial judgment as to guilt." Id., at 1333. Subsequently, petitioners applied for a more extensive stay; this was denied by the full Court, 423 U. S. 1027 (1975).

놓은, 기소인부에서 공개법정에 제출되어 있는 자백의 존재가 또는 그 내용들이; (2) 다른 사람들에게 사이먼츠가 진술들을 한 바 있다는 사실이 또는 그 진술들의 성격이; (3) 범행 당일 밤에 그가 써 놓은 메모의 내용들이; (4) 예비심문에서 의사가 한 증언의 특정 측면들이; 그리고 (5) 그 주장된 성폭행 «427 U. S., 544» 피해자들의 신원 및 폭행의 성격이 그것들이다. 제한명령 그 자체의 정확한 성격을 보도하지 말도록 아울러 그것은 금지하였다. 카운티 법원의 명령이 그러했듯이, 네브레스카주 법정보도지침들을 이 명령은 구체화하였다. 마지막으로, 정식사실심리 동안의 출석을, 자리배치를, 그리고 법정교통 통제를 위한 계획을 명령은 짰다.

그 명령을 정지시켜 달라고 나흘 뒤인 10월 31일에 지방법원에 청구인들은 요청하였다. 직무집행 영장을, 정지명령을, 그리고 금지명령에 대한 급속항소를 네브라스카주 대법원에 동시에 그들은 신청하였다. 이 소송들에 네브라스카주는 및 피고인 사이먼츠는 참가하였다. 구두변론을 11월 25일에 네브라스카주 대법원은 청취하였고, 집필자를 밝히지 않은 채로의 그 자신의 의견을 12월 1일에 주 대법원은 냈다. State v. Simants, 194 Neb. 783, 236 N. W. 2d 794 (1975).[2] «427 U. S., 545»

공표를 제한하는 명령이 부담하는 "…… 헌법적 정당성 결여의 무거운 추정," New York Times Co. v. United States, 403 U. S. 713, 714 (1971), 을, 공정한 배심에

---

2) 주 지방법원의 명령에 대한 정지명령을 순회구담당 대법관으로서의 블랙먼(BLACKMUN) 판사에게 그 사이에 청구인들은 신청하였다. 신청에 대한 결정을 네브라스카주 대법원에의 예양에 좇아 그는 미루었고, 423 U. S. 1319 (Nov. 13, 1975) (판사실); "수인 가능한 한계들을" 그 법원 앞에서의 지연이 "초과하였다."고 그가 결론지었을 때, 명령을 그는 내렸다. 423 U. S. 1327, 1329 (Nov. 20, 1975) (판사실). 이 어려운 문제에 대한 블랙먼(BLACKMUN) 판사의 신중한 결정을 우리가 상세히 설명할 필요는 없다. 요컨대 그 권고적 법정보도지침들을 명령이 구체화한 한도 내에서 명령을 그는 정지시켰고 몇몇 그 밖의 사항들의 보도를 금지하였다. 그러나 "정식사실심리 이전에 매체들이 보도할 수 있는 바에 대한 제한들을 전혀 설정하지 못하도록 만드는 금지를, 적어도 한 개의 정지 신청에 터잡아서는 그리고 시일이 지난 지금에 와서, 네브라스카주 법원들 위에 부과하기를" 그는 거부하였다. Id., at 1332. 자백의 존재를 내지는 성격을 보도하지 못하도록 금지하는 지방법원의 명령 부분을 그리하여 유지되게끔 그는 남겨두었고, 그리고 피고인에게 "매우 불리한" 내지는 그를 "강하게 연루짓는," 그리하여 "독립적인 및 공정한 유죄판단에 도달할 그것들에 노출된 사람들의 능력을 회복불능으로 손상시킬" 사실관계의 공표를 제약하지 못하도록 그 법원을 금지하기를 그는 거부하였다. Id., at 1333. 이에 이어 더 광범위한 정지를 청구인들은 신청하였다; 전원재판부에 의하여 이것은 기각되었다. 423 U. S. 1027 (1975).

York Times Co. v. United States, 403 U. S. 713, 714 (1971), against the importance of the defendant's right to trial by an impartial jury. Both society and the individual defendant, the court held, had a vital interest in assuring that Simants be tried by an impartial jury. Because of the publicity surrounding the crime, the court determined that this right was in jeopardy. The court noted that Nebraska statutes required the District Court to try Simants within six months of his arrest, and that a change of venue could move the trial only to adjoining counties, which had been subject to essentially the same publicity as Lincoln County. The Nebraska Supreme Court held that "[u]nless the absolutist position of the relators was constitutionally correct, it would appear that the District Court acted properly." 194 Neb., at 797, 236 N. W. 2d, at 803.

The Nebraska Supreme Court rejected that "absolutist position," but modified the District Court's order to accommodate the defendant's right to a fair trial and the petitioners' interest in reporting pretrial events. The order as modified prohibited reporting of only three matters: (a) the existence and nature of any confessions or admissions made by the defendant to law enforcement officers, (b) any confessions or admissions made to any third parties, except members of the press, and (c) other facts "strongly implicative" of the accused. The Nebraska Supreme Court did not rely on the Nebraska Bar-Press Guidelines. See n. 1, supra. After construing Nebraska law to permit closure in certain circumstances, the court remanded the case to the District Judge for reconsideration of the issue whether pretrial hearings should be closed to the press and public. «427 U. S., 546»

We granted certiorari to address the important issues raised by the District Court order as modified by the Nebraska Supreme Court, but we denied the motion to expedite review or to stay entirely the order of the State District Court pending Simants' trial. 423 U. S. 1027 (1975). We are informed by the

의한 정식사실심리를 누릴 피고인의 권리의 중요성에 대조하여 네브라스카주 대법원은 비교하였다. 공정한 배심에 의하여 사이먼츠가 정식사실심리됨을 보장함에 있어서 매우 중대한 이익을 사회는 및 개인 피고인은 다 같이 지닌다고 주 대법원은 판시하였다. 그 범죄사건을 둘러싼 공개성으로 인하여 이 권리가 위험에 놓인 것으로 주 대법원은 판단하였다. 사이먼츠를 그의 체포로부터 6개월 내에 정식사실심리하도록 지방법원에게 네브라스카주 제정법들이 요구함을, 그리고 정식사실심리 장소를 인근 카운티들에게로만 재판지 변경은 이동시킬 수 있음을, 링컨 카운티가 노출된 상태만큼에 바로 맞먹는 만큼의 공개성에 그 카운티들은 노출된 상태임을 주 대법원은 유념하였다. "[고발인들의 절대론자적 입장이 헌법적으로 정당한 것이 아닌 한, 지방법원이 내린 처분은 올바르게 이루어진 것으로 여겨지는 법이다." 라고 네브라스카주 대법원은 판시하였다. 194 Neb., at 797, 236 N. W. 2d, at 803.

"절대론자적 입장"을 네브라스카주 대법원은 거절하면서도, 공정한 정식사실심리를 누릴 피고인의 권리를 및 정식사실심리 이전의 진행상황을 보도함에 있어서의 청구인들의 이익을 조정하도록 지방법원의 명령을 네브라스카주 대법원은 수정하였다. 오직 세 가지 사항들만에 대하여서만 보도를 이렇게 수정된 것으로서의 명령은 금지하였다: (a) 조금이라도 피고인에 의하여 경찰관들에게 이루어진 자백들의 내지는 시인들의 존재가 및 성격이, (b) 언론 구성원들에게 이루어진 것들을 제외한, 조금이라도 제3의 당사자들에게 이루어진 자백들이 내지는 시인들이, 그리고 (c) 피고인을 "강하게 연루짓는" 그 밖의 사실들이 그것들이다. 네브라스카주 법정보도지침들에 네브라스카주 대법원은 의존하지 않았다. n. 1, supra를 보라. 일정한 상황들에서는 비공개를 허용하는 것으로 네브라스카주 법을 해석한 뒤에, 언론에게 정식사실심리 이전 심문들이 닫혀져야 하는지 여부의 쟁점에 대한 재검토를 위하여 사건을 주 지방법원 판사에게 주 대법원은 환송하였다. 《427 U. S., 546》

네브라스카주 대법원에 의하여 수정된 것으로서의 주 지방법원의 명령에 의하여 제기된 그 중요한 쟁점들을 역점 두어 다루기 위하여 사건기록 송부명령을 우리는 허가하였으나, 재검토를 신속히 처리해 달라는 또는 사이먼츠의 정식사실심리 계속 중에 주 대법원의 명령을 완전히 정지시켜 달라는 신청을 우리는 기각하였다. 423

parties that since we granted certiorari, Simants has been convicted of murder and sentenced to death. His appeal is pending in the Nebraska Supreme Court.

II

The order at issue in this case expired by its own terms when the jury was impaneled on January 7, 1976. There were no restraints on publication once the jury was selected, and there are now no restrictions on what may be spoken or written about the Simants case. Intervenor Simants argues that for this reason the case is moot.

Our jurisdiction under Art. III, § 2, of the Constitution extends only to actual cases and controversies. Indianapolis School Comm' rs v. Jacobs, 420 U. S. 128 (1975); Sosna v. Iowa, 419 U. S. 393, 397-403 (1975). The Court has recognized, however, that jurisdiction is not necessarily defeated simply because the order attacked has expired, if the underlying dispute between the parties is one "capable of repetition, yet evading review." Southern Pacific Terminal Co. v. ICC, 219 U. S. 498, 515 (1911).

The controversy between the parties to this case is "capable of repetition" in two senses. First, if Simants' conviction is reversed by the Nebraska Supreme Court and a new trial ordered, the District Court may enter another restrictive order to prevent a resurgence of prejudicial publicity before Simants' retrial. Second, the State of Nebraska is a party to this case; the Nebraska Supreme Court's decision authorizes state prosecutors to «427 U. S., 547» seek restrictive orders in appropriate cases. The dispute between the State and the petitioners who cover events throughout the State is thus "capable of repetition." Yet, if we decline to address the issues in this case on grounds of mootness, the dispute will evade review, or at least considered plenary review in this Court, since these orders are by nature short-lived.

U. S. 1027 (1975). 사건기록 송부명령을 우리가 허가한 이래로 사이먼츠는 살인죄에 대하여 유죄로 판정된, 그리고 사형을 선고받은 상태라는 점에 대한 정보를 당사자들로부터 우리는 얻고 있다. 네브라스카주 대법원에 그의 항소는 계속되어 있다.

II

1976년 1월 7일 배심이 구성되었을 때 이 사건에서의 쟁점인 그 명령은 그 자신의 조건들에 따라서 실효되었다. 일단 배심이 선발되었을 때 이로써 공표에 대한 제한들은 없는 것이 되었고, 그리하여 사이먼츠 사건에 관하여 발언될 내지는 서면화될 수 있는 사항에 대한 제한들은 이제는 없다. 이 이유로 사건은 쟁송성을 상실한 상태라고 참가인 사이먼츠는 주장한다.

오직 현행의 사건들에 및 분쟁들에만 연방헌법 수정 제3조 제2항(Art. Ⅲ, § 2) 아래서의 우리의 관할권은 미친다. Indianapolis School Comm'rs v. Jacobs, 420 U. S. 128 (1975); Sosna v. Iowa, 419 U. S. 393, 397-403 (1975). 그러나 만약 당사자들 사이의 근원적인 분쟁이 "반복이 가능한, 그러면서도 재검토를 비켜가는" 성격의 것이면, 공격 대상인 명령이 실효되었다는 이유만으로는 관할권이 반드시 소멸하는 것은 아님을 당원은 인정해 왔다. Southern Pacific Terminal Co. v. ICC, 219 U. S. 498, 515 (1911).

이 사건에서의 당사자들 사이의 분쟁은 두 가지 의미에서 "반복이 가능하다." 첫째로, 만약 네브라스카주 대법원에 의하여 사이먼츠의 유죄판정이 파기되면, 그리하여 새로운 정식사실심리가 명령되면, 편파적인 공표의 부활을 방지하기 위하여 별도의 제한명령을 사이먼츠에 대한 새로운 정식사실심리 이전에 지방법원은 내릴 수 있다. 둘째로, 네브라스카주는 이 사건에 대한 한 명의 당사자이다; 제한적 명령들을 적절한 사건들에서 구할 권한을 주 검사들에게 «427 U. S., 547» 네브라스카주 대법원의 결정은 부여한다. 주(the State)의, 및 주 전체에 걸치는 사건들을 보도하는 청구인들의 그 양자 사이의 분쟁은 이렇듯 "반복이 가능하다." 그런데도, 이 사건에서의 쟁점들을 역점 두어 다루기를 그 쟁송성 상실에 의거하여 만약 우리가 거부하면, 당원에서의 재검토를, 아니면 적어도 충분히 숙고된 정식의 재검토를 그 분쟁은 비켜가게 될 것인바, 왜냐하면 이 명령들은 그 성격상으로 일시적인 것

See, e. g., Weinstein v. Bradford, 423 U. S. 147 (1975); Sosna v. Iowa, supra; Roe v. Wade, 410 U. S. 113, 125 (1973); Moore v. Ogilvie, 394 U. S. 814, 816 (1969); Carroll v. Princess Anne, 393 U. S. 175, 178-179 (1968). We therefore conclude that this case is not moot, and proceed to the merits.

III

The problems presented by this case are almost as old as the Republic. Neither in the Constitution nor in contemporaneous writings do we find that the conflict between these two important rights was anticipated, yet it is inconceivable that the authors of the Constitution were unaware of the potential conflicts between the right to an unbiased jury and the guarantee of freedom of the press. The unusually able lawyers who helped write the Constitution and later drafted the Bill of Rights were familiar with the historic episode in which John Adams defended British soldiers charged with homicide for firing into a crowd of Boston demonstrators; they were intimately familiar with the clash of the adversary system and the part that passions of the populace sometimes play in influencing potential jurors. They did not address themselves directly to the situation presented by this case; their chief concern was the need for freedom of expression in the political arena and the dialogue in ideas. But they recognized that there were risks to private rights from an unfettered press. Jefferson, for ex- «427 U. S., 548» ample, writing from Paris in 1786 concerning press attacks on John Jay, stated:

"In truth it is afflicting that a man who has past his life in serving the public ······ should yet be liable to have his peace of mind so much disturbed by any individual who shall think proper to arraign him in a newspaper. It is however an evil for which there is no remedy. Our liberty depends on the freedom of the press, and that cannot be limited without being lost. ······" 9

들이기 때문이다. 예컨대, Weinstein v. Bradford, 423 U. S. 147 (1975)를; Sosna v. Iowa, supra를; Roe v. Wade, 410 U. S. 113, 125 (1973)을; Moore v. Ogilvie, 394 U. S. 814, 816 (1969)를; Carroll v. Princess Anne, 393 U. S. 175, 178-179 (1968)을 보라. 그러므로 쟁송성을 이 사건은 상실하지 않는다고 우리는 결론지으며, 본안판단에 우리는 나아간다.

Ⅲ

이 사건에 의하여 제기되는 문제들은 거의 공화국의 나이만큼이나 나이 든 것이다. 이 두 가지 중요한 권리들 사이의 분쟁이 예상되었다는 점을 연방헌법에서든 동시대의 저술들에서든 우리는 발견할 수 없으나, 이에도 불구하고 편견 없는 배심을 가질 권리의, 및 언론출판의 자유에 대한 보장의 그 양자 사이의 잠재적 충돌들을 연방헌법의 저자들이 인식하지 못하였던 것으로는 상상할 수 없다. 보스턴 시위자들에게 발포한 혐의로 살인죄로 기소된 영국 병사들을 존 아담스(John Adams)가 변호하였던 그 역사적 사건에 관하여, 연방헌법의 집필을 도운, 그리고 나중에 권리장전을 초안한 그 특별히도 유능한 변호사들은 정통하였다; 대립당사자주의 제도의 충돌을, 그리고 잠재적 배심원들에게 영향을 미침에 있어서 대중의 격정들이 때때로 발휘하는 그 역할을 그들은 상세히도 알고 있었다. 이 사건에 의하여 제기되는 상황에 대하여 그들이 직접적으로 다룬 것은 아니었다; 그들의 주된 관심대상은 정치적 경기장에서의 표현의 자유의 및 사상들에 있어서의 의견교환의 필요였다. 그러나 제약 없는 언론으로부터는 사적 권리들에 제기되는 위험들이 있음을 그들은 인식하였다. 예컨대, 존 제이(John Jay)에 «427 U. S., 548» 대한 언론출판의 공격들에 관하여 1786년에 파리로부터 쓴 편지에서 제퍼슨(Jefferson)은 말하였다:

"공중에게 봉사하는 데에 그 자신의 삶을 바쳐 온 사람으로서, 그를 신문에서 규탄함이 마땅하다고 생각하는 개인 아무나에 의하여 그토록 그의 마음의 평온이 교란되기 쉬운 처지에 여전히 그가 있어야 한다는 것은 진실로 고통스러운 일이다. 그렇기는 하지만 그것은 구제책이 없는 한 개의 해악이다. 언론출판의 자유에 우리의 자유는 의존하는바, 따라서 그것은 상실되지 않는 채로는 제한될 수가 없는 것

Papers of Thomas Jefferson 239 (J. Boyd ed. 1954).

See also F. Mott, Jefferson and the Press 21, 38-46 (1943).

The trial of Aaron Burr in 1807 presented Mr. Chief Justice Marshall, presiding as a trial judge, with acute problems in selecting an unbiased jury. Few people in the area of Virginia from which jurors were drawn had not formed some opinions concerning Mr. Burr or the case, from newspaper accounts and heightened discussion both private and public. The Chief Justice conducted a searching voir dire of the two panels eventually called, and rendered a substantial opinion on the purposes of voir dire and the standards to be applied. See 1 Causes Celebres, Trial of Aaron Burr for Treason 404-427, 473-481 (1879); United States v. Burr, 25 F. Cas. 49 (No. 14,692g) (CC Va. 1807). Burr was acquitted, so there was no occasion for appellate review to examine the problem of prejudicial pretrial publicity. Mr. Chief Justice Marshall's careful voir dire inquiry into the matter of possible bias makes clear that the problem is not a new one.

The speed of communication and the pervasiveness of the modern news media have exacerbated these problems, however, as numerous appeals demonstrate. The trial of Bruno Hauptmann in a small New Jersey community for «427 U. S., 549» the abduction and murder of the Charles Lindberghs' infant child probably was the most widely covered trial up to that time, and the nature of the coverage produced widespread public reaction. Criticism was directed at the "carnival" atmosphere that pervaded the community and the courtroom itself. Responsible leaders of press and the legal profession - including other judges - pointed out that much of this sorry performance could have been controlled by a vigilant trial judge and by other public officers subject to the control of the court. See generally Hudon, Freedom of the Press Versus Fair Trial: The Remedy Lies With the Courts, 1 Val. U. L. Rev. 8,

이다. ……" 9 Papers of Thomas Jefferson 239 (J. Boyd ed. 1954).

아울러 F. Mott, Jefferson and the Press 21, 38-46 (1943)을 보라.

공평한 배심을 선발함에 있어서의 민감한 문제들을, 정식사실심리 판사로서 재판을 지휘한 법원장 마샬(Marshall) 판사에게 1807년의 아론 버(Aaron Burr) 재판은 제공하였다. 배심원들이 뽑혀온 곳인 버지니아주 해당 지역에서는 버(Burr) 씨에 관해서든 내지는 사건에 관해서든 나름의 의견들을 신문 기사들로부터 형성하여 사적으로 및 공적으로 토론을 펴 오지 않은 사람이 거의 없었다. 궁극적으로 소환된 두 개의 배심총원들에 대한 엄격한 예비심문을 법원장은 실시하였고, 예비심문의 목적들에 관한 및 적용되어야 할 기준들에 관한 중요한 의견을 법원장은 표명하였다. 1 Causes Celebres, Trial of Aaron Burr for Treason 404-427, 473-481 (1879)를; United States v. Burr, 25 F. Cas. 49 (No. 14,692g) (CC Va. 1807)을 보라. 버(Burr)는 무죄로 방면되었고, 그리하여 정식사실심리 이전의 편파적인 공표의 문제를 항소심의 재심리로써 검토할 기회가 없었다. 그 문제는 새로운 것이 아님을, 그 있을 수 있는 편견의 문제에 대한 법원장 마샬(Marshall) 판사의 주의 깊은 예비심문 조사는 명백히 해 준다.

그러나, 이 문제들을 현대적 뉴스매체의 정보전달의 속도는 및 침투능력은 악화시켜 왔는바, 다수의 항소들이 보여주는 대로이다. 뉴저지주 내의 작은 공동체에서 있었던 찰스 린드버그(Charles Lindbergh)의 갓난아이에 대한 유기를 «427 U. S., 549» 및 살해를 혐의로 한 브루노 하웁트만(Bruno Hauptmann)의 재판은 아마도 그 당시까지 가장 널리 보도된 재판이었는데, 광범위한 대중의 반응을 그 보도의 성격은 불러일으켰다. 공동체에 및 법정 자체에까지 스며든 "광란의" 분위기에 비판은 돌려졌다. 방심 없는 정식사실심리 판사에 의해서였더라면 및 법원의 통제에 복종하는 그 밖의 공무원들에 의해서였더라면 이 유감스러운 흥행의 대부분은 통제될 수 있었을 것임을 언론의 및 법조전문직의 책임 있는 지도자들은 - 다른 판사들을 포함하여 - 지적하였다. 일반적으로 Hudon, Freedom of the Press Versus Fair Trial을: The Remedy Lies With the Courts, 1 Val. U. L. Rev. 8, 12-14 (1966)을; Hallam, Some Object Lessons on Publicity in Criminal Trials, 24 Minn. L. Rev. 453 (1940)을;

12-14 (1966); Hallam, Some Object Lessons on Publicity in Criminal Trials, 24 Minn. L. Rev. 453 (1940); Lippmann, The Lindbergh Case in Its Relation to American Newspapers, in Problems of Journalism 154-156 (1936).

The excesses of press and radio and lack of responsibility of those in authority in the Hauptmann case and others of that era led to efforts to develop voluntary guidelines for courts, lawyers, press, and broadcasters. See generally J. Lofton, Justice and the Press 117-130 (1966).[3] The effort was renewed in 1965 when the American Bar Association embarked on a project to develop standards for all aspects of criminal justice, including guidelines to accommodate the right to a fair trial and the rights of a free press. See Powell, The Right to a «427 U. S., 550» Fair Trial, 51 A. B. A. J. 534 (1965). The resulting standards, approved by the Association in 1968, received support from most of the legal profession. American Bar Association Project on Standards for Criminal Justice, Fair Trial and Free Press (Approved Draft 1968). Other groups have undertaken similar studies. See Report of the Judicial Conference Committee on the Operation of the Jury System, "Free Press-Fair Trial" Issue, 45 F. R. D. 391 (1968); Special Committee on Radio, Television, and the Administration of Justice of the Association of the Bar of the City of New York, Freedom of the Press and Fair Trial (1967). In the wake of these efforts, the cooperation between bar associations and members of the press led to the adoption of voluntary guidelines like Nebraska's. See n. 1, supra; American Bar Association Legal Advisory Committee on Fair Trial and Free Press, The Rights of Fair Trial and Free Press 1-6 (1969).

In practice, of course, even the most ideal guidelines are subjected to pow-

---

3) The Warren Commission conducting an inquiry into the murder of President Kennedy implied grave doubts whether, after the dissemination of "a great deal of misinformation" prejudicial to Oswald, a fair trial could be had. Report of the President's Commission on the Assassination of President John F. Kennedy 231 (1964). Probably the same could be said in turn with respect to a trial of Oswald's murderer even though a multitude were eyewitnesses to the guilty act. See generally id., at 231–242; Jaffe, Trial by Newspaper, 40 N. Y. U. L. Rev. 504 (1965); Powell, The Right to a Fair Trial, 51 A. B. A. J. 534 (1965).

Lippmann, The Lindbergh Case in Its Relation to American Newspapers, in Problems of Journalism 154-156 (1936)을 보라.

하웁트만(Hauptmann) 사건에서의 언론출판의 및 라디오의 지나친 행위들은, 그리고 권한 있는 사람들의 및 그 시기의 그 밖의 사람들의 책임감 결여는 법원들을 위한, 변호사들을 위한, 언론을 및 방송인들을 위한 자율적 지침들을 개발하기 위한 노력들의 원인이 되었다. 일반적으로 J. Lofton, Justice and the Press 117-130 (1966)을 보라.[3] 공정한 정식사실심리를 받을 권리를 및 자유언론의 권리들을 조정하기 위한 지침들을 개발하기 위함을 포함하여 형사재판의 모든 측면들에 대비한 기준들을 개발하기 위한 기획사업을 미국법률가협회(the American Bar Association)가 개시한 1965년에 그 노력은 다시 이루어졌다. Powell, The Right to a «427 U. S., 550» Fair Trial, 51 A. B. A. J. 534 (1965)를 보라. 그 협회에 의하여 1968년에 승인된, 거기서 도출된 기준들은 법조전문직 대부분으로부터 지지를 받았다. American Bar Association Project on Standards for Criminal Justice, Fair Trial and Free Press (Approved Draft 1968). 유사한 연구들에 여타의 그룹들은 착수해 왔다. Report of the Judicial Conference Committee on the Operation of the Jury System, "Free Press-Fair Trial" Issue, 45 F. R. D. 391 (1968)을; Special Committee on Radio, Television, and the Administration of Justice of the Association of the Bar of the City of New York, Freedom of the Press and Fair Trial (1967)을 보라. 이러한 노력들의 결과로서, 네브라스카주 지침들에 유사한 자율적 지침들의 채택으로 법률가협회들의 및 언론기관들의 상호간의 협력은 이어졌다. n. 1, supra를; American Bar Association Legal Advisory Committee on Fair Trial and Free Press, The Rights of Fair Trial and Free Press 1-6 (1969)를 보라.

실제에 있어서는, 사이먼츠 사건에 유사한 사건이 발생하면 강력한 압력들에 심

---

3) 오스왈드(Oswald)에게 불리한 "다량의 오보"의 전파 뒤에 공정한 정식사실심리가 실시될 수 있을지에 대하여 심각한 의문들을 케네디 대통령 살해사건에 대한 조사를 수행한 워렌 위원회(the Warren Commission)는 피력하였다. Report of the President's Commission on the Assassination of President John F. Kennedy 231 (1964). 이번에는 오스왈드를 살해한 자의 정식사실심리에 관하여, 비록 다수가 그 범행에 대한 목격자들이었음에도 불구하고, 아마도 바로 그것은 말해질 수 있을 것이다. 일반적으로 id., at 231-242를; Jaffe, Trial by Newspaper, 40 N. Y. U. L. Rev. 504 (1965)를; Powell, The Right to a Fair Trial, 51 A. B. A. J. 534 (1965)를 보라.

erful strains when a case such as Simants' arises, with reporters from many parts of the country on the scene. Reporters from distant places are unlikely to consider themselves bound by local standards. They report to editors outside the area covered by the guidelines, and their editors are likely to be guided only by their own standards. To contemplate how a state court can control acts of a newspaper or broadcaster outside its jurisdiction, even though the newspapers and broadcasts reach the very community from which jurors are to be selected, suggests something of the practical difficulties of managing such guidelines.

The problems presented in this case have a substantial history outside the reported decisions of courts, in the efforts of many responsible people to accommodate the competing interests. We cannot resolve all of them, for «427 U. S., 551» it is not the function of this Court to write a code. We look instead to this particular case and the legal context in which it arises.

IV

The Sixth Amendment in terms guarantees "trial, by an impartial jury ······" in federal criminal prosecutions. Because "trial by jury in criminal cases is fundamental to the American scheme of justice," the Due Process Clause of the Fourteenth Amendment guarantees the same right in state criminal prosecutions. Duncan v. Louisiana, 391 U. S. 145, 149 (1968).

"In essence, the right to jury trial guarantees to the criminally accused a fair trial by a panel of impartial, 'indifferent' jurors. ······ 'A fair trial in a fair tribunal is a basic requirement of due process.' In re Murchison, 349 U. S. 133, 136. In the ultimate analysis, only the jury can strip a man of his liberty or his life. In the language of Lord Coke, a juror must be as 'indifferent as he stands unsworne.' Co. Litt. 155b. His verdict must be based upon the evidence

지어 그 가장 이상적인 지침들이조차도 종속됨은 물론인바, 나라의 여러 지역들로부터의 통신원들이 현장에 있게 된다. 먼 지역들로부터 온 통신원들은 지역 기준들에 의하여 스스로 구속되는 것으로는 생각하지 않게 마련이다. 지침들이 미치는 지역 바깥에 있는 편집인들에게 그들은 보고하는데, 편집인들 자신의 기준들에 의해서만 편집인들은 안내되게 마련이다. 배심원들이 선발되는 바로 그 지역사회에 주 자신의 관할권 너머의 신문들이 내지는 방송사들이 도달하는 마당임에도 불구하고, 그 신문의 내지는 방송인의 행동들을 한 개의 주가 어떻게 통제할 수 있는지를 숙고함은 이러한 지침들을 운영함의 실제적 곤란들의 일정 부분을 시사한다.

판례집에 수록된 법원들의 판결들 바깥에서, 그 경쟁하는 이익들을 조화시키기 위한 다수의 책임성 있는 사람들의 노력들 속에서, 풍부한 역사를 이 사건에서 제기되는 문제들은 지닌다. 그것들 전부를 우리가 해결할 수 있는 것은 아닌바, 왜냐하면 «427 U. S., 551» 한 개의 법전을 쓰는 일은 당원의 기능이 아니기 때문이다. 그 대신에 이 특별한 사건을, 그리고 그것이 발생하는 그 법적 맥락을 우리는 살펴본다.

IV

"…… 공평한 배심에 의한 정식사실심리를" 연방 형사 소추사건들에서 연방헌법 수정 제6조는 명시적으로 보장한다. "형사사건들에 있어서의 배심에 의한 정식사실심리는 미국의 재판제도에 기본적인 것이기" 때문에, 바로 그 권리를 주 형사 소추사건들에서 연방헌법 수정 제14조의 적법절차 조항은 보장한다. Duncan v. Louisiana, 391 U. S. 145, 149 (1968).

"본질에 있어서, ……공평한 '중립의' 배심원들로 구성된 배심총원에 의한 공정한 정식사실심리를 형사적으로 기소된 사람에게 배심에 의한 정식사실심리의 권리는 보장한다. '공정한 법정에서의 공정한 정식사실심리는 적법절차의 기본적 요구이다.' In re Murchison, 349 U. S. 133, 136. 궁극적으로, 사람에게서 그의 자유를 내지는 그의 생명을 빼앗을 수 있는 것은 오직 배심만이다. 코우크 경(Lord Coke)의 표현을 빌자면, 한 명의 배심원은 '선서절차에 처해지지 않은 채로 그가 서 있는 경

developed at the trial." Irvin v. Dowd, 366 U. S. 717, 722 (1961).

In the overwhelming majority of criminal trials, pretrial publicity presents few unmanageable threats to this important right. But when the case is a "sensational" one tensions develop between the right of the accused to trial by an impartial jury and the rights guaranteed others by the First Amendment. The relevant decisions of this Court, even if not dispositive, are instructive by way of background.

In Irvin v. Dowd, supra, for example, the defendant was convicted of murder following intensive and hostile news coverage. The trial judge had granted a defense motion for a change of venue, but only to an «427 U. S., 552» adjacent county, which had been exposed to essentially the same news coverage. At trial, 430 persons were called for jury service; 268 were excused because they had fixed opinions as to guilt. Eight of the 12 who served as jurors thought the defendant guilty, but said they could nevertheless render an impartial verdict. On review the Court vacated the conviction and death sentence and remanded to allow a new trial for, "[w]ith his life at stake, it is not requiring too much that petitioner be tried in an atmosphere undisturbed by so huge a wave of public passion ······." 366 U. S., at 728.

Similarly, in Rideau v. Louisiana, 373 U. S. 723 (1963), the Court reversed the conviction of a defendant whose staged, highly emotional confession had been filmed with the cooperation of local police and later broadcast on television for three days while he was awaiting trial, saying "[a]ny subsequent court proceedings in a community so pervasively exposed to such a spectacle could be but a hollow formality." Id., at 726. And in Estes v. Texas, 381

우처럼 중립이지' 않으면 안 된다. Co. Litt. 155b. 정식사실심리에서 현출된 증거 위에 그 토대를 그의 평결은 둔 것이지 않으면 안 된다." Irvin v. Dowd, 366 U. S. 717, 722 (1961).

압도적 다수의 형사 정식사실심리들에서는, 이 중요한 권리에 대한 제어하기 어려운 위협들을 정식사실심리 이전의 공표가 제기하는 경우는 드물다. 그러나 사건이 "세상을 놀라게 하는" 성격의 것인 때에는 중립의 배심에 의한 정식사실심리를 받을 피고인의 권리의, 및 연방헌법 수정 제1조에 의하여 타인들에게 보장된 권리들의, 그 양자 사이에는 긴장들이 전개된다. 당원의 적절한 판결들은, 비록 이 사건의 방향을 결정짓는 것들은 아닐지라도, 배경으로서 도움을 준다.

예컨대 Irvin v. Dowd, supra에서, 적대적인 뉴스 보도 이후로 피고인은 살인죄에 대하여 유죄로 판정되었다. 재판지 변경을 바라는 변호인의 신청을 정식사실심리 판사는 허가했었으나, 그 새로운 재판지는 겨우 «427 U. S., 552» 인접한 카운티로서, 동일한 뉴스보도에 불가결하게 노출된 상태에 그 곳은 있었다. 정식사실심리에서, 배심의무를 위하여 430명이 소환되었다; 268명은 유죄에 관하여 의견들을 확정지은 터였기에 배심에서 배제되었다. 피고인은 유죄라고 배심원들로서 복무한 12명 중 8명은 생각하였으나, 자신들은 이에도 불구하고 공정한 평결을 낼 수 있다고 그 8명은 말하였다. 유죄판정을 및 사형선고를 재검토에서 당원은 무효화하고서 새로운 정식사실심리를 허용하도록 사건을 환송하였는데, "…… [그]의 생명이 걸린 상황에서는, 그토록 거대한 대중적 흥분의 고조에 의하여 방해되지 않는 분위기 속에서 청구인의 정식사실심리가 이루어질 것을 요구함은 지나친 것이 아니"라는 것이 그 이유였다. 366 U. S., at 728.

이에 유사하게, 지역 경찰의 협력 하에 행해진 고도로 감정적인 자백이 녹화되어 있던, 그리하여 나중에 정식사실심리를 기다리는 동안 사흘에 걸쳐 텔레비전으로 그 자백이 방영된 피고인에 대한 유죄판정을 Rideau v. Louisiana, 373 U. S. 723 (1963)에서 당원은 파기하였는바, 이렇게 말하였다 : "[이]러한 구경거리에 그토록 광범위하게 노출된 지역사회에서 이루어지는 추후의 법원절차들은 그 무엇이든 공허한 형식이 될 수밖에 없었다." Id., at 726. 그리고 정식사실심리 공표의 크기가,

U. S. 532 (1965), the Court held that the defendant had not been afforded due process where the volume of trial publicity, the judge's failure to control the proceedings, and the telecast of a hearing and of the trial itself "inherently prevented a sober search for the truth." Id., at 551. See also Marshall v. United States, 360 U. S. 310 (1959).

In Sheppard v. Maxwell, 384 U. S. 333 (1966), the Court focused sharply on the impact of pretrial publicity and a trial court's duty to protect the defendant's constitutional right to a fair trial. With only Mr. Justice Black dissenting, and he without opinion, the Court ordered a new trial for the petitioner, even though the first trial had occurred 12 years before. Beyond doubt the press had shown no responsible concern for the constitutional guarantee of a fair trial; the com- «427 U. S., 553» munity from which the jury was drawn had been inundated by publicity hostile to the defendant. But the trial judge "did not fulfill his duty to protect [the defendant] from the inherently prejudicial publicity which saturated the community and to control disruptive influences in the courtroom." Id., at 363. The Court noted that "unfair and prejudicial news comment on pending trials has become increasingly prevalent," id., at 362, and issued a strong warning:

"Due process requires that the accused receive a trial by an impartial jury free from outside influences. Given the pervasiveness of modern communications and the difficulty of effacing prejudicial publicity from the minds of the jurors, *the trial courts must take strong measures to ensure that the balance is never weighed against the accused.* ⋯⋯ Of course, there is nothing that proscribes the press from reporting events that transpire in the courtroom. But where there is a reasonable likelihood that prejudicial news prior to trial will prevent a fair trial, the judge should *continue the case* until the threat abates, or transfer it to another county not so permeated with publicity. In addition, *sequestration of the jury* was something the judge should

절차들을 통제할 책무에 대한 판사의 불이행이, 그리고 심문의 및 정식사실심리 자체의 텔레비전 방송이 "진실을 향한 침착한 탐구를 본질적으로 방해한" 경우에 적법절차를 피고인은 부여받지 못한 것이라고 Estes v. Texas, 381 U. S. 532 (1965)에서 당원은 판시하였다. Id., at 551. 아울러 Marshall v. United States, 360 U. S. 310 (1959)를 보라.

정식사실심리 이전에 이루어진 공표의 영향력 위에 및 공정한 정식사실심리를 누릴 피고인의 헌법적 권리를 보호할 정식사실심리 법원의 의무 위에, 초점을 Sheppard v. Maxwell, 384 U. S. 333 (1966)에서 당원은 맞추었다. 블랙(Black) 판사 한 명만이 반대한 가운데, 그리고 그는 의견을 내지 아니한 가운데, 청구인을 위한 새로운 정식사실심리를, 최초의 정식사실심리가 있은 지 12년이나 지났음에도 불구하고, 당원은 명령하였다. 공정한 정식사실심리의 헌법적 보장을 위한 책임성 있는 관심을 언론이 보이지 아니한 터였음은 의문의 여지가 없다; 배심이 «427 U. S., 553» 선발된 장소인 지역사회는 피고인에게 적대적인 공표에 의하여 범람되어 있었다. 그러나 "지역사회를 흠뻑 적신 본질적으로 편파적인 공표로부터 [피고인을] 보호할, 그리고 법정에서의 파괴적 영향들을 통제할 그의 의무를" 정식사실심리 판사는 "다하지 아니하였다." Id., at 363. "계속 중인 정식사실심리들에 대한 불공정하고도 편파적인 뉴스 해설은 갈수록 유행이 되어 왔"음을 특별히 언급하고서, id., at 362, 강력한 경고를 당원은 발하였다:

"외부의 영향들로부터 자유로운 중립의 배심에 의한 정식사실심리를 피고인은 수령하여야 함을 적법절차는 요구한다. 현대의 통신기관들의 침투성을 전제할 때, 그리고 편파적 공표를 배심원들의 기억들로부터 삭제하기 어려움을 전제할 때, …… 결코 피고인에게 불리하게 균형점이 저울질되지 않음을 보장하기 위한 강력한 조치들을 정식사실심리 법원들은 취하지 않으면 안 된다. 물론, 법정에서 일어나는 진행사항들을 보도하지 못하도록 언론을 금지하는 것은 아무 것도 없다. 그러나 공정한 정식사실심리를 정식사실심리 이전의 편파적 뉴스가 방해할 합리적 가능성이 있는 경우에, 그 위협이 누그러질 때까지 사건을 판사는 연기하여야 하거나, 또는 공표가 그토록 퍼져 있지 아니한 다른 카운티로 사건을 판사는 이송해야 한다. 이에 더하여, 배심의 격리는 변호인단에 더불어 판사가 자발적으로 제기했어

have raised sua sponte with counsel. If publicity during the proceedings threatens the fairness of the trial, a new trial should be ordered. But we must remember that reversals are but palliatives; the cure lies in those remedial measures that will prevent the prejudice at its inception. The courts must take such steps by rule and regulation that will protect their processes from prejudicial outside interferences. *Neither prosecutors, counsel for defense, the accused, witnesses, court staff nor enforcement officers coming under the jurisdiction of the «427 U. S., 554» court should be permitted to frustrate its function.* Collaboration between counsel and the press as to information affecting the fairness of a criminal trial is not only subject to regulation, but is highly censurable and worthy of disciplinary measures." Id., at 362-363 (emphasis added).

Because the trial court had failed to use even minimal efforts to insulate the trial and the jurors from the "deluge of publicity," id., at 357, the Court vacated the judgment of conviction and a new trial followed, in which the accused was acquitted.

Cases such as these are relatively rare, and we have held in other cases that trials have been fair in spite of widespread publicity. In Stroble v. California, 343 U. S. 181 (1952), for example, the Court affirmed a conviction and death sentence challenged on the ground that pretrial news accounts, including the prosecutor's release of the defendant's recorded confession, were allegedly so inflammatory as to amount to a denial of due process. The Court disapproved of the prosecutor's conduct, but noted that the publicity had receded some six weeks before trial, that the defendant had not moved for a change of venue, and that the confession had been found voluntary and admitted in evidence at trial. The Court also noted the thorough examination of jurors on voir dire and the careful review of the facts by the state courts, and held that petitioner had failed to demonstrate a denial of due process.

야 할 사항이었다. 만약 정식사실심리의 공정성을 절차들 도중의 공표가 위협한다면, 새로운 정식사실심리가 명령되어야 한다. 그러나 파기들이란 고식책들에 불과함을 우리는 기억하지 않으면 안 된다; 불이익을 그 시작 단계에서 방지하여 줄 그 구제적 조치들에 치유책은 놓여 있다. 자신들의 절차들을 편파적인 외부 간섭들로부터 보호하여 줄 규칙에 및 규정에 의하여 이러한 조치들을 법원들은 취하지 않으면 안 된다. *법원의 재판권 아래에 들어오는 검찰관들은, 변호인단은, 피고인은, 증인들은, 법원 직원은 내지는 법집행 공무원들은 그 어느 누구가도 «427 U. S., 554» 법원의 기능을 좌절시키도록 허용되어서는 안 된다. 형사 정식사실심리의 공정성을 해치는 정보에 관한 변호인단의 및 보도기관의 양자 사이의 협력은 규정의 적용 대상일 뿐만 아니라, 고도로 비난되어야 할 일로서 징벌조치들이 내려지기에 족하다.*" Id., at 362-363 (강조는 보태짐).

정식사실심리를 및 배심원들을 "공표의 범람"으로부터 분리시키기 위한 심지어 최소한도의 노력들을조차도 정식사실심리 법원은 강구해 놓지 않았기 때문에, id., at 357, 유죄판정의 판결주문을 당원은 무효화하였고 새로운 정식사실심리가 뒤이었으며, 거기서 피고인은 무죄로 방면되었다.

이러한 부류의 사건들은 비교적 드문바, 그리하여 광범위한 공표에도 불구하고 정식사실심리들은 공정하였다고 여타의 사건들에서 우리는 판시해 왔다. 예컨대, 피고인의 녹음된 자백에 대한 검찰관의 발표를 포함하여 정식사실심리 이전의 뉴스 기사들이 적법절차의 박탈에 해당할 정도로 선동적이었다는 주장으로써 이의제기된 유죄판정을 Stroble v. California, 343 U. S. 181 (1952)에서 당원은 인가하였다. 검찰관의 행동을 당원은 비난하였으나, 정식사실심리에 앞선 6주 동안 그 주지 상태가 감퇴하였음을, 재판지 변경을 피고인이 신청한 바 없음을, 그리고 그 자백은 임의로운 것으로 인정되어 정식사실심리에서 증거로 받아들여졌음을 당원은 특별히 언급하였다. 배심원 자격 예비심문에서의 배심원들에 대한 철저한 신문을 및 사실관계에 대한 주 법원들에 의한 주의 깊은 재검토를 당원은 아울러 주목하였고, 적법절차의 박탈을 청구인은 증명하지 못하였다고 당원은 판시하였다. 아울러 Murphy v. Florida, 421 U. S. 794 (1975)를; Beck v. Washington, 369 U. S.

See also Murphy v. Florida, 421 U. S. 794 (1975); Beck v. Washington, 369 U. S. 541 (1962).

Taken together, these cases demonstrate that pretrial publicity - even pervasive, adverse publicity - does not inevitably lead to an unfair trial. The capacity of the jury eventually impaneled to decide the case fairly is influenced by the tone and extent of the publicity, «427 U. S., 555» which is in part, and often in large part, shaped by what attorneys, police, and other officials do to precipitate news coverage. The trial judge has a major responsibility. What the judge says about a case, in or out of the courtroom, is likely to appear in newspapers and broadcasts. More important, the measures a judge takes or fails to take to mitigate the effects of pretrial publicity - the measures described in Sheppard - may well determine whether the defendant receives a trial consistent with the requirements of due process. That this responsibility has not always been properly discharged is apparent from the decisions just reviewed.

The costs of failure to afford a fair trial are high. In the most extreme cases, like Sheppard and Estes, the risk of injustice was avoided when the convictions were reversed. But a reversal means that justice has been delayed for both the defendant and the State; in some cases, because of lapse of time retrial is impossible or further prosecution is gravely handicapped. Moreover, in borderline cases in which the conviction is not reversed, there is some possibility of an injustice unredressed. The "strong measures" outlined in Sheppard v. Maxwell are means by which a trial judge can try to avoid exacting these costs from society or from the accused.

The state trial judge in the case before us acted responsibility, out of a

541 (1962)를 보라.

모두어 보면, 불공정한 정식사실심리에게로 정식사실심리 이전의 공표가 - 심지어 널리 미치는 해로운 공표가조차도 - 필연적으로 이끄는 것은 아님을 이 사건들은 증명한다. 사건을 공정하게 판단할 궁극적으로 선발된 배심의 능력은 공표의 논조에 및 정도에 의하여 영향을 받는바, «427 U. S., 555» 뉴스 보도를 재촉하기 위하여 변호인들이, 경찰이, 그리고 여타의 공무원들이 하는 바에 의하여 부분적으로, 그리고 흔히 대부분, 그것은 형성된다. 주된 책임을 정식사실심리 판사는 지고 있다. 법정 안팎에서를 막론하고 사건에 관하여 판사가 말하는 바는 신문지상에와 방송에 나오게 마련이다. 보다 중요하게는, 적법절차의 요구들에 부합되는 정식사실심리를 피고인이 수령하는지 여부를, 정식사실심리 이전의 공표의 효과들을 완화시키기 위하여 판사가 취하는 내지는 간과하는 조치들은 - Sheppard 사건에서 설명된 조치들은 - 결정지음도 당연하다. 이 책무가 항상 적절하게 이행되어 온 것은 아니라는 점은 방금 검토한 판결들로부터 명백하다.

공정한 정식사실심리를 제공하지 아니함에 따르는 비용들은 높다. 예컨대 Sheppard 사건에서와 Estes 사건에서처럼 가장 극단적인 사건들에서, 유죄판정들이 파기되고서야 불의의 위험은 회피되었다. 그러나 피고인을 위해서든 주를 위해서든 정의가 지연되어 왔음을 파기는 의미한다; 어떤 사건들에서는 시간의 경과로 인하여 새로운 정식사실심리가 불가능하거나 또는 더 이상의 소송추행이 중대하게 제약된다. 더군다나, 유죄판정이 파기되지 아니하는 경계선상의 사건들에서는, 시정되지 못한 채로 불의가 넘어갈 상당한 가능성이 있다. Sheppard v. Maxwell 사건에서 윤곽 잡힌 "강력한 조치들(strong measures)"은 이러한 비용들을 사회에게서 내지는 피고인에게서 거둠을 회피하기 위하여 정식사실심리 판사가 시도할 수 있는 수단들이다.

우리 앞의 사건에서 책임성 있게 주 정식사실심리 판사는 행동하였는데, 공정한 정식사실심리를 누릴 피고인의 권리를 보호하려는 노력에 있어서의 정당한 염려

legitimate concern, in an effort to protect the defendant's right to a fair trial.[4] What we must decided is not simply whether the Nebraska courts erred «427 U. S., 556» in seeing the possibility of real danger to the defendant's rights, but whether in the circumstances of this case the means employed were foreclosed by another provision of the Constitution.

V

The First Amendment provides that "Congress shall make no law ······ abridging the freedom ······ of the press," and it is "no longer open to doubt that the liberty of the press, and of speech, is within the liberty safeguarded by the due process clause of the Fourteenth Amendment from invasion by state action." Near v. Minnesota ex rel. Olson, 283 U. S. 697, 707 (1931). See also Grosjean v. American Press Co., 297 U. S. 233, 244 (1936). The Court has interpreted these guarantees to afford special protection against orders that prohibit the publication or broadcast of particular information or commentary - orders that impose a "previous" or "prior" restraint on speech. None of our decided cases on prior restraint involved restrictive orders entered to protect a defendant's right to a fair and impartial jury, but the opinions on prior restraint have a common thread relevant to this case.

In Near v. Minnesota ex rel. Olson, supra, the Court held invalid a Minnesota statute providing for the abatement as a public nuisance of any "malicious, scandalous and defamatory newspaper, magazine or other periodical." Near had published an occasional weekly newspaper described by the County Attorney's complaint as "largely devoted to malicious, scandalous and defamatory articles" concerning political and other public figures. 283 U. S., at 703.

---

4) The record also reveals that counsel for both sides acted responsibly in this case, and there is no suggestion that either sought to use pretrial news coverage for partisan advantage. A few days after the crime, newspaper accounts indicated that the prosecutor had announced the existence of a confession; we learned at oral argument that these accounts were false, although in fact a confession had been made. Tr. of Oral Arg. 36–37, 59.

에 의거한 것이었다.[4] 우리가 판단하지 않으면 안 되는 바는, 피고인의 권리들에의 실제의 위험의 가능성을 살핌에 있어서 네브라스카주 «427 U. S., 556» 법원들이 오류를 저질렀는지 여부에가 결코 아니라, 그 사용된 수단들이 이 사건의 제반상황들 속에서 연방헌법의 또 다른 규정에 의하여 배제되는 것들이었는지 여부에있다.

V

"······ 언론출판의 자유를 박탈하는 ······ 법을 연방의회는 제정해서는 안 된다."고 연방헌법 수정 제1조는 규정하며, 그리고 "주 행위에 의한 침해로부터 연방헌법수정 제14조의 적법절차 조항에 의하여 보장된 자유의 범위 내에 언론출판의 및 말의 자유가 있음은 더 이상 의문을 용납하지 않는다." Near v. Minnesota ex rel. Olson, 283 U. S. 697, 707 (1931). 아울러 Grosjean v. American Press Co., 297 U. S. 233, 244 (1936)을 보라. 특정 정보의 내지는 해설의 공표를 또는 방송을 금지하는 명령들에 대처하여 - 말에 대한 "사전의" 내지는 "앞서의" 제한을 부과하는 명령들에대처하여 - 특별한 보호를 제공하도록 이 보장들을 당원은 해석해 왔다. 공정한 중립의 배심을 누릴 피고인의 권리를 보호하기 위하여 발령된 제한명령들을 사전의제한에 관한 우리의 선례들은 전혀 포함하지 않았으나, 이 사건에 적절한 공통의맥락을 사전의 제한조치에 관한 의견들은 지닌다.

조금이라도 "악의적인, 중상적인 및 명예훼손적인 신문에, 잡지에 내지는 그 밖의 정기간행물에 대하여" 공공불법방해로서의 자력배제를 규정하는 미네소타주제정법을 무효라고 Near v. Minnesota ex rel. Olson, supra에서 당원은 판시하였다. 정치적 인물들에 및 그 밖의 공적 인물들에 관한 "악의적인, 중상적인 및 명예훼손적인 기사들에 주로 할애된" 것으로 카운티 검사의 공소장에서 설명된 이따금씩의주간 신문을 니어(Near)는 발행했었다. 283 U. S., at 703. 제정법에 따라 발행은 금지

---

4) 이 사건에서 양측 변호인단이 책임성 있게 행동했음을 또한 기록은 드러내는바, 정식사실심리 이전의 뉴스보도를 당파적 이익을 위하여 사용하고자 어느 쪽이라도 시도했음을 시사하는 것은 없다. 자백의 존재를 검찰관이 선언한 타임을 범행이 있은 지 며칠 뒤에 신문기사들은 지적하였다; 실제로 자백이 이루어져 있었음에도 불구하고 이 기사들은허위였음을 구두변론에서 우리는 알게 되었다. Tr. of Oral Arg. 36–37, 59.

Publication was enjoined pursuant to the statute. Excerpts from Near's paper, set out in the dissenting opinion of Mr. Justice Butler, show beyond question that one of its principal characteristics was blatant anti-Semitism. See id., at 723, 724-727, n. 1. «427 U. S., 557»

Mr. Chief Justice Hughes, writing for the Court, noted that freedom of the press is not an absolute right, and the State may punish its abuses. He observed that the statute was "not aimed at the redress of individual or private wrongs." Id., at 708, 709. He then focused on the statute:

"[T]he operation and effect of the statute in substance is that public authorities may bring the owner or publisher of a newspaper or periodical before a judge upon a charge of conducting a business of publishing scandalous and defamatory matter ······ and unless the owner or publisher is able ······ to satisfy the judge that the [matter is] true and ······ published with good motives ······ his newspaper or periodical is suppressed ······ This is of the essence of censorship." Id., at 713.

The Court relied on Patterson v. Colorado ex rel. Attorney General, 205 U. S. 454, 462 (1907): "[T]he main purpose of [the First Amendment] is 'to prevent all such *previous restraints* upon publications as had been practiced by other governments.'"[5]

The principles enunciated in Near were so universally accepted that the precise issue did not come before us again until Organization for a Better

---

5) In Near v. Minnesota, Mr. Chief Justice Hughes was also able to say: "There is also the conceded authority of courts to punish for contempt when publications directly tend to prevent the proper discharge of judicial functions." 283 U. S., at 715. A subsequent line of cases limited sharply the circumstances under which courts may exact such punishment. See Craig v. Harney, 331 U. S. 367 (1947); Pennekamp v. Florida, 328 U. S. 331 (1946); Bridges v. California, 314 U. S. 252 (1941). Because these cases deal with punishment based on contempt, however, they deal with problems substantially different from those raised by prior restraint. See also Barist, The First Amendment and Regulation of Prejudicial Publicity – An Analysis, 36 Ford. L. Rev. 425, 433–442 (1968).

되었다. 그것의 주된 특정들 중 한 가지가 노골적인 반유대주의임을 뷰틀러(Butler) 판사의 반대의견에 정리된 니어(Near)의 신문의 발췌문들은 의문의 여지 없이 보여 준다. id., at 723, 724-727, n. 1을 보라. 《427 U. S., 557》

언론출판의 자유는 절대적 권리가 아님을, 따라서 그 남용행위들을 주는 처벌할 수도 있음을 법원장 휴즈(Hughes) 판사는 당원을 대표하여 쓰면서 특별히 언급하였다. "개인적인 내지는 사적인 부당행위의 구제에" 그 제정법은 "겨냥되어 있는 것이 아니다."라고 그는 말하였다. Id., at 708, 709. 초점을 그 제정법에 그 뒤에 그는 맞추었다:

"[중]상적인 및 명예훼손적인 내용을 공표하는 사업을 영위한다는 …… 고발에 근거하여 신문의 내지는 정기간행물의 소유자를 내지는 발행자를 판사 앞에 공공 당국이 데려올 수 있다는 데에, 그리고 만약 [그 내용이] 진실임에 대하여, 그리고 선량한 동기들을 지닌 채로 ……그것이 공표된다는 점에 대하여 판사를 그 소유자가 내지는 발행자가 ……납득시킬 수 없으면 그의 신문은 내지는 정기간행물은 발매금지된다는 데에 …… 요컨대 그 제정법의 기능은 및 효과는 있다. 이것은 검열의 핵심이다." Id., at 713.

당원은 Patterson v. Colorado ex rel. Attorney General, 205 U. S. 454, 462 (1907)에 의존하였다: "'[여]타의 정부들에 의하여 행해져 왔던 바로서의 출판물들에 대한 이러한 모든 *사전의 제한조치*들을 금지하는 데에' [연방헌법 수정 제1조]의 주된 목적은 있다."[5]

Near 판결에서 선언된 원칙들은 너무도 보편적으로 받아들여졌기에, Organization for a Better Austin v. Keefe, 《427 U. S., 558》 402 U. S. 415 (1971) 사건이 있기까지

---

5) 이 말을 Near v. Minnesota 사건에서 법원장 휴즈(Hughes) 판사는 아울러 할 수 있었다: "사법적 기능들의 적정한 이행을 방해하는 데에 출판물들이 직접적으로 기여할 경우에는 법원모독으로 처벌할 법원들의 승인된 권한이 또한 있다." 283 U. S., at 715. 이러한 처벌을 법원들이 부과하여도 되는 상황들을 뒤이은 일련의 선례들은 엄격하게 제한하였다. Craig v. Harney, 331 U. S. 367 (1947)을; Pennekamp v. Florida, 328 U. S. 331 (1946)을; Bridges v. California, 314 U. S. 252 (1941)을 보라. 그러나, 법원모독에 근거한 처벌을 이들 사건들은 다루기 때문에, 사전의 제한에 의하여 제기되는 문제들과는 실질적으로 상이한 문제들을 그것들은 다룬다. 아울러 Barist, The First Amendment and Regulation of Prejudicial Publicity – An Analysis, 36 Ford. L. Rev. 425, 433-442 (1968)을 보라.

Austin v. Keefe, «427 U. S., 558» 402 U. S. 415 (1971). There the state courts had enjoined the petitioners from picketing or passing out literature of any kind in a specified area. Noting the similarity to Near v. Minnesota, a unanimous Court held:

"Here, as in that case, the injunction operates, not to redress alleged private wrongs, but to suppress, on the basis of previous publications, distribution of literature 'of any kind' in a city of 18,000.

......

"Any prior restraint on expression comes to this Court with a 'heavy presumption' against its constitutional validity. Carroll v. Princess Anne, 393 U. S. 175, 181 (1968); Bantam Books, Inc. v. Sullivan, 372 U. S. 58, 70 (1963). Respondent thus carries a heavy burden of showing justification for the imposition of such a restraint. He has not met that burden. ····· Designating the conduct as an invasion of privacy, the apparent basis for the injunction here, is not sufficient to support an injunction against peaceful distribution of informational literature of the nature revealed by this record." 402 U. S., at 418-420.

More recently in New York Times Co. v. United States, 403 U. S. 713 (1971), the Government sought to enjoin the publication of excerpts from a massive, classified study of this Nation's involvement in the Vietnam conflict, going back to the end of the Second World War. The dispositive opinion of the Court simply concluded that the Government had not met its heavy burden of showing justification for the prior restraint. Each of the six concurring Justices and the three dissenting Justices expressed his views separately, but "every member of the Court, tacitly or explicitly, accepted the Near and Keefe condemnation of prior restraint as presumptively unconstitutional." Pittsburgh Press Co. v. Human Rel. «427 U. S., 559» Comm'n, 413 U. S. 376,

그 정확한 쟁점은 우리 앞에 다시 오지 않았다. 특정 영역에서 감시원이 되지 못하도록 내지는 종류 여하를 불문하고 인쇄물을 내놓지 못하도록 청구인들을 거기서 주 법원들은 금지해 놓은 터였다. Near v. Minnesota 사건에의 유사성에 주목하면서, 만장일치의 당원은 판시하였다:

"그 주장된 사적 부당행위를 구제하기 위해서가 아니라, '종류 여하를 불문한' 인쇄물의 배포를, 사전의(previous) 출판물들임을 이유로 인구 18,000명의 도시에서 금지하기 위하여 그 사건에서처럼 여기서도 금지명령은 작동한다.

......

"조금이라도 표현에 대한 사전의 제한조치가 당원에 올 때는 헌법적 정당성 결여의 '무거운 추정'을 그것은 동반한다. Carroll v. Princess Anne, 393 U. S. 175, 181 (1968); Bantam Books, Inc. v. Sullivan, 372 U. S. 58, 70 (1963). 이러한 제한의 부과를 위한 정당화 사유를 증명할 무거운 책임을 그리하여 피청구인은 부담한다. 그 책임을 그는 이행하지 못한 상태이다. ...... 그 행동을 프라이버시의 침해로서 규정하는 한 개의 금지명령을, 그러면서도 이 기록에 드러난 성격의 정보를 제공하는 인쇄물의 평온한 배포를 막는 한 개의 금지명령을 뒷받침하기에는 여기서의 금지명령을 위한 외견상의 근거는 충분하지 않다." 402 U. S., at 418-420.

제2차 세계대전의 종료시점에까지 거슬러 오르는 베트남 분쟁에의 이 나라의 개입에 관한 대규모의 기밀분류된 연구로부터의 발췌문들의 공표를 금지하고자 보다 근자에 New York Times Co. v. United States, 403 U. S. 713 (1971)에서 정부는 추구하였다. 사전의 제한조치에 대한 정당화 사유를 증명할 정부의 무거운 책임을 정부는 이행하지 못한 터라고 방향을 가르는 당원의 의견은 간단히 결론지었다. 이에 찬동하는 판사들 여섯 명의 및 이에 반대한 판사들 세 명의 각각은 개별적으로 자신의 의견들을 표명하였으나, "추정적으로 위헌인 것으로서의 사전의 제한조치에 대한 Near 판결의 및 Keefe 판결의 비난을 암묵적으로든 명시적으로든 당원의 모든 구성원은 받아들였다." Pittsburgh Press Co. v. Human Rel. 《427 U. S., 559》 Comm'n, 413 U. S. 376, 396 (1973) [법원장 버거(BURGER) 판사, 반대의견]. 제한조치

396 (1973) (BURGER, C. J., dissenting). The Court's conclusion in New York Times suggests that the burden on the Government is not reduced by the temporary nature of a restraint; in that case the Government asked for a temporary restraint solely to permit it to study and assess the impact on national security of the lengthy documents at issue.

The thread running through all these cases is that prior restraints on speech and publication are the most serious and the least tolerable infringement on First Amendment rights. A criminal penalty or a judgment in a defamation case is subject to the whole panoply of protections afforded by deferring the impact of the judgment until all avenues of appellate review have been exhausted. Only after judgment has become final, correct or otherwise, does the law's sanction become fully operative.

A prior restraint, by contrast and by definition, has an immediate and irreversible sanction. If it can be said that a threat of criminal or civil sanctions after publication "chills" speech, prior restraint "freezes" it at least for the time.[6)]

The damage can be particularly great when the prior restraint falls upon the communication of news and commentary on current events. Truthful reports of public judicial proceedings have been afforded special protection against subsequent punishment. See Cox Broadcasting Corp v. Cohn, 420 U. S. 469, 492-493 (1975); see also, Craig v. Harney, 331 U. S. 367, 374 (1947). For the same reasons the protection against prior restraint should have particular force as applied to reporting of criminal proceedings, whether the crime in question is a single isolated act or a pattern of criminal conduct.

"A responsible press has always been regarded as «427 U. S., 560» the handmaiden of effective judicial administration, especially in the criminal

---

6) See A. Bickel, The Morality of Consent 61 (1975).

의 일시적 성격에 의하여는 정부 위의 책임이 감소되지 아니함을 New York Times 사건에서의 당원의 결론은 시사한다; 국가안보에 문제의 장황한 문서들이 미치는 영향력을 연구하도록 및 평가하도록 정부 자신에게 허용함만을 그 유일한 목적으로 하는 일시적 제한조치를 그 사건에서 정부는 요청하였다.

　말에 및 공표에 대한 사전의 제한조치들은 연방헌법 수정 제1조상의 권리들에 대한 가장 중대한 및 가장 참을 수 없는 침해라는 데에, 이 사건들 전체를 통하여 흐르는 맥락은 있다. 판결주문의 영향력을 상소에 의한 재검토의 모든 가로수 길들이 다 거쳐지고 났을 때까지는 유예함에 의하여 제공되는 보호수단들의 전체 장비에, 명예훼손 사건에서의 형사적 처벌은 내지는 판결주문은 종속된다. 정당한 것이가든 아닌 것이가든, 오직 판결주문이 최종적인 것으로 되고 난 뒤에라야만 완전히 효력을 법의 제재는 발생한다.

　즉각적인 및 회복불능의 제재효과를, 이에 대비하여 및 자명한 일로서, 사전의 제한조치는 지닌다. 공표 뒤의 형사적 내지는 민사적 제제들의 위협이 말을 "냉각시킨다."는 주장이 만약 가능하다면, 사전의 제한조치는 그것을 적어도 잠시 동안 "냉동시킨다."[6]

　현재적 진행상황들에 대한 뉴스의 및 논평의 보도 위에 사전의 제한조치가 떨어질 때에 손상은 특별히 크다. 사후의 처벌에 대처한 특별한 보호를 공개의 사법절차들에 대한 진실한 보도들은 부여받아 왔다. Cox Broadcasting Corp v. Cohn, 420 U. S. 469, 492-493 (1975)을 보라; 아울러, Craig v. Harney, 331 U. S. 367, 374 (1947)을 보라. 문제의 범죄가 한 번의 격리된 행동인지 아니면 한 개의 경향의 범죄적 행동인지 여부에는 상관없이 특별한 힘을, 형사절차들의 보도에 적용되는 것으로서의 사전의 제한조치에 대처한 보호가 지녀야 함은 바로 그 이유들 때문이다.

　"책임감 있는 언론은 특히 형사법 분야에서 «427 U. S., 560» 효과적인 사법운영의 보조자로서 항상 간주되어 왔다. 여러 세기에 거친 인상적인 공헌의 기록에 의

---

6) A. Bickel, The Morality of Consent 61 (1975)를 보라.

field. Its function in this regard is documented by an impressive record of service over several centuries. The press does not simply publish information about trials but guards against the miscarriage of justice by subjecting the police, prosecutors, and judicial processes to extensive public scrutiny and criticism." Sheppard v. Maxwell, 384 U. S., at 350.

The extraordinary protections afforded by the First Amendment carry with them something in the nature of a fiduciary duty to exercise the protected rights responsibly - a duty widely acknowledged but not always observed by editors and publishers. It is not asking too much to suggest that those who exercise First Amendment rights in newspapers or broadcasting enterprises direct some effort to protect the rights of an accused to a fair trial by unbiased jurors.

Of course, the order at issue - like the order requested in New York Times - does not prohibit but only postpones publication. Some news can be delayed and most commentary can even more readily be delayed without serious injury, and there often is a self-imposed delay when responsible editors call for verification of information. But such delays are normally slight and they are self-imposed. Delays imposed by governmental authority are a different matter.

"We have learned, and continue to learn, from what we view as the unhappy experiences of other nations where government has been allowed to meddle in the internal editorial affairs of newspapers. Regardless of how beneficent-sounding the purposes of controlling the press might be, we ······ remain intensely skeptical about those measures that would allow government to insinuate itself into the editorial «427 U. S., 561» rooms of this Nation's press." Miami Herald Publishing Co. v. Tornillo, 418 U. S. 241, 259 (1974) (WHITE, J., concurring).

하여 이 점에 있어서의 그것의 기능은 문서화되어 있다. 정식사실심리들에 관한 정보를 언론은 단순히 보도하는 것만이 아니라, 경찰을, 검찰관들을, 그리고 사법절차들을 다방면에 걸치는 공중의 조사에 및 비판에 복종시킴으로써 오심을 감시한다." Sheppard v. Maxwell, 384 U. S., at 350.

그 보호받아야 할 권리들을 책임성 있게 행사할 수탁자로서의 책무의 - 편집자들에 및 발행자들에 의하여 널리 인정되는, 그러나 항상 준수되지는 못하는 책무의 - 성격을 띠는 모종의 것을 연방헌법 수정 제1조에 의하여 제공되는 비범한 보호들은 지니고 다닌다. 편견 없는 배심원들에 의한 공정한 정식사실심리를 받을 피고인의 권리들을 보호하기 위한 상당한 노력을, 신문사들에서든 방송사들에서든 연방헌법 수정 제1조상의 권리들을 행사하는 사람들은 기울여야 한다고 권유함은 지나친 요구가 아니다.

물론, 쟁점에 놓인 명령은 - New York Times 사건에서 요청된 명령이 그러하듯 - 공표를 금지하는 것은 아니며, 공표를 단지 연기할 뿐이다. 중대한 손해 없이 일정한 뉴스는 연기될 수 있고 대부분의 논평은 훨씬 더 그러한바, 정보의 확인을 책임성 있는 편집인들이 요구할 경우에 언론기관 스스로 알아서 하는 연기는 자주 있다. 그러나 이러한 연기들은 보통은 사소한 것들이고, 그리하여 그것들은 스스로 알아서 하는 것들이다. 정부의 권한에 의하여 부과되는 연기들은 성격을 달리하는 문제이다.

"신문사들 내부의 편집업무에 간섭함이 정부에게 허용되어 온 다른 나라들에서의 불행한 경험들이라고 우리가 간주하는 바로부터 우리는 배운 터이고 또한 배우기를 계속한다. 제 아무리 유익함직한 소리를 언론을 통제함의 목적들이 띨 수 있든지에 상관없이, …… 그 자신을 이 나라의 언론의 편집실들 안에 은근히 심어 넣음을 정부에게 허용하게 마련인 그 조치들에 관하여 극도로 회의적인 상태에 «427 U. S., 561» 우리는 여전히 남는다." Miami Herald Publishing Co. v. Tornillo, 418 U. S. 241, 259 (1974) (화이트(WHITE) 판사, 보충의견).

See also Columbia Broadcasting v. Democratic Comm., 412 U. S. 94 (1973). As a practical matter, moreover, the element of time is not unimportant if press coverage is to fulfill its traditional function of bringing news to the public promptly.

The authors of the Bill of Rights did not undertake to assign priorities as between First Amendment and Sixth Amendment rights, ranking one as superior to the other. In this case, the petitioners would have us declare the right of an accused subordinate to their right to publish in all circumstances. But if the authors of these guarantees, fully aware of the potential conflicts between them, were unwilling or unable to resolve the issue by assigning to one priority over the other, it is not for us to rewrite the Constitution by undertaking what they declined to do. It is unnecessary, after nearly two centuries, to establish a priority applicable in all circumstances. Yet it is nonetheless clear that the barriers to prior restraint remain high unless we are to abandon what the Court has said for nearly a quarter of our national existence and implied throughout all of it. The history of even wartime suspension of categorical guarantees, such as habeas corpus or the right to trial by civilian courts, see Ex parte Milligan, 4 Wall. 2 (1867), cautions against suspending explicit guarantees.

The Nebraska courts in this case enjoined the publication of certain kinds of information about the Simants case. There are, as we suggested earlier, marked differences in setting and purpose between the order entered here and the orders in Near, Keefe, and New York Times, but as to the underlying issue - the right of the press to be free from *prior* restraints on publication - those «427 U. S., 562» cases form the backdrop against which we must decide this case.

아울러 Columbia Broadcasting v. Democratic Comm., 412 U. S. 94 (1973)을 보라. 더군다나, 실제상의 문제로서, 뉴스를 공중에게 신속하게 제공함이라는 자신의 전통적 기능을 만약 언론보도가 다해야 한다면 시간의 요소는 중요하지 않은 것이 아니다.

연방헌법 수정 제1조상의 권리들의 및 제6조상의 권리들의 양자 사이에서, 이 쪽을 저 쪽에 우월한 것으로 평가하는 등으로 우선순위들을 할당하기를 권리장전의 저자들은 떠맡지 않았다. 정보를 공표할 자신들의 권리에 모든 상황들에서 피고인의 권리가 종속됨을 이 사건에서 청구인들로서는 우리로 하여금 선언하게 했으면 할 것이다. 그러나 만약 그것들 사이의 잠재적 충돌들을 충분히 알고 있던 이 보장들의 저자들로서 다른 쪽에의 우위를 한 쪽에게 할당함에 의하여 쟁점을 해소함이 내키지 아니하였다면 내지는 불가능하였다면, 그 하기를 그들이 정중히 거절했던 바에 우리가 착수함으로써 연방헌법을 다시 씀은 우리의 할 바가 아니다. 모든 상황들에 적용되는 우선순위를 거의 두 세기가 지난 뒤에 설정함은 불필요하다. 그러나 우리의 국가적 존립 기간의 거의 4분의 1 동안 당원이 말해 온 바를 및 그 존립 기간 전체에 걸쳐 우리가 함축해 온 바를 우리가 방기하고자 하지 않는 한, 사전의 제한조치에 대한 장벽들이 높은 상태로 유지됨은 이에도 불구하고 명백하다. 명시적 보장들을 정지시키지 말도록 심지어 인신보호영장에라든지 민간법원들에 의한 정식사실심리를 받을 권리에라든지 등을 비롯한 절대적 보장들에 대한 전쟁기간 중의 정지의 역사, see Ex parte Milligan, 4 Wall. 2 (1867), 는 경고한다.

Simants 사건에 관한 일정 종류의 정보에 대한 공표를 이 사건에서 네브라스카주 법원들은 금지하였다. 여기에 기입된 명령의 및 Near 사건에서의, Keefe 사건에서의 및 New York Times에서의 명령들의 그 양자 사이에는 우리가 앞에서 암시했듯이 그 배경상으로 및 목적상으로 현저한 차이들이 있으나, 그 토대에 놓인 쟁점에 관하여는 - 공표에 대한 사전의 제한조치들로부터 자유로울 언론출판의 권리에 관하여는 - 이 사건을 《427 U. S., 562》 우리가 판결함에 있어서 배경으로 우리가 삼지 않으면 안 될 그 배경을 그 사건들은 형성한다.

VI

We turn now to the record in this case to determine whether, as Learned Hand put it, "the gravity of the 'evil,' discounted by its improbability, justifies such invasion of free speech as is necessary to avoid the danger." United States v. Dennis, 183 F.2d 201, 212 (CA2 1950), aff' d, 341 U. S. 494 (1951); see also L. Hand, The Bill of Rights 58-61 (1958). To do so, we must examine the evidence before the trial judge when the order was entered to determine (a) the nature and extent of pretrial news coverage; (b) whether other measures would be likely to mitigate the effects of unrestrained pretrial publicity; and (c) how effectively a restraining order would operate to prevent the threatened danger. The precise terms of the restraining order are also important. We must then consider whether the record supports the entry of a prior restraint on publication, one of the most extraordinary remedies known to our jurisprudence.

A

In assessing the probable extent of publicity, the trial judge had before him newspapers demonstrating that the crime had already drawn intensive news coverage, and the testimony of the County Judge, who had entered the initial restraining order based on the local and national attention the case had attracted. The District Judge was required to assess the probable publicity that would be given these shocking crimes prior to the time a jury was selected and sequestered. He then had to examine the probable nature of the publicity and determine how it would affect prospective jurors.

Our review of the pretrial record persuades us that the trial judge was justified in concluding that there would «427 U. S., 563» be intense and pervasive pretrial publicity concerning this case. He could also reasonably conclude, based on common human experience, that publicity might impair the

VI

러니드핸드(Learned Hand) 판사가 표현했듯이, "위험을 피하기 위하여 필요한 것으로서의, 자유로운 말에 대한 이러한 침해를, 그 있을 법하지 아니함에 의하여 에누리된 것으로의 '해악'의 중대함이 정당화하는지" 여부를 판정짓기 위하여 이 사건에서의 기록에 주의를 이제 우리는 돌린다. United States v. Dennis, 183 F.2d 201, 212 (CA2 1950), aff'd, 341 U. S. 494 (1951); 아울러 L. Hand, The Bill of Rights 58-61 (1958)을 보라. 그렇게 하기 위하여는 (a) 정식사실심리 이전의 뉴스 보도의 성격을 및 정도를; (b) 무제한의 정식사실심리 이전의 공표의 효과들을 여타의 조치들이 완화시킬 가능성이 있을지 여부를; 및 (c) 염려 대상인 위험을 방지하는 데 얼마나 효과적으로 제한명령이 작동할지를 판정하고자, 그 명령이 기입된 당시의 정식사실심리 판사 앞의 증거를 우리는 검토하지 않으면 안 된다. 제한명령의 정확한 문언은 마찬가지로 중요하다. 우리의 사법체계에 알려진 가장 비범한 구제수단들 중 하나인, 공표에 대한 사전의 제한조치의 기입을 기록이 뒷받침하는지 여부를, 그렇게 하고 나서 우리는 검토하지 않으면 안 된다.

A

공표의 예상되는 정도를 평가함에 있어서, 집중적인 뉴스 보도를 그 범행이 이미 끈 상태임을 나타내 보이는 신문들을, 그리고 그 범행이 끌어놓은 상태인 지역의 및 전국의 주목에 토대한 최초의 제한명령을 기입한 바 있는 카운티 판사의 증언을 자신 앞에 정식사실심리 판사는 지녔다. 배심이 선발되는 및 격리되는 시각 이전에 이 충격적인 범행들에 부여될 예상되는 공표를 평가하도록 지방법원 판사는 요구되었다. 그렇게 한 뒤에, 공표의 예상되는 성격을 그는 검토하여야 하였고 또한 잠재적 배심원들에게 그것이 얼마나 영향을 끼칠지를 그는 판정하여야 하였다.

이 사건에 관한 집중적인 및 널리 스며드는 정식사실심리 이전의 공표가 있을 것이라고 결론지음에 있어서 정식사실심리 판사가 정당화되었음에 대하여 우리를 《427 U. S., 563》 정식사실심리 이전의 기록에 대한 우리의 재검토는 납득시킨다. 아울러 공정한 정식사실심리를 받을 피고인의 권리를 공표가 손상시킬 수도 있으

defendant's right to a fair trial. He did not purport to say more, for he found only "a clear and present danger that pre-trial publicity *could* impinge upon the defendant's right to a fair trial." (Emphasis added.) His conclusion as to the impact of such publicity on prospective jurors was of necessity speculative, dealing as he was with factors unknown and unknowable.

B

We find little in the record that goes to another aspect of our task, determining whether measures short of an order restraining all publication would have insured the defendant a fair trial. Although the entry of the order might be read as a judicial determination that other measures would not suffice, the trial court made no express findings to that effect; the Nebraska Supreme Court referred to the issue only by implication. See 194 Neb., at 797-798, 236 N. W. 2d, at 803.

Most of the alternatives to prior restraint of publication in these circumstances were discussed with obvious approval in Sheppard v. Maxwell, 384 U. S., at 357-362: (a) change of trial venue to a place less exposed to the intense publicity that seemed imminent in Lincoln County;[7] (b) postponement of the trial to allow «427 U. S., 564» public attention to subside; (c) searching questioning of prospective jurors, as Mr. Chief Justice Marshall used in the Burr case, to screen out those with fixed opinions as to guilt or innocence; (d) the use of emphatic and clear instructions on the sworn duty of each juror to decide the issues only on evidence presented in open court. Sequestration of jurors is, of course, always available. Although that measure

---

7) The respondent and intervenors argue here that a change of venue would not have helped, since Nebraska law permits a change only to adjacent counties, which had been as exposed to pretrial publicity in this case as Lincoln County. We have held that state laws restricting venue must on occasion yield to the constitutional requirement that the State afford a fair trial. Groppi v. Wisconsin, 400 U. S. 505 (1971). We note also that the combined population of Lincoln County and the adjacent counties is over 80,000, providing a substantial pool of prospective jurors.

리라고 보통의 인간의 경험에 터잡아 그는 합리적으로 결론지을 수 있었다. 그 이상을 그는 말하고자 하지 않았는바, 왜냐하면 "공정한 정식사실심리를 받을 피고인의 권리를 정식사실심리 이전의 공표가 침해할 수도 있는 명백한 현존의 위험"만을 그는 인정했기 때문이다. (강조는 보태짐.) 알려지지 않은 및 알 수 없는 요소들을 다루는 것들인 까닭에, 이러한 공표의 잠재적 배심원들에게의 영향력에 관한 그의 결론은 불가피하게 사변적인 것이었다.

B

공정한 정식사실심리를 피고인에게, 모든 공표를 제한하는 명령에 미달하는 조치들이 보장했을지 여부를 판정함이라는 우리의 임무의 또 다른 측면에 소용이 되는 바를 기록 안에서 우리는 찾을 수 없다. 여타의 수단들로는 충분하지 않을 것이라는 한 개의 사법적 판단으로 명령의 기입이 해석될 수도 있었음에도 불구하고, 그 취지의 명시적 인정들을 정식사실심리 법원은 하지 않았다; 그 쟁점에 대하여 오직 함축에 의해서만 네브라스카주 대법원은 언급하였을 뿐이다. 194 Neb., at 797-798, 236 N. W. 2d, at 803을 보라.

이 상황들에서의 공표에 대한 사전의 제한조치를 갈음할 대체수단들의 대부분은 Sheppard v. Maxwell, 384 U. S., at 357-362에서 명백한 승인을 지니고서 논의되었는 바: (a) 링컨 카운티에 임박해 있어 보인 그 집중적인 공표에 덜 노출된 장소로의 재판지의 변경이;[7] (b) 공중의 관심이 가라앉기를 기다리기 《427 U. S., 564》위한 정식사실심리의 연기가; (c) Burr 사건에서 법원장 마샬(Marshall) 판사가 사용한, 유죄에 내지는 무죄에 관하여 고정된 의견들을 지닌 사람들을 걸러내기 위한 배심원 후보들에 대한 엄격한 심문이; (d) 쟁점들을 오직 공개법정에 제출된 증거 위에서만 판단할 선서에 의한 개개 배심원의 의무에 대한 단호한 및 명백한 훈시사항들의 사용이 그것들이다. 배심원들의 격리는 항상 동원 가능함이 물론이다. 비

---

7) 재판지의 변경은 도움이 되지 못하였을 것이라고, 왜냐하면 재판지 변경을 겨우 인접 카운티들에게로만 네브라스카주 법은 허용하기 때문이라고, 그런데 이 사건에서는 정식사실심리 이전의 공표에 링컨 카운티가 노출된 만큼이나 그 인접 카운티들이 노출되어 있었기 때문이라고 피청구인들은 및 참가인들은 여기서 주장한다. 공정한 정식사실심리를 주는 제공해야 한다는 헌법적 요구에, 재판지를 제한하는 주 법들은 경우에 따라 양보하지 않으면 안 됨을 우리는 판시해 왔다. Groppi v. Wisconsin, 400 U. S. 505 (1971). 링컨 카운티의 및 인접 카운티들의 인구 합계는 80,000을 넘음을, 그리하여 잠재적 배심원들의 풍부한 웅덩이를 그것은 제공함을 아울러 우리는 밝혀둔다.

insulates jurors only after they are sworn, it also enhances the likelihood of dissipating the impact of pretrial publicity and emphasizes the elements of the jurors' oaths.

This Court has outlined other measures short of prior restraints on publication tending to blunt the impact of pretrial publicity. See Sheppard v. Maxwell, supra, at 361-362. Professional studies have filled out these suggestions, recommending that trial courts in appropriate cases limit what the contending lawyers, the police, and witnesses may say to anyone. See American Bar Association Project on Standards for Criminal Justice, Fair Trial and Free Press 2-15 (App. Draft 1968).[8] «427 U. S., 565»

We have noted earlier that pretrial publicity, even if pervasive and concentrated, cannot be regarded as leading automatically and in every kind of criminal case to an unfair trial. The decided cases "cannot be made to stand for the proposition that juror exposure to information about a state defendant's prior convictions or to news accounts of the crime with which he is charged alone presumptively deprives the defendant of due process." Murphy v. Florida, 421 U. S., at 799. Appellate evaluations as to the impact of publicity take into account what other measures were used to mitigate the adverse effects of publicity. The more difficult prospective or predictive assessment that a trial judge must make also calls for a judgment as to whether other precautionary steps will suffice.

---

[8] Closing of pretrial proceedings with the consent of the defendant when required is also recommended in guidelines that have emerged from various studies. At oral argument petitioners' counsel asserted that judicially imposed restraints on lawyers and others would be subject to challenge as interfering with press rights to news sources. Tr. of Oral Arg. 7–8. See, e. g., Chicago Council of Lawyers v. Bauer, 522 F.2d 242 (CA7 1975), cert. denied sub nom. Cunningham v. Chicago Council of Lawyers, post, p.912. We are not now confronted with such issues.
We note that in making its proposals, the American Bar Association recommended strongly against resort to direct restraints on the press to prohibit publication. American Bar Association Project on Standards for Criminal Justice, Fair Trial and Free Press 68–73 (App. Draft 1968). Other groups have reached similar conclusions. See Report of the Judicial Conference Committee on the Operation of the Jury System, "Free Press–Fair Trial" Issue, 45 F. R. D. 391, 401–403 (1968); Special Committee on «427 U. S., 565» Radio, Television, and the Administration of Justice of the Association of the Bar of the City of New York, Freedom of the Press and Fair Trial 10–11 (1967).

록 선서절차에 배심원들이 처해지고 난 뒤에라야 그들을 그 조치는 격리시킴에도 불구하고, 정식사실심리 이전의 공표의 영향력을 지울 가능성을 그것은 높여주기도 하고 또한 배심원들의 선서사항들의 요소들을 그것은 부각시킨다.

공표에 대한 사전의 제한조치들에 미달하는, 정식사실심리 이전의 공표의 영향력을 무디게 하는 데 보탬이 되는 여타의 조치들을 당원은 윤곽 잡아 놓았다. Sheppard v. Maxwell, supra, at 361-362를 보라. 경쟁관계에 있는 변호사들이, 경찰이, 그리고 증인들이 누군가에게 말해도 되는 사항들을 적절한 사건들에서 제한하도록 정식사실심리 법원들에게 권유하는 등 이 제안들을 법조전문직 연구들은 채워 놓았다. American Bar Association Project on Standards for Criminal Justice, Fair Trial and Free Press 2-15 (App. Draft 1968)을 보라.[8] «427 U. S., 565»

정식사실심리 이전의 공표는 설령 널리 스며드는 및 집중된 것이라 하더라도 불공정한 정식사실심리에 자동적으로 및 모든 종류의 형사사건에서 데려가는 것으로 간주될 수 없음을 일찍이 우리는 특별히 언급한 바 있다. "주(state) 피고인의 이전의 유죄판정들에 내지는 그가 기소된 범죄의 뉴스 기사들에 관한 정보에의 배심원 노출은 그것만으로 적법절차를 피고인에게서 추정적으로 박탈한다는 명제를 편드는 것으로" 선례들은 "해석될 수 없다." Murphy v. Florida, 421 U. S., at 799. 공표의 해로운 영향들을 누그러뜨리기 위하여 여타의 어떤 조치들이 사용되었는지를 공표의 영향력에 관한 상소절차에서의 평가들은 고려한다. 여타의 주의적 조치들로써 충분할 것인지 여부에 관한 판단을, 정식사실심리 판사가 하지 않으면 안 되는 보다 더 어려운 장래적 내지는 예보적 평가는 아울러 요구한다.

---

8) 만약 요구될 경우에는 피고인의 동의를 받아 정식사실심리 이전 절차들을 비공개로 진행함은, 다양한 연구들로부터 출현한 지침들에 있어서 마찬가지로 권장되고 있다. 변호사들에 및 그 밖의 사람들에 대하여 사법적으로 부과된 제한조치들은 뉴스 원천들에 대한 언론출판의 권리들을 침해하는 것들로서 이의의 대상이 됨을 구두변론에서 청구인들의 변호인단은 주장하였다. Tr. of Oral Arg. 7-8. 예컨대, Chicago Council of Lawyers v. Bauer, 522 F.2d 242 (CA7 1975), cert. denied sub nom. Cunningham v. Chicago Council of Lawyers, post, p. 912를 보라. 이러한 쟁점들에 지금 우리는 당면해 있지 아니하다.

공표를 금지하기 위한 언론에의 직접적인 제한조치들에의 의존을 회피하도록, 자신의 제안들을 제시함에 있어서 미국 법률가협회는 강력히 권유하였음을 우리는 주목한다. American Bar Association Project on Standards for Criminal Justice, Fair Trial and Free Press 68-73 (App. Draft 1968). 동일한 결론들에 여타의 그룹들은 도달하였다. Report of the Judicial Conference Committee on the Operation of the Jury System, "Free Press–Fair Trial" Issue, 45 F. R. D. 391, 401-403 (1968)을; Special Committee on «427 U. S., 565» Radio, Television, and the Administration of Justice of the Association of the Bar of the City of New York, Freedom of the Press and Fair Trial 10-11 (1967)을 보라.

We have therefore examined this record to determine the probable efficacy of the measures short of prior restraint on the press and speech. There is no finding that alternative measures would not have protected Simants' rights, and the Nebraska Supreme Court did no more than imply that such measures might not be adequate. Moreover, the record is lacking in evidence to support such a finding.

C

We must also assess the probable efficacy of prior restraint on publication as a workable method of protecting Simants' right to a fair trial, and we cannot ignore the reality of the problems of managing and enforcing pretrial restraining orders. The territorial jurisdiction of the issuing court is limited by concepts of sovereignty, see, e. g., Hanson v. Denckla, 357 U. S. 235 (1958); Pennoyer v. Neff, 95 U. S. 714 (1878). The need for in «427 U. S., 566» personam jurisdiction also presents an obstacle to a restraining order that applies to publication at large as distinguished from restraining publication within a given jurisdiction.[9] See generally American Bar Association, Legal Advisory Committee on Fair Trial and Free Press, Recommended Court Procedure to Accommodate Rights of Fair Trial and Free Press (Rev. Draft, Nov. 1975); Rendleman, Free Press-Fair Trial: Review of Silence Orders, 52 N.C. L. Rev. 127, 149-155 (1973).[10]

---

9) Here, for example, the Nebraska Supreme Court decided that the District Court had no jurisdiction of the petitioners except by virtue of their voluntary submission to the jurisdiction of that court when they moved to intervene. Except for the intervention which placed them within reach of the court, the Nebraska Supreme Court conceded, the petitioners "could have ignored the [restraining] order ……." State v. Simants, 194 Neb. 783, 795, 236 N. W. 2d 794, 802 (1975).

10) Assuming, arguendo, that these problems are within reach of legislative enactment, or that some application of evolving concepts of long-arm jurisdiction would solve the problems of personal jurisdiction, even a cursory examination suggests how awkwardly broad prior restraints on publication, directed not at named parties but at large, would fit into our jurisprudence. The British experience is in sharp contrast for a variety of reasons; Great Britain has a smaller and unitary court system permitting the development of a manageable system of prior restraints by the application of the constructive contempt doctrine. Cf. n. 5, supra, at 557; see generally Maryland v. Baltimore Radio Show, 338 U. S. 912, 921–936 (1950) (App. to opinion of Frankfurter, J., respecting denial of certiorari); Gillmor, Free Press and Fair Trial in English Law, 22 Wash. & Lee L. Rev. 17 (1965). Moreover, any

그러므로 보도기관에 및 말에 대한 사전의 제한조치에 미달하는 조치들의 예상되는 효험을 판정짓기 위하여 이 기록을 우리는 검토해 왔다. 사이먼츠의 권리들을 대체적 조치들로써는 보호하지 못했으리라는 사실인정은 없으며, 이러한 조치들로는 충분하지 못할 수가 있음을 네브라스카주 대법원은 겨우 함축한 것에 지나지 않았다. 더욱이, 이러한 사실인정을 뒷받침하기에 기록은 부족하다.

C

공정한 정식사실심리를 누릴 사이먼츠의 권리를 보호하는 작동 가능한 수단으로서의, 공표에 대한 사전의 제한조치의 예상되는 효력을 우리는 아울러 평가하지 않으면 안 되는데, 정식사실심리 이전의 제한 명령들을 관리하는 및 실행하는 문제들의 현실성을 우리는 무시할 수 없다. 주권개념들에 의하여 발령법원의 토지관할은 제한되는바, 예컨대 Hanson v. Denckla, 357 U. S. 235 (1958)을; Pennoyer v. Neff, 95 U. S. 714 (1878)을 보라. 특정 관할권 내에서의 《427 U. S., 566》 공표를 제한함으로부터는 구분되는 공표 일반에 적용되는 제한명령에 대한 장해를 대인 관할권의 요구는 아울러 제기한다.[9] 일반적으로 American Bar Association, Legal Advisory Committee on Fair Trial and Free Press, Recommended Court Procedure to Accommodate Rights of Fair Trial and Free Press (Rev. Draft, Nov. 1975)를; Rendleman, Free Press-Fair Trial: Review of Silence Orders, 52 N.C. L. Rev. 127, 149-155 (1973)을 보라.[10]

---

9) 청구인들의 참가신청 제기에 의한 지방법원의 관할권에의 청구인들의 자발적 복종에 의해서가 아니고서는 청구인들에 대한 관할권을 지방법원은 지니지 않는다고 예를 들어 여기서 네브라스카주 대법원은 판단하였다. 그들을 그 법원의 권한 범위 내에 두게 한 그 참가를 위해서가 아니었다면, "…… 그 [제한] 명령을" 청구인들은 "무시했을 수도 있음"을 네브라스카주 대법원은 시인하였다. State v. Simants, 194 Neb. 783, 795, 236 N. W. 2d 794, 802 (1975).

10) 입법부의 입법의 범위 내에 이 문제들이 있다고, 또는 인적 관할권의 문제들을 원격지 관할권에 관한 개발 중인 개념들의 모종의 적용이 해결하리라고 논의상으로 가정하더라도, 특정 당사자들에게가 아니라 공중 일반에게 겨냥된 공표에 대한 사전의 넓은 제한조치들이 우리의 사법체계에 들어맞기가 얼마나 거북할지를 심지어 엉성한 검토는조차 시사한다. 현저한 대조를 영국의 경험이 보이는 데는 다양한 이유들이 있다; 해석적 법원모독 법리의 적용에 의한 사전의 제한조치들의 운용가능한 제도의 개발을 허용하는 더 적은 및 단일한 법원제도를 대영제국은 지닌다. n. 5, supra, at 557을 참조하라; 일반적으로 Maryland v. Baltimore Radio Show, 338 U. S. 912, 921-936 (1950) (사건기록 송부명령의 기각에 관하여 프랑크푸르터(Frankfurter) 판사의 의견에 붙인 부록)을; Gillmor, Free Press and Fair Trial in English Law, 22 Wash. & Lee L. Rev. 17 (1965)를 보라. 더욱이, 높은 지위를 언론출판의 및 말의 자유에 비록 영국은 부여함에도 불구하고 성문헌법의 명시적 구속을 영국의 법원들은 받지 아니함을 조금이라도 두 제도들 사이의 비교는 고려하지 않으면 안 된다.

The Nebraska Supreme Court narrowed the scope of the restrictive order, and its opinion reflects awareness of the tensions between the need to protect the accused as fully as possible and the need to restrict publication as little as possible. The dilemma posed underscores how «427 U. S., 567» difficult it is for trial judges to predict what information will in fact undermine the impartiality of jurors, and the difficulty of drafting an order that will effectively keep prejudicial information from prospective jurors. When a restrictive order is sought, a court can anticipate only part of what will develop that may injure the accused. But information not so obviously prejudicial may emerge, and what may properly be published in these "gray zone" circumstances may not violate the restrictive order and yet be prejudicial.

Finally, we note that the events disclosed by the record took place in a community of 850 people. It is reasonable to assume that, without any news accounts being printed or broadcast, rumors would travel swiftly by word of mouth. One can only speculate on the accuracy of such reports, given the generative propensities of rumors; they could well be more damaging than reasonably accurate news accounts. But plainly a whole community cannot be restrained from discussing a subject intimately affecting life within it.

Given these practical problems, it is far from clear that prior restraint on publication would have protected Simants' rights.

D

Finally, another feature of this case leads us to conclude that the restrictive order entered here is not supportable. At the outset the County Court entered a very broad restrictive order, the terms of which are not before us; it then held a preliminary hearing open to the public and the press. There was testi-

---

comparison between the two systems must take into account that although England gives a very high place to freedom of the press and speech, its courts are not subject to the explicit strictures of a written constitution.

제한명령의 범위를 네브라스카주 대법원은 좁혔는바, 피고인을 가능한 한 충분히 보호할 필요의 및 공표를 가능한 한 최소한으로 제한할 필요의 그 양자 사이의 긴장사항들의 인식을 그 의견은 반영한다. 배심원들의 중립성을 어떤 «427 U. S., 567» 정보가 실제로 침해할지를 정식사실심리 판사로서 예견하기란 얼마나 어려운지를, 및 편파적 정보를 잠재적 배심원들로부터 효과적으로 격리시켜 줄 한 개의 명령을 문안으로 작성하는 일의 어려움을, 그 제기되는 딜레마는 뒷받침한다. 제한 명령이 추구될 때에 법원으로서 예상할 수 있는 것은 피고인을 해칠 수 있는 것들의 일부만을이다. 그러나 편파적임이 그렇게 명확하지 아니한 정보가 등장할 수 있고, 이 "회색지대" 상황들에서 정당하게 공표되어도 좋은 바는 제한명령에 위배되지 아니하면서도 여전히 편파적인 것일 수가 있다.

궁극적으로, 기록에 드러난 사건경과는 인구 850명의 지역사회에서 발생한 것임을 우리는 지적해 둔다. 조금이라도 인쇄되는 내지는 방송되는 뉴스 보도 없이도 입소문을 타고서 소문들은 신속하게 퍼질 것이라고 가정함이 합리적이다. 이러한 소문들의 정확성에 관하여, 소문들의 생성적 성향들을 전제한 가운데 우리는 추측할 수 있을 뿐이다; 합리적으로 정확한 뉴스 기사들이보다 그것들이 훨씬 더 해로울 수 있음도 당연하다. 그러나 그 안에서의 생활에 밀접히 영향을 미치는 문제를 논의함으로부터 전체 지역사회가 제한될 수 없음은 명백하다.

이러한 실제적 문제들을 전제할 때, 사이먼츠의 권리들을 사전의 제한조치가 보호했으리라는 점은 결코 명백하지 않다.

D

궁극적으로, 여기에 기입된 제한명령은 지탱될 수 없다는 결론을 내리도록 우리를 이 사건의 또 다른 특징은 이끈다. 매우 광범위한 제한명령을 당초에 카운티 법원은 내렸는데, 그 문언은 우리 앞에 있지 않다; 공중에게와 언론에 공개된 예비심문을 그 뒤에 카운티 법원은 열었다. 사이먼츠에 의하여 사적 인물들에게 이루어진 적어도 두 개의 부죄적 진술들에 관한 증언이 있었다; 경찰관들에게 그가 하였던 진술이 - 그것은 분명히 한 개의 자백이었다 - 아울러 제출되었다. 이 공개심문 뒤

mony concerning at least two incriminating statements made by Simants to private persons; the statement - evidently a confession - that he gave to law enforcement officials was also introduced. The State District Court's later order was entered after this public hearing and, as modified by the «427 U. S., 568» Nebraska Supreme Court, enjoined reporting of (1) "[c]onfessions or admissions against interest made by the accused to law enforcement officials"; (2) "[c]onfessions or admissions against interest, oral or written, if any, made by the accused to third parties, excepting any statements, if any, made by the accused to representatives of the news media"; and (3) all "[o]ther information strongly implicative of the accused as the perpetrator of the slayings." 194 Neb., at 801, 236 N. W. 2d, at 805.

To the extent that this order prohibited the reporting of evidence adduced at the open preliminary hearing, it plainly violated settled principles: "[T]here is nothing that proscribes the press from reporting events that transpire in the courtroom." Sheppard v. Maxwell, 384 U. S., at 362-363. See also Cox Broadcasting Corp. v. Cohn, 420 U. S. 469 (1975); Craig v. Harney, 331 U. S. 367 (1947). The County Court could not know that closure of the preliminary hearing was an alternative open to it until the Nebraska Supreme Court so construed state law; but once a public hearing had been held, what transpired there could not be subject to prior restraint.

The third prohibition of the order was defective in another respect as well. As part of a final order, entered after plenary review, this prohibition regarding "implicative" information is too vague and too broad to survive the scrutiny we have given to restraints on First Amendment rights. See, e. g., Hynes v. Mayor of Oradell, 425 U. S. 610 (1976); Buckley v. Valeo, 424 U. S. 1, 76-82 (1976); NAACP v. Button, 371 U. S. 415 (1963). The third phase of the order entered falls outside permissible limits.

에 주 지방법원의 나중의 명령은 기입되었고, 네브라스카주 대법원에 의하여 《427 U. S., 568》 변경되었는데, 아래 사항들의 보도를 그것은 금지하였다 : ⑴ "[법] 집행 공무원들에게 이루어진 피고인에게 불리한 자백들 내지는 시인들"; ⑵ "[혹]여 있을 경우의, 피고인에 의하여 뉴스매체의 대표자들에게 이루어진 조금이나마의 진술들을 제외한, 구두상의 것이든 서면상의 것이든, 혹여 있을 경우의, 피고인에 의하여 제3자들에게 이루어진 불리한 자백들 내지는 시인들"; 및 ⑶ "[피고인을 살해행위들의 범인으로 강력하게 함축하는 그 밖의" 모든 "정보." 194 Neb., at 801, 236 N. W. 2d, at 805.

공개의 예비심문에서 제시된 증거의 보도를 이 명령이 금지한 만큼은, 그 확립된 원칙들을 그것은 명백히 위반하였다: "[법]정에서 일어나는 진행사항들을 보도하지 못하도록 언론을 금지하는 것은 아무 것도 없다." Sheppard v. Maxwell, 384 U. S., at 362-363. 아울러 Cox Broadcasting Corp. v. Cohn, 420 U. S. 469 (1975)를; Craig v. Harney, 331 U. S. 367 (1947)을 보라. 예비심문의 비공개 진행은 그 자신에게 열려 있는 한 가지 대안임을 주 법을 네브라스카주 대법원이 그렇게 해석할 때까지 카운티 법원은 알 수 없었다; 그러나 일단 공개심문이 실시되어 있는 이상에는 거기서 생긴 사항은 사전의 제한조치의 대상이 될 수 없었다.

또 다른 점에 있어서도 명령의 세 번째 금지사항은 결함을 지닌 것이었다. 정식의 검토 뒤에 내려진 최종적 명령의 일부인, "함축적" 정보에 관한 이 금지는 너무나 모호하고 너무나 광범위하여 연방헌법 수정 제1조상의 권리들에 대한 제한조치들에 우리가 부여해 온 그 엄밀한 검토를 그것은 견딜 수 없다. 예컨대, Hynes v. Mayor of Oradell, 425 U. S. 610 (1976)을; Buckley v. Valeo, 424 U. S. 1, 76-82 (1976)을; NAACP v. Button, 371 U. S. 415 (1963)을 보라. 허용 가능한 제한들을 그 기입된 명령의 세 번째 국면은 벗어난다.

E

The record demonstrates, as the Nebraska courts held, that there was indeed a risk that pretrial news accounts, «427 U. S., 569» true or false, would have some adverse impact on the attitudes of those who might be called as jurors. But on the record now before us it is not clear that further publicity, unchecked, would so distort the views of potential jurors that 12 could not be found who would, under proper instructions, fulfill their sworn duty to render a just verdict exclusively on the evidence presented in open court. We cannot say on this record that alternatives to a prior restraint on petitioners would not have sufficiently mitigated the adverse effects of pretrial publicity so as to make prior restraint unnecessary. Nor can we conclude that the restraining order actually entered would serve its intended purpose. Reasonable minds can have few doubts about the gravity of the evil pretrial publicity can work, but the probability that it would do so here was not demonstrated with the degree of certainty our cases on prior restraint require.

Of necessity our holding is confined to the record before us. But our conclusion is not simply a result of assessing the adequacy of the showing made in this case; it results in part from the problems inherent in meeting the heavy burden of demonstrating, in advance of trial, that without prior restraint a fair trial will be denied. The practical problems of managing and enforcing restrictive orders will always be present. In this sense, the record now before us is illustrative rather than exceptional. It is significant that when this Court has reversed a state conviction because of prejudicial publicity, it has carefully noted that some course of action short of prior restraint would have made a critical difference. See Sheppard v. Maxwell, supra, at 363; Estes v. Texas, 381 U. S., at 550-551; Rideau v. Louisiana, 373 U. S., at 726; Irvin v. Dowd, 366 U. S., at 728. However difficult it may be, we need not rule out the pos-

E

네브라스카주 법원들이 판시하였듯이, 상당한 해로운 영향력을 배심원들로서 소환될지도 모르는 사람들의 태도 위에 «427 U. S., 569» 정식사실심리 이전의 뉴스보도가 - 그것이 진실이든 허위이든 상관없이 - 지닐 위험이 실제로 있었음을 기록은 증명한다. 그러나 장래의 공표가 통제 없이 이루어질 경우에 잠재적 배심원들의 견해들을 그것이 그토록 왜곡시킴으로써 공정한 평결을 오직 공개법정에 제시되는 증거에만 근거하여 내릴 그들의 선서에 따르는 의무를 적절한 훈시사항들 아래서 이행할 만한 12명이 발견될 수 없게 되었을지는 지금 우리 앞에 있는 기록상으로는 명백하지 아니하다. 사전의 제한조치를 필요 없게 만들 만큼, 정식사실심리 이전의 공표의 해로운 요소들을 청구인들에 대한 사전의 제한조치에 갈음한 대안들이 충분히 완화시키지 못하였으리라고는 이 기록에 터잡아 우리는 말할 수 없다. 또한 그 의도된 목적을 그 기입된 제한명령이 만족시키리라고 우리는 결론지을 수도 없다. 정식사실심리 이전의 공표가 끼칠 수 있는 해악의 중대함에 관하여 의문들을 합리적인 마음의 소지자들은 지닐 수 없음에도, 그러나 여기서 그 공표가 그렇게 끼칠 개연성은 사전의 제한조치에 관한 우리의 선례들이 요구하는 정도만큼의 확실성을 지니고서 증명되지 못하였다.

당연히 우리 앞의 기록에 우리의 판시는 국한된다. 그러나 우리의 결론은 단순히 이 사건에서 이루어진 증명의 충분함에 대한 평가의 결과인 것은 아니다; 사전의 제한조치 없이는 공정한 정식사실심리가 박탈될 것임을 정식사실심리에 앞서서 증명할 무거운 책임을 이행함에 내재하는 문제들로부터 부분적으로 그것은 귀결된다. 제한명령들을 운영하는 및 시행하는 실제상의 문제들은 항상 현존해 있는 법이다. 이 의미에서, 지금 우리 앞에 있는 기록은 예외적이라기보다는 예시적이다. 정식사실심리 이전의 공표를 이유로 주 유죄판정 한 개를 당원이 파기하여 놓았을 때에, 중대한 차이를 사전의 제한조치에 미달하는 모종의 처분경로는 빚었을 것이라고 당원이 주의 깊게 밝혀 놓았음은 의미가 깊다. Sheppard v. Maxwell, supra, at 363을; Estes v. Texas, 381 U. S., at 550-551을; Rideau v. Louisiana, 373 U. S., at 726을; Irvin v. Dowd, 366 U. S., at 728을 보라. 그것이 제아무리 어려울 수 있을망정, 제한을 정당화함에 필요한 만큼의 확실성을 지닐 만한 종류의, 공정한 정

sibility of showing the kind of threat to fair trial rights that would possess «427 U. S., 570» the requisite degree of certainty to justify restraint. This Court has frequently denied that First Amendment rights are absolute and has consistently rejected the proposition that a prior restraint can never be employed. See New York Times Co. v. United States, 403 U. S. 713 (1971); Organization for a Better Austin v. Keefe, 402 U. S. 415 (1971); Near v. Minnesota ex rel. Olson, 283 U. S. 697 (1931).

Our analysis ends as it began, with a confrontation between prior restraint imposed to protect one vital constitutional guarantee and the explicit command of another that the freedom to speak and publish shall not be abridged. We reaffirm that the guarantees of freedom of expression are not an absolute prohibition under all circumstances, but the barriers to prior restraint remain high and the presumption against its use continues intact. We hold that, with respect to the order entered in this case prohibiting reporting or commentary on judicial proceedings held in public, the barriers have not been overcome; to the extent that this order restrained publication of such material, it is clearly invalid. To the extent that it prohibited publication based on information gained from other sources, we conclude that the heavy burden imposed as a condition to securing a prior restraint was not met and the judgment of the Nebraska Supreme Court is therefore

Reversed.

식사실심리를 «427 U. S., 570» 누릴 권리들에의 위협을 증명할 가능성을 우리는 배제할 필요가 없다. 연방헌법 수정 제1조상의 권리들이 절대적임을 당원은 자주 부인해 왔고, 또한 사전의 제한조치는 결코 사용될 수 없다는 주장을 당원은 일관되게 기각해 왔다. New York Times Co. v. United States, 403 U. S. 713 (1971)을; Organization for a Better Austin v. Keefe, 402 U. S. 415 (1971)을; Near v. Minnesota ex rel. Olson, 283 U. S. 697 (1931)을 보라.

한 개의 불가결한 헌법적 보장을 보호하기 위하여 부과된 사전의 제한조치의, 및 말할 및 공표할 자유는 침해되어서는 안 된다는 또 한 개의 보장에 대한 명시적 명령의, 그 양자 사이의 대결을 가지고서 우리의 분석이 시작하였듯이, 그 대결을 가지고서 그것은 끝난다. 표현의 자유의 보장들은 모든 상황들 아래서의 절대적 금지가 아님을 우리는 재확인하지만, 그러나 사전의 제한조치에 대한 장벽들은 높은 상태로 유지되고 그것의 사용을 저지하는 추정은 손상 없는 상태로 유지된다. 공개리에 진행된 사법적 절차들에 대한 보도를 내지는 논평을 금지하는 이 사건에 기입된 명령에 관하여 그 장벽들은 극복되어 있지 못하다고 우리는 판시한다; 이러한 자료의 공표를 이 명령이 제한한 한도 내에서, 그것은 무효임이 명백하다. 여타의 원천들로부터 얻어지는 정보에 터잡은 공표를 그것이 금지한 한도 내에서, 사전의 제한조치를 책임지기 위한 조건으로서 부과된 그 무거운 책임은 이행되지 못하였다고 우리는 결론지으며, 그리하여 네브라스카주 대법원의 판결주문은

파기된다.

MR. JUSTICE WHITE, concurring.

Technically there is no need to go farther than the Court does to dispose of this case, and I join the Court's opinion. I should add, however, that for the reasons which the Court itself canvasses there is grave doubt in my mind whether orders with respect to the press such as were entered in this case would ever be justifi- «427 U. S., 571» able. It may be the better part of discretion, however, not to announce such a rule in the first case in which the issue has been squarely presented here. Perhaps we should go no further than absolutely necessary until the federal courts, and ourselves, have been exposed to a broader spectrum of cases presenting similar issues. If the recurring result, however, in case after case is to be similar to our judgment today, we should at some point announce a more general rule and avoid the interminable litigation that our failure to do so would necessarily entail.

화이트(WHITE) 판사의 보충의견이다.

이 사건을 처분하기 위하여 이 법원이 가는 만큼보다도 더 나아갈 필요가 학술적으로는 없는바, 이 법원의 의견에 나는 가담한다. 그러나 언론에 관한 명령들이 조금이라도 정당화될 만한지 여부에 관하여 이 법원 스스로가 제시하는 이유들에 따라 나의 마음 안에 중대한 의문이 있음을 나는 덧붙여야만 《427 U. S., 571》 하겠다. 그러나, 그 쟁점이 정식으로 여기에 제기된 최초의 사건에서는 이러한 규칙을 선언하지 아니함이 더 나은 판단일 수가 있다. 유사한 쟁점들을 제기하는 더 넓은 범위의 사건들에 연방법원들이, 그리고 우리들 자신이 노출되어 있을 때까지는 절대적으로 필요한 만큼 이상을 우리는 아마도 나아가지 못할 것이다. 그러나 만약 사건 사건에서 매번 되풀이되는 결과가 우리의 오늘의 판단에 유사한 것이 된다면, 보다 더 일반적인 규칙을 어느 지점에선가는 우리가 선언함으로써, 우리의 그렇게 하지 못함이 필연적으로 수반할 그 끝없는 쟁송을 우리는 회피해야 할 것이다.

MR. JUSTICE POWELL, concurring.

Although I join the opinion of the Court, in view of the importance of the case I write to emphasize the unique burden that rests upon the party, whether it be the State or a defendant, who undertakes to show the necessity for prior restraint on pretrial publicity.*

In my judgment a prior restraint properly may issue only when it is shown to be necessary to prevent the dissemination of prejudicial publicity that otherwise poses a high likelihood of preventing, directly and irreparably, the impaneling of a jury meeting the Sixth Amendment requirement of impartiality. This requires a showing that (i) there is a clear threat to the fairness of trial, (ii) such a threat is posed by the actual publicity to be restrained, and (iii) no less restrictive alternatives are available. Notwithstanding such a showing, a restraint may not issue unless it also is shown that previous publicity or publicity from unrestrained sources will not render the restraint inefficacious. The threat to the fair- «427 U. S., 572» ness of the trial is to be evaluated in the context of Sixth Amendment law on impartiality, and any restraint must comply with the standards of specificity always required in the First Amendment context.

I believe these factors are sufficiently addressed in the Court's opinion to demonstrate beyond question that the prior restraint here was impermissible.

[Footnote*] In Times–Picayune Pub. Corp. v. Schulingkamp, 419 U. S. 1301, 1307 (1974), an in–chambers opinion, I noted that there is a heavy presumption against the constitutional validity of a court order restraining pretrial publicity.

비록 이 법원의 의견에 나는 가담함에도 불구하고, 정식사실심리 이전의 공표에 대한 사전의 제한처분의 필요성을 증명할 의무를 지는 당사자에게 - 그것이 주(the State)이든 피고인이든 - 놓인 독특한 책임을 사건의 중요성에 비추어 강조하기 위하여 이 의견을 나는 쓴다.*

연방헌법 수정 제6조의 공정성의 요구를 충족하는 배심의 선발을, 사전의 제한조치를 취하지 아니할 경우에 직접적으로 및 회복불능으로 방해할 고도의 가능성을 제기하는 편파적 공표의 살포를 방지하기 위하여 필요함이 증명되는 경우에만 사전의 제한조치의 발령은, 나의 판단으로는, 정당한 것이 될 수 있다. (i) 정식사실심리의 공정성에의 명백한 위협이 있음에 대한, (ii) 그 제한되어야 할 실제의 공표에 의하여 이러한 위협이 제기됨에 대한, 그리고 (iii) 이에 미달하는 대안적 제한조치는 동원 가능하지 아니함에 대한 증명을 이것은 요구한다. 이러한 증명에도 불구하고, 제한조치를 효험 없는 것으로 사전의 공표가 또는 제약 없는 원천들로부터의 공표가 만들지 않으리라는 점까지가 아울러 증명되지 않는 한 제한조치는 발령되지 아니할 수 있다. 중립성에 관한 연방헌법 «427 U. S., 572» 수정 제6조의 맥락에서 정식사실심리의 공정성에의 위협은 평가되어야 하며, 연방헌법 수정 제1조의 맥락에서 항상 요구되는 특수성의 기준들에 조금이나마의 제한조치는 부합되지 않으면 안 된다.

사전의 제한조치는 여기서 허용될 수 없었음을 의문의 여지 없이 논증하기 위한 이 법원의 의견에 이 요소들은 충분히 다루어져 있다고 나는 믿는다.

[Footnote*] 사전의 공표를 제한하는 법원 명령에는 헌법적 정당성 결여의 무거운 추정이 있음을 판사실에서의 의견인 Times–Picayune Pub. Corp. v. Schulingkamp, 419 U. S. 1301, 1307 (1974)에서 나는 밝혀 두었다.

The question presented in this case is whether, consistently with the First Amendment, a court may enjoin the press, in advance of publication,[1] from reporting or commenting on information acquired from public court proceedings, public court records, or other sources about pending judicial proceedings. The Nebraska Supreme Court upheld such a direct prior restraint on the press, issued by the judge presiding over a sensational state murder trial, on the ground that there existed a "clear and present danger that pretrial publicity could substantially impair the right of the defendant [in the murder trial] to a trial by an impartial jury unless restraints were imposed." State v. Simants, 194 Neb. 783, 794, 236 N. W. 2d 794, 802 (1975). The right to a fair trial by a jury of one's peers is unquestionably one of the most precious and sacred safeguards enshrined in the Bill of Rights. I would hold, however, that resort to prior restraints on the freedom of the press is a constitutionally impermissible method for enforcing that right; judges have at their disposal a broad spectrum of devices for ensuring that fundamental fairness is accorded the «427 U. S., 573» accused without necessitating so drastic an incursion on the equally fundamental and salutary constitutional mandate that discussion of public affairs in a free society cannot depend on the preliminary grace of judicial censors.

---

1) In referring to the "press" and to "publication" in this opinion, I of course use those words as terms of art that en—compass broadcasting by the electronic media as well.

이 사건에 제기되는 문제는 공개리의 사법적 절차들로부터 내지는 공개리의 법원기록들로부터, 또는 그 밖의 계속 중인 사법적 절차들에 관한 원천들로부터 획득된 정보를 보도하지 못하도록 내지는 논평하지 못하도록 언론을 공표 이전에 법원이 금지함이 연방헌법 수정 제1조에 합치될 수 있는지 여부이다.[1] 떠들썩한 주 살인사건의 정식사실심리를 주재한 판사에 의하여 발령된 언론에 대한 이러한 직접적인 제한조치를 네브라스카주 대법원은 유지하였는데, "제한조치들이 취해지지 않을 경우에 [그 살인사건에 대한 정식사실심리에서] 중립의 배심에 의한 정식사실심리를 누릴 피고인의 권리를 정식사실심리 이전의 공표가 사실상 침해할 명백한 현존의 위험"이 존재함을 그 이유로 하였다. State v. Simants, 194 Neb. 783, 794, 236 N. W. 2d 794, 802 (1975). 피고인에의 동등 신분인 사람들로 구성되는 배심에 의한 공정한 정식사실심리에의 권리는 권리장전 안에 간직된 가장 고귀한 및 신성한 보장들의 한 가지임은 의문의 여지가 없다. 그러나 언론출판의 자유에 대한 사전의 제한조치들에의 의존은 그 권리를 시행하기 위한 것으로는 헌법적으로 허용될 수 없는 수단임을 나 같으면 판시하였으면 한다; 사법적 검열관들의 임시적 은혜에, 자유사회에 있어서의 공공의 문제들의 의논은 좌우될 수 없다는 그 동등하게 기본적인 및 유익한 《427 U. S., 573》 헌법적 명령에의 그토록 거친 침입을 수반함이 없이도 피고인에게 기본적 공정성이 부여됨을 보장하기 위한 넓은 범위의 수단들을 자신들의 뜻에 따라 판사들은 지닌다.

---

1) "언론"을 및 "공표"를 이 의견에서 가리킴에 있어서, 전자매체에 의한 방송을 아울러 포함하는 학술용어들로서 그 단어들을 내가 사용함은 물론이다.

The history of the current litigation highlights many of the dangers inherent in allowing any prior restraint on press reporting and commentary concerning the operations of the criminal justice system.

This action arose out of events surrounding the prosecution of respondent-intervenor Simants for the premeditated mass murder of the six members of the Kellie family in Sutherland, Neb., on October 18, 1975. Shortly after the crimes occurred, the community of 850 was alerted by a special announcement over the local television station. Residents were requested by the police to stay off the streets and exercise caution as to whom they admitted into their houses, and rumors quickly spread that a sniper was loose in Sutherland. When an investigation implicated Simants as a suspect, his name and description were provided to the press and then disseminated to the public.

Simants was apprehended on the morning of October 19, charged with six counts of premeditated murder, and arraigned before the County Court of Lincoln County, Neb. Because several journalists were in attendance and "proof concerning bail ⸱⸱⸱⸱⸱ would be prejudicial to the rights of the defendant to later obtain a fair trial," App. 7, a portion of the bail hearing was closed, over Simants' objection, pursuant to the request of the Lincoln County Attorney. At the hearing, counsel was appointed for Simants, bail was denied, and October 22 was set as the date for a preliminary hearing to determine whether Simants should be bound over for trial in «427 U. S., 574» the District Court of Lincoln County, Neb. News of Simants' apprehension, which was broadcast over radio and television and reported in the press, relieved much of the tension that had built up during the night. During the period from October 19 until the first restrictive order was entered three days later, representatives of the press made accurate factual reports of the

형사 사법제도의 운용들에 관한 언론 보도에 내지는 논평에 대한 조금이나마의 사전의 제한조치를 허용함에 내재하는 다수의 위험요소들을 현재의 소송의 역사는 두드러지게 한다.

켈리 가족 여섯 명을 1975년 10월 18일 네브라스카주 서덜랜드에서 죽인 대량모살을 이유로 하는 피청구인 겸 참가인인 사이먼츠에 대한 소송추행을 둘러싼 진행과정에서 이 소송은 생겨났다. 범죄사건들이 발생한 직후에 지역 텔레비전 방송국을 통한 특별발표에 의하여 인구 850명의 지역사회는 경계에 처해졌다. 도로들로부터 벗어나 있도록 및 집 안에 남을 받아들이는 일에 주의를 기울이도록 경찰에 의하여 주민들은 요청되었고, 서덜랜드에 빈집털이가 돌아다닌다는 소문들이 급속히 확산되었다. 사이먼츠를 용의자로서 수사가 관련시켰을 때, 그의 이름은 및 인상착의는 언론에 제공되었고 이에 이어 공중에게 퍼뜨려졌다.

10월 19일 새벽에 사이먼츠는 체포되었고 여섯 개의 모살 소인들로써 기소되었으며, 네브라스카주 링컨 카운티의 카운티 법원 앞에서 기소인부 신문에 처해졌다. 몇몇 신문잡지 기자들이 출석했기 때문에 그리고 "공정한 정식사실심리를 나중에 얻을 피고인의 권리들에 …… 보석에 관한 증거가 해로울 것이었기" 때문에, App. 7, 사이먼츠의 이의에도 불구하고 링컨 카운티 검사의 요청에 따라 보석심문의 일부가 비공개에 처해졌다. 그 심문에서 사이먼츠를 위한 변호인단이 지정되었고 보석은 기각되었으며, 정식사실심리를 위하여 네브라스카주 링컨 카운티 지방법원에 사이먼츠가 이송되어야 할지 여부를 «427 U. S., 574» 판정하기 위한 예비심문 기일로 10월 22일이 지정되었다. 밤 사이에 형성되었던 긴장의 대부분을, 라디오를 및 텔레비전을 통하여 방송된 사이먼츠의 체포 뉴스는 없애 주었다. 10월 19일부터 그 사흘 뒤에 기입된 최초의 제한명령 때까지의 기간 동안, 그 있었던 진행사항들에 관한 정확한 사실적 기사들을 보도기관의 대표자들은 작성하였는데, 사이먼츠에 의하여 여러 인척들에게 이루어진 부죄적 진술들에 관한 기사들을 그것들은 포함하였다.

events that transpired, including reports of incriminating statements made by Simants to various relatives.

On the evening of October 21, the prosecution filed a motion that the County Court issue a restrictive order enjoining the press from reporting significant aspects of the case. The motion, filed without further evidentiary support, stated:

"The State of Nebraska hereby represents unto the Court that *by reason of the nature of the above-captioned case*, there has been, and no doubt there will continue to be, mass coverage by news media not only locally but nationally as well; that a preliminary hearing on the charges has been set to commence at 9:00 a. m. on October 22, 1975; and there is *a reasonable likelihood of prejudicial news which would make difficult, if not impossible, the impaneling of an impartial jury* and tend to prevent a fair trial should the defendant be bound over to trial in the District Court if testimony of witnesses at the preliminary hearing is reported to the public.

"Wherefore the State of Nebraska moves that the Court forthwith enter a Restrictive Order setting forth the matters that may or may not be publicly reported or disclosed to the public with reference to said case or with reference to the preliminary hearing thereon, and to whom said order shall apply." App. 8. (Emphasis supplied.)

Half an hour later, the County Court Judge heard «427 U. S., 575» argument on the prosecution motion. Defense counsel joined in urging imposition of a restrictive order, and further moved that the preliminary hearing be closed to both the press and the public. No representatives of the media were notified of or called to testify at the hearing, and no evidence of any kind was introduced.

On October 22, when the autopsy results were completed, the County

사건의 중요한 측면들을 보도함으로부터 언론을 금지하는 제한명령을 발령해달라는 신청을 카운티 법원에 10월 21일 오전에 검찰은 제출하였다. 추가적인 증거상의 근거 없이 제출된 신청서는 주장하였다:

"*위 제목의 사건의 성격으로 인하여*, 뉴스매체에 의한 대량보도가 지역적으로만이 아니라 전국적으로도 있어 왔음을 및 의문의 여지 없이 그것은 계속 있게 될 것임을; 1975년 10월 22일 오전 9:00에 시작하도록 공소사실들에 관한 예비심문이 지정되어 있음을; 그런데 예비심문에서의 증인들의 증언이 공중에게 보도된다면, *공정한 배심을 구성함을 불가능하게까지는 아니더라도 어렵게 만들 만한* 및 지방법원에서의 정식사실심리에 피고인이 넘겨질 경우에 공정한 정식사실심리를 방해하는 데 기여하게 될 *편파적 뉴스가 보도될 상당한 가능성*이 있음을 네브라스카주는 이로써 법원에 개진합니다.

"그러므로 위 사건에 관하여 내지는 거기서의 예비심문에 관하여 공개적으로 보도되어서는 내지는 공중에게 공개되어서는 안 되는 사항들을 및 누구에게 그 명령이 적용되는지를 설명하는 제한명령을 신속히 법원이 내려줄 것을 네브라스카주는 신청합니다." App. 8. (강조는 보태짐.)

검찰측 신청에 관한 주장을 반 시간 뒤에 《427 U. S., 575》 카운티 법원 판사는 들었다. 제한명령의 부과를 촉구하는 데에 변호인단이 가담하였고, 더 나아가 예비심문은 언론에게든 공중에게든 다 같이 비공개로 진행되게 할 것을 변호인단은 신청하였다. 매체들의 대표자들은 심문을 고지받지도 심문에서 증언하도록 소환되지도 않았고, 증거는 아무 것도 제출되지 않았다.

성 폭행의 범행 과정에서 내지는 그 시도의 과정에서 사이먼츠에 의하여 여섯

Attorney filed an amended complaint charging that the six premeditated murders had been committed by Simants in conjunction with the perpetration of or attempt to perpetrate a sexual assault. About the same time, at the commencement of the preliminary hearing, the County Court entered a restrictive order premised on its finding that there was "a reasonable likelihood of prejudicial news which would make difficult, if not impossible, the impaneling of an impartial jury in the event that the defendant is bound over to the District Court for trial ⋯⋯." Amended Pet. for Cert. 1a. Accordingly, the County Court ordered that all parties to the case, attorneys, court personnel, public officials, law enforcement officials, witnesses, and "any other person present in Court" during the preliminary hearing, were not to "release or authorize the release for public dissemination in any form or manner whatsoever any testimony given or evidence adduced during the preliminary hearing." Id., at 2a. The court further ordered that no law enforcement official, public officer, attorney, witness, or "news media" "disseminate any information concerning this matter apart from the preliminary hearing other than as set forth in the Nebraska Bar-Press Guidelines for Disclosure and Reporting of Information Relating to Imminent or Pending Criminal Litigation." Ibid.[2] The order was to «427 U. S., 576» remain in effect "until modified or rescinded by a higher court or until the defendant is ordered released from these charges." Id., at 3a. The court also denied the defense request to close the preliminary

---

[2] A copy of the "Nebraska Bar–Press Guidelines," ostensibly a voluntary code formulated by representatives of the media and the «427 U. S., 576» bar, was attached to the order. The Guidelines, which are similar to voluntary codes adhered to by the press in several States, are attached as an appendix to this opinion.

Excepted from the scope of the County Court's order were: (1) factual statements of the accused's name, age, residence, occupation, and family status; (2) the circumstances of the arrest (time and place, identity of the arresting and investigating officers and agencies, and the length of the investigation); (3) the nature, substance, and text of the charge; (4) quotations from, or any reference without comment to, public records or communications heretofore disseminated to the public; (5) the scheduling and result of any stage of the judicial proceeding held in open court; (6) a request for assistance in obtaining evidence; and (7) a request for assistance in obtaining the names of possible witnesses. The court also ordered that a copy of the preliminary hearing proceedings was to be made available to the public at the expiration of the order.

개의 모살범행들이 자행되어 있음을 기소하는 변경된 공소장을 부검결과들이 완결된 10월 22일 카운티 검사는 제출하였다. "…… 공정한 배심의 구성을 불가능하게까지는 아니더라도 어렵게 만들 만한 및 지방법원에서의 정식사실심리에 피고인이 넘겨질 경우에 공정한 정식사실심리를 방해하는 데 기여하게 될 편파적 뉴스가 보도될 상당한 가능성"이 있다는 자신의 판단 위에 전제를 둔 제한명령을 대략 같은 시각 예비심문의 시작 때에 카운티 법원은 내렸다. Amended Pet. for Cert. 1a. 사건에의 모든 당사자들은, 즉 변호사들은, 법원 전체직원은, 공무원들은, 경찰관들은, 증인들은 및 예비심문 동안에 "법원에 출석해 있는 그 밖의 사람은 어느 누구든," "예비심문 동안에 이루어진 그 어떤 증언을이든 내지는 제출된 그 어떤 증거를 이든 그 어떤 형태로든 내지는 방법으로든 공중에의 배포를 위하여 공개해서는 내지는 그 공개를 허가해서는" 안 됨을 이에 따라서 카운티 법원은 명령하였다. Id., at 2a. "예비심문은 제쳐두고, 임박한 내지는 계속 중인 형사재판에 관한 정보의 공개를 및 보도를 위한 네브라스카주 법정보도지침에 규정된 것을 제외하고는 조금이라도 이 문제에 관한 정보를" 경찰관은, 공무원은, 변호사는, 증인은, 또는 "뉴스매체는" "배포"해서는 안 됨을 법원은 추가로 명령하였다. Ibid.[2] "상급법원에 «427 U. S., 576» 의하여 변경될 때까지 내지는 취소될 때까지 또는 이 공소사실들로부터의 피고인의 방면이 명령될 때까지" 명령은 효력을 유지하게 되어 있었다. Id., at 3a. 예비심문을 비공개로 진행해 달라는 변호인 측의 요청을 법원은 아울러 기각하였고,[3] 그리하여 공개심문이 그 뒤에 열렸는데, 그 때에 다양한 증인들이 증언하였고, 그 주장된 범행들을 둘러싼 상황전개에 관한 중대한 사실적 정보를 그들

---

2) 언론매체의 및 법원의 대표자들에 의하여 제정된 외견상으로 임의의 규정인 "네브라스카주 법정보도지침들"의 사본 한 개가 명령에 «427 U. S., 576» 첨부되었다. 여러 주들에서 언론에 의하여 준수되는 임의의 규정들에 유사한 그 지침들은 이 의견에의 부록으로서 첨부된다.
카운티 법원의 명령의 범위로부터 다음의 것들은 제외되었다: (1) 피고인의 이름에, 나이에, 주소에, 직업에 및 가족관계에 관한 사실적 진술들; (2) 체포의 상황들 (시각 및 장소, 체포를 및 신문을 담당한 경찰관들의 및 기관들의 신원 및 신문의 길이); (3) 공소장의 성격, 내용 및 문장; (4) 공공기록들로부터의 인용들. 또는 조금이라도 논평을 달지 않는 공공기록들에 대한 내지는 지금까지 공중에게 배포된 보도내용들에 대한 언급; (5) 조금이라도 공개법정에서 이루어지는 사법절차 단계의 기일표 작성 및 그 결과; (6) 증거를 획득함에 있어서의 지원을 위한 요청; 그리고 (7) 잠재적 증인들의 이름들을 획득함에 있어서의 지원을 위한 요청. 나아가, 명령의 종료 때에는 공중의 이용가능 상태에 예비심문 절차들의 등본이 두어져야 함을 법원은 아울러 명령하였다.
3) 공개리에 진행되는 예비심문이 주 법에 의하여 요구된다고 법원은 일견하여 믿었다. 정식사실심리 이전의 청문들이 공중에게 공개될 것을 해당 주 제정법은 요구하지 아니함을 네브라스카주 대법원은 나중에 판시하였다. 연방헌법 수정 제6조의 "정식사실심리의 공개" 조항에 예비심문들의 비공개 진행이 부합될 수 있는지 여부의 문제는 우리 앞에 있지 아니함을 청구인들은 및 네브라스카주는 다 같이 동의하는바, 그러므로 그 문제에 관하여는 의견을 나는 표명하지 아니하고자 한다.

hearing,[3] and an open hearing was then held, at which time various witness-es testified, disclosing significant factual information concerning the events surrounding the alleged crimes. Upon completion of the hearing, the County Court bound the defendant over for trial in the District Court, since it found that the offenses charged in the indictment had been committed, and that there was probable cause to believe that Simants had committed them.

The next day, petitioners - Nebraska newspaper publishers, broadcasters, journalists, and media associations, «427 U. S., 577» and national newswire services that report from and to Nebraska - sought leave from the District Court to intervene in the criminal case and vacation of the County Court's restrictive order as repugnant to the First and Sixth Amendments to the United States Constitution as well as relevant provisions of the Nebraska Constitution. Simants' attorney moved that the order be continued and that future pretrial hearings in the case be closed. The District Court then held an evidentiary hearing, after which it denied the motion to close any hearings, granted petitioners' motion to intervene, and adopted on an interim basis the County Court's restrictive order. The only testimony adduced at the hearing with respect to the need for the restrictive order was that of the County Court Judge, who stated that he had premised his order on his awareness of media publicity, "[c]onversation around the courthouse," and "statements of coun-sel." App. 64, 65. In addition, several newspaper clippings pertaining to the case were introduced as exhibits before the District Court.

Without any further hearings, the District Court on October 27 terminated the County Court's order and substituted its own. The court found that

---

3) The court apparently believed that a public preliminary hearing was required by state law. The Nebraska Supreme Court subsequently held that the pertinent state statute did not require that pretrial hearings be open to the public. Both petitioners and the State of Nebraska agree that the question whether preliminary hearings may be closed to the public consistently with the "Public Trial" Clause of the Sixth Amendment is not before us, and it is therefore one on which I would express no views.

은 드러냈다. 심문의 종결에 따라 피고인을 지방법원에 카운티 법원은 이송하였는데, 왜냐하면 대배심 검사기소장에 기소된 범죄들이 저질러졌음을, 그리고 그것들을 사이먼츠가 저질렀다고 믿을 상당한 이유가 있음을 카운티 법원은 인정하였기 때문이다.

그 다음 날 청구인들은 - 즉 네브라스카주로부터 또는 네브라스카주에게로 보도를 행하는 네브라스카주 신문 발행인들은, 방송자들은, 《427 U. S., 577》신문잡지 기자들은, 뉴스매체 연합체들은, 그리고 전국의 뉴스망 부서들은 - 그 형사사건에 참가하기 위한 지방법원으로부터의 허가를 추구하였고, 그리고 네브라스카주 헌법 관련 조항들에와 아울러 미합중국 헌법 수정 제1조에 및 제6조에 거슬리는 것으로서의 카운티 법원의 제한명령의 무효화를 추구하였다. 명령이 지속되게 해 줄 것을 및 이 사건에서의 향후의 정식사실심리 이전 청문들은 비공개리에 진행되게 하여 줄 것을 사이먼츠의 변호인은 신청하였다. 증거청문을 그 다음에 지방법원은 실시하였는데, 모든 청문들을 비공개로 진행해 달라는 신청을 그 뒤에 지방법원은 기각하였고, 청구인들의 참가신청을 허가하였으며, 카운티 법원의 제한명령을 한시적으로 채택하였다. 제한명령의 필요성에 관하여 청문에서 제출된 유일한 증언은 카운티 법원 판사의 것이었는데, 자신의 명령의 근거를 매체의 공표 내용에 대한, "[법]정 주변에서의 대화"에 대한, 그리고 "변호인단의 진술들"에 대한 자신의 인식 위에 자신이 두었음을 그는 진술하였다. App. 64, 65. 이에 덧붙여, 사건에 관한 몇몇의 신문기사 발췌문들이 증거물들로서 지방법원 앞에 제시되었다.

카운티 법원의 명령을 더 이상의 청문들 없이 10월 27일에 지방법원은 종료시키고서 이를 그 자신의 명령으로 대체하였다. "…… 공소장에 기소된 범죄들의 성격 때문에, 공정한 정식사실심리를 누릴 피고인의 권리를 정식사실심리 이전의 공표가 침해할 수 있는 명백한 현존의 위험이 있음을 및 …… 정식사실심리 이전의 공표에 대한 제한사항들을 규정하는 명령이 적절함을" 법원은 인정하였다. Amended Pet. for Cert. 9a (강조는 보태짐). 몇 가지 점들에 있어서 그 자신에 의하여 "명료화된"

"*because of the nature of the crimes charged* in the complaint ⸱⸱⸱⸱⸱⸱ there is *a clear and present danger* that pre-trial publicity *could impinge upon the defendant's right to a fair trial* and that an order setting forth the limitations of pre-trial publicity is appropriate ⸱⸱⸱⸱⸱⸱." Amended Pet. for Cert. 9a (emphasis supplied). Respondent Stuart, the District Court Judge, then "adopted" as his order the Nebraska Bar-Press Guidelines as "clarified" by him in certain respects.[4] «427 U. S., 578»

On October 31, petitioners sought a stay of the order from the District Court and immediate relief from the Nebraska Supreme Court by way of mandamus, stay, or expedited appeal. When neither the District Court nor the Nebraska Supreme Court acted on these mo- «427 U. S., 579» tions, petitioners on November 5 applied to MR. JUSTICE BLACKMUN, as Circuit Justice, for a stay of the District Court's order. Five days later, the Nebraska Supreme Court issued a per curiam statement that to avoid being put in the

---

4) The Nebraska Bar–Press Guidelines, see appendix to this opinion, were "clarified" as follows. Amended Pet. for Cert. 10a–11a:

"1. It is hereby stated the trial of the case commences when a «427 U. S., 578» jury is empaneled to try the case, and that all reporting prior to that event, specifically including the preliminary hearing is 'pretrial' publicity.

"2. It would appear that defendant has made a statement or confession to law enforcement officials and it is inappropriate to report the existence of such statement or the contents of it.

"3. It appears that the defendant may have made statements against interest to James Robert Boggs, Amos Simants and Grace Simants, and may have left a note in the William Boggs residence, and that the nature of such statements, or the fact that such statements were made, or the nature of the testimony of these witnesses with reference to such statements in the preliminary hearing will not be reported.

"4. The non–technical aspects of the testimony of Dr. Miles Foster may be reported within the guidelines and at the careful discretion of the press. The testimony of this witness dealing with technical subjects, tests or investigations performed or the results thereof, or his opinions or conclusions as a result of such tests or investigations will not be reported.

"5. The general physical facts found at the scene of the crime may be reported within the guidelines and at the careful discretion of the press. However, the identity of the person or persons allegedly sexually assaulted or the details of any alleged assault by the defendant will not be reported.

"6. The exact nature of the limitations of publicity as entered by this order will not be reported. That is to say, the fact of the entering of this order limiting pre–trial publicity and the adoption of the Bar–Press Guidelines may be reported, but specific reference to confessions, statements against interest, witnesses or type of evidence to which this order will apply will not be reported."

An additional portion of the order relating to the press' accommodations in the courtroom and the taking of photographs in the courthouse was not contested below and is not before this Court. The full order, including its references to confessions, was read in open court.

것들로서의 네브라스카주 법정보도 지침들을 그 뒤에 자신의 명령으로서 지방법원 판사인 피청구인 스튜어트(Stuart)는 "채택하였다."[4] «427 U. S., 578»

직무집행 영장에, 정지명령에, 또는 급속항소에 의하여 명령의 정지를 지방법원으로부터 및 즉시의 구제를 네브라스카주 대법원으로부터 10월 31일에 청구인들은 추구하였다. 이 신청들에 대하여 지방법원도 네브라스카주 대법원도 응하지 아니하자, «427 U. S., 579» 지방법원 명령의 정지를 순회구담당 대법관으로서의 블랙먼(BLACKMUN) 판사에게 11월 5일에 청구인들은 신청하였다. "미합중국 대법원과의 병존적 관할권을 행사하는" 지위에 자신이 처해짐을 회피하기 위하여 그 문제에 대한 관할권을 당원이 받아들일지 말지가 알려지기까지 그 문제를 미결로 자신

---

4) 네브라스카주 법정보도지침들 – 이 의견에의 부록을 보라 – 은 아래처럼 "명료화되었다." Amended Pet. for Cert. 10a–11a:

"1. 사건을 정식사실심리할 배심이 구성됨을 «427 U. S., 578» 여기서 정식사실심리가 개시된다 함은 말하며, 특히 예비심문을 포함하여 그 이전의 모든 보도를, '정식사실심리 이전의' 공표라 함은 말한다.

"2. 진술을 내지는 자백을 경찰관들에게 피고인이 한 것으로 드러날 것인바, 이러한 진술의 존재를 내지는 그 진술의 내용들을 보도함은 부적절하다.

"3. 불리한 진술들을 제임스 로버트 복스에게, 아모스 사이먼츠에게 및 그레이스 사이먼츠에게 피고인이 하였을 수 있음이, 그리고 한 개의 메모를 윌리엄 복스의 주거에 피고인이 남겼을 수 있음이 확인되는바, 이러한 진술들의 성격은 내지는 이러한 진술들이 있었다는 사실은 내지는 이러한 진술들에 관한 예비심문에서의 이러한 증인들의 증언의 성격은 보도되어서는 안 된다.

"4. 의사 마일즈 포스터의 증언의 비전문적 측면들은 지침들의 범위 내에서 및 주의를 기울인 언론출판의 재량에 따라 보도되어도 된다. 전문적 주제들을, 그 실시된 시험들을 내지는 조사들을 내지는 그 결과들을, 내지는 이러한 시험들의 내지는 조사들의 결과로서의 그의 의견들을 내지는 결론들을 다루는 이 증인의 증언은 보도되어서는 안 된다.

"5. 범죄 현장에서 발견된 일반적 물리적 사실관계는 지침들의 범위 내에서 및 주의를 기울인 언론출판의 재량에 따라 보도되어도 된다. 그러나 피고인에 의하여 성적으로 폭행당한 것으로 주장된 사람의 내지는 사람들의 신원은 내지는 조금이라도 피고인에 의한 것으로 주장된 폭행의 상세는 보도되어서는 안 된다.

"6. 이 명령에 의하여 기입된 것으로서의 공표에 대한 제한사항들의 정확한 성격은 보도되어서는 안 된다. 즉, 정식사실심리 이전의 공표를 제한하는 이 명령의 기입 사실은 및 법정보도지침의 채택 사실은 보도되어도 되지만, 이 명령이 적용되는 자백에, 불리한 진술들에, 증인들에 내지는 증거의 유형에 대한 구체적 언급은 보도되어서는 안 된다."

법정에서의 언론출판의 조율사항들에 및 법원 내에서의 사진들의 촬영에 관한 명령의 부가부분은 하급심에서 다투어지지 아니하였고 따라서 이 법원 앞에 있지 아니하다. 자백들에 대한 명령의 언급들은을 포함하여 명령의 전문은 공개법정에서 읽혀졌다.

position of "exercising parallel jurisdiction with the Supreme Court of the United States," it would continue the matter until this Court "made known whether or not it will accept jurisdiction in the matter." Id., at 19a-20a.

On November 13, MR. JUSTICE BLACKMUN filed an inchambers opinion in which he declined to act on the stay "at least for the immediate present." 423 U. S. 1319, 1326. He observed: "[I]f no action on the [petitioners'] application to the Supreme Court of Nebraska could be anticipated before December 1, [as was indicated by a communication from that court's clerk before the court issued the per curiam statement,] ······ a definitive decision by the State's highest court on an issue of profound constitutional implications, demanding immediate resolution, would be delayed for a period so long that the very day-to-day duration of that delay would constitute and aggravate a deprival of such constitutional rights, if any, that the [petitioners] possess and may properly assert. Under those circumstances, I would not hesitate promptly to act." Id., at 1324-1325. However, since the Nebraska Supreme Court had indicated in its per curiam statement that it was only declining to act because of uncertainty as to what this Court would do, and since it was deemed appropriate for the state court to pass initially on the validity of the restrictive order, MR. JUSTICE BLACKMUN, "without prejudice to the [petitioners] to reapply to me should prompt action not be forthcoming," id., at 1326, denied the stay "[o]n the expectation ······ that the Supreme Court of Nebraska, forthwith and without delay will entertain the «427 U. S., 580» [petitioners'] application made to it, and will promptly decide it in the full consciousness that 'time is of the essence.'" Id., at 1325.

When, on November 18, the Supreme Court of Nebraska set November 25 as the date to hear arguments on petitioners' motions, petitioners reapplied to MR. JUSTICE BLACKMUN for relief. On November 20, MR. JUSTICE BLACKMUN, concluding that each passing day constituted an irreparable

은 두겠다는, 집필자를 밝히지 않은 채로의 법원의 성명을 닷새 뒤에 네브라스카주 대법원은 냈다. Id., at 19a-20a.

정지 결정을 내리기를 "적어도 즉시의 현재로서는" 거부하는 판사실에서의 의견을 11월 13일에 블랙먼(BLACKMUN) 판사는 냈다. 423 U. S. 1319, 1326. 그는 말하였다: "[집필자를 밝히지 않은 채로의 법원의 성명을 그 법원이 내기 이전에 그 법원의 서기로부터의 정보교환에 의하여 암시된 대로] …… [만약 네브라스카주 대법원에의 [청구인들의] 신청에 대한 결정이 12월 1일 이전에 기대될 수 없다면, 즉시의 결단을 요구하는 심대한 헌법적 함축들을 지니는 쟁점에 대한 주 최고심급 법원에 의한 명확한 결정이 그토록 긴 시간 동안 지연됨으로써, [청구인들이] 보유하는 및 정당하게 주장할 수 있는 그 혹여 있을 경우의 그러한 헌법적 권리들의 박탈을 그 하루 하루의 지속 자체가 구성하는 것이 및 악화시키는 것이 되기에 이를 것이다. 즉각적으로 결정 내리기를 그러한 상황들 아래서라면 나는 주저하지 않을 것이다." Id., at 1324-1325. 그러나 무엇을 당원이 할 것인지에 관한 불확실성을 이유로 그 결정 내리기를 자신은 오직 거부하는 중임을 그 자신의 집필자를 밝히지 않은 법원의 성명에서 네브라스카주 대법원은 시사한 바 있기에, 그리고 제한명령의 유효성에 관하여 최초로 판단함이 주 법원으로서 적절한 것으로 간주되었기에, "신속한 결정이 나오지 않을 경우에 내게의 재신청을 [청구인들이] 제기함이 가능하도록 불이익을 배제하는 범위 내에서," id., at 1326, 정지를 블랙먼(BLACKMUN) 판사는 기각하였는데, "…… [그] 자신에게 제기된 [청구인들의] 신청에 네브라스카주 대법원이 즉각적으로 및 지체 없이 응할 것이라는, 그리하여 '시간이 핵심'임에 대한 «427 U. S., 580» 완전한 인식 속에서 그것을 네브라스카주 대법원이 신속하게 결정할 것이라는 기대 위에서였다." Id., at 1325.

청구인들의 신청들에 관한 주장들을 듣는 날짜로 11월 25일을 11월 18일에 네브라스카주 대법원이 지정하였을 때, 구제를 블랙먼(BLACKMUN) 판사에게 청구인들은 다시 신청하였다. 연방헌법 수정 제1조의 가치들에 대한 회복불능의 침해를 그 지나가는 하루 하루가 구성한다고, "참을 수 있는 한계들" 너머로까지 청구인들의 주

infringement on First Amendment values and that the state courts had delayed adjudication of petitioners' claims beyond "tolerable limits," 423 U. S. 1327, 1329, granted a partial stay of the District Court's order. First, the "wholesale incorporation" of the Nebraska Bar-Press Guidelines was stayed on the ground that they "constitute a 'voluntary code' which was not intended to be mandatory" and which was "sufficiently riddled with vague and indefinite admonitions - understandably so in view of the basic nature of 'guidelines,'" that they did "not provide the substance of a permissible court order in the First Amendment area." Id., at 1330, 1331. However, the state courts could "reimpose particular provisions included in the Guidelines so long as they are deemed pertinent to the facts of this particular case and so long as they are adequately specific and in keeping with the remainder of this order." Id., at 1331. Second, the portion of the District Court order prohibiting reporting of the details of the crimes, the identities of the victims, and the pathologist's testimony at the preliminary hearing was stayed because there was "[n]o persuasive justification" for the restraint; such "facts in themselves do not implicate a particular putative defendant," ibid., and "until the bare facts concerning the crimes are related to a particular accused, ······ their being reported in the media [does not appear to] irreparably infringe the accused's right «427 U. S., 581» to a fair trial of the issue as to whether he was the one who committed the crimes." Id., at 1332. Third, believing that prior restraints of this kind "are not necessarily and in all cases invalid," MR. JUSTICE BLACKMUN concluded that "certain facts that strongly implicate an accused may be restrained from publication by the media prior to his trial. A confession or statement against interest is the paradigm," id., at 1332-1333, and other such facts would include "those associated with the circumstances of his arrest," those "that are not necessarily implicative, but that are highly prejudicial, as, for example, facts associated with the accused's criminal record, if he has one," and "statements as to the accused's guilt by

장들에 대한 판단을 주 법원들은 지체시켜 왔다고 결론지으면서, 423 U. S. 1327, 1329, 지방법원의 명령에 대한 부분적 정지를 11월 20일에 블랙먼(BLACKMUN) 판사는 허가하였다. 첫째로, 네브라스카주 법정보도지침들의 "일괄통합"은 정지되었는 바, "명령적인 것이 되도록 의도되지 아니한" "'임의적 규정' 을," 그리고 "충분히도 모호한 및 불명확한 권고들 투성이인 - '지침들' 의 기본적 성격에 비추어 그러함을 도 이해할 만한 -" "'임의적 규정' 을" 그것들은 "구성함"을, 그리하여 "연방헌법 수정 제1조 영역에서의 허용 가능한 법원 명령의 실체를" 그것들은 "제공하지 아니함"을 그 이유로 하였다. Id., at 1330, 1331. 그러나, "이 특정 사건의 사실관계에 그것들이 타당한 것들로 간주되는 한 및 그것들이 충분히 구체적이면서 이 명령의 나머지 부분에 합치되는 한, 지침들에 포함된 특정 규정들을" 주 법원들은 "재부과할" 수 있었다. Id., at 1331. 둘째로, 범행들의 상세의 보도를, 피해자들 신원사항들의 보도를 및 예비심문에서의 병리의사의 증언의 보도를 금지하는 지방법원 명령 부분은 정지되었는데, 왜냐하면 제한을 위한 "[설]득력 있는 정당화 사유가 없었기 때문이다; "특정의 추정상의 피고인을" 이러한 "사실관계는 그 자체로는 함축하지 아니하고," ibid., 그리고 "특정 피고인에게 범죄들의 사실관계 자체가 연결되기까지는, …… 그가 그 범죄들을 저지른 사람인지 여부의 쟁점에 대한 공정한 정식사실심리를 «427 U. S., 581» 누릴 피고인의 권리를 매체에서 그것들이 보도됨은 회복불능으로 침해하는 [것으로는 보이지 않는다]." Id., at 1332. 셋째로, 이 종류의 사전의 제한조치들은 "불가피하게 및 모든 경우들에 있어서 무효인 것은 아니"라고 블랙먼(BLACKMUN) 판사는 믿으면서, "피고인을 강력히 함축하는 특정의 사실관계는 피고인의 정식사실심리 이전에는 매체에 의한 공표로부터 제한될 수 있다. 불리한 자백은 내지는 진술은 그 범례이며," id., at 1332-1333, "예를 들어 그 혹여 있을 경우의 피고인의 범죄기록에 연관된 사실관계를 포함함을" 비롯하여, 그리고 "검찰에 연결된 사람들에 의한 피고인의 유죄에 관한 진술들을 포함함을 비롯하여," "반드시 피고인을 연루짓는 것은 아닌, 그러함에도 고도로 불리한" 사실관계를," 그리고 "그의 체포상황들에 연결된 사실관계를" 그 밖의 이러한 사실관계는 포함하게 될 것이라고 블랙먼(BLACKMUN) 판사는 결론지었다. Id., at 1333.[5] 마지막으로, 제한

---

5) 이러한 제한조치들을 부과할 필요의 증명책임에 관한 블랙먼(BLACKMUN) 판사의 견해는 이러하였다: "유죄에 관한 독립의 및 중립의 판단에 도달할. 특정의 사실관계의 공표에 노출된 사람들의 능력을 특정의 사실관계를 공표함이 회

those associated with the prosecution." Id., at 1333.[5] Finally, the restrictive order's limitation on disclosure of the nature of the limitations themselves was stayed "to the same extent" as the limitations. Ibid.[6]

The following day petitioners filed a motion that the Court vacate MR. JUSTICE BLACKMUN's order to the extent it permitted the imposition of any prior restraint on publication. Meanwhile, on November 25, the Supreme Court of Nebraska heard oral argument as sched- «427 U. S., 582» uled, and on December 1 filed a per curiam opinion.[7] Initially, the court held that it was improper for petitioners or any other third party to intervene in a criminal case, and that the appeal from that case must therefore be denied. However, the court concluded that it had jurisdiction over petitioners' mandamus action against respondent Stuart, and that respondents Simants and State of Nebraska had properly intervened in that action.[8] Addressing the merits of the prior restraint issued by the District Court, the Nebraska Supreme Court acknowledged that this Court "has not yet had occasion to speak definitively where a clash between these two preferred rights [the First Amendment freedom of speech and of the press and the Sixth Amendment

---

5) MR. JUSTICE BLACKMUN's view of the burden of proof for imposing such restraints was as follows: "The accused, and the prosecution if it joins him, bears the burden of showing that publicizing particular facts will irreparably impair the ability of those exposed to them to reach an independent and impartial judgment as to guilt." 423 U. S., at 1333.

6) The in−chambers opinion also stayed any prohibition concerning reporting of the pending application for relief in the Supreme Court of Nebraska, but permitted a prohibition of reporting of the two in−chambers opinions to the extent they contained "facts properly suppressed." Id., at 1334. Nothing in the opinion was to be "deemed as barring what the District Judge may impose by way of restriction on what the parties and officers of the court may say to any representative of the media." Ibid.

7) Two justices of the Supreme Court of Nebraska dissented on jurisdictional grounds similar to those that formed the predicate for that court's earlier per curiam statement, and two other justices who agreed with those jurisdictional claims nevertheless joined the per curiam to avoid a procedural deadlock.

8) These rulings resulted in the paradoxical situation that "[petitioners] could have ignored the [County Court's] order" because that court had not obtained personal jurisdiction over them and because "courts have no general power in any kind of case to enjoin or restrain 'everybody,'" State v. Simants, 194 Neb. 783, 795, 236 N. W. 2d 794, 802 (1975). However, because they had improperly intervened in the criminal case (from which they could not appeal), a prior restraint could issue against them. Indeed, the court noted that the prior restraint "applies only to [petitioners]" and not to any other organs of the media. Id., at 788, 236 N. W. 2d, at 798.

사항들 그 자체의 성격의 공개에 대한 제한명령상의 제한은 그 제한사항들이 정지된 "바로 그 정도만큼" 정지되었다.[6] Ibid.

공표에 대한 모든 사전 제한조치의 부과를 블랙먼(BLACKMUN) 판사의 명령이 허용한 한도 내에서 그 명령을 당원은 무효화하여야 한다는 신청을 그 다음 날 청구인들은 제기하였다. 그러는 사이에 그 예정된 대로의 구두변론을 11월 25일에 네브라스카주 대법원은 «427 U. S., 582» 청취하였고, 집필자를 밝히지 않은 채로의 법원의 의견을 12월 1일에 냈다.[7] 형사사건에 청구인들이 내지는 그 밖의 어느 누구든 제3자가 참가함은 부적절하다고, 그리고 그 사건으로부터의 항소는 기각되지 않으면 안 된다고 최초로 네브라스카주 대법원은 판시하였다. 그러나 피청구인 스튜어트(Stuart)를 상대로 한 청구인들의 직무이행 영장 소송에 대하여 관할권을 자신은 지닌다고, 그리고 그 소송에 피청구인 사이먼츠가 및 네브라스카주가 참가함은 적법하다고 네브라스카주 대법원은 결론지었다.[8] 언론출판의 자유에 대한 사전의 제한조치에 의하여, "이 두 가지 선호되는 권리들[연방헌법 수정 제1조의 말의 및 언론출판의 자유의, 그리고 연방헌법 수정 제6조의 공정한 배심에 의한 정식사실심리를 누릴 권리] 사이의 충돌이 조율되게 하고자 시도되는 경우에 대하여 명확히 말할 기회를 아직" 당원이 "지니지 못하였음을," 지방법원에 의하여 발령된 사전의 제한조치의 시비곡직을 역점 두어 다루면서, 네브라스카주 대법원은 인정하였다 194 Neb., at 791, 236 N. W. 2d, at 800. 그러나, Branzburg v. Hayes, 408 U. S. 665

복불능으로 손상시킬 것임을 증명할 책임을 피고인은 및 그에게 참가할 경우의 검찰은 진다." 423 U. S., at 1333.

6) 네브라스카주 대법원에 계속 중인 구제신청의 보도에 관한 모든 금지를 판사실에서의 의견은 마찬가지로 정지시켰으나, 판사실에서의 두 개의 의견들의 보도의 금지를, "정당하게 배제된 사실관계"를 그것들이 포함한 한도 내에서 그것은 허용하였다. Id., at 1334. "매체의 대표자 누구에게든 당사자들이 및 법원 공무원들이 말해도 되는 사항에 대한 제한조치에 의하여 지방법원 판사가 부과해도 좋은 바를 금지하는 것으로는" 그 의견에 담긴 바는 "간주되어서는 안 되었다." Ibid.

7) 집필자를 밝히지 않은 채로의 법원의 먼저 번 성명의 토대를 구성한 이유들에 유사한 관할권상의 이유들을 들어 네브라스카주 대법원 판사들 두 명은 반대하였고, 그 관할권상의 주장들에 동의한 다른 두 명의 판사들은 이에도 불구하고 절차상의 교착을 회피하기 위하여 그 집필자를 밝히지 않은 채로의 법원의 의견에 가담하였다.

8) 청구인들에 대한 인적 관할권을 카운티 법원은 얻지 못한 상태였기 때문에, 그리고 "'모든 사람'을 금지할 내지는 제한할 일반적 권한을 어떤 사건에서도 법원들은 지니지 아니하기" 때문에, State v. Simants, 194 Neb. 783, 795, 236 N. W. 2d 794, 802 (1975). "[카운티 법원의] 명령을 [청구인들은] 무시할 수도 있었"던 그 역설적 상황에 이 결정들은 귀결되었다. 그러나, 그 형사사건에의 그들의 참가는 부적절하였기 때문에(그 형사사건으로부터는 그들은 항소할 수가 없었다), 그들을 겨냥하여 사전의 제한조치가 발령될 수 있었다. 사전의 제한조치는 "[청구인들]에게만 적용될 뿐" 매체의 조금이라도 그 밖의 다른 기관들에게는 적용되지 아니함을 아닌 게 아니라 그 법원은 밝혔다. Id., at 788, 236 N. W. 2d, at 798.

right to trial by an impartial jury] was sought to be accommodated by a prior restraint on freedom of the press." 194 Neb., at 791, 236 N. W. 2d, at 800. However, relying on dictum in Branzburg v. Hayes, 408 U. S. 665 (1972),[9] and our statement in New York Times Co. v. United States, 403 U. S. 713 (1971), that a prior restraint on the «427 U. S., 583» media bears "'a heavy presumption against its constitutional validity,'" id., at 714, the court discerned an "implication" "that if there is only a presumption of unconstitutionality then there must be some circumstances under which prior restraints may be constitutional for otherwise there is no need for a mere presumption." 194 Neb., at 793, 236 N. W. 2d, at 801. The court then concluded that there was evidence "to overcome the heavy presumption" in that the State's obligation to accord Simants an impartial jury trial "may be impaired" by pretrial publicity and that pretrial publicity "might make it difficult or impossible" to accord Simants a fair trial. Id., at 794, 797, 236 N. W. 2d, at 802, 803.[10] Accordingly, the court held, id., at 801, 236 N. W. 2d, at 805:

"[T]he order of the District Court of October 27, 1975, is void insofar as it incorporates the voluntary guidelines and in certain other respects in that it impinges too greatly upon freedom of the press. The guidelines were not intended to be contractual and cannot be enforced as if they were.

"The order of the District Court of October 27, 1975, is vacated and is modified and reinstated in the «427 U. S., 584» following respects: It shall be effective only as to events which have occurred prior to the filing of this

---

9) See n. 21, infra.

10) The evidence relied on by the Nebraska Supreme Court included the following: The fact that before entry of the restrictive order, certain newspapers had reported information "which, if true, tended clearly to connect the accused with the slayings," 194 Neb., at 796, 236 N. W. 2d, at 802; the fact that "counsel for the media stated that it is already doubtful that an unbiased jury can be found to hear the Simants case in Lincoln County," id., at 797, 236 N. W. 2d, at 803; the fact that Nebraska law required the trial to transpire within six months of the date the information was filed, ibid.; the relatively small population of the counties to which Nebraska law would permit a change of venue, id., at 797–798, 236 N. W. 2d, at 803; the "mere heinousness or enormity of a crime"; and "the trial court's own knowledge of the surrounding circumstances," id., at 798, 236 N. W. 2d, at 803.

(1972)에서의 방론에,[9] 및 "'헌법적 정당성 결여의 무거운 추정'"을 사전의 제한조치는 «427 U. S., 583» 수반한다는 New York Times Co. v. United States, 403 U. S. 713 (1971)에서의 우리의 판시, id., at 714, 에 의존하여, "만약 위헌성의 추정만이 있을 뿐이라면 그 경우에는 사전의 제한조치들이 합헌일 수 있는 모종의 상황들이 있지 않으면 안 된다는, 왜냐하면 그렇지 아니할 경우에는 전적인 추정은 필요가 없기 때문이라는" "함축"을 네브라스카주 대법원은 발견하였다. 194 Neb., at 793, 236 N. W. 2d, at 801. 공정한 배심에 의한 정식사실심리를 사이먼츠에게 부여할 주(the State's)의 의무가 사전의 공표에 의하여 "손상될 수 있다"는 점에서, 그리고 공정한 정식사실심리를 사이먼츠에게 부여함을 정식사실심리 이전의 공표가 "어렵게 또는 불가능하게 만들 수 있다"는 점에서, "무거운 추정을 극복할" 증거가 있다고 그 뒤에 네브라스카주 대법원은 결론지었다. Id., at 794, 797, 236 N. W. 2d, at 802, 803.[10] 그리하여 네브라스카주 대법원은 판시하였다. id., at 801, 236 N. W. 2d, at 805:

"[지]방법원의 1975년 10월 27일자 명령은 임의적 지침들을 그것이 통합하는 한도 내에서, 그리고 그 밖의 몇 가지 점들에서는 언론출판의 자유를 너무 중대하게 그것이 침해한다는 점에서 무효이다. 지침들은 계약적인 것이 되게끔 의도되지 않았는바, 따라서 그것들은 마치 계약적인 것들인 양 시행될 수는 없다.

"지방법원의 1975년 10월 27일자 명령은 무효화되고 아래의 점들에 있어서 «427 U. S., 584» 수정되고 회복된다: 이 의견의 제출 이전에 발생해 있는 사건상황들에 관하여서만, 그리고 그 안의 관련자들에게 적용되는 범위 내에서만, 그리고 조금이

---

9) n. 21, infra를 보라.
10) 아래의 것들을 네브라스카주 대법원에 의하여 의존된 증거는 포함하였던 바: "그 진실일 경우에 살해행위들에 피고인을 연결시키는 데 명백히 이바지하는," 194 Neb., at 796, 236 N. W. 2d, at 802, 정보를 제한명령의 기입 이전에 특정 신문들이 보도한 상태라는 사실이; "사이먼츠 사건을 링컨 카운티에서 심리할 편견 없는 배심이 구성될 수 있을지가 이미 의문스러움을 매체 측 변호인단이 진술했다."는 사실, id., at 797, 236 N. W. 2d, at 803, 이; 검사독자기소장이 제출된 날로부터 6개월 내에 정식사실심리가 이루어질 것을 네브라스카주 법은 요구하였다는 사실, ibid, 이; 재판지 변경을 네브라스카주 법이 허용할 카운티들의 상대적으로 적은 인구, id., at 797-798, 236 N. W. 2d, at 803, 가; "범죄의 흉악함 내지는 극악함 자체"가; 및 "주변 상황들에 대한 정식사실심리 법원 자신의 인식," id., at 798, 236 N. W. 2d, at 803, 이 그것들이다.

opinion, and only as it applies to the relators herein, and only insofar as it restricts publication of the existence or content of the following, if any such there be: (1) Confessions or admissions against interest made by the accused to law enforcement officials. (2) Confessions or admissions against interest, oral or written, if any, made by the accused to third parties, excepting any statements, if any, made by the accused to representatives of the news media. (3) Other information strongly implicative of the accused as the perpetrator of the slayings."[11]

On December 4 petitioners applied to this Court for a stay of that order and moved that their previously filed papers be treated as a petition for a writ of certiorari. On December 8, we granted the latter motion and deferred consideration of the petition for a writ and application for a stay pending responses from respondents on the close of business the following day. 423 U. S. 1011.[12] On December 12, we granted the petition for a writ of certiorari, denied the motion to expedite, and denied the application for a stay. 423 U. S. 1027.[13] «427 U. S., 585»

---

11) The Nebraska Supreme Court also "adopted" American Bar Association Project on Standards for Criminal Justice, Fair Trial and Free Press § 3.1, Pretrial Hearings (App. Draft 1968), which provides for exclusion of the press and public from pretrial hearings under certain circumstances, and remanded the case to the District Court to consider any applications to close future pretrial proceedings under that standard. The constitutionality of closing pretrial proceedings under specific conditions is not before us, and is a question on which I would intimate no views.
12) JUSTICES STEWART and MARSHALL and I noted that we would have granted the application for a stay.
13) JUSTICES STEWART and MARSHALL and I dissented from denial of the motions to expedite and to grant a stay; MR. JUS «427 U. S., 585» TICE WHITE dissented from the latter motion to the extent the state courts had prohibited the reporting of information publicly disclosed during the preliminary hearing in the underlying criminal proceeding.

Although the order of the Nebraska Supreme Court expired when the jury in State v. Simants was impaneled and sequestered on January 7, 1976, this case is not moot. This is a paradigmatic situation of "short term orders, capable of repetition, yet evading review." E. g., Southern Pacific Terminal Co. v. ICC, 219 U. S. 498, 515 (1911). It is evident that the decision of the Nebraska Supreme Court will subject petitioners to future restrictive orders with respect to pretrial publicity, and that the validity of these orders, which typically expire when the jury is sequestered, generally cannot be fully litigated within that period of time. See, e. g., Weinstein v. Bradford, 423 U. S. 147, 149 (1975). See also Carroll v. Princess Anne, 393 U. S. 175, 178–179 (1968).

Counsel informs us that Simants has subsequently been tried, convicted, and sentenced to death, and that his appeal is currently pending in the Nebraska Supreme Court. Simants' defense rested on a plea of not guilty by reason of insanity, and all of the information which remained unreported during the pretrial period was ultimately received in evidence. The trial judge also declined to close further pretrial hearings, granted Simants' requests to

라도 아래의 것들이 있을 경우의 그것들의 존재의 내지는 내용의 공표를 제한하는 한도 내에서만 효력을 그것은 지니는 바: (1) 피고인에 의하여 경찰관들에게 이루어진 자백들이 내지는 불리한 시인들이, (2) 그 혹여 있을 경우의 조금이라도 피고인에 의하여 뉴스매체 대표자들에게 이루어진 진술들을 제외하고, 그 혹여 있을 경우의 피고인에 의하여 제3자들에게 이루어진 구두상의 것이든 서면상의 것이든 자백들이 내지는 불리한 시인들이, (3) 피고인을 살해행위들의 범인으로 강하게 연루짓는 그 밖의 정보가 그것들이다."[11]

그 명령의 정지를 당원에 12월 4일 청구인들은 신청하였고 그들의 보다 먼저 제출된 문서들을 사건기록 송부명령 청구로서 취급되게 해 달라고 신청하였다. 이 나중의 신청을 11월 8일 우리는 허가하였고, 영장 청구의 및 정지신청의 검토를 그 다음날 업무 종료에 따라 피청구인들로부터의 답변들이 있기까지 연기하였다. 423 U. S. 1011.[12] 사건기록 송부명령 영장의 청구를 12월 12일에 우리는 허가하였고, 급속처리 신청을 기각하였고, 정지신청을 기각하였다. 423 U. S. 1027.[13] «427 U. S., 585»

---

11) 일정한 상황들 아래서의 정식사실심리 이전 청문들로부터의 언론출판의 및 공중의 배제를 규정하는, 형사재판 기준들에 관한 미국 법률가협회 기획사업(American Bar Association Project on Standards for Criminal Justice)의 Fair Trial and Free Press § 3.1, Pretrial Hearings) (App. Draft 1968) 부분을 네브라스카주 대법원은 아울러 "채택하였고." 장래의 정식사실심리 이전 절차들을 비공개리에 진행하여 달라는 신청들을 그 기준 아래서 검토하도록 사건을 지방법원에 환송하였다. 특정 상황들 아래서의 정식사실심리 이전 절차들의 비공개 진행의 합헌성 문제는 우리 앞에 있지 아니하고, 따라서 그 문제에 관하여 나로서는 견해들을 표명하지 아니하고자 한다.

12) 정지신청을 우리 같으면 허가했을 것임을 스튜어트(STEWART) 판사는, 마샬(MARSHALL) 판사는 및 나는 밝혔다.

13) 급속처리 신청의 및 정지신청의 기각에 대하여 스튜어트(STEWART) 판사는, 마샬(MARSHALL) 판사는 및 나는 반대하였다; 토대에 놓인 «427 U. S., 585» 형사절차에서의 예비심문 동안에 공중에게 공개된 정보의 보도를 주 법원들이 금지해 놓은 범위 내에서, 나중의 신청에 대하여 화이트(WHITE) 판사는 반대하였다.

비록 1976년 1월 7일 State v. Simants 사건에서의 배심이 구성되어 격리되었을 때 네브라스카주 대법원의 명령은 기한이 종료하였음에도 불구하고, 쟁송성을 상실하지 아니한 상태에 이 사건은 있다. 이것은 "반복이 가능한, 그러함에도 재검토를 비켜가는 단기간 명령들의" 모범적 상황이다. E. g., Southern Pacific Terminal Co. v. ICC, 219 U. S. 498, 515 (1911). 청구인들을 정식사실심리 이전의 공표에 관하여 장래의 제한명령들에 네브라스카주 대법원의 판단이 처할 것임을; 그리고 배심이 격리될 때 전형적으로 종료하는 이 명령들의 유효성임은 일반적으로 그 시간 내에 충분히 쟁송될 수 없음은 명백하다. 예컨대, Weinstein v. Bradford, 423 U. S. 147, 149 (1975)을 보라. 아울러 Carroll v. Princess Anne, 393 U. S. 175, 178–179 (1968)을 보라.

정식사실심리를 사이먼츠가 그 뒤로 받은 터이고, 유죄판정을 받은 터이고 사형을 선고받은 터임을, 그리고 네브라스카주 대법원에 현재 그의 항소가 계속 중임을 우리에게 변호인단은 알려준다. 정신이상을 이유로 하는 무죄의 항변에 사이먼츠의 방어는 의존하였고, 정식사실심리 이전의 기간 동안 보도되지 아니한 채 남아 있던 정보 전체는 궁극적으로 증거로 받아들여졌다. 장래의 정식사실심리 이전 청문들을 비공개로 진행하기를 정식사실심리 판사는 또한 거부하였고, 배심을 격리해 달라는 및 한 번에 출석한 4명의 배심원 후보들에 대하여 예비심문을 실시해 달라는 사이먼츠의 요청들을 허가하였으며, 재판지 변경을 구하는 사이먼츠의 요청을 기각하였다. 잭슨-데노 청문(Jackson v. Denno (378 U. S. 368 (1964)) hearing)은 및 배심원 후보 예비심문 첫 날은 아울러 공중에게 공개가 금지되었다. 그 나중의 결정들에 대하여 청구인들은 이의한 터이고 그 쟁송은 여전히 주 법원들에 계속되어 있다.

II

A

The Sixth Amendment to the United States Constitution guarantees that "[i]n all criminal prosecutions, the accused shall enjoy the right to a speedy and public trial, by an impartial jury of the State and district wherein the crime shall have been committed ⋯⋯." The right to a jury trial, applicable to the States through the Due Process Clause of the Fourteenth Amendment, see, e. g., Duncan v. Louisiana, 391 U. S. 145 (1968), is essentially «427 U. S., 586» the right to a "fair trial by a panel of impartial, 'indifferent' jurors," Irvin v. Dowd, 366 U. S. 717, 722 (1961), jurors who are "'indifferent as [they] stand unsworn.'" Reynolds v. United States, 98 U. S. 145, 154 (1879), quoting E. Coke, A Commentary upon Littleton 155b (19th ed. 1832). See also, e. g., Ristaino v. Ross, 424 U. S. 589, 597 n. 9 (1976); Rideau v. Louisiana, 373 U. S. 723 (1963); Irvin v. Dowd, supra, at 722; In re Murchison, 349 U. S. 133, 136 (1955); In re Oliver, 333 U. S. 257 (1948). So basic to our jurisprudence is the right to a fair trial that it has been called "the most fundamental of all freedoms." Estes v. Texas, 381 U. S. 532, 540 (1965). It is a right essential to the preservation and enjoyment of all other rights, providing a necessary means of safeguarding personal liberties against government oppression. See, e. g., Rideau v. Louisiana, supra, at 726-727. See generally Duncan v. Louisiana, supra, at 149-158.

The First Amendment to the United States Constitution, however, secures rights equally fundamental in our jurisprudence, and its ringing proclamation that "Congress shall make no law ⋯⋯ abridging the freedom of speech, or

---

sequester the jury and conduct voir dire with no more than four prospective jurors present at one time, and denied Simants' request for a change of venue. A Jackson v. Denno (378 U. S. 368 (1964)) hearing and the first day of voir dire were also closed to the public. Petitioners have challenged the latter rulings, and that litigation is still pending in the state courts.

Ⅱ

A

"[범]죄가 저질러진 주(the State)의 및 …… 지역의 공정한 배심에 의한 신속한 및 공개의 정식사실심리를 받을 권리를 모든 형사적 소송추행들에서 피고인은 향유함"을 미합중국 헌법 수정 제6조는 보장한다. 연방헌법 수정 제4조의 적법절차 조항을 통하여 주들에게 적용되는 배심에 의한 정식사실심리를 누릴 권리는, see, e. g., Duncan v. Louisiana, 391 U. S. 145 (1968), 본질적으로 «427 U. S., 586» "공정한, '중립의' 배심원들로," Irvin v. Dowd, 366 U. S. 717, 722 (1961), 즉 "'선서절차에 처해지지 않은 채로 [그들이] 서 있는 경우처럼 중립인,'" Reynolds v. United States, 98 U. S. 145, 154 (1879), quoting E. Coke, A Commentary upon Littleton 155b (19th ed. 1832), 배심원들로 구성되는 배심총원에 의한 공정한 정식사실심리에의 권리이다. 아울러, 예컨대 Ristaino v. Ross, 424 U. S. 589, 597 n. 9 (1976)을; Rideau v. Louisiana, 373 U. S. 723 (1963)을; Irvin v. Dowd, supra, at 722를; In re Murchison, 349 U. S. 133, 136 (1955)를; In re Oliver, 333 U. S. 257 (1948)을 보라. 공정한 정식사실심리를 받을 권리는 우리의 사법체계에 그토록 기본이라서, "모든 자유들 가운데 가장 기본적인 것"이라고 그것은 칭해져 왔다. Estes v. Texas, 381 U. S. 532, 540 (1965). 그것은 여타의 모든 권리들의 보전에 및 향유에 필수인 권리로서, 정부의 압제에 대처하여 신체적 자유들을 보장하기 위한 필수적 수단을 그것은 제공한다. 예컨대, Rideau v. Louisiana, supra, at 726-727을 보라. 일반적으로 Duncan v. Louisiana, supra, at 149-158을 보라.

그러나 우리의 사법체계에서 마찬가지로 기본인 권리들을 미합중국 헌법 수정 제1조는 보장하며, "…… 말의 내지는 언론출판의 자유를 …… 박탈하는 법을 연방의회는 제정해서는 안 된다."는 그 조항의 울려퍼지는 선언은 언론출판의 자유 위에 주들에 의하여 부과되는 제한들을 무효화하기 위하여도, see, e. g., Miami Herald Publishing Co. v. Tornillo, 418 U. S. 241 (1974); New York Times Co. v. Sullivan, 376 U. S. 254 (1964); Near v. Minnesota ex rel. Olson, 283 U. S. 697 (1931), of the press ......" has been both applied through the Fourteenth Amendment to invalidate restraints on freedom of the press imposed by the States, see, e. g., Miami Herald Publishing Co. v. Tornillo, 418 U. S. 241 (1974); New York Times Co. v. Sullivan, 376 U. S. 254 (1964); Near v. Minnesota ex rel. Olson, 283 U. S. 697 (1931), and interpreted to interdict such restraints imposed by the courts, see, e. g., New York Times Co. v. United States, 403 U. S. 713 (1971); Craig v. Harney, 331 U. S. 367 (1947); Bridges v. California, 314 U. S. 252 (1941). Indeed, it has been correctly perceived that a "responsible press has always been regarded as the handmaiden of effective judicial administration, especially in the criminal field. ...... The «427 U. S., 587» press does not simply publish information about trials but guards against the miscarriage of justice by subjecting the police, prosecutors, and judicial processes to extensive public scrutiny and criticism." Sheppard v. Maxwell, 384 U. S. 333, 350 (1966). See also, e. g., Cox Broadcasting Corp. v. Cohn, 420 U. S. 469, 491-496 (1975). Commentary and reporting on the criminal justice system is at the core of First Amendment values, for the operation and integrity of that system is of crucial import to citizens concerned with the administration of government. Secrecy of judicial action can only breed ignorance and distrust of courts and suspicion concerning the competence and impartiality of judges; free and robust reporting, criticism, and debate can contribute to public understanding of the rule of law and to comprehension of the functioning of the entire criminal justice system, as well as improve the quality of that system by subjecting it to the cleansing effects of exposure and public accountability. See, e. g., In re Oliver, supra, at 270-271; L. Brandeis, Other People's Money 62 (1933) ("Sunlight is said to be the best of disinfectants; electric light the most efficient policeman").

No one can seriously doubt, however, that uninhibited prejudicial pretrial publicity may destroy the fairness of a criminal trial, see, e. g., Sheppard v.

수정헌법 제14조를 통하여 적용되어 왔고, 법원들에 의하여 부과되는 이러한 제한들을 금지하는 것으로도, see, e. g., New York Times Co. v. United States, 403 U. S. 713 (1971); Craig v. Harney, 331 U. S. 367 (1947); Bridges v. California, 314 U. S. 252 (1941), 해석되어 왔다. 아닌 게 아니라, "책임감 있는 언론은 특히 형사법 분야에서 효과적인 사법운영의 보조자로서 항상 간주되어 왔다. …… 정식사실심리들에 «427 U. S., 587» 관한 정보를 언론은 단순히 보도하는 것만이 아니라, 경찰을, 검찰관들을, 그리고 사법절차들을 다방면에 걸치는 공중의 조사에 및 비판에 복종시킴으로써 오심을 언론은 감시한다."고 정당하게 인식되어 왔다. Sheppard v. Maxwell, 384 U. S. 333, 350 (1966). 아울러, 예컨대 Cox Broadcasting Corp. v. Cohn, 420 U. S. 469, 491-496 (1975)을 보라. 형사재판 제도에 관한 해설은 및 보도는 연방헌법 수정 제1조상의 가치들의 핵심에 놓여 있는바, 왜냐하면 중대한 의미를 정부운영에 관련된 시민들에게 그 제도의 기능은 및 염결성은 지니기 때문이다. 법원들에 대한 무지를 및 불신을 및 판사들의 능력에 및 공정성에 관한 의심을 사법적 행위의 비밀성은 낳을 수 있을 뿐이다; 법의 지배에 대한 공중의 이해에 및 전체 형사재판 제도의 기능에 대한 이해에 자유로운 및 강건한 보도는, 비판은 및 토론은 기여할 수 있을 뿐만 아니라 이에 아울러, 그 제도를 노출의 및 공공의 책무의 정화효과들에 복종시킴으로써 그것의 질을 그것들은 개선시킬 수도 있다. 예컨대, In re Oliver, supra, at 270-271을; L. Brandeis, Other People's Money 62 (1933) ("태양광선은 살균제들 중 가장 훌륭한 것이라고 말해진다; 전등빛은 가장 효과적인 경찰관이다")을 보라.

그러나 형사 정식사실심리의 공정성을 정식사실심리 이전의 제약 없는 편파적 공표가 파괴할 수 있음을 진지하게 의심할 수 있는 사람은 없고, see, e. g.,

Maxwell, supra, and the past decade has witnessed substantial debate, collo-quially known as the Free Press/Fair Trial controversy, concerning this inter-face of First and Sixth Amendment rights. In effect, we are now told by respondents that the two rights can no longer coexist when the press pos-sesses and seeks to publish "confessions or admissions against interest" and other information "strongly implicative"[14] of a criminal defendant as the «427 U. S., 588» perpetrator of a crime, and that one or the other right must there-fore be subordinated. I disagree. Settled case law concerning the impropriety and constitutional invalidity of prior restraints on the press compels the con-clusion that there can be no prohibition on the publication by the press of any information pertaining to pending judicial proceedings or the operation of the criminal justice system, no matter how shabby the means by which the information is obtained.[15] This does not imply, however, any subordination of Sixth Amendment rights, for an accused's right to a fair trial may be ade-quately assured through methods that do not infringe First Amendment val-ues.

B

"[I]t has been generally, if not universally, considered that it is the chief purpose of the [First Amendment's] guaranty to prevent previous restraints upon publica- «427 U. S., 589» tion." Near v. Minnesota ex rel. Olson, 283

---

14) The precise scope of these terms is not, of course, self-evident. Almost any statement may be an "admission against interest" if, for «427 U. S., 588» example, it can be shown to be false and thus destructive of the accused's credibility. This would even be true with respect to exculpatory statements made by an accused, such as those relating to alleged alibi defenses. Similarly, there is considerable vagueness in the phrase "strongly implicative" of the accused's guilt. The Nebraska Supreme Court did not elaborate on its meaning, and counsel for the State suggests it only covers the existence of the accused's prior criminal record, if any. Tr. of Oral Arg. 54. Others might view the phrase considerably more expansively. See supra, at 581; cf. 194 Neb., at 789–790, 236 N. W. 2d, at 799. Indeed, even the fact the accused was indicted might be viewed as "strongly implicative" of his guilt by reporters not schooled in the law, and the threat of contempt for transgression of such directives would thus tend to self-censorship even as to materials not intended to be covered by the restrictive order.

15) Of course, even if the press cannot be enjoined from reporting certain information, that does not necessarily im-munize it from civil liability for libel or invasion of privacy or from criminal liability for transgressions of general crimi-nal laws during the course of obtaining that information.

Sheppard v. Maxwell, supra, 그리하여 연방헌법 수정 제1조상의 및 제6조상의 권리들의 이 접촉면에 관하여 구어체로는 자유언론 대 공정한 정식사실심리 논쟁이라고 알려진 풍부한 논의를 지난 10년은 목격해 온 터이다. 요컨대, "자백들을 및 불리한 시인들을," 그리고 범인으로 형사피고인을 "강력하게 함축하는"[14] 그 밖의 정보를 언론이 보유하고서 이를 공표하기를 추구할 때는 그 두 권리들은 더 이상 공존할 수 없다는, 그리하여 «427 U. S., 588» 둘 중 어느 한 쪽은 하위에 두어지지 않으면 안 된다는 피청구인들에 의한 주장을 지금 우리는 듣는다. 나는 동의하지 않는다. 계속 중인 사법절차에 관한 내지는 형사재판의 작동에 관한 정보의 언론에 의한 공표의 금지는, 그 정보가 얻어진 수단이 그 얼마나 비열한 것일망정, 결코 있을 수 없다는 결론을 언론에 대한 사전의 제한조치들의 부적절성에 및 헌법적 무효성에 관한 확립된 판례법은 강제한다.[15] 그러나 조금이라도 연방헌법 수정 제6조상의 권리들의 예속화를 이것은 함축하지 않는바, 왜냐하면 연방헌법 수정 제1조상의 가치들을 침해하지 아니하는 수단들을 통하여, 공정한 정식사실심리를 누릴 피고인의 권리는 적절히 보장될 수 있기 때문이다.

B

"[공]표에 대한 사전의 제한조치들을 방지함이 [연방헌법 수정 제1조]의 주된 목적이라고 보편적으로까지는 아닐망정 일반적으로 간주되어 «427 U. S., 589» 왔

---

14) 이 용어들의 정확한 범위는 자명한 것이 아님은 물론이다. 가령 허위임이 및 그리하여 피고인의 신빙성을 손상시킬 수 있는 것임이 증명될 «427 U. S., 588» 수 있는 진술이면, 그것은 거의 대부분 "불리한 시인"이 될 수 있다. 그 주장된 현장부재 항변들에 관련한 진술들에 관련하여 그러하듯, 피고인에 의하여 이루어진 심지어 무죄임을 해명하는 진술들에 관련해서조차도 이것은 타당하게 마련이다. 피고인의 유죄를 "강력하게 함축하는"이라는 구절에는 이에 유사하게 상당한 모호함이 있다. 그것의 의미에 관하여 네브라스카주 대법원은 상세히 설명하지 않았는데, 그 혹여 있을 경우의 피고인의 이전의 범죄기록의 존재를 그것은 포함할 뿐이라고 네브라스카주 측 변호인단은 넌지시 말한다. Tr. of Oral Arg. 54. 그 문구를 훨씬 더 확장적으로 다른 이들은 바라보았을 수 있다. supra, at 581을 보라; 194 Neb., at 789–790, 236 N. W. 2d, at 799를 비교하라. 대배심 검사기소에 피고인이 처해졌다는 사실은조차도 그의 유죄를 "강력하게 함축하는" 것으로 법에 단련되지 않은 기자들에 의하여서는 아닌게 아니라 간주될 수 있었고, 제한명령의 적용을 받도록은 의도되지 아니한 자료들에 관하여마저도 자기검열을 하도록 이러한 명령들의 위반을 이유로 하는 법원모독죄의 위험은 이바지하고는 한다.

15) 일정한 정보를 보도함으로부터 설령 언론이 금지될 수 없다고 하더라도 그 정보를 획득하는 과정에서의 문서비방을 내지는 프라이버시의 침해를 이유로 하는 민사적 책임으로부터 내지는 일반적 형사법들의 위반사항들을 이유로 하는 형사적 책임으로부터 언론을 그것이 반드시 면제시켜 주지 아니함은 물론이다.

U. S., at 713. See also, e. g., id., at 716-717; Patterson v. Colorado ex rel. Attorney General, 205 U. S. 454, 462 (1907); Grosjean v. American Press Co., 297 U. S. 233, 249 (1936).[16] Prior restraints are "the essence of censorship," Near v. Minnesota ex rel. Olson, supra, at 713, and "[o]ur distaste for censorship - reflecting the natural distaste of a free people - is deep-written in our law." Southeastern Promotions, Ltd. v. Conrad, 420 U. S. 546, 553 (1975). The First Amendment thus accords greater protection against prior restraints than it does against subsequent punishment for a particular speech, see, e. g., Carroll v. Princess Anne, 393 U. S. 175, 180-181 (1968); Near v. Minnesota ex rel. Olson, supra; "a free society prefers to punish the few who abuse rights of speech *after* they break the law than to throttle them and all others beforehand. It is always difficult to know in advance what an individual will say, and the line between legitimate and illegitimate speech is often so finely drawn that the risks of free-wheeling censorship are formidable." Southeastern Promotions, Ltd. v. Conrad, supra, at 559. A commentator has cogently summarized many of the reasons for this deep-seated American hostility to prior restraints:

"A system of prior restraint is in many ways more inhibiting than a system of subsequent punishment: It is likely to bring under government scrutiny a far wider range of expression; it shuts off communication before it takes place; suppression by a stroke of the pen is more likely to be applied than suppression through a criminal process; the procedures «427 U. S., 590» do not require attention to the safeguards of the criminal process; the system allows less opportunity for public appraisal and criticism; the dynamics of the system drive toward excesses, as the history of all censorship shows." T. Emerson, The System of Freedom of Expression 506 (1970).[17]

---

16) The only criticism of this statement is that it does not embrace all of the protection accorded freedom of speech and of the press by the First Amendment. See, e. g., Near v. Minnesota ex rel. Olson, 283 U. S., at 714–715.

17) Thus the First Amendment constitutes a direct repudiation of the British system of licensing. See, e. g., Near v.

다." Near v. Minnesota ex rel. Olson, 283 U. S., at 713. 아울러, 예컨대, id., at 716-717을; Patterson v. Colorado ex rel. Attorney General, 205 U. S. 454, 462 (1907)을; Grosjean v. American Press Co., 297 U. S. 233, 249 (1936)을 보라.[16] 사전의 제한조치들은 "검열의 본질"이고, Near v. Minnesota ex rel. Olson, supra, at 713, "[검]열에 대한 우리의 혐오는 - 자유 국민의 당연한 혐오를 그것은 반영한다 - 우리의 법에 깊이 기록되어 있다." Southeastern Promotions, Ltd. v. Conrad, 420 U. S. 546, 553 (1975). 사후적 처벌에 대처하여 자신이 부여하는 보호를보다도 더 큰 보호를 사전의 제한조치들에 대처하여 연방헌법 수정 제1조는 이렇게 부여하는바, see, e. g., Carroll v. Princess Anne, 393 U. S. 175, 180-181 (1968); Near v. Minnesota ex rel. Olson, supra; "말의 자유들을 남용하는 그 얼마 안 되는 사람들을 및 그 밖의 모든 사람들을 미리 질식시키는 쪽을보다도, 그들이 법을 위반한 *뒤에* 그들을 처벌하는 쪽을 자유사회는 선호한다. 무엇을 개인이 말할지 미리 알기란 항상 어렵고, 적법인 말의 및 불법인 말의 양자 사이의 줄은 흔히 너무도 가늘게 그어져서 자유분방한 검열의 위험들은 가공스럽다." Southeastern Promotions, Ltd. v. Conrad, supra, at 559. 사전의 제한조치들에 대한 이 깊이 자리한 미국인들의 혐오감의 여러 이유들을 한 명의 주석자는 적절히도 요약해 놓았다:

"사후적 처벌의 제도에 비하여 사전의 제한조치의 제도는 여러 가지 점들에서 더 제약적이다: 훨씬 더 넓은 범위의 표현을 정부의 검열 아래에 그것은 데려올 수 있다; 공표를 공표가 이루어지기 전에 그것은 차단한다; 형사적 절차를 통한 억압에 비하여 펜 한 획에 의한 억압은 적용이 더 쉽다; 형사절차의 «427 U. S., 590» 보장사항들에 대한 주의를 그 절차들은 요구하지 않는다; 공중의 평가를 및 비판을 위하여 그 제도가 허용하는 기회는 더 적다; 모든 검열의 역사가 보여주듯, 난폭한 행위들을 향하여 그 제도의 동력은 질주한다." T. Emerson, The System of Freedom of Expression 506 (1970).[17]

---

16) 연방헌법 수정 제1조에 의하여 말의 및 언론출판의 자유에 부여된 보호의 전부를 이 문장은 포함하지는 아니한다는 데에 이 문장에 대한 유일한 비판은 있다. 예컨대, Near v. Minnesota ex rel. Olson, 283 U. S., at 714-715를 보라.
17) 출판허가의 영국 제도에 대한 직접적인 거부를 이렇듯이 연방헌법 수정 제1조는 구성한다. 예컨대, Near v. Minnesota ex rel. Olson, supra, at 713-714를; Grosjean v. American Press Co., 297 U. S. 233, 245-250 (1936)을; Bridges v. California, 314 U. S. 252, 263-264 (1941)을; Wood v. Georgia, 370 U. S. 375, 384, and n. 5 (1962)를 보라.

Respondents correctly contend that "the [First Amendment] protection even as to previous restraint is not absolutely unlimited." Near v. Minnesota ex rel. Olson, supra, at 716. However, the exceptions to the rule have been confined to "exceptional cases." Ibid. The Court in Near, the first case in which we were faced with a prior restraint against the press, delimited three such possible exceptional circumstances. The first two exceptions were that "the primary requirements of decency may be enforced against obscene publications," and that "[t]he security of the community life may be protected against incitements to acts of violence and the overthrow by force of orderly government [for] [t]he constitutional guaranty of free speech does not 'protect a man from an injunction against uttering words that may have all the effect of force. ······'" Ibid. These exceptions have since come to be interpreted as situations in which the "speech" involved is not encompassed within the meaning of the First Amendment. See, e. g., Roth v. United States, 354 U. S. 476, 481 (1957); Miller v. California, 413 U. S. 15 (1973); Chaplinsky v. New Hampshire, 315 U. S. 568 (1942). See also New York Times Co. v. United States, 403 U. S., at 726 n. (BRENNAN, J., concurring); id., at 731 n. 1 (WHITE, J., concurring). «427 U. S., 591» And even in these situations, adequate and timely procedures are mandated to protect against any restraint of speech that does come within the ambit of the First Amendment. See, e. g., Southeastern Promotions, Ltd. v. Conrad, supra; United States v. Thirty-seven Photographs, 402 U. S. 363 (1971); Freedman v. Maryland, 380 U. S. 51 (1965); Bantam Books, Inc. v. Sullivan, 372 U. S. 58 (1963); Speiser v. Randall, 357 U. S. 513 (1958); Kingsley Books, Inc. v. Brown, 354 U. S. 436 (1957). Thus, only the third category in Near contemplated the possibility that speech meriting and entitled to constitutional protection might nevertheless be suppressed before publication in the interest of some overriding

Minnesota ex rel. Olson, supra, at 713–714; Grosjean v. American Press Co., 297 U. S. 233, 245–250 (1936); Bridges v. California, 314 U. S. 252, 263–264 (1941); Wood v. Georgia, 370 U. S. 375, 384, and n. 5 (1962).

"사전의 제한조치에 관하여조차도 [연방헌법 수정 제1조의] 보호는 절대적으로 무제한은 아니다."라고 피청구인들은 정당하게 주장한다. Near v. Minnesota ex rel. Olson, supra, at 716. 그러나 그 법리에 대한 예외들은 "예외적인 사건들"에 한정되어 왔다. Ibid. 이러한 예외적 상황들의 가능한 세 가지 범주를, 언론에 대한 사전의 제한조치에 우리가 직면했던 첫 번째 사건인 Near 사건에서 당원은 정하였다. "외설한 공표들에 대처하여 예의의 우선적 요구사항들은 강제될 수 있다."라고 함에, 그리고 "[폭]력 행위들에의 및 질서정연한 정부의 폭력에 의한 전복에의 선동에 대처하여 공동체의 삶의 안전은 보호될 수 있는바, [왜냐하면] 자유로운 말에 대한 [헌]법적 보장은 '…… 폭력의 모든 효과를 지닐 수 있는 말들의 발설에 대한 금지로부터는 사람을 막아주지' 않기 때문이다."라고 함에 그 첫 번째 두 가지 예외들은 있다. Ibid. 그 수반된 "말"이 연방헌법 수정 제1조의 의미 안에 포함되지 아니하는 상황들로 이 예외들은 그 이래로 해석되기에 이르렀다. 예컨대, Roth v. United States, 354 U. S. 476, 481 (1957)을; Miller v. California, 413 U. S. 15 (1973)을; Chaplinsky v. New Hampshire, 315 U. S. 568 (1942)를 보라. 아울러 New York Times Co. v. United States, 403 U. S., at 726 n. [브레넌(BRENNAN) 판사, 보충의견]을; id., at 731 n. 1 [화이트(WHITE) 판사, 보충의견]을 보라. «427 U. S., 591» 그리고 심지어 이러한 상황들에서조차도, 조금이라도 연방헌법 수정 제1조의 범위 내에 들어오는 말에 대한 제한조치를 막기 위한 적절한 및 적시의 절차들은 요구된다. 예컨대, Southeastern Promotions, Ltd. v. Conrad, supra를; United States v. Thirty-seven Photographs, 402 U. S. 363 (1971)을; Freedman v. Maryland, 380 U. S. 51 (1965)를; Bantam Books, Inc. v. Sullivan, 372 U. S. 58 (1963)을; Speiser v. Randall, 357 U. S. 513 (1958)을; Kingsley Books, Inc. v. Brown, 354 U. S. 436 (1957)을 보라. 그러므로, 모종의 우선하는 상쇄적 이익을 위하여, 헌법적 보호의 가치를 및 자격을 지닌 말이 이에도 불구하고 공표 이전에 억압되어도 될 가능성을 고찰한 것은 Near 사건에서의 오직 세 번째 범주만이다:

countervailing interest:

"'When a nation is at war many things that might be said in time of peace are such a hindrance to its effort that their utterance will not be endured so long as men fight and that no Court could regard them as protected by any constitutional right.' schenck v. United States, 249 U. S. 47, 52. No one would question but that a government might prevent actual obstruction to its recruiting service or the publication of the sailing dates of transports or the number and location of troops." 283 U. S., at 716.

Even this third category, however, has only been adverted to in dictum and has never served as the basis for actually upholding a prior restraint against the publication of constitutionally protected materials. In New York Times Co. v. United States, supra, we specifically addressed the scope of the "military security" exception alluded to in Near and held that there could be no prior restraint on publication of the "Pentagon Papers" despite the fact that a majority of the Court believed that release of the documents, which were «427 U. S., 592» classified "Top Secret-Sensitive" and which were obtained surreptitiously, would be harmful to the Nation and might even be prosecuted after publication as a violation of various espionage statutes. To be sure, our brief per curiam declared that "'[a]ny system of prior restraints of expression comes to this Court bearing a heavy presumption against its con-stitutional validity,'" id., at 714, quoting Bantam Books, Inc. v. Sullivan, supra, at 70, and that the "Government 'thus carries a heavy burden of show-ing justification for the imposition of such a restraint.'" 403 U. S., at 714, quoting Organization for a Better Austin v. Keefe, 402 U. S. 415, 419 (1971). This does not mean, as the Nebraska Supreme Court assumed,[18] that prior restraints can be justified on an ad hoc balancing approach that concludes that the "presumption" must be overcome in light of some perceived "justifi-

18) See n. 33, infra; supra, at 582–583.

"'한 개의 국가가 전쟁 중일 때는, 평화의 시기에서라면 말해져도 좋았을 많은 것들이 국가의 노력에 대한 한 개의 장애물이 되어 사람들이 싸우는 한 그것들의 표명은 허용되지 않게 되고는 하는 법이고, 그리하여 그것들을 조금이라도 헌법적 권리에 의하여 보호되는 것들로서 법원이라면 간주할 수가 없었을 것이 되고는 하는 법이다.' schenck v. United States, 249 U. S. 47, 52. 자신의 모병업무에 대한 실제의 방해를 내지는 수송선들의 항해일자들에 대한 내지는 병력의 숫자에 및 위치에 대한 공표를 정부가 금지할 수 있음을 의문시하는 사람은 없을 것이다." 283 U. S., at 716.

그러나 심지어 이 세 번째 범주는조차도 방론에서 언급되어 왔을 뿐이고, 따라서 헌법적으로 보호되는 자료들의 공표를 막는 사전의 제한조치를 실제로 지지함을 위한 토대로서는 그것은 결코 기능해 본 적이 없다. Near 판결에서 언급된 "군사적 보안"을 이유로 하는 예외의 범위를 New York Times Co. v. United States, supra에서 우리는 특별히 중점 두어 다루었고, "1급비밀"로 분류된, 그리고 부정한 방법으로 취득된 문서들의 공개가 국가에 해로우리라고, 그리고 공표 뒤에는 «427 U. S., 592» 다양한 간첩행위 처벌 법령들의 위반으로 심지어 소추될 수조차 있다고 당원의 다수판사들이 믿는다는 사실에도 불구하고 "국방부 문건들"의 공표에 대한 사전의 제한조치는 있을 수 없음을 우리는 판시하였다. "'[조]금이라도 표현에 대한 사전의 제한조치가 당원에 올 때는 헌법적 정당성 결여의 '무거운 추정'을 그것은 동반한다.'"고, id., at 714, quoting Bantam Books, Inc. v. Sullivan, supra, at 70, 그리고 "'이러한 제한의 부과를 위한 정당화 사유를 증명할 무거운 책임을 그리하여' 정부는 '부담한다.'"고 참으로 우리의 짤막한, 집필자를 밝히지 않은 법원의 의견은 선언하였다. 403 U. S., at 714, quoting Organization for a Better Austin v. Keefe, 402 U. S. 415, 419 (1971). 네브라스카주 대법원이 가정하였듯이, 모종의 파악된 "정당화 사유"에 비추어 "추정"은 극복되지 않으면 안 된다고 결론짓는 특별한 상쇄적 접근법에 의하여 사전의 제한조치들이 정당화될 수 있다는 의미를 이것은 지니지 않는다.[18] 사전의 제한조치들을 금지하는 법리에 대한 심지어 인정된 예외의 범위 내의 것인 경우라 하더라도, 절차적 보장들의 및 입증책임의 문제로서 사전의 제한

---

18) n. 33, infra를; supra, at 582–583을 보라.

cation." Rather, this language refers to the fact that, as a matter of procedural safeguards and burden of proof, prior restraints even within a recognized exception to the rule against prior restraints will be extremely difficult to justify; but as an initial matter, the purpose for which a prior restraint is sought to be imposed "must fit within one of the narrowly defined exceptions to the prohibition against prior restraints." Southeastern Promotions, Ltd. v. Conrad, 420 U. S., at 559; see also, e. g., id., at 555; Pittsburgh Press Co. v. Human Rel. Comm'n, 413 U. S. 376, 382 (1973); Organization for a Better Austin v. Keefe, supra, at 419-420; cf., e. g., Healy v. James, 408 U. S. 169 (1972); Freedman v. Maryland, 380 U. S., at 58-59. Indeed, two Justices in New York Times apparently controverted the existence of even a limited "military security" exception to the rule against prior restraints on the publication of otherwise protected material, see 403 U. S., «427 U. S., 593» at 714 (Black, J., concurring); id., at 720 (Douglas, J., concurring). And a majority of the other Justices who expressed their views on the merits made it clear that they would take cognizance only of a "single, extremely narrow class of cases in which the First Amendment's ban on prior judicial restraint may be overridden." Id., at 726 (BRENNAN, J., concurring). Although variously expressed, it was evident that even the exception was to be construed very, very narrowly: when disclosure "will *surely result in direct, immediate, and irreparable damage* to our Nation or its people," id., at 730 (STEWART, J., joined by WHITE, J., concurring) (emphasis supplied) or when there is "governmental allegation and proof that publication must *inevitably, directly, and immediately* cause the occurrence of an event kindred to imperiling the safety of a transport already at sea ⋯⋯ [But] [i]n no event may mere conclusions be sufficient." Id., at 726-727 (BRENNAN, J., concurring) (emphasis supplied). See also id., at 730-731 (WHITE, J., joined by STEWART, J., concurring) ("concededly extraordinary protection against prior restraints enjoyed by the press under our constitutional system" is not overcome even by a showing that

조치들을 정당화하기란 극도로 어려운 법이라는 사실을 오히려 이 문구는 가리킨다; 그러나 시작의 문제로서, 사전의 제한조치가 구해지는 바로서의 목적은 "사전의 제한조치들의 금지에 대한 그 협소하게 한정된 예외들 중의 하나 안에 들어맞지 않으면 안 된다." Southeastern Promotions, Ltd. v. Conrad, 420 U. S., at 559; 아울러, 예컨대, id., at 555를; Pittsburgh Press Co. v. Human Rel. Comm'n, 413 U. S. 376, 382 (1973)을; Organization for a Better Austin v. Keefe, supra, at 419-420을 보라; 예컨대, Healy v. James, 408 U. S. 169 (1972)를; Freedman v. Maryland, 380 U. S., at 58-59를 비교하라. 여타의 점에서는 보호가 부여되는 자료의 공표에 대한 사전의 제한조치들을 금지하는 법리에 대한, 심지어 제한된 "군사적 보안"상의 예외의 존재를마저도 아닌게 아니라 New York Times 판결에서의 두 명의 판사들은 명백하게 반박하였다. 403 U. S., «427 U. S., 593» at 714 (블랙(Black) 판사, 보충의견)을; id., at 720 (더글라스(Douglas) 판사, 보충의견)을 보라. 그리고 "사전의 사법적 제한조치에 대한 연방헌법 수정 제1조의 금지가 무시되어도 좋은 유일한, 극도로 협소한 범주의 사건들"만을 자신들은 수리하여 심리하겠다는 점을 본안에 관하여 자신들의 견해들을 표명한 다른 판사들 대다수는 명백히 하였다. Id., at 726 [브레넌(BRENNAN) 판사, 보충의견]. 비록 다양하게 표명되었음에도 불구하고, 심지어 그 예외는조차도 매우 매우 좁게 해석되어야 함은 명백하였는 바: 즉 "우리 국가에게 내지는 우리 국민에게 *직접의, 즉시의, 그리고 회복불능의 손해로* 공개가 *귀착할 것임이 확실한*" 경우여야 하거나, id., at 730 [화이트(WHITE) 판사의 가담을 받은 스튜어트(STEWART) 판사, 보충의견] (강조는 보태짐) 또는 "이미 항해 중인 수송선의 안전을 위태롭게 함에 유사한 사건의 발생을 *불가피하게, 직접적으로, 및 즉시로* 공표가 야기할 것임이 틀림없다는 점에 대한 정부의 주장이 및 증거가 있는" 경우여야 하였는 바. …… "[그러나] 결론들에 불과한 것들만으로는 [결]코 충분할 수 없"었다. Id., at 726-727 [브레넌(BRENNAN) 판사, 보충의견] (강조는 보태짐). 아울러 id., at 730-731 [스튜어트(STEWART) 판사의 가담을 받은 화이트(WHITE) 판사, 보충의견] ("우리의 헌법 제도 아래서 언론에 의하여 향유되는, 사전의 제한조치들을 금지하는 명백히 특별한 보호"는 심지어 "공공의 이익들에 중대한 손상을 이 문서들의 공개가 끼칠 것에 대한" 증명에 의해서조차도 압도되지 않는다.)을 보라.[19] 헌법

---

19) 종류 여하를 불문하고 당원의 관할 내에서의 사전의 제한조치 사건들의 희소성은 아울러 주목되어 왔다. 예컨대, New York Times Co. v. United States, 403 U. S., at 733을; Near v. Minnesota ex rel. Olson, 283 U. S., at 718 ("헌

"revelation of these documents will do substantial damage to public interests").[19] It is thus clear that even within the sole possible exception to the prohibition against prior restraints on publication of constitutionally protected materials, «427 U. S., 594» the obstacles to issuance of such an injunction are formidable. What respondents urge upon us, however, is the creation of a new, potentially pervasive exception to this settled rule of virtually blanket prohibition of prior restraints.[20]

I would decline this invitation. In addition to the almost insuperable presumption against the constitutionality of prior restraints even under a recognized exception, and however laudable the State's motivation for imposing restraints in this case,[21] there are compelling «427 U. S., 595» reasons for not

---

19) The rarity of prior restraint cases of any type in this Court's jurisprudence has also been noted. See, e. g., New York Times Co. v. United States, 403 U. S., at 733; Near v. Minnesota ex rel. Olson, 283 U. S., at 718 ("The fact that for approximately one hundred and fifty years there has been almost an entire absence of attempts to impose previous restraints upon publications relating to the malfeasance of public officers is significant of the deep-seated conviction that such restraints would violate constitutional right").

20) The Nebraska Supreme Court denigrated what it termed the "extremist and absolutist" position of petitioners for assuming that "each and every exercise of freedom of the press is equally important" and that "there can be no degree of values for the particular right in which the absolutist has a special interest." 194 Neb., at 799, 800, 236 N. W. 2d, at 804. This seriously mischaracterizes petitioners' contentions, for petitioners do not assert that First Amendment freedoms are paramount in all circumstances. For example, this case does not involve the question of when, if ever, the press may be held in contempt subsequent to publication of certain material, see Wood v. Georgia, 370 U. S. 375 (1962); Craig v. Harney, 331 U. S. 367, 376 (1947); Pennekamp v. Florida, 328 U. S. 331 (1946); Bridges v. California, 314 U. S. 252 (1941). Nor does it involve the question of damages actions for malicious publication of erroneous material concerning those involved in the criminal justice system, see New York Times Co. v. Sullivan, 376 U. S. 254 (1964). See also Time, Inc. v. Firestone, 424 U. S. 448 (1976); Gertz v. Robert Welch, Inc., 418 U. S. 323 (1974). And no contention is made that the press would be immune from criminal liability for crimes committed in acquiring material for publication. However, to the extent petitioners take a forceful stand against the imposition of any prior restraints on publication, their position is anything but "extremist," for the history of the press under our Constitution has been one in which freedom from prior restraint is all but absolute.

21) One can understand the reasons why the four prior restraint orders issued in this case. The crucial importance of preserving Sixth Amendment rights was obviously of uppermost concern, and the question had not been definitively resolved in this Court. Our «427 U. S., 595» language concerning the "presumption" against prior restraints could have been misinterpreted to condone an ad hoc balancing approach rather than merely to state the test for assessing the adequacy of procedural safeguards and for determining whether the high burden of proof had been met in a case falling within one of the categories that constitute the exceptions to the rule against prior restraints. Indeed, in Branzburg v. Hayes, 408 U. S. 665 (1972), there was even an intimation that such restraints might be permissible, since the Court stated that "[n]ewsmen have no constitutional right of access to the scenes of crime or disaster when the general public is excluded, and they may be prohibited from attending or publishing information about trials if such restrictions are necessary to assure a defendant a fair trial before an impartial

적으로 보호되는 자료들의 공표에 대한 사전의 제한조치들의 금지에 인정되는 심지어 그 유일한 가능한 예외의 범위 내에서조차도, 이러한 《427 U. S., 594》 금지명령의 발령을 저지하는 장해들은 얕잡을 수 없음이 이렇듯 명백하다. 그러나 우리에게 피청구인들이 재촉하는 바는 사전의 제한조치들에 대한 사실상 포괄적인 금지라는 이 확립된 법리에 대한 새로운, 잠재적으로 널리 미치는 예외의 창조이다.[20]

이 초청을 나라면 거절할 것이다. 심지어 인정된 예외 아래서조차도 사전의 제한조치들의 합헌성에게 불리한 그 거의 극복이 불가능한 추정에 더하여, 그리고 이 사건에서 제한조치들을 부과함을 위한 주(State)의 열의가 제아무리 칭찬할 만한 것이라 하더라도,[21] 공표에 대한 《427 U. S., 595》 사전검열을 금지하는 법리에의 새

법적 권리를 공무원들의 부정행위에 관한 공표들에 대한 사전의 제한조치들이 침해하리라는 점에 대한 깊게 자리한 확신을, 대략 150년 동안 이러한 사전의 제한조치들을 부과하려는 시도들의 거의 전적인 공백이 있어 왔다는 사실은 의미한다.")을 보라.

20) "언론출판의 자유의 행사는 그 하나하나가 죄다 동등하게 중요하다."고 및 "모종의 특유의 이익을 절대론자가 지니는 그 특별한 권리에 맞는 가치들의 등급이란 있을 수 없다."고 가정함을 이유로 "극단론자로서의 겸 절대론자로서의" 청구인들의 입장이라고 자신이 이름붙인 바를 네브라스카주 대법원은 훼손하였다. 194 Neb., at 799, 800, 236 N. W. 2d. at 804. 청구인들의 주장들을 이것은 심각하게 잘못 기술하는바, 왜냐하면 연방헌법 수정 제1조상의 자유들이 모든 상황들에서 최고라고는 청구인들은 주장하지 아니하기 때문이다. 예컨대, 특정 자료의 공표에 따라서 법원모독으로 언론이 평가될 수 있다 하더라도 언제 그렇게 평가될 수 있는지의 문제를 이 사건은 포함하지 않는다. Wood v. Georgia, 370 U. S. 375 (1962)를; Craig v. Harney, 331 U. S. 367, 376 (1947)을; Pennekamp v. Florida, 328 U. S. 331 (1946)을; Bridges v. California, 314 U. S. 252 (1941)을 보라. 형사재판 제도에 관련된 사람들에 관한 잘못된 자료에 대한 악의의 공표를 이유로 하는 손해배상 소송들의 문제를 역시 그것은 포함하지 않는다. New York Times Co. v. Sullivan, 376 U. S. 254 (1964)를 보라. 아울러 Time, Inc. v. Firestone, 424 U. S. 448 (1976) 을; Gertz v. Robert Welch, Inc., 418 U. S. 323 (1974)을 보라. 그리고 공표를 위한 자료를 획득함에 있어서 저질러진 범죄들에 대한 형사적 책임으로부터 언론은 면제된다는 주장은 없다. 그러나, 공표에 대한 조금이나마의 사전 제한조치들의 부과에 반대하는 설득력 있는 입장을 청구인들이 취하는 범위 내에서, 그들의 입장은 결코 "극단론자"가 아닌바, 왜냐하면 우리의 연방헌법 아래서의 언론출판의 역사는 사전의 제한조치로부터의 자유가 거의 절대인 역사가 되어 왔기 때문이다.

21) 이 사건에서 네 개의 사전의 제한명령들이 발령된 이유들을 우리는 이해할 수 있다. 연방헌법 수정 제6조상의 권리들을 보전함의 결정적 중요성은 명백히 최상의 관심사였는데, 그 문제는 당원에서 명확하게 해결되어 있지 않았었다. 사전의 《427 U. S., 595》 제한조치들을 금지하는 법리에 대한 예외들을 구성하는 범주들 중 한 개 안에 들어오는 사건에서 단지 절차적 보장들의 충분성을 평가하기 위한 및 그 고도의 증명책임이 이행되었는지 여부를 판정하기 위한 기준을 말하는 것으로보다는 특별한 상쇄적 접근법을 너그럽게 봐 주는 것으로, 사전의 제한조치들을 불리하게 다루는 "추정"에 관한 우리의 용어는 그릇 해석되었을 수 있다. 아닌게 아니라, Branzburg v. Hayes, 408 U. S. 665 (1972)에서, 심지어 이러한 제한조치들은 허용되어도 좋다는 암시마저 있었는데, 왜냐하면 "[일]반공중이 배제되는 경우에는 범죄의 내지는 재난의 현장들에의 접근에 대한 헌법적 권리를 취재기자는 지니지 않으며, 그리고 공평한 재판소 앞에서의 공정한 정식사실심리를 피고인에게 보장하기 위하여 만약 그러한 제한들이 필요한 경우라면 정식사실심리들을 방청하지 말도록 내지는 이에 관한 정보를 공표하지 말도록 그들은 금지될 수 있다."고 당원은 말하였기 때문이다. Id., at 684-685 (강조는 보태짐). 그러나, 그의 취재원이 저지른 범죄에 내지는 범죄적 행위에 대한 대배심 조사에 관련된 사실들을 공개하지 아니하기로 하는 합의를 위한 한 개의 증언특권을 보도기자에게 연방헌

carving out a new exception to the rule against prior censorship of publication.

1

Much of the information that the Nebraska courts «427 U. S., 596» enjoined petitioners from publishing was already in the public domain, having been revealed in open court proceedings or through public documents. Our prior cases have foreclosed any serious contention that further disclosure of such information can be suppressed before publication or even punished after publication. "A trial is a public event. What transpires in the court room is public property. ······ Those who see and hear what transpired can report it with impunity. There is no special perquisite of the judiciary which enables it, as distinguished from other institutions of democratic government, to suppress, edit, or censor events which transpire in proceedings before it." Craig v. Harney, 331 U. S., at 374. Similarly, Estes v. Texas, 381 U. S., at 541-542, a case involving the Sixth Amendment right to a fair trial, observed: "[R]eporters of all media ······ are plainly free to report whatever occurs in open court through their respective media. This was settled in Bridges v. California, 314 U. S. 252 (1941), and Pennekamp v. Florida, 328 U. S. 331 (1946), which we reaffirm." See also id., at 583-585 (Warren, C. J., concurring). And Sheppard

---

tribunal." Id., at 684–685 (emphasis supplied). However, the Court in Branzburg had taken pains to emphasize that the case, which presented the question whether the First Amendment accorded a reporter a testimonial privilege for an agreement not to reveal facts relevant to a grand jury's investigation of a crime or the criminal conduct of his source, did not involve any "prior restraint or restriction on what the press may publish." Id., at 681. It was evident from the full passage in which the sentence appeared, which focused on the fact that there is no "constitutional right of special access [by the press] to information not available to the public generally," id., at 684, that the passage is best regarded as indicating that to the extent newsmen are properly excluded from judicial proceedings, they would probably be unable to report about those proceedings. See generally id., at 683–685. See also id., at 691 (decision "involves no restraint on what newspapers may publish or on the type or quality of information reporters may seek to acquire"); Pell v. Procunier, 417 U. S. 817, 833–834 (1974). It is clear that the passage was not intended to decide the important question presented by this case. In any event, in light of my views respecting prior restraints, it should be unmistakable that the First Amendment stands as an absolute bar even to the imposition of interim restraints on reports or commentary relating to the criminal «427 U. S., 596» justice system, and that to the extent anything in Branzburg could be read as implying a different result, I think that it should be disapproved. Cf. New York Times Co. v. United States, supra, at 724–725 (BRENNAN, J., concurring).

로운 예외를 빚어내지 말아야 할 강력한 이유들이 있다.

1

그 공표하지 말도록 청구인들을 네브라스카주 법원들이 «427 U. S., 596» 금지한 정보의 대부분은 공개법정에서 내지는 공공문서들을 통하여 공개된 상태였기에 이미 공중의 영역 내에 있는 것들이었다. 이러한 정보의 그 이상의 공개가 공표 이전에 금지될 수 있다는 내지는 심지어 공표 이후에 처벌될 수가조차 있다는 진지한 주장을 그 어떤 것을이든 우리의 선례들은 제외해 놓은 터이다. "정식사실심리는 공공에 속하는 사건이다. 법정에서 일어나는 바는 공공의 자산이다. ······ 그 일어난 바를 보는 및 듣는 사람들은 처벌받는 일 없이 그것을 보도할 수 있다. 자신 앞의 절차들에서 일어나는 상황전개들을 사법부로 하여금 막을 수 있도록, 삭제할 수 있도록, 검열할 수 있도록 하여 주는, 민주적 정부의 여타 기관들로부터 구분되는 것으로서의 사법부의 유별난 특권은 없다." Craig v. Harney, 331 U. S., at 374. 이에 유사하게, 공정한 정식사실심리를 누릴 연방헌법 수정 제6조상의 권리를 포함하는 사건인 Estes v. Texas, 381 U. S., at 541-542는 말하였다: "······ [공]개법정에서 발생하는 일이면 무엇을이든 모든 매체들의 보도기자들은 그들 각자의 매체를 통하여 아주 자유로이 보도할 수 있다. 이것은 Bridges v. California, 314 U. S. 252 (1941)에서, 그리고 Pennekamp v. Florida, 328 U. S. 331 (1946)에서 확립되었는바, 이를 우리는 재확인한다."아울러 id., at 583-585 (법원장 워렌(Warren) 판사, 보충의견)을 보라. 그

법 수정 제1조가 부여하는지 여부의 문제를 제기한 그 사건은, 조금이라도 "언론이 공표할 수 있는 사항에 대한 사전의 제한조치를 내지는 제한을" 포함하지 않음을 강조하는 수고를 Branzburg 판결에서의 당원은 기울였다. Id., at 681. "공중 일반에게 이용 가능하지 않은 정보에의 [언론에 의한] 특별한 접근의 헌법적 권리"는 있지 아니하다는 사실, id., at 684, 에 초점을 맞춘 그 문장이 담긴 그 전체 한 줄로부터, 사법절차들로부터 보도기자들이 정당하게 배제되는 정도만큼은 그 절차들에 관하여 그들은 대개는 보도할 수 없게 됨을 말하는 것으로 그 한 줄은 가장 잘 간주됨이 명백하였다. 일반적으로 id., at 683-685를 보라. 아울러 id., at 691 ("신문들이 공표할 수 있는 바에 대한 제한을 내지는 보도기자들이 얻기를 추구할 수 있는 정보의 유형에 내지는 질에 대한 제한을" 판결은 "포함하지 않는다.")을; Pell v. Procunier, 417 U. S. 817, 833-834 (1974)를 보라. 이 사건에 의하여 제기된 그 중요한 문제를 결정하려는 의도를 그 한 줄은 지니지 아니하였음이 명백하다. 어쨌든, 사전의 제한조치들에 관한 나의 견해들에 비추어, 형사재판 제도에 관한 보도들에 대한 내지는 논평에 대한 잠정적 제한조치들의 부과에 대해서마저도 절대적 장애로서 연방헌법 «427 U. S., 596» 수정 제1조가 서 있음은, 그리고 모종의 다른 결과를 의미하는 것으로 조금이라도 Branzburg 판결 안에 담긴 것이 해석될 수 있었던 범위 내에서 그것은 부정되어야 한다고 내가 생각한다는 점은 오해가 없어야 한다. New York Times Co. v. United States, supra, at 724-725 (브레넌(BRENNAN) 판사, 보충의견)을 참조하라.

v. Maxwell, 384 U. S., at 362-363, a case that detailed numerous devices that could be employed for ensuring fair trials, explicitly reiterated that "[o]f course, there is nothing that proscribes the press from reporting events that transpire in the courtroom." See also id., at 350; Stroble v. California, 343 U. S. 181, 193 (1952). The continuing vitality of these statements was reaffirmed only last Term in Cox Broadcasting Corp. v. Cohn, a case involving a suit for damages brought after publication under state law recognizing the privacy interest of its citizens. In holding that «427 U. S., 597» a "State may [not] impose sanctions on the accurate publication of the name of a rape victim obtained from public records," 420 U. S., at 491, we observed:

"[I]n a society in which each individual has but limited time and resources with which to observe at first hand the operations of his government, he relies necessarily upon the press to bring to him in convenient form the facts of those operations. *Great responsibility is accordingly placed upon the news media to report fully and accurately the proceedings of government, and official records and documents open to the public are the basic data of governmental operations.* Without the information provided by the press most of us and many of our representatives would be unable to vote intelligently or to register opinions on the administration of government generally. *With respect to judicial proceedings in particular, the function of the press serves to guarantee the fairness of trials and to bring to bear the beneficial effects of public scrutiny upon the administration of justice.* See Sheppard v. Maxwell, 384 U. S. 333, 350 (1966).

"Appellee has claimed in this litigation that the efforts of the press have infringed his right to privacy by broadcasting to the world the fact that his daughter was a rape victim. *The commission of crime, prosecutions resulting from it, and judicial proceedings arising from the prosecutions, however, are without question events of legitimate concern to the public and consequently*

리고 "[법]정에서 일어나는 사건경과들을 보도하지 못하도록 언론을 금지하는 것이 없음은 물론이다."라고, 공정한 정식사실심리들을 보장하기 위하여 사용될 수 있는 여러 가지 장치들을 상세히 밝힌 사건인 Sheppard v. Maxwell, 384 U. S., at 362-363은 명백하게 되풀이하였다. 아울러 id., at 350을; Stroble v. California, 343 U. S. 181, 193 (1952)를 보라. 지난 개정기에서도 프라이버시의 이익을 자신의 시민들에게 인정하는 주 법에 따라 공표 뒤에 제기된 손해배상 청구소송을 포함한 사건인 Cox Broadcasting Corp. v. Cohn 판결에서 이 판시들의 지속되는 유효성은 재확인되었다. "공공기록들로부터 «427 U. S., 597» 확보된 강간 피해자의 이름의 정확한 공표에 대하여 제재들을 주는 부과하여서는 안 된다."고 판시함에 있어서, 420 U. S., at 491, 우리는 말하였다:

"[자]신의 정부의 운영사항들을 직접으로 살펴볼 수 있는 제한된 시간만을 및 자원만을 각각의 개인이 지니는 사회에서, 그 운영사항들의 사실관계를 편리한 형태로 자신에게 가져오기 위하여 언론에 그는 불가피하게 의존한다. 그러므로 뉴스 매체 위에는 정부의 절차들을 완전하게 및 정확하게 보도할 중대한 책임이 부여되는 바, 그런데 공중에게 공개되는 공식 기록들은 및 문서들은 정부 운영사항들의 기본적 자료들이다. 언론에 의하여 제공되는 정보가 없다면 우리의 대부분은 및 우리의 대표자들 중 다수는 판단력 있게 투표할 수가 및 일반적으로 정부의 운영에 대하여 의견들을 표시할 수가 없을 것이다. 특히 사법절차들에 관하여는, 정식사실심리들의 공정성을 보장하는 데, 그리고 재판운영에 대한 공중의 정사(精査)의 유익한 효과들을 발휘하게 하는 데 언론출판의 기능은 기여한다. Sheppard v. Maxwell, 384 U. S. 333, 350 (1966)을 보라.

"자신의 딸이 강간 피해자라는 사실을 세상에 보도함으로써 프라이버시에 대한 자신의 권리를 언론출판의 노력들은 침해한 터라고 이 소송에서 피항소인은 주장해 왔다. 그러나 범죄의 실행은, 그것으로부터 도출되는 소추들은, 그리고 소추들로부터 발생하는 사법절차들은, 공중의 적법한 관심 대상인 상황전개들임에는 및 그리하여 궁극적으로 정부의 운영사항들을 보도할 언론출판의 책임 범위 내에 그

fall within the responsibility of the press to report the operations of government.

"*The special protected nature of accurate reports of judicial proceedings has repeatedly been recognized.*" Id., at 491-492 (emphasis supplied). «427 U. S., 598»

"By placing the information in the public domain on official court records, the State must be presumed to have concluded that the public interest was thereby being served. *Public records by their very nature are of interest to those concerned with the administration of government, and a public benefit is performed by the reporting of the true contents of the records by the media. The freedom of the press to publish that information appears to us to be of critical importance to our type of government in which the citizenry is the final judge of the proper conduct of public business.* In preserving that form of government the First and Fourteenth Amendments command nothing less than that the States may not impose sanctions on the publication of truthful information contained in official court records open to public inspection." Id., at 495 (emphasis supplied).

See also id., at 496. Prior restraints are particularly anathematic to the First Amendment, and any immunity from punishment subsequent to publication of given material applies a fortiori to immunity from suppression of that material before publication. Thus, in light of Craig, which involved a contempt citation for a threat to the administration of justice, and Cox Broadcasting, which similarly involved an attempt to establish civil liability after publication, it should be clear that no injunction against the reporting of such information can be permissible.

2

The order of the Nebraska Supreme Court also applied, of course, to "con-

것들이 들어옴에는 의문의 여지가 없다.

"사법절차들의 정확한 보도들의 특별히 보호되는 지위로서의 성격은 반복하여 인정되어 왔다." Id., at 491-492 (강조는 보태짐). 《427 U. S., 598》

"정보를 공식의 법원 기록들 위의 공공영역에 둠으로써 공공의 이익이 이로써 달성된다고 주(State)는 결론지었던 것으로 추정되지 않으면 안 된다. 정부의 운영에 관심을 지닌 사람들에게 공공의 기록들은 그 성격 자체에 의하여 중요사항이고, 기록들의 참다운 내용들을 매체로써 보도함에 의하여 공공의 이익은 실현된다. 그 정보를 공표할 언론출판의 자유는 공공업무의 정당한 수행에 대하여 시민이 최종적 판단자인 우리의 정부 형태에 결정적 중요성을 지니는 것으로 우리에게는 생각된다. 공중의 검사에 열려 있는 공식의 법원기록들에 담긴 진실한 정보의 공표에 대하여 제재들을 주들은 부과해서는 안 됨을만큼은, 그 정부형태를 보전함에 있어서 연방헌법 수정 제1조는 및 제14조는 명령한다." Id., at 495 (강조는 보태짐).

아울러 id., at 496을 보라. 사전의 제한조치들은 연방헌법 수정 제1조에게는 특히나 혐오스러운 것들이고, 조금이라도 특정 자료의 공표에 뒤이은 처벌로부터의 면제는 그 자료의 공표 이전의 삭제로부터의 면제에 더욱 더 적용된다. 그러므로, 재판운영에의 위협을 이유로 한 법원모독 소환장을 포함하였던 Craig 판결에 비추어, 그리고 공표 뒤의 민사적 책임을 확립하려는 시도를 이에 유사하게 포함하였던 Cox Broadcasting 판결에 비추어, 이러한 정보의 보도를 막는 금지명령이 허용될 수 없음은 명백함이 당연하다.

2

"자백들"에도, 및 공식기록들 이외의 원천들로부터 내지는 공개법정에서의 절차

fessions" and other information "strongly implicative" of the accused which were obtained from sources other than official records or open «427 U. S., 599» court proceedings. But for the reasons that follow - reasons equally applicable to information obtained by the press from official records or public court proceedings - I believe that the same rule against prior restraints governs any information pertaining to the criminal justice system, even if derived from nonpublic sources and regardless of the means employed by the press in its acquisition.

The only exception that has thus far been recognized even in dictum to the blanket prohibition against prior restraints against publication of material which would otherwise be constitutionally shielded was the "military security" situation addressed in New York Times Co. v. United States. But unlike the virtually certain, direct, and immediate harm required for such a restraint under Near and New York Times, the harm to a fair trial that might otherwise eventuate from publications which are suppressed pursuant to orders such as that under review must inherently remain speculative.

A judge importuned to issue a prior restraint in the pretrial context will be unable to predict the manner in which the potentially prejudicial information would be published, the frequency with which it would be repeated or the emphasis it would be given, the context in which or purpose for which it would be reported, the scope of the audience that would be exposed to the information,[22] «427 U. S., 600» or the impact, evaluated in terms of current

22) It is suggested that prior restraints are really only necessary in "small towns," since media saturation would be more likely and incriminating materials that are published would therefore probably come to the attention of all inhabitants. Of course, the smaller the community, the more likely such information would become available through rumors and gossip, whether or not the press is enjoined from publication. For example, even with the restrictive order in the Simants case, all residents of Sutherland had to be excluded from the jury. Indeed, the media in such situations could help dispel erroneous conceptions circulating among «427 U. S., 600» the populace. And the smaller the community, the more likely there will be a need for a change of venue in any event when a heinous crime is committed. There is, in short, no justification for conditioning the scope of First Amendment protection the media will receive on the size of the community they serve.

들 이외의 원천들로부터 확보된, 피고인을 "강력하게 함축하는" 그 밖의 정보에도, 네브라스카주 대법원의 명령이 마찬가지로 적용되었음은 《427 U. S., 599》 물론이다. 그러나 아래에서 보는 이유들에 따라 - 즉, 공식기록들로부터 내지는 공개법정 절차들로부터 언론에 의하여 얻어진 정보에도 마찬가지로 적용되는 이유들에 따라 - 조금이라도 형사재판 제도에 속하는 정보를이든, 설령 공공 영역 이외의 원천들로부터 도출된 것인 경우에조차도 및 그 획득에 있어서 언론에 의하여 사용된 수단 여하에 상관없이, 사전의 제한조치들을 금지하는 바로 그 동일한 법리가 지배한다고 나는 믿는다.

여타의 경우였다면 헌법적으로 보호되었을 자료의 공표를 막는 사전의 제한조치들에 대한 총괄적 금지에 대하여 방론에서마저도 여태껏 인정되어 온 유일한 예외는 New York Times Co. v. United States에서 중점 두어 다루어진 "군사적 보안" 상황이었다. 그러나 이러한 제한조치를 위하여 Near 판결 아래서와 New York Times 판결 아래서 요구되는 실질적으로 확실한, 직접의 및 즉시의 위해에는 어울리지 않게, 재검토에 놓여 있는 명령에 유사한 명령들을 좇아 금지되는 공표사항들로부터, 만약 그 금지되지 아니하는 경우였다면 생겼을 수도 있는 공정한 정식사실심리에의 위해란 본질적으로는 여전히 사변적인 것으로 남는다.

편파성을 잠재적으로 띤 정보가 공표될 방법을, 그것이 반복될 빈도를, 내지는 그것이 부여받을 중요성을, 그것이 보도되게 될 맥락을 내지는 목적을, 그 정보에 노출될 청중의 범위를,[22] 또는 배심원의 중립성을 평가하기 위한 현재의 기준들의 관점에서[23] 그 청중 위에 《427 U. S., 600》 그 정보가 지닐 영향력을, 정식사실심리

---

22) 사전의 제한조치들은 실제로는 오직 "작은 도회지들"에서만 필요하다는, 왜냐하면 거기서는 매체의 침투가 더 쉽다는, 그리하여 그 공표되는 부죄적 자료들은 모든 주민들의 유의범위 내에 필시 들어오게 될 것이기 때문이라는 설이 있다. 지역사회가 더 작을수록, 공표로부터 언론이 금지되든 안 되든 상관없이, 소문들을 및 잡담을 통하여 더 쉽게 이러한 정보가 얻어지고는 함은 물론이다. 예를 들어, Simants 사건에서는 심지어 제한명령이 있었음에도 불구하고, 배심으로부터 배제되어야 하였던 것은 서덜랜드의 모든 주민들이었다. 아닌게 아니라, 이러한 상황들 속에서 전체 주민들 사이를 떠도는 잘못된 관념들을 일소하는 데 매체는 《427 U. S., 600》 조력할 수 있었다. 그리고 지역사회가 더 작을수록, 악질의 범죄가 저질러지는 경우에 재판지 변경의 필요성이 있을 가능성은 어쨌든 더 많다. 요컨대, 매체들이 수령할 연방헌법 수정 제1조상의 보호 범위를 그들이 봉사하는 지역사회의 크기에 조건지움을 위한 정당화 사유는 없다.

23) 공평한 배심을 누릴 연방헌법 수정 제6조상의 권리의 윤곽들에 관한 일반적인 법 아래서는 사건의 사실관계에의 어느 정도의 노출이 반드시 배심원 후보를 결격시키는 것은, 내지는 공개법정에 제출된 자격 있는 증거에만 토대한 공정한 청문을 피고인에게 부여할 수 없는 사람으로 그를 만드는 것은 아니다. "[주](state) 피고인의 이전의 유죄판결들에 관한 정보에의 내지는 그가 기소된 범죄에 관한 뉴스해설에의 노출은 그것만으로는 적법절차를 피고인에게서

standards for assessing juror impartiality,[23] the information would have on that audience. These considerations would render speculative the prospective impact on a fair trial of reporting even an alleged confession or other information "strongly implicative" of the accused. Moreover, we can take judicial notice of the fact that given the prevalence of plea bargaining, few criminal cases proceed to trial, and the judge would thus have to predict what the likelihood was that a jury would even have to be impaneled.[24] Indeed, even in cases that do proceed to trial, the material sought to be suppressed before trial will often be admissible and may be admitted in any event.[25] «427 U. S., 601» And, more basically, there are adequate devices for screening from jury duty those individuals who have in fact been exposed to prejudicial pretrial publicity.

Initially, it is important to note that once the jury is impaneled, the techniques of sequestration of jurors and control over the courtroom and conduct of trial should prevent prejudicial publicity from infecting the fairness of judicial proceedings.[26] Similarly, judges may stem much of the flow of prejudicial publicity at its source, before it is obtained by representatives of the press.[27] But even if the press nevertheless obtains potentially prejudicial

---

23) Some exposure to the facts of a case need not, under prevailing law concerning the contours of the Sixth Amendment right to an impartial jury, disqualify a prospective juror or render him incapable of according the accused a fair hearing based solely on the competent evidence adduced in open court. "[E]xposure to information about a state defendant's prior convictions or to news accounts of the crime with which he is charged [does not] alone presumptively deprive the defendant of due process." Murphy v. Florida, 421 U. S. 794, 799 (1975). See also, e. g., id., at 800, and n. 4; Beck v. Washington, 369 U. S. 541, 555–558 (1962); Irvin v. Dowd, 366 U. S. 717, 722–723 (1961); Reynolds v. United States, 98 U. S. 145, 155–156 (1879).

24) Of course, judges accepting guilty pleas must guard against the danger that pretrial publicity has effectively coerced the defendant into pleading guilty.

25) Cf. Stroble v. California, 343 U. S. 181, 195 (1952). For example, all of the material that was suppressed in this case was eventually admitted at Simants'trial. Indeed, even if Simants'statements to police officials had been deemed involuntary and thus suppressed, no one has suggested that confessions or statements against «427 U. S., 601» interest made by an accused to private individuals, for example, would be inadmissible.

26) Failure of the trial judge to take such measures was a significant factor in our reversals of the convictions in Sheppard v. Maxwell, 384 U. S. 333 (1966), and Estes v. Texas, 381 U. S. 532 (1965).

27) A significant component of prejudicial pretrial publicity may be traced to public commentary on pending cases by court personnel, law enforcement officials, and the attorneys involved in the case. In Sheppard v. Maxwell, supra,

이전의 맥락에서의 사전의 제한조치를 발령하도록 성가시게 졸라진 한 명의 판사는 예언할 수 없는 법이다. 심지어는 주장된 자백을조차도 내지는 피고인을 "강력하게 함축하는" 그 밖의 정보를조차도 보도함이 미치는 공정한 정식사실심리에의 예기되는 영향력을 사변적인 것으로 이 고찰들은 만들고는 한다. 더욱이, 답변거래의 유행을 전제할 때 정식사실심리에 나아가는 형사사건들은 드물다는, 그리하여 배심이 구성되기라도 해야 할 가능성이 얼마일지 판사는 예상하고는 해야 한다는 사실에 대하여 재판관으로서의 인식을 우리는 지닐 수 있다.[24] 아닌게 아니라, 심지어 정식사실심리에 실제로 나아가는 사건들에서조차도, 정식사실심리 이전에 배제가 추구되는 자료는 흔히 증거능력이 있고는 하는 법이고 그리하여 어쨌든 그것들은 증거로 허용될 수 있다.[25] «427 U. S., 601» 게다가 보다 근본적으로, 정식사실심리 이전의 편파적인 공표에 실제로 노출되어 있는 사람들을 배심 임무로부터 걸러내기 위한 적절한 수단들이 있다.

첫째로, 일단 배심이 구성되면, 사법절차들의 공정성을 편파적 공표가 오염시킴을 배심원 격리의, 법정 통제의 및 정식사실심리 지휘의 등 기법들이 방지해야 함을 인식함이 중요하다.[26] 이에 유사하게, 편파적 공표의 유출을 언론출판의 대표자들에 의하여 그것이 얻어지기 전에 그 원천 단계에서 판사들은 저지하여도 좋다.[27]

추정적으로 박탈[하지 않는다]." Murphy v. Florida, 421 U. S. 794, 799 (1975). 아울러, 예컨대 id., at 800을, 및 n. 4를; Beck v. Washington, 369 U. S. 541, 555–558 (1962)를; Irvin v. Dowd, 366 U. S. 717, 722–723 (1961)을; Reynolds v. United States, 98 U. S. 145, 155–156 (1879)을 보라.

24) 유죄로 답변하도록 피고인을 정식사실심리 이전의 공표가 결과적으로 강요하였을 위험을, 유죄답변들을 받아들이는 판사들은 물론 조심하지 않으면 안 된다.

25) Stroble v. California, 343 U. S. 181, 195 (1952)를 비교하라. 예컨대, 이 사건에서 배제된 자료 전부는 궁극적으로 사이먼츠의 정식사실심리에서 증거로 허용되었다. 아닌게 아니라, 설령 경찰관들에게의 사이먼츠의 진술들이 비임의의 것들이라고 간주되어 배제되었다고 하더라도, 예컨대 자백들이 내지는 사적 개인들에게 «427 U. S., 601» 피고인에 의하여 이루어진 불리한 진술들이 증거능력 없는 것들이 되리라고는 아무도 시사한 적이 없다.

26) 이러한 조치들을 취할 의무에 대한 정식사실심리 판사의 불이행은 Sheppard v. Maxwell, 384 U. S. 333 (1966)에서의 및 Estes v. Texas, 381 U. S. 532 (1965)에서의 유죄판정들에 대한 우리의 파기에 있어서 중요한 요소였다.

27) 계속 중인 사건들에 대한 법원 전체직원에 의한, 경찰관들에 의한, 및 사건에 관여하는 변호사들에 의한 공개적 논평에까지 정식사실심리 이전의 편파적 공표의 중요한 구성요소는 추적될 수 있다. "그 어떤 변호사에, 당사자에, 증인에, 또는 법원 공무원에 의한 것이든, 편파적 사항들을 폭로하는 법정 외에서의 진술들을 정식사실심리 법원은 금지했어도 당연할 터였다."라고 Sheppard v. Maxwell, supra에서 우리는 말하였다. 384 U. S., at 361. 아울러 id., at 360 ("[정]식사실심리에서의 증언을 잘못 설명한 공표의] 이 문제를, 변호인에, 증인들에, 그리고 특히 검시관에 및 경찰관들에 의하여 뉴스 매체에게 이루어지는 진술들에 대한 통제를 부과함에 의하여 경감시키고자 더 멀리까지 판사는 추구했어야 하였다.")을; id., at 359, 363을 보라. 피고인의 손해로 되돌아올 내지는 재판의 공정한 운영을 저해할 공개 논쟁에 참가하지 아니할 신인관계적 책임을 법원 공무원들로서 법원 전체직원은 및 변호사들은 지닌다. 이 개인들에 의한 정보의 노출을 적절한 사건들에서 통제할 권한을, see In re Sawyer, 360 U. S. 622 (1959), 그리고 그 위반의 경우에 징계절차들로 귀결될 수 있는 적당한 제한들을 부과할 권한을 법원이 지니지 아니하는 것인지

information and decides to publish that infor- «427 U. S., 602» mation, the Sixth Amendment rights of the accused may still be adequately protected. In particular, the trial judge should employ the voir dire to probe fully into the effect of publicity. The judge should broadly explore such matters as the extent to which prospective jurors had read particular news accounts or whether they had heard about incriminating data such as an alleged confession or statements by purportedly reliable sources concerning the defendant's guilt. See, e. g., Ham v. South Carolina, 409 U. S. 524, 531-534 (1973) (opinion of MARSHALL, J.); Swain v. Alabama, 380 U. S. 202, 209-222 (1965). Particularly in cases of extensive publicity, defense counsel should be accorded more latitude in personally asking or tendering searching questions that might root out indications of bias, both to facilitate intelligent exercise of peremptory challenges and to help uncover factors that would dictate disqualification for cause. Indeed, it may sometimes be necessary to question on voir dire prospective jurors individually or in small groups, both to maximize the likelihood that members of the venire will respond honestly to questions concerning bias, and to avoid contaminating unbiased members of the venire when other members disclose prior knowledge of prejudicial information. Moreover, voir dire may indicate the need to grant a brief con-

we observed that "the trial court might well have proscribed extrajudicial statements by any lawyer, party, witness, or court official which divulged prejudicial matters." 384 U. S., at 361. See also id., at 360 ("[T]he judge should have further sought to alleviate this problem [of publicity that misrepresented the trial testimony] by imposing control over the statements made to the news media by counsel, witnesses, and especially the Coroner and police officers"); id., at 359, 363. As officers of the court, court personnel and attorneys have a fiduciary responsibility not to engage in public debate that will redound to the detriment of the accused or that will obstruct the fair administration of justice. It is very doubtful that the court would not have the power to control release of information by these individuals in appropriate cases, see In re Sawyer, 360 U. S. 622 (1959), and to impose suitable limitations whose transgression could result in disciplinary proceedings. Cf. New York Times Co. v. United States, 403 U. S., at 728–730 (STEWART, J., joined by WHITE, J., concurring). Similarly, in most cases courts would have ample power to control such actions by law enforcement personnel.

그러나 설령 잠재적으로 편파적인 정보를 이에도 불구하고 언론이 얻고서는 그 정보를 공표하기로 결정한다고 《427 U. S., 602》 하더라도, 연방헌법 수정 제6조상의 피고인의 권리들은 여전히 적절하게 보호될 수가 있다. 공표의 효과를 면밀히 조사해 들어가기 위하여 예비심문을 특히 정식사실심리 판사는 사용해야 한다. 특정의 뉴스 해설을 배심원 후보들이 읽은 정도를, 또는 피고인이 한 것으로 주장된 자백에 관하여 또는 피고인의 유죄에 관련한 믿을 만하다고 알려진 원천들에 의한 진술들에 관하여 등을 비롯한 부죄적 자료들에 관하여, 그들이 들었는지 여부를 비롯한 사항들을 정식사실심리 판사는 폭넓게 탐험해야 한다. 예컨대, Ham v. South Carolina, 409 U. S. 524, 531-534 (1973) [마샬(MARSHALL) 판사의 의견]을; Swain v. Alabama, 380 U. S. 202, 209-222 (1965)를 보라. 특히 광범위한 공표의 경우들에서는, 이유불요의 기피들(peremptory challenges)의 변별력 있는 행사를 돕기 위하여 및 이유에 의한 제척을 명령할 요소들을 찾아내도록 돕기 위하여, 편견의 징후들을 탐색해 낼 엄격한 질문들을 직접적으로 물음에 있어서 내지는 제공함에 있어서, 보다 넓은 범위가 변호인에게 부여되어야 한다. 아닌게 아니라, 예비심문에서 배심원 후보들에게 개별적으로 또는 그들을 작은 그룹으로 묶어서 질문함이 때때로 필요할 수가 있는바, 편견사항들에 관한 질문들에 배심원 소집 대상자들이 정직하게 응답할 가능성을 극대화하기 위해서이기도 하고, 편파적 정보에 대한 사전의 인식을 배심원 소집 대상자들 일부가 드러낼 경우에 편견 없는 배심원 소집 대상자들을 그것이 오염시킬 소지를 회피하기 위해서이기도 하다. 더욱이, 단기간의 연기속행을 허가할 필요를[28] 내지는 재판지 변경을 허가할 필요를[29] 예비심문은 보여줄 수가 있는데, 특정 시점에서의 《427 U. S., 603》 내지는 특정 장소에서의 공표를 효과적으

는 매우 의문이다. New York Times Co. v. United States, 403 U. S., at 728-730 (화이트(WHITE) 판사의 가담을 얻은 스튜어트(STEWART) 판사. 보충의견)을 보라. 이에 유사하게, 법집행 요원에 의한 이러한 행위들을 통제할 충분한 권한을 대부분의 사건들에서 법원들은 지니고자 하였다.

28) 신속한 정식사실심리를 받을 연방헌법 수정 제6조상의 권리에 비추어 과도한 지연이 허용될 수 없을 것임은 물론이다. 예컨대, Barker v. Wingo, 407 U. S. 514 (1972)를 보라. 그러나, 특히, 새로운 뉴스가 들이닥쳐 과거의 사건들을 앞 페이지들에서 밀어내기에, 공표의 영향을 경감시킴에 있어서는 심지어 짧은 연기속행들이라 하더라도 효과를 거둘 수 있다. 그리고 공정한 절차들을 보장하기 위하여 설정된 얼마간의 상당한 연기들은 신속한 정식사실심리에의 보장에 대한 위반을 꼭 수반하는 것은 아니다. Groppi v. Wisconsin, 400 U. S. 505, 510 (1971)을 보라; 18 U. S. C. 3161 (h) (8) (1970 ed., Supp. IV)을 비교하라.

29) 피고인의 연방헌법 수정 제6조상의 권리들을 《427 U. S., 603》 보전함에 필요한 재판지 변경의 요청을 거부함은 적법절차의 박탈이라고 Rideau v. Louisiana, 373 U. S. 723 (1963)에서 우리는 판시하였다. 그러므로 재판지 변경들을 제한함이 공정한 정식사실심리를 피고인에게서 박탈하는 것이 될 경우에 이를 주 법령들은 제한하여서는 안 된다. Groppi v. Wisconsin, supra.

tinuance[28]) or to grant a change of venue,[29]) techniques that can ef- «427 U. S., 603» fectively mitigate any publicity at a particular time or in a particular locale. Finally, if the trial court fails or refuses to utilize these devices effectively, there are the "palliatives" of reversals on appeal and directions for a new trial. Sheppard v. Maxwell, 384 U. S., at 363.[30]) We have indicated that even in a case involving outrageous publicity and a "carnival atmosphere" in the courtroom, "these procedures would have been sufficient to guarantee [the defendant] a fair trial ⋯⋯." Id., at 358. See generally id., at 358-363; cf. Times-Picayune Pub. Corp. v. Schulingkamp, 419 U. S. 1301, 1308, and n. 3 (1974) (POWELL, J., in chambers). For this reason, the one thing Sheppard did not approve was "any direct limitations on the freedom traditionally exercised by the news media." 384 U. S., at 350.[31]) Indeed, the «427 U. S., 604» traditional techniques approved in Sheppard for ensuring fair trials would

---

28) Excessive delay, of course, would be impermissible in light of the Sixth Amendment right to a speedy trial. See, e. g., Barker v. Wingo, 407 U. S. 514 (1972). However, even short continuances can be effective in attenuating the impact of publicity, especially as other news crowds past events off the front pages. And somewhat substantial delays designed to ensure fair proceedings need not transgress the speedy trial guarantee. See Groppi v. Wisconsin, 400 U. S. 505, 510 (1971); cf. 18 U. S.C. 3161 (h) (8) (1970 ed., Supp. IV).

29) In Rideau v. Louisiana, 373 U. S. 723 (1963), we held that it «427 U. S., 603» was a denial of due process to deny a request for a change of venue that was necessary to preserve the accused's Sixth Amendment rights. And state statutes may not restrict changes of venue if to do so would deny an accused a fair trial. Groppi v. Wisconsin, supra.

30) To be sure, as the Supreme Court of Nebraska contended, society would be paying a heavy price if an individual who is in fact guilty must be released. But in no decision of this Court has it been necessary to release an accused on the ground that an impartial jury could not be assembled; we remanded for further proceedings, assuming that a retrial before an impartial forum was still possible.
As to the contention that pretrial publicity may result in conviction of an innocent person, surely the trial judge has adequate means to control the voir dire, the conduct of trial, and the actions of the jury, so as to preclude that untoward possibility. Indeed, where the evidence presented at trial is insufficient, the trial judge has the responsibility not even to submit the case to the jury.

31) Although various committees that have recently analyzed the "Free Press/Fair Trial" issue have differed over the devices that they believed could properly be employed to ensure fair trials, they have unanimously failed to embrace prior restraints on publication as within the acceptable methods. See, e. g., Report of the Judicial «427 U. S., 604» Conference Committee on the Operation of the Jury System, "Free Press – Fair Trial" Issue, 45 F. R. D. 391, 401–402 (1968) (Judicial Conference Committee headed by Judge Kaufman); Special Committee on Radio, Television, and the Administration of Justice of the Association of the Bar of the City of New York, Freedom of the Press and Fair Trial: Final Report with Recommendations 10–11 (1967); American Bar Association Project on Standards for Criminal Justice, Fair Trial and Free Press 68–73 (App. Draft 1968); see also American Bar Association, Legal Advisory Committee on Fair Trial and Free Press, Recommended Court Procedure to Accommodate Rights of Fair Trial and Free Press 7 (Rev. Draft, Nov. 1975).

로 완화할 수 있는 기법들이다. 끝으로, 이러한 장치들을 효과적으로 사용하기를 만약 정식사실심리 법원이 불이행하거나 거부하면, 항소심에서의 파기들을 위한 및 새로운 정식사실심리의 명령들을 위한 "참작사항들"이 있게 된다. Sheppard v. Maxwell, 384 U. S., at 363.[30] 심지어 터무니없는 공표를 및 법정에서의 "광란의 분위기"를 포함한 사건에 있어서조차도, "······ 공정한 정식사실심리를 [피고인에게] 보장하는 데에는 이 절차들이었으면 충분하였을 것이다."라고 우리는 밝힌 바 있다. Id., at 358. 일반적으로 id., at 358-363을 보라; Times-Picayune Pub. Corp. v. Schulingkamp, 419 U. S. 1301, 1308을, 및 n. 3 (1974) (파월(POWELL) 판사, 법정에서의 의견)을 비교하라. Sheppard 판결이 승인하지 아니한 한 가지가 "뉴스 매체에 의하여 전통적으로 행사되는 자유에 대한 모든 직접의 제한들"이었던 것은 이 이유에서였다. 384 U. S., at 350.[31] 공정한 «427 U. S., 604» 정식사실심리들을 보장하고자 Sheppard 판결에서 승인된 전통적 기법들은, 피고인을 위한 기본적 공정성의 결여로 인하여 새로운 정식사실심리가 요구된다고 우리가 인정해 놓은 모든 사건에서, 아닌게 아니라 적절한 것이 되었을 것이다.

---

30) 실제로는 범행을 저지른 사람이 석방되지 않으면 안 된다면, 무거운 대가를 사회는 치르게 될 것임은 확실히 네브라스카주 대법원이 주장한 바대로이다. 그러나, 공평한 배심이 소집될 수 없음을 이유로 피고인을 석방함이 필요하였던 경우는 당원의 판단 어디에서도 있어 본 적이 없다; 중립의 법정 앞에서의 새로운 정식사실심리가 여전히 가능하다고 가정하면서, 추후의 절차들을 위하여 사건을 우리는 환송하였다.

무죄인 사람에 대한 유죄판정에 정식사실심리 이전의 공표가 귀결될 수 있다는 주장에 관하여, 배심원 예비심문을, 정식사실심리의 진행을, 그리고 배심의 행동들을 통제할, 그리하여 그 빙퉁그러진 가능성을 배제할 적당한 수단을 확실히 정식사실심리 판사는 지닌다. 아닌게 아니라, 정식사실심리에 제출된 증거가 불충분한 경우에는, 사건을 배심에게 회부하지조차 아니할 책무를 정식사실심리 판사는 지닌다.

31) 공정한 정식사실심리들을 보장하기 위하여 적절히 사용될 수 있다고 그들이 믿은 장치들에 관하여는 "자유언론 대 공정한 정식사실심리" 쟁점을 최근에 분석해 온 다양한 위원회들이 비록 불일치해 왔음에도 불구하고, 공표에 대한 사전의 제한조치들을 그 받아들일 수 있는 방법들 내의 것으로서 포함시키지 아니함에 있어서는 그들은 이의가 없었다. 예컨대, Report of the Judi- «427 U. S., 604» cial Conference Committee on the Operation of the Jury System, "Free Press – Fair Trial" Issue, 45 F. R. D. 391, 401–402 (1968) (Judicial Conference Committee headed by Judge Kaufman)을; Special Committee on Radio, Television, and the Administration of Justice of the Association of the Bar of the City of New York, Freedom of the Press and Fair Trial: Final Report with Recommendations 10–11 (1967)을; American Bar Association Project on Standards for Criminal Justice, Fair Trial and Free Press 68–73 (App. Draft 1968)을 보라; 아울러 American Bar Association, Legal Advisory Committee on Fair Trial and Free Press, Recommended Court Procedure to Accommodate Rights of Fair Trial and Free Press 7 (Rev. Draft, Nov. 1975)을 보라.

have been adequate in every case in which we have found that a new trial was required due to lack of fundamental fairness to the accused.

For these reasons alone I would reject the contention that speculative deprivation of an accused's Sixth Amendment right to an impartial jury is comparable to the damage to the Nation or its people that Near and New York Times would have found sufficient to justify a prior restraint on reporting. Damage to that Sixth Amendment right could never be considered so direct, immediate and irreparable, and based on such proof rather than speculation, that prior restraints on the press could be justified on this basis.

C

There are additional, practical reasons for not starting down the path urged by respondents.[32] The exception «427 U. S., 605» to the prohibition of prior restraints adumbrated in Near and New York Times involves no judicial weighing of the countervailing public interest in receiving the suppressed information; the direct, immediate, and irreparable harm that would result from disclosure is simply deemed to outweigh the public's interest in knowing, for example, the specific details of troop movements during wartime. As the Supreme Court of Nebraska itself admitted,[33] however, any attempt to

---

32) I include these additional considerations, many of which apply generally to any system of prior restraints, only because of the fundamentality of the Sixth Amendment right invoked as the justification for imposition of the restraints in this case; the fact that there are such overwhelming reasons for precluding *any* prior restraints even to facilitate preservation of such a fundamental right reinforces the longstanding constitutional doctrine that there is effectively an absolute prohibition against prior restraints of publi– «427 U. S., 605» cation of *any* material otherwise covered within the meaning of the free press guarantee of the First Amendment. See supra, at 588–594.

33) For example, in addition to numerous comments about accommodating First and Sixth Amendment rights in each case, the court observed:
"That the press be absolutely free to report corruption and wrongdoing, actual or apparent, or incompetence of public officials of whatever branch of government is vastly important to the future of our state and nation cannot be denied as anyone who is familiar with recent events must be well aware. Prior restraint of the press, however slight, in such instances is unthinkable. Near v. Minnesota ex rel. Olson, supra. In these instances and many others no preferred constitutional rights collide.
"In cases where equally important constitutional rights may collide then it would seem that under some circumstances, rare though they will be, that an accommodation of some sort must be reached." 194 Neb., at 798–799, 236 N. W. 2d, at 803–804.

보도에 대한 사전의 제한조치를 정당화하기에 충분한 것으로 Near 판결이 및 New York Times 판결이 판시하였을 국가에 내지는 그 국민에 끼쳐지는 손해에, 중립의 배심을 누릴 피고인의 연방헌법 수정 제6조상의 권리의 사변적 박탈이 필적한다는 주장을 이 이유들만으로도 나라면 기각할 것이다. 그 연방헌법 수정 제6조상의 권리에 가해지는 손상은 언론에 대한 그 사전의 제한조치들이 이 근거 위에서 정당화될 수 있을 정도로 그렇게 직접의, 즉시의 및 회복불능의 것으로는, 그리고 추측에가 아니라 이러한 증거에 토대한 것으로는, 결코 간주될 수 없었다.

C

피청구인들에 의하여 촉구된 경로를 따라 출발하여 내려가지 아니하여야 할 추가적인 실제상의 이유들이 있다.[32) 그 배제된 «427 U. S., 605» 정보를 수령함에 있어서의 공중의 상쇄적 이익에 대한 사법적 비교교량을 Near 판결에서 및 New York Times 판결에서 윤곽잡힌 사전의 제한조치들의 금지에 대한 예외는 포함하지 아니한다; 노출로부터 초래될 직접의, 즉시의 및 회복불능의 해악은 가령 전쟁 중의 부대 이동사항들의 구체적 상세를 앎에 있어서의 공중의 이익이보다도 더 무겁다고 단순히 간주된다. 그러나 네브라스카주 대법원 스스로가 인정했듯이,[33) 조금

---

32) 그것들 중 다수가 일반적으로 적용되는 이 추가적 고려요소들을 사전의 제한조치들에 관한 그 어떤 제도에도 나는 포함시키는바, 그것은 오직 이 사건에서의 제한조치들의 부과를 위한 정당화 사유로서 원용된 연방헌법 수정 제6조상의 권리의 기본적 성격 때문이다; 여타의 점에서 연방헌법 수정 제1조의 자유언론의 보장의 의미 내에 포함되는 자료이면 그 어떤 자료에 관련하여서도 공표의 사전의 제한조치들을 막는 절대적 금지가 실제상으로 존재한다는 그 오랜 헌법적 법리를. 이러한 기본적 권리의 보전을 «427 U. S., 605» 쉽게 하기 위해서조차도 사전의 제한조치들을 모조리 차단할 이러한 압도적 이유들이 있다는 사실은 보강한다. supra, at 588-594를 보라.

33) 예컨대, 연방헌법 수정 제1조상의 및 제6조상의 권리들을 조화시킴에 관한 각각의 사건에서의 다수의 논평들에 더하여, 법원은 말하였다:
"실제의 것이든 외관상의 것이든 부패를 및 불법을 보도함에 있어서, 또는 소속 여하를 막론하고 정부 부서 공무원들의 무능을 보도함에 있어서 언론이 절대적으로 자유로워야 한다는 점은 우리 주(state)의 장래에 막대하게 중요하며, 따라서 근자의 사건경과에 친숙한 사람이라면 누구든 잘 알고 있을 것임이 틀림없듯이 그것은 결코 부정될 수 없다. 제아무리 사소한 것이라도 언론에 대한 사전의 제한조치는 이러한 경우들에서는 생각될 수 없다. Near v. Minnesota ex rel. Olson, supra. 이 경우들에 있어서 및 그 밖의 많은 경우들에 있어서 우선적 헌법적 권리들은 서로 충돌하지 않는다. "동등하게 중요한 헌법적 권리들이 서로 충돌할 수 있는 경우들에서는, 비록 드물기는 할망정 일정한 상황들 아래서, 모종의 조정이 달성되지 않으면 안 될 것으로 생각된다." 194 Neb., at 798-799, 236 N. W. 2d, at 803-804. 그리하여, 적어도 피고인을 "강력하게 함축하는" 정보의 보도가 공무원들의 행동들을 아울러 비난하는 경우에, 형사재판 제도의 논평에 관련하여 심지어 사전의 제한조치들이 때때로 정당화될 수도 있다고 믿는 사람들에 의해서조차도 그 정보를 흩뿌릴 필요에 대한 상술된 분석이 숙고된다.

impose a prior restraint on the reporting of information concerning the operation of the criminal justice system will inevitably involve the courts in an ad hoc evaluation of the need for the public to receive particular information that might nevertheless implicate the accused as the perpetrator of a crime. For example, disclosure of the «427 U. S., 606» circumstances surrounding the obtaining of an involuntary confession or the conduct of an illegal search resulting in incriminating fruits may be the necessary predicate for a movement to reform police methods, pass regulatory statutes, or remove judges who do not adequately oversee law enforcement activity; publication of facts surrounding particular plea-bargaining proceedings or the practice of plea bargaining generally may provoke substantial public concern as to the operations of the judiciary or the fairness of prosecutorial decisions; reporting the details of the confession of one accused may reveal that it may implicate others as well, and the public may rightly demand to know what actions are being taken by law enforcement personnel to bring those other individuals to justice; commentary on the fact that there is strong evidence implicating a government official in criminal activity goes to the very core of matters of public concern, and even a brief delay in reporting that information shortly before an election may have a decisive impact on the outcome of the democratic process, see Carroll v. Princess Anne, 393 U. S., at 182; dissemination of the fact that indicted individuals who had been accused of similar misdeeds in the past had not been prosecuted or had received only mild sentences may generate crucial debate on the functioning of the criminal justice system; revelation of the fact that despite apparently overwhelming evidence of guilt, prosecutions were dropped or never commenced against large campaign contributors or members of special interest groups may indicate possi-

---

Thus, at least when reporting of information "strongly implicative" of the accused also reflects on official actions, a particularized analysis of the need to disseminate the information is contemplated even by those who believe prior restraints might sometimes be justifiable with respect to commentary on the criminal justice system.

이라도 제한을 형사재판 제도의 운용에 관한 정보의 보도 위에 부과하려는 시도는 그 어떤 것이가든, 이에도 불구하고 피고인을 범인으로서 관련시킬지도 모르는 특정의 정보를 수령할 공중의 필요에 대한 특별한 평가에 있어서 법원들을 불가피하게 연루시키게 되는 법이다. 예를 들어, 비임의적 자백의 «427 U. S., 606» 획득을 둘러싼 상황들의 폭로는 내지는 부죄적 결과물들로 이어진 불법수색 실시의 폭로는 경찰 업무수행 방법들을 개혁하려는, 규제 제정법들을 통과시키려는, 또는 법집행 활동을 적절히 감독하지 아니하는 판사들을 해임하려는 움직임을 위한 필요한 토대가 될 수 있다; 특정의 답변거래 절차들을 내지는 답변거래 실무 일반을 둘러싼 사실관계의 공표는 사법부의 기능들에 내지는 검찰 결정들의 공정성에 관한 다대한 공중의 관심을 불러올 수 있다; 한 명의 피고인의 자백의 상세를 보도함은 타인들을 아울러 그것이 연루지을 수 있음을 드러내 줄 수 있고, 그 경우에 그 다른 개인들을 처벌하기 위하여 법 집행 요원에 의하여 어떤 조치들이 취해지고 있는지를 알기를 공중은 정당하게 요구할 수 있다; 정부 공무원을 범죄활동에 관련시키는 설득력 있는 증거가 있다는 사실에 대한 논평은 공중의 관심사항들의 핵심 자체에 가 닿으며, 그리하여 그 정보를 선거 직전에 보도함에 있어서의 심지어 짧은 지체는 결정적 영향을 민주적 절차의 결과에 끼칠 수 있는바, Carroll v. Princess Anne, 393 U. S., at 182를 보라; 과거에 유사한 범죄들로 소추되었던 대배심 검사기소 피고인들에 대한 공소가 유지되지 못하였다는 내지는 겨우 경미한 형량들만을 그들이 선고받았다는 사실의 살포는 형사재판 제도의 기능에 관하여 중대한 논쟁을 일으킬 수 있다; 언뜻 보기에 유죄의 압도적 증거에도 불구하고 특별 이해집단들의 거대한 반대운동 기부자들에 내지는 회원들에 막혀 공소유지 절차들이 포기되었다는 내지는 전혀 개시되지 않았다는 사실의 노출은 정부 공무원들 내부의 있을 법한 부패를 암시할 수 있다; 용의자가 악질 범죄의 범인으로 체포된 상태라는 사실의 공개는 범인이 아직 잡히지 않고 있다는 지역사회의 두려움들을 가라앉히기 위하여 필요할 수 있다. Times-Picayune Pub. Corp. v. Schulingkamp, 419 U. S., at 1302 «427 U. S., 607» (파월(POWELL) 판사, 판사실에서의 의견)을 비교하라.[34] 정보를

---

34) 불법적 행동에 타인들을 강력하게 함축함으로써 그들의 연방헌법 수정 제6조상의 권리들을 여전히 위협하는 유죄의 증거를 내지는 결백을 증명하는 증거를, 여타의 경우라면 찾아낼 수도 있을. 매체에 의한 독립의 조사작업을 위한 동기들을 사전의 제한조치들은 결과적으로 박탈할 수도 있다.

ble corruption among government officials; and disclosure of the fact that a suspect has been apprehended as the perpetrator of a heinous crime may be necessary to calm community fears that the actual perpetrator is still at large. Cf. Times-Picayune Pub. Corp. v. Schulingkamp, 419 U. S., at 1302 «427 U. S., 607» (POWELL, J., in chambers).[34] In all of these situations, judges would be forced to evaluate whether the public interest in receiving the information outweighed the speculative impact on Sixth Amendment rights.

These are obviously only some examples of the problems that plainly would recur, not in the almost theoretical situation of suppressing disclosure of the location of troops during wartime, but on a regular basis throughout the courts of the land. Recognition of any judicial authority to impose prior restraints on the basis of harm to the Sixth Amendment rights of particular defendants, especially since that harm must remain speculative, will thus inevitably interject judges at all levels into censorship roles that are simply inappropriate and impermissible under the First Amendment. Indeed, the potential for arbitrary and excessive judicial utilization of any such power would be exacerbated by the fact that judges and committing magistrates might in some cases be determining the propriety of publishing information that reflects on their competence, integrity, or general performance on the bench.

There would be, in addition, almost intractable procedural difficulties associated with any attempt to impose prior restraints on publication of information relating to pending criminal proceedings, and the ramifications of these procedural difficulties would accentuate the burden on First Amendment rights. The incentives and dynamics of the system of prior restraints would

---

34) Prior restraints may also effectively curtail the incentives for independent investigative work by the media which could otherwise uncover evidence of guilt or exonerating evidence that nevertheless threatens the Sixth Amend—ment rights of others by strongly implicating them in illegal activity.

수령함에 있어서의 공중의 이익이 연방헌법 수정 제6조상의 권리들에의 사변적 영향력이에 비하여 더 무거운지 여부를 판단하도록 이 모든 상황들에서 판사들은 강제되고는 한다.

전시 중의 병력의 위치의 공개를 금지하는 거의 이론상의 상황에서가 아니라, 나라의 법원들을 통틀어 일상의 토대 위에서, 명백히 이것들은 그 흔히 되풀이되고는 하는 문제들의 몇 가지 사례들일 뿐이다. 사전의 제한조치들을 특정 피고인의 연방헌법 수정 제6조상의 권리들에의 손상에 근거하여 조금이라도 부과할 사법부의 권한의 인정은, 특히나 사변적인 것으로 그 손상은 남음이 틀림없기에, 모든 등급의 판사들을 연방헌법 수정 제1조 아래서 지극히도 부적당한 및 허용될 수 없는 검열관으로서의 역할들 속에 이렇듯 불가피하게 던져 넣을 것이다. 아닌게 아니라, 자신들의 능력을, 성실성을, 또는 법정에서의 일반적 업무수행을 비난하는 정보를 공표함의 적절성을 판사들은 및 구금치안판사들은 일정한 경우들에 있어서 판단하는 중일 수 있다는 사실에 의하여 이러한 권한의 자의적인 및 과도한 사법적 이용의 가능성은 더해질 것이다.

이에 더하여, 계속 중인 형사절차들에 관련한 정보의 공표에 대한 사전의 제한조치들을 부과하려는 시도에는 예외없이 이에 연결된 거의 제어불능의 절차적 난관들이 있게 될 것이고, 그리하여 연방헌법 수정 제1조상의 권리들 위에 가해지는 부담을 이 절차적 난관들의 지류들은 한층 악화시킬 것이다. 사전의 제한조치들을 시행하는 제도의 동기들은 및 역동성은 불가피하게 기법의 과잉사용으로 이어질 것이다. 자신의 의뢰인들에게 불리한 «427 U. S., 608» 정식사실심리 이전의 공표를 최소화하기 위하여 및 무의미한 변호인 조력에 관한 주장들을 선제로써 회피하기 위하여, 이러한 제한명령들을 변호인들은 일상적으로 추구할지도 모른다. 유죄판

inevitably lead to overemployment of the technique. In order to minimize pretrial publicity against «427 U. S., 608» his clients and pre-empt ineffective-assistance-of-counsel claims, counsel for defendants might routinely seek such restrictive orders. Prosecutors would often acquiesce in such motions to avoid jeopardizing a conviction on appeal. And although judges could readily reject many such claims as frivolous, there would be a significant danger that judges would nevertheless be predisposed to grant the motions, both to ease their task of ensuring fair proceedings and to insulate their conduct in the criminal proceeding from reversal. We need not raise any specter of floodgates of litigation or drain on judicial resources to note that the litigation with respect to these motions will substantially burden the media. For to bind the media, they would have to be notified and accorded an opportunity to be heard. See, e. g., Carroll v. Princess Anne, supra; McKinney v. Alabama, 424 U. S. 669 (1976). This would at least entail the possibility of restraint proceedings collateral to every criminal case before the courts, and there would be a significant financial drain on the media involuntarily made parties to these proceedings. Indeed, small news organs on the margin of economic viability might choose not to contest even blatantly unconstitutional restraints or to avoid all crime coverage, with concomitant harm to the public's right to be informed of such proceedings.[35] Such acquiescence might also mean that significant erroneous precedents will remain unchallenged, to be relied on for even broader restraints in the future. Moreover, these collateral restraint proceedings would be unlikely to result in equal treatment of all «427 U. S., 609» organs of the media[36] and, even if all the

---

[35] Indeed, to the extent media notified of the restraint proceedings choose not to appear in light of the cost and time potentially involved in overturning any restraint ultimately imposed, there will be no presentation of the countervailing public interest in maintaining a free flow of information, as opposed to the interests of prosecution, defense, and judges in maintaining fair proceedings.

[36] For example, in this case the restraints only applied to petitioners, who improperly intervened in the criminal case and thus subjected themselves to the court's jurisdiction. The numerous amici, however, were not subject to the restraining orders and were free to disseminate prejudicial information in the same areas in which petitioners were

정을 항소심에서 위태롭게 함을 피하고자 이러한 신청들에서 검찰관들은 자주 침묵할 것이다. 그리하여 이러한 주장들 다수를 무가치한 것들로서 비록 판사들은 즉각적으로 기각할 수 있음에도 불구하고, 공정한 절차들을 보장할 자신들의 임무를 용이하게 하기 위하여 및 형사절차들에서의 자신들의 지휘를 파기로부터 분리해 내기 위하여 신청들을 허가하는 쪽으로 판사들이 기울게 될 심각한 위험이 있게 될 것이다. 이러한 신청들에 관련한 쟁송이 매체를 중대하게 괴롭힐 것임을 알아차리기 위하여 소송의 배출구들의 내지는 사법적 자원 유출의 유령을 우리가 불러낼 필요는 전혀 없다. 왜냐하면 매체를 묶기 위해서는, 그들은 고지를 받아야 할 것이고 청문을 거칠 기회를 부여받아야 할 것이기 때문이다. 예컨대, Carroll v. Princess Anne, supra를; McKinney v. Alabama, 424 U. S. 669 (1976)을 보라. 법원들 앞에서의 모든 형사사건에 부수하는 제한절차들의 가능성을 이것은 적어도 포함할 것이고, 그리하여 이러한 절차들에 본의 아니게 당사자들이 된 매체 측에서의 심각한 재정적 유출이 있게 될 것이다. 노골적으로 위헌적인 제한조치들에 대해서도차도 다투지 않는 쪽을 내지는 모든 범죄 보도를 회피하는 쪽을, 아닌게 아니라 경제적 생존력의 한계 수익점 위에 있는 소규모 보도기관들은 선택할지도 모르는데, 이러한 절차들에 관하여 정보를 제공받아야 할 공중의 권리에의 손상이 이로써 동반되게 된다.[35] 중대한 오류를 지닌 선례들이 이의 없이 남게 되어, 보다 더 광범위한 제한조치들을 위해서마저도 선례로서 장래에 의존될 것임을 이러한 묵인은 아울러 의미할 수도 있다. 더욱이, 이들 부수적 제한절차들은 매체기관들 전부에 대한 평등한 대우로 귀결될 «427 U. S., 609» 가능성이 없을 뿐만 아니라,[36] 절차들 안에 모든 언론이 설령 불려올 수 있다고 하더라도, 자주 비능률적인 것이 될 것인바, 왜냐하면 유효한 제한조치가 가해지기 이전에 부죄적 자료의 공개가 발생할 수 있기 때문이다.[37]

---

35) 아닌게 아니라, 조금이라도 궁극적으로 부과된 제한조치를 뒤엎는 데에 잠재적으로 포함된 비용을 및 시간을 고려하여 출석하지 아니하는 쪽을 제한절차들에 관하여 통지받는 매체가 선택하는 한도 내에서는, 공정한 절차들을 유지함에 있어서의 검찰 측의, 방어 측의, 법관들 측의 이익들에 대립되는 것으로서의 정보의 자유로운 흐름을 유지함에 있어서의 상쇄하는 공중의 이익의 제시는 없게 될 것이다.

36) 예를 들면, 이 사건에서 청구인들에게만 제한조치들은 적용되었는데, 그들은 형사사건에 부당하게 참가하였고 그리하여 그들 스스로를 법원의 관할에 종속시켰다. 그러나 그 제한명령들에 다수의 동료들은 종속되지 않았고 그리하여 살포를 청구인들이 금지당한 바로 그 영역들에서 편파적 정보를 그 동료들은 자유로이 살포하였다.

37) New York Times Co. v. United States, 403 U. S., at 733 (스튜어트(STEWART) 판사의 가담을 얻은 화이트(WHITE) 판사, 보충의견)을 비교하라.

press could be brought into the proceeding, would often be ineffective, since disclosure of incriminating material may transpire before an effective restraint could be imposed.[37]

To be sure, because the decision to impose such restraints even on the disclosure of supposedly narrow categories of information would depend on the facts of each case, and because precious First Amendment rights are at stake, those who could afford the substantial costs would seek appellate review. But that review is often inadequate, since delay inherent in judicial proceedings could itself destroy the contemporary news value of the information the press seeks to disseminate.[38] As one commentator has observed:

"Prior restraints fall on speech with a brutality and a finality all their own. Even if they are ultimately lifted they cause irremediable loss - a loss in the immediacy, the impact, of speech. ...... Indeed it is the hypothesis of the First Amendment that injury is inflicted on our society when we stifle the immediacy of speech." A. Bickel, The Morality of Consent 61 (1975).[39] «427

---

precluded from doing so.

37) Cf. New York Times Co. v. United States, 403 U. S., at 733 (WHITE, J., joined by STEWART, J., concurring).

38) In this case, prior restraints were in effect for over 11 weeks, and yet by the time those restraints expired, appellate review had not yet been exhausted. Moreover, appellate courts might not accord these cases the expedited hearings they so clearly would merit. See Tr. of Oral Arg. 43-48.

39) As we observed in Bridges v. California, 314 U. S., at 268, which held that the convictions of a newspaper publisher and editor «427 U. S., 610» for contempt, based on editorial comment concerning pending cases, were violative of the First Amendment:

"It must be recognized that public interest is much more likely to be kindled by a controversial event of the day than by a generalization, however penetrating, of the historian or scientist. Since they punish utterances made during the pendency of a case, the judgments below therefore produce their restrictive results at the precise time when public interest in the matters discussed would naturally be at its height. Moreover, the ban is likely to fall not only at a crucial time but upon the most important topics of discussion.

"No suggestion can be found in the Constitution that the freedom there guaranteed for speech and the press bears an inverse ration to the timeliness and importance of the ideas seeking expression. Yet, it would follow as a practical result of the decisions below that anyone who might wish to give public expression to his views on a pending case involving no matter what problem of public interest, just at the time his audience would be most receptive, would be as effectively discouraged as if a deliberate statutory scheme of censorship had been adopted. ......

"This unfocussed threat is, to be sure, limited in time, terminating as it does upon final disposition of the case. But this does not change its censorial quality. An endless series of moratoria on public discussion, even if each were very short, could hardly be dismissed as an insignificant abridgment of freedom of expression. And to assume that

이러한 제한조치들을 심지어 추정적으로 협소한 범주들의 정보의 공개에 대해서조차도 부과하는 결정은 개개 사건의 사실관계에 의존할 것이기 때문에, 그리고 고귀한 연방헌법 수정 제1조의 권리들이 걸려 있기 때문에, 다대한 비용들을 감당할 수 있는 사람들은 항소심 재검토를 추구할 것이 확실하다. 그러나 그 재검토는 자주 불충분한바, 그 살포하기를 언론이 추구하는 정보의 최신의 뉴스 가치를 사법절차들에 내재하는 지연은 그 자체로 파괴할 수 있기 때문이다.[38] 주석자 한 명이 말해 놓았듯이:

"그것들 자신의 모든 잔인성을 및 궁극성을 지닌 채로 말 위에 사전의 제한조치들은 엄습한다. 설령 그것들이 궁극적으로 제거된다 하더라도 치유불능의 손실을 - …… 말의 즉시성에서의, 영향력에서의 손실을 - 그것들은 야기한다. 말의 즉시성을 우리가 억누를 때에 우리 사회에 손상이 가해진다는 것이 아닌게 아니라 연방헌법 수정 제1조의 가정이다." A. Bickel, The Morality of Consent 61 (1975).[39] «427 U.

---

38) 이 사건에서 사전의 제한조치들은 11주에 걸쳐 효력을 지녔고, 그런데도 그 제한조치들이 종료된 시점까지 항소심 재검토는 다 거쳐져 있지 않았다. 더욱이, 이 사건들이 그토록 누릴 만함이 명백하였던 그 급속실시 청문들을 이 사건들에 항소법원들은 부여할 수도 없었다. Tr. of Oral Arg. 43-48을 보라.

39) 계속 중인 사건에 관한 사설논평을 이유로 한 신문발행인의 및 편집인의 법원모독 유죄판정들을 연방헌법 수정 제1조의 위반이라고 판시한 Bridges v. California, 314 U. S., at 268에서 우리가 말하였듯이:
"제아무리 예리한 것일망정 역사가의 내지는 과학자의 일반화에 의해서보다는 그 날의 논의의 여지 있는 사건에 의해서 공중의 이익이 지펴질 가능성은 훨씬 더 크다는 점이 인정되지 않으면 안 된다. 사건의 계속 중에 이루어진 발언들을 그것들은 처벌하므로, 논의 대상인 사안들에서의 공중의 이익이 당연히 그 최고조에 있게 되는 바로 그 때에 그것들의 제한적 결과들을 하급심 판결주문들은 이로써 빚어낸다. 더욱이, 중대한 시점에서만이 아니라 논의의 가장 중요한 주제들에 대하여조차도 그 금지는 습격할 가능성이 있다.
"표현을 추구하는 사상들의 적시성에의 및 중요성에의 역배급을, 말을 및 언론을 위하여 연방헌법에 보장된 자유가 지닌다는 암시는 연방헌법 안에서 발견될 수 없다. 그럼에도, 종류 여하를 불문하고 공중의 이익의 문제를 포함하는 계속 중인 사건에 관한 자신의 견해들에 공개적 표명을 부여하기를 원할 수도 있는 사람 어느 누구든지가, 자신의 청중의 감수성이 가장 예민해 있을 법한 바로 그 시점에서, 의도적인 제정법상의 검열제도가 채택되었을 경우에만큼이나 효과적으로 저지당하게 되리라는 것이 하급 판결들의 실제적 결과일 수 있다. ……
"분명한 방향이 부족한 이 위협은 시간에 있어서 제한됨이 확실한바, 사건의 종국처분에 따라서 그것은 종료되기 때문이다. 그러나 그것의 검열로서의 성격을 이것은 바꾸지 않는다. 공중의 논의에 대한 끊임없는 일련의 일시적 정지는, 설령 그 하나하나가 매우 짧은 것일지라도, 표현의 자유에 대한 하찮은 박탈로서 결코 간단히 처리될 수 없을 것이다. 게다가 하나하나가 단기간의 것이 되리라고 가정함은 한 개의 사건의 '계속(pendency)'이 며칠간의 내지는 몇 주간의 문제라기보다는 흔히 수 개월간의 내지는 심지어 수 년간의 문제라는 사실을 간과하는 것이다." Id., at 269. 아울러 id., at 277-278을; Carroll v. Princess Anne, 393 U. S., at 182를; Wood v. Georgia, 370 U. S., at 392를; Pennekamp v. Florida, 328 U. S., at 346-347을 보라.

U. S., 610»

And, as noted, given the significant financial disincentives, particularly on the smaller organs of the media,[40] to challenge any restrictive orders once they are imposed «427 U. S., 611» by trial judges, there is the distinct possibility that many erroneous impositions would remain uncorrected.[41]

III

I unreservedly agree with Mr. Justice Black that "free speech and fair trials are two of the most cherished policies of our civilization, and it would be a trying task to choose between them." Bridges v. California, 314 U. S., at 260. But I would reject the notion that a «427 U. S., 612» choice is necessary, that there is an inherent conflict that cannot be resolved without essentially abrogating one right or the other. To hold that courts cannot impose any prior

---

each would be short is to overlook the fact that the 'pendency' of a case is frequently a matter of months or even years rather than days or weeks." Id., at 269.

See also id., at 277–278; Carroll v. Princess Anne, 393 U. S., at 182; Wood v. Georgia, 370 U. S., at 392; Pennekamp v. Florida, 328 U. S., at 346–347.

40) The editor and publisher of amicus Anniston (Ala.) Star poignantly depicted in a letter to counsel the likely plight of such small, independent newspapers if the power to impose prior restraints against pretrial publicity were recognized:

"Small town dailies would be the unknown, unseen and friendless «427 U. S., 611» victims if the Supreme Court upholds the order of Judge Stuart. If the already irresistible powers of the judiciary are swollen by absorbing an additional function, that of government censor, the chilling effect upon vigorous public debate would be deepest in the thousands of small towns where independent, locally owned, daily and weekly newspapers are published.

"Our papers are not read in the White House, the Congress, the Supreme Court or by network news executives. The causes for which we contend and the problems we face are invisible to the world of power and intellect. We have no in-house legal staff. We retain no great, national law firms. We do not have spacious profits with which to defend ourselves and our principles, all the way to the Supreme Court, each and every time we feel them to be under attack.

"Our only alternative is obedient silence. You hear us when we speak now. Who will notice if we are silenced? The small town press will be the unknown soldier of a war between the First and Sixth Amendments, a war that should never have been declared, and can still be avoided.

"Only by associating ourselves in this brief with our stronger brothers are we able to raise our voices on this issue at all, but I am confident that the Court will listen to us because we represent the most defenseless among the petitioners." Brief for Washington Post Co. et al. as Amici Curiae 31–32.

41) There is also the danger that creation of a second "narrow" category of exceptions to the rule against prior restraints would be interpreted as a license to create further "narrow" exceptions when some "justification" for overcoming a mere "presumption" of unconstitutionality is presented. Such was the reasoning which eventuated in this litigation in the first place. See supra, at 582–583.

S., 610»

그리고 특별히 언급되었듯이, 정식사실심리 판사들에 의하여 조금이라도 제한 명령들이 부과될 경우에 이를 다투는 데 있어서의, 매체들 중 특히 소규모의 기관들 쪽의 심각한 재정적 제약요소들[40]을 전제할 «427 U. S., 611» 때, 다수의 오류적 부과처분들이 교정되지 않은 채로 남게 될 명백한 가능성이 있다.[41]

III

"자유언론은 및 공정한 정식사실심리는 우리 문명의 가장 소중한 원칙들 가운데 두 가지이고, 따라서 그 가운데서 하나를 고르는 일은 견디기 어려운 과업이 될 것이다."라고 말한 블랙(Black) 판사에게 나는 무조건적으로 동의한다. Bridges v. California, 314 U. S., at 260. 그러나 한 개의 선택이 불가결하다는 «427 U. S., 612» 관념을, 및 이 쪽을 또는 저 쪽을 본질적으로 폐지함이 없이는 해소될 수 없는 고유의 충돌이 있다는 관념을 나라면 거부할 것이다. 조금이라도 형사재판 제도에 관련하여 공개법정에서의 절차들에서 공개된, 공공의 문서들에서 공개된, 또는 그 밖의 원천들에 의하여 공표된 정보의 보도에 내지는 논평에 대한 사전의 제한조치들을

---

40) 정식사실심리 이전의 공표를 금지하는 사전의 제한조치들을 부과할 권한이 인정될 경우에 이러한 소규모의 독립적 신문들의 겪을 법한 곤경을 변호인단에게의 편지에서 법정의 고문인 신문사 애니스턴 스타[Anniston (Ala.) Star]는 통렬히도 묘사하였다:
"피청구인 스튜어트(Stuart) 판사의 명령을 만약 연방대법원이 유지한다면 소규모의 «427 U. S., 611» 지방 일간지들은 무명의, 안 보이는, 그리고 벗이 없는 희생자들이 될 것이다. 추가적 기능을, 즉 정부 검열의 기능을 흡수함에 의하여 사법부의 이미 저항불능인 권한들이 만약 부풀려진다면, 독립의, 지역적으로 소유되는 일간의 및 주간의 신문들이 출판되는 수 천 개의 소규모 도시들의 위에의 정열적인 공중의 토의 위에의 냉각효과는 가장 깊은 것이 될 것이다.
"백악관에서, 연방의회에서, 연방대법원에서 내지는 네트워크 뉴스 임원들에 의하여 우리의 신문들은 읽혀지지 않는다. 우리가 옹호하는 대의명분들은 및 우리가 당면하는 문제들은 권력의 및 식자의 세계에게는 보이지 않는 것들이다. 사내 법률팀을 우리는 가지지 않는다. 커다란 전국 규모의 로펌들을 우리는 보유하지 않는다. 우리 자신을 및 우리의 원칙들을 그것들이 공격 아래에 있다고 우리가 느낄 때마다 항상 연방대법원에 이르도록까지 내내 방어할 풍부한 이윤을 우리는 보유하지 않는다.
"우리의 유일한 대안은 고분고분한 침묵이다. 지금 우리가 말할 때 우리를 당신들은 듣는다. 우리가 침묵당한다면 누가 알아챌 것인가? 소규모 지방 언론은 연방헌법 수정 제1조의 및 수정 제6조의 양자간 싸움의 – 결코 선언되지 말았어야 할, 그리고 여전히 회피될 수 있는 싸움의 – 알려지지 않은 병사가 될 것이다.
"이 준비서면에서 우리 자신을 우리의 보다 더 힘 있는 동료들에게 결합시킴에 의해서만 이 문제에 대한 우리의 목소리들을 어쨌든 우리는 높일 수가 있지만, 그러나 우리가 대변하는 쪽 청구인들 가운데서 가장 방어력이 없는 사람들이기에 우리에게 법원은 귀를 기울여 줄 것임을 나는 확신한다." Brief for Washington Post Co. et al. as Amici Curiae 31–32.
41) 단순한 위헌성 "추정"을 극복하기 위한 모종의 "정당화 사유"가 제시되는 경우에 그 이상의 "협소한" 예외들을 창조할 한 개의 면허장으로, 사전의 제한조치들을 금지하는 규칙에 대한 두 번째 "협소한" 범주의 예외들의 창조는 해석될 위험이 또한 있다. 이 소송에서 맨 먼저 생겨난 추론이 그러한 사례였다. supra, at 582–583을 보라.

restraints on the reporting of or commentary upon information revealed in open court proceedings, disclosed in public documents, or divulged by other sources with respect to the criminal justice system is not, I must emphasize, to countenance the sacrifice of precious Sixth Amendment rights on the altar of the First Amendment. For although there may in some instances be tension between uninhibited and robust reporting by the press and fair trials for criminal defendants, judges possess adequate tools short of injunctions against reporting for relieving that tension. To be sure, these alternatives may require greater sensitivity and effort on the part of judges conducting criminal trials than would the stifling of publicity through the simple expedient of issuing a restrictive order on the press; but that sensitivity and effort is required in order to ensure the full enjoyment and proper accommodation of both First and Sixth Amendment rights.

There is, beyond peradventure, a clear and substantial damage to freedom of the press whenever even a temporary restraint is imposed on reporting of material concerning the operations of the criminal justice system, an institution of such pervasive influence in our constitutional scheme. And the necessary impact of reporting even confessions can never be so direct, immediate, and irreparable that I would give credence to any notion that prior restraints may be imposed on that rationale. It may be that such incriminating material would be of such slight news value or so inflammatory in particular cases that responsible organs of the media, in an exercise of self-restraint, would choose not to publicize that material, and not make the judicial task of safeguarding «427 U. S., 613» precious rights of criminal defendants more difficult. Voluntary codes such as the Nebraska Bar-Press Guidelines are a commendable acknowledgment by the media that constitutional prerogatives bring enormous responsibilities, and I would encourage continuation of such voluntary cooperative efforts between the bar and the media. However, the

법원들은 부과할 수 없다고 간주함은 연방헌법 수정 제1조의 제단 위에의 그 고귀한 연방헌법 수정 제6조상의 권리들의 희생을 묵인하고자 함이 아님을 나는 강조하지 않으면 안 된다. 왜냐하면 비록 일정한 경우들에 있어서는 언론에 의한 제약 없는 및 강건한 보도의, 그리고 형사피고인들을 위한 공정한 정식사실심리들의 그 양자 사이에는 긴장이 있을 수 있음에도 불구하고, 그 긴장을 덜기 위하여 보도금지 조치들에 미치지 않는 적절한 수단들을 판사들은 보유하기 때문이다. 확실하게도, 형사 정식사실심리들을 주재하는 판사들 쪽에서의 더 큰 감수성을 및 노력을, 제한명령을 언론에 대하여 발함이라는 단순한 수단을 통한 공표제한보다도 이 대안들이 요구할 수 있다; 그러나 연방헌법 수정 제1조의 및 수정 제6조의 권리들 쌍방에 대한 완전한 향유를 및 적절한 조절을 보장하기 위하여는 그 감수성이 및 노력이 요구된다.

우리의 헌법 조직에 있어서 이다지도 널리 미치는 영향력을 지닌 한 개의 제도인 형사재판 제도의 작용들에 관한 자료의 보도에 대하여는 심지어 임시의 것에 불과한 제한이 부과되는 때에조차도 항상 언론출판의 자유에게의 명백한 및 중대한 손상이 틀림없이 있다. 그리고 심지어 자백들을 보도함의 불가피한 영향력이조차도 그토록 직접의, 즉시의 및 회복불능의 것이 될 수는 없기에, 조금이라도 그 이유에 의거하여 사전의 제한조치들이 부과될 수 있다는 관념에 신뢰를 나는 부여하지 아니할 것이다. 이러한 부죄적 자료는 특정 사건들에서 그토록 하찮은 뉴스 가치밖에 없어서 내지는 그토록 선동적인 것이어서, 그 자료를 공표하지 않는 쪽을, 그리하여 형사 피고인들의 고귀한 권리들을 보장함이라는 법원의 임무를 더 어렵게 만들지 않는 쪽을 자제력의 행사 가운데서 «427 U. S., 613» 매체들의 책임 있는 기관들이 선택할 수 있다는 것이 될 수 있다. 네브라스카주 법정보도지침들을 비롯한 임의적 규정들은, 엄청난 책임사항들을 헌법적 특권들이 불러온다는 점에 대한 매체들에 의한 한 개의 훌륭한 인정인바, 그리하여 법정의 및 매체들의 그 양자 사이의 그러한 임의의 협력적 노력들의 지속을 나라면 격려할 것이다. 그러나, 언론은 예리한, 면밀한 및 교육적인 것이 될 수 있음처럼, 그것은 거만한, 압제적인, 부패

press may be arrogant, tyrannical, abusive, and sensationalist, just as it may be incisive, probing, and informative. But at least in the context of prior restraints on publication, the decision of what, when, and how to publish is for editors, not judges. See, e. g., Near v. Minnesota ex rel. Olson, 283 U. S., at 720; Cox Broadcasting Corp. v. Cohn, 420 U. S., at 496; Miami Herald Publishing Co. v. Tornillo, 418 U. S., at 258; id., at 259 (WHITE, J., concurring); cf. New York Times Co. v. Sullivan, 376 U. S., at 269-283. Every restrictive order imposed on the press in this case was accordingly an unconstitutional prior restraint on the freedom of the press, and I would therefore reverse the judgment of the Nebraska Supreme Court and remand for further proceedings not inconsistent with this opinion.

한, 및 선정주의자적인 것이 될 수 있다. 그러나 적어도 공표에 대한 사전의 제한 조치들의 맥락에 있어서, 무엇을, 언제, 그리고 어떻게 공표할지는 판사들의 소관이 아닌 편집자들의 소관이다. 예컨대, Near v. Minnesota ex rel. Olson, 283 U. S., at 720을; Cox Broadcasting Corp. v. Cohn, 420 U. S., at 496을; Miami Herald Publishing Co. v. Tornillo, 418 U. S., at 258을; id., at 259 (화이트(WHITE) 판사, 보충의견)을 보라; New York Times Co. v. Sullivan, 376 U. S., at 269-283을 비교하라. 이 사건에서 언론에 가해진 제한 명령은 따라서 그 전부가 언론출판의 자유에 대한 위헌적 사전 제한조치였고, 따라서 네브라스카주 대법원의 판결주문을 나라면 파기하고서 이 의견에 모순되지 아니하는 추후의 절차들을 위하여 사건을 환송할 것이다.

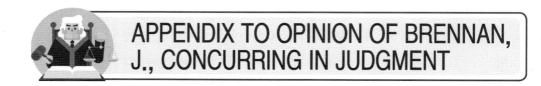

APPENDIX TO OPINION OF BRENNAN, J., CONCURRING IN JUDGMENT

NEBRASKA BAR-PRESS GUIDELINES FOR DISCLOSURE AND REPORTING OF INFORMATION RELATING TO IMMINENT OR PENDING CRIMINAL LITIGATION

These voluntary guidelines reflect standards which bar and news media representatives believe are a reasonable means of accommodating, on a voluntary basis, the correlative constitutional rights of free speech and free press with the right of an accused to a fair trial. They «427 U. S., 614» are not intended to prevent the news media from inquiring into and reporting on the integrity, fairness, efficiency and effectiveness of law enforcement, the administration of justice, or political or governmental questions whenever involved in the judicial process.

As a voluntary code, these guidelines do not necessarily reflect in all respects what the members of the bar or the news media believe would be permitted or required by law.

Information Generally Appropriate for Disclosure, Reporting

Generally, it is appropriate to disclose and report the following information:

1. The arrested person's name, age, residence, employment, marital status and similar biographical information.

판결주문에 찬동하는 브레넌(BRENNAN) 판사의 의견에 붙이는 부록

임박한 내지는 계속 중인 형사소송에 관한 정보의 공개를 및 보도를 위한 네브라스카주 법정언론 보도지침들

자유로운 말이라는 및 자유 언론이라는 상호 관계 있는 헌법적 권리들을 공정한 정식사실심리에의 피고인의 권리에 임의적 차원에서 조화시키는 합리적 방법이라고 법정의 및 매체들의 대표자들이 믿는 기준들을 이 임의의 지침들은 반영한다. 법 집행의, 《427 U. S., 614》 재판운영의, 일체성을, 공정성을, 효율성을 및 유효성을 내지는 사법절차에 관련될 경우에는 그 언제든 정치적 내지는 정부적 문제들을 조사해 들어가지 못하도록 및 보도하지 못하도록 뉴스매체들을 방해하려는 의도를 그것들은 지니지 않는다.

법에 의하여 허용된다고 내지는 요구된다고 법원의 구성원들이 내지는 뉴스 매체들의 구성원들이 믿는 바를 모든 점들에 있어서, 한 개의 임의의 규정으로서의 이 지침들이 반드시 반영하는 것은 아니다.

공개에 및 보도에 일반적으로 적합한 정보

아래의 정보는 공개하기에 내지는 보도하기에 일반적으로 적합하다:

1. 피체포자의 이름, 나이, 주거, 직업, 혼인관계 및 유사한 전기적(biographical) 정보.

2. The charge, its text, any amendments thereto, and, if applicable, the identity of the complainant.

3. The amount or conditions of bail.

4. The identity of and biographical information concerning the complaining party and victim, and, if a death is involved, the apparent cause of death unless it appears that the cause of death may be a contested issue.

5. The identity of the investigating and arresting agencies and the length of the investigation.

6. The circumstances of arrest, including time, place, resistance, pursuit, possession of and all weapons used, and a description of the items seized at the time of arrest. It is appropriate to disclose and report at the time of seizure the description of physical evidence subsequently seized other than a confession, admission or statement. It is appropriate to disclose and report the subsequent finding of weapons, bodies, contraband, stolen property and similar physical items if, in view «427 U. S., 615» of the time and other circumstances, such disclosure and reporting are not likely to interfere with a fair trial.

7. Information disclosed by the public records, including all testimony and other evidence adduced at the trial.

Information Generally Not Appropriate for Disclosure, Reporting

Generally, it is not appropriate to disclose or report the following information because of the risk of prejudice to the right of an accused to a fair trial:

1. The existence or contents of any confession, admission or statement given by the accused, except it may be stated that the accused denies the

2. 공소장, 그 본문, 이에 대한 변경사항들, 그리고 적절한 경우에 고소인의 신원.

3. 보석금의 액수 내지는 보석의 조건들.

4. 고소인 측 당사자인 피해자의 신원 및 전기적 정보, 그리고 사망이 포함되는 경우에는 다툼 있는 쟁점을 사망의 원인이 구성할 것으로 예상되는 경우가 아닌 한 사망의 외관상의 원인.

5. 수사 및 체포 요원들의 신원 및 수사의 기간.

6. 시간을, 장소를, 저항을, 추적을, 총기류의 소지를 및 그 사용된 모든 총기류를, 체포 당시에 압수된 품목들의 설명을 포함하는 체포 상황들. 자백 이외에, 시인 이외에 내지는 진술 이외에 추후로 압수되는 유형적 증거를 압수의 시점에서 공개함은 및 보도함은 적절하다. 총기류의, 사체들의, 금제물의, 도난품의 및 유사한 유형적 «427 U. S., 615» 품목들의 추후의 발견을, 그 시점에 및 여타의 상황들에 비추어 공정한 정식사실심리를 그 공개가 및 보도가 저해할 가능성이 없을 경우에, 공개함은 및 보도함은 적절하다.

7. 정식사실심리에서 제출된 모든 증언을 및 그 밖의 증거를 포함하여 공공기록들에 의하여 공개된 정보.

공개에 내지는 보도에 일반적으로 적합하지 아니한 정보

아래의 정보를 공개함은 내지는 보도함은 공정한 정식사실심리를 누릴 피고인의 권리에의 손상의 위험으로 인하여 일반적으로 적합하지 아니하다:

1. 자신을 향하여 제기된 혐의들을 피고인이 부인한다고 말해질 수 있는 경우를 제외하고는 조금이라도 피고인에 의한 자백의, 시인의 내지는 진술의 존재 내지는

charges made against him. This paragraph is not intended to apply to statements made by the accused to representatives of the news media or to the public.

2. Opinions concerning the guilt, the innocence or the character of the accused.

3. Statements predicting or influencing the outcome of the trial.

4. Results of any examination or tests or the accused's refusal or failure to submit to an examination or test.

5. Statements or opinions concerning the credibility or anticipated testimony of prospective witnesses.

6. Statements made in the judicial proceedings outside the presence of the jury relating to confessions or other matters which, if reported, would likely interfere with a fair trial.

Prior Criminal Records

Lawyers and law enforcement personnel should not volunteer the prior criminal records of an accused except to aid in his apprehension or to warn the public of any dangers he presents. The news media can obtain prior criminal records from the public records of the courts, «427 U. S., 616» police agencies and other governmental agencies and from their own files. The news media acknowledge, however, that publication or broadcast of an individual's criminal record can be prejudicial, and its publication or broadcast should be considered very carefully, particularly after the filing of formal charges and as the time of the trial approaches, and such publication or broadcast should generally be avoided because readers, viewers and listeners are potential jurors and an accused is presumed innocent until proven guilty.

그 내용들. 피고인에 의하여 뉴스 매체들의 대표자들에게 내지는 공중에게 이루어진 진술들에 이 절은 적용되는 것으로 해석되지 않는다.

2. 피고인의 유죄에, 무죄에 내지는 성격에 관한 의견들.

3. 정식사실심리의 결과를 예상하는 내지는 이에 영향을 주는 진술들.

4. 검사(examination)의 내지는 시험들의 결과들 내지는 검사(examination)에 내지는 시험에 응하기를 피고인이 거부하거나 불이행한 사실.

5. 잠재적 증인들의 신빙성에 관한 내지는 예상되는 증언에 관한 진술들 내지는 의견들.

6. 자백들에 내지는 그 밖의 사항들에 관하여 배심의 출석 없는 곳에서의 사법절차들에서 이루어진 진술들로서 만약 보도되면 공정한 정식사실심리를 저해할 가능성이 있는 것들.

과거의 범죄기록들

그의 체포를 조력하기 위한 내지는 조금이라도 그가 제기하는 위험들을 공중에게 경고하기 위한 경우가 아닌 한 피고인의 과거의 범죄기록들을 변호사들은 및 법집행 요원들은 자진하여 말해서는 안 된다. 과거의 범죄기록들을 법원들의, 경찰 기관들의 및 그 밖의 정부 기관들의 «427 U. S., 616» 공공 기록들로부터 및 뉴스 매체 자신들의 자료들로부터 뉴스 매체들은 확보할 수 있다. 그러나 개인의 범죄기록의 공표는 내지는 방송은 해로울 수 있음을 뉴스 매체들은 인정하는바, 따라서 그것의 공표는 내지는 방송은, 특히 공식의 공소장들의 제출 뒤에는, 그리고 정식사실심리의 시간이 다가옴에 따라, 매우 주의 깊게 검토되어야 하고, 독자들은, 시청자들은 및 청취자들은 잠재적 배심원들이기에, 그리고 피고인은 유죄임이 증명되기까지는 무죄로 추정되기에 이러한 공표는 내지는 방송은 일반적으로 회피되어야 한다.

Photographs

1. Generally, it is not appropriate for law enforcement personnel to deliberately pose a person in custody for photographing or televising by representatives of the news media.

2. Unposed photographing and televising of an accused outside the courtroom is generally appropriate, and law enforcement personnel should not interfere with such photographing or televising except in compliance with an order of the court or unless such photographing or televising would interfere with their official duties.

3. It is appropriate for law enforcement personnel to release to representatives of the news media photographs of a suspect or an accused. Before publication of any such photographs, the news media should eliminate any portions of the photographs that would indicate a prior criminal offense or police record.

Continuing Committee for Cooperation

The members of the bar and the news media recognize the desirability of continued joint efforts in attempting to resolve any areas of differences that may arise in their mutual objective of assuring to all Americans both the correlative constitutional rights to free- «427 U. S., 617» dom of speech and press and to a fair trial. The bar and the news media, through their respective associations, have determined to establish a permanent committee to revise these guidelines whenever this appears necessary or appropriate, to issue opinions as to their application to specific situations, to receive, evaluate and make recommendations with respect to complaints and to seek to effect through educational and other voluntary means a proper accommodation of the constitutional correlative rights of free speech, free press and fair trial.

June, 1970

사진들

1. 구금되어 있는 사람을 대상으로 뉴스 매체들의 대표자들에 의한 사진촬영을 위하여 내지는 텔레비전 촬영을 위하여 법집행 요원들이 포즈를 취함은 일반적으로 적절하지 아니하다.

2. 법정 밖에서 포즈를 취하지 아니한 상태로 사진촬영을 하는 것은 및 텔레비전 촬영을 하는 것은 일반적으로 적절한바, 그러므로 법원의 명령에 따라서가 아닌 한 내지는 자신들의 공무수행들을 이러한 사진촬영이 내지는 텔레비전 촬영이 방해하지 않는 한, 이러한 사진촬영을 내지는 텔레비전 촬영을 법집행 요원들은 방해해서는 안 된다.

3. 용의자의 내지는 피고인의 사진들을 뉴스 매체들의 대표자들에게 법집행 요원들이 공개함은 적절하다. 조금이라도 과거의 범행을 내지는 경찰 기록을 나타낼 만한 부분들을 조금이라도 이러한 사진들의 공표에 앞서 그 사진들에서 뉴스 매체들은 제거해야 한다.

협력을 위한 상설위원회

상관적인 두 가지 헌법적 권리들인 말의 및 언론출판의 자유에 대한 권리를 및 공정한 정식사실심리에 대한 권리를 동시에 모든 미국인들에게 보장함이라는 그들의 공동의 목적에 있어서 조금이라도 발생할 수 있는 상위점들의 영역들을 해소하기를 시도함에 있어서의 지속적인 공동 노력들의 바람직함을 법원의 «427 U. S., 617» 및 뉴스 매체들의 구성원들은 인정한다. 이 지침들을 개정함이 필요하다고 여겨질 때는 언제든 이를 개정하기 위한, 특정의 상황들에의 그것들의 적용에 관한 의견들을 내기 위한, 불만사항들에 관한 권고들을 수령하기 위한, 평가하기 위한 및 행하기 위한, 그리고 자유로운 말이라는, 자유 언론이라는 및 공정한 정식사실심리라는 헌법상의 상관적 권리들의 적절한 조절을 교육적 및 그 밖의 자발적 방법을 통하여 달성하고자 추구하기 위한 항구적 위원회를 설립하기로 법원은 및 뉴스 매체들은 그들 각자의 결합체들을 통하여 결정한 바 있다.

1970년 6월

MR. JUSTICE STEVENS, concurring in the judgment.

For the reasons eloquently stated by MR. JUSTICE BRENNAN, I agree that the judiciary is capable of protecting the defendant's right to a fair trial without enjoining the press from publishing information in the public domain, and that it may not do so. Whether the same absolute protection would apply no matter how shabby or illegal the means by which the information is obtained, no matter how serious an intrusion on privacy might be involved, no matter how demonstrably false the information might be, no matter how prejudicial it might be to the interests of innocent persons, and no matter how perverse the motivation for publishing it, is a question I would not answer without further argument. See Ashwander v. TVA, 297 U. S. 288, 346-347 (Brandeis, J., concurring). I do, however, subscribe to most of what MR. JUSTICE BRENNAN says and, if ever required to face the issue squarely, may well accept his ultimate conclusion.

판결주문에 찬동하는 스티븐스(STEVENS) 판사의 보충의견.

　공중의 영역 안에서의 정보를 공표하지 못하도록 언론을 금지함이 없이도 공정한 정식사실심리에의 피고인의 권리를 사법부는 보호할 능력이 있다는 데 대하여, 그리고 이를 사법부는 금지해서는 안 된다는 데 대하여, 브레넌(BRENNAN) 판사에 의하여 웅변적으로 설파된 이유들에 따라서 나는 동의한다. 그 정보가 얻어진 수단이 그 얼마나 비열한지에 내지는 불법적인지에 상관없이, 그 포함되어 있을 수 있는 프라이버시에 대한 침해가 얼마나 중대한지에, 그 정보가 얼마나 명백하게 허위일 수 있는지에, 죄 없는 사람들의 이익들에 그것이 얼마나 유해할 수 있는지에, 그리고 그것을 공표하려는 동기가 얼마나 사악한지에 상관없이 바로 그 절대적 보호가 적용되는지 여부는, 더 이상의 논의 없이는 나로서는 답하고 싶지 않은 문제이다. Ashwander v. TVA, 297 U. S. 288, 346-347 (브랜다이스(Brandeis) 판사, 보충의견)을 보라. 그러나 브레넌(BRENNAN) 판사가 말하는 바의 대부분에 나는 찬동하는바, 그리하여 만약 그 쟁점을 정면으로 직면하도록 정녕 요구된다면 그의 궁극의 결론을 내가 받아들일 것임은 당연하다.

표현의 자유_Freedom of Expression

Freedom of

미국 연방대법원 판례시리즈 VII

RICHMOND NEWSPAPERS, INC. v. VIRGINIA, 448 U. S. 555 (1980)

버지니아주 대법원으로부터의 항소

NOS. 79–243.
변 론 1980년 2월 19일
판 결 1980년 7월 2일

요약해설

1. 개요

RICHMOND NEWSPAPERS, INC. v. VIRGINIA, 448 U. S. 555 (1980)은 7 대 1로 판결되었다. 법원의 의견을 법원장 버거(BURGER) 판사가 냈는바, 이에는 화이트(WHITE) 판사가 및 스티븐스(STEVENS) 판사가 가담하였다. 각각의 보충의견을 화이트(WHITE) 판사가 및 스티븐스(STEVENS) 판사가 냈다. 판결주문에 찬동하는 의견을 마샬(MARSHALL) 판사의 가담 아래 브레넌(BRENNAN) 판사가 냈고,[1] 역시 판결주문에 찬동하는 의견을 스튜어트(STEWART) 판사가, 블랙먼(BLACKMUN) 판사가 각각 냈다. 반대의견을 렌퀴스트(REHNQUIST) 판사는 냈다. 이 사건의 검토에도 판결에도 파월(POWELL) 판사는 참가하지 않았다. 형사 정식사실심리의 방청을 신문사 보도기자들에 대하여를 포함한 공중 전체에 대하여 정식사실심리 판사가 금지한 것이 연방헌법 수정 제1조에 저촉되는지의 문제를 다루었다.

2. 사실관계

칼에 찔려 사망한 상태로 1975년 12월 2일에 발견된 호텔 매니저에 대한 살해 혐의 아래서 피고인 스티븐슨은 대배심 검사기소에 처해졌고, 1976년 7월에 이루어진 버지니아주 하노버 카운티 순회법원에서의 정식사실심리에서 2급살인죄로 유죄판정을 받았다. 그 유죄판정을 1977년 10월 버지니아주 대법원은 파기하였는데, 혈흔 묻은 셔츠의 증거로서의 수령이 위법하다고 주 대법원은 판시하였다. 같은 순회법원에서 열린 두 번째 정식사실심리는 1978년 5월 30일에 심리무효(mistrial)로 끝

---

1) 형사사건들의 정식사실심리에서, 공정한 정식사실심리의 진행을 방해할 소지가 있는 사람의 방청을 판사의 재량으로 금지할 수 있다고 규정한 버지니아주 법전집[Va. Code] § 19.2-266 (Supp. 1980)은 연방헌법 수정 제1조를 및 제14조를 침해한다고, 따라서 위헌이라고 그는 썼다. (448 U. S., at 598.)

났다. 그것은 배심임무로부터 면제되게 해 달라는 요청을 정식사실심리 시작 뒤에 배심원 한 명이 한 데 대하여 교체자를 활용할 수 없었기 때문이었다. 같은 법원에서의 1978년 6월 6일에 시작된 세 번째 정식사실심리도 마찬가지로 심리무효로 끝났다. 먼저 번 정식사실심리들에 관하여 신문지상에서 배심원후보 한 명이 읽은 상태였고 사건에 관하여 그 새로운 정식사실심리 시작 이전에 다른 배심원후보들에게 그 배심원후보가 말한 상태였기 때문이었다. (448 U. S., at 559.)

같은 법원에서의 1978년 9월 11일의 네 번째 정식사실심리 때에 법정에는 항소인 리치몬드 신문사 측 보도기자들인 항소인 휠러가 및 항소인 매카트니가 출석해 있었다. 증언사항에 관한 정보가 휴정 중에 외부로 오가지 못하도록 정식사실심리의 방청을 금지해 달라고 정식사실심리 시작 이전에 피고인 측 변호인은 신청하였다. 방청금지에 이의가 없다고 검사는 말하였다. 버지니아주 법전집 규정에 의지하여, 증인들이 증언할 때의 그 증인들을 빼고는 모든 당사들은 법정에 있어서는 안 된다고 판사는 명령하였다. (448 U. S., at 559–560.)

방청금지 명령을 무효화해 달라는 신청을 제기하고서 이에 토대한 청문을 항소인들은 구하였다. 그 청문을 정식사실심리의 일부로서 법원은 취급하여 보도기자들더러 법정을 떠나도록 명령하였고 보도기자들은 순응하였다. 방청금지를 명령하려면 다른 방법으로는 피고인의 권리들이 보호될 수 없다는 판단을 헌법적 고려 요소들은 명령한다고 항소인들을 위한 변호인은 주장하였다. 배심원들 사이의 정보를 둘러싼 곤란을, 정보의 유출에 및 매체에 의한 부정확한 공표의 위험을, 배심원의 눈에 들어갈 위험을, 그리고 작은 지역사회에서 이 사건은 방청금지에 적합함을 스티븐슨의 변호인은 주장하였다. 방청금지 명령을 무효화해 달라는 신청을 법원은 기각하였고, 언론을 및 공중을 배제한 채로 정식사실심리는 속행되었다. 주측의 증거에 대하여 변호인이 신청한 배제신청을 판사는 받아들였고, 배심에 대한 임무를 법원은 해제하고서 피고인을 무죄방면하였다. (448 U. S., at 560–562.)

스티븐슨의 사건에 소급적으로 참가하겠다는 항소인들의 신청을 1978년 9월 27일 정식사실심리 법원은 허가하였다. 직무집행영장들을 및 금지영장들을 버지니아주 대법원에 항소인들은 신청하였고 정식사실심리 법원의 방청금지 명령에 대하여 항소를 제기하였다. 직무집행영장들에 및 금지영장들에 대한 신청들을 1979년 7월 9일 버지니아주 대법원은 기각하였고, 파기사유가 될 만한 오류를 발견하지 못하여 항소신청을 기각하였다. 권리항소를 및 사건기록송부명령 청구권을 다 같이 원용하여 재심리를 연방대법원에 항소인들은 구하였다. 사건기록 송부명령을 연방대법원은 내렸다. (448 U. S., at 562–563.)

3. 쟁점

형사 정식사실심리들을 방청할 공중의 및 언론의 권리가 미합중국 연방헌법 아래서 보장되는지 여부가 쟁점이 되었다. (448 U. S., at 558.)

4. 법원장 버거(BURGER) 판사가 쓴 법원의 의견의 요지

가. 방청 대상인 형사 정식사실심리가 끝난 상태임에 따라 사건이 쟁송성을 상실했는지에 관하여 성격상 단기간의 것인 논쟁의 실제상의 종결에 의하여 당원의 관할권이 반드시 배제되는 것은 아니다. 다툼이 반복 가능하면서도 재검토를 회피하는 성격의 것이면, 그것은 쟁송성을 상실하지 아니한다. 다른 판사들에 의하여 다른 정식사실심리들이 방청금지될 수 있다. 적어도 당원에서의 재검토를 방청금지 명령이 회피하게 되기에 충분할 만큼의 짧은 지속기간을 형사 정식사실심리들은 지니고는 한다. (448 U. S., at 563.)

나. 선례가 없는 최초의 사건

정식사실심리 이전의 증거배제 청문에의 접근의 권리를 연방헌법 수정 제6조는 공중에게도 언론에게도 부여하지 아니한다. 정식사실심리 이전의 증거배제 신청에 대한 청문은 정식사실심리가 아니다. 이의제기가 없을 경우의 피고인의 요청이 있으면, 공정한 정식사실심리를 누릴 피고인의 우선적 권리를 보호하기 위하여 방청금지가 요구된다는 점에 대한 내지는 방청금지를 모종의 다른 압도적인 고려요소가 요구한다는 점에 대한 증명 없이도, 형사 정식사실심리 자체가 공중에게 방청금지되어도 좋은지 여부를 판단하도록 이 법원은 처음으로 요청된다. (448 U. S., at 564.)

다. 공개절차로서의 역사적 개요

(1) 앵글로 아메리칸 사법제도에서의 현대적 형사 정식사실심리의 역사의 개요는 그것의 전개 전체 과정을 통하여 이를 관찰하고자 하는 모든 사람들에게 공개된 것이 되어 왔다. 노르만 정복 이전의 영국에서 사건들은 민회들(moots) 앞에 제기되었는데, 거기에는 지역사회의 자유민들이 참석하였다. 현대의 배심의무에 약간 유사하게, 이 초기의 모임들에의 출석은 자유인들에게 강제적이었고, 판결을 내리도록 그들은 요구되었다. 노르만 정복 이후의 배심제도의 점진적 발전에 더불어, 판결을 내리기 위하여 정식사실심리들에 출석할 모든 자유인들의 의무는 완화되었고 강제적 출석의무로부터 일정한 집단들이 면제되었음에도, 그들의 참석을 그 제정법상의 면제는 금지하지 않았다. 배심의무의 측면으로부터는 구분되는 공중의 방청의 중요성에 대한 인식을 1313년부터 1314년 사이에 개최된 일반법원인 켄트 순회재판소의 판례집들은 증명한다. 이 오래 전 시기 이후로도, 유무·죄가 판결되는 정식사실심리의 공개재판으로서의 성격 한 가지는 항구적인 것으로 남았다. 대배심 검사 기소장은 서면으로 제출되었음에도 불구하고 그 나머지 전부는 판사들의, 치안판사들의, 증인의, 죄수의 면전에서, 그리고 그것을 들을 수 있을 만큼 가까이 그 오고자 하는 만큼의 내지는 올 수 있는 만큼의 많은 사람들의 면전에서 공개적으로 이루어졌다. 공개재판 원칙은 그 모든 변화들을 뚫고서 살아남은 영국의 한 가지 전통이 되었다. 자유로운 접근을 공중이 지니는 공개된 법정에서 모든 사법적 정식사실심리들이 이루어진다는 원칙은 영국 사법제도의 가장 두드러지는 특징들 중 한 가지이다. (448 U. S., at 564-567.)

(2) 정식사실심리의 추정적 공개주의 원칙은 식민지 아메리카의 재판제도들의 한 가지 속성이다. 정식사실심리들의 공개원칙은 식민지의 기본법의 일부임이 1677년 웨스트 뉴저지의 특권사항들 및 협약사항들(Concessions and Agreements)에서, 1682년의 펜실베니아주 정부조직법에서, 1776년 펜실베니아주에 헌법에서 명시적으로 인정되었다. 그 참석하기를 원하는 사람들에게의 공개원칙은 형사 정식사실심리의 성격 자체의 일부라는 점에 대한 인식을 1774년 10월 26일 제1차 대륙회의에 의하여 승인된 퀘벡 주민들에게의 인사

말은 보여주는바, 공정한 정식사실심리에 바탕하여, 그리고 완전한 조사에 바탕하여 선서 위에서의 그에게 불리한 자신들의 판결을, 그 참석하기를 원하는 사람은 모두 참석한 상태의 공개법정에서 얼굴을 직접 맞댄 채로, 그의 성격을 및 증인들의 성격들을 알고 있다고 이웃으로부터 합리적으로 추정될 수 있는 이의사유 없는 그의 동향인들 중의 및 인근의 사회적 지위가 같은 사람들 중의 열 두 명이 내리기까지는 생명을이든, 자유를이든, 재산을이든 그 보유자로부터 박탈할 수 없음이 배심에 의한 정식사실심리의 권리임을 그것은 설명하였다. (448 U. S., at 567-569.)

(3) 우리의 기본법들이 채택된 시기에 미국에서든 영국에서든 형사 정식사실심리들은 다 같이 오래도록 추정적으로 공개의 것이 되어 온 터였다. 그것은 영미 정식사실심리의 불가결의 속성으로서 오래도록 인정되어 왔다. 모든 관련자들에게 공정하게 절차들이 수행됨에 대한 보장을 정식사실심리의 공개원칙은 부여하였고, 위증을 및 관여자들의 부정행위를 및 비밀의 선입관에 내지는 편파에 토대한 결정들을 그것은 억제하였다. 공개재판 원칙이 없다면, 그 밖의 모든 견제장치들은 불충분하다: 공개재판 원칙에 비하여 그 밖의 모든 견제장치들은 의미가 적다. (448 U. S., at 569.)

(4) 영국의 공개 형사절차에 대하여 18세기에 외국의 관찰자들은 경탄하였고, "공개원칙에, 배심에 의한 자유로운 정식사실심리에, 사안이 처리되는 비상한 신속함에 영국 사법제도의 주된 탁월성은 있다. 그들의 절차들의 공개원칙은 실로 놀라운 것이다. 법정들에의 자유로운 접근은 보편적으로 허용된다. . . 판사는, 변호사들은, 그리고 배심은 공중의 비난에 지속적으로 노출된다; 그리하여 재판 운영에 영국인들이 두는 그 비상한 신뢰를 증대시키는 데 이것은 기여한다."고 주석자 C. Goede는 그의 저서에서 선언하였다. (448 U. S., at 570.)

라. 공개의 정식사실심리가 지니는 가치들 및 효과들

(1) 중요한 공동체적 치유의 가치를 공개 정식사실심리들은 지닌다. 절차에 대하여와 그 결과들에 대하여 다 같이 공중의 승인으로부터 도출되는 뒷받침을,

특히 형사재판의 운영에 있어서 정의를 달성하기 위하여 사용된 수단들은 가지지 않으면 안 된다. 충격적인 범죄가 발생할 때에 공동체의 관심의, 적대감의 및 감정의 출구를 제공하는 등으로 중요한 예방적 목적에 공개의 재판절차들은 기여한다. (448 U. S., at 570–571.)

(2) 재판운영의 그 중대한 예방적 측면들은 어둠 속에서는 기능할 수 없다; 만약 재판이 "모퉁이에서 [내지는] 조금이라도 은밀한 방법으로 이루어진다면," 공동체의 카타르시스는 생길 수 없다. 공중의 시야로부터 정식사실심리가 가려져 있는 경우에는, 그 제도가 실패했다는 반응을, 그리고 그 제도가 타락해 버렸다는 반응을 예상 밖의 결과는 초래할 수 있다. 효율적으로 기능하기 위하여는, 정의의 외관을 사회의 형사절차가 만족시켜야 함이 중요하다. 고래의 마을회의 형식의 정식사실심리가 성가신 것이 되었을 때 공동체의 구성원 12명이 그 대리인들로서 행동하도록 선출되었지만, 그러나 정식사실심리들의 운영을 관찰할 자신의 권리를 공동체는 내주지 않았다. 정의가 실제로 시행되고 있음을 자신들로 하여금 확인할 수 있게 해 준 그 방문의 권리를 인민들은 존속시켰다. (448 U. S., at 571–572.)

(3) 공중의 참석이 지니는 교육적 효과는 중요한 이점이다. 법에 대한 존중이 증대되고 정부의 작동방식들에 관한 식별력 있는 지식이 얻어질 뿐만 아니라, 비밀제도에 의하여는 고취될 수 없었을 사법적 구제수단들에 대한 강력한 신뢰가 확보된다. (448 U. S., at 572.)

정식사실심리들에 관한 정보를 지금은 주로 인쇄물을 및 전자매체를 통하여 사람들은 얻는다. 공중이 누리는 만큼의 동등한 접근권을 매체의 대행자들은 향유하는 가운데, 보도를 위한 특별한 좌석배정이 및 입장에서의 우선권이 그들에게 제공된다. (448 U. S., at 572–573.)

마. 내재적 요소로서 및 보통법 전통의 일부로서의 공개 정식사실심리

우리 사법제도 아래서의 형사 정식사실심리의 성격 그 자체에 공개재판 원칙의 추정은 내재한다고 우리는 결론짓는다. 공개의 정식사실심리들은 보통법 전통의 일부이다. (448 U. S., at 573–574.)

바. 명시되지 아니한 권리로서의 정식사실심리에의 접근권

(1) 형사정식사실심리들에 참관할 권리를 문언 자체로써 공중에게 보장하는 규정을 연방헌법이든 권리장전이든 포함하지 않지만, 그러나 정식사실심리들로부터의 공중의 배제에 대처한 보호를 명시적 규정 없이도 연방헌법이 제공하는지 여부의 문제가 남는다. (448 U. S., at 575.)

(2) 정부의 기능수행에 관련한 사항들에 대한 정보교환의 자유를 보장함이라는 공통된 핵심적 목적을 연방헌법 수정 제14조에 결합한 연방헌법 수정 제1조의 자유들은 지닌다. 형사 정식사실심리들이 수행되는 방법이 지니는 중요성을보다도 더 높은 중요성을 지니는 정부행위의 측면을 선발해 내기란 어렵다. (448 U. S., at 575.)

(3) 공개 정식사실심리들의 배경막을 깔고서 권리장전은 제정되었다. 정식사실심리들에의 공중의 접근은 절차 자체의 중요한 측면으로 당시에 간주되었다. 정식사실심리들을 방청할 모든 사람의 권리를 보호하는 것으로 연방헌법 수정 제1조는 해석될 수 있다. 연방헌법 수정 제1조는 언론출판에 대한 및 개인들의 자기표현에 대한 보호를 넘어, 공중이 끌어낼 수 있는 정보의 줄기를 정부로 하여금 제약하지 못하도록 금지한다. 연방헌법 수정 제1조상의 권리는 정보를 및 사상들을 수령할 권리라고 칭해져 왔다. (448 U. S., at 575-576.)

(4) 뉴스를 찾아내는 노력에 대한 상당한 보호가 없이는 언론출판의 자유는 내장이 적출되어 버릴 수 있다. 만약 정식사실심리를 관찰하기 위한 접근이 자의적으로 봉쇄될 수 있다면 정식사실심리에서 일어나는 사항을 말할 및 공표할 그 명시적인 보장된 권리들은 그 의미의 대부분을 잃을 것이다. (448 U. S., at 576-577.)

(5) 공중에게 전통적으로 공개의 것이 되어 온 장소들에의 접근권은 말에 및 언론출판에 대한 연방헌법 수정 제1조의 합성물에 의하여 보장되는 것으로 간주될 수 있다. 공공의 장소들에 사람들이 모이는 것은 단지 말하거나 행동을 취하기 위해서만이 아니라, 듣고 관찰하고 배우기 위해서이기도 하다. 정식사실심리 법정은 그 방청할 권리를 사람들이 일반적으로 가지는, 그리고 그 일어나는 바의 염결성을 및 질을 그들의 방청이 제고시키는 것으로 역사적으

로 생각되어 온 공공장소이다. (448 U. S., at 577-578.)

(6) 열거되지 아니한 중요한 권리들의 인정을, 버지니아주가 제기하는 종류의 주장들은 배제한 적이 없다. 그 열거된 보장들 안에 일정한 명시되지 아니한 권리들이 함축되어 있음을 당원은 인정해 왔다. 기본적 권리들은, 심지어 명시적으로 보장되어 있지 아니한 것들이라 하더라도, 명시적으로 규정된 권리들의 향유에 불가결함이 당원에 의하여 인정되어 왔다. 연방헌법 수정 제1조의 보장들 안에 형사 정식사실심리를 방청할 권리는 내재되어 있다. (448 U. S., at 579-580.)

사. 결론

공개의 정식사실심리를 누릴 권리를 피고인에게 연방헌법 수정 제6조가 보장함에도 불구하고 비공개의 정식사실심리를 누릴 권리를 그것은 부여하지 아니한다. 방청금지를 뒷받침할 만한 사실들의 인정을 정식사실심리 판사는 해 놓지 않았다; 공정성을 확보하여야 할 필요를 대체적 해법들이 충족했을지 여부에 관하여 심리가 이루어지지 않았고; 정식사실심리를 방청할 공중의 내지는 언론출판의 연방헌법 아래서의 권리에 대한 인정이 없었다. 정식사실심리 자체의 맥락에서는 공정성의 헌법적 요구사항들을 만족시키기 위한 대체수단들이 - 법정으로부터의 증인들의 퇴정조치가, 격리조치가, 배심원들의 격리조치가 - 존재한다. 그것들에 의하여 문제들이 다루어질 수 없었으리라는 점에 대한 시사는 없었다. 사실인정에서 명확히 판시된 압도적 이익이 없이는, 형사사건의 정식사실심리는 공중에게 공개의 것이 되지 않으면 안 된다. 따라서 재검토 대상인 원심판결 주문은 파기된다. (448 U. S., at 580-581.)

The narrow question presented in this case is whether the right of the public and press to attend criminal trials is guaranteed under the United States Constitution. «448 U. S., 559»

I

In March 1976, one Stevenson was indicted for the murder of a hotel manager who had been found stabbed to death on December 2, 1975. Tried promptly in July 1976, Stevenson was convicted of second-degree murder in the Circuit Court of Hanover County, Va. The Virginia Supreme Court reversed the conviction in October 1977, holding that a bloodstained shirt purportedly belonging to Stevenson had been improperly admitted into evidence. Stevenson v. Commonwealth, 218 Va. 462, 237 S. E. 2d 779.

Stevenson was retried in the same court. This second trial ended in a mistrial on May 30, 1978, when a juror asked to be excused after trial had begun and no alternate was available.[1]

A third trial, which began in the same court on June 6, 1978, also ended in a mistrial. It appears that the mistrial may have been declared because a prospective juror had read about Stevenson's previous trials in a newspaper and had told other prospective jurors about the case before the retrial began. See

---

1) A newspaper account published the next day reported the mistrial and went on to note that "[a] key piece of evidence in Stevenson's original conviction was a bloodstained shirt obtained from Stevenson's wife soon after the killing. The Virginia Supreme Court, however, ruled that the shirt was entered into evidence improperly." App. 34a.

이 사건에 제기된 협소한 문제는 형사 정식사실심리들을 방청할 공중의 및 언론의 권리가 미합중국 연방헌법 아래서 보장되는지 여부이다. 《448 U. S., 559》

I

칼에 찔려 사망한 상태로 1975년 12월 2일에 발견된 바 있는 호텔 매니저에 대한 살해 혐의로 1976년 3월에 스티븐슨이라는 사람이 대배심 검사기소되었다. 신속히 1976년 7월에 정식사실심리가 이루어져 2급살인죄에 대하여 유죄판정을 버지니아주 하노버 카운티 순회구 지방법원에서 스티븐슨은 받았다. 그 유죄판정을 1977년 10월에 버지니아주 대법원은 파기하였는데, 스티븐슨의 것으로 추정된 혈흔 묻은 셔츠가 증거로 받아들여졌던 것은 위법하였다고 판시하였다. Stevenson v. Commonwealth, 218 Va. 462, 237 S. E. 2d 779.

같은 순회구 지방법원에서 다시 정식사실심리에 스티븐슨은 처해졌다. 1978년 5월 30일에 이 두 번째 정식사실심리는 심리무효로 끝났는데, 왜냐하면 배심임무로부터 면제되게 해 달라는 요청을 정식사실심리가 시작되고 났을 때 배심원 한 명이 하였고 이에 대하여 교체자를 활용할 수 없었기 때문이다.[1]

같은 법원에서 1978년 6월 6일에 시작된 세 번째 정식사실심리는 마찬가지로 심리무효로 끝났다. 스티븐슨의 먼저 번 정식사실심리들에 관하여 신문 한 개에서 배심원 후보 한 명이 읽은 상태였고 사건에 관하여 그 새로운 정식사실심리가 시작되기 전에 다른 배심원 후보들에게 그 배심원 후보가 말한 상태였기 때문에 심리무효

---

[1] 그 심리무효를 다음 날 한 곳의 신문기사는 보도하면서 나아가 이렇게 적었다 : "[스]티븐슨의 최초의 유죄판정에서의 핵심적 증거물은 살해 직후에 스티븐슨의 처로부터 확보된 혈흔 묻은 셔츠였다. 그러나 그 셔츠를 증거로 받아들인 것은 위법이었다고 버지니아주 대법원은 판시하였다." App. 34a.

App. 35a-36a.

Stevenson was tried in the same court for a fourth time beginning on September 11, 1978. Present in the courtroom when the case was called were appellants Wheeler and McCarthy, reporters for appellant Richmond Newspapers, Inc. Before the trial began, counsel for the defendant moved that it be closed to the public:

"[T]here was this woman that was with the family of the deceased when we were here before. She had sat in the Courtroom. I would like to ask that everybody be excluded from the Courtroom because I don't want any information being shuffled back and forth when we have «448 U. S., 560» a recess as to what - who testified to what." Tr. of Sept. 11, 1978 Hearing on Defendant's Motion to Close Trial to the Public 2-3.

The trial judge, who had presided over two of the three previous trials, asked if the prosecution had any objection to clearing the courtroom. The prosecutor stated he had no objection and would leave it to the discretion of the court. Id., at 4. Presumably referring to Va. Code § 19.2-266 (Supp. 1980), the trial judge then announced: "[T]he statute gives me that power specifically and the defendant has made the motion." He then ordered "that the Courtroom be kept clear of all parties except the witnesses when they testify." Tr., supra, at 4-5.[2] The record does not show that any objections to the closure order were made by anyone present at the time, including appellants Wheeler and McCarthy.

Later that same day, however, appellants sought a hearing on a motion to vacate the closure order. The trial judge granted the request and scheduled a

---

2) Virginia Code § 19.2–266 (Supp. 1980) provides in part:
  "In the trial of all criminal cases, whether the same be felony or misdemeanor cases, the court may, in its discretion, exclude from the trial any persons whose presence would impair the conduct of a fair trial, provided that the right of the accused to a public trial shall not be violated."

는 선언될 수 있었던 것으로 보인다. App. 35a-36a를 보라.

네 번째 정식사실심리를 같은 법원에서 1978년 9월 11일에 스트븐슨은 받았다. 사건이 호창되었을 때 법정에는 항소인 리치몬드 신문사 측 보도기자들인 항소인 휠러가 및 항소인 매카트니가 출석해 있었다. 정식사실심리는 공중에게 차단되어야 한다고 정식사실심리 시작 이전에 피고인 측 변호인은 신청하였다:

"[저] 번에 여기에 우리가 있었을 때 망자의 가족들 곁에 이 여인이 있었습니다. 그녀는 법정에 앉아 있었습니다. 무엇을 - 무엇을 누가 증언했는지에 관하여 우리가 휴정에 들어갈 때 조금이라도 정보가 앞으로 뒤로 오가게 되기를 저는 원하지 아니하기 때문에 «448 U. S., 560» 법정으로부터 모든 사람이 배제되게 해 주실 것을 저는 요청하고자 합니다." Tr. of Sept. 11, 1978 Hearing on Defendant's Motion to Close Trial to the Public 2-3.

법정에 아무도 없게 하는 데에 조금이라도 이의를 검찰이 지니고 있는지를 앞의 세 번의 정식사실심리들 중 두 개를 주재한 바 있는 정식사실심리 판사는 물었다. 이의가 없다고, 법원의 재량에 그것을 맡기겠다고 검사는 말하였다. Id., at 4. 추측상으로 버지니아주 법전집 § 19.2-266 (Supp. 1980)에 의지하여 정식사실심리 판사는 그 때에 선언하였다: "[주]는 그 권한을 내게 명확하게 부여하고 있고 피고인은 그 신청을 하였습니다." "증인들이 증언할 때의 그 증인들을 빼고는 모든 당사들은 법정에 있어서는 안 됩니다."라고 그는 이번에 명령하였다. Tr., supra, at 4-5.[2] 항소인 휠러를 및 항소인 매카트니를 포함하여 그 당시에 참석해 있던 어느 누구로부터라도 조금이라도 이의들이 그 방청금지 명령에 대하여 제기되었음을 기록은 보여주지 않는다.

그러나 방청금지 명령을 무효화해 달라는 신청에 토대한 청문을 그 날 중 더 나중에 항소인들은 구하였다. 그 요청을 정식사실심리 판사는 허가하고서 청문을 당

---

2) 해당부분에서 버지니아주 법전집 § 19.2-266 (Supp. 1980)은 규정한다: "공개의 정식사실심리를 받을 피고인의 권리가 침해되지 아니하는 한도 내에서는, 중죄사건들인지 경죄사건들인지 여부에 상관없이 모든 형사사건들의 정식사실심리에서, 공정한 정식사실심리의 진행을 그 참석이 방해할 소지가 있는 어떤 사람들이든지를 그 정식사실심리로부터 자신의 재량으로 법원은 배제할 수 있다."

hearing to follow the close of the day's proceedings. When the hearing began, the court ruled that the hearing was to be treated as part of the trial; accordingly, he again ordered the reporters to leave the courtroom, and they complied.

At the closed hearing, counsel for appellants observed that no evidentiary findings had been made by the court prior to the entry of its closure order and pointed out that the court had failed to consider any other, less drastic measures within its power to ensure a fair trial. Tr. of Sept. 11, 1978 Hearing on Motion to Vacate 11-12. Counsel for appellants argued that constitutional considerations mandated that before ordering closure, the court should first decide that the rights of the defendant could be protected in no other way. «448 U. S., 561»

Counsel for defendant Stevenson pointed out that this was the fourth time he was standing trial. He also referred to "difficulty with information between the jurors," and stated that he "didn't want information to leak out," be published by the media, perhaps inaccurately, and then be seen by the jurors. Defense counsel argued that these things, plus the fact that "this is a small community," made this a proper case for closure. Id., at 16-18.

The trial judge noted that counsel for the defendant had made similar statements at the morning hearing. The court also stated:

"[O]ne of the other points that we take into consideration in this particular Courtroom is layout of the Courtroom. I think that having people in the Courtroom is distracting to the jury. Now, we have to have certain people in here and maybe that's not a very good reason. When we get into our new Court Building, people can sit in the audience so the jury can't see them. The rule of the Court may be different under those circumstances. ······" Id., at 19.

The prosecutor again declined comment, and the court summed up by saying:

일의 절차들의 종료에 이어서 이루어지도록 일정을 잡았다. 정식사실심리의 일부로서 그 청문은 취급되어야 한다고 청문이 시작되었을 때 법원은 결정하였다; 보도기자들더러 법정을 떠나도록 이에 따라 그는 다시 명령하였고, 그들은 순응하였다.

방청금지 명령의 기입 이전에 법원에 의하여 증거적 사실판단이 이루어져 있지 아니하다고 그 방청금지된 청문에서 항소인들을 위한 변호인은 말하면서, 공정한 정식사실심리를 확보하기 위한 법원 자신의 권한 내의 조금이라도 여타의 덜 엄격한 조치들을 법원이 검토하지 못한 상태임을 변호인은 지적하였다. Tr. of Sept. 11, 1978 Hearing on Motion to Vacate 11-12. 방청금지를 명령하려면 다른 방법으로는 피고인의 권리들이 결코 보호될 수 없다는 판단을 그 이전에 법원이 먼저 내려야 함을 헌법적 고려요소들은 명령한다고 항소인들을 위한 변호인은 주장하였다. 《448 U. S., 561》

이것은 피고인이 네 번째로 처해진 정식사실심리임을 피고인 스티븐슨을 위한 변호인은 지적하였다. "배심원들 사이의 정보를 둘러싼 곤란"을 아울러 그는 언급하였고 "정보가 유출되기를," 매체에 의하여 필시 부정확하게 그것이 공표되기를, 그리고 이번에는 그것이 배심원의 눈에 들어가게 되기를 자신은 "원하지 않는다."고 말하였다. 이 사건을 방청금지에 적합한 사건으로 이러한 것들은, "이곳이 작은 지역사회"라는 사실이 덧붙여져서, 만든다고 변호인은 주장하였다. Id., at 16-18.

유사한 진술들을 오전의 청문에서 피고인 측 변호인이 한 상태임을 정식사실심리 판사는 주목하였다. 법원은 아울러 말하였다:

"[이] 특정의 법정에서 우리가 고려에 넣는 여타의 요점들 가운데 한 가지는 법정의 배치입니다. 사람들을 법정에 둠은 배심의 마음을 산란하게 한다고 저는 생각합니다. 지금으로서는 일정한 사람들을 여기 안에 우리는 두어야만 하는데, 아마도 그것은 썩 법도에 맞는 것은 아닙니다. 우리의 새 법원 건물로 우리가 옮겨갈 때에는 배심이 볼 수 없는 곳에 사람들은 앉아 있을 수 있게 될 것입니다. 그 상황들 아래서라면 법원의 규칙은 다른 것이 될 수 있을 것입니다. ……" Id., at 19.

의견을 말하기를 검사는 다시 거부하였고 법원은 이렇게 말함으로써 마무리지었다:

"I'm inclined to agree with [defense counsel] that, if I feel that the rights of the defendant are infringed in any way, [when] he makes the motion to do something and it doesn't completely override all rights of everyone else, then I'm inclined to go along with the defendant's motion." Id., at 20.

The court denied the motion to vacate and ordered the trial to continue the following morning "with the press and public excluded." Id., at 27; App. 21a.

What transpired when the closed trial resumed the next day was disclosed in the following manner by an order of the court entered September 12, 1978:

"[I]n the absence of the jury, the defendant by counsel «448 U. S., 562» made a Motion that a mis-trial be declared, which motion was taken under advisement.

"At the conclusion of the Commonwealth's evidence, the attorney for the defendant moved the Court to strike the Commonwealth's evidence on grounds stated to the record, which Motion was sustained by the Court.

"And the jury having been excused, the Court doth find the accused NOT GUILTY of Murder, as charged in the Indictment, and he was allowed to depart." Id., at 22a.[3]

On September 27, 1978, the trial court granted appellants' motion to intervene nunc pro tunc in the Stevenson case. Appellants then petitioned the Virginia Supreme Court for writs of mandamus and prohibition and filed an appeal from the trial court's closure order. On July 9, 1979, the Virginia Supreme Court dismissed the mandamus and prohibition petitions and, find-

---

3) At oral argument, it was represented to the Court that tapes of the trial were available to the public as soon as the trial terminated. Tr. of Oral Arg. 36.

"어떤 방식으로든 피고인의 권리들이 침해된다고 만약 제가 생각한다면, 무엇인가를 조치해 달라는 신청을 그가 할 때에는, 그리고 다른 모든 사람의 모든 권리들을 그것이 완전히 무시하는 것이 아닐 [때에는,] 피고인의 신청에 제가 부응하고자 해야 한다는 [피고인의 변호인]의 의견에 저는 동의하고 싶습니다." Id., at 20.

방청금지 명령을 무효화해 달라는 신청을 법원은 기각하였고 "언론을 및 공중을 배제한 채로" 정식사실심리를 다음 날 오전에 속행하도록 명령하였다. Id., at 27; App. 21a.

다음 날 그 방청금지된 정식사실심리가 다시 시작되었을 때 생겼던 일은 이러하였음이 1978년 9월 12일에 법원이 기입한 명령에 의하여 드러났다:

"[심]리무효가 선언되어야 한다는 신청을 배심의 출석이 없는 상태에서 변호인을 통하여 «448 U. S., 562» 피고인은 하였고, 그 신청에 대하여 숙고가 이루어졌다.

"주측의 증거제시가 마무리되자, 주측의 증거를 기록에 진술되어 있는 이유들에 근거하여 배제해 달라고 법원에 피고인의 변호인은 신청하였고, 법원에 의하여 그 신청은 받아들여졌다.

"그리하여 대배심 검사기소장에 기소된 살인혐의에 대하여 피고인은 무죄임을, 그 임무에서 배심이 벗어나 있는 가운데 법원은 인정하였고, 그리하여 법정을 떠나도록 그는 허용되었다." Id., at 22a.[3]

스티븐슨의 사건에 소급적으로 참가하겠다는 항소인들의 신청을 1978년 9월 27일 정식사실심리 법원은 허가하였다. 직무집행영장들을 및 금지영장들을 버지니아주 대법원에 이번에 항소인들은 신청하였고 정식사실심리 법원의 방청금지 명령에 대하여 항소를 제기하였다. 직무집행영장들에 및 금지영장들에 대한 신청들을 1979년 7월 9일 버지니아주 대법원은 기각하였고, 파기사유가 될 만한 오류를

---

3) 정식사실심리 테이프들을 정식사실심리가 종료되는 즉시로 공중이 입수할 수 있다는 점이 구두변론에서 법원에 주장되었다. Tr. of Oral Arg. 36.

ing no reversible error, denied the petition for appeal. Id., at 23a-28a.

Appellants then sought review in this Court, invoking both our appellate, 28 U. S. C. § 1257 (2), and certiorari jurisdiction. § 1257 (3). We postponed further consideration of the question of our jurisdiction to the hearing of the case on the merits. 444 U. S. 896 (1979). We conclude that jurisdiction by appeal does not lie;[4] however, treating the filed «448 U. S., 563» papers as a petition for a writ of certiorari pursuant to 28 U. S. C. § 2103, we grant the petition.

The criminal trial which appellants sought to attend has long since ended, and there is thus some suggestion that the case is moot. This Court has frequently recognized, however, that its jurisdiction is not necessarily defeated by the practical termination of a contest which is short-lived by nature. See, e. g., Gannett Co. v. DePasquale, 443 U. S. 368, 377-378 (1979); Nebraska Press Assn. v. Stuart, 427 U. S. 539, 546-547 (1976). If the underlying dispute is "capable of repetition, yet evading review," Southern Pacific Terminal Co. v. ICC, 219 U. S. 498, 515 (1911), it is not moot.

Since the Virginia Supreme Court declined plenary review, it is reasonably foreseeable that other trials may be closed by other judges without any more

---

4) In our view, the validity of Va. Code § 19.2–266 (Supp. 1980) was not sufficiently drawn in question by appellants before the Virginia courts to invoke our appellate jurisdiction. "It is essential to our jurisdiction on appeal. . . that there be an explicit and timely insistence in the state courts that a state statute, as applied, is repugnant to the federal Constitution, treaties or laws." Charleston Federal Savings & Loan Assn. v. Alderson, 324 U. S. 182, 185 (1945). Appellants never explicitly challenged the statute's validity. In both the trial court and the State Supreme Court, appellants argued that constitutional rights of the public and the press prevented the court from closing a trial without first «448 U. S., 563» giving notice and an opportunity for a hearing to the public and the press and exhausting every alternative means of protecting the defendant's right to a fair trial. Given appellants' failure explicitly to challenge the statute, we view these arguments as constituting claims of rights under the Constitution, which rights are said to limit the exercise of the discretion conferred by the statute on the trial court. Cf. Phillips v. United States, 312 U. S. 246, 252 (1941) ("[A]n attack on lawless exercise of authority in a particular case is not an attack upon the constitutionality of a statute conferring the authority ······"). Such claims are properly brought before this Court by way of our certiorari, rather than appellate, jurisdiction. See, e. g., Kulko v. California Superior Court, 436 U. S. 84, 90, n. 4 (1978); Hanson v. Denckla, 357 U. S. 235, 244, and n. 4 (1958). We shall, however, continue to refer to the parties as appellants and appellee. See Kulko, supra.

발견하지 못하고서 항소신청을 기각하였다. Id., at 23a-28a.

재검토를 당원에 항소인들은 구하였는데, 우리의 항소관할권, 28 U. S. C. § 1257 (2), 을 및 사건기록 송부명령 관할권을 다 같이 항소인들은 원용하였다. § 1257 (3). 사건 본안의 청문에 대한 우리의 관할권 문제의 더 이상의 검토를 우리는 연기 하였다. 항소에 의한 관할권은 없다고 우리는 결론짓는다;[4] 그러나, 제출된 서류들 을 28 U. S. C. § 2103에 따른 «448 U. S., 563» 사건기록 송부명령 신청으로 다루어 그 신청을 우리는 허가한다.

그 참석하기를 항소인들이 구한 형사 정식사실심리는 끝난 지 오래인 상태인바, 게다가 사건은 쟁송성을 상실한 상태라는 점에 대한 상당한 시사가 이렇게 있다. 성격상 단기간의 것인 논쟁의 실제상의 종결에 의하여 당원의 관할권이 반드시 배 제되는 것은 아님을 당원은 자주 인정해 온 터이다. 예컨대, Gannett Co. v. DePasquale, 443 U. S. 368, 377-378 (1979)를; Nebraska Press Assn. v. Stuart, 427 U. S. 539, 546-547 (1976)을 보라. 만약 그 토대에 놓인 다툼이 "반복 가능하면서도 재 검토를 회피하는 성격의 것"이면, Southern Pacific Terminal Co. v. ICC, 219 U. S. 498, 515 (1911), 그것은 쟁송성을 상실한 상태가 아니다.

정식의 재검토를 버지니아주 대법원이 거부하였기에, 방청금지의 필요성에 대 하여 이 기록에 제시되어 있는 증명보다도 조금이라도 더 많은 증명이 없이 다른

---

4) 우리의 견해로는, 우리의 항소관할권을 원용하기에 충분할 만큼은 버지니아주 법원들 앞에 버지니아주 법전집(Va. Code) § 19.2-266 (Supp. 1980)의 유효성이 항소인들에 의하여 문제로 제시되지 못하였다. "연방의 헌법에, 조약들 에 내지는 법들에 그 적용된 것으로서의 주 제정법이 배치된다는 점에 관하여 주 법원들에서의 명시적인 및 적시의 주장이 있어야 한다는 점이 …… 항소에서의 우리의 관할권에 필수이다." Charleston Federal Savings & Loan Assn. v. Alderson, 324 U. S. 182, 185 (1945). 그 제정법의 유효성을 항소인들은 결코 명시적으로 다투지 아니하였다. 고 지를 및 청문의 기회를 공중에게와 언론에게 먼저 부여하지 아니한 채로는, 그리고 공정한 정식사실심리를 누릴 피고 인의 권리를 보호하기 위한 모든 대체적 수단들을 «448 U. S., 563» 다 사용하지 아니한 채로는 정식사실심리의 방청 을 법원으로 하여금 금지하지 못하도록 공중의 및 언론의 헌법적 권리들은 금지한다고 정식사실심리 법원에서와 주 대법원에서 다 같이 항소인들은 주장하였다. 그 제정법을 명시적으로 다투기에 대한 항소들인의 불이행에 비추어, 연 방헌법 아래서의 권리들의 주장들을 구성하는 것으로 이 주장들을 우리는 보는바, 그 제정법에 의하여 정식사실심리 법원에 부여된 재량권의 행사를 그 권리들은 제한하는 것으로 말해진다. Phillips v. United States, 312 U. S. 246, 252 (1941) ("[특]정사건에서의 권한의 불법적인 행사에 대한 공격은 …… 그 권한을 부여하는 제정법의 합헌성에 대한 공 격은 아니다.")을 비교하라. 당원 앞에 이러한 주장들이 불려옴에는, 우리의 항소관할권에 의함이보다는 우리의 사건 기록 송부명령 관할권에 의함이 적절하다. 예컨대, Kulko v. California Superior Court, 436 U. S. 84, 90, n. 4 (1978) 을; Hanson v. Denckla, 357 U. S. 235, 244, and n. 4 (1958)을 보라. 그러나 당사자들을 항소인들로 및 피항소인들 로 언급하기를 우리는 계속할 것이다. Kulko, supra를 보라.

showing of need than is presented on this record. More often than not, criminal trials will be of sufficiently short duration that a closure order "will evade review, or at least considered plenary review in this Court." Nebraska Press, supra, at 547. Accordingly, we turn to the merits.

II

We begin consideration of this case by noting that the precise issue presented here has not previously been before this «448 U. S., 564» Court for decision. In Gannett Co. v. DePasquale, supra, the Court was not required to decide whether a right of access to *trials*, as distinguished from hearings on pretrial motions, was constitutionally guaranteed. The Court held that the Sixth Amendment's guarantee to the accused of a public trial gave neither the public nor the press an enforceable right of access to a *pre*trial suppression hearing. One concurring opinion specifically emphasized that "a hearing on a motion before trial to suppress evidence is not a *trial*. ······" 443 U. S., at 394 (BURGER, C. J., concurring). Moreover, the Court did not decide whether the First and Fourteenth Amendments guarantee a right of the public to attend trials, id., at 392, and n. 24; nor did the dissenting opinion reach this issue. Id., at 447 (opinion of BLACKMUN, J.).

In prior cases the Court has treated questions involving conflicts between publicity and a defendant's right to a fair trial; as we observed in Nebraska Press Assn. v. Stuart, supra, at 547, "[t]he problems presented by this [conflict] are almost as old as the Republic." See also, e. g., Gannett, supra; Murphy v. Florida, 421 U. S. 794 (1975); Sheppard v. Maxwell, 384 U. S. 333 (1966); Estes v. Texas, 381 U. S. 532 (1965). But here for the first time the Court is asked to decide whether a criminal trial itself may be closed to the public upon the unopposed request of a defendant, without any demonstra-

판사들에 의하여 다른 정식사실심리들이 방청금지될 수 있음을 합리적으로 예상할 수 있다. 흔히 "재검토를 내지는 적어도 당원에서의 숙고가 기울여진 정식의 재검토를" 방청금지 명령이 "회피하게 되기에" 충분할 만큼의 짧은 지속기간을 형사 정식사실심리들은 지니고는 한다. Nebraska Press, supra, at 547. 따라서 우리는 본안에 들어간다.

II

여기에서 제기되는 정확한 쟁점은 그 판단을 위하여 당원 앞에 이전에 놓여본 적이 없음을 주목함으로써 이 사건의 고찰을 «448 U. S., 564» 우리는 시작한다. 정식사실심리 이전의 신청들에 관한 청문들로부터는 구분되는 것들로서의 *정식사실심리*들에의 접근권이 헌법적으로 보장되는지 여부를 판단하도록은 Gannett Co. v. DePasquale, supra에서 당원은 요구되지 않았다. 정식사실심리 이전의 증거배제 청문에의 이행강제 가능한 접근의 권리를, 공개의 정식사실심리에 대한 연방헌법 수정 제6조의 피고인에게의 보장은, 공중에게도 언론에게도 부여하지 아니함을 당원은 판시하였다. "정식사실심리 이전의 증거배제 신청에 대한 청문은 *정식사실심리. …… 가 아님*"을 보충의견 한 개는 명시적으로 강조하였다 443 U. S., at 394 [법원장 버거(BURGER) 판사, 보충의견]. 더욱이, 정식사실심리들을 방청할 공중의 권리를 연방헌법 수정 제1조가 및 제14조가 보장하는지 여부를 당원은 판단하지 않았고, id., at 392, and n. 24; 이 문제에 이르지 아니하기는 반대의견이 또한 마찬가지였다. Id., at 447 [블랙먼(BLACKMUN) 판사의 의견].

공개재판 원칙의, 및 공정한 정식사실심리를 누릴 피고인의 권리의 그 양자 사이의 충돌사항들을 포함하는 문제들을 선례들에서 당원은 취급해 왔다; Nebraska Press Assn. v. Stuart, supra, at 547에서 우리가 말하였듯이, "이 [충돌]에 의하여 제기되는 문제들은 거의 공화국의 나이만큼이나 나이 든 것들이다." 아울러 예컨대, Gannett, supra를; Murphy v. Florida, 421 U. S. 794 (1975)를; Sheppard v. Maxwell, 384 U. S. 333 (1966)을; Estes v. Texas, 381 U. S. 532 (1965)를 보라. 그러나 이의제기가 없을 경우의 피고인의 요청이 있으면, 공정한 정식사실심리를 누릴 피고인의 우선적 권리를 보호하기 위하여 방청금지가 요구된다는 점에 대한 내지는 방청금지

tion that closure is required to protect the defendant's superior right to a fair trial, or that some other overriding consideration requires closure.

A

The origins of the proceeding which has become the modern criminal trial in Anglo-American justice can be traced back beyond reliable historical records. We need not here review all details of its development, but a summary of that history is instructive. What is significant for present purposes is that throughout its evolution, the trial has been open to all who cared to observe. «448 U. S., 565»

In the days before the Norman Conquest, cases in England were generally brought before moots, such as the local court of the hundred or the county court, which were attended by the freemen of the community. Pollock, English Law Before the Norman Conquest, in 1 Select Essays in Anglo-American Legal History 88, 89 (1907). Somewhat like modern jury duty, attendance at these early meetings was compulsory on the part of the freemen, who were called upon to render judgment. Id., at 89-90; see also 1 W. Holdsworth, A History of English Law 10, 12 (1927).[5]

With the gradual evolution of the jury system in the years after the Norman Conquest, see, e. g., id., at 316, the duty of all freemen to attend trials to render judgment was relaxed, but there is no indication that criminal trials did not remain public. When certain groups were excused from compelled attendance, see the Statute of Marlborough, 52 Hen. 3, ch. 10 (1267); 1

---

5) That there is little in the way of a contemporary record from this period is not surprising. It has been noted by historians, see E. Jenks, A Short History of English Law 3-4 (2d ed. 1922), that the early Anglo-Saxon laws "deal rather with the novel and uncertain, than with the normal and undoubted rules of law. ······ Why trouble to record that which every village elder knows? Only when a disputed point has long caused bloodshed and disturbance, or when a successful invader ······ insists on a change, is it necessary to draw up a code." Ibid.

를 모종의 다른 압도적인 고려요소가 요구한다는 점에 대한 아무런 증명 없이도, 형사 정식사실심리 자체가 공중에게 방청금지되어도 좋은지 여부를 판단하도록 이 법원은 여기서 처음으로 요청된다.

A

앵글로 아메리칸 사법제도에서의 현대적 형사 정식사실심리가 되어 있는 그 절차의 기원들은 신뢰할 만한 역사적 기록들 이전으로까지 거슬러 올라 그 흔적이 찾아질 수 있다. 그것의 전개의 세부사항들을 우리는 여기서 재검토할 필요가 없으나, 그 역사의 개요는 도움이 된다. 현재의 목적들을 위하여 중요한 것은, 그것의 전개 전체 과정을 통하여 정식사실심리는 이를 관찰하고자 하는 모든 사람들에게 공개된 것이 되어 왔다는 점이다. «448 U. S., 565»

노르만 정복 이전의 시기에는 영국에서의 사건들은 일반적으로 민회들(moots) 앞에 제기되었는데, 지역의 헌드러드 재판소라든지 또는 카운티 재판소가 그것들로서, 거기에는 지역사회의 자유민들이 참석하였다. Pollock, English Law Before the Norman Conquest, in 1 Select Essays in Anglo-American Legal History 88, 89 (1907). 현대의 배심의무에 약간 유사하게, 이 초기의 모임들에의 출석은 자유인들에게 강제적이었고, 판결을 내리도록 그들은 요구되었다. Id., at 89-90; 아울러 1 W. Holdsworth, A History of English Law 10, 12 (1927)를 보라.[5]

노르만 정복 이후의 시기에 있어서의 배심제도의 점진적 발전에 더불어, see, e. g., id., at 316, 판결을 내리기 위하여 정식사실심리들에 출석할 모든 자유인들의 의무가 완화되었음에도 불구하고, 공개 대상으로 형사 정식사실심리들이 남지 않았다는 징표는 없다. 강제적 출석의무로부터 일정한 집단들이 면제되었을 때, see the Statute of Marlborough, 52 Hen. 3, ch. 10 (1267); 1 Holdsworth, supra, at 79, and n.

---

5) 이 시기로부터 전해지는 당대의 기록이 거의 없다는 점은 놀라운 일이 아니다. 초기의 앵글로색슨 법들은 "표준적인 및 확실한 법 원칙들을 다루기보다는 새롭고도 불확실한 법 원칙들을 다룬다."는 점은 역사가들에 의하여, see E. Jenks, A Short History of English Law 3-4 (2d ed. 1922), 주목되어 온 터이다. "…… 마을 연장자 모두가 아는 것을 무엇 때문에 애써서 기록할 것인가? 유혈을 및 소동을 분쟁사안이 오래도록 야기해 온 경우라야 비로소, 또는 변화를 성공적인 침입자가 강요하는 경우라야 비로소, 한 개의 법전을 입안함이 필요하다." Ibid.

Holdsworth, supra, at 79, and n. 4, the statutory exemption did not prevent them from attending; Lord Coke observed that those excused "are not compellable to come, but left to their own liberty." 2 E. Coke, Institutes of the Laws of England 121 (6th ed. 1681).[6]

Although there appear to be few contemporary statements «448 U. S., 566» on the subject, reports of the Eyre of Kent, a general court held in 1313-1314, evince a recognition of the importance of public attendance apart from the "jury duty" aspect. It was explained that

"the King's will was that all evil doers should be punished after their deserts, and that justice should be ministered indifferently to rich as to poor; *and for the better accomplishing of this*, he prayed the community of the county *by their attendance* there to lend him their aid in the establishing of a happy and certain peace that should be both for the honour of the realm and for their own welfare." 1 Holdsworth, supra, at 268, quoting from the S. S. edition of the Eyre of Kent, vol. i., p.2 (emphasis added).

From these early times, although great changes in courts and procedure took place, one thing remained constant: the public character of the trial at which guilt or innocence was decided. Sir Thomas Smith, writing in 1565 about "the definitive proceedings in causes criminall," explained that, while the indictment was put in writing as in civil law countries:

"All the rest is done openlie in the presence of the Judges, the Justices, the enquest, the prisoner, *and so manie as will or can come so neare as to heare it*, and all depositions and witnesses given aloude, *that all men may heare*

---

6) Coke interpreted certain language of an earlier chapter of the same statute as specifically indicating that court proceedings were to be public in nature: "These words [In curia Domini Regis] are of great importance, for all Causes ought to be heard, ordered, and determined before the Judges of the King's Courts *openly* in the King's Courts, *whither all persons may resort*. ·····" 2 E. Coke, Institutes of the Laws of England 103 (6th ed. 1681) (emphasis added).

4, 그들의 참석을 그 제정법상의 면제는 금지하지 않았다; 그 면제된 사람들은 "출석하도록 강제되는 것이 아니라 그들 자신의 자유에 맡겨진다."고 코우크 경은 말하였다. 2 E. Coke, Institutes of the Laws of England 121 (6th ed. 1681).[6]

비록 그 주제에 관한 당대의 설명은 몇 개 안 되어 «448 U. S., 566» 보임에도 불구하고, "배심의무"의 측면으로부터는 구분되는 공중의 방청의 중요성에 대한 인식을 1313년부터 1314년 사이에 개최된 일반법원인 켄트 순회재판소의 판례집들은 증명한다.

"악을 저지르는 모든 자들은 그들의 공적에 따라 처벌되어야 한다는 것이, 그리고 가난한 사람들에게처럼 부유한 사람들에게도 차별 없이 법은 시행되어야 한다는 것이 국왕의 의지였다."고; "*그리고 왕국의 명예를 및 그들 자신의 복지를 다같이 위한 것이 될 행복한 및 확실한 치안의 수립에 있어서의 그들의 조력을 이것의 더 나은 성취를 위하여* 그 곳에의 그들의 참석에 의하여 자신에게 빌려달라고 카운티 공동체에 대하여 그는 빌었다."고 설명되었다. 1 Holdsworth, supra, at 268, quoting from the S. S. edition of the Eyre of Kent, vol. i., p.2 (강조는 보태짐).

이 오래 전 시기 이후로 비록 법원들에 및 절차에 있어서의 커다란 변화들이 이루어졌음에도 불구하고, 한 가지는 항구적인 것으로 남았다: 유죄가 또는 무죄가 판결되는 정식사실심리의 공개재판으로서의 성격이 그것이다. 대배심 검사기소장은 대륙법계 국가들에서처럼 서면으로 제출되었음에도 불구하고:

"그 나머지 전부는 판사들의, 대법관들의, 증인의, 죄수의 면전에서, 그리고 *그것을 들을 수 있을 만큼 가까이 그 오고자 하는 만큼의 내지는 올 수 있는 만큼의 많은 사람들*의 면전에서 공개적으로 이루어졌고, 그 말해지는 바를 그 선서증인들의

---

6) 법원 절차들은 사실상 공개되어야 하였음을 구체적으로 표시하는 것으로 바로 그 제정법의 보다 더 초기의 장에 담긴 특정 용어를 코우크는 해석하였다: "모든 청구원인들은 왕좌법원들에서 공개적으로 및 왕좌법원 판사들 앞에서 청문되고 명령되고 판정되어야 하기에 [In curia Domini Regis(왕좌법원들에서)]라는 이 구절들은 극히도 중요한바, 거기에는 *모든 사람들이 의존할 수 있는 것이다.* ……" 2 E. Coke, Institutes of the Laws of England 103 (6th ed. 1681) (강조는 보태짐).

from the mouth of the depositors and witnesses what is saide." T. Smith, De Republica Anglorum 101 (Alston ed. 1972) (emphasis added).

Three centuries later, Sir Frederick Pollock was able to state of the "rule of publicity" that, "[h]ere we have one tradition, at any rate, which has persisted through all changes." F. Pollock, The Expansion of the Common Law 31-32 (1904). See also E. Jenks, The Book of English Law 73-74 (6th ed. 1967): "[O]ne of the most conspicuous features of English justice, that all judicial trials are held in open court, to which the «448 U. S., 567» public have free access, ······ appears to have been the rule in England from time immemorial."

We have found nothing to suggest that the presumptive openness of the trial, which English courts were later to call "one of the essential qualities of a court of justice," Daubney v. Cooper, 10 B. & C. 237, 240, 109 Eng. Rep. 438, 440 (K. B. 1829), was not also an attribute of the judicial systems of colonial America. In Virginia, for example, such records as there are of early criminal trials indicate that they were open, and nothing to the contrary has been cited. See A. Scott, Criminal Law in Colonial Virginia 128-129 (1930); Reinsch, The English Common Law in the Early American Colonies, in 1 Select Essays in Anglo-American Legal History 367, 405 (1907). Indeed, when in the mid-1600's the Virginia Assembly felt that the respect due the courts was "by the clamorous unmannerlynes of the people lost, and order, gravity and decorum which should manifest the authority of a court in the court it selfe neglected," the response was not to restrict the openness of the trials to the public, but instead to prescribe rules for the conduct of those attending them. See Scott, supra, at 132.

In some instances, the openness of trials was explicitly recognized as part

및 증인들의 입으로부터 그 들을 수 있는 모든 사람들이 들을 수 있도록 모든 선서 증언들은 및 증언들은 구술로 이루어졌다."고, "형사적 청구원인들에 있어서의 결정적 절차들"에 관하여 1565년에 쓰면서 토마스 스미스 경은 설명하였다. T. Smith, De Republica Anglorum 101 (Alston ed. 1972) (강조는 보태짐).

"모든 변화들을 뚫고서 살아남은 한 가지 전통을 어쨌든 [여]기에 우리는 가지고 있다."고 "공개재판 원칙"을 세 세기 뒤에 프레드릭 폴록 경(Sir Frederick Pollock)은 말할 수 있었다. F. Pollock, The Expansion of the Common Law 31-32 (1904). 아울러 E. Jenks, The Book of English Law 73-74 (6th ed. 1967)을 보라: "[그] 자유로운 접근을 공중이 지니는 공개된 법정에서 모든 사법적 정식사실심리들이 이루어진다는 영국 사법제도의 가장 두드러지는 특징들 중 «448 U. S., 567» 한 가지는 …… 기억할 수 없는 시기 이래로 영국에서의 원칙이 되어 온 것으로 보인다."

"법정의 불가결한 특질들 중 한 가지"라고 나중에 영국법원들이 부르게 된 정식사실심리의 추정적 공개주의 원칙, Daubney v. Cooper, 10 B. & C. 237, 240, 109 Eng. Rep. 438, 440 (K. B. 1829), 은 식민지 아메리카의 재판제도들의 한 가지 속성이 아니었음을 시사하는 것을 우리는 전혀 발견하지 못하였다. 예컨대 버지니아주의 경우에 초기의 형사 정식사실심리들에 관하여 존재하는 기록들은 그것들이 공개되었음을 보여줄 뿐, 이에 반대되는 것은 전혀 언급된 바가 없다. A. Scott, Criminal Law in Colonial Virginia 128-129 (1930)을; Reinsch, The English Common Law in the Early American Colonies, in 1 Select Essays in Anglo-American Legal History 367, 405 (1907)을 보라. 아닌 게 아니라, 법원들에 부여되어 마땅한 존경은 "사람들의 떠들썩한 버릇없음에 의하여 실종"된다고, "그리고 법정의 권위를 나타내야 할 질서는, 근엄함은 및 예법은 법정 그 자체에서 무시"된다고 1600년대 중엽에 버지니아주 의회가 판단했을 때, 그 대응은 정식사실심리들의 공중에게의 공개성을 제한하는 것이 아니라, 그보다도 정식사실심리들에 참석하는 사람들의 행동을 위한 규칙들을 규정하는 것이었다. Scott, supra, at 132를 보라.

정식사실심리들의 공개원칙은 식민지의 기본법의 일부임이 몇몇 경우들에 있어

of the fundamental law of the Colony. The 1677 Concessions and Agreements of West New Jersey, for example, provided:

"That in all publick courts of justice for tryals of causes, civil or criminal, any person or persons, inhabitants of the said Province may freely come into, and attend the said courts, and hear and be present, at all or any such tryals as shall be there had or passed, that justice may not be done in a corner nor in any covert manner." Reprinted in Sources of Our Liberties 188 (R. Perry ed. 1959).

See also 1 B. Schwartz, The Bill of Rights: A Documentary History 129 (1971). «448 U. S., 568»

The Pennsylvania Frame of Government of 1682 also provided "[t]hat all courts shall be open ⋯⋯," Sources of Our Liberties, supra, at 217; 1 Schwartz, supra, at 140, and this declaration was reaffirmed in § 26 of the Constitution adopted by Pennsylvania in 1776. See 1 Schwartz, supra, at 271. See also §§ 12 and 76 of the Massachusetts Body of Liberties, 1641, reprinted in 1 Schwartz, supra, at 73, 80.

Other contemporary writings confirm the recognition that part of the very nature of a criminal trial was its openness to those who wished to attend. Perhaps the best indication of this is found in an address to the inhabitants of Quebec which was drafted by a committee consisting of Thomas Cushing, Richard Henry Lee, and John Dickinson and approved by the First Continental Congress on October 26, 1774. 1 Journals of the Continental Congress, 1774-1789, pp.101, 105 (1904) (Journals). This address, written to explain the position of the Colonies and to gain the support of the people of Quebec, is an "exposition of the fundamental rights of the colonists, as they were understood by a representative assembly chosen from all the colonies." 1 Schwartz, supra, at 221. Because it was intended for the inhabitants of

서는 명시적으로 인정되었다. 예컨대, 1677년 웨스트 뉴저지의 특권사항들 및 협약 사항들(Concessions and Agreements)은 규정하였다:

"민사든 형사든 청구원인들의 정식사실심리들을 위한 모든 공개법정들에 당해 주(州)의 어떤 사람이가든 내지는 사람들이가든 거주자들이가든 당해 법정들에 자유로이 들어올 수 있고 거기서 진행될 수 내지는 판결될 수 있는 그 모든 정식사실심리들에 참석할 수 있고 들을 수 있고 출석할 수 있는바, 즉 구석진 곳에서 또는 조금이라도 은밀한 방법으로 재판이 이루어져서는 안 되게 하기 위함이다." Reprinted in Sources of Our Liberties 188 (R. Perry ed. 1959).

아울러 1 B. Schwartz, The Bill of Rights: A Documentary History 129 (1971)을 보라. «448 U. S., 568»

"[모]든 법정들은 …… 공개되어야 한다."고 1682년의 펜실베니아주 정부조직법은 아울러 규정하였고, Sources of Our Liberties, supra, at 217; 1 Schwartz, supra, at 140, 1776년에 펜실베니아주에 의하여 채택된 헌법 § 26에서 이 선언은 재확인되었다. 1 Schwartz, supra, at 271을 보라. 아울러 §§ 12 and 76 of the Massachusetts Body of Liberties, 1641, reprinted in 1 Schwartz, supra, at 73, 80을 보라.

그 참석하기를 원하는 사람들에게의 공개원칙은 형사 정식사실심리의 성격 자체의 일부라는 점에 대한 인식을 그 밖의 당시의 기록물들은 확인시켜 준다. 토마스 커싱(Thomas Cushing)으로, 리차드 헨리 리(Richard Henry Lee)로, 존 디킨슨(John Dickinson)으로 등 구성된 위원회에 의하여 밑그림 그려진, 그리고 1774년 10월 26일 제1차 대륙회의에 의하여 승인된 퀘벡 주민들에게의 인사말에서 아마도 이 점의 최상의 징후는 발견된다. 1 Journals of the Continental Congress, 1774-1789, pp. 101, 105 (1904) (Journals). 식민지들의 지위를 설명하기 위하여 및 퀘벡 주민들의 지지를 얻기 위하여 집필된 이 인사말은, "식민지들 전체로부터 선출된 대의적 회의체에 의하여 이해된 바로서의 식민지 주민들의 기본적 권리들의 제시"이다. 1 Schwartz, supra, at 221. "별개의 정부 형태 아래서 길들여져" 온, 그리고 그 무렵에서야 비로소 영국 신민들이 된, 퀘벡주 거주민들을 위한 것으로 그것은 의도되었기

Quebec, who had been "educated under another form of government" and had only recently become English subjects, it was thought desirable for the Continental Congress to explain "the inestimable advantages of a free English constitution of government, which it is the privilege of all English subjects to enjoy." 1 Journals 106.

"[One] great right is that of trial by jury. This provides, that neither life, liberty nor property, can be taken from the possessor, until twelve of his unexceptionable countrymen and peers of his vicinage, who from that neighborhood may reasonably be supposed to be acquainted with his character, and the characters of the witnesses, upon a fair trial, and full enquiry, face to face, *in open Court, before as many of the people as chuse to* «448 U. S., 569» *attend*, shall pass their sentence upon oath against him. ······" Id., at 107 (emphasis added).

B

As we have shown, and as was shown in both the Court's opinion and the dissent in Gannett, 443 U. S., at 384, 386, n. 15, 418-425, the historical evidence demonstrates conclusively that at the time when our organic laws were adopted, criminal trials both here and in England had long been presumptively open. This is no quirk of history; rather, it has long been recognized as an indispensable attribute of an Anglo-American trial. Both Hale in the 17th century and Blackstone in the 18th saw the importance of openness to the proper functioning of a trial; it gave assurance that the proceedings were conducted fairly to all concerned, and it discouraged perjury, the misconduct of participants, and decisions based on secret bias or partiality. See, e. g., M. Hale, The History of the Common Law of England 343-345 (6th ed. 1820); 3 W. Blackstone, Commentaries *372-*373. Jeremy Bentham not only recognized the therapeutic value of open justice but regarded it as the keystone:

에, "그 누림이 모든 영국 신민들의 특권인 자유로운 영국의 정부 구성의 헤아릴 수 없는 이점들을" 대륙회의가 설명함이 바람직한 것으로 생각되었다. 1 Journals 106.

"[한 가지] 중요한 권리는 배심에 의한 정식사실심리의 권리입니다. …… 공정한 정식사실심리에 바탕하여, 그리고 완전한 조사에 바탕하여 선서 위에서의 그에게 불리한 자신들의 판결을, *그 참석하기를 원하는 사람은 모두 참석한 상태의 공개법정에서* 얼굴을 직접 맞댄 채로, 그의 성격을 및 증인들의 성격들을 알고 있다고 이웃으로부터 합리적으로 추정될 수 있는 이의사유 없는 그의 동향인들 중의 및 인근의 사회적 지위가 같은 사람들 중의 열 두 명이 내리기까지는 «448 U. S., 569» 생명을 이든, 자유를 이든, 재산을 이든 그 보유자로부터 박탈할 수 없다고 이것은 규정합니다." Id., at 107 (강조는 보태짐).

B

우리가 설명해 왔듯이, 그리고 Gannett, 443 U. S., at 384, 386, n. 15, 418-425에서의 당원의 의견에서와 반대의견에서 다 같이 설명되었듯이, 우리의 기본법들이 채택된 시기에 여기에서든 영국에서든 형사 정식사실심리들은 다 같이 오래도록 추정적으로 공개의 것이 되어 온 터였음을 역사적 증거는 결정적으로 논증한다. 이것은 역사의 급변이 아니다; 그렇기보다는, 그것은 영미 정식사실심리의 불가결의 속성으로서 오래도록 인정되어 왔다. 정식사실심리의 진정한 기능에 있어서의 공개 원칙이 지니는 중요성을 17세기에 헤일(Hale)은 및 18세기에 블랙스톤(Blackstone)은 다 같이 확인하였다; 모든 관련자들에게 공정하게 절차들이 수행됨에 대한 보장을 그것은 부여하였고, 위증을 및 관여자들의 부정행위를 및 비밀의 선입관에 내지는 편파에 토대한 결정들을 그것은 억제하였다. 예컨대, M. Hale, The History of the Common Law of England 343-345 (6th ed. 1820)을; 3 W. Blackstone, Commentaries *372-*373을 보라. 건강유지에 도움이 되는 공개재판의 가치를 제레미 벤담(Jeremy Bentham)은 인정하였을 뿐만 아니라 그것을 근본원리로 간주하였다:

"Without publicity, all other checks are insufficient: in comparison of publicity, all other checks are of small account. Recordation, appeal, whatever other institutions might present themselves in the character of checks, would be found to operate rather as cloaks than checks; as cloaks in reality, as checks only in appearance." 1 J. Bentham, Rationale of Judicial Evidence 524 (1827).[7]

Panegyrics on the values of openness were by no means confined to self-praise by the English. Foreign observers of English criminal procedure in the 18th and early 19th cen- «448 U. S., 570» turies came away impressed by the very fact that they had been freely admitted to the courts, as many were not in their own homelands. See L. Radzinowicz, A History of English Criminal Law 715, and n. 96 (1948). They marveled that "the whole juridical procedure passes in public," 2 P. Grosley, A Tour to London; or New Observations on England 142 (Nugent trans. 1772), quoted in Radzinowicz, supra, at 717, and one commentator declared:

"The main excellence of the English judicature consists in publicity, in the free trial by jury, and in the extraordinary despatch with which business is transacted. The publicity of their proceedings is indeed astonishing. *Free access to the courts is universally granted.*" C. Goede, A Foreigner's Opinion of England 214 (Horne trans. 1822). (Emphasis added.)

The nexus between openness, fairness, and the perception of fairness was not lost on them:

"[T]he judge, the counsel, and the jury, are constantly exposed to public animadversion; and this greatly tends to augment the extraordinary confidence, which the English repose in the administration of justice." Id., at 215.

---

7) Bentham also emphasized that open proceedings enhanced the performance of all involved, protected the judge from imputations of dishonesty, and served to educate the public. Rationale of Judicial Evidence, at 522–525.

"공개재판 원칙이 없다면, 그 밖의 모든 견제장치들은 불충분하다: 공개재판 원칙에 비하여 그 밖의 모든 견제장치들은 의미가 적다. 기록화는, 항소는, 그리고 저지물들로서의 성격으로 나타날 수 있는 그 밖의 모든 제도들은 견제장치들로서라기보다는 오히려 은폐수단들로서 기능하는 것으로 밝혀질 것이다; 실제로는 은폐수단들로서이면서도 외관상으로만 견제장치들로서 그것들은 기능할 것이다." 1 J. Bentham, Rationale of Judicial Evidence 524 (1827).[7]

공개원칙의 가치들에 대한 찬사들은 결코 영국인들에 의한 자찬에 한정되지 않았다. 법정들에 자유로이 입장하도록 자신들이 허용되었다는 사실 그 자체에 의하여 깊은 감명을 «448 U. S., 570» 받은 채로 18세기에 및 19세기에 영국의 형사절차에 대한 외국의 관찰자들은 떠나갔는데, 자신들의 고국들에서는 많은 사람들이 그러하지 못하였기 때문이다. L. Radzinowicz, A History of English Criminal Law 715, and n. 96 (1948)을 보라. "전체 사법절차들이 공개리에 진행된다."고 그들은 경탄하였고, 2 P. Grosley, A Tour to London; or New Observations on England 142 (Nugent trans. 1772), quoted in Radzinowicz, supra, at 717, 한 명의 주석자는 선언하였다:

"공개원칙에, 배심에 의한 자유로운 정식사실심리에, 사안이 처리되는 비상한 신속함에 영국 사법제도의 주된 탁월성은 있다. 그들의 절차들의 공개원칙은 실로 놀라운 것이다. *법정들에의 자유로운 접근은 보편적으로 허용된다.*" C. Goede, A Foreigner's Opinion of England 214 (Horne trans. 1822). (강조는 보태짐.)

공개원칙의, 공정성의, 그리고 공정성에 대한 인식의 그 세 가지 사이의 연계는 그들에게서 사라지지 않았다:

"[판사는, 변호사들은, 그리고 배심은 공중의 비난에 지속적으로 노출된다; 그리하여 재판 운영에 영국인들이 두는 그 비상한 신뢰를 증대시키는 데 이것은 기여한다." Id., at 215.

---

7) 관련된 모든 사람들의 업무수행을 공개리의 절차들이 고양시킴을, 부정직의 오명들로부터 판사를 보호함을, 그리고 공중을 교육하는 데에 기여함을 벤담(Bentham)은 아울러 강조하였다. Rationale of Judicial Evidence, at 522–525.

This observation raises the important point that "[t]he publicity of a judicial proceeding is a requirement of much broader bearing than its mere effect upon the quality of testimony." 6 J. Wigmore, Evidence § 1834, p.435 (J. Chadbourn rev. 1976).[8] The early history of open trials in part reflects the widespread acknowledgment, long before there were behavioral scientists, that public trials had significant community therapeutic value. Even without such experts to frame «448 U. S., 571» the concept in words, people sensed from experience and observation that, especially in the administration of criminal justice, the means used to achieve justice must have the support derived from public acceptance of both the process and its results.

When a shocking crime occurs, a community reaction of outrage and public protest often follows. See H. Weihofen, The Urge to Punish 130-131 (1956). Thereafter the open processes of justice serve an important prophylactic purpose, providing an outlet for community concern, hostility, and emotion. Without an awareness that society's responses to criminal conduct are underway, natural human reactions of outrage and protest are frustrated and may manifest themselves in some form of vengeful "self-help," as indeed they did regularly in the activities of vigilante "committees" on our frontiers. "The accusation and conviction or acquittal, as much perhaps as the execution of punishment, operat[e] to restore the imbalance which was created by the offense or public charge, to reaffirm the temporarily lost feeling of security and, perhaps, to satisfy that latent 'urge to punish.'" Mueller, Problems Posed by Publicity to Crime and Criminal Proceedings, 110 U. Pa. L. Rev. 1, 6 (1961).

Civilized societies withdraw both from the victim and the vigilante the

---

8) A collateral aspect seen by Wigmore was the possibility that someone in attendance at the trial or who learns of the proceedings through publicity may be able to furnish evidence in chief or contradict "falsifiers." 6 Wigmore, at 436. Wigmore gives examples of such occurrences. Id., at 436, and n. 2.

"[사]법절차의 공개원칙은 증언의 질에 미치는 효과 그 자체를보다도 훨씬 더 넓은 관련을 지니는 요구사항이다."라는 중요한 요점을 이 관찰은 제기한다. 6 J. Wigmore, Evidence § 1834, p.435 (J. Chadbourn rev. 1976).[8] 중요한 공동체적 치유의 가치를 공개 정식사실심리들이 지닌다는 점에 대한, 행동과학주의자들이 나오기 훨씬 이전의 광범위한 인식을 공개 정식사실심리들의 초기 역사는 부분적으로 반영한다. 심지어 개념을 단어들로 짜맞추는 «448 U. S., 571» 이들 전문가들이 없는 상태에서조차도, 절차에 대하여와 그 결과들에 대하여 다 같이 공중의 승인으로부터 도출되는 뒷받침을, 특히 형사재판의 운영에 있어서 정의를 달성하기 위하여 사용된 수단들은 가지지 않으면 안 됨을 경험으로부터와 관찰력으로부터 사람들은 이해하였다.

충격적인 범죄가 발생할 때에는 공동체의 격노의 반응이 및 공중의 항의가 자주 뒤따른다. H. Weihofen, The Urge to Punish 130-131 (1956)을 보라. 공동체의 관심의, 적대감의 및 감정의 출구를 제공하는 등으로 중요한 예방적 목적에 그 때부터 공개리의 재판절차들은 기여한다. 범죄행위에 대한 사회의 응답들이 진행 중임에 관한 인식이 없이는, 격노의 및 항의의 자연스러운 인간적 반응들은 좌절되고 그리하여 보복적 "자력구제"의 모종의 형태로 그것들은 나타날 수도 있는바, 실제로 우리의 변경지역들에서 자경단원 "위원회들"의 활동들에서 그것들은 정식으로 나타났던 터이다. "범죄에 의하여 내지는 공중의 고발에 의하여 빚어진 불균형을 회복하는 데에, 일시적으로 상실된 안전의 감정을 재확인하는 데에, 그리하여 그 잠재된 '처벌충동'을 만족시키는 데에, 처벌의 집행이 필시 기여하는 만큼이나 고소는, 유죄판정은 내지는 무죄방면은 기여[한다]." Mueller, Problems Posed by Publicity to Crime and Criminal Proceedings, 110 U. Pa. L. Rev. 1, 6 (1961).

피해자로부터와 자경단원들로부터 다 같이, 형사법들의 집행을 문명화된 사회

---

8) 위그모어(Wigmore)에 의하여 확인된 부차적 측면은 정식사실심리에 참석한 누군가가 또는 공개재판을 통하여 절차들을 배우는 누군가가 주신문에서의 증언을 제공할 수 있는 내지는 "허위증언자들"을 논박할 수 있는 가능성이었다. 6 Wigmore, at 436. 이러한 경우들의 사례들을 위그모어(Wigmore)는 제시한다. Id., at 436, and n. 2.

enforcement of criminal laws, but they cannot erase from people's conscious-ness the fundamental, natural yearning to see justice done - or even the urge for retribution. The crucial prophylactic aspects of the administration of jus-tice cannot function in the dark; no community catharsis can occur if justice is "done in a corner [or] in any covert manner." Supra, at 567. It is not enough to say that results alone will satiate the natural community desire for "satisfaction." A result considered untoward may undermine public confi-dence, and where the trial has been concealed from public view an unex-pected outcome can cause a reaction that the system at best has failed and at worst has been corrupted. To work effectively, it is important that society's criminal «448 U. S., 572» process "satisfy the appearance of justice," Offutt v. United States, 348 U. S. 11, 14 (1954), and the appearance of justice can best be provided by allowing people to observe it.

Looking back, we see that when the ancient "town meeting" form of trial became too cumbersome, 12 members of the community were delegated to act as its surrogates, but the community did not surrender its right to observe the conduct of trials. The people retained a "right of visitation" which enabled them to satisfy themselves that justice was in fact being done.

People in an open society do not demand infallibility from their institu-tions, but it is difficult for them to accept what they are prohibited from observing. When a criminal trial is conducted in the open, there is at least an opportunity both for understanding the system in general and its workings in a particular case:

"The educative effect of public attendance is a material advantage. Not only is respect for the law increased and intelligent acquaintance acquired with the methods of government, but a strong confidence in judicial reme-dies is secured which could never be inspired by a system of secrecy." 6

들은 회수하지만, 그러나 정의가 실현됨을 보고자 하는 그 기본적인, 자연스러운 열망을 - 또는 심지어는 보복의 충동을조차도 - 사람들의 인식으로부터 그들은 지울 수 없다. 재판운영의 그 중대한 예방적 측면들은 어둠 속에서는 기능할 수 없다; 만약 재판이 "모퉁이에서 [내지는] 조금이라도 은밀한 방법으로 이루어진다면," 공동체의 카타르시스는 생길 수 없다. Supra, at 567. "만족"을 바라는 자연스러운 공동체의 열망을 결과들 자체가 충족시킬 것이라고 말하는 것으로는 충분하지 않다. 공중의 신뢰의 토대를 빙퉁그러진 것으로 여겨지는 한 개의 결과는 침식할 수 있고, 게다가 공중의 시야로부터 정식사실심리가 가려져 있는 경우에는, 가장 좋게 보더라도 그 제도가 실패했다는 반응을, 그리고 가장 나쁘게는 그 제도가 타락해 버렸다는 반응을 한 개의 예상 밖의 결과는 초래할 수 있다. 효율적으로 기능하기 위하여는, "정의의 외관을 사회의 형사절차가 «448 U. S., 572» 만족시켜야 함"이 중요한데, Offutt v. United States, 348 U. S. 11, 14 (1954), 그것을 사람들로 하여금 관찰하도록 허용함에 의하여 그 정의의 외관은 가장 잘 제공될 수 있다.

돌아보건대, 고래의 "마을회의" 형식의 정식사실심리가 너무 성가신 것이 되었을 때 공동체의 구성원 12명이 그 대리인들로서 행동하도록 선출되었음을 우리는 보지만, 그러나 정식사실심리들의 운영을 관찰할 자신의 권리를 공동체는 내주지 않았다. 정의가 실제로 시행되고 있음을 자신들로 하여금 확인할 수 있게 해 준 그 "방문의 권리"를 인민들은 존속시켰다.

열린 사회에서의 인민은 무오류를 자신들의 제도들에 대하여 요구하지 않지만, 관찰함으로부터 그들이 금지되는 사항들을 그들로서 받아들이기는 어렵다. 공개리에 형사 정식사실심리가 진행되는 경우에는, 적어도 제도 일반을 이해할 수 있는 기회가 및 특정 사건에서의 그것의 작동들을 이해할 수 있는 기회가 다 같이 있다:

"공중의 참석이 지니는 교육적 효과는 중요한 이점이다. 법에 대한 존중이 증대되고 정부의 작동방식들에 관한 식별력 있는 지식이 얻어질 뿐만 아니라, 비밀제도에 의하여는 결코 고취될 수 없었을 사법적 구제수단들에 대한 강력한 신뢰가 확보된다." 6 Wigmore, supra, at 438. 아울러 1 J. Bentham, Rationale of Judicial

Wigmore, supra, at 438. See also 1 J. Bentham, Rationale of Judicial Evidence, at 525.

In earlier times, both in England and America, attendance at court was a common mode of "passing the time." See, e. g., 6 Wigmore, supra, at 436; Mueller, supra, at 6. With the press, cinema, and electronic media now supplying the representations or reality of the real life drama once available only in the courtroom, attendance at court is no longer a widespread pastime. Yet "[i]t is not unrealistic even in this day to believe that public inclusion affords citizens a form of legal education and hopefully promotes confidence in the fair administration of justice." State v. Schmit, 273 Minn. 78, 87-88, 139 N. W. 2d 800, 807 (1966). Instead of acquiring information about trials by firsthand observation or by word «448 U. S., 573» of mouth from those who attended, people now acquire it chiefly through the print and electronic media. In a sense, this validates the media claim of functioning as surrogates for the public. While media representatives enjoy the same right of access as the public, they often are provided special seating and priority of entry so that they may report what people in attendance have seen and heard. This "contribute[s] to public understanding of the rule of law and to comprehension of the functioning of the entire criminal justice system. ⋯⋯" Nebraska Press Assn. v. Stuart, 427 U. S., at 587 (BRENNAN, J., concurring in judgment).

C

From this unbroken, uncontradicted history, supported by reasons as valid today as in centuries past, we are bound to conclude that a presumption of openness inheres in the very nature of a criminal trial under our system of justice. This conclusion is hardly novel; without a direct holding on the issue, the Court has voiced its recognition of it in a variety of contexts over the

Evidence, at 525를 보라.

초기 시절에, 영국에서와 미국에서 다 같이, 법정에의 방청은 "시간을 보내는" 보편적 방법이었다. 예컨대, 6 Wigmore, supra, at 436을; Mueller, supra, at 6을 보라. 한 때는 오직 법정에서만 볼 수 있었던 현실 생활 드라마의 연출행위들을 내지는 실체를 잡지가, 영화가 및 전자매체가 지금은 제공하고 있기에, 법정에의 방청은 널리 유행하는 소일거리가 더 이상 아니다. 그러나 "[일]정 형태의 법률교육을 시민들에게 공중의 포섭이 제공한다고, 그리고 공정한 사법운영에의 신뢰를 아마도 그것이 촉진한다고 믿는 것은 오늘날에도 비현실적인 일이 아니다." State v. Schmit, 273 Minn. 78, 87-88, 139 N. W. 2d 800, 807 (1966). 정식사실심리들에 관한 정보를 직접의 관찰에 의하여 내지는 그 방청한 사람들의 «448 U. S., 573» 직접적인 말에 의하여 얻기보다는, 지금은 주로 인쇄물을 및 전자매체를 통하여 그것을 사람들은 얻는다. 공중을 위한 대리인들로서 기능함에 관한 매체의 주장의 정당함을 어떤 의미에서는 이것은 인정한다. 공중이 누리는 만큼의 동등한 접권권을 매체의 대행자들은 향유하는 가운데, 방청석에서의 사람들이 보고 들은 사항을 보도할 수 있도록 특별한 좌석배정이 및 입장에서의 우선권이 그들에게 자주 제공된다. "…… 법의 지배에 대한 공중의 이해에 및 전체 형사재판 제도의 기능에 대한 이해에" 이것은 "기여[한다]." Nebraska Press Assn. v. Stuart, 427 U. S., at 587 [브레넌 (BRENNAN) 판사, 판결주문에 찬동함].

C

우리 사법제도 아래서의 형사 정식사실심리의 성격 그 자체에 공개재판 원칙의 추정은 내재함을, 수 세기 이전에처럼 여전히 오늘에도 타당한 것으로 논거들에 의하여 뒷받침되는, 이 깨진 적 없는, 부정된 바 없는 역사에 터잡아 우리는 결론지어야 한다. 이 결론은 결코 새로운 것이 아니다; 이 문제에 대한 직접의 판시는 없지만, 그것에 대한 자신의 인정을 여러 해 동안 다양한 맥락들 안에서 당원은 표명해

years.[9] Even while holding, in Levine v. «448 U. S., 574» United States, 362 U. S. 610 (1960), that a criminal contempt proceeding was not a "criminal prosecution" within the meaning of the Sixth Amendment, the Court was careful to note that more than the Sixth Amendment was involved:

"[W]hile the right to a 'public trial' is explicitly guaranteed by the Sixth Amendment only for 'criminal prosecutions,' that provision is a reflection of the notion, deeply rooted in the common law, that 'justice must satisfy the appearance of justice.' ······ [D]ue process demands appropriate regard for the requirements of a public proceeding in cases of criminal contempt ······ as it does for all adjudications through the exercise of the judicial power, barring narrowly limited categories of exceptions. ······" Id., at 616.[10]

And recently in Gannett Co. v. DePasquale, 443 U. S. 368 (1979), both the majority, id., at 384, 386, n. 15, and dissenting opinion, id., at 423, agreed

---

9) "Of course trials must be public and the public have a deep interest in trials." Pennekamp v. Florida, 328 U. S. 331, 361 (1946) (Frankfurter, J, concurring).
"A trial is a public event. What transpires in the court room is public property." Craig v. Harney, 331 U. S. 367, 374 (1947) (Douglas, J.).
"[W]e have been unable to find a single instance of a criminal trial conducted in camera in any federal, state, or municipal court during the history of this country. Nor have we found any record of even one such secret criminal trial in England since abolition of the Court of Star Chamber in 1641, and whether that court ever convicted people secretly is in dispute. ······
"This nation's accepted practice of guaranteeing a public trial to an accused has its roots in our English common law heritage. The exact date of its origin is obscure, but it likely evolved long before the settlement of our land as an accompaniment of the ancient institution of jury trial." In re Oliver, 333 U. S. 257, 266 (1948) (Black, J.) (footnotes omitted).
"One of the demands of a democratic society is that the public should know what goes on in courts by being told by the press what happens «448 U. S., 574» there, to the end that the public may judge whether our system of criminal justice is fair and right." Maryland v. Baltimore Radio Show, Inc., 338 U. S. 912, 920 (1950) (Frankfurter, J., dissenting from denial of certiorari).
"It is true that the public has the right to be informed as to what occurs in its courts, ······ reporters of all media, including television, are always present if they wish to be and are plainly free to report whatever occurs in open court. ······" Estes v. Texas, 381 U. S. 532, 541–542 (1965) (Clark, J.); see also id., at 583–584 (Warren, C. J., concurring). (The Court ruled, however, that the televising of the criminal trial over the defendant's objections violated his due process right to a fair trial.)
"The principle that justice cannot survive behind walls of silence has long been reflected in the 'Anglo–American distrust for secret trials.'" Sheppard v. Maxwell, 384 U. S. 333, 349 (1966) (Clark, J.).
10) The Court went on to hold that, "on the particular circumstances of the case," 362 U. S., at 616, the accused could not complain on appeal of the "so-called 'secrecy' of the proceedings," id., at 617, because, with counsel present, he had failed to object or to request the judge to open the courtroom at the time.

왔다.[9] 형사적 법원모독 재판절차는 «448 U. S., 574» 연방헌법 수정 제6조의 의미 내에서의 "형사소추"가 아니라고 Levine v. United States, 362 U. S. 610 (1960)에서 당원은 판시하면서조차도, 연방헌법 수정 제6조 이상의 것이 이에는 포함되어 있음을 적어두는 주의를 당원은 기울였다:

"'[공]개의 정식사실심리들' 을 누릴 권리가 연방헌법 수정 제6조에 의하여 명시적으로 보장되는 것은 '형사 기소사건들' 을 위해서만이기는 하지만, 그 규정은 '정의의 외관을 정의는 충족시키지 않으면 안 된다.'는, 보통법에 깊이 뿌리를 둔 관념의 반영이다. …… [공]개적 절차진행의 요구사항들에 대한 적절한 존중을 형사적 법원모독죄의 사건들에서 적법절차는 요구하는 바 …… 협소하게 한정된 예외의 범주들을 위하여를 제외하고는 사법권한의 행사를 통한 모든 판결들을 위하여 그것이 요구함에 이는 동등하다. ……" Id., at 616.[10]

그리고 공개의 정식사실심리들은 보통법 전통의 일부임을 근자에 Gannett Co. v. DePasquale, 443 U. S. 368 (1979)에서 다수의견은, id., at 384, 386, n. 15, 및 반대의견은, id., at 423, 다같이 동의하였다. «448 U. S., 575»

---

9) "정식사실심리들은 당연히 공개적이지 않으면 안 되고 또한 중대한 이익을 정식사실심리들에 대하여 공중은 가진다." Pennekamp v. Florida, 328 U. S. 331, 361 (1946) (프랑크푸르터 판사, 찬동의견). "정식사실심리는 공중의 사안이다. 법정에서 밝혀지는 사항은 공공의 자산이다." Craig v. Harney, 331 U. S. 367, 374 (1947) (더글라스(Douglas) 판사). "[방]청 금지 상태에서 진행된 형사정식사실심리의 단 한 개의 사례이라도 이 나라의 역사를 통하여 연방의, 주의, 자치체의 법정 그 어디에서도 우리는 찾아볼 수 없었다. 영국에서도 1641년의 성실청의 폐지 이래로 이러한 비밀의 형사 정식사실심리의 기록을 단 한 개이라도 우리는 찾아내지 못하였을 뿐만 아니라, 사람들을 비밀리에 그 법원이 유죄로 판정하기라도 했는지 여부가 다투어지고 있다. …… "공개의 정식사실심리를 피고인에게 보장하는 이 나라의 승인된 관행은 우리의 영국 보통법 유산 안에 그 뿌리들을 둔다. 그것의 기원의 정확한 시기는 불명확하지만, 아마도 배심에 의한 정식사실심리라는 그 고래의 제도의 부수물로서의 우리 나라에의 정착이 이루어지기 오래 전에 그것은 진화한 것이었다." In re Oliver, 333 U. S. 257, 266 (1948) (블랙(Black) 판사.) (각주생략). "민주주의 사회의 요구사항들의 한 가지는 우리의 형사재판 제도가 공정하고 정당한지 여부를 공중이 판단할 수 있기 위하여 법정들에서 이루어지는 사항을. «448 U. S., 574» 어떤 일이 거기서 일어나는지 언론에 의하여 고지받음을 통하여 공중이 알아야 한다는 것이다." Maryland v. Baltimore Radio Show, Inc., 338 U. S. 912, 920 (1950) (프랑크푸르터(Frankfurter) 판사, 사건기록 송부명령 신청의 기각에 반대함). "자신의 법원들에서 일어나는 일에 관하여 정보를 제공받을 권리를 공중이 지님은 진실이다. …… 텔레비전을 포함하여 모든 매체들의 보도기자들은 그 방청하기를 원하기만 하면 항상 방청할 수 있고 그리하여 공개법정에서 일어나는 사항을 아주 자유로이 보도할 수 있다. ……" Estes v. Texas, 381 U. S. 532, 541–542 (1965) (클라크(Clark) 판사; 아울러 id., at 583–584 (법원장 워렌(Warren) 판사, 찬동의견)을 보라. (그러나 공정한 정식사실심리를 누릴 피고인의 적법절차상의 권리를, 피고인의 이의들을 누른 형사 정식사실심리의 텔레비전 방송은 침해한다고 당원은 판시하였다.) "침묵의 장벽들 뒤에서는 정의가 살아남을 수 없다는 원칙은 '방청 금지 상태에서의 정식사실심리들에 대한 영미 세계의 혐오' 안에 오래도록 반영되어 왔다." Sheppard v. Maxwell, 384 U. S. 333, 349 (1966) (클라크(Clark) 판사).

10) "사건의 특정 상황들에 비추어." 362 U. S., at 616. "절차들의 그 이른바 '비밀성'." id., at 617, 을 항소심에서 피고인은 따질 수 없다고, 왜냐하면 변호인이 출석해 있는 상태에서 그 당시에 그는 이의하지도, 법정을 개방하도록 판사에게 요청하지도 아니하였기 때문이라고 판시하는 데 당원은 나아갔다.

that open trials were part of the common-law tradition. «448 U. S., 575»

Despite the history of criminal trials being presumptively open since long before the Constitution, the State presses its contention that neither the Constitution nor the Bill of Rights contains any provision which by its terms guarantees to the public the right to attend criminal trials. Standing alone, this is correct, but there remains the question whether, absent an explicit provision, the Constitution affords protection against exclusion of the public from criminal trials.

III

A

The First Amendment, in conjunction with the Fourteenth, prohibits governments from "abridging the freedom of speech, or of the press; or the right of the people peaceably to assemble, and to petition the Government for a redress of grievances." These expressly guaranteed freedoms share a common core purpose of assuring freedom of communication on matters relating to the functioning of government. Plainly it would be difficult to single out any aspect of government of higher concern and importance to the people than the manner in which criminal trials are conducted; as we have shown, recognition of this pervades the centuries-old history of open trials and the opinions of this Court. Supra, at 564-575, and n. 9.

The Bill of Rights was enacted against the backdrop of the long history of trials being presumptively open. Public access to trials was then regarded as an important aspect of the process itself; the conduct of trials "before as many of the people as chuse to attend" was regarded as one of "the inestimable advantages of a free English constitution of government." 1 Journals 106, 107. In guaranteeing freedoms such as those of speech and press, the First Amendment can be read as protecting the right of everyone to attend trials so

형사정식사실심리들에 참관할 권리를 문언 자체로써 공중에게 보장하는 규정을 연방헌법이가든 권리장전이가든 전혀 포함하지 않는다는 자신의 주장을, 연방헌법이 제정되기 훨씬 이전부터 추정적으로 공개의 것이 되어 온 형사 정식사실심리들의 역사에도 불구하고 버지니아주는 밀어 붙인다. 그것만을 볼 때는 이것은 옳지만, 그러나 정식사실심리들로부터의 공중의 배제에 대처한 보호를 명시적 규정 없이도 연방헌법이 제공하는지 여부의 문제가 남는다.

Ⅲ

A

"말의 내지는 언론출판의 자유를; 또는 평화롭게 모일, 그리고 고충사항들의 구제를 위하여 정부에 청원할 국민의 자유를" 정부들로 하여금 "박탈하"지 못하도록, 연방헌법 수정 제14조에 결합하여 연방헌법 수정 제1조는 금지한다. 정부의 기능 수행에 관련한 사항들에 대한 정보교환의 자유를 보장함이라는 공통된 핵심적 목적을 명시적으로 보장된 이 자유들은 지닌다. 형사 정식사실심리들이 수행되는 방법이 지니는 중요성을보다도 조금이라도 더 높은 관심 대상인 및 조금이라도 더 높은 중요성을 지닌 정부행위의 측면을 선발해 내기란 어려우리라는 것은 명백하다; 우리가 논증해 놓았듯이, 여러 세기에 걸친 공개 정식사실심리들의 및 당원의 의견들의 역사에 이 점의 인식은 스며들어 있다. Supra, at 564-575, and n. 9.

추정적으로 공개리에 진행된 정식사실심리들의 오랜 역사의 배경막을 깔고서 권리장전은 제정되었다. 정식사실심리들에의 공중의 접근은 절차 자체의 중요한 측면으로 당시에 간주되었다; "방청하고자 하는 모든 사람들 앞에서의" 정식사실심리들의 진행은 "자유로운 영국의 정부 구성의 헤아릴 수 없는 이점들"의 한 가지로 간주되었다. 1 Journals 106, 107. 말의 및 언론출판의 자유들을 비롯한 자유들을 보장함에 있어서는, 정식사실심리들을 방청할 모든 사람의 권리를 보호하는 것으로, 그 명시적 보장들에 의미를 부여하기 위하여 연방헌법 수정 제1조는 해석될 수

as to give meaning to those explicit guarantees. "[T]he First Amendment goes beyond protection of the press and the self- «448 U. S., 576» expression of individuals to prohibit government from limiting the stock of information from which members of the public may draw." First National Bank of Boston v. Bellotti, 435 U. S. 765, 783 (1978). Free speech carries with it some freedom to listen. "In a variety of contexts this Court has referred to a First Amendment right to 'receive information and ideas.'" Kleindienst v. Mandel, 408 U. S. 753, 762 (1972). What this means in the context of trials is that the First Amendment guarantees of speech and press, standing alone, prohibit government from summarily closing courtroom doors which had long been open to the public at the time that Amendment was adopted. "For the First Amendment does not speak equivocally. ······ It must be taken as a command of the broadest scope that explicit language, read in the context of a liberty-loving society, will allow." Bridges v. California, 314 U. S. 252, 263 (1941) (footnote omitted).

It is not crucial whether we describe this right to attend criminal trials to hear, see, and communicate observations concerning them as a "right of access," cf. Gannett, supra, at 397 (POWELL, J., concurring); Saxbe v. Washington Post Co., 417 U. S. 843 (1974); Pell v. Procunier, 417 U. S. 817 (1974),[11] or a "right to gather information," for we have recognized that "without some protection for seeking out the news, freedom of the press could be eviscerated." Branzburg v. Hayes, 408 U. S. 665, 681 (1972). The explicit, guaranteed rights to speak and to publish concerning what takes place at a «448 U. S., 577» trial would lose much meaning if access to

---

11) Procunier and Saxbe are distinguishable in the sense that they were concerned with penal institutions which, by definition, are not "open" or public places. Penal institutions do not share the long tradition of openness, although traditionally there have been visiting committees of citizens, and there is no doubt that legislative committees could exercise plenary oversight and "visitation rights." Saxbe, 417 U. S., at 849, noted that "limitation on visitations is justified by what the Court of Appeals acknowledged as 'the truism that prisons are institutions where public access is generally limited.' 161 U. S. App. D.C., at 80, 494 F. 2d, at 999. See Adderley v. Florida, 385 U. S. 39, 41 (1966) [jails]." See also Greer v. Spock, 424 U. S. 828 (1976) (military bases).

있다. "연방헌법 수정 제1조는 언론출판에 대한 및 및 개인들의 자기표현에 대한 《448 U. S., 576》 보호를 넘어, 공중의 구성원들이 끌어낼 수 있는 정보의 줄기를 정부로 하여금 제약하지 못하도록 금지한다." First National Bank of Boston v. Bellotti, 435 U. S. 765, 783 (1978). 다소의 들을 자유를 자유로운 말은 휴대한다. "연방헌법 수정 제1조상의 권리를 가리켜 '정보를 및 사상들을 수령할' 권리라고 다양한 맥락들 속에서 당원은 칭해 왔다." Kleindienst v. Mandel, 408 U. S. 753, 762 (1972). 정식사실심리들의 맥락에서 이것이 의미하는 바는, 연방헌법 수정 제1조가 채택된 당시에 공중에게 오래도록 열린 것이 되어 온 법정의 문들을 정부로 하여금 즉석에서 닫지 못하도록 말에 및 언론출판에 대한 연방헌법 수정 제1조의 보장들은 그 자체만으로도 정부를 금지한다는 것이다. "왜냐하면 연방헌법 수정 제1조는 애매모호하게 말하는 것이 아니기 때문이다. …… 자유를 애호하는 사회의 맥락 속에서 읽혀질 경우에 명시적 표현이 허용하는 가장 넓은 범위의 명령으로서 그것은 받아들여지지 않으면 안 된다." Bridges v. California, 314 U. S. 252, 263 (1941) (각주생략).

형사 정식사실심리들에 관련하여 듣기 위하여, 보기 위하여 및 관찰사항들을 전달하기 위하여 그것들을 방청할 이 권리를 한 개의 "접근권"으로 우리가 묘사하는지, cf. Gannett, supra, at 397 [파월(POWELL) 판사, 보충의견]; Saxbe v. Washington Post Co., 417 U. S. 843 (1974); Pell v. Procunier, 417 U. S. 817 (1974),[11] 또는 한 개의 "정보수집권"으로 우리가 묘사하는지 여부는 중요하지 아니한바, 왜냐하면 "뉴스를 찾아내는 노력에 대한 상당한 보호가 없이는 언론출판의 자유는 내장이 적출되어 버릴 수 있"음을 우리는 인정해 왔기 때문이다. Branzburg v. Hayes, 408 U. S. 665, 681 (1972). 만약 정식사실심리를 관찰하기 위한 접근이 여기서처럼 자의적으로 봉쇄될 수 있다면 《448 U. S., 577》 정식사실심리에서 일어나는 사항을 말할 및

---

11) "공개된" 내지는 공공연한 장소들이 아님이 자명한 행형시설들에 Procunier 판결은 및 Saxbe 판결은 관련된 것들이라는 의미에서 그 판결들은 이 사건으로부터 구분될 수 있다. 비록 방문들을 행하는 시민들의 위원회들이 전통적으로 있어 왔음에도, 그리고 완전한 감독을 및 "임검권한들"을 입법부 위원회들이 행사할 수 있음에 의문이 없음에도, 그 오랜 공개성의 전통을 행형시설들은 공유하지 아니한다. "'감옥들은 공중의 접근이 일반적으로 제한되는 시설들임은 자명한 이치' 라고 항소법원이 인정한 바에 의하여 임검조치들에 대한 제한은 정당화된다. 161 U. S. App. D.C., at 80, 494 F. 2d, at 999. 또한 Adderley v. Florida, 385 U. S. 39, 41 (1966) [감옥들의 경우]을 보라."고 Saxbe, 417 U. S., at 849, 는 지적하였다. 아울러 Greer v. Spock, 424 U. S. 828 (1976) (군사기지들의 경우)을 보라.

observe the trial could, as it was here, be foreclosed arbitrarily.[12]

B

The right of access to places traditionally open to the public, as criminal trials have long been, may be seen as assured by the amalgam of the First Amendment guarantees of speech and press; and their affinity to the right of assembly is not without relevance. From the outset, the right of assembly was regarded not only as an independent right but also as a catalyst to augment the free exercise of the other First Amendment rights with which it was deliberately linked by the draftsmen.[13] «448 U. S., 578» "The right of peaceable assembly is a right cognate to those of free speech and free press and is equally fundamental." De Jonge v. Oregon, 299 U. S. 353, 364 (1937). People assemble in public places not only to speak or to take action, but also to listen, observe, and learn; indeed, they may "assembl[e] for any lawful purpose," Hague v. CIO, 307 U. S. 496, 519 (1939) (opinion of Stone, J.). Subject to the traditional time, place, and manner restrictions, see, e. g., Cox

---

12) That the right to attend may be exercised by people less frequently today when information as to trials generally reaches them by way of print and electronic media in no way alters the basic right. Instead of relying on personal observation or reports from neighbors as in the past, most people receive information concerning trials through the media whose representatives "are entitled to the same rights [to attend trials] as the general public." Estes v. Texas, 381 U. S., at 540.

13) When the First Congress was debating the Bill of Rights, it was contended that there was no need separately to assert the right of assembly because it was subsumed in freedom of speech. Mr. Sedgwick of Massachusetts argued that inclusion of "assembly" among the enumerated rights would tend to make the Congress "appear trifling in the eyes of their constituents. ⋯⋯" If people freely converse together, they must assemble for that purpose; it is a self-evident, unalienable right which the people possess; it is certainly a thing that never would be called in question ⋯⋯." 1 Annals of Cong. 731 (1789).

Since the right existed independent of any written guarantee, Sedgwick went on to argue that if it were the drafting committee's purpose to protect all inherent rights of the people by listing them, "they might have gone into a very lengthy enumeration of rights," but this was unnecessary, he said, "in a Government where none of them were intended to be infringed." Id., at 732.

Mr. Page of Virginia responded, however, that at times "such rights have been opposed," and that "people have ⋯⋯ been prevented from assembling together on their lawful occasions":

"[T]herefore it is well to guard against such stretches of authority, by inserting the privilege in the declaration of rights. If the people could «448 U. S., 578» be deprived of the power of assembling under any pretext whatsoever, they might be deprived of every other privilege contained in the clause." Ibid. The motion to strike "assembly" was defeated. Id., at 733.

공표할 그 명시적인 보장된 권리들은 그 의미의 대부분을 잃을 것이다.[12]

B

형사 정식사실심리들이 오래도록 그래 왔듯이 공중에게 전통적으로 공개의 것이 되어 온 장소들에의 접근권은 말에 및 언론출판에 대한 연방헌법 수정 제1조의 합성물에 의하여 보장되는 것으로 간주될 수 있다; 그리고 집회의 권리에 그것들이 유사하다는 점은 관련성이 없지 아니하다. 처음부터 집회의 권리는 한 개의 독립적 권리로서만이 아니라 그 입안자들에 의하여 의도적으로 이에 연결된 여타의 수정헌법 제1조상의 권리들의 자유로운 행사를 증대시키는 한 개의 촉매제로서도 간주되었다.[13] «448 U. S., 578» "평화로운 집회의 권리는 자유로운 말의 권리에 및 자유로운 언론출판의 권리에 동종인 권리이고 따라서 똑같이 기본적이다." De Jonge v. Oregon, 299 U. S. 353, 364 (1937). 공공의 장소들에 사람들이 모이는 것은 단지 말하거나 행동을 취하기 위해서만이 아니라, 듣고 관찰하고 배우기 위해서이기도 하다; 실로, 그들은 "적법한 그 어떤 목적을 위해서도 모일" 수 있다. Hague v. CIO, 307 U. S. 496, 519 (1939) [스토운(Stone) 판사의 의견]. 전통적인 시간적, 장소적, 및 방법적 제한사항들이 적용되는 가운데, see, e. g., Cox v. New Hampshire, 312 U. S. 569 (1941); see also Cox v. Louisiana, 379 U. S. 559, 560-564 (1965), 가도들은, 인도들은, 그리고 공원들은 전통적으로 열린 장소들이고, 거기서는 연방헌법 수정 제1조

---

12) 인쇄물에 및 전자매체에 의하여 사람들에게 정식사실심리들에 관한 정보가 일반적으로 도달하는 오늘날에는 방청권이 사람들에 의하여 행사되는 빈도가 줄어들 수 있다는 점은 그 기본적 권리를 변경시키지 아니한다. 과거에처럼 직접의 관찰에 내지는 이웃들로부터의 소문들에 의하지 아니하고서, "[정식사실심리들을 방청하는 데 있어서] 일반 공중이 지니는 바로 그 권리들을" 그 대리인들이 "지니는 그 매체를 통하여 정식사실심리들에 관한 정보를 대부분의 사람들은 수령한다." Estes v. Texas, 381 U. S., at 540.

13) 권리장전을 초대 연방의회가 검토하고 있던 중에, 집회의 권리를 별도로 주장할 필요가 없다는. 왜냐하면 말의 자유 안에 그것은 포함되어 있기 때문이라는 주장이 있었다. 열거된 권리들 안에 "집회"를 포함시키는 것은 연방의회로 하여금 "자신들의 선거구민들의 눈에 하찮게 보이도록. ……" 만들 소지가 있다고 매사추세츠주 출신의 세지위크(Sedgwick) 의원은 주장하였다. 만약 사람들이 자유로이 서로 대화한다면, 그 목적을 위하여 그들은 모이지 않으면 안 된다: 그것은 국민이 보유하는 자명한, 양도할 수 없는 권리이다; 확실히 그것은 결코 의문시되지 아니할 만한 사항이다 ……." 1 Annals of Cong. 731 (1789). 그 어떤 서면상의 보장으로부터도 독립하여 그 권리는 존속하므로, 국민의 모든 고유한 권리들을 목록화함에 의하여 그것들을 보호함이 만약 초안 위원회의 목적이라면, "권리들의 매우 장황한 열거 속으로 그들은 들어갔을 수도 있었다."고, 그러나 그의 말로는 "어떤 권리도 침해되지 않게 하고자 하는 정부 안에서" 이것은 불필요하다고 주장하는 데에 세지위크(Sedgwick)는 나아갔다. Id., at 732. 그러나 때때로 "이러한 권리들은 방해를 받아 왔다."고, "자신들의 적법한 용무들에 관하여 함께 집회하는 데에 …… 국민들은 저지를 당해 왔다."고 버지니아주 출신의 페이지(Page) 의원은 응수하였다: "[그]러므로 특권을 권리들의 선언 안에 삽입함에 의하여 이러한 권한남용들을 감시하는 것이 좋다. 그 어떤 구실 아래서든 «448 U. S., 578» 집회의 권리를 국민들이 박탈당할 수 있다면, 그 절 안에 포함된 그 밖의 모든 권리를 그들은 박탈당할 수가 있을 것이다." Ibid. "집회"를 삭제하자는 제안은 배격되었다. Id., at 733.

v. New Hampshire, 312 U. S. 569 (1941); see also Cox v. Louisiana, 379 U. S. 559, 560-564 (1965), streets, sidewalks, and parks are places traditionally open, where First Amendment rights may be exercised, see Hague v. CIO, supra, at 515 (opinion of Roberts, J.); a trial courtroom also is a public place where the people generally - and representatives of the media - have a right to be present, and where their presence historically has been thought to enhance the integrity and quality of what takes place.[14] «448 U. S., 579»

C

The State argues that the Constitution nowhere spells out a guarantee for the right of the public to attend trials, and that accordingly no such right is protected. The possibility that such a contention could be made did not escape the notice of the Constitution's draftsmen; they were concerned that some important rights might be thought disparaged because not specifically guaranteed. It was even argued that because of this danger no Bill of Rights should be adopted. See, e. g., The Federalist No. 84 (A. Hamilton). In a letter to Thomas Jefferson in October 1788, James Madison explained why he, although "in favor of a bill of rights," had "not viewed it in an important light" up to that time: "I conceive that in a certain degree ⋯⋯ the rights in question are reserved by the manner in which the federal powers are granted." He went on to state that "there is great reason to fear that a positive dec-

---

14) It is of course true that the right of assembly in our Bill of Rights was in large part drafted in reaction to restrictions on such rights in England. See, e. g., 1, Geo. 1, stat. 2, ch. 5 (1714); cf. 36 Geo. 3, ch. 8 (1795). As we have shown, the right of Englishmen to attend trials was not similarly limited; but it would be ironic indeed if the very historic openness of the trial could militate against protection of the right to attend it. The Constitution guarantees more than simply freedom from those abuses which led the Framers to single out particular rights. The very purpose of the First Amendment is to guarantee all facets of each right described; its draftsmen sought both to protect the "rights of Englishmen" and to enlarge their scope. See Bridges v. California, 314 U. S. 252, 263–265 (1941).

"There are no contrary implications in any part of the history of the period in which the First Amendment was framed and adopted. No purpose in ratifying the Bill of Rights was clearer than that of securing for the people of the United States much greater freedom of religion, expression, assembly, and petition than the people of Great Britain had ever enjoyed." Id., at 265.

상의 권리들이 행사될 수 있는바, see Hague v. CIO, supra, at 515 [로버츠(Roberts) 판사의 의견]; 정식사실심리 법정은 마찬가지로 그 방청할 권리를 사람들이 일반적으로 - 그리고 매체의 경우에는 대리인들이 - 가지는, 그리고 그 일어나는 바의 염결성을 및 질을 그들의 방청이 제고시키는 것으로 역사적으로 생각되어 온 한 개의 공공의 장소이다.[14] «448 U. S., 579»

C

정식사실심리들을 방청할 공중의 권리를 위한 보장을 연방헌법은 어디서도 명시하지 않는다고, 따라서 그러한 권리는 보호되지 않는다고 버지니아주는 주장한다. 연방헌법 입안자들의 주목을 이러한 주장이 성립할 수 있는 가능성은 피해가지 못하였다; 명시적으로 보장되어 있지 않다는 이유로 어떤 중요한 권리들은 평가절하된 것으로 간주될지도 모른다는 점을 그들은 염려하였다. 이 위험 때문에 어떤 권리장전이도 채택되지 말아야 한다는 주장이마저 있었다. 예컨대, The Federalist No. 84 (A. Hamilton)을 보라. "권리장전에 대한 호감을 자신이 지니고 있음"에도 불구하고 어째서 그 시점까지 "그것을 중요한 광원 속에서" 자신이 "살피지 못하였는지를" 토마스 제퍼슨(Thomas Jefferson)에게의 1788년 10월의 편지에서 제임스 매디슨(James Madison)은 설명하였다: "연방권한들이 부여되는 방식에 의하여 문제의 권리들이 …… 어느 정도는 유보되는 것으로 나는 이해합니다." "가장 핵심적인 권리들 중의 몇 가지에 대한 단정적인 선언은 그 필요한 범위로는 얻어질 수 없을 것이라고 염려할 커다란 이유가 있습니다."라고 피력하는 데 그는 나아갔다. 5 Writings of

---

14) 집회의 권리들에 가해진 영국에서의 제한조치들에 대한 반작용에서 우리 권리장전상의 집회의 권리가 주로 입안되었음은 물론 사실이다. 예컨대, 1, Geo. 1. stat. 2, ch. 5 (1714)를 보라; 36 Geo. 3. ch. 8 (1795)를 비교하라. 우리가 밝힌 바처럼, 정식사실심리들을 방청할 영국인들의 권리가 유사하게 제한되었던 것은 아니다; 그러나 만약 정식사실심리를 방청할 권리의 보호를 바로 정식사실심리의 그 역사적 공개성이 방해한다면 그것은 실로 아이러니일 것이다. 단순히 특정 권리들을 선발해 내도록 입안자들을 이끌었던 그 악습들로부터의 자유 이상의 것을 연방헌법은 보호한다. 연방헌법 수정 제1조의 목적 자체는 그 규정된 개개 권리의 모든 국면들을 보장하는 것이다; "영국인들의 권리들"을 보호하기를 아울러 그것들의 범위를 확대하기를 다 같이 그 조항의 입안자들은 추구하였다. Bridges v. California, 314 U. S. 252, 263-265 (1941)을 보라. "연방헌법 수정 제1조가 입안되어 채택되던 시기의 역사 그 어디에도 그 반대를 함축하는 것들은 없다. 권리장전을 비준함에 있어서, 대영제국의 국민들이 한번이라도 향유한 바 있었던 종교의, 표현의, 집회의 및 청원의 자유를보다도 훨씬 더 큰 자유를 미합중국 국민들을 위하여 보장함이라는 목적이보다 더 명확하였던 목적은 없었다." Id., at 265.

laration of some of the most essential rights could not be obtained in the requisite latitude." 5 Writings of James Madison 271 (G. Hunt ed. 1904).[15]

But arguments such as the State makes have not precluded recognition of important rights not enumerated. Notwithstanding the appropriate caution against reading into the Constitution rights not explicitly defined, the Court has acknowledged that certain unarticulated rights are implicit in enumerated guarantees. For example, the rights of association and of privacy, the right to be presumed innocent, and the right to be judged by a standard of proof beyond a rea- «448 U. S., 580» sonable doubt in a criminal trial, as well as the right to travel, appear nowhere in the Constitution or Bill of Rights. Yet these important but unarticulated rights have nonetheless been found to share constitutional protection in common with explicit guarantees.[16] The concerns expressed by Madison and others have thus been resolved; fundamental rights, even though not expressly guaranteed, have been recognized by the Court as indispensable to the enjoyment of rights explicitly defined.

We hold that the right to attend criminal trials[17] is implicit in the guarantees of the First Amendment; without the freedom to attend such trials, which people have exercised for centuries, important aspects of freedom of speech and "of the press could be eviscerated." Branzburg, 408 U. S., at 681.

---

15) Madison's comments in Congress also reveal the perceived need for some sort of constitutional "saving clause," which, among other things, would serve to foreclose application to the Bill of Rights of the maxim that the affirmation of particular rights implies a negation of those not expressly defined. See 1 Annals of Cong. 438–440 (1789). See also, e. g., 2 J. Story, Commentaries on the Constitution of the United States 651 (5th ed. 1891). Madison's efforts, culminating in the Ninth Amendment, served to allay the fears of those who were concerned that expressing certain guarantees could be read as excluding others.

16) See, e. g., NAACP v. Alabama, 357 U. S. 449 (1958) (right of association); Griswold v. Connecticut, 381 U. S. 479 (1965), and Stanley v. Georgia, 394 U. S. 557 (1969) (right to privacy); Estelle v. Williams, 425 U. S. 501, 503 (1976), and Taylor v. Kentucky, 436 U. S. 478, 483–486 (1978) (presumption of innocence); In re Winship, 397 U. S. 358 (1970) (standard of proof beyond a reasonable doubt); United States v. Guest, 383 U. S. 745, 757–759 (1966), and Shapiro v. Thompson, 394 U. S. 618, 630 (1969) (right to interstate travel).

17) Whether the public has a right to attend trials of civil cases is a question not raised by this case, but we note that historically both civil and criminal trials have been presumptively open.

James Madison 271 (G. Hunt ed. 1904).[15]

그러나 열거되지 아니한 중요한 권리들의 인정을, 버지니아주가 제기하는 종류의 주장들은 배제한 적이 없다. 명시적으로 규정되지 아니한 권리들을 연방헌법 안에 해석해 넣음에 있어서 기울이는 고유한 주의에도 불구하고, 그 열거된 보장들 안에 일정한 명시되지 아니한 권리들이 함축되어 있음을 당원은 인정해 왔다. 예컨대, 결사의 및 프라이버시의 권리들은, 무죄추정의 권리는, 그리고 형사 정식사실심리에서 합리적인 의심을 배제할 정도의 증거에 《448 U. S., 580》 의하여 판결을 받을 권리는, 여행할 권리가 꼭 그러하듯이, 연방헌법에 내지는 권리장전에 그 어디에도 나타나 있지 아니하다. 그러함에도 불구하고 명시적 보장들에의 동등한 헌법적 보장을 이 중요하면서도 명시되지 아니한 권리들은 지니는 것으로 인정되어 왔다.[16] 매디슨(Madison)에 및 그 밖의 사람들에 의하여 표명된 염려들은 그러므로 해소되어 있다; 기본적 권리들은, 심지어 명시적으로 보장되어 있지 아니한 것들이라 하더라도, 명시적으로 규정된 권리들의 향유에 불가결함이 당원에 의하여 인정되어 왔다.

연방헌법 수정 제1조의 보장들 안에 형사 정식사실심리를 방청할 권리[17]는 내재되어 있다고 우리는 판시한다; 수 세기 동안 국민들이 행사해 온 이러한 정식사실심리를 방청할 자유가 없다면, 말의 자유의 및 "언론출판의" 자유의 중요한 측면들은 "내장이 적출되어 버린 것이 될 수 있을 것이다." Branzburg, 408 U. S., at 681.

---

15) 명시적으로 규정되지 아니한 권리들의 부정을 특정 권리들의 단언이 함축한다는 격률의 권리장전에의 적용을 배제하는 데에 특히 기여할 만한 일정 종류의 헌법적 "예외조항"에 대한 그 감지된 필요를 연방의회에서의 매디슨(Madison)의 논평은 아울러 드러낸다. 1 Annals of Cong. 438–440 (1789)을 보라. 아울러, 예컨대, 2 J. Story, Commentaries on the Constitution of the United States 651 (5th ed. 1891)을 보라. 특정 보장들을 명시함이 그 밖의 것들을 배제하는 것으로 해석될 수 있다고 염려하는 사람들의 우려들을 가라앉히는 데 연방헌법 수정 제9조에서 절정에 달한 매디슨(Madison)의 노력들은 기여하였다.

16) 예컨대, NAACP v. Alabama, 357 U. S. 449 (1958) (결사의 권리)을; Griswold v. Connecticut, 381 U. S. 479 (1965)를, 및 Stanley v. Georgia, 394 U. S. 557 (1969) (프라이버시의 권리)를; Estelle v. Williams, 425 U. S. 501, 503 (1976) (무죄추정)을, 그리고 Taylor v. Kentucky, 436 U. S. 478, 483–486 (1978) (무죄추정)을; In re Winship, 397 U. S. 358 (1970) (합리적인 의심을 배제하는 정도의 증명)를; United States v. Guest, 383 U. S. 745, 757–759 (1966) (주들 사이를 여행할 권리)을, 및 Shapiro v. Thompson, 394 U. S. 618, 630 (1969) (주들 사이를 여행할 권리)을 보라.

17) 민사사건들의 정식사실심리를 방청할 권리를 공중이 지니는지 여부는 이 사건에 의하여 제기되지 아니하는 문제이지만, 역사적으로 민사 정식사실심리들은 및 형사 정식사실심리들은 다 같이 추정적으로 공개의 것이 되어 왔음을 우리는 특별히 밝힌다.

Having concluded there was a guaranteed right of the public under the First and Fourteenth Amendments to attend the trial of Stevenson's case, we return to the closure order challenged by appellants. The Court in Gannett made clear that although the Sixth Amendment guarantees the accused a right to a public trial, it does not give a right to a private trial. 443 U. S., at 382. Despite the fact that this was the fourth trial of the accused, the trial judge made no findings to support closure; no inquiry was made as to whether alterna- «448 U. S., 581» tive solutions would have met the need to ensure fairness; there was no recognition of any right under the Constitution for the public or press to attend the trial. In contrast to the pretrial proceeding dealt with in Gannett, there exist in the context of the trial itself various tested alternatives to satisfy the constitutional demands of fairness. See, e. g., Nebraska Press Assn. v. Stuart, 427 U. S., at 563-565; Sheppard v. Maxwell, 384 U. S., at 357-362. There was no suggestion that any problems with witnesses could not have been dealt with by their exclusion from the courtroom or their sequestration during the trial. See id., at 359. Nor is there anything to indicate that sequestration of the jurors would not have guarded against their being subjected to any improper information. All of the alternatives admittedly present difficulties for trial courts, but none of the factors relied on here was beyond the realm of the manageable. Absent an overriding interest articulated in findings, the trial of a criminal case must be open to the public.[18]

---

18) We have no occasion here to define the circumstances in which all or parts of a criminal trial may be closed to the public, cf., e. g., 6 J. Wigmore, Evidence § 1835 (J. Chadbourn rev. 1976), but our holding today does not mean that the First Amendment rights of the public and representatives of the press are absolute. Just as a government may impose reasonable time, place, and manner restrictions upon the use of its streets in the interest of such objectives as the free flow of traffic, see, e. g., Cox v. New Hampshire, 312 U. S. 569 (1941), so may a trial judge, in the interest of the fair administration of justice, impose reasonable limitations on access to a trial. "[T]he question in a particular case is whether that control is «448 U. S., 582» exerted so as not to deny or unwarrantedly abridge ...... the opportunities for the communication of thought and the discussion of public questions immemorially associated with resort to public places." Id., at 574. It is far more important that trials be conducted in a quiet and orderly setting than it is to preserve that atmosphere on city streets. Compare, e. g., Kovacs v. Cooper, 336 U. S.

D

연방헌법 수정 제1조 아래서 및 제14조 아래서 스티븐슨 사건의 정식사실심리를 방청할 공중의 보장된 권리가 있었다고 우리는 결론지은 채로, 항소인들에 의하여 이의제기된 방청금지 명령에 우리는 돌아간다. 공개의 정식사실심리를 누릴 권리를 피고인에게 연방헌법 수정 제6조가 보장함에도 불구하고 비공개의 정식사실심리를 누릴 권리를 그것은 부여하지 아니함을 Gannett 사건에서의 당원은 명확히 하였다. 443 U. S., at 382. 이것이 피고인의 네 번째 정식사실심리였다는 사실에도 불구하고, 방청금지를 뒷받침할 만한 사실들의 인정을 정식사실심리 판사는 해 놓지 않았다; 공정성을 확보하여야 할 필요를 대체적 해법들이 충족했을지 «448 U. S., 581» 여부에 관하여 심리가 이루어지지 않았다; 정식사실심리를 방청할 공중의 내지는 언론출판의 연방헌법 아래서의 권리에 대한 아무런 인정이 없었다. Gannett 사건에서 다루어진 정식사실심리 이전 절차하고는 현저히 다르게, 정식사실심리 자체의 맥락에서는 공정성의 헌법적 요구사항들을 만족시키기 위한 다양한 검증된 대체수단들이 존재한다. 예컨대, Nebraska Press Assn. v. Stuart, 427 U. S., at 563-565를; Sheppard v. Maxwell, 384 U. S., at 357-362를 보라. 법정으로부터의 증인들의 퇴정조치에 의하여는 내지는 정식사실심리 기간 동안의 그들의 격리조치에 의하여는 증인들에 관련한 문제들이 전혀 다루어질 수 없었으리라는 점에 대한 시사는 없었다. id., at 359를 보라. 조금이라도 부적절한 정보에 배심원들이 노출됨을 그들의 격리조치가 막아 주지 못했을 것임을 암시하는 것은 마찬가지로 아무 것도 없다. 수고로움을 정식사실심리 법원들에게 대체수단들 전부가 제공함은 명백하지만, 관리 가능한 사항들의 영역 너머에는 여기서 의존된 요소들은 그 어느 것이도 있지 않았다. 사실인정에서 명확히 판시된 압도적 이익이 없이는, 형사사건의 정식사실심리는 공중에게 공개의 것이 되지 않으면 안 된다.[18] 따라서 재

---

18) 형사 정식사실심리의 전부가 또는 일부분들이 공중에게 비밀의 것이 되어도 좋은 상황들. cf., e. g., 6 J. Wigmore, Evidence § 1835 (J. Chadbourn rev. 1976), 을 여기서 우리는 규정할 필요가 없지만. 그러나 공중의 및 언론출판 대리인들의 연방헌법 수정 제1조상의 권리들이 절대의 것임을 오늘의 우리의 판시는 의미하지 않는다. 합리적인 시간상의, 장소상의 및 방법상의 제약들을 교통의 자유로운 흐름 등이라는 목적들의 이익 안에서 자신의 도로들의 사용 위에 정부가 부과할 수 있음에 꼭 마찬가지로, see. e. g., Cox v. New Hampshire, 312 U. S. 569 (1941), 정식사실심리에의 접근에 대한 합리적인 제한들을 공정한 재판운영의 이익 안에서 정식사실심리 판사는 부과할 수 있다.
"[특]정 사건에서의 문제는 공공장소들에의 의존에 오래 전부터 «448 U. S., 582» 연결된 공중의 문제들에 대한 생각의 소통을 및 의논을 위한 기회들을 ……부정하는 내지는 부당하게 침해하는 일이 없게끔 그 통제가 행사되는지 여부이다." Id., at 574. 도시의 도로들 위의 공기를 보전하는 것의 중요함이보다는, 조용한 정돈된 환경 속에서 정식

Accordingly, the judgment under review is

Reversed.

MR. JUSTICE POWELL took no part in the consideration or decision of this case.

---

77 (1949), with Illinois v. Allen, 397 U. S. 337 (1970), and Estes v. Texas, 381 U. S. 532 (1965). Moreover, since courtrooms have limited capacity, there may be occasions when not every person who wishes to attend can be accommodated. In such situations, reasonable restrictions on general access are traditionally imposed, including preferential seating for media representatives. Cf. Gannett, 443 U. S., at 397–398 (POWELL, J., concurring); Houchins v. KQED, Inc., 438 U. S. 1, 17 (1978) (STEWART, J., concurring in judgment); id., at 32 (STEVENS, J., dissenting).

검토 대상인 원심판결 주문은

파기된다.

이 사건의 검토에도 판결에도 파월(POWELL) 판사는 참가하지 않았다.

사실심리들이 수행되어야 함은 훨씬 더 중요하다. 예컨대, Kovacs v. Cooper, 336 U. S. 77 (1949)를 Illinois v. Allen, 397 U. S. 337 (1970)에 및 Estes v. Texas, 381 U. S. 532 (1965)에 비교하라. 더욱이, 한정된 수용능력을 법정들은 지니므로, 방청을 원하는 사람들 전부가 수용될 수는 없는 경우들이 있을 수 있다. 이러한 상황들에서는, 일반인들의 접근에의 합리적인 제약들이 전통적으로 부과되는데, 매체 대리인들을 위한 우선적 자리배치를 이는 포함한다. Gannett, 443 U. S., at 397-398 (파월(POWELL) 판사, 보충의견)을; Houchins v. KQED, Inc., 438 U. S. 1, 17 (1978) (스튜어트(STEWART) 판사, 판결주문에 찬동함)을; id., at 32 (스티븐스(STEVENS) 판사, 반대의견)을 보라.

MR. JUSTICE WHITE, concurring.

This case would have been unnecessary had Gannett Co. v. DePasquale, 443 U. S. 368 (1979), construed the Sixth «448 U. S., 582» Amendment to forbid excluding the public from criminal proceedings except in narrowly defined circumstances. But the Court there rejected the submission of four of us to this effect, thus requiring that the First Amendment issue involved here be addressed. On this issue, I concur in the opinion of THE CHIEF JUSTICE.

화이트(WHITE) 판사의 보충의견이다.

공중을 형사절차들로부터 배제함을, 협소하게 제한된 상황들에서의 경우를 제외하고는 금지하는 것으로 연방헌법 «448 U. S., 582» 수정 제6조를 Gannett Co. v. DePasquale, 443 U. S. 368 (1979) 판결이 해석했다면 이 사건은 불필요했을 것이다. 그러나 이 취지에의 우리들 중 네 명의 의견제시를 당원은 거기서 거절하였고, 이로써 여기에 포함된 연방헌법 수정 제1조의 쟁점이 다루어져야 하도록 그것은 요구하였다. 이 사건에 즈음하여 법원장의 의견에 나는 찬동한다.

MR. JUSTICE STEVENS, concurring.

This is a watershed case. Until today the Court has accorded virtually absolute protection to the dissemination of information or ideas, but never before has it squarely held that the acquisition of newsworthy matter is entitled to any constitutional protection whatsoever. An additional word of emphasis is therefore appropriate.

Twice before, the Court has implied that any governmental restriction on access to information, no matter how severe and no matter how unjustified, would be constitutionally acceptable so long as it did not single out the press for special disabilities not applicable to the public at large. In a dissent joined by MR. JUSTICE BRENNAN and MR. JUSTICE MARSHALL in Saxbe v. Washington Post Co., 417 U. S. 843, 850, MR. JUSTICE POWELL unequivocally rejected the conclusion that "any governmental restriction on press access to information, «448 U. S., 583» so long as it is nondiscriminatory, falls outside the purview of First Amendment concern." Id., at 857 (emphasis in original). And in Houchins v. KQED, Inc., 438 U. S. 1, 1940, I explained at length why MR. JUSTICE BRENNAN, MR. JUSTICE POWELL, and I were convinced that "[a]n official prison policy of concealing ······ knowledge from the public by arbitrarily cutting off the flow of information at its source abridges the freedom of speech and of the press protected by the First and Fourteenth Amendments to the Constitution." Id., at 38. Since MR. JUSTICE MARSHALL and MR. JUSTICE BLACKMUN were unable to participate in that case, a majority of the Court neither accepted nor rejected that conclusion or

이것은 한 개의 획기적 사건이다. 사실상으로 절대적 보호를 정보의 내지는 사상들의 전파에 오늘까지 당원은 부여해 왔지만, 그러나 뉴스 가치가 있는 정보의 획득은 그 어떤 헌법적 보호이든지를 누릴 권리가 있음을 당원은 정면으로 판시한 적이 이전에는 결코 없었다. 이에 대한 강조의 추가적 말이 따라서 적절하다.

공중 일반에는 적용될 수 없는 특별한 무자격들을 이유로 해당 언론출판을 정부가 뽑아내지 않는 한, 조금이라도 정보에의 접근에 대한 정부적 제한은, 그것이 제아무리 가혹한 것이든 및 제아무리 부당한 것이든, 헌법적으로 받아들일 수 있을 것임을 이전에 두 번 당원은 암시한 바 있다. "정보에의 언론출판의 접근에 대한 정부적 제한은 그 *어떤(any)* 것이든, 그것이 차별적인 것이 아닌 한에는, 연방헌법 수정 제1조 사안의 범위 밖에 떨어진다."는 결론을, 브레넌(BRENNAN) 판사의 및 마샬(MARSHALL) 판사의 가담이 이루어진 Saxbe v. Washington Post Co., 417 U. S. 843, 850에서의 《448 U. S., 583》 반대의견에서 파월(POWELL) 판사는 명료하게 거부하였다. Id., at 857 (강조는 원문). 그리고 "[정]보의 흐름을 자의적으로 차단함에 의하여 …… 지식을 공중에게 숨기는 공무적 감옥정책은 연방헌법 수정 제1조에 및 제14조에 의하여 보장된 말의 및 언론출판의 자유를 그 원천에서 침해한다."는 점을 어째서 브레넌(BRENNAN) 판사가, 파월(POWELL) 판사가, 그리고 내가 확신하는지를 Houchins v. KQED, Inc., 438 U. S. 1, 1940에서 나는 자세히 설명하였다. Id., at 38. 그 사건에 마샬(MARSHALL) 판사는 및 블랙먼(BLACKMUN) 판사는 참여할 수 없었기에, 우세의견들에 표명된 결론을 내지는 반대결론을 당원의 다수의견은 받아들인 것이도 거부한 것이도 아니었다.[1] 그러나 중요 정보에 대한 접근에의 자의적 간섭은

---

1) "정부 정보에의 내지는 정부 통제 내에 있는 정보 원천에의 접근의 권리를 요구하지 아니하기는 연방헌법 수정 제1조

the contrary conclusion expressed in the prevailing opinions.[1] Today, however, for the first time, the Court unequivocally holds that an arbitrary interference with access to important information is an abridgment of the freedoms of speech and of the press protected by the First Amendment.

It is somewhat ironic that the Court should find more reason to recognize a right of access today than it did in Houchins. For Houchins involved the plight of a segment of society least able to protect itself, an attack on a longstanding policy of concealment, and an absence of any legitimate justification for abridging public access to information about how government operates. In this case we are protecting the interests of the most powerful voices in the community, we are concerned with an almost unique exception to an established tradition of openness in the conduct of crim- «448 U. S., 584» inal trials, and it is likely that the closure order was motivated by the judge's desire to protect the individual defendant from the burden of a fourth criminal trial.[2]

In any event, for the reasons stated in Part II of my Houchins opinion, 438 U. S., at 30-38, as well as those stated by THE CHIEF JUSTICE today, I agree that the First Amendment protects the public and the press from abridgment

---

1) "Neither the First Amendment nor the Fourteenth Amendment mandates a right of access to government information or sources of information within the government's control." 438 U. S., at 15 (opinion of BURGER, C. J.). "The First and Fourteenth Amendments do not guarantee the public a right of access to information generated or controlled by government. ······ The Constitution does no more than assure the public and the press equal access once government has opened its doors." Id., at 16 (STEWART, J., concurring in judgment).

2) Neither that likely motivation nor facts showing the risk that a fifth trial would have been necessary without closure of the fourth are disclosed in this record, however. The absence of any articulated reason for the closure order is a sufficient basis for distinguishing this case from Gannett Co. v. DePasquale, 443 U. S. 368. The decision today is in no way inconsistent with the perfectly unambiguous holding in Gannett that the rights guaranteed by the Sixth Amendment are rights that may be asserted by the accused rather than members of the general public. In my opinion the Framers quite properly identified the party who has the greatest interest in the right to a public trial. The language of the Sixth Amendment is worth emphasizing:
"In all criminal prosecutions, *the accused* shall enjoy the right to a speedy and public trial, by an impartial jury of the State and district wherein the crime shall have been committed, which district shall have been previously ascertained by law, and to be informed of the nature and cause of the accusation; to be confronted with the witnesses against him; to have compulsory process for obtaining witnesses in his favor, and to have the Assistance of Counsel for his defence." (Emphasis added.)

연방헌법 수정 제1조에 의하여 보장된 말의 및 언론출판의 자유들에 대한 침해임을 오늘 처음으로 당원은 명확하게 판시한다.

접근의 권리를 인정할 이유로서 Houchins 판결에서 당원이 찾았던 이유를보다도 더 많은 이유를 당원이 찾아야 함은 약간 아이러닉하다. 왜냐하면 자신을 보호할 능력이 가장 적은 사회 한 구석의 곤경을, 오랜 은폐 정책에 대한 공격을, 그리고 정부가 어떻게 기능하는지에 관한 정보에의 공중의 접근을 제한하기 위한 조금이나마의 적법한 정당화 사유의 부존재를, Houchins 판결은 포함하였기 때문이다. 공동체 내에서의 가장 유력한 목소리들의 이익들을 이 사건에서 우리는 보호하고 있는 중이고, 형사 정식사실심리들의 수행에 있어서의 공개성의 원칙의 확립된 전통에의 거의 유일한 예외를 우리는 다루는 «448 U. S., 584» 중인바, 개인 피고인을 네 번째 형사 정식사실심리의 부담으로부터 보호하고자 하는 판사의 희망에 의하여 방청금지 명령은 촉발된 것일 가능성이 있다.[2]

어쨌든, 사법부를 포함하는 자신들의 정부의 작동에 관한 정보에의 그들의 접근권들에 대한 침해들로부터 공중을 및 언론출판을 연방헌법 수정 제1조가 보호함을, 오늘 법원장에 의하여 설명된 이유들에와 아울러 Houchins 판결에서의 나의 의견 Part II, 438 U. S., at 30-38에 설명되어 있는 이유들에 따라, 나는 인정한다; 이 사

가도 제14조가도 마찬가지다." 438 U. S. at 15 (법원장 버거(BURGER) 판사의 의견). "정부에 의하여 형성되는 내지는 통제되는 정보에의 접근의 권리를 공중에게 연방헌법 수정 제1조는 및 제14조는 보장하지 않는다. …… 자신의 문들을 정부가 열고 났을 때 이에 대한 동등한 접근을 공중에게와 언론출판에게 연방헌법은 단지 보장할 뿐이다." Id., at 16 (스튜어트(STEWART) 판사. 판결주문에 찬동함).

2) 그러나 그 있음직한 희망은. 그리고 네 번째 정식사실심리의 방청금지 명령이 없었다면 다섯 번째 정식사실심리가 필요했을 위험을 입증해 주는 사실관계는 그 어느 쪽이도 이 기록에 나타나 있지 아니하다. 방청금지 명령을 위한 조금이나마의 명확히 설명된 이유의 부존재는 이 사건을 Gannett Co. v. DePasquale, 443 U. S. 368로부터 구분짓기 위한 충분한 근거이다. 연방헌법 수정 제6조에 의하여 보장된 권리들은 일반공중의 구성원들에 의해서라기보다는 피고인에 의해서 주장될 수 있는 권리들이라는 Gannett 판결에서의 그 완전히 명백한 판시에 오늘의 판단은 전혀 모순되지 않는다. 공개의 정식사실심리를 누릴 권리에 가장 큰 이익을 지니는 당사자가 누구인지를 나의 의견으로는 그 입안자들은 매우 정확하게 밝혔다. 연방헌법 수정 제6조의 문언은 강조될 가치가 있다:

"법에 의하여 미리 정해진 범죄 발생지 주(the State)의 및 지방의 공평한 배심에 의한 신속한 공개의 정식사실심리를 누릴, 그리고 그 고발의 성격에 및 원인에 관하여 고지받을 권리를; 자신에게 불리한 증인들에게의 대면을 누릴 권리를; 자신에게 유리한 증인들을 확보하기 위한 강제적 절차를 가질, 그리고 자신의 방어를 위하여 변호인의 조력을 받을 권리를 모든 형사적 절차추행들에서 *범인이라고 주장되는 사람*은 향유한다." (강조는 보태짐.)

of their rights of access to information about the operation of their government, including the Judicial Branch; given the total absence of any record justification for the closure order entered in this case, that order violated the First Amendment.

건에 기입된 방청금지 명령을 위한 조금이나마의 기록상의 정당화 사유의 전적인
부존재가 인정되는 이상, 연방헌법 수정 제1조를 그 명령은 위반하였다.

MR. JUSTICE BRENNAN, with whom MR. JUSTICE MARSHALL joins, concurring in the judgment.

Gannett Co. v. DePasquale, 443 U. S. 368 (1979), held that the Sixth Amendment right to a public trial was personal to the accused, conferring no right of access to pretrial proceedings that is separately enforceable by the public or the press. The instant case raises the question whether the First Amendment, of its own force and as applied to the States through «448 U. S., 585» the Fourteenth Amendment, secures the public an independent right of access to trial proceedings. Because I believe that the First Amendment- of itself and as applied to the States through the Fourteenth Amendment- secures such a public right of access, I agree with those of my Brethren who hold that, without more, agreement of the trial judge and the parties cannot constitutionally close a trial to the public.[1]

I

While freedom of expression is made inviolate by the First Amendment, and, with only rare and stringent exceptions, may not be suppressed, see, e. g., Brown v. Glines, 444 U. S. 348, 364 (1980) (BRENNAN, J., dissenting);

---

[1] Of course, the Sixth Amendment remains the source of the *accused's* own right to insist upon public judicial pro-ceedings. Gannett Co. v. DePasquale, 443 U. S. 368 (1979).

That the Sixth Amendment explicitly establishes a public trial right does not impliedly foreclose the derivation of such a right from other provisions of the Constitution. The Constitution was not framed as a work of carpentry, in which all joints must fit snugly without overlapping. Of necessity, a document that designs a form of government will ad-dress central political concerns from a variety of perspectives. Significantly, this Court has recognized the open trial right both as a matter of the Sixth Amendment and as an ingredient in Fifth Amendment due process. See Levine v. United States, 362 U. S. 610, 614, 616 (1960); cf. In re Oliver, 333 U. S. 257 (1948) (Fourteenth Amendment due process). Analogously, racial segregation has been found independently offensive to the Equal Protection and Fifth Amendment Due Process Clauses. Compare Brown v. Board of Education, 347 U. S. 483, 495 (1954), with Bolling v. Sharpe, 347 U. S. 497, 499–500 (1954).

판결주문에 찬동하는 브레넌(BRENNAN) 판사의 의견 인바, 이에는 마샬(MARSHALL) 판사가 가담한다.

공개의 정식사실심리를 누릴 연방헌법 수정 제6조의 권리는 범인이라고 주장되는 사람에게 일신전속하는 것임을, 공중에 내지는 언론출판에 의하여 독자적으로 행사 가능한 정식사실심리 이전 절차들에의 접근의 권리를 그것이 부여하지는 아니함을 Gannett Co. v. DePasquale, 443 U. S. 368 (1979)은 판시하였다. 정식사실심리 절차들에 대한 접근의 독립적 권리를 연방헌법 수정 제1조가 그 자체의 효력으로서 및 연방헌법 수정 제14조를 통하여 «448 U. S., 585» 주들에게 적용된 것으로서 공중에게 보장하는지 여부의 문제를 당면의 사건은 제기한다. 이러한 공중의 접근의 권리를 연방헌법 수정 제1조가 - 그 자체의 효력으로서 및 연방헌법 수정 제14조를 통하여 주들에게 적용된 것으로서 - 보장한다고 나는 믿기에, 한 개의 정식사실심리에 대한 공중의 방청을, 판사의 및 당사자들의 동의가 그 자체만으로 불허할 수는 헌법적으로 없다고 판시하는 나의 동료들 일부의 의견에 나는 찬동한다.[1]

I

표현의 자유는 연방헌법 수정 제1조에 의하여 침해불가의 것으로 만들어지기는 하지만, 그리고 오직 드물고도 엄격한 예외들의 경우를 빼고는 그 자유는 억압되어서는 안 되지만, see, e. g., Brown v. Glines, 444 U. S. 348, 364 (1980) (BRENNAN, J., dis-

---

1) 공개의 사법적 절차들을 누릴 권리를 주장할 *범인이라고 주장되는 사람* 그 자신의 권리의 원천으로서 연방헌법 수정 제6조가 남음은 물론이다. Gannett Co. v. DePasquale, 443 U. S. 368 (1979). 공개의 정식사실심리를 받을 권리를 연방헌법 수정 제6조가 명시적으로 규정한다는 사실은, 이러한 권리의 연방헌법 여타 규정들로부터의 도출을 함축적으로 배제하는 것은 아니다. 중복 없이 꼭 맞게 모든 이음매들이 들어맞지 않으면 안 되는 한 개의 목공품으로서 연방헌법은 짜맞추어진 것이 아니다. 한 개의 정부형태를 설계하는 한 개의 문서가 중점두어 다루는 사안은 그 핵심인 다양한 시각들로부터의 정치적 관심사항들이게 마련임은 당연하다. 연방헌법 수정 제6조의 문제로서는 물론이고 연방헌법 수정 제5조의 적법절차 내의 한 개의 구성요소로서도 다 같이, 공개의 정식사실심리를 누릴 권리를 당원이 함께 인정해 왔음은 의미가 깊다. Levine v. United States, 362 U. S. 610, 614, 616 (1960)을 보라; In re Oliver, 333 U. S. 257 (1948) (연방헌법 수정 제14조의 적법절차)을 비교하라. 이에 유사하게, 인종차별은 평등보호 조항에와 연방헌법 수정 제5조의 적법절차 조항에 독립적으로 위배되는 것으로 판시되어 왔다. Brown v. Board of Education, 347 U. S. 483, 495 (1954)을 Bolling v. Sharpe, 347 U. S. 497, 499-500 (1954)에 비교하라.

Nebraska Press Assn. v. Stuart, 427 U. S. 539, 558-559 (1976); id., at 590 (BRENNAN, J., concurring in judgment); New York Times Co. v. United States, 403 U. S. 713, 714 (1971) (per curiam opinion); Near v. Minnesota ex rel. Olson, 283 U. S. 697, 715-716 (1931), the First Amendment has not been viewed by the Court in all settings as providing an equally categorical assurance of the correlative freedom of access to information, see, e. g., Saxbe v. Washington Post Co., 417 U. S. 843, 849 «448 U. S., 586» (1974); Zemel v. Rusk, 381 U. S. 1, 16-17 (1965); see also Houchins v. KQED, Inc., 438 U. S. 1, 8-9 (1978) (opinion of BURGER, C. J.); id., at 16 (STEWART, J., concurring in judgment); Gannett Co. v. DePasquale, 433 U. S., at 404-405 (REHNQUIST, J., concurring). But cf. id., at 397-398 (POWELL, J., concurring); Houchins, supra, at 27-38 (STEVENS, J., dissenting); Saxbe, supra, at 856-864 (POWELL, J., dissenting); Pell v. Procunier, 417 U. S. 817, 839-842 (1974) (Douglas, J., dissenting).[2] Yet the Court has not ruled out a public access component to the First Amendment in every circumstance. Read with care and in context, our decisions must therefore be understood as holding only that any privilege of access to governmental information is subject to a degree of restraint dictated by the nature of the information and countervailing interests in security or confidentiality. See Houchins, supra, at 8-9 (opinion of BURGER, C. J.) (access to prisons); Saxbe, supra, at 849 (same); Pell, supra, at 831-832 (same); Estes v. Texas, 381 U. S. 532, 541-542 (1965) (television in courtroom); Zemel v. Rusk, supra, at 16-17 (validation of passport to unfriendly country). These cases neither comprehensively nor absolutely deny that public access to information may at times be implied by the First Amendment and the prin-

---

2) A conceptually separate, yet related, question is whether the media should enjoy greater access rights than the general public. See, e. g., Saxbe v. Washington Post Co., 417 U. S., at 850; Pell v. Procunier, 417 U. S., at 834–835. But no such contention is at stake here. Since the media's right of access is at least equal to that of the general public, see ibid., this case is resolved by a decision that the state statute unconstitutionally restricts public access to trials. As a practical matter, however, the institutional press is the likely, and fitting, chief beneficiary of a right of access because it serves as the "agent" of interested citizens, and funnels information about trials to a large number of individuals.

senting); Nebraska Press Assn. v. Stuart, 427 U. S. 539, 558-559 (1976); id., at 590 (BRENNAN, J., concurring in judgment); New York Times Co. v. United States, 403 U. S. 713, 714 (1971) (per curiam opinion); Near v. Minnesota ex rel. Olson, 283 U. S. 697, 715-716 (1931), 정보에의 접근의 상관적 자유에 대한 똑같이 절대적인 보장을 제공하는 것으로 모든 상황들에서 당원에 의하여 연방헌법 수정 제1조가 간주되어 온 것은 아니다. see, e. g., Saxbe v. Washington Post Co., 417 U. S. 843, 849 «448 U. S., 586» (1974); Zemel v. Rusk, 381 U. S. 1, 16-17 (1965); see also Houchins v. KQED, Inc., 438 U. S. 1, 8-9 (1978) (opinion of BURGER, C. J.); id., at 16 (STEWART, J., concurring in judgment); Gannett Co. v. DePasquale, 433 U. S., at 404-405 (REHNQUIST, J., concurring). 그러나 id., at 397-398 [파월(POWELL) 판사, 보충의견]을; Houchins, supra, at 27-38 [스티븐스(STEVENS) 판사, 반대의견]을; Saxbe, supra, at 856-864 [파월(POWELL) 판사, 반대의견]을; Pell v. Procunier, 417 U. S. 817, 839-842 (1974) [더글라스(Douglas) 판사, 반대의견]을 비교하라.[2] 그러함에도 공중의 접근이라는 구성요소를 연방헌법 수정 제1조에 대하여 모든 상황에서 당원이 배제하여 온 것은 아니다. 따라서 주의를 기울여 맥락 속에서 해석하면, 정부적 정보의 성격에 의하여 및 이를 상쇄하는 안보상의 내지는 기밀상의 이익들에 의하여 명령되는 일정 정도의 제한에 그 정보에의 접근의 특권은 그 어느 것이든 종속됨을 판시하는 것으로서만 우리의 결정들은 이해되지 않으면 안 된다. Houchins, supra, at 8-9 [법원장 버거(BURGER) 판사의 의견] (감옥들에의 접근)을; Saxbe, supra, at 849 (앞의 것에 동일)을; Pell, supra, at 831-832 (앞의 것에 동일)을; Estes v. Texas, 381 U. S. 532, 541-542 (1965) (법정에서의 텔레비전)을; Zemel v. Rusk, supra, at 16-17 (적대국가에의 여권의 확인)을 보라. 연방헌법 수정 제1조에 및 그것을 움직이는 원칙들에 정보에의 공중의 접근권은 때때로 함축되어 있을 수 있음을 포괄적으로도 절대적으로도 이 사건들은 부인하지 아니한다.

---

2) 개념적으로는 구분되면서도 여전히 관련이 있는 한 가지 문제는 더 큰 접근권을 일반공중이보다도 언론매체가 향유하여야 하는지 여부이다. 예컨대, Saxbe v. Washington Post Co., 417 U. S., at 850을; Pell v. Procunier, 417 U. S., at 834-835를 보라. 그러나 이러한 주장은 여기에 제기되어 있지 아니하다. 매체의 접근권은 일반공중의 그것에 적어도 동등하므로, see ibid., 정식사실심리들에의 공중의 접근을 주 제정법이 무조건적으로 제한한다는 판단에 의하여 이 사건은 결정된다. 그러나 한 가지 현실적 문제로서, 단체로서의 언론출판이 접근권의 주된 수익자가 될 가능성이 더 크고 그것이 더 적당할 것인바, 왜냐하면 이해관계 있는 시민들의 "대리인"으로서 그것은 기능하기 때문이고 정식사실심리들에 관한 정보를 수많은 개인들에게 그것은 전달하기 때문이다.

ciples which animate it.

The Court's approach in right-of-access cases simply reflects the special nature of a claim of First Amendment right to gather information. Customarily, First Amendment guarantees are interposed to protect communication between speaker «448 U. S., 587» and listener. When so employed against prior restraints, free speech protections are almost insurmountable. See Nebraska Press Assn. v. Stuart, supra, at 558-559; New York Times Co. v. United States, supra, at 714 (per curiam opinion). See generally Brennan, Address, 32 Rutgers L. Rev. 173, 176 (1979). But the First Amendment embodies more than a commitment to free expression and communicative interchange for their own sakes; it has a *structural* role to play in securing and fostering our republican system of self-government. See United States v. Carolene Products Co., 304 U. S. 144, 152-153, n. 4 (1938); Grosjean v. American Press Co., 297 U. S. 233, 249-250 (1936); Stromberg v. California, 283 U. S. 359, 369 (1931); Brennan, supra, at 176-177; J. Ely. Democracy and Distrust 93-94 (1980); T. Emerson, The System of Freedom of Expression 7 (1970); A. Meiklejohn, Free Speech and Its Relation to Self-Government (1948); Bork, Neutral Principles and Some First Amendment Problems, 47 Ind. L. J. 1, 23 (1971). Implicit in this structural role is not only "the principle that debate on public issues should be uninhibited, robust, and wide-open," New York Times Co. v. Sullivan, 376 U. S. 254, 270 (1964), but also the antecedent assumption that valuable public debate - as well as other civic behavior - must be informed.[3] The structural «448 U. S., 588» model links the First

---

3) This idea has been foreshadowed in MR. JUSTICE POWELL's dissent in Saxbe v. Washington Post Co., supra, at 862-863: "What is at stake here is the societal function of the First Amendment in preserving free public discussion of governmental affairs. No aspect of that constitutional guarantee is more rightly treasured than its protection of the ability of our people through free and open debate to consider and resolve their own destiny. ······ '[The] First Amendment is one of the vital bulwarks of our national commitment to intelligent self-government.' ······ It embodies our Nation's commitment to popular self-determination and our abiding faith that the surest course for developing sound national policy lies in a free exchange of views on public issues. And public debate must not only be unfettered; it must also be informed. For that reason this Court has repeatedly stated that First Amendment concerns encompass the receipt of information and ideas as well as the right of free expression." (Footnote omitted.)

정보를 모을 연방헌법 수정 제1조상의 권리에 대한 주장의 특별한 성격을 접근의 권리 관련사건들에서의 당원의 접근법은 단순히 반영한다. 말하는 사람의 및 듣는 사람의 의사소통을 보호하기 위하여 전통적으로 연방헌법 수정 제1조의 《448 U. S., 587》 보장들은 제기된다. 그렇게 사전의 제한조치들에 맞서서 행사되는 경우에, 자유로운 말에 대한 보장들은 대부분 넘을 수 없는 것들이다. Nebraska Press Assn. v. Stuart, supra, at 558-559를; New York Times Co. v. United States, supra, at 714 (per curiam opinion)을 보라. 일반적으로 Brennan, Address, 32 Rutgers L. Rev. 173, 176 (1979)를 보라. 그러나 연방헌법 수정 제1조가 구체화하는 것은 자유로운 표현 그 자체에 대한 내지는 의사소통의 상호교환 그 자체에 대한 약속 이상의 것이다; 우리나라의 자기통치의 공화제도를 보장함에와 양육함에 있어서의 *구조적(structural)* 역할을 그것은 지닌다. United States v. Carolene Products Co., 304 U. S. 144, 152-153, n. 4 (1938)을; Grosjean v. American Press Co., 297 U. S. 233, 249-250 (1936)을; Stromberg v. California, 283 U. S. 359, 369 (1931)을; Brennan, supra, at 176-177을; J. Ely. Democracy and Distrust 93-94 (1980)을; T. Emerson, The System of Freedom of Expression 7 (1970)을; A. Meiklejohn, Free Speech and Its Relation to Self-Government (1948)을; Bork, Neutral Principles and Some First Amendment Problems, 47 Ind. L. J. 1, 23 (1971)을 보라. 이 구조적 역할 안에는 "공공의 문제들에 대한 토론은 제약 없는, 강건한, 그리고 활짝 열린 것이어야 한다는 원칙"이 함축되어 있을 뿐만이 아니라, New York Times Co. v. Sullivan, 376 U. S. 254, 270 (1964), 가치 있는 공중의 토의는 - 여타의 시민의 행동이 그러하듯 - 정보에 토대한 것이 되지 아니하면 안 된다는 선행하는 가정이 아울러 함축되어 있다.[3] 연방헌법 수정 제1조를

---

3) Saxbe v. Washington Post Co., supra, at 862-863에서의 파월(POWELL) 판사의 반대의견에서 이 착상은 예고된 바 있다: "여기에 걸려 있는 바는 정부업무에 대한 공중의 자유로운 논의를 보전함에 있어서의 연방헌법 수정 제1조의 사회적 기능이다. 자신들의 운명을 숙고하고 결정하기 위한 자유로운 및 공개된 토론을 통한 우리 국민들의 능력에 대한 그 헌법적 보장의 보호는 이야말로 그 보장의 다른 어떤 측면에보다도 더 올바르게 비장되어 있다. …… '[연]방헌법 수정 제1조는 분별력 있는 자기통치에의 우리의 국가적 약속의 지극히 중요한 보루들 중의 한 가지이다.' …… 대중의 자기결정에 대한 우리의 국가적 약속을, 그리고 공공의 문제들에 대한 자유로운 의견교환에, 건전한 국가정책을 개발하기 위한 가장 확실한 과정은 놓여 있다는 우리의 영속적인 신념을 그것은 구체화한다. 그러므로 공중의 토론은 단지 제약 없는 것이기만 해서는 안 된다; 그것은 정보에 토대한 것이기도 하지 않으면 안 된다. 자유로운 표현의 권리를에 아울러 정보의 및 착상들의 수령을 연방헌법 수정 제1조의 문제들은 포함한다고 당원이 반복적으로 판시해 온 것은 그 이유에서이다." (각주생략.)

Amendment to that process of communication necessary for a democracy to survive, and thus entails solicitude not only for communication itself, but also for the indispensable conditions of meaningful communication.[4]

However, because "the stretch of this protection is theoretically endless," Brennan, supra, at 177, it must be invoked with discrimination and temperance. For so far as the participating citizen's need for information is concerned, "[t]here are few restrictions on action which could not be clothed by ingenious argument in the garb of decreased data flow." Zemel v. Rusk, supra, at 16-17. An assertion of the prerogative to gather information must accordingly be assayed by considering the information sought and the opposing interests invaded.[5]

This judicial task is as much a matter of sensitivity to practical necessities as it is of abstract reasoning. But at least «448 U. S., 589» two helpful principles may be sketched. First, the case for a right of access has special force when drawn from an enduring and vital tradition of public entree to particular proceedings or information. Cf. In re Winship, 397 U. S. 358, 361-362 (1970). Such a tradition commands respect in part because the Constitution carries the gloss of history. More importantly, a tradition of accessibility implies the favorable judgment of experience. Second, the value of access

---

4) The technique of deriving specific rights from the structure of our constitutional government, or from other explicit rights, is not novel. The right of suffrage has been inferred from the nature of "a free and democratic society" and from its importance as a "preservative of other basic civil and political rights. ······" Reynolds v. Sims, 377 U. S. 533, 561–562 (1964); San Antonio Independent School Dist. v. Rodriguez, 411 U. S. 1, 34, n. 74 (1973). So, too, the explicit freedoms of speech, petition, and assembly have yielded a correlative guarantee of certain associational activities. NAACP v. Button, 371 U. S. 415, 430 (1963). See also Rodriguez, supra, at 33–34 (indicating that rights may be implicitly embedded in the Constitution); 411 U. S., at 62–63 (BRENNAN, J., dissenting); id., at 112–115 (MARSHALL, J., dissenting); Lamont v. Postmaster General, 381 U. S. 301, 308 (1965) (BRENNAN, J., concurring).

5) Analogously, we have been somewhat cautious in applying First Amendment protections to communication by way of nonverbal and nonpictorial conduct. Some behavior is so intimately connected with expression that for practical purposes it partakes of the same transcendental constitutional value as pure speech. See, e. g., Tinker v. Des Moines School District, 393 U. S. 503, 505–506 (1969). Yet where the connection between expression and action is perceived as more tenuous, communicative interests may be overridden by competing social values. See, e. g., Hughes v. Superior Court, 339 U. S. 460, 464–465 (1950).

《448 U. S., 588》 민주주의의 생존에 필요한 의사소통의 절차에 그 구조적 모델은 연결하고, 그리하여 의사소통 그 자체에 대한 갈망을만이 아니라 의미 있는 의사소통의 불가결한 조건들에의 갈망을 그 모델은 아울러 일으킨다.[4]

그러나, "이 보호의 범위는 이론상으로 무한"이기 때문에, Brennan, supra, at 177, 그것의 동원에는 분별이 및 절제가 수반되지 않으면 안 된다. 왜냐하면 정보에 대한 참여 시민 쪽의 필요가 관련되는 한, "[감]소된 정보 흐름의 외관 속에서의 정교한 주장에 의하여 행동에 대한 제한조치들이 외투 입혀질 수 없는 경우는 별로 없"기 때문이다. Zemel v. Rusk, supra, at 16-17. 정보를 모을 특권의 주장은 그러므로 그 추구된 정보를 및 그 침해되는 대립적 이익들을 검토함에 의하여 평가되지 않으면 안 된다.[5]

사법적 임무는 추상적 추론의 문제인 만큼이나 현실적 필요사항들에의 민감성의 문제이다. 그러나 적어도 《448 U. S., 589》 두 가지 편리한 원칙들의 윤곽을 그려봄은 가능하다. 첫째로, 특정의 절차들에의 내지는 정보에의 공중의 입장권의 지속적인 및 불가결한 전통으로부터 도출될 경우에는 특별한 영향력을 접근의 권리를 위한 사건은 지닌다. In re Winship, 397 U. S. 358, 361-362 (1970)을 비교하라. 이러한 전통은 존중할 값어치가 있는데, 그 한 가지 이유로서 역사의 광택을 연방헌법은 지니기 때문이다. 보다 더 중요하게는, 경험의 호의적 판단을 접근 허용성의 전통은 함축한다. 둘째로, 접근의 가치는 상세항목들 안에서 측정되지 않으면 안

---

4) 구체적 권리들을 우리의 헌법적 정부의 구조로부터 내지는 여타의 명시적 권리들로부터 도출하는 기법은 새로운 것이 아니다. "자유로운 민주주의 사회"의 본질로부터, 그리고 "여타의 기본적인 시민의 정치적 권리들의 방부제. ……"로서의 중요성으로부터 선거권은 추론되어 있다. Reynolds v. Sims, 377 U. S. 533, 561-562 (1964); San Antonio Independent School Dist. v. Rodriguez, 411 U. S. 1, 34, n. 74 (1973). 그러므로 마찬가지로, 일정한 교제활동들에 대한 상관적 보장을 말의, 청원의 및 집회의 명시적 자유들은 산출해 놓았다. NAACP v. Button, 371 U. S. 415, 430 (1963). 아울러 Rodriguez, supra, at 33-34 (권리들이 연방헌법에 함축적으로 새겨져 있을 수 있음을 시사함)을; 411 U. S., at 62-63 (브레넌(BRENNAN) 판사, 반대의견)을; id., at 112-115 (마샬(MARSHALL) 판사, 반대의견)을; Lamont v. Postmaster General, 381 U. S. 301, 308 (1965) (브레넌(BRENNAN) 판사, 보충의견)을 보라.

5) 이에 유사하게, 연방헌법 수정 제1조의 보장들을 비언어적 및 비회화적 행위에 의한 의사소통에 적용함에 있어서 우리는 다소 조심스러워 해 왔다. 어떤 행동의 경우는 표현에 매우 밀접하게 연결되는 나머지, 실제적 목적상으로는 순전한 말이 지니는 것을만큼의 선험적 헌법가치를 지닌다. 예컨대, Tinker v. Des Moines School District, 393 U. S. 503, 505-506 (1969)을 보라. 그러나 표현의 및 행동의 그 양자 사이의 연결이 더 엷은 것으로 인식되는 경우에, 경쟁적 사회적 가치들에 의하여 정보전달적 이익들은 거절될 수도 있다. 예컨대, Hughes v. Superior Court, 339 U. S. 460, 464-465 (1950)을 보라.

must be measured in specifics. Analysis is not advanced by rhetorical statements that all information bears upon public issues; what is crucial in individual cases is whether access to a particular government process is important in terms of that very process.

To resolve the case before us, therefore, we must consult historical and current practice with respect to open trials, and weigh the importance of public access to the trial process itself.

II

"This nation's accepted practice of guaranteeing a public trial to an accused has its roots in our English common law heritage." In re Oliver, 333 U. S. 257, 266 (1948); see Gannett Co. v. DePasquale, 443 U. S., at 419-420 (BLACKMUN, J., concurring and dissenting). Indeed, historically and functionally, open trials have been closely associated with the development of the fundamental procedure of trial by jury. In re Oliver, supra, at 266; Radin. The Right to a Public Trial, 6 Temp. L. Q. 381, 388 (1932).[6] Pre-eminent English legal observers and commentators have unreservedly acknowledged and applauded the public character of the common-law «448 U. S., 590» trial process. See T. Smith, De Republica Anglorum 77, 81-82 (1970);[7] 2 E. Coke, Institutes of the Laws of England 103 (6th ed. 1681); 3 W. Blackstone, Commentaries *372-*373;[8] M. Hale. The History of the Common Law of England 342-344 (6th ed. 1820);[9] 1 J. Bentham, Rationale of Judicial Evidence 584-585 (1827). And it appears that "there is little record, if any, of

---

6) "[The public trial] seems almost a necessary incident of jury trials, since the presence of a jury ⋯⋯ already insured the presence of a large part of the public. We need scarcely be reminded that the jury was the *patria*, the 'country' and that it was in that capacity and not as judges, that it was summoned." Radin, The Right to a Public Trial, 6 Temp. L. Q. 381, 388 (1932); see 3 W. Blackstone, Commentaries *349 ("trial *by jury*; called also the trial *per pais, or by the country*"); T. Smith, De Republica Anglorum 79 (1970).
7) First published in 1583.
8) First published in 1765.
9) First edition published in 1713.

된다. 공공의 쟁점들에 모든 정보가 관계를 지닌다는 수사적 진술들에 의하여서는 분석은 증진되지 않는다; 개개 사건에서 결정적인 것은 특정 정부 절차에의 접근이 바로 그 절차의 측면에서 중요한지 여부이다.

그러므로 우리 앞의 사건을 해결하기 위하여는 공개 정식사실심리들에 관한 역사적 및 현재적 관행을 우리는 고려하지 않으면 안 되고, 또 정식사실심리 절차 그 자체에의 공중의 접근의 중요성을 고찰하지 않으면 안 된다.

II

"공개의 정식사실심리를 피고인에게 보장하는 이 나라의 승인된 관행은 우리의 영국 보통법 유산 안에 그 뿌리들을 둔다." In re Oliver, 333 U. S. 257, 266 (1948); 아울러 Gannett Co. v. DePasquale, 443 U. S., at 419-420 [블랙먼(BLACKMUN) 판사, 보충의견이면서 반대의견임]을 보라. 아닌 게 아니라, 역사적으로도 기능적으로도, 배심에 의한 정식사실심리의 기본적 절차의 발전에 공개의 정식사실심리들은 밀접하게 연관된 것이 되어 왔다. In re Oliver, supra, at 266; Radin. The Right to a Public Trial, 6 Temp. L. Q. 381, 388 (1932).[6] 보통법 정식사실심리 절차의 공개적 성격을 탁월한 영국법 논평자들은 및 주석자들은 거리낌 없이 «448 U. S., 590» 인정하고 찬양하였다. T. Smith, De Republica Anglorum 77, 81-82 (1970)을;[7] 2 E. Coke, Institutes of the Laws of England 103 (6th ed. 1681)을; 3 W. Blackstone, Commentaries *372-*373을;[8] M. Hale. The History of the Common Law of England 342-344 (6th ed. 1820)을;[9] 1 J. Bentham, Rationale of Judicial Evidence 584-585 (1827)을 보라. 그리하여, "알려진 영국 역사상의 어느 한 때라도 발생한 바 있는 비밀의 절차들에 관한 기록은 설령 있다고 하더라도 극히 드물다."는 점이 뚜렷해진다. Gannett, supra, at

---

6) "[공개의 정식사실심리는] 배심에 의한 정식사실심리들의 거의 필수적인 부수조건인 것으로 보이는데. 왜냐하면 다수 공중의 출석을. . .배심의 출석은 벌써 보증하였기 때문이다. 배심은 *patria*, 즉 '국가'였음을. 그리고 배심이 소환된 것은 그 자격에서였을 뿐 판사들로서가 아니었음을 우리는 다짐받을 필요가 전혀 없다." Radin, The Right to a Public Trial, 6 Temp. L. Q. 381, 388 (1932); 아울러 3 W. Blackstone, Commentaries *349 ("*배심(jury)*에 의한 정식사실심리는 trial *per pais*라고도, 즉 trial *by the country*라고도 불렸다")을; T. Smith, De Republica Anglorum 79 (1970)을 보라.

7) 첫 출판 1583년.

8) 첫 출판 1765년.

9) 초판 출판 1713년.

secret proceedings, criminal or civil, having occurred at any time in known English history." Gannett, supra, at 420 (BLACKMUN, J., concurring and dissenting); see also In re Oliver, supra, at 269, n. 22; Radin, supra, at 386-387.

This legacy of open justice was inherited by the English settlers in America. The earliest charters of colonial government expressly perpetuated the accepted practice of public trials. See Concessions and Agreements of West New Jersey, 1677, ch. XXIII;[10] Pennsylvania Frame of Government, 1682, Laws Agreed Upon in England, V.[11] "There is no evidence that any colonial court conducted criminal trials behind closed doors. ······" Gannett Co. v. DePasquale, supra, at 425 (BLACKMUN, J., concurring and dissenting). Subsequently framed state constitutions also prescribed open trial proceedings. See, e. g., Pennsylvania Declaration of Rights, 1776, IX;[12] North Carolina Declaration of Rights, 1776, IX;[13] Vermont Declaration of Rights, X (1777);[14] see also In re Oliver, 333 U. S., at 267. "Following the ratification in 1791 of the Federal Constitution's Sixth Amendment, ······ most of the original states and those subsequently admitted to «448 U. S., 591» the Union adopted similar constitutional provisions." Ibid.[15] Today, the overwhelming majority of States secure the right to public trials. Gannett, supra, at 414-415, n. 3 (BLACKMUN, J., concurring and dissenting); see also In re Oliver, supra, at 267-268, 271, and nn. 17-20.

---

10) Quoted in 1 B. Schwartz, The Bill of Rights: A Documentary History 129 (1971).

11) Id., at 140.

12) Id., at 265.

13) Id., at 287

14) Id., at 323.

15) To be sure, some of these constitutions, such as the Pennsylvania Declaration of Rights, couched their public trial guarantees in the language of the accused's rights. But although the Court has read the Federal Constitution's explicit public trial provision, U. S. Const., Amdt. 6, as benefiting the defendant alone, it does not follow that comparably worded state guarantees must be so construed. See Gannett Co. v. DePasquale, 443 U. S., at 425, and n. 9 (BLACKMUN, J., concurring and dissenting); cf. also Mallott v. State, 608 P.2d 737, 745, n. 12 (Alaska 1980). And even if the specific state public trial protections must be invoked by defendants, those state constitutional clauses still provide evidence of the importance attached to open trials by the founders of our state governments. Indeed, it may have been thought that linking public trials to the accused's privileges was the most effective way of assuring a vigorous representative for the popular interest.

420 [블랙먼(BLACKMUN) 판사, 보충의견이면서 반대의견임]; 아울러 In re Oliver, supra, at 269, n. 22를; Radin, supra, at 386-387을 보라.

공개재판의 이 유산은 아메리카에의 영국 정착민들에 의하여 상속되었다. 공개의 정식사실심리들이라는 그 승인된 관행을 식민정부의 맨 초기의 헌장들은 명시적으로 영속화하였다. Concessions and Agreements of West New Jersey, 1677, ch. XXIII을;[10] Pennsylvania Frame of Government, 1682, Laws Agreed Upon in England, V를 보라.[11] "…… 형사 정식사실심리들을 닫힌 문들 뒤에서 조금이라도 식민지 법원이 수행하였다는 증거는 없다." Gannett Co. v. DePasquale, supra, at 425 [블랙먼(BLACKMUN) 판사, 보충의견이면서 반대의견임]. 공개의 정식사실심리 절차들을 뒤에 만들어진 주 헌법들은 또한 규정하였다. 예컨대, Pennsylvania Declaration of Rights, 1776, IX를;[12] North Carolina Declaration of Rights, 1776, IX을;[13] Vermont Declaration of Rights, X (1777)를 보라;[14] 아울러 In re Oliver, 333 U. S., at 267을 보라. "연방헌법 수정 제6조에 대한 1791년의 비준에 이어, 유사한 헌법규정들을 최초의 주들은 《448 U. S., 591》 및 그 뒤에 연방에 가입한 주들의 대부분은 채택하였다." Ibid.[15] 공개의 정식사실심리들을 오늘날 압도적 다수의 주들은 보장한다. Gannett, supra, at 414-415, n. 3 [블랙먼(BLACKMUN) 판사, 보충의견이면서 반대의견임]; 아울러 In re Oliver, supra, at 267-268, 271, and nn. 17-20을 보라.

---

10) 1 B. Schwartz, The Bill of Rights: A Documentary History 129 (1971)에 인용됨.

11) Id., at 140.

12) Id., at 265.

13) Id., at 287.

14) Id., at 323.

15) 확실히, 자신들의 공개 정식사실심리에 대한 보장들을 피고인의 권리사항들의 문언으로 이 헌법들 중 펜실베니아주 권리선언을 비롯한 몇몇은 규정하였다. 그러나 연방헌법의 명시적 공개 정식사실심리 조항인 미합중국 헌법 수정 제6조를 피고인의 이익만을 위한 것으로 비록 당원이 해석해 왔음에도 불구하고, 그렇다 하여 동등한 문언으로 표현된 주(state) 보장들이 그렇게 해석되지 않으면 안 되는 것으로는 되지 않는다. Gannett Co. v. DePasquale, 443 U. S., at 425, and n. 9 (블랙먼(BLACKMUN) 판사, 보충의견이면서 반대의견임]를 보라; 아울러 Mallott v. State, 608 P.2d 737, 745, n. 12 (Alaska 1980)을 비교하라. 게다가 설령 명시적인 주(state) 공개 정식사실심리의 보장들이 피고인들에 의하여 원용되지 않으면 안 된다고 하더라도, 우리의 주 정부들의 설립자들에 의하여 공개의 정식사실심리들에 부여된 중요성의 증거를 그러한 주 헌법조항들은 여전히 제공한다. 아닌 게 아니라, 공개 정식사실심리들을 피고인의 특권들에 연결짓는 것은 대중의 이익을 위한 박력 있는 대리인을 확보하는 가장 효과적인 방법이라고 생각되었을 수도 있다.

This Court too has persistently defended the public character of the trial process. In re Oliver established that the Due Process Clause of the Fourteenth Amendment forbids closed criminal trials. Noting the "universal rule against secret trials," 333 U. S., at 266, the Court held that

"[i]n view of this nation's historic distrust of secret proceedings, their inherent dangers to freedom, and the universal requirement of our federal and state governments that criminal trials be public, the Fourteenth Amendment's guarantee that no one shall be deprived of his liberty without due process of law means at least that an accused cannot be thus sentenced to prison." Id., at 273.[16] «448 U. S., 592»

Even more significantly for our present purpose, Oliver recognized that open trials are bulwarks of our free and democratic government: public access to court proceedings is one of the numerous "checks and balances" of our system, because "contemporaneous review in the forum of public opinion is an effective restraint on possible abuse of judicial power," id., at 270. See Sheppard v. Maxwell, 384 U. S. 333, 350 (1966). Indeed, the Court focused with particularity upon the public trial guarantee "as a safeguard against any attempt to employ our courts as instruments of persecution," or "for the suppression of political and religious heresies." Oliver, supra, at 270. Thus, Oliver acknowledged that open trials are indispensable to First Amendment political and religious freedoms.

By the same token, a special solicitude for the public character of judicial proceedings is evident in the Court's rulings upholding the right to report about the administration of justice. While these decisions are impelled by the

---

16) Notably, Oliver did not rest upon the simple incorporation of the Sixth Amendment into the Fourteenth, but upon notions intrinsic to due process, because the criminal contempt proceedings at issue in the case were "not within 'all criminal prosecutions' to which [the Sixth] ⋯⋯ Amendment applies." Levine v. United States, 362 U. S. 610, 616 (1960); see also n. 1, supra.

정식사실심리 절차의 공개적 성격을 당원은 역시도 지속적으로 옹호해 왔다. 방청금지 상태의 형사 정식사실심리들을 연방헌법 수정 제14조의 적법절차 조항은 금지함을 In re Oliver 판결은 확립하였다. "비밀의 정식사실심리를 금지하는 보편적 규칙"을 특별히 언급하면서, 333 U. S., at 266, 당원은 판시하였다:

"[비]밀의 절차들에 대한 이 나라의 역사적 불신에 비추어, 자유에 대한 그 절차들의 본래적 위협요소들에 비추어, 그리고 형사 정식사실심리들은 공개되어야 한다는 우리 연방정부의 및 주 정부들의 보편적 요구에 비추어, 자신의 자유를 적법절차 없이는 아무도 박탈당하지 아니한다는 연방헌법 수정 제14조의 보장은 그러한 방법으로는 감옥형을 피고인이 선고받을 수 없음을 적어도 의미한다." Id., at 273.[16] «448 U. S., 592»

우리의 당면의 목적상으로 더욱 의미 깊게도, 공개의 정식사실심리들은 우리의 자유로운 민주주의 정부의 보루들임을 Oliver 판결은 인정하였다: 법원절차들에의 공중의 접근은 우리 제도의 수많은 "견제장치들"의 및 균형장치들"의 한 가지인데, 왜냐하면 "공중의 의견 속에서의 동시대의 재검토는 사법적 권력의 있을 수 있는 남용에 대한 효과적인 억제수단"이기 때문이다. id., at 270. 아울러 Sheppard v. Maxwell, 384 U. S. 333, 350 (1966)을 보라. 아닌 게 아니라, "우리 법원들을 박해의 도구들로 사용하려는, 즉 정치적 종교적 이단에 대한 억압을 위하여 사용하려는 어떤 시도에 대하여도 맞서는 보호수단"으로서의 공개의 정식사실심리 보장 위에 초점을 세심한 주의를 지니고서 당원은 맞추었다. Oliver, supra, at 270. 연방헌법 수정 제1조의 정치적 종교적 자유들에는 공개의 정식사실심리들이 불가결함을 그리하여 Oliver 판결은 인정하였다.

재판운영에 관하여 보도할 권리를 지지하는 당원의 결정들 안에는 사법절차들의 성격을 위한 특별한 배려가 마찬가지로 뚜렷하다. 연방헌법 수정 제1조에 의하여 순수 의사소통에 부여되는 전통적인 보호들에 의하여 이 결정들은 강제되는 것

---

16) 주지하듯이, 연방헌법 수정 제14조에의 수정 제6조의 단순한 통합에 Oliver 판결은 의존한 것이 아니라 적법절차에 고유한 관념들에 그 판결은 의존하였는데, 왜냐하면 그 사건의 쟁점이었던 형사적 법원모독 절차들은 "연방헌법 수정 제[6조] …… 가 적용되는 '모든 형사적 절차추행들' 의 범위 내에 있지 아니하기" 때문이었다. Levine v. United States, 362 U. S. 610, 616 (1960); 아울러 n. 1, supra를 보라.

classic protections afforded by the First Amendment to pure communication, they are also bottomed upon a keen appreciation of the structural interest served in opening the judicial system to public inspection.[17] So, in upholding a privilege for reporting truthful information about judicial misconduct proceedings, Landmark Communications, Inc. v. Virginia, 435 U. S. 829 (1978), emphasized that public scrutiny of the operation of a judicial disciplinary body implicates a major purpose of the First Amendment - "discussion of governmental affairs," id., at 839. Again, Nebraska Press Assn. v. Stuart, 427 U. S., at 559, noted that the traditional guarantee against prior restraint "should have particular force as applied to reporting of criminal proceedings. ⋯⋯" And Cox Broadcasting Corp. v. Cohn, 420 U. S. 469, 492 (1975), instructed that «448 U. S., 593» "[w]ith respect to judicial proceedings in particular, the function of the press serves to guarantee the fairness of trials and to bring to bear the beneficial effects of public scrutiny upon the administration of justice." See Time, Inc. v. Firestone, 424 U. S. 448, 473-474, 476-478 (1976) (BRENNAN, J., dissenting) (open judicial process is essential to fulfill "the First Amendment guarantees to the people of this Nation that they shall retain the necessary means of control over their institutions ⋯⋯").

Tradition, contemporaneous state practice, and this Court's own decisions manifest a common understanding that "[a] trial is a public event. What transpires in the court room is public property." Craig v. Harney, 331 U. S. 367, 374 (1947). As a matter of law and virtually immemorial custom, public trials have been the essentially unwavering rule in ancestral England and in our own Nation. See In re Oliver, 333 U. S., at 266-268; Gannett Co. v. DePasquale, 443 U. S., at 386, n. 15; id., at 418-432, and n. 11 (BLACKMUN, J., concurring

---

17) As Mr. Justice Holmes pointed out in his opinion for the Massachusetts Supreme Judicial Court in Cowley v. Pulsifer, 137 Mass. 392, 394 (1884), "the privilege [to publish reports of judicial proceedings] and the access of the public to the courts stand in reason upon common ground." See Lewis v. Levy, El., Bl., & El. 537, 120 Eng. Rep. 610 (K. B. 1858).

들이기는 하지만, 사법제도를 공중의 감시에 열어놓음 안에서 달성되는 구조적 이익에 대한 날카로운 이해에 또한 그것들은 바탕한 것들이다.[17] 그러므로, 연방헌법 수정 제1조의 주된 목적을 - 즉 "정부 업무들에 대한 토론"을 - 사법부 징계기관의 작동에 대한 공중의 정사는 함축함을, 사법적 직권남용 절차들에 관한 진실한 정보의 보도를 위한 특권을 지지함에 있어서 Landmark Communications, Inc. v. Virginia, 435 U. S. 829 (1978) 판결은 강조하였다. id., at 839. "…… 특별한 힘을, 형사절차들의 보도에 적용되는 것으로서의" 사전의 제한조치에 대처한 전통적 보호는 "지녀야 함"을 다시 Nebraska Press Assn. v. Stuart, 427 U. S., at 559 판결은 특별히 언급하였다. 그리고 "[특]히 사법절차들에 관련해서는, 정식사실심리들의 «448 U. S., 593» 공정성을 보장하는 데 및 재판운영에 대한 공중의 정사의 유익한 효과들을 가져오는 데 언론출판의 기능은 기여한다."는 점을 Cox Broadcasting Corp. v. Cohn, 420 U. S. 469, 492 (1975) 판결은 설명하였다. Time, Inc. v. Firestone, 424 U. S. 448, 473-474, 476-478 (1976) [브레넌(BRENNAN) 판사, 반대의견] ("연방헌법 수정 제1조의 보장들을 이 나라의 국민들에게" 실현시켜 "…… 그들의 기관들에 대한 필요한 통제수단을 그들로 하여금 보유하게" 하기 위하여 공개의 사법절차는 필수이다.)을 보라.

"[정]식사실심리는 공공에 속하는 사건이다. 법정에서 일어나는 바는 공공의 자산이다."라는 점, Craig v. Harney, 331 U. S. 367, 374 (1947), 에 대한 보편적 이해를 전통은, 현재의 주(state) 관행은, 그리고 당원 자신의 결정들은 명확히 한다. 법의 문제로서 및 사실상 기억할 수 없으리만큼의 오래된 관습의 문제로서, 공개의 정식사실심리는 선조들의 나라 영국에서와 우리 자신의 나라에서 본질적으로 확고한 규칙이 되어 왔다. In re Oliver, 333 U. S., at 266-268을; Gannett Co. v. DePasquale, 443 U. S., at 386, n. 15를; id., at 418-432, and n. 11 [블랙먼(BLACKMUN) 판사, 보충의

---

17) Cowley v. Pulsifer, 137 Mass. 392, 394 (1884) 사건에서의 매사추세츠주 대법원을 위한 그의 의견에서 홈즈(Holmes)판사가 지적하였듯이, "[사법적 절차들에 대한 보도사항들을 공표할] 특권은 및 법원들에의 공중의 접근권은 보편적 근거 위에서 이치에 닿는다." Lewis v. Levy, El., Bl., & El. 537, 120 Eng. Rep. 610 (K. B. 1858)을 보라.

and dissenting).[18] Such abiding adherence to the principle of open trials "reflect[s] a profound judgment about the way in which law should be enforced and justice administered." Duncan v. Louisiana, 391 U. S. 145, 155 (1968).

III

Publicity serves to advance several of the particular purposes of the trial (and, indeed, the judicial) process. Open trials play a fundamental role in furthering the efforts of our judicial system to assure the criminal defendant a fair and accurate adjudication of guilt or innocence. See, e. g., Estes v. Texas, 381 U. S., at 538-539. But, as a feature of our «448 U. S., 594» governing system of justice, the trial process serves other, broadly political, interests, and public access advances these objectives as well. To that extent, trial access possesses specific structural significance.[19]

The trial is a means of meeting "the notion, deeply rooted in the common law, that 'justice must satisfy the appearance of justice.'" Levine v. United States, 362 U. S. 610, 616 (1960), quoting Offutt v. United States, 348 U. S. 11, 14 (1954); accord, Gannett Co. v. DePasquale, supra, at 429 (BLACKMUN, J.,

---

18) The dictum in Branzburg v. Hayes, 408 U. S. 665, 684–685 (1972), that "[n]ewsmen ······ may be prohibited from attending or publishing information about trials if such restrictions are necessary to assure a defendant a fair trial ······," is not to the contrary; it simply notes that rights of access may be curtailed where there are sufficiently powerful countervailing considerations. See supra, at 588.

19) By way of analogy, we have fashioned rules of criminal procedure to serve interests implicated in the trial process beside those of the defendant. For example, the exclusionary rule is prompted not only by the accused's interest in vindicating his own rights, but also in part by the independent "'imperative of judicial integrity.'" See, e. g., Terry v. Ohio, 392 U. S. 1, 12–13 (1968), quoting Elkins v. United States, 364 U. S. 206, 222 (1960); United States v. Calandra, 414 U. S. 338, 357–359 (1974) (BRENNAN, J., dissenting); Olmstead v. United States, 277 U. S. 438, 484–485 (1928) (Brandeis, J., dissenting); id., at 470 (Holmes, J., dissenting). And several Members of this Court have insisted that criminal entrapment cannot be "countenanced" because the "obligation" to avoid "enforcement of the law by lawless means ······ goes beyond the conviction of the particular defendant before the court. Public confidence in the fair and honorable administration of justice ······ is the transcending value at stake." Sherman v. United States, 356 U. S. 369, 380 (1958) (Frankfurter, J., concurring in result); see United States v. Russell, 411 U. S. 423, 436–439 (1973) (Douglas, J., dissenting); id., at 442–443 (STEWART, J., dissenting); Sorrells v. United States, 287 U. S. 435, 455 (1932) (opinion of Roberts, J.); Casey v. United States, 276 U. S. 413, 423, 425 (1928) (Brandeis, J., dissenting).

견이면서 반대의견임]을 보라.[18] "법이 시행되어야 할, 그리고 재판이 운영되어야 할 방법에 관한 심원한 판단을" 공개의 정식사실심리 원칙에의 이러한 변함없는 고수는 "반영[한]다." Duncan v. Louisiana, 391 U. S. 145, 155 (1968).

Ⅲ

정식사실심리의 (그리고 참으로 법원의) 절차의 특정 목적들의 몇 가지를 진척시키는 데 공개재판 원칙은 기여한다. 유죄에 내지는 무죄에 대한 공정한 및 정확한 판단을 형사 피고인에게 보장하기 위한 우리의 사법제도의 노력들을 촉진함에 있어서의 기본적 역할을 공개의 정식사실심리들은 수행한다. 예컨대, Estes v. Texas, 381 U. S., at 538-539를 보라. 그러나, 우리의 지배적 «448 U. S., 594» 재판제도의 특징으로서, 여타의, 폭넓게는 정치적인, 이익들에 정식사실심리 절차는 기여하고, 게다가 이 목적들을 공중의 접근은 또한 촉진한다. 그 한도 내에서, 구체적인 구조적 의미를 정식사실심리에의 접근은 보유한다.[19]

"'정의의 외관을 정의는 충족시키지 않으면 안 된다.'는 보통법에 깊게 뿌리한 이념을" 달성하는 수단이 정식사실심리이다. Levine v. United States, 362 U. S. 610, 616 (1960), quoting Offutt v. United States, 348 U. S. 11, 14 (1954); accord, Gannett Co. v. DePasquale, supra, at 429 [블랙먼(BLACKMUN) 판사, 보충의견이면서 반대의견

---

18) "[공]정한 정식사실심리를 피고인에게 보장하기 위하여 제한조치들이 필요할 경우에 정식사실심리들을 방청하지 못하도록 내지는 그것들에 관한 정보를 공표하지 못하도록 …… 취재기자들은 금지될 수 있다. ……"고 한 Branzburg v. Hayes, 408 U. S. 665, 684-685 (1972)에서의 방론은 이에 저촉되지 아니한다; 충분히 설득력 있는 상쇄적 고려사항들이 있을 경우에 접근의 권리들은 제한될 수 있음을 그것은 간명하게 적는다. supra, at 588을 보라.

19) 피고인의 이익들을 이외에도 정식사실심리들에 연관된 이익들을 보호하기 위한 형사절차의 규칙들을 유추에 의하여 우리는 구성해 왔다. 예를 들어, 위법수집증거 배제원칙이 유발되는 것은 피고인 자신의 권리들을 옹호함에 있어서의 그의 이익에 의해서만이 아니라, 부분적으로는 독립의 "사법적 염결성의 명령"에 의해서이기도 하다. 예컨대, Terry v. Ohio, 392 U. S. 1, 12-13 (1968), quoting Elkins v. United States, 364 U. S. 206, 222 (1960)를; United States v. Calandra, 414 U. S. 338, 357-359 (1974) (브레넌(BRENNAN) 판사, 반대의견)를; Olmstead v. United States, 277 U. S. 438, 484-485 (1928) (브랜다이스(Brandeis) 판사, 반대의견)을; id., at 470 (홈즈(Holmes) 판사, 반대의견)을 보라. 그리하여 "불법적 수단들에 의한 법 집행"을 회피할 "의무"는 "…… 법원 앞의 특정 피고인에 대한 유죄판정을 넘어서기" 때문에, 그리고 "…… 공정한 및 명예로운 사법운영에 대한 일반공중의 신뢰는 그 걸려 있는 초월적인 가치이기" 때문에, 범죄적 함정수사는 "묵인될 수 없음을 " 당원의 구성원 몇 분이 주장해 왔다. Sherman v. United States, 356 U. S. 369, 380 (1958) (프랑크푸르터(Frankfurter) 판사, 결론에 있어서 찬동함); 아울러 United States v. Russell, 411 U. S. 423, 436-439 (1973) (더글라스(Douglas) 판사, 반대의견)을; id., at 442-443 (스튜어트(STEWART) 판사, 반대의견)을; Sorrells v. United States, 287 U. S. 435, 455 (1932) (로버츠(Roberts) 판사의 의견)을; Casey v. United States, 276 U. S. 413, 423, 425 (1928) (브랜다이스(Brandeis) 판사, 반대의견)을 보라.

concurring and dissenting); see Cowley v. Pulsifer, 137 Mass. 392, 394 (1884) (Holmes, J.). For a civilization founded upon principles of ordered liberty to survive and flourish, its members must share the conviction that they are governed equitably. That necessity underlies constitutional provisions as diverse as the rule against takings without just compensation, see PruneYard Shopping Center v. Robins, 447 U. S. 74, 82-83, and n. 7 (1980), and the Equal Protection Clause. It also mandates a system of justice that demonstrates the fairness of the law to our citizens. One «448 U. S., 595» major function of the trial, hedged with procedural protections and conducted with conspicuous respect for the rule of law, is to make that demonstration. See In re Oliver, supra, at 270, n. 24.

Secrecy is profoundly inimical to this demonstrative purpose of the trial process. Open trials assure the public that procedural rights are respected, and that justice is afforded equally. Closed trials breed suspicion of prejudice and arbitrariness, which in turn spawns disrespect for law. Public access is essential, therefore, if trial adjudication is to achieve the objective of maintaining public confidence in the administration of justice. See Gannett, supra, at 428-429 (BLACKMUN, J., concurring and dissenting).

But the trial is more than a demonstrably just method of adjudicating disputes and protecting rights. It plays a pivotal role in the entire judicial process, and, by extension, in our form of government. Under our system, judges are not mere umpires, but, in their own sphere, lawmakers- a coordinate branch of *government*.[20] While individual cases turn upon the controversies

---

20) The interpretation and application of constitutional and statutory law, while not legislation, is lawmaking, albeit of a kind that is subject to special constraints and informed by unique considerations. Guided and confined by the Constitution and pertinent statutes, judges are obliged to be discerning, to exercise judgment, and to prescribe rules. Indeed, at times judges wield considerable authority to formulate legal policy in designated areas. See, e. g., Moragne v. States Marine Lines, 398 U. S. 375 (1970); Banco Nacional de Cuba v. Sabbatino, 376 U. S. 398 (1964); Textile Workers v. Lincoln Mills, 353 U. S. 448, 456–457 (1957); P. Areeda, Antitrust Analysis 45–46 (2d ed. 1974) ("Sherman Act [is] ······ a general authority to do what common law courts usually do: to use certain customary techniques of judicial reasoning ······ and to develop, refine, and innovate in the dynamic common law tradition").

임]; 아울러 Cowley v. Pulsifer, 137 Mass. 392, 394 (1884) [홈즈(Holmes) 판사를 보라. 질서 있는 자유의 원칙들에 토대한 문명이 살아남아 번영하기 위하여는, 자신들이 공정하게 통치된다는 신념을 그 구성원들은 공유하지 않으면 안 된다. 정당한 보상 없는 박탈처분들을 금지하는 원칙의 토대에라든지, see PruneYard Shopping Center v. Robins, 447 U. S. 74, 82-83, and n. 7 (1980), 평등보호조항의 토대에라든지 등 다양한 헌법규정들의 토대에 놓여 있는 것은 그것의 필요성이다. 법의 공정성을 우리 시민들에게 증명하는 재판제도를 그것은 아울러 명령한다. 그 증명을 «448 U. S., 595» 하는 데에, 절차적 보호장치들을 두른 채로 법의 지배에 대한 눈에 띄는 존중을 지니고서 수행되는 정식사실심리의 한 가지 주요기능은 있다. In re Oliver, supra, at 270, n. 24를 보라.

정식사실심리 절차의 이 증명적 목적에 비밀성은 심대하게 유해하다. 절차적 권리들이 존중됨을, 정의가 평등하게 제공됨을 공개의 정식사실심리들은 보장한다. 편견의 및 자의성의 의심을 방청금지의 정식사실심리들은 기르는데, 이번에는 법에 대한 경시를 그것은 낳는다. 재판운영에의 공중의 신뢰를 지속시키려는 목적을 만약 정식사실심리의 판결이 달성하고자 한다면, 공중의 접근은 따라서 불가결하다. Gannett, supra, at 428-429 [블랙먼(BLACKMUN) 판사, 보충의견이면서 반대의견임]을 보라.

그러나 논쟁들을 판단하는 및 권리들을 보호하는 명백하게 정당한 방법 그 이상의 것이 정식사실심리이다. 사법절차에 있어서의, 그리고 그 확장에 의하여 우리의 정부형태에 있어서의 중추적 역할을 그것은 수행한다. 우리의 제도 아래서는, 판사들은 단순한 심판관들이 아니라, 그들 자신의 영역에서의 법 제정자들인바 - 즉, 정부에 동격인 부서이다.[20] 개개 사건들은 당사자들 사이의 논쟁들을 중심으로 다루

---

20) 헌법의 내지는 제정법의 해석은 및 적용은 입법이 아니면서도 법을 제정하는 것인데, 다만, 그것은 특별한 제한사항들에 종속되는 종류의, 그리고 독특한 고려사항들에 의하여 제공되는 정보에 터잡는 종류의 것이다. 연방헌법의 및 관련 제정법들의 안내를 및 제약을 받으면서, 통찰력을 지녀야 할, 판단력을 행사해야 할, 그리고 규칙들을 규정해야 할 의무가 판사들에게는 있다. 지정된 영역들에서의 법적 정책을 형성할 상당한 권한을 실로 판사들은 때때로 휘두른다. Moragne v. States Marine Lines, 398 U. S. 375 (1970); Banco Nacional de Cuba v. Sabbatino, 376 U. S. 398 (1964); Textile Workers v. Lincoln Mills, 353 U. S. 448, 456-457 (1957); P. Areeda, Antitrust Analysis 45-46 (2d ed. 1974) ("셔먼법(Sherman Act)은 …… 보통법 법원들이 일반적으로 하는 바를 행할: 즉 사법적 추론의 일정한 전통적 기법들을 역동적인 보통법 전통 속에서 사용할 …… 그리고 개발할, 정련할 및 혁신할 일반적 권한[이다]").

between parties, or involve particular prosecutions, court rulings impose official and practical consequences upon members of society at large. Moreover, judges bear responsibility for the vitally important task of construing and securing constitutional rights. Thus, so far as the «448 U. S., 596» trial is the mechanism for judicial factfinding, as well as the initial forum for legal decisionmaking, it is a genuine governmental proceeding.

It follows that the conduct of the trial is pre-eminently a matter of public interest. See Cox Broadcasting Corp. v. Cohn, 420 U. S., at 491-492; Maryland v. Baltimore Radio Show, Inc., 338 U. S. 912, 920 (1950) (opinion of Frankfurter, J., respecting denial of certiorari). More importantly, public access to trials acts as an important check, akin in purpose to the other checks and balances that infuse our system of government. "The knowledge that every criminal trial is subject to contemporaneous review in the forum of public opinion is an effective restraint on possible abuse of judicial power," In re Oliver, 333 U. S., at 270- an abuse that, in many cases, would have ramifications beyond the impact upon the parties before the court. Indeed, "'[w]ithout publicity, all other checks are insufficient: in comparison of publicity, all other checks are of small account.'" Id., at 271, quoting 1 J. Bentham, Rationale of Judicial Evidence 524 (1827); see 3 W. Blackstone, Commentaries *372; M. Hale, History of the Common Law of England 344 (6th ed. 1820); 1 J. Bryce, The American Commonwealth 514 (rev. 1931).

Finally, with some limitations, a trial aims at true and accurate factfinding. Of course, proper factfinding is to the benefit of criminal defendants and of the parties in civil proceedings. But other, comparably urgent, interests are also often at stake. A miscarriage of justice that imprisons an innocent accused also leaves a guilty party at large, a continuing threat to society. Also, mistakes of fact in civil litigation may inflict costs upon others than the plaintiff and defendant. Facilitation of the trial factfinding process, therefore,

거나 특정의 공소사실들을 포함하는 반면, 공식적인 및 현실적인 결과들을 사회 구성원들 일반 위에 법원 결정들은 부과한다. 더욱이, 헌법적 권리들을 해석하는 및 보장하는 그 지극히도 중요한 임무에 대한 책임을 판사들은 진다. 그리하여 정식사실심리가 «448 U. S., 596» 법적 의사결정을 위한 최초의 공개토론장임에 아울러 사법상의 사실발견을 위한 장치인 한, 그것은 진짜의 정부적 절차이다.

정식사실심리의 수행은 현저히도 공중의 이익의 문제라는 것이 된다. Cox Broadcasting Corp. v. Cohn, 420 U. S., at 491-492를; Maryland v. Baltimore Radio Show, Inc., 338 U. S. 912, 920 (1950) [사건기록 송부명령의 기각에 관한 프랑크푸르터(Frankfurter) 판사의 의견]을 보라. 보다 중요하게는, 우리의 정부제도를 우려내는 여타의 견제장치들에와 균형장치들에 유사한 중요한 견제장치로서 정식사실심리들에의 공중의 접근은 결과적으로 작용한다. "공중의 의견이라는 공개토론장에서의 동시대의 재검토에 모든 형사 정식사실심리가 처해진다는 점의 인식은 사법적 권력의 있을 수 있는 남용에 대한 효과적인 억제수단"인바, In re Oliver, 333 U. S., at 270, 법원 앞의 당사자들에게 미치는 영향을 넘어서까지 지맥들을 그 남용은 지닌다. 실로, "[공]개재판 원칙이 없다면, 그 밖의 모든 견제장치들은 불충분하다: 공개재판 원칙에 비하여 그 밖의 모든 견제장치들은 의미가 적다.'" Id., at 271, quoting 1 J. Bentham, Rationale of Judicial Evidence 524 (1827); 아울러 3 W. Blackstone, Commentaries *372를; M. Hale, History of the Common Law of England 344 (6th ed. 1820)을; 1 J. Bryce, The American Commonwealth 514 (rev. 1931)을 보라.

궁극적으로, 몇 가지 제한사항들을 지닌 채로이기는 하지만, 목표를 진실한 및 정확한 사실발견에 정식사실심리는 둔다. 물론, 정확한 사실발견은 형사피고인들의 및 민사절차 당사자들의 이익으로 귀결된다. 그러나 여타의 비교적 긴급한 이익들이 함께 걸려 있는 경우는 마찬가지로 흔하다. 죄 없는 피고인을 감옥에 처하는 오판은 유죄인 당사자를 자유 상태로 남겨놓는데, 그는 사회에의 지속적인 위협이 된다. 마찬가지로 민사소송에서의 사실오인은 원고에게와 피고에게가 아닌 다른 사람들에게 손실을 가한다. 정식사실심리의 사실발견 절차의 촉진은 그러므로 당

is of concern to the public as well as to the parties.[21]

Publicizing trial proceedings aids accurate factfinding. "Public trials come to the attention of key witnesses unknown «448 U. S., 597» to the parties." In re Oliver, supra, at 270, n. 24; see Tanksley v. United States, 145 F. 2d 58, 59 (CA9 1944); 6 J. Wigmore, Evidence 1834 (J. Chadbourn rev. 1976). Shrewd legal observers have averred that

"open examination of witnesses viva voce, in the presence of all mankind, is much more conducive to the clearing up of truth, than the private and secret examination ······ where a witness may frequently depose that in private, which he will be ashamed to testify in a public and solemn tribunal." 3 Blackstone, supra, at *373.

See Tanksley v. United States, supra, at 59-60; Hale, supra, at 345; 1 Bentham, supra, at 522-523. And experience has borne out these assertions about the truthfinding role of publicity. See Hearings on S. 290 before the Subcommittee on Constitutional Rights and the Subcommittee on Improvements in Judicial Machinery of the Senate Judiciary Committee, 89th Cong., 1st Sess., pt. 2, pp. 433-434, 437-438 (1966).

Popular attendance at trials, in sum, substantially furthers the particular public purposes of that critical judicial proceeding.[22] In that sense, public access is an indispensable element of the trial process itself. Trial access, therefore, assumes structural importance in our "government of laws," Marbury v. Madison, 1 Cranch 137, 163 (1803).

---

21) Further, the interest in insuring that the innocent are not punished may be shared by the general public, in addition to the accused himself.

22) In advancing these purposes, the availability of a trial transcript is no substitute for a public presence at the trial itself. As any experienced appellate judge can attest, the "cold" record is a very imperfect reproduction of events that transpire in the courtroom. Indeed, to the extent that publicity serves as a check upon trial officials, "[r]ecordation ······ would be found to operate rather as cloa[k] than chec[k]; as cloa[k] in reality, as chec[k] only in appearance." In re Oliver, 333 U. S., at 271, quoting 1 J. Bentham, Rationale of Judicial Evidence 524 (1827); see id., at 577–578.

사자들에게와 마찬가지로 공중에게도 중요성을 지니는 사안이다.[21]

정확한 사실발견을 정식사실심리 절차들을 공표함은 조력한다. "당사자들에게는 《448 U. S., 597》 알려져 있지 않은 중요한 증인들의 주의 안에 공개의 정식사실심리들은 들어온다." In re Oliver, supra, at 270, n. 24; 아울러 Tanksley v. United States, 145 F. 2d 58, 59 (CA9 1944)를; 6 J. Wigmore, Evidence 1834 (J. Chadbourn rev. 1976)을 보라. 날카로운 법 관찰자들은 단언해 놓았다:

""진실을 품에는 은밀한 비밀신문이보다도 모든 종류의 인간의 면전에서의 증인들에 대한 육성의 공개신문이 훨씬 더 이바지하는바, …… 공개의 엄숙한 재판정에서라면 증언하기 부끄러워할 사항을 비밀신문에서 증인은 자주 증언할 수 있다." 3 Blackstone, supra, at *373.

Tanksley v. United States, supra, at 59-60을; Hale, supra, at 345를; 1 Bentham, supra, at 522-523을 보라. 게다가 공개원칙의 진실발견 역할에 관한 이 주장들을 경험은 증명해 왔다. Hearings on S. 290 before the Subcommittee on Constitutional Rights and the Subcommittee on Improvements in Judicial Machinery of the Senate Judiciary Committee, 89th Cong., 1st Sess., pt. 2, pp.433-434, 437-438 (1966)을 보라.

요컨대, 그 중요한 사법절차들의 특별한 공적인 목적들을 정식사실심리들에의 대중의 방청은 대체로 촉진한다.[22] 그 의미에서, 공중의 접근은 정식사실심리 그 자체의 불가결한 요소이다. 그러므로 우리의 "법에 의한 정부"에서의 구조적 중요성을 정식사실심리에의 접근은 지닌다. Marbury v. Madison, 1 Cranch 137, 163 (1803).

---

21) 더욱이, 죄없는 사람들이 처벌되지 아니함을 확보함에 있어서의 이익은 피고인 그 자신에 의하여를 넘어 일반공중에 의하여 공유될 수 있다.

22) 이 목적들을 달성함에 있어서는, 정식사실심리 조서등본은 정식사실심리 그 자체에의 공중의 방청에의 대용물이 결코 아니다. 숙련된 항소심 판사라면 누구가라도 증언할 수 있을 만큼, "차가운" 기록은 법정에서 일어나는 일들의 매우 불완전한 재생이다. 아닌 게 아니라, 정식사실심리 공무원들에 대한 견제장치로서 공개원칙이 기여하는 한도 내에서, "[기]록화는 …… 견제장치들로서라기보다는 오히려 은폐수단들로서 기능하는 것으로 밝혀질 것이다; 실제로는 은폐수단들로서이면서도 외관상으로만 견제장치들로서 그것들은 기능할 것이다." In re Oliver, 333 U. S., at 271, quoting 1 J. Bentham, Rationale of Judicial Evidence 524 (1827); 아울러 id., at 577-578을 보라.

IV

As previously noted, resolution of First Amendment public access claims in individual cases must be strongly influenced «448 U. S., 598» by the weight of historical practice and by an assessment of the specific structural value of public access in the circumstances. With regard to the case at hand, our ingrained tradition of public trials and the importance of public access to the broader purposes of the trial process, tip the balance strongly toward the rule that trials be open.[23] What countervailing interests might be sufficiently compelling to reverse this presumption of openness need not concern us now,[24] for the statute at stake here authorizes trial closures at the unfettered discretion of the judge and parties.[25] Accordingly, Va. Code § 19.2-266 (Supp. 1980) violates the First and Fourteenth Amendments, and the decision of the Virginia Supreme Court to the contrary should be reversed.

---

23) The presumption of public trials is, of course, not at all incompatible with reasonable restrictions imposed upon courtroom behavior in the interests of decorum. Cf. Illinois v. Allen, 397 U. S. 337 (1970). Thus, when engaging in interchanges at the bench, the trial judge is not required to allow public or press intrusion upon the huddle. Nor does this opinion intimate that judges are restricted in their ability to conduct conferences in chambers, inasmuch as such conferences are distinct from trial proceedings.

24) For example, national security concerns about confidentiality may sometimes warrant closures during sensitive portions of trial proceedings, such as testimony about state secrets. Cf. United States v. Nixon, 418 U. S. 683, 714–716 (1974).

25) Significantly, closing a trial lacks even the justification for barring the door to pretrial hearings: the necessity of preventing dissemination of suppressible prejudicial evidence to the public before the jury pool has become, in a practical sense, finite and subject to sequestration.

Ⅳ

　앞에서 특별히 언급되었듯이, 역사적 관행의 중요성에 의하여 및 제반 상황들 속에서의 공중의 접근의 특유의 구조적 가치에 대한 평가에 «448 U. S., 598» 의하여, 연방헌법 수정 제1조의 공중의 접근권 주장들에 대한 개개사건들에서의 결정은 강력하게 영향을 받지 않으면 안 된다. 당면의 사건에 관하여, 공개의 정식사실심리들이라는 우리의 뿌리깊은 전통은 및 정식사실심리 절차의 보다 더 넓은 목적들에의 공중의 접근의 중요성은, 정식사실심리들은 공개되어야 한다는 규칙 쪽으로 결정적인 영향을 강력하게 준다.[23] 어떤 상쇄하는 이익들이 이 공개성의 추정을 뒤집을 만큼 충분히 강제적일 수 있는지는 지금 우리의 관심을 부를 이유가 없는바,[24] 왜냐하면 판사의 및 당사자들의 무제한의 재량에 의한 정식사실심리의 방청불허 조치들을 여기에 걸려 있는 제정법은 허용하기 때문이다.[25] 따라서, 연방헌법 수정 제1조를 및 제14조를 버지니아주 법전집[Va. Code] § 19.2-266 (Supp. 1980)은 침해하는바, 이에 반대되는 버지니아주 대법원의 결정은 파기되어야 한다.

---

23) 예양의 이익들을 위하여 법정에서의 행동에 부과되는 합리적 제한조치들에 공개의 정식사실심리들의 추정이 전혀 모순되지 아니함은 물론이다. Illinois v. Allen, 397 U. S. 337 (1970)을 비교하라. 그러므로, 판사들끼리의 의견교환에 임해 있을 경우에 그 타합에의 공중의 내지는 언론매체의 침입을 허락하도록 정식사실심리 판사는 요구되지 않는다. 판사실들에서의 협의들이 정식사실심리 절차로부터는 별개의 것들인 한은, 그것들을 수행할 그들의 능력에 있어서 판사들이 제한됨을 그렇다 하여 이 의견은 암시하는 것이도 아니다.

24) 예들 들어, 국가 기밀사항들에 관한 증언이라든지 등 정식사실심리 절차들의 민감한 부분이 진행되는 동안의 방청금지 조치들을 비밀사항에 관한 국가안보상의 염려들은 때때로 정당화할 수 있다. United States v. Nixon, 418 U. S. 683, 714-716 (1974)를 비교하라.

25) 의미 깊게도, 정식사실심리 이전의 청문절차들에의 문을 닫기 위한 정당화 사유를조차도 정식사실심리의 방청불허는 결여한다: 증거능력이 배제될 수 있는 유해한 증거의 배심 풀 앞에서의 공중에의 전파를 방지함의 필요성은 실제적 의미에서는 격리조치에로 한정되는 것이 및 종속되는 것이 되어 왔다.

MR. JUSTICE STEWART, concurring in the judgment.

In Gannett Co. v. DePasquale, 443 U. S. 368, the Court held that the Sixth Amendment, which guarantees "the accused" the right to a public trial, does not confer upon representatives of the press or members of the general public any right of access to a trial.[1] But the Court explicitly left «448 U. S., 599» open the question whether such a right of access may be guaranteed by other provisions of the Constitution, id., at 391-393. MR. JUSTICE POWELL expressed the view that the First and Fourteenth Amendments do extend at least a limited right of access even to pretrial suppression hearings in criminal cases, id., at 397-403 (concurring opinion). MR. JUSTICE REHNQUIST expressed a contrary view, id., at 403-406 (concurring opinion). The remaining Members of the Court were silent on the question.

Whatever the ultimate answer to that question may be with respect to pretrial suppression hearings in criminal cases, the First and Fourteenth Amendments clearly give the press and the public a right of access to trials themselves, civil as well as criminal.[2] As has been abundantly demonstrated in Part II of the opinion of THE CHIEF JUSTICE, in MR. JUSTICE BRENNAN's

---

1) The Court also made clear that the Sixth Amendment does not give the accused the right to a *private* trial. 443 U. S., at 382. Cf. Singer v. «448 U. S., 599» United States, 380 U. S. 24 (Sixth Amendment right of trial by jury does not include right to be tried without a jury).

2) It has long been established that the protections of the First Amendment are guaranteed by the Fourteenth Amendment against invasion by the States. E. g., Gitlow v. New York, 268 U. S. 652. The First Amendment provisions relevant to this case are those protecting free speech and a free press. The right to speak implies a freedom to listen. Kleindienst v. Mandel, 408 U. S. 753. The right to publish implies a freedom to gather information. Branzburg v. Hayes, 408 U. S. 665, 681. See opinion of MR. JUSTICE BRENNAN concurring in the judgment, ante, p.584, passim.

판결주문에 찬동하는 스튜어트(STEWART) 판사의 의견이다.

공개의 정식심리를 받을 권리를 "피고인"에게 보장하는 연방헌법 수정 제6조는 정식사실심리에의 접근의 권리를 언론출판의 대리인들에게 내지는 일반공중의 구성원들에게 전혀 수여하지 아니함을 Gannett Co. v. DePasquale, 443 U. S. 368에서 당원은 판시하였다.[1] 그러나 연방헌법의 여타 조항들에 «448 U. S., 599» 의하여 이러한 접근의 권리가 보장될 수 있는지 여부의 문제를 명시적으로 미결 상태로 당원은 남겨 두었다. id., at 391-393. 적어도 제한된 범위의 접근의 권리를 심지어는 형사사건들에서의 정식사실심리 이전의 증거배제 청문들에까지도 연방헌법 수정 제1조는 및 제14조는 확장한다는 견해를 파월(POWELL) 판사는 표명하였다, id., at 397-403 (보충의견). 이에 반대되는 견해를 렌퀴스트(REHNQUIST) 판사는 표명하였다. id., at 403-406 (보충의견). 그 문제에 대하여 당원의 그 밖의 구성원들은 침묵하였다.

정식사실심리 이전의 증거배제 청문들에 관련하여서는 그 문제에 대한 궁극적 해답이 그 무엇일 수 있든지간에, 정식사실심리들 그 자체에 대하여는 형사사건에서는 물론이고 민사사건에서도 이에 대한 접근의 권리를 언론출판에게와 공중에게 연방헌법 수정 제1조는 및 제14조는 명확하게 부여한다.[2] 법원장의 의견 Part II에서, 판결주문에 찬동하는 브레넌(BRENNAN) 판사의 의견에서, 그리고 지난 번 개정기의 Gannett case, supra, at 406에서의 부분적으로 반대하는 블랙먼(BLACKMUN) 판

---

1) *방청금지 상태*의 정식사실심리의 권리를 피고인에게 연방헌법 수정 제6조는 부여하지 아니함을 또한 당원은 분명히 하였다. 443 U. S., at 382. 아울러 Singer v. «448 U. S., 599» United States, 380 U. S. 24 (배심에 의한 정식사실심리를 받을 연방헌법 수정 제6조의 권리는 배심 없는 정식사실심리를 받을 권리를 포함하지 아니한다)를 비교하라.

2) 주들에 의한 침해에 대처하여서는 연방헌법 수정 제14조에 의하여 연방헌법 수정 제1조의 보호들이 보장됨은 확립된 지 오래이다. E. g., Gitlow v. New York, 268 U. S. 652. 이 사건에 관련을 지니는 연방헌법 수정 제1조의 규정들은 자유로운 말을 및 자유로운 언론출판을 보호하는 규정들이다. 들을 자유를. 말할 권리는 함축한다. Kleindienst v. Mandel, 408 U. S. 753. 정보를 수집할 권리를, 공표할 권리는 함축한다. Branzburg v. Hayes, 408 U. S. 665, 681. 아울러 판결주문에 찬동하는 브레넌(BRENNAN) 판사의 의견, ante, p.584, passim을 보라.

opinion concurring in the judgment, and in MR. JUSTICE BLACKMUN's opinion dissenting in part last Term in the Gannett case, supra, at 406, it has for centuries been a basic presupposition of the Anglo-American legal system that trials shall be public trials. The opinions referred to also convincingly explain the many good reasons why this is so. With us, a trial is by very definition a proceeding open to the press and to the public.

In conspicuous contrast to a military base, Greer v. Spock, 424 U. S. 828; a jail, Adderley v. Florida, 385 U. S. 39; or a prison, Pell v. Procunier, 417 U. S. 817, a trial courtroom is a public place. Even more than city streets, sidewalks, and «448 U. S., 600» parks as areas of traditional First Amendment activity, e. g., Shuttlesworth v. Birmingham, 394 U. S. 147, a trial courtroom is a place where representatives of the press and of the public are not only free to be, but where their presence serves to assure the integrity of what goes on.

But this does not mean that the First Amendment right of members of the public and representatives of the press to attend civil and criminal trials is absolute. Just as a legislature may impose reasonable time, place, and manner restrictions upon the exercise of First Amendment freedoms, so may a trial judge impose reasonable limitations upon the unrestricted occupation of a courtroom by representatives of the press and members of the public. Cf. Sheppard v. Maxwell, 384 U. S. 333. Much more than a city street, a trial courtroom must be a quiet and orderly place. Compare Kovacs v. Cooper, 336 U. S. 77, with Illinois v. Allen, 397 U. S. 337, and Estes v. Texas, 381 U. S. 532. Moreover, every courtroom has a finite physical capacity, and there may be occasions when not all who wish to attend a trial may do so.[3] And while there exist many alternative ways to satisfy the constitutional demands

---

3) In such situations, representatives of the press must be assured access. Houchins v. KQED, Inc., 438 U. S. 1, 16 (opinion concurring in judgment).

사의 의견에서 풍부하게 논증된 바 있듯이, 정식사실심리들은 공개의 정식사실심리들이어야 한다 함은 수 세기 동안 영미법 체계의 기본적 전제가 되어 왔다. 이것이 왜 그래야만 하는지에 관한 수많은 합당한 이유들을 위 언급된 의견들은 마찬가지로 설득력 있게 설명한다. 우리에게, 정식사실심리는 그 개념 자체에 의하여 언론출판에게와 공중에게 열려 있는 한 개의 절차이다.

군사기지의 경우에의, Greer v. Spock, 424 U. S. 828; 감옥의 경우에의, Adderley v. Florida, 385 U. S. 39; 또는 교도소의 경우에의, Pell v. Procunier, 417 U. S. 817, 분명한 대조 속에서, 정식사실심리 법정은 공중의 장소이다. 전통적인 연방헌법 수정 제1조의 활동 영역들로서의 도시의 《448 U. S., 600》 거리들이보다는, 인도들이보다는, 그리고 공원들이보다는, e. g., Shuttlesworth v. Birmingham, 394 U. S. 147, 정식사실심리 법정은 훨씬 더 많이 언론출판의 및 공중의 대리인들이 자유로이 방청할 수 있는 장소일 뿐만 아니라, 그 진행되는 사항의 염결성을 확보하는 데에 그들의 방청이 기여하는 장소이기도 하다.

그러나 민사의 및 형사의 정식사실심리들을 방청할 공중의 구성원들의 및 언론출판 대리인들의 연방헌법 수정 제1조상의 권리가 절대의 것임을 이것은 의미하지 않는다. 합리적인 시간적, 장소적, 및 방법적 제약들을 연방헌법 수정 제1조상의 자유들의 행사 위에 입법부가 부과할 수 있음에 똑같이, 합리적 제한들을 언론출판의 대리인들에 및 공중의 구성원들에 의한 법정의 점거 위에 정식사실심리 판사는 부과할 수 있다. Sheppard v. Maxwell, 384 U. S. 333을 비교하라. 도시의 거리가 그래야 하는 만큼보다 훨씬 더, 법정은 고요하고도 질서 잡힌 장소이지 않으면 안 된다. Kovacs v. Cooper, 336 U. S. 77을 Illinois v. Allen, 397 U. S. 337에 및 Estes v. Texas, 381 U. S. 532에 비교하라. 게다가, 한정된 물리적 수용능력을 모든 법정은 지니고 있고, 따라서 정식사실심리의 방청을 원하는 사람들 전부가 그렇게 할 수는 없는 경우들이 있을 수 있다.[3] 그리하여 공정한 정식사실심리의 헌법적 요구사항

---

3) 이러한 상황들에서 언론출판의 대리인들은 접근이 보장되지 않으면 안 된다. Houchins v. KQED, Inc., 438 U. S. 1, 16 (판결주문에 찬동하는 의견)

of a fair trial,[4] those demands may also sometimes justify limitations upon the unrestricted presence of spectators in the courtroom.[5]

Since in the present case the trial judge appears to have «448 U. S., 601» given no recognition to the right of representatives of the press and members of the public to be present at the Virginia murder trial over which he was presiding, the judgment under review must be reversed.

It is upon the basis of these principles that I concur in the judgment.

---

4) Such alternatives include sequestration of juries, continuances, and changes of venue.

5) This is not to say that only constitutional considerations can justify such restrictions. The preservation of trade secrets, for example, might justify the exclusion of the public from at least some segments of a civil trial. And the sensibilities of a youthful prosecution witness, for example, might justify similar exclusion in a criminal trial for rape, so long as the defendant's Sixth Amendment right to a public trial were not impaired. See, e. g., Stamicarbon, N. V. v. American Cyanamid Co., 506 F. 2d 532, 539–542 (CA2 1974).

들을 충족시킬 수많은 대체적 수단들이 존재하는 반면에,[4] 법정 내에의 방청인들의 무제한의 출석에 대한 제한조치들을 그 요구사항들은 아울러 때때로 정당화시킬 수도 있다.[5]

자신이 주재하는 버지니아주 살인사건의 정식사실심리에 출석할 «448 U. S., 601» 언론출판 대리인들의 및 공중 구성원들의 권리에 대한 인정을 현재의 사건에서 정식사실심리 판사는 하지 아니한 것으로 보이므로, 원심의 판결주문은 파기되지 않으면 안 된다.

판결주문에 내가 찬동하는 것은 이러한 원칙들의 토대 위에서이다.

---

4) 배심들의 격리를, 연기속행들을, 재판지변경을 이러한 대체수단들은 포함한다.

5) 이러한 제한조치들을 헌법적 고려요소들이 정당화할 수 있음을 이것은 말하려는 것이 아니다. 적어도 민사 정식사실심리의 일정 부분들로부터의 공중의 배제를 예컨대, 영업비밀 사항들의 보전은 정당화할 수 있을 것이다. 그리고 연방헌법 수정 제6조의 공개의 정식사실심리를 누릴 피고인의 권리가 침해되지 아니하는 한도 내에서는 강간죄의 형사 정식사실심리에서의 유사한 배제를, 예컨대, 나이 어린 검찰측 증인의 민감성은 정당화할 수 있을 것이다. 예컨대, Stamicarbon, N. V. v. American Cyanamid Co., 506 F. 2d 532, 539-542 (CA2 1974)를 보라.

MR. JUSTICE BLACKMUN,
concurring in the judgment.

My opinion and vote in partial dissent last Term in Gannett Co. v. DePasquale, 443 U. S. 368, 406 (1979), compels my vote to reverse the judgment of the Supreme Court of Virginia.

I

The decision in this case is gratifying for me for two reasons:

It is gratifying, first, to see the Court now looking to and relying upon legal history in determining the fundamental public character of the criminal trial. Ante, at 564-569, 572-574, and n. 9. The partial dissent in Gannett, 443 U. S., at 419-433, took great pains in assembling - I believe adequately - the historical material and in stressing its importance to this area of the law. See also MR. JUSTICE BRENNAN's helpful review set forth as Part II of his opinion in the present case. Ante, at 589-593. Although the Court in Gannett gave a modicum of lip service to legal history, 443 U. S., at 386, n. 15, it denied its obvious application when the defense and the prosecution, with no resistance by the trial judge, agreed that the proceeding should be closed.

The Court's return to history is a welcome change in direction.

It is gratifying, second, to see the Court wash away at least some of the graffiti that marred the prevailing opinions in Gannett. No fewer than 12 times in the primary opinion in that case, the Court (albeit in what seems now to have be- «448 U. S., 602» come clear dicta) observed that its Sixth Amendment closure ruling applied to the *trial* itself. The author of the first

판결주문에 찬동하는 블랙먼(BLACKMUN) 판사의 의견이다.

버지니아주 대법원의 판결주문을 파기하는 쪽에의 나의 투표를, 지난 번 개정기의 Gannett Co. v. DePasquale, 443 U. S. 368, 406 (1979)에서의 부분적 반대의견에 피력된 나의 의견은 및 거기서의 나의 투표는 강제한다.

I

이 사건에서의 결정이 나에게 유쾌한 것은 두 가지 이유에서이다:

형사 정식사실심리의 기본적인 공개적 성격을 판단함에 있어서 이제 법의 역사를 살피는 및 의존하는 당원을 보는 것이 첫째로 유쾌하다. Ante, at 564-569, 572-574, and n. 9. 역사적 자료를 - 내 생각으로는 충분히 - 수집하는 데 있어서와 법의 이 영역에 대한 그것의 중요성을 강조하는 데 있어서 커다란 수고를 Gannett, 443 U. S., at 419-433에서의 부분적 반대의견은 기울였다. 아울러 현재의 사건에서의 그의 의견 Part II로서 정리된 브레넌(BRENNAN) 판사의 유익한 검토를 보라. Ante, at 589-593. 비록 미미한 립서비스를 법의 역사에 대하여 Gannett 사건에서의 당원은 제공하였음에도 불구하고, 443 U. S., at 386, n. 15, 절차가 방청금지되어야 함에 대하여 방어측이 및 소추측이 정식사실심리 판사에 의한 반대 없이 동의한 경우에는 그 자신의 명백한 적용을 Gannet 판결은 부정하였다.

역사에로의 당원의 귀환은 방향에 있어서의 고마운 변경이다.

Gannett 사건에서의 유력한 의견들을 훼손한 낙서의 적어도 일부를 당원이 씻어냄을 보는 것은 두 번째로 유쾌하다. 연방헌법 수정 제6조의 방청금지에 관련한 자신의 결정은 *정식사실심리 그 자체*에 적용된다고 «448 U. S., 602» 그 사건에서의 주요의견에서 열두 차례도 넘게 당원은 (비록 명백한 방론이 되어 있는 것으로 현재로서는 보이는 설시에서임에도 불구하고) 말하였다. 이 점을 첫 번째 보충의견의 집필자는 충분히 인식하

concurring opinion was fully aware of this and would have restricted the Court's observations and ruling to the suppression hearing. Id., at 394. Nonetheless, he joined the Court's opinion, ibid., with its multiple references to the trial itself; the opinion was not a mere concurrence in the Court's judgment. And MR. JUSTICE REHNQUIST, in his separate concurring opinion, quite understandably observed, as a consequence, that the Court was holding "without qualification," that "'members of the public have no constitutional right under the Sixth and Fourteenth Amendments to attend criminal trials,'" id., at 403, quoting from the primary opinion, id., at 391. The resulting confusion among commentators[1] and journalists[2] was not surprising. «448 U. S., 603»

II

The Court's ultimate ruling in Gannett, with such clarification as is provided by the opinions in this case today, apparently is now to the effect that there is no Sixth Amendment right on the part of the public - or the press - to an open hearing on a motion to suppress. I, of course, continue to believe that Gannett was in error, both in its interpretation of the Sixth Amendment generally, and in its application to the suppression hearing, for I remain convinced that the right to a public trial is to be found where the Constitution

---

1) See, e. g., Stephenson, Fair Trial–Free Press: Rights in Continuing Conflict, 46 Brooklyn L. Rev. 39, 63 (1979) ("intended reach of the majority opinion is unclear" (footnote omitted)); The Supreme Court, 1978 Term, 93 Harv. L. Rev. 60, 65 (1979) ("widespread uncertainty over what the Court held"); Note, 51 U. Colo. L. Rev. 425, 432–433 (1980) ("Gannett can be interpreted to sanction the closing of trials"; citing "the uncertainty of the language in Gannett," and its "ambiguous sixth amendment holding"); Note, 11 Tex. Tech. L. Rev. 159, 170–171 (1979) ("perhaps much of the present and imminent confusion lies in the Court's own statement of its holding"); Borow & Kruth, Closed Preliminary Hearings, 55 Calif. State Bar J. 18, 23 (1980) ("Despite the public disclaimers ······, the majority holding appears to embrace the right of access to trials as well as pretrial hearings"); Goodale, Gannett Means What it Says; But Who Knows What it Says?, Nat. L. J., Oct. 15, 1979, p.20; see also Keeffe, The Boner Called Gannett, 66 A. B. A. J. 227 (1980).

2) The press – perhaps the segment of society most profoundly affected by Gannett – has called the Court's decision "cloudy," Birmingham Post–Herald, Aug. 21, 1979, p. A4; "confused," Chicago Sun–Times, Sept. 20, 1979, p.56 (cartoon); "incoherent," Baltimore Sun, Sept. 22, 1979, p. A14; "mushy," Washington Post, Aug. 10, 1979, p. A15; and a "muddle," Time, Sept. 17, 1979, p.82, and Newsweek, Aug. 27, 1979, p.69.

였고, 그리하여 당원의 설시들을 및 결정을 증거배제 청문에만으로 한정시켰으면 하였다. Id., at 394. 이에도 불구하고 정식사실심리 자체에의 당원의 의견의 거듭된 언급들에를 포함하여 당원의 의견에 그는 가담하였는데, ibid.; 당원의 판결주문에의 단순한 찬동에 그 의견은 그친 것이 아니었다. 게다가 그 한 가지 귀결로서 "'형사 정식사실리들을 방청할 헌법상의 권리를 연방헌법 수정 제6조 아래서 및 제14조 아래서 공중의 구성원들은 지니지 아니한다.'"고, id., at 403, 당원이 판시하고 있음은 "무조건의 것"이라고 그의 개별 보충의견에서 주요의견, id., at 391, 으로부터 인용하면서 렌퀴스트(REHNQUIST) 판사는 매우 분명하게 말하였다. 이로부터 초래된 주석자들의[1] 및 저널리스트들의[2] 혼란은 놀라운 것이 아니었다. 《448 U. S., 603》

II

오늘의 이 사건에서의 의견들에 의하여 제공되는 이러한 해명들을 참조할 때, 공개의 증거배제 청문을 요구할 공중 쪽의 - 내지는 언론출판 쪽의 - 연방헌법 수정 제6조상의 권리는 없다는 것이 Gannett 판결에서의 당원의 궁극적 판시의 현재의 취지임이 명백하다. 연방헌법 수정 제6조 일반에 대한 해석에 있어서와 증거배제 청문에의 그것의 적용에 있어서 다 같이 Gannett 판결은 오류였음을 믿기를 나는 당연히 계속하는바, 왜냐하면 공개의 정식사실심리를 받을 권리는 그것을 연방헌법이 명시적으로 배치해 둔 곳에서 - 즉 연방헌법 수정 제6조에서 - 찾아져야 한다

---

1) 예컨대, Stephenson, Fair Trial-Free Press: Rights in Continuing Conflict, 46 Brooklyn L. Rev. 39, 63 (1979) ("다수의견의 의도된 적용범위는 불확실하다" (각주생략))을; The Supreme Court, 1978 Term, 93 Harv. L. Rev. 60, 65 (1979) ("당원이 판시한 바 위에 존재하는 광범위한 불명확성")을; Note, 51 U. Colo. L. Rev. 425, 432-433 (1980) ("정식사실심리를 방청불허함을 승인하는 것으로 Gannett 판결은 해석될 수 있다"; "Gannett 판결에서의 표현의 불확실성."을 및 그 판결의 "연방헌법 수정 제6조에 관한 모호한 판시"를 특기함)을; Note, 11 Tex. Tech. L. Rev. 159, 170-171 (1979) ("자신의 판시에 대한 당원 자신의 설명에 현재의 및 긴급한 혼란의 대부분은 아마도 놓여 있다")을; Borow & Kruth, Closed Preliminary Hearings, 55 Calif. State Bar J. 18, 23 (1980) ("…… 공공연한 부인들에도 불구하고, 정식사실심리 이전의 청문들에의 접근권을에 아울러 정식사실심리들에의 접근권을조차도 다수의견의 판시는 포함하는 것으로 보인다")를; Goodale, Gannett Means What it Says; But Who Knows What it Says?, Nat. L. J., Oct. 15, 1979, p. 20을 보라; 아울러 Keeffe, The Boner Called Gannett, 66 A. B. A. J. 227 (1980)을 보라.

2) 당원의 결정을 "모호한" 것이라고, Birmingham Post-Herald, Aug. 21, 1979, p. A4; "헛갈리는" 것이라고, Chicago Sun-Times, Sept. 20, 1979, p.56 (cartoon); "모순된" 것이라고, Baltimore Sun, Sept. 22, 1979, p. A14; "흐늘흐늘한" 것이라고, Washington Post, Aug. 10, 1979, p. A15; 그리고 "지리멸렬"이라고, Time, Sept. 17, 1979, p.82, and Newsweek, Aug. 27, 1979, p.69. 언론은 - Gannett 판결에 의하여 아마도 가장 심대하게 영향을 입은 사회의 부문으로서 - 비난하였다.

explicitly placed it - in the Sixth Amendment.[3]

The Court, however, has eschewed the Sixth Amendment route. The plurality turns to other possible constitutional sources and invokes a veritable potpourri of them - the Speech Clause of the First Amendment, the Press Clause, the Assembly Clause, the Ninth Amendment, and a cluster of penumbral guarantees recognized in past decisions. This course is troublesome, but it is the route that has been selected and, at least for now, we must live with it. No purpose would be served by my spelling out at length here the reasons for my saying that the course is troublesome. I need do no more than observe that uncertainty marks the nature - and strictness - of the standard of closure the Court adopts. The plurality opinion speaks of "an overriding interest articulated in findings," ante, at 581; MR. JUSTICE STEWART reserves, perhaps not inappropriately, "reasonable limitations," ante, at 600; MR. JUSTICE BRENNAN presents his separate analytical framework; MR. JUSTICE POWELL in Gannett was critical of those Justices who, relying on the Sixth Amendment, concluded «448 U. S., 604» that closure is authorized only when "strictly and inescapably necessary," 443 U. S., at 339-400; and MR. JUSTICE REHNQUIST continues his flat rejection of, among others, the First Amendment avenue.

Having said all this, and with the Sixth Amendment set to one side in this case, I am driven to conclude, as a secondary position, that the First Amendment must provide some measure of protection for public access to the trial. The opinion in partial dissent in Gannett explained that the public has an intense need and a deserved right to know about the administration of justice in general; about the prosecution of local crimes in particular; about

---

3) I shall not again seek to demonstrate the errors of analysis in the Court's opinion in Gannett. I note, however, that the very existence of the present case illustrates the utter fallacy of thinking, in this context, that "the public interest is fully protected by the participants in the litigation." Gannett Co. v. DePasquale, 443 U. S., at 384. Cf. id., at 438–439 (opinion in partial dissent).

는 점을 나는 여전히 확신하기 때문이다.[3]

그러나 연방헌법 수정 제6조의 길을 당원은 피해 왔다. 여타의 있을 수 있는 헌법적 원천들에게로 주의를 상대다수 의견은 돌리어 그것들의 - 연방헌법 수정 제1조의 말 조항의, 언론출판 조항의, 집회 조항의, 연방헌법 수정 제9조의 및 과거의 결정들에서 인정된 한덩어리의 인색한 보장들의 - 진정한 그러모음에 호소한다. 이 경로는 골치 아픈 것들이지만, 그러나 그것은 그 선별된 것이 되어 있는 경로이고, 따라서 적어도 지금으로서는 그것을 지닌 채로 우리는 살지 않으면 안 된다. 그 경로가 골치아픈 것임에 대한 나의 피력의 이유들을 여기서 장황하게 뜯어봄에 의하여는 아무런 목적에도 보탬이 되지 않을 것이다. 이 법원이 채택하는 방청금지 기준의 성격을 - 그리고 엄격성을 - 특징짓는 그 불확실성을 말하는 것 이상의 것을 나는 할 필요가 없다. "사실인정에서 명확히 판시된 압도적 이익"을 상대다수 의견은 말하고, ante, at 581; "합리적 제한들"을 아마도 부적절하지 아니하게 스튜어트(STEWART) 판사는 떼어두고, ante, at 600; 그 자신의 개별적 분석틀을 브레넌(BRENNAN) 판사는 제시하고; "엄격하게 및 불가피하게 필요한" 경우에만 방청불허가 허용된다고 Gannett 사건에서 연방헌법 수정 제6조에 «448 U. S., 604» 의존하여 결론지은 판사들에 대하여 파월(POWELL) 판사는 비판하였고, 443 U. S., at 339-400; 그리고 특히 연방헌법 수정 제1조의 가로수길에 대한 자신의 단호한 거부를 렌퀴스트(REHNQUIST) 판사는 계속한다.

이 모두를 말하였으므로, 그리고 이 사건에서 연방헌법 수정 제6조가 한 쪽으로 치워진 상태에서, 정식사실심리에의 공중의 접근을 위한 모종의 보호수단을 연방헌법 수정 제1조는 제공하지 않으면 안 된다는 결론을 2차적 입장으로서 내리도록 나는 내몰린다. 사법의 운영 일반에 관하여; 특히 지역 범죄들에 대한 소추에 관하여 알아야 할; 판사의, 검사의, 변호인의, 경찰관들의, 그 밖의 공직자들의 및 사법 경기장에서의 모든 관계자들의 행동에 관하여 알아야 할; 및 정식사실심리 그 자체

---

3) Gannett 판결에서의 당원의 의견에 담긴 분석의 오류사항들을 논증하고자 나는 다시 나설 필요가 없다. 그러나, "소송에의 참여자들에 의하여 공중은 충분히 보호된다."고 생각한 데에 담긴 그 철저한 오류성을 이 맥락에서 현재의 사건의 존재 그 자체는 예증함을 나는 적어둔다. Gannett Co. v. DePasquale, 443 U. S., at 384. 아울러 id., at 438-439 (부분적으로 반대하는 의견)를 비교하라.

the conduct of the judge, the prosecutor, defense counsel, police officers, other public servants, and all the actors in the judicial arena; and about the trial itself. See 443 U. S., at 413, and n. 2, 414, 428-429, 448. See also Cox Broadcasting Corp. v. Cohn, 420 U. S. 469, 492 (1975). It is clear and obvious to me, on the approach the Court has chosen to take, that, by closing this criminal trial, the trial judge abridged these First Amendment interests of the public.

I also would reverse, and I join the judgment of the Court.

에 관하여 알아야 할 강렬한 필요를 및 마땅한 권리를 공중은 지님을 Gannett 사건에서의 부분적 반대의견은 설명하였다. 443 U. S., at 413, and n. 2, 414, 428-429, 448을 보라. 아울러 Cox Broadcasting Corp. v. Cohn, 420 U. S. 469, 492 (1975)를 보라. 이 법원이 선택해 놓은 접근법 위에서 볼 때, 이 형사 정식사실심리를 방청금지함에 의하여 공중의 연방헌법 수정 제1조상의 이 이익들을 정식사실심리 판사가 침해했음은 내게는 명백하고도 분명하다.

원심판결을 나라면 파기할 것인바, 그러므로 이 법원의 판결주문에 나는 가담한다.

MR. JUSTICE REHNQUIST, dissenting.

In the Gilbert and Sullivan operetta "Iolanthe," the Lord Chancellor recites:

"The Law is the true embodiment
of everything that's excellent,
It has no kind of fault or flaw,
And I, my Lords, embody the Law."

It is difficult not to derive more than a little of this flavor from the various opinions supporting the judgment in this case. The opinion of THE CHIEF JUSTICE states:

"[H]ere for the first time the Court is asked to decide whether a criminal trial itself may be closed to the public upon the unopposed request of a defendant, without any «448 U. S., 605» demonstration that closure is required to protect the defendant's superior right to a fair trial, or that some other overriding consideration requires closure." Ante, at 564.

렌퀴스트(REHNQUIST) 판사의 반대의견이다.

길버트(Gilbert)의 및 설리반(Sullivan)의 오페라타 "이올란테"에서 대법관은 낭송한다:

"법은 뛰어난 모든 것의 진실한 구현이라오,
잘못을 내지 흠결을 그것은 조금도 지니지 않는다오,
그런데 오 이런, 그 법을 나는 구현한다오."

이 사건에서의 판결주문을 지지하는 다양한 의견들로부터 이 묘미를 적잖게 끌어내지 않기란 어렵다. 법원장 판사의 의견은 말한다:

"[이]의제기가 없을 경우의 피고인의 요청이 있으면, 공정한 정식사실심리를 누릴 피고인의 우선적 권리를 보호하기 위하여 방청금지가 요구된다는 점에 대한 내지는 방청금지를 모종의 다른 압도적인 고려요소가 «448 U. S., 605» 요구한다는 점에 대한 아무런 증명 없이도, 형사 정식사실심리 자체가 공중에게 방청금지되어도 좋은지 여부를 판단하도록 이 법원은 여기서 처음으로 요청된다." Ante, at 564.

"Read with care and in context, our decisions must therefore be understood as holding only that any privilege of access to governmental information is subject to a degree of restraint dictated by the nature of the information and countervailing interests in security or confidentiality." Ante, at 586.

For the reasons stated in my separate concurrence in Gannett Co. v. DePasquale, 443 U. S. 368, 403 (1979), I do not believe that either the First or Sixth Amendment, as made applicable to the States by the Fourteenth, requires that a State's reasons for denying public access to a trial, where both the prosecuting attorney and the defendant have consented to an order of closure approved by the judge, are subject to any additional constitutional review at our hands. And I most certainly do not believe that the Ninth Amendment confers upon us any such power to review orders of state trial judges closing trials in such situations. See ante, at 579, n. 15.

We have at present 50 state judicial systems and one federal judicial system in the United States, and our authority to reverse a decision by the highest court of the State is limited to only those occasions when the state decision violates some provision of the United States Constitution. And that authority should be exercised with a full sense that the judges whose decisions we review are making the same effort as we to uphold the Constitution. As said by Mr. Justice Jackson, concurring in the result in Brown v. Allen, 344 U. S. 443, 540 (1953), "we are not final because we are infallible, but we are infallible only because we are final."

브레넌(BRENNAN) 판사의 의견은 말한다:

"주의를 기울여 맥락 속에서 해석하면, 정부정보의 성격에 의하여 및 이를 상쇄하는 안보상의 내지는 기밀상의 이익들에 의하여 명령되는 일정 정도의 제한에 그 정보에의 접근의 특권은 그 어느 것이든 종속됨을 판시하는 것으로서만 우리의 결정들은 이해되지 않으면 안 된다." Ante, at 586.

판사에 의하여 승인된 방청금지 명령에 검사가 및 피고인이 다 같이 동의해 놓은 경우에 있어서의 정식재판에의 공중의 접근을 금지하기 위한 주(State)의 이유들이 조금이라도 우리의 손에서의 그 이상의 헌법적 재검토에 종속될 것을 연방헌법 수정 제14조에 의하여 주들에 적용되는 것이 된 것들로서의 연방헌법 수정 제1조가든 제6조가든 요구한다고는, Gannett Co. v. DePasquale, 443 U. S. 368, 403 (1979)에서의 나의 개별 보충의견에 피력된 이유들에 따라, 나는 믿지 않는다. 그리고 이러한 상황들에서 정식사실심리들의 방청을 금지하는 주 정식사실심리 판사들의 명령들을 재검토할 이러한 권한을 우리에게 연방헌법 수정 제9조가 조금이라도 부여한다고는 내가 믿지 아니함은 가장 확실하다. ante, at 579, n. 15를 보라.

미합중국 내의 50개의 주 사법제도들을 및 한 개의 연방 사법제도를 현재 우리는 가지고 있고, 미합중국 헌법의 규정을 주(state) 결정이 위반하는 경우들에 대해서만으로 주 최고심급 법원에 의한 결정을 파기할 우리의 권한은 한정된다. 그리고 연방헌법을 유지하기 위하여 우리가 기울이는 바의 바로 그 노력을 우리의 재검토 대상 결정들을 내린 판사들은 기울이고 있는 중임에 대한 충분한 인식을 지닌 채로 그 권한은 행사되어야 한다. Brown v. Allen, 344 U. S. 443, 540 (1953)에서의 보충의견에서 잭슨(Jackson) 판사에 의하여 말해진 대로, "우리가 틀릴 수 없어서 우리가 종국인 것이 아니라, 우리가 종국이라서 우리는 틀릴 수 없는 것이다."

The proper administration of justice in any nation is bound to be a matter of the highest concern to all thinking citizens. «448 U. S., 606» But to gradually rein in, as this Court has done over the past generation, all of the ultimate decisionmaking power over how justice shall be administered, not merely in the federal system but in each of the 50 States, is a task that no Court consisting of nine persons, however gifted, is equal to. Nor is it desirable that such authority be exercised by such a tiny numerical fragment of the 220 million people who compose the population of this country. In the same concurrence just quoted, Mr. Justice Jackson accurately observed that "[t]he generalities of the Fourteenth Amendment are so indeterminate as to what state actions are forbidden that this Court has found it a ready instrument, in one field or another, to magnify federal, and incidentally its own, authority over the states." Id., at 534.

However high-minded the impulses which originally spawned this trend may have been, and which impulses have been accentuated since the time Mr. Justice Jackson wrote, it is basically unhealthy to have so much authority concentrated in a small group of lawyers who have been appointed to the Supreme Court and enjoy virtual life tenure. Nothing in the reasoning of Mr. Chief Justice Marshall in Marbury v. Madison, 1 Cranch 137 (1803), requires that this Court through ever-broadening use of the Supremacy Clause smother a healthy pluralism which would ordinarily exist in a national government embracing 50 States.

The issue here is not whether the "right" to freedom of the press conferred by the First Amendment to the Constitution overrides the defendant's "right" to a fair trial conferred by other Amendments to the Constitution; it is instead whether any provision in the Constitution may fairly be read to prohibit what the trial judge in the Virginia state-court system did in this case. Being unable to find any such prohibition in the First, Sixth, Ninth, or any other Amendment to the United States Constitution, or in the Constitution itself, I dissent.

어떤 나라에서든 사법의 적정한 운영은 모든 사려 깊은 시민들에게 최고의 관심사가 되게끔 되어 있다. «448 U. S., 606» 그러나 연방제도 내에서만이 아니라 50개 주들의 각각에서 어떻게 사법이 운영되어야 하는지에 관한 궁극적 의사결정 권한 전체를, 지난 세대 내내 당원이 해 왔듯이 점차적으로 고삐 죄는 것은 아홉 명으로 구성된 법원에게는 - 그들이 제아무리 재능을 지녔다 하더라도 - 감당할 수 없는 업무이다. 그러한 이 나라의 인구를 이루는 2억2천만 명 가운데서의 이러한 소수의 몇 명에 의하여 이러한 권한이 행사되어야 한다는 것은 바람직하지도 아니하다. "[연]방헌법 수정 제14조의 일반적 표현들은 어떤 종류의 주 행위들이 금지되는지의 점에 관하여 매우 불확정인 나머지, 연방의 권한을 내지는 부수적으로는 당원 자신의 권한을 이런 저런 분야에서 주들 위에 확대하기 위한 편리한 도구로 그 조항을 당원은 여겨왔다."고 방금 인용된 바로 그 보충의견에서 잭슨(Jackson) 판사는 정확하게 관측하였다 Id., at 534.

이 경향을 당초에 야기한, 그리고 잭슨(Jackson) 판사가 쓴 시점 이래로 가속화되어 온 그 충동들이 제아무리 고결한 것들이었을 수 있을지언정, 연방대법원에 임명되어 사실상 종신의 임기를 향유하는 소수 그룹의 법률가들에게 그토록 많은 권한이 집중되게 하는 것은 기본적으로 불건전한 일이다. 50개 주들을 포함하는 연방정부에 정상적으로 존재하기 마련인 건강한 다원주의를 당원더러 최고법규 조항의 확대일로의 사용을 통하여 질식시킬 것을 Marbury v. Madison, 1 Cranch 137 (1803)에서의 법원장 마샬(Marshall) 판사의 추론은 요구하는 바가 없다.

여기서의 쟁점은 별도의 연방헌법 수정조항들에 의하여 부여된 공정한 정식사실심리를 누릴 피고인의 "권리"를 연방헌법 수정 제1조에 의하여 부여된 언론출판의 자유를 누릴 "권리"가 뒤엎는지 여부가 아니다; 여기서의 쟁점은 오히려, 이 사건에서 버지니아주 법원 제도 내의 정식사실심리 판사가 행한 바를 금지하는 것으로 조금이라도 연방헌법 내의 규정이 정당하게 해석될 수 있는지 여부이다. 이러한 금지를 미합중국 헌법 수정 제1조에서, 제6조에서, 제9조에서, 내지는 그 밖의 어떤 수정조항에서도 내지는 연방헌법 그 자체에서도 발견할 수 없기에, 나는 반대한다.

표현의 자유_Freedom of Expression

Freedom of

BARTNICKI et al. v. VOPPER, aka WILLIAMS, et al., 532 U. S. 514 (2001)*

NOS.　99–1687.
변 론　2000년 12월　5일
판 결　2001년　5월 21일

* Together with No. 99–1728, United States v. Vopper, aka Williams, et al., also on certiorari to the same court.

* 같은 법원에 대한 사건기록 송부명령에 의한 No. 99–1728, United States v. Vopper, aka Williams, et al.을 함께 판단한다.

1. 개요

BARTNICKI et al. v. VOPPER, aka WILLIAMS, et al., 532 U. S. 514 (2001)은 6 대 3 으로 판결되었다. 법원의 의견을 스티븐스(Stevens) 판사가 냈고, 보충의견을 오코너 (O'Connor) 판사의 가담 아래 브라이어(Breyer) 판사가 냈다. 반대의견을 스칼리아 (Scalia) 판사의 및 토마스(Thomas) 판사의 가담 아래 법원장 렌퀴스트(Rehnquist) 판사가 냈다. 불법적으로 도청된 통신 내용들의 공표에 대하여 연방헌법 수정 제1조가 제 공하는 보호의 범위의 문제를 다루었다. 공공의 쟁점들에 관한 정보의 완전한 및 자유로운 전파에 있어서의 이익의, 및 개인적 프라이버시에 있어서의 이익의 그 양 자 사이의 충돌을 이 사건들은 제기하였다.

2. 사실관계 및 쟁점

가. 휴대전화상의 통화에 대한 신원미상자에 의한 불법도청 및 녹음

교육위원회와의 사이에서의 단체교섭을 1992년~1993년 중에, 와이오밍 밸리 웨 스트 하이스쿨에서 근무하는 교사들의 노동조합인 펜실베니아주 교육연합은 진행 하였다. 당시의 지역 노동조합 위원장인 청구인 케인(Kane)을 부르기 위하여 및 교 섭 상황에 관한 긴 대화를 하기 위하여 휴대전화를 1993년 5월에 그녀 자신의 자동 차에서, 조합의 교섭책임자로 활동하던 청구인 바르트니키(Bartnicki)는 사용하였다. 그 통화를 신원 미상의 사람이 도청하고 녹음하였다. 제안된 파업의 시기조율을, 교섭에 관한 공개논평에 의하여 야기된 곤란함들을, 그리고 위원회의 비타협에 대 한, 위원회 측 사람들의 신체에 해악을 가할 것을 포함하는 극적인 응수의 필요성 을 그들은 논의하였다. 교사들에게 전체적으로 유리한 구속력 없는 중재안을 1993

년 초에 당사자들은 받아들였다. (532 U. S., at 518–519, 536.)

나. 녹음테이프의 공표

그 도청된 대화의 녹음테이프를 그 합의에 관한 뉴스보도에 관련하여 노동조합에 비판적인 입장을 지녀오던 라디오 해설가인 피청구인 보퍼(Vopper)는 자신의 시사문제 대담프로에서 틀었다. 마찬가지로 그 테이프를 또 다른 방송국이 방송하였고, 그 내용들을 지역신문들이 게재하였다. (532 U. S., at 519.)

다. 청구인들의 청구의 요지

전자장비를 사용하는 신원미상의 자에 의하여 자신들의 전화통화는 비밀리에 도청되었던 것이라고, 그 사적인 대화의 녹음이 불법도청에 의하여 입수되어 있음을 피고들 각자는 "알았거나 알 만한 이유를 지니고 있었다."고 청구인들은 주장하였다. 실제손해의 배상을, 제정법상의 손해배상을, 징벌적 손해배상을, 그리고 변호사 보수 및 비용을 연방의 및 펜실베니아주의 제정법 규정들에 의존하여 청구인들은 청구하였다. (532 U. S., at 519–520.)

라. 피청구인들의 주장의 요지

(a) 도청행위들에 자신들은 관여하지 아니하였기에, 그리고 (b) 그 대화가 부주의로 도청되었을 수 있는 이상에는 어쨌든 자신들의 행위들은 불법이 아니기에 제정법을 자신들은 위반한 것이 아님을 피청구인들은 주장하였다. 게다가, 설령 그 도청된 대화를 공개함으로써 제정법을 자신들이 위반하였다 하더라도, 연방헌법 수정 제1조에 의하여 그 공개행위들은 보호된다고 피청구인들은 주장하였다. (532 U. S., at 520.)

마. 밝혀진 녹음 테이프의 입수경위

노동조합의 요구사항들에 반대해 왔던 지역 납세자연합회 회장인 잭 요쿰(Jack Yocum)에게서 그 테이프를 보퍼가 입수했던 것임을 보퍼를 및 언론매체의 다른 대표자들을 상대로 소송을 제기한 뒤에 증거개시 절차를 통하여 청구인들은 알게 되었다. 그 테이프를 도청 직후에 자신의 우편함에서 자신은 발견했었다고, 그리고 청구인들의 목소리를 자신은 인식하였다고 피고로 추가된 요쿰은 증언하였다. 그 테이프를 교육위원회의 일부 위원들에게 요쿰은 틀어 주었고 그리고 나중에 그 테이프 자체를 보퍼에게 건네주었다. (532 U. S., at 519.)

바. 지방법원의 판단

(1) 피청구인들의 첫 번째 제정법 관련 주장을 지방법원은 기각하였는데, 그 제정법의 평이한 문언에 따르면 불법도청을 통하여 그 정보가 입수되었음을 그가 또는 그녀가 알면서도 또는 알 만한 이유를 지니고 있으면서도 전자적 의사소통의 내용들을 의도적으로 공개함에 의하여 연방법률을 개인은 위반하는 것이 됨을 그 이유로 하였다. 따라서, 그 제정법에 대한 위반이 성립하기 위하여 불법도청에의 실제의 관여는 필요하지 아니하다고 연방지방법원은 판단하였다. (532 U. S., at 520.)

(2) 피청구인들의 두 번째 제정법 관련 주장에 관련하여 문제의 도청이 의도적인 것이었음을 청구인들은 증명해야 한다는 데에 지방법원은 동의하였으나, 의도에 관한 중요한 사실의 진짜 쟁점을 도청의 원문은 제기한다고 지방법원은 결론지었다. 제정법들은 사전의 제한조치의 내지는 자유로운 말을 풀죽임의 표지들을 포함하지 아니하는 보편적 적용범위를 지니는 내용중립의 법들이라는 이유로 피청구인들의 연방헌법 수정 제1조 관련 항변을 궁극적으로 지방법원은 기각하였다. (532 U. S., 520-521.)

사. 중간항소; 쟁점인 법 문제들; 미합중국의 소송참가; 항소법원의 판결요지 (532 U. S., at 521-522.)

(1) 중간항소를 구하는 신청을 그 뒤에 지방법원은 받아들였다. 아래의 것들을 구속력 있는 법 문제로서 그것은 보증하였는바, 즉: "1. 피고들의 대행자들 아닌 신원불상의 사람들에 의하여 보도 가치 있는 녹음테이프가 불법적으로 도청된 및 녹음된 것인 경우에 그 녹음테이프에 관한 피고 보퍼의 라디오 시사문제 대담프로에서의 방송만을 이유로 하는, 도청금지 제정법들에 따른 언론

매체 피고들 위에의 책임의 부과가 연방헌법 수정 제1조에 위배되는지 여부이고; 및 2. 그 익명으로 도청된 및 녹음된 테이프를 언론매체 피고들에게 제공하였음만을 이유로 하는, 위에서 말한 도청금지 제정법들에 따른 피고 잭 요쿰 위에의 책임의 부과가 연방헌법 수정 제1조에 위배되는지 여부이다."[1]

(2) 항소를 항소법원은 받아들였고, 그러자 그 연방제정법의 합헌성을 옹호하기 위하여 또 한 명의 청구인인 미합중국은 소송에 참가하였다.

(3) 연방의 및 펜실베니아주의 도청금지 제정법들은 "내용 중립의" 것들이라는 점에 및 따라서 "중간심사 기준"의 적용을 받는다는 점에 관하여 청구인들에게 및 연방정부에게 재판부의 구성원 3명은 전원이 동의하였다. 문제의 프라이버시상의 이익들을 보호하기 위하여 필요한 만큼을보다도 더 많은 말을 그 제정법들은 중대하게 저해하기에 그 제정법들은 무효라고 그 표준을 적용하여 다수의견은 결론지었다. 피청구인들 승소의 약식판결을 내리라는 지시사항들을 덧붙여 사건을 그 법원은 환송하였다.

아. 하급법원들에서의 충돌을 해소하기 위한 연방대법원의 사건기록 송부명령

불법도청들을 위한 유인동기를 제거하기 위하여, 그리고 더 넓은 배포를 통한 이러한 도청들에 의하여 초래되는 해악을 관대히 보아줌을 배제하기 위하여 공개행위들의 금지가 필요하다는 견해를 반대의견에서 부장판사 폴락(Pollak)은 표명하였다. 그렇게 함에 있어서, 콜럼비아 특별구 항소법원에 의하여 판결된 유사한 사건인 Boehner v. McDermott, 191 F. 3d 463 (1999)에서의 다수의견에 그는 동의하였다. 하급법원들에서의 충돌을 해소하기 위하여 사건이송명령을 연방대법원은 허가하였다. (532 U. S., at 522.)

---

1) 보다 협소하게는, "처벌되는 정보 공표자가 문제의 정보를 그 자체로는 적법한 방법으로, 그러나 그것을 불법적으로 입수해 놓은 정보원으로부터 입수한 경우에, 그 정보의 뒤이은 공표를 연쇄상의 결함을 이유로 정부는 처벌해도 되는가?"를; 이 사건의 사실관계를 전제할 때 §2511(1)(c)에 의하여 채워지는 이익들은 말에 대한 그 자신의 제한조치들을 정당화할 수 있는지 여부를 이 사건의 쟁점으로 스티븐스(Stevens) 판사는 삼았다. (532 U. S., at 528–529.)

3. 스티븐스(Stevens) 판사가 쓴 법원의 의견의 요지

가. 연방대법원 앞에서의 최초의 사건

불법적으로 도청된 통신의 내용들의 공개행위들을 1934년 이래로 연방법은 금지해 왔다. 이것은 이러한 쟁점에 연방대법원이 직면해 보는 최초의 사건이다. 연방헌법 수정 제1조의 이 쟁점에의 적용에 관하여 상이한 결론들에 순회구 지방법원 판사들은 이르러 있다. (532 U. S., at 517-518.)

나. 도청행위 금지 관련 제정법

(1) 보다 협소하게는, "처벌되는 정보 공표자가 문제의 정보를 그 자체로는 적법한 방법으로, 그러나 그것을 불법적으로 입수해 놓은 정보원으로부터 입수한 경우에, 그 정보의 뒤이은 공표를 연쇄상의 결함을 이유로 정부는 처벌해도 되는가?"를; 이 사건의 사실관계를 전제할 때 § 2511(1)(c)에 의하여 채워지는 이익들은 말에 대한 그 자신의 제한조치들을 정당화할 수 있는지 여부를 이 사건의 쟁점으로 스티븐스(Stevens) 판사는 삼았다. (532 U. S., at 528-529.) 도청행위들을 실시하도록 경찰에게 허용하는 뉴욕주의 제정법은 연방헌법 수정 제4조에 위배된다고 Berger 판결에서 우리는 판시하였다. 이에 응수하여, 특정의 조건들 위에서의 전자적 감시에 의하여 입수된 증거의 사용을 허용하는 및 그 이외의 그것의 사용을 금지하는 포괄적인 입법을 입안하는 데 연방의회는 착수하였다. 그 노력들의 궁극적 결과는 "전신상의 및 구두상의 의사소통들의 프라이버시를 효율적으로 보호하기 위한 것"으로서의 1968년의 범죄단속및가로안전종합법 제3편인바, 도청행위 및 전자적 감시(Wiretapping and Electronic Surveillance)라는 제목을 달고 있다. (532 U. S., 522-523.)

(2) 다섯 가지 위반행위들을 10,000불 이하의 벌금에 의한 내지는 5년 이하의 구금에 의한 또는 그 병과에 의한 처벌대상으로 그 규제들의 한 부분인 § 2511(1)는 규정하였다. 즉, "조금이라도 전신상의 내지는 구두상의 의사소통을 …… 계획적으로 도청하는" 행위를(소절 (a)); 구두상의 대화들을 도청하도록 설계된 장치들의 의도적 사용을(소절 (b)); "이 소절에 대한 위반 속에서의 전신

상의 내지는 구두상의 의사소통에 대한 도청을 통하여 그 정보가 입수되었음을 알면서도 내지는 알 만한 이유를 지니고 있으면서도 조금이라도 전신상의 내지는 구두상의 의사소통의 내용들을 타인에게 계획적으로 공개하는, 또는 공개하고자 시도하는" 행위를(소절 (c)); 불법적으로 도청된 전신상의 내지는 구두상의 의사소통들의 내용들의 사용을(소절 (d)); 법집행 목적들을 위한 도청사항들의 내용들에 대한 허가 없는 공개를(소절 (e)) 위 법률은 처벌하였다. (532 U. S., at 523-524.)

(3) 1968년에 제정된 것으로서는 라디오 송신들에 제3편은 적용되지 않았다. 그러나 구두상의 및 전신상의 의사소통들의 도청을만이 아니라 "전자적인" 의사소통의 도청을마저도 금지하는 것으로 제3편의 적용범위를 1986년의 전자통신비밀법에서 연방의회는 확대하였다. 그 개정에 의하여와 아울러, 무선전화기상의 통신들에 적용된 1994년 개정법률에 의하여 제3편은 휴대전화기를 및 무선전화기를 통한 대화들의 도청에 다 같이 적용된다. 그 의사소통이 미합중국법률집 제8편 제2510절에 의하여 규정되는 "구두상의" 것인지, "전신상의" 것인지 또는 "전자적인" 것인지 여부에 상관없이, 동일한 민사적 구제수단들이 이용가능하다.(532 U. S., at 524.)

다. 제정법들의 유효성의 쟁점

(1) 가정사실

사실관계에 관하여 일정한 중요한 가정들을 함이 적절하다. 도청은 의도적인 것이었다는, 따라서 불법이었다는, 그리고 적어도 그것이 불법적인 것임을 "알 만한 이유를" 피청구인들은 "지니고 있었다"는 청구인들의 제안을 우리는 받아들인다. 따라서, 언론매체 피고들에 의한 공중에의 추후의 공개들이 그러함은 물론이거니와, 그 도청된 대화 내용들의 요쿰에 의한 교육위원회 위원들에게의 및 언론매체 대표자들에게의 공개는 연방의 및 주(state)의 제정법들에 위배되었다. 손해를 피청구인들 각자로부터 회복할 권리들을 연방 제정법 아래서 청구인들은 지닌다. 유일한 문제는 연방헌법 수정 제1조를 이 상황들 속에서의 이 제정법들의 적용이 침해하는지 여부이다. (532 U. S., at 524-525.)

(2) 첫째로, 불법도청에 피청구인들은 관여하지 않은 것으로 및 그 도청이 발생하고 난 뒤에서야 그 도청에 관하여 피청구인들은 알게 된 것으로, 그리하여 그 도청을 한 사람의 내지는 사람들의 신원을 피청구인들은 사실상 전혀 알지 못한 것으로; 둘째로, 녹음테이프들에 관한 정보에의 그들의 접근은 적법하게 얻어졌던 것으로; 셋째로, 대화의 주제는 공공의 관심사였던 것으로 우리는 가정한다. (532 U. S., at 525.)

(3) § 2511(1)(c)는 보편적 적용범위를 지니는 사실상 내용중립의 법이다. 특정의 규제가 내용을 바탕으로 하는지 아니면 내용 중립의 것인지 여부를 판단함에 있어서, 그 규제의 뒤에 놓여 있는 목적을 우리는 살피는바, 그 표현되는 사상들의 내지는 견해들의 토대 위에서 호감을 사는 말을 반감을 사는 말로부터 문언 자체에 의하여 구분하는 법들은 일반적 규칙상으로 내용을 바탕으로 하는 것들이다. 규제대상인 말의 내용에 상관없이 규제가 정당화되는 한, 표현행위에 대한 정부규제는 내용중립의 것이다. (532 U. S., at 526.)

(4) 이 사건에서 쟁점인 제정법은 도청된 대화들의 내용을 바탕으로 하여 구분을 짓지 아니하며, 그 대화들의 내용에의 참조에 의하여 그 제정법이 정당화되는 것이도 아니다. 반면에, 공개행위들을 막는 노골적인 금지는 순전한 말에 대한 규제로서 정당하게 그 성격이 규정된다. 소절 (c)는 행위에 대한 규제가 아니다. 테이프 녹음물의 인도는 광고지의 내지는 팜플렛의 인도에 유사하고, 따라서 그것은 연방헌법 수정 제1조가 보호하는 종류의 "말"이다. (532 U. S., at 526-527.)

(5) 진실한 정보를 공표함을 처벌하기 위한 주 행위는 헌법적 표준들을 좀처럼 충족할 수 없다. 공공의 중요성을 지닌 문제에 관한 진실한 정보를 만약 한 개의 신문이 적법하게 입수한다면, 그 경우에 최고순위의 필요가 없는 한, 그 정보의 공표를 주(state) 공무원들은 처벌할 수 없다. Smith v. Daily Mail Publishing Co., 443 U. S. 97, 102 (1979) (532 U. S., at 527-528.)

(6) 제3자에 의하여 도난된 문서들로부터 입수된 중대한 공공의 사안에 관한 정보를 공표할 언론출판의 권리를 New York Times Co. v. United States, 403 U. S. 713 (1971) (per curiam)에서 당원은 지지하였다. 공표에의 사전의 제한조치들을 금지하는 기본적 규칙의 및 만약 공개되면 국가안보를 중대하게 침해할

수 있는 정보의 비밀성을 보전함에 있어서의 이익의 그 양자 사이의 충돌을 그 판결은 해소하였다. 그러나, "신문에 의하여 정보가 불법적으로 획득된 경우들에 있어서, 그 불법적 획득을만이 아니라 이에 뒤이은 공표를마저도 정부가 도대체 처벌해도 되는지" 여부의 문제를 New York Times v. United States 판결은 제기하였을 뿐 해소하지는 않았다. (532 U. S., at 528.)

(7) 그 제정법에 의하여 공헌되는 두 가지 이익들은 사적인 대화들을 도청하려는 당사자들 측의 유인동기를 제거함에 있어서의 이익이고, 자신들의 대화들이 불법적으로 도청되어 있는 사람들에게 미치는 폐해를 최소화함에 있어서의 이익이다. 당초의 불법성에 관여되지 아니한 사람에 의하여 적법하게 얻어진 공공의 이익에 관한 정보의 공개행위들을 처벌함이 그 목적들에 공헌하는 수용 가능한 방법이라는 것이 되지는 않는다. (532 U. S., at 529.)

(8) 불법적 행위를 억제하는 통상적 방법은 적절한 처벌을 그것에 종사하는 사람 위에 부과하는 것이다. 법을 준수하지 아니하는 제3자에 의한 행위를 억제하기 위하여 법을 준수하는 정보 소지자에 의한 말이 금지될 수 있다고 판시해서는 안 된다. 불법도청들의 숫자를 공개행위들의 금지가 감소시킨다는 가정을 뒷받침하는 경험상의 증거가 없다. (532 U. S., at 529–530–531.)

(9) 조금이라도 표현 위에의 이러한 새로운 부담을 위한 정당화사유는 중대한 해악들에 관한 단순한 사변보다도 훨씬 더 설득력 있는 것이 되지 않으면 안 된다. § 2511(1)(c)를 여타의 점에서는 죄가 안 될 공공에 속하는 정보의 공개에 적용함을 위한 정부의 첫 번째 제시된 정당화사유는 명백하게 불충분하다. (532 U. S., 532.)

(10) 그러나 정부의 두 번째 주장은 상당히 더 강력하다. 의사소통의 프라이버시는 중요한 이익이고, 그 이익을 보호하려는 의도를 제3편의 제한조치들은 지닌 것들이며, 이로써 사적 당사자들 사이에서의 사상들의 및 정보의 제약 없는 교환을 장려한다. 풀죽임 효과를 사적인 말 위에 사적인 의사소통들의 공중에게의 공개에 대한 두려움은 끼칠 수 있다. (532 U. S., at 532–533.)

(11) 헌법적 상관관계의 양쪽 측면들에서 고려되어야 할 중요한 이익들이 있다. 프라이버시에 대한 일정한 침해들은 여타의 침해들의 경우에 비하여 더 비열하고, 사적인 대화의 내용들의 공개는 프라이버시에 대한 도청 그 자체가

보다도 훨씬 더 큰 침해이다. 불법적으로 도청된 메시지의 내용들에의 접근을 적법하게 얻은 사람들에 의한 이러한 공개행위들을 금지하기 위한 유효한 독립의 정당화사유가 있는바, 영업 비밀사항들에의 내지는 가정에서의 잡담에의 내지는 그 밖의 순전히 사적인 문제에 관한 정보에의 § 2511(c)의 적용을 정당화하는 이익이 그것들이다. 그러나, 여기서 그 이익이 충분히 설득력 있는지 여부를 우리는 판단할 필요가 없다. 연방헌법 수정 제1조의 핵심적 목적들을 이 사건에서의 그 규정의 시행은 함축하는바, 왜냐하면 공공의 관심사에 관한 진실한 정보의 공표 위에 제재들을 그것은 부과하기 때문이다. (532 U. S., at 533–534.)

(12) 이 사건에서, 공공의 중요성을 지닌 문제들을 공표함에 있어서의 이익에 견주어 프라이버시 문제들은 가치가 떨어진다. 조금이라도 공공의 내지는 일반의 관심사항의 공표를 프라이버시의 권리는 금지하지 않는다. 공공의 문제들에 연결된 비용들 중 한 가지는 이에 부수하는 프라이버시의 상실이다. (532 U. S., at 534.)

(13) 타인들에게의 자기 자신의 여러 가지 각도의 노출은 문명화된 공동체 사회에 있어서의 삶의 부수물이다. 이 노출의 위험은 우선적 가치를 말의 및 언론출판의 자유 위에 두는 사회에 있어서의 삶의 불가결한 부수사항이다. 공공의 문제들에 관한 표현의 자유는 연방헌법 수정 제1조에 의하여 보장된다. 공공의 문제들에 대한 토론은 제약 없는, 강건한, 그리고 활짝 열린 것이어야 한다는 원칙에 대한 우리의 심원한 국가적 서약, New York Times, 376 U. S., at 270, 에 선례들은 의존하였다. 수정헌법 제1조의 방패를 공직자의 행위에 대한 비판으로부터 걷어내기에는 사실적 오류로도, 명예훼손적 내용으로도, 그 두 요소들의 결합으로도 다 같이 불충분하다. (532 U. S., at 534–535.)

(14) 연방헌법 수정 제1조의 방패를 공중의 관심사에 관한 말로부터 걷어내기에는 신원미상의 사람의 불법적 행위로는 충분하지 아니하다. 와이오밍 밸리 웨스트 고등학교에서 근무하는 교사들을 위한 적정한 보수수준에 관한 수개월간의 교섭들은 의문의 여지없이 공중의 관심사였고, 그 관심사에 관한 토론에 피청구인들은 명백히 투입되었다. 그것은 헌법적 보호를 누릴 자격

이 있다. 원심의 판결주문은 인가된다. (532 U. S., at 535.)

4. 오코너(O'Connor) 판사의 가담 아래 브라이어(Breyer) 판사가 낸 보충의견의 요지

가. 경쟁하는 헌법적 목적들을 이 상황들에 적용된 것으로서의 그 제정법은 합리적으로 조화시키지 못한다. 오히려, 그것들은 언론매체의 자유를 간섭한다. 타인이 사전에 입수하여 놓은 정보의 궁극적인 공표 이외의 불법적 행위를 여기서의 방송자들은 수행하지 않았다. 녹음테이프 자체의 수령을 그 제정법들은 금지하지 않는다. (532 U. S., at 538.)

나. 그 특정의 대화의 프라이버시를 유지함에 있어서의 정당한 이익을 대화자들은 지니지 않았다. "현관들을 날려버리기"에 관한 및 "그 녀석들 몇몇에게 뭔가 작업을 하기"에 관한 제의를 그 대화는 포함하였다. 불법적 행위를 사적 정보의 공표가 구성하는 경우에, 공공의 안전에의 위협사항을 보도함을 허용하는 특권을 법은 인정한다. (532 U. S., at 539.)

다. 대화자들은 교사노동조합의 위원장으로서와 노동조합의 교섭책임자로서의 공적 인물들이었는바, 프라이버시에 대하여 가지는 이익은 순전히 사적인 용무에 관여하는 개인에 비하여 더 적었다. 여기서는 대화자들의 정당한 프라이버시 기대들은 보기 드물게 낮고, 그 기대들을 좌절시킴에 있어서의 공중의 이익은 보기 드물게 높다.(532 U. S., at 540.)

라. 기본적인 개인적 프라이버시에 있어서 미래의 기술이 제기할 수 있는 도전들에 대처하여 입법부들이 유연하게 대응함을 연방헌법은 허용한다. 과도하게 넓은 내지는 엄격한 헌법적 규칙들을 채택함을 우리는 피해야 한다. (532 U. S., at 541.)

5. 스칼리아(Scalia) 판사가 및 토마스(Thomas) 판사가 가담하는 법원장 렌퀴스트(Rehnquist) 판사의 반대의견의 요지

가. 거대한 전자적 연결망 체계를 통하여 수백만의 대화들이 발생함을 기술은

허용한다. 중대한 프라이버시 문제들을 이 진전들은 제기한다. 전자적 의사 소통들에 대한 의도적 도청을 및 고의적 공개를 금지하는 법들을 미합중국 은, 콜럼비아 특별구는 그리고 40개의 주들은 제정하였다. (532 U. S., at 541–542.)

나. "공공의 관심사"란 모호한 개념이다. 연방헌법 수정 제1조의 목적들을 이 법 원의 결정은 고양시키는 것이 아니라 감소시킨다: 날마다 의사소통을 하는 데에 전자기술에 의존하는 수백만의 미국인들의 말을 그것은 풀죽게 한다. (532 U. S., at 542.)

다. 지난 세기에 발생한 과학적 기술적 발전들이 전자적 감시기술들의 광범위한 사용을 및 오용을 가능하게 만들어 놓음에 따라 의사소통의 프라이버시는 이러한 감시 기법들에 의하여 심각하게 위협됨이 1968년의 범죄단속및가로 안전종합법 제3편의 제정 이유였다. (532 U. S., at 542–544.)

라. 이것들은 "보편적 적용범위를 지니는 내용중립의 법[들]"로서 그 승인된 "최 고순위"의 이익들에: "개인적 프라이버시에 있어서의 및 사적인 말을 촉진함 에 있어서의 이익"에 복무한다. 다양한 관점들을 및 사상들을 검열하려는 정 부의 시도들을 위하여 일반적으로 유보된 엄격한 심사에 그 법들을 이 법원 은 복종시키는바, 그 근거는 선례에 있어서도 추론에 있어서도 부족하다. (532 U. S., at 544.)

마. 내용중립의 규제는 "'만약 중요한 내지는 실질적인 정부적 이익을 그것이 촉 진한다면; 만약 자유로운 표현의 금지에 그 정부적 이익이 관련되어 있지 않 다면; 그 주장된 연방헌법 수정 제1조상의 자유들에 대한 그 부수적인 제한이 그 이익의 촉진에 불가결한 정도보다도 더 크지 않다면'" 유지되고는 하는 법 이다. Turner Broadcasting System, Inc. v. FCC, 512 U. S. 622, 662 (1994) (quoting United States v. O' Brien, 391 U. S. 367, 377 (1968)). 엄격한 심사를 유발하는 염려사항 들이 없으므로, 말에 대한 이들 내용중립의 제한들은 단지 중간수준의 심사 만을 통과한다. (532 U. S., at 544–545.)

바. 공공의 중요성을 지니는 문제에 관한 진실한 정보를 신문이 적법하게 입수

하면 그 때는 최고순위의 주 이익을 촉진하기 위한 필요가 없는 한, 그 정보의 공표를 주 공무원들은 헌법적으로 처벌할 수 없다. Smith v. Daily Mail Publishing Co., 443 U. S. 97, 103 (1979). 여기서의 엄격한 심사의 부과를 이 데일리메일 원칙은 및 이 사건들의 그 밖의 측면은 그 어느 것이도 정당화하지 않는다. 도청된 의사소통의 도청자로부터의 제3자에게의 전달은 그 자체가 불법이다; 그리고 그 의사소통을 그 제3자가 그 뒤에 고의로 공개하는 것은 또 다른 불법적 행위이다. (532 U. S., at 545–548.)

사. 내용중립인 이 법들은 불법적으로 입수된 정보만을 규제할 뿐 특별한 부담들을 언론매체 위에 부과하지 아니한다. 공정한 경고를 제공하기 위하여 의도성의 요구(scienter requirement)를 그것들은 지닐 뿐만 아니라 휴대 전화기들을 사용하는 사람들의 프라이버시를 및 자유로운 말을 촉진하며, 자유로운 말의 금지에 관련되어 있지 않은 실질적인 정부적 이익을 촉진한다. 불법적으로 도청된 의사소통들에 대한 공개의 보다 더 협소하게 다듬어진 금지를 상상하기란 어렵다. 따라서 그것들은 유지되어야 한다. 다대한 경의를 연방의회의 예측적 판단사항들에 법원들은 부여하지 않으면 안 된다. (532 U. S., at 548–550.)

아. 범죄의 열매들을 불법행위자로 하여금 향유하지 못하도록 방지함에 의하여 불법적 행위를 억제함이 가능하다. 유사한 추론에 터잡은 위법수집 증거 배제 원칙을 우리는 스스로 채택하였다. 여기에 바로 그 논리가 적용된다. (532 U. S., at 550–551.)

자. "시장고갈" 이론에의 의존은 논리적이고 합리적이며, 그리고 그것은 "단순한 사변이보다도 훨씬 더 설득력 있음"을 우리의 선례들은 명백히 한다. (532 U. S., 551–553.)

차. 프라이버시에 대한 비밀스런 침해들을 억제함이라는 및 사적인 의사소통들의 비자발적 방송을 방지함이라는 중요한 이익들을 이 제정법들은 아울러 보호한다. 전화기 안에다 말하는 사람은 "송화구에 자신이 내뱉는 말들이 세상에 흩뿌려지지 않으리라고 추정할 권리가 있다." Katz v. United States, 389 U. S. 347, 352 (1967).

카. 이 상처 입기 쉬운 프라이버시의 권리를 이 제정법들은 명백히 보호한다. 대화를 향유할 당사자들의 연방헌법 수정 제1조상의 권리들을 부수적으로 그것들은 증진시킨다. 이 사적인 대화들 위에 이 법원의 결정이 끼치는 풀죽임의 효과는 확실히 클 것이다. (532 U. S., 552.)

타. 공중의 토론에 기여할 의도를 청구인들이 전혀 지니지 않았는데도 불구하고, 타인의 불법적 도청이 및 그들의 대화의 고의의 공개가 헌법적 보호를 누릴 가치를 지닌다고 판시함은 빙퉁그러진 일이다. 개인적 대화들의 비자발적인 방송을 연방헌법은 보호해서는 안 된다. 공중의 심사로부터 차폐된 자신들의 삶을 살 권리를 비록 일정한 영역들에서 공적 인물들은 버렸을 수 있다고 하더라도, 의도적으로 도청당함에 대한 및 고의로 공개됨에 대한 두려움 없이 사적인 대화를 나눌 자신들의 권리를 아울러 그들이 버린 것이 되지는 않고 그렇게 되어서도 안 된다. (532 U. S., 554–555.)

파. 휴대 전화기상의 대화들에 대한 비밀의 도청으로부터 및 비자발적 방송으로부터 자유로울 권리를 개인적 프라이버시에 있어서의 이익은 포함하지 않으면 안 된다. 프라이버시에 대한 위 주장을 자유롭게 말할 주변적인 주장에 견주어 균형을 잡으려는 연방의회의 노력은 이 법원에 의하여 무시된다. (532 U. S., 555–556.)

Justice Stevens delivered the opinion of the Court.

These cases raise an important question concerning what degree of protection, if any, the First Amendment provides to speech that discloses the contents of an illegally intercepted communication. That question is both novel and narrow. Despite the fact that federal law has prohibited such disclosures since 1934,[1] this is the first time that we have confronted such an issue.

The suit at hand involves the repeated intentional disclosure of an illegally intercepted cellular telephone conversation about a public issue. The persons who made the disclosures did not participate in the interception, but they did know - or at least had reason to know - that the inter- «532 U. S., 518» ception was unlawful. Accordingly, these cases present a conflict between interests of the highest order - on the one hand, the interest in the full and free dissemination of information concerning public issues, and, on the other hand, the interest in individual privacy and, more specifically, in fostering private speech. The Framers of the First Amendment surely did not foresee the advances in science that produced the conversation, the interception, or the conflict that gave rise to this action. It is therefore not surprising that Circuit judges, as well as the Members of this Court, have come to differing conclusions about the First Amendment's application to this issue. Nevertheless, having considered the interests at stake, we are firmly convinced that the disclosures made by respondents in this suit are protected by the First Amendment.

---

1) See 48 Stat. 1069, 1103.

법원의 의견을 스티븐스(Stevens) 판사가 냈다.

불법적으로 도청된 통신의 내용들을 공개하는 말에 대하여 연방헌법 수정 제1조가 제공하는 보호의 정도가 - 만약 조금이라도 그러한 것이 있다면 - 어디까지인지에 관한 중요한 문제를 이 사건들은 제기한다. 그 문제는 새로운 것이기도 하면서 협소한 것이기도 하다. 이러한 공개행위들을 1934년 이래로 연방법이 금지해 놓았다는 사실에도 불구하고,[1] 이것은 이러한 쟁점에 우리가 직면해 보는 최초의 사건이다.

불법적으로 도청된 공공의 쟁점에 관한 휴대전화상의 대화의 반복된 의도적 공개를 당면한 소송은 포함한다. 그 공개행위들을 한 사람들은 도청에 가담하지 않았지만, 그러나 그 도청이 불법임을 그들은 알았고 - 또는 적어도 알 만한 이유를 «532 U. S., 518» 가지고 있었다. 따라서 최고순위의 이익들 사이의 충돌을 - 한 쪽에서는 공공의 쟁점들에 관한 정보의 완전한 및 자유로운 전파에 있어서의 이익의, 및 다른 쪽에서는 개인적 프라이버시에 있어서의, 보다 구체적으로는 사적인 말을 촉진함에 있어서의 이익의 - 그 양자 사이의 충돌을 이 사건들은 제기한다. 그 대화를 생산한 과학에 있어서의 진전들을, 그 도청을, 또는 이 소송을 야기한 그 충돌을 연방헌법 수정 제1조의 입안자들은 예상하지 못하였음이 확실하다. 그러므로 연방헌법 수정 제1조의 이 쟁점에의 적용에 관하여 상이한 결론들에 당원의 구성원들이 그러하였듯이 순회구 지방법원 판사들이 이르러 있음은 놀라운 일이 아니다. 이에도 불구하고, 이 사건에서 피청구인들에 의하여 이루어진 공개행위들은 연방헌법 수정 제1조에 의하여 보호됨을 그 걸려 있는 이익들을 고찰하고 나자 우리는 확고히 깨닫는다.

---

1) 48 Stat. 1069, 1103을 보라.

During 1992 and most of 1993, the Pennsylvania State Education Association, a union representing the teachers at the Wyoming Valley West High School, engaged in collective-bargaining negotiations with the school board. Petitioner Kane, then the president of the local union, testified that the negotiations were "'contentious'" and received "a lot of media attention." App. 97, 92. In May 1993, petitioner Bartnicki, who was acting as the union's "chief negotiator," used the cellular phone in her car to call Kane and engage in a lengthy conversation about the status of the negotiations. An unidentified person intercepted and recorded that call.

In their conversation, Kane and Bartnicki discussed the timing of a proposed strike, id., at 41-45, difficulties created by public comment on the negotiations, id., at 46, and the need for a dramatic response to the board's intransigence. At one point, Kane said: "'If they're not gonna move for three percent, we're gonna have to go to their, their «532 U. S., 519» homes ······ To blow off their front porches, we'll have to do some work on some of those guys. (PAUSES). Really, uh, really and truthfully because this is, you know, this is bad news. (UNDECIPHERABLE).'" Ibid.

In the early fall of 1993, the parties accepted a non-binding arbitration proposal that was generally favorable to the teachers. In connection with news reports about the settlement, respondent Vopper, a radio commentator who had been critical of the union in the past, played a tape of the intercepted conversation on his public affairs talk show. Another station also broadcast the tape, and local newspapers published its contents. After filing suit against Vopper and other representatives of the media, Bartnicki and Kane (hereinafter petitioners) learned through discovery that Vopper had obtained the tape from Jack Yocum, the head of a local taxpayers' organization that had

I

　교육위원회와의 사이에서의 단체교섭을 1992년 중에와 1993년의 대부분 중에, 와이오밍 밸리 웨스트 하이스쿨에서 근무하는 교사들을 대표하는 노동조합인 펜실베니아주 교육연합은 진행하였다. 그 교섭은 "'논쟁을 불러 일으키는'" 것이었다고, 그리하여 "언론매체의 많은 주목을" 받았다고 당시의 지역 노동조합 위원장인 청구인 케인(Kane)은 증언하였다. App. 97, 92. 케인을 부르기 위하여 및 교섭 상황에 관한 긴 대화를 하기 위하여 휴대전화를 1993년 5월에 그녀 자신의 자동차에서, 조합의 "교섭책임자"로 활동하던 청구인 바르트니키(Bartnicki)는 사용하였다. 그 통화를 신원미상의 사람이 도청하고 녹음하였다.

　제안된 파업의 시기조율을, id., at 41-45, 교섭에 관한 공개논평에 의하여 야기된 곤란함들을, id., at 46, 그리고 위원회의 비타협에 대한 극적인 응수의 필요성을 그들의 대화에서 케인은 및 바르트니키는 논의하였다. 한 곳에서 케인은 말하였다: "'만약 그들이 3 퍼센트에 동의하려 하지 않는다면, 우리는 그들의, 그들의 가정집들에 《532 U. S., 519》 가겠어 …… 그들의 앞 현관들을 날려버리러, 그 녀석들 몇몇에게 뭔가 작업을 우린 해야 할 거야. (멈춤). 진짜로, 흥, 진짜로 참말로 이건, 당신도 알다시피, 이건 나쁜 소식이니까. (해독불가). '" Ibid.

　교사들에게 전체적으로 유리한 구속력 없는 중재안을 1993년 초에 당사자들은 받아들였다. 그 도청된 대화의 녹음테이프를 그 합의에 관한 뉴스보도에 관련하여 과거에 노동조합에 비판적인 입장을 지녀오던 라디오 해설가인 피청구인 보퍼(Vopper)는 자신의 시사문제 대담프로에서 틀었다. 마찬가지로 그 테이프를 또 다른 방송국이 방송하였고, 그 내용들을 지역신문들이 게재하였다. 교섭 기간 내내 노동조합의 요구사항들에 반대해 왔던 지역 납세자연합회 회장인 잭 요쿰(Jack Yocum)에게서 그 테이프를 보퍼가 입수했던 것임을 보퍼를 및 언론매체의 다른 대표자들을 상대로 소송을 제기한 뒤에 증거개시 절차를 통하여 바르트니키는 및 케인은 (이하 청구인들이라 함) 알게 되었다. 그 테이프를 도청 직후에 자신의 우편함에서 자신은 발

opposed the union's demands throughout the negotiations. Yocum, who was added as a defendant, testified that he had found the tape in his mailbox shortly after the interception and recognized the voices of Bartnicki and Kane. Yocum played the tape for some members of the school board, and later delivered the tape itself to Vopper.

II

In their amended complaint, petitioners alleged that their telephone conversation had been surreptitiously intercepted by an unknown person using an electronic device, that Yocum had obtained a tape of that conversation, and that he intentionally disclosed it to Vopper, as well as other individuals and media representatives. Thereafter, Vopper and other members of the media repeatedly published the contents of that conversation. The amended complaint alleged that each of the defendants "knew or had reason to know" that the recording of the private telephone conversation had been obtained by means of an illegal interception. Id., «532 U. S., 520» at 27. Relying on both federal and Pennsylvania statutory provisions, petitioners sought actual damages, statutory damages, punitive damages, and attorney's fees and costs.[2]

After the parties completed their discovery, they filed cross-motions for summary judgment. Respondents contended that they had not violated the statute because (a) they had nothing to do with the interception, and (b) in any event, their actions were not unlawful since the conversation might have been intercepted inadvertently. Moreover, even if they had violated the statute by disclosing the intercepted conversation, respondents argued, those

---

[2] Either actual damages, or "statutory damages of whichever is the greater of $100 a day for each day of violation or $10,000" may be recovered under 18 U. S. C. § 2520(c)(2); under the Pennsylvania Act, the amount is the greater of $100 a day or $1,000, but the plaintiff may also recover punitive damages and reasonable attorney's fees. 18 Pa. Cons. Stat. § 5725(a) (2000).

견했었다고, 그리고 바르트니키의 및 케인의 목소리를 자신은 인식하였다고 피고로 추가된 요쿰은 증언하였다. 그 테이프를 교육위원회의 일부 위원들에게 요쿰은 틀어 주었고 그리고 나중에는 그 테이프 자체를 보퍼에게 건네주었다.

Ⅱ

전자장비를 사용하는 신원미상의 자에 의하여 자신들의 전화통화는 비밀리에 도청되었던 것이라고, 그 대화의 녹음테이프를 요쿰은 입수했던 것이라고, 그리고 그것을 다른 개인들에게와 언론매체 대표자들에게와 아울러 보퍼에게 의도적으로 그는 공개한 것이라고 그들의 정정된 소장에서 청구인들은 주장하였다. 그 대화의 내용들을 그 뒤에 보퍼는 및 언론매체의 다른 구성원들은 반복적으로 폭로하였다. 그 사적인 전화통화의 녹음이 불법도청에 의하여 입수되어 있음을 피고들 각자는 "알았거나 알 만한 이유를 지니고 있었다."고 그 정정된 소장은 주장하였다. Id., «532 U. S., 520» at 27. 실제손해의 배상을, 제정법상의 손해배상을, 징벌적 손해배상을, 그리고 변호사 보수 및 비용을 연방의 및 펜실베니아주의 제정법 규정들에 다 같이 의존하여 청구인들은 청구하였다.[2]

약식판결을 바라는 교호신청들을, 자신들의 증거개시를 당사자들이 마친 뒤에 그들은 제기하였다. (a) 도청행위들에 자신들은 관여하지 아니하였기에, 그리고 (b) 그 대화가 부주의로 도청되었을 수 있는 이상에는 어쨌든 자신들의 행위들은 불법이 아니기에 제정법을 자신들은 위반한 것이 아님을 피청구인들은 주장하였다. 게다가, 설령 그 도청된 대화를 공개함으로써 제정법을 자신들이 위반하였다 하더라도, 연방헌법 수정 제1조에 의하여 그 공개행위들은 보호된다고 피청구인들

---

2) 18 U. S. C. § 2520(c)(2) 아래서는 실제의 손해액이 또는 "위반행위 하루당 100불로 계산한 금액의 또는 10,000불의 그 둘 중 다액인 법정손해액이" 회복될 수 있다; 펜실베니아주 법 아래서는 액수는 하루당 100불의 또는 1,000불의 그 둘 중 다액이지만, 징벌적 손해액을 및 합리적인 변호사 보수를 원고는 아울러 회복할 수 있다. 18 Pa. Cons. Stat. § 5725(a) (2000).

disclosures were protected by the First Amendment. The District Court reject-ed the first statutory argument because, under the plain statutory language, an individual violates the federal Act by intentionally disclosing the contents of an electronic communication when he or she "know[s] or ha[s] reason to know that the information was obtained" through an illegal interception.[3] App. to Pet. for Cert. in No. 99-1687, pp.53a-54a. Accordingly, actual involvement in the illegal interception is not necessary in order to establish a violation of that statute. With respect to the second statutory argument, the District Court agreed that petitioners had to prove that the interception in ques- «532 U. S., 521» tion was intentional,[4] but concluded that the text of the interception raised a genuine issue of material fact with respect to intent. That issue of fact was also the basis for the District Court's denial of petition-ers' motion. Finally, the District Court rejected respondents' First Amendment defense because the statutes were content-neutral laws of general applicabili-ty that contained "no indicia of prior restraint or the chilling of free speech." Id., at 55a-56a.

Thereafter, the District Court granted a motion for an interlocutory appeal, pursuant to 28 U. S. C. § 1292(b). It certified as controlling questions of law: "(1) whether the imposition of liability on the media Defendants under the [wiretapping statutes] solely for broadcasting the newsworthy tape on the Defendant [Vopper's] radio/public affairs program, when the tape was illegal-ly intercepted and recorded by unknown persons who were not agents of [the] Defendants, violates the First Amendment; and (2) whether imposition

---

3) Title 18 U. S. C. § 2511(1)(c) provides that any person who "intentionally discloses, or endeavors to disclose, to any other person the contents of any wire, oral, or electronic communication, knowing or having reason to know that the information was obtained through the interception of a wire, oral, or electronic communication in violation of this subsection; ······ shall be punished ······." The Pennsylvania Act contains a similar provision.
4) Title 18 U. S. C. § 2511(1)(a) provides: "(1) Except as otherwise specifically provided in this chapter [§§ 2510–2520 (1994 ed. and Supp. V)] any person who –
"(a) intentionally intercepts, endeavors to intercept, or procures any other person to intercept or endeavor to inter-cept, any wire, oral, or electronic communication; ······ shall be punished ······."

은 주장하였다. 첫 번째 제정법 관련 주장을 지방법원은 기각하였는데, 그 제정법의 평이한 문언에 따르면 불법도청을 통하여 "그 정보가 입수되었음을" 그가 또는 그녀가 "알면서도 또는 알 만한 이유를 지니고 있으면서도" 전자적 의사소통의 내용들을 의도적으로 공개함에 의하여 연방법률을 개인은 위반하는 것이 됨을 그 이유로 하였다.[3] App. to Pet. for Cert. in No. 99-1687, pp.53a-54a. 따라서, 그 제정법에 대한 위반이 성립하기 위하여 불법도청에의 실제의 관여는 필요하지 아니하다. 두 번째 제정법 관련 주장에 관련하여 문제의 도청이 의도적인 것이었음을 청구인들은 증명해야 한다는 데에 지방법원은 «532 U. S., 521» 동의하였으나,[4] 의도에 관한 중요한 사실의 진짜 쟁점을 도청의 원문은 제기한다고 지방법원은 결론지었다. 사실에 관한 그 쟁점은 청구인들의 신청에 대한 지방법원의 기각의 근거이기도 하였다. 제정법들은 "사전의 제한조치의 표지를 내지는 자유로운 말을 풀죽임의 표지를" 포함하지 아니하는 보편적 적용범위를 지니는 내용중립의 법들이라는 이유로 피청구인들의 연방헌법 수정 제1조 관련 항변을 궁극적으로 지방법원은 기각하였다. Id., at 55a-56a.

중간항소를 구하는 신청을 28 U. S. C. § 1292(b)에 따라 그 뒤에 지방법원은 받아들였다. 아래의 것들을 구속력 있는 법 문제로서 그것은 보증하였는바, 즉: "(1) 피고들의 대행자들 아닌 신원불상의 사람들에 의하여 보도 가치 있는 녹음테이프가 불법적으로 도청된 및 녹음된 것인 경우에 그 녹음테이프에 관한 피고 [보퍼의] 라디오 시사문제 대담프로에서의 방송만을 이유로 하는 [도청금지 제정법들]에 따른 언론매체 피고들 위에의 책임의 부과가 연방헌법 수정 제1조에 위배되는지 여부이고; 및 (2) 그 익명으로 도청된 및 녹음된 테이프를 언론매체 피고들에게 제공

---

3) "이 소절에 대한 위반 속에서의 전신상의, 구두상의, 또는 전자적인 의사소통에 대한 도청을 통하여 그 정보가 입수되었음을 알면서도 내지는 알 만한 이유를 지니고 있으면서도 조금이라도 전신상의, 구두상의, 또는 전자적인 의사소통의 내용들을 타인에게 의도적으로 공개하는, 공개하고자 시도하는" 사람은 누구든 "…… 처벌된다. ……"고 Title 18 U. S. C. § 2511(1)(c)은 규정한다. 유사한 규정을 펜실베니아주 법률은 포함한다.

4) Title 18 U. S. C. § 2511(1)(a)은 규정한다: "(1) 이 장[§§ 2510–2520 (1994 ed. and Supp. V)]에서 달리 명시적으로 규정된 경우를 제외하고는 조금이라도 –
"(a) 전신상의, 구두상의, 내지는 전자적인 의사소통을 계획적으로 도청하는, 도청하고자 시도하는, 또는 타인으로 하여금 도청하게 하는 내지는 도청하고자 시도하게 하는 사람은 …… 처벌된다 ……."

of liability under the aforesaid [wiretapping] statutes on Defendant Jack Yocum solely for providing the anonymously intercepted and recorded tape to the media Defendants violates the First Amendment." App. to Pet. for Cert. in No. 99-1728, p.76a. The Court of Appeals accepted the appeal, and the United States, also a petitioner, intervened pursuant to 28 U. S. C. § 2403 in order to defend the constitutionality of the federal statute.

All three members of the panel agreed with petitioners and the Government that the federal and Pennsylvania wiretapping statutes are "content neutral" and therefore subject to "intermediate scrutiny." 200 F. 3d 109, 121 (CA3 1999). Applying that standard, the majority concluded that the «532 U. S., 522» statutes were invalid because they deterred significantly more speech than necessary to protect the privacy interests at stake. The court remanded the case with instructions to enter summary judgment for respondents. In dissent, Senior Judge Pollak expressed the view that the prohibition against disclosures was necessary in order to remove the incentive for illegal interceptions and to preclude compounding the harm caused by such interceptions through wider dissemination. In so doing, he agreed with the majority opinion in a similar case decided by the Court of Appeals for the District of Columbia, Boehner v. McDermott, 191 F. 3d 463 (1999). See also Peavy v. WFAA-TV, Inc., 221 F. 3d 158 (CA5 2000).[5] We granted certiorari to resolve the conflict. 530 U. S. 1260 (2000).

---

5) In the Boehner case, as in this case, a conversation over a car cell phone was intercepted, but in that case the defendant knew both who was responsible for intercepting the conversation and how they had done it. 191 F. 3d, at 465. In the opinion of the majority, the defendant acted unlawfully in accepting the tape in order to provide it to the media. Id., at 476. Apparently because the couple responsible for the interception did not eavesdrop "for purposes of direct or indirect commercial advantage or private financial gain," they were fined only $500. See Department of Justice Press Release, Apr. 23, 1997. In another similar case involving a claim for damages under § 2511(1)(c), Peavy v. WFAA–TV, Inc., 221 F. 3d 158 (CA5 2000), the media defendant in fact participated in the interceptions at issue.

하였음만을 이유로 하는 위에서 말한 [도청금지] 제정법들에 따른 피고 잭 요쿰 위에의 책임의 부과가 연방헌법 수정 제1조에 위배되는지 여부이다." App. to Pet. for Cert. in No. 99-1728, p.76a. 항소를 항소법원은 받아들였고, 그러자 그 연방제정법의 합헌성을 옹호하기 위하여 28 U. S. C. § 2403에 따라 또 한 명의 청구인인 미합중국은 소송에 참가하였다.

연방의 및 펜실베니아주의 도청금지 제정법들은 "내용 중립의" 것들이라는 점에 및 따라서 "중간심사 기준"의 적용을 받는다는 점에 관하여 청구인들에게 및 연방정부에게 재판부의 구성원 3명은 전원이 동의하였다. 200 F. 3d 109, 121 (CA3 1999). 문제의 프라이버시상의 이익들을 보호하기 위하여 «532 U. S., 522» 필요한 만큼을 보다도 더 많은 말을 그 제정법들은 중대하게 저해하기에 그 제정법들은 무효라고 그 표준을 적용하여 다수의견은 결론지었다. 피청구인들 승소의 약식판결을 내리라는 지시사항들을 덧붙여 사건을 그 법원은 환송하였다. 불법도청들을 위한 유인동기를 제거하기 위하여, 그리고 더 넓은 배포를 통한 이러한 도청들에 의하여 초래되는 해악을 관대히 보아줌을 배제하기 위하여 공개행위들의 금지가 필요하다는 견해를 반대의견에서 부장판사 폴락(Pollak)은 표명하였다. 그렇게 함에 있어서, 콜럼비아 특별구 항소법원에 의하여 판결된 유사한 사건인 Boehner v. McDermott, 191 F. 3d 463 (1999)에서의 다수의견에 그는 동의하였다. 아울러 Peavy v. WFAA-TV, Inc., 221 F. 3d 158 (CA5 2000)를 보라.[5] 그 충돌을 해소하기 위하여 사건이송명령을 우리는 허가하였다. 530 U. S. 1260 (2000).

---

5) 이 사건에서처럼 Boehner 사건에서 자동차 휴대전화상의 한 개의 대화가 도청되었으나, 그 대화를 도청함에 누가 책임이 있는지를 및 그것을 어떻게 그들이 했는지를 다 같이 피고는 그 사건에서 알고 있었다. 191 F. 3d, at 465. 다수의견이 볼 때는, 테이프를 매체에게 제공하고자 그것을 수령함에 있어서 피고는 불법적으로 행동하였다. Id., at 476. 그 도청에 책임이 있는 부부가 "직접적이든 간접적이든 상업적 이익을 내지는 사적인 재정상의 이득을 위하여," 엿들은 것은 아니었음이 명백하다는 이유로, 그들은 겨우 500불의 벌금에 처해졌다. Department of Justice Press Release, Apr. 23, 1997을 보라. § 2511(1)(c) 아래서의 손해배상 청구를 포함하는 또 다른 유사한 사건인 Peavy v. WFAA-TV, Inc., 221 F. 3d 158 (CA5 2000)에서는 도청행위들에 언론매체 피고가 실제로 가담하였다.

III

As we pointed out in Berger v. New York, 388 U. S. 41, 45-49 (1967), sophisticated (and not so sophisticated) methods of eavesdropping on oral conversations and intercepting telephone calls have been practiced for decades, primarily by law enforcement authorities.[6] In Berger, we held that New «532 U. S., 523» York's broadly written statute authorizing the police to conduct wiretaps violated the Fourth Amendment. Largely in response to that decision, and to our holding in Katz v. United States, 389 U. S. 347 (1967), that the attachment of a listening and recording device to the outside of a telephone booth constituted a search, "Congress undertook to draft comprehensive legislation both authorizing the use of evidence obtained by electronic surveillance on specified conditions, and prohibiting its use otherwise. S. Rep. No. 1097, 90th Cong., 2d Sess., 66 (1968)." Gelbard v. United States, 408 U. S. 41, 78 (1972) (Rehnquist, J., dissenting). The ultimate result of those efforts was Title III of the Omnibus Crime Control and Safe Streets Act of 1968, 82 Stat. 211, entitled Wiretapping and Electronic Surveillance.

One of the stated purposes of that title was "to protect effectively the privacy of wire and oral communications." Ibid. In addition to authorizing and regulating electronic surveillance for law enforcement purposes, Title III also regulated private conduct. One part of those regulations, § 2511(1), defined five offenses punishable by a fine of not more than $10,000, by imprisonment for not more than five years, or by both. Subsection (a) applied to any person

---

6) In particular, calls placed on cellular and cordless telephones can be intercepted more easily than those placed on traditional phones. See Shubert v. Metrophone, Inc., 898 F. 2d 401, 404–405 (CA3 1990). Although calls placed on cell and cordless phones can be easily intercepted, it is not clear how often intentional interceptions take place. From 1992 through «532 U. S., 523» 1997, less than 100 cases were prosecuted charging violations of 18 U. S. C. § 2511. See Statement of James K. Kallstrom, Assistant Director in Charge of the New York Division of the FBI on February 5, 1997 before the Subcommittee on Telecommunications, Trade, and Consumer Protection, Committee on Commerce, U. S. House of Representatives Regarding Cellular Privacy. However, information concerning techniques and devices for intercepting cell and cordless phone calls can be found in a number of publications, trade magazines, and sites on the Internet, see id., at 6, and at one set of congressional hearings in 1997, a scanner, purchased off the shelf and minimally modified, was used to intercept phone calls of Members of Congress.

Ⅲ

Berger v. New York, 388 U. S. 41, 45-49 (1967)에서 우리가 지적하였듯이, 구두상의 대화들에 대한 엿듣기라는 및 전화통화들을 도청하기라는 정교한 (그리고 그다지 정교하지 않은) 수법들이 수십 년간 동원되어 왔는데, 주로는 법집행 당국에 의해서였다.[6] 도청행위들을 실시하도록 《532 U. S., 523》 경찰에게 허용하는 뉴욕주의 조심성 없이 제정된 제정법은 연방헌법 수정 제4조에 위배된다고 Berger 판결에서 우리는 판시하였다. 주로는 그 판결에 응수하여, 그리고 전화박스 외부에의 감청장치의 및 녹음장치의 부착은 수색을 구성한다는 Katz v. United States, 389 U. S. 347 (1967)에서의 우리의 판시에 응수하여, "특정의 조건들 위에서의 전자적 감시에 의하여 입수된 증거의 사용을 허용하는 및 그 이외의 경우에는 그것의 사용을 금지하는 포괄적인 입법을 입안하는 데 연방의회는 착수하였다. S. Rep. No. 1097, 90th Cong., 2d Sess., 66 (1968)." Gelbard v. United States, 408 U. S. 41, 78 (1972) [렌퀴스트(Rehnquist) 판사, 반대의견]. 그 노력들의 궁극적 결과는 1968년의 범죄단속및가로안전종합법 제3편(Title Ⅲ of the Omnibus Crime Control and Safe Streets Act of 1968), 82 Stat. 211로서, Wiretapping and Electronic Surveillance(도청행위 및 전자적 감시)라는 제목을 달고 있다.

그 편의 목적들 중 한 가지는 "전신상의 및 구두상의 의사소통들의 프라이버시를 효율적으로 보호하기 위한 것"이었다. Ibid. 법집행 목적들을 위한 전자적 감시를 규제함을 허가함에 덧붙여, 사적인 행위를 제3편은 아울러 규제하였다. 다섯 가지 위반행위들을 10,000불 이하의 벌금에 의한 내지는 5년 이하의 구금에 의한 또는 그 병과에 의한 처벌대상으로 그 규제들의 한 부분인 § 2511(1)는 규정하였다. "조금이라도 전신상의 내지는 구두상의 의사소통을 …… 계획적으로 도청하는" 누

---

6) 특히, 휴대전화기상의 및 무선전화기상의 통화들은 재래의 전화기들을 통한 것들에 비하여 더 쉽게 도청될 수 있다. Shubert v. Metrophone, Inc., 898 F. 2d 401, 404-405 (CA3 1990)을 보라. 비록 휴대전화기상의 및 무선전화기상의 통화들은 쉽게 도청될 수 있음에도 불구하고, 얼마나 자주 의도적 도청들이 발생하는지는 명백하지 아니하다. 1992년부터 1997까지에 《532 U. S., 523》 걸쳐 100건 미만의 사건들이 18 U. S. C. § 2511에 대한 위반행위들을 이유로 기소되었다. Statement of James K. Kallstrom, Assistant Director in Charge of the New York Division of the FBI on February 5, 1997 before the Subcommittee on Telecommunications, Trade, and Consumer Protection, Committee on Commerce, U. S. House of Representatives Regarding Cellular Privacy를 보라. 그러나 휴대전화 통화들을 및 무선전화기 통화들을 도청하기 위한 기법들에 및 장치들에 관한 정보는 여러 가지 출판물들에서, 잡지들에서, 그리고 인터넷 사이트들에서 찾아볼 수 있고, see id., at 6. 그리고 1997년에 일련의 연방의회 청문들에서는 연방의회 의원들의 통화들을 도청하는 데에 곧바로 살 수 있는 극미하게 변경된 한 개의 스캐너가 사용되었다.

who "willfully intercepts ⋯⋯ any wire or oral communication." Subsection (b) applied to the intentional use of devices designed to intercept oral conversations; subsection (d) applied to the use of the contents of illegally intercepted wire or «532 U. S., 524» oral communications; and subsection (e) prohibited the unauthorized disclosure of the contents of interceptions that were authorized for law enforcement purposes. Subsection (c), the original version of the provision most directly at issue in this case, applied to any person who "willfully discloses, or endeavors to disclose, to any other person the contents of any wire or oral communication, knowing or having reason to know that the information was obtained through the interception of a wire or oral communication in violation of this subsection." The oral communications protected by the Act were only those "uttered by a person exhibiting an expectation that such communication is not subject to interception under circumstances justifying such expectation." 18 U. S. C. § 2510(2).

As enacted in 1968, Title III did not apply to the monitoring of radio transmissions. In the Electronic Communications Privacy Act of 1986, 100 Stat. 1848, however, Congress enlarged the coverage of Title III to prohibit the interception of "electronic" as well as oral and wire communications. By reason of that amendment, as well as a 1994 amendment which applied to cordless telephone communications, 108 Stat. 4279, Title III now applies to the interception of conversations over both cellular and cordless phones.[7] Although a lesser criminal penalty may apply to the interception of such transmissions, the same civil remedies are available whether the communication was "oral," "wire," or "electronic," as defined by 18 U. S. C. § 2510 (1994 ed. and Supp. V).

---

7) See, e. g., Nix v. O'Malley, 160 F. 3d 343, 346 (CA6 1998); McKamey v. Roach, 55 F. 3d 1236, 1240 (CA6 1995).

구에게든 소절 (a)는 적용되었다. 구두상의 대화들을 도청하도록 설계된 장치들의 의도적 사용에 소절 (b)는 적용되었다; 불법적으로 도청된 전신상의 내지는 구두상의 의사소통들의 내용들의 사용에 ≪532 U. S., 524≫ 소절 (d)는 적용되었다; 그리고 법집행 목적들을 위한 도청사항들의 내용들에 대한 허가 없는 공개를 소절 (e)는 금지하였다. "이 소절에 대한 위반 속에서의 전신상의 내지는 구두상의 의사소통에 대한 도청을 통하여 그 정보가 입수되었음을 알면서도 내지는 알 만한 이유를 지니고 있으면서도 조금이라도 전신상의 내지는 구두상의 의사소통의 내용들을 타인에게 계획적으로 공개하는, 또는 공개하고자 시도하는" 누구에게든, 이 사건에서 가장 직접적으로 쟁점이 되는 규정의 본래대로의 규정인 소절 (c)는 적용되었다. 그 법률에 의하여 보호되는 구두상의 의사소통들이란 "이러한 의사소통이 도청당하지 아니한다는 기대를 정당화하는 상황들 아래서 그 기대를 표명하는 사람에 의하여 발설되는" 것들만이었다. 18 U. S. C. § 2510(2).

1968년에 제정된 것으로서는 라디오 송신들에 제3편은 적용되지 않았다. 그러나 구두상의 및 전신상의 의사소통들의 도청을만이 아니라 "전자적인" 의사소통의 도청을마저도 금지하는 것으로 제3편의 적용범위를 1986년의 전자통신비밀법(the Electronic Communications Privacy Act of 1986), 100 Stat. 1848, 에서 연방의회는 확대하였다. 그 개정에 의하여와 아울러, 무선전화기상의 통신들에 적용된 1994년 개정법률, 108 Stat. 4279, 에 의하여 제3편은 이제 휴대전화기를 및 무선전화기를 통한 대화들의 도청에 다 같이 적용된다.[7] 이러한 송신들의 도청에는 보다 가벼운 형벌이 적용될 수 있음에도 불구하고, 그 의사소통이 미합중국법률집 제8편 제2510절(8 U. S. C. § 2510) (1994 ed. and Supp. V)에 의하여 규정되는 "구두상의" 것인지, "전신상의" 것인지 또는 "전자적인" 것인지 여부에 상관없이, 동일한 민사적 구제수단들이 이용 가능하다.

---

7) 예컨대, Nix v. O'Malley, 160 F. 3d 343, 346 (CA6 1998)을; McKamey v. Roach, 55 F. 3d 1236, 1240 (CA6 1995) 를 보라.

IV

The constitutional question before us concerns the validity of the statutes as applied to the specific facts of this case. Because of the procedural posture of the case, it is appropriate to make certain important assumptions about those «532 U. S., 525» facts. We accept petitioners' submission that the interception was intentional, and therefore unlawful, and that, at a minimum, respondents "had reason to know" that it was unlawful. Accordingly, the disclosure of the contents of the intercepted conversation by Yocum to school board members and to representatives of the media, as well as the subsequent disclosures by the media defendants to the public, violated the federal and state statutes. Under the provisions of the federal statute, as well as its Pennsylvania analog, petitioners are thus entitled to recover damages from each of the respondents. The only question is whether the application of these statutes in such circumstances violates the First Amendment.[8]

In answering that question, we accept respondents' submission on three factual matters that serve to distinguish most of the cases that have arisen under § 2511. First, respondents played no part in the illegal interception. Rather, they found out about the interception only after it occurred, and in fact never learned the identity of the person or persons who made the interception. Second, their access to the information on the tapes was obtained lawfully, even though the information itself was intercepted unlawfully by someone else. Cf. Florida Star v. B. J. F., 491 U. S. 524, 536 (1989) ("Even assuming the Constitution permitted a State to proscribe receipt of information, Florida has not taken this step"). Third, the subject matter of the conversation was a matter of public concern. If the statements about the labor

---

8) In answering this question, we draw no distinction between the media respondents and Yocum. See, e. g., New York Times Co. v. Sullivan, 376 U. S. 254, 265–266 (1964); First Nat. Bank of Boston v. Bellotti, 435 U. S. 765, 777 (1978).

IV

이 사건의 구체적 사실관계에 적용되는 것들로서의 그 제정법들의 유효성을 우리 앞의 헌법적 문제는 다룬다. 사건의 절차적 정세로 인하여, 그 사실관계에 관하여 일정한 중요한 가정들을 함이 «532 U. S., 525» 적절하다. 도청은 의도적인 것이었다는, 따라서 불법이었다는, 그리고 적어도 그것이 불법적인 것임을 "알 만한 이유를" 피청구인들은 "지니고 있었다"는 청구인들의 제안을 우리는 받아들인다. 따라서, 언론매체 피고들에 의한 공중에의 추후의 공개들이 그러함은 물론이거니와, 그 도청된 대화 내용들의 요쿰에 의한 교육위원회 위원들에게의 및 언론매체 대표자들에게의 공개는 연방의 및 주(state)의 제정법들에 위배되었다. 연방 제정법 아래서는, 그것의 펜실베니아주 유사물 아래서는 물론이거니와, 손해를 피청구인들 각자로부터 회복할 권리들을 청구인들은 지닌다. 유일한 문제는 연방헌법 수정 제1조를 이 상황들 속에서의 이 제정법들의 적용이 침해하는지 여부이다.[8]

§ 2511 아래서 발생해 온 선례들의 대부분을 구분짓는 데 기여하는 세 가지 사실문제들에 관한 피청구인의 제언을, 그 문제에 답함에 있어서 우리는 받아들인다. 첫째로, 그 불법도청에 피청구인들은 관여하지 않았다. 오히려, 그 도청이 발생하고 난 뒤에서야 그 도청에 관하여 피청구인들은 알게 되었고, 그리하여 그 도청을 한 사람의 내지는 사람들의 신원을 피청구인들은 사실상 전혀 알지 못하였다. 둘째로, 누군가 다른 사람에 의하여 정보 자체가 불법적으로 도청되었음에도 불구하고, 녹음테이프들에 관한 정보에의 그들의 접근은 적법하게 얻어졌다. Florida Star v. B. J. F., 491 U. S. 524, 536 (1989) ["정보의 수령을 주(a State)로 하여금 금지하도록 연방헌법이 허용하는 것으로 가정한다 하더라도, 이 조치를 플로리다주는 취한 바가 없다"]을 비교하라. 셋째로, 대화의 주제는 공공의 관심사였다. 만약 공공의 장소에서 - 예컨대 교섭회의의 개회 중에 - 단체교섭들에 관한 그 말들이 이루어졌더라면,

---

8) 언론매체 피청구인들의 및 요쿰의 그 양자 사이의 구분을 그 문제에 답함에 있어서 우리는 짓지 않는다. 예컨대, New York Times Co. v. Sullivan, 376 U. S. 254, 265-266 (1964)를; First Nat. Bank of Boston v. Bellotti, 435 U. S. 765, 777 (1978)을 보라.

negotiations had been made in a public arena - during a bargaining session, for example - they would have been newsworthy. This would also be true if a third party had inadvertently overheard Bartnicki making the same statements to Kane when the two thought they were alone. «532 U. S., 526»

V

We agree with petitioners that § 2511(1)(c), as well as its Pennsylvania analog, is in fact a content-neutral law of general applicability. "Deciding whether a particular regulation is content based or content neutral is not always a simple task. ······ As a general rule, laws that by their terms distinguish favored speech from disfavored speech on the basis of the ideas or views expressed are content based." Turner Broadcasting System, Inc. v. FCC, 512 U. S. 622, 642-643 (1994). In determining whether a regulation is content based or content neutral, we look to the purpose behind the regulation; typically, "[g]overnment regulation of expressive activity is content neutral so long as it is 'justified without reference to the content of the regulated speech.'" Ward v. Rock Against Racism, 491 U. S. 781, 791 (1989).[9]

In this case, the basic purpose of the statute at issue is to "protec[t] the privacy of wire[, electronic,] and oral communications." S. Rep. No. 1097, 90th Cong., 2d Sess., 66 (1968). The statute does not distinguish based on the content of the intercepted conversations, nor is it justified by reference to the content of those conversations. Rather, the communications at issue are singled out by virtue of the fact that they were illegally intercepted - by virtue of the source, rather than the subject matter.

On the other hand, the naked prohibition against disclosures is fairly char-

---

9) "But while a content–based purpose may be sufficient in certain circumstances to show that a regulation is content based, it is not necessary to such a showing in all cases. ······ Nor will the mere assertion of a content–neutral purpose be enough to save a law which, on its face, discriminates based on content." Turner Broadcasting System, Inc. v. FCC, 512 U. S. 622, 642 (1994).

그것들은 기삿거리로서 알맞았을 것이다. 자신들 두 사람만이 있는 것으로 생각하고서 바로 그 말을 케인에게 바르트니키가 하는 것을 제3자가 부주의로 귓가에 들은 경우에도 이것은 타당할 것이다. 《532 U. S., 526》

V

그것의 펜실베니아주 유사물이 그러함은 물론이고 § 2511(1)(c)는 보편적 적용범위를 지니는 사실상 내용중립의 법이라는 점에 관하여 청구인들에게 우리는 동의한다. "특정의 규제가 내용을 바탕으로 하는지 아니면 내용 중립의 것인지 여부를 판단함은 항상 손쉬운 과업인 것은 아니다. …… 그 표현되는 사상들의 내지는 견해들의 토대 위에서 호감을 사는 말을 반감을 사는 말로부터 문언 자체에 의하여 구분하는 법들은 일반적 규칙상으로 내용을 바탕으로 하는 것들이다." Turner Broadcasting System, Inc. v. FCC, 512 U. S. 622, 642-643 (1994). 한 개의 규제가 내용을 바탕으로 하는지 아니면 내용중립의 것인지 여부를 판정함에 있어서, 그 규제의 뒤에 놓여 있는 목적을 우리는 살핀다; 전형적으로, "'[규]제대상인 말의 내용에 상관없이' 규제가 '정당화되는' 한, 표현행위에 대한 정부규제는 내용중립의 것이다." Ward v. Rock Against Racism, 491 U. S. 781, 791 (1989).[9]

이 사건에서는 "전신상의[, 전자적인,] 및 구두상의 의사소통들의 프라이버시를 보호하려는 데" 쟁점인 제정법의 기본적 목적은 있다. S. Rep. No. 1097, 90th Cong., 2d Sess., 66 (1968). 도청된 대화들의 내용을 바탕으로 하여 그 제정법은 구분을 짓지 아니하고, 그 대화들의 내용에의 참조에 의하여 그것이 정당화되는 것이도 아니다. 오히려, 그것들이 불법적으로 도청되었다는 사실에 의하여 - 그것의 주제에 의해서라기보다는 그것의 원천에 의하여 - 쟁점인 의사소통들은 선발된다.

반면에, 공개행위들을 막는 노골적인 금지는 순전한 말에 대한 한 개의 규제로서

---

9) "그러나 일정한 상황들에서는, 내용을 바탕으로 하는 한 개의 목적은 한 개의 규제가 내용을 바탕으로 하는 것임을 증명하기 위하여 충분한 것이 될 수 있기는 하지만 모든 경우들에 있어서 이러한 증명에 그것이 필요한 것은 아니다. …… 그 문면상으로 내용을 바탕으로 하여 구분을 짓는 한 개의 법을 구제하기에 내용 중립적 목적의 주장 그 자체만으로 충분한 것은 또한 아닐 것이다." Turner Broadcasting System, Inc. v. FCC, 512 U. S. 622, 642 (1994).

acterized as a regulation of pure speech. Unlike the prohibition against the "use" of the contents of «532 U. S., 527» an illegal interception in § 2511(1)(d),[10] subsection (c) is not a regulation of conduct. It is true that the delivery of a tape recording might be regarded as conduct, but given that the purpose of such a delivery is to provide the recipient with the text of recorded statements, it is like the delivery of a handbill or a pamphlet, and as such, it is the kind of "speech" that the First Amendment protects.[11] As the majority below put it, "[i]f the acts of 'disclosing' and 'publishing' information do not constitute speech, it is hard to imagine what does fall within that category, as distinct from the category of expressive conduct." 200 F. 3d, at 120.

VI

As a general matter, "state action to punish the publication of truthful information seldom can satisfy constitutional standards." Smith v. Daily Mail Publishing Co., 443 U. S. 97, 102 (1979). More specifically, this Court has repeatedly «532 U. S., 528» held that "if a newspaper lawfully obtains truthful information about a matter of public significance then state officials may not constitutionally punish publication of the information, absent a need ······ of the highest order." Id., at 103; see also Florida Star v. B. J. F., 491 U. S. 524 (1989); Landmark Communications, Inc. v. Virginia, 435 U. S. 829 (1978).

---

10) The Solicitor General has catalogued some of the cases that fall under subsection (d): "it is unlawful for a company to use an illegally intercepted communication about a business rival in order to create a competing product; it is unlawful for an investor to use illegally intercepted communications in trading in securities; it is unlawful for a union to use an illegally intercepted communication about management (or vice versa) to prepare strategy for contract negotiations; it is unlawful for a supervisor to use information in an illegally recorded conversation to discipline a subordinate; and it is unlawful for a blackmailer to use an illegally intercepted communication for purposes of extortion. See, e. g., 1968 Senate Report 67 (corporate and labor–management uses); Fultz v. Gilliam, 942 F. 2d 396, 400 n. 4 (6th Cir. 1991) (extortion); Dorris v. Absher, 959 F. Supp. 813, 815–817 (M.D. Tenn. 1997) (workplace discipline), aff' d in part, rev' d in part, 179 F. 3d 420 (6th Cir. 1999). The statute has also been held to bar the use of illegally intercepted communications for important and socially valuable purposes. See In re Grand Jury, 111 F. 3d 1066, 1077–1079 (3d Cir. 1997)." Brief for United States 24.

11) Put another way, what gave rise to statutory liability in this case was the information communicated on the tapes. See Boehner v. McDermott, 191 F. 3d 463, 484 (CADC 1999) (Sentelle, J., dissenting) ("What ······ is being punished ······ here is not conduct dependent upon the nature or origin of the tapes; it is speech dependent on the nature of the contents").

정당하게 그 성격이 규정된다. 불법도청의 내용들의 "사용"을 «532 U. S., 527» 막는 §2511(1)(d)에서의 금지로부터는 다르게,[10] 소절 (c)는 행위에 대한 규제가 아니다. 테이프 녹음물의 인도가 행위로 간주될 수도 있음은 사실이지만, 그 녹음된 진술들의 본문을 수령자에게 제공함에 그 인도의 목적이 있음을 전제하면, 그것은 광고지의 내지는 팜플렛의 인도에 유사하고, 따라서 그러한 것으로서 그것은 연방헌법 수정 제1조가 보호하는 종류의 "말"인 것이다.[11] 원심의 다수의견이 표명하였듯이, "[만약 정보를 '공개하는' 및 '공표하는' 행위들이 말을 구성하지 않는다면, 표현행위의 범주로부터 구분되는 것으로서 그 범주 내에 무엇이 해당한다는 말인지 상상하기란 어렵다." 200 F. 3d, at 120.

VI

일반적 문제로서, "진실한 정보를 공표함을 처벌하기 위한 주 행위는 헌법적 표준들을 좀처럼 충족할 수 없다." Smith v. Daily Mail Publishing Co., 443 U. S. 97, 102 (1979). 보다 구체적으로, "공공의 중요성을 지닌 «532 U. S., 528» 문제에 관한 진실한 정보를 만약 한 개의 신문이 적법하게 입수한다면, 그 경우에 최고순위의 필요. . 가 없는 한, 그 정보의 공표를 주(state) 공무원들은 처벌할 수 없다."라고 당원은 반복적으로 판시해 왔다. Id., at 103; 아울러 Florida Star v. B. J. F., 491 U. S. 524 (1989)를; Landmark Communications, Inc. v. Virginia, 435 U. S. 829 (1978)을 보라.

---

10) 소절 (d) 아래에 속하는 선례들 일부를 송무장관은 목록화해 놓았다: "경쟁업체에 관하여 불법적으로 도청된 의사소통을 경쟁제품을 생산하기 위하여 회사가 사용함은 불법이다; 주식거래에 있어서의 불법적으로 도청된 의사소통을 투자자가 사용함은 불법이다; 경영에 관하여 (등등) 불법적으로 도청된 의사소통을 계약협상들을 위한 전략을 마련하기 위하여 노동조합이 사용함은 불법이다; 불법적으로 녹음된 대화에 들어 있는 정보를 하급자를 징계하기 위하여 감독자가 사용함은 불법이고, 불법적으로 도청된 의사소통을 갈취를 위하여 공갈범이 사용함은 불법이다. 예컨대, 1968 Senate Report 67 (회사의 및 노동관리의 사용들)을; Fultz v. Gilliam, 942 F. 2d 396, 400 n. 4 (6th Cir. 1991) (갈취)를; Dorris v. Absher, 959 F. Supp. 813, 815-817 (M.D. Tenn. 1997) (사업장 규율), aff'd in part, rev'd in part, 179 F. 3d 420 (6th Cir. 1999)를 보라. 중요한, 그리고 사회적으로 가치 있는 목적들을 위한, 불법적으로 도청된 의사소통들의 사용을 금지하는 것으로 그 제정법은 아울러 간주되어 왔다. In re Grand Jury, 111 F. 3d 1066, 1077-1079 (3d Cir. 1997)을 보라." Brief for United States 24.

11) 다른 말로 표현하면, 제정법상의 책임을 이 사건에서 야기한 바는 녹음테이프들 위에서 주고받아진 정보였다. Boehner v. McDermott, 191 F. 3d 463, 484 (CADC 1999) (센텔(Sentelle) 판사, 반대의견) ("여기서 …… 처벌되고 있는 대상은 …… 녹음테이프들의 성격에 내지는 출처에 좌우되는, 행위인 것이 아니다; 그것은 내용들의 성격에 의존하는, 말인 것이다")을 보라.

Accordingly, in New York Times Co. v. United States, 403 U. S. 713 (1971) (per curiam), the Court upheld the right of the press to publish information of great public concern obtained from documents stolen by a third party. In so doing, that decision resolved a conflict between the basic rule against prior restraints on publication and the interest in preserving the secrecy of information that, if disclosed, might seriously impair the security of the Nation. In resolving that conflict, the attention of every Member of this Court was focused on the character of the stolen documents' contents and the consequences of public disclosure. Although the undisputed fact that the newspaper intended to publish information obtained from stolen documents was noted in Justice Harlan's dissent, id., at 754, neither the majority nor the dissenters placed any weight on that fact.

However, New York Times v. United States raised, but did not resolve the question "whether, in cases where information has been acquired *unlawfully* by a newspaper or by a source, government may ever punish not only the unlawful acquisition, but the ensuing publication as well."[12] Florida Star, 491 U. S., at 535, n. 8. The question here, however, is a narrower version of that still-open question. Simply put, the issue here is this: "Where the punished publisher of information has obtained the information in question in a manner lawful in itself but from a source who has obtained it unlawfully, may the government punish the ensuing publication of that information based on the defect in a chain?" Boehner, 191 F. 3d, at 484-485 (Sentelle, J., dissenting). «532 U. S., 529»

Our refusal to construe the issue presented more broadly is consistent with this Court's repeated refusal to answer categorically whether truthful publication may ever be punished consistent with the First Amendment. Rather,

---

12) That question was subsequently reserved in Landmark Communications, Inc. v. Virginia, 435 U. S. 829, 837 (1978).

따라서, 제3자에 의하여 도난된 문서들로부터 입수된 중대한 공공의 사안에 관한 정보를 공표할 언론출판의 권리를 New York Times Co. v. United States, 403 U. S. 713 (1971) (per curiam)에서 당원은 지지하였다. 그렇게 함에 있어서, 공표에의 사전의 제한조치들을 금지하는 기본적 규칙의 및 만약 공개되면 국가안보를 중대하게 침해할 수 있는 정보의 비밀성을 보전함에 있어서의 이익의 그 양자 사이의 충돌을 그 판결은 해소하였다. 그 충돌을 해소함에 있어서 그 도난된 문서들의 내용들의 성격 위에 및 공중에게의 공개의 결과들 위에 당원의 구성원들 전원의 주의는 그 초점이 맞추어졌다. 도난된 문서들로부터 입수된 정보를 공표하기를 신문이 의도하였다는 그 다툼 없는 사실이 할란(Harlan) 판사의 반대의견에 특별히 언급되어 있음에도 불구하고, id., at 754, 조금이라도 중요성을 그 사실 위에 부여하기를 다수의견이가든 반대입장의 판사들이가든 아무가도 하지 않았다.

그러나, "신문에 의하여 정보가 *불법적*으로 획득된 경우들에 있어서, 그 불법적 획득을만이 아니라 이에 뒤이은 공표를마저도 정부가 도대체 처벌해도 되는지" 여부의 문제를 New York Times v. United States 판결은 제기하였을 뿐 해소하지는 않았다.[12] Florida Star, 491 U. S., at 535, n. 8. 여기서의 문제는, 그러나, 그 여전히 미결인 문제의 더 협소한 변형물이다. 간명하게 표현하면, 여기서의 쟁점은 이것이다: "처벌되는 정보 공표자가 문제의 정보를 그 자체로는 적법한 방법으로, 그러나 그것을 불법적으로 입수해 놓은 정보원으로부터 입수한 경우에, 그 정보의 뒤이은 공표를 연쇄상의 결함을 이유로 정부는 처벌해도 되는가?" Boehner, 191 F. 3d, at 484-485 (센텔(Sentelle) 판사, 반대의견). ≪532 U. S., 529≫

진실한 공표가 연방헌법 수정 제1조에 부합되게 처벌될 수 있는지 여부를 범주적으로 대답함에 대한 당원의 반복된 거부에, 여기서 제기되는 쟁점을 보다 더 넓게 해석함에 대한 우리의 거부는 부합된다. 오히려,

---

12) 나중에 Landmark Communications, Inc. v. Virginia, 435 U. S. 829, 837 (1978)에서 그 문제는 유보되었다.

"[o]ur cases have carefully eschewed reaching this ultimate question, mindful that the future may bring scenarios which prudence counsels our not resolving anticipatorily. ······ We continue to believe that the sensitivity and significance of the interests presented in clashes between [the] First Amendment and privacy rights counsel relying on limited principles that sweep no more broadly than the appropriate context of the instant case." Florida Star, 491 U. S., at 532-533.

See also Landmark Communications, 435 U. S., at 838. Accordingly, we consider whether, given the facts of this case, the interests served by § 2511(1)(c) can justify its restrictions on speech.

The Government identifies two interests served by the statute - first, the interest in removing an incentive for parties to intercept private conversations, and second, the interest in minimizing the harm to persons whose conversations have been illegally intercepted. We assume that those interests adequately justify the prohibition in § 2511(1)(d) against the interceptor's own use of information that he or she acquired by violating § 2511(1)(a), but it by no means follows that punishing disclosures of lawfully obtained information of public interest by one not involved in the initial illegality is an acceptable means of serving those ends.

The normal method of deterring unlawful conduct is to impose an appropriate punishment on the person who engages in it. If the sanctions that presently attach to a violation of § 2511(1)(a) do not provide sufficient deterrence, perhaps those sanctions should be made more severe. But it would be quite remarkable to hold that speech by a law-abiding possessor of information can be suppressed in order to deter «532 U. S., 530» conduct by a non-law-abiding third party. Although there are some rare occasions in which a law suppressing one party's speech may be justified by an interest in deter-

"[예]측에 의하여 결정하지를 우리더러 말도록 신중이 조언하는 시나리오들을 미래는 불러올 수 있음을 염두에 둔 채로, 이 궁극적 문제에 이름을 우리의 선례들은 주의 깊게 삼가 왔다.…… 현재의 사건의 적절한 맥락만큼을보다 더 넓게 휩쓸지 아니하는 제한된 원칙들 위에 의존하도록 연방헌법 수정 제1조의 및 프라이버시 권리들의 그 양자 사이의 충돌들 속에 제기되는 이익들의 민감성은 및 중요성은 조언한다고 믿기를 우리는 계속한다." Florida Star, 491 U. S., at 532-533.

아울러 Landmark Communications, 435 U. S., at 838을 보라. 따라서 이 사건의 사실관계를 전제할 때 말에 대한 그 자신의 제한조치들을 § 2511(1)(c)에 의하여 채워지는 이익들이 정당화할 수 있는지 여부를 우리는 고찰한다.

그 제정법에 의하여 공헌되는 두 가지 이익들을 정부는 밝힌다. - 첫째는 사적인 대화들을 도청하려는 당사자들 측의 유인동기를 제거함에 있어서의 이익이고, 둘째는 자신들의 대화들이 불법적으로 도청되어 있는 사람들에게 미치는 폐해를 최소화함에 있어서의 이익이다. § 2511(1)(a)를 위반함으로써 도청자가 획득한 정보의 그 또는 그녀 자신의 사용에 대처한 § 2511(1)(d)에서의 금지를 그 이익들은 넉넉히 정당화한다고 우리는 가정하지만, 그러나 그렇다고 하여 당초의 불법성에 관여되지 아니한 사람에 의하여 적법하게 얻어진 공공의 이익에 관한 정보의 공개행위들을 처벌함이 그 목적들에 공헌하는 수용 가능한 방법이라는 것이 되지는 결코 않는다.

불법적 행위를 억제하는 통상적 방법은 적절한 처벌을 그것에 종사하는 사람 위에 부과하는 것이다. 만약 충분한 억제력을 § 2511(1)(a)의 위반에 현재 달라붙는 제재들이 제공하지 않는다면, 아마도 그 제재들은 더 엄격한 것으로 만들어져야 할 것이다. 그러나 법을 준수하지 아니하는 제3자에 의한 행위를 억제하기 위하여 법을 준수하는 《532 U. S., 530》정보 소지자에 의한 말이 금지될 수 있다고 판시함은 매우 놀랄 만한 일일 것이다. 비록 다른 당사자에 의한 범죄적 행위를 억제함에 있어서의 이익에 의하여 한 쪽 당사자의 말을 금지하는 법이 정당화될 수 있는 몇몇 드문 사례들이 있음에도 불구하고, see, e. g., New York v. Ferber, 458 U. S. 747

ring criminal conduct by another, see, e. g., New York v. Ferber, 458 U. S. 747 (1982),[13) this is not such a case.

With only a handful of exceptions, the violations of § 2511(1)(a) that have been described in litigated cases have been motivated by either financial gain or domestic disputes.[14) In virtually all of those cases, the identity of the person or persons intercepting the communication has been known.[15) Moreover, petitioners cite no evidence that Congress viewed the prohibition against disclosures as a response to the difficulty of identifying persons making improper use of scanners and other surveillance devices and accordingly of deterring such conduct,[16) and there is no «532 U. S., 531» empirical evidence to support the assumption that the prohibition against disclosures reduces the number of illegal interceptions.[17)

---

13) In cases relying on such a rationale, moreover, the speech at issue is considered of minimal value. Osborne v. Ohio, 495 U. S. 103 (1990); New York v. Ferber, 458 U. S., at 762 ("The value of permitting live performances and photographic reproductions of children engaged in lewd sexual conduct is exceedingly modest, if not de minimis").

The Government also points to two other areas of the law — namely, mail theft and stolen property — in which a ban on the receipt or possession of an item is used to deter some primary illegality. Brief for United States 14; see also post, at 550–551 (REHNQUIST, C. J., dissenting). Neither of those examples, though, involve prohibitions on speech. As such, they are not relevant to a First Amendment analysis.

14) The media respondents have included a list of 143 cases under § 2511(1)(a) and 63 cases under §§ 2511(1)(c) and (d) — which must also involve violations of subsection (a) — in an appendix to their brief. The Reply Brief filed by the United States contains an appendix describing each of the cases in the latter group.

15) In only 5 of the 206 cases listed in the appendices, see n. 14, supra, n. 17, infra, was the identity of the interceptor wholly unknown.

16) The legislative history of the 1968 Act indicates that Congress' concern focused on private surveillance "in domestic relations and industrial espionage situations." S. Rep. No. 1097, 90th Cong., 2d Sess., 225 (1968). Similarly, in connection with the enactment of the 1986 amendment, one senator referred to the interest in protecting private communications «532 U. S., 530» from "a corporate spy, a police officer without probable cause, or just a plain snoop." 131 Cong. Rec. 24366 (1985) (statement of Sen. Leahy).

17) The dissent argues that we have not given proper respect to "congressional findings" or to "'Congress' factual predictions.'" Post, at 550. But the relevant factual foundation is not to be found in the legislative record. Moreover, the dissent does not argue that Congress did provide empirical evidence in support of its assumptions, nor, for that matter, does it take real issue with the fact that in the vast majority of cases involving illegal interceptions, the identity of the person or persons responsible for the interceptions is known. Instead, the dissent advances a minor disagreement with our numbers, stating that nine cases "involved an unknown or unproved eavesdropper." Post, at 552, n. 9 (emphasis added). The dissent includes in that number cases in which the identity of the interceptor, though suspected, was not "proved" because the identity of the interceptor was not at issue or the evidence was insufficient. In any event, whether there are 5 cases or 9 involving anonymous interceptors out of the 206 cases under § 2511, in most of the cases involving illegal interceptions, the identity of the interceptor is no mystery. If, as

(1982),[13] 이것은 그러한 사건이 아니다.

불과 한 줌밖에 안 되는 예외들이 있기는 하지만, 소송화한 사건들에서 설명되어 있는 § 2511(1)(a)의 위반행위들이 유발된 것은 재정상의 이득에 의해서거나 가사상의 분쟁들에 의해서거나가 되어 왔다.[14] 그 사건들의 사실상 전부에서, 의사소통들을 도청하는 사람의 내지는 사람들의 신원은 밝혀진 것이 되어 있다.[15] 더욱, 공개행위들의 금지를, 스캐너들의 및 그 밖의 감시장치들의 부당한 사용을 하는 사람들의 신원을 확인하기 곤란함에 대한 및 따라서 그러한 행위를 억제하기 곤란함에 대한 대응책으로 연방의회가 간주하였다는 증거를 청구인들은 제시하지 아니하고,[16] 그리고 불법도청들의 숫자를 «532 U. S., 531» 공개행위들의 금지가 감소시킨다는 가정을 뒷받침하는 경험상의 증거가 없다.[17]

---

13) 그 위에다. 이러한 이론적 근거에 의존하는 사건들에 있어서 쟁점인 말은 극미한 가치밖에는 없는 것으로 생각된다. Osborne v. Ohio, 495 U. S. 103 (1990); New York v. Ferber, 458 U. S., at 762 ("음란한 성행위에 투입된 아동들의 라이브공연들을 및 사진복제들을 허용함의 가치는 설령 하찮은 것은 아니라 하더라도 극도로 소소하다").
어느 정도의 일차적 불법행위를 억제하기 위하여 품목의 수령 금지가 및 소지 금지가 사용되는 두 개의 다른 법 영역들을 - 즉. 우편절취를 및 도난품을 - 정부는 가리킨다. Brief for United States 14; 아울러 post, at 550-551 (REHNQUIST, C. J., dissenting)를 보라. 그렇지만 말에 대한 금지들을 그 사례들은 그 어느 것이도 포함하지 않는다. 그러한 것들이므로, 그것들은 연방헌법 수정 제1조의 분석에는 관련이 없다.

14) § 2511(1)(a)아래서의 143개의 선례들 목록을 및 § 2511(1)(c) 및 (d) 아래서의 63개의 선례들 목록을. 자신들의 준비서면에 붙인 부록에서 언론매체 피청구인들은 포함시켜 놓았는바, 소절 (a)의 위반행위들을 그것들은 아울러 포함함이 틀림없다. 후자 그룹의 선례들 하나하나를 설명하는 부록을 미합중국에 의하여 제출된 반박준비서면은 포함한다.

15) 부록들에 목록화된 206개의 선례들 중 겨우 다섯 개에서만. see n. 14, supra. n. 17, infra. 도청자의 신원은 완전히 미상이었다.

16) "친족관계에서의 및 산업스파이 문제들에서의" 사적인 감시 위에 연방의회의 관심은 집중되었음을 1968년 법률의 입법의 역사는 나타낸다. S. Rep. No. 1097, 90th Cong., 2d Sess., 225 (1968). 이에 유사하게 사적인 의사소통들을 "기업스파이로부터. 상당한 이유를 지니지 아니하는 경찰관으로부터 또는 그냥 단순한 염탐꾼으로부터" 보호함에 «532 U. S., 530» 있어서의 이익을 1986년 개정법률에 관련하여 상원의원 한 명은 언급하였다. 131 Cong. Rec. 24366 (1985) (statement of Sen. Leahy).

17) 정당한 존중을 "연방의회의 판단사항들"에 또는 "'연방의회의의' 사실적 예측들'"에 우리는 부여한 바 없다고 반대의견은 주장한다. Post, at 550. 그러나 관련 있는 사실적 토대는 입법부의 기록에서 발견되어야 하는 것이 아니다. 게다가. 연방의회 자신의 가정들을 뒷받침하는 경험적 증거를 연방의회가 제공하였음을 반대의견은 주장하지도 아니하고, 또한 그 문제를 위하여 불법도청들을 포함하는 대다수의 사건들에서 도청행위들에 책임 있는 사람의 내지는 사람들의 신원이 확인되어 있다는 사실에 대하여 반대의견은 진지하게 이의제기하지도 아니한다. 그렇게 하지는 아니한 채로, 우리의 숫자들에 대하여 소소한 부동의를 제기하면서 "신원미상의 내지는 *증명되지 아니한* 도청자를" 아홉 개의 사건들이 "포함하였다."고 반대의견은 말한다. Post, at 552, n. 9 (강조는 보태짐). 도청자의 신원이 쟁점이 아니었기 때문에 내지는 그 증거가 불충분하였기 때문에 그 용의점에도 불구하고 도청자의 신원이 "증명되지" 아니한 사건들을 그 숫자에 반대의견은 포함시킨다. 어쨌든. 익명의 도청자들을 포함하는 사건들이 § 2511 아래서의 206개의 사건들 가운데 다섯인지 아홉인지에 상관없이, 불법도청들을 포함하는 사건들 대부분에서 도청자의 신원은 미스터리가 아니다. 만약 시장고갈 이론의 제안자들이 주장하듯이 불법도청들에 책임 있는 사람들의 신원을 확인하기가 어렵다면 (그리하여 당초의 불법행위에 관련되지 아니한 내지는 이에 대하여 책임이 없는 제3자에 의한 공개

Although this case demonstrates that there may be an occasional situation in which an anonymous scanner will risk criminal prosecution by passing on information without any expectation of financial reward or public praise, surely this is the exceptional case. Moreover, there is no basis for assuming that imposing sanctions upon respondents will deter the unidentified scanner from continuing to engage in surreptitious interceptions. Unusual cases fall far short of a «532 U. S., 532» showing that there is a "need of the highest order" for a rule supplementing the traditional means of deterring antisocial conduct. The justification for any such novel burden on expression must be "far stronger than mere speculation about serious harms." United States v. Treasury Employees, 513 U. S. 454, 475 (1995).[18] Accordingly, the Government's first suggested justification for applying § 2511(1)(c) to an otherwise innocent disclosure of public information is plainly insufficient.[19]

The Government's second argument, however, is considerably stronger. Privacy of communication is an important interest, Harper & Row, Publishers, Inc. v. Nation Enterprises, 471 U. S. 539, 559 (1985),[20] and Title III's restric-

---

the proponents of the dry up the market theory would have it, it is difficult to identify the persons responsible for illegal interceptions (and thus necessary to prohibit disclosure by third parties with no connection to, or responsibility for, the initial illegality), one would expect to see far more cases in which the identity of the interceptor was unknown (and, concomitantly, far fewer in which the interceptor remained anonymous). Thus, not only is there a dearth of evidence in the legislative record to support the dry up the market theory, but what postenactment evidence is available cuts against it.

18) Indeed, even the burden of justifying restrictions on commercial speech requires more than "mere speculation or conjecture." Greater New Orleans Broadcasting Assn., Inc. v. United States, 527 U. S. 173, 188 (1999).

19) Our holding, of course, does not apply to punishing parties for obtaining the relevant information unlawfully. "It would be frivolous to assert — and no one does in these cases — that the First Amendment, in the interest of securing news or otherwise, confers a license on either the reporter or his news sources to violate valid criminal laws. Although stealing documents or private wiretapping could provide newsworthy information, neither reporter nor source is immune from conviction for such conduct, whatever the impact on the flow of news." Branzburg v. Hayes, 408 U. S. 665, 691 (1972).

20) "'The essential thrust of the First Amendment is to prohibit improper restraints on the *voluntary* public expression of ideas; it shields the man who wants to speak or publish when others wish him to be quiet. There is necessarily, and within suitably defined areas, a concomitant freedom not to speak publicly, one which serves the same ultimate end as freedom of speech in its affirmative aspect.'" Harper & Row, Publishers, Inc. v. Nation Enterprises, 471 U. S., at 559 (quoting Estate of Hemingway v. Random House, Inc., 23 N. Y. 2d 341, 348, 244 N. E. 2d 250, 255 (Ct. App. 1968)).

재정적 보답에 대한 내지는 대중의 찬사에 대한 아무런 기대 없이 정보를 전달함으로써 형사소추를 익명의 스캐너가 무릅쓰고는 하는 이따금씩의 상황이 있을 수 있음을 비록 이 사건은 증명함에도 불구하고, 확실하게 이것은 예외적인 사건이다. 게다가, 신원미상의 은밀한 조사자로 하여금 비밀리의 도청행위들에 더 이상 종사하지 못하도록 청구인들 위에 제재들을 부과함이 억제할 것이라고 가정함에는 아무런 근거가 없다. 반사회적 행위를 «532 U. S., 532» 억제하는 전통적 방법을 보충하는 한 개의 규칙을 위한 "최고순위의 필요"를 증명하기에는 유별난 사건들은 크게 미달한다. 조금이라도 표현 위에의 이러한 새로운 부담을 위한 정당화사유는 "중대한 해악들에 관한 단순한 사변이보다도 훨씬 더 설득력 있는" 것이 되지 않으면 안 된다. United States v. Treasury Employees, 513 U. S. 454, 475 (1995).[18] 따라서 § 2511(1)(c)를 여타의 점에서는 죄가 안 될 공공에 속하는 정보의 공개에 적용함을 위한 정부의 첫 번째 제시된 정당화사유는 명백하게 불충분하다.[19]

　　그러나 정부의 두 번째 주장은 상당히 더 강력하다. 의사소통의 프라이버시는 중요한 이익이고, Harper & Row, Publishers, Inc. v. Nation Enterprises, 471 U. S. 539, 559 (1985),[20] 그 이익을 보호하려는 의도를 제3편의 제한조치들은 지닌 것들이며, 이로써 "사적 당사자들 사이에서의 사상들의 및 정보의 제약없는 교환을 그 제한조치들은 장려한다 ……." Brief for United States 27. 게다가, «532 U. S., 533» 풀

를 금지함이 필요하다면), 도청자의 신원이 알려지지 않은 훨씬 더 많은 선례들을(, 그리고 부수적으로 도청자가 익명으로 남는 훨씬 더 적은 선례들을) 보게 되리라고 우리는 예상할 것이다. 이렇듯, 입법부의 기록에는 시장고갈 이론을 뒷받침하는 증거의 부족이 있을 뿐만 아니라, 입법 이후의 입수되는 증거는 그 이론에 반대되게 나타난다.

18) 아닌 게 아니라, 심지어는 상업상의 말에 대한 제한조치들을 정당화하여야 하는 부담은조차도 "단순한 사변 내지는 추측" 이상의 것을 요구한다. Greater New Orleans Broadcasting Assn., Inc. v. United States, 527 U. S. 173, 188 (1999).

19) 관련 정보를 불법적으로 입수하였음을 이유로 당사자들을 처벌함에는 우리의 판시가 적용되지 아니함은 물론이다. "유효한 형사법들을 위반할 수 있는 면허를 뉴스의 내지는 그 밖의 이익을 위하여 보도기자에게든 그의 뉴스 공급원들에게든 연방헌법 수정 제1조가 수여한다고 주장함은 경솔한 일일 것인바, 실제로 이들 사건들에서 아무도 그렇게 주장하지 않는다. 문서들을 훔침 내지는 비밀리의 도청은 뉴스 가치 있는 정보를 제공할 수 있을 것임에도 불구하고, 뉴스의 흐름 위에 미치는 영향이 그 무엇이든, 이러한 행위를 이유로 하는 유죄판정으로부터 보도기자가든 또는 뉴스 공급원이가든 그 누구가도 면제되지 않는다." Branzburg v. Hayes, 408 U. S. 665, 691 (1972).

20) "'연방헌법 수정 제1조의 본질적인 취지는 사상들의 자발적인 공개적 표현 위에의 부당한 제한조치들을 금지하는 데 있다; 그 조용히 있어 주기를 타인들이 바랄 때에도 말하기를 내지는 공표하기를 원하는 사람을 그것은 보호한다. 필연적으로, 그리고 적절히 규정된 영역들의 범위 내에서 공개적으로 말하지 아니할 양립하는 자유가 있는바, 이는 적극적 측면에서의 말의 자유의 바로 그 궁극적 목적에 기여하는 자유이다.'" Harper & Row, Publishers, Inc. v. Nation Enterprises, 471 U. S., at 559 (quoting Estate of Hemingway v. Random House, Inc., 23 N. Y. 2d 341, 348, 244 N. E. 2d 250, 255 (Ct. App. 1968)).

tions are intended to protect that interest, thereby "encouraging the uninhibited exchange of ideas and information among private parties ⋯⋯." Brief for United States 27. More- «532 U. S., 533» over, the fear of public disclosure of private conversations might well have a chilling effect on private speech.

"In a democratic society privacy of communication is essential if citizens are to think and act creatively and constructively. Fear or suspicion that one's speech is being monitored by a stranger, even without the reality of such activity, can have a seriously inhibiting effect upon the willingness to voice critical and constructive ideas." President's Commission on Law Enforcement and Administration of Justice, The Challenge of Crime in a Free Society 202 (1967).

Accordingly, it seems to us that there are important interests to be considered on *both* sides of the constitutional calculus. In considering that balance, we acknowledge that some intrusions on privacy are more offensive than others, and that the disclosure of the contents of a private conversation can be an even greater intrusion on privacy than the interception itself. As a result, there is a valid independent justification for prohibiting such disclosures by persons who lawfully obtained access to the contents of an illegally intercepted message, even if that prohibition does not play a significant role in preventing such interceptions from occurring in the first place.

We need not decide whether that interest is strong enough to justify the application of § 2511(c) to disclosures of trade secrets or domestic gossip or other information of purely private concern. Cf. Time, Inc. v. Hill, 385 U. S. 374, 387-388 (1967) (reserving the question whether truthful publication of private matters unrelated to public affairs can be constitutionally proscribed). In other words, the outcome of the case does not turn on whether § 2511(1) (c) may be enforced with respect to most violations of the statute without

죽임 효과를 사적인 말 위에 사적인 의사소통들의 공중에게의 공개에 대한 두려움이 끼칠 수 있음은도 당연하다.

"민주주의 사회에서 시민들이 창조적으로 및 건설적으로 생각하고 행동해야 한다면 의사소통의 프라이버시는 필수이다. 모르는 사람에 의하여 자신의 말이 추적되고 있는 중이라는 두려움은 내지는 의심은, 심지어 그러한 활동의 실제가 없는 경우에조차도, 중대하게 방해하는 효과를 비판적인 및 건설적인 사상들을 목소리 내고자 하는 자발적 의지 위에 끼칠 수 있다." President's Commission on Law Enforcement and Administration of Justice, The Challenge of Crime in a Free Society 202 (1967).

따라서, 헌법적 상관관계의 양쪽 측면들에서 고려되어야 할 중요한 이익들이 있다고 우리에게는 생각된다. 프라이버시에 대한 일정한 침해들은 여타의 침해들의 경우에 비하여 더 비열함을, 그리고 사적인 대화의 내용들의 공개는 프라이버시에 대한 도청 그 자체가보다도 훨씬 더 큰 침해임을 그 수지결산을 살핌에 있어서 우리는 인정한다. 그 한 가지 결과로서, 불법적으로 도청된 메시지의 내용들에의 접근을 적법하게 얻은 사람들에 의한 이러한 공개행위들을 금지하기 위한 유효한 독립의 정당화사유가 있는바, 비록 이러한 도청들의 애초에 발생함을 방지함에 있어서의 의미 있는 역할을 그 금지가 수행하지 아니하더라도 그러하다.

영업 비밀사항들에의 내지는 가정에서의 잡담에의 내지는 그 밖의 순전히 사적인 문제에 관한 정보에의 § 2511(c)의 적용을 정당화하기에 그 이익이 충분히 설득력 있는지 여부를 우리는 판단할 필요가 없다. Time, Inc. v. Hill, 385 U. S. 374, 387-388 (1967) (reserving 공공의 문제들에 무관한 사적인 내용들의 진실한 공표가 헌법적으로 금지될 수 있는지 여부의 문제를 유보함)을 비교하라. 달리 표현하면, 연방헌법 수정 제1조를 위반함이 없이도 그 제정법에 대한 대부분의 위반행위들에 관하여 § 2511(1)(c)이 시행될 수 있는지 여부에 사건의 결과는 의존하지 않는다. 연방헌법 수정 제1조의 핵심적 목

offending the First Amendment. The enforcement of that provision in this case, however, implicates the core purposes «532 U. S., 534» of the First Amendment because it imposes sanctions on the publication of truthful information of public concern.

In this case, privacy concerns give way when balanced against the interest in publishing matters of public importance. As Warren and Brandeis stated in their classic law review article: "The right of privacy does not prohibit any publication of matter which is of public or general interest." The Right to Privacy, 4 Harv. L. Rev. 193, 214 (1890). One of the costs associated with participation in public affairs is an attendant loss of privacy.

"Exposure of the self to others in varying degrees is a concomitant of life in a civilized community. The risk of this exposure is an essential incident of life in a society which places a primary value on freedom of speech and of press. 'Freedom of discussion, if it would fulfill its historic function in this nation, must embrace all issues about which information is needed or appropriate to enable the members of society to cope with the exigencies of their period.'" Time, Inc. v. Hill, 310 U. S. 88, 102 (1940)).[21]

Our opinion in New York Times Co. v. Sullivan, 376 U. S. 254 (1964), reviewed many of the decisions that settled the "general proposition that freedom of expression upon public questions is secured by the First Amendment." Id., at 269; see Roth v. United States, 354 U. S. 476, 484 (1957); Bridges v. California, 314 U. S. 252, 270 (1941); Stromberg v. California, 283 U. S. 359, 369 (1931). Those cases all relied on our "profound national commitment to the principle that debate on public issues should be uninhibited, robust and wide-open," New York Times, 376 U. S., at 270; see Terminiello v. Chicago, 337 U. S. 1, 4 (1949); De Jonge v. Oregon, «532 U.

---

21) Moreover, "our decisions establish that absent exceptional circumstances, reputational interests alone cannot justify the proscription of truthful speech." Butterworth v. Smith, 494 U. S. 624, 634 (1990).

적들을 이 사건에서의 그 규정의 시행은 그러나 «532 U. S., 534» 함축하는바, 왜냐하면 제재들을 공공의 관심사에 관한 진실한 정보의 공표 위에 그것은 부과하기 때문이다.

이 사건에서, 공공의 중요성을 지닌 문제들을 공표함에 있어서의 이익에 견주어 비교될 때는 프라이버시 문제들은 가치가 떨어진다. 그들의 고전적 법률전문지 논문에서 워렌(Warren) 판사가 및 브랜다이스(Brandeis) 판사가 말하였듯이: "조금이라도 공공의 내지는 일반의 관심사항의 공표를 프라이버시의 권리는 금지하지 않는다." The Right to Privacy, 4 Harv. L. Rev. 193, 214 (1890). 공공의 문제들에 연결된 비용들 중 한 가지는 이에 부수하는 프라이버시의 상실이다.

"타인들에게의 자기 자신의 여러 가지 각도의 노출은 문명화된 공동체 사회에 있어서의 삶의 부수물이다. 이 노출의 위험은 우선적 가치를 말의 및 언론출판의 자유 위에 두는 사회에 있어서의 삶의 한 가지 불가결한 부수사항이다. '토의의 자유 그 자신의 역사적 기능을 이 나라에서 그 자유가 만약 완수해야 한다면, 사회의 구성원들로 하여금 그들의 시기의 긴급상황들에 대처할 수 있게 하기 위하여 그 정보가 요구되는 내지는 적합한 모든 쟁점들을 그 자유는 포함하지 않으면 안 된다.'" Time, Inc. v. Hill, 310 U. S. 88, 102 (1940)).[21]

"공공의 문제들에 관한 표현의 자유는 연방헌법 수정 제1조에 의하여 보장된다는 그 일반적 명제"를 정립시킨 판결들 다수를 New York Times Co. v. Sullivan, 376 U. S. 254 (1964)에서의 우리의 의견은 검토하였다. Id., at 269; 나아가 Roth v. United States, 354 U. S. 476, 484 (1957)을; Bridges v. California, 314 U. S. 252, 270 (1941)을; Stromberg v. California, 283 U. S. 359, 369 (1931)을 보라. "공공의 문제들에 대한 토론은 제약 없는, 강건한, 그리고 활짝 열린 것이어야 한다는 원칙에 대한" 우리의 "심원한 국가적 서약," New York Times, 376 U. S., at 270, 에 그 선례들은 모두 의존하였다; Terminiello v. Chicago, 337 U. S. 1, 4 (1949)를; De Jonge v. Oregon, «532 U. S., 535» 299 U. S. 353, 365 (1937)을; Whitney v. California, 274 U.

---

21) 게다가, "진실한 말의 금지를 예외적 상황들이 없는 한 명예상의 이익들은 그 자체만으로는 정당화할 수 없음을 우리의 판결들은 확증한다." Butterworth v. Smith, 494 U. S. 624, 634 (1990).

S., 535» 299 U. S. 353, 365 (1937); Whitney v. California, 274 U. S. 357, 375-376 (1927) (Brandeis, J., concurring); see also Roth, 354 U. S., at 484; Stromberg, 283 U. S., at 369; Bridges, 314 U. S., at 270. It was the overriding importance of that commitment that supported our holding that neither factual error nor defamatory content, nor a combination of the two, sufficed to remove the First Amendment shield from criticism of official conduct. Id., at 273; see also NAACP v. Button, 371 U. S. 415, 445 (1963); Wood v. Georgia, 370 U. S. 375 (1962); Craig v. Harney, 331 U. S. 367 (1947); Pennekamp v. Florida, 328 U. S. 331, 342, 343, n. 5, 345 (1946); Bridges, 314 U. S., at 270.

We think it clear that parallel reasoning requires the conclusion that a stranger's illegal conduct does not suffice to remove the First Amendment shield from speech about a matter of public concern.[22] The months of negotiations over the proper level of compensation for teachers at the Wyoming Valley West High School were unquestionably a matter of public concern, and respondents were clearly engaged in debate about that concern. That debate may be more mundane than the Communist rhetoric that inspired Justice Brandeis' classic opinion in Whitney v. California, 274 U. S., at 372, but it is no less worthy of constitutional protection.

The judgment is affirmed.

It is so ordered.

---

[22] See. e. g., Florida Star v. B. J. F., 491 U. S. 524, 535 (1989) (acknowledging "the 'timidity and self–censorship' which may result from allowing the media to be punished for publishing truthful information").

S. 357, 375-376 (1927) [브랜다이스(Brandeis) 판사, 보충의견]을 보라; 아울러 Roth, 354 U. S., at 484를; Stromberg, 283 U. S., at 369를; Bridges, 314 U. S., at 270을 보라. 수정헌법 제1조의 방패를 공직자의 행위에 대한 비판으로부터 걷어내기에는 사실적 오류로도, 명예훼손적 내용으로도, 그 두 요소들의 결합으로도 다 같이 불충분하다는 우리의 판시를 뒷받침한 것은 그 서약의 최우선의 중요성이었다. Id., at 273; 아울러 NAACP v. Button, 371 U. S. 415, 445 (1963)을; Wood v. Georgia, 370 U. S. 375 (1962)를; Craig v. Harney, 331 U. S. 367 (1947)을; Pennekamp v. Florida, 328 U. S. 331, 342, 343, n. 5, 345 (1946)을; Bridges, 314 U. S., at 270을 보라.

연방헌법 수정 제1조의 방패를 공중의 관심사에 관한 말로부터 걷어내기에는 신원미상인 사람의 불법적 행위로는 충분하지 아니하다는 결론을 유사한 추론은 요구함이 명백하다고 우리는 생각한다.[22] 와이오밍 밸리 웨스트 고등학교에서 근무하는 교사들을 위한 적정한 보수수준에 관한 수 개월간의 교섭들은 의문의 여지없이 공중의 관심사였고, 그 관심사에 관한 토론에 피청구인들은 명백히 투입되었다. Whitney v. California, 274 U. S., at 372에서의 브랜다이스(Brandeis) 판사의 고전적 의견을 불어넣었던 그 공산주의적 수사(rhetoric)가만큼보다도 그 토론은 더 세속적인 것일 수 있지만, 그러나 그것은 헌법적 보호를 누릴 자격이 결코 덜하지 아니하다.

원심의 판결주문은 인가된다.

그렇게 명령된다.

---

22) 예컨대, Florida Star v. B. J. F., 491 U. S. 524, 535 (1989) ("진실한 정보를 공표함을 이유로 하여 언론매체로 하여금 처벌되도록 허용함으로부터 초래될 수 있는 '소심해짐을 및 자기검열을' 인정함")을 보라.

Justice Breyer, with whom Justice O'Connor joins, concurring.

I join the Court's opinion. I agree with its "narrow" holding limited to the special circumstances present here: (1) the radio broadcasters acted lawfully (up to the time of final public disclosure); and (2) the information publicized in- «532 U. S., 536» volved a matter of unusual public concern, namely a threat of potential physical harm to others. I write separately to explain why, in my view, the Court's holding does not imply a significantly broader constitutional immunity for the media.

As the Court recognizes, the question before us - a question of immunity from statutorily imposed civil liability - implicates competing constitutional concerns. Ante, at 532-533. The statutes directly interfere with free expression in that they prevent the media from publishing information. At the same time, they help to protect personal privacy - an interest here that includes not only the "right to be let alone," Olmstead v. United States, 277 U. S. 438, 478 (1928) (Brandeis, J., dissenting), but also "the interest ······ in fostering private speech," ante, at 518. Given these competing interests "on both sides of the equation, the key question becomes one of proper fit." Turner Broadcasting System, Inc. v. FCC, 520 U. S. 180, 227 (1997) (Breyer, J., concurring in part). See also Nixon v. Shrink Missouri Government PAC, 528 U. S. 377, 402 (2000) (Breyer, J., concurring).

I would ask whether the statutes strike a reasonable balance between their speech-restricting and speech-enhancing consequences. Or do they instead impose restrictions on speech that are disproportionate when measured

이 법원의 의견에 나는 가담한다. 여기에 제기된 특별한 상황들에 한정된 이 법원의 "협소한" 판시에 나는 동의한다: (1) 라디오 방송자들은 합법적으로 행동하였다 (마지막 공개행위 때까지 줄곧); 그리고 (2) 유별난 공중의 관심사를, 즉 《532 U. S., 536》 타인들에게의 가능성 있는 신체적 해악의 위협을 공표된 정보는 포함하였다. 개별의견을 내가 쓰는 것은 나의 견해로는 언론매체를 위한 함축적으로 보다 더 넓은 헌법적 면제를 어째서 이 법원의 판시가 의미하지 아니하는지를 설명하기 위함이다.

이 법원이 인정하듯이 경쟁하는 헌법적 이해관계들을 우리 앞의 문제는 - 제정법적으로 부과되는 민사책임으로부터의 면제의 문제는 - 함축한다. Ante, 532-533. 정보를 공표하지 못하도록 언론매체를 금지한다는 점에서 자유로운 표현을 제정법들은 직접적으로 방해한다. 동시에, 개인의 프라이버시를 보호하는 데에 그것들은 조력하는 바 - 그것은 "타인의 간섭을 받지 아니할 권리(the right to be let alone)," Olmstead v. United States, 277 U. S. 438, 478 (1928) [브랜다이스(Brandeis) 판사, 반대의견], 를만이 아니라 "사적인 말을 촉진함에 있어서의 이익," ante, at 518, 을 아울러 포함하는 여기서의 이익이다. 이 경쟁하는 이익들을 "방정식의 양쪽에" 둔 상태에서는, "핵심적 문제는 알맞은 적합도의 문제가 된다." Turner Broadcasting System, Inc. v. FCC, 520 U. S. 180, 227 (1997) [브라이어(Breyer) 판사, 부분적으로 찬동함]. 아울러 Nixon v. Shrink Missouri Government PAC, 528 U. S. 377, 402 (2000) [브라이어(Breyer) 판사, 보충의견]을 보라.

말을 제한하는 결과들의 및 말을 증진하는 결과들의 그 양자 사이에서의 타당한 수지결산을 그 제정법들이 하는지 여부를 나 같으면 물을 것이다. 즉, 제한조치들에 상응하는 프라이버시상의 및 말 관련의 이익들의 종류를, 중요성을 및 정도를

against their corresponding privacy and speech-related benefits, taking into account the kind, the importance, and the extent of these benefits, as well as the need for the restrictions in order to secure those benefits? What this Court has called "strict scrutiny" - with its strong presumption against constitutionality - is normally out of place where, as here, important competing constitutional interests are implicated. See ante, at 518 (recognizing "conflict between interests of the highest order"); ante, at 533 ("important interests to be considered on both sides of the constitutional calculus"); ibid. ("balanc[ing]" the interest in privacy "against the in- «532 U. S., 537» terest in publishing matters of public importance"); ante, at 534 (privacy interest outweighed in these cases).

The statutory restrictions before us directly enhance private speech. See Harper & Row, Publishers, Inc. v. Nation Enterprises, 471 U. S. 539, 559 (1985) (describing "'freedom not to speak publicly'" (quoting Estate of Hemingway v. Random House, Inc., 23 N. Y.2d 341, 348, 244 N. E.2d 250, 255 (1968))). The statutes ensure the privacy of telephone conversations much as a trespass statute ensures privacy within the home. That assurance of privacy helps to overcome our natural reluctance to discuss private matters when we fear that our private conversations may become public. And the statutory restrictions consequently encourage conversations that otherwise might not take place.

At the same time, these statutes restrict public speech directly, deliberately, and of necessity. They include media publication within their scope not simply as a means, say, to deter interception, but also as an end. Media dissemination of an intimate conversation to an entire community will often cause the speakers serious harm over and above the harm caused by an initial disclosure to the person who intercepted the phone call. See Gelbard v. United States, 408 U. S. 41, 51-52 (1972). And the threat of that widespread dissemi-

고려하면서, 그리고 그 이익들을 보장하기 위한 그 제한조치들의 필요성을 아울러 고려면서 그 이익들에 견주어 비교한 것으로서의 어울리지 않는 제한조치들을 말 위에 그것들은 부과하는가? 여기서처럼 중요한 경쟁하는 헌법적 이익들이 연관되어 있는 곳에서는, "엄격한 심사"라고 당원이 불러온 바는 - 합헌성에 불리한 그것의 강력한 추정을 아울러서 - 일반적으로 부적절하다. ante, at 518 ("최고순위의 이익들 사이의 충돌"을 인정함)을; ante, at 533 ("헌법적 상관관계의 양쪽 측면들에서 고려되어야 할 중요한 이익들")을; ibid. ("공공의 중요성을 지닌 문제들을 «532 U. S., 537» 공표함에 있어서의 이익에 견주어" 프라이버시에 있어서의 이익을 "비교함")을; ante, at 534 (이 사건들에서는 프라이버시 이익이 더 중요하였다)를 보라.

사적인 말을 우리 앞의 제정법상의 제한조치들은 직접적으로 증진한다. Harper & Row, Publishers, Inc. v. Nation Enterprises, 471 U. S. 539, 559 (1985) ["'공개적으로는 말하지 아니할 자유'" [quoting Estate of Hemingway v. Random House, Inc., 23 N. Y.2d 341, 348, 244 N. E.2d 250, 255 (1968)]를 설명함]를 보라. 가정 내에서의 프라이버시를 불법침입 제정법이 보장함에 못지않게 전화상의 대화들의 프라이버시를 문제의 제정법들은 보장한다. 우리의 사적인 대화들이 공개적인 것이 될 수 있음을 우리가 두려워할 때 사적 문제들을 토론함에 대한 우리의 자연스러운 싫어함을 프라이버시에 대한 그 보장은 조력한다. 그리하여 여타의 경우에라면 생기지 아니하였을 대화들을 그 제정법상의 제한조치들은 결과적으로 북돋는다.

하지만, 공공연히 하는 말을 직접적으로, 의도적으로, 그리고 필연적으로 이 제정법들은 제한한다. 예를 들면, 단지 도청을 억제하는 수단으로서만이 아니라 한 개의 목적으로서도, 그것들의 적용범위 내에서 언론매체의 공표를 그것들은 포함한다. 전화통화를 도청한 사람에게의 최초의 노출에 의하여 야기된 피해를 넘는 심각한 피해를 그 비밀스러운 대화의 전체 공동체에게의 언론매체에 의한 전파는 대화자들에게 자주 야기하고는 한다. Gelbard v. United States, 408 U. S. 41, 51-52 (1972)를 보라. 그리고 사적으로 말함을 꺼리게 하는 훨씬 더 강력한 저해동기를 그 광범위한 전파의 위협은 도청자에게의 및 필시 소수의 타인들에게의 노출의 소소

nation can create a far more powerful disincentive to speak privately than the comparatively minor threat of disclosure to an interceptor and perhaps to a handful of others. Insofar as these statutes protect private communications against that widespread dissemination, they resemble laws that would award damages caused through publication of information obtained by theft from a private bedroom. See generally Warren & Brandeis, The Right to Privacy, 4 Harv. L. Rev. 193 (1890) (hereinafter Warren & Brandeis). See also Restatement (Second) of Torts § 652D (1977).

As a general matter, despite the statutes' direct restrictions on speech, the Federal Constitution must tolerate «532 U. S., 538» laws of this kind because of the importance of these privacy and speech-related objectives. See Warren & Brandeis 196 (arguing for state law protection of the right to privacy). Cf. Katz v. United States, 389 U. S. 347, 350-351 (1967) ("[T]he protection of a person's general right to privacy - his right to be let alone by other people - is, like the protection of his property and of his very life, left largely to the law of the individual States"); ante, at 518 (protecting privacy and promoting speech are "interests of the highest order"). Rather than broadly forbid this kind of legislative enactment, the Constitution demands legislative efforts to tailor the laws in order reasonably to reconcile media freedom with personal, speech-related privacy.

Nonetheless, looked at more specifically, the statutes, as applied in these circumstances, do not reasonably reconcile the competing constitutional objectives. Rather, they disproportionately interfere with media freedom. For one thing, the broadcasters here engaged in no unlawful activity other than the ultimate publication of the information another had previously obtained. They "neither encouraged nor participated directly or indirectly in the interception." App. to Pet. for Cert. 33a. See also ante, at 525. No one claims that they ordered, counseled, encouraged, or otherwise aided or abetted the

한 위협이보다도 더 많이 빚을 수 있다. 사적 의사소통들을 그 광범위한 전파에 대처하여 이 제정법들이 보호하는 한도 내에서, 사적 침실로부터의 절도에 의하여 얻어진 정보의 공표를 통하여 야기되는 손해에 대한 손해배상의 권리들을 부여하는 법들에 그것들은 유사하다. 일반적으로 Warren & Brandeis, The Right to Privacy, 4 Harv. L. Rev. 193 (1890) (hereinafter Warren & Brandeis)를 보라. 아울러 Restatement (Second) of Torts § 652D (1977)을 보라.

일반적 문제로서, 말에 대한 그 제정법들의 직접적 제한조치들에도 불구하고, 프라이버시상의 목적들의 및 《532 U. S., 538》 말 관련 목적들의 중요성 때문에 이 종류의 법들을 연방헌법은 참지 않으면 안 된다. Warren & Brandeis 196 (arguing for state law protection of the right to privacy)을 보라. Katz v. United States, 389 U. S. 347, 350-351 (1967) ("[프]라이버시에 대한 개인의 *일반적* 권리 – 타인의 간섭을 받지 아니할 그의 권리 – 의 보호는 그의 재산의 및 그의 생명 자체의 보호가 그러하듯 대부분 개개 주들의 법에 맡겨져 있다.")를; ante, at 518 (프라이버시를 보호함은 및 말을 촉진함은 "최고순위의 이익들"이다) 비교하라. 입법부의 이 종류의 입법을 연방헌법이 노골적으로 금지하기보다는, 언론매체의 자유를 개인적인, 말 관련의 프라이버시에 조화시키기 위하여 법들을 고치려는 입법부의 노력들을 연방헌법은 요구한다.

이에도 불구하고 보다 더 구체적으로 살펴보면, 경쟁하는 헌법적 목적들을 이 상황들에 적용된 것으로서의 그 제정법은 합리적으로 조화시키지 못한다. 오히려, 그것들은 언론매체의 자유를 어울리지 않게 간섭한다. 한 가지는, 타인이 사전에 입수하여 놓은 정보의 궁극적인 공표 이외의 불법적 행위를 여기서의 방송자들은 수행하지 않았다는 점이다. 그들은 "직접으로든 간접으로든 그 도청행위를 부추기지도 가담하지도 않았다." App. to Pet. for Cert. 33a. 아울러 ante, at 525를 보라. 그 도청을, 도청자에 의한 녹음테이프의 중개자에게의 그 나중의 인도를, 또는 그 중개자에 의한 녹음테이프의 언론매체에게의 그 이후의 인도를 그들이 명령했음을,

interception, the later delivery of the tape by the interceptor to an intermediary, or the tape's still later delivery by the intermediary to the media. Cf. 18 U. S. C. § 2 (criminalizing aiding and abetting any federal offense); 2 W. LaFave & A. Scott, Substantive Criminal Law §§ 6.6(b)-(c), pp. 128-129 (1986) (describing criminal liability for aiding and abetting). And, as the Court points out, the statutes do not forbid the receipt of the tape itself. Ante, at 525. The Court adds that its holding "does not apply to punishing parties for obtaining the relevant information *unlawfully*." Ante, at 532, n. 19 (emphasis added). «532 U. S., 539»

For another thing, the speakers had little or no *legitimate* interest in maintaining the privacy of the particular conversation. That conversation involved a suggestion about "blow[ing] off ······ front porches" and "do[ing] some work on some of these guys," App. 46, thereby raising a significant concern for the safety of others. Where publication of private information constitutes a wrongful act, the law recognizes a privilege allowing the reporting of threats to public safety. See Restatement (Second) of Torts § 595, Comment g (1977) (general privilege to report that "another intends to kill or rob or commit some other serious crime against a third person"); id., § 652G (privilege applies to invasion of privacy tort). Cf. Restatement (Third) of Unfair Competition § 40, Comment c (1995) (trade secret law permits disclosures relevant to public health or safety, commission of crime or tort, or other matters of substantial public concern); Lachman v. Sperry-Sun Well Surveying Co., 457 F. 2d 850, 853 (CA10 1972) (nondisclosure agreement not binding in respect to criminal activity); Tarasoff v. Regents of Univ. of Cal., 17 Cal. 3d 425, 436, 551 P. 2d 334, 343-344 (1976) (psychiatric privilege not binding in presence of danger to self or others). Even where the danger may have passed by the time of publication, that fact cannot legitimize the speaker's earlier privacy expectation. Nor should editors, who must make a publication

조언했음을, 권유했음을, 또는 그 밖의 방법으로 방조했음을 내지는 교사했음을 아무가도 주장하지 않는다. 18 U. S. C. § 2 (조금이라도 연방범죄를 방조함을 및 교사함을 범죄화함)을; 2 W. LaFave & A. Scott, Substantive Criminal Law §§ 6.6(b)-(c), pp. 128-129 (1986) (방조함에 및 교사함에 따르는 형사책임을 설명함)을 비교하라. 그리고 이 법원이 지적하듯이, 녹음테이프 자체의 수령을 그 제정법들은 금지하지 않는다. Ante, at 525. "관련 정보를 *불법적으로* 입수하였음을 이유로 당사자들을 처벌함에는" 자신의 판시가 "적용되지 아니함"을 이 법원은 덧붙인다. Ante, at 532, n. 19 (강조는 보태짐). «532 U. S., 539»

다른 한 가지로는, 그 특정의 대화의 프라이버시를 유지함에 있어서의 *정당한* 이익을 대화자들은 그다지 지니지 않았거나 전혀 지니지 않았다. "현관들을 날려버리[기]"에 관한 및 "그 녀석들 몇몇에게 뭔가 작업을 하[기]"에 관한 제의를 그 대화는 포함하였고, App. 46, 타인들의 안전을 위한 심각한 우려를 이로써 그것은 제기하였다. 불법적 행위를 사적 정보의 공표가 구성하는 경우에, 공공의 안전에의 위협사항을 보도함을 허용하는 특권을 법은 인정한다. Restatement (Second) of Torts § 595, Comment g (1977) ("제3자를 살해하려는, 강탈하려는, 또는 그 밖의 모종의 중대범죄를 그를 상대로 저지르려는 의도를 타인이 지니고 있음을" 보도할 일반적 특권)을; id., § 652G (프라이버시 침해 불법행위에 특권은 적용됨)을 보라. Restatement (Third) of Unfair Competition § 40, Comment c (1995) (공중의 건강에, 안전에, 범죄의 내지는 불법행위의 실행에 관련한, 또는 그 밖의 중대한 공공의 관심사항들에 관련한 공개행위들을 영업비밀 관련법리는 허용한다)을; Lachman v. Sperry-Sun Well Surveying Co., 457 F. 2d 850, 853 (CA10 1972) (비공개 합의는 범죄행위에 관련하여서는 구속력이 없음)를; Tarasoff v. Regents of Univ. of Cal., 17 Cal. 3d 425, 436, 551 P. 2d 334, 343-344 (1976) (정신병을 이유로 하는 특권은 그 자신에게의 내지는 타인들에게의 위험의 현존 상태에서는 구속력이 없음)를 비교하라. 공표의 시점에서는 위험이 지나가 버렸을 수 있는 경우에조차도, 대화자의 그 이전의 프라이버시 기대를 그 사실은 정당화할 수 없다. 공표결정을 신속하게 하지 않으면 안 되는 편집인들은, 현존의 내지는 지속되는 위험을 이 종류의 위협을 공표하기에 앞서서 판단해야 하는 것이도 아니다.

decision quickly, have to determine present or continued danger before publishing this kind of threat.

Further, the speakers themselves, the president of a teacher's union and the union's chief negotiator, were "limited public figures," for they voluntarily engaged in a public controversy. They thereby subjected themselves to somewhat greater public scrutiny and had a lesser interest in privacy than an individual engaged in purely private affairs. See, e. g., ante, at 535 (respondents were engaged in matter of public concern); Wolston v. Reader's Digest Assn., Inc., 443 «532 U. S., 540» U. S. 157, 164 (1979); Hutchinson v. Proxmire, 443 U. S. 111, 134 (1979); Gertz v. Robert Welch, Inc., 418 U. S. 323, 351 (1974). See also Warren & Brandeis 215.

This is not to say that the Constitution requires anyone, including public figures, to give up entirely the right to private communication, i. e., communication free from telephone taps or interceptions. But the subject matter of the conversation at issue here is far removed from that in situations where the media publicizes truly private matters. See Michaels v. Internet Entertainment Group, Inc., 5 F. Supp. 2d 823, 841-842 (CD. Cal. 1998) (broadcast of videotape recording of sexual relations between famous actress and rock star not a matter of legitimate public concern); W. Keeton, D. Dobbs, R. Keeton, & D. Owen, Prosser & Keeton on Law of Torts § 117, p. 857 (5th ed. 1984) (stating that there is little expectation of privacy in mundane facts about a person's life, but that "portrayal of ······ intimate private characteristics or conduct" is "quite a different matter"); Warren & Brandeis 214 (recognizing that in certain matters "the community has no legitimate concern"). Cf. Time, Inc. v. Firestone, 424 U. S. 448, 454-455 (1976) (despite interest of public, divorce of wealthy person not a "public controversy"). Cf. also ante, at 533 ("[S]ome intrusions on privacy are more offensive than others").

그것 말고도, 대화자 그 자신들은 교사노동조합의 위원장으로서와 노동조합의 교섭책임자로서의 "한정된 공적 인물들"이었는바, 왜냐하면 그들은 자발적으로 공공의 논쟁에 종사하였기 때문이다. 그 자신들을 어느 정도 더 큰 공중의 심사에 그들은 이로써 종속시켰고, 그리하여 프라이버시에 대하여 가지는 이익은 순전히 사적인 용무에 관여하는 개인에 비하여 더 적었다. 예컨대, ante, at 535 (공중의 관심사에 피청구인들은 투입되었다)를; Wolston v. Reader's Digest Assn., Inc., 443 «532 U. S., 540» U. S. 157, 164 (1979)를; Hutchinson v. Proxmire, 443 U. S. 111, 134 (1979)를; Gertz v. Robert Welch, Inc., 418 U. S. 323, 351 (1974)를 보라. 아울러 Warren & Brandeis 215 를 보라.

사적인 의사소통의, 즉 전화도청기들로부터 내지는 도청들로부터 자유로운 의사소통의 권리를 완전히 포기할 것을 공적 인물들을 포함하여 조금이라도 누군가에게 연방헌법은 요구함을 이것은 말하고자 함이 아니다. 그러나 여기서의 쟁점인 대화의 주제는 사적인 문제들을 언론매체가 진실하게 공표하는 상황들에 있어서의 주제로부터는 멀리 벗어나 있다. Michaels v. Internet Entertainment Group, Inc., 5 F. Supp. 2d 823, 841-842 (CD. Cal. 1998) (유명한 여배우의 및 록스타의 둘 사이의 성관계들에 대한 비디오테이프 녹화물의 방송은 정당한 공공의 관심사의 문제가 아니다)을; W. Keeton, D. Dobbs, R. Keeton, & D. Owen, Prosser & Keeton on Law of Torts § 117, p. 857 (5th ed. 1984) (사람의 삶에 관한 세속적 사실들에는 프라이버시의 기대가 거의 없음을. 그러나 ". . .마음 속의 비밀스런 성격의 내지는 행동의 묘사"는 "상당히 별개의 문제"임을 설명함)을; Warren & Brandeis 214 (특정의 문제들에 있어서는 "정당한 이해관계를 공동체는 지니지 아니함"을 인정함)을 보라. Time, Inc. v. Firestone, 424 U. S. 448, 454-455 (1976) (공중의 이익에도 불구하고. 부유한 사람의 이혼은 "공중의 논란"의 대상이 아님)을 비교하라. 아울러, ante, at 533 ("[프]라이버시에 대한 일정한 침해들은 여타의 침해들의 경우에 비하여 더 비열하다")을 비교하라.

Thus, in finding a constitutional privilege to publish unlawfully intercepted conversations of the kind here at issue, the Court does not create a "public interest" exception that swallows up the statutes' privacy-protecting general rule. Rather, it finds constitutional protection for publication of intercepted information of a special kind. Here, the speakers' legitimate privacy expectations are unusually low, and the public interest in defeating those expectations is unusually high. Given these circumstances, along with the lawful nature of respondents' behavior, the statutes' enforcement would disproportionately harm media freedom. «532 U. S., 541»

I emphasize the particular circumstances before us because, in my view, the Constitution permits legislatures to respond flexibly to the challenges future technology may pose to the individual's interest in basic personal privacy. Clandestine and pervasive invasions of privacy, unlike the simple theft of documents from a bedroom, are genuine possibilities as a result of continuously advancing technologies. Eavesdropping on ordinary cellular phone conversations in the street (which many callers seem to tolerate) is a very different matter from eavesdropping on encrypted cellular phone conversations or those carried on in the bedroom. But the technologies that allow the former may come to permit the latter. And statutes that may seem less important in the former context may turn out to have greater importance in the latter. Legislatures also may decide to revisit statutes such as those before us, creating better tailored provisions designed to encourage, for example, more effective privacy-protecting technologies.

For these reasons, we should avoid adopting overly broad or rigid constitutional rules, which would unnecessarily restrict legislative flexibility. I consequently agree with the Court's holding that the statutes as applied here violate the Constitution, but I would not extend that holding beyond these present circumstances.

이렇듯 여기에서 쟁점이 되어 있는 불법적으로 도청된 대화들을 공표할 헌법적 특권을 인정함에 있어서, 제정법들의 프라이버시 보호의 일반적 원칙을 삼키는 "공공의 이익"의 예외를 이 법원은 만들어내지 않는다. 오히려, 특정 종류의 도청된 정보의 공표를 위한 헌법적 보호를 이 법원은 찾는다. 여기서는 대화자들의 정당한 프라이버시 기대들은 보기 드물게 낮고, 그 기대들을 좌절시킴에 있어서의 공중의 이익은 보기 드물게 높다. 적법한 것으로서의 피청구인들의 행동의 성격을에 병행하여 이러한 상황들을 전제하면, 언론매체의 자유를 제정법들의 시행은 어울리지 않게 침해하였을 것이다. «532 U. S., 541»

우리 앞의 특정 상황들을 나는 강조하는바, 왜냐하면 기본적인 개인적 프라이버시에 있어서의 개인의 이익에게 미래의 기술이 제기할 수 있는 도전들에 대처하여 입법부들이 유연하게 대응함을 나의 견해로 연방헌법은 허용하기 때문이다. 지속적으로 발전하는 기술들의 결과로 인하여 프라이버시에 대한 은밀한 및 널리 미치는 침해들은 침실로부터의 문서들의 단순한 절취행위가와는 다르게 진짜로 실현 가능성 있는 일들이다. 가로상에서의 일상적인 휴대 전화기상의 대화들에 대한 도청은 - 이를 많은 통화자들이 참는 것으로 보인다 - 은 암호화된 휴대 전화기상의 대화들에 대한 내지는 침실에서 수행되는 대화들에 대한 도청으로부터는 매우 다른 문제이다. 그러나 전자의 것을 허용하는 기술들은 후자의 것을 허용하는 데에 이를 수 있다. 그리고 전자의 맥락에 있어서는 덜 중요하다고 여겨질 수 있는 제정법들은 후자의 맥락에서는 더 큰 중요성을 지니는 것으로 드러날 수 있다. 우리 앞의 것들을 비롯한 제정법들을 재방문하기로 입법부들은 또한 결정할 수 있고, 그리하여 예컨대 보다 더 효율적인 프라이버시 보호 기법들을 북돋도록 설계된 더 잘 손질된 규정들을 만들어낼 수 있다.

과도하게 넓은 내지는 엄격한 헌법적 규칙들을 채택함을 이러한 이유들로 인하여 우리는 피해야 하는바, 입법부의 유연성을 그것들은 불필요하게 제약할 것이다. 따라서 연방헌법을 여기에 적용된 것들로서의 그 제정법들이 침해한다는 이 법원의 판시에 나는 동의하지만, 그러나 나 같으면 그 판시를 이들 현존의 상황들 너머에까지 확장시키지 아니하였을 것이다.

Chief Justice Rehnquist, with whom Justice Scalia and Justice Thomas join, dissenting.

Technology now permits millions of important and confidential conversations to occur through a vast system of electronic networks. These advances, however, raise significant privacy concerns. We are placed in the uncomfortable position of not knowing who might have access to our personal and business e-mails, our medical and financial records, or our cordless and cellular telephone conversations. In an attempt to prevent some of the most egregious violations of privacy, the United States, the District of Columbia, «532 U. S., 542» and 40 States have enacted laws prohibiting the intentional interception and knowing disclosure of electronic communications.[1] The Court holds that all of these statutes violate the First Amendment insofar as the illegally intercepted conversation touches upon a matter of "public concern," an amorphous concept that the Court does not even attempt to define. But the Court's decision diminishes, rather than enhances, the purposes of the First Amendment: chilling the speech of the millions of Americans who

---

[1] See 18 U. S. C. § 2511(1) (1994 ed. and Supp. V); Ala. Code § 13A–11–30 et seq. (1994); Alaska Stat. Ann. § 42.20.300(d) (2000); Ark. Code Ann. § 5–60–120 (1997); Cal. Penal Code Ann. § 631 (West 1999); Colo. Rev. Stat. § 18–9–303 (2000); Del. Code Ann., Tit. 11, § 1336(b)(1) (1995); D. C. Code Ann. § 23–542 (1996); Fla. Stat. § 934.03(1) (Supp. 2001); Ga. Code Ann. § 16–11–66.1 (1996); Haw. Rev. Stat. § 803–42 (1993); Idaho Code § 18–6702 (1997); Ill. Comp. Stat., ch. 720, § 5/14–2(b) (1999 Supp.); Iowa Code § 808B.2 (1994); Kan. Stat. Ann. § 21–4002 (1995); Ky. Rev. Stat. Ann. § 526.060 (Michie 1999); La. Rev. Stat. Ann. § 15:1303 (1992); Me. Rev. Stat. Ann., Tit. 15, § 710(3) (Supp. 2000); Md. Cts. & Jud. Proc. Code Ann. § 10–402 (Supp. 2000); Mass. Gen. Laws § 272:99(C)(3) (1997); Mich. Comp. Laws Ann. § 750.539e (West 1991); Minn. Stat. § 626A.02 (2000); Mo. Rev. Stat. § 542.402 (2000); Neb. Rev. Stat. § 86–702 (1999); Nev. Rev. Stat. § 200.630 (1995); N. H. Rev. Stat. Ann. § 570–A:2 (Supp. 2000); N. J. Stat. Ann. § 2A:156A–3 (West Supp. 2000); N. M. Stat. Ann. § 30–12–1 (1994); N. C. Gen. Stat. § 15A–287 (1999); N. D. Cent. Code § 12.1–15–02 (1997); Ohio Rev. Code Ann. § 2933.52(A)(3) (1997); Okla. Stat., Tit. 13, § 176.3 (2000 Supp.); Ore. Rev. Stat. § 165.540 (1997); 18 Pa. Cons. Stat. § 5703 (2000); R. I. Gen. Laws § 11–35–21 (2000); Tenn. Code Ann. § 39–13–601 (1997); Tex. Penal Code Ann. § 16.02 (Supp. 2001); Utah Code Ann. § 77–23a–4 (1982); Va. Code Ann. § 19.2–62 (1995); W. Va. Code § 62–1D–3 (2000); Wis. Stat. § 968.31(1) (1994); Wyo. Stat. Ann. § 7–3–602 (1995).

스칼리아(Scalia) 판사가 및 토마스(Thomas) 판사가 가담하는 법원장 렌퀴스트(Rehnquist) 판사의 반대의견이다.

거대한 전자적 연결망 체계를 통하여 수백만의 중요한 및 은밀한 대화들이 발생함을 기술은 이제 허용한다. 그러나 중대한 프라이버시 문제들을 이들 진전들은 제기한다. 우리의 개인적 및 사업상의 이메일들에의, 우리의 의료상의 및 재정상의 기록들에의, 또는 우리의 무선전화상의 내지는 휴대전화상의 대화들에의 접근을 누가 가질 수 있는지를 알지 못하는 불편한 처지에 우리는 놓여 있다. 전자적 의사소통들에 대한 의도적 도청을 및 고의적 공개를 금지하는 법들을 «532 U. S., 542» 프라이버시에 대한 가장 터무니 없는 침해들 중 일부를 방지하려는 시도 속에서 미합중국은, 콜럼비아 특별구는 그리고 40 개의 주들은 제정하였다.[1] "공공의 관심사"를 그 불법적으로 도청된 대화가 다루는 한에는 연방헌법 수정 제1조에 이들 제정법들 전부는 위배된다고 이 법원은 판시하는데, "공공의 관심사"란 그 정의짓기를 이 법원이 시도조차 하지 아니하는 모호한 개념이다. 그러나 연방헌법 수정 제1조의 목적들을 이 법원의 결정은 고양시키는 것이 아니라 감소시킨다: 날마다 의사소통을 하는 데에 전자기술에 의존하는 수백만의 미국인들의 말을 풀죽게 한다.

---

1) 18 U. S. C. § 2511(1) (1994 ed. and Supp. V)를; Ala. Code § 13A-11-30 et seq. (1994)를; Alaska Stat. Ann. § 42.20.300(d) (2000)을; Ark. Code Ann. § 5-60-120 (1997)을; Cal. Penal Code Ann. § 631 (West 1999)를; Colo. Rev. Stat. § 18-9-303 (2000)을; Del. Code Ann., Tit. 11, § 1336(b)(1) (1995)를; D. C. Code Ann. § 23-542 (1996)을; Fla. Stat. § 934.03(1) (Supp. 2001)을; Ga. Code Ann. § 16-11-66.1 (1996)을; Haw. Rev. Stat. § 803-42 (1993)을; Idaho Code § 18-6702 (1997)을; Ill. Comp. Stat., ch. 720, § 5/14-2(b) (1999 Supp.)을; Iowa Code § 808B.2 (1994)를; Kan. Stat. Ann. § 21-4002 (1995)를; Ky. Rev. Stat. Ann. § 526.060 (Michie 1999)를; La. Rev. Stat. Ann. § 15:1303 (1992)를; Me. Rev. Stat. Ann., Tit. 15, § 710(3) (Supp. 2000)을; Md. Cts. & Jud. Proc. Code Ann. § 10-402 (Supp. 2000)을; Mass. Gen. Laws § 272:99(C)(3) (1997)을; Mich. Comp. Laws Ann. § 750.539e (West 1991)을; Minn. Stat. § 626A.02 (2000)을; Mo. Rev. Stat. § 542.402 (2000)을; Neb. Rev. Stat. § 86-702 (1999)를; Nev. Rev. Stat. § 200.630 (1995)를; N. H. Rev. Stat. Ann. § 570-A:2 (Supp. 2000)을; N. J. Stat. Ann. § 2A:156A-3 (West Supp. 2000)을; N. M. Stat. Ann. § 30-12-1 (1994)를; N. C. Gen. Stat. § 15A-287 (1999)를; N. D. Cent. Code § 12.1-15-02 (1997)을; Ohio Rev. Code Ann. § 2933.52(A)(3) (1997)을; Okla. Stat., Tit. 13, § 176.3 (2000 Supp.)을; Ore. Rev. Stat. § 165.540 (1997)을; 18 Pa. Cons. Stat. § 5703 (2000)을; R. I. Gen. Laws § 11-35-21 (2000)을; Tenn. Code Ann. § 39-13-601 (1997)을; Tex. Penal Code Ann. § 16.02 (Supp. 2001)을; Utah Code Ann. § 77-23a-4 (1982)를; Va. Code Ann. § 19.2-62 (1995)를; W. Va. Code § 62-1D-3 (2000)을; Wis. Stat. § 968.31(1) (1994)를; Wyo. Stat. Ann. § 7-3-602 (1995)를 보라.

rely upon electronic technology to communicate each day.

Over 30 years ago, with Title III of the Omnibus Crime Control and Safe Streets Act of 1968, Congress recognized that the

"[t]remendous scientific and technological developments that have taken place in the last century have made possible today the widespread use and abuse of elec- «532 U. S., 543» tronic surveillance techniques. As a result of these developments, privacy of communication is seriously jeopardized by these techniques of surveillance. ······ No longer is it possible, in short, for each man to retreat into his home and be left alone. Every spoken word relating to each man's personal, marital, religious, political, or commercial concerns can be intercepted by an unseen auditor and turned against the speaker to the auditor's advantage." S. Rep. No. 1097, 90th Cong., 2d Sess., 67 (1968) (hereinafter S. Rep. No. 1097).

This concern for privacy was inseparably bound up with the desire that personal conversations be frank and uninhibited, not cramped by fears of clandestine surveillance and purposeful disclosure:

"In a democratic society privacy of communication is essential if citizens are to think and act creatively and constructively. Fear or suspicion that one's speech is being monitored by a stranger, even without the reality of such activity, can have a seriously inhibiting effect upon the willingness to voice critical and constructive ideas." President's Commission on Law Enforcement and Administration of Justice, The Challenge of Crime in a Free Society 202 (1967).

To effectuate these important privacy and speech interests, Congress and the vast majority of States have proscribed the intentional interception and

30년도 더 지난 시절에 1968년의 범죄단속및가로안전종합법 제3편에서 연방의회는 인정하였다:

"[지]난 세기에 발생한 터인 엄청난 과학적 기술적 발전들은 오늘날 전자적 감시기술들의 광범위한 사용을 및 오용을 가능하게 «532 U. S., 543» 만들어 놓았다. 이러한 발전들의 한 가지 결과로서 의사소통의 프라이버시는 이러한 감시 기법들에 의하여 심각하게 위협된다. …… 요컨대 개개 사람이 자신의 집으로 물러나 홀로 있도록 내버려두어짐은 더 이상 가능하지 아니하다. 개개 사람의 개인적인, 부부간의, 종교적인, 정치적인, 또는 상업상의 관심사들에 관련하여 발설된 모든 말은 눈에 보이지 않는 방청자에 의하여 도청될 수 있고 방청자의 이익을 위하여 발언자에게 불리하게 돌려질 수 있다." S. Rep. No. 1097, 90th Cong., 2d Sess., 67 (1968) (hereinafter S. Rep. No. 1097).

개인적 대화들이 솔직하고도 방해받지 않는 것이 되어야 한다는, 비밀스러운 감시의 및 목적 있는 공개의 두려움들에 의하여 속박되지 않아야 한다는 소망에 프라이버시를 위한 이 염려는 불가분적으로 결합되었다:

"민주주의 사회에서 시민들이 창조적으로 및 건설적으로 생각하고 행동해야 한다면 의사소통의 프라이버시는 필수이다. 모르는 사람에 의하여 자신의 말이 추적되고 있는 중이라는 두려움은 내지는 의심은, 심지어 그러한 활동의 실제가 없는 경우에조차도, 중대하게 방해하는 효과를 비판적인 및 건설적인 사상들을 목소리 내고자 하는 자발적 의지 위에 끼칠 수 있다." President's Commission on Law Enforcement and Administration of Justice, The Challenge of Crime in a Free Society 202 (1967).

이 중요한 프라이버시상의 및 말 관련의 이익들을 실현시키기 위하여, 전자적 의사소통들의 내용들에 대한 의도적인 도청을 및 고의의 공개를 연방의회는 및 대다

knowing disclosure of the contents of electronic communications.[2] See, e. g., 18 U. S. C. § 2511(1)(c) (placing restrictions upon "any person who ······ intentionally discloses, or endeavors to disclose, to any other person the contents of any wire, oral, or electronic commu- «532 U. S., 544» nication, knowing or having reason to know that the information was obtained through the interception of a wire, oral, or electronic communication").

The Court correctly observes that these are "content-neutral law[s] of general applicability" which serve recognized interests of the "highest order": "the interest in individual privacy and ······ in fostering private speech." Ante, at 526, 518. It nonetheless subjects these laws to the strict scrutiny normally reserved for governmental attempts to censor different viewpoints or ideas. See ante, at 532 (holding that petitioners have not established the requisite "'need of the highest order'") (quoting Smith v. Daily Mail Publishing Co., 443 U. S. 97, 103 (1979)). There is scant support, either in precedent or in reason, for the Court's tacit application of strict scrutiny.

A content-neutral regulation will be sustained if

"'it furthers an important or substantial governmental interest; if the governmental interest is unrelated to the suppression of free expression; and if the incidental restriction on alleged First Amendment freedoms is no greater than is essential to the furtherance of that interest.'" Turner Broadcasting System, Inc. v. FCC, 512 U. S. 622, 662 (1994) (quoting United States v. O'Brien, 391 U. S. 367, 377 (1968)).

Here, Congress and the Pennsylvania Legislature have acted "'without reference to the content of the regulated speech.'" Renton v. Playtime Theatres, Inc., 475 U. S. 41, 48 (1986). There is no intimation that these laws seek "to

---

2) "Electronic communication" is defined as "any transfer of signs, signals, writing, images, sounds, data, or intelligence of any nature transmitted in whole or in part by a wire, radio, electromagnetic, photoelectronic or photooptical system." 18 U. S. C. § 2510(12) (1994 ed., Supp. V).

수 주들은 금지해 놓았다.[2] 예컨대, 18 U. S. C. § 2511(1)(c) ("…… 전신상의, 구두상의, 또는 전자적인 의사소통에 대한 도청을 통하여 그 정보가 입수되었음을 알면서도 내지는 알 만한 이유를 지니고 있으면서도 조금이라도 전신상의, 구두상의, 또는 «532 U. S., 544» 전자적인 의사소통의 내용들을 타인에게 의도적으로 공개하는, 공개하고자 시도하는 사람 누구에게든 제한조치들을 가함")를 보라.

이것들은 "보편적 적용범위를 지니는 내용중립의 법[들]"로서 그 승인된 "최고순위"의 이익들에: "개인적 프라이버시에 있어서의 ……및 사적인 말을 촉진함에 있어서의 이익"에 그것들은 복무함을 이 법원은 정확하게 말한다. Ante, at 526, 518. 이에도 불구하고, 다양한 관점들을 및 사상들을 검열하려는 정부의 시도들을 위하여 일반적으로 유보된 엄격한 심사에 그 법들을 이 법원은 복종시킨다. ante, at 532 (그 필수인 "'최고순위의 필요'"를 청구인들은 증명하지 못했다고 판시함) (quoting Smith v. Daily Mail Publishing Co., 443 U. S. 97, 103 (1979))를 보라. 엄격한 심사에 대한 이 법원의 암묵의 적용을 위한 근거는 선례에 있어서도 추론에 있어서도 부족하다.

내용중립의 규제는 "'만약 중요한 내지는 실질적인 정부적 이익을 그것이 촉진한다면; 만약 자유로운 표현의 금지에 그 정부적 이익이 관련되어 있지 않다면; 그리고 만약 그 주장된 연방헌법 수정 제1조상의 자유들에 대한 그 부수적인 제한이 그 이익의 촉진에 불가결한 정도보다도 더 크지 않다면'" 유지되고는 하는 법이다. Turner Broadcasting System, Inc. v. FCC, 512 U. S. 622, 662 (1994) (quoting United States v. O'Brien, 391 U. S. 367, 377 (1968)).

"'규제대상인 말의 내용에 관한 언급 없이'" 여기서 연방의회는 및 펜실베니아주 입법부는 행동해 놓았다. Renton v. Playtime Theatres, Inc., 475 U. S. 41, 48 (1986). "평판이 나쁜 사상들을 억압하기를 내지는 공중의 토론을 조종하기를" 이 법들이

---

2) "전부든 일부든 조금이라도 전신의, 라디오의, 전자기적인, 광전자적인 내지는 광자광학적인 체계에 의하여 전송되는 종류의 기호들의, 신호들의, 문서의, 형상들의, 소리들의, 자료들의, 또는 정보의 이동"으로 "전자적 의사소통"은 정의된다. 18 U. S. C. § 2510(12) (1994 ed., Supp. V).

suppress unpopular ideas or information or manipulate the public debate" or that they "distinguish favored speech from disfavored speech on the basis of the ideas or views expressed." Turner Broadcasting, supra, at 641, 643. The antidisclosure provision is based solely upon the manner in which the conversation was acquired, not the subject matter of the conversation or the viewpoints of the speakers. The same «532 U. S., 545» information, if obtained lawfully, could be published with impunity. Cf. Seattle Times Co. v. Rhinehart, 467 U. S. 20, 34 (1984) (upholding under intermediate scrutiny a protective order on information acquired during discovery in part because "the party may disseminate the identical information ⋯⋯ as long as the information is gained through means independent of the court's processes"). As the concerns motivating strict scrutiny are absent, these content-neutral restrictions upon speech need pass only intermediate scrutiny.

The Court's attempt to avoid these precedents by reliance upon the Daily Mail string of newspaper cases is unpersuasive. In these cases, we held that statutes prohibiting the media from publishing certain truthful information - the name of a rape victim, Florida Star v. B. J. F., 491 U. S. 524 (1989); Cox Broadcasting Corp. v. Cohn, 420 U. S. 469 (1975), the confidential proceedings before a state judicial review commission, Landmark Communications, Inc. v. Virginia, 435 U. S. 829 (1978), and the name of a juvenile defendant, Daily Mail, supra; Oklahoma Publishing Co. v. District Court, Oklahoma Cty., 430 U. S. 308 (1977) (per curiam) - violated the First Amendment. In so doing, we stated that "if a newspaper lawfully obtains truthful information about a matter of public significance then state officials may not constitutionally punish publication of the information, absent a need to further a state interest of the highest order." Daily Mail, supra, at 103. Neither this Daily Mail principle nor any other aspect of these cases, however, justifies the Court's imposition of strict scrutiny here.

추구한다는, 내지는 "그 표현된 사상들의 내지는 견해들의 토대 위에서 호감을 사는 말을 반감을 사는 말들로부터" 그것들이 "구분한다"는 암시는 없다. Turner Broadcasting, supra, at 641, 643. 대화의 주제에가 내지는 대화자들의 관점들에가 아니라 단지 그 대화가 입수된 방법에만 그 토대를 공개금지 규정은 둔다. 만약 적법하게 «532 U. S., 545» 바로 그 대화가 입수되었다면, 그것은 처벌 없이 공표될 수 있을 것이다. Seattle Times Co. v. Rhinehart, 467 U. S. 20, 34 (1984) ("법원의 절차로부터 독립된 수단을 통하여 정보가 얻어지는 한 …… 바로 그 동일한 정보를 당사자가 전파할 수 있음"을 부분적 이유로 하여 개시절차 동안에 입수된 정보에 대한 보호명령을 중간수준의 심사 아래서 지지함)을 비교하라. 엄격한 심사를 유발하는 염려사항들이 없으므로, 말에 대한 이들 내용중립의 제한들은 단지 중간수준의 심사만을 통과한다.

이러한 선례들을 데일리메일지(誌)의 일련의 뉴스 관련 사건들에의 의존에 의하여 회피하려는 이 법원의 시도는 설득력이 없다. 일정한 진실한 정보를 - 강간 피해자의 이름을, Florida Star v. B. J. F., 491 U. S. 524 (1989); Cox Broadcasting Corp. v. Cohn, 420 U. S. 469 (1975), 주(a state) 사법심사 위원회 앞에서의 비밀절차들을, Landmark Communications, Inc. v. Virginia, 435 U. S. 829 (1978), 그리고 소년 피고인의 이름을, Daily Mail, supra; Oklahoma Publishing Co. v. District Court, Oklahoma Cty., 430 U. S. 308 (1977) (per curiam) - 공표하지 못하도록 언론매체를 금지하는 제정법들은 연방헌법 수정 제1조에 위반된다고 이 사건들에서 우리는 판시하였다. 그렇게 함에 있어서, "공공의 중요성을 지니는 문제에 관한 진실한 정보를 신문이 적법하게 입수하면 그 때는 최고순위의 주 이익을 촉진하기 위한 필요가 없는 한, 그 정보의 공표를 주 공무원들은 헌법적으로 처벌할 수 없다."고 우리는 말하였다. Daily Mail, supra, at 103. 그러나 여기서의 엄격한 심사의 부과를 이 데일리메일 원칙은 및 이 사건들의 조금이라도 그 밖의 측면은 그 어느 것이도 정당화하지 않는다.

Each of the laws at issue in the Daily Mail cases regulated the content or subject matter of speech. This fact alone was enough to trigger strict scrutiny, see United States v. Playboy Entertainment Group, Inc., 529 U. S. 803, 813 (2000) ("[A] content-based speech restriction ······ can stand only if it satisfies strict scrutiny"), and suffices to distinguish these antidisclosure provisions. But, as our synthesis of these «532 U. S., 546» cases in Florida Star made clear, three other unique factors also informed the scope of the Daily Mail principle.

First, the information published by the newspapers had been lawfully obtained from the government itself.[3] "Where information is entrusted to the government, a less drastic means than punishing truthful publication almost always exists for guarding against the dissemination of private facts." Florida Star, supra, at 534. See, e. g., Landmark Communications, supra, at 841, and n. 12 (noting that the State could have taken steps to protect the confidentiality of its proceedings, such as holding in contempt commission members who breached their duty of confidentiality). Indeed, the State's ability to control the information undermined the claim that the restriction was necessary, for "[b]y placing the information in the public domain on official court records, the State must be presumed to have concluded that the public interest was thereby being served." Cox Broadcasting, supra, at 495. This factor has no relevance in the present cases, where we deal with private conversations that have been intentionally kept out of the public domain.

Second, the information in each case was already "publicly available," and punishing further dissemination would not have advanced the purported government interests of confidentiality. Florida Star, supra, at 535. Such is not

---

[3] The one exception was Daily Mail, where reporters obtained the juvenile defendant's name from witnesses to the crime. See 443 U. S., at 99. However, the statute at issue there imposed a blanket prohibition on the publication of the information. See id., at 98–99. In contrast, these antidisclosure provisions do not prohibit publication so long as the information comes from a legal source.

말의 내용을 내지는 주제를 데일리메일지(誌) 선례들에서 쟁점에 놓였던 법들 각각은 규제하였다. 이 사실은 그것만으로도 엄격한 심사를 촉발하기에 충분하였고, see United States v. Playboy Entertainment Group, Inc., 529 U. S. 803, 813 (2000) ("[엄]격한 심사를 오직 충족할 경우라야만 …… 내용을 바탕으로 하는 말의 제한은 유효할 수 있다"), 그리하여 이들 공개금지 규정들을 구분짓기에 충분하다. 그러나 Florida Star 사건에서의 《532 U. S., 546》 이 선례들에 대한 우리의 통합이 명백하게 만들었듯이, 데일리메일 원칙의 적용범위를 세 가지의 별도의 독특한 요소들이 알려주었다.

첫째로, 신문들에 의하여 공표된 정보는 정부 자체로부터 적법하게 입수된 것이었다.[3] "정부에게 정보가 맡겨지는 경우에, 사적인 사실관계의 살포를 막기 위함에는 진실한 공표를 처벌함이보다도 덜 과감한 수단이 거의 항상 존재한다." Florida Star, supra, at 534. 예컨대, Landmark Communications, supra, at 841, and n. 12 (자신의 절차들의 비밀성을 보호하기 위한 조치들을, 예를 들어 자신들의 비밀준수 의무를 위반하는 위원회 구성원들을 모독죄로 판결하는 등의 조치들을 주는 취할 수 있었음을 특별히 언급함)을 보라. 제한이 필요하였다는 주장의 토대를 정보를 통제할 주의(State's) 능력은 아닌 게 아니라 훼손하였는바, 왜냐하면 "[정]보를 공식의 법원 기록들이라는 공공의 영역 안에 놓아둠에 의하여, 공중의 이익은 이로써 채워진다고 결론지었던 것으로 주(State)는 추정되지 않으면 안 되기 때문이다." Cox Broadcasting, supra, at 495. 의도적으로 공중의 영역 밖에 간직되어 온 사적 대화들을 우리가 다루는 현재의 사건들에서는 이 요소는 아무런 관련을 지니지 않는다.

둘째로, 개개 사건에서의 정보는 이미 "공공연하게 입수 가능한" 것이었고, 따라서 향후의 살포를 처벌함은 비밀성에 있어서의 정부의 이익들이라고 말해지는 바를 촉진하지 못하였을 터였다. Florida Star, supra, at 535. 이러한 것은 여기서의 사

---

3) 한 가지 예외가 데일리메일지(誌) 사건인데, 거기서는 소년 피고인의 이름을 범행에 대한 증인들로부터 보도기자들은 입수하였다. 443 U. S., at 99를 보라. 그러나, 무차별 금지를 정보의 공표 위에 거기서의 쟁점이었던 제정법은 부과하였다. id., at 98-99를 보라. 이에 반하여, 적법한 원천으로부터 정보가 얻어지는 한, 그 공표를 이 공개금지 규정들은 금지하지 않는다.

the case here. These statutes only prohibit "disclos[ure]," 18 U. S. C. § 2511(1)(c); 18 Pa. Cons. Stat. § 5703(2) (2000), and one cannot "disclose" what is already in the public domain. See Black's Law Dictionary 477 (7th ed. 1999) (defining "disclosure" as "[t]he act or process of making known something that was previously unknown; a revelation of facts"); «532 U. S., 547» S. Rep. No. 1097, at 93 ("The disclosure of the contents of an intercepted communication that had already become 'public information' or 'common knowledge' would not be prohibited"). These laws thus do not fall under the axiom that "the interests in privacy fade when the information involved already appears on the public record." Cox Broadcasting, supra, at 494-495.

Third, these cases were concerned with "the 'timidity and self-censorship' which may result from allowing the media to be punished for publishing certain truthful information." Florida Star, 491 U. S., at 535. But fear of "timidity and self-censorship" is a basis for upholding, not striking down, these anti-disclosure provisions: They allow private conversations to transpire without inhibition. And unlike the statute at issue in Florida Star, which had no scienter requirement, see id., at 539, these statutes only address those who knowingly disclose an illegally intercepted conversation.[4] They do not impose a duty to inquire into the source of the information and one could negligently disclose the contents of an illegally intercepted communication without liability.

In sum, it is obvious that the Daily Mail cases upon which the Court relies do not address the question presented here. Our decisions themselves made this clear: "The Daily Mail principle does not settle the issue whether, in cases where information has been acquired *unlawfully* by a newspaper or by

---

4) In 1986, to ensure that only the most culpable could face liability for disclosure, Congress increased the scienter requirement from "willful" to "intentional." 18 U. S. C. § 2511(1)(c); see also S. Rep. No. 99–541, p.6 (1986) ("In order to underscore that the inadvertent reception of a protected communication is not a crime, the subcommittee changed the state of mind requirement under [Title III] from 'willful' to 'intentional'").

건이 아니다. 이 제정법들은 오직 "공개"만을 금지하는바, 18 U. S. C. § 2511(1)(c); 18 Pa. Cons. Stat. § 5703(2) (2000), 그리하여 이미 공중의 영역에 있는 바를 "공개"할 수 있는 사람은 없다. Black's Law Dictionary 477 (7th ed. 1999) "공개"를 "[이]전에는 알려지지 않았던 것을 알려지게 만드는 행위로 또는 절차로; 사실관계의 폭로로" 정의함)를; ≪532 U. S., 547≫ S. Rep. No. 1097, at 93 ("이미 '공공연한 정보'가 또는 '상식'이 되어 있는 도청된 의사소통의 내용들의 공개는 처벌되지 아니한다")를 보라. "관련된 정보가 이미 공중의 기록 위에 나타날 때 프라이버시에 있어서의 이익들은 시든다."는 격언 아래에 그러므로 이러한 법들은 들어오지 않는다. Cox Broadcasting, supra, at 494-495.

셋째로, "일정한 진실한 정보를 공표함을 이유로 하여 언론매체로 하여금 처벌되도록 허용함으로부터 초래될 수 있는 '소심함에 및 자기검열에'" 이 사건들은 관계되었다. Florida Star, 491 U. S., at 535. 그러나 "소심함의 및 자기검열의" 두려움은 이들 공개금지 규정들을 무효화함을 위한 근거가 아니라 이를 유지함을 위한 근거이다: 사적 대화들이 금지 없이 이루어짐을 그것들은 허용한다. 그런데 의도성의 요구(scienter requirement)를 담지 아니하였던 Florida Star 사건에서의 쟁점이었던 제정법, see id., at 539, 이 역점두어 다루었던 바와는 다르게, 불법적으로 도청된 대화를 오직 고의로 공개하는 사람들만을 이 제정법들은 역점두어 다룬다.[4] 정보의 원천 속으로 조사해 들어갈 의무를 그것들은 부과하지 아니하며, 불법적으로 도청된 의사소통의 내용들을 부주의로 공개하더라도 책임이 물어지지 아니할 수 있을 것이다.

요컨대, 여기에 제기되는 문제를 이 법원이 의존하는 데일리메일지(誌) 사건들은 중점두어 다루지 아니함이 명백하다. 이것을 우리의 결정들은 그 자체로 명확히 하였다: "신문에 의하여 내지는 정보원에 의하여 *불법적*으로 정보가 입수되어 있는

---

4) 비난 가능성이 가장 큰 사람들만이 공개에 대한 책임에 처해질 수 있도록 보증하기 위하여 의도성의 요구(scienter requirement)를 "willful(고의의)"로부터 "intentional(의도적인)"으로 1986년에 연방의회는 강화하였다. 18 U. S. C. § 2511(1)(c); 아울러 S. Rep. No. 99-541, p.6 (1986) ("보호대상인 의사소통에 대한 부주의에 의한 수령이 범죄가 아님을 강조하기 위하여, 인식상태에 관한 [제3편] 아래서의 요건을 '고의의' 로부터 '의도적인' 으로 소위원회는 변경하였다")를 보라.

a source, the government may ever punish not only the unlawful acquisition, but the ensuing publication as well." Florida Star, supra, at 535, n. 8; see also Daily Mail, 443 U. S., at 105 ("Our holding in this case is narrow. There is no issue before us of unlawful press [conduct]"); Landmark «532 U. S., 548» Communications, 435 U. S., at 837 ("We are not here concerned with the possible applicability of the statute to one who secures the information by illegal means and thereafter divulges it").[5]

Undaunted, the Court places an inordinate amount of weight upon the fact that the receipt of an illegally intercepted communication has not been criminalized. See ante, at 528-532. But this hardly renders those who knowingly receive and disclose such communications "law-abiding," ante, at 529, and it certainly does not bring them under the Daily Mail principle. The transmission of the intercepted communication from the eavesdropper to the third party is itself illegal; and where, as here, the third party then knowingly discloses that communication, another illegal act has been committed. The third party in this situation cannot be likened to the reporters in the Daily Mail cases, who lawfully obtained their information through consensual interviews or public documents.

These laws are content neutral; they only regulate information that was illegally obtained; they do not restrict republication of what is already in the public domain; they impose no special burdens upon the media; they have a scienter requirement to provide fair warning; and they promote the privacy and free speech of those using cellular telephones. It is hard to imagine a more narrowly tailored prohibition of the disclosure of illegally intercepted communications, and it distorts our precedents to review these statutes under

---

5) Tellingly, we noted in Florida Star that "[t]o the extent sensitive information rests in private hands, the government may under some circumstances forbid its nonconsensual acquisition, thereby bringing outside of the Daily Mail principle the publication of any information so acquired." 491 U. S., at 534; see also id., at 535 ("[I]t is highly anomalous to sanction persons other than the source of [the] release").

경우에 그 불법적 입수를만이 아니라 이에 뒤이은 공표를까지 정부가 도대체 처벌 해도 좋은지 여부의 쟁점을 데일리메일 원칙은 해소하지 아니한다." Florida Star, supra, at 535, n. 8; 아울러 Daily Mail, 443 U. S., at 105 ("이 사건에서의 우리의 판시는 협소하 다. 언론출판 측의 불법적 [행위]의 쟁점은 우리 앞에 없다")를; Landmark 《532 U. S., 548》 Communications, 435 U. S., at 837 ("정보를 불법적 수단에 의하여 확보하고서는 그 뒤에 그것을 공표 하는 사람에게의 제정법의 가능한 적용 여부에 관하여는 여기서 우리는 관여하지 않는다")를 보라.5)

과도한 크기의 무게를 불법적으로 도청된 의사소통의 수령이 범죄화되어 있지 아니하다는 사실 위에 용감하게도 이 법원은 둔다. ante, at 528-532를 보라. 그러나 이러한 의사소통들을 고의로 수령하는 및 공개하는 사람들을 "법을 준수하는," ante, at 529, 자들로 이것은 결코 만들지 않으며, 그리하여 그들을 데일리메일 원칙 아래에 그것을 데려오지 아니함이 확실하다. 도청된 의사소통의 도청자로부터의 제3자에게의 전달은 그 자체가 불법이다; 그리고 그 의사소통을 여기서처럼 그 제3 자가 그 뒤에 고의로 공개하는 경우에는, 또 다른 불법적 행위가 저질러져 있게 된 다. 데일리메일지(誌) 사건들에서의 보도기자들에게 이 상황에서의 그 제3자는 유 추될 수 없는바, 자신들의 정보를 동의에 의한 인터뷰들을 내지는 공공의 문서들을 통하여 그들은 적법하게 입수하였다.

이 법들은 내용중립의 것들이다; 불법적으로 입수된 정보만을 그것들은 규제한 다; 이미 공중의 영역 안에 있는 정보의 재공표를 그것들은 제한하지 아니한다; 특 별한 부담들을 언론매체 위에 그것들은 부과하지 아니한다; 공정한 경고를 제공하 기 위하여 의도성의 요구(scienter requirement)를 그것들은 지닌다; 그리고 휴대 전화기 들을 사용하는 사람들의 프라이버시를 및 자유로운 말을 그것들은 촉진한다. 불법 적으로 도청된 의사소통들에 대한 공개의 보다 더 협소하게 다듬어진 금지를 상상 하기란 어렵고, 이 제정법들을 엄격한 심사의 그 자주 치명적인 표준 아래서 검토

---

5) "[사]적인 손들 속에 민감한 정보가 남아 있는 한도 내에서, 그 정보의 동의 없는 획득을 일정한 상황들 아래서 정부는 금지할 수 있고, 조금이라도 그렇게 입수된 정보의 공표를 이로써 데일리메일 원칙 밖으로 정부는 옮길 수 있다."고 Florida Star 판결에서 유효하게도 우리는 특별히 언급하였다. 491 U. S., at 534; 아울러 id., at 535 ("[그] 배포의 원천 이외의 사람들을 제재함은 고도로 변칙이다")를 보라.

the often fatal standard of strict scrutiny. These laws therefore should be upheld if they further a sub- «532 U. S., 549» stantial governmental interest unrelated to the suppression of free speech, and they do.

Congress and the overwhelming majority of States reasonably have concluded that sanctioning the knowing disclosure of illegally intercepted communications will deter the initial interception itself, a crime which is extremely difficult to detect. It is estimated that over 20 million scanners capable of intercepting cellular transmissions currently are in operation, see Thompson, Cell Phone Snooping: Why Electronic Eavesdropping Goes Unpunished, 35 Am. Crim. L. Rev. 137, 149 (1997), notwithstanding the fact that Congress prohibited the marketing of such devices eight years ago, see 47 U. S. C. § 302a(d).[6] As Congress recognized, "[a]ll too often the invasion of privacy itself will go unknown. Only by striking at all aspects of the problem can privacy be adequately protected." S. Rep. No. 1097, at 69. See also Hearings on H. R. 3378 before the Subcommittee on Courts, Civil Liberties, and the Administration of Justice of the House Committee on the Judiciary, 99th Cong., 1st Sess. and 2d Sess., 290 (1986) ("Congress should be under no illusion ...... that the Department [of Justice], because of the difficulty of such investigations, would be able to bring a substantial number of successful prosecutions").

Nonetheless, the Court faults Congress for providing "no empirical evidence to support the assumption that the prohibition against disclosures reduces the number of illegal interceptions," ante, at 530-531, and insists that "there is no basis for assuming that imposing sanctions upon respondents will deter the unidentified scanner from contin- «532 U. S., 550» uing to

---

6) The problem is pervasive because legal "radio scanners [may be] modified to intercept cellular calls." S. Rep. No. 99–541, at 9. For example, the scanner at issue in Boehner v. McDermott, 191 F. 3d 463 (CADC 1999), had been recently purchased at Radio Shack. See Thompson, 35 Am. Crim. L. Rev., at 152 (citing Stratton, Scanner Wasn't Supposed to Pick up Call, But it Did, Orlando Sentinel, Jan. 18, 1997, p. A15).

함은 우리의 선례들을 왜곡한다. 그러므로 만약 자유로운 말의 금지에 관련되어 있지 않은 《532 U. S., 549》 실질적인 정부적 이익을 그것들이 촉진한다면. 그것들은 유지되어야 하는바, 그것들은 촉진한다.

적발하기가 극도로 어려운 한 개의 범죄행위인 당초의 도청 그 자체를, 불법적으로 도청된 의사소통들의 고의의 공개를 제재함은 억제할 것이라고 연방의회는 및 압도적 다수의 주들은 합리적이게도 결론지은 터이다. 휴대 전화기상의 전송들에 대한 도청 능력을 지닌 2억 대 이상의 스캐너들이 현재 작동 중인 것으로 어림되는바, see Thompson, Cell Phone Snooping: Why Electronic Eavesdropping Goes Unpunished, 35 Am. Crim. L. Rev. 137, 149 (1997), 장비들의 거래를 8년 전에 연방의회가 금지했다는 사실에도 불구하고, see 47 U. S. C. § 302a(d), 이는 그러하다.[6] 연방의회가 인정하였듯이, "[너]무도 자주 프라이버시에 대한 침해 그 자체가 알려지지 않은 채로 지나가고는 한다. 문제의 모든 측면들에 덤벼듦으로써만 프라이버시는 적절히 보호될 수 있다." S. Rep. No. 1097, at 69. 아울러 Hearings on H. R. 3378 before the Subcommittee on Courts, Civil Liberties, and the Administration of Justice of the House Committee on the Judiciary, 99th Cong., 1st Sess. and 2d Sess., 290 (1986) ("이러한 조사들의 어려움으로 인하여 상당한 숫자의 성공적인 기소들을 [법무]부가 거둘 수 있으리라는 ……환상 아래에 연방의회가 있어서는 안 된다")를 보라.

이에도 불구하고, "불법도청들의 숫자를 공개행위들의 금지가 감소시킨다는 가정을 뒷받침하는 경험상의 증거를 제공하지 않는다"고 연방의회를 이 법원은 비난하고, ante, at 530-531, 그리고 "신원미상의 은밀한 조사자로 하여금 비밀리의 도청행위들에 더 이상 종사하지 못하도록 청구인들 위에 제재들을 부과함이 억제할 것이라고 《532 U. S., 550》 가정함에는 아무런 근거가 없다"고 이 법원은 주장한다.

---

6) 적법한 "휴대용 전화기들을 도청하도록 라디오 스캐너들이 변조될 [수 있기에]" 문제는 널리 미치는 성격의 것이다. S. Rep. No. 99-541, at 9. 예를 들면, Boehner v. McDermott, 191 F. 3d 463 (CADC 1999)에서의 쟁점에 놓인 스캐너는 라디오쉑(Radio Shack) 연쇄점에서 최근에 구매된 것이었다. Thompson, 35 Am. Crim. L. Rev., at 152 (citing Stratton, Scanner Wasn't Supposed to Pick up Call, But it Did, Orlando Sentinel, Jan. 18, 1997, p. A15)를 보라.

engage in surreptitious interceptions," ante, at 531. It is the Court's reasoning, not the judgment of Congress and numerous States regarding the necessity of these laws, which disappoints.

The "quantum of empirical evidence needed to satisfy heightened judicial scrutiny of legislative judgments will vary up or down with the novelty and plausibility of the justification raised." Nixon v. Shrink Missouri Government PAC, 528 U. S. 377, 391 (2000). "[C]ourts must accord substantial deference to the predictive judgments of Congress." Turner Broadcasting, 412 U. S. 94, 103 (1973)). This deference recognizes that, as an institution, Congress is far better equipped than the judiciary to evaluate the vast amounts of data bearing upon complex issues and that "[s]ound policymaking often requires legislators to forecast future events and to anticipate the likely impact of these events based on deductions and inferences for which complete empirical support may be unavailable." Turner Broadcasting, 512 U. S., at 665. Although we must nonetheless independently evaluate such congressional findings in performing our constitutional review, this "is not a license to reweigh the evidence de novo, or to replace Congress' factual predictions with our own." Id., at 666.

The "dry up the market" theory, which posits that it is possible to deter an illegal act that is difficult to police by preventing the wrongdoer from enjoying the fruits of the crime, is neither novel nor implausible. It is a time-tested theory that undergirds numerous laws, such as the prohibition of the knowing possession of stolen goods. See 2 W. LaFave & A. Scott, Substantive Criminal Law § 8.10(a), p.422 (1986) ("Without such receivers, theft ceases to be profitable. It is obvious that the receiver must be a principal target of any society anxious to stamp out theft in its various forms"). We ourselves adopted the exclusionary «532 U. S., 551» rule based upon similar reasoning, believing that it would "deter unreasonable searches," Oregon v. Elstad, 470 ante, at 531. 실망을 주는 것은 이 법들의 필요성에 관한 연방의회의 및 다수의 주들의 판단이 아니라 이 법원의 추론이다.

"입법적 판단들에 대한 제고된 사법적 심사를 충족시키기 위하여 필요한 경험적 증거의 양은 그 제기된 정당화사유의 새로움에 및 타당성에 따라 늘기도 하고 줄기도 하는 법이다." Nixon v. Shrink Missouri Government PAC, 528 U. S. 377, 391 (2000). "[디]대한 경의를 연방의회의 예측적 판단사항들에 법원들은 부여하지 않으면 안 된다." Turner Broadcasting, 412 U. S. 94, 103 (1973)). 복잡한 쟁점들에 관한 방대한 양의 자료들을 평가하는 데 있어서 한 개의 기관으로서 연방의회는 사법부가보다는 훨씬 더 잘 설비되어 있다는 점을, 그리고 "[그] 완전한 경험적 근거를 입수함이 불가능할 수 있는 미래의 상황들을 연역들에 및 추리들에 터잡아 입법자들이 예측함을 및 이러한 상황들의 있을 수 있는 영향력을 예견함을 건전한 정책수립은 때때로 요구한다."는 점을 이 경의는 인정한다. Turner Broadcasting, 512 U. S., at 665. 이러한 연방의회의 판단사항들을 이에도 불구하고 우리는 우리의 헌법적 검토를 수행함에 있어서 독립적으로 평가하지 않으면 안 되기는 하지만, 이것은 "증거를 처음부터 다시 평가할 수 있는 내지는 연방의회의 사실적 예측들을 우리 자신의 것들로 대체할 수 있는 면허장이 아니다." Id., at 666.

범죄의 열매들을 불법행위자로 하여금 향유하지 못하도록 방지함에 의하여 경찰에게는 어려운 일인 불법적 행위를 억제함이 가능하다고 가정하는 "시장고갈" 이론은 새로운 것이도 아니고 있을 법하지 않은 것이도 아니다. 그것은 도난품들에 대한 고의의 소지의 금지를 비롯한 수많은 법들을 뒷받침하는 오랜 세월에 걸쳐 유효성이 검증된 이론이다. 2 W. LaFave & A. Scott, Substantive Criminal Law § 8.10(a), p.422 (1986) ("이러한 장물취득자들이 없다면, 절도행위는 이문이 있는 일이 되기를 그친다. 그 다양한 형태 속에서의 절도행위를 밟아 끄기를 조금이라도 열망하는 사회라면 장물취득자는 그 사회의 주된 목표가 되지 않으면 안 됨이 명백하다")을 보라. 유사한 추론에 터잡은 위법수집 《532 U. S., 551》 증거 배제 원칙을 우리는 스스로 채택하였는데, "[연방헌법 수정 제4조를] 무시하려는" 경찰관의 "동기를 제거함으로써," Elkins v. United States, 364 U. S. 206, 217

U. S. 298, 306 (1985), by removing an officer's "incentive to disregard [the Fourth Amendment]," Elkins v. United States, 364 U. S. 206, 217 (1960).[7]

The same logic applies here and demonstrates that the incidental restriction on alleged First Amendment freedoms is no greater than essential to further the interest of protecting the privacy of individual communications. Were there no prohibition on disclosure, an unlawful eavesdropper who wanted to disclose the conversation could anonymously launder the interception through a third party and thereby avoid detection. Indeed, demand for illegally obtained private information would only increase if it could be disclosed without repercussion. The law against interceptions, which the Court agrees is valid, would be utterly ineffectual without these antidisclosure provisions.

For a similar reason, we upheld against First Amendment challenge a law prohibiting the distribution of child pornography. See New York v. Ferber, 458 U. S. 747 (1982). Just as with unlawfully intercepted electronic communications, we there noted the difficulty of policing the "low-profile, clandestine industry" of child pornography production and concurred with 36 legislatures that "[t]he most expeditious if not the only practical method of law enforcement may be to dry up the market for this material by imposing severe criminal penalties on persons selling, advertising, or otherwise promoting the product." Id., at 760. In so doing, we did not demand, nor did Congress provide, any empirical «532 U. S., 552» evidence to buttress this basic syllogism. Indeed, we reaffirmed the theory's vitality in Osborne v. Ohio, 495 U. S. 103, 109-110 (1990), finding it "surely reasonable for the State to conclude that it

---

7) In crafting the exclusionary rule, we did not first require empirical evidence. See Elkins, 364 U. S., at 218 ("Empirical statistics are not available to show that the inhabitants of states which follow the exclusionary rule suffer less from lawless searches and seizures than do those of states which admit evidence unlawfully obtained"). When it comes to this Court's awesome power to strike down an Act of Congress as unconstitutional, it should not be "do as we say, not as we do."

(1960), "부당한 수색들을" 그것이 "억제"하리라고 믿어서이다. Oregon v. Elstad, 470 U. S. 298, 306 (1985).[7]

여기에 바로 그 논리가 적용되는바, 그리하여 그 주장된 연방헌법 수정 제1조상의 자유들 위에의 부수적 제한은 개인적 의사소통들의 프라이버시를 보호함이라는 이익을 촉진하기 위하여 불가결한 만큼이보다 더 크지 아니함을 그것은 증명한다. 공개에 대한 금지가 없다면, 대화들을 공개하기를 바란 불법적 도청자는 제3자를 통하여 그 도청을 익명으로 세탁할 수 있을 것이고 그리하여 이로써 적발을 피할 수 있을 것이다. 아닌 게 아니라, 불법적으로 얻어진 사적 정보를 위한 수요는 만약 그것이 반격 없이 공개될 수 있다면 오직 증대되기만 할 것이다. 그 유효함에 대하여 이 법원이 동의하는 도청행위들을 금지하는 법은 만약 이들 공개금지 규정들이 없다면 철저히 헛된 것이 될 것이다.

아동 포르노그래피의 배포를 금지하는 한 개의 법을, 연방헌법 수정 제1조에 그것이 어긋난다는 항의에 맞서서 유사한 이유로 우리는 유지하였다. New York v. Ferber, 458 U. S. 747 (1982)를 보라. 불법적으로 도청된 전자적 의사소통들의 경우가 꼭 그러하듯, 아동 포르노그래피 생산이라는 "저자세인 은밀한 산업"을 단속함의 어려움을 우리는 거기서 특별히 언급하였고 "[법] 집행의 유일한 현실적 방법은 아닐망정 그 가장 신속한 수단은 그 제작물을 판매하는, 광고하는, 또는 그 밖에 조장하는 사람들 위에 가장 엄격한 형사적 처벌들을 부과함에 의하여 이 표현물을 위한 시장을 고갈시키는 것이 될 수 있다."는 점에 대하여 36 개의 입법부들에게 우리는 찬동하였다. Id., at 760. 그렇게 함에 있어서, 이 기본적 연역을 뒷받침하기 위한 조금이라도 경험적 증거를 우리는 요구하지 «532 U. S., 552» 않았고 연방의회는도 제공하지 않았다. 아닌 게 아니라, 그 이론의 타당성을 Osborne v. Ohio, 495 U. S. 103, 109-110 (1990)에서 우리는 재확인하였는바, "아동 포르노그래피 제작물을 소지

---

7) 위법수집 증거배제 원칙을 정교하게 만듦에 있어서, 경험적 증거를 우리는 처음에 요구하지 않았다. Elkins, 364 U. S., at 218 ("불법적으로 확보된 증거를 받아들이는 주들의 주민들이보다도 위법수집 증거배제 규칙을 따르는 주들의 주민들이 불법적 수색들로부터 및 압수들로부터 고통을 받는 점이 더 적음을 증명하는 경험적 통계는 입수되지 않는다.")을 보라. 연방의회의 법률을 위헌적인 것으로 폐기할 수 있는 당원의 무서운 권한에게 그것이 이를 때, 그것은 "우리가 하는 대로가 아닌 우리가 말하는 대로 하라."여서는 안 된다.

will decrease the production of child pornography if it penalizes those who possess and view the product, thereby decreasing demand."[8]

At base, the Court's decision to hold these statutes unconstitutional rests upon nothing more than the bald substitution of its own prognostications in place of the reasoned judgment of 41 legislative bodies and the United States Congress.[9] The Court does not explain how or from where Congress should obtain statistical evidence about the effectiveness of these laws, and "[s]ince as a practical matter it is never easy to prove a negative, it is hardly likely that conclusive factual data could ever be assembled." Elkins, supra, at 218. Reliance upon the "dry up the market" the- «532 U. S., 553» ory is both logical and eminently reasonable, and our precedents make plain that it is "far stronger than mere speculation." United States v. Treasury Employees, 513 U. S. 454, 475 (1995).

These statutes also protect the important interests of deterring clandestine invasions of privacy and preventing the involuntary broadcast of private communications. Over a century ago, Samuel Warren and Louis Brandeis recognized that "[t]he intensity and complexity of life, attendant upon advancing civilization, have rendered necessary some retreat from the world, and man,

---

8) The Court attempts to distinguish Ferber and Osborne on the ground that they involved low–value speech, but this has nothing to do with the reasonableness of the "dry up the market" theory. The Court also posits that Congress here could simply have increased the penalty for intercepting cellular communications. See ante, at 529. But the Court's back–seat legislative advice does nothing to undermine the reasonableness of Congress' belief that prohibiting only the initial interception would not effectively protect the privacy interests of cellular telephone users.

9) The Court observes that in many of the cases litigated under § 2511(1), "the person or persons intercepting the communication ha[ve] been known." Ante, at 530. Of the 206 cases cited in the appendices, 143 solely involved § 2511(1)(a) claims of wrongful interception – disclosure was not at issue. It is of course unremarkable that intentional interception cases have not been pursued where the identity of the eavesdropper was unknown. Of the 61 disclosure and use cases with published facts brought under §§ 2511(1)(c) and (d), 9 involved an unknown or unproved eavesdropper, 1 involved a lawful pen register, and 5 involved recordings that were not surreptitious. Thus, as relevant, 46 disclosure cases involved known eavesdroppers. Whatever might be gleaned from this figure, the Court is practicing voodoo statistics when it states that it undermines the "dry up the market" theory. See ante, at 531, n. 17. These cases say absolutely nothing about the interceptions and disclosures that have been *deterred*.

하는 및 시청하는 사람들을 만약 주가 처벌한다면 아동 포르노그래피의 생산을 감소시킬 것이라고, 그리고 이로써 수요를 감소시킬 것이라고 주(State)로서는 결론지음이 확실히 합리적"임을 우리는 인정하였다.[8]

기본적으로, 이 제정법들을 위헌으로 판시하기로 하는 이 법원의 결정이 의존하는 근거란, 41개의 입법기관들의 및 미합중국 의회의 사리에 맞는 판단에 갈음하는 이 법원 자신의 예언들로의 노골적인 대체에 불과한 것이다.[9] 이 법들의 효과성에 관한 통계상의 증거를 어떻게 어디서부터 연방의회가 얻어야 한다는 것인지 이 법원은 설명하지 않는바, 게다가 "[현]실적 문제로서, 부정명제를 증명하기란 결코 쉬운 일이 아니므로 도대체 결정적인 사실적 데이터가 수집될 수 있으리라는 것은 결코 있을 법하지 않다." Elkins, supra, at 218. "시장고갈" 이론에의 의존은 《532 U. S., 553》 논리적임에 아울러 두드러지게 합리적이며, 그리고 그것은 "단순한 사변이보다도 훨씬 더 설득력 있음"을 우리의 선례들은 명백히 한다. United States v. Treasury Employees, 513 U. S. 454, 475 (1995).

프라이버시에 대한 비밀스런 침해들을 억제함이라는 및 사적인 의사소통들의 비자발적 방송을 방지함이라는 중요한 이익들을 이 제정법들은 아울러 보호한다. "[전]진하는 문명에 수반하는 삶의 강도(intensity)는 및 복잡성은 세상으로부터의 어느 정도의 은둔이 필요하게끔 만들어 놓았고, 그리하여 사람은 문화의 정제적(refin-ing) 영향력 아래서 공개에 더욱 민감한 상태가 되어 있으며, 그리하여 고독은 및 프

---

8) 낮은 가치의 말을 Ferber 사건이 및 Osborne 사건이 포함하였다는 이유에서 그것들을 구분짓고자 이 법원은 시도하지만, 그러나 "시장고갈" 이론에 이것은 관련이 없다. 휴대전화상의 의사소통들의 도청행위에 대한 처벌을 연방의회가 여기서 단순히 증대시켰을 수 있다고 이 법원은 아울러 단정한다. ante, at 529를 보라. 그러나 휴대전화기 사용자들의 프라이버시상의 이익들을, 당초의 도청만을 금지함에 의하여는 효과적으로 보호하지 못할 것이라는 연방의회의 믿음의 합리성을 침식하는 데에 이 법원의 뒷자리에서 참견하기 식의 입법적 조언은 아무런 관련이 없다.

9) § 2511(1) 아래서 다투어진 사건들의 다수에서, "의사소통들을 도청하는 사람은 내지는 사람들은 밝혀진 것이 되어 있다."고 이 법원은 말한다. Ante, at 530. 부록들에서 인용된 206개의 사건들 가운데, 143개는 불법적 도청에 관한 § 2511(1)(a) 관련 주장들만을 포함하였는 바 - 공개는 쟁점이 되지 아니하였다. 도청자의 신원이 알려지지 않은 의도적 도청 사건들이 추적되어 있지 아니하다는 점은 물론 특별할 것이 없다. § 2511(1)(c) 아래서와 § 2511(1)(d) 아래서 제기된, 공표된 사실들을 지닌 61개의 공개 및 사용 관련 사건들 중에서, 신원미상의 내지는 증거부재의 도청자를 9개가 포함하였다. 적법한 전화 이용상황 기록장치를 1개가 포함하였고, 비밀스럽지 아니한 녹음들을 5개가 포함하였다. 이렇듯, 관련 있는 것들로서 46개의 공개 사건들이 알려진 도청자들을 포함하였다. 이 숫자로부터 수집될 수 있는 것이 그 무엇이든, "시장고갈" 이론의 토대를 그것이 침식한다고 이 법원이 말할 때 마법의 주술적 통계를 이 법원은 연습하고 있다. ante, at 531, n. 17을 보라. 억제된 것이 되어 있는 도청에 및 공개행위들에 관하여 절대적으로 아무런 말을 이 사건들은 하지 아니한다.

under the refining influence of culture, has become more sensitive to publicity, so that solitude and privacy have become more essential to the individual." The Right to Privacy, 4 Harv. L. Rev. 193, 196 (1890). "There is necessarily, and within suitably defined areas, a ······ freedom not to speak publicly, one which serves the same ultimate end as freedom of speech in its affirmative aspect." Harper & Row, Publishers, Inc. v. Nation Enterprises, 471 U. S. 539, 559 (1985) (internal quotation marks and citation omitted). One who speaks into a phone "is surely entitled to assume that the words he utters into the mouthpiece will not be broadcast to the world." Katz v. United States, 389 U. S. 347, 352 (1967); cf. Gelbard v. United States, 408 U. S. 41, 52 (1972) (compelling testimony about matters obtained from an illegal interception at a grand jury proceeding "compounds the statutorily proscribed invasion of ······ privacy by adding to the injury of the interception the insult of ······ disclosure").

These statutes undeniably protect this venerable right of privacy. Concomitantly, they further the First Amendment rights of the parties to the conversation. "At the heart of the First Amendment lies the principle that each person should decide for himself or herself the ideas and beliefs deserving of expression, consideration, and adherence." Turner Broadcasting, 512 U. S., at 641. By "protecting the privacy of individual thought and expression," United States «532 U. S., 554» v. United States Dist. Court for Eastern Dist. of Mich., 407 U. S. 297, 302 (1972), these statutes further the "uninhibited, robust, and wide-open" speech of the private parties, New York Times Co. v. Sullivan, 376 U. S. 254, 270 (1964). Unlike the laws at issue in the Daily Mail cases, which served only to protect the identities and actions of a select group of individuals, these laws protect millions of people who communicate electronically on a daily basis. The chilling effect of the Court's decision upon these private conversations will surely be great: An estimated

라이버시는 개인에게 더욱 더 불가결한 것이 되어 있다."는 것을 한 세기도 더 지난 과거에 새뮤얼 워렌(Samuel Warren)은 및 루이스 브랜다이스(Louis Brandeis)는 인정하였다. The Right to Privacy, 4 Harv. L. Rev. 193, 196 (1890). "불가피하게, 그리고 알맞게 규정되는 영역들 내에, 공개적으로는 말하지 *아니할* …… 자유가 존재하는바, 이는 그 적극적 측면에서의 말의 자유의 바로 그 궁극적 목적에 복무하는 자유이다." Harper & Row, Publishers, Inc. v. Nation Enterprises, 471 U. S. 539, 559 (1985) (내부 인용부호들 및 인용 생략). 전화기 안에다 말하는 사람은 "송화구에 자신이 내뱉는 말들이 세상에 흩뿌려지지 않으리라고 추정할 권리가 있다." Katz v. United States, 389 U. S. 347, 352 (1967); 아울러 Gelbard v. United States, 408 U. S. 41, 52 (1972) (불법적 도청으로부터 얻어진 사항들에 관한 증언을 대배심 절차에서 강제함은 "불법도청의 피해에 …… 폭로의 모욕을 추가함에 의하여 …… 프라이버시에 대한 제정법적으로 금지되는 침해를 배가시킨다")을 비교하라.

이 상처 입기 쉬운 프라이버시의 권리를 이 제정법들은 명백히 보호한다. 대화를 향유할 당사자들의 연방헌법 수정 제1조상의 권리들을 부수적으로 그것들은 증진시킨다. "표현의 자격을, 고찰의 자격을 및 고수의 자격을 지니는 견해들을 및 신념들을 개개 사람이 그 스스로 또는 그녀 스스로 결정해야 한다는 원칙은 연방헌법 수정 제1조의 핵심에 놓여 있다." Turner Broadcasting, 512 U. S., at 641. "개인의 생각의 및 표현의 프라이버시를 보호함"에 의하여, United States «532 U. S., 554» v. United States Dist. Court for Eastern Dist. of Mich., 407 U. S. 297, 302 (1972), 사적 당사자들의 "제약 없는, 강건한, 활짝 열린" 말, New York Times Co. v. Sullivan, 376 U. S. 254, 270 (1964), 을 이 제정법들은 증진시킨다. 선별된 개인들 그룹의 신원사항들을 및 행위들을 보호하는 데에만 복무하였던 데일리메일지(誌) 사건들에서의 쟁점이 되었던 법들에 같지 않게, 전자적으로 소통하는 하루 기준 수백만의 사람들을 이 법들은 보호한다. 이 사적인 대화들 위에 이 법원의 결정이 끼치는 풀죽임의 효과는 확실히 클 것이다: 추산상으로 4억9천1백만 개의 아날로그 휴대 전화기들이 현재 작동 중이다. Hao, *Nokia Profits from Surge in Cell Phones*, Fla. Today, July

49.1 million analog cellular telephones are currently in operation. See Hao, Nokia Profits from Surge in Cell Phones, Fla. Today, July 18, 1999, p.E1.

Although the Court recognizes and even extols the virtues of this right to privacy, see ante, at 532-533, these are "mere words," W. Shakespeare, Troilus and Cressida, act v, sc. 3, overridden by the Court's newfound right to publish unlawfully acquired information of "public concern," ante, at 525. The Court concludes that the private conversation between Gloria Bartnicki and Anthony Kane is somehow a "debate ····· worthy of constitutional pro-tection." Ante, at 535. Perhaps the Court is correct that "[i]f the statements about the labor negotiations had been made in a public arena - during a bar-gaining session, for example - they would have been newsworthy." Ante, at 525. The point, however, is that Bartnicki and Kane had no intention of con-tributing to a public "debate" at all, and it is perverse to hold that another's unlawful interception and knowing disclosure of their conversation is speech "worthy of constitutional protection." Cf. Hurley v. Irish-American Gay, Lesbian and Bisexual Group of Boston, Inc., 515 U. S. 557, 573 (1995) ("[O] ne important manifestation of the principle of free speech is that one who chooses to speak may also decide 'what not to say'"). The Constitution should not protect the involuntary broadcast of personal conversations. Even where the communications involve public figures or «532 U. S., 555» con-cern public matters, the conversations are nonetheless private and worthy of protection. Although public persons may have forgone the right to live their lives screened from public scrutiny in some areas, it does not and should not follow that they also have abandoned their right to have a private conversa-tion without fear of it being intentionally intercepted and knowingly dis-closed.

The Court's decision to hold inviolable our right to broadcast conversations of "public importance" enjoys little support in our precedents. As discussed

18, 1999, p.E1을 보라.

이 프라이버시의 권리의 미덕들을 비록 이 법원은 인정함에도 및 심지어는 칭찬함에도 불구하고, see ante, at 532-533, 이것들은 "낱말들에 불과한 것들"로서, W. Shakespeare, Troilus and Cressida, act v, sc. 3, "공공의 관심사," ante, at 525, 에 관한 불법적으로 획득된 정보를 공표할 이 법원의 새로 발견한 권리에 의하여 그것들은 짓밟힌다. 글로리아 바르트니키의 및 앤토니 케인의 둘 사이의 사적인 대화들은 얼마간은 "…… 헌법적 보호를 누릴 자격이 있는 토론"이라고 이 법원은 결론짓는다. Ante, at 535. "[만약 공공의 장소에서 - 예컨대 교섭회의의 개회 중에 - 단체교섭들에 관한 그 말들이 이루어졌더라면, 그것들은 기삿거리로서 알맞았을 것이다."라고 한 점에 있어서 이 법원은 아마도 옳다. Ante, at 525. 그러나 요점은 공중의 "토론"에 기여할 의도를 바르트니키가 및 케인이 전혀 지니지 않았다는 점인바, 그런데도 타인의 불법적 도청이 및 그들의 대화의 고의의 공개가 "헌법적 보호를 누릴 가치를 지닌다."고 판시함은 빙퉁그러진 일이다. Hurley v. Irish-American Gay, Lesbian and Bisexual Group of Boston, Inc., 515 U. S. 557, 573 (1995) ("[자]유로운 말의 원칙의 한 가지 중요한 표시는 말하기를 선택하는 사람은 그 '말하지 않을 바' 를 아울러 결정할 수 있다는 것이다")를 비교하라. 개인적 대화들의 비자발적인 방송을 연방헌법은 보호해서는 안 된다. 심지어 공적 인물들을 의사소통들이 포함하는 경우에조차도 내지는 공공의 문제들을 《532 U. S., 555》 그것들이 다루는 경우에조차도, 그 대화들은 이에도 불구하고 사적인 것들이고 그리하여 그것들은 보호를 누릴 자격이 있다. 공중의 심사로부터 차폐된 자신들의 삶을 살 권리를 비록 일정한 영역들에서 공적 인물들은 버렸을 수 있다고 하더라도, 의도적으로 도청당함에 대한 및 고의로 공개됨에 대한 두려움 없이 사적인 대화를 나눌 자신들의 권리를 아울러 그들이 버렸다는 것이 되지는 않고 그렇게 되어서도 안 된다.

"공공의 중요성"을 지니는 문제에 관한 대화들을 방송할 우리의 권리를 불가침의 것으로 판시하는 이 법원의 결정은 우리의 선례들에서 근거를 그다지 향유하지

above, given the qualified nature of their holdings, the Daily Mail cases cannot bear the weight the Court places upon them. More mystifying still is the Court's reliance upon the "Pentagon Papers" case, New York Times Co. v. United States, 403 U. S. 713 (1971) (per curiam), which involved the United States' attempt to prevent the publication of Defense Department documents relating to the Vietnam War. In addition to involving Government controlled information, that case fell squarely under our precedents holding that prior restraints on speech bear "'a heavy presumption against ····· constitutionality.'" Id., at 714. Indeed, it was this presumption that caused Justices Stewart and White to join the 6-to-3 per curiam decision. See id., at 730-731 (White, J., joined by Stewart, J., concurring) ("I concur in today's judgments, but only because of the concededly extraordinary protection against prior restraints enjoyed by the press under our constitutional system"). By no stretch of the imagination can the statutes at issue here be dubbed "prior restraints." And the Court's "parallel reasoning" from other inapposite cases fails to persuade. Ante, at 535.

Surely "the interest in individual privacy," ante, at 518, at its narrowest must embrace the right to be free from surreptitious eavesdropping on, and involuntary broadcast of, our cellular telephone conversations. The Court subordinates that right, not to the claims of those who themselves wish to speak, but to the claims of those who wish to «532 U. S., 556» publish the intercepted conversations of others. Congress' effort to balance the above claim to privacy against a marginal claim to speak freely is thereby set at naught.

못한다. 위에서 논의된 대로, 그것들의 판시사항들의 제한된 성격을 전제할 때, 데일리메일지(誌) 사건들은 그것들 위에 이 법원이 부여하는 무게를 감당할 수 없다. 더욱 더 불가해한 것은 "국방부 비밀보고서" 사건인 New York Times Co. v. United States, 403 U. S. 713 (1971) (per curiam)에의 이 법원의 의존인바, 월남전에 관련된 국방부 문서들의 공표를 금지하려는 미합중국의 시도를 그것은 포함하였다. 정부 통제 하의 정보를 포함함에 더하여, "'. . .합헌성에 불리한 무거운 추정'"을 말에 대한 사전의 제한조치들은 진다고 판시한 우리의 선례들 아래에 그 사건은 곧바로 떨어졌다. Id., at 714. 아닌 게 아니라, 6 대 3으로 내려진, 집필자를 밝히지 않은 법원의 의견에 의한 결정에 스튜어트(Stewart) 판사로 하여금 및 화이트(White) 판사로 하여금 가담하게 한 것은 이 추정이었다. id., at 730-731 [스튜어트(Stewart) 판사의 가담을 받은 화이트(White) 판사의 보충의견] ("오늘의 판결주문들에 나는 찬동하는바, 그것은 오직 우리의 헌법 제도 아래서 언론출판에 의하여 향유되는, 사전 제한조치들을 금지하는 명백히 과도한 보호 때문이다.")을 보라. 그 어떤 상상의 과장에 의하여서도 여기서의 쟁점인 제정법들은 "사전의 제한조치들"이라고 칭해질 수 없다. 그리고 부적절한 선례들로부터의 이 법원의 "유사한 추론"은 설득력을 지니지 못한다. Ante, at 535.

우리의 휴대 전화기상의 대화들에 대한 비밀의 도청으로부터 및 비자발적 방송으로부터 자유로울 권리를 "개인적 프라이버시에 있어서의 이익," ante, at 518, 은 그 가장 협소한 것으로서도 포함하지 않으면 안 됨이 확실하다. 말하기를 그 스스로 원하는 사람들의 요구사항들에게가 아니라 그 도청된 타인들의 대화들을 공표하기를 원하는 «532 U. S., 556» 사람들의 요구사항들에게 그 권리를 이 법원은 종속시킨다. 프라이버시에 대한 위 주장을, 자유롭게 말할 주변적인 주장에 견주어 균형을 잡으려는 연방의회의 노력은 그것에 의하여 무시된다.

C

영한 용어대조표(*고유명사에 정관사 등은 생략됨)

 A

abatement	자력배제 특권
absolute immunity	절대적 면제, 절대적 면책
abstention	판단회피
abstract doctrine	추상적 신조
abstract formulation	추상적 공식화
abstract ideas	추상적 관념
abstract principle	추상적 원칙
abstract reasoning	추상적 추론
abstract teaching	추상적 교육
(public) access	공중의 접근
(right of) access	접근권
accused's right to a fair trial, defendant's right to a fair trial	공정한 정식사실심리를 누릴 피고인의 권리
actionable per se	그 자체로 제소 가능한
actual damages	실제의 손해, 실제의 손해액, 실제손해의 배상
actual malice, malice in fact	현실의 악의, 실제의 악의
administration of justice 　(fair) administration of justice 　(public confidence in the) administration of justice 　(public scrutiny upon the) administration of justice 　(right to report about the) administration of justice	재판운영 　공정한 재판운영 　재판운영에의 공중의 신뢰 　재판운영에 대한 공중의 정사(精査) 　재판운영에 관하여 보도할 권리
(rights of free speech and) assembly	자유로운 말의 및 집회의 권리
adversary system	대립당사자주의
advertisement	광고
affidavit	선서진술서
alliances	동맹관계
(right to be let) alone	타인의 간섭을 받지 아니할 권리
Amendment 　the fifth 　the first 　the fourteenth 　the fourth 　the sixth 　the thirteenth	 　연방헌법(합중국 헌법) 수정 제5조 　연방헌법(합중국 헌법) 수정 제1조 　연방헌법(합중국 헌법) 수정 제14조 　연방헌법(합중국 헌법) 수정 제4조 　연방헌법(합중국 헌법) 수정 제6조 　연방헌법(합중국 헌법) 수정 제13조
anonymity	익명성
anti-democratic	반민주주의적인

antitrust law	반트러스트법
armband	완장
armed rebellion	무장봉기
arrest warrant	체포영장
assembly	집회
association	결사
attorney-client interview	변호사-의뢰인 접견
attorney's fees	변호사 보수
average citizen	평균적 시민

 B

balances	균형(장치)
ballot	투표
Bar-Press Guidelines	법정보도지침
belief in truth	진실성에 대한 믿음

bias, prejudice
  (racial) bias
	편견
	  (인종적) 편견

bill of particulars	공소사실 명세서
Bill of Rights	권리장전
black, colored, Negro	흑인
Blackstone	블랙스톤
Blackstone formula	블랙스톤 공식
Bolsheviki	볼셰비키
bourgeois	부르조아
breach of the peace	평온방해
breathing space	숨 쉴 공간
British	영국의

bulwark
  great bulwarks of liberty
	보루
	  자유의 위대한 보루

burden of proof	증명책임
burden of showing	증명책임
bureaucratic errors	관료주의적 오류들

 C

candidate for public office	공직 후보자
capitalism	자본주의
capitalist class	자본계급

carelessness	부주의
cellular telephone	휴대전화
censorial power	검열권한
censorship	검열
(indirect) censorship	간접적 검열
change of venue	재판지 변경
checks	견제(장치들)
chill	냉각시키다, 풀죽이다
chilling effect	냉각효과, 풀죽임(의) 효과
civil law countries	대륙법계 국가들
civil law of libel	문서비방 민사법
(law of) civil libel	민사 문서비방법
civil libel action	민사 문서비방 소송
civil litigation	민사소송
Civil remedy	민사적 구제수단
civil suit	민사소송
class action	집단소송
class legislation	계급입법
class struggle	계급투쟁
clear and present danger	명백한 현존의 위험
cloak	은폐수단
closure	방청금지
closure order	방청금지 명령
colonial, colony	식민지
colored, black, Negro	흑인
comity, decorum, deference	예양
(fair) comments	(공정한) 논평, (정당한) 논평,
common law of libel	문서비방 보통법
common-law rule of strict liability	무과실책임 보통법
Commonwealth nations	영연방 국가들
Communist Labor Party	공산주의 노동당
community	지역사회
community standards	지역사회 표준
compensatory	전보적인
compensatory damages	전보적 손해배상(금)
competing values	경쟁하는 가치
concealment, suppression	은폐

Concessions and Agreements of West New Jersey (1677)	웨스트뉴저지의 특권사항들 및 협약사항들
conditional privilege	조건부 특권
(official) conduct	(공무상의) 행위
(public) confidence	공중의 신뢰
confidentiality, secrecy	기밀(성), 비밀(사항), 비밀성
conscription	징병(제도), 징집
constitutional government	합헌정부
constitutional judgment	헌법적 판단
constitutional prerogative	헌법적 특권
constitutional privilege	헌법적 특권
constitutional protection	헌법적 보호
contemporaneous review	동시대의 재검토
contemporary community standards	동시대적 지역사회 표준들
contemporary standards	동시대적 표준들
content–neutral	내용중립의
cordless telephone	무선전화기
corporate spy	기업스파이
correspondence	교신
(right to) counsel	변호인의 조력을 받을 권리
counterargument, reply	반론
counterfeit	위조(하다)
countervailing interest	상쇄적 이익
court of equity	형평법 법원
court records	법원기록
creed	신조
criminal anarchy	범죄적 무정부주의
criminal libel	형사 문서비방
criminal record	범죄기록
criminal syndicalism	범죄적 노동조합지상주의
Criminal Syndicalism Act	범죄적 노동조합지상주의 단속법
critical comment	비판논평
crowd	군중
current news	시사뉴스

D

(general) damages	(통상의) 손해액
decorum, deference, comity	예양
defamatory falsehoods	명예훼손적 부정확 사항들, 명예훼손적 허위공표들
(malicious, scandalous and) defamatory	악의적인, 중상적인 및 명예훼손적인
defendant's right to a fair trial, accused's right to a fair trial,	공정한 정식사실심리를 누릴 피고인의 권리
defense of truth	진실의 항변
deference, decorum, comity	예양
demanding showing	엄격한 증명
democratic government	민주정부, 민주주의 정부
democratic society	민주사회
demurrer	법률요건 불구성의 항변
desegregation	(인종)분리철폐
Dictatorship of the Proletariat	프롤레타리아 계급 독재
dignity	존엄
diplomacy	외교
disqualification	제척
diversity	주적상위(州籍相違)
doctrine	신조
double-jeopardy limitation	이중위험 금지원칙
dry up the market theory	시장고갈 이론
Due Process Clause	적법절차 조항

E

editor	편집인, 편집자
editorial selection	편집상의 선택
effective judicial administration	경제적 재판운영
effective restraint	효과적인 억제수단
electronic communication	전자적 의사소통, 전자통신
Electronic Communications Privacy Act	전자통신비밀법
e-mail	이메일
(struggle of) emancipation	해방투쟁
emergency	긴급성
English settlers	영국 정착민들
enlistment, recruiting	모병
equal protection	평등보호

Equal Protection Clause	평등보호 조항
(court of) equity	형평법 법원
equity	형평법
erroneous reports	오류 섞인 보도내용
erroneous statement	오류 섞인 주장
(writ of) error	오심영장
Espionage Act	스파이활동 단속법
(industrial) espionage	산업스파이
establishment of religion	종교의 창설
exclusionary rule	위법수집 증거배제 원칙
exclusion from the courtroom	퇴정조치
existing evil	현존하는 해악
expedited appeal	급속항소
expressions of opinion	의견의 표현, 의견표명

factual misstatement	사실적 허위주장
fair administration of justice	공정한 재판운영
fair comments	공정한 논평, 정당한 논평
fair trial	공정한 정식사실심리
falsehoods	허위사실
false religion	사이비종교
Federal question	연방법 문제
feloniously	중죄적 방법으로
felony	중죄
fighting words	도발적인 말
force	강압
forge	위조(하다)
free debate, free discussion	자유토론
freedom of religion, religious freedom	종교의 자유, 종교적 자유
freedom of speech	말의 자유
freedom of the press	언론출판의 자유, 언론의 자유, 출판의 자유
freedom of religion, religious freedom	종교의 자유, 종교적 자유
free government	자유정부
free men	자유인들
free mind	자유로운 정신

free press	자유언론
free speech	자유로운 말

general damages	통상의 손해액
general strike	총파업
German Empire	독일제국
Germans	독일인들
good motives	선량한 동기
governmental interest	정부적 이익
government intrusion, governmental interference	정부간섭, 정부적 간섭
grave and irreparable danger standard	중대한 회복불능의 위험 기준
Great Britain	대영제국
great bulwarks of liberty	자유의 위대한 보루
gross negligence	중대한 과실

habeas corpus	인신보호영장
hands-off posture	손을 떼는 자세(태도)
(right to) hear	들을 권리
heavy presumption	무거운 추정
heresies, heresy, heterodoxy, unorthodox	이단(의)
(political and religious) heresies	(정치적 및 종교적) 이단
heterodoxy, heresies, heresy, unorthodox	이단(의)
home, residence	주거
hostile news	적대적인 뉴스 보도
human dignity	인간(으로서)의 존엄
humanity	인간성
human spirit	인간정신

illegal interception	불법도청
immediacy of speech	말의 즉시성
(present danger of) immediate evil	급박한 해악의 현존하는 위험
imminent danger	급박의 위험, 급박한 위험, 임박한 위험
impartial jury	공정한 배심, 중립의 배심

impartial verdict, just verdict	공정한 평결
imperialism	제국주의
imposed uniformity	강요된 획일성
imprisonment	구금형
inadvertence, negligence	부주의
incite	선동(하다)
indefiniteness, uncertainty	불명확성, 불확실성
indictment	대배심 검사기소
indirect censorship	간접적 검열
individual dignity	개인의 존엄
individuality	개체성
individual's worth and dignity	개인의 가치와 존엄
industrial espionage	산업스파이
industrial proletariat	산업 프롤레타리아
industrial revolts	산업폭동
industrial union	산업노동조합
inflammatory	선동적(인)
information	정보
informed and free press	정보에 근거한 자유로운 언론
informed public opinion	정보에 근거한 여론
informed understanding	정보에 근거한 이해
injunction	금지명령
injunctive relief	금지적 구제
inmate	재소자
inmate mail, prisoner mail	재소자(의) 서신, 재소자(의) 우편
instruments of persecution	박해의 도구들
insurrection	반란, 반역행위
integrity	염결성
interception, wiretapping	도청
(attorney-client) interview	변호사-의뢰인 접견
interim restraint	잠정적 제한조치
international diplomacy	국제외교
international policies	국제정책
(governmental) intrusion	정부적 간섭

(judicial) intrusion	사법적 간섭
inviolable	불가침의
(grave and) irreparable danger standard	중대한 회복불능의 위험 기준
irreparable	회복불능의

 J

Jackson v. Denno(378 U. S. 368 (1964)) hearing)	잭슨-데노 청문
Jay Treaty	제이 조약
Jefferson	제퍼슨
Jew, Jewish	유대인(의)
judicial intervention, judicial intrusion	사법적 간섭, 사법부의 개입
judicial remedy	사법적 구제수단
judicial restraint	사법자제
judicial supervision	사법적 감독
jury system	배심제도
justifiable ends	정당한 목적
just verdict, impartial verdict	공정한 평결
juvenile	청소년

 K

(right to) know	알 권리

 L

Labor party	노동당
law of civil libel	민사 문서비방법
Left Wing	좌익
(Program of the) Left Wing	좌익강령
(solicitation of) legal business	법률사무의 유인
legal paraprofessionals	법률보조자들
(right to be) let alone	타인의 간섭을 받지 아니할 권리
letter	편지
(civil law of) libel	문서비방 민사법
(seditious) libel	치안방해적 문서비방
libel action	문서비방 소송

libel per se, libelous per se	그 자체로서 문서비방(적인)
libelous publications	문서비방적 공표행위들
listening device	감청장치
literature	저술물
loudspeaker	확성기
loyalty-security hearings	충성-보안 청문들

Madison	매디슨
mail	우편
malice in fact, actual malice	실제의 악의, 현실의 악의
malicious, scandalous and defamatory	악의적인, 중상적인 및 명예훼손적인
mass strike	대중파업
militarism	군국주의
military installations	군사시설
military security	군사적 보안
misstatement	허위주장
mistrial	심리무효
moderate socialism	온건 사회주의
money damages, monetary damages	금전적 손해배상
Montgomery, City of	몽고메리(시)
moot	쟁송성 결여의, 쟁송성 상실의
(public) morals	공중도덕
Moscow	모스크바

national defense	국가방위
national interest	국가이익, 국가의 이익, 국가적 이익, 국익
national security	국가안보
negligence, inadvertence	과실, 부주의
Negro, colored, black	흑인
New York Times	뉴욕타임즈
nominal damages	명목적 손해배상
nonmalicious misstatements	악의 없는 사실오보
North Carolina Declaration of Rights 1776	노스캐럴라이나주 독립선언

nuclear holocaust	핵무기에 의한 대파괴
nuclear missile	핵미사일
(public) nuisance	(공공) 생활방해

O

obscene materials	외설한 표현물, 음란물
obscenity	외설, 음란성
obstruction of justice	사법방해
offensive conduct	무례한 행위
official conduct	공무상의 행위
official derelictions	공무상의 태만행위들, 직무상의 태만행위들, 직무태만
official malfeasance	공무상의 부정행위
O. Henry	오 헨리
open-air meeting	옥외집회
oral argument	구두변론
ordnance	군수품
organized government	규칙바른 정부, 조직된 정부
overthrow, subvert	전복
(legal) paraprofessionals	법률보조자들

P

parliamentary government	의회주의 정부
parliamentary state	의회국가
(bill of) particulars	공소사실 명세서
passive expression of opinion	수동적 의견표현
pecuniary injury	금전적 손해
penitentiary	교도소
Pennsylvania Declaration of Rights, 1776	펜실베니아 권리선언
Pennsylvania Frame of Government, 1682	펜실베니아 정부기본법
peremptory challenges	이유불요의 기피들
periodical	정기간행물
permanent injunction	영구적 금지명령
(instruments of) persecution	박해의 도구들
physical censorship	신체적 검열
picketing	피케팅
political advertisement	정치적 광고

political and religious heresies	정치적 및 종교적 이단
political belief	정치적 신념
political liberty	정치적 자유
political mass strike	정치적 대중파업
political power	정치권력
political pressures	정치적 압력들
political strike	정치파업
political views	정치적 견해들
pornographic material	포르노물
pornography	포르노그래피
potential threat	잠재적 위협
power of reason	이성의 힘
(separation of) powers	권력분립
prejudice, bias	편견
(with) prejudice	기판력을 지닌 채로
prejudicial news	편파적 뉴스
preliminary hearing	예비심문
preponderance of the evidence	증거의 우세
present danger	현존의 위험, 현존하는 위험
present danger of immediate evil	급박한 해악의 현존하는 위험
press	보도기관, 언론기관, 언론출판
pretrial publicity	정식사실심리 이전의 공표
previous restraint, prior restraint	사전의 제한조치
printing	인쇄
prior restraint, previous restraint	사전의 제한조치
prison	감옥형
prisoner	죄수
prisoner mail, inmate mail	재소자(의) 서신, 재소자(의) 우편, 죄수 우편
privacy	프라이버시
private citizen	사적 시민
private conversation	사적인 대화
probable cause	상당한 이유
probable jurisdiction	권리항소 관할권의 일응의 요건
Program of the Left Wing	좌익강령
progress	진보
proletariat	프롤레타리아
propaganda	선전활동
prurient interest	호색적 관심

public access	공중의 접근
(libelous) publications	문서비방적 공표행위들
public character, public figure	공적 인물
public confidence	공중의 신뢰
public confidence in the administration of justice	재판운영에의 공중의 신뢰
public debate	공중토론
public discussion	공개적 토론
public figure, public character	공적 인물
public good, public interest	공공의 이익
public inspection	공중의 감시
(rule of) publicity	공개재판의 원칙
public morals	공중도덕
public nuisance	공공 생활방해
(candidate for) public office	공직 후보자
public official	공직자
(informed) public opinion	정보에 근거한 여론
public property	공공의 자산
public question	공공의 문제
public records	공공기록
public school	공립학교
public scrutiny upon the administration of justice	재판운영에 대한 공중의 정사(精査)
(right to a) public trial	공개의 정식사실심리를 누릴 권리
punitive damages	징벌적 손해배상(금)
pure speech	순전한 말

 Q

Quebec	퀘벡

 R

race	인종
racial discrimination, racial segregation	인종적 차별대우, 인종차별
radio	라디오
reaction; reactionary	반동, 반동적인
(power of) reason	이성의 힘
reckless	무모한, 미필적 고의에 준하는
reckless disregard	미필적 고의에 준하는 무시
recklessness	미필적 고의에 준하는 무모함

recording device	녹음장치
recruiting, enlistment	모병
redeeming social value	단점을 벌충하는 사회적 가치
rehabilitation	사회복귀
religion	종교
religious conviction	종교적 신념
religious faith	종교적 신앙
religious freedom, freedom of religion	종교의 자유, 종교적 자유
(political and) religious heresies	(정치적 및) 종교적 이단
Renegotiation Act	전시수익제한법
reply, counterargument	반론
(right to) report	보도할 권리
reporter	통신원
Republican Government	공화정부
residence, home	주거
restraining order, restrictive order	제한명령
restraint	억제수단
restrictive order, restraining order	제한명령
revolts, riots	폭동
revolutionary Socialism	혁명적 사회주의
revolutionary working class	혁명적 노동계급
revolutionist	혁명주의자
right of access	접근권
rights of free speech and assembly	자유로운 말의 및 집회의 권리
right of reply	반론권
(accused's) right to a fair trial, (defendant's) right to a fair trial	공정한 정식사실심리를 누릴 피고인의 권리
right to a public trial	공개의 정식사실심리를 누릴 권리
right to a speedy and public trial	신속한 및 공개의 정식사실심리를 받을 권리
right to counsel	변호인의 조력을 받을 권리
right to be let alone	타인의 간섭을 받지 아니할 권리
right to hear	들을 권리
right to know	알 권리
right to report about the administration of justice	재판운영에 관하여 보도할 권리
riots, revolts	폭동
rule of publicity	공개재판 원칙
Russia	러시아

Russian Revolution	러시아 혁명
(malicious,) scandalous and defamatory	악의적인, 중상적인 및 명예훼손적인

school discipline	학교규율
scienter requirement	의도성의 요구
Second World War	제2차 세계대전
secrecy, confidentiality	기밀(성), 비밀(사항), 비밀성
secret material	비밀자료
secrets	기밀사항
secret trial	비밀의 정식사실심리
sedition, seditious	치안방해(적)
Sedition Act	반정부활동 단속법
seditious, sedition	치안방해(적)
seditious libel	치안방해적 문서비방
Selective Service	의무징집
Selective Service Law	의무병역법
self-censorship	자기검열
self-expression	자기 표현
self-government	자기통치
self-help	자력구제
self-respect	자기존중
sensibility	감수성
separation of powers	권력분립
sequestration	격리조치
sexual conduct	성적 행위
Sherman Act	셔먼법
silence coerced by law	법에 의하여 강요되는 침묵
slander	중상행위
slander-per-se	그 자체로서의 중상행위
socialism	사회주의
socialist	사회주의자
Socialist party	사회당
social value	사회적 가치
solicitation of legal business	법률사무의 유인
solidarity	단결
sovereign power, sovereignty	주권

sovereign prerogative	주권적 특권
sovereignty, sovereign power	주권
soviet	소비에트
special damages	특별손해액
special grand jury	특별대배심
special prosecutor	특별검사
(right to a) speedy and public trial	신속한 및 공개의 정식사실심리를 받을 권리
(corporate) spy	기업스파이
state secrets	국가기밀 사항
steer far wider of the unlawful zone	불법영역을 훨씬 더 멀리 비켜가다
Story	스토리
street meeting	노상집회
(common-law rule of) strict liability	무과실책임 보통법
strict liability	무과실책임
strike	파업
struggle of emancipation	해방투쟁
student	학생
substantive evils	실질적 해악
subvert, overthrow	전복
summary judgment	약식판결
suppression, concealment	은폐
suppression hearing	증거배제 청문
(wartime) suspension	전쟁기간 중의 정지
symbol	상징물
symbolic act	상징적 행동
symbolic speech	상징인인 말

T

tape	녹음테이프
telephone conversation	전화통화
temporary injunction	잠정적 금지명령
terrorism	테러리즘
test of truth	진실성의 시험
Third International	제3인터내셔널
tongue	혀
treason	반역
(belief in) truth	진실성에 대한 믿음

(defense of) truth	진실의 항변
(test of) truth	진실성의 시험

 U

unbiased juror	편견 없는 배심원
unbiased jury	편견 없는 배심
uncertainty, indefiniteness	불명확성, 불확실성
(informed) understanding	정보에 근거한 이해
(imposed) uniformity	강요된 획일성
union	노동조합
(steer far wider of the) unlawful zone	불법영역을 훨씬 더 멀리 비켜가다
unorthodox, heresies, heresy, heterodoxy	이단(의)
unpopular views	인기 없는 견해들

V

vague, vagueness	모호
vagueness challenge	모호성의 항변
(change of) venue	재판지 변경
Vermont Declaration of Rights, X (1777)	버몬트 권리선언
Vietnam	베트남
Vietnam War	월남전
violence	폭력
Virginia Resolutions of 1798	버지니아주 결의
voir dire	(배심원 후보) 예비심문

 W

war	전쟁
war profits	전시수익
wartime	전시(의), 전쟁기간
Washington Post	워싱턴포스트
wiretapping, interception	도청
with prejudice	기판력을 지닌 채로
working class	노동계급
World War I	제1차 세계대전
writ of error	오심영장

일러두기 : 나의 법문장론 및 인용방법

1. 이 책에는 읽기 쉬운 법문장 체계를 세우려는 필자의 고심의 결과가 적용되었는데, 그 개요는 이러하다.

가. 첫째로, 어순이다. 국어의 어순은 영어의 어순에 차이가 많다. 영어에서는 문장 앞 부분에 주어가 및 동사가 나옴에 반하여 국어에서는 맨 끝 부분에 동사가 나오도록 동사의 위치가 고정되어 있다. 맨 끝에 동사가 위치하는 국어에서도 주어를 영어에서처럼 문장 앞에 두게 되면, 문장의 핵심인 주어 · 동사 사이가 멀어져 그것만으로도 뜻 파악이 어려워질 뿐만 아니라, 중문의 또는 복문의 경우에 등 주어가 및 동사가 여러 개 나오는 문장에서는 어느 주어가 어느 동사에 연결되는지를 찾느라 그 읽어나가기를 중단하고 앞뒤를 오르내리는 수고를 기울여야 한다. 이에 반하여, 주어를 동사에 결합시켜 문장 끝의 동사 바로 앞 부분에 놓으면 주어가 및 동사가 동시에 파악되어 뜻을 이해하기가 쉽다. 어순의 배치는 단문에서 (목적어 + 보어 + 주어 + 동사)가 기본이고, 중문의 경우에는 병렬적으로 (목적어 + 보어 + 주어 + 동사) + (목적어 + 보어 + 주어 + 동사)이며, 목적어가 절(목적절)인 경우 등 복문의 경우에는 {(목적어 + 보어 + 주어 + 동사) + 보어 + 주어 + 동사}가 된다. 주어의 및 동사의 연결이 순서대로 반복는데, 맨 앞에 주절의 주어 · 동사가 나오는 영어에 반대되게, 국어에서는 맨 뒤에 주절의 주어 · 동사가 나오는 차이가 있을 뿐이다.

가령, 주어를 문장 앞에 놓는 경우의 예로서, ① "그는 네가 내가 하는 일을 이해한다고 말한다."는 복문을 보자면, 문장 앞부분에 "그는," "네가," "내가" 등 세 개의 주어가 나열되고 뒷 부분에 "하는," "이해한다고," "말한다" 등 세 개의 동사가 나열되어 누가 하고 누가 이해하며 누가 말하는지를 파악하기 어렵다. 그러나 주어를 문장 뒷 부분 동사 바로 앞에 놓으면 ② "내가 하는 일을 네가 이해한다고 그는 말한다."가 되어 문맥의 파악이 쉽다. 또한, ③ "집이 아름답고 푸른 호수 가운데에 있다."는 문장에서 "아름답고"는 그 앞의 "집이" 이름답다고 서술하는 말인지, 뒤에 나오는 "호수"를 아름답다고 형용하는 말인지 언뜻 알기 어렵다. 주어를 뒤에 배치하면, ④ "아름답고 푸른 호수 가운데에 집이 있다."가 되어 의미의 파악이 쉽다. 아래 나.항에 따라서 "아름답고"의 어미를 활용시켜 "아름다운"으로 바꾸면, ⑤ "아름다운 푸른 호수 가운데에 집이 있다."가 된다. 그러므로 읽기 쉬운 ②, ④, ⑤가 채택되어야 하고, 읽기 어려운 ①, ③은 배격되어야 한다.

나. 둘째로, 격조사의 및 어미의 문제이다. 체언에 있어서는 격조사의 활용에 의하여, 그리고 용언에 있어서는 어미의 변화에 의하여 문장 안에서의 연결관계가 이루어진다. 병렬관계로서의 연결에서 조사 붙이기를 어미를 변화시키기를 자꾸 미루다 보면, 뒷 부분의 어느 조사에 또는 어느 어미에 앞 부분의 어느 체언이 또는 어느 용언이 연결되는지, 또는 앞 부분의 어느 체언에 내지는 용언에 뒷 부분의 어느 조사가 또는 어느 어미가 연결되는지를 길고도 복잡한 문장 안에서 놓치기가 쉽다. 이로 인하여 더 이상 앞으로 읽어나가기를 중단하고서 그 연결관계를 파악해 내느라 그 거쳐온 문장의 앞뒤를 오르내리는 수고를 기울여야만 하게 된다. 그쪽이보다는, 활용변화를 즉석에서 반복하는 쪽이 읽어나가기가 수월하다.

가령, "자유로운 정치적 논의의 기회를 유지함을 위한 자유로운 말의, 자유로운 보도의 및 자유로운 집회의 헌법적 권리들을 손상 없이 보전하여야 할 필요는 명령적이다."

라는 필자의 번역문은 위 이론을 적용한 결과이다. 이를 통례적인 어법으로 바꿔 쓰면

"자유로운 정치적 논의의 기회를 유지[하고] 자유로운 말[과] 자유로운 보도[와] 자유로운 집회의 헌법적 권리들을 손상 없이 보전하여야 할 필요는 명

령적이다."

가 될 것이다. 어느 쪽이 의미 파악이 쉽고 명확한지 차이가 드러난다.

다. 우리 국어에는 격(格)을 알 수 없는 조사들이 몇 가지 있는데, 그것들의 개입을 회피함에 의하여, 또는 격을 지니는 조사를 함께 붙인 복합조사로 그것들을 확장함에 의하여 그 전달하려는 의미의 명확성을 증진시킬 수 있다. 가령, 조사 "~보다"를 예로 들면, ⑥ "그는 나보다 너를 더 좋아한다."는 문장은 비교의 대상이 주격으로서인지("그는"에 "나"를 비교하는 것인지) 목적격으로서인지("너를"에 "나"를 비교하는 것인지) 알 수 없다. 주격으로서라면 ⑦ "그는 "내가보다" 너를 더 좋아한다."라고 씀으로써, 그리고 목적격으로서라면 ⑧ "그는 "나를보다" 너를 더 좋아한다."라고 씀으로써 다툼의 여지를 없앨 수 있다. 그러므로 그 전달하려는 의미에 따라 ⑦이 또는 ⑧이 채택되어야 하고, 불명확한 ⑤는 배격되어야 한다. 가령 조사 "~도"의 경우에, ⑨ "나도 때린다."는 문장에서 "나"가 주격으로서 쓰인 것인지 목적격으로서 쓰인 것인지 알 수 없는데, 주격으로서라면 ⑩ "나는도 (또는 내가도) 때린다."라고 씀으로써, 목적격으로서라면 ⑪ "나를도 때린다."라고 씀으로써 다툼의 여지를 없앨 수 있다. 그러므로 그 전달하려는 의미에 따라 ⑩이 또는 ⑪이 채택되어야 하고, 불명확한 ⑨는 배격되어야 한다.

라. 우리 말이 지닌 장점을 필자가 제시하는 방법에 따라 살리면 우리 문장의 취약점이 보완되어 세계언어로서의 경쟁력이 제고될 수 있을 것이라고 필자는 생각한다. 특히, 다툼의 여지를 해소한 명확한 의미전달이 필수인 법문장에서는 이러한 논리적 문장체계가 확립될 필요가 절실히 있다.

2. 이러한 체계를 나의 번역은 기본적으로 담고 있는 만큼, 우리의 현행의 통례적 문장 구조에 친숙하지 아니한 점을 그것은 담고 있다. 나의 번역문을 그대로 인용하기가 내키지 아니하는 독자께서는 아래의 방법으로 대괄호를 사용하여 그것을 통례적 표현으로 바꾸어 인용할 수 있을 것이다. 예컨대,

"킹 목사의 평화적 항의들에 대하여 거듭거듭 위협으로써와 폭력으로써 남부의 위반자들은 대답하여 왔다. 그의 주거를 그들은 폭파하여 놓았는바, 그의 처를 및 아이를 그들은 거의 죽일 뻔하였다."를

"킹 목사의 평화적 항의들에 대하여 거듭거듭 위협[과] 폭력으로써 남부의 위반자들은 대답하여 왔다. 그의 주거를 그들은 폭파하여 놓았는바, 그의 처[와] 아이를 그들은 거의 죽일 뻔하였다."로;

"그리하여 공공의 문제들에 대한 토론은 제약 없는, 강건한, 그리고 활짝 열린 것이어야 한다는 및 정부에 및 공직자들에 대한 격렬한, 신랄한, 그리고 때로는 불쾌하리만큼 날카로운 공격들을 그것은 포함함도 당연하다는 원칙에 대한 심원한 국가적 서약이라는 배경에 대조하여 이 사건을 우리는 고찰한다."를

"그리하여 공공의 문제들에 대한 토론은 제약 없[고] 강건[하며] 활짝 열린 것이어야 [하고] 정부[와] 공직자들에 대한 격렬[하고] 신랄[하며] 때로는 불쾌하리만큼 날카로운 공격들을 그것은 포함함도 당연하다는 원칙에 대한 심원한 국가적 서약이라는 배경에 대조하여 이 사건을 우리는 고찰한다."로 바꾸는 식이다.

| 저자 소개 |

 박승옥

경력

- 서울대학교 법과대학 졸업
- 대한변협 인권위원
- 조선대학교 법과대학 초빙객원교수
- 전남대학교 법학전문대학원 겸임교수
- 배심제도연구회 회장

저서

- 국제인권원칙과 한국의 행형(1993년, 공저)
- 법률가의 초상(2004년)
- 연방대법원판례에서 읽는 영미 형사법의 전통과 민주주의(2006년)
- 미국 연방대법원 판례시리즈 Ⅰ 미란다원칙(2007년)
- 미국 연방대법원 판례시리즈 Ⅱ 변호인의 조력을 받을 권리(2008년)
- 미국 연방대법원 판례시리즈 Ⅲ-1 위법수집 증거배제 원칙(2009년)
- 미국 연방대법원 판례시리즈 Ⅲ-2 위법수집 증거배제 원칙(2009년)
- 미국 연방대법원 판례시리즈 Ⅰ 미란다원칙(개정증보판)(2010년)
- 미국 법률가협회 법조전문직 행동준칙 모범규정(2010년)
- 한국의 공익인권 소송(2010년, 공저)
- 미국 연방대법원 판례시리즈 Ⅳ 적법절차; 자기부죄 금지특권(2013년)
- 미국 연방대법원 판례시리즈 Ⅴ 적법절차; 자백배제법칙, 배심제도, 이중위험금지원칙(2013년)
- 미국 연방대법원 판례시리즈 Ⅵ 미국 형사판례 90선(2013년)
- 박승옥 변호사가 말하는 사법개혁 쟁취의 길 시민배심원제 그리고 양형기준(2018년)
- 미국 연방대법원 판례시리즈 Ⅱ 변호인의 조력을 받을 권리 개정판(2018년)

미국 연방대법원 판례 시리즈 Ⅷ

표현의 자유(Freedom of Expression)

초판 1쇄 인쇄　2019년　10월 21일
초판 1쇄 발행　2019년　10월 25일

저　자　박 승 옥
펴낸이　임 순 재
펴낸곳　**(주)한올출판사**
등　록　제11-403호
주　소　서울시 마포구 모래내로 83(성산동 한올빌딩 3층)
전　화　(02) 376-4298(대표)
팩　스　(02) 302-8073
홈페이지　www.hanol.co.kr
e-메일　hanol@hanol.co.kr
ISBN　979-11-5685-844-7